U0785229

《杭州年鉴》编纂委员会

主　任　王紫升

副主任　王庆丰　阮关水

成　员　蒋文欢　应革新　王菊红　章雪峰　郎健华

《杭州年鉴》编辑部

主　编　王紫升

副主编　王庆丰　阮关水　金利权

执行主编　高　丹　郦　晶　秦文蔚

编　辑　汤　峻　孙晟珂　何　彬　余显慕　金利权　郦　晶　须同威　秦文蔚　袁啸马　高　丹

部门撰稿人

王　华　王大林　王绣宇　冯　建　刘　伟　汤一鹏　孙向光　李　良　李　群　杨　勇　沈　谦　张建文　陈小国　林　晨　金宏炜　赵　军　赵　铭　胡佳毅　贾松基　郭立新　章　琪　程　燎　程建全　傅怡南　楼婧婧　谯　晓　熊明强

编　务　吴陈英

杭州年鑑

HANGZHOU YEARBOOK

2024

中共杭州市委党史研究室
（杭州市人民政府地方志办公室） 编

方志出版社
Publishing House of Local Records

图书在版编目（CIP）数据

杭州年鉴. 2024 / 中共杭州市委党史研究室（杭州市人民政府地方志办公室）编. -- 北京 : 方志出版社, 2024. 12. -- ISBN 978-7-5144-6390-3

Ⅰ. Z525.51

中国国家版本馆CIP数据核字第2024J2P989号

责任编辑：刘方圆
责任校对：张玉霞
责任印制：梅中英
出 版 者：方志出版社
地　　址：北京市朝阳区潘家园东里9号（国家方志馆4层）
邮　　编：100021
网　　址：http://www.zgfzcb.cn
发　　行：方志出版社图书营销中心（010-67110500）
印　　刷：杭州捷派印务有限公司
开　　本：889毫米×1194毫米　1/16
印　　张：31.25
字　　数：1332千字
版　　次：2024年12月第1版
印　　次：2024年12月第1次印刷
定　　价：320.00元

编辑说明

一、《杭州年鉴》是中国共产党杭州市委员会、杭州市人民政府主办的地方综合年鉴，逐年记载杭州经济建设、政治建设、文化建设、社会建设、生态文明建设基本情况，为各级党政机关、研究机构，以及社会各界人士了解、研究杭州提供丰富、翔实的地情资料。

二、《杭州年鉴（2024）》（以下称本卷年鉴）是 1987 年首次编纂出版以来的第 38 卷。本卷年鉴坚持以马克思列宁主义、毛泽东思想、邓小平理论、“三个代表”重要思想、科学发展观、习近平新时代中国特色社会主义思想为指导，坚持辩证唯物主义和历史唯物主义的立场、观点和方法，全面记录 2023 年在中共杭州市委、市政府正确领导下，全市持续推动“八八战略”杭州实践走深走实，奋力打造世界一流的社会主义现代化国际大都市，努力成为中国式现代化的城市范例，在全省“勇当先行者、谱写新篇章”中勇攀高峰、勇立潮头的壮阔历程。

三、本卷年鉴按分类法编辑，主体内容分为类目、分目、条目三个层次。全书框架结构在上年基础上，结合年度热点和杭州实际情况，对部分类目名称、排列顺序、所辖分目做了适当调整。“年度聚焦”类目设立“学习贯彻习近平新时代中国特色社会主义思想主题教育”“‘八八战略’实施 20 周年”“《杭州都市圈发展规划》获批复”“科创金融改革试验区建设”“数字自贸区建设”“个人养老金制度试点城市建设”“首届‘良渚论坛’”“杭州荣誉”分目，“区域合作”类目新增“杭甬‘双城记’”分目，“开发区·产业平台”类目新增“杭州临空经济示范区”分目，“卫生健康”类目新增“妇幼健康”分目，新增“应急管理”类目。本卷年鉴资料以 2023 年度为主，个别内容适当突破年度时限以保持资料的完整性。

四、本卷年鉴主要数据由杭州市统计局提供，入鉴内容资料及保密问题经各供稿单位审核。文中数据比较除特别说明外，均为 2023 年与 2022 年相比，“上年”指“2022 年”，其他年份之间数据的比较写明年份。因统计范围、统计口径的调整，部分数据与往年不具可比性，以统计部门公布的为准。部分数据由于四舍五入等原因导致分项数与合计数不一致，不再一一说明。

五、本卷年鉴数字用法、标点符号用法分别采用国家标准《出版物上数字用法》（GB/T 15835—2011）、《标点符号用法》（GB/T 15834—2011），计量单位采用国家技术监督局 1993 年 12 月发布的《量和单位》系列国家标准。考虑到社会使用习惯，部分“亩”不作统一换算。

六、本卷年鉴中，“党”特指中国共产党，其他党派名称用全称或规范化简称。市直属各单位和相关单位名称根据有关文件规定使用规范化简称。因党政机构改革或机构调整导致前后名称不一致的，据文中具体时间使用实际名称。供稿单位署名按党政机构改革后确定的新名称。

七、《杭州年鉴》历年资料载入杭州市人民政府门户网站、杭州党史与地方志网。

数字杭州

地区生产总值及其指数

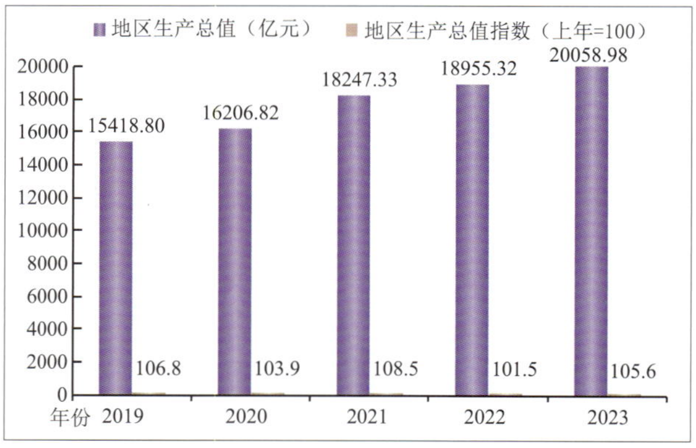

地方财政收入

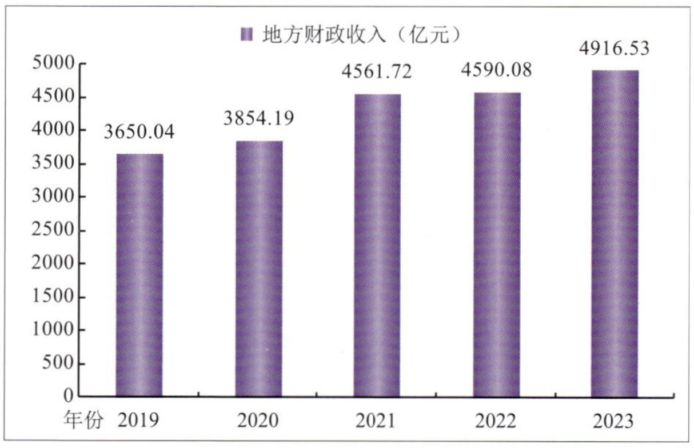

固定资产投资总额发展指数

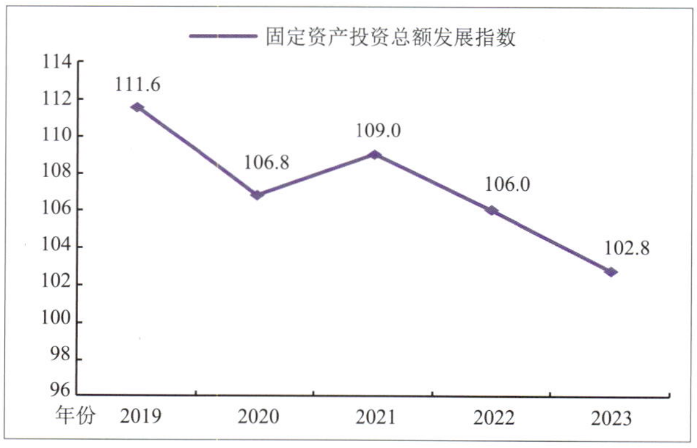

社会消费品零售总额

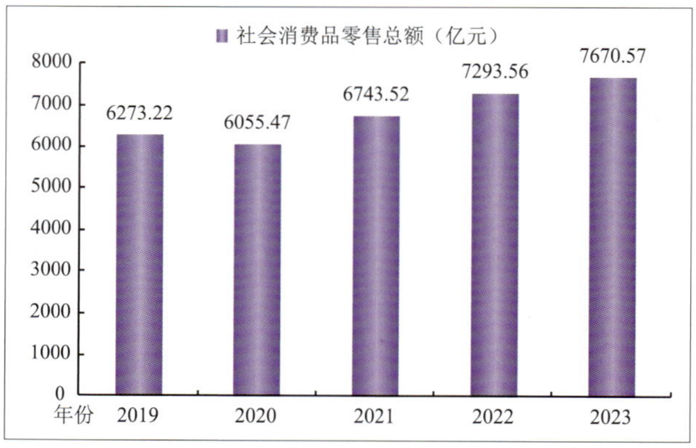

三次产业增加值

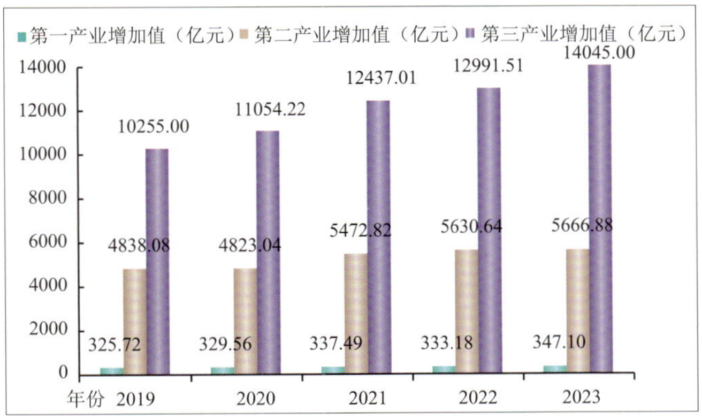

三次产业增加值结构

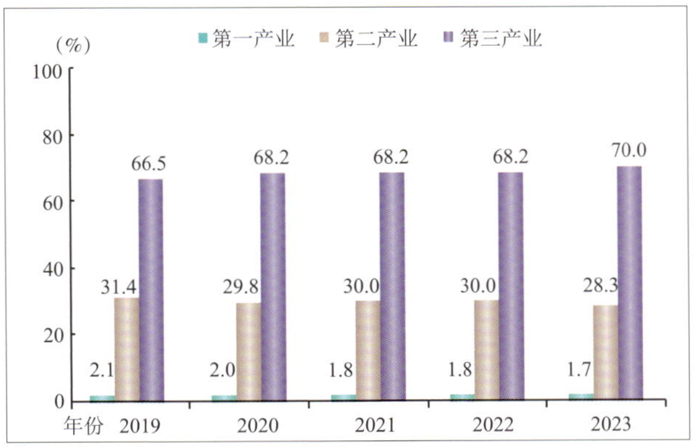

城乡居民人均可支配收入和人均消费性支出

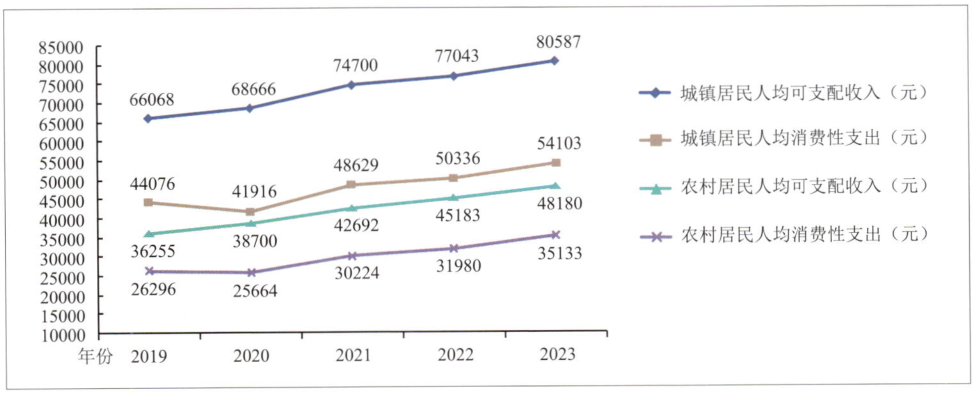

社会保险参保人数

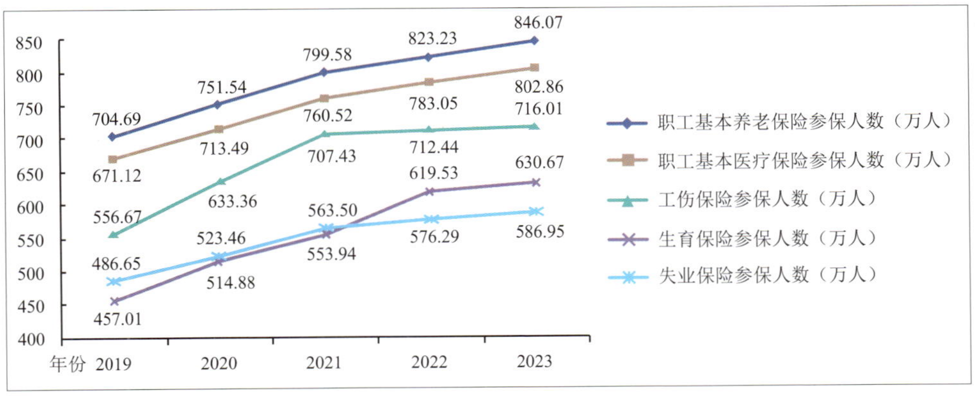

2023 年杭州市主要经济指标占浙江省的比重

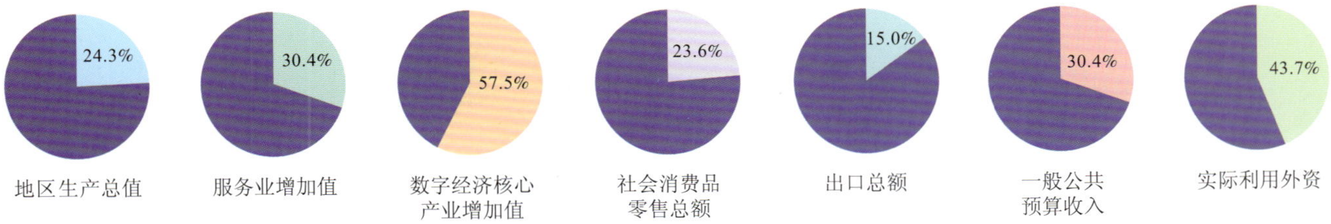

亚运会和亚残运会

2023年，杭州第19届亚运会、第4届亚残运会举行。杭州市以最佳风貌、最美环境、最优服务喜迎四海宾朋，成功举办了一届“中国特色、亚洲风采、精彩纷呈”的赛事。

2023年6月15日，杭州第19届亚运会火种采集仪式在良渚古城遗址公园举行（朱成琪 摄）

2023年9月8日，杭州第19届亚运会第一棒火炬手罗雪娟起跑 （杭州亚组委办公室 供稿）

2023 年 10 月 12 日，杭州第 4 届亚残运会火种采集仪式在广州亚运会亚残运会博物馆举行
（杭州亚组委办公室 供稿）

2023 年 10 月 19 日，杭州第 4 届亚残运会第 128 棒火炬手廖克力跑过新安江水电站
（杭州亚组委办公室 供稿）

杭州第19届亚洲运动会
The 19th Asian Games Hangzhou

2023 年 9 月 23 日晚，杭州第 19 届亚运会在杭州奥体中心体育场开幕　　（法　鑫　摄）

2023 年 9 月 23 日晚，杭州第 19 届亚运会在杭州奥体中心体育场开幕。图为中国代表团入场
（陈益宸 摄）

2023 年 10 月 22 日晚，杭州第 4 届亚残运会在杭州奥体中心体育场开幕　　（张之冰 摄）

2023 年 9 月 23 日晚，在杭州第 19 届亚运会开幕式上，“数字火炬手”点燃主火炬
（法　鑫 摄）

2023 年 10 月 22 日晚，在杭州第 4 届亚残运会开幕式上，吉祥物“飞飞”来到火炬上空　（张之冰 摄）

2023 年 9 月 24 日，在杭州第 19 届亚运会男子 200 米个人混合泳决赛中，中国选手汪顺获得冠军，打破亚洲纪录

（陈中秋 摄）

2023 年 9 月 30 日，在杭州第 19 届亚运会跳水项目女子双人 10 米跳台决赛中，中国组合全红婵、陈芋汐获得冠军

（王　川 摄）

2023 年 9 月 26 日至 10 月 6 日，杭州第 19 届亚运会马术比赛在桐庐马术中心举行

（华　炜 摄）

2023 年 10 月 25 日，在杭州第 4 届亚残运会女子 100 米蝶泳 –S9 决赛中，中国选手徐佳玲获得冠军（张之冰 摄）

2023 年 10 月 28 日，在杭州第 4 届亚残运会田径 4×100 米混合接力决赛中，中国队周国华、王浩、文晓燕、胡洋获得冠军（郑正启 摄）

2023 年 8 月 24 日，在杭州第 19 届亚运会倒计时 30 天之际，杭州亚运会、亚残运会赛会志愿者出征仪式在浙江大学紫金港校区举行

（团市委 供稿）

2023 年 9 月 24—26 日，“小青荷”退役军人志愿者在杭州师范大学仓前校区体育场为橄榄球赛提供保障服务

（杭州亚组委办公室 供稿）

2023 年 9 月 27 日，“小青荷”志愿者在杭州奥体中心游泳馆搬运衣箱

（杭州亚组委办公室 供稿）

2023 年 9 月 27 日，浙江理工大学竞赛综合技术“小青荷”志愿者在杭州奥体中心体育场布置田径跨栏赛事栏架

（杭州亚组委办公室 供稿）

美丽城乡

2023 年，杭州市坚持共富引领，深化“千村示范、万村整治”工程，统筹推进未来社区、未来乡村、城乡风貌样板区、美丽城镇建设，城乡整体风貌持续提升。

杭州市现代化美丽城镇市级示范镇——余杭区百丈镇（摄于 2023 年）

[余杭区委党史研究室（余杭区地方志编纂研究室） 供稿]

浙江省第三批未来社区——萧山区湘湖未来社区（摄于 2023 年）　　（市建委 供稿）

浙江省 2023 年度第一批共富风貌游线——临安风情唐昌县域风貌共富风貌游线（摄于 2023 年）
（市建委 供稿）

2023 年联合国世界旅游组织“世界最佳旅游乡村”——淳安县枫树岭镇下姜村（摄于 2023 年）

（市农业农村局 供稿）

全国学习运用“千万工程”经验现场推进会考察点——萧山区临浦镇横一村（摄于 2023 年）

（市农业农村局 供稿）

智慧城市

2023年，杭州市深入实施数字经济创新提质“一号发展工程”，加快建设以数字经济为核心、实体经济为支撑、科技创新为引领的现代化产业体系，强化数智赋能。

2023年3月21—22日，首届中国虚拟现实与元宇宙产业峰会在杭州举行

（西湖区志编纂委员会办公室 供稿）

2023 年 6 月 8 日，浙江杭州深国际华东智慧物流城（杭州深国际物流港）入选国家第四批示范物流园区。图为园区外景　（冯　青　摄）

2023 年 12 月 1 日，杭州交通治理在线平台在第五届浙江国际智慧交通产业博览会上发布

（市交通运输局 供稿）

2023 年 12 月 22 日，浙江省“数实融合”新消费新场景暨遥望 X27 主题公园启动仪式在杭州举行。图为遥望 X27 主题公园外景

［临平区委党史研究室（临平区地方志办公室） 供稿］

2023 年国庆假期，良渚古城遗址公园启用自动驾驶观光车　　（杭州良渚遗址管委会 供稿）

2023 年，临安区中医院医生通过“临医在家”可视化诊疗平台为板桥镇花戏养老服务中心的老人看病　　（市卫生健康委 供稿）

工作人员利用无人机对大运河遗产进行监测（摄于2023年）　（市园文局 供稿）

数智运河——大运河（杭州段）世界文化遗产数智管理系统界面（摄于2023年）

（市园文局 供稿）

中国（浙江）自由贸易试验区杭州片区萧山区块内的航空数字化保税仓库（摄于2023年）

（市商务局 供稿）

文化名城

2023年，杭州市深挖三大世界文化遗产内涵，传承宋韵文化，推进文旅融合，打响“人间天堂·最忆杭州”城市文化品牌，文化软实力不断增强。

2023年3月18日至4月16日，“宋韵今辉”艺术特展在中国美术学院美术馆举行

（中国美术学院 供稿）

2023 年 4 月 20 日，杭州小学生在西湖上演奏亚运城市推广曲《最美的风景》　（张　颖　摄）

2023 年 7 月 6 日，“聆听宋韵，喜迎亚运”——杭州市优秀民乐作品展演音乐会在杭州金沙湖大剧院举行

（市文联 供稿）

2023 年 6 月 17 日，大运河杭钢公园公共空间建成试运营，并举办杭州草莓音乐节

2023年7月7日至10月15日，“礼记：中原夏商周礼乐文明展”在良渚博物院（良渚研究院）举行 （杭州良渚遗址管委会 供稿）

（市商旅集团 供稿）

2023 年 7 月 20 日，中国文联“文艺两新”集聚区实践基地揭牌仪式在西湖区艺创小镇举行　　　　（市文联 供稿）

2023 年 8 月 29 日，之江文化中心启用　　　　　　　　（西湖区志编纂委员会办公室 供稿）

2023 年 12 月 3 日，首届“良渚论坛”在杭州举行　　（杭州良渚遗址管委会 供稿）

2023 年 12 月 4 日，茅湾里印纹陶博物馆开馆　（市园文局 供稿）

重大工程

2023年，杭州市推进综合立体交通路网建设，提升基础设施建设水平，加快城市有机更新。

2023年7月3日，运溪隧道通车　　（余杭区交通运输局 供稿）

2023 年 7 月 18 日，京杭运河杭州段二通道八堡船闸段建成通航（钱塘区地方志编纂研究室 供稿）

2023 年 8 月 8 日，天目山路隧道开通试运行，钱塘快速路全线贯通　　（市城投集团 供稿）

2023 年 8 月 25 日，留石高架路西延段（运溪高架路留运互通至 235 国道段）通车

［余杭区委党史研究室（余杭区地方志编纂研究室） 供稿］

2023 年 9 月 15 日，330 国道淳安千岛湖大桥至临岐段通车　　　　（市交通运输局 供稿）

2023 年 9 月 15 日，临金高速公路临安至建德段通车
［临安区委党史研究室（临安区地方志研究室） 供稿］

2024
杭州年鉴

目 录

7 杭州市人民代表大会

8 杭州市人民政府

9 中国人民政治协商会议杭州市委员会

10 中国共产党杭州市纪律检查委员会 杭州市监察委员会

11 民主党派

12 人民团体

14 法 治

15 军 事

16 经济管理

18 旅游业

19 数字经济

21 农 业

22 工　业

23 建筑业

24 商贸服务业

25　会展业

26　金融业

27　房地产业

28 交通运输·邮政

29　产业投资促进

30　对外经贸

31 区域合作

32 开发区·产业平台

36 科学技术

37 教 育

38 文化遗产保护

40 社会科学

41 出版传媒

43 体 育

44 人力资源

47 区县（市）

48　人　物

49　附　录

50　索　引

1

特　载

中共杭州市委
关于牢记嘱托持续推动“八八战略”走深走实
感恩奋进打造中国式现代化城市范例的决议

（2023年7月23日中国共产党杭州市第十三届委员会第四次全体会议通过）

中国共产党杭州市第十三届委员会第四次全体会议，坚持以习近平新时代中国特色社会主义思想为指导，深入学习贯彻党的二十大精神，全面贯彻习近平总书记重要指示精神，认真落实省委十五届三次全会部署，进一步动员全市广大干部群众坚定捍卫“两个确立”、坚决做到“两个维护”，牢记嘱托、感恩奋进，持续推动“八八战略”走深走实，以创新深化改革攻坚开放提升为基本路径，扎实推进“奋进新时代、建设新天堂”系列变革性实践，奋力打造世界一流的社会主义现代化国际大都市，努力成为中国式现代化城市范例，在谱写共同富裕和中国式现代化浙江华章中挑大梁、当先锋、打头阵。

全会深刻认识到，习近平总书记对“八八战略”实施20周年的重要指示，贯通历史、现实和未来，蕴含着深刻的政治逻辑、理论逻辑、历史逻辑、实践逻辑，为我们“奋进新时代、建设新天堂”提供了根本遵循和行动指南。我们必须进一步学习领悟好、传承发展好、实践笃行好，在推动“八八战略”创造性贯彻落实、创新性转化发展中扛起省会担当、展现头雁风采。

全会指出，要深刻认识“八八战略”20年杭州实践的巨大成就和深层逻辑，切实增进对党的创新理论的政治认同、思想认同、理论认同、情感认同。20年来，“八八战略”引领杭州有效应对“先天的不足”“成长的烦恼”“转型的阵痛”，推动跨越发展、精彩蝶变，开辟了现代化先行新征程。“八八战略”指引杭州经济发展加快从要素驱动向创新驱动转变，综合实力大幅提升；指引杭州城市建设加快从单中心蔓延式扩张向多中心组团式发展转变，城乡面貌焕然一新；指引杭州城市治理加快从传统管理方式向现代治理模式转变，治理效能显著提升；指引杭州文化文明加快从点上好风景向全域好风尚转变，人文魅力不断彰显；指引杭州民生保障加快从基本小康向共同富裕转变，人民生活持续改善；指引杭州管党治党加快从从严治党向全面从严治党转变，党的领导全面加强。

全会深刻认识到，“八八战略”作为理论创新“思想库”、引领发展“金钥匙”、示范先行“总纲领”，具有穿越时空的真理光芒和实践伟力，指引的道路无比正确、无比光明，充分证明了习近平总书记的掌舵领航是我们应对各种风险挑战、不断从胜利走向胜利最可靠的保证，充分证明了“两个确立”是时代呼唤、历史选择、民心所向。全市广大党员干部群众要从20年生动实践中汲取智慧和力量，不断强化对习近平总书记的真心感恩、由衷敬仰、坚决拥护、矢志追随，坚定不移沿着习近平总书记为我们指引的道路奋勇前进。

全会指出，习近平总书记对杭州知之深、爱之切，对杭州践行“八八战略”作了量体裁衣式的全面指导，形成了“八八战略”省会篇：内涵体系上，构筑了引领杭州发展的“四梁八柱”，是开启省会城市现代化先行征程的战略擘画；理论意义上，运用马克思主义基本原理指导城市工作，是习近平总书记关于城市工作重要论述萌发和实践的重要体现；逻辑思维上，坚持系统观念、统筹兼顾，是运用科学思维方法解决大城市问题的整体方案；精神特质上，展现了尊重基层首创、鼓励探路先行的鲜明品格，是杭州担当以“城市之窗”展示“中国之治”使命的自信源泉。

全会强调，深化习近平新时代中国特色社会主义思想在杭州的生动实践，推动“八八战略”走深走实，既要坚持好、运用好“六个必须坚持”“八个规律性认识”，又要坚持好、运用好“八八战略”省会篇蕴含的深刻启示：一是“毫不动摇地维护全党全国工作大局”的政治站位；二是“跳出杭州看杭州”的全局视野；三是“发挥龙头领跑示范带动作用”的省会担当；四是“自找差距、自增压力、自我超越”的奋进动力；五是“推进大杭州建设”的系统方法；六是“民有所呼、我有所应，民有所呼、我有所为”的宗旨观念；七是“以一流环境引一流人才，以一流人才引一流企业”的宽广胸襟；八是“围绕发展抓党建，抓好党建促发展”的党建意识。

全会深刻认识到，“八八战略”是杭州打造中国式现代化城市范例最根本的思想源头、最崇高的使命指引、最强大的精神动力，是取之不尽、用之不竭的思想宝库。我们必须坚决扛起习近平新时代中国特色社会主义思想重要萌发地省会城市的政治责任，完整准确全面把握“八八战略”省会篇的丰富内涵和核心要义，一以贯之落实到工作各方面全过程，大力推进习近平新时代中国特色社会主义思想在杭州的实践探索。

全会强调，要把“1+7+12”部署作为持续推动“八八战略”杭州实践走深走实的施工图、省会城市更好发挥示范引领作用的任务书，在推进共同富裕和中国式现代化建设中实现更大突破。要锚定“打造世界一流的社会主义现代化国际大都市、努力成为中国式现代化城市范例”这一奋斗目标，围绕全面深化“奋进新时代、建设新天堂”七个方面变革性实践，以“十二个更大突破、十二个领跑示范”加快打造具有省会标识度、城市品牌度的标志性成果：在深化铸魂溯源走心工程上实现更大突破，更好发挥学习宣传践行党的创新理论的领跑示范作用；在“两个争创”上实现更大突破，更好发挥创新型城市建设的领跑示范作用；在数实融合发展上实现更大突破，更好发挥现代化产业体系构建的领跑示范作用；在构建增值式政务服务体系上实现更大突破，更好发挥国家营商环境创新试点城市的领跑示范作用；在建设高能级开放枢纽城市上实现更大突破，更好发挥在城市国际化方面的领跑示范作用；在历史文化名城建设上实现更大突破，更好发挥在建设中华民族现代文明方面的领跑示范作用；在打造全域美丽大花园上实现更大突破，更好发挥宜居城市建设的领跑示范作用；在持续缩小“三大差距”上实现更大突破，更好发挥在推进共同富裕方面的领跑示范作用；在健全人民当家作主制度体系上实现更大突破，更好发挥法治城市建设的领跑示范作用；在建设城市大脑上实现更大突破，更好发挥智慧城市建设的领跑示范作用；在构建常态化除险保安机制上实现更大突破，更好发挥在统筹发展与安全方面的领跑示范作用；在实施高质量党建系统工程上实现更大突破，更好发挥全面从严治党的领跑示范作用。

全会强调，必须以最讲党性、最讲政治、最讲忠诚、最讲担当的站位，高标准贯彻“八八战略”再深化再落实制度机制，开辟干在实处、走在前列、勇立潮头新境界。要高标准执行坚定捍卫“两个确立”、坚决做到“两个维护”制度机制，高标准落实推动“八八战略”走深走实、善作善成的闭环机制，高标准实施干部综合能力提升机制，高标准营造团结奋斗、实干争先的浓厚氛围。

全会号召，全市党员干部更加紧密团结在以习近平同志为核心的党中央周围，踔厉奋发、勇毅前行，持续深化“八八战略”杭州实践，奋力打造世界一流的社会主义现代化国际大都市，努力为中国式现代化提供城市范例，向世界奉献一个锦绣繁华的人间新天堂！

责任编辑　郦　晶

2 亚运会和亚残运会

火炬传递

2023年6月15日上午，杭州第19届亚洲运动会（简称杭州亚运会）火种采集仪式在杭州良渚古城遗址公园大莫角山举行。8时50分，仪式以采用良渚文化元素的文艺节目情景舞蹈《良渚之光》开场。浙江省省长、杭州亚组委主席王浩宣布杭州亚运会火种采集开始。19名采火使者走向采火装置，点燃采火棒。浙江省委书记易炼红点燃火种盒。随后，火种护卫将火种引入火种灯，并护送火种灯离去，采集仪式结束。杭州亚运会“亚运数字火炬手”线上传递活动在“亚运一站通”平台上同步启动。这是亚运会历史上首次推出“亚运数字火炬手”，并为每一名“亚运数字火炬手”颁发数字证书。“亚运数字火炬手”在线上将亚运会“数字之火”传遍亚洲，超过1亿名“亚运数字火炬手”与现实火炬手共同点燃亚运会主火炬塔。

9月8日上午，杭州亚运会火炬传递启动仪式在杭州西湖景区涌金公园广场举行。仪式由省长、杭州亚运会组委会主席王浩主持。9时07分，仪式开始。中共中央政治局常委、国务院副总理丁薛祥点燃杭州亚运会火炬，并宣布火炬传递活动开始。省委书记易炼红点燃火种盆。省委副书记、市委书记刘捷等省、市领导出席。第一棒火炬手向观众展示火炬后，开始火炬传递。8—20日，亚运会火炬在杭州、湖州、嘉兴、绍兴、宁波、舟山、台州、温州、丽水、金华、衢州11个市传递，1999名火炬手参加传递，路线总长约110千米，沿途吸引观众参与超过300万人次。60余个境内外媒体的500余名记者参与现场报道，总传播量75.6亿次，主流媒体报道7.3万篇（次）。

10月12日上午，杭州第4届亚洲残疾人运动会（简称杭州亚残运会）火种采集仪式在广州体育文化博物馆（广州亚运会亚残运会博物馆）举行。采火使者引燃采火棒后，省委副书记、市委书记刘捷点燃火种盒。20时45分，载有亚残运会火种的高铁历时7个余小时后抵达杭州东站，这是亚残运会历史上首次使用高速列车运输火种。

10月19日，杭州亚残运会火炬传递启动仪式在杭州市淳安县千岛湖秀水广场举行。仪式由省长、杭州亚残运会组委会主席王浩主持。10时，火炬传递启动仪式开始。国务委员谌贻琴点燃杭州亚残运会火炬，并宣布火炬传递开始。省委书记易炼红点燃火种盆。省委副书记、市委书记刘捷等省、市领导出席。第一棒火炬手向观众展示火炬后，开始火炬传递。19—21日，亚残运会火炬在杭州市淳安、建德、桐庐、富阳、萧山5个区县（市）传递，599名火炬手参加传递，路线总长约30千米，沿途吸引观众参与超过30万人次。22日晚，火炬手在杭州亚残运会开幕式内场完成火炬传递并点燃主火炬塔，杭州亚残运会火炬传递活动结束。

▶资料：“亚运数字火炬手”

2022年11月27日，在杭州亚运会倒计时300天之际，杭州亚组委向全球首创性发布亚运数字人平台，首创性推出“亚运数字火炬手”。“亚运数字火炬手”将现实世界的火炬手拓展至数字世界，让更多的人能够突破时间、空间限制，直接参与亚运会这一盛大体育文化活动。“亚运数字火炬手”是真实用户在数字亚运世界的数字身份，具有唯一性。全球网民不受名额、时间、空间限制，通过参加亚运公益、全民健身和绿色亚运等系列活动，即可成为“亚运数字火炬手”。真实用户成为“亚运数字火炬手”后，可拥有个性化的数字形象、杭州亚运会火炬手同款服装和杭州亚运会同款“薪火”火炬的数字装扮等具有独特身份及荣誉的数字权益。真实用户还可以用数字身份完成后续线上亚运火炬传递等相关主题活动，获取火炬传递区块链证书，形成个人数字资产。

（杭州亚组委办公室）

亚运会

9月23日晚，杭州第19届亚洲运动会开幕。国家主席习近平出席开幕式。20时整，迎宾表演《水润秋辉》启幕。20时09分，运动员入场式开始，来自45个国家和地区的体育代表团相继入场。21时16分，国家主席习近平宣布杭州第19届亚洲运动会开幕。杭州亚运会开幕式以

“潮起亚细亚”为主题，分为“国风雅韵”“钱塘潮涌”“携手同行”3个篇章，通过国风之潮、自然之潮、科技之潮、运动之潮、数字之潮等对主题中的“潮”字进行具体诠释。21时53分，亚运会主火炬由最后一棒火炬手与134个国家和地区共计1.05亿名“亚运数字火炬手”共同组成的“火炬人”以“数实融合”的方式共同点燃。

杭州亚运会设比赛项目40个，细分为61个分项、481个小项。来自亚洲45个国家和地区的1.18万名运动员参加，15次打破世界纪录、37次打破亚洲纪录、170次打破亚运会纪录。中国体育代表团有运动员886人，参加除卡巴迪、板球以外的38个大项、407个小项的比赛，获金牌201枚、奖牌383枚，取得中国在亚运会参赛历史上的最好成绩，蝉联亚运会金牌榜榜首。其中杭州体育运动员获亚运会金牌19枚。中国秉持“绿色、智能、节俭、文明”办赛理念，以一流的场馆设施、出色的组织服务，赢得亚奥理事会和国际社会好评。

10月8日晚，杭州第19届亚洲运动会闭幕。国务院总理李强出席闭幕式。20时整，以“最忆是杭州”为主题的闭幕式开始，短片《亚运聚欢潮》《亚运精彩瞬间》《亚运感动瞬间》《最忆是杭州》和节目《璀璨共此时》《荷桂共生辉》一一呈现。亚奥理事会代理主席辛格宣布杭州第19届亚运会闭幕。21时16分，杭州亚运会主火炬熄灭，杭州亚运会闭幕。

（杭州亚组委办公室）

亚残运会

10月22日晚，杭州第4届亚洲残疾人运动会开幕。国务院副总理丁薛祥出席开幕式。19时30分，开场短片《盛情满杭城》和文艺表演《心相约》拉开开幕式序幕。19时45分，运动员开始入场。20时55分，国务院副总理丁薛祥宣布杭州第4届亚洲残疾人运动会开幕。随后，文艺表演《梦闪耀》开始。21时14分，主火炬点燃仪式举行，最后一棒火炬手用智能仿生手臂点燃主火炬。

杭州亚残运会设比赛项目22个，细分为501个小项，来自亚洲44个国家和地区的3000余名残疾人运动员参加。中国体育代表团有运动员439人，参加全部22个大项的比赛，获金牌214枚、奖牌521枚，居亚残运会金牌榜和奖牌榜首位。其中杭州体育运动员获亚残运会金牌23枚。中国践行“阳光、和谐、自强、共享”的办赛理念，以出色的赛事组织、完善的无障碍设施，赢得亚残奥委员会和国际社会好评。

10月28日晚，杭州第4届亚洲残疾人运动会闭幕。国务委员谌贻琴出席闭幕式。19时30分，以“乘梦飞、再相约”为主题的闭幕式开始。亚残奥委员会主席马吉德·拉什德宣布杭州第4届亚洲残疾人运动会闭幕。20时25分，杭州亚残运会主火炬熄灭，杭州亚残运会闭幕。

（杭州亚组委办公室）

票　务

2023年，杭州亚运会和亚残运会票务工作以安全有序高效运营、公平便捷优质服务、社会经济效益兼顾为总体目标，坚持合规有据、统分结合、公众参与、特色创新、无赠票票面价销售的基本原则，制定合理的票务政策、系统的制度规范、可行的工作流程，发挥互联网、大数据、区块链等技术优势，提供全方位智能票务体验。

4月17日，杭州亚组委召开会议，按照《主办城市合同》相关要求，对境外门票销售代理模式进行分析和研究，明确《杭州2022年第19届亚运会门票销售代理协议》和《杭州2022年第19届亚运会境外门票代理征集通知》及相关建议。遵循国际赛事通用做法，亚奥理事会成员国家（地区）奥委会（NOC）可向杭州亚组委申请代理本辖区内大客户和公众的门票销售，可授权1个专业的门票销售代理机构（ATR）从事其辖区内的门票销售活动。同时明确《杭州亚运会、亚残运会公众票销售方案》及相关建议。

7月8日10时，杭州亚运会公众售票官网上线销售，销售期92天。8月31日10时，杭州亚残运会票务系统上线运行，销售期20天。系统上线后，同步向杭州亚运会赛事指挥中心（MOC）、杭州亚运会信息技术指挥中心（ITCC）推送库存数据、售票数据1000余条，实现售票、验票数据的实时对接，以及赛前、赛时、赛后3个阶段平稳安全运行。

亚运会和亚残运会门票设置3个公众销售渠道：线上为公众售票官网，线下包括场馆售票亭和官方服务网点（指定工商银行网点），为各渠道用户提供现金、银行卡、数字人民币、支付宝等多种支付方式，满足用户各类支付需求，各渠道支付均以人民币结算。杭州亚运会门票销售收入6.21亿元，门票销售308万张，验票279万张，兑换纸质票101万张；杭州亚残运会门票销售收入1027万元，门票销售43万张，验票30万张，兑换纸质票16万张。

杭州亚运会票面设计方案为“润泽亚运”，围绕杭州亚运会主图形“润泽”和杭州奥体中心体育场“大莲花”造型图案，以杭州亚运会核心色彩系统“淡妆浓抹”中的“虹韵紫”“湖山绿”“月桂黄”为主色，辅以杭州城市文化底蕴，分别设计开幕式、闭幕式和体育比赛门票。杭州亚残运会票面设计以“折桂”为主题，延续杭州亚运会“映日红”和“月桂黄”主色彩，辅以杭州亚残运会体育图标，展现亚残运会运动员奋勇拼搏的运动激情和勇立潮头的时代精神。

（杭州亚组委办公室）

场馆设施

2023年，杭州亚组委推进竞赛场馆的设施运营维护，景观运行，赛事器材进场、安装、调试、验收和赛时保障、转换及赛后处置，以及无障碍环境建设等工作。亚运会共设54个竞赛场馆、30个独立训练场馆、1个亚运村和8个亚运分村（接待饭店），分布在主办城市杭州及宁波、温州、湖州、绍兴、金华5个协办城市。亚残运会19个竞赛场馆中，17个为亚运会沿用场馆，2个为独立场馆，另设1个亚残运村及1个亚残运分村，分布在杭州9个区县（市）。

3月，杭州亚残组委印发《关于落实杭州亚残运会运动员无障碍公交车上落客平台的通知》,要求所有场馆结合场馆自身残疾人数量、残疾类型等情况,设置无障碍公交车上落客平台。

亚运会、亚残运会赛时,各场馆设施运营维护专业保障团队开展赛时值守巡视和日常维修处置,未发生三级及以上应急事件,场馆运行有序,做到"零事故"。设施运维处按照区域联动的协同保障模式,建立赛时保障体系,涵盖40个竞赛场馆、22个训练场馆,明确分片区保障责任人和具体保障措施,做好赛时体育工艺区域间应急协同保障工作。

各场馆运行团队开展赛时赛事器材的运营维护、使用、应急管理和保障等工作。比赛期间,所有竞赛和训练场馆赛事器材工作运行正常,每日器材的分发、领取、回收、损耗类器材清点等有序开展。赛后,除部分损耗类器材,所有器材均清点回收并登记入库。根据亚运会—亚残运会转换期方案,指导场馆运行团队,开展亚运会—亚残运会转换期间赛事器材的转换布置工作,至10月8日,所有亚残运会器材全部到位并完成转场工作。杭州亚运会、亚残运会赛事期间,赛事器材工作做到"零失误、零故障、零风险、零投诉"。场馆建设部向各国家(地区)奥委会、代表团发放调查问卷,共收到37个国家(地区)的反馈意见,满意度100%。

器材赛后处置情况分为租赁器材回收撤场、场馆采购器材赛后延续利用、组委会采购器材及第三方捐赠器材处置3类。11月1日,射击器材由亚组委财务部与市财政局对接后,进行实物移交;龙舟项目器材由第三方器材公司捐赠杭州亚组委,赛后由场馆方接收,完成资产处置。10日,杭州亚运会、亚残运会赛事器材赛后处置工作完成,涉及器材1900余类10万余件,并完成资料归档。

(杭州亚组委办公室)

信息技术

2023年2月,杭州亚运会信息技术指挥中心(ITCC)成立。杭州亚组委根据运动员、观众、赞助商、媒体等用户群的需求,围绕"智能、安全、实用"要求,推进"智能亚运"建设,构建全覆盖的数字化服务体系"一屏三端"[以赛事总指挥部(MOC)为核心的一系列各层级、各场馆数字指挥平台,以及办赛端"亚运钉"、参赛端"杭州亚运行"和观赛端"智能亚运一站通"],做好赛事信息系统、计时记分、通信网络、无线电、网络安全、信息技术设备设施等各项信息技术保障工作。其中,"智能亚运一站通"数字观赛服务平台提供"一站式"数字观赛服务,注册用户1.14亿人次,访问量近60亿人次。将5/5.5G、云计算、人工智能、大数据、数字孪生、物联网等最新技术应用于亚运会和亚残运会筹办,落地超过200个项目,推出首个"数实融合"的点火仪式、首届"云上亚运"、首个电子身份注册卡、首次实现移动支付互联的亚运会等超过20项首推、首创、首用的应用和科技。

5月,杭州亚组委发布《2022年第19届亚运会组委会信息系统重保阶段网络安全管理细则》《2022年第19届亚运会组委会信息系统关停阶段网络安全管理细则》。至此,网络安全"1+5"管理制度发布完毕,覆盖信息系统上线、运维、应急、重保、关停5个阶段的全生命周期。同月,杭州亚运会网络安全管理平台上线,承担赛事期间网络安全指挥调度工作。所有系统及网络均安全稳定运行,确保网络安全"零事故"。

杭州亚组委推进竞赛(AGIS)专网、互联网(Wi-Fi)专网和广播电视传输专网3张专网,以及赛事保障对讲、视频会议系统、通信保障平台和网络服务4个应用建设。9月8日,3张专网建成,4个应用上线,正赛的各类通信保障工作全部就绪。

9月8日至10月28日,信息技术指挥中心进入赛时运行保障阶段。信息技术指挥中心呼叫中心同步运行,通过场馆IT服务帮助台、场馆信息技术工程师、信息技术指挥中心技术专家的三层支持体系,所有场馆的信息技术团队统一使用一个工具(HDS系统)、一套流程(IT事件管理流程)、一个服务窗口(IT服务帮助台)进行信息技术服务保障和应急问题处置。赛事期间,录入工单4948条。全省场馆信息技术团队完成约7000台专网设备的部署和管理工作。

杭州亚组委组建杭州亚运会无线电安全保障团队。亚运会开(闭)幕式期间,投入保障人员200余人,现场部署17个固定监测点位及12个机动监测单元;亚残运会开(闭)幕式期间,投入保障人员140余人,现场部署17个固定监测点位及12个机动监测单元,对所有重点频率进行实时保护性监测,及时发现并快速处置干扰隐患,确保"零干扰"。

(杭州亚组委办公室)

庆典活动

2023年6月15日,"等你来,享精彩"杭州第19届亚运会倒计时100天主题活动在中国杭州电竞中心举行。活动现场发布杭州亚运会"湖山"奖牌、亚运形象宣传片《弄潮》,并首发《亚洲心跳》《爱达未来》《亚洲之光》《东方色彩》《美丽亚细亚,好大一个家》《TO WIN》《同爱同在》7首亚运会推广歌曲。

7月14日,"共精彩,梦飞扬"杭州第4届亚残运会倒计时100天主题活动在富阳水上运动中心举行。活动现场发布亚残运会"桂子"奖牌、亚残运会形象宣传片《追梦》,并推出《最棒》《共同的荣耀》《我们都一样》《生命的力量》《我的深情为你守候》5首歌曲。

9月16日,杭州亚运村开村仪式暨中国体育代表团欢迎仪式举行,亚运村投入赛时运行。

9月24日,亚奥理事会在杭州洲际酒店举行主题为"One Asia"(同一个亚洲)的亚运会110周年庆祝活动。亚奥理事会、杭州亚组委、亚洲45个国家(地区)奥委会的代表参加。亚奥理事会向杭州亚运会博物馆赠送历届亚运会火炬18支,并表彰在"亚运会趣味跑"活动中获奖的亚洲国家(地区)奥委会。

9月29日,杭州亚组委在亚运村举办"花好月圆夜,轻慢亚运村"中秋专题活动。活动以月亮为主题,包括舞蹈、杂技、民乐等多种表演形式。在运动员村休闲区组织"乐活市集",提供花灯制作体验和中秋游戏活动。

9月29日,亚奥理事会大家庭

总部饭店杭州洲际酒店举办“日出东方，月圆亚运”中秋雅集活动。该雅集设置赏月、咏月、品月、赞月、送月5个环节。

亚运会赛时，杭州亚组委在大家庭饭店举办文化展陈活动，推出展示20项非物质文化遗产项目。举办亚运村文化小屋活动，包括由展陈、讲解、表演组成的静态体验和各类互动活动组成的动态感受。

10月16日上午，杭州亚残运村开村仪式暨中国体育代表团欢迎仪式举行。

亚残运会赛时，杭州亚残组委在亚残运村文化屋举办中式传统服装、杭州剪纸、临安昌化竹编、雕版印刷、金东面塑等30种非物质文化遗产的“动静结合”展陈。在运动员村海螺广场举办“共享精彩”文艺晚会。在亚残运会大家庭饭店举办残疾艺术家现场展示互动活动。

（杭州亚组委办公室）

亚运宣传

2023年，杭州亚组委实施公共关系和形象构建项目，组织主题宣传产品制作，围绕“体育亚运”“城市亚运”“品牌亚运”3个维度，推出“新亚运 杭州韵”主题宣传片《亚运Show杭州》《亚运Go杭州》和《亚运In杭州》。办好官方会刊，编印《杭州亚运口袋书》。推出中英双语杂志《杭州亚运》20期。杭州亚运会赛时英文会刊*Asiad Daily*在亚运会、亚残运会赛时分别出版19期和7期；相关报道在网络新媒体平台刊发，全球传播量近12亿次。以主媒体中心为主阵地，做好赛时新闻宣传工作，为境内外媒体提供服务。亚运会、亚残运会赛时，涉及亚运会和亚残运会报道量296.3万篇（条），点击量近3000亿次。

6月15日，杭州亚运会官方形象宣传片《弄潮》发布，以“弄潮文化”为主题，呈现以杭州西湖文化景观等3处世界遗产为代表的城市风光，以及亚运场馆群、各大城市地标和亚运竞赛项目等亮点。7月14日，亚残运会官方形象宣传片《追梦》发布，展示田径、游泳、盲人门球项目的残疾运动员共同为体育梦想拼搏、克服重重困难和挑战，最终战胜自我的过程。

杭州亚组委建立亚运筹办媒体资源库，建设资源共享平台，组织筹办期间宣传服务的内容和数据，收集和储存图文、视频等资料，做好日常运营维护并丰富更新内容，开通媒体资源的归类、筛选、查看、下载、共享等功能。收集场馆文字介绍550余篇、图片近8000张、视频4000余条。

亚运会赛时，杭州亚组委主媒体中心接收媒体采访申请表1211份，协调被采访者4816人次。场馆运行团队完成新闻采访量3818件，赛后混合采访区实时采访37.17万人次，涉及比赛5607场次。主媒体中心召开24场新闻发布会，保障9场亚奥理事会、各国家（地区）奥委会等其他主体新闻发布会，指导各竞赛场馆召开新闻发布会343场。亚残运会赛时，接收媒体采访申请表210份，向各场馆运行团队派单153份，协调解决采访申请300余件，协调服务采访对象近1000人次。主媒体中心召开8场新闻发布会，保障2场各国家（地区）奥委会等其他主体新闻发布会，指导各竞赛场馆召开新闻发布会61场。

杭州亚组委建设5个大类14个平台的杭州亚运会官方融媒矩阵，发稿1.7万条，总阅读量16.5亿人次，海外社交平台最高单日阅读量超过411万人次，总阅读量超过5200万人次。赛事期间，涉浙江和亚运会、亚残运会报道320万篇（条），话题讨论量8.84亿次，其中境外媒体报道18.7万篇（条）。

（杭州亚组委办公室）

外国记者在主媒体中心阅读英文会刊*Asiad Daily*（摄于2023年）

（杭州亚组委办公室 供稿）

志愿服务

2023年，杭州亚组委围绕亚运会筹办和举办任务，发挥志愿服务工作联席会议制度作用，推进落实赛会志愿服务各项工作。

3月31日，杭州亚组委完成对全部3.76万名赛会志愿者的通用培训和考试，开展通用培训400余场，培训时长81万学时。以举办“韵味杭州”测试赛、迎亚运演唱会、亚运会和亚残运会团长大会、世界媒体大会、转播商大会等为契机，组织43所高校2.1万名预录用赛会志愿者开展实践训练，并通过“一赛一复盘”，为赛时志愿服务积累经验。临近赛时，组织2.4万名志愿者参与“赛时一天”综合演练，提升场馆志愿者管理运行水平、实战经验和应急处置能力，强化巩固实操演练成果。赛前，面向亚奥理事会成员国家（地区）奥委会、亚运村、语言服务、车辆调度、颁奖礼仪和升旗手、开（闭）幕式等非竞赛场馆团队，以及棒垒球、网球、高尔夫球等竞赛场馆志愿者开展岗位深化专业培训。

8月24日，在浙江大学紫金港校区体育馆举行赛会志愿者出征仪

2023年10月7日，浙江农林大学颁奖礼仪与升旗手“小青荷”在临安体育文化会展中心体育馆合影　（杭州亚组委办公室 供稿）

式。自9月16日亚运村开村至10月30日亚残运村闭村，3.76万名赛会志愿者“小青荷”分布在主办城市杭州及宁波、温州、湖州、绍兴、金华5个协办城市，为56个竞赛场馆、20个独立训练场馆和22个非竞赛场馆提供竞赛运行服务、注册制证服务、礼宾和语言服务、抵离迎送服务、仪式活动服务、观众服务、媒体运行服务、后勤保障服务、交通出行服务、官方会议服务、亚运村及官方接待饭店服务、信息服务以及其他等13个大类的志愿服务，上岗52.39万人次，服务时长512.5万小时。

赛事期间，志愿者收到近410封来自各国家（地区）代表团、运动员、技术官员、媒体记者、现场观众的感谢表扬信。12个国家及地区的29个媒体先后报道“小青荷”志愿服务；56个国内主流媒体开展赛会志愿服务宣传报道，全网各类新媒体宣传推送1.8万篇（条）。

（杭州亚组委办公室）

后勤医疗保障

2023年，杭州亚组委后勤保障部按照赛时总指挥部的有关要求，推进餐饮、住宿、交通、物流赛前筹备及赛时服务运行工作。3月，赛会“智慧餐饮”服务项目中的订餐系统上线运行。6月21日，杭州亚运会和亚残运会物流中心开仓运行。7月20日，杭州亚运会食材专仓开仓。8月，杭州亚残运会技术官员接待饭店完成招标工作。赛时，完成亚运会和亚残运会餐饮、住宿、交通、物流保障任务。

亚运会期间，杭州亚运村媒体村接待527个媒体约3000人入住，媒体村住宿收费超过1300万元。媒体接待饭店约100个媒体单位（账号）近1200人入住。亚残运会期间，接待约70个注册媒体500余人，入住亚残运会官方接待饭店；接待主播机构约200人，入住亚残运会主播机构接待酒店。物流中心运行团队处理涉外联络协调往来邮件3222封，其中599封为紧急邮件；审核出具93份进境物资证明函、224份代表团自用物资担保函，完成304票进出境物资清关、482航次亚运会和亚残运会进出境航班保障服务和11次应急通关事项；收到订单1054个，完成运输任务1240趟、里程数9.92万千米，运输时长3354.86小时；完成3251辆车辆、4.74万人次和2.39万个包裹的安检；完成出入库作业415单，处理物资22.36万件、1662.27立方米，总作业3253个托盘。

杭州亚组委加强与场馆、属地联系沟通，开展医疗卫生服务业务领域工作，做好医疗卫生保障工作分区和流线规划。利用测试赛实战推进测试培训，组织医疗卫生保障力量进行单项演练、组合性演练，参与全要素联合演练。完善定点医院医疗保障工作，加强落实场馆医疗卫生保障力量。2月20日，医疗卫生部、医疗卫生指挥中心同时运行。先后召开医疗卫生指挥中心会议、全省疫情防控工作视频会议、全省医疗卫生系统亚运医疗卫生保障动员大会、亚运会和亚残运会疫情防控工作组全体会议等。亚运会和亚残运会设立41个定点医院、1个亚运村综合门诊部、1个综合诊所、133个场馆医务室、127个比赛场地医疗点、83个观众医疗点，调集166辆救护车、3架直升机用于医疗保障。

（杭州亚组委办公室）

环境质量和气象保障

2023年，杭州亚组委环境保障部统筹协调、系统谋划，推进亚运会环境质量保障、气象保障、绿色亚运和碳中和等工作。印发《第19届亚运会、第4届亚残运会环境空气质量保障长三角区域联防联控方案》和《第19届亚运会、第4届亚残运会浙江省环境质量保障方案（修订版）》。召开亚运会环境质量保障工作领导小组会议、专题会议20余次，开展亚运会环境质量保障应急拉练20余次。组织亚运会气象中心6个部室和5个分中心制订工作方案，形成“1+9+5”（1个总工作方案、9个部室或专项工作方案、5个分中心工作方案）工作方案体系等。围绕开（闭）幕式，制作发布服务材料384期，发布赛事气象专报3448期、高影响天气专报15期，触发高影响天气告警提醒66条，提出高尔夫赛事熔断气象建议1次，为7项赛事16次变更赛程提供决策依据。

市气象局构建数智气象亚运会和亚残运会精细服务矩阵，服务智能办赛、参赛、观赛，数智气象被列为亚运会和亚残运会参赛领域五大智能场景应用之一。X波段雷达协同观测、人工智能视频观测、分钟级要素预报等技术产品投入业务应用。剧本式编制“一活动一方案”和赛事“一馆一策”服务方案，完成亚运会和亚残运会开（闭）幕式、火炬传递等14场重大活动、8520场比赛的气象保障。

杭州亚运会参赛人员入场防爆安检（摄于 2023 年）

（杭州亚组委办公室 供稿）

杭州亚组委联合省市相关部门、主办协办城市实施亚运会绿色行动。联合省发改委、省能源局、国网浙江省电力公司印发《杭州亚运会绿色电力专项行动方案（修订）》，举行亚运会、亚残运会绿色电力交易签约仪式，成交绿电 3.94 亿千瓦时。开展“绿色亚运、低碳有你”赞助企业绿色行动、“我为亚运种棵树”活动；举办环境日、生态日、低碳日、“无废亚运”主题活动、“喜迎亚运、勇毅前行”毅行、“拥抱低碳生活，共享绿色亚运”主题活动、“蔚蓝天，迎亚运”大气环境质量提升暨减污降碳协同增效院士报告会等活动。联合中环联合认证中心、蚂蚁集团开展亚运会、亚残运会碳排放核算，排放总量 88.29 万吨。举行杭州亚运会、亚残运会碳抵消指标捐赠仪式，47 个单位捐赠 109.99 万吨，其中碳配额 6.05 万吨、国家核证自愿减排量 1.42 万吨、国际认证碳信用 86.10 万吨、浙江省碳普惠 16.37 万吨。联合蚂蚁集团开展“人人 1 千克、助力亚运碳中和”活动，1.07 亿人次参与，获得吉尼斯世界纪录认证；联合阿里巴巴集团、杭州亚运村推出首个“云上亚运村”低碳账户，参与人数 1.6 万人，“村民”参与率超过 80%。召开亚运会和亚残运会碳管理评估报告专家评审会。联合省生态环境厅，编制浙江省地方标准《大型赛事活动绿色低碳运营指南地方标准》。拍摄亚运会碳中和专题片，编印《一图读懂亚运碳中和》宣传折页。“杭州亚运会和亚残运会在亚运史上首次实现碳中和”被中央广播电视总台评为“2023 年国际十大体育新闻”之一。

（杭州亚组委办公室）

亚残运会特色保障

2023 年 6 月，杭州亚残组委在官方网站上发布《杭州 2022 年第 4 届亚残运会分级指南》，包括各方职责、分级项目信息、分级运行、分级抗议 / 申诉政策和程序，以及其他与分级运行相关的内容。10 月 16—28 日，亚残运会分级综合中心运行。分级综合中心负责肢体分级评估和视力分级评估，督导各场馆开展分级工作，收集、汇总、处理所有分级信息，分级评估阶段的抗议提交受理及处理。在田径、游泳、自行车、轮椅篮球、草地掷球、硬地滚球 6 个竞赛场馆设立场馆分级中心，设置分级评估室，以满足赛前分级评定的需要。杭州亚残组委分级管理处为分级综合中心和 6 个场馆分级中心配备先进设施，按国际标准优化提升无障碍环境。在所有竞赛场馆设置分级办公室和观察点，以满足赛时观察的需要。551 名运动员在亚残运村分级综合中心和田径、游泳、自行车、硬地滚球、草地掷球、轮椅篮球 6 个竞赛场馆的场馆分级中心进行视力、肢体和智力分级评估。

亚残奥委员会和各国际单项体育组织邀请世界各地的认证分级师参与杭州亚残运会分级工作。参与分级工作 94 人，其中主分级师 19 人、分级师 73 人、田联分级官员 1 人、泳联分级官员 1 人。参与分级团队保障工作 116 人，其中组委会 5 人、保障人员 19 人、专业口译人员 18 人、志愿者 74 人。

（杭州亚组委办公室）

责任编辑　金利权　高　丹

3 年度聚焦

学习贯彻习近平新时代中国特色社会主义思想主题教育

2023年4月起，杭州市根据中央和省委统一安排，紧扣深入学习贯彻习近平新时代中国特色社会主义思想这一主题主线和根本任务，以县处级以上领导干部为重点，分两批在全市党员中开展主题教育，共涉及市管以上领导干部1426名、处级领导干部1.04万名，涵盖基层党组织4.5万个、党员78万余名。

主题教育开展以后，杭州市委贯彻落实习近平总书记关于主题教育系列重要讲话重要指示批示，特别是考察浙江重要讲话精神，紧扣“学思想、强党性、重实践、建新功”总要求，以“学习新思想、建设新天堂、再创新辉煌”为工作主线，以“头雁”标准、省会担当一体推进理论学习、调查研究、推动发展、检视整改、建章立制5项重点措施落实落细，确保主题教育全程高标准、全面高质量。市委主题教育领导小组召开全体会议6次，市委主题教育领导小组办公室建立健全市、县两级“周调度、旬例会、月分析”机制，常态开展“四不两直”调研检查；与省委巡回督导组建立“两级督导、一体协同”4项工作机制，指导各地各单位形成“管长远、固根本”制度成果1050个，推动“解决一件事”升格为“解决一类事”。

锚定“走前列、作示范”，彰显头雁担当。市委常委会作“五个始终、五个坚决”集体承诺，以“筑牢信仰之基”“砥砺捍卫之志”为主题，举办2期共7天的专题读书班，开展集中学习14次。市领导带头领办调研课题44个，到基层调研651次，攻坚难题557个；到基层开展信访工作，领衔挂包、全面化解重大疑难复杂信访事项55件；查摆分管领域问题短板，领办牵引性、系统性突出难题15个，专项整治重点难题3个。高质量开好专题民主生活会，市委全会审议通过“八八战略”再深化再落实制度机制，出台进一步深化完善“第一议题”制度文件。

凸显“政治味、杭州味”，放大特色优势。全市举办市管领导干部专题读书班2期，带动各地各单位领导班子举办读书班1443场次、专题研讨8179次；县处级以上领导干部普遍制订个人学习计划，全覆盖开展不少于7天的集中学习。7627名县处级以上领导班子成员讲好专题党课，开展“万场党课下基层”活动。利用《殷切的期望》《亲切的关怀》和8条“沿着总书记的足迹看杭州”红色经典线路、30个“追随总书记的脚步”精品现场教学点等特色资源，开展“循迹溯源学思想促践行”。全市各级党组织开展集中学习15.6万场次，覆盖党员78万余名。实施青年干部“明德守法、完善自我”专项行动，组织青年党员开展专题讨论1.5万次，进行廉政警示教育1.4万次。实施“持正确政绩观、建为民新业绩”行动，开展“干部点将培养一线攻坚”比拼晾晒，探索深化容错纠错备案机制在亚运会筹办、招商引资、重大项目建设、政策创新等方面应用。

突出“两场硬仗”牵引，展现争先姿态。市委深化“八八战略”杭州新实践，推动全市党员干部在打赢经济翻身仗、亚运攻坚仗“两场硬仗”中担当作为、奋发有为。开展“红色领杭·奉献亚运”大考大赛，设立党员示范岗4.1万个、组建党员突击队8165支，在竞赛和训练场馆全覆盖建立临时党组织1450个，实施党建引领护航亚运“五大先锋行动”和“百千万”大比武。系统谋划后亚运“十大攀登行动”，打出“抢先机、拼经济”30条、经济高质量发展64条等政策组合拳，统筹推进三个“一号工程”，推出新一轮国家试点改革举措150项，“中国民营企业500强”数量连续21年居全国城市首位，全年招商引资落地百亿项目3个、10亿元以上项目106个。

深化“民呼我为”机制，践行为民宗旨。市委迭代优化“民呼我为”的路径、机制、载体，开展“大走访大调研大服务大解题”活动。指导推动县处级以上领导干部领办课题6511个，开展“一线解题式”“扎根蹲点式”“案例解剖式”调研3.5万次，现场发现并解决问题1.3万个。推动全市各级领导干部下访接访群众1.9万人次，323名区县（市）领导领衔包案信访积案1736件，接访4943人次。深化“千名干部助千企”活动，市、县、乡三级选派助企服务员4530名，服务企业8509个，企业诉求办结率99.1%。打造“1+X”民意互动平台，举办“公述民评”面对面问政活动4场，推进走亲连心“三个全覆盖”，组织29.6万名党员走访群众91.4万户，加速推进公共服务“七优享”工程。开展“政治检视、党性体检”，完成第一批市直单位梳理查摆的475个问题和第二批区县（市）党委班子成员领办的139个问题整改、销号，完成中央部署的重点任务和省委、市委关注的重点问题以及群众反映强烈、长期没有解决的问题专项整治项目76个，28个上下联动整改项目全部完成销号。

树牢“大抓基层”导向，推动强基固本。市委以主题教育为契机，推广“四下基层”优良传统，推进“争星晋位·全域建强”行动，开展“夯实基层、服务基层、关爱基层”专项行动，整治形式主义为基层减负，推动基层党建全市域建强、全领域过硬、全面走在前列。运用“千万工程”经验案例，总结推广“大下姜”乡村振兴联合体经验，建成共富工坊1248个，带动吸纳农民就业6.3万人。以“一村一策”抓实172个软弱后进村社党组织整顿转化，派强用好新一轮驻村第一书记、农村工作指导员。构建“1+6+N”现代社区建设工作体系，深化党建统领网格微治理体系，动态调整优化网格1.47万个，配齐“1+3+N”网格力量24.2万人。为基层减负松绑，出台7个方面35条“整治形式主义为基层减负工作负面清单”，开展“指尖上的形式主义”专项整治。实施党员“进出育管爱”全链条管理，开展农村青年“双向培养”、青年先锋“种子工程”、产业工人“筑强领航”、高层次人才“聚心”等扩源和引回行动，新吸纳入党积极分子1.03万名。探索破解新时代流动党员管理难题，研究制定加强和改进流动党员管理20条工作指引，建立流动党员党组织1847个，纳管流动党员24.5万名，与13个省（自治区、直辖市）的42个市(自治州）建立流动党员“契约式”双向共管机制。

主题教育期间，中央主题教育领导小组办公室到杭州调研2次，主题教育中央第五（巡回）指导组实地指导15次并对杭州工作给予肯定。杭州工作被中央主题教育领导小组办公室《简报》刊发2次，被省委主题教育领导小组办公室《简报》刊发20次；被《人民日报》、新华社、中央广播电视总台、《学习时报》等中央媒体报道130篇（次），被省、市媒体报道926篇（次）。杭州市在全省会议上作交流发言7次。在主题教育随机测评中，党员群众对杭州市第一批主题教育总体评价“好”的为99.6%、第二批主题教育总体评价“好”的为99.8%。

（程建全）

“八八战略”实施20周年

2003年7月10日，时任浙江省委书记习近平在省委十一届四次会议上，作出发挥“八个方面优势”、推进“八个方面举措”的重大决策部署（简称“八八战略”）。20年来，杭州持续深化“八八战略”生动实践，“杭州之窗”演绎城市高质量发展变化。

改革活力激发，经济年均增长9.5%。在“八八战略”引领下，杭州完善经济体制，经济总量从1000亿元级起步，2015年首次超过10000亿元，2023年达到20059亿元，按可比价计算年均增长9.5%。经济总量居全国省会城市第三位、副省级城市第四位、大中城市第八位。人均生产总值提高到16.11万元，迈过高收入经济体门槛。民营经济做优做强做大，入选中国民营企业500强数量连续21年居全国第一位。

对外开放深化，出口总量超过5000亿元。在“八八战略”引领下，杭州实施国际化战略，构筑大开放格局。2023年，进出口总额达到1142亿美元（8030亿元），其中出口759亿美元（5339亿元），分别为2002年的8.7倍和9.0倍。成功举办G20杭州峰会，成功申办并圆满举办杭州亚运会和亚残运会，入选全球旅游最佳实践样本城市、全球52个最值得到访的旅游目的地。2023年，杭州全球化城市指数居全球第78位，居全国大中城市第五位。

现代产业体系构筑，数字经济核心产业增加值占地区生产总值的28.3%。在“八八战略”引领下，杭州打造特色产业地标，从培育文化创意、电子商务、信息软件等十大产业，到推进信息经济“一号工程”，建设“中国数字经济第一城”，打造智能物联、生物医药、高端装备、新材料和绿色能源五大产业生态圈，为打造现代化产业链打下坚实基础。2023年，全市数字经济核心产业增加值5675亿元，占全省的57.5%，占地区生产总值的28.3%，五大产业生态圈营业收入达1.83万亿元。

城乡全面发展推进，城乡居民收入比缩小至1.67。在“八八战略”引领下，杭州城乡深度融合发展，连续17年获评“中国最具幸福感城市”，城乡居民人均可支配收入分别从2002年的11778元、5708元提高到2023年的80587元、48180元，城乡居民收入比1.67，为全国城乡发展最均衡的区域之一。村集体经济收入“5030”（指村及涉农社区集体经济总收入50万元以上，经营性收入30万元以上）目标完成，家庭人均年收入4600元以下贫困现象消除。

绿色发展理念践行，两项水质达标率100%。在“八八战略”引领下，杭州开展“五水共治”“五气共治”“五废共治”专项行动。2023年，市控以上断面水质优良率、功能区达标率、县级以上集中式饮用水水源地水质达标率均达到100%，生活垃圾分类工作成效居全国大型城市第三位，市区空气优良率84.4%，比2013年提高24.4个百分点。推进碳达峰碳中和，开展减污降碳协同创新和碳排放监测试点。

区域统筹发展加强，区县协作连续实施13年。在“八八战略”引领下，杭州开展全方位、多层次区域交流合作。2011年，启动区县协作，在产业发展、经贸互动、人才交流、城乡建设等方面引导区县（市）开展深层次合作。推动县域经济较快发展，淳安县生产总值从2002年的38.2亿元提高到2023年的280亿元，桐庐县从63.2亿元提高到469亿元，建德市从70.3亿元提高到450亿元。

城市基础功能增强，地铁里程超过500千米。在“八八战略”引领下，杭州拓展特大城市发展格局，富阳、临安相继撤市设区，主城区优化调整，市区面积扩大至8289平方千米。航空、高铁、高速公路等综合交通体系完善，2012年第一条轨道交通建成运营，2023年底运营里程达到516千米，居全国城市第六位。以城市大脑创新城市治理，打造全国城市数字治理典型范本。

城市文化实力提升，世界遗产名录增至3项。在“八八战略”引领下，杭州科技投入增加。2023年，研究与试验发展（R&D）投入强度为3.9%，专利授权10.8万件，是2007年的14.2倍。推进教育体制改革，高等教育毛入学率72.5%，比2002年提高42.5个百分点。公共文化服务体系日益完善。2011年、2014年、2019年，西湖、大运河、良渚古城遗址相继被列入“世界遗产名录”，成为全国少有的“三世遗”城市。

（市统计局）

《杭州都市圈发展规划》获批复

2023年1月，新一轮《杭州都市圈发展规划》（简称《规划》）获国家发展改革委批复，并于6月由浙江省政府印发。《规划》范围包括：杭州市辖区及桐庐县；湖州市辖区及安吉县、德清县；嘉兴市辖区及桐乡市、海宁市；绍兴市辖区及诸暨市。面积2.2万平方千米，较实际工作范围大幅度缩小。2023年年末常住人口规模2256万人，2023年地区生产总值3.34万亿元，在国家批复的都市圈中综合竞争力较强。

杭州都市圈位于长江三角洲经济圈的南翼，是2016年公布的《长江三角洲城市群发展规划》中，“一核五圈四带”的“五圈”之一。最初为2007年5月由杭州、湖州、嘉兴、绍兴4个市通过平等协商组建的跨区域、开放型区域合作组织。2018年，浙江省衢州市、安徽省黄山市加入杭州都市圈。2020年，安徽省宣城市被吸纳为杭州都市圈合作发展协调会观察员城市。

上一轮《规划》由省政府于2010年批复，2020年到期。2021年以后，在省发展改革委的统筹指导下，杭州市会同杭州都市圈各成员城市推进新一轮《规划》编制并向上报批，后又进行多轮修改完善。新一轮《规划》根据《长江三角洲区域一体化发展规划纲要》《国家发展改革委关于培育发展现代化都市圈的指导意见》等文件精神编制，期限至2027年，展望至2035年。《规划》明确到2027年，杭州都市圈同城化水平和发展质量提升，统一开放的市场体系建立，融入长三角一体化发展；到2035年，杭州都市圈实现同城化发展，大中小城市和小城镇协调发展的格局形成，各类资源要素高效便捷流动，现代化产业体系集群成链，空间布局与功能分工合理，公共服务水平趋于区域均衡，绿色美丽智慧和谐安全的幸福家园建成，成为具有重要影响力和竞争力的现代化都市圈。

在空间格局上，《规划》提出“一主三副多点”和“一环六带”两个概念。其中，“一主”即杭州，“三副”即湖州、嘉兴、绍兴，“多点”包括柯桥、海宁、德清、诸暨、桐乡、安吉、桐庐等毗邻县域。“一环”指以杭州第二绕城高速公路为纽带的同城化发展环，“六带”指杭湖发展带、杭嘉发展带、杭绍发展带、拥江发展带、揽山发展带、滨湖发展带6条跨区域辐射聚合发展带。

在发展定位上，《规划》提出要增强杭州核心功能，实施城市内涵式发展计划，加快构建多中心、网络化、组团式、生态型的空间结构，强化“开放门户、综合枢纽、创新策源”三大功能，集聚金融、总部、商务、消费、文化等核心功能。作为都市圈三个副中心城市，湖州、嘉兴、绍兴要主动承接杭州产业转移和功能疏解，推动制造业规模化集群化发展，完善城市、街区、社区多层级、全覆盖的公共服务网络体系。

在杭绍、杭海2条城际铁路基础上，《规划》提出要加快建设杭州至德清、嘉兴至枫南市域铁路，谋划研究杭州到诸暨市域铁路，打造“0.5~1小时”日常通勤圈。推进苏嘉甬铁路、沪乍杭铁路、宁杭高铁二通道建设，建成杭州都市圈环线高速公路，打造与长三角主要中心城市的“一小时交通圈”。《规划》还提出一系列机制创新举措，推动畅达都市圈建设，包括发展具有杭州都市圈特色的“一票一码”一体化公交服务体系，推动杭州都市圈轨道交通换乘一体化。优化拓展城际公交线路。以地铁“一码通行”为先导，实现全出行链“一票制”“一卡通”。

在人才招引方面，《规划》提出，要联手打造优秀人才汇聚高地，打通高层次人才创新创业“绿色通道”。支持在杭州设立“人才飞地”，推进都市圈人才服务共建共享。

在环境保护方面，杭州都市圈探索跨区域生态补偿制度。新安江、东苕溪等水环境生态补偿机制建立以后成效显著，在此基础上，《规划》提出要探索跨区域固体废物处置生态补偿机制，完善生态环境监测数据共享预警机制，创新完善市场化治理机制。根据《规划》，未来杭州都市圈将探索建立区域水资源统筹调配机制，论证实施跨区域引调水工程，加强空中云水资源开发利用，推进城市应急备用水源互济工程。

4月3日，省政府常务会议指出，《规划》获批意义重大，要求建立省市联动、部门协同机制，项目化、清单化推动《规划》落地落细，建立更高层次、更加紧密、更加有力的推进机制。由省发改委统筹协调、杭州市具体牵头，湖州、嘉兴、绍兴三市协同，共同编制“1+4”规划落实体系，即1个方案（《杭州都市圈发展规划实施方案》）和4张清单（指标分解清单、重点任务清单、重大项目清单、标志性协同事项清单），结合省委三个“一号工程”和“十项重大工程”等工作部署，提出城乡发展、基础设施、科技创新、产业集群、环境治理、民生共享、对外开放、人文交流、社会治理“九个一体化”重点举措，内容体现杭州引领、四市协同的特点。

（市发改委）

科创金融改革试验区建设

2022年11月，经国务院同意，中国人民银行等8个部委联合印发《上海市、南京市、杭州市、合肥市、嘉兴市建设科创金融改革试验区总体方案》，杭州市获批科创金融改革试验区。2023年，杭州市加快推进试验区建设，推进科创金融政策体系建立，把握国家、省关于金融工作和科技创新的指示精神，结合实际，谋划建设科创金融改革试验区杭州方案。坚持定性定量相结合，围绕科创企业融资痛点堵点，形成杭州市科创金融改革总纲，统筹指导未来5年试验区建设工作。制定《关于建设现代金融创新高地 助力经济高质量发展的若干意见》及系列配套奖励细则，在科创金融专营机构设立、提高科创信贷及科创保险业务规模等方面明确专项扶持政策，鼓励和引导金融机构围绕科技创新优化金融服务，加大科创金融改革试验区建设的政策支持力度。

着手科创金融标准体系探索，聚焦科创企业标准，以国家高新技术企业、省科技型中小企业，专精特新企业（省创新中小企业、省专精特新中小企业、省“隐形冠军”企业、国家专精特新“小巨人”企业）为基础，梳理科创企业名单。开展《科创企业认定评价》省级团体标准研制工作。聚焦专营机构标准，构建科创金融专营机构认定规范，制定《杭州市科创金融专营机构（组织）认定管理办法（暂行）》，全年认定科创金融专营机构21个，覆盖银行、保险、担保等金融机构或组织。聚焦科创产品服务标准，探索科创金融产品与服务标准，梳理形成第一批科创保险目录，引导保险机构为科创企业提供标准服务。

推动科创贷款扩面增量，实施“融资畅通工程”升级版，推动银行机构加大对科创企业服务力度，提升科创企业信贷服务的便利度与覆盖面。至年末全市科创贷款3353.45亿元，比上年增长22.5%。发挥政府性融资担保增信作用，助力科创企业获得信贷，设立城西科创大走廊科创担保中心。做强做精“杭高担”科技担保品牌，为6639个（次）科技型企业提供担保，担保总金额212.23亿元；知识产权质押业务占年度担保业务量的46.6%，惠及科创企业1535个（次）；推出“成果转化保”和“人才保”，提供科技中小企业政策周转资金143.35亿元。“杭高担”首创“政策性出口信用保险＋政策性担保＋银行授信”融资闭环模式，入选国务院服务贸易发展部深化服务贸易创新发展试点最佳实践案例。

拓宽资本市场利用渠道，贯彻落实“凤舞行动”计划，实施“凤舞九天”三年行动计划，开展重点拟上市企业认定，扶持优质科创企业登陆资本市场。全年新增上市公司22个，其中科创企业18个。年末全市上市公司总数达302个，居全国第四位。深化区域性股权市场创新试点，建设完善科创助力板、生物医药板、科创人才板、专精特新板，获批开展股权投资和创业投资份额转让试点。

推进科创金融产品创新，优化知识产权融资服务，全年全市办理知识产权质押融资登记企业1847个，质押金额306.90亿元。推行知识产权资产证券化，发行全国首单包含数据知识产权的证券化产品，落地省内首单知识产权资产支持票据，助力科创企业实现“知产”变“资产”。支持符合条件的科创企业在银行间市场发行科创票据，至年末，全市发行科创票据20单，涉及金额193.50亿元。改革整合天使引导基金、创投引导基金、成果转化基金及跨境引导基金等，升级打造千亿杭州科创基金，聚焦“投早投小投科技”，打造科创企业的长期资本和耐心基金。合作子基金规模600.30亿元，对外投资金额295.38亿元，投资五大产业生态圈项目1346个，培育上市公司110个。与西湖大学、之江实验室等重点研发机构、技术源头单位及龙头企业等组建6只成果转化基金，总金额39.59亿元，投向颠覆性技术和前沿技术。加快发展新质生产力，孵化培育高维医药、西湖烟山科技、强脑科技等优质项目。

推动科创金融综合服务平台建设，发挥杭州金融综合服务平台作用，针对科创企业特点与融资需求，开设“知识产权”“供应链”“专精特新”等科创特色融资专区，实现政银企在线高效精准对接。全年平台帮助11.3万个企业融资3211亿元。6月，杭州技术转移转化中心运行，构建7×24小时不打烊智能化服务平台。建立科技成果数据库及企业数据库，入库成果50万余项、需求1万余项，推动成果转化签约40项。建设成果转化领域大模型1.0版，提升成果转化效率。9月，设立政务增值服务科创金融专窗，对接企业的科创金融需求，精准链接杭州科创金融服务，实现“一个口子汇集需求，集成化输出服务”。杭州市科创集团摸排科创企业在科创金融、科创服务等方面的具体需求，以生命健康、新能源、新材料、先进制造、集成电路、信息技术六大产业为范围，筛选高成长、硬科技企业作为“百舸计划”差异化培育对象，选派科技金融服务小分队上门对接需求，量身定制科创金融服务方案。

（市委金融办
市国有资本投资运营有限公司）

数字自贸区建设

2023年，中国（浙江）自由贸易试验区杭州片区（简称杭州片区）围绕中共二十大提出的“实施自贸试验区提升战略”，按照国家赋予的“三区一中心”（打造全国领先的新一代人工智能创新发展试验区、国家金融科技创新发展试验区和全球一流的跨境电商示范中心，建设数字经济高质量发展示范区）功能定位，聚集数字贸易、数字金融、数字物流、数据流动、数字产业五大重点领域，建设杭州“数字自贸区”品牌。

6月16日，杭州市召开“地瓜经济”提能升级“一号开放工程”暨数字自贸试验区、服务业扩大开放高质量发展大会。大会明确，推进杭州数字自贸试验区建设和服务业扩大开放综合试点，构建对内对外开放新格局，打造高能级开放枢纽城市，并印发《杭州数字自由贸易试验区高质量发展行动方案》。

杭州片区以仅占杭州市0.22%的土地面积，贡献全市16.1%的税收收入、19.2%的进出口总额和10.9%的实际利用外资金额。杭州片区知识产权和专利领域3项改革试点作为国务院自贸试验区第七批改革试点经验向全国复制推广。

杭州片区以数字贸易便利化改革为突破口，推进制度型开放。围绕新型离岸贸易、数智化在线商事调解、数字知识产权等数字服务贸易重点领域探索，107个服务贸易创新发展试点任务完成，10个案例入选全国服务贸易最佳实践案例，服务外包示范城市综合评价居全国第一位；跨境电商领域形成通关监管、物流仓储等8个方面46项制度集成创新，启动跨关区退货业务新模式，在全国综合试验区考核中连续两年获评优秀，7项举措入选商务部外贸新业态优秀实践案例，占案例总数的23.3%。

杭州片区以数字金融服务创新

为发力点，为数字贸易提供支付结算便利环境。推进金融服务便利，创新开展合格境外有限合伙人、境外机构境内外汇账户试点，获批全国首批本外币合一银行结算账户体系试点，年末全市本外币合一账户8万余户，办理人民币资金收付超过25万亿元、外币资金收付超过600亿美元。促进支付结算便利，落地全国第二块银行卡机构清算牌照，支持10个境外钱包在华支付消费，推动支付宝等跨境支付平台提升支付便利，4个行业龙头跨境电商支付规模超过6500亿元，占全国支付规模的1/8。助推人民币国际化，参与多边央行数字货币桥试点，连连集团与中国银行合作研发跨境数字人民币收款业务。创新金融科技应用，获批国家科创金融改革试验区，落地数字人民币试点，创新亚运数字人民币硬件钱包等跨部门业务场景应用，数字人民币钱包开设数占浙江的1/3以上。

杭州片区以数字物流枢纽能级提升为着力点，为数字贸易提供国际运输便利配套。创新航空电子货运试点，启动国际航线货物状态全球数字轨迹共享，建成航空物流公共信息平台。创新电子世界贸易平台（eWTP）服务，在比利时列日机场打造货通欧洲的eHub枢纽，联合比利时海关、财政部门分别推出“一单双报、便捷清关”和欧盟全球增值税一站式解决方案。落地第五航权国际货运航线，提升杭州机场国际货运中转能力，构建“全球123快货物流圈”，航空货运吞吐量居全国前五位。

杭州片区以探索数据跨境流动为切入点，为对标数字贸易高标准国际经贸规则提供杭州实践。深化数据交易，杭州数据交易所发出全国首张“数据合规流通数字证书”。开展境外互联网访问试点，落地企业外联App应用，试点企业92个、终端561台，试点企业增长率、使用率、在线率均居全国第一位。探索数据跨境安全有序流动，17个企业申报场景通过国家网信办评估，企业数据合规出境申报数量及评估通过数量居全国第一位。创新数据资产应用，建设数据知识产权质押融资新模式，首批7个企业质押融资3000万元。强化法治保障，探索数字贸易地方性立法，发布服务保障数字自贸试验区10项措施，落地互联网法院跨境贸易法庭、杭州国际商事法庭、自贸区共享法庭，“数智在线”商事调解模式构建“调解优先”解纷新格局。制定数据标准规范，发布2项全球电商领域国际标准，牵头或参与的数字贸易领域标准超过30个。加强联动协作，与新加坡国际贸易单一窗口推进“一次申报、多边通关”的数字化服务，举办数字自贸区贸易便利化高端交流活动，与上海自贸区临港新片区推进长三角数据跨境流动合作。

杭州片区以全球数字贸易博览会（简称全球数贸会）为平台，催生新质生产力。全球数贸会升格为国家一类展会，促进数字贸易发展。全年杭州市实现数字贸易额3190亿元，数字服务贸易占服务贸易比重超过70%；数字服务出口基地等5个国家级特色服务出口基地发展水平居全国前列；跨境电商进出口额超过1400亿元，跨境电商出口占外贸出口比重22.6%。推动数字贸易与先进制造业融合，杭州片区所在区新增数字产业相关企业3.6万个、独角兽及准独角兽企业334个、上市企业48个，集中全球数字安防领域十强企业3个，海康威视公司、大华股份公司多年居全球视频监控市场占有率前两位。专利合作条约（PCT）国际专利快速增长。出台国家自主创新示范区和自由贸易试验区“双自联动”10项推进举措，推进科技成果转移转化。杭州全球创新指数城市排名连续两年居第14位。

（市商务局）

个人养老金制度试点城市建设

2022年11月25日，个人养老金制度在全国36个城市（地区）启动为期1年的先行试点，杭州市为先行试点城市之一。12月13日，杭州市个人养老金先行工作领导小组成立，由市政府主要领导、分管领导分别担任组长、副组长。建立由中国银行保险监督管理委员会浙江监管局、中国证券监督管理委员会浙江监管局、市人力社保局、市财政局、市税务局、市国资委、市地方金融监管局7个部门组成的工作专班，由市人力社保局总牵头，制定杭州市推进实施个人养老金先行工作方案，指导各区县（市）和杭州西湖风景名胜区管委会推进个人养老金先行试点工作。

2023年1月，杭州市开展“个人养老金宣传月”活动，包括政策业务培训、政策宣讲云直播、政策业务问答、专题展板宣传与资料宣发答疑、公共媒介平台视频轮播等。各区县（市）结合当地实际开展宣传。专班各成员单位、个人养老金业务机构利用各自渠道，通过线上和线下多种形式宣传，形成个人养老金先行试点社会氛围。2月底，市人力社保局联合税务部门，在2022年度个人所得税汇算启动前，推送“及时办理个人养老金税前扣除”提醒信息。首批5.44万人申请享受个人养老金税前扣除优惠政策，总金额6.68亿元。6月，杭州市搭建个人养老金先行“社银协作”平台，全市37个个人养老金业务银行、保险机构全部被纳入平台。依托杭州市个人养老金先行“社银协作”平台，市人力社保局重点对全市开展个人养老金业务的金融机构进行运行调研，动态掌握个人养老金试点的推进与运行情况。10月，市人力社保局采集杭州市个人养老金先行开户缴费情况数据，开展“推动个人养老金健康可持续高质量发展思考”课题研究。

为更好规范业务开展，4月和11月，国家金融监督管理总局浙江监管局先后印发《关于规范发展个人养老金业务监管提示的通知》《关于规范养老金账户业务管理的消费者权益保护工作监管提示书》，在合理开展业务考核和宣传、保护消费者知情权与自主选择权等方面作出提示，要求各银行保险机构做好产品风险提示和投资者教育，畅通消费者咨询和投诉渠道，加强矛盾纠纷排查化解。指导银行保险机构提升服务质效，督促银行保险机构提升个人养老金业务的规范化、信息化和专业化水平，完善信息系统和便捷办理流程。中国证券监督管理委员会浙江监管局推动辖区金融机构主动参与个人养老金产品设立和销售工作，2个机构进入首批个人养老金基金独立销售机构目录。

至11月底，杭州市个人养老金开户数200.68万人，缴费人数74.86万人，缴费金额13.84亿元，开户数、缴费人数、缴费金额均居36个先行试点城市（地区）前列。全市个人养老金产品从数量看，储蓄类占9.5%，基金类占83.3%，理财类占4.0%，保险类占3.2%；从投资金额看，储蓄类占58.3%，基金类占32.5%，理财类占7.9%，保险类占1.3%；从上架情况看，股份制银行平均每个上架81款产品，大型银行平均每个上架74款产品，城市商业银行平均每个上架54款产品。

（市人力社保局）

2023年11月24日，“艺汇丝路”访华采风活动启动

（杭州良渚遗址管委会 供稿）

首届“良渚论坛”

2023年12月3日，首届“良渚论坛”在杭州举行。国家主席习近平致贺信。论坛以“践行全球文明倡议，推动文明交流互鉴”为主题，包括1个主论坛、2个分论坛（“新时代青年汉学家眼中的中外文明交流互鉴”分论坛、“中外艺术家眼中的文明交流互鉴”分论坛）、2项活动（“艺汇丝路”访华采风活动和“艺汇丝路”访华采风作品展）。阿拉伯国家联盟秘书长代表、助理秘书长胡萨姆·扎齐，以及“丝绸之路六大联盟”代表、国际文化艺术机构代表等外宾出席主论坛，83个国家的84名艺术家、33个国家的43名青年汉学家参加论坛相关活动。《人民日报》、中央广播电视总台、新华社等70余个主流媒体进行集中宣传报道，50余个国家和地区的2155个媒体采用和转发报道，全球网络传播总量超过10亿次。《践行全球文明倡议 推动文明交流互鉴首届“良渚论坛”圆满举办》获《中办信息》录用刊发。“习近平向首届‘良渚论坛’致贺信”被中央广播电视总台评为“2023年度国内十大考古新闻”之首。

11月24日，为期1周的“艺汇丝路”访华采风活动启动，83个国家的84名艺术家参观良渚古城遗址公园和良渚博物院，并进行写生创作。随后，艺术家们从杭州出发，分别前往湖州和绍兴。一条游线包括杭州桐庐富春江小三峡，湖州安吉余村、南浔荻港村等地；另一条游线包括杭州西湖景区、京杭大运河（杭州段），绍兴兰亭景区、鲁迅故里等地。

12月1日，“新时代青年汉学家眼中的中外文明交流互鉴”分论坛在良渚举行。国内专家学者、33个国家的43名青年汉学家和媒体代表共150余人出席论坛。中外专家学者就“文化丝路”与民心相通、中国式现代化及其世界意义等主题开展对话交流。

12月1—2日，“中外艺术家眼中的文明交流互鉴”分论坛在良渚举行。该论坛分为“主题发言”和“艺术对话”两部分。参加“艺汇丝路”访华采风活动的84名艺术家和国内艺术家代表共150余人出席论坛。中外艺术家代表围绕论坛主题，探讨艺术创作对文明交流互鉴的独特作用，以及文明交流互鉴对艺术创作的影响。艺术家们还通过分组交流探讨创作经历。

12月3日，“艺汇丝路”访华采风作品展在良渚梦栖小镇举办。83个国家的84名艺术家以自身的文化视野与中国文化相结合，用个性化的艺术语言在创作题材、创作形式以及呈现方式上，对中国之行的体验进行提炼、解读和表达。152件艺术作品分“文明探源”“绿水青山”“人文胜境”3个板块展出。

（杭州良渚遗址管委会）

杭州荣誉

2023年4月，杭州入选首批国家知识产权保护示范区建设城市。

5月，杭州入选首批全国网络监管与服务示范区。

5月，“2023福布斯中国消费活力城市榜”发布，杭州居第七位。

6月，杭州被确定为国家对外文化贸易基地。

7月，2023年国家物流枢纽建设名单发布，杭州空港型国家物流枢纽入选。

8月，杭州入围全国中小企业数字化转型首批试点城市。

10月，2023年全球创新指数（GII）发布，杭州居第十四位。

11月，杭州入选首批国家碳达峰试点城市。

11月，杭州连续17年入选“中国最具幸福感城市”。

12月，万家民营企业评营商环境报告发布，杭州再次入围得分和最佳口碑省会城市及副省级城市前十位。

12月，2023年中国软件名城评估结果发布，杭州居复评第二位。

12月，杭州连续13年入选“外籍人才眼中最具吸引力的中国城市”。

（年鉴编辑部）

责任编辑　金利权　高　丹

4 大事记

1月

2日 由市政府、浙江大学、中国美术学院主办的第十六届杭州文化创意产业博览会在杭州国际博览中心闭幕（2022年12月30日开幕）。博览会主题为“创意杭州·联通世界——文化的力量”，举办展览、论坛、商务、颁奖等10余项活动，40个国家与地区的3800余个企业（机构）和品牌参展，线上和线下超过1亿人次参与，实现现场成交及项目签约额21.15亿元。

3日 交通运输部公布2022年度交通运输科技示范工程立项创建名单，京杭运河浙江段智慧建管养科技示范工程入选。

△ 市政府办公厅印发《关于促进杭州市现代物流业高质量发展的若干意见》。意见提出构建现代物流基础设施网络、做强智慧物流品牌、做强航空物流品牌等10个方面30条政策举措，形成“一个网络、三大品牌、三大体系、三个强化”的整体框架结构，自2月4日起施行，有效期至2026年2月3日。

4日 市委副书记、市长姚高员到临空经济示范区、萧山区、钱塘区等地专题调研杭州市制造业高质量发展情况。

16日 民建杭州市第十四届委员会第四次全体（扩大）会议召开，学习贯彻中国共产党第二十次全国代表大会、民建第十二次全国代表大会、民建浙江省委会十届二次全会和中共杭州市委十三届三次全会精神，听取并审议通过常委会工作报告和内部监督委员会工作报告。

17日 民革杭州市第十二届委员会第三次全体（扩大）会议召开，学习贯彻中国共产党第二十次全国代表大会、民革第十四次全国代表大会、民革浙江省第十五次代表大会和中共杭州市委十三届三次全会精神，听取并审议通过常委会工作报告和内部监督委员会工作报告。

△ 民进杭州市第十四届委员会第三次全体（扩大）会议召开，学习贯彻中国共产党第二十次全国代表大会、民进第十三次全国代表大会和中共杭州市委十三届三次全会精神，听取并审议通过常委会工作报告和内部监督委员会工作报告。

△ 农工党杭州市第十一届委员会第三次全体（扩大）会议召开，学习贯彻中国共产党第二十次全国代表大会、农工党第十七次全国代表大会和中共杭州市委十三届三次全会精神，听取并审议通过常委会工作报告和内部监督委员会工作报告。

△ 荆长路（杭长高速—余杭塘路）、荆大路（墩余路—振华路）、华丰北路（辰秀嘉园—华鹤街）、丽水北路（石祥路—谢村路）等24条道路开通。

18日 民盟杭州市第十四届委员会第三次全体（扩大）会议召开，学习贯彻中国共产党第二十次全国代表大会、民盟第十三次全国代表大会、民盟浙江省委会十三届二次全会和中共杭州市委十三届三次全会精神，听取并审议通过常委会工作报告和内部监督委员会工作报告。

△ 致公党杭州市第七届委员会第四次全体（扩大）会议召开，学习贯彻中国共产党第二十次全国代表大会、致公党第十六次全国代表大会和中共杭州市委十三届三次全会精神，听取并审议通过常委会工作报告和内部监督委员会工作报告。

19日 市委副书记、市长姚高员会见法国驻沪总领事王度一行。

△ 市政府办公厅印发《关于建设现代金融创新高地助力经济高质量发展的实施意见》。意见明确全面构建具有高度适应性、竞争力、普惠性的现代金融创新高地，提出5个定性目标、9个定量目标，通过18项重点举措，探索金融服务中国式现代化“杭州模式”，自3月1日起施行，有效期至2026年2月28日。

20日 市政府办公厅印发《关于推动杭州总部经济高质量发展的实施意见》。意见包括总体要求、开展总部企业认定、落实支持政策、保障措施4部分22条政策，自2月20日起施行。

30日 九三学社杭州市第九届委员会第三次全体（扩大）会议召开，学习贯彻中国共产党第二十次全国代表大会、九三学社第十二次全国代表大会和中共杭州市委十三届三次全会精神，听取并审议通过常委会工作报告和内部监督委员会工作报告。

31日 浙江启动第二批4个省技术创新中心建设。其中，位于杭州的省飞机复合材料技术创新中心定位为建设国内领先、国际一流的高性能飞机复合材料技术创新平台，主攻高性能碳纤维复合材料原材料、大尺寸复合材料构件制造装配工艺、大尺寸复合材料产品专用装备等。

2月

2日 世界湿地日中国主场宣传活动在杭州西溪国家湿地公园举行，主题为“湿地修复”。会上发布2022年度中国国际重要湿地生态状况监测成果，公布全国新增的18处国际重要湿地。

4日 由市委宣传部（市文明办）主办的“我们的节日·元宵”主题活动暨第十九届杭州市邻居节在西湖区翠苑一区举行。活动采用“1+N”的创新模式进行全市大联动，在杭州各乡镇（街道）、村（社区）的新时代文明实践中心（所、站）设分会场。

13日 杭州市公共机构屋顶光伏试点首个项目——“杭州市中级人民法院屋顶分布式光伏发电项目”并网发电，年发电量33.3万千瓦时，除供法院自用外，余电并入电网获得收益。

14日 市政府印发《关于推动经济高质量发展的若干政策》，主要包括扩大有效投资、科技创新、五大产业生态圈高质量发展、现代服务业高质量发展、建设国际性综合交通枢纽城市和交通强国示范城市、扩大内需和对外开放、乡村振兴和城乡一体化发展、保障和改善民生8个方面64条政策措施。

16日 省委常委、市委书记刘捷专题调研“中国视谷”建设工作。

17日 省委常委、市委书记刘捷会见国际奥委会副主席、萨马兰奇体育发展基金会创始人兼荣誉理事长胡安·安东尼奥·萨马兰奇一行。杭州市和萨马兰奇基金会签署携手打造赛事之城战略合作备忘录。

△ “萨马兰奇体育发展基金会杭州办公室”和“萨马兰奇青少年（杭州）体育教育基地”揭牌仪式举行。

18—21日 中国人民政治协商会议第十二届杭州市委员会第二次会议召开，审议批准常委会工作报告、提案工作情况报告，听取市政协提案委员会关于十二届二次会议提案审查情况的报告，通过政协第十二届杭州市委员会第二次会议建议案，通过政协第十二届杭州市委员会第二次会议决议，选举产生9名政协第十二届杭州市委员会常务委员。

19—22日 杭州市第十四届人民代表大会第三次会议召开，选举市第十四届人大常委会秘书长和部分委员，票决产生市人民政府2023年度民生实事项目，通过关于政府工作报告、杭州市2022年国民经济和社会发展计划执行情况与2023年国民经济和社会发展计划、杭州市及市本级2022年预算执行情况和2023年预算的决议，通过关于市人大常委会工作报告、市中级人民法院工作报告、市人民检察院工作报告的决议；通过《杭州市优化营商环境条例》，将报省人大常委会批准后公布实施。

22日 由科技部主办的2022年全国颠覆性技术创新大赛总决赛在杭州举行。大赛于2022年7月启动，来自全国各地重点高校、知名科研院所、行业龙头企业等单位2800余个技术项目报名参赛，157个项目晋级总决赛，74个项目获总决赛优胜项目奖，推荐进入科技部颠覆性技术备选库。《杭州市支持颠覆性技术创新若干政策措施》在总决赛中发布，措施共10条，从基础研究、重大平台、概念验证、重点研发、领军团队、协同创新、重大装备等方面给予资金补助，为颠覆性技术创新提供政策支持和保障。

23日 省政府新闻办举行中国（浙江）自由贸易试验区建设新闻发布会，发布浙江自贸试验区高质量提升发展大会以来的“十大进展”，其中杭州片区有5项举措入选，分别为全球首届数贸会一炮打响、本外币合一银行结算账户试点范围覆盖全省、服务业扩大开放综合试点落地、外籍“高精尖缺”人才认定标准试点落地、推出亚运数字人民币硬件钱包。

24日 省委常委、市委书记刘捷会见贵州省贵阳市代表团一行。

△ 世界旅游联盟总部启用仪式在萧山湘湖举行，世界旅游联盟总部落户杭州。下午，以“和合共生·塑造未来旅游生态”为主题的“世界旅游联盟·湘湖对话”在杭州举行。

25日 2023年未来数商大会在杭州举行，主题为“以数据，见未来”，举办主题演讲、圆桌对话、产业展览等活动，知名院士专家、专业机构、企业代表参加。大会举行未来数商大会永久会址揭牌仪式和未来数商联盟成立仪式，发布《数商产业发展趋势研究报告（2022）》。

3月

1日 国务院服务贸易发展部际联席会议办公室印发第三批全面深化服务贸易创新发展试点“最佳实践案例”，杭州“推进新型离岸国际贸易创新发展”入选。

△ 市委宣传部、市文明办发布2022年杭州市精神文明建设十件大事：全市全面组织学习宣传党的二十大精神；营造全民亚运氛围，展示亚运文明风采；“浙江有礼·最美杭州”市域文明新实践成果丰硕；杭州市新时代文明实践中心（所、站）实现全覆盖；推进共享城市公共空间惠及市民群众；建设乡村“复兴少年宫”，打造青少年“精神共富”新阵地；打造三大全国性廉洁文化赛事，大力弘扬崇廉拒腐社会风尚；《杭州市社会信用条例》正式颁布实施；寻“宋韵迹忆”，树文化自信——打造宋韵文化传世工程精品；建成杭州国家版本馆，打造新时代文化地标。

3日 杭州市林水局联合浙江省林业局、国家林业和草原局驻上海森林资源监督专员办事处、浙江省野生动植物保护协会、杭州市园文局、杭州西湖风景名胜区管委会等主办的2023年世界野生动植物日浙江宣传活动在杭州植物园举行，主题为“广泛发动社会力量，共同推进物种保护”，举办“全球植物保护对中国植物保护的启发”“植物大调查”等学术科普活动和珍稀濒危动植物科普展等。

7日 “我爱杭州，奉献亚运”杭州市全民亚运誓师动员大会举行。活动现场发布“我爱杭州，奉献亚运”主题活动内容，启动“我爱杭州，奉献亚运”主题活动暨全民亚运志愿行动。

△ 省委常委、市委书记刘捷会见福建省厦门市党政代表团一行。

8日 杭州市—广元市东西部协

作工作联席会议在杭州召开。

9日 省委常委、市委书记刘捷会见上海市松江区党政代表团一行。

9—10日 省委常委、市委书记刘捷到建德市调研，考察航川村农业服务中心、“军中梦”拓展基地、寿昌集镇等，了解建德共同富裕创新链组党建领富模式、古镇特色夜经济发展情况，听取建德市委、市政府有关工作汇报。

10日 省委常委、市委书记刘捷到桐庐县调研，考察杭州象限科技有限公司、浙江艾罗网络能源技术股份有限公司等，听取桐庐县委、县政府有关工作汇报。

13日 省委常委、市委书记刘捷到萧山区调研，考察戴村镇、临浦镇横一村、杭州科百特过滤器材有限公司、杭州无忧传媒有限公司、浙江东南网架集团有限公司、西安电子科技大学杭州研究院、衙前农民运动纪念馆等，听取萧山区委、区政府工作情况汇报。

△ 市政府印发《关于加快促进旅游业高质量发展的实施意见》。意见提出加快建成具有全球影响力的历史文化名城和世界一流的旅游目的地的目标，主要包括发展目标、主要任务、保障措施3个部分6个方面20条政策举措，于4月13日起施行，有效期至2025年12月31日。

15日 第十八届杭州市道德模范（平民英雄）暨第十届“最美杭州人”发布仪式举行。获第十八届杭州市道德模范（平民英雄）的是王勇、谢建华、何月仙、解四连、徐洋、陶杏娟、麻培均、鲍有林、宣丙水李彩英夫妇、陈志飞。获第十届“最美杭州人”的是吴惠芬、刘飞、叶阳辉、高英、汪国云、沙丽、杨磊、孙坚、宣一平、夏振辉。

△《杭州市钱塘江堤防及岸线整体提升改造规划》获市政府批复。规划范围上游起于富阳区西界、下游止于钱塘区东界，涉及流域全长135千米，总规划面积约342平方千米。规划聚焦韧性、生态、休闲三大核心价值，针对钱江两岸堤防安全提标、景观空间品质提升进行系统规划研究，对重要节点提出概念性规划设计，引导钱江两岸打造为与潮共融、与城共生、富春共鸣的世界级滨水岸线。

△ 市中级人民法院举行杭州国际商事法庭成立暨揭牌活动，“数智国商”系统及杭州国际商事法庭中英文网站上线，《杭州国际商事法庭规程》发布，市中级人民法院、市贸促会、杭州仲裁委签署《关于健全完善国际商事争端“一站式”多元解纷机制备忘录》。

16日 省委书记易炼红到杭州指导学习贯彻全国两会精神并调研数字经济创新提质工作，考察杭州海康威视数字技术股份有限公司、华为技术有限公司杭州研究所、云栖小镇，主持召开数字经济创新提质工作座谈会。

△ 杭州市志愿服务联合会召开成立大会暨第一次全体会员大会。大会审议通过《杭州市志愿服务联合会章程》，选举产生第一届理事会、监事会组成人员等。

19日 杭州市公共关系协会发布“2022年杭州市十大公共关系事件”：国家版本馆杭州分馆、南宋德寿宫遗址博物馆等文化新地标精彩亮相；杭州全球创新指数城市排名创历史最佳；首届全球数字贸易博览会在杭州成功举办，成果丰硕；西湖龙井、径山茶宴入选联合国人类“非遗”代表作名录；推出“杭十条”等举措惠企纾困；杭州被列入国家首批营商环境创新试点城市；亚运场馆惠民开放广受欢迎；“站城融合”新样本，杭州西站正式投入运营；首个“杭州人才日”系列活动影响大；杭州成功入选国家知识产权强市建设试点示范城市。

23日 “杭州市政协新时代协商民主实践中心首批实践基地”授牌暨“市民代表走进协商民主”活动启动仪式举行。上城区政协紫阳小组委员工作室、拱墅区红茶议事会·大运河委员工作室等13个单位入选首批实践基地。

△ 杭州启动“小微你好”暖企助企惠企专项行动，以“暖企解难题、助企提质效、惠企减负担”为主题，重点推出政策宣传贯彻和系列讲座、融资对接、专精特新企业走访以及点对点精准服务等一系列活动。

26日 杭温铁路二期项目木匪岭隧道贯通。至此，杭温铁路二期21条隧道全部贯通。杭温铁路二期项目是浙江省首个省方全资建设的高铁项目，新建正线全长59千米，设计行车时速350千米，总投资94.8亿元，串联杭州、金义、温州三大都市经济圈。其中，木匪岭隧道全长10.24千米，横穿杭州市桐庐县、金华市浦江县两地，单洞双线设计。

28日 省委常委、市委书记刘捷会见山西省太原市党政代表团一行。

29日 国家卫生健康委、国家发展改革委联合发布首批33个全国婴幼儿照护服务示范城市名单，杭州市入选。

31日 杭州市第五次经济普查综合试点启动大会在余杭区余杭街道召开。杭州市第五次经济普查综合试点工作分单位清查和普查登记两个阶段集中组织实施，3月31日至4月4日为单位清查阶段试点，4月24—28日为普查登记阶段试点。

4月

3日 省委书记易炼红到杭州钱塘新区的产业平台、科研机构、重点企业走访调研，考察杭州医药港小镇、中国科学院杭州医学研究所、中策橡胶集团股份有限公司。

△ “心相约，梦闪耀”杭州亚残运会倒计时200天+主题活动在浙江国际影视中心举行。活动现场签署《杭州亚残运会轮椅等辅助器具维修服务合作框架协议》及《杭州亚残运会分级专项医疗服务合作框架协议》等。

6日 省委书记易炼红在杭州调研学习贯彻习近平新时代中国特色社会主义思想主题教育工作，考察西湖区北山街道幸福荟民生综合体的明远书院、幸福餐厅、托幼中心等，了解杭州以“民呼我为”推动开展主题教育情况。

△ 省委常委、市委书记刘捷会见四川省甘孜藏族自治州党政代表团一行。

10日 全市学习贯彻习近平新时代中国特色社会主义思想主题教育动员大会召开。会议采用视频会议形式，各区、县（市）设分会场。

10—11日 由杭州市政府、民建浙江省委会、中国投资发展促进会主办的第七届万物生长大会在杭州国际博览中心举行，主题为“大江东去——奔竞浪潮之巅”，设置主论坛和7场分论坛、3场闭门会。会上发布2023年杭州市独角兽（准独角兽）榜单、中国未来独角兽捕手TOP 60榜单和元宇宙产业投资机构TOP 30榜单。

11日 省委常委、市委书记刘捷调研学习贯彻习近平新时代中国特色社会主义思想主题教育工作，考察残疾人就业点、杭州交投科创中心、滨江区浦沿街道彩虹社区等。

17—18日 全国社会救助工作会议在杭州召开。民政部公布2022年度社会救助领域创新实践优秀案例名单，全国15个优秀案例入选，杭州“创新打造‘低收入人口动态监测帮扶’应用，破解潜在困难群众精准救助难题”案例获第一名。

19—20日 全国人大宪法和法律委员会到杭州调研，参观“五四宪法”历史资料陈列馆，召开学习交流会，就《中华人民共和国海洋环境保护法》修订开展立法调研。

20日《杭州市历史文化名城保护条例》经浙江省第十四届人民代表大会常务委员会批准，由杭州市第十四届人民代表大会常务委员会公布，于5月1日起施行。该条例包含总则、保护对象、保护规划和风貌管控、保护措施、合理利用、法律责任、附则7个部分55条。

22日 教育部批复同意设立不具有独立法人资格的中外合作办学机构——北京航空航天大学中法航空学院。

23日 市政府办公厅印发《杭州市促进残疾人就业行动方案（2023—2025年）》。方案包括目标任务、主要措施、组织保障等方面，自5月24日起施行，有效期至2025年12月31日。

23—25日 由中共中央宣传部出版局、中央文明办三局、浙江省委宣传部、杭州市政府等主办的第二届全民阅读大会在杭州举行，开展论坛、展览、阅读推广、主题发布等活动。

24—27日 由联合国主办的第四届联合国世界数据论坛在杭州国际博览中心举行，主题为“拥抱数据，共赢未来”，设置开幕式和闭幕式、全体会议和平行会议、展览展示及特别活动等议程，6场全体会议以及72场平行会议聚焦四大主题领域，为全球数据生产和使用者深化数据创新应用与合作以及推动落实联合国2030年可持续发展议程提供交流平台。

25—26日 市委副书记、市长姚高员到上城区开展主题教育蹲点调研，考察永宁院小营巷党群服务街区、上羊市街社区、景湖社区等，召开座谈会。

26日 杭州市总工会举办庆五一暨首届“杭州数字工匠”认定发布会，50名“杭州数字工匠”和10名“杭州数字工匠”提名奖名单发布。

26—27日 杭州市党政代表团到广州、深圳学习考察，结合高标准高质量开展学习贯彻习近平新时代中国特色社会主义思想主题教育，学习借鉴当地改革、开放、创新等方面的好经验好做法。

27日 由商务部、外交部、国家发展改革委、工业和信息化部、国家市场监督管理总局、国家邮政局、国家知识产权局、中国消费者协会共同指导的第五届“双品网购节”在杭州开幕，主题为“全年乐享，全民盛惠”，全国各地同步开展电子商务促消费活动，持续至5月12日。开幕式上，《中国电子商务报告（2022）》发布。

△ 省政府办公厅发布《关于打造“浙里食安”标志性成果 加快推进食品安全治理现代化先行的意见》，杭州市“深化食品安全‘百姓点检’惠民改革机制”被纳入改革示范项目。

28日 第三届杭州市民日系列活动启动仪式在杭州市胜利实验学校举行，主题为“全民学英语·一起迎亚运”，采用“线上＋线下”形式组织一系列市民互动体验和文化体育活动，持续至5月3日。

5月

1—6日 2023年“韵味杭州”全国游泳冠军赛在杭州奥体中心游泳馆举行，来自全国26支代表队的469名运动员参加41个项目比赛。

4日 市委副书记、市长姚高员到良渚古城遗址等地专题调研良渚古城遗址保护工作，了解良渚古城遗址保护利用情况及遗址周边地区景观规划控制情况。

6日 全市数字经济创新提质“一号发展工程”大会召开，发布《杭州市数字经济创新提质“一号发展工程”实施方案》，萧山区、钱塘区、市投资促进局、杭州海康威视数字技术股份有限公司、浙江邦盛科技股份有限公司负责人作交流发言。

7—8日 由市政府主办的2023年西湖论剑·数字安全大会举行，主题为“数字安全＠数字中国”，设置主论坛、数字安全成果展、10个平行论坛和1个科普讲坛。

8日 省委书记易炼红到基层工作联系点淳安县枫树岭镇下姜村开展“牢记嘱托、感恩奋进”现场学习，到大墅镇孙家畈村考察“冬闲田联农共富”项目，听取“百村万亩亿元”产销共同体建设情况汇报，了解大下姜联合体推进共同富裕等情况。

△ 由团市委、市青年联合会主办的杭州青少年“‘追随足迹’现场学”活动启动仪式暨“‘八八战略’在身边”主题活动举行，各基层团组织、高校、系统、行业的青年代表300余人参加活动。现场举行第十四届“最美杭州人——十佳来杭创业创新青年”、第十四届“最美杭州人——十佳农村青年致富带头人”、第十六届“最美杭州人——青年英才”、第十六届“最美杭州人——十大杰出青年”颁奖仪式。

8—9日 省委常委、市委书记刘捷到淳安县调研，考察石林镇的全省首批运动休闲乡镇港湾运动区域、界首乡的亚运分村和场馆群、姜家镇的文渊狮城、浪川乡初级中学、安阳乡卫生院、淳安中学、杭淳开高速公路等，参观中国工农红军北上抗日先遣队纪念馆。

9日 市委副书记、市长姚高员会见哈萨克斯坦图尔克斯坦州州长达尔罕·萨特巴勒德与哈萨克斯坦驻沪总领事拉合莫夫·拉合穆江一行。

10日 九城市政协共商长三角G60科创走廊更高质量发展活动在苏州举行。来自上海松江区、嘉兴、杭州、金华、苏州、湖州、宣城、芜湖、合肥9个城市的政协领导和政协委员代表参加，围绕“学习贯彻党的二十大精神，助力共推长三角乡村振兴”进行交流。

11 日 市政府办公厅发布《关于全面推进城市更新的实施意见》。根据实施意见，到 2025 年，全市将力争形成一系列城市更新成果与实施模式，打造一批标志性城市更新示范项目；到 2035 年，实现城市规划、建设、治理水平全面提升，打造城市全周期高质量可持续发展的城市更新范例。自 6 月 12 日起施行，有效期至 2035 年 12 月 31 日。

11—12 日 第八届杭州民营企业牵手共建“一带一路”国家（地区）对接交流会在杭州举行。共建“一带一路”国家（地区）驻沪外交官、商务官员和商务机构代表应邀参加，与杭州民营企业开展对接交流。

12 日 省委书记易炼红在杭州调研迎亚运盛会城市品质、城市治理、城市文明提升情况，考察武林大妈公益社会服务中心、拱墅区小河直街历史文化街区、上城区九堡街道社会治理综合服务中心等。

15 日 市委副书记、市长姚高员到城市大脑运营指挥中心对城市数字化治理工作进行专题调研，听取主要场景应用介绍并主持召开座谈会。

16 日 “亚运号”定制专列从杭州地铁萧山国际机场站发车。“亚运号”专列是地铁 19 号线的定制列车，体现“绿色、智慧”理念。

17 日 杭州市标准国际化创新型城市创建评估验收会议召开。杭州市完成标准国际化创新型城市示范创建主要任务，通过国家市场监管总局专家组验收。

18 日 2023 年“5·18”国际博物馆日杭州主场活动暨迎亚运誓师大会在杭州博物馆举行。国际博物馆日的主题是“博物馆、可持续性与美好生活”，现场发布第二批 59 个杭州市乡村（社区）博物馆和 38 条乡村（社区）博物馆旅游线路。杭州 17 个博物馆围绕“亚运风采·文博添彩”主题推出近 30 场系列临展。

20 日 由省科技厅、省委宣传部、省科协主办的 2023 年浙江省暨杭州市科技活动周在钱江新城城市阳台启动，主题为“热爱科学，崇尚科学——合力推进创新深化，两翼齐飞浙里先行”，主会场设主题展示区、亚运科技及全民体验区、科技少年向未来互动区 3 个展区。活动现场发布 2022 年度浙江省科技成果转化指数。2023 年杭州市中小学生科技节同步启动。

20—24 日 由农业农村部、浙江省政府主办的第五届中国国际茶叶博览会在杭州国际博览中心举行，主题为“茶和世界，共享发展”，展区面积 5 万平方米，设中心展区、品牌展区、推介活动区、特色活动区等板块，来自 10 余个国家和地区的 800 余个茶企参展。论坛上，与会嘉宾围绕“申遗”成功的“中国传统制茶技艺及其相关习俗”如何进一步传承创新、中国茶和中华茶文化如何更好走向世界等话题进行交流。

2023 年 5 月 18 日，第二批杭州市乡村（社区）博物馆发布。图为入选的陆羽茶文化陈列馆内景（市园文局 供稿）

25 日 省委常委、市委书记刘捷会见湖南省常德市党政代表团一行。

26 日 由市政府、省经济和信息化厅主办的 2023 年空天信息大会在杭州举行，主题为“空天地海，数实融合”，设置 1 场主论坛、5 场分论坛、1 场独角兽路演。会上举行杭州空天地海协同创新联合体成立仪式。

27—30 日 由中国作家协会、浙江省政府、杭州市政府主办的“2023 中国国际网络文学周”在杭州举行，主题为“多彩亚洲，精彩世界”，举办网络文学国际传播论坛、中华文化走出去座谈会、网络文学国际传播工作协调推进会等活动。开幕式上，中国作家协会发布《中国网络文学在亚洲地区传播发展报告》，对在网络文学国际传播中做出突出贡献的 16 名网络作家和 7 个网络文学平台进行表彰。

28 日 国家林业和草原局、科学技术部公布首批国家林草科普基地，浙江省 3 个基地上榜，分别为杭州植物园、杭州余杭长乐农场、浙江农林大学植物园。

29 日 北京航空航天大学中法航空研究院揭牌仪式举行。研究院位于杭州城西科创大走廊核心区域，是杭州市政府与北京航空航天大学共同举办的、承接校园和各类办学资源的实体。

△ 杭州市科创金融改革试验区启动仪式暨科创金融论坛举行。启动仪式上，市地方金融监管局发布《杭州市科创金融改革试验区实施方案》，市政府与相关金融机构签约并为第一批科创金融专营机构授牌。

31 日 市委副书记、市长姚高员会见新加坡贸易与工业部常任秘书林明亮、新加坡驻沪总领事蔡签合一行。

6 月

1 日 省委常委、市委书记刘捷到临安区调研，考察太保家园·杭州国际颐养社区、浙江振有电子股份有限公司、於潜现代化农事服务中心等。

△ 中国少年先锋队杭州总部启用，红领巾筑梦空间开放。中国少年

先锋队杭州总部位于杭州青少年活动中心内，包含红领巾广场、迎宾大厅、红领巾筑梦空间和辅导员指导中心4个部分。

2日 省委书记易炼红在杭州专题调研金融服务创新推动三个“一号工程”，考察财通证券股份有限公司、中国出口信用保险公司浙江分公司、浙江农商联合银行、玉皇山南基金小镇等。

3日 省政府印发《杭州都市圈发展规划》，提出构建大中小城市和小城镇协调发展的空间格局、共联新型便捷的基础设施网络、共构活力充沛的协同创新枢纽、共育具有竞争力的现代化产业体系、共建绿色低碳的全域美丽圈、共享美好幸福的品质生活圈、共推合作共赢的对外开放圈、共塑历史与现代融汇的人文魅力圈、共筑现代智治的社会治理共同体、共创一体化发展体制机制等重点任务。

△ 市政府办公厅印发《关于杭向未来·大学生创新创业三年行动计划（2023—2025年）的通知》，提出到2025年，全市集聚100万名35岁以下大学生到杭州就业创业。

3—4日 由长三角体育赛事联盟、浙江省体育局、杭州市体育局、拱墅区政府主办的长三角水上运动节暨大运河运动文旅节在拱墅区城北体育公园举行，主题为“我们相聚运河明珠”，开展水上运动节、大运河运动文旅节和武林电音节等活动，来自长三角区域及京杭大运河沿线城市的500余名选手参赛。

6日 杭州市党政代表团到四川省甘孜藏族自治州对接对口支援工作。两地召开对口支援工作联席会议，签订两地工会深化对口支援意向书、杭州市—甘孜州博物馆共建框架协议，举行项目资金捐赠仪式、杭州市第二批职工（劳模）疗休养基地授牌仪式。

△ 市委副书记、市长姚高员到桐庐县调研，考察江南镇深澳村、桐君街道梅蓉村、桐庐马术中心等。

△ 由世界休闲组织、杭州市政府、中国会展经济研究会主办的第十五届中国（杭州）城市会展发展大会暨世界休闲发展论坛在杭州举行，主题为“以西博会品牌重塑为契机推动杭州会展业高质量发展”，探讨会展业在城市发展以及经济社会发展中的重要作用，交流数字时代下行业发展热点以及机遇和挑战，展望行业发展前景。

△ 由市政府主办的第八届中国杭州大学生创业大赛总决赛在余杭区举行。大赛于2022年12月启动，1047所高校的4655个项目报名参加，8个团队进入决赛。总决赛现场发布杭州大学生创业15年15件大事，举行“2023杭州大学生创业之星”颁奖仪式。

6—27日 由世界休闲组织、杭州市政府主办的2023年世界休闲博览会暨杭州西湖国际博览会举行，主题为“广博、精专、年轻、消费、双创、开放”，开展20个专业展会和休闲文化活动。

7—8日 杭州市党政代表团到四川省广元市对接东西部协作工作。两地召开东西部协作工作联席会议，签订两地工会深化东西部协作意向书，举行项目资金捐赠仪式、杭州市第二批职工（劳模）疗休养基地授牌仪式。

10—11日 由中国人工智能学会、杭州市政府主办的“2023全球人工智能技术大会”（GAITC 2023）在杭州举行，主题为“交叉、融合、相生、共赢”，举办1场主论坛、33场专题论坛、200余场学术报告、9场圆桌对话，40名海内外院士、近300名专家学者参与，探讨新一代人工智能发展路径，把握数字时代变革新趋势。开幕式上，“硬科技企业科技创新创业人才全球招募计划”发布，“涿溪实验室科技成果转化项目”完成签约。

10—12日 由市政府、省商务厅主办的EBE China电商中国·第十届中国（杭州）国际电子商务博览会举行，聚焦杭州电商产业生态，探索产业数字化转型、跨境直播融合发展、数字场景应用等议题，开展20场会议论坛活动，近300个企业现场对接交流，达成10余个项目战略合作签约，签约投资金额近10亿元，接待观众近3万人次。

11日 由中国健康促进与教育协会、杭州市政府主办的第一届中国健康促进大会在杭州举行，主题为“促进公众健康，共建幸福家园”，举办医防融合与健康促进、大众传媒与健康传播、健康科普与健康素养等8个分论坛。会议发布《健康促进杭州宣言》。

13日 中国气象局将杭州市纳入全国气象高质量发展试点单位，在科技创新、业务技术、项目支撑、人才保障等方面给予支持。

13—14日 杭州市第十七次妇女代表大会召开，回顾总结市第十六次妇女代表大会以来杭州市妇女工作的主要成就和经验，研究部署今后5年的目标任务，选举产生市妇联新一届领导机构。

15日 杭州第19届亚运会火种采集仪式在杭州良渚古城遗址公园举行，亚运会“数字火炬手”线上传递活动在“智能亚运一站通”平台上同步启动。

△“等你来，享精彩”杭州亚运会倒计时100天主题活动在中国电竞中心举行。活动现场发布杭州亚运会奖牌、亚运形象宣传片、7首杭州亚运会推广歌曲。

15—19日 “韵味杭州”2023年全国残疾人硬地滚球锦标赛在杭州体育馆举行，来自全国的7支队伍参赛。

16日 杭州亚运会博物馆授牌仪式暨亚奥理事会体育艺术雕塑捐赠仪式在杭州亚运会博物馆举行。杭州亚运会博物馆位于杭州奥体中心体育场。仪式上，亚奥理事会向杭州亚运会博物馆捐赠雕塑，分别为射箭、跑步、篮球、击剑、网球和马术项目形象。

17日 第二届中国大运河古镇发展研讨会在杭州举行，主题为“大运河古为今用 新时代创新发展”，历史、文化、旅游等领域的专家学者探讨运河古镇的保护与创新之路。来自大运河沿线的浙江塘栖、前童以及江苏黎里、河北油坊、山东南阳、天津杨柳青、安徽临涣、北京张家湾、河南浚县8个古镇代表与中国美术学院国家造型艺术实验示范中心代表共同签署《大运河研学游线倡议书》。

19日 第十一个全国救助管理机构“开放日”活动在杭州举行，主题为“科技赋能筑大爱，温情救助守初心”，主会场设在杭州市救助管理站，江苏、山东、广东、广西等地设立分会场。活动现场同步启动全国

“夏季送清凉”专项救助行动。

20日 省委常委、市委书记刘捷，市委副书记、市长姚高员会见湖北省武汉市党政代表团一行。

20—24日 第十九届中国国际动漫节举行，主题为“动漫之都，亚运之城”，包括赛事、展示、论坛、商务、活动5个板块20余项内容，来自59个国家和地区的469个企业机构、1000余名展商客商和专业人士参展参会。

21日 由市文化广电旅游局、上城区政府主办的“2023文旅市集·杭州奇妙夜”开幕。活动持续到8月，设主会场、分会场和嘉年华3个板块，来自国内的12个旅游城市、10个博物馆与杭州13个区县（市）及100个文旅企业联动，推出19个展示单元、50余项文旅体验。

△ 杭州第19届亚运会物流中心启用仪式举行。杭州亚运会物流中心被称为“国际一号”仓，位于杭州市萧山区临空经济示范区核心区域，建筑面积7.2万平方米。

27日 市委副书记、市长姚高员专题调研全市教育事业发展情况，参观杭州第二中学、杭州学军中学，了解学校校史、教学工作等情况，听取市教育局关于全市教育工作的情况。

27—28日 杭州亚运会第二次世界媒体大会在杭州举行。大会以线下和线上结合形式召开，举行成果发布会和专题媒体会等会议，亚奥理事会，亚洲各国家（地区）奥委会代表，亚洲单项体育联合会，新华社、美联社、法新社、路透社等国际通讯社和亚洲主流媒体、国内媒体等新闻机构的代表，日本爱知·名古屋亚组委代表等线下300余人、线上100余人参会。

28日 省委常委、市委书记刘捷到西湖区督导主题教育工作，调研亚运会筹办和经济社会发展情况，听取西湖区委、区政府有关工作汇报。

29日 “八八战略”高峰论坛在杭州举行，开展主题分别为“八八战略”与构建新发展格局、“八八战略”与共同富裕、“八八战略”蕴含的世界观与方法论的3场分论坛，来自中央和全国各地的知名专家，省直有关单位和各市党委、政府负责人，专家学者、企业家、媒体代表等参加论坛。

30日 市委副书记、市长姚高员专题调研大城北规划建设工作，考察小河公园项目、大运河国家文化公园规划展示馆、大运河杭钢工业旧址综保项目等，了解大城北地区文旅融合、项目推进、未来规划等情况。

△ 杭州成立“市营商环境顾问团”。首批顾问团由企业代表、专业服务机构和行业协会代表、院校专家代表、社会智库和媒体代表30人组成，聘期2年。

7月

1日 省委常委、市委书记刘捷会见广州市党政代表团一行。

△《杭州钱塘新区条例》施行。条例包括总则、先行先试、规划建设、产业促进、保障措施、附则6章29条内容，明确钱塘新区管委会的职责权限，规定市政府建立钱塘新区高质量发展协调机制，统筹解决新区建设、管理中的重大问题，就规范规划建设、促进产业发展、鼓励科技创新、强化发展保障等方面作若干创新性规定。

3日 运溪隧道通车。项目全长2.528千米，设计时速80千米，主路采用双向六车道。

4日 省委书记易炼红在杭州督导主题教育工作并检查调研长江经济带生态环境工作，考察拱墅区康桥街道滨水公园、拱墅区石桥经济合作社产业园、余杭区闲林枢纽等。

△ 省长王浩到淳安县枫树岭镇下姜村、大墅镇孙家畈村专题调研深化“千村示范、万村整治”工程。

7日 104国道改建工程（临平段）通车。项目全长6.38千米，采用双向六车道，设计时速80千米。

11日 市委副书记、市长姚高员会见四川省广元市考察团一行。

13日 市委副书记、市长姚高员到杭州临空经济示范区调研，考察临空经济示范区发展服务中心、生物科技谷标准厂房建设和杭州大会展中心项目一期建设情况、红山农场农户拆迁进展情况和南阳安置房建设工地等。

14日 杭州亚残运会倒计时100天主题活动在富阳水上运动中心举行。活动现场发布杭州亚残运会奖牌“桂子”、杭州亚残运会形象宣传片《追梦》。

17日 由杭州市政府与南投县政府共同举办的第十五届“西湖·日月潭”两湖论坛在杭州举行，主题为“茶香飘两岸、牵手谋福祉”，相关领域的知名人士和产业领军人物围绕乡村振兴、体育教育和茶产业发展等议题交流研讨。开幕式上举行南投茶叶统一标识体系发布活动。

18日 京杭运河杭州段二通道通航仪式在杭州八堡船闸举行。京杭运河杭州段二通道由新开挖航道段和八堡船闸段组成，起自博陆，终于八堡，全长26.4千米，总投资167.7亿元。

18—19日 市委副书记、市长姚高员到淳安县调研，考察杭州亚运会淳安亚运分村、梓桐镇、姜家镇等。

20日 杭州下沙港开港试运行。杭州下沙港位于钱塘区下沙街道，历时3年建成，总占地面积24.87公顷，设计1000吨级泊位9个，年设计吞吐量400万吨，是杭州首个千吨级内河码头，开港后以集装箱业务为主。

△ 中国文联“文艺两新”集聚区杭州实践基地揭牌仪式在西湖区艺创小镇举行，中国文联国内联络部与杭州市文联签订《中国文联“文艺两新”集聚区实践基地·浙江省杭州市西湖区艺创小镇合作备忘录》。

23日 市委十三届四次全体（扩大）会议召开，听取和讨论市委常委会工作报告，审议通过《中共杭州市委关于牢记嘱托持续推动“八八战略”走深走实，感恩奋进打造中国式现代化城市范例的决议》。

25日 “同走共富路·翰墨润钱塘”——庆祝西泠印社建社120年社员作品展在杭州市政协新时代协商民主实践中心开幕，展出52件西泠印社社员的优秀作品，开展金石传拓、书法创作等公益研学活动。展览持续至8月6日。

△ 杭州市首个行政复议“5S”助企工作站在拱墅区文晖街道新和平商务社区内的野风现代中心挂牌设立，为周边企业提供一站式司法服务。

8月

3日 “爱杭城，‘益’起来”亚运城市志愿服务站点启动暨站点地图发布仪式举行，推出首批220个市级“亚运文明驿站”，发布“亚运城市志愿服务站点地图”。

7日 省委书记易炼红在杭州走访建设工地、消防特勤大队、电力单位、公安派出所等，调研重大建设项目，看望慰问一线劳动者

8日 在全省生态环境保护大会暨美丽浙江建设推进会上，杭州获得首座“大禹鼎”金鼎，再次获美丽浙江考核优秀。西湖区、萧山区、余杭区、淳安县、建德市被授予2022年度“五水共治”工作优秀市县“大禹鼎”银鼎；滨江区被授予2022年度“五水共治”工作优秀市县“大禹鼎”铜鼎。

△ 天目山路隧道开通试运行，标志着全长48千米的钱塘快速路实现全线贯通。

11日 省委常委、市委书记刘捷检查杭州亚运城市品质、城市治理、城市文明提升情况，考察四季青服装特色街区片区和杭州中心、武林广场片区，以及上城区南肖埠社区、拱墅区小天竺社区、西湖区金祝社区、浙大求是社区等。

14日 首届“全国生态日”杭州主场活动在钱塘区下沙金沙湖大剧院举行。现场对市最美生态环境志愿者、市最佳公众参与案例、市最佳环保设施开放单位、青少年环保创意活动获奖者和环保小卫士进行表彰，举行2023年度杭州市十大低碳应用场景授牌仪式。十大低碳应用场景为浙江大学建筑设计研究院装配式建筑、杭州电子科技大学“绿色低碳校园”应用场景、余杭百丈镇“碳管家”创新应用项目、临安天目水果笋低碳数字化基地项目、浙能集团综合能源大楼综合能源供应系统项目、杭州市中级人民法院屋顶分布式光伏发电项目、余杭蓝天农业绿色零碳智慧化能源中心示范项目、萧山国际机场三期能源中心天然气分布式能源项目、临平西子洁能光储一体低碳工厂示范项目、杭州大悦城节能改造项目。

21日 市委副书记、市长姚高员到城西科创大走廊调研，考察杭腾未来社区、城西科创大走廊创新展示厅、杭州西站亚运有关通勤线路及周边环境等。

23日 杭州与塔吉克斯坦杜尚别市签署友好合作备忘录。

△ “中国数谷”2023年杭州峰会（夏季）在高新区（滨江）举行。会上，杭州数据交易所揭牌，为“‘中国数谷’数据产业发展联盟首批成员”授牌，《“中国数谷”数商企业认定标准及引育政策方向》发布。

24日 杭州亚运会、亚残运会赛会志愿者出征仪式在浙江大学紫金港校区体育馆举行。3.76万名“小青荷”服务于90余个竞赛场馆、独立训练场馆和专项工作团队，服务类别包括竞赛运行服务、注册制证服务、礼宾和语言服务、抵离迎送服务、仪式活动服务、观众服务、媒体运行服务、后勤保障服务、交通出行服务、官方会议服务、亚运村及官方接待饭店服务、信息服务等。

△ 经杭州亚组委研究，报请亚奥理事会允准，《同爱同在》作为杭州第19届亚运会主题歌曲发布。

△ 杭州亚运会颁奖物资发布，颁奖物资分为颁奖花束、颁奖托盘及颁奖台3类。

25日 浙江省“国家儿童友好城市”建设工作现场会在杭州召开。杭州首个儿童友好街区——桥西儿童友好街区揭牌，拱墅区桥西儿童友好街区、富阳区洞桥镇、萧山区横一村、余杭区青山村成为杭州市儿童友好建设单元，上城区“布局十分优享公共服务圈 打造‘便老带小’幸福邻里坊”、拱墅区“打造儿童友好街区 让千年古运河焕发新活力”、萧山区“推进乡村儿童友好建设 探索共富新路径”入选浙江省儿童友好最佳实践案例。

△ 留石高架路西延段（运溪高架路留运互通至235国道段）通车。项目全长11.26千米，其中隧道长3.6千米，全线设置5处互通匝道。

28日 省委书记易炼红在杭州调研文化传承发展工作，考察杭州国家版本馆、浙江省博物馆之江馆、浙江省非物质文化遗产馆、南宋德寿宫遗址博物馆等。

31日 市委副书记、市长姚高员到中国科学院杭州医学研究所调研，考察展厅和重点实验室，与研究所负责人和科研人员交流，了解平台建设、科研成果、人才引进等情况。

9月

5日 第六届杭州国际日活动在钱塘江畔启动，主题为“亚运之城向未来 一带一路促共赢”，15个国家驻华使节代表，国际组织、国际友城和“一带一路”地方合作委员会嘉宾代表等出席活动。开幕式上，尼加拉瓜首都马那瓜市和伊朗伊斯法罕市在线签署加入“一带一路”地方合作委员会入会协议。

△ 新版杭州文旅宣传片《什么是杭州》发布，主题为“5000年，一座杭州城”，设“山海之间”“天堂初成”“众生舞台”“群潮涌动”4个篇章。

6日 杭州康复医院（杭州市特殊康复中心）启用。医院位于钱塘区下沙街道元成单元，是杭州市属首个公立康复医疗机构，占地约2万平方米，总建筑面积3.05万平方米。

7日 省委书记易炼红在杭州调研教育科技人才强省建设工作，考察浙江工商大学下沙校区、杭州市崇文实验学校等。

△ 杭州市全民迎亚运动员大会召开，向全市干部群众发出迎亚运总动员令。

△ 杭州第19届亚运会亚运村开村誓师大会举行。大会以视频形式召开，主会场设在杭州亚运村，运动员村、技术官员村、媒体村，以及各分村和运动员接待饭店设分会场。

8日 杭州第19届亚运会火炬传递启动仪式在涌金公园广场举行。火炬传递的主题为“心心相融，爱达未来”，在浙江省11个设区市传递，1999名火炬手参加，9月20日回到杭州并完成最后一站传递。

12日 全市学习贯彻习近平新时代中国特色社会主义思想主题教育第一批总结暨第二批部署会召开。

△ 杭州亚运会中国体育代表团在北京成立。代表团由1329人组成，其中运动员886名。杭州有38名运动员，参加16个项目。

2023 年 9 月 6 日，杭州康复医院（杭州市特殊康复中心）启用

（市城投集团 供稿）

△ 全国工商联公布“2023 中国民营企业 500 强”榜单（根据 2022 年度数据评出）。杭州市有 42 个企业上榜，21 年蝉联全国城市第一位。

13 日 1.37 万名亚运青年 V 站志愿者在全市 521 个点位全部上岗，亚运青年 V 站全面启动服务。亚运青年 V 站是团市委牵头打造的亚运城市志愿服务示范阵地，V 站志愿者在相关场馆周边及全市重要交通枢纽、景区景点、文博场馆、医疗机构等重点区域承担城市运行保障相关工作任务。

14 日 杭州中华文化促进会陶瓷文化研究传承中心、丝绸文化研究传承中心成立及挂牌仪式在杭州市文史研究馆举行，为陶瓷文化研究传承中心和丝绸文化研究传承中心的顾问、主任、副主任、秘书长颁发聘书。

15 日 330 国道淳安千岛湖大桥至临岐段改建工程、临金高速公路临安至建德段通车。330 国道淳安千岛湖大桥至临岐段改建工程全长约 39 千米，全线采用一、二级公路标准设计，设计时速 60 千米。临金高速公路临安至建德段全长 85.5 千米，其中千秋关至於潜段于 2022 年年末开通。

16 日 杭州第 19 届亚运会亚运村开村仪式暨中国体育代表团欢迎仪式举行，亚运村投入赛时运行。

20 日 中国企业联合会、中国企业家协会发布“2023 中国企业 500 强”榜单，25 个在杭企业上榜。

23 日 第 19 届亚运会在杭州开幕，国家主席习近平出席开幕式并宣布亚运会开幕。亚运会持续到 10 月 8 日，来自亚洲 45 个国家和地区的 1.2 万名运动员参赛，15 次打破世界纪录、37 次打破亚洲纪录、170 次打破亚运会纪录。中国体育代表团获奖牌 383 枚，其中金牌 201 枚，居奖牌榜和金牌榜首位。

27 日 省长王浩在杭州城西科创大走廊调研，考察杰华特微电子股份有限公司、阿里云智能集团、同盾科技有限公司、强脑科技有限公司等。

10 月

4 日 省委常委、市委书记刘捷，市委副书记、市长姚高员会见国际皮划艇联合会主席托马斯·科涅茨科、世界羽毛球联合会主席保罗·埃里克·霍耶尔、国际曲棍球联合会主席马戴亚布等国际体育组织负责人。

△ 杭州市政府与国际皮划艇联合会、世界羽毛球联合会、国际曲棍球联合会签署合作备忘录，并举行新闻通气会。

7—9 日 中共中央政治局常委、国务院总理李强到浙江调研，其间在杭州调研钱塘区企业综合服务中心、杭州城西科创大走廊及部分企业。

10—11 日 九城市政协共商长三角 G60 科创走廊更高质量发展第二轮第四场活动在杭州举行，来自上海松江区、嘉兴、杭州、金华、苏州、湖州、宣城、芜湖、合肥 9 个城市的政协领导和政协委员围绕推动产业协同创新集群发展、助力区域数字经济高地建设进行交流。活动期间，“G60 九城九链产业服务平台”上线仪式举行。

12 日 杭州第 4 届亚残运会火种采集仪式在亚残运会火种永久保存地——广州亚运会亚残运会博物馆举行。

15 日 由市文联主办的第八届中国（杭州）少年儿童绘画双年赛颁奖典礼在杭州画院美术馆举行。大赛于 3 月 10 日启动，主题为“劳动绘美好·童心画共富”，收到稿件 3000 余件，评选出特等奖 10 人、金奖 30 人、银奖 50 人、铜奖 100 人、优秀奖 408 人、优秀指导教师 32 人及优秀组织奖 10 个。

16 日 省委副书记、市委书记刘捷到萧山区调研，考察传化科创大厦、万向创新聚能城等，向企业宣讲习近平总书记考察浙江重要讲话精神。

△ 杭州第 4 届亚残运会亚残运村开村仪式暨中国体育代表团欢迎仪式举行，亚残运村投入赛时运行。

17 日 中国（浙江）自贸创新中心启用仪式在萧山区举行。该中心位于萧山机场高架北侧圣奥科创园，集宣传、展示、招商、交流、活动、孵化等功能为一体，融合跨界贸易流通、跨境人才、跨境金融、跨境企业等要素。

18 日 市委副书记、市长姚高员到高新区（滨江）调研，走访杭州极弱磁场国家重大科技基础设施研究院、杭州长川科技股份有限公司等，向企业宣讲习近平总书记考察浙江重要讲话精神。

19 日 省长王浩在杭州调研西湖大学。

△ 杭州第 4 届亚残运会火炬传递启动仪式在淳安县千岛湖秀水广场举行。火炬传递的主题为“心相约，梦闪耀”。火炬在淳安县、建德市、桐庐县、富阳区、萧山区依次传递，599 名火炬手参加。

△ 在乌兹别克斯坦撒马尔罕举行的2023年度联合国世界旅游组织最佳旅游乡村典礼上，淳安县枫树岭镇下姜村获评第三届“世界最佳旅游乡村”。

20日 杭州市“最美”品牌十周年理论研讨会举行。来自中央和省、市有关部门领导，各级专家学者、“最美”人物、“最美”系列选树行业部门和媒体代表等参加，总结提炼杭州市“最美”品牌建设经验做法，围绕进一步提升杭州“最美”品牌影响力进行交流。

22—28日 第4届亚残运会在杭州举行。国务院副总理丁薛祥出席开幕式并宣布本届亚洲残疾人运动会开幕。来自亚洲44个国家和地区的3100余名残疾人运动员参加22个大项、564个小项的比赛。中国代表团共723人，其中参赛运动员439人，参加全部22个大项的角逐，获奖牌521枚，其中金牌214枚，居奖牌榜和金牌榜首位。

23日 省委副书记、市委书记刘捷到富阳区调研，考察富春街道江滨社区党群服务中心、浙江博锐生物制药有限公司生产车间等，向干部群众、企业职工宣讲习近平总书记考察浙江重要讲话精神。

24日 省委副书记、市委书记刘捷会见意大利驻华大使安博思一行。

△ 由杭州市政府、浙江省文物局、意大利驻华大使馆主办的中意世界文化遗产地结好论坛在杭州举行，两国文物部门代表、专家代表围绕中意世界文化遗产保护理念、经验开展对话，杭州、维罗纳等中意结好世界文化遗产地保护机构代表围绕世界文化遗产保护传承利用进行交流。

27日 市委副书记、市长姚高员到中国科学院大学杭州高等研究院调研，考察该院生命与健康科学学院实验室和引力波宇宙太极实验室（杭州），与相关负责人交流。

28日 生态环境部在中国生态文明论坛济南年会上发布第七批生态文明建设示范区和“绿水青山就是金山银山”实践创新基地名单。杭州市滨江区、淳安县入选第七批生态文明建设示范区，临安区入选“绿水青山就是金山银山”实践创新基地。

30日 省委副书记、市委书记刘捷会见新加坡外交部兼国家发展部高级政务部长沈颖一行。

△ 市委副书记、市长姚高员专题调研惠民生重点工作推进情况，考察杭州体育馆、杭州创意艺术学校、邵逸夫医院大运河院区等。

△ 杭州市发布2023年杭州市综合百强企业榜单、2023年杭州市制造业百强企业榜单和2023年杭州市数字经济百强企业榜单。

31日 2023年杭州·云栖大会在西湖区云栖小镇开幕（11月2日闭幕），主题为“计算，为了无法计算的价值”，设置2场主论坛及分论坛，44个国家和地区的数字经济领域合作商及从业者参加。

11月

1日 由中国侨联、浙江省侨联、杭州市政府主办的“创业中华——2023侨界精英创新创业（中国·杭州）大会暨侨界青年发展大会”在杭州举行，主题为“聚焦科创新动能、打造侨创新生态”。开幕式上举行杭州侨创中心揭牌仪式、知名高校校友联盟成立仪式、杭州侨界青年发展大使聘请仪式，发布侨界青年发展杭州倡议书。大会期间签约43个项目，投资额198亿余元，涉及高端装备、智能物联、生物医药、绿色能源和新材料等领域。

2日 杭州市全过程人民民主实践中心（杭州市人大代表联络总站）启用。中心（总站）位于上城区小营红巷区块，分为陈列展览、数字交互、联络协商、学习研究4个区域，主要承担推动全市各级人大代表联络站迭代升级、服务市级以上国家机关吸纳民意汇集民智、实现全市代表联络站的数字化交互、展示人民代表大会制度在杭州的生动实践、推进全过程人民民主在杭州的学习实践与研究等功能。

2—3日 由中国农业科学院茶叶研究所、中国茶叶学会主办的第五届国际茶学院所长会议在杭州召开。13个国家和国际组织、国内15个省级茶叶研究机构负责人，以及相关茶产业专家学者200余人参加会议，就深化项目合作、促进人才培养、推动能力建设达成共识，形成并发布《径山宣言》。

3日 钱塘（新）区召开“打造产业新城、建设一流新区”高质量发展大会。会上，杭州启动建设“中国医药港”，中国药学会与省科协签署《服务科技经济融合发展合作协议》，省药学会、市经信局与钱塘（新）区共同签订《共建“中国医药港”合作协议》。

△ 杭州市直播电商协会成立大会暨第一次会员大会召开，审议通过《杭州市直播电商协会章程（草案）》《杭州市直播电商协会选举办法（草案）》《杭州市直播电商协会组织机构设置（草案）》《杭州市直播电商协会内部管理制度（草案）》，投票选出第一届理事会理事及协会会长、副会长、秘书长。

7日 由市委、市政府主办的第五届世界杭商大会在杭州举行，主题为“勇立潮头·智启未来”，600余名海内外杭商参加。大会发布“2023中国民营企业500强”杭州上榜企业榜单、“2023杭州民营企业百强”系列榜单、杭州市首批民营企业助力共同富裕优秀案例，为“杰出杭商”“优秀杭商”“新锐杭商”颁奖，“杭商驿站”同步启动。

△ 市委副书记、市长姚高员会见日本岐阜市市长柴桥正直一行。

8日 “潮起杭甬、聚力双城”——杭甬贸促“双城记”交流会在杭州举行。杭甬两地的贸促机构、国际商会、国际机构、企业进行18个项目签约，合作内容涵盖两地贸促系统、国际联络、商事法律、展览展会、企业合作等领域。

△ 由中国文学艺术界联合会、中国戏剧家协会、中共浙江省委宣传部、杭州市政府主办的第十八届中国戏剧节在杭州运河大剧院开幕。戏剧节持续20天，来自全国各地的47部剧目参演。

△ 由杭州市妇产科医院（杭州市妇幼保健院）和杭州市儿童医院组建的杭州市妇女儿童医疗集团授牌成立，杭州市妇产科医院（杭州市妇幼保健院）成为集团钱江院区，杭州市儿童医院成为集团朝晖院区。

9日 省长王浩在杭州专题调研高校基础设施提质工作，考察下沙高教园区、滨江高教园区。

10—15 日 西泠印社建社120年社庆大型系列活动举行，举办5场会议、5个展览、3个研讨会。11日，西泠印社举行建社120年庆祝大会。

12 日 由省委、省政府，欧美同学会主办的2023年杭州国际人才交流与项目合作大会举行，主题为"开放合作、创新创业"。开幕式现场发布2022年度"魅力中国——外籍人才眼中最具吸引力的中国城市"榜单，杭州连续13年入选。杭州推出吸引集聚全球青年人才的"青荷计划"，启动50余场系列活动。

13 日 市委副书记、市长姚高员到杭州临空经济示范区调研，考察杭州生物科技谷标准厂房工地现场、示范区内首个百亿元级项目宽能项目选址地块、杭州大会展中心项目一期建设现场，召开工作汇报会听取有关工作情况汇报。

△ 由中央党史和文献研究院第二研究部、中共浙江省委党史和文献研究室、中共杭州市委主办的"老一辈革命家与马克思主义中国化时代化——学习贯彻党的二十大精神"理论研讨会在杭州举行，来自全国各地党史和文献部门、党校、社科院、高校的100余名专家参加。

△ 由北京市政府新闻办公室、浙江省政府新闻办公室、杭州市政府、世界运河历史文化城市合作组织等主办的2023年中国大运河文化带京杭对话暨北京（国际）运河文化节开幕式和主论坛在北京举行，主题为"传承运河文化 赋能美好生活"，开展11项主题活动。开幕式上，《中国大运河生活图鉴》发布，北京大运河文化旅游发展有限公司与杭州市商旅集团签约。

14 日 杭州市代表团到衢州对接落实山海协作工作，看望慰问杭州在衢挂职干部，并召开杭州—衢州山海协作工程工作联席会。

14—17 日 "2023世界旅游联盟·湘湖对话"活动在杭州举行，主题为"旅行的力量——向更美好的未来出发"，来自中外旅游主管部门、相关国际组织、旅游城市、重点旅游企业的代表参加。

△ 国际标准化组织电子商务交易保障技术委员会（ISO/TC 321）第八次全体会议在杭州召开。会上，全球首批两项电子商务国际标准《电子商务交易保障——词汇》《电子商务交易保障——原则与框架》发布。

20 日 杭州市全过程人民民主理论和实践研究会成立并召开第一届会员大会。会议表决通过研究会章程，选举产生第一届研究会理事会，原则通过研究会2024年工作要点。

△ 教育部发布《关于拟同意设置本科高等学校的公示》，拟同意浙江科技学院更名为浙江科技大学。

21 日 庆祝第五个"926工匠日"暨第七届"杭州工匠"认定发布会在杭州市职工文化中心举行，表彰"杭州工匠"和"杭州工匠"提名人员。

22 日 杭州市农创客发展联合会成立大会举行。大会选举产生联合会会长、副会长、秘书长和首届理事会，为农创客导师代表颁发聘书。中国农业银行杭州分行和杭州农商银行分别为联合会颁发授信100亿元牌匾。

22—23 日 由全国党建研究会机关专委会、机关党建研究杂志社、浙江省委直属机关工委举办的第一届全国机关党建理论研讨会在杭州召开，开展交流发言、分组讨论、参观考察等活动。

23—27 日 由浙江省政府、商务部主办的第二届全球数字贸易博览会在杭州国际博览中心举行，主题为"数字贸易，商通全球"，举办10场主题论坛、3场产业对接及若干场专题研讨，发布《数字贸易合作与发展杭州倡议》《中国数字贸易发展报告》等成果，31个省（自治区、直辖市）及港澳台地区代表参加，68个国际组织和商协会、63个国家和地区的使领馆官员及政府官员参会。

△ 由杭州市政府、浙江大学、中国美术学院主办的第十七届杭州文化创意产业博览会在白马湖国际会展中心开幕，主题为"创意杭州·联通世界"，开展各类商务论坛活动13场，线上和线下吸引66个国家和地区的6500余名展商客商和专业人士参与，现场成交及签约项目总金额29.02亿元。

24 日 2023年中国幸福城市论坛在成都举行，杭州连续17年获"中国最具幸福感城市"称号。

25—28 日 由共青团中央、人力资源和社会保障部主办的第十八届"振兴杯"全国青年职业技能大赛学生组主体赛全国决赛在杭州举行。大赛主题为"踔厉奋发启新程 挺膺担当建新功"，超过12万名学生报名参加，436名选手参加决赛，产生金奖25名、银奖25名、铜奖50名。同时举办青年技能人才招聘会。

27 日 宁波市党政代表团到杭州考察学习。其间，两地召开杭甬"双城记"第三次市级联席会议。

28 日 省委副书记、市委书记刘捷到拱墅区调研，考察新天地商务社区、杭州英蓝中心等，听取拱墅区委、区政府工作汇报。

29 日 省委副书记、市委书记刘捷到临安区调研省委、市委全会精神贯彻落实情况，指导推进第二批主题教育工作，考察湍口镇三联村、河桥镇泥骆村、太阳镇枫树岭村、杭州新剑机电传动股份有限公司、临安奥星电子股份有限公司等。

△ 由中国网络视听协会、浙江省广播电视局主办的2023年中国视听创新大会在杭州举行。开幕式现场，浙江大视听产业智库成立，举行专家聘任仪式。大会还举办"视听西湖"主题论坛、数字视听产业项目发布会、"视听西湖"凤凰光影艺术周、文创产业行、视听创新展和文三潮移动时光巴士游等活动，近3万人次参会。

12月

1 日 全市见义勇为先进人物记功奖励暨见义勇为工作会议召开，向受表彰的见义勇为先进人物或家属代表授奖，部署推进全市见义勇为工作。彭清林、李银蛟、陈冲、谢建华、林新雄、卢丰、杨蛟7名见义勇为先进人物被市政府记二等功。其中，彭清林、李银蛟被省政府记一等功。

1—3 日 由省发改委、省经信厅、萧山区政府主办的第五届浙江国际智慧交通产业博览会在杭州国际博览中心举行，主题为"交通新使命，产业新未来"。展馆包括5个主题馆、3个特色展区及配套展览，总面积7万平方米，会议包括1个开幕式暨主旨论坛、3个高规格活动以及13个配套论坛活动。会上，杭州交通治理在线平台发布。

3日 由文化和旅游部、浙江省政府主办的首届“良渚论坛”在杭州举行。国家主席习近平致贺信。论坛主题为“践行全球文明倡议，推动文明交流互鉴”，开展论坛和采风作品展等活动，签署《中华人民共和国文化和旅游部与阿拉伯国家联盟秘书处关于践行全球文明倡议的联合声明》，来自国内外的300余名嘉宾出席论坛。

5日 浙江省交通运输厅公布2023年度浙江省“十大最美农村路”名单。临平区大运河环线公路入选。大运河环线以临平区运河街道临杭线为起点，途经丰稔桥、杭双线等，止于亭五线，沿大运河形成一条环河通道，全长22.68千米。

6日 市委副书记、市长姚高员到建德市调研“联乡结村”工作，考察寿昌镇山峰村，召开“联乡结村”工作交流会，到新安江水电站和新安集团检查安全生产管理工作。

△ 杭州亚运会、亚残运会碳中和证书颁发仪式举行，中环联合（北京）认证中心有限公司作为评价单位，向杭州亚组委、亚残组委颁发碳中和证书。经核算和评价认证，杭州亚运会和亚残运会排放温室气体88.29万吨，使用绿电减排温室气体2.2万吨，接受社会捐赠碳抵消指标109.99万吨，在亚运会、亚残运会历史上首次实现碳中和。

7—8日 杭州市党政代表团到上海、苏州学习考察，实地学习当地推进高质量发展、推动现代化建设的经验。

10日 由国家广播电视总局、浙江省政府联合阿拉伯国家联盟秘书处、阿拉伯国家广播联盟共同主办的第六届中国—阿拉伯国家广播电视合作论坛在杭州举行，主题为“传承中阿友谊·共享视听发展”，来自中国和15个阿拉伯国家的300余名代表参会。论坛期间，举办包括中阿视听合作成果展、中国广电视听发展技术展、中阿优秀节目展播等配套活动，发布10余项中阿广电视听合作新成果，启动第三届中阿短视频大赛，发布《第六届中国—阿拉伯国家广播电视合作论坛共同宣言》。

12日 省委副书记、市委书记刘捷调研智能物联产业生态圈建设推进情况，考察长川科技股份有限公司、虹软科技股份有限公司，了解企业生产经营情况，主持召开工作推进会。

△ 市委副书记、市长姚高员专题调研云城开发建设工作，主持召开座谈会，听取规划建设工作情况汇报。

△《杭州市推进新能源电动汽车充电基础设施建设运营实施办法（修订）》施行。重新修订后的实施办法明确逐步形成覆盖广泛、规模适度、结构合理、功能完善的高质量充电设施体系，打造安全便捷有序的运营环境的总体要求，优化各类充电应用场景建设标准和消防管理要求、增加运营监管内容，加大保障措施和全过程监管力度。

13日 由市委、市政府主办的第一届杭州慈善大会召开，对获首批“杭州慈善奖”的102个公益慈善典型进行表彰。

19日 第二届中国气象旅游产业发展大会在河南省三门峡市召开，中国气象旅游经济发展研究院发布《2023年中国旅游发展报告》，杭州列十佳“气象旅游城市”之首，获评2023年网络热门“气候康养（避暑、避寒、宜居）典型案例”。

21日 市委副书记、市长姚高员调研杭州茶叶博览会会议会展中心项目，了解项目规划、功能定位、施工进度等情况。

22日 省委副书记、市委书记刘捷到城西科创大走廊调研，考察杭州技术转移转化中心、云城“金手指”“金钥匙”综合体项目现场等，主持召开座谈会听取有关工作情况汇报。

△ 市委副书记、市长姚高员专题调研杭州下沙港，实地察看港口全貌和生产运行情况。

26日 市委副书记、市长姚高员专题调研文化传承发展工作，考察西泠印社、杭州博物馆、南宋皇城遗址核心区等。

27日 第十九届杭州市道德模范（平民英雄）暨第十一届“最美杭州人”发布仪式举行。获第十九届杭州市道德模范（平民英雄）的是邹华、施志平、方孟军、何志尉、彭清林、金淑华、韩金仙、林国荣、蒋玉根、徐芝英。获第十一届“最美杭州人”的是戴关润、国网萧山区供电公司点亮玉树团队、赵雪红、孙凤珍、韩璧丞、孔樟良、汪豪斌、郑龙华、蒋金法、杭州亚运会和亚残运会杭州冠军团体。

△ 2023年达摩院青橙奖揭晓，15名青年科学家获奖，平均年龄33岁，研究成果覆盖硅基光电子、纳米电子器件、细胞重编程、胚胎发育等领域。

△ 杭昌高铁黄山至南昌段开通运营。杭昌高铁起自杭州南站，终于南昌东站，线路全长560千米，其中杭黄段于2018年12月25日开通运营。黄昌段线路全长288千米，设计时速350千米。

29日 市委、市政府印发《关于提升城市国际化水平加快打造世界一流的社会主义现代化国际大都市的实施意见》。意见提出要持续放大“一城一地一中心”（打造国际“赛”“会”之城、构筑产业国际化高地、建设国际重要交往中心）的系统效应，增强杭州国际影响力和城市综合竞争力，力争到2035年，基本建成世界一流的社会主义现代化国际大都市。

△ 新华社评出2023年国内十大新闻，杭州亚运会入围。

△ 2024年杭州新年音乐会在杭州大剧院举行，主题为“后亚运时代、精彩杭州、中西合璧”，以交响乐、民乐、声乐等演出形式呈现中外经典乐曲。

（年鉴编辑部）

责任编辑　郦　晶

5 市情综览

自然环境

【地理位置和面积】杭州市地处长江三角洲南翼、杭州湾西端，是中国东南部的战略枢纽城市。市域介于北纬29° 11′~30° 34′、东经118° 20′~120° 37′。全市总面积16850平方千米（根据第二次全国土地调查），其中市区总面积8289平方千米。至2023年年末，全市土地面积构成中，山地丘陵占65.6%，平原占26.4%，江、河、湖、荡、水库占8%。杭州森林资源集中在临安、淳安、建德、桐庐、富阳等地，以临安、淳安森林资源最为丰富。全市森林面积110.11万公顷，森林覆盖率65.35%，森林覆盖率居全国省会城市、副省级城市第一位。

（市林水局）

【地貌】杭州境域地貌类别多样，大地构造处于扬子准地台钱塘台褶带，近期现代构造运动趋向缓和，地震活动显得微弱。自公元2世纪以后，有记载的4级以上地震6次，多为弱震（3~5级）和微震（1~3级），最强一次为5级（929年）。杭州西北部和西部系浙西中山丘陵区，主要山脉有天目山、白际山、千里岗山等，全市最高点是海拔1787米的清凉峰。市区丘陵分布在城区西南部向北东—南西向延伸。主城区主要有吴山、紫阳山、玉皇山、北高峰、云居山、三台山、翁家山、将台山、老和山、月轮山、五云山、狮峰、半山、天马山、二龙头、屏风山、凤凰山、青龙山、老焦山、龙门山、玉泉山等。杭州东北部和东南部属浙北平原地区，地势低平，海拔3~6米，地表江河纵横，湖泊密布。

（年鉴编辑部）

【河流湖泊】杭州境内主要河流有钱塘江、苕溪、京杭运河（浙江段干流）。钱塘江发源于安徽省休宁县龙田乡江田村，干流长度609千米，其中杭州市境内220千米。苕溪发源于临安区太湖源镇白沙村，干流长度165千米，其中杭州市境内90千米。京杭运河（浙江段干流）南起杭州三堡船闸，北至嘉兴市桐乡乌镇镇虹桥村，河流长度为83千米，其中流经杭州长度56千米。新安江水库又名“千岛湖”，108米水位时水域面积531.66平方千米，总库容216.26亿立方米。杭州湾以钱塘潮著称，是中国沿海潮差最大的海湾。

杭州境内主要湖泊有西湖、南湖、湘湖、三白潭等。西湖水面面积6.39平方千米，南湖水面面积4.96平方千米，湘湖水面面积4.16平方千米，三白潭水面面积1.12平方千米。

【水资源】2023年，杭州市水资源总量115.26亿立方米，比上年减少10.0%。其中，地表水资源量113.64亿立方米，地下水资源量26.94亿立方米（含重复计算量）。地表水资源空间分布与降水量空间分布基本相似，总体趋势由西部山区向东部平原递减。全市平均产水系数0.49。全年用水总量29.10亿立方米。按年平均人口计算，人均水资源量925.9立方米。万元地区生产总值用水量和万元工业增加值用水量分别下降7.0%和6.5%。

（市林水局）

【矿产资源】杭州市矿产资源包括能源、金属、非金属、水气4类83个矿种，其中查明资源储量的有70种。能源矿产7种，其中查明资源储量的有煤、石煤、铀和地热4种；金属矿产23种，其中查明资源储量的有铁、铜、银、钼、铅、锌等22种，中型规模矿床7个；非金属矿产51种，其中查明资源储量的有42种，优质石灰岩、建筑用石料储量丰富；水气矿产有矿泉水和地下水2种，资源丰富，30处水源地中有矿泉水水源地22处。

【土壤】杭州市土壤总面积15027平方千米（根据第二次全国土壤普查）。全市成土环境复杂多变，土壤性质差异较大，共有9个土类、18个亚类、59个土属、149个土种。土壤分布主要受地貌因素制约，随地貌类型和海拔高度的不同而变化。全市土壤中，红壤分布最广，占土壤面积的50%以上；水稻土次之，约占14%。

（年鉴编辑部）

【野生植物】杭州地处亚热带常绿阔叶林带，野生植物种类繁多。据不完全统计，全市有维管植物190科、899属、2070种。其中，蕨类植物184种，隶属35科、72属；种子植物1886种，隶属155科、827属。有国家重点保护野生植物31种，其中一级保护植物有中华水韭、长喙毛茛泽泻、银杏、南方红豆杉、天目铁木、秃杉、莼菜7种，天目铁木为杭州特有种。野生植物品种资源主要分布于天目山、清凉峰两个国家级自然保护区内。

【野生动物】杭州自然环境多样、气候温湿，野生动物资源丰富。鱼类区系由北方平原、北方山区、江河平原、上第三纪、热带平原、中印山区、海水7个区系复合体组成。根据杭州市湿地资源调查（2005年）及历史记载，全市有鱼类178种，其中国家一级保护动物1种、二级保护动物3种。陆生脊椎动物主要分布于西南山区和临安北部山区，无脊椎动物中昆虫类繁盛。根据杭州市陆生野生动物资源调查（2005—2008年）及历史记载，全市有陆生野生动物506种，属于国家级重点保护野生动物107种，其中国家一级重点保护野生动物25种、国家二级重点保护野生动物82种。

（市林水局）

【气候特征】杭州地处亚热带季风气候带，温和湿润，雨量充沛，光照充足，四季分明，春秋较短，冬夏较长。春季一般始于3月上旬至中旬，回暖早，冷暖转换快，气温日较差大。夏季平均始于5月中旬至下旬，初夏常为梅雨季节，高湿闷热；盛夏晴热少雨，是台风影响最频繁的时期。秋季一般始于9月下旬至10月初，多秋高气爽天气。冬季一般始于11月底至12月初，多晴冷天气。

由于冬夏季风的影响和山脉、海洋的共同作用，杭州气象要素和气候资源分布呈现明显的地带性差异和地形小气候特征。气候温和，呈变暖趋势，21世纪以后，主城区年平均气温都在17℃以上。雨量充沛，年际变化大，年降水量最多年为最少年的2.5倍；年内降水分布不均，主要集中在5—9月，约占全年降水量的75%；雨日较多，占全年的40%以上。杭州日照充足，但年日照时数最多年和最少年差异较大，属于太阳能资源不稳定地区。盛行风随冬夏季风的交替而变化，冬半年盛行西北风，夏半年盛行偏东风和西南风。受地形影响，杭州西部丘陵山地普遍存在山谷风资源，东部沿杭州湾的平原地区存在海陆风资源，可改善区域小气候环境。受丘陵山区地形分布影响，气候因子垂直分布差异大，小气候资源多样。降水一般在海拔千米以下随高度上升而递增，千米以上又随高度上升而减少。

气　温　2023年，杭州市气候变暖趋势持续，全年有11个月平均气温高于常年（指1991—2020年30年的平均状况），另外一个月持平常年。年平均气温18.8℃，比常年（17.5℃）偏高1.3℃，是1951年杭州国家基准气候站建站以后最高值（与2021年并列）。主城区1月平均气温6.8℃，比常年（5.0℃）偏高1.8℃；2月平均气温8.2℃，比常年（7.0℃）偏高1.2℃；春季（3—5月，下同）平均气温18.1℃，比常年（16.7℃）偏高1.4℃，是1951年建站以后第二高值；夏季（6—8月，下同）平均气温28.6℃，比常年（27.7℃）偏高0.9℃；秋季（9—11月，下同）平均气温20.6℃，比常年（19℃）偏高1.6℃；12月平均气温7.4℃，与常年（7.4℃）持平。全年出现高温日数39天，比常年多6天，比上年少20天。全市极端最高气温为40.5℃，出现在7月15日的桐庐；主城区极端最高气温为39.5℃，出现在7月11日。全市极端最低气温为-7.7℃，出现在12月22日的临安；主城区极端最低气温为-5.4℃，出现在12月22日。

降　水　2023年，杭州市年降水量1167.2~1367.2毫米，其中主城区年降水量1167.2毫米，比常年（1491.8毫米）偏少21.8%，是近17年中最少的一年。主城区1月降水量57.7毫米，比常年（93.3毫米）偏少38.1%；2月降水量88.1毫米，与常年（88.3毫米）持平；春季降水总量259.3毫米，比常年（379.3毫米）偏少31.6%；夏季降水总量559.2毫米，比常年（602.5毫米）偏少7.2%；秋季降水总量156毫米，比常年（262.6毫米）偏少40.6%；12月降水量46.9毫米，比常年(64.2毫米）偏少26.9%。汛期（4—10月）降水量833.3毫米，比常年（1033.5毫米）明显偏少。全市年雨日数139~145天。其中主城区年雨日数140天，比常年（147天）少7天。

日照时数　2023年，杭州市年日照时数1538.3~2095.1小时，其中主城区年日照时数2095.1小时，比常年（1642.5小时）偏多27.6%。主城区1月日照时数167.4小时，比常年（95.6小时）偏多75.1%；2月日照时数103.7小时，比常年（96.6小时）偏多7.4%；春季日照时数458.1小时，比常年（424小时）偏多8.0%；夏季日照时数588.3小时，比常年（512.4小时）偏多14.8%；秋季日照时数597.4小时，比常年（400.2小时）偏多49.3%；12月日照时数180.2小时，比常年（112.6小时）偏多60%。

霾　2023年，杭州市年霾日数46天，继续下降。平均能见度1.37万米，其中能见度大于10千米的高能见度天气日超过60%，是近13年中最多的一年。

【主要气候事件】2023年，杭州年平均气温偏高，降水量偏少，日照充足。梅雨不典型，梅雨量减半，但梅中有伏；强对流天气多发、重发；受台风影响不明显；高温日现身早且数量偏多，但总体夏季不算太热；秋末气温创新高，后骤降入冬。作物生长季积温偏高，雨热资源搭配适宜，农业气象年景较好。

梅　雨　2023年6月17日，杭州入梅，7月11日，出梅。出入梅时间均比常年偏晚。全年梅雨期24天，较常年偏少6天。梅雨不典型，以过程性降水为主，其间出现3次暴雨过程。全市平均梅雨量188.1毫米，为常年的53.7%。梅中有伏，梅雨期有9天出现高温。

强对流天气　2023年7月、8月，杭州强对流天气多发、重发。7月15—23日，连续9天出现局地短时强降雨天气，全市有60个测站3小时雨量超过100毫米，部分地区引发小流域山洪。

台　风　2023年，因无登陆浙江台风，杭州受台风影响不明显。台风“杜苏芮”登陆福建后经江西北上，“卡努”近海转折后北上，全市仅受到外围影响。

高　温　2023年4月17日，杭州国家基准气候站出现35.1℃高温天气，打破建站以来高温日出现的最早纪录。全年出现39个高温天，较常年多6天。

低　温　2023年12月14—16日，受北方强冷空气影响，杭州站平均气温48小时下降14.5℃。21—26日，连续6天最低气温低于0℃，其中22日主城区最低气温降至-5.4℃，西湖湖面、钱塘江面部分结冰。

（张玉静）

历史文化

【建置沿革】杭州是华夏文明发祥地、中国十大古都（据2016年中国古都学会确定）之一。考古发现，早在数万年前，在杭州建德李家镇一带，即有智人“建德人”活动。良渚文化距今5300~4300年，被称为“中华文明的曙光”。随着跨湖桥遗址的发现和“跨湖桥文化”被正式命名，杭州乃至浙江文明史推前到距今约8000年的新石器时代中期。

有历史记载的杭州地域行政建置始于秦朝。秦王政二十五年（前222年），置钱唐县、余杭县，属会稽郡。隋开皇九年（589年），废钱唐郡，置杭州，“杭州”之名首次出现。五代吴越国（907—978年）在杭州建都。南宋建炎三年（1129年），高宗赵构南渡至杭州，升杭州为临安府；绍兴八年（1138年），定都临安。元至元十四年（1277年），改临安府为杭州；至元二十一年（1284年），自扬州迁江淮行省治于杭州；至正二十六年（1366年），朱元璋攻占杭州，置浙江等处行中书省，治杭州府。明洪武九年（1376年），改浙江行中书省为浙江承宣布政使司。清康熙元年（1662年），改浙江承宣布政使司为浙江行省。杭州市一直为治所不变。民国元年（1912年）2月，废杭州府，以钱塘、仁和县并置杭县，直属浙江省，仍为省会所在地；16年（1927年）5月，划杭县城区等地设杭州市，杭州置市始于此。

1949年5月3日，杭州解放。10月1日，中华人民共和国成立，杭州市为浙江省直辖市、浙江省省会。1958年，萧山县、富阳县改属杭州市。1960年，桐庐县、临安县改属杭州市。1963年，建德县、淳安县改属杭州市。杭州市境域和行政区划框架基本确定。1987年11月，萧山撤县设市。1992年4月，建德撤县设市。1994年1月，富阳撤县设市。同年4月，余杭撤县设市。1996年10月，临安撤县设市；同年12月，设立滨江区。2001年2月，萧山、余杭撤市设区。2014年12月，富阳撤市设区。2017年9月，临安撤市设区。2021年4月，杭州市部分行政区划调整，撤销上城区和江干区，设立新的上城区；撤销下城区和拱墅区，设立新的拱墅区；撤销余杭区，设立新的余杭区和临平区；设立钱塘区。至此，杭州市辖上城、拱墅、西湖、滨江、萧山、余杭、临平、钱塘、富阳、临安10个区和桐庐、淳安、建德3个县（市）。

【市树、市花、城标】杭州市树为香樟，市花为桂花。香樟即樟树，樟科常绿乔木，广泛分布于中国长江以南各地。香樟全株有樟脑香气，是杭州常见的绿化树和行道树。桂花又名“木樨”，木樨科常绿灌木或小乔木，秋季开花，花簇生于叶腋，多呈黄色或黄白色。桂花在杭州有近千年的栽培历史，尤其以满觉陇的桂花最为著名，在南宋《咸淳临安志》中有记载。常见品种有金桂（花金黄色）、丹桂（花橙黄色）、银桂（花黄白色）、四季桂等。杭州城标于2008年3月28日确定，由篆书汉字“杭”演变而来，将航船、城郭、园林、拱桥等元素融入其中。城标用特别设计出来的字体，表现杭州城市名称，强调字体的独特性，且字体与图形相结合，浑然一体。

【跨湖桥文化】跨湖桥文化分布于浙中山区，是山地文化向平原文化发展的早期一支，距今约8000年。跨湖桥人以农业、采集、渔猎为生，会制作骨器、木器、石器作为生产工具。木作技术发达，榫卯技术出现，懂得用生漆涂饰木器、用动物或植物的胶汁粘补陶器。在他们的精神世界里，出现拜火崇日的宗教观念。据考古发现，跨湖桥人已学会栽培水稻、驯养家猪。跨湖桥遗址自1990年6月首次发掘以后，经过3次考古发掘，其中2002年发掘出土的独木舟及相关遗迹，对研究中国造船史、交通史以及世界造船史，产生重大而深远的影响。2004年12月，“跨湖桥文化”被正式命名。2006年5月，跨湖桥遗址被国务院公布为第六批全国重点文物保护单位。跨湖桥遗址的发现，打破河姆渡文化、马家浜文化对浙江新石器时代文化的两分体系，建立起区域文化的多元格局，为长江流域新石器时代文化研究中整体观念的形成竖立新的坐标。

【良渚文化】良渚文化是中国长江下游环太湖流域新石器时代晚期文化，发生于距今5300~4300年，是长江中下游太湖地区文化序列中的一个阶段，即马家浜文化—崧泽文化—良渚文化的发展序列。良渚遗址群是良渚文化遗存分布最集中、规模最大、等级最高的中心遗址，主要分布在余杭区境内，135个遗址点包括宫殿、墓地、祭坛、村落、大型礼制性建筑基址等各类遗存。1936年，良渚遗址被发现；1959年，被命名为“良渚文化”。1994年年初，国务院将“良渚遗址群保护、开发的多维研究”项目列入中国“21世纪议程”优先项目计划，列入中国政府向联合国教科文组织推荐“世界遗产名录”的预备清单。1996年，良渚遗址群被国务院列为全国重点文物保护单位。2006年12月，良渚遗址名列“中国世界文化遗产预备名单”第13项（共35项）。2017年9月22日，经中国联合国教科文组织全国委员会署名推荐后，国家文物局将两套良渚古城遗址“申遗”英文版预审材料寄往联合国教科文组织世界遗产中心预审。2019年7月6日，在阿塞拜疆首都巴库举行的联合国教科文组织第43届世界遗产委员会会议通过决议将“良渚古城遗址”列入“世界遗产名录”，良渚古城遗址成为中国第55个世界遗产项目。

【杭州西湖文化景观】2011年6月24日，在法国巴黎举行的第35届世界遗产委员会会议上，“杭州西湖文化景观”通过审议被列入“世界遗产名录”，成为中国第41个世界遗产项目。杭州西湖文化景观由分布于约60平方千米范围内的西湖自然山水、“三面云山一面城”的城湖空间特征、“两堤三岛”景观格局、“西湖十景”题名景观、西湖文化史迹和西湖特色植物六大要素组成。杭州西湖文化景观是中国历代文化精英秉承“天人合一”哲理，在深厚的中国古典文学、绘画美学、造园艺术和技巧传统背景下，持续性创造的“中国山水美学”景观设计最经典的作品，展现东方景观设计自南宋以后讲求“诗情画意”的艺术风格，具有显著的景观持续性和文化关联性。在9—20世纪世界景观设计史和东方文化交流史上拥有杰出、重要的地位和持久、广泛的影响，在10余个世纪的演变中日臻完善，并真实、完整地保存至今，成为景观元素特别丰富、设计手法极为独特、历史发展特别悠久、文化含量特别厚重的“东方文化名湖”，是世界上独具一格的文化景观。

【京杭运河（杭州段）】2014年6月22日，在卡塔尔首都多哈举行的第38届世界遗产委员会会议同意将中国大运河列入“世界遗产名录”，中国大运河成为中国第46个世界遗产项目。世界遗产委员会认为，中国大运河是世界上最长的、最古老的人工水道，也是工业革命前规模最大、范围最广的土木工程项目。中国大运河由隋唐大运河、京杭大运河和浙东运河组成，包括十大河段，地跨北京、天津、河北、山东、江苏、浙江、河南和安徽8个省级行政区，沟通海河、黄河、淮河、长江、钱塘江五大水系。杭州是京杭运河的最南端和浙东运河的起点，是中国大运河的重要节点。京杭运河（杭州段）被列入遗产河道，总长110千米。杭州市被列入京杭运河首批“申遗”点段共11个，为富义仓、凤山水城门遗址、桥西历史街区、西兴过塘行码头、拱宸桥、广济桥6个遗产点和杭州塘、上塘河、中河、龙山河、浙东运河西兴段5段河道。

【南宋临安城遗址】2001年，以南宋皇城遗址为核心的南宋临安城遗址被国务院确定为全国重点文物保护单位。南宋皇城遗址位于杭州凤凰山东麓。经历年考古勘探、调查，探明皇城遗址范围为东抵馒头山东麓、西至凤凰山麓、北起万松岭路南、南达宋城路，依山就势，平面呈不规则方形，皇城区块面积约85万平方米。陆续发现有南宋太庙遗址、三省六部遗址、德寿宫遗址、御道遗址等南宋时期重要遗址。2006年，南宋临安城遗址被国家列入“十一五”规划100处重点保护遗址名录。2009年，市委、市政府制定《南宋皇城大遗址综合保护工程五年行动计划》。2011年，《全国重点文物保护单位南宋临安城遗址保护总体规划》启动编制；2013年6月，该规划由省政府公布实施。同年，南宋皇城遗址被确定为浙江省第一批省级考古遗址公园。此后，杭州围绕南宋临安城遗址保护利用开展一系列工作。2018年11月16日，市政协文史委组织召开南宋临安城遗址保护专题协商会议。2020年12月，德寿宫遗址保护展示工程暨南宋博物院（一期）开工。2022年11月18日，南宋德寿宫遗址博物馆开馆。

（年鉴编辑部）

行政区划

【区划保持稳定】2023年，杭州市行政区划保持稳定，建制数不变。有市辖区10个、县级市1个、县2个，街道93个、乡23个、镇75个。社区增加26个，村减少1个。至年末，全市有社区1388个、居民区17个、村1905个。全市行政区域面积16596平方千米。

【区域界线联合检查】2023年，杭州市完成1条市级界线（杭州嘉兴线）、6条县级界线（拱墅余杭线、拱墅临平线、淳安建德线、上城拱墅线、上城萧山线、萧山钱塘线）的联检工作。深化平安边界建设，护航亚运会和亚残运会，结合“界线联检”和“隐患排查调处”，健全党委领导、政府负责、民政牵头、部门协同、公众参与的平安边界共建共治制度和联席会议、定期走访、应急处置、重大事项报告等工作机制，加强边界纠纷隐患排查、矛盾调处，建设精准、规范、科学的行政区域界线管理体系。全年没有因行政区域界线实地认定不一致而引发争议、纠纷，边界地区和谐稳定。杭州市作为6个单位代表之一，在民政部举办的全国行政区域界线管理培训班上作“数字赋能、智慧管界、助力平安杭州建设”工作经验交流。

（尹飞艳）

人口变迁

【户籍人口年增长1.64%】2023年，杭州市户籍制度改革政策的出台扭转2022年人口增幅下降的态势，至11月30日24时（户籍人口统计标准时点），全市户籍人口总户数2717909户、总人口8606036人，比上年分别增加53376户、138562人，人口年增长1.64%，上升0.18个百分点。其中，男性4233038人，女性4372998人，分别占总人口的49.19%和50.81%；性别比为96.8（以女性为100，下同），下降0.53。市区总户数2242468户、总人口7238308人，分别增加53718户、145830人。其中，男性3546546人，占市区总人口的49%；女性3691762人，占市区总人口的51%，性别比为96.07。

【户籍人口总体增长】2023年，杭州市13个区县（市）中，市区10个区的户籍人口均呈现不同程度增长。从绝对数看，萧山区、上城区和拱墅区居前三位，户籍人口总数分别为1288605人、903085人和894743人；从增长率看，余杭区、临平区和滨江区居前三位，分别为4.13%、3.95%、3.68%；从增加人口数看，余杭区、萧山区和临平区居前三位，分别增加30114人、26774人和23772人。桐庐县、淳安县、建德市户籍人口负增长，分别减少950人、3361人、2957人，减少趋势比上年有所放缓；其中，迁往杭州市区分别为1285人、2017人、1880人，均占迁往省内人口的75%以上，与市区户口迁移政策进一步放宽有一定关系。

【人口机械增长上升】2023年，杭州市迁移人口204257人，其中迁入167062人、迁出37195人，人口机械增长129867人，比上年增加28527人，主要原因是杭州市出台户籍制度改革新政策，放宽人才落户、老年投靠和夫妻投靠条件，实行居住证年限长三角地区累计互认，同时降低积分落户分值，取消落户名额限制。迁入人员中曾在杭州办理居住登记人数

表1 2023年杭州市行政区划一览表

单位:个

地域名称	街 道	乡	镇	社 区	居民区	村
上城区	14	—	—	199	—	4
拱墅区	18	—	—	177	—	—
西湖区	10	—	2	181	—	41
滨江区	3	—	—	67	—	—
萧山区	10	—	12	245	—	335
余杭区	7	—	5	106	—	116
临平区	7	—	1	139	—	57
钱塘区	7	—	—	63	—	59
富阳区	5	6	13	74	—	276
临安区	5	—	13	47	2	270
市区小计	86	6	46	1298	2	1158
桐庐县	4	4	6	37	—	181
淳安县	—	12	11	24	—	337
建德市	3	1	12	29	15	229
合 计	**93**	**23**	**75**	**1388**	**17**	**1905**

说明:1. “合计”数中包括“市区小计”数

2. 西湖区的西湖街道(下辖6个社区、9个村)委托杭州西湖风景名胜区管委会管理

(资料来源:市民政局)

表2 2023年杭州市社区、村调整情况一览表

地域名称	撤销、新建社区、村
拱墅区	半山街道新建桃源社区,撤销冬景社区、春晓社区、秋韵社区 祥符街道新建申沁社区、三宝社区、申新社区、申瑞社区、广运社区、祥庆社区 康桥街道撤销康桥社区
滨江区	西兴街道新建新联社区
萧山区	宁围街道新建江潮社区、宁善社区、宁和社区、宁德社区、宁聚社区、兴宁社区 盈丰街道新建民和社区、亚韵社区 南阳街道新建潮竞社区 新街街道新建新辰社区 蜀山街道撤销戚家池社区、联丰社区、越寨社区、金西村 浦阳镇新建森海社区 义桥镇新建星荷社区
临安区	锦城街道新建西瓜社区、西苑社区、晨曦社区、横潭社区 锦北街道新建临水社区 锦南街道新建学府社区 玲珑街道新建锦天社区、文锦社区、玲溪社区,撤销东山社区 青山湖街道新建案山社区、太平社区、星汇社区
建德市	新安江街道新建明镜社区、焦山社区

(资料来源:市民政局)

为131775人,占总数的78.89%,上升2.6%,其中申领居住证的73302人,户口登记制度与居住登记制度形成制度衔接。全市省外净迁入86960人,省内净迁入42907人,省外迁入人数大于省内迁入人数,杭州市对省外人员的吸引力仍然较强。从来源地看,省内迁入59299人,增加8862人,增长率17.57%,迁入前三位城市为温州市、金华市、绍兴市,分别为12751人、7236人和6778人;省外迁入107763人,增加24895人,增长率30.04%。从迁入地看,迁入市区162449人,占总迁入人数的97.24%,增加33611人,余杭区、上城区和西

湖区是迁入人数最多的3个区，分别是22979人、22597人和22362人，占全市迁入人数的40.67%。从迁入途径看，人才引进及干部调动（包括随迁）、“三投靠”、积分落户为杭州市主要落户途径，合计数占总量的92.21%，其中人才引进及干部调动（包括随迁）88766人、“三投靠”落户40774人、积分落户24503人。从性别结构看，全市男性迁入72337人，女性迁入94725人，女性迁入人员持续大于男性迁入人员。从年龄结构看，以迁入时点统计迁移人员年龄，迁入人员平均年龄为27.92岁（上年为27.2岁）。从文化程度看，迁入人员中，18周岁以上登记文化程度项目的人员有99564人，其中专科以上学历占77.97%，与杭州市以人才引进为主的户口迁移政策一致。从落户地看，迁入家庭户的114236人，占总迁入人数的68.38%（上年为63.6%）；迁入集体户的52826人，占总迁入人数的31.62%（上年为36.4%）。

【人口城市化比例增高】2023年，杭州市城镇人口6343370人，乡村人口2262666人，城镇人口占全市总人口的73.71%，比上年上升1.66%；市区城镇人口5824504人，乡村人口1413804人，城镇人口占市区总人口的80.47%，上升1.78%；上城区、拱墅区、滨江区城镇化率100%。全市市外迁入城镇的161873人，占总迁入人数的96.89%；市外原籍农村地区迁入城镇的农业转移人口51290人，占迁入城镇总人数的31.69%。全市有农业转移人口落户城镇131662人。按迁入原因分，因录（聘）用迁入的1857人，务工经商迁入的21678人，购（租）房迁入的1924人，投靠亲属迁入的27897人，城乡属性调整70569人；按重点迁移对象分，农村籍大中专院校毕业生2562人，在城镇就业和居住5年以上的农业转移人口1348人，举家迁徙的农业转移人口1107人，其他89人。

【人口出生率下降】2023年，杭州市出生人口67443人，比上年减少1212人；出生率7.9‰，下降0.27个千分点，连续6年下降。出生人口中，男性35086人，女性32357人，出生人口性别比为108.43，上升1.38，略高于正常范围（正常值103~107）。全市死亡注销人口58782人，增加10802人；死亡率6.89‰，上升1.18个千分点。

【人口缓慢老龄化】2023年，杭州市人口按年龄段构成情况如下：18岁以下1558846人，占总人口的18.11%，比上年上升0.09%；18~34岁1688183人，占总人口的19.62%，减少0.47%；35~59岁3193514人，占总人口的37.11%，减少0.51%；60岁以上2165493人，占总人口的25.16%，上升1.09个百分点，其中百岁以上老人1070人，减少38人，最高年龄113岁，仅1人。从人口年龄结构看，18岁以下未成年人口占总人口比例基本与上年持平；18~60岁劳动年龄人口占总人口比例从上年的57.91%下降至56.73%，下降1.18个百分点；60岁以上老龄人口占比仍呈上升趋势。其中，临安区、建德市和桐庐县的老龄化程度最高，分别为29.92%、29.60%和28.52%；劳动年龄人口占比较高的是滨江区、钱塘区和西湖区，分别为61.78%、59.95%、59.33%。

【核心区人口转移明显】2023年，杭州市核心区（上城区、拱墅区、西湖区、滨江区）迁往新城（萧山区、余杭区、临平区、钱塘区、富阳区、临安区）户籍人口数为29050人，新城迁往核心区为17742人，迁入迁出比为1.64，与上年基本持平，实现城市核心区过度密集区块人口向郊区新城疏散，促进人口区域均衡配置。其中迁往余杭区、萧山区、临平区24402人，占总数的84%。

（许周庆）

经济建设

【经济发展平稳】2023年，杭州市地区生产总值20059亿元，比上年增长5.6%。其中，第一产业、第二产业和第三产业增加值分别增长3.7%、1.8%和7.2%。三次产业增加值结构为1.7∶28.3∶70.0。人均地区生产总值16.11万元（按年平均汇率折算为2.3万美元），增长4.2%。固定资产投资增长2.8%。社会消费品零售总额7670.6亿元，增长5.2%。货物出口总额5339亿元，增长3.7%，占全国总额的2.25%。实际利用外资88.3亿美元，占全国总额的5.41%。重点产业中，数字经济核心产业增加值5675亿元，增长8.5%；金融产业增加值2490亿元，增长7.7%；文化及相关产业增加值3211亿元，增长11.3%。在册市场经营主体187.5万户，增长11.7%。新增上市公司22个，累计302个。首个国家实验室挂牌运行，中国科学院杭州医学所获批直属所，新增全国重点实验室7个，累计18个，承担国家、省重点研发项目278个，实施市重大科技创新项目100个，13个“卡脖子”技术实现国产替代，连续3年获省“科技创新鼎”，国家创新型城市创新能力评价居全国第五位。连续5年居全国工商联“万家民营企业评营商环境”城市首位，并获评“营商环境最佳口碑城市”。

【财政收支平衡】2023年，杭州市财政总收入4916.53亿元，比上年增长7.1%。全市一般公共预算收入2616.81亿元，增长6.8%。其中，市区一般公共预算收入2497.19亿元，增长7.0%；市本级一般公共预算收入358.51亿元，增长2.7%。全市一般公共预算支出2636.22亿元，增长3.7%。其中，市区一般公共预算支出2386.60亿元，增长3.4%；市本级一般公共预算支出464.81亿元，增长6.2%。全市一般公共预算收入占全市生产总值的13.0%；一般公共预算收入占财政总收入的53.2%；税收收入占一般公共预算收入的89.7%，保持全国副省级城市首位。全市各级财政收支平衡，预算执行情况良好。

【农业农村稳定发展】2023年，杭州市农林牧渔业总产值533亿元，比上年增长3.4%，增加值增长3.7%。落实耕地保护和粮食安全责任制，新建高标准农田1333.33公顷、改造提升2666.67公顷，推动高标准农田、粮食功能区和永久基本农田“三合一”，全市粮食复种面积9.23万公顷、蔬菜复种面积10万公顷。新增新型综合种养面积6666.67公顷，建设产业特色村200个。提升和美乡村品质，加快建设省级新时代美丽乡村共富示范带3条、市级未来乡村共富引领带12条，建成美丽乡村特色村30个、未来乡村47个、数字乡村样板镇（村）100个。新打造城乡风貌样板区20个。全市农村集体经济总收入196.7亿元、经营性收入154.3亿元，集体经营性收入50万元以上行政村占比96.6%。全市农村居民人均可支配收入48180元，增长6.6%，城乡居民收入倍差缩小至1.67。

【工业经济增长加快】2023年，杭州市规模以上工业增加值4192亿元，比上年增长2.4%。加快发展先进制造业集群，出台高端装备、新材料、绿色能源、合成生物等专项政策。高新技术制造业、战略性新兴产业和高端装备制造业发展壮大，分别实现增加值3049亿元、1984亿元和1760亿元，增长1.3%、2.6%和4.7%，占规模以上工业的70.0%、45.6%和40.4%。规模以上工业研发费用占营业收入的3.9%，提高0.2个百分点。全市制造业投资增长30.0%，高于全部投资增长27.2个百分点。获首批"浙江制造天工鼎"。承办2023年全国专精特新中小企业发展大会，新增专精特新"小巨人"企业117个，总数达321个。举办"百场千企"产业对接会186场。实施新一轮"腾笼换鸟、凤凰涅槃"攻坚行动，处置闲置土地、低效用地、批而未供土地6333.33公顷，整治高耗低效企业1021个，腾出用能空间18.3万吨标准煤。

【数字经济快速增长】2023年，杭州市数字经济核心产业营业收入18737亿元，比上年增长7.9%；数字经济核心产业增加值5675亿元，增长8.5%，占全市地区生产总值的28.3%。其中：软件与信息服务产业增加值4399亿元，增长9.1%；电子商务、数字内容、云计算与大数据产业增加值分别增长13.0%、9.6%和9.9%。全市软件与信息服务产业营业收入13934亿元，增长9.6%；软件业务收入8100亿元，增长2.28%，排名全国中心城市第四位（前三位北京、深圳、上海），副省级城市第二位（第一位深圳）。全市智能物联产业总体规模8435亿元，有规模以上企业1206个。全市电子信息产品制造产业营业收入6281亿元，增长2.8%。全市集成电路产业营业收入452亿元，与上年持平。杭州市获批全国中小企业数字化转型试点城市。在工业和信息化部组织的全国14个"软件名城"首次评估中，杭州获三星顶格评价，仅次于深圳，超过北京、上海，居全国第二位。

【民营经济持续增长】至2023年年末，杭州市有民营企业87.05万个，注册资本（金）7.33万亿元，比上年分别增长8.9%和2.8%。其中，第一产业8823个，增长5.1%；第二产业11.45万个，增长5.5%；第三产业74.72万个，增长9.5%。有个体工商户90.93万个，资金总额1236.62亿元，分别增长14.3%和12.6%。全市新设民营企业13.65万个，增长13.4%；注册资本（金）0.70万亿元，下降3.9%。新设量和注册资本（金）分别占全市新设内资企业的90.1%和71.1%。全市有进出口实绩民营企业1.5万个，进出口总额5061.2亿元，增长8.8%，占外贸总值的67.3%。其中，出口额4017.1亿元，增长9.8%，占全市出口总值的78.5%；进口额993.2亿元，增长5.1%。万向集团等20个民营企业入选2023年度浙江本土民营跨国公司"领航企业"，占全省总数的33.3%。

（市发改委）

【房地产业健康发展】2023年，杭州市坚持"房住不炒"定位，多措并举支持刚性和改善性住房需求，实现"稳地价、稳房价、稳预期"目标，房地产市场总体平稳健康发展。全市新开工商品住宅面积1071万平方米，比上年下降12.0%。新建商品房批准预售9.47万套，批准预售面积1332.0万平方米，分别下降25.5%和18.7%。全市新建商品房成交11.16万套，下降2.6%；成交面积1545.0万平方米，成交金额4740.1亿元，分别增长7.0%和1.9%。二手住宅成交7.87万套，成交面积776.7万平方米，成交金额2044.8亿元，分别增长34.4%、34.9%和37.6%。全市房地产税收收入（剔除上缴中央部分）762.5亿元，增长7.7%，占一般公共预算收入的29.1%。全市有房地产开发资质的企业1468个，完成房地产开发投资4340.0亿元，增长11.6%。房地产开发投资额占全市固定资产投资额的52.1%，占全省房地产开发投资额的1/3。全市筹集用于风险项目"保交楼"资金216.34亿元，有40个项目、4.71万套房源完成竣工准备，有60个项目、6.54万套房源解除风险。全市新增市场租赁房源2.37万套（间）。平台新增验真房源49.15万套（间），网签备案住房租赁合同237.54万份。

（年鉴编辑部）

政治建设

【主题教育】2023年4月起，杭州市按照党中央和省委统一部署，以1.1万名县处级以上领导干部为重点，分两批在78万余名党员中开展学习贯彻习近平新时代中国特色社会主义思想主题教育，涉及基层党组织4.5万个。贯彻落实习近平总书记关于主题教育系列重要讲话、重要指示批示和考察浙江重要讲话精神，以"学思想、强党性、重实践、建新功"为总要求，以"走前列、作示范"为目标，以"学习新思想、建设新天堂、再创新辉煌"为工作主线，以"头雁"标准、省会担当一体推进理论学习、调查研究、推动发展、检视整改、建章立制5项重点措施。

（年鉴编辑部）

【平安杭州建设】2023年，杭州市锚定"平安考核进全省前列"目标，发挥市委平安领导小组"一办九组"作用，健全完善定期研判、全域督查、考核激励、挂牌整治4项机制，从顶层设计规划构建"大平安"工作格局。常态化开展重点行业专项督查和市、区两级督查，检查点位3.6万个，闭环整改风险隐患5.1万个。将平安建设"基层基础提升年"活动贯穿全年，细化6个领域、19个专项、99项任务清单，全域开展风险隐患排查整治及整改提升。推进"各行各业创平安"活动，对13个问题隐患突出的重点乡镇（街道）开展挂牌整治，对84

个城郊接合部村（社区）开展集中攻坚整治。贯彻《浙江省平安建设条例》，组建市、区两级宣讲团，推出进机关、进社区、进学校、进企业、进工地等集中宣传3475场次、专题讲座145场次，覆盖干部群众35万余人。全市未发生“较大”以上事故。刑事、治安警情比上年分别下降10.6%和24%，道路交通亡人事故起数和亡人数下降14.5%和40.3%，安全生产事故起数和亡人数下降7.9%和4.5%，火灾起数和亡人数下降44%和30%。

（市委政法委）

【“信用杭州”建设】2023年，建德市入选全国第四批社会信用体系建设示范区。杭州市信用平台及信用中国（杭州）网被评为全国地市级示范平台网站。杭州市被文化和旅游部确定为文化和旅游市场信用经济发展试点地。萧山“信易+园区”入选国家“信易+”应用典型案例。招标投标信用监管改革等8个案例及微视频被评为第五届“新华信用杯”全国信用优秀案例及微视频。“信用赋能武林商圈打造一流营商环境”被评为2023年度浙江省“信用助力营商环境优化提升”观摩会示范案例。6个“信用+”场景入选省级试点，为全省最多。“杭州市涉企补偿救济机制改革”被省司法厅评为法治建设主动融入三个“一号工程”揭榜挂帅项目典型案例。企业信用报告代替无违法违规证明改革累计为企业节省651万小时，经验在全省推广。“信用修复一件事”改革实现全流程网办、多平台修复。“钱江分”覆盖61个应用场景和170余项守信激励措施，实际开通超过515万人，累计服务超过1.63亿人次，惠及金额21亿元，开通人数和使用频率均居全国第一位。建立全国首个城市信用分互认互通平台，达成互认意向城市40个，在全国范围内设互认惠民场景90个。“杭州e融”平台注册企业26万个，入驻银行52个，累计撮合融资金额超过3200亿元，获评全国中小企业融资综合信用服务示范平台。3月1日，《杭州市诚信机关行为准则》发布。

（市发改委）

【“公述民评”面对面问政活动】2023年，杭州市组织“公述民评”面对面问政活动2期。活动坚持“民呼我为”理念和“小切口、大民生”原则，问政于民，问需于民，问计于民，问效于民，引导各方理性参与、深度问政，共商问题解决办法。第一期活动聚焦经济翻身仗和亚运攻坚仗，确定“拼经济——营商环境优化”和“迎亚运——城市品质、城市治理、城市文明全面提升”两个问政主题。第二期活动贯彻习近平总书记考察浙江重要讲话精神，围绕推进共同富裕示范区建设，聚焦“降低新市民群体生活成本”和“推进西部山区公共服务优质均衡发展”两个问政主题。除电视播放外，第一期两场问政活动新媒体直播浏览量82.48万人次；第二期两场问政活动新媒体直播平台浏览量265.60万人次，同步在“杭州发布”微信公众号刊登《关于实施“春雨计划”的意见》权威解读，阅读量超过10万人次。问政活动结束后，市委办公厅向各区县（市）和相关部门部署整改工作，落实闭环管理，回应群众关切，围绕问政现场曝光的68个具体问题，通过跟踪问效，推动问题以点带面、由表及里突破，整体解决。至年末，第一期50个问题完成整改48个，完成率96%；第二期18个问题完成整改9个，列出整改计划和时间节点、完成阶段性整改6个，完成率83.3%。

（市民意互动研究中心）

文化建设

【理论学习】2023年，市委理论学习中心组围绕习近平总书记系列重要讲话精神和中共二十大精神等重大专题组织学习研讨交流15次，先后邀请上海金融与发展研究室副主任张湧，教育部习近平新时代中国特色社会主义思想研究中心副主任、北京师范大学中共党史党建研究院院长王炳林，中国工程院院士、浙江大学教授潘云鹤等专家学者作主题辅导报告。围绕“八八战略”“千万工程”“浦江经验”及习近平总书记考察浙江重要讲话精神等专题，以党员干部专题学、青年群体交流学等为载体，推进线上和线下全员学习。组织参加“潮闻杯”“八八战略”知识竞赛并取得佳绩。完成全市第一轮理论学习中心组巡听旁听工作。推进“学习在线”数字化场景应用平台运用，加强理论学习制度化、规范化管理。

【理论宣讲】2023年，市委以领导带头讲、专家深入讲、干部入户讲、青年流动讲等为载体，组织开展中共二十大精神、习近平总书记考察浙江重要讲话精神和主题教育等重大主题的理论宣讲，全市开展各类宣讲活动1.5万场次。市委宣传部组织参加全省“‘八八战略’在身边”宣讲大赛获优秀组织奖一等奖，杭州选手获决赛特等奖。《“千万工程”与梅林村的故事》获评中共中央宣传部“全国优秀理论宣讲报告”，2个宣讲节目参加全国和全省“八八战略”主题宣讲展示。市委宣传部组织编写《三分钟理论快讲》《杭州理论宣讲优秀宣讲稿汇编》。

【理论研究】2023年，市委宣传部印发《“八八战略”实施20周年理论研究阐释和宣传工作方案》，推动实施“八个一”系列活动。举办“八八战略”与中国式现代化城市范例理论研讨会暨2023浙江城市治理论坛，《人民日报》、《求是》杂志、《光明日报》等媒体单位领导和知名学者参加理论研讨活动。举办“习近平新时代中国特色社会主义思想的杭州实践”系列理论研讨会、“我们的价值观”理论研讨会等14场。组织研究习近平总书记系列重要讲话精神和“共同富裕”“‘八八战略’杭州实践”等重大理论课题。组织编写出版《共同富裕在杭州的探索与实践》《“八八战略”杭州实践100例》《杭州：勇立钱江潮 建设新天堂》等理论书籍。

（孙　航）

【文艺精品创作】2023年，杭州市做好文艺精品创作生产工作，25个文艺项目获浙江省文化艺术基金资助，45个文艺项目获杭州市文艺精品工程扶持。徐淑凯、郑龙华获第十四届中国摄影金像奖。杭产电视剧《外交风云》《问天》获中共中央宣传部“五个一工程”奖，电视剧《我们这十年》获第二十八届上海电视节白玉兰奖“评委会大奖”;杭产电影《河边的错误》获平遥国际电影展“最佳影片”奖,电影《老师·好》获第十八届中国电影华表奖“优秀青年电影创作奖”,电影《万里归途》获第三十六届中国电影金鸡奖“最佳美术”奖。电视剧《富春山居》《冰雪尖刀连》在中央广播电视总台综合频道播出。亚运会题材电影《热烈》在全国院线上映,票房超过9亿元;纪录片《嗨,亚运》在中央广播电视总台体育和奥林匹克频道播出;电视剧《泳往直前》在浙江卫视黄金时段播出。

【大运河国家文化公园建设】2023年5月9日,杭州市修订完善市大运河文化保护传承利用暨大运河国家文化公园建设工作领导小组成员名单、成员单位主要职责和领导小组工作规则。6月5日,印发《杭州大运河文化保护传承利用暨大运河国家文化公园建设2023年工作要点》,梳理推进重点项目、重大活动“两张任务清单”。京杭运河二通道、大运河滨水公共空间、大运河杭钢公园一期、祥符桥传统风貌街区、武林门码头改造提升等一批标志性项目顺利完工。编制《2023年度大运河世界文化遗产(杭州段)保护管理评估报告》,完成《大运河(杭州段)世界文化遗产保护管理评估体系》修订。出台《杭州大运河遗产河道历史环境保护控制导则》《杭州大运河遗产公共场所导览标识系统中英、中韩、中法、中日译写导则》《中国大运河(杭州段)世界文化遗产驳坎保护管理规范》等地方标准。升级运河夜游项目,推出4条亚运会主题旅游线路,新增5艘主题游船,裸眼3D“拱宸桥”亮相亚运会开幕式。拱墅区桥西历史文化街区、临平区塘栖古镇先后入选第二批、第三批国家级旅游休闲街区,大运河萧山火车西站段历史文化街区入选第七批省级历史文化街区,拱墅区获评首批国家文化产业和旅游产业融合发展示范区。举办杭州大运河世界文化遗产宣传周、2023年杭州草莓音乐节、2023年长三角水上运动节暨大运河电竞节、2023年京杭大运河水上对抗赛等大运河品牌活动30余场。完成中国大运河保护与利用的杭州模式、河道治理有机更新等20个应用型专项课题研究。参与或举办大运河文化带“京杭对话”、浙东运河“杭甬对话”、世界运河城市论坛、第二届大运河文化(佛教文化)研讨会等文化交流活动,“小河公园保护利用”入选2023世界运河城市论坛创新案例集。

(方　波)

【“最美”品牌10周年系列宣传活动】2023年,杭州市举办“最美”品牌10周年理论研讨会,人民网、新华网、中国新闻网等报道全网阅读量超过500万人次,10项标志性成果视频播放量超过100万次。出版报告文学集《杭州“最美”十年》。开展“我们这十年·最美杭州”全市巡演活动10场,线上和线下观看159万人次。常态化开展“发现‘最美杭州人’、争做‘最美杭州人’”宣传活动,彭清林的感人事迹全网阅读量超过10亿人次。

【公民思想道德建设】2023年,杭州市开展第11届“最美杭州人”、第19届杭州市道德模范、第19届杭州市“新时代好少年”(美德少年)选树宣传活动。选树“杭州好人”92例、“杭州好人·千万工程耕耘者”15例,入选“浙江好人”34例、“中国好人”2例。彭清林、杨金龙、丁列明3人入选第八届浙江省道德模范,彭清林、杨金龙被推荐为第九届全国道德模范候选人。

【城市文明大提升行动】2023年,杭州市制定《杭州市城市文明大提升行动实施方案》。构建多方联动、部门协同的工作机制,重点开展亚运会社会宣传浸润、全民学英语、城市环境卫生、文明好习惯养成、文明交通提升、先进典型引领、窗口行业文明服务、亚运会志愿服务、亚运会知识和文明观赛宣传普及十大专项行动。以“迎亚运盛会”城市文明大提升行动为牵引,营造“抬头可见、驻足可

改造提升后的武林门码头夜景(摄于2023年)　　(市商旅集团 供稿)

观”的亚运会氛围,动员全市干部群众以最好状态、最优素质、最美风尚迎接亚运会和亚残运会,为实现“两个亚运,同样精彩”提供文明引领和道德支撑。

【城市志愿服务保障亚运会】2023年,杭州市推进亚运“文明驿站”标准化、规范化、系统化建设,建成市级文明驿站220个、区级文明驿站314个,联动3400个新时代文明实践阵地,打造亚运会城市志愿服务“风景点”“风景带”“文明实践矩阵”。发挥“武林大妈”“西湖阿姐”“最美人墙”等全市各类优秀志愿服务组织示范带领作用,建设“爱杭城”亚运会城市志愿服务主品牌,有149.5万人通过“文明帮帮码”平台注册成为杭州亚运会城市志愿者。全年开展各类志愿服务活动35.3万场次,参与活动志愿者273.7万人次。中央广播电视总台《新闻联播》栏目在1个多月内报道亚运会“文明驿站”2次。

【“浙江有礼·最美杭州”市域文明新实践】2023年,杭州市开展“有礼”选树,组织“四个十”典型选树活动。择优上报省文明办参加“浙江有礼·四个一百”选树,全市入选“有礼”单元9个、“有礼”窗口9个、“有礼”地标10个、“有礼”实践10个。组织“有礼”实践,参与“舞动浙里·礼迎亚运”全民健身主题广场舞展演、爱国诗词赏鉴等活动。共享“有礼”成果,全市“武林大妈”公益服务、幸福乡里共同体、“邻里互助共享药箱”3个项目入选第二批“浙江有礼”为民办实事项目。“推进亚运城市志愿服务,促进人民群众精神共富”工作案例入选杭州市争当浙江高质量发展建设共同富裕示范区城市范例最佳实践名单,同时被省委宣传部评为2023年共同富裕精神富有全域文明建设最佳案例。

【全国文明城市创建成果巩固】2023年,杭州市做好文明城市国测、省测迎检工作,细化分解创建任务,明确目标职责,开展系统性业务培训。抽调市文明委主要成员单位及各城区(管委会)业务骨干组建工作专班,协调市直部门和城区(管委会)落实创建任务。修订完善《杭州市城市文明程度指数测评体系》,开展全市城市文明程度指数测评工作,及时将存在问题分别反馈到各相关城区(管委会),做好问题整改要求及“回头看”工作。改进测评考核激励措施,将测评结果纳入各区县(市)及市直各部门年度综合目标考评。开展市领导督查、专项组督查、城市文明督导员督查、新闻媒体监督等多层面的督查,推动解决热点难点问题。

【新时代文明实践中心建设】2023年,杭州市提档升级新时代文明实践中心(所、站),评选首批文明实践示范阵地72个,培育理论宣讲品牌22个,开展主题宣讲7.72万场次,组织实践活动26万场次,开展“文明大篷车”进社区活动30.4万场次,确保文明实践人人随时随处可参与。成立市志愿服务工作委员会、市志愿服务联合会,统筹全市志愿服务工作。全年开展志愿服务活动40.7万场次,参与活动志愿者324.4万人次,服务时长近513万小时。在第四届浙江省志愿服务项目大赛中,“爱杭城‘益’起来”亚运城市志愿服务项目居金奖榜首,总分列全省第一位。

(史鑿娟)

社会建设

【民生实事项目完成】2023年,杭州市完成市第十四届人大第二次会议确定的年度民生实事项目。新增认知障碍照护专区床位1744张,新增老年学校71所,实现乡镇(街道)老年学校建设全覆盖。新增托位6870个(其中普惠托位5505个),新建成中小学和幼儿园98所、新增学位8.4万个,新增城乡义务教育共同体85个。实施孤独症儿童康复救助833人,新增残疾人稳定就业843人。新辟和优化地铁接驳、社区、城乡公交线路130条,新建和改造公共领域新能源汽车充电桩2535个。新增公共场所自动体外除颤仪1671台,新(改)建综合性急救站12个。开展职业技能培训32.3万人次,城镇新增就业32.9万人,新增市级高质量就业社区(村)100个。完成城镇老旧小区改造269个、回迁安置2.33万户,新开工保障性住房150.9万平方米。开通“互联网+医保”移动支付定点医药机构222个,实现村卫生室(社区卫生服务站)规范化建设全覆盖。完成城区交通堵点治理50处,建设可变车道500处。推进老旧小区住宅加装电梯1118台,创建“美好家园”住宅示范小区113个。

(年鉴编辑部)

【共富型大社保体系建设】2023年12月29日,《杭州市人力资源和社会保障局等7个部门关于贯彻落实浙江省人力资源和社会保障厅等9部门关于进一步促进我省企业年金发展的指导意见的通知》出台,市区企业年金备案数量111个。个人养老金先行试点成果显著,开户人数200.68万人,缴费人数74.86万人,缴费总额13.84亿元,处于全国36个试点城市(地区)前列。基本实现“人人享有社会保障”,困难群体基本养老保险“应保尽保”,城乡居民养老保险费“应代尽代”,困难人员基本养老保险参保率保持在99%以上。工伤保险持续向职业劳动者覆盖,全市新就业形态等特定人员参加工伤保险3.9万人。持续实施社保调标准提待遇,城乡居民基本养老保险基础养老金全市域首次同幅度提高到每人每月350元。推进标准化规范化建设,参与人力资源和社会保障部社会保险事业管理中心社保卡应用、社保信息化应用和社保业务咨询查询3项规范制定。落实执行统一社保费征收模式业务规范,7月,浙江省统一社会保险费征收模式工作实施。开展“社保进万家”活动和“三心”服务行动,普及社保政策,共开展宣传活动165场次,参与群众3.4万人次。至年末,杭州市基本养老保险参保率99.02%,职工基本养老保险参保846.07万人,工伤保险参保716.01万人,失业保险参保586.95万人。

【就业形势总体稳定】2023年,杭州市升级整合全市就业政策,先后废止19个文件,制定出台4个配套政策,形成“1+4+N”(1个市政府文件:《杭州市人民政府关于推进高质量就业的实施意见》,4个贯彻实施文件:《杭州市人力资源和社会保障局 杭州市财政局关于贯彻落实杭州市人民政府关于推进高质量就业工作的意见的通知》《杭州市人力资源和社会保障局关于印发杭州市就业创业政策实施办法的通知》《杭州市人力资源和社会保障局等4部门关于印发杭州市创业担保贷款实施办法的通知》《杭州市人力资源和社会保障局关于印发杭州市职业培训补贴（资助）实施办法和杭州市职业培训定点机构管理办法的通知》，N个具体操作规定:《杭州市就业见习管理实施细则》《杭州市公益性岗位开发管理实施细则》等）就业创业政策体系。深化创业带动就业，新增发放创业场地扶持补贴2226.54万元，发放创业担保贷款2782笔、13.32亿元；制订新一轮大学生创新创业三年行动计划（2023—2025），全年资助大学生创业项目1253个、1.07亿元，新成立大学生创业企业1万个，创业大学生1.09万人，带动就业1.60万人。实施青年就业服务攻坚行动，全年组织8340名青年参加就业见习，见习学员留杭率47%。实施2023年杭州就业援助精准服务计划，确保零就业家庭动态清零。全年城镇新增就业32.92万人，城镇登记失业人员再就业8.35万人，其中就业困难人员实现再就业3.58万人，22个中西部省份脱贫人口36.70万人在杭州实现就业。

【人力资源开发利用】2023年，杭州市引进35周岁以下大学生39.68万人，认定A~E类高层次人才3.47万人，国家站级博士后工作站首次超过100个，全年新进站博士后首次超过1000人。在滨江区、萧山区、钱塘区开展职称贯通评审试点，44名一线技能人才获评工程师职称。推进职称评审首创性改革，授权6个大型民营企业开展中级职称自主评审，支持企业制定相关专业职称评价条件。推进国际职业资格认可，开展制造、建筑、生物医药等领域的国际职业资格比照认定职称评审11次，认定工程师职称225人。扩大新职业培育供给，有7个单位成为首批浙江省数字技能人才"一试双证"试点企业，全市有可开展自主评价的用人单位723个、社会培训评价组织91个。推进技能等级"新八级"试点，6人获评省首批特级技师。入选国家级技能大师工作室2个，认定市级技能大师工作室25个。获评浙江大工匠1名、高技能领军人才4名、高技能青年人才16名、浙江工匠64名。认定杭州市首席技师20名。全年开展职业技能培训32.34万人次，新增技能人才12.93万人，新增高技能人才4.88万人。举办"创客天下·杭向未来2023杭州市海外高层次人才创新创业大赛"，30余个国家（地区）的1855个项目报名参赛，首设"西部振兴"专项赛，鼓励参赛项目到杭州西部地区落地。举办第八届中国杭州大学生创业大赛，海内外国家（地区）1047所高校的4655个项目团队近2万名大学生报名参赛，各参赛团队在杭州新注册成立企业372个，比上年增长169.6%。举办中国杭州首届博士后科创精英赛，成立全国首个副省级城市博士后科创联盟和杭州博士后成果转移转化中心。

【和谐劳动关系创建】2023年，杭州市人力社保部门完成用工体检涉及企业3.18万个，开展劳动关系协调员培训8165人，全市1.7万名人力社保领域工作人员在一线参与劳动关系协调处理。推动劳动人事争议调解仲裁，全年立案3.21万件，结案3.29万件（含2022年立案1641件），结案率97.6%，调解成功率78.9%。开展"平安和谐劳动关系"示范单位认定工作，对构建和谐劳动关系工作表现突出的单位予以认定，组织召开平台企业行政指导会，编制政策汇编，宣讲政策，推广劳动合同（书面协议）范本。

（市人力社保局）

生态文明建设

【生态环境质量提升】2023年，杭州市推进污染防治攻坚战和新时代美丽杭州建设，获得美丽浙江考核优秀、浙江省"五水共治"工作优秀市县"大禹鼎"金鼎。水环境质量方面，全市市控以上断面水质优良比例100%，与上年持平；水环境功能区达标率100%，与上年持平；跨行政区域河流交接断面考核结果优秀，县级以上集中式饮用水水源地水质达标率100%。大气环境质量方面，市区空气优良率84.4%，比上年上升1.1个百分点，空气中细颗粒物（PM2.5）年平均浓度31微克/立方米，上升3.3%，臭氧（O_3）浓度165微克/立方米，下降2.9%。

【美丽浙江和美丽杭州建设】2023年，杭州市推进美丽浙江和美丽杭州建设。4月24日，发布《新时代美丽杭州建设三年行动计划（2023—2025年）》。全市范围建立党委、政府生态文明建设工作年度报告制度并完成首次报告。5月31日，制定《杭州市推进落实"省811"生态文明先行示范行动方案》，落实8个方面重点任务，推进"生态环境智治先行市"标志性成果打造。6月5日，市委、市政府召开新时代美丽杭州建设推进会，全面部署美丽杭州建设目标任务。9月13日，制定印发美丽杭州建设工作考核办法，推动美丽浙江建设、美丽杭州建设专项考核任务落实。

【生态文明建设示范区创建】2023年，杭州市深化生态文明示范创建。6月15日，印发《杭州市生态文明建设规划（2021—2030年）》。滨江区、淳安县成为国家生态文明建设示范区，临安区成为生态环境部公布的"绿水青山就是金山银山"实践创新基地。钱塘区成为省级生态文明建设示范区，杭州市实现省级示范区全覆盖。余杭区、富阳区入选省级生态文明建设实践体验地，全国首个县级环境质量管理标准《千岛湖环境质量管理规范（试行）》、"杭州市临安区立体式呵护'浙西精灵'"入选浙江省第一批生态文明建设实践体验地最佳创新案例。余杭区、富阳区被纳入2023年省级"绿水青山就是金山银山"实践创新基地储备库。

【自然生态监管】2023年，杭州市科学划定生态保护红线，生态保护区域占杭州国土面积的27.86%。加强生态保护红线监管，保护区域生态功能，有效监管34个省级以上自然保护地，开展年度"绿盾"自然保护地强化监督专项行动，巡查各级各类自

2023年10月，千岛湖获评全国第二批美丽河湖优秀案例。图为千岛湖白鹭乐园　　［淳安县委党史研究室（淳安县地方志编纂研究室）供稿］

然保护地235个，发现重点问题点位36个，整改完成率100%，未发现明显生态破坏行为。

【生态补偿机制推进】2023年，杭州市推动生态补偿制度建设。6月6日，印发《杭州市生态补偿专项资金使用管理办法（2023—2025）》。做好生态补偿资金优化分配，补偿资金由各区县（市）政府（管委会）财政统筹，使用范围更广，程序更清晰，分配更系统。推动各区县（市）政府（管委会）将资金精准投入本地区生态环境治理薄弱环节，支持当地经济发展。

【生态环境损害赔偿制度完善】2023年，杭州市完善生态环境损害赔偿制度。全年启动生态损害赔偿案例72件，自然资源破坏类磋商结案22件，生物多样性损害类磋商结案20件，生态环境污染类磋商结案30件，赔偿金额共计353.93万元。其中，“杭州市余杭区某建工集团有限责任公司非法利用废机油致土壤污染生态环境损害赔偿磋商案”入选浙江省第三批生态环境损害赔偿十大典型案例。助推企业环境污染管理办法、行业指引等规范的制定，推动杭州市钢管租赁行业污染整治进程，促进环境安全隐患消除和行业健康可持续发展。5件案例以购买碳汇指标的形式履行生态损害赔偿责任，为同类生态损害赔偿提供经验借鉴，拓宽生态赔偿修复实践路径。

【生态共富实践】2023年，杭州市推进生态共富实践工作，组织申报生态共富优秀实践案例与试点。“余杭区百丈镇竹产业‘碳’索，描绘共富新图景”和“桐庐县打造快递包装绿色品牌，走出‘快递+’无废城市建设之路”入选第四批全省生态环境系统共同富裕最佳实践案例，《以生态环境导向开发推动绿色共富发展思路和路径研究》入选全市共同富裕第二批赛马课题，“余杭青山村水基金生态补偿促进乡村绿色发展”入选市级共同富裕试点揭榜挂帅选题。加快推进滨江全域无废学校、余杭青山村水基金两个入选全市共同富裕试点项目的实施，完成2022年度全市生态共富优秀实践汇编。开展全市第二批生态共富和生态文明示范创建优秀案例评选，“杭州·生态智卫”与“淳安生态产品价值实现”案例入选《浙江省生态文明建设领域共富最佳实践汇编》。

【生物多样性保护】2023年，杭州市完成首次全区域、全网格、全物种的生物多样性本底调查。共记录到物种1.6万种，其中，陆生高等植物4868种，陆生脊椎动物689种，昆虫6967种，大型真菌1428种，淡水水生生物2055种，发现白盖鸡油菌、苕溪鱲、半圆形胶孔菌、天钟山泡头菌、杭州卷胶耳5个全球新物种，发现短尖护蒴苔、异美瑞丝菌、细孢棱孔菌、双色裸柄伞等11个中国新记录物种。开展多层次、多元化、多形式的宣教科普，建成省级生物多样性保护体验地4个。

【淳安特别生态功能区建设】2023年，淳安县完成省级水生态环境示范试点创建，千岛湖入选生态环境部公布的全国第二批“美丽河湖”优秀案例。深化杭黄生态环保合作，4月27日，杭州市生态环境局和黄山市生态环境局签订《2023年杭黄生态环境保护合作要点》。5月30日，联合印发《新安江流域水生态环境共同保护规划》。创新组建钱塘江流域水环境共治共保跨省联盟，推动钱塘江流域上下游、左右岸协同治理。

（市生态环境局）

责任编辑　金利权　高　丹

6 中国共产党杭州市委员会

综 述

【各项事业全面推进】 2023年，杭州市委坚持以习近平新时代中国特色社会主义思想为指导，全面落实中央和省委决策部署，全力打好“经济翻身仗、亚运攻坚仗”，胜利实现“办好一个会、提升一座城”目标。国家主席习近平出席杭州亚运会开幕式。杭州城区人口超过1000万人，跻身超大城市行列。全市实现地区生产总值20059亿元，比上年增长5.6%，一般公共预算收入2616.81亿元，固定资产投资增长2.8%，其中工业投资首次超过1000亿元，社会消费品零售总额增长5.2%，出口增长3.7%，实际利用外资88.3亿美元，城乡居民收入分别增长4.6%、6.6%。

【“八八战略”杭州实践持续深化】 2023年，杭州市全面落实“第一议题”制度，持续深化“六学六进六争先”“五全三做实”学习实践活动，高质量开展主题教育，精心组织“八八战略”实施20周年系列活动，压茬推进“大走访大调研大服务大解题”和“感恩奋进、实干争先”“3+1”行动，梳理“八八战略”省会篇，部署后亚运“十大攀登行动”，做到“总书记有号令、中央有部署，浙江见行动、杭州真落实”。

【亚运盛会成功举办】 2023年，杭州市搭建扁平高效的组织指挥体系，发挥“亚运在线”等数智平台作用，高标准完成赛事场馆改造提升和功能验收，打造现象级开（闭）幕式和火种采集仪式、火炬传递活动，实现赛事组织“四个零发生”、亚运村和亚残运村服务“零投诉”，高质量实施迎亚运“三大提升”等行动，向世界奉献了一届“中国特色、亚洲风采、精彩纷呈”的体育盛会。

【经济运行稳进向好】 2023年，杭州市全面落实省“8+4”经济政策体系，打好“抢先机、拼经济”30条、经济高质量发展64条等政策“组合拳”，创新投资项目全生命周期管理，开展“千名干部助千企”活动，“亲清在线·政策超市”在线兑付资金255亿元，招商引资落地百亿产业项目3个，在册市场主体187.5万户，新增上市企业22个、国家高新技术企业3195个，入围“中国民营企业500强”数量连续21年居全国城市首位。

【高质量发展动能加快积蓄】 2023年，杭州市数字经济创新提质迈出新步伐，推进高能级科创平台矩阵建设，国家实验室挂牌运行，新增全国重点实验室7个，中国科学院杭州医学所获批直属所；承担国家、省重点研发项目278项，13项“卡脖子”技术实现国产替代，新引进35岁以下大学生39.7万人，连续3年获省“科技创新鼎”，全球创新指数排名居第14位；加快建设算力中心等新型基础设施建设，成立杭州数据交易所，智能物联、高端装备、生物医药、新材料、绿色能源等重点产业聚链成圈，战略性新兴产业发展、通用航空产业发展获国务院督查激励，数字经济核心产业增加值5675亿元。营商环境优化提升迈出新步伐，出台全省首部优化营商环境条例，试点政务服务增值化改革，市属国资国企改革成效初显，入选首批国家知识产权保护示范区建设城市。“地瓜经济”提能升级迈出新步伐，数字自贸区制度型开放23项举措全国首创，获批国家服务业扩大开放综合试点、国家物流枢纽城市，服务外包示范城市综合评价全国第一；举办第二届全球数字贸易博览会等国际会议和2023世界羽联世界巡回赛总决赛等赛事活动，打造国际“赛”“会”之城实现精彩开局。

【城市软实力不断提升】 2023年，杭州市全方位深化习近平新时代中国特色社会主义思想学习宣传教育，举办“八八战略”与中国式现代化城市范例理论研讨会。颁布实施《杭州市历史文化名城保护条例》，举办首届“良渚论坛”等文明交流活动。文明实践中心（所、站）实现全覆盖，“礼让名城”“志愿善城”名牌持续擦亮。启用世界旅游联盟总部，文旅产业发展获国务院督查激励，被授予国家对外文化贸易基地，文化产业增加值占比进一步提升。

【“中国最具幸福感城市”成色更足】 2023年，杭州市扎实推进公共服务“七优享”工程，为民办实事项目全面完成，出台提升新市民和青年群体生活品质系列政策举措，入选全国首批婴幼儿照护服务示范城市、个人养老金先行试点城市，养老服务体系建设获国务院督查激励，连续两年获评全国健康城市建设样板市。扎实推进“十大共富行动”“四大集成改革”，西部区县（市）公共服务补短提升有序实施，农村集体经济经营性收入50万元以上行政村比例达96.6%，“杭州慈善奖”正式亮相。首获省“五水共治”工作“大禹鼎”金鼎，高分通过国际湿地城市创建评估，生态环境公众满意度大幅提升。杭州连续17年获“中国最具幸福感城市”称号。

【社会大局和谐稳定】2023年，杭州市委支持市人大、市政协依法依章履职，建成运行市全过程人民民主实践中心，扎实推进市政协新时代协商民主实践中心建设。纵深推进“大综合一体化”行政执法改革，扎实开展市场化解纷全国试点。实现疫情防控平稳转段，制定乡镇、村社短临极端天气灾害防范应对“双十条”。全面加强金融领域风险隐患化解处置。打赢平安护航亚运攻坚战，全市刑事、治安警情、命案数、交通事故死亡人数实现“四个下降”，成功创建全国市域社会治理现代化试点合格城市和社会治安防控体系建设示范城市。

【全面从严治党纵深推进】2023年，杭州市委开展领导干部政治素质考察和领导班子政治建设调研分析，深化“干部点将培养一线攻坚”行动，创新“网格议事日”制度，党建引领三方协同共治模式、非公有制企业“融合式”党建模式全省推广。“动真碰硬”开展纪检监察干部队伍教育整顿，着力清理规范“指尖上的形式主义”，推进新一轮“10+3”漠视侵害群众利益问题专项治理，持续纠治腐败和作风突出问题，进一步净化优化政治生态。

（市委办公厅）

市委重要会议

【概况】2023年，杭州市委召开全体（扩大）会议3次、常委会会议38次，以及重要专题会议。

【市委全体会议】2023年7月23日，市委十三届四次全体（扩大）会议举行。会议坚持以习近平新时代中国特色社会主义思想为指导，深入学习贯彻党的二十大精神，全面贯彻习近平总书记重要指示精神，认真落实省委十五届三次全会部署，听取和讨论市委书记刘捷受市委常委会委托作的工作报告，审议通过《中共杭州市委关于牢记嘱托持续推动“八八战略”走深走实 感恩奋进打造中国式现代化城市范例的决议》，进一步动员全市广大干部群众坚定捍卫“两个确立”、坚决做到“两个维护”，牢记嘱托、感恩奋进，持续推动“八八战略”走深走实，以创新深化改革攻坚开放提升为基本路径，扎实推进“奋进新时代、建设新天堂”系列变革性实践，奋力打造世界一流的社会主义现代化国际大都市，努力成为中国式现代化的城市范例，在谱写共同富裕和中国式现代化浙江华章中挑大梁、当先锋、打头阵。

11月10日，市委十三届五次全体（扩大）会议举行。全会坚持以习近平新时代中国特色社会主义思想为指导，深入学习贯彻习近平总书记考察浙江重要讲话精神，贯彻落实省委十五届四次全会部署，听取和讨论市委书记刘捷受市委常委会委托作的工作报告，审议通过《中共杭州市委关于深入学习贯彻习近平总书记考察浙江重要讲话精神 在全省勇当先行者谱写新篇章中勇攀高峰

表3 2023年杭州市委重要文件一览表

序号	文件标题
1	中共杭州市委印发《关于深入开展学习贯彻习近平新时代中国特色社会主义思想主题教育的实施方案》的通知
2	中共杭州市委关于深入学习贯彻习近平总书记考察浙江重要讲话精神 在全省勇当先行者谱写新篇章中勇攀高峰勇立潮头的决定
3	中共杭州市委 杭州市人民政府关于加快推进标准强市建设的实施意见
4	中共杭州市委 杭州市人民政府关于印发《杭州市优化生育政策 促进人口长期均衡发展实施方案》的通知
5	中共杭州市委 杭州市人民政府关于推进钱塘新区高质量发展 打造现代化国际化产业新城的意见
6	中共杭州市委 杭州市人民政府关于推进杭州临空经济示范区高质量发展的意见
7	中共杭州市委关于深化“红色领杭·奉献亚运”大考大赛 进一步发挥全市基层党组织和共产党员战斗堡垒作用与先锋模范作用的意见
8	中共杭州市委 杭州市人民政府关于加强新时代老龄工作 打造“健康老龄 幸福颐养”宜居天堂的实施意见
9	中共杭州市委 杭州市人民政府关于印发《深化新时代“千万工程” 打造中国式现代化乡村杭州范例行动计划（2023—2027年）》的通知
10	中共杭州市委关于牢记嘱托 持续推动“八八战略”走深走实 感恩奋进打造中国式现代化城市范例的决议
11	中共杭州市委 杭州市人民政府关于支持杭州未来科技城加快打造城市重要新中心的实施意见
12	中共杭州市委 杭州市人民政府关于提升城市国际化水平 奋力打造世界一流的社会主义现代化国际大都市的实施意见

（资料来源：市委办公厅）

勇立潮头的决定》,动员全市上下保持坚定清醒,坚持守正创新,放大亚运效应,持续推动“八八战略”杭州实践走深走实,奋力打造世界一流的社会主义现代化国际大都市,努力成为中国式现代化的城市范例,在全省“勇当先行者、谱写新篇章”中勇攀高峰、勇立潮头。

12 月 27 日,市委十三届六次全体(扩大)会议暨市委经济工作会议举行。会议深入学习贯彻习近平总书记考察浙江重要讲话和指示批示精神,贯彻落实中央和省委经济工作会议部署,总结 2023 年工作,部署 2024 年任务,动员全市上下坚定信心、实干争先,奋进“深化改革、强基固本”主题年,扎实推进后亚运“十大攀登行动”,奋力推动在全省“勇当先行者、谱写新篇章”中勇攀高峰、勇立潮头开新局。

【市委常委会会议】 2023 年,市委常委会召开会议 38 次。市委常委会坚持以习近平新时代中国特色社会主义思想为指导,深入学习贯彻习近平总书记考察浙江重要讲话和指示批示精神,按照党委“总揽全局、协调各方”原则,议大事、把方向、掌全局、用干部,充分发挥在同级党组织中的领导核心作用,就事关杭州经济社会发展的重大问题进行研究。

【市委重要专题会议】 2023 年,市委召开的重要会议有:全市学习贯彻习近平新时代中国特色社会主义思想主题教育动员大会,全市学习贯彻习近平新时代中国特色社会主义思想主题教育第一批总结暨第二批部署会议,亚运会、亚残运会杭州市工作专题部署会,杭州市全民迎亚运动员大会,全市迎亚运社区城市品质、城市治理、城市文明“三大提升行动”专题部署会,全市深入实施“八八战略”强力推进创新深化改革攻坚开放提升工作例会暨全市综合考核工作推进会,全市数字经济创新提质“一号发展工程”大会,全市“地瓜经济”提能升级“一号开放工程”暨数字自贸试验区、服务业扩大开放高质量发展大会,全市营商环境优化提升“一号改革工程”大会,全市制造业高质量发展大会,杭州市旅游业高质量发展大会,杭州市现代服务业高质量发展大会,市委农村工作会议,全市国有企业高质量党建引领高质量发展大会,杭州市文明城市国测迎检动员部署会暨创建全国文明典范城市工作推进会,“幸会杭州”投资促进大会,全市深化新时代“千万工程”建设和美乡村推进会,新时代美丽杭州建设推进会,全市组织工作会议,市委立法工作会议等。

(市委办公厅)

组织工作

【概况】 2023 年,市委组织部围绕新时代党的建设总要求和新时代党的组织路线,落实健全全面从严治党体系任务要求,一体推进党的创新理论武装、干部、组织、人才和自身建设各项工作。围绕亚运会、亚残运会举办和全市经济高质量发展,抓好“红色领杭·奉献亚运”大考大赛、“千名干部助千企”、重点改革项目推进等工作。加强干部队伍政治建设和宏观管理,抓好“一把手”监督、选人用人监督检查、干部队伍日常监督,加强优秀年轻干部队伍建设,提升干部队伍能力素质,推进公务员队伍管理和选调生培养。系统重构全市综合考核体系,实行督考一体过程管控,抓实全市综合考核工作。以抓党建促乡村振兴、促基层治理,抓好国企党建、“两新”组织党建,加强党员队伍建设、党群服务中心建设,夯实基层组织基础。优化党管人才工作格局,推进体制机制改革,抓好人才平台和青年人才队伍建设,强化人才服务保障,优化城市人才整体生态。加强组工干部队伍建设,推进智慧组工平台建设,开展学习贯彻习近平新时代中国特色社会主义思想主题教育和“大走访大调研大服务大解题”活动,全市组织系统调研课题获全国、省奖项 4 个。

【亚运会和亚残运会人力资源保障】 2023 年,市委组织部会同杭州亚组委抽调 1.1 万名专职人员、3.76 万名志愿者参与亚运会保障工作。动态调整亚运会竞赛场馆和独立训练场馆运行团队指挥层人员,定期开展亚运会场馆运行团队人员到位、履职情况专项检查通报,压实属地和场馆管理责任。稳慎做好 2300 余名亚运会和亚残运会火炬手人选推荐联审工作。牵头开展亚运会和亚残运会先进集体、先进个人推荐评选工作,制定赛后专职人员安置、社会专业人员招聘方案,对接省委组织部争取省级政策和岗位支持,推进赛后人员撤离管理。

【“红色领杭·奉献亚运”大考大赛】 2023 年,市委组织部开展“红色领杭·奉献亚运”大考大赛,协助市委推动岗位建功、志愿服务、文明风尚、平安和谐、美丽环境“五大先锋行动”。实施“百个镇街打擂、千个村社比拼、万个网格竞跑”大比武,开展各层级“比武”6300 余场,发布“群英榜”选树先锋个人 200 名、先进集体 100 个。实施社区城市品质、城市治理、城市文明“三大提升行动”,全覆盖发放“致全市在职党员的一封信”,推动 33.4 万名在职党员进社区报到服务,开展网络访户,走访 1537.5 万人次。以“一场馆一团队一支部”模式在亚运会和亚残运会 45 个竞赛场馆(群)及 21 个训练场馆(群)全部建立临时党组织,全市在亚运会筹办一线成立临时党组织 1450 个。

【组织工作助推经济高质量发展】 2023 年,市委组织部围绕打赢经济翻身仗,深化“千名干部助千企”活动,市、县、乡三级联动选派 4530 名助企服务员,服务企业 8509 个,完善企业诉求闭环解决机制、跟踪监测督办机制,企业诉求办结率 99.1%。把区县(市)开发区(园区)领导班子成员纳入备案管理,指导开展专项优化调整,具有经济工作经历的班子成员比例提升至 77.3%。会同市国资委组织召开全市国有企业高质量党建引领高质量发展大会,开展国有企业领导班子和领导干部专项考核调研。举办 2023 届杭商学堂,着眼服务民营经济,围绕五大产业生态圈建设,举办 8 个培训班次,培训学员 464 名。分阶段开展“经济翻身仗、亚运攻坚仗”专项考核,加强结果运用、导向引领,选树推荐 104 名省、市“担当作为好干部”。

【重点改革项目服务】 2023 年,市委组织部制定部机关推进创新深化改革攻坚开放提升服务保障工作机制，牵头开展“八八战略”实施20周年工作评估，制定组织工作发展五年规划纲要。实施《开展“党建统领·助跑共富”专项行动实施方案》，完善相关行业系统党建领导机制，推进党建领域共富重点任务，协同推进“干部人才资源倾斜集成改革”共富重大改革事项。出台《杭州市乡镇（街道）综合行政执法队建设规范（试行）》办法，推进“大综合一体化”行政执法改革和分类改革，发挥综合行政执法队伍“县属乡用共管”机制优势，赋权案件数快速增长，乡镇（街道）执法比重达69.0%。制定《统筹公务员职级职数管理使用办法》，优化职级晋升操作规范，严格职级晋升条件，全年办理职级晋升7358人次。

【干部队伍政治建设】 2023年，市委组织部贯彻落实省委推动政治建设走深走实意见，把抓领导班子和领导干部政治建设摆在首位，开展区县（市）、市直单位、国企高校领导班子和领导干部政治建设调研并形成报告。加大政治监督工作力度，把贯彻落实习近平总书记重要指示批示精神情况纳入巡察、选人用人专项检查、政治素质考察重要内容，督促各地各单位抓好各类政策文件、制度规定的学习和落实。市委组织部领导带队调研部分区县（市）政治素质考察做法并形成报告，推出9个方面政治素质考察具体举措。依托干部综合管理信息系统，创新建立125份领导班子政治建设档案卡、1100余份市管领导干部政治素质档案卡，常态化记实政治素质表现情况。结合年度考核，对“80后”区县（市）年轻市管干部开展政治提醒谈话。

【干部队伍宏观管理】 2023年，市委组织部加强干部队伍整体性建设，开展全国党政领导班子建设规划纲要和浙江省纲要实施意见实施情况总体评估。对领导班子和领导干部队伍进行专题研判分析，梳理岗位空缺情况并提出有关调配建议。结合国企改革后企业新的功能定位、主责主业和发展需要，优化核定19个市属国企领导班子职数。优化完善干部选拔任用任前事项报告和关键岗位备案管理工作规程，重点加强结构性干部、关键岗位干部等配备管理。配合市纪委市监委起草纪检监察机构监察官等级首次确定工作方案，完成市、区县（市）两级125名市管干部首次确定监察官等级工作；会同市数据资源局、杭州警备区分别起草加强首席数据官数字专员队伍、专职人武干部队伍建设的意见。贯彻落实全省干部人事档案集中管理工作会议精神，研究出台全市干部人事档案工作五年规划，建设市级干部人事档案中心，部署市直机关干部人事档案集中管理工作，推进干部“档案健康码”审核赋码和整改转码，为干部资源配置和宏观管理提供专业服务。全年调整干部20批次689人次，其中提拔或进一步使用市管领导干部137名，平均年龄47.4岁，大学以上学历占比99%，领导班子和干部队伍年龄、学历、党派结构等进一步优化提升。

【“一把手”监督】 2023年，市委组织部加强“一把手”落实民主集中制情况、党委（党组）重要人事任免工作议事决策情况等事项的监督检查，规范做好“一把手”经济责任审计和离任交接工作，探索组织部门干部监督与审计监督贯通协同机制，抓好审计成果会商研判和运用，完成“一把手”经济责任审计14人次，离任经济事项交接18人次，经济责任告知35人次。做好新任“一把手”个人有关事项公开工作，对25名新到任“一把手”发放提醒函，推动“一把手”自觉接受班子成员监督。

【选人用人监督检查】 2023年，市委组织部加强选人用人专项检查，分3批对27个单位进行选人用人专项检查，会同市委巡察办抓实抓好整改情况督查，督促相关单位抓好整改落实。健全“任前预审、任中核查、任后评估”的监管机制，落实拟提任人选“凡提四必”，探索开展健康状况“凡提必检”，完成8批次226名拟提任晋升或进一步使用考察对象的审核、鉴定。通过“一报告两评议”结果，分析研判各地各单位选人用人生态，对排名靠后、退幅较大的13个单位发放提醒函，倒逼相关单位检视整改。锚定10个重点开展选人用人突出问题“百日攻坚”专项行动，推动相关单位发现具体问题359个，制定整改措施866项，修订完善制度166个，问责处理87人。整理编发《选人用人工作百问百例》，采取以案释规、一问一答的方式阐释选人用人规范，帮助各地各单位开展问题检视整改。组织市直单位组织人事处处长专题业务培训班，97人通过业务测试并持证上岗。

【干部队伍日常监督】 2023年，市委组织部延伸日常干部监督链条，深化干部全方位管理和经常性监督。用好“12380”电话、来信、网络、短信、来访“五位一体”举报平台，全年117件涉及干部队伍的信访件全部按规定时限办理办结。编发《出国境审批管理工作操作指南》，采取“提醒函”“行前教育表”“归国回执单”方式，强化出入境全周期教育管理。执行中共中央办公厅《领导干部配偶、子女及其配偶经商办企业管理规定》，要求36名可能存在禁业冲突的市管领导干部作出“不利用职权为近亲属谋利”书面承诺。将近亲属从业监管贯穿到干部选拔任用分析研判、动议、考察、任职谈话等各个环节，对照禁业范围、口径深化分析研判，构建“亲而有度”“清而有为”的政商关系。推进干部大监督机制建设，做好与各干部监督联席会议成员单位的日常沟通，健全定期收集、即时沟通、定向查询“三位一体”信息收集机制，全年接收各类监督信息1000条（次）。

【领导干部报告个人有关事项】 2023年，市委组织部学习宣传新修订的《领导干部报告个人有关事项规定》，重点针对首次填报人员、家庭财产较多人员、临近退休人员等重点人群进行“一对一”“滴灌式”辅导，完成全市1.3万名干部的个人有关事项信息汇总、上报工作，完成1381名市管领导干部个人有关事项报告填报录入，汇总分析有关亲属从业及从事经营活动情况，梳理出16类重点事项，形成总报告、分报告。按照15%的比例要求，对市本级209名市管干部开展随机抽查，查核一致率高于全省平均水平。指导各地各单位精准把握查核处理尺度，严格依纪依规处理。各地各单位抽查干部1786名，给予诫勉33人，批评教育59人。

【优秀年轻干部队伍建设】 2023年，市委组织部贯彻落实《关于进一步从严从实加强年轻干部选育管用工作的实施意见》，做好年轻干部专题调研。结合专项考核、年度考核，对市本级年轻干部名单库进行集中性调整。探索实行年轻干部年度选配计划报告制度，动态监测、定期通报年轻干部配备情况，层层压实各地各单位主体责任。深化干部点将培养，选派年轻干部到对口帮扶、城西科创大走廊、信访等实践一线和重点工程、重要项目锻炼。探索开展市属国企优秀年轻干部（中层干部）跨企业综合比选，新提任中层正职3名、中层副职9名。配合做好2023年省制度性交流干部工作，2名优秀年轻干部交流到省直机关任职，1名省直机关"85后"年轻干部交流到杭州任职。关注52名近年制度性交流干部，了解干部交流后表现情况。

【干部队伍能力素质提升】 2023年，市委组织部制定《关于全市干部学习贯彻党的二十大精神轮训工作实施方案》，对全市1300余名市管领导干部分2期开展全覆盖轮训，指导各地各单位分层分类抓好1.4万名处级干部等群体的集中培训工作。举办习近平新时代中国特色社会主义思想进修班、中青年干部培训班等主体班次10个，培训干部465名。聚焦省委三个"一号工程"和市委"两场硬仗"，谋划实施科技成果转移转化、五大产业生态圈等6个干部专业能力培训班，培训干部310余人次。指导市直相关部门抓好年度履职能力培训计划实施，培训干部3500余人次。协调做好应急管理、长三角区域一体化、三个"一号工程"、全省行政执法队伍等39个班次5992人次（含市、县两级分会场）的调训工作。

【"四库一平台"干部教育培训全要素体系建设】 2023年，市委组织部抓好"四库一平台"干部教育培训全要素体系建设。高集成打造包括拥有近200名高端师资的师资库、拥有2000余个名校名师优质课件的课程库、拥有400余个攻坚破难做法的案例库、拥有30个市级"追随总书记的脚步"现场教学点的基地库。优化提升"浙里干部之家"杭州频道"我的学习"平台，逐步打造为具备自主选学、在线培训、理论测试、省市学分互认等多功能的综合性学习平台。推行"理论+实践+研讨"组合型培训模式，实行"学界讲理论、政界讲政策、业界讲实践"做法，逐步形成以理论讲授为主，案例教学、现场教学、研讨交流等多种方式并重的"1+N"模块化教学方式，全年党校主体班次党的理论教育和党性教育占总课时的近80%，其中习近平新时代中国特色社会主义思想课程占73.4%。全年互动式教学课程占34.6%。

【干部援派挂职锻炼】 2023年，市委组织部贯彻中央和省委、市委关于东西部协作、对口支援、对口合作的决策部署，选派119名干部人才到新疆、湖北恩施、安徽宿州、吉林长春、雄安新区、海南等地区（项目）挂职锻炼，落实援派挂职干部人才春节慰问、谈心谈话、健康体检、子女就学等关心关爱举措。接收中共中央3个部委和四川、宁夏、贵州等地共94名干部到杭州挂职。会同市教育局召开"组团式"教育帮扶推进会，做好12名教师的轮换选派工作。

【综合考核体系重构】 2023年，市委组织部协助市委成立市委考核工作委员会，办公室设在市委组织部，明确各领域考核牵头单位及其职责，制定市委考核委工作规则、市委考核办工作细则，形成统一领导、统一协调的组织领导体制。制定《杭州市综合考核办法（试行）》《杭州市各领域综合考核实施办法（试行）》，形成覆盖区县（市）、市直单位、市属国企、市属高校、开发区（园区）、市级公立医院的"1+6"考核制度体系和指标体系。指导督促各区县（市）把综合考核相关职能划转至党委组织部门，对各区县（市）综合考核办法、分领域考核实施办法等制度文件进行备案审核，推动形成系统完备、全市协调的制度体系。分领域开展年度综合考核相关业务培训，确保省、市、区县（市）三级考核体系"一体化"实施。

【督考一体过程管控】 2023年，市委组织部制定《杭州市综合考核督考一体操作规程（试行）》，针对省市年度重点工作、省对市监测指标、省市重点晾晒指标、各领域主要考核指标、重点专项督查等考核内容，依托"市委在线督查"、市政府"政在干"、"杭州亚运在线"、"投资项目全生命周期管理平台"等数字平台，常态化开展日常监测，实行指标监测"红、黄、绿"三色管理，探索指标监测追溯机制，强化考核即时激励，推动综合考核与工作落实深度融合。分季度形成检测报告，供市委、市政府决策参考，推动建立投资项目全生命周期管理平台联系人机制，发挥综合考核"助推器"作用。

【综合考核工作开展】 2023年，市委组织部围绕省对市考核指标要求，建立由分管市领导牵头、责任部门落实、区县（市）协同的工作推进机制，形成市领导牵头指标责任清单，印发"省对市考核责任书"，定期跟踪117项考核指标进度，整改"销号"并落实"回头看"。制定全市年度综合考核年终考核工作方案，按考核责任分类梳理5类年终考核工作提示，分层推进163个考核对象开展评分评价。围绕满意度评价，制定6个领域的评价操作规程，设计18类评价主体问卷，迭代升级满意度评价系统，邀请全市72万余名代表对各地各单位工作成效进行总体评价，征集意见和建议1万余条。认真落实为基层减负要求，配合考核事项清理规范，通过综合集成指标、归并纳入专项工作考核等途径，进行清理规范、整合优化，形成"1+9"考核事项清单（1个综合考核和9个专项考核），审核完善9个专项考核办法，进一步精简整合日常考核内容。年终统一不开展集中式检查考核，减少基层迎检压力。

【公务员队伍建设】 2023年，市委组织部（市公务员局）考录公务员1139人，其中乡镇（街道）公务员123人，占12%。组织市直机关单位面向基层公开遴选公务员77人。开展新录用公务员初任培训，采取课堂授课、现场教学、交流研讨相结合的方式，上好“岗前第一课”，组织1100余名新录用公务员到基层开展暗访、接访、走访“三访集训”实践锻炼。深化年轻公务员“助跑行动”，依托“人事点点通”实时跟踪了解、在线管理，实现“一人一档”培养纪实，落实上下联动、导师结对、谈心谈话、挂职锻炼等培育举措，全市常态化储备3500余名“苗子”。推进公务员工作基层联系点创建，萧山区公安分局获评省级公务员平时考核示范点，全市联系点数量达32个。按照政策提高乡镇（街道）年度考核优秀比例至25%，落实乡镇干部经济待遇一般高于县级机关同职级干部20%以上。落实平时考核实施细则，实现公务员平时考核全覆盖。组织162名优秀公务员开展健康休养，继续推动机关单位举办荣退仪式、公务员特定从业年限纪念活动。开展杭州市“十佳公务员”20周年评选活动，30名公务员被评为杭州市“十佳公务员”，1名公务员被评为全国“最美公务员”。“公务员队伍专业化建设”专项课题获中共中央组织部办公厅组织工作选题统计分析报告一等奖。

【选调生培养】 2023年，市委组织部（市公务员局）面向“双一流”高校、省内院校招录121名常规选调生，其中定向清华大学、北京大学招录16名。出台《关于加强选调生基层锻炼管理的若干意见》，从制度上加强对选调生在村锻炼期间的日常管理、培养锻炼、关心关爱等，健全全链条闭环管理机制。开展2023年选调生到村锻炼岗前培训，组织121名选调生下村锻炼。继续联合宁波市委组织部举办“杭甬双城，共学共富”市级机关选调生培训班。常态化开展选调生上下交流，选派300名选调生参与亚运会专项保障工作。

【党建促乡村振兴】 2023年，市委组织部放大“千万工程”源起地优势，把发展壮大新型农村集体经济作为村党组织的中心任务，深化强村富民集成改革，完善强村公司、“飞地抱团”、乡村职业经理人等模式，推进和美乡村建设。总结推广“大下姜”乡村振兴联合体经验，在全市打造10个省级典型案例，下姜村入选联合国世界旅游组织“最佳旅游乡村”。实施新一轮扶持发展新型农村集体经济计划，深化党建引领“共富工坊”建设，建设共富工坊1248个，其中星级工坊730个，带动农民在家门口就业6.3万人，人均月增收3012元。实施新时代“领雁工程”，对全市3275个村（社区）开展换届“回头看”，对近2万名“两委”干部开展精准画像，针对性引导鼓励在外优秀人才、农村致富能手、本乡本土大学毕业生、退役军人等任职补强，建立2.3万名村（社区）干部后备库。抓深做实村（社区）干部赋能培训。组织全市村（社区）党组织书记和村（居）委会主任参加全国视频培训班，下姜村党总支书记和翠苑一区社区党委书记在北京主会场作经验分享。

【党建引领基层治理】 2023年，市委组织部迭代完善现代社区建设“1+6+N”体系框架，部署推进“5115”工程，开辟5条争星赛道，破解10个难题，办好15件民生小事，以重点目标指标、争星赛道、破难项目、民生关键小事“四张清单”抓好全程跟踪督导。深化“争星晋位，全域建强”行动高标准选树首批市级五星示范村（社区）、争先晋位村（社区）各100个。补强工作力量，每1万名城镇常住人口拥有社工数提升至22.24人，高于全国、全省平均水平。抓深做实党建统领网格智治“后半篇文章”，优化1.47万个网格，建好志愿队、后备队、突击队“三支队伍”，配齐配强“1+3+N”网格力量24.2万人。推行“网格议事日”制度，完善“常态与专题相结合、线上与线下相结合、议事与连心相结合”等多种议事形式，推动各方资源力量下沉网格会商议事，在老旧小区改造、电梯加装等工作中发挥作用，助力推进240个老旧小区改造，组建176支加梯“帮帮团”，完成加装电梯1020台。深化党建引领三方协同共治，全覆盖组建小区党组织，业委会中党员占比超过60%，无物业小区保持动态“清零”。

【国有企业党建】 2023年，市委组织部根据国有企业改革部署的要求，系统重塑国有企业考核模式和考核办法，牵头市委宣传部、市国资委制定《杭州市市属国有企业高质量发展综合绩效考核办法（试行）》，把党的建设作为年度综合绩效考核的重要内容，明确党建占比为20%。会同市国资委，开展2022年度市属国有企业党委书记抓基层党建和人才工作述职评议，推动国有企业既报经济账、又报党建账，实现党建工作和生产经营“两手抓、两促进”。牵头召开全市国有企业高质量党建引领高质量发展大会，举办基层党组织书记示范培训班，197名市属国有企业二、三级企业基层党组织书记参加培训。

【“两新”组织党建】 2023年，市委组织部（市委“两新”工委）出台进一步健全完善市委“两新”工委实体化运行机制12项举措，完成20个省级和66个市级双重管理“两新”组织党组织动态调整，指导各地同步做好317个区级双管“两新”党组织更新，明确各区县（市）党委和乡镇（街道）党（工）委承担“两新”组织党建主体责任。选优配强“两新”专职党务工作者队伍，全市共配备564名，平均每142个“两新”组织配备1名。指导相关行业党（工）委出台互联网企业党建“三融三促”和网约车货车“一企两员”指导意见，落实“直管直联”、党企共学共商、重大事项报告等制度。推动实现90个重点互联网企业党委班子中高管占比超过40%、关键岗位党员占比超过60%。深化“新新向党”行动，全省率先出台电商直播行业党建工作指引，搭建“主播第一课”课程体系，做好平台企业和主播群体政治引领。出台《社会组织党组织规范化建设工作指引》，推动市民政局、市工商联等9个重点市直部门分类制定规范，构建“1+9+N”社会组织党建制度体系。实施“双融双强”工程，“融合式”党建模式在全省推广。

【“双领”培优计划实施】 2023年，市委组织部（市委“两新”工委）实施“双领”培优计划，加强新生代企业家和“两新”党组织书记骨干力量建设。出台《关于深化实施“新领计划”进一步加强新生代企业家政治引领的指导意见》，建立健全政治、事业“双导师”和联系服务新生代企业家等机制，新生代企业家中党员占比增至37.8%。举办市级培训示范班，组织45名新生代企业家到古田、南昌等地接受红色教育，带动各地各单位全年培训超过1200人次。开展“红领头雁”资质认证，综合评审“两新”党组织书记能力素质、任职年限、工作实绩和所获荣誉等条件，首批评选特、高、中、初四级资质认证432人。依托“红领头雁”数字化场景开展培训考试，开展书记述职评议考核，评出优秀书记1251名，占比9.77%。搭建“红领工作室”帮带平台，依托特级、高级资质书记，建立市、区县（市）两级工作室27个，结对帮扶书记55名。

【“两新”党组织实质作用发挥】 2023年，市委组织部（市委“两新”工委）多措并举推动“两新”组织党组织发挥实质作用。推进专精特新“小巨人”企业、上市公司和规模以上工业企业党组织“应建尽建”，用好“数据比对+集中攻坚+常态覆盖”动态覆盖机制、防瘫预警机制。全年新建党组织523个，227个上市公司、321个专精特新“小巨人”企业、6683个规模以上工业企业党组织覆盖率分别为100%、89.7%、57.8%。印发《关于深化“融合式”党建加强非公企业党组织实质作用发挥的指导意见》，推动“双向进入”、党企共学、战略务虚会等机制做法在各级双管企业党组织中落实落地。出台《“未来工厂”党建规范化工作指引》，以15个省级和106个市级“未来工厂”链主企业为龙头牵引，推进产业链、供应链、创新链党建，建立党员攻坚队、先锋岗6088个，助推“企一链一群”协同发展。深化共富工坊“三区三型”整体布局，细化落实项目评审、多跨会商、“一坊一议”制度机制，培训育强党员“坊长”，推动更多企业和政策、项目、资金进村入坊。至年底，建成共富工坊1115个、星级工坊700个，吸纳家门口就业5.6万人，人均月增收3044元。发动“两新”党组织和党员组建网约车志愿服务队、小哥义警等队伍210余支，参与亚运会志愿服务20.3万人次。

【党员队伍建设】 2023年，市委组织部实施党员“进出育管爱”全链条管理，制度化推行入党申请人个人事项报告、发展对象县级集中联审、提级预审等10项举措，全年发展党员1.05万名。开展农村青年“双向培养”、青年先锋“种子工程”、产业工人“筑强领航”、高层次人才“聚心”等入党积极分子扩源和引回行动，吸纳入党积极分子1.22万名。开展流动党员核查纳管“百日攻坚”行动，研究制定加强和改进流动党员管理20条工作指引，提炼总结形成《流动党员教育管理工作60法》，设置“流动党员之家”3300余个，建立流动党员党组织1847个，推动24.5万名流动党员线下报到纳管、参与组织生活。实施新就业群体流动党员“安家”行动，建立建强108个流动党员党支部和“尚小驿”“暖蜂驿站”等1821个综合服务站点，纳管新就业群体流动党员1200余名。探索流入地、流出地“契约式”双向共管模式，与4个省的24个地市或区县双向压实共管共育责任。探索党员模块化教育，建强用好师资、基地、教材、课程、案例五类“资源库”，聘任市级讲师450名、推出示范课程130余个。分类指导推进无人事关系和人事代理党员档案县级集中保管，完成农村无人事关系党员档案集中保管12.7万册、其他领域档案集中保管17.78万册。

【党群服务中心建设】 2023年，市委组织部深化党群服务矩阵体系建设，推进规范提升、服务提质、品牌提能、影响提级“四提工程”，全年全市各级党群服务中心线下人流量超过3800万人次，开展开放式组织生活44.3万场次、亚运会志愿服务1.8万人次。破解社区服务设施片区化统筹难题，一体建强3750个党群服务中心（驿站），孵化引入657个社会组织开展居家养老、托育托管等专业化服务。回应“老年助餐”需求，建立健全“爱心卡”运行“一全三化一分一券”工作机制，上线“全城通”助餐机构800余个，服务老年人400余万人次，推动实现“全城通吃、优惠通享、卡码脸通用”。服务“两新”领域党员群众，建成“两新”集聚区党群服务中心151个、“尚小驿”“暖蜂驿站”等新就业群体综合服务站点1821个，创成省级示范“两新”党群服务中心16个，织紧织密“两新”领域“15分钟党群服务圈”。

【党管人才工作】 2023年，市委组织部配合市委组织好市委人才工作领导小组会议，定期组织召开全市人才工作例会，根据教育科技人才协同发展、创新链产业链人才链融合发展需要，新增市教育局、市经信局、市住保房管局3个单位为市委人才办副主任单位。牵头做好全市“十四五”人才发展规划中期评估，会同宁波市优化杭甬人才集聚平台建设方案、举办全市人才工作者理论学习班、调整优化全市人才工作考核等，把开发区（园区）纳入工作格局，围绕人才集聚平台提出省对市考核重点指标内容任务，抓好重点指标跟踪监测、研判分析，全年入选国家领导人才131名，比上年增长65.8%，专家实际到岗数和到岗率保持全省第一位；累计入选省顶尖人才（不含省部属单位）42人，占全省的39%。杭州市获2023年全省人才工作述职评议考核优秀单位，人才工作两次获全国人大常委会有关领导肯定。

【人才发展体制机制改革】 2023年，市委组织部实施“三定三评”人才分类评价模式，新认定A~F类高层次人才3.47万名。推进人才授权认定工作，开展新招引主体授权认定，向重点企业、科研机构、新招引主体、行业部门加大授权力度，新增授权用人单位1202个（营业收入10亿元以上企业、五大产业生态圈高成长型企业、总部企业），名额1.34万个。“构建科技教育领域人才评价‘三定三评’新模式”，纳入省创新深化改革试点。落实《杭州市科研机构分级分类评价办法（试行）》，围绕科研平台的目标定位、科研条件、人才团队、科研任务与研究成果、管理与交流等重点，细化评分标准，以绩效为导向，全年评价确定四级以上科研机构15个，向其中10个机构授权自主认定名额142个。

【人才平台建设】2023年，市委组织部推进城西科创大走廊人才高地先行区建设，实现大走廊集聚全省60%省顶尖人才、80%国家杰出青年和优秀青年、60%国家科技进步奖获得者和超过58万名各类人才。指导钱塘科学城锚定核酸药物、合成生物、基因和细胞治疗等重点产业加快集聚生物医药人才。服务保障创新载体建设，支持国家实验室建设，服务省实验室发展，推动中国科学院医学所、西湖大学、中国科学院大学杭州高等研究院等平台发展。

【青年人才队伍建设】2023年，市委组织部实施“西湖明珠工程”，遴选支持顶尖人才培育对象18名、领军人才323名。全力支持青年人才挑大梁、当主角，市级人才计划中青年占比提升至60%。落实特定国家专家服务保障政策，加强精准化引才，进一步提升特定国家专家作用发挥。出台集成电路产业人才认定支持政策，落实省委人才办关于规范集成电路人才流动的规定。抓好大学生引进工作，推出全球青年人才集聚“青荷”计划，开展“青春潮创”青年人才创新创业、“杭州欢迎新伙伴”青年人才迎新、“杭帮彩·青荷服务季”和“青荷对对”青年人才交友联谊等活动，推出35个“青荷驿站”，提供到杭求职大学生818个免费入住房间。新引进35岁以下大学生39.68万名；新招收进站博士后1006名，新引进（留杭）博士研究生2315名。

【人才活动】2023年，市委组织部以吸引全球青年人才和扩大人才领域开放交流为重点，举办国际人才交流与项目合作大会，策划开幕式、“西湖对话”、留学生论坛、海外人才“访学访工访窗口”行动、“创客天下”大赛总决赛、乡村人才振兴促进共同富裕大会、中国人才50人论坛等50余场重点活动，线上线下共吸引20余万人次参与活动。开幕式上，1000余名海内外高层次人才携249个项目参与洽谈，139个项目达成初步合作意向。举办第二个“杭州人才日”活动，组织召开市委人才工作座谈会，发布《致广大人才朋友的一封信》，组织服务人才系列活动。开展“走进春天 杭向未来”2023年人才“山乡荟”系列活动。

【人才服务保障】2023年，市委组织部推出“荷桂人才厅”常态化座谈交流机制，牵头收集人才政策落地服务问题近100个，对46件重点事项进行分类研究、逐一解决，其中改进操作口径、明确操作流程等问题形成政策解答。深化“一码六服务、人才杭帮彩（杭州帮你出彩）”服务机制，优化以“人才码”为主载体的人才服务保障体系，至年底，“人才码”累计领码191.57万人，累计提供服务1474.59万人次，“人才杭州”访问14.18万人次。配合推进人才共有产权房工作，推出5个项目试点配售，公开配售房源7223套。关注解决人才子女入学、小客车指标配置等“关键小事”，全年服务保障高层次人才3.08万人次。举办人才国情研修班，开展高层次人才疗休养、体检等相关工作。

【智慧组工平台建设】2023年，市委组织部按照“标准化、规范化、实用化”要求，迭代升级干部综合管理信息系统功能，开发完善援派挂职干部管理、干部数据统计分析等功能，牵头开展数据质量提升行动，全覆盖检查抽查3800余名正处级和区县（市）管正职干部任免审批表信息，通报督促相关单位落实整改。按照“统一部署、系统归集、多跨协同、科学分析、智能应用”需求导向，开展干部大监督信息系统建设，全年接收信息1000余条次，实现省市县“三级联通”，常态化更新维护和抽查检查数据，动态更新“红、黄、绿”三色名单，为选人用人、日常管理提供研判依据。试运行综合考核数字平台，上线省对市综合考核、市级综合考核、日常监测管理、指标责任配置等应用，构建连通市委考核办、考核牵头单位、责任单位、考核对象等的工作网络，实现年终考核全流程在线协同。深化拓展公务员管理综合数字平台功能，优化提升数据大屏、流程监控系统，更新完善公务员面试考官库、公务员工资津补贴监管等功能，新增辞去公职人员管理模块，实现公务员录用、调动、职级晋升、工资福利及退出等事项全部线上办理。全年在线办理公务员各类事项20.95万人次。

（程建全）

宣传工作

【概况】2023年，市委宣传部深化中共二十大精神宣传，反映杭州推进“两个先行”的信心和行动，市级媒体开辟专栏25个，刊播各类报道300余篇，总阅读量2500余万人次。主要围绕学习贯彻习近平新时代中国特色社会主义思想主题教育、“八八战略”实施20周年、亚运会和亚残运会举办、全市经济社会发展、市两会召开、“最美杭州”和“最美杭州人”等主题开展宣传。重点开展亚运会、亚残运会社会宣传和对外宣传，举办媒体城市采风、“外籍博主杭州行”、国际播报团征募等活动，发布新版城市宣传片。推进全市媒体深度融合建设，继续加强“学习强国”杭州学习平台内容建设，丰富活动形式。杭州国际传播影响力提升，连续3年获评中国国际传播综合影响力先锋城市。

【“八八战略”实施20周年宣传】2023年，市委宣传部推进“八八战略”实施20周年主题宣传，策划系列精品报道，杭报集团推出《“八八战略”实施二十周年 社长总编跑一线》大型融媒栏目报道，杭州电视台综合频道《杭州新闻联播》推出《“八八战略”实施20周年》专栏，组织编辑、记者推动主题宣传走实走深。开辟专版强化理论阐释，《杭州日报》理论版《学与思》推出《“八八战略”杭州实践》栏目，邀请专家学者全方位阐释杭州实践“八八战略”的相关情况。

【主题教育宣传】2023年，市委宣传部对标中央精神和省委要求，制定学习贯彻习近平新时代中国特色社会主义思想主题教育宣传工作方案，开设专题专栏，加强与中央级、省级媒体联动。市级媒体推出系列报道近700篇，中央级、省级媒体刊播涉杭州主题教育稿件217篇，全网阅读量超过6477万人次。建设“千万工程”“民呼我为”等一批杭州特色宣传品牌。《学习时报》头版刊登市委书记刘捷的文章《“民呼我为”及其实践路径》。

【亚运会和亚残运会主题宣传】2023年，市委宣传部坚持“办好一个会、提升一座城”的理念，聚焦杭州第19届亚运会、杭州第4届亚残运会，讲好杭州亚运会、亚残运会故事。做好重点活动宣传，突出“迎亚运、庆元宵”烟花灯光秀、“全民学英语、一起迎亚运”活动、火炬传递活动等宣传。做好亚运会城市侧宣传，围绕“三大提升行动”和“新杭州、新亚运”等主题推出系列报道。做好开（闭）幕式及赛事报道，亚运会、亚残运会召开期间，市级主流媒体刊播各类报道3.5万篇，总阅读量（播放量）超过130亿人次，播放量超过1000万人次的短视频有300余条。做好中共中央宣传部亚运新闻宣传前方工作组服务保障工作。

【经济社会发展主题宣传】2023年，市委宣传部围绕打赢经济翻身仗目标，聚焦全市经济工作，服务经济社会发展，制定“服务大局、提振信心、展示气象”等经济专题报道方案，推出系列报道和新媒体产品。市级主要媒体刊播报道7800余篇，总阅读量超过1.4亿人次，在中央、省级媒体刊登报道200余篇，《杭州日报》采编的《春节期间杭企马力全开争创“开门红”》在《人民日报》头版刊登。“聚合媒体力量，优化营商环境，讲好新时代杭州创新创业故事”被评为2023年半年度杭州市营商环境优化提升最佳实践案例。

【市两会宣传】2023年，市委宣传部做好市两会宣传，首次召开市两会新闻发布会，首次推出“局长通道”“代表通道”“委员通道”3场集中采访活动，首次邀请中央级媒体参与报道，“6+1”场直播活动取得成功。市级媒体开设专题专栏25个，刊播推送报道1090余篇，总阅读量3400万人次。加强融媒短视频报道，策划推出《联小花跑两会》《力优的两会时间》《阿六头问民生》等融媒报道，多篇内容浏览量超过10万人次。市两会宣传专报得到市人大常委会主要领导的批示肯定。

【融媒建设】2023年，市委宣传部制定印发《关于推进杭州市级媒体深度融合发展的实施方案》，集中资源重点建设“橙柿互动”和“开吧”客户端。推进国家（杭州）短视频基地、杭州市宣传融媒平台、全媒体新闻中心、AI短视频生产实验车间等建设，基本形成一次采集、多种生成、全媒体传播的格局。推进全域“一张网”建设，出台《县级融媒体中心建设“五力”评估体系（3.0）》，形成全域贯通、上下联动的长效舆论引导机制。

（李雨蓁）

【“最美杭州人”学习宣传活动】2023年，杭州市常态化开展“发现‘最美杭州人’、争做‘最美杭州人’”宣传活动，报道身边日常涌现的“最美”典型。《杭州日报》报道“最美小哥”彭清林和老年食堂100名先进典型的事迹，彭清林的事迹引发全网关注，微博话题阅读量1.5亿人次。开展第十一届“最美杭州人”选树活动，汪豪斌等20名（个）个人和集体被选树为“最美杭州人”，向建平等10名个人获“最美杭州人提名奖”。加强行业“最美”人物选树，支持有关部门做好“最美退役军人”“最美拥军人物”“最美建设人”“最美教师”“最美科技工作者”等系列选树活动。宣传“最美”，发挥先进典型的示范引领作用，在全市开展第十届“最美杭州人”社会宣传，编印《最美杭州人——2022年度发现我们身边的最美典型》一书，发放到镇、村文化礼堂和街道、社区文化家园。

【“我们这十年·最美杭州”全市巡演活动】2023年，杭州市以“当好亚运东道主，争做文明传递者”为主题，开展“我们这十年·最美杭州”全市巡演活动，以曲艺说唱、小品、独角戏、绍兴莲花落等作品形式，歌颂最美现象、最美人物、最美杭州。全市13个区县（市）均完成巡演，线上和线下观看150余万人次。

【群众性宣传教育活动】2023年，杭州市利用文艺会演、知识竞赛、展览展示、学习宣讲等形式开展群众性宣传教育，讲好“奋进新征程，建功新时代”的杭州故事。“七一”建党节前夕，举办“我们的新时代·红旗飘飘”全市群众性歌咏活动，所有节目均由群众自编、自导、自演，内容上紧扣主题、凸显杭州特色。活动通过电视台、电台等传统媒体和“杭州之家”“今日头条”“杭州24小时”等新媒体传播，线上和线下观看118.3万人次。结合国庆“五星红旗升起来”活动，做好社会宣传，组织升国旗仪式，在全市主要道路、机关、企事业单位、学校、车站码头、游船等公共场所悬挂国旗13万面。

【“全民国防教育月”活动】2023年9月，市委宣传部围绕“踔厉奋发强国防，勇毅前行向复兴”主题，组织开展“全民国防教育月”活动。联合有关部门举办全市国防教育主题活动，组织群众参观国防教育示范基地20万人次，开展国防教育主题宣讲、观看红色电影、歌唱红色经典歌曲等活动1000余场，教育引导全市干部群众强化国防观念和忧患意识，凝聚关心国防、热爱国防、建设国防的思想共识。

【“八八战略”实施20周年杭州展区布展】2023年，市委宣传部配合省委宣传部举办的“大道之行——‘八八战略’实施20周年”大型主题展览，筹备杭州展区布展，并做好观展组织工作。根据中共中央总书记习近平赋予杭州的“历史文化名城、创新活力之城、生态文明之都”城市定位，系统展示20年来杭州践行“八八战略”发生的精彩蝶变，通过图片图表、文字视频、实物模型等形式，讲好总书记的故事，阐述好总书记的思想，展示好杭州的生动实践。

【宣传思想文化工作创新项目评选】2023年，市委宣传部和杭州亚组委宣传部“杭州亚运会、亚残运会主媒体中心：浸润式传播提升中华文明影响力”项目获评2023年浙江省宣传思想文化工作创新项目。余杭区委宣传部和杭州良渚遗址管委会“书写世界遗产保护典范‘良渚答卷’”项目获评2023年杭州市宣传思想文化工作创新项目·特别项目。上城区委宣传部“‘宋韵今辉’文化产业转化链路构建”等14个项目获评2023年杭州市宣传思想文化工作创新项目。

【亚运会社会宣传行动】 2023年,杭州市围绕主要道路、重要场所、交通枢纽、商圈广场等重点区域,加强谋划指导,做好统筹协调,通过道旗、工地围挡、海报、电子屏、平面广告、景观小品等载体,开展亚运会主题公益广告宣传,实现亚运会公益宣传“抬头可见、驻足即观”。至9月,全市设置亚运会主题道旗6.74万面、灯箱8243个、海报77.38万张、广告牌3.27万个、景观小品5678个,覆盖社区(村)3041个,户外大屏播放亚运会宣传视频14.5万小时。亚运会结束后,做好亚残运会社会宣传转换,做到“两个亚运”同样精彩。

(金卫萍)

【国际传播影响力提升】 2023年,杭州以亚运会和亚残运会筹办为契机,推进国际传播能力建设,构筑“大外宣”格局,为成功举办一届“中国特色、亚洲风采、精彩纷呈”的亚运会营造良好的外部舆论环境,向世界展示杭州人文厚重、活力迸发、锦绣繁华的“人间新天堂”形象。杭州在海外网络关注度指数中表现良好,新闻网站内容倾向和社交媒体海外运营单项指标成绩优异,其中内容倾向单项指标名列前茅。在第三届中国城市国际传播论坛上,《中国城市海外影响力分析报告(2023)》发布,杭州获评中国国际传播综合影响力先锋城市。

【亚运会城市故事宣传】 2023年,市委宣传部协调中央、省、市重点涉外媒体办好“百家媒体看亚运”“亚运倒计时”“亚运邮箱”等30余个亚运会国际传播专栏和杭州亚运会官方海外社交账号,围绕亚运会倒计时100天、亚运会火炬传递、亚运会赛时等重大时间节点,推出亚运会资讯100万余篇,全网总阅读量3亿余人次、互动量1000万余人次。亚运会赛事期间,杭州外宣官方海外社交账号*Hangzhoufeel*阅读量863万人次;由“杭州外宣厨房”运营维护的杭州亚运会官方海外社交账号阅读量3247万人次,稳居“推特”中国地区热搜榜第三位,10月5日登上“推特”全球体育热搜榜第一位。策划推出的每日金牌榜在“脸书”平台阅读量371万人次,“图享”平台阅读量440万人次。

【亚运会和亚残运会城市采风活动】 2023年,市委宣传部与省委宣传部抽调人员组建杭州亚运会和亚残运会城市采访媒体服务中心工作专班。设计以杭州为主,宁波、温州等5个亚运会协办城市为辅,省内其余城市共同参与的30条采风线,5项文化活动和30余项互动体验活动,涵盖历史文化、经济发展、社会治理、生态文明等领域,制作杭州亚运会和亚残运会媒体城市采风活动中英双语手册。建设“媒体在线”城市采风预约系统,面向所有注册媒体开放线上报名,方便中外记者通过互联网快速触达。亚运会和亚残运会期间,通过“媒体在线”预约系统共预约2539人次。至10月28日,亚运会和亚残运会城市采风发团240个,各采访点接待来自60个国家和地区的媒体记者8950余人次。

【城市宣传片发布传播】 2023年,市委宣传部推出新版城市宣传片《在杭州,看见更好的亚洲》,共150余个镜头,由专业运动员与普通市民出镜,展现“全民健身,共享亚运”的风采活力。该片经中央、省、市媒体,海内外新媒体和海外华文媒体矩阵平台发布,海外社交平台阅读量超过1亿人次、互动点赞量超过100万人次。宣传片在杭州友好城市美国波士顿举行的“最忆是杭州”文化和旅游推介会上,得到中国驻纽约总领事馆和马萨诸塞州、波士顿市政府官员的肯定。该片还在美国硅谷钱塘中心、泰国泰中罗勇工业园、德国柏林中国文化中心、蒙古国乌兰巴托中国文化中心等海外交流基地,以及全市20余个对外交流人文体验点,230余块户外大屏和地铁、楼宇电视上传播。

【杭州国际传播中心运行】 2023年,市委宣传部指导“杭州外宣厨房”加快迭代升级,杭州国际传播中心运行。至年末,杭州外宣官方海外社交账号*Hangzhoufeel*总粉丝量超过408万人,获评“2023年度优秀海外社交媒体平台”;杭州亚运会官方海外社交账号总粉丝量超过116万人。以“杭州外宣厨房”为龙头,包括海外社交平台、英语广播电视节目、门户网站、英文报刊等在内的全市“1+N”国际传播全媒体矩阵和13个区县(市)的24个出海机构账号,运用文字、图片、视频等形式,向世界讲好杭州亚运会的故事。市委宣传部获2023年中国外文局“第三只眼看中国”国际短视频大赛优秀组织奖。

【亚洲多国人士西湖泛舟赏月庆中秋特别活动】 2023年9月,市委宣传部与中央广播电视总台亚非中心联合举办亚洲多国人士西湖泛舟赏月庆中秋特别活动,邀请来自蒙古国、越南、孟加拉国等国家的运动员、体育官员及外媒记者28人到“西湖梦寻线”乘坐游船,赏城市夜景,朗诵中秋诗文等。活动在中央广播电视总台《新闻联播》栏目播出,并在老挝国家通讯社、老挝国家广播电台、越南数字电视台等平台推送和播出。

【“境外主流媒体杭州行”活动】 2023年9月,市委宣传部联合新华社两次开展“境外主流媒体杭州行”活动,邀请近30个境外驻华媒体的近40名外国记者,走访杭州亚运会场馆及杭州3处世界遗产等城市地标,感受杭州“办好一个会、提升一座城”的实践成果。通过全球通讯社联盟发布《杭州:打造融汇古老文化与现代风尚的“新天堂”》等对外传播稿,被全球580个主流媒体、门户网站转载,覆盖3.8亿人次。

【“第三只眼看亚运·外籍博主杭州行”活动】 2023年9月24—28日,由市委宣传部主办、北京煦方国际数字文化传媒有限公司(中国外文局新媒体国际传播中心)承办的“第三只眼看亚运·外籍博主杭州行”活动举行。该活动邀请6名外籍网红博主参与讲述杭州亚运会故事。其中，邀请外籍网红博主分9条体验线，到具有杭州文化历史特色的景区，讲述杭州亚运会期间关于美丽杭州、文化杭州、科技杭州的小故事。活动内容在“脸书”“优兔”“学习强国”“B站”“微博”等国内外平台总播放量超过840万次，总互动量超过3万人次；通过美联社、德新社、非洲通讯社、澳大利亚联合新闻社、印度尼西亚安塔拉通讯社进行传播，被722个海外主流媒体转发，总阅读量2366万人次。

【亚运国际播报团征募活动】2023年3月，在市委宣传部和杭州亚组委宣传部的指导下，“杭州外宣厨房”启动“Z时代·我的亚运我的城”亚运国际播报团征募活动。活动到浙江大学、中国美术学院、浙江工业大学、浙江理工大学、杭州师范大学等高校，杭州亚运村及板球馆、篮球馆、棋类馆、盲人门球馆、草地掷球馆等亚运会和亚残运会场馆，招聘中外播报员300余名。亚运国际播报团共发布海外推送110余条，阅读量超过600万人次，互动量超过100万人次。

（郑　重）

【“学习强国”杭州学习平台内容建设】2023年，“学习强国”杭州学习平台开设《学习贯彻党的二十大精神》《“八八战略”杭州实践》《精彩亚运，韵味杭州》等专栏，宣传杭州重大主题和亮点工作。策划的《跟大熊猫学中华文化》（第三季）专题集长期在全国学习平台首页“推荐”频道展示。全市激活学员总数超过225万人，学员总数占全省的50%；刊发稿件2.73万篇，总阅读量13.64亿人次，被浙江学习平台录用6292篇（剧集273个），被全国学习平台录用5625篇（其中被首页“推荐”频道录用937篇），居全国222个市级学习平台第一位。

【“学习强国”杭州学习平台融媒建设】2023年，“学习强国”杭州学习平台挑选报送优质作品参加全国和省、市重大评奖活动。在全国县级融媒体中心优秀作品评选中，杭州有6个作品获奖，居全国地市级学习平台第一位。在全国学习平台“我的流浪地球”主题征文活动中，杭州获奖作品总数居全国地市级学习平台第一位。在第二届全民阅读大会、杭州亚运会期间，杭州与总平台报道团队实现人员、设备和采访资源共享式合作，联合摄制《最美阅读》专题片3集、亚运会宣传片9部，开创总平台—市级平台—区县（市）供稿中心三级组织联动、垂直合作、联合出品的新模式。

【“学习强国”杭州学习平台主题活动】2023年，“学习强国”杭州学习平台举办“学习展风采，亚运添精彩”知识竞赛，线上和线下参与活动超过200万人次。组织杭州市“全民迎亚运，学习当达人”杭州亚运会和亚残运会知识大赛，线上闯关答题活动吸引近1000万人次参与，获杭州市2023年度创新重大主题报道优秀融媒体项目（活动）二等奖。推进“学习强国”进校园，在全市设立社会实践基地92个，分批开展特色研学活动170余场，惠及学生3万余人。

【信息报送工作持续推进】2023年，杭州市向中共中央宣传部报送信息3685条，反馈录用532条；向省委宣传部报送信息4350条，反馈录用3482条。完成各类约稿任务257次，被中共中央宣传部采用158篇。各市级工作室和省级直报点作用发挥明显。

（赵婉云）

统战工作

【概况】2023年，市委统战部贯彻落实中央和省委、市委统战工作会议部署要求，围绕“之江同心”品牌矩阵，以“抓好663、画好同心圆”为工作主线，明确围绕一个主题、聚力两场硬仗、推进三项改革、强化四项规范化建设、完善五大机制、打造六个平台、建设七大市级阵地、举办八项重大活动、培育九大品牌的“九项重点任务”，促进新时代统战工作提质增效。

▶资料：“抓好663、画好同心圆”统战工作蓝图

2022年6月16日，在杭州市委统战工作领导小组全体（扩大）会议上，全市统一战线“663”五年总体工作思路确立。“663”即积极打造“六个城市之窗”、深入实施“六大工程”、全面强化“三项保障”。“六个城市之窗”指彰显我国新型政党制度优势城市之窗、民营经济“两个健康”城市之窗、新的社会阶层人士统战工作创新实践城市之窗、铸牢中华民族共同体意识城市之窗、宗教中国化和宗教事务治理现代化城市之窗、新侨创新创业城市之窗。“六大工程”指队伍建设工程、阵地培育工程、固本强基工程、数字赋能工程、宣传引导工程、除险保安工程。“三项保障”指加强作风建设、完善工作机制、优化评价体系。

【“凝心铸魂强根基、团结奋进新征程”主题教育】2023年，市委统战部坚持党内党外齐学并进，在全市各民主党派、无党派人士和党外知识分子、新的社会阶层人士中，开展“凝心铸魂强根基、团结奋进新征程”主题教育。6月19—21日，举办市各民主党派、市工商联领导干部和无党派人士读书班，各民主党派杭州市委会、杭州市工商联领导班子成员和无党派人士代表，民主党派县级地方组织主委和基层组织主委代表等70余人参加。9月27日，举办市各界人士中秋茶话会，市委主要领导出席并讲话。拓展民主党派成员思想引领阵地载体，组织评选并授牌市级多党合作传统教育基地30个，《新时代加强民主党派成员思想引领的有效途径与方法探究》课题成果获中央统战部2023年民主党派工作调研报告评比三等奖。10月31日，召开新生代企业家宣讲会，市委统战部主要负责人向杭州市新生代企业家宣讲习近平总书记考察浙江重要讲话精神。召开纪念“五一口号”75周年座谈会，举办党外知识分子和新的社会阶层人士爱国奋斗报告会、“之江同心·共话自立自强”杭州欧美同学会高层次人才座谈会等活动10余场。

全年举办党外代表人士进修班、民主党派中青年骨干培训班、新生代企业家研修班等培训班15个，培训794人次。

【参政党建设】2023年5月17日，市委统战部出台《关于细化落实〈杭州市打造彰显我国新型政党制度优势城市之窗实施方案〉十六条措施》，支持各民主党派市委会领导班子和班子成员开展述职评议，协助领导干部专项考核走访调研工作，协助各民主党派市委会召开全体会议，组织领导班子和领导干部述职与民主评议工作，协助提升民主党派领导班子建设水平。督导民主党派各区县（市）地方组织召开民主生活会、基层组织召开组织生活会。8月4日，印发《各民主党派市委会、市工商联、市知联会关于深化推进"同心同廉"工程会议纪要》，建设杭州市统一战线"同心同廉"文化长廊。8月7日，在西湖区召开全市民主党派基层组织规范化建设现场会，印发《杭州市民主党派基层组织规范化建设指导手册》。11月23日，召开浙江省杭州市中华职业教育社第七次代表大会，完成该社换届。12月7日，由市委统战部指导编排的多党合作主题话剧《马叙伦》在北京全国政协礼堂演出。

【民族统一战线工作推进】2023年，市委统战部推进铸牢中华民族共同体意识城市之窗建设，实现市、区县（市）民族促进会全覆盖。4月22日，举办杭州市首届民族文化艺术节暨"浙里新畲村"推广现场会。6月29日，建成开放杭州市民族团结进步体验馆和"之江同心·大诸桥石榴红公园"。牵头开展"浙疆"青少年交流暨阿克苏小学生赴杭认亲交流夏令营、"浙里石榴红·九龙何家欢"民族团结联谊等活动。发布"浙里新畲村"数字应用场景，探索促进民族乡村共富新路径。

【宗教统一战线工作推进】2023年，市委统战部推进宗教中国化和宗教事务治理现代化城市之窗建设，组织宗教界开展"三爱""五史"学习教育。推进杭州市宗教中国化交流研究中心建设，举办"之江问道·杭州传统文化讲堂"11场。4月14日，召开全市宗教活动场所法治宣传教育阵地规范化建设推进会，全年开展普法宣讲163场，参与人数1.5万人。5月29日，举办第六届径山禅宗祖庭文化论坛暨径山茶宴文化推进会。11月15—17日，举办第三届"中美加"佛教论坛。全年培育推荐省级民间信仰规范化场所10处。

【党外知识分子和新的社会阶层人士统战工作】2023年，市委统战部推出13条党外知识分子和新的社会阶层人士"同心之旅"研学路线，开展走访红色史迹、追寻先贤足迹活动20余场。推进新的社会阶层代表人士综合评价工作，3月24日，在全国新的社会阶层代表人士综合评价试点工作座谈会上作交流发言。对应新的社会阶层人士4类群体，组建民营企业和外商投资企业管理技术人员分会、中介组织和社会组织从业人员分会、自由职业人员分会、新媒体从业人员分会，形成"一总四分"联谊组织新体系。按照"一总部三中心"（杭州市新的社会阶层人士联合会总部、杭州市新的社会阶层人士统战工作宣传展示中心、杭州市同心荟指导服务中心、杭州市新的社会阶层人士联谊活动中心）的定位，重点建设杭州市新的社会阶层人士统战工作主阵地。在全市域推广"数智同心荟"应用，开展各类活动4108场，参与人数3.5万人，相关做法获全国统战工作实践创新成果奖，《"走好网络群众路线"的三重逻辑——网络统战工作内涵、目标和路径研究》获全国统战理论政策创新一等奖。10月19日，筹办杭州欧美同学会第一届创新创业大赛，推动海归人才创新创业发展。

【"两个健康"集成改革】2023年，市委统战部推进"两个健康"（非公有制经济健康发展和非公有制经济人士健康成长）集成改革和人文环境优化提升，开展"亲清暖企"专项行动。8月28日，市委统战部、市工商联联合印发《杭州市民营企业反映问题"一单一会"闭环管理工作机制》，建立民营企业问题反映政企沟通协商机制及港、澳、台、侨4类企业服务机制，实行分管领导负责制、首问责任制、过程跟踪制、案结事了制。全年召开各类政企恳谈会83次，解决企业提出的诉求1080条。"一单一会"机制获评省工商联2023年第二季度服务"两个健康"最佳实践案例。实施商会党建提升工程，实现市本级直属商会党组织覆盖142个，党建工作覆盖100%。开展"杭商心向党"系列活动，举办民营经济人士理想信念教育活动152场次，3440人次参加活动。10月11日，市委组织部、市委统战部、市工商联联合印发《"之江同心·后浪潮涌"新生代杭商成长计划》，制定"青蓝接力·薪火传承营工作方案"，举办新生代企业家论坛，加强培育新生代企业家。组织参加"万家民企评营商环境"调查企业5830个，参与企业数量居全国城市第一位，根据全国工商联发布的《2023年万家民营企业评营商环境主要调查结论》，杭州再次入围最佳口碑省会城市及副省级城市前十位。

【港澳台联谊联络】2023年，市委统战部建设富阳黄公望台青文化创意中心，推动海峡两岸（黄公望隐居地）文创产业园二期项目招引和园区建设，总投资2600万元。7月6日，举办2023浙江·台湾合作周杭州主场活动，签约总额10亿美元。培育"之江同心·青年携手"品牌，7月4—7日，举行"千名港澳青年浙江（杭州）行"活动，开展第二期澳门青年到杭州见习暨国情教育活动，增进港澳青年对杭州历史文化底蕴及经济社会发展情况的了解。7月17日，举办第十五届"两湖论坛"，杭州与南投两地嘉宾围绕乡村振兴、体育教育和茶产业发展等议题开展研讨。9月23日，举办港澳人士国情教育研修班，邀请全市旅港同乡会会长、秘书长、义工团团长，以及杭州香港青年会、澳门杭州联谊会社团骨干等54名爱国爱港人士到杭州感受城市发展，并观摩杭州亚运会开幕式。全年组织港澳台青少年交流活动及座谈分享会12次，参加交流470余人次。

【统一战线助力打赢"两场硬仗"】2023年3月6日，围绕"亚运攻坚仗”，市委统战部印发《全市统一战线“之江同心·喜迎亚运”助力服务杭州亚运会“五大行动”实施方案》，推进16项具体举措，把助力服务亚运会作为党外代表人士发现培养和实践锻炼的“主赛道”。推荐统一战线领域亚运会、亚残运会火炬传递手候选人12名，全市1000余名党外干部参与重大项目和一线保障工作。发挥统一战线群团和社团志愿服务资源优势，加强统一战线志愿者队伍建设，强化“公羊会”“石榴红志愿服务队”等服务品牌，开展各类志愿活动520余次，参与服务7100余人次，服务受众超过10万人次。

3月31日，围绕“经济翻身仗”，市委办公厅印发《关于支持市各民主党派、工商联和无党派人士围绕“助力打好经济翻身仗”开展专项民主监督工作的实施方案》。8月30日，市委统战部召开专项民主监督工作推进会；11月7日，召开专项民主监督工作座谈会，做好知情明政、信息反馈等各项工作。全市各民主党派、工商联、无党派人士开展调研80余次，参加调研1000余人次，收集各类意见和建议370余条，向对口区县（市）提出各类工作意见160余条，助推市委决策部署贯彻落实。

【“之江同心·结伴共富”活动】2023年5月11日，市委统战部印发《“之江同心·结伴共富”杭州市统一战线助力共同富裕活动实施方案》。6月16日，在临安区举办“之江同心·结伴共富”杭州市统一战线助力共同富裕活动启动仪式。活动通过统筹全市统一战线经济、教育、医疗资源优势和力量，在全市统一战线成员中选择111名民营企业家、教育专家和医疗专家，分别在山区（临安区、桐庐县、淳安县、建德市）4个区县（市）担任名誉村长、名誉校长和名誉院长，在产业发展、教育和医疗领域开展结对帮扶，帮助推动提升山区4个区县（市）教育、医疗、卫生水平，促进经济社会发展，助推乡村振兴、共同富裕。活动开展后，带动投入项目82个、资金15亿元。该活动获省委统战部2023年度统战工作实践创新成果奖，入选第二批杭州市争当浙江高质量发展建设共同富裕示范区城市范例最佳实践名单。

【统战工作规范化建设】2023年5月31日，市委召开统一战线工作领导小组全体（扩大）会议，审议并通过《关于加强市直单位统战工作规范化建设的指导意见》《关于加强乡镇（街道）统战工作规范化建设的指导意见》《关于加强国有企业统战工作规范化建设的指导意见》及《关于加强民营企业统战工作规范化建设的指导意见》。6月16日，市委统一战线工作领导小组印发相关文件。根据文件精神，全市各市直单位、乡镇（街道）、国有企业、民营企业规范开展统战工作，推动统战工作科学化、规范化、标准化建设。8月22日，在杭州西站党群服务中心召开市属国有企业统战工作规范化建设推进会，市交投集团在杭州西站建设全市首个综合性国资国企统战工作阵地——“在西站·统战之家”。10月28日，上海、江苏、浙江、安徽“三省一市”党委统战部在浙江宁波召开第三届长三角统战工作研讨会，杭州市在会上作基层统战工作规范化建设经验交流。11月24日，召开全市民营企业统战工作规范化建设推进会，市、区县（市）两级统战部门引领民营企业成立党委统战部，并在核心城区商务社区党委设立统战部，拓展统战工作在民营经济领域和民营企业中的覆盖面。11月29日，市建委启动开展“党建引领、党派联动”聚力大城北重大标杆项目建设活动。

（黄雷雷）

机构编制

【概况】2023年，杭州市机构编制系统贯彻落实省委三个“一号工程”和市委“两场硬仗”决策部署，调整优化机构职能体系和机构编制资源配置，研究谋划新一轮机构改革。推动开发区（园区）管理机构改革创新，推进事业单位改革和规范管理，深化“大综合一体化”行政执法改革、基层管理体制改革，加强机构编制监督检查、编外聘用人员管理、机构编制实名制管理等工作。

【机构改革方案研究谋划】2023年，杭州市机构编制部门按照党中央关于机构改革的总体部署，开展调查研究，分析市、区县（市）两级党政机构职能运行情况，研究制定机构改革、编制精减及配套实施方案。10月25日，市委常委会会议审议通过《杭州市机构改革方案》《杭州市编制精减方案》。11月7日，向省委报送关于要求批准《杭州市机构改革方案》的请示，并由省委报党中央审批。同时，加强上下联动，研究共性和个性问题，指导区县（市）做好方案拟制、领导职数测算和组织实施准备等工作。

【开发区（园区）管理体制机制创新】2023年，杭州市机构编制部门聚焦平台创新发展，优化杭州临空经济示范区的组织架构和职责体系、领导体制和决策机制、运作机构和人员力量等管理体制机制。跟踪督促杭州西溪国家湿地公园管理体制优化方案落地。围绕高新区建设世界领先科技园区要求，优化高新区（滨江）零磁科学谷、物联网产业园、互联网产业园3个机构设置。研究办理余杭径山旅游度假区管理委员会、淳安县杭千合作开发管理委员会等一批机构编制事项，推动区县（市）和重点平台特色发展。开展开发区（园区）管理机构与属地政府职责边界厘清工作，组织厘清14个开发区（园区）管理机构（“区政合一”除外）的权力、责任、划转属地事项及与属地政府职责边界清单，推动开发区（园区）管理机构聚焦主责主业。

【机构编制保障高质量发展】2023年，杭州市机构编制部门围绕五大产业生态圈建设，优化市经信局机关和事业单位机构设置，加强产业发展服务力量。围绕杭州国家知识产权保护示范区建设，优化知识产权保护服务机构设置，加强工作力量，助推全市争取数字经济产业领域发明专利快速审查事权。围绕生物医药产业高质量发展，支持市食品药品检验科学研究院建设市级药品注册检验实验室。推进政务服务增值化改革试点，推动一站式线下企业综合服务中心组建。

【党政机构职能优化】2023 年，杭州市机构编制部门聚焦法治化营商环境建设，优化市司法局“法治化营商环境”机构和职能配置。调整优化全市综合考核工作体系、城市轨道交通统筹协调体制，协调优化市级招标投标管理、“两江一湖”景区管理等职责分工。按照中央和省关于疾控体系改革部署要求，完成市、区县（市）疾病预防控制局挂牌，重新组建市、区县（市）疾病预防控制中心（卫生监督所）。

【事业单位改革和规范管理】2023 年，杭州市机构编制部门出台《杭州市市属事业单位机构编制管理办法（试行）》，加强事业单位机构编制规范管理。开展事业单位职能分类研究，探索事业单位职能分类管理。开展事业单位法人注销清理和事业单位办企业行为摸底排查，市、区县（市）联动完成 260 个事业单位法人的注销清理工作。

【“大综合一体化”行政执法改革】2023 年，杭州市机构编制部门会同综合执法、司法等部门，深化“大综合一体化”行政执法改革，年度综合评价指数在全省 11 个地市中排名第一位。组织市直部门开展杭州地方性法规规章事项编制工作，梳理行政检查、行政处罚、行政强制等事项目录清单，督促市级部门做好监管执法事项认领工作，事项编制率和认领率均达 100%。开展市、区县（市）行政执法队伍编制专项清理规范，推动人员编制向基层下沉。

【机构编制资源优化配置】2023 年，杭州市机构编制部门牵头破解机构编制、财政经费市、区县（市）分级管理难题，创新市、区县（市）机构编制一体化协同配置管理新模式，出台《杭州市市县合作共建高中学校教职工事业编制保障办法（试行）》《杭州市市县合作共建公立医院机构编制操作规程（试行）》，实行编制统筹配置管理，批复设立市县共建学校 3 所、共建医院 1 个。结合各地中小学学生数变化趋势、教职工实际配备情况等因素，开展 2023—2024 年全市中小学教职工编制统筹调剂，市域统筹事业编制使用权，保障缺编城区基础教育急需，实现全市中小学教职工编制配备达标。优化北京航空航天大学国际创新研究院、中国科学院大学杭州高等研究院机构编制，助力市属高校、市属医院等引进高层次专家和急需专业人才。出台《杭州市市级机关事业单位编制使用管理办法（试行）》，加强编制规范管理。通过市级部门空编使用权周转方式，支持年龄老化、结构断层单位提前用编进人，市本级行政机关在编人员平均年龄持续下降。

【新型研发机构登记管理和服务保障】2023 年，杭州市机构编制部门牵头制定《杭州市新型研发机构事业单位法人登记管理办法（试行）》，形成新型研发机构发现培育、登记设立、日常监管、评估考核、退出注销“全链条”闭环管理机制。至年末，全市登记设立“无机构规格、无固定编制、无固定财政经费”的新型研发机构事业单位法人 32 个。

【机构编制依法依规管理】2023 年，杭州市机构编制部门加强与市委巡察、经济责任审计的工作合力，对 26 个市级部门及所属单位开展机构编制工作情况和纪律要求执行情况检查，发现并反馈问题，限期按规定整改。开展十九届中央巡视反馈问题整改情况“回头看”自查自纠，督促落实十五届省委第一轮巡视反馈问题整改，机构编制问题全部整改到位。开展“条条干预”自查自纠，涉及省级部门问题及时上报，涉及市直部门问题督促整改到位。

【编外聘用人员管理】2023 年，杭州市机构编制部门按照“摸底自查、清理规范、核定员额、消化人员”4 个环节，推进市级机关事业单位编外聘用人员清理规范，制定市级机关事业单位 2023—2025 年编外员额核减计划，精减压缩的编外员额重点用于保障市委、市政府中心工作及社会治理和公共服务等领域。健全联席会议制度，研究编外聘用人员员额核定、经费使用、招聘管理等事项。完善安全生产检查机制，以高级雇员形式保障配备应急管理行政执法技术检查员。

【机构编制实名制管理】2023 年，杭州市机构编制部门迭代升级机构编制实名制系统，完成机构编制预警监督平台、智能评估系统、局级领导职数校验系统等功能模块开发应用。制定出台数据安全、账户权限、人员管理等方面制度规范，强化制度刚性约束。开展党政机关和事业单位网站开办资格审核和资格复核，规范网站域名和网站名称，完善网站标识规范使用。至年末，全市党政机关和事业单位注册政务和公益中文域名 2089 个，门户网站标识挂标 688 个，全市网上名称管理工作实现中文域名注册和申领加挂网站标识与机构编制部门批准文件或事业单位登记注册内容相一致的“两覆盖、一准确”目标。

（市委编办）

信访工作

【概况】2023 年，杭州市信访工作围绕省委三个“一号工程”和市委“两场硬仗”整体部署，推动矛盾纠纷排查、信访难题化解、工作质效提升。全市受理全口径信访总量（不含电话）39.17 万件（次），比上年下降 28.1%。其中，来信 1.41 万件（次），上升 10.9%；来访 1.91 万件（次）、2.66 万人次，分别上升 25.8%、5.8%；网上信访 35.85 万件（次），下降 30.7%。全市国家信访局登记诉求类初次信访量下降 37.3%。全市受理来电 850.40 万件（次），其中市本级受理 600.20 万件（次）、8 个分平台受理 250.20 万件（次），总量下降 31.3%；电话人工接通率 90.9%，受话满意率 97.8%，办理满意率 85.2%。

【干部到基层开展信访工作】2023 年，市委、市政府印发《杭州市深化“浦江经验”进一步规范领导干部下访接访的实施方案》，市领导领衔挂包重大疑难复杂信访事项 55 件，接待群众 148 批 150 人次，以上率下带动 323 名区（县）领导领衔包案信访积案 1736 件，接访 3008 批 4943 人次，其中化解 5 年以上积案 116 件、10 年以上积案 57 件。开展“循迹溯源学思想促践行”5 项活动，开

2023年9月21日，在2023（第五届）全国政务热线发展论坛上，杭州市“12345”获评年度全国政务热线服务质量评估A+单位　（市信访局 供稿）

展“千名信访干部大接访”，全市334名信访干部接访1142批2143人次，推动一批群众反映强烈的热难点问题化解处置。市信访局班子成员分片挂包和下沉督查，开展信访联合督导2次，约见信访人14名，开展谈话47人次，带案督查79件，提出“三项建议”117条，追责问效18件，约谈7个区县（市）和4个市直单位的分管领导，督促问题整改32个。

【信访法治化全市域推进】2023年，市信访工作联席会议印发《杭州市推进信访工作法治化试点工作方案》和《全面推进信访工作法治化二十条措施》，落实“五个法治化”（预防法治化、受理法治化、办理法治化、监督追责法治化和维护秩序法治化）和“四到位”（信访部门分清性质、明确管辖，转办督办到位；职能部门对信访事项依照法律规定和程序按时处理到位；监督部门对滥用职权、玩忽职守的公职人员坚决问责到位；政法机关对扰乱社会秩序的违法犯罪行为及时依法处理到位）的工作要求，明确15项重点工作、40个重点突破项目清单，形成纵向市、区县（市）联动，横向部门联合的推进态势，全市域推进信访法治化。按照1个国家试点、3个省级试点、N个区县（市）同步推进“1+3+N”模式，形成一批制度成果；余杭区作为国家级试点，制定法治化导引图，出台《125项民商事纠纷调解案由分流规则》等制度文件；西湖区依托工商联商会共享法庭，推动构建“法院+工商联+N”多元解纷模式，促进商事纠纷化解；临安区7个部门联合印发《深化“共享法庭”机制建强三级矛调中心多元化解促“三源”治理指导意见》，整合法律专业力量参与源头治理；淳安县探索实践复查复核工作机构依职权、事权单位申请启动复查复核程序2例。

【“民呼我为”平台】2023年，杭州市“民呼我为”平台围绕“呼得方便、办得准快、为得更实”要求，畅通渠道，提质增效，推动与基层智治综合平台业务协同和数据共享，实现省、市、区县（市）和乡镇（街道）四级一体联动，健全完善“民呼我为”体系。设立服务专席，精准提供涉企服务，打造21个大类120项分类目录，助企纾困督办83批次，编发材料169篇，全市营商环境事项一次性化解率、大综合一体化指数等均为全省领先。梳理市委书记、市长摘报各11篇，获市领导批示21篇（次），向市委、市政府报送专报信息19篇、重要（紧急）信息47篇，涉及民生热点300余个。完成杭州市人民建议标识征集和15个直报点初选工作，发布亚运会、惠企等多领域主题征集424项、专题征集263项、调查问卷180份，助力人民建议“金点子”变为推动发展的“金钥匙”，5个案例入选省十大“金点子”。11月28日，市政府常务会议审核通过《杭州市12345市长公开电话管理办法》。杭州市“12345”连续4年获全国政务热线服务质量评估A+等级等奖项，居省会城市、副省级城市、计划单列市第三位。

（娄山斌）

党校教研

【概况】2023年，杭州市委党校（杭州行政学院、杭州市社会主义学院）发挥干部培训、思想引领、理论建设、决策咨询作用，建设与“重要窗口”头雁风采相匹配的一流红色学府取得新进展。1门课程获评全国党校系统精品课，2门课程获评全国社会主义学院系统学习贯彻中共二十大精神好课程，均居全国副省级城市党校第一位。立项国家社科基金项目1项，在研国家级课题11项，数量居全国副省级城市党校第一位。编撰出版《共同富裕“双城记”》（合作）、《“八八战略”杭州实践100例》。16篇决策咨询报告获市委、市政府及以上领导批示32人次，4篇咨政报告在国家级内参刊发。《中共杭州市委党校学报》入选A刊核心期刊、“2022年度复印报刊资料高转载期刊名录”，入选数量居副省级城市党校第一位，期刊影响因子居副省级城市党校第一位。

【干部教育培训】2023年，市委党校开展党的理论教育、党性教育和履职能力培训。全年组织举办培训班131期，培训学员1.66万人次。其中：杭州市委党校（杭州行政学院）主体班次11期，学员719人次；杭州市社会主义学院、杭州中华文化学院培训班次19期，学员953人次；承接上城区、拱墅区、西湖区、滨江区、钱塘区培训班次7期，学员335人次；承接社会培训班次70期，学员9097人次。把习近平新时代中国特色社会主义思想作为干部教育培训的主题主线，主体班次党的理论教育和党性教育占总课时的85.2%。其中，党性教育占总课时的28.7%，习近平新时代中国特色社会主义思想课程占党的理论教育和党性教育课程数的 72.3%。围绕“习近平新时代中国特色社会主义思想的理论渊源、精神实质、杭州实践和典型案例”核心课程体系，开发新教学专题 18 个，开发“追随总书记的足迹”现场教学点 9 个，汇编《“沿着足迹学思想、牢记嘱托建新功”习近平新时代中国特色社会主义思想现场教学点资料选编》。现场教学基地“三可五有”建设标准和“双课双讲”机制获省委常委、组织部部长的肯定性批示，并由省委组织部在全省进行推广。全市党校系统 14 个现场教学点获评省级示范性现场教学点，数量居全省首位。《新时代加强基层治理体系和治理能力现代化》获评全国党校（行政学院）系统第七届精品课，4 门课入选全国党校系统精品课，数量居副省级城市党校首位。《以中华文明传播力影响力提升国际话语权》和《把握共同性与差异性关系铸牢中华民族共同体意识》获评全国社科院系统学习贯彻中共二十大精神好课程，数量居全国副省级城市党校首位。以名家大讲堂、专家大讲堂、“科技前沿”专家讲座等为载体，邀请专家学者、领导干部、科学家、企业家等到校讲学，外请 129 名教师授课 173 课（次），领导干部授课占主体班次总课时的 35.6%。聚焦党的理论教育、党性教育和履职能力培训“三育融合”开展教学改革，设置“能力提升”教学单元，综合运用案例式、模拟式、体验式等互动教学方法，开发理论研讨课，构建“教学相长、学学相长”机制，全年互动教学占总课时的 34.1%。遵循校院合一办学规律，新增开设党外代表人士进修班和统战干部能力提升班，首次以杭州中华文化学院为主体开设海外蒲公英使者培训班，主体班次学员对教学质量的满意度为 99.3%。完善“政治共识教育、文化认同教育、习近平新时代中国特色社会主义思想的杭州实践、统战能力素养提升”4 个教学单元的教学框架，开发艺创小镇、武林地 e 盟等 4 个研学基地和 2 门现场教学课。开设“文化夜学堂”18 期 21 讲和“中华优秀传统技艺晨修学堂”6 期。

【科研咨政和理论研究成果】2023 年，市委党校开展理论溯源和实践提炼研究，立项国家社科基金项目 1 项，立项省部级以上课题 14 项，公开发表论文和理论文章 87 篇，其中在核心期刊发表 15 篇（人大复印资料转载 2 篇）、省级以上党报党刊发表 17 篇，出版著作 6 部，获各类科研评奖 46 项。重点聚焦“八八战略”主题，完成“八八战略”20 周年综合评估和 2022 年度评估两项重大研究。市委党校教师参与市委十三届四次全会前期研究，课题相关成果为全会报告提供研究支撑。在《学习时报》策划刊登“杭州忠实践行‘八八战略’”理论专版，出版《“八八战略”杭州实践 100 例》，与宁波市委党校合作出版《共同富裕“双城记”》，入选首届“乡村振兴好书荐读”100 种提名图书。与中国社科院马克思主义研究院共同举办第八届习近平新时代中国特色社会主义思想高层论坛“‘八八战略’与中国式现代化研讨会”，举办“‘八八战略’的杭州实践:经验与启示”第八届地方治理青年论坛和“忠实践行‘八八战略’”第二届全市党校系统案例研讨会。《中共杭州市委党校学报》入选 A 刊核心期刊，入选“2022 年度复印报刊资料高转载期刊名录”，期刊复合影响因子上升至 1.118，综合影响因子上升至 0.397，期刊影响因子居全国副省级城市党校学报第一位。全年刊发文章 61 篇，被二次文献转载 18 篇（次），其中，《中国社会科学文摘》论点摘编 1 篇（次），《高等学校文科学术文摘》全文转载 1 篇（次），人大复印报刊资料转载 16 篇（次）。

围绕三个“一号工程”、打赢经济翻身仗和亚运攻坚仗、“八八战略”实施 20 周年等省、市重点工作，开展市情专题调研、咨政研究调研和咨政课题研究。全年报送《领导参阅》22 期，16 篇决策咨询报告获市委、市政府及以上领导批示 32 人次，4 篇咨政报告在国家级内参刊发。围绕省委三个“一号工程”，系列化报送内参 7 篇，获市委、市政府领导批示 12 人次，1 篇高层次智库文章刊发于人民日报社主管的《党建参阅》。

【社会宣讲】2023 年，市委党校围绕学习贯彻习近平新时代中国特色社会主义思想主题教育、中共二十大精神等内容，选派教师到机关企业、乡村社区、高校等开展专题宣讲 520 场次，覆盖受众 4.4 万人次。编印《社会宣讲》4 期，分发至各区县（市）委宣传部、区县（市）委党校、乡镇（街道）、村（社区）等 200 余个单位。主题教育期间，选派 5 名教师参与省委党校主题教育“三百”宣讲团。

【党校系统建设】2023 年，市委党校围绕省委党校的县级党校分类建设工作，构建经验共享、人才共育、数据共通的“大党校”工作格局，全市党校系统在省委党校理论研讨会上的获奖征文数量和优秀决策咨询成果获奖数量均居全省第一位。市委党校组织萧山区分校、富阳区委党校、临安区委党校 3 所区县（市）级党校参评浙江省首批“标杆引领类”党校，均通过评估，数量居全省第一位，其中富阳区委党校以满分成绩通过评估。

（市委党校）

史志编研

【概况】2023 年，市委党史研究室（市志办）在史志研究、红色资源保护利用、志鉴编纂、宣传教育、资料征编、场馆建设等方面整体推进工作。全年获市委领导批示 20 余次，多项工作被中央党史和文献研究院、省委党史和文献研究室通报表彰，《杭州年鉴（2022）》被评为第九届全国地方志优秀成果（年鉴类）特等年鉴。市委党史研究室（市志办）被列为第二批中国精品年鉴区域试点单位。

【地方党史编撰研究】2023 年，为纪念“八八战略”实施 20 周年，市委党史研究室（市志办）组织撰写杭州市实施“八八战略”20 周年历史回顾与总结——《以“八八战略”为总纲 奋进新时代建设新天堂 加快打造世界一流的社会主义现代化国际大都市》一文，并指导 13 个区县（市）完成相关文稿写作，汇总编印《“八八战略”的杭州实践》一书。市委党史研究室（市志办）被省委党史和文献研究室评为全省党史和文献系统“八八战略”实施 20 周年资料征集与研究工作成绩突出单位。

根据党的十九届六中全会精神，调整“中国共产党杭州历史（第三卷）”下限时间，重新编制提纲、搜集资料并开展写作。

【乡镇（街道）、村（社区）志编纂启动】 2023年5月5日，市委党史研究室（市志办）印发《关于做好新时代乡镇（街道）、村（社区）志编纂工作的通知》，明确实施“乡镇（街道）志编纂工作全覆盖工程”“村（社区）志编纂工作创新工程”“乡镇(街道)、村（社区）志精品工程”三大工程。5月26日，召开杭州市乡镇（街道）、村（社区）志编纂工作动员会。设立“全市乡镇（街道）、村（社区）志”专项经费，印发《杭州市乡镇（街道）、村(社区）志编纂工作实施方案》《关于实施“杭州市乡镇（街道）、村（社区）志精品工程”的通知》。

【乡镇（街道）年鉴编纂启动】 2023年1月，市委党史研究室（市志办）印发《关于贯彻落实中指组文件精神高质量完成2023卷年鉴编纂工作的意见》，提出有条件的区县（市）启动1~2部乡镇（街道）年鉴编纂的工作目标。至年末，全市48个乡镇（街道）启动年鉴编纂工作，占全市乡镇（街道）总数的25.1%。

【中国精品年鉴区域试点申报成功】 2023年年初，市委党史研究室（市志办）按照中国精品年鉴区域试点申报工作要求，提交申报材料。10月25日，在中国年鉴精品工程系列研讨会暨全国第八期年鉴主编培训班上作申报陈述。经全国专家评分确定，11月7日，市委党史研究室(市志办）被中国地方志工作办公室列为第二批中国精品年鉴区域试点单位。市委党史研究室（市志办）提前谋划，及时指导，做好《滨江年鉴》精品年鉴的培育工作。

【《杭州年鉴（2022）》获评全国特等年鉴】 2023年12月29日，中国地方志工作办公室公布第九届全国地方志优秀成果（年鉴类）评审结果，《杭州年鉴(2022)》被评为特等年鉴。《杭州年鉴（2022）》是1987年《杭州年鉴》首次编纂出版后的第36卷，记录2021年杭州市自然、政治、经济、文化、社会和生态建设等方面的基本情况。全书141万字，设49个类目、331个分目，收录照片235幅、图表88张。全市区县（市）综合年鉴中，《余杭年鉴2022》《萧山年鉴2022》被评为一等年鉴，《上城年鉴2022》被评为二等年鉴，《临安年鉴2022》被评为三等年鉴。

【全媒体史志宣传矩阵提升】 2023年，市委党史研究室（市志办）在《杭州史志》杂志上开辟《聚焦改革开放四十五周年》《杭州忠实践行“八八战略”二十周年》《喜迎杭州亚运会》《纪念毛泽东130周年诞辰》等专栏，刊发专题文章近20篇。推出《杭州红色日历》300余篇，分别在“学习强国”杭州学习平台和“杭州发布”“新浪微博”“西湖先锋”上发布。在“杭州党史方志”微信公众号、“抖音”和“快手”等新媒体上发布各类文章3300余篇，阅读量超过460万人次。与杭州文广集团合作开展“杭州红色基因传承传播工程第四期暨忠实践行‘八八战略’20周年经典故事”系列短视频拍摄项目，拍摄制作的10个主题、12集短视频在杭州电视台生活频道及“学习强国”学习平台播出。在“学习强国”学习平台发布文章478篇，阅读量超过172万人次，最高单篇阅读量24.3万人次。与《杭州日报》联合推出《一本方志一座城》系列专栏文章10余篇。拍摄制作《桑庐》《高家花园》等“德寿宫的故事”和“大运河文化”系列短视频。

【资政课题研究】 2023年，市委党史研究室（市志办）结合“八八战略”实施20周年，研究撰写《“八八战略”指引下的杭州城市国际化》《“八八战略”与软环境建设的杭州实践》等资政文章9篇，编印《史志资政参考》7期。搜集整理中共中央总书记习近平与杭州有关资料，组织编印主题教育特色教材《亲切的关怀——习近平同志关于杭州工作的重要记事摘编》，在全市范围发放1.60万册。

【红色资源挖掘和保护利用】 2023年，市委党史研究室（市志办）开展“跟着杭小红逛红色场馆”“跟着杭小源show红色杭州”等活动12次。开展“一馆一物一故事”征集活动，编印《杭州红色场馆里的小故事》。推荐杭州59个红色资源点入选省“七条红色资源保护传承带”丛书。对13个区县（市）秘密交通站旧址情况开展排摸，确定余杭区新四军地下抗日情报站、临平区金萧支队临平火车站联络点（已无）、淳安县中国人民解放军皖浙支队交通站、建德市洋程地下党交通联络站4处。拍摄《擦亮大运河文化带“国家名片”》等

2023年8月10日，“跟着杭小源show红色杭州”系列沙龙之“守护粮心，赓续荣光”主题活动在余杭四无粮仓陈列馆举行　（田　雨　摄）

系列短视频，在“学习强国”学习平台等多点推送。落实2023年党史教育基地资源数字化整理和呈现项目实施场馆8个。推出“沿着总书记的足迹看杭州”红色经典线路8条。

【《书院深深》出版】2023年11月，市委党史研究室（市志办）编纂的《书院深深》由浙江大学出版社出版。《书院深深》1套4册，共136万字，是“最忆杭州”丛书最新成果。该书以杭州四大书院——敷文（万松）书院、紫阳书院、崇文书院和诂经精舍师生交往活动为线索，记述各书院的发展演变以及和社会生活的复杂关系，阐明四大书院的发展历史与特色，展现杭州书院发展的主要特点、基本脉络及书院文化。

【《杭州纪事（2022）》出版】2023年10月，市委党史研究室（市志办）编纂的《杭州纪事（2022）》由浙江大学出版社出版。全书48.80万字，以编年体大事纪要的形式，记录2022年度杭州政治、经济、文化、社会和生态文明建设各方面的重大决策、重要事件。全书按月设置，分为12个部分，每月事条按时间顺序记载。正文前设“数字杭州2022”“十件民生实事2022”内容。

（年鉴编辑部）

机关党建

【概况】至2023年年末，市委直属机关工委有直属机关党组织96个，基层党组织2263个，党员4.14万名。全市机关党的建设坚持以习近平新时代中国特色社会主义思想为指导，学习贯彻中共二十大精神和习近平总书记考察浙江重要讲话精神，开展主题教育，以模范机关、清廉机关建设为总牵引，围绕市委打赢经济翻身仗和亚运攻坚仗中心大局，以高质量机关党建为杭州建设中国式现代化城市范例提供保障。

【机关党员干部思想政治建设】2023年，市委直属机关工委推动全市机关党组织学习贯彻习近平总书记考察浙江重要讲话精神，组织机关党员干部参观“‘八八战略’实施20周年大型主题展览”。组织全市机关党组织开展主题教育，制定“六个一”（组织一轮集中研学、上好一堂专题党课、开展一次调研服务、破解一批基层难题、选树一批先进典型和开好一次高质量专题组织生活会）要求，发放学习用书16.4万册，实现理论学习中心组学习巡听旁听全覆盖。实施“循迹溯源走心工程”，举办机关党组织书记培训班等11个班（次），培训1450人次，组织6539名处级党员干部大轮训，推动1万余名党员干部开展春训冬训。成立第三届市直机关党务讲师团，加强理论调研转化内化，开展“大走访大调研大服务大解题”活动，承办中央和国家机关工委第一届全国机关党建理论研讨会，《“三个管好”重要指示的深刻内涵和实践意义》研究成果获2023年度全国机关党建研究课题成果一等奖。

【机关党组织基层组织建设】2023年，市委直属机关工委推进“红色领杭·双建争先”工程，推动机关党建系统重塑和基层组织建设变革提升。压实机关党建主体责任，优化“双建”工作评价体系，形成机关党建问题清单，开展突出问题排查整治，实施过程管控。实施“红色根脉强基工程”，加强基层党组织规范建设，落实组织制度执行情况月报制度，加强日常监管和规范指导。迭代升级机关党建数智体系，升级“机关党建e点通”使用模型和信创改造，建成启用机关党建数智评议、机关党支部书记全周期教育管理和党员“快响激活”等应用场景。深化“一单位一品牌”创建、“党建双强双优”选树，认定机关党建品牌53个，选树2023年度“最强党支部”“最强领头雁”“最优排头兵”和“最优党建工作法”，开展机关党建品牌展播及先进典型事迹集中宣传。优化党员发展工作机制，全年发展党员448名，实现发展人数与结构比例“双达标”。强化党支部书记全周期教育管理，421名党支部书记通过任职测试。

【机关党组织服务“两场硬仗”】2023年，市委直属机关工委围绕市委打赢经济翻身仗和亚运攻坚仗中心大局，促进机关党建和业务工作融合，发挥机关党组织战斗堡垒和党员干部先锋模范作用。深化市直机关“红色领杭·奉献亚运”联考联赛，启动“奉献亚运·岗位建功”先锋行动，构建“亚运机关党建圈”，指导成立临时党组织132个，设立“先锋岗”“示范岗”“责任区”830个，选树宣传先进集体个人；组织市直机关党员干部2.4万人次参与亚运会和亚残运会开（闭）幕式服务保障，构建“一长三员”（点长、网格员、联络员、安全员）组织体系；联动省、市、区县（市）三级开展“服务亚运，文明有我，机关先行”志愿服务，机关党员7.7万人次参与迎亚运“三大提升行动”。以党建引领破解发展难题、以共富示范助力经济翻身仗，深化机关党组织“三为”服务，常态化开展“结对帮扶”“联乡结村”工作和“助万企、帮万户”活动。开展全市机关党组织系统联动“破难题、促发展、助共富”活动，年度42个重点签约攻坚难题、105个领办项目取得进展；健全“六单”常态化运转机制，举办破难成果展、服务基层直通车等品牌系列活动；《破难题、促发展、助共富——浙江杭州推动党建工作与业务工作深度融合的创新与实践》案例成果在中央和国家机关工委主办的第四届全国党建创新成果展示交流活动中获金奖。

【清廉机关建设】2023年，市委直属机关工委以打造勤廉并重的新时代清廉机关建设高地为目标，推进清廉机关建设。加强对市直机关党员干部的监督执纪，加强市直机关纪委组织建设，选优配强机关纪检干部，出台市级部门机关纪委专职副书记领导职数的核定口径，督促指导市直各单位压实责任。常态化开展廉政谈话提醒429人次，开展文明机关暗访检查1300余次，开展市直机关纪检干部“面对面”警示教育和突出问题查摆整改。深化清廉机关“红雁清风”典型培树，组织推荐第二批、第三批“红雁清风”培树点93个。常态化开展纪法教育、警示教育、廉政教育，推进廉洁文化建设，举办全市党员干部“廉洁好家风”主题晚会，组织编印《我的家书》。

【机关文化建设】2023年，市委直属

机关工委常态化开展结对帮扶，全市机关党员走访慰问2.8万户，发放帮扶款700余万元。推进“先锋领杭双报到”，2.3万名在职党员到居住地社区报到，参与服务4.7万人次。擦亮“红色钱潮”志愿服务品牌，机关党员干部参与服务3万余人次，服务时长19万余小时。推进市直机关统战群团工作规范化建设，做好健康疗养、困难帮扶、关怀慰问、权益维护、家教家风、婚育交友等服务，举办劳动技能竞赛和“学习新思想·勇攀新高峰”“巾帼建功”等特色活动，强化“思·享”读书会、“妍·学”体验等品牌。丰富机关文化生活，开展“健康迎亚运，奉献我先行”系列文体活动，参加活动2000余人次。督促指导专兼职党务工作经历纳入干部履历，增强机关党务干部的归属感和荣誉感。

（市委直属机关工委）

老干部工作

【概况】至2023年年末，杭州市有离休干部1085人。按区域划分，市直单位682人，区县（市）403人；按革命时期划分，红军时期1人，抗日战争时期104人，解放战争时期980人；按机构性质划分，机关单位283人，事业单位327人，企业单位475人。全市有退休干部9.78万人，其中市直单位2.15万人、区县（市）7.63万人。全市有成建制离退休干部党支部1509个，其中市直单位484个、区县（市）1025个。

【老干部学习教育】2023年，市委老干部局在离退休干部群体中开展主题教育。出台杭州市《关于加强新时代离退休干部党的建设工作的实施意见》，建立健全离退休干部党建工作制度，加强离退休干部党组织的政治功能和组织功能。实施市直单位离退休干部党支部书记主题教育全覆盖轮训，组织老干部“读原著、悟原理”。举办杭州市第二十五期离退休干部党支部书记培训班，学习宣传贯彻习近平总书记考察浙江重要讲话精神。举办首场全市离退休干部网上专题报告会，视频点击量1.5万人次。全市举办情况通报会671场、理论读书会486场、支部书记及骨干队伍培训班164场，5.4万人次参加。开展主题党日活动1921场次，参与党员7万余人次，征集心得体会2340余篇。组织离退休党支部书记上党课759场，思政宣讲活动3090余场次，覆盖社会居民12.88万人次。推进“金秋驿站”提质扩面，出台《杭州市“金秋驿站”星级评定工作方案》，评选五星级“金秋驿站”10个，全市驿站数量增至508个。

【老干部作用发挥】2023年，市委老干部局发挥老干部政治、经验、威望优势，聚力打好经济翻身仗和亚运攻坚仗。服务亚运盛会，举办“西子金秋，益起亚运”志愿服务主题活动，组织志愿活动8048场次，3.5万人次参与，受益群众29.8万人次。推进“共富示范·银耀助力”专项行动，培育“银耀共富”品牌团队、工作室56个，开展共富活动80余次。市老干部活动中心开展第十八届杭州市老干部“情系乡村振兴”助力共富活动，引导老干部送书画、送医疗、送农技、送法律咨询、送摄影、送便民服务。助力现代社区治理，3400余名老干部担任调解员，开展矛盾调解6612次，受益群众1.2万人次。开展反诈活动，4800余名老干部参与，向3万余名群众进行反诈宣传。开展反诈志愿服务8500余场次，3.7万人次参与，受益群众42万余人次。全市各级关工委成立178个心理健康关爱团（工作室），400名有专业特长的“五老”（老干部、老战士、老教授、老专家、老模范）人员参与，为青少年提供5.84万人次心理关爱服务。全市有403个“五老”报告团、宣讲团、帮教团，2099名“五老”人员开展3016次宣讲活动，受教育青少年95万人次。

【老干部服务保障】2023年，市委老干部局做好老干部服务保障和管理工作，开展“亲情问候，幸福颐养”大走访活动，对居住在杭州市的1400余名离休干部和居住在外地的离休干部进行全覆盖走访。为287名离退休干部签约社区医生。升级“四就近”（就近学习、就近活动、就近得到关心照顾、就近发挥作用）居家养老品牌，在20个社区试点开展离退休干部文化健康服务。建设数字化安心防护，为164名居家离休干部提供24小时健康智能监测服务。杭州老年大学（杭州老干部大学）新建“非遗传习所”，推出现代工艺木刻、杭州扇、古琴、剪纸等非物质文化遗产手工课程。统筹发展网络、电视、线下3种教学模式，华数电视“空中课堂”的“名师讲堂”“精品课程”板块上线课程32门540节，在“杭州老干部大学”微信公众号上线“金秋在线”直播课程75门，直播总课时1071小时，网络课程总点击量300万人次。推进老年教育资源整合，创新老干部（老年）大学建设、管理、服务模式，实现乡镇（街道）老年学校全覆盖。临平区、临安区高分通过老年教育资源整合省级试点地区考核验收。全市有老年学校212所、老年学堂1795所，比上年分别增长78.2%和144.2%。淳安县老年大学等4所大学、西湖区之江老年大学等12所学校（学堂）被浙江老年教育联盟评为全省优质老年大学（学校、学堂）。

（黄士亮）

责任编辑　金利权　高　丹

7 杭州市人民代表大会

综述

【市人大及其常委会组织机构】至2023年年末，杭州市有各级人民代表大会112个，包括杭州市人民代表大会和13个区县（市）人民代表大会、98个乡镇人民代表大会。市十四届人大设有法制委员会、监察和司法委员会、财政经济委员会、城乡建设环境保护委员会、教育科学文化卫生委员会、农业和农村委员会、民族宗教华侨委员会、外事委员会、社会建设委员会9个专门委员会（其中民族宗教华侨委员会与外事委员会合署办公）。市十四届人大常委会组成人员57人，其中主任1人、副主任5人、秘书长1人、委员50人。设有人事代表工作委员会、法制工作委员会、监察和司法工作委员会、财政经济工作委员会、城乡建设环境保护工作委员会、教育科学文化卫生工作委员会、农业和农村工作委员会、民族宗教华侨工作委员会、外事工作委员会、社会建设工作委员会10个工作委员会（其中民族宗教华侨工作委员会与外事工作委员会合署办公），以及办公厅、研究室等办事机构。

【人大代表构成】至2023年年末，杭州市有各级人大代表10703人。其中，在杭州的浙江省选举产生的全国人大第一小组代表12人，省十四届人大杭州中心组代表97人，市人大代表506人，区县（市）人大代表3724人，乡镇（街道）人大代表6364人。市人大代表中，党政领导干部143人，工人农民177人，专业技术人员178人，其他8人。

【人大亚运会服务保障】2023年，市人大常委会把助力办好杭州亚运会、亚残运会作为重大政治任务。市人大常委会主任会议成员分别担任赛事总指挥部相关专项指挥中心指挥长、执行指挥长，做好亚运村和亚残运村新闻宣传、人员抵离、食品安全、交通服务等指挥中心工作。抽调6名市管干部担任亚运村和亚残运村副指挥长及运动员村、媒体村、技术官员村村长，参与亚运村和亚残运村运行管理、协调指挥、组织实施，派出35名年轻干部承担中心办公室、国家奥林匹克委员会（NOC）助理等工作。制定“助力亚运攻坚”专项工作方案，开展系列行动。围绕迎亚运城市品质、城市治理、城市文明三大提升行动，开展城市环境品质提升“六大专项”监督活动，组织亚运会场馆赛前惠民开放和综合利用专项视察，就省、市全民健身条例，市大型群众性活动安全管理规定，市文明行为促进条例开展执法检查，专题调研国际化标识规范化建设情况。围绕赛时运行保障，检查省人大常委会关于授权省和设区的市人民政府为保障亚运会、亚残运会筹备和举办工作规定临时性行政措施的决定贯彻实施情况，听取亚运会安保工作情况报告，开展亚运会农产品生产保供和防汛防台工作、亚运会食品安全及公共卫生保障工作等督查调研，促进各项服务保障措施落实落细。聚焦做好“后亚运”文章，听取审议亚运会和亚残运会举办情况及持续放大亚运效应的报告，组织专题询问，推进“办好一个会、提升一座城”。

【全过程人民民主实践探索】2023年，市人大常委会践行全过程人民民主重大理念，完善民主民意表达平台载体，健全汇集民意民智工作机制。5月11—12日，首次召开全市人大践行全过程人民民主工作现场会，组织实地观摩、交流讨论、互学互鉴，把握发展全过程人民民主工作规律。11月2日，全省首个全过程人民民主实践中心——杭州市全过程人民民主实践中心（市人大代表联络总站）启用。11月20日，全国首个以开展全过程人民民主研究为宗旨的地方性学术团体——杭州市全过程人民民主理论和实践研究会成立并召开第一届会员大会。同日，举办全过程人民民主专题研讨会，就发挥重要制度载体作用、发展全过程人民民主的理论和实践问题进行研讨交流。深化人大协商研究，制定《杭州市人民代表大会常务委员会关于积极开展人大协商的意见》。落实人大常委会组成人员围绕常委会会议重点议题常态化进代表联络站听取意见制度，全年走进代表联络站110个，围绕28个议题收集到基层代表及群众意见和建议1800余条。扩大人大常委会工作开放度，分批次邀请40名基层代表列席常委会会议并座谈交流，邀请残障人士、侨界人士、民营企业家、科技工作者、社区工作者和高校师生等 120 名公民旁听常委会会议。

【讨论决定重大事项制度化常态化】2023 年，市人大常委会依法用好重大事项决定权，推进讨论决定重大事项制度化常态化。做出关于切实加强国土空间规划工作的决定，提高城乡规划、建设、治理水平，促进城乡高质量发展。做出关于司法服务保障三个“一号工程”的决定，推动破解三个“一号工程”实施中司法保障难题，更好发挥法治固根本、稳预期、利长远的作用。做出关于促进全民阅读建设书香杭州的决定，弥补相关领域法规的不足，以法治之力推动满城书香成为幸福杭州的靓丽底色。做出进一步加强新时代未成年人检察工作的决定，推动未成年人保护工作水平整体提升。做出关于持续放大亚运效应、着力提升城市能级的决定，推动后亚运“十大攀登行动”贯彻落实。

【宪法宣传教育阵地建设】2023 年，市人大常委会贯彻落实中共中央总书记习近平在第十个“国家宪法日”之际作出的重要指示精神，发挥“五四宪法”历史资料陈列馆宣传教育功能，组织“宪法宣传周”“宪法十进”“法治大讲堂”等活动，出版发行《毛泽东在杭州的 77 天——新中国第一部宪法诞生记》，讲好中国宪法故事、中国法治故事。“五四宪法”历史资料陈列馆全年接待观众超过 32 万人次，开设“法治大讲堂”专题讲座 10 场，新增共建单位 7 个；做好宪法宣誓活动的服务保障，接待宣誓活动 307 批次 1.3 万人次。“五四宪法”历史资料陈列馆入选第一批中国民主促进会学习教育基地、第一批浙江省法治文化传承教育基地、浙江省优秀公民法治素养观测点、“八八战略”杭州实践 100 例，获评“杭州市十佳青少年博物馆教育品牌”，获“2023 年度杭州市最美志愿服务组织”称号。

【人大数字化改革】2023 年，市人大常委会围绕 2023 年数字化改革工作方案目标任务，统筹抓好平台整合、应用推广、数据贯通等工作。迭代完善立法、监督、代表履职、机关智治 4 个综合应用场景，开发“一表通”模块，建设“统一消息平台”，提升实战实效水平。开发完成“市人大代表联络数字总站”应用场景，实现民意民智自动汇集、民情民意智能分析、数字总站与基层单元一体贯通。开发建设“人大司法监督”应用场景，以数字化手段重塑人大司法监督模式，该做法被收入《中国社会科学院法治蓝皮书》。

【市人大常委会自身建设】2023 年，市人大常委会开展学习贯彻习近平新时代中国特色社会主义思想主题教育，落实党组会议“第一议题”、常委会会议“第一议程”制度，举办“一月一期”专题读书班，创设“杭州人大·E 讲堂”，召开主题教育调研成果交流会，首次组织所有市管副职党员领导干部参加机关党组专题民主生活会，推进理论学习、调查研究、推动发展、检视整改、建章立制。坚持党对人大工作的全面领导，修订常委会党组议事规则，执行重大事项请示报告制度，全年向市委请示报告 32 次、向市委常委会会议汇报工作 13 次。制定关于深入学习贯彻中共二十大精神全面推进“四个机关”建设的意见，打造法治型、创新型、专业型、数智型人大。实施机关党组织政治力组织力提升行动，创新开展机关在职党员分月集中过“政治生日”，出台提升机关管理工作质量、谈心谈话制度化建设、年轻干部培养导师制等制度。抓好党风廉政建设，开展政治家访，整改落实巡视巡察中发现的问题。

【基层人大工作指导】2023 年，市人大常委会加强对基层人大工作指导，召开全市人大常委会主任学习会，举办全市基层人大工作培训班、全市人大系统办公室综合能力提升培训班等。深化与区县（市）人大工作协同，加强重点工作、数字化改革、理论研究、新闻宣传、自身建设等互动联动。加强和规范乡镇（街道）、开发区人大工作，制定规范化建设主要目标任务责任清单，推广乡镇（街道）人大工作数字化应用场景，提升基层人大工作绩效。

（市人大常委会办公厅）

市人大及其常委会重要会议

【概况】2023 年，市人大及其常委会召开代表大会会议 1 次、常委会会议 8 次、主任会议 13 次和全市人大宣传工作会议 1 次，审议法规草案 14 件、表决通过 11 件，听取审议专项工作报告 25 个，开展专题调研 9 次，检查 8 部法律法规的实施情况，开展专题询问 2 次，做出决议、决定 13 项，任免国家机关工作人员 133 人次。

【市十四届人民代表大会】2023 年，杭州市第十四届人民代表大会召开会议 1 次，即市十四届人民代表大会

2023 年 2 月 19 日，杭州市第十四届人民代表大会第三次会议开幕

（市人大常委会办公厅 供稿）

表4 2023年市十四届人大三次会议代表议案一览表

议案号	提议案人	案由	主办部门
1	丁志强	关于制定《杭州老字号传承与发展条例》的议案	市人大财政经济委员会
2	舒　军	关于加快制定《杭州市公共自行车管理条例》的议案	市人大城乡建设环境保护委员会
3	钱育新	关于制定《杭州市建筑垃圾管理条例》的议案	市人大城乡建设环境保护委员会
4	徐娜妮	关于制定《杭州市健康城市条例》的议案	市人大教育科学文化卫生委员会
5	胡志坚	关于制定《浙江天目山国家级自然保护区条例》的议案	市人大农业和农村委员会

（资料来源：市人大常委会办公厅）

第三次会议。

2月19—22日，杭州市第十四届人民代表大会第三次会议召开。市十四届人大正式代表共511人，出席会议491人。会议期间，举行3次全体会议、5次主席团会议和法制委员会会议、财政经济委员会会议、代表议案处理协调工作会议等。会议听取和审议杭州市人民政府工作报告；审查和批准杭州市2022年国民经济和社会发展计划执行情况与2023年国民经济和社会发展计划草案的报告，批准杭州市2023年国民经济和社会发展计划；审查和批准杭州市及市本级2022年预算执行情况和2023年预算草案的报告，批准市本级2023年预算；听取和审议杭州市人民代表大会常务委员会工作报告；听取和审议杭州市中级人民法院工作报告；听取和审议杭州市人民检察院工作报告；审议《杭州市优化营商环境条例（草案）》；选举杭州市第十四届人民代表大会常务委员会秘书长和部分委员；票决市人民政府2023年度民生实事项目。会议表决通过《杭州市优化营商环境条例》，这是市人大首个实体类大会立法项目，也是全省首部优化营商环境地方性法规。会议收到代表提出的议案、建议、批评和意见400件。其中，10人以上代表联名提出的议事原案5件，代表建议、批评和意见395件。大会主席团决定，将5件议案分别交由有关专门委员会审议，提出审议结果的报告，经市人大常委会审议通过后答复代表，并在下次市人民代表大会时印发全体代表。395件代表建议中，涉及法制司法类16件、财政经济类90件、城乡建设环境保护类87件、教育科学文化卫生类61件、农业农村类31件、民族宗教华侨外事类27件、社会建设类57件、其他26件。市人大常委会将这些建议、批评和意见分别交市政府和其他有关机关、组织研究处理并答复代表。

【市十四届人大常委会会议】2023年，杭州市第十四届人民代表大会常务委员会召开会议8次，即市十四届人大常委会第八次会议至第十五次会议。

2月8日，市十四届人大常委会第八次会议召开。会议审议《杭州市优化营商环境条例（草案）》，决定提交市十四届人大三次会议审议表决；审议市政府关于提请审议《2022年政府重大投资项目计划执行情况和2023年第一批政府重大投资项目计划（草案）》的议案；听取和审议关于2022年度市人大常委会规范性文件备案审查情况的报告；听取和审议关于市十四届人大三次会议筹备工作情况的报告；审议并原则通过市十四届人大三次会议议程和有关名单草案；审议并原则通过市人大常委会工作报告、市人大常委会2023年工作要点，征求对政府工作报告（含2023年度民生实事候选项目情况说明）、市中级人民法院工作报告、市人民检察院工作报告的意见；审议并表决市十四届人大常委会代表资格审查委员会关于个别代表的代表资格审查报告；审议并表决《杭州市人民代表大会常务委员会关于接受麻承荣辞去杭州市第十四届人民代表大会常务委员会委员职务的决定（草案）》；审议并表决有关人事事项。

2月28日，市十四届人大常委会第九次会议召开。会议审议并表决有关人事事项。

4月27—28日，市十四届人大常委会第十次会议召开。会议学习习近平新时代中国特色社会主义思想体系；表决《杭州市乡村建设条例（草案）》；审议并表决《杭州钱塘新区条例（草案）》；审议并表决《杭州市人民代表大会常务委员会关于修改〈杭州市城市国际化促进条例〉的决定（草案）》；审议并表决《杭州市人民代表大会常务委员会关于深入学习贯彻党的二十大精神全面推进"四个机关"建设的意见（草案）》；听取和审议市政府2022年度法治政府建设情况和政府工作部门主要负责人依法履职情况的报告；听取和审议市政府2022年度生态环境状况和生态环境保护目标完成情况的报告；听取和审议市政府关于新型冠状病毒感染实施"乙类乙管"后工作情况的报告，并对疫情防控工作开展专题询问；审议市政府关于提请审议《北山街历史文化街区保护规划（修编）》的议案；审议市政府关于提请审议小河公园跨运河人行桥工程项目的议案；审议市人大常委会关于全市山塘水库安全管理工作情况的调研报告（书面）；审议并表决有关人事事项。

6月20—21日，市十四届人大常委会第十一次会议召开。会议学习贯彻习近平总书记关于调查研究的重要论述；审议《杭州老字号传承与发展条例（草案）》；审议《杭州市农村集体经济组织财务管理规定（草案）》；审议并表决《杭州市人民代表大会常务委员会关于司法服务保障三个"一号工程"的决定（草案）》；审议并表决《杭州市人民代表大会常务委员会关于切实加强我市国土空间规划工作的决定（草案）》；听取和审议市政府关于《浙江省全民健身条例》《杭州市全民健身条例》贯彻实施情况的报告，市人大常委会执法检查组关于《浙江省全民健身条例》《杭州市全民健身条例》执法检查情况的报告；听取和审议市政府关于《杭州市文明行为促进条例》贯彻实施情况的报告，市人大常委会执法检查组关于《杭州市文明行为促进条例》执法检查情况的报告；听取和审议市政府关于《杭州市大型群众性活动安全管理规定》贯彻实施情况的报告，市人大常委会执法检查组关于《杭州市大型群众性活动安全管理规定》执法检查情况的报告；听取和审议市政府关于《中华人民共和国噪声污染防治法》《杭州市环境噪声管理条例》贯彻实施情况的报告，市人大常委会执法检查组关于《中华人民共和国噪声污染防治法》《杭州市环境噪声管理条例》执法检查情况的报告；审议市人大常委会关于全市国际化标识规范建设工作情况的调研报告（书面）；审议市十四届市人大常委会代表资格审查委员会关于个别代表的代表资格终止的报告（书面）；审议并表决有关人事事项。

7月12日，市十四届人大常委会第十二次会议召开。会议学习贯彻中共浙江省委十五届三次全会精神；审议并表决《杭州市人民代表大会常务委员会关于积极开展人大协商的意见（草案）》；审议市政府关于提请审议长德110千伏输变电工程项目的议案；审议并表决有关人事事项。

8月21—22日，市十四届人大常委会第十三次会议召开。会议学习贯彻习近平经济思想；审议并表决《杭州市农村集体经济组织财务管理规定（草案）》；审议《杭州市促进智能网联车辆测试与应用规定（草案）》；审议《杭州市农村公路条例（草案）》；审议并表决《杭州市人民代表大会常务委员会关于修改〈杭州西溪国家湿地公园保护管理条例〉的决定（草案）》；审议并表决《杭州市人民代表大会常务委员会关于促进全民阅读建设书香杭州的决定（草案）》；听取和审议市政府关于国民经济和社会发展第十四个五年规划和二〇三五年远景目标纲要的中期评估报告；审议市政府关于2023年上半年国民经济和社会发展计划执行情况的报告（书面）；审议市政府关于提请审议《2023年第一批政府重大投资项目计划执行情况和2023年第二批政府重大投资项目计划（草案）》的议案；听取和审议市政府关于杭州市本级2022年决算草案和2023年上半年预算执行情况的报告；听取和审议市政府关于2022年度杭州市本级预算执行和全市其他财政收支的审计工作报告；听取和审议市政府关于市本级2023年预算调整的报告；听取和审议市政府关于推进科技强农机械强农行动工作情况的报告；审议并表决市十四届人大常委会代表资格审查委员会关于个别代表的代表资格审查报告；接受市政府关于杭州西溪国家湿地公园总体规划（2021—2035年）的备案；审议并表决有关人事事项。

11月6—7日，市十四届人大常委会第十四次会议召开。会议学习贯彻习近平总书记考察浙江重要讲话精神；审议并表决《杭州市农村公路条例（草案修改稿）》；审议《杭州市促进智能网联车辆测试与应用规定（草案修改稿）》；审议《杭州市数字贸易促进条例（草案）》；听取和审议市检察院关于未成年人检察工作情况和部分检察官依法履职情况的报告；审议并表决《杭州市人民代表大会常务委员会关于进一步加强新时代未成年人检察工作的决定（草案）》；听取和审议关于2022年市本级出台的产业政策落地和绩效情况的报告；听取和审议市政府关于2022年度全市企业国有资产管理情况的专项报告，审议关于2022年度全市国有资产管理情况的综合报告（书面）；听取和审议市政府关于《浙江省民营企业发展促进条例》《浙江省促进中小微企业发展条例》贯彻实施情况的报告，市人大常委会执法检查组关于《浙江省民营企业发展促进条例》《浙江省促进中小微企业发展条例》执法检查情况的报告；听取和审议市政府关于市本级2023年预算调整的报告；审议市政府关于提请审议运河新城运河东岸景观带（电厂河—崇杭街）建设项目的议案；审议并表决市十四届人大三次会议主席团交付市人大有关专门委员会审议的代表议案审议结果的报告（书面）；听取和审议市政府关于市十四届人大三次会议代表建议、批评和意见办理情况的报告，审议市法院关于市十四届人大三次会议代表建议、批评和意见办理情况的报告（书面），市人大常委会人事代表工委关于市十四届人大三次会议代表建议、批评和意见处理情况的报告（书面）；书面审议市人大常委会关于《杭州市西湖水域保护管理条例》贯彻实施情况的调研报告、《关于加快推进新型农村集体经济发展壮大的决定》贯彻实施情况的调研报告、关于城西科创大走廊加快推进科技成果转移转化首选地主阵地建设的调研报告；审议并表决有关人事事项。

12月28—29日，市十四届人大常委会第十五次会议召开。会议学习贯彻习近平总书记在第十个国家宪法日之际作出的重要指示精神，全国地方立法工作座谈会、全省立法工作会议、市委立法工作会议精神；表决《杭州市智能网联车辆测试与应用促进条例（草案）》；审议《杭州市数字贸易促进条例（草案）》；审议《杭州市建筑垃圾管理条例（草案）》；审议并表决《杭州市人民代表大会常务委员会关于修改〈杭州市物业管理条例〉等3件地方性法规的决定（草案）》；审议并表决《杭州市人民代表大会常务委员会关于召开杭州市第十四届人民代表大会第四次会议的决定（草案）》；听取和审议市政府关于杭州亚运会和亚残运会举办情况及持续放大亚运效应的报告，并开展专题询问；审议并表决《杭州市人民代表大会常务委员会关于持续放大亚运效应 着力提升城市能级的决定（草案）》；听取和审议市政府关于2023年民生实事项目实施情况的报告，审议市人大常委会民生实事项目专项监督组关于对2023年市政府民生实事项目开展专项监督情况的报告（书面）；听取和审议市政府关于杭州市深化国家营商环境创新试点建设情况的报告；听取和审议市政府关于2022年度杭州市本级预算执行和全市其他财政收支审计发现问题整改情况的报告；听取和审议市政府关于2023年国土空间规划实施情况的报告；听取和审议市政府关于全市教育高质量发展情况的报告；听取和审议市政府关于2023年市人大常委会审议意见和意见建议函办理情况的报告，并开展满意度测评；审议关于《杭州市城市房屋使用安全管理条例》立法后评估的报告（书面）；审议并表决有关人事事项。

【全市人大宣传工作会议】2023年7月11日，全市人大宣传工作会议召开。市人大常委会、市委宣传部主要领导讲话，市人大常委会有关领导主持，市委宣传部、市人大常委会机关各部门、中央和省级部分媒体驻杭州机构、市属新闻单位和各区县（市）人大常委会及党委宣传部有关负责人参加会议。会上，"杭州人大"抖音号上线仪式举行，《关于加强和改进新时代人大宣传工作的意见》印发。

（市人大常委会办公厅）

立法工作

【概况】2023年，市人大常委会坚持把党的领导贯穿立法工作全过程，贯彻习近平新时代中国特色社会主义思想特别是习近平法治思想，加强新时代地方立法工作研究，协助召开市委立法工作会议，推动地方立法高质量发展。构建中国式现代化城市范例法规体系，聚焦重点领域立法，统筹做好年度14部法规的审议工作。践行全过程人民民主，坚持开门立法，夯实地方立法民意基础。坚持立法和监督结合，推动法规有效实施。

【市委立法工作会议】2023年12月4日，市委立法工作会议召开。省委副书记、市委书记刘捷出席会议并讲话，市委副书记、市长姚高员主持会议，市四套班子领导出席会议。会上，与会人员观看《为打造良法善治新天堂贡献力量》电视专题片，市人大常委会法制工作委员会、市司法局、市发改委、钱塘区人大常委会、临平区崇贤街道基层立法联系点作交流发言，杭报集团、杭州文广集团、市人大常委会立法咨询委员会作书面交流。会议强调，要深入学习贯彻习近平法治思想和习近平总书记考察浙江重要讲话精神，认真贯彻实施新修改的立法法，以更高标准和质量推进科学立法、民主立法、依法立法，加强和改进新时代地方立法工作，为杭州在全省"勇当先行者、谱写新篇章"中勇攀高峰、勇立潮头提供法治保障。会后，市委转发市人大常委会党组《关于进一步加强和改进新时代地方立法工作的实施意见》。

【新时代地方立法工作研究】2023年，市人大常委会着眼于从立法层面贯彻落实"八八战略"省会篇，对标中共中央总书记习近平提出的"四个杭州、四个一流"和"历史文化名城、创新活力之城、生态文明之都"城市定位，开展中国式现代化城市范例法规体系建设课题研究，谋划推进全市立法工作举措。根据研究成果，启动五年（2022—2026年）立法调研项目库中期调整工作，增强地方立法的系统性、整体性、协同性和时效性。

【重点领域立法】2023年，市人大常委会统筹做好年度立法工作。制定《杭州市优化营商环境条例》《杭州钱塘新区条例》《杭州市乡村建设条例》《杭州市农村集体经济组织财务管理规定》《杭州市农村公路条例》《杭州市智能网联车辆测试与应用促进条例》，修改《杭州市城市国际化促进条例》《杭州西溪国家湿地公园保护管理条例》《杭州市物业管理条例》《杭州市水上交通管理条例》《杭州市水上交通事故处理条例》，审议《杭州老字号传承与发展条例》《杭州市数字贸易促进条例》《杭州市建筑垃圾管理条例》。

【民主立法路径拓宽】2023年，市人大常委会坚持开门立法，发挥人大代表主体作用，将《杭州市优化营商环境条例》提请市十四届人大三次会议审议，并以99.5%的赞成率获表决通过。系统推进基层立法联系点规范化建设，2次召开基层立法联系点规范化建设推进会，就10部地方性法规收集意见和建议2700余条，线上参与2024年立法项目征集活动8.9万人次，发挥立法民意直通车作用。

【法规有效实施推动】2023年，市人大常委会完善立法后评估机制，通过对城市房屋使用安全管理条例开展立法后评估，优化地方性法规立法后评估量化指标。主任会议听取西湖龙井茶保护管理条例、居家养老服务条例、淳安特别生态功能区条例的法规实施情况报告。加强立法宣传工作，召开全市优化营商环境条例贯彻实施会，历史文化名城保护条例、湿地保护条例、钱塘新区条例、乡村建设条例新闻发布会，强化法规的宣传解读。落实法规清理工作，开展涉及"荣誉市民"称号授予的地方性法规清理工作，根据清理结果修改城市国际化促进条例；开展涉及行政复议的地方性法规集中清理工作，根据清理结果修改水上交通管理条例、水上交通事故处理条例和物业管理条例。

【规范性文件备案审查】2023年，市人大常委会坚持"有件必备、有备必审、有错必纠"，备案审查规范性文件65件。其中，政府规章9件，市政府及其办公厅的规范性文件53件，区县（市）人大及其常委会的决议、决定3件。召开全市人大乡镇街道备案审查工作部署会，落实党中央"备案审查全覆盖"要求，打通备案审查工作的"最后一公里"。

（市人大常委会办公厅）

人大监督工作

【民生实事项目监督】2023年，市人大常委会推动民生实事项目人大代表票决制向两端延伸，成立深化民生实事项目人大代表票决制工作领导小组，完善民生实事项目常态化项目征集、集中监督、点对点跟踪监督等机制，强化全生命周期管理。继续组建由市人大机关部门牵头、区县（市）人大常委会协助、市人大代表参与的10个代表监督小组，对市政府10件民生实事项目开展专项监督。4月，召开民生实事项目专项监督部署会，对项目监督及实施工作提出具体要求。5月，开展"代表监督周"活动，150名市人大代表、57名区县（市）人大代表参加监督活动，发现问题71个，提出意见和建议247条。7—8月，全市31名市级领导干部人大代表全部走进代表联络站开展活动，推动代表建议办理，听取并解决民生实事项目推进中的意见和建议。8月，召开"一府两院"工作报告会，听取市政府关于民生实事项目推进情况的报告。11月,组织对2021年、2022年民生实事项目实施情况开展“回头看”,跟踪检验项目实际效果和作用发挥,督促项目落地。12月28日,市十四届人大常委会第十五次会议听取和审议市政府关于2023年民生实事项目实施情况的报告。会后,市人大代表通过线上测评方式,对民生实事项目实施情况进行满意度测评,结果均为“满意”。

【**财政经济领域监督**】2023年,市人大常委会开展2023年计划报告执行情况审议,组织“十四五”规划和2035年远景目标纲要中期评估专项审议监督,同步听取数字经济和重大建设项目专项规划,推动规划发展目标落实。开展深化国家营商环境创新试点建设专项监督,上下联动抓好省民营企业发展促进条例、省促进中小微企业发展条例执法检查,助力打造营商环境最优市。专题调研城西科创大走廊加快推进科技成果转移转化首选地主阵地建设,开展临空经济示范区、中国(浙江)自由贸易试验区杭州片区建设情况调研,推动打造高能级科创平台、对外开放平台。听取审议政府重大投资项目计划报告,两批次审议通过总投资800亿元的22个项目。深化预算草案“三审”制工作,推动市本级预算安排更加科学合理。建立人大财经监督与审计监督贯通协同机制,加强信息互通、工作协同、成果共享。开展财政专项资金绩效情况专题调研,听取审议预算执行和财政收支审计发现问题整改情况的报告,推动优化支出结构、整合有限财力、规范资金管理。听取审议市本级产业政策落地和绩效情况的报告,推动产业政策发挥效应。听取地方政府全口径债务管理情况报告,推动地方政府债务风险防范和化解。听取审议全市企业国有资产管理情况专项报告和国有资产管理情况综合报告,推动国资国企增强发展动能。

【**法治建设领域监督**】2023年,市人大常委会听取审议法治政府建设情况、政府部门主要负责人依法履职情况的报告,新增信访反映情况报告、专业评估报告作为辅助引证材料,运用好法检两院专题报告和数字化应用场景分析报告,多渠道分析法治政府建设存在的主要问题,实现动态、实时、精准监督。加强与其他监督方式联动配合、一体协同,推动建立“七联一体”(行政执法监督与行政复议监督、人大监督、纪检监察监督、司法监督、社会监督、舆论监督联动配合、一体协同)行政执法能动监督机制。听取审议市检察院关于未成年人检察工作情况报告和部分员额检察官相关履职工作报告,并进行满意度测评,提升未成年人检察工作专业化水平。

【**社会民生领域监督**】2023年,市人大常委会围绕新就业形态劳动者权益保障开展专题调研,听取市政府拟出台“杭向未来·大学生创新创业三年行动计划”的报告,助力高质量就业创业工作。着眼推动教育高质量发展,听取审议专项工作报告,监督高中学校建设规划落实。针对新型冠状病毒感染实施“乙类乙管”后的新形势,听取审议相关工作情况报告,并开展专题询问,回应人民群众对公共卫生安全的重大关切。聚焦“一老一小”热点难题,听取居家养老服务条例实施情况、托育工作情况报告,专题调研农村养老服务体系建设情况,推动解决幼儿托育难、养老照护难。

【**城乡发展领域监督**】2023年,市人大常委会开展国土空间规划全过程监督调研,开发建设人大规划监督应用场景,建立听取审议年度国土空间规划实施情况报告机制,更好助推统筹经济高质量发展与城市内涵式发展。围绕城市更新难点问题,开展加强和改进城市更新工作专题调研,助推老旧小区改造、加装电梯、二次供水、美好家园创建等民生实事。听取审议科技强农机械强农行动工作情况、西湖龙井茶保护管理条例实施情况等报告,开展山塘水库安全管理、集体土地征收与补偿安置、加快推进新型农村集体经济发展壮大决定贯彻落实情况等专题调研,推动乡村振兴战略实施。

【**历史文化领域监督**】2023年,市人大常委会依法审议批准运河新城运河东岸景观带、小河公园跨运河人行桥等建设项目,促进统筹大运河世界文化遗产保护和发展。着眼传承中华优秀传统文化和杭州地域特色文化,开展宋韵文化传世工程推进情况专题调研。

【**生态文明领域监督**】2023年,市人大常委会听取淳安特别生态功能区条例实施情况报告,专题调研西湖水域保护管理条例执行情况,依法保护江南水乡生态自然禀赋。市、区联动开展噪声污染防治法、市环境噪声管理条例执法检查,以法治力量守护公众“安静权”。听取审议年度生态环境状况和生态环境保护目标完成情况、生态文明建设规划执行情况的报告,强化对群众身边环境热点问题的监督,推动生态文明建设决策部署落实落地。

(市人大常委会办公厅)

人事任免

【**概况**】2023年,市人大常委会规范做好人事任免工作,落实法律知识考试、表态发言、颁发任命书、宪法宣誓等制度。全年任免国家机关工作人员133人次,组织37名市人大常委会任命或决定任命人员进行宪法宣誓。

【**市十四届人大常委会第八次会议人事任免事项**】2023年2月8日,市十四届人大常委会第八次会议任命:魏虹为杭州市人大常委会副秘书长,李文钢为杭州市人大常委会农业和农村工作委员会主任,李秀莹为杭州市人大常委会人事代表工作委员会副主任,蒋慧鸯为杭州市人大常委会农业和农村工作委员会副主任。免去:解崇明的杭州市人大常委会副秘书长职务,赵国钦的杭州市人大常委会农业和农村工作委员会主任职务,徐燕敏的杭州市人大常委会人事代表工作委员会副主任职务,严伟明的杭州市人大常委会农业和农村工作委员会副主任职务,徐文霞的杭州市人大常委会民族宗教华侨工作委员会、外事工作委员会副主任职务。决定任命:高国飞为杭州市人民政府秘书长,楼秀华为杭州市科学技术局局长,董悦为杭州市人力资源和社会保障局局长,於卫国为杭州市规划和自然资源局局长，麻承荣为杭州市市场监督管理局局长，裘新谷为杭州市国防动员办公室（杭州市人民防空办公室）主任，马利阳为杭州市生态环境局局长，顾春晓为杭州市人民政府国有资产监督管理委员会主任，林炳达为杭州市城市管理局（杭州市综合行政执法局）局长，范飞为杭州市审计局局长。决定免去：胡伟的杭州市人民政府副市长职务，丁狄刚的杭州市人民政府秘书长职务，周扬的杭州市科学技术局局长职务，叶茂东的杭州市人力资源和社会保障局局长职务，陈祥荣的杭州市规划和自然资源局局长职务，王希的杭州市人民政府国有资产监督管理委员会主任职务，范建军的杭州市市场监督管理局局长职务，李磊的杭州市城市管理局（杭州市综合行政执法局）局长职务，裘新谷的杭州市人民防空办公室（杭州市民防局）主任（局长）职务，孙国方的杭州市生态环境局局长职务，王剑的杭州市审计局局长职务。免去：邬月培的杭州市监察委员会副主任职务。任命：胡建斌、周姝为杭州市人民检察院检察委员会委员，胡森、吴晨璐、夏立强、吴奇为杭州市人民检察院检察员。免去：何靖的杭州市人民检察院检察员职务。

【市十四届人大常委会第九次会议人事任免事项】2023年2月28日，市十四届人大常委会第九次会议任命：叶茂东为杭州市第十四届人民代表大会常务委员会代表资格审查委员会副主任委员，汪杰、戚海滨为杭州市第十四届人民代表大会常务委员会代表资格审查委员会委员，吴承根、戚海滨为杭州市第十四届人民代表大会监察和司法委员会委员，孙雍容为杭州市第十四届人民代表大会教育科学文化卫生委员会委员，李文钢为杭州市第十四届人民代表大会农业和农村委员会副主任委员，蒋慧鸯为杭州市第十四届人民代表大会农业和农村委员会委员。决定任命：宦金元为杭州市人民政府副市长，吴槐庆为杭州市统计局局长。决定免去：宦金元的杭州市统计局局长职务。

【市十四届人大常委会第十次会议人事任免事项】2023年4月28日，市十四届人大常委会第十次会议任命：孟颖芳为杭州市人大常委会财政经济工作委员会副主任。决定免去：柯吉欣的杭州市人民政府副市长职务。任命：朱春根为杭州市监察委员会副主任。任命：陈志君为杭州市中级人民法院副院长、审判委员会委员、审判员，钱安定为杭州市中级人民法院刑事审判第二庭庭长，俞春伟为杭州市中级人民法院环境资源审判庭庭长，鲍常兰为杭州市中级人民法院立案二庭庭长，张琦为杭州市中级人民法院刑事审判第一庭副庭长，王杨沁如为杭州市中级人民法院民事审判第二庭副庭长，韩圣超为杭州市中级人民法院杭州破产法庭副庭长，梁琨为杭州市中级人民法院民事审判第四庭副庭长，雎晓鹏为杭州市中级人民法院民事审判第五庭副庭长，刘斌为杭州市中级人民法院环境资源审判庭副庭长，余珂健为杭州市中级人民法院审判员。免去：李奕的杭州市中级人民法院知识产权审判庭（杭州知识产权法庭）庭长职务，张书青的杭州市中级人民法院环境资源审判庭庭长、审判员职务，钱安定的杭州市中级人民法院刑事审判第二庭副庭长职务，石清荣的杭州市中级人民法院民事审判第四庭副庭长职务，王亮的杭州市中级人民法院民事审判第五庭副庭长职务，鲍常兰的杭州市中级人民法院行政审判庭副庭长职务，楼继文的杭州市中级人民法院审判监督庭副庭长职务，盛峰的杭州市中级人民法院立案二庭副庭长、审判员职务，赵为民、聂伟杰、李涛的杭州市中级人民法院审判员职务。决定：陈志君副院长代理杭州市中级人民法院院长职务。

【市十四届人大常委会第十一次会议人事任免事项】2023年6月21日，市十四届人大常委会第十一次会议任命：蔡寅为杭州市人大常委会民族宗教华侨工作委员会、外事工作委员会副主任。决定任命：王越剑为杭州市经济和信息化局局长，沈建为杭州市投资促进局局长。决定免去：冯伟的杭州市经济和信息化局局长职务，王越剑的杭州市投资促进局局长职务。任命：陈增宝为杭州互联网法院（杭州铁路运输法院）院长、审判委员会委员、审判员，朱敏明为杭州互联网法院（杭州铁路运输法院）副院长、审判委员会委员、审判员，王江桥为杭州市中级人民法院知识产权审判庭（杭州知识产权法庭）庭长、审判员。免去：张宏伟的杭州市中级人民法院审判委员会委员、审判员职务，郎长华的杭州市中级人民法院审判委员会委员、审判员职务，朱敏明的杭州市中级人民法院审判委员会委员、刑事审判第二庭庭长、审判员职务，洪悦琴的杭州市中级人民法院审判员职务，洪学军的杭州互联网法院（杭州铁路运输法院）院长、审判委员会委员、审判员职务，王江桥的杭州互联网法院（杭州铁路运输法院）副院长、审判委员会委员、审判员职务。

【市十四届人大常委会第十二次会议人事任免事项】2023年7月12日，市十四届人大常委会第十二次会议免去：曾福明的杭州市人大常委会监察和司法工作委员会副主任职务。决定免去：刘嫔珺的杭州市人民政府副市长职务。免去：张慧娟的杭州市监察委员会副主任职务。

【市十四届人大常委会第十三次会议人事任免事项】2023年8月22日，市十四届人大常委会第十三次会议免去：杜文斌、王丽华的杭州市人民检察院检察员职务。

【市十四届人大常委会第十四次会议人事任免事项】2023年11月7日，市十四届人大常委会第十四次会议决定任命：方毅为杭州市人民政府副市长。任命：丁希军、余凯、曹静为杭州市中级人民法院审判员。免去：张喜妹、杨宏林的杭州市中级人民法院审判员职务，王雅俊的杭州互联网法院（杭州铁路运输法院）审判委员会委员、审判员职务。任命：江啸啸、杜铖、蒋雯雯为杭州市人民检察院检察员。

【市十四届人大常委会第十五次会议人事任免事项】2023年12月20日，市十四届人大常委会第十五次会议任命：卓超为杭州市人大常委会副秘书长（兼）、办公厅主任；陈马多里为杭州市人大常委会副秘书长（兼）；李秀莹为杭州市人大常委会人事代表工作委员会主任；章建明为杭州市人大常委会城乡建设环境保护工作委员会主任；聂江为杭州市人大民族宗教华侨委员会、外事委员会副主任委员，杭州市人大常委会民族宗教华侨工作委员会、外事工作委员会主任。免去：陈伟民的杭州市人大常委会副秘书长、办公厅主任职务；聂江的杭州市人大常委会副秘书长、研究室主任职务；杨雪强的杭州市人大常委会副秘书长、人事代表工作委员会主任职务；黄昊明的杭州市人大城乡建设环境保护委员会副主任委员、杭州市人大常委会城乡建设环境保护工作委员会主任职务；方月仙的杭州市人大民族宗教华侨委员会、外事委员会副主任委员，杭州市人大常委会民族宗教华侨工作委员会、外事工作委员会主任职务。决定任命：楼建忠为杭州市发展和改革委员会主任；俞雪坤为杭州市民族宗教事务局局长；李一青为杭州市民政局局长；陈震山为杭州市财政局局长；董天乐为杭州市城乡建设委员会主任；毛根洪为杭州市交通运输局局长；陈伟民为杭州市农业农村局（市乡村振兴局）局长；杨英英为杭州市体育局局长；朱燕锋为杭州市医疗保障局局长；王仁为杭州市国防动员办公室（市人民防空办公室）主任。决定免去：孔春浩的杭州市发展和改革委员会主任职务；邵根松的杭州市民族宗教事务局局长职务；何凌超的杭州市民政局局长职务；谢建华的杭州市财政局局长职务；楼建忠的杭州市城乡建设委员会主任职务；郑翰献的杭州市交通运输局局长职务；姚吉锋的杭州市农业农村局(市乡村振兴局)局长职务；金承龙的杭州市体育局局长职务；石连忠的杭州市医疗保障局局长职务；裘新谷的杭州市国防动员办公室（市人民防空办公室）主任职务。任命：崔晓峰为杭州市监察委员会委员。免去：许米的杭州市中级人民法院审判委员会委员、审判员职务，余珂健的杭州市中级人民法院审判员职务。

（市人大常委会办公厅）

2023 年 11 月 2 日，杭州市全过程人民民主实践中心（杭州市人大代表联络总站）启用仪式举行
（市人大常委会办公厅 供稿）

人大代表工作

【概况】2023 年，市人大常委会践行全过程人民民主，深化“两个密切联系”，优化代表工作机制，推进代表工作能力建设，支持和保障代表更好依法履职。完善代表联络体系，推进基层单元建设，协调代表参与立法监督，服务代表建言献策，发挥代表主体作用。

【代表主体作用发挥】2023 年，市人大常委会开展“我为亚运添光彩、我为发展作贡献”主题活动，发出“同心迎亚运、代表作表率”倡议书，全市 1 万余名各级人大代表带头守规定、担使命、促和谐，助推亚运会筹办高水平、经济社会发展高质量。扩大代表参与人大工作，全年邀请市人大代表参加立法、监督、决定、视察调研等活动 1900 余人次，为人大工作提质增效夯实民意基础、提供民智支撑。

【代表联系机制完善】2023 年，市人大常委会建成运行杭州市全过程人民民主实践中心（市人大代表联络总站），构建市县乡村四级“1+13+191+N”代表联络体系。出台《杭州市人大及其常委会重要履职事项下沉人大代表联络站工作办法》，制订党政领导干部人大代表和政府工作部门主要负责人到人大代表联络站联系代表群众方案，推动全市各级国家机关依托联络站接地气、察民情、聚民智、惠民生。开展“最美人大代表联络站”和工作能手风采展示活动，选树最美人大代表联络站 50 个和代表联络站工作能手 63 名，发挥示范引领作用。

【议案建议办理加强】2023 年，市人大常委会坚持主任会议成员重点督办代表建议机制，确定 8 件事关经济发展、民生改善方面的建议作为常委会重点督办建议。落实建议办理进度通报制度，召开建议办理工作推进会，督促承办单位按时保质保量办理建议，市十四届人大三次会议的 395 件代表建议全部办理完毕。创新代表议案建议办理落实机制，首次对当年代表建议“A 类”件落实情况“回头看”，对上一年“B 类”件落实情况跟踪督办，推动问题解决。评选 2023 年度市人大代表“优秀议案建议”和“最满意代表建议”承办件各 20 件，以点带面促进代表和承办单位争先创优。

【代表服务保障优化】2023 年，市人大常委会以“线上 + 线下”相结合方式举办市人大代表履职能力提升培训班。修订《杭州市人民代表大会代表履职评价办法》，细化代表履职评价积分标准，健全代表履职激励清单和负面清单，完善代表履职评价机制。组织并服务保障浙江选举产生的全国人大代表第一小组、省人大代表杭州中心组专题调研、集中视察等活动，提升履职成效。

（市人大常委会办公厅）

责任编辑 金利权 高 丹

8 杭州市人民政府

综 述

【城市品质提升】2023年，杭州市成功举办第19届亚运会、第4届亚残运会。贯彻落实“简约、安全、精彩”的办赛要求，赛事指挥体系高效运作，与5个协办城市协调联动，亚运村、赛事场馆、媒体中心、接待饭店等设施顺畅运转，组织开（闭）幕式、火种采集、火炬传递等重大活动，完成安全警卫、外事礼宾、抵离交通、竞赛组织、食品医疗、气象电力、志愿服务和城市运行保障等工作，实现“亚运数字火炬手”、“数字人”点火、电子身份注册、“碳中和亚运”等多项首创。实施迎亚运社区城市品质、城市治理、城市文明“三大提升行动”，推进“匠心提质绣杭城”专项行动，建好“美丽家园”“杭韵街巷”“畅行交通”“花满杭城”4条风景线，完成城市环境品质提升项目1741个，打造无障碍特色场景1400个，优化39个入城口、139条亚运通勤道路和200条重要保障道路周边环境。钱塘高铁枢纽开工建设，钱塘快速路全线贯通，京杭运河（杭州段）二通道建成通航。新（改）建亚运主题公园30个，新增嵌入式体育场地68.5万平方米，实现“办好一个会、提升一座城”的目标。“赛会之城”建设推进，举办2023年世界羽联世界巡回赛总决赛、世界女子排球俱乐部锦标赛，与国际皮划艇联合会等5个国际体育组织签署合作备忘录，举办2023年杭州马拉松等品牌赛事。发放亚运文旅大礼包100万份，推出“看亚运游杭州”等100条亚运特色旅游线路。

【经济运行好转】2023年，杭州市推进惠企政策落地。推出“抢先机、拼经济”30条、经济高质量发展64条、扩大有效投资18条等政策，安排财政资金480亿元，为市场经营主体减负925.7亿元。新增贷款5924亿元，贷款余额比上年增长9.5%；新增地方政府债券347.8亿元，出让工业用地1008.17公顷，建设标准厂房1601万平方米。全市在册市场经营主体187.5万个，增长11.7%；新增上市公司22个，总数302个，19个企业入选省首批雄鹰企业，“中国民营企业500强”数量连续21年居全国城市首位。实施省“千项万亿”重大项目158个，完成投资1079亿元，带动固定资产投资增长2.8%，其中制造业投资、高新技术产业投资分别增长30%、24.5%。创新投资项目全生命周期管理，招引落地100亿元产业项目3个、10亿元以上产业项目119个。地铁四期、城西南排工程全面开工。实施房产新政“杭六条”，促进房地产市场稳定。出台平台经济、人工智能等产业政策，组建杭州数据交易所，数字经济核心产业增加值5675亿元，占地区生产总值的28.3%。“中国软件名城”复评结果居全国第二位。加快发展先进制造业集群，出台高端装备、新材料、绿色能源、合成生物等专项政策，规模以上工业增加值4355亿元，增长2.4%。杭州入围全国中小企业数字化转型城市试点，获首批“浙江制造天工鼎”，杭州海康威视数字技术股份有限公司获全省首个制造业领域中国质量奖。临空经济示范区建设开局良好，“中国视谷”“中国数谷”“中国医药港”等产业地标建设启动。承办2023年全国专精特新中小企业发展大会，新增专精特新“小巨人”企业117个，总数321个。举办“百场千企”产业对接会186场。实施新一轮“腾笼换鸟、凤凰涅槃”攻坚行动，处置闲置土地、低效用地、批而未供土地6336.5公顷，整治高耗低效企业1021个，腾出用能空间18.3万吨标准煤。推出“总部经济新政22条”，认定首批总部企业468个。服务业增加值1.40万亿元，增长7.2%。“菜篮子”工程国家考核优秀，农林牧渔业增加值357亿元，增长3.7%。消费市场回暖，举办“宋”福杭州年、“亚洲消费季”等活动，发放消费券总额9.3亿元，引进首店252个，推出十大夜间消费场景和100个示范点位，打造61条商业外摆样板道路。社会消费品零售总额7671亿元，增长5.2%。

【内生动力增强】2023年，杭州市实现创新深化新突破。以城西科创大走廊为主平台，高能级科创载体提能升级，首个国家实验室挂牌运行，中国科学院杭州医学所获批，新增全国重点实验室7个，总量18个，承担国家、省重点研发项目278个，实施市重大科技创新项目100个，13个“卡脖子”技术实现国产替代，连续3年获省

"科技创新鼎",国家创新型城市创新能力评价居全国第五位。完善科技成果转化全链条服务,杭州技术转移转化中心启动运行,承办全国颠覆性技术创新大赛总决赛,新布局概念验证中心 15 个,技术交易额超过 1500 亿元。有效发明专利拥有量 15.3 万件,居全国省会城市第一位。实施科技企业"双倍增"计划,新认定国家高新技术企业 3195 个,总量 1.5 万个。新增国家级孵化器 8 个,总数 65 个。全市财政科技支出比上年增长 16.9%,市本级新增财力的 17.7% 用于科技投入,实现"两个 15%"目标,全社会研发投入强度 3.9%。北京航空航天大学中法航空学院获批设立并招生,西湖大学获批博士学位授予单位。新入选省顶尖人才 11 名,新认定高层次人才 3.5 万名,新引进 35 岁以下大学生 39.7 万人,连续 13 年入选"外籍人才眼中最具吸引力的中国城市"。重点改革取得新成绩。实施《杭州市优化营商环境条例》,推出新一批营商环境国家试点改革举措 150 个,实现 279 个事项凭营业执照"一照通办",杭州入选首批国家知识产权保护示范区建设城市,杭州国际商事法庭挂牌成立。落实中央和省促进民营经济高质量发展政策,制定杭州"举措清单" 185 个,建立企业参与涉企政策制定刚性机制,深化"千名干部助千企"活动,走访服务企业 7.6 万个(次)。探索推进全省首批政务服务增值化改革试点,打造"亲清在线·政策超市",线上兑付资金 255 亿元,惠及企业 11.9 万个。完成国有企业新一轮改革第一阶段任务,市属国有企业营业收入增长 29.1%,利润总额增长 8.5%,资产总额增长 13.4%。完善"3+N"杭州产业基金集群管理体系,基金总规模超过 2000 亿元。对外开放有新提升。开展"双百双千"拓市场活动,组织境外拓市场团组 773 个,参加展会 520 场次,出口增长 3.7%。实际利用外资 88.3 亿美元,增长 13%,其中制造业占 51.5%。全国首创数字自贸区制度型开放举措 23 个,数据开放综合评价指数居全国 204 个参评城市第一位,服务外包示范城市综合评价居全国第一位,成功创建国家物流枢纽、国家对外文化贸易基地。主动融入长江经济带,推进 168 个长三角一体化重点

北京航空航天大学中法航空学院(摄于 2023 年)　　(市教育局 供稿)

工作和 12 个数字长三角标志性事项。《杭州都市圈发展规划》获国家发展改革委批复实施,杭甬"双城记"工作专班实体化开展工作。

【民生福祉改善】2023 年,杭州市完成 10 件民生实事项目。公共服务水平提升。推动公共服务"七优享"重大项目建设,设立西部地区公共服务能力补短专项资金 15 亿元。建成家庭养老床位 5041 张、康养联合体 52 个,实现乡镇(街道)级居家养老服务中心全覆盖。出台生育补助政策,发放孕产、育儿补助 1.56 亿元,每千人托位数 4.4 个,入选全国首批婴幼儿照护服务示范城市。浙江大学医学院附属第一医院总部二期工程和钱塘院区开工建设,邵逸夫医院大运河院区、杭州康复医院、市老年病医院、市第七人民医院浙西院区投入运营。杭州连续 3 年获评全国健康城市建设样板市。基础教育、职业教育获国家级教学成果奖项数量居全省首位。杭州学军中学桐庐学校开工建设,杭州第十四中学青山湖学校投入使用。推出公租房 1.29 万套,发放货币补贴 18 万户,筹集保障性住房 8.7 万套(间),销售人才共有产权保障住房 7223 套。集中攻坚解决群众不动产"办证难"历史遗留问题 2.37 万套。城乡发展协调。实施规划编制攻坚年行动,完成重要规划编制 195 个。新(改)建城市公园 65 个,建成未来社区 134 个、城乡风貌样板区 33 个,新增城市绿地 822 万平方米,新(改)建绿道 333 千米。承办全国学习运用"千万工程"经验现场推进会,加快建设省级新时代美丽乡村共富示范带 3 条、市级未来乡村共富引领带 12 条,建成美丽乡村特色村 30 个、未来乡村 47 个、数字乡村样板镇(村)100 个。建成高标准农田 5202.6 公顷,落实粮食生产功能区储备区 490.31 公顷,发展新型综合种养面积 7203.6 公顷,建成共富工坊 1212 个。全市农村集体经济总收入 196.7 亿元,经营性收入 154.3 亿元,集体经营性收入 50 万元以上村占比达 96.6%。文化软实力增强。深挖西湖、良渚、大运河三大世界遗产文化内涵,推进大运河国家文化公园等项目建设,重塑西湖博览会百年品牌,举办中国国际茶叶博览会、中国国际动漫节、杭州文博会等文化盛会。世界旅游联盟总部落成启用。实施文旅深度融合工程,打响"人间天堂·最忆杭州"城市文化品牌。建成杭州书房 14 个、文化驿站 16 个、"15 分钟品质文化生活圈" 537 个。文化产业增加值 3211 亿元,比上年增长 11.3%。生态环境质量总体稳定。推进全国首个现代化国际大城市减污降碳协同创新试点,深化蓝天碧水净土清废行动,全市大气中 PM2.5 平均浓度 31 微克/立方米,空气优良率 89.6%,市控以上断面水质Ⅲ类以上比例 100%,首获省"五水共治"工作优秀市县"大禹鼎"金

鼎、获省“无废城市”清源杯，连续8年获省美丽浙江工作考核优秀，入选首批国家碳达峰试点城市。杭州获第五届世界生物圈保护区大会举办权，通过国际湿地城市创建评估，实现省级生态文明建设示范区全覆盖。

【除险保安推进】2023年，杭州市实现新冠疫情防控平稳转段，及时调整工作重心和防控措施，扩容医疗救治资源，保障医疗物资，新增重症救治床位和救护车辆，向60岁以上老人免费发放“防疫包”。深化安全生产隐患大排查大整治专项行动，整改问题隐患62.5万处。生产安全事故起数、死亡人数分别下降7.9%、4.5%。完成43条慢速道提速，暂停实施地面道路限行措施，实行公共交通票价优惠，全国50个大中城市交通拥堵延时指数排名降至第45位。更新改造老旧管线244千米，“清零销号”危房3.8万处，累计完成“保交楼”6.6万套。杭州获省首批“安全发展鼎”，获评首批全国社会治安防控体系建设示范城市。防灾减灾能力提升。应对多轮强降雨、台风“杜苏芮”等极端天气，乡镇、村（社区）短临极端天气灾害防范应对“双十条”做法在全国推广。

（年鉴编辑部）

【公文处理】2023年，以市政府及市政府办公厅名义制发公文303件。其中，市政府令8件、杭政67件、杭政函81件、杭政办5件、杭政办函75件。收到批办性公文1723件、阅知性公文3403件。

（市政府办公厅）

市政府重要会议

【概况】2023年，杭州市政府召开全体（扩大）会议2次，召开常务会议19次，研究讨论全市经济社会发展有关事项。

【市政府全体会议】2023年2月28日，杭州市十四届人民政府举行全体（扩大）会议。会议由常务副市长柯吉欣主持，市长姚高员讲话。会议强调要坚持以习近平新时代中国特色社会主义思想为指导，深入学习贯彻党的二十大精神，贯彻落实省委、省政府和市委重要决策部署及市两会精神，围绕市政府《政府工作报告》目标任务忠诚履职，狠抓落实，打好经济翻身仗和亚运攻坚仗，加强政府自身建设，以昂扬斗志、实干担当、过硬作风交出年度满意答卷，为高水平推进共同富裕幸福杭州建设、加快打造世界一流的社会主义现代化国际大都市作出应有贡献。

7月27日，杭州市十四届人民政府举行全体（扩大）会议。会议由常务副市长陈瑾主持，市长姚高员讲话。会议强调要以习近平新时代中国特色社会主义思想为指导，深入学习贯彻党的二十大精神，按照省委十五届三次全会、省政府第一次全会和市委十四届四次全会部署要求，推动“八八战略”走深走实，总结全市落实三个“一号工程”、“十项重大工程”进展和市政府《政府工作报告》重点任务推进情况，分析当前经济形势，部署下阶段经济社会发展各项工作，真抓实干，决战决胜，打赢经济翻身仗，完成亚运会筹办任务，实现杭州经济发展迈上新台阶。

【市政府常务会议】2023年，杭州市政府召开19次常务会议，即十四届市政府第十六次常务会议至第三十四次常务会议。

1月9日，十四届市政府第十六次常务会议召开。研究讨论《关于推动杭州总部经济高质量发展的若干意见》《关于建设现代金融创新高地 助力经济高质量发展的若干意见》《关于加快推进跨境电子商务高质量发展的实施意见》。

1月17日，十四届市政府第十七次常务会议召开。研究讨论《2023年政府工作报告》、2023年市政府民生实事候选项目、《2022年国民经济和社会发展计划执行情况与2023年国民经济和社会发展计划草案的报告》、《关于杭州市及市本级2022年财政预算执行情况和2023年财政预算草案的报告》、2023年市本级财政预算安排建议、2023年政府投资项目和重点建设项目安排及第一批政府重大投资项目计划、《杭州国际性综合交通枢纽城市实施方案》等事项。

2月8日，十四届市政府第十八次常务会议召开。研究讨论《关于推动经济高质量发展的若干意见》《关于高质量开展跨乡镇土地综合整治试点的实施意见》《关于科学绿化的实施意见》《杭州市网络餐饮外卖配送监督管理办法》《杭州市城市老旧污水设施有机更新实施方案》等事项。

3月1日，十四届市政府第十九次常务会议召开。研究讨论《杭州市贯彻落实省“十项重大工程”工作总体方案》《关于加快促进旅游业高质量发展的实施意见》《杭州市城镇老旧小区改造四年行动计划（2023—2026年）》《杭州市2023年政府立法计划》《杭州市生产安全事故应急预案》等事项。

3月23日，十四届市政府第二十次常务会议召开。研究讨论《关于进一步深化户籍制度改革的实施意见》《杭州市智能网联车辆测试与应用管理办法》《关于进一步加强见义勇为人员权益保障工作的实施意见》等事项。

4月12日，十四届市政府第二十一次常务会议召开。研究讨论《杭州西溪国家湿地公园总体规划（2021—2035年）》、《关于全面推进城市更新行动的实施意见（试行）》、《杭州市人民政府法律顾问工作规则》、2022年度市政府质量奖评审工作、市政府2023年度第一期重大行政决策事项目录、《杭州市促进残疾人就业行动方案（2023—2025年）》等事项。

5月9日，十四届市政府第二十二次常务会议召开。研究讨论《杭州电网建设攻坚三年行动计划（2023—2025年）》《新安江流域水生态环境共同保护规划》《杭州市入河入海排污口排查整治实施方案》《杭向未来·大学生创新创业三年行动计划（2023—2025年）》《杭州市全面加强新时代文物工作 打造文化遗产保护利用范例城市的实施方案》等事项。

6月5日，十四届市政府第二十三次常务会议召开。研究讨论《杭州市服务业扩大开放综合试点实施方案》《杭州老字号传承与发展条例（草案）》《杭州市农村集体经济组织财务管理规定（草案）》《杭州市网络预约出租汽车经营服务管理实施细则》等事项。

6月19日，十四届市政府第二十四次常务会议召开。研究讨论有关事项。

7月12日，十四届市政府第二十五次常务会议召开。研究讨论《乡村振兴支持政策二十三条》、《关于加快推进绿色能源产业高质量发展的实施意见》、《关于加快推动高端装备制造业高质量发展的若干措施》、《关于加快推进新材料产业高质量发展的若干措施》、《关于加快推进人工智能产业创新发展的实施意见》、《关于强力推进创新深化厚植创新活力之城特色优势的实施意见》、《关于杭州市高质量全域推进未来社区建设的实施意见》、《杭州市海绵城市建设管理办法（草案）》、2023年度行政奖励计划、《关于加快推进气象高质量发展的实施意见》等事项。

7月25日，十四届市政府第二十六次常务会议召开。研究讨论《关于支持杭州高新区建设世界领先科技园区的实施意见》《杭州市促进智能网联车辆测试与应用规定（草案）》《杭州市农村公路条例（草案）》《杭州西溪国家湿地公园保护管理条例（修改草案）》《关于合力建设"中国视谷"加快推进视觉智能产业高质量发展的实施意见》等事项。

8月7日，十四届市政府第二十七次常务会议召开。研究讨论《〈杭州市国民经济和社会发展第十四个五年规划和二〇三五年远景目标纲要〉实施情况中期评估报告》、《关于推进以县城为重要载体的城镇化建设实施方案》、2023年第一批政府重大投资项目计划执行情况、2023年第二批政府重大投资项目计划、《杭州市工业空间规划（2024—2035年）指导意见》、《关于加快建设基本养老服务体系的实施意见》等事项。

8月18日，十四届市政府第二十八次常务会议召开。研究讨论《全力打造营商环境最优市 赋能经济高质量发展的实施意见》《关于加强经营性留宿服务场所信息登记的决定（草案）》《关于加强危险物品安全管理的决定（草案）》《杭州市电动自行车消防安全管理办法（草案）》《"拓增量、拼增速"工业经济十二条举措》《杭州市公共数据授权运营实施方案（试行）》《杭州市教育高质量发展行动方案（2023—2027年）》《杭州水网建设规划》等事项。

8月25日，十四届市政府第二十九次常务会议召开。研究讨论《关于支持合成生物产业高质量发展的若干措施》《"杭州市民码"建设方案》等事项。

10月11日，十四届市政府第三十次常务会议召开。研究讨论《杭州市"平急两用"公共基础设施建设实施方案》《杭州市国家知识产权保护示范区建设方案（2023—2025年）》《健康杭州三年行动计划（2023—2025年）》《杭州市建筑垃圾管理条例（草案）》等事项。

10月31日，十四届市政府第三十一次常务会议召开。研究讨论《杭州市内部审计工作规定（修订草案）》《杭州市数字贸易促进条例（草案）》《杭州市推进新能源电动汽车充电基础设施建设运营实施办法（修订）》等事项。

11月28日，十四届市政府第三十二次常务会议召开。研究讨论《杭州市全面贯彻落实〈质量强国建设纲要〉任务举措》《关于放大亚运效应打造国际"赛""会"之城的实施意见》《杭州市12345市长公开电话管理办法（草案）》《杭州市城市古树名木保护管理办法（草案）》《关于加强新时代企业退休人员社会化管理服务工作的意见》《杭州市基本医疗保险医疗费用结算管理办法》等事项。

12月14日，十四届市政府第三十三次常务会议召开。研究讨论《关于提升城市国际化水平加快打造世界一流的社会主义现代化国际大都市的实施意见》《关于打造全国专精特新名城的实施意见》《强化企业科技创新主体地位加快企业高质量发展的若干措施》《杭州市高质量规划建设保障性住房实施方案》《杭州市城市内涝治理三年行动计划（2023—2025年）》《关于积极稳步推进城中村改造的实施意见》《杭州市房地产开发企业信用管理办法（试行）》《杭州市一般湿地划分认定办法（试行）》等事项。

12月29日，十四届市政府第三十四次常务会议召开。研究讨论2024年政府投资项目和重点建设项目安排及第一批政府重大投资项目计划、《杭州市全面推进城市更新行动方案（2023—2025年）》、《杭州市推进落实"省811"生态文明先行示范行动方案》等事项。

（市政府办公厅）

政务公开

【概况】2023年，杭州市政府坚持争

表5　2023年杭州市主动公开政府信息一览表

第二十条第（一）项			
信息内容	本年制发件数（件）	本年废止件数（件）	现行有效件数（件）
规　章	9	3	81
行政规范性文件	538	519	3956
第二十条第（五）项			
信息内容	本年处理决定数量（件）		
行政许可	10077092		
第二十条第（六）项			
信息内容	本年处理决定数量（件）		
行政处罚	6664326		
行政强制	455135		
第二十条第（八）项			
信息内容	本年收费金额（万元）		
行政事业性收费	286245		

（资料来源：市政府办公厅）

表 6　2023 年杭州市收到和办理政府信息公开申请一览表

单位：件

项目		申请人情况						
		自然人	法人或其他组织					总计
			商业企业	科研机构	社会公益组织	法律服务机构	其他	
一、本年度新收申请		11579	414	0	42	365	17	12417
二、上年度结转申请		303	18	0	1	1	0	323
三、本年度办理结果		11305	425	0	43	352	17	12142
（一）予以公开		5034	252	0	31	37	3	5357
（二）部分公开（区分处理的，只计这一情形，不计其他情形）		1445	47	0	4	3	0	1499
（三）不予公开	1. 属于国家秘密	10	0	0	0	0	0	10
	2. 其他法律行政法规禁止公开	5	0	0	0	0	0	5
	3. 危及“三安全一稳定”	10	0	0	0	0	0	10
	4. 保护第三方合法权益	35	1	0	0	0	0	36
	5. 属于三类内部事务信息	72	1	0	1	0	0	74
	6. 属于四类过程性信息	39	1	0	0	0	0	40
	7. 属于行政执法案卷	106	1	0	0	0	1	108
	8. 属于行政查询事项	92	3	0	0	0	0	95
（四）无法提供	1. 本机关不掌握相关政府信息	3040	86	0	5	307	10	3448
	2. 没有现成信息需要另行制作	138	2	0	0	0	0	140
	3. 补正后申请内容仍不明确	17	0	0	0	0	0	17
（五）不予处理	1. 信访举报投诉类申请	211	5	0	0	2	0	218
	2. 重复申请	109	5	0	0	0	0	114
	3. 要求提供公开出版物	1	0	0	0	0	0	1
	4. 无正当理由大量反复申请	1	0	0	0	0	0	1
	5. 要求行政机关确认或重新出具已获取信息	7	0	0	0	0	0	7
（六）其他处理	1. 申请人无正当理由逾期不补正、行政机关不再处理其政府信息公开申请	268	3	0	0	0	0	271
	2. 申请人逾期未按收费通知要求缴纳费用、行政机关不再处理其政府信息公开申请	22	0	0	0	0	0	22
	3. 其他	643	18	0	2	3	3	669
四、结转下年度继续办理		577	7	0	0	14	0	598

说明：表中数据的钩稽关系为第一项加第二项之和等于第三项加第四项之和

（资料来源：市政府办公厅）

先、发展、为民的工作导向，围绕打好经济翻身仗和亚运攻坚仗、推动共同富裕、打造中国式现代化城市范例等中心工作，统筹推进政务公开提质增效，深化相关领域信息公开，优化政策解读回应，依法做好依申请公开，规范政务新媒体管理，促落实、助监督、强监管等作用得到更好发挥。

【政府信息主动公开】2023 年，杭州市制发政府规章 9 件、行政规范性文件 538 件，处理决定行政许可 1007.71 万件、行政处罚 666.43 万件、行政强制 45.51 万件。《杭州市人民政府公报》出刊 13 期，各网络平台公报阅读量378.70万人次。

【政府信息依申请公开】2023年,全市各级行政机关受理政府信息公开申请件1.24万件,受理的申请件均按规定在法定期限内予以答复。因政府信息公开引起的行政复议和行政诉讼406件,复议诉讼率3.3%。

(市政府办公厅)

政务督查

【概况】2023年,市政府办公厅围绕市委、市政府中心工作,贯彻落实《关于进一步加强政府督查工作的实施意见》,围绕三个"一号工程""十项重大工程",聚焦打赢经济翻身仗和亚运攻坚仗,提高政治站位,强化政治担当、落实政治责任,完成政府督查各项工作任务。全年办理省政府领导批示件499件、市政府主要领导批示件2905件,编辑《政务督查》24期。

【重点工作督查】2023年,杭州市政府办公厅围绕省、市《政府工作报告》,对193项重点工作和87个量化指标任务进行细化,责任分解到人,并运用"政在干"重点任务管理场景应用全流程闭环管理,实现政府重点任务一屏展示、在线督查、实时更新、全程监管。启动亚运会城市侧整治督查,联动亚运会赛事总指挥部"一办十五中心",围绕76项整改任务按期销号,每周开展"回头看"核查;紧盯亚运会城市侧环境整治、通信保障、电力保障等问题,开展督办5次,76项整改任务均落实责任、明确方案、有序推进;及时交办省对亚运会主协办城市筹办工作综合评估指导发现反馈的问题51个,建立问题销号日报告制度,推动问题整改销号。开展国有企业改革、轨道交通发展、招商引资、第一季度经济开门红、第二季度经济攻坚暨"十项重大工程"等重大任务督导工作;建立政策兑现"赛马"晾晒和督查考核机制,开展区县(市)三个"一号工程"督导服务,梳理跟踪需市级协调解决的问题,明确问题闭环销号机制,助推"经济大市挑大梁"。保障安全发展,发挥督查"利剑"作用,开展4轮安全生产大排查大整治督查,重点督查部门、乡镇(街道)安全责任制落实情况,不定期开展督查整改"回头看",发出交办单65份,交办督促问题整改800余个,形成督查专报4期,获市政府主要领导批示肯定。高效办理"互联网+督查",落实专人全闭环跟进,办结"互联网+督查"线索交办28件。专项部署"理旧账、破难题、开新局"行动,落实专人盯牢25个重大历史疑难问题,化解问题18个。

【为民办实事项目推进】2023年,杭州市首次实施民生实事行政奖励,并纳入2023年度政府行政奖励计划,依托省政府"民生地图"管理系统,开展周晾晒、月比拼、季通报,通过市政府全会通报、两轮全覆盖督查等形式,推动民生实事质效兼收,民生实事满意度评价居全省首位。市政府办公厅联动13个区县(市),在市民广场、市民中心办事大厅同步举办民生实事巡回成果展。

【为企办实事项目推进】2023年,市政府办公厅参照为民办实事模式,首创"为企办实事"机制。梳理10个方面的32个项目,建立市政府高质量实施"为企办实事"工作专班。专班办公室设在市政府督查室,由市政府常务副市长任专班负责人,下设统筹协调、信息宣传、督查考评、绩效评估、动态遴选及各单位专项组6个小组。每年推出一批"为企办实事"项目,破解一批企业诉求集中的突出问题,杜绝形式主义,助推杭州"营商环境最优市、民营企业最强市"目标实现。

(市政府办公厅)

建议提案办理

【概况】2023年,市政府办公厅加强对人大建议和政协提案办理工作的目标和质量管理,准确分办、及时交办、全程督办、跟踪落实,加强沟通协调,畅通与市人大和市政协的沟通联系渠道,完成建议提案办理各项工作任务。全年办理全国人大代表建议3件、政协提案2件,省两会建议提案61件(人大代表建议37件、政协提案24件),市两会建议提案1003件(人大代表建议395件、政协提案608件)。当年全部办结,办结率、面商率、上网率均为100%,满意率为99%。

【建议提案办理成效提升】2023年,市政府办公厅强化建议提案办理落实工作,完成14件市领导领衔的重点建议提案办理,建议提案办理层次和实效提升。10月,市政府办公厅会同市人大常委会人事代表工作委员会、市政协提案委员会办公室,举办全市建议提案办理工作培训班。通过多种渠道,加强与人大代表、政协委员的交流沟通,提高承办单位办理工作能力,为提高办理实效奠定良好的制度基础,推动办理工作提速。

【建议提案办理举措有力】2023年,为落实好市两会建议提案交办会和市领导要求,市政府办公厅印发《关于做好2023年市两会建议提案办理工作的通知》。严格落实有关制度,运用综合考核指挥棒,加强建议提案办理工作考核;采取办理结果网络公开等形式,督促各承办部门把建议提案办理作为联系群众、服务社会、改进工作的契机,加强沟通协商,注重办理实效,让人大代表、政协委员有更多感受度和获得感。

(市政府办公厅)

数据资源管理

【概况】2023年,市数据资源局围绕"数字浙江""数字杭州"建设部署,推进数字化改革。聚焦改革攻坚,聚力亚运攻坚仗、经济翻身仗,推进数据资源管理工作高质量发展,实施数据提质、平台提能、项目提效、应用提速、安全提级、队伍提升"六大行动",当好新型智慧城市建设先锋,建设数字治理标杆城市,数据资源管理绩效进入全国领先水平。市公共数据平台累计编制市级部门数据目录5502个,新增归集数据342.44亿条,累计归集数据584.46亿条。杭州城市大脑2.0迭代升级,围绕城市治理复杂问题,完善"三个一网"(政务服务"一网通办"、城市运行"一网统管"、社会治理"一网共治")体系架构,在护航亚运会、推进共同富裕等方面发挥作用,逐步形成超大城市数字治理系统解决方案。政务服务便捷度和满意度提高,“一网通办”率99.47%,市本级依申请政务服务事项2342个、“2.0事项”1806个,实际线上办理量90.5%,好评率99.99%。数据基础制度创新先行,在全国同类城市中率先制定实施《杭州市公共数据授权运营实施方案(试行)》,在全国率先建立数据交易“一所一中心三平台”(杭州数据交易所,杭州国际数字交易中心,数据交易平台、数据开发与运营平台、隐私计算协作平台)体系架构,协同组建杭州数据交易所,成立杭州国际数字交易联盟,有成员单位103个。杭州数据开放综合评价指数居全国204个参评城市第一位;在国务院办公厅电子政务办发布的全国一体化政务服务能力综合评价中,杭州市居全国第一位;智慧中国年会组委会评定杭州智慧城市发展水平居全国105个城市第二位(仅次于北京);杭州市在全省一体化智能化公共数据平台综合评价中居设区市第一位;“城市大脑勇推数字化改革赋能城市治理现代化”入选省委办公厅“践行“八八战略”百城案例”。

【数据全流程管理体系完善】2023年,市数据资源局推进数据归集共享,按照“应用应接尽接、目录应编尽编、数据应归尽归”原则,推进公共数据“全量全要素”归集,归集数据342.44亿条,比上年增长141.5%,累计归集数据584.46亿条;贯彻“以共享为原则,不共享为例外”要求,全年新增共享批量数据表3301个(次),增长79.1%,累计共享批量数据表7472个(次);全年新增数据接口17个,累计在用数据接口2070个,全年调用数据17.1亿次,累计调用数据35.4亿次;开展非结构化数据采集管理,构建数据图谱,实现非结构化数据登记、归档、发布、集中存储、分类展示。数据质量管控强化,按照“需求导向、急用先行,有标贯标、无标立标,以标控质、达标入库”的原则,对智慧交通、住房、“一老一小”等领域存量数据开展专项治理;制定实施《杭州市公共数据治理工作细则(修订版)》,新增编制38类国家级证照标准,累计编制7类208条数据校验规则,全年发布数据治理整改通知57期,覆盖数据表1151张、数据项4807个,处置数据质量工单1.59万个,全市数据质量合格率从80.9%提升至97.3%;通过公共数据质量管理平台,建立质量检测规则,对归集的数据进行数据质量校验,梳理数据治理清单,形成数据质量报告。数据开放力度加大,累计开放数据集3489个,开放数据接口3931个,开放数据项4.62万个、数据开放总量165.41亿条;一体化智能化公共数据平台数据下载量1310万次,平台数据接口调用量372万次,形成有效开放应用成果26个;杭州市7个数据开放成果进入“浙江省2023年‘之江杯’数据治理及创新利用大赛”决赛,获一等奖1个、三等奖2个,获奖数量居全省第一位。建立分析模型,挖掘数据价值,评估重大场景建设成效,探索形成数据分析报告机制;加强数据分析挖掘,开展疫情防控、项目评价、民生实事、“一网通办”、住房保障、“一老一小”、交通出行、数据安全8个领域数据分析,助力政府决策。数据安全管理加强,围绕公共数据全生命周期管理,以“人、数据、场景”关联管理为核心,建立健全公共数据安全制度规范、技术防护和运行管理三大体系。按照“最小化、零信任、必要性”原则,开展安全隐患集中攻坚行动,重点对信息技术服务外包、基础设施资产清单、“三高一弱”(高危漏洞、高危端口、高风险外连、弱口令)网络安全、政府网站安全、非政务云或未编目系统等进行全面排查,消除各类安全风险隐患。修订实施《杭州市数据资源管理局政务外网与公共数据安全管控机制》。开展数据安全态势感知建设工作,感知规则库建立规则122条。健全完善敏感数据识别规则,配置内置识别规则31个、自定义识别规则8816个。建立健全重要敏感数据一本账,涉及220张省回流敏感数据表、42张市本级敏感数据共享表。

【杭州城市大脑2.0场景建设升级】2023年,市数据资源局推进经典场景升级,“先离场后付费”场景新增接入停车场库500余个、停车泊位12万个;“亲清在线”场景新增上线政策1779条,兑付资金199亿元,惠及企业110万个(次);“欢快旅游”场景新增“30秒入住”酒店102个;上线“发现杭州”文旅总入口,新增“20秒入园”景点205个、文化场馆39个,文化旅游卡升级为文旅惠民卡。推进重大场景建设,“智慧公交”场景由“人跟线走”向“线跟人走”变革,整治减少运行低效、与地铁重复的公交线路80条,新增优化地铁接驳线196条,增设公交“六进”专线217条;“慧眼识堵”应用实现50个路口从严重拥堵提升至基本畅通,38条市区道路车行时速提至20千米以上;“智慧绿波”应用赋能绿波道路高峰均速提升,配时效率提升10%左右。“数智宜居”场景在全国首创房屋身份证体系,对105万幢楼宇的489万套房屋赋码,赋能房屋交易等11个高频涉房业务;“公服配套”应用对227个“15分钟生活圈”、716个“5分钟生活圈”内的公共服务设施配套情况出具诊断书;“危房管理”应用完成1690幢危房落图。“一老一小”场景在全国首创养老服务电子津贴制度;“智慧助餐”应用实现60岁以上老年人“刷脸就餐即可全城享优惠”;“安居守护”应用为5400余户独居老人安装“门磁感应、红外监测、主动呼叫”等“3+X”智能设备;“e床养老”应用打造全市域数据归集、全流程康养管理、全天候数字监管模式;“舒心托育”应用推动照护服务机构乡镇(街道)覆盖率由60%提升至99.48%;“民生直达”应用上线政策137条,惠及263万余人,累计“智能秒达”助困资金106.26亿元。“城市地下智防”场景系统覆盖1120平方千米,推送基坑信息预警478次,开展亚运会专项塌陷防治,完成1511次闭环防治,及时闭环率96%。推进特色场景建设谋划,“亚运在线2.0”场景通过63套业务系统综合集成,实现亚运会“全景一屏统揽、指挥一键下达、问题集中交办、任务一体落实”,全面赋能“智能亚运”;“数智营商”场景基本完成“杭州e办、杭州e投、政策e享、杭州e融”的数智营商“1+6E”体系建构;“一网统管”场景梳理形成96个与城市相关的安全系统清单和79类2165个城市生命体征监测指标,并推进城市生命线“十大关键变量”系统集成,集成指标161个;“智慧教育”完成“数智助学”“数智优学”“数智乐学”“数智护学”4个综合应用场景的12个子应用建设;"智慧医疗"上线"就医智管家",覆盖全市45个二级及以上医院,服务病患550余万人次,市属医院和17个区县医院、112个社区卫生服务中心全部接入市互联医疗健康服务平台,基层医疗机构通过数智医联体直接预约市属医院床位;开展"重病e相助"富阳区试点建设,主动标识困难人员1.4万人,困难人员个人负担医疗费用比上年减少609.72万元。

【亚运会数据护航】2023年,市数据资源局强化亚运会前"护航亚运"政务外网网络数据安全攻防演练、隐患排查,构建电子政务系统护航亚运会网络安全保障指挥体系。组织电子政务网络安全攻防演练6次,亚运会前风险隐患全部完成整改。加强亚运会期间全市政务网络、公共数据、政府门户网站的安全管控,坚持网络不断、系统不停、数据不泄、页面不改"四不"目标,实现公共服务应用系统"一个都不下线"、公共服务自助终端"一台都不关机"、政府部门门户网站"一个都不关停",全市数据系统3000余人次参与安全防控,连续51天执行24小时不间断值班值守任务,防御攻击1587.39万次,全市未发生相关安全事件。

【数字化政务服务】2023年,市数据资源局推进"一网通办"增值式服务,抓好政务服务事项的流程再造,开发"杭州政务服务'一网通办'预警监测平台"。全市网上政务服务超期受理率从年初的1.11%下降到年末的0.07%,超期办理率从0.26%下降到0.02%,减少超期办理件2.09万件。市本级和区县(市)"一网通办"率均达到90%目标,市本级被省采纳的涉企高频事项工单数53个。杭州政务服务"网上办""掌上办"成为主流,服务成效度、办理成熟度、方式完备度、事项覆盖度、指南准确度等核心指标全国领先。

【数据基础制度建设】2023年,市数据资源局探索建立"三数一链"(杭州数据交易所、数据流通交易专网、数据合规流通数字证书、之江链)数据流通基础设施。11月9日,国家数据局主要领导调研杭州"中国数谷"数据要素改革并给予肯定。11月17日,作为"三数一链"重要组成部分和数据流通终端,全国首批"数联猫"在高新区(滨江)交付投用,新华网进行相关专题报道。

【信息化项目集约增效管理】2023年,市数据资源局强化信息化项目全生命周期规范管理,修订实施《杭州市本级电子政务项目建设指南(第二版)》,提升项目集约化建设绩效。创新市本级应用系统统筹管理,加强项目进度跟踪管理和项目验收绩效评价。印发《政务应用系统整合统筹管理工作实施方案》《关于进一步明确政务应用停用退出、归并整合操作流程的通知》《关于开展杭州市本级政务应用系统绩效评价工作的通知》,推进系统集聚、要素汇聚和场景应用"好用、管用、想用、耐用",推动应用系统"停用退出一批、归并整合一批、规范改造一批",深化市级各部门内部政务信息系统整合清理工作,建立"一单位一平台"长效机制,梳理汇总单位71个、核心业务平台74个。

【社区治理"一表通"推广应用】2023年,杭州市基本解决基层填报"交办杂"问题,全市纳入市"一表通"报表36张,自动填报字段131个,表单生成方式由手工填报、多头录入转变为一次录入、自动生成,由"基层报"转变为"部门取"。基本解决基层填报"次数频"问题,通过归集业务系统的数据、人口房屋基础数据,实现数据直达、智达,每名社工每周节省表单填报时间近7个小时。基本解决基层治理"用数难"问题,上城区利用"一表通"开展"平安护航亚运、网格集中走访"百日攻坚行动。

【政务类App和应用系统整合】2023年,市数据资源局为基层减负,推动政务类App和应用系统整合关停,严格政务类App新设项目评审等工作,确保"存量全纳管、增量无遗漏"。排查出市级部门纳入管理的政务类App和应用系统148个,其中App 84个、其他应用系统64个。经过整治,保留38个,整合68个,关停42个。

【城市物联感知体系初步建成】2023年,市数据资源局建设"可感知、可预警、可处置、可闭环、可复盘、安全可靠"的城市物联感知体系,编制实施杭州城市物联感知"一导则二规范三标准"(《杭州城市物联感知体系建设导则》《杭州城市物联感知应用运行规范》《杭州城市物联感知信息安全规范》《杭州城市物联感知数据接入标准》《杭州城市物联感知设备接入标准》《杭州城市物联感知基础设施配套建设标准》),启动建设涵盖"云、网、边、端、数、智、安"各技术要素和环节的规范建设和维护。搭建杭州市物联感知基础平台,接入13个区县(市)和20个市级部门的终端和数据。

(朱文阳)

责任编辑 金利权 高 丹

9 中国人民政治协商会议杭州市委员会

综　述

【市政协组织机构】至2023年年末，杭州市有政协组织机构14个，即中国人民政治协商会议杭州市委员会和13个区县（市）政协。有各级政协委员4457人，其中市政协委员504人、区县（市）政协委员3953人。市十二届政协委员会组成人员99人，其中主席1人、副主席8人、秘书长1人、常委89人。市十二届政协设办公厅、研究室及提案委员会、委员工作委员会、经济委员会、农业和农村委员会、城市建设和人口资源环境委员会、教育科技卫生体育委员会、社会法制和民族宗教委员会、港澳台侨和外事委员会、文化文史和学习委员会9个专门委员会。

【政协委员构成】至2023年年末，杭州市十二届政协委员共504人，由31个界别组成，包括中国共产党、7个民主党派、无党派人士、人民团体、少数民族和各界代表，台湾同胞、港澳同胞和归国侨胞代表，以及特别邀请人士。其中，中国共产党14人，中国国民党革命委员会14人，中国民主同盟13人，中国民主建国会14人，中国民主促进会14人，中国农工民主党14人，中国致公党8人，九三学社14人，无党派人士10人，中国共产主义青年团和杭州市青年联合会10人，杭州市总工会20人，杭州市妇女联合会12人，杭州市工商业联合会20人，杭州市科学技术协会17人，环境资源界10人，文化艺术界22人，科学技术界24人，经济界22人，社会科学界7人，农林界17人，教育界25人，体育界7人，新闻出版界8人，医药卫生界15人，对外友好界3人，社会福利界5人，少数民族界7人，杭州市归国华侨联合会10人，宗教界8人，台湾同胞6人，特别邀请人士107人。

【政协思想政治建设】2023年，市政协贯彻落实中共中央和省委、市委决策部署，始终把思想政治建设摆在首位，坚持“第一议题”和习近平新时代中国特色社会主义思想学习座谈制度，健全以政协党组理论学习中心组学习为引领的学习体系，举行党组理论学习中心组学习会15次，开展党组会议和主席会议专题学习28次、专委会分党组学习32次，举办求是讲堂3期，开展学习贯彻习近平新时代中国特色社会主义思想主题教育，围绕学习全国两会精神、持续推动“八八战略”走深走实等主题，开展政协委员读书交流活动，学习贯彻中共二十大精神、习近平新时代中国特色社会主义思想、习近平总书记关于加强和改进人民政协工作的重要思想、习近平总书记考察浙江重要讲话精神和重要指示批示精神等。

【政协系统党的建设】2023年，市政协以政治建设为统领，推进政协党的各项建设，发挥政协党组把方向、管大局、保落实的作用，重大事项及时向市委请示报告，定期听取市政协机关党组和专委会分党组工作情况汇报。完善政协党的组织体系，落实政协党组成员联系党员委员、党员委员联系党外委员制度。打造“同心同杭”党建工作品牌，探索构建“市县共建、多级联动、特色创树、机制支撑、融合赋能”党建工作矩阵，推进党建品牌创建与政协履职实践相互促进。市政协党建工作相关做法在全国政协党的建设工作座谈会上作交流发言。

【亚运攻坚仗建言助力】2023年，市政协把服务保障杭州亚运会、亚残运会作为年度履职要事，市和区县（市）两级政协组织围绕各项赛事筹备工作，开展视察调研、协商建言。参与“赛事侧”火炬传递、外事礼宾、医疗保障、抵离服务、信息技术、场馆运行等指挥调度和服务保障工作；牵头做好“城市侧”服务保障工作，围绕高速公路入城口、机场车站、道路街区、建设工地、比赛场馆、入驻酒店等周边环境提升和“花满杭城”建设等，进行调研走访、指导督促。市和区县（市）两级政协机关干部到结对街道、社区开展环境美化、氛围营造、文明劝导、平安巡防等工作。开展“服务亚运会·委员作贡献”、“弄潮儿向涛头立”迎亚运书画精品展、“青春有约·亚运有你”、“同心同行、有爱无碍”等活动。组织政协委员围绕释放亚运红利、全民共享亚运成果、后亚运城市发展、亚运赛事场馆后续利用、开发亚运特色旅游等专题，开展调研、协商、建言。创新“法治建设面对面”协商平台，围绕预付式消费治理等开展协商。召开市法检两院、公安工作通报协商会，助推平安杭州、法治杭州建设。

【经济翻身仗协商建言】2023年，市政协围绕市委打赢经济翻身仗战略部署，深入调研，协商建言。把助力经济高质量发展作为市政协全会协商重点，提出全会建议案《关于深化“两廊”“两地”建设，打造全球高端制造业研发和生产基地的建议》，组织政协委员围绕“强信心、促发展，全力打好经济翻身仗”主题，开展联组会议协商，紧扣高质量发展主题，组织大会发言。把助力经济高质量发展作为年度协商履职重点，围绕“深化‘两廊’建设，深入实施数字经济创新提质‘一号发展工程’”“加快‘两地’建设，高水平打造创新创业新天堂”主题，开展专题议政性常委会会议协商；围绕“打造全市重要高端制造业产业基地”“加快临空经济示范区建设，打造杭州经济高质量发展新增长极”“发挥杭州茶都优势，促进茶文化茶产业茶科技高质量发展”“促进‘老字号’传承发展振兴”等主题，开展课题调研、专题协商、立法协商等；创设“政协杭商荟”座谈交流机制，开展“大走访大调研大服务大解题”活动，助力企业发展。把助力经济高质量发展作为城际协商侧重点，与宁波市政协举办杭甬“双城记”政协协商，围绕“共建全国重要集成电路集聚区”“发挥两市异地商会作用”“加快职业教育协同发展”等主题协商建言；举办9个城市政协“共商长三角G60科创走廊更高质量发展”活动，围绕“数字经济高质量发展”“坚持区域融合、共同推进长三角乡村振兴一体化发展”等主题交流经验、共谋良策。

【政协协商平台建设】2023年，市政协坚持全市政协协商平台建设一体谋划部署，统筹推进民生议事堂、委员工作室、社情民意联系点“三位一体”和“协商驿站”建设，构建规范化建设、宽领域拓展、实体化运行、灵活性协商平台体系。坚持“界别群众在哪里、协商平台就建到哪里”，创设村落社区、商圈楼宇、产业园区、行业基地、专业街区、特色小镇等富有杭州特色的基层政协协商平台。推进“一区县（市）一品牌、一镇（街）一特色、一村（社）一亮点”建设，打造“有事好商量”“红茶议事会”“青春议事厅”“万市好商量”等特色品牌。制定《关于深化推进政协基层协商平台建设的意见》。

【新时代协商民主实践中心建设】2023年，市政协强化新时代协商民主实践中心平台功能，在区县（市）政协设立分中心和实践基地，建设全市实践中心平台矩阵。深化拓展“学习二十大、委员进中心、履职为人民”主题活动，创新开展“区县（市）政协活动周”“00后走进协商民主”“百家协会进中心”等系列主题活动。与共青团中央联合举办全国青少年模拟政协提案征集活动启动会暨现场推进会、全国青少年制度自信教育培训班等，扩大实践中心影响力。全年举办“请你来协商”、界别协商、便民服务等活动845场，接待海内外团队630批15万余人次，经验做法获上级政协领导批示肯定。“创建全国首家新时代协商民主实践中心”入选“2023全国社会治理创新案例”。

【数字政协建设】2023年，市政协拓展数字政协深度、广度、效度，迭代完善“162+H”（“1”是“杭州数字政协”驾驶舱，“6”是“协商在线”“提案在线”“同心在线”“社情民意在线”“学习在线”“委员履职在线”6个综合应用，“2”是“数字政协”理论和制度规范体系，“H”是体现杭州特色的“党建在线”“文史在线”“宣传矩阵”等多跨综合应用）杭州数字政协体系，优化数字政协驾驶舱功能模块，完善6个综合应用模块，新增会议移动服务等数字功能应用模块，构建数据实时同步共享机制。数字赋能“请你来协商”、专题协商、月度协商等履职活动，组织政协委员参加网络协商议政3892人次，提出建议2642条。

（钱芳玲）

市政协重要会议

【概况】2023年，市政协召开十二届二次会议，召开常委会会议6次，就有关议题进行建言资政、凝聚共识、共同协商，并审议有关人事事项。

【市政协十二届二次会议】2023年2月18—21日，市政协十二届二次会议召开。会议围绕“强信心、促发展，全力打好经济翻身仗”开展联组会议协商，就高质量发展主题组织大会发言。会议审议批准市政协主席马卫光代表政协第十二届杭州市委员会常务委员会所作工作报告，审议批准市政协副主席郭清晔所作提案工作情况报告，审议通过《关于深化

2023年2月18日，中国人民政治协商会议第十二届杭州市委员会第二次会议开幕
（市政协办公厅 供稿）

表7 2023年市政协十二届二次会议重点提案一览表

提案号	提案者	案 由
28	舒强	关于做好四个先行，筑牢基层医疗公共服务圈的建议
50	九三学社市委会	关于推动城西科创大走廊建设科技成果转移转化首选地建设的建议
72	林影	关于鼓励和引导社会资本参与城市更新，高水平推进未来社区建设的建议
74	科协、环境资源界别组	关于缓解农村职业经理人发展难题的建议
79	民革界别组委员工作室	关于推动先进制造业与现代服务业融合发展的建议
83	叶佳星	关于加快“类博物馆”融入非国有博物馆体系的建议
86	农工党市委会	关于推进“西湖益联保”可持续发展助力共同富裕的建议
90	王恺华	关于弥合老年群体数字鸿沟，提升宜居天堂的数智温度的建议（模拟提案转化）
95	医卫界别组	关于加强医保支付制度改革，助力完善分级诊疗体系的建议
104	农工党界别组委员工作室	关于双碳背景下加快推进我市绿色建筑高质量发展的建议
122	共青团和青联、体育界别组	关于进一步加强学校体育师资队伍建设的建议
151	曹国熊	关于以科创金融改革试验区建设为契机，加快投资基金发展的建议
198	民革市委会	关于加强杭州临空经济示范区建设，着力打造城市新兴增长极的建议
207	致公党市委会	关于放大“亚运电竞效应”，推动我市电竞产业集聚发展的建议
212	骆铭嘉	关于促进杭州会展企业高质量发展，打造国际会议目的地的建议
221	周旭霞	关于推进杭州医疗器械产业国际化的建议
225	黄飞	关于推动医养深度融合，助力健康养老服务供给改革的建议
233	民建市委会	关于全力办好亚运会，积极实施“亚运遗产”战略的建议
245	民盟市委会	关于进一步促进我市中小企业高质量发展的建议
267	俞雁雁	关于完善新型慈善工作体系，争当共同富裕示范区城市范例的建议
268	九三学社市委会	关于促进我市智慧交通发展的建议
270	李晓桃	关于创新智慧服务模式，推进未来社区建设的建议
277	边亦平	关于规范管理预制菜行业的建议
326	致公党市委会	关于打造中医药传承创新工程，加快我市中医药产业内涵式发展的建议
392	民建市委会	关于探索“研创产”融合发展路径，推进我市高端实验室产业化发展的建议
397	民盟市委会	关于深化我市农村文化礼堂建设，激发乡村振兴内生动力的建议
408	朱师钧	关于迭代打造杭州文旅亮点项目的建议
416	市工商联	关于为民营企业参与乡村振兴营造良好环境的建议
419	教育界别组	关于加强亚运会大学生志愿者宋韵文化培训的建议
431	毛爱东	关于加强种子知识产权保护，全面提升我市种业发展的建议
449	柴伟国	关于实施地力定向培育消减土壤障碍因子的建议
451	俞梁	关于深入实施工业记忆工程，讲好中国式现代化的“杭州故事”的建议（模拟提案转化）
455	王淑翠	关于进一步优化外卖骑手社会关爱问题的建议（模拟提案转化）
458	王其	关于建立亚运青少年文明使者队伍的建议（模拟提案转化）
473	民进市委会	关于优化“轨道＋步行”出行环境，打通地铁“最后一公里”的建议
475	民进市委会	关于抢抓国潮消费新趋势，推动“老字号”传承发展，助力国际消费中心城市建设的建议
485	科技界别组	关于促进平台经济高质量发展的建议
510	但志婷	关于推进养老护理服务分层分类管理的建议
569	社科、新闻出版、对外友好界别组	关于把握亚运契机，培育做大杭州体育经济的建议
581	陈自辉	关于动态精准使用可变车道牌的建议
591	高晓青	关于整合民间公益资源，打造公益之都的建议
605	李中	关于完善技能人才评价体系的建议

（资料来源：市政协办公厅）

“两廊”“两地”建设打造全球高端制造业研发和生产基地的建议》为全会建议案，选举9名政协第十二届杭州市委员会常务委员。会议收到提案636件，经审查，立案549件，其中集体提案82件。会议表彰市政协2022年度优秀提案，《关于深化公共服务供给侧结构性改革，推进城乡共同富裕的建议》等50件提案被评为2022年度优秀提案；会议表彰2022年度提案办理先进单位，市发改委等20个单位被评为2022年度提案办理先进单位。

【**市政协常委会会议**】2023年，政协第十二届杭州市委员会常务委员会召开6次会议，就有关议题进行协商建言。

2月10日，市政协十二届四次常委会会议召开。会议听取市政府关于市政协十二届一次会议以来提案办理情况的通报；审议通过市政协十二届二次会议召开决定和议程、日程（草案）；审议通过政协第十二届杭州市委员会常务委员会工作报告、提案工作报告及报告人名单；审议通过市政协十二届二次会议秘书长、副秘书长名单；审议通过市政协十二届二次会议建议案（草案）；审议通过市政协十二届二次会议大会选举办法（草案）；审议通过有关人事事项。会议授权市政协主席会议审议政协第十二届杭州市委员会常务委员会第四次会议未尽事宜。市政协主席马卫光主持会议，市政协副主席许明、毛溪浩、陈新华、冯仁强、陈国妹、郭清晔、宦金元、林革等出席。

2月21日，市政协十二届五次常委会会议召开。会议听取各组协商讨论情况汇报，审议通过政协第十二届杭州市委员会提案委员会关于十二届二次会议提案审查情况的报告（草案），审议通过政协第十二届杭州市委员会第二次会议决议（草案），审议通过政协第十二届杭州市委员会大会选举候选人名单，审议通过大会选举办法（草案），审议通过总监票人、副总监票人、监票人名单（草案）。市政协主席马卫光主持会议，市政协副主席许明、毛溪浩、陈新华、冯仁强、陈国妹、郭清晔、宦金元、林革等出席。

4月7日，市政协十二届六次常委会会议召开。会议传达学习全国两会精神，审议通过有关人事事项。免去宦金元的市政协副主席职务，同意其辞去市政协委员；任命贺弢为市政协副秘书长；调整专委会兼职副主任；撤销朱黎明的市政协委员资格。市政协主席马卫光主持会议，市政协副主席许明、毛溪浩、陈新华、冯仁强、陈国妹、郭清晔、林革等出席。

6月25日，市政协十二届七次常委会会议召开。会议围绕“深化‘两廊’建设，深入实施数字经济创新提质‘一号发展工程’”协商建言。市长姚高员通报2023年以来全市经济社会发展情况并讲话。市政协主席马卫光主持会议，市政协副主席许明、毛溪浩、陈新华、冯仁强、陈国妹、郭清晔、林革等出席。会上，12名政协委员和企业家代表交流发言，13个市直部门负责人列席会议。

9月27日，市政协十二届八次常委会会议召开。会议审议通过政协杭州市委员会《关于深化推进政协基层协商平台建设的意见》和有关人事事项，免去张慧娟的市政协常务委员、委员工委兼职副主任职务，撤销其委员资格。市政协主席马卫光主持会议，市政协副主席许明、毛溪浩、陈新华、冯仁强、陈国妹、郭清晔、林革等出席。

11月9日，市政协十二届九次常委会会议召开。会议学习贯彻习近平总书记考察浙江重要讲话精神，学习贯彻省委十五届四次全会精神，围绕“加快‘两地’建设，高水平打造创新创业新天堂”协商建言。市政协主席马卫光主持会议，市委副书记马小秋到会听取意见建议并讲话，市政协副主席毛溪浩、陈新华、冯仁强、郭清晔、林革等出席。会上，市政协教育科技卫生体育委员会负责人作主旨发言，11名政协委员、专家和企业代表交流发言。

（钱芳玲）

协商议政

【**概况**】2023年，市政协对照年度协商履职计划，组织专题议政性常委会会议协商2次、专题协商6次、月度协商6次。完成重点调研课题5个，向市委、市政府报送各类建议报告20份。

【**茶文化茶产业茶科技发展协商建言**】2023年3月30日，市政协召开“请你来协商·发挥杭州茶都优势，促进茶文化茶产业茶科技高质量发展”专题协商会议。会上，市政协农业和农村委员会负责人作主题发言，11名政协委员、专家学者和茶企代表作专题发言，市农业农村局等12个部门负责人到会听取意见并与委员互动交流。会议组织政协委员通过杭州数字政协履职平台开展网络协商议政，参与386人次，提出建议337条。

【**融合型大社区大单元治理协商建言**】2023年6月8日，市政协召开“请你来协商·推进融合型大社区大单元治理，提升基层治理现代化水平”月度协商座谈会。会上，市政协社会法制和民族宗教委员会负责人作主题发言，9名政协委员、党派界别代表、街道和社区代表作专题发言，市民政局负责人作回应发言，市委组织部等8个部门负责人到会听取意见。会议组织政协委员通过杭州数字政协履职平台开展网络协商议政，参与321人次，提出建议251条。

【**城市综合交通网络优化协商建言**】2023年8月18日，市政协召开“请你来协商·完善公交地铁接驳体系，优化城市综合交通网络”月度协商会议。会上，市政协城市建设和人口资源环境委员会负责人作主题发言，12名党派界别、区（县）市政协委员代表作专题发言，市交通运输局、市城投集团等8个部门和单位负责人到会听取意见并与委员互动交流。会议组织政协委员通过杭州数字政协履职平台开展网络协商议政，参与317人次，提出建议278条。会前，市政协有关领导牵头组建13个课题组开展调研，征求有关部门、政协委员和界别群众意见。

【**南宋文化活化利用协商建言**】2023年10月13日，市政协召开“加强南宋皇城及周边遗址保护，深化南宋文化活化利用”月度协商会议。会上，市政协文化文史和学习委员会负责人作主题发言，部分政协委员、专家代表作专题发言，市文化广电旅游局、市园文局、西湖风景名胜区管委会、上城区政府等相关负责人到会听取意见。会议组织政协委员通过杭州数字政协履职平台开展网络协商议政，参与347人次，提出建议325条。会前，市政协主要领导和有关领导带队开展调研并听取有关工作情况汇报。

【“湿地水城”建设协商建言】2023年10月20日，市政协召开“高水平推进‘湿地水城’建设”专题协商会议。会上，市政协城市建设和人口资源环境委员会负责人作主题发言，12名党派界别代表和区县（市）政协代表作专题发言，市林水局负责人作回应发言。会议组织政协委员通过杭州数字政协履职平台开展网络协商议政，参与210人次，提出建议222条。会前，市政协主要领导带队到淳安县开展调研；市政协有关领导牵头组织13个课题组开展调研，征求有关部门、政协委员和界别群众意见。

【临空经济示范区建设协商建言】2023年11月16日，市政协召开“请你来协商·加快临空经济示范区建设，打造杭州经济高质量发展新的增长极”专题协商会。会上，市政协经济委员会负责人作主题发言，11名政协委员和企业家代表作专题发言，市发改委负责人作回应发言，11个部门负责人到会听取意见。会前，市政协主要领导带队到临空经济示范区走访调研；市政协有关领导牵头，市政协经济委员会组织政协委员到相关平台、企业和部门调研座谈，形成主报告1份和子报告11份。

【城市国际化和高能级开放水平协商建言】2023年11月28日，市政协召开“请你来协商·用好亚运机遇推进‘一号开放工程’，提升杭州城市国际化和高能级开放水平”月度协商会。会上，市政协港澳台侨和外事委员会负责人作主题发言，13名调研组代表、政协委员、专家及行业协会代表作专题发言，市商务局等3个部门负责人到会听取意见并与委员互动交流。会前，市政协相关专门委员会牵头成立总课题组，通过文献研究、座谈考察、实地走访等形式开展调研，召开座谈会26次，参与政协委员、调研组代表和专家等共223人次，形成总报告1份和子报告12份，提出建议82条。

【教育高质量发展协商建言】2023年12月6日，市政协召开“提升中学办学水平，促进教育高质量发展”月度协商会。会上，7名政协委员代表课题组作主题发言，4名校长和专家代表作专题发言，市教育局负责人作回应发言。会前，市政协教育科技卫生体育委员会牵头组建7个课题小组开展调研，形成调研报告7篇。

【农业文化遗产发掘保护利用传承协商建言】2023年12月8日，市政协召开“加强杭州农业文化遗产发掘保护利用传承”月度协商会。会上，市政协农业和农村委员会负责人作主题发言，10名政协委员和专家学者代表作专题发言，市农业农村局、市文化广电旅游局等4个部门负责人到会听取意见并与委员互动交流，相关区县（市）政协、农业农村局负责人参加会议。会前，市政协主要领导和有关领导带队到相关区县（市）开展调研。

（钱芳玲）

民主监督

【概况】2023年，市政协坚持“协商式、帮助式”民主监督性质定位，发挥融协商、监督、参与、合作于一体的协商式监督特色优势，对照年度协商履职计划，围绕中心工作，开展民主监督，全年组织开展专项集体民主监督3项。

【“亚运城市文明共建行动”专项集体民主监督】2023年5—8月，市和区县（市）两级政协组织围绕市容市貌提升、城市交通治理、文明素质养成、“花满杭城”4个主题，联动开展“亚运城市文明共建行动”专项集体民主监督。监督中，市和区县（市）政协发挥各自优势，组织政协委员参加亚运主题活动120余场4890人次，调研亚运城市文明提升项目340个，发现问题720个，提出建议983条。

【营商环境优化专项集体民主监督】2023年9月中旬至11月上旬，市政协学习贯彻省、市营商环境优化提升“一号改革工程”大会精神，围绕营商环境优化提升“一号改革工程”实施情况，开展市和区县（市）政协联动专项集体民主监督。监督中，市政协召开重点部门、重点企业、行业协会代表座谈会，组织政协委员以界别为单位，按照“就地就近就便”原则，到政务（行政）服务中心、基层和企业，开展体验式的微监督、微调研。市政协主要领导带队，以“四不两直”方式赴滨江区、萧山区、上城区政务（行政）服务中心开展监督调研，通过询问办事企业、群众及窗口工作人员，现场感知营商环境优化情况；市政协有关领导带队，到拱墅区、建德市开展监督调研，走访相关部门和协会。全市两级政协委员参与350人次，提出意见建议290余条。

【“深化‘千万工程’、建设美丽乡村”专项集体民主监督】2023年，市政协围绕“深化‘千万工程’、建设美丽乡村”情况，组织开展专项集体民主监督。市政协主要领导审定方案，市政协有关领导主持市农业农村局、市发改委、市建委、市规划和自然资源局、市生态环境局、市文化广电旅游局等部门参加市、区县（市）两级政协协商座谈。市政协城市建设和人口资源环境委员会同农业和农村委员会组织市、区县（市）两级政协成立民主监督组19个，调研村庄74个，发现问题369个，提出意见建议411条，政协委员参与1190人次；组织政协委员通过杭州数字政协履职平台开展网络协商议政，参与223人次。

（钱芳玲）

凝聚共识

【概况】2023年，市政协发挥人民政协作为统一战线组织化、制度化、专门化平台的作用，把加强思想政治引领、广泛凝聚共识作为履职工作中心环节，坚持大团结大联合，组织各党派团体和各界人士共商国是、传播共识，加强与港澳台同胞和海外侨胞团结联谊，汇聚杭州高质量发展强大合力。

【合作共事深化】2023年，市政协坚持和完善市政协领导联系民主党派、工商联制度，集中走访民主党派、工商联及其成员和无党派人士，主动征求对市政协年度协商履职工作计划等的意见建议。坚持年度履职重点任务由主席会议成员一起分工领衔，年度协商履职议题与民主党派和工商联联合开展调研，在大会发言、专题协商中优先安排发表意见，加强多党合作共事，增强向心力。

【团结联谊加强】2023年，市政协健全完善委员联系界别群众机制，引导委员依托新时代协商民主实践中心、民生议事堂、委员工作室等平台，加强与界别群众的经常性联系，做好宣传政策、解疑释惑、化解矛盾、提振信心工作。组织党外委员专题视察城西科创大走廊、国家版本馆、南宋德寿宫遗址博物馆，感受杭州城市发展变化，促进党外委员坚定信心、增进认同。组织开展"政协走亲"活动，加强与非公有制经济人士联系，走访新经济组织、新社会组织等代表人士，邀请"两新"人士参加政协履职活动。组织少数民族和宗教界委员开展"走进宋韵"、视察红色教育基地、"走进畲乡话共富"等活动，联合举办"宗教中国化"研讨会，促进民族和睦、宗教和顺。做好桐庐莪山畲族乡结对帮扶工作，牵头落实帮扶资金479万元，助力招引项目落地。发挥政协之友联谊会、企业家联谊会、中华文化促进会、文史研究会、公共外交协会、书画研究院等社团作用，开展团结联谊活动。

【民生福祉改善助力】2023年，市政协开展"六送"（送文化、送教育、送卫生、送法律、送科技、送体育）服务基层和群众活动，向基层群众赠送物资价值约155万元，受益群众1.6万人次。开展2024年市政府民生实事项目协商，调研征集民生实事项目选题9个方面16条建议。围绕新就业群体权益保障、加强外卖小哥关心关爱等，开展调研协商。开展"智汇乡村·助推共富"活动，为民办实事、做好事、解难事。

【港澳台同胞及海外侨胞交流交往】2023年，市政协组织香港、澳门委员履职周活动，举办港澳台侨青年创业就业政策对接会。组团到香港、澳门开展团结联谊活动，指导香港杭州政协之友联谊会换届，指导香港、澳门杭州政协之友联谊会开展工作，走访港澳政协委员、爱港爱澳社团及代表人士，建立市政协香港、澳门委员工作室，支持港澳委员、港澳台侨代表人士为促进港澳繁荣稳定、更好融入国家发展大局贡献力量。在香港举行以"凝心聚力，交流互鉴，携手共创国际消费中心城市"为主题的2023年杭港澳发展交流会。牵头举办第八届杭州民营企业牵手共建"一带一路"国家对接交流会、"迎亚运、颂杭州"第六届上海合作组织国际美术双年展暨第九届"话说西湖"美术交流展。

（钱芳玲）

文史研究

【概况】2023年，市政协强化文史研究人才和平台支撑，成立杭州中华文化促进会陶瓷文化研究传承中心和丝绸文化研究传承中心，聘任杭州市文史研究馆首批馆员和特约研究员。举办第二届浙江"人文之美"研讨会、第二届杭城悦读文化节，举办文史展览2场、文史讲堂5期。编撰出版《东方文化名湖——西湖申遗纪实》《华夏文明印痕——运河申遗纪实》《中华文明圣地——良渚申遗纪实》《天作之合——杭州亚运会申办筹办纪实》和《杭州文史》（第33~36辑）等文史图书。

【"两宋文化"交流】2023年11月10日，杭州市政协首次与开封市、洛阳市政协联合召开"两宋文化"协商交流会。会上，杭州、开封、洛阳3个城市的9名政协委员分别作交流发言，围绕"两宋文化"的研究传播、文旅推广、数字化利用等方面，提出意见和建议，助力宋韵文化传承发展。

【杭州文史论坛】2023年11月11—12日，市政协举办2023年杭州文史论坛暨"数字人文视野下的宋代文明"学术研讨会。论坛以"数字人文视野下的宋代文明"为主题，围绕数字人文研究、信息技术与文化遗产保护展示、文史成果转化利用等议题开展研讨，来自开封、洛阳、宁波、绍兴、湖州、衢州等地的政协领导和全国40余个高校、研究机构的近200名专家学者参会，收到相关学术成果60余篇。论坛期间，与会专家学者参观南宋德寿宫遗址博物馆和"云观华夏——数字化文史成果展"。

【"文史在线"栏目迭代升级】2023年，市政协迭代升级"文史在线"栏目，以政协委员等目标群体需求为导向，以原创内容为支撑，综合运用文字、图像、音频、视频、VR/AR等数字化工具，建设一站式文化文史线上平台，让文史成果"活起来"。至年末，"文史在线"上线有自主版权的电子书近百册、约2000万字，文史普及文章3700余篇，音视频等资料600余个。

（钱芳玲）

责任编辑　金利权　高　丹

10

中国共产党杭州市纪律检查委员会 杭州市监察委员会

综　述

【市纪委市监委机构】至2023年年末，市纪委市监委设派驻（出）机构29个。其中：综合派驻20个，单独派驻（出）6个，派驻市属金融企业纪检监察机构2个，委托管理1个。经市纪委市监委授权，履行党的纪律检查和国家监察两项职责。市纪委市监委下属市廉政教育中心、市纪检监察事务服务中心（纪检监察信息中心）2个事业单位，负责执纪监督的服务保障工作。

【“两个维护”政治监督】2023年，市纪委市监委列清单、压责任、抓落实，严明政治纪律和政治规矩，全市立案审查违反政治纪律案件57件，处分69人。围绕监督护航三个“一号工程”和打赢“两场硬仗”等省、市重大决策，细化“小切口”项目监督。护航打赢经济翻身仗，把重大项目落地推进作为“小切口”监督项目，以“千项万亿”“152”等省、市重大项目为重点，紧盯全市各级742个重点项目，探索构建全生命周期项目建设跟进监督机制，推动破解制约重大项目落地推进质效的关键性问题，组建专业化综合监督组，对市本级投资额20亿元以上的重大工程项目开展巡回监督。压实管党治党政治责任，协助市委制定常态化开展政治家访实施办法，全市全覆盖推行“一把手”政治家访，相关做法在全省推广。协助市委主要领导对13个区县（市）党委书记开展政治家访，带动市、区县（市）两级党政“一把手”开展政治家访338人次。探索开展“四责联述”（党委主体责任、党委书记第一责任、班子成员“一岗双责”、纪委监督责任）督责评议，落实全面从严治党主体责任。

【亚运会和亚残运会筹办监督保障】2023年，市纪委市监委把监督保障杭州亚运会和亚残运会筹办作为首要政治任务，制定《关于加强亚运筹办工作政治监督 打造“清廉亚运”的实施方案》，编发城市侧场馆侧廉政风险防控等系列手册，开展“助力百日冲刺，护航清廉亚运”专项行动。坚持城市侧和赛事侧一起抓、保执行和保廉洁一起督，部署实施涉亚运渣土处置、工程建设项目招投标、网络安全问题整改等专项整治，开展监督检查5637次，监督发现和推动整改问题6779个，提出意见和建议1966条，处理“不担当、不作为、不落实”问题责任人189人，推动完善制度122个。赛事期间，召开周调度会11次、印发监督提示7期、编发监督动态11期、报送问题专报6期，市委、市政府主要领导对每期专报均作出批示，相关建议被亚运会和亚残运会指挥部采纳。提炼形成《大型综合性赛事监督工作指引暨亚运监督成果汇编》，相关做法及成果获评全省2023年度政治监督十佳案例。

【审计移交问题线索处置跟进监督】2023年2月，中共中央纪委国家监委交办审计发现反映杭州市3个重大问题线索。市委成立由市委书记、市长担任双组长的审计发现问题整改工作领导小组，下设5个由副市级领导领衔的整改专班，加强对审计整改工作的领导。市纪委研究制定《关于中央审计办审计移交重大问题线索整改核查工作方案》，明确问题整改责任主体、整改时间表、路线图，实行清单化管理、节点化推进。相关工作得到中共中央纪委国家监委主要领导的批示肯定。

【清廉杭州建设】2023年，市纪委市监委建立健全清廉杭州建设领导小组工作运行机制，制定实施清廉杭州建设重点任务“一表两清单”（监督推动清廉杭州建设高质量发展重点工作任务表、清廉杭州建设主体责任及监督责任清单），明确各单元重点攻坚任务，建立健全清单管理、责任考核、评议报告、工作联席4项机制，推进清廉杭州建设。在富阳区承办全省清廉浙江建设现场推进会，创新清廉村居“三小一房”（小型工程、小额资金、小微权力和农村建房）监督体系，打造智廉医院全流程轨迹监管，探索清廉开发区全周期亲清管家服务等模式，发布第一批杭州“廉韵十景”图，推广研学路线，16个单位获评全省清廉建设成绩突出单位，数量居全省第一位。9月1日，召开清廉杭州建设现场推进会。实施“亲清新风进单元”行动，发布亲清警商、亲清医企等清廉单元亲清政商交往个性化正负面清单，相关做法入选杭州市营商环境优化提升最佳实践案例。

【主题教育和教育整顿推进】2023年,市纪委市监委严格对标上级部署要求,从严从实、一体推进主题教育和教育整顿,结合杭州实际设计载体,明确主题教育33项、教育整顿17项重点工作。坚持闭环管理抓推进,分层建立例会调度制度、联系指导机制及任务销号、一线督查、晾晒通报3个督查机制。中共中央纪委国家监委教育整顿专栏刊发杭州市检视整治经验做法。市委主要领导先后5次作出批示,示范引领各区县(市)党委书记全覆盖开展教育整顿工作调研。市纪委常委会落实"第一议题"制度,学习习近平新时代中国特色社会主义思想和习近平总书记考察浙江重要讲话精神,开展"循迹溯源学思想促践行"活动,推进"实调研优作风"行动,通过举办读书班、全员政治家访、专题警示教育以及集体过"政治生日"、参加庭审观摩、组织家庭助廉等方式,促进全市纪检监察干部纯洁思想、凝心铸魂。分层全覆盖开展谈心谈话,开展两轮自查自纠,组织全体干部围绕作风不正、滥用权力、清廉失守等6个方面进行查摆。分板块对委机关、派驻(出)机构、区县(市)纪委开展两轮监督调研,见人见事梳理共性问题和个性问题,逐一明确对策举措。开展违规办案、案件质量问题、重复举报化解不力、巡视巡察信息管理不规范、借用人员管理不规范5个专项整治行动及"四从严、三规范"专项整治,推动违规吃喝整治"九个严禁"、网络空间言行规范"八项禁令"等纪律要求落到实处,对违反保密纪律、与被审查调查对象交往不当、未如实填报家庭经商办企业的干部予以组织处理。组织市、区县(市)两级对涉及纪检监察干部问题线索进行全面梳理、归口管理,对重点问题线索深挖彻查,起底中共十八大以来未办结的检举控告和问题线索17件,办结率100%。查办全省首起纪检监察干部留置案,全系统立案审查调查14人,批评教育帮助和处理43人,清理出系统20人。为9名干部澄清正名,打击诬告陷害1人,开展暖心回访10人。坚持建章立制促长效,制定完善纪检监察干部行为管理规范等15个制度。

【纪检监察干部队伍建设】2023年,市纪委市监委推进干部队伍建设,部署开展全员培训筑基提能行动,搭建载体丰富、内容充实、覆盖全员的教育培训体系。坚持实战练兵提升能力,组织全员培训、业务比武、实战历练。在派员参加上级调训基础上,举办集中轮训9场818人次,同步加强线上学习平台建设,丰富试题、师资、讲义、视频"四库储备",实现资源集约共享。以学习品牌大比拼为载体,引导各部门打造监督双月轮值、精品信息点评、信息技术应用比武等特色内训品牌。注重加强干部综合能力培养,定期开展应知应会知识测试,根据干部需求推出"培训超市",组织大练兵大比武竞赛,在全省纪检监察机关大练兵大比武中获全省纪检监察机关监督检查审查调查业务技能大比选、全省纪检监察干部综合业务知识竞赛、全省纪检监察机关分析研判应用实战能手大比选3个一等奖,聚焦亚运攻坚仗,深化"清风护杭迎亚运·大考大赛淬铁军"专项行动,做好志愿服务、监督力量调配,先后7次组织790余人次参加专项保障工作,获评杭州亚运会和亚残运会省部级、省级部门、市级先进集体5个,先进个人5名,1个支部和1名党员分别获评"红色领杭,奉献亚运"大考大赛市级先锋党组织、先锋党员。常态化加强年轻干部队伍建设,通过公开遴选、择优选调、军转安置、事业招录、"双一流"大学校招等方式,补充年轻干部24人。健全完善党建带群团机制,成立青年工作委员会,恢复设立第四届机关团支部。开展"薪火相传·导师带徒"结对活动,以审查调查为主题办好"金钉子"业务提升实训营,办好《冲锋号》学刊。加大岗位交流力度,委机关、派驻和巡察机构间横向交流29人,省、市、区县(市)三级纪委上下交流2人,交流至国企纪委和系统外3人。指导并完成市、区县(市)、乡镇(街道)三级纪检监察组织监察官等级首次确定。完善严管厚爱机制,建设纪检监察干部智能化管理平台和应用场景,修订完善因私出国(境)审批、个人廉情信息报告、人员借用管理、干部遗属关爱慰问等制度。

(市纪委市监委办公厅)

市纪委市监委重要会议

【概况】2023年,杭州市纪委市监委召开十三届二次全体会议,回顾全市2022年纪检监察工作,部署2023年任务。召开常委会会议38次,研究讨论全市纪检监察有关工作。

【市纪委十三届二次全体会议】2023年1月31日至2月1日,市纪委十三届二次全体会议召开。会议回顾全市2022年纪检监察工作,部署2023年任务。会议审议通过市纪委常委会《深入学习贯彻党的二十大精神 努力争当新时代清廉建设高地头雁》工作报告。会议指出,做好2023年工作,要坚持以习近平新时代中国特色社会主义思想为指导,全面贯彻党的二十大精神,坚决落实二十届中央纪委二次全会和省纪委十五届二次全会、市委十三届三次全会决策部署,深刻领悟"两个确立"的决定性意义,增强"四个意识"、坚定"四个自信"、做到"两个维护",坚决贯彻党的自我革命战略思想和全面从严治党战略方针,忠实履行党章和宪法赋予的职责,认真落实健全全面从严治党体系任务要求,锚定争当勤廉并重的新时代清廉建设高地头雁目标,坚持不敢腐、不能腐、不想腐一体推进,深入开展党风廉政建设和反腐败斗争,深入推进新时代新征程纪检监察工作高质量发展,为加快打造世界一流的社会主义现代化国际大都市,努力成为中国式现代化的城市范例提供坚强保障。

【市纪委常委会会议】2023年,市纪委召开常委会会议38次。市纪委常委会坚持以习近平新时代中国特色社会主义思想为指导,准确把握纪检监察机关作为政治机关的定位,按照决策科学化、民主化、制度化要求,就全面从严治党、党风廉政建设和反腐败工作重大问题进行研究。

(市纪委市监委办公厅)

纪检监察体制改革

【概况】2023年,市纪委市监委贯彻落实党中央、省委、市委和上级纪委监委全面深化改革决策部署，坚持将改革创新作为一项重中之重的工作来抓，出台《关于全面推进杭州数字纪检监察体系建设的实施意见》及责任分工表、《关于提升派驻监督质效的若干措施》，取得具有杭州辨识度的标志性成果。

【数智监督拓展】2023年，市纪委市监委贯彻落实有关数字纪检监察体系建设的决策部署，出台《关于全面推进杭州数字纪检监察体系建设的实施意见》及责任分工表，打造清廉杭州数智监督平台。结合新的试点任务，围绕招投标、医疗医保等12个领域（系统）26个公权力大数据监督试点子场景，分类推进应用场景设置，全年新增构建323个监督模型，经大数据碰撞产生红色预警3700余条，立案878件，推动处理公职人员1695人，其中采取留置措施36人。"智慧印章"应用获省委主要领导批示肯定，并在全市推广，至年末，全市村（社区）覆盖率92.6%。60个模型获评省纪委"最佳模型"，"四项监督"统筹中心获2023年度浙江省改革突破奖银奖。市纪委市监委承办全省数字纪检监察体系建设现场会，公权力大数据监督工作被中央广播电视总台《经济半小时》栏目报道，被国家级、省级主流媒体分别报道25次和32次，获省委、市委、市政府等主要领导批示肯定4次。

【派驻监督质效提升】2023年，市纪委市监委将提升派驻监督质效作为年度重点课题开展专题调研，推进调研成果运用，出台《关于提升派驻监督质效的若干措施》，建立派驻监督综合协调工作领导小组，下设派驻监督综合协调工作领导小组办公室及综合督查组、组织保障组、信息技术组和联系指导组等"一办四组"，负责统筹协调派驻监督工作。健全派驻（出）机构履责清单、廉情报告、专项监督闭环管理、项目点题交办领办、协作联动、例会、晾晒评查考核及派驻监督质效纳入巡察监督8项机制，推动建设"紧密型"组织架构、"协作型"监督模式、"高效型"督考体系。通过实施组织重塑、机制优化、考评激发、数智赋能等"十大举措"，激发提升派驻监督综合质效。全年市本级各派驻（出）机构自办案件立案51件，比上年增加15件；查处处级干部33人次，连续3年上升；运用第一、第二种形态处理225人次，增加51人次，其中对处级干部运用第一种形态处理124人次，占全市的21.2%；26个非市属金融机构派驻（出）机构中，有19个机构查处"四风"问题共47起52人，查处起数和人数分别上升133.0%和100.0%。

（市纪委市监委办公厅）

执纪审查和监察调查

【概况】2023年，杭州市各级纪检监察机关加大正风肃纪反腐力度，受理检举控告1886件（次），处置问题线索9515件，立案3401件，党纪政务处分3220人，其中厅局级干部5人、县处级干部189人、乡科级干部240人，移送司法机关153人；采取留置措施197人。通过执纪审查和监察调查，为国家和集体挽回经济损失10.19亿元。

【漠视侵害群众利益问题专项治理】2023年，市纪委市监委开展新一轮"10+3"漠视侵害群众利益问题专项治理，在承接落实好全省统一部署的10个治理项目基础上，结合杭州实际，确定临平区规范行业协会商会等社会组织收费服务专项治理、富阳区低保低边社会保障政策落实情况专项治理、建德市涉矿工程领域突出问题专项整治3个小切口问题，作为市试点项目开展治理。督促职能部门"管行业就要管作风"，把查办案件作为推动专项治理开展的抓手，通过线索起底、信访督办、大数据碰撞等方式，细查专项治理领域问题线索，纠治"不担当、不作为、不落实"行为，查处职能部门及相关单位存在的责任、作风和腐败问题。专项治理期间，全市组织督导检查2836次，推动整改问题1153个，查处腐败和作风问题583个，批评教育帮助和处理798人，党纪政务处分312人，建立和完善制度259项，追缴金额3075万元。

【招投标领域综合治理】2023年，市纪委市监委牵头公安、城管、建委、林水、交通、园文等部门，建立综合协调机构，整体推进全市招投标领域违法违纪行为打击工作。3月31日，召开全市会议动员开展联合打击。全年先后3次召开专题会议，点评各成员单位履责情况，牵头厘清行业监管与城管部门职责边界并建立职责清单，推动解决招投标领域监管职责边界不够清晰、个别行业执法"挂空挡"等问题。构建"行刑衔接"机制，起草《关于联动加强招投标领域违法违纪行为打击工作的若干举措》，推动行政监管、综合执法与刑事司法协同、衔接。以办案撬动治理，对违纪违法行为进行全方位打击，综合打击成果居全省第一位。全市各级纪检监察机关立案220件222人，采取留置措施97人，其中主要对象73人，处分157人；会同公安、综合执法等部门破案81起，采取刑事强制措施365人，打掉犯罪团伙88个，行政立案处罚254件。

【医药领域腐败问题集中整治】2023年7月，全省统一部署医药领域腐败问题集中整治工作后，市纪委市监委出台《配合开展全市医药领域腐败问题集中整治工作实施方案》，成立集中整治工作专班。起底党的十八大以来全市医药领域问题线索886条，处置医药领域相关问题线索110条，立案23人，处分16人，采取留置措施8人，移送司法机关2人，开展调查研究2次。督促市卫生健康委联合相关7个市直业务部门制定《全市医药领域腐败问题集中整治工作实施方案》，排查梳理全市须列入集中整治机构4045个，开展警示教育313次，受教育3.13万人次。督促医疗卫生系统从业人员主动上交违规违纪违法所得1286.56万元、定点医药机构退回违规金额1521.34万元。

【澄清正名工作】2023年，市纪委市监委制定《杭州市失实检举控告澄清工作操作办法》，对工作要求、工作流程、结果运用等进行细化具体化，重点突出可操作可执行性，明确"失实澄清是常态、不予澄清是例外"原则和失实检举控告"一件一议""应澄尽澄"要求。全市纪检监察机关通过流动接访、下访接访、走村入企等方式，到基层开展"澄清正名护担当"纪检监察信访举报政策宣讲。在全市党组织中公开通报一批营商环境领域典型案例，市纪委领导带队为1名受到失实举报的市管干部进行当面澄清，全市各级纪检监察机关集中澄清失实检举控告149件，开展"访本人、访同事、访领导"回访活动49批次。12月21日，在建德市召开杭州市"澄清门下道澄清"现场会，以"澄清鼓干劲，担当护杭城"为主题，展示5年来全市澄清正名、查处诬告的工作成效，公布2023年度10起澄清正名典型案例和3起查处诬告典型案例，全市澄清正名工作成效在省内被推广。

【"三不腐"一体推进】2023年，杭州市各级纪检监察机关立案查办同级党委管理干部职务犯罪案件45件45人，其中市管干部10人、县管干部35人。围绕权力集中、资金密集的重点领域和关键岗位，查处王某某、朱某某、潘某某、章某某案等严重违纪违法案件，查办王某某、伍某某、卢某某等一批上级交办、具有一定影响力的违纪违法案件。全市查办国企、金融、招投标、高校、统计造假等重点领域腐败案件435件，查处农村（社区）干部职务犯罪案件13件。深化重点领域以案促改、以案促治，全市各级纪检监察机关提出案件剖析报告309份，制发纪检监察建议书921份，比上年分别增长61.8%、62.4%。针对经济合作社、渣土运输领域违纪违法问题，推动"经合社财务管理""建筑垃圾管理"两项制度纳入人大立法正式项目。在国企领域，推动市公交集团集中采购试点工作，全年1180辆新能源车集中采购中标价较总预算价下降2.63亿元，单车采购价格最多降低30万元。针对"王某某案"反映出的"圈子文化"诱发腐败问题形成剖析报告，在全市范围进行通报和警示。针对章某某案、周某案等暴露出的薄弱环节，发出关于进一步加强对国企党委主要负责人监督管理、进一步加强农村住房建设和集体土地管理工作的纪检监察建议，督促强化建章立制、加强监督管理。

【留置场所建设】2023年，市纪委市监委推进市廉政教育中心扩改项目（三期）建设，涉及西溪点34个留置间、14个走读式谈话间。探索留置场所数字化建设，9月6日，中共中央纪委国家监委案管室有关领导到杭州市廉政教育中心运溪点实地调研留置场所建设及数字化应用工作，并给予肯定。总结"留置码"试行试用经验，按照全流程、全要素、全自动目标，完善留置码平台功能，起草《留置场所数字管理系统建设标准》《留置场所留置码赋码规则》，被省纪委省监委吸收成为省级标准，"杭州经验"在全国推广。9月13日，作为全国唯一的地市代表，市纪委市监委领导在全国纪检监察机关案管工作培训班上作题为《聚焦功能需求 坚持实用实效 杭州市着力打造集约安全智能型留置场所》的交流发言。

【扫黑除恶惩腐打伞工作】2023年，市纪委市监委制发《2023年全市常态化开展惩治涉黑涉恶腐败和"保护伞"工作要点》，推进线索清仓、积案清结和"伞网"清查，常态化跟踪正在查办的涉黑涉恶案件，彻查案件背后的腐败和"保护伞"问题。全年立案31件，采取留置措施7人，移送司法机关7人，处理处分47人。其中，给予党纪政务处分28人、诫勉1人，责令检查、批评教育等组织处理18人。案件监督管理室获全市打击突出违法犯罪维护社会稳定各类专项行动集体嘉奖。

【《杭州市监察机关与司法机关办理职务犯罪案件有关工作操作指引》出台】2023年4月，为深化监察体制改革，规范法法衔接工作，实现职务犯罪案件优质、高效、协同办理，市纪委市监委联合市法院、市检察院、市公安局出台《杭州市监察机关与司法机关办理职务犯罪案件有关工作操作指引》。该指引在发挥纪委与监委合署办公的优势基础上，进一步促进监察机关与司法机关、执法部门在办理职务犯罪案件中的互相配合、互相制约，健全权威高效、衔接顺畅的工作机制。

（市纪委市监委办公厅）

作风建设

【概况】2023年，市委第10年召开深化作风建设大会，由市纪委市监委摄制的《永远吹冲锋号》专题片在大会上播放。加大力度纠治"四风"、推动深化落实中央八项规定精神，全市查处违反中央八项规定精神问题626起，批评教育帮助和处理736人，给予党纪政务处分551人。市纪委市监委分6批通报曝光典型案例36起。其中：查处享乐主义、奢靡之风问题363起，处理404人，给予党纪政务处分335人；查处形式主义、官僚主义问题263起，处理332人，给予党纪政务处分216人。查处"三不"问题913起，处理1229人，给予党纪政务处分242人。

【纠治"四风"长效机制完善】2023年，市纪委市监委总结固化杭州市近年来抓作风、严作风、优作风的有效载体和务实举措，协助市委出台《深入贯彻党的二十大部署要求锲而不舍落实中央八项规定精神健全完善全周期纠治"四风"长效机制》，明确"一把手"抓作风建设等10个方面30项具体举措。编写《落实中央八项规定精神相关政策图解》和《亲清政商交往图解》手册，推动纠"四风"抓常、抓长、提质效。

【党员干部违规吃喝专项整治】2023年，市纪委市监委会同市委组织部印发《关于纠树并举深入开展党员干部违规吃喝专项整治工作的分工方案》，开展正风肃纪亮剑常态化行动，聚焦违规公款吃喝、"不吃公款吃老板"、酒驾醉驾背后的"四风"问题进行靶向纠治。全市纪检监察机关查处党员干部违规吃喝问题124起142人，给予党纪政务处分110人，市本级通报典型问题3批次。根据全省"公务餐"试点改革部署，推动余杭区、临平区结合实际，按照试点内容和时间节点要求，打造"公务餐"改革示范样本。

【"指尖上的形式主义"专项整治】2023年，市纪委市监委制发《关于开展"指尖上的形式主义"清理规范的工作方案》，会同市委办、市府办督查室，市委网信办、市数据资源管理局成立市级指挥部，各区县（市）分别成立本级指挥部，召开全市动员部署会，健全定期会商、统一调度、精准指导等系列机制，分层分级整治多头重复、强制使用、过度留痕等“指尖上的形式主义”问题。排查起底市、县两级开发、贯通使用到乡镇（街道）、村（社区）的政务数字化应用672个，对428个提出删减意见，完成整改清零，基层使用的应用删减率63.69%。

【担当作为氛围营造】2023年，市纪委市监委强化激励担当，发布护航三个“一号工程”查处违纪违法、容错纠错、澄清正名典型案例2批16起；全市实施容错纠错34起，免责107人；为受到失实检举控告的291名党员干部和30个单位澄清正名，查处诬告陷害9起9人；回访党员干部2121人，营造激励担当作为、鼓励干事创业的氛围。

（市纪委市监委办公厅）

巡察工作

【概况】2023年，市委巡察机构开展“市域巡察提质增效年”活动，修订完善市委巡察工作规划，推动市域巡察向深拓展、向专发力、向下延伸。市本级组织3轮巡察，常规巡察26个单位、巡察“回头看”1个单位，开展乡村振兴领域、安全生产领域市、区县（市）上下联动专项巡察。区县（市）完成对177个县管党组织、696个村（社区）党组织和32个经济合作社党组织的巡察。市、区县（市）两级发现问题1.61万个，提出意见和建议6026条，移交问题线索605件，推动给予组织处理664人、党纪政务处分83人、移送司法机关7人，督促挽回经济损失27亿元。

【重点领域巡察全覆盖】2023年，市委巡察机构聚焦打赢亚运攻坚仗，对“亚运攻坚”专项巡察整改情况开展“回头看”，在亚运会筹办及办赛期间实施安全生产领域专项巡察，全市发现安全问题隐患4289个，通过立行立改、跟踪督促等方式，推动100%完成整改。聚焦打赢经济翻身仗，对市发改委等10个履行经济发展重要职能的单位开展集中巡察，发现问题316个，梳理9个方面突出共性问题，对招投标领域违法违纪和国有房产确权办证难等一批重点问题开展综合治理。市、区县（市）两级同步对乡村振兴领域涉农政策和资金使用情况开展巡审联动监督，发现4类67个问题，移送问题线索6件，推动乡村振兴战略部署、涉农共富政策落地见效。

【“百村巡察·强基惠民”专项行动】2023年，市委巡察机构首次在全市开展“百村巡察·强基惠民”专项行动，组建48个巡察组，市域一体对100个经济体量大、资源资产重、工程项目多、信访矛盾和廉政风险较为突出的重点村（社区）、经济合作社党组织开展集中巡察。推动解决民生实事问题149个，移送问题线索167件，推动给予组织处理56人、给予党纪政务处分8人、移送司法机关2人，督促化解群众信访583件，挽回经济损失1246万余元，相关做法被《中国纪检监察报》头版特刊《把巡视利剑磨得更光更亮》一文报道。

【巡察整改】2023年，市纪委市监委出台《巡视巡察问题整改监督闭环管理操作办法》《巡察整改方案“三方会审”操作办法》，健全完善派驻日常监督履职清单、联动督查等制度机制，构建整改监督闭环。4月起，在全市开展为期2个月的巡视巡察突出共性问题和重点问题集中整改督查工作，督促全市112个党委（党组）自查自纠，会同相关职能部门按照职责分工，开展系统治理，推动问题整改577个，修订完善制度756个，问责处理156人，挽回经济损失2.6亿元，相关经验做法得到省纪委主要领导批示肯定并在全省推广。市委巡察办、市纪委市监委与市委办合力对巡视反馈难点问题开展整改攻坚，市本级省委巡视反馈问题全部完成销号。12月，市委部署对习近平总书记对杭州具体问题作出的重要指示批示贯彻落实、十九届中央巡视和十四届省委巡视反馈问题整改、中央审计发现问题整改、重点领域（生态环境警示片涉杭问题、中央生态环境保护、国家自然资源）督察发现问题整改5类情况开展问题整改监督检查工作，成立全市整改监督检查工作领导小组，由市委主要领导任组长。12月20日，召开5类问题整改监督检查工作动员部署会，组建7个联合监督检查组，由市纪委市监委班子成员、派驻（出）机构主要负责人等担任组长，以“纪检监察＋职能部门”形式，统筹整合力量，对照5类问题，采取上下联动、分级负责、分片包干、点面结合的方式，以“四不两直”形式到问题一线开展全面实地检查，巩固深化整改成果，推动整改工作取得实效。

（市纪委市监委办公厅）

党风廉政宣传教育

【概 况】2023年，市纪委市监委结合主题教育、教育整顿工作，突出新时代新征程杭州纪检监察工作高质量发展主题主线，推进新闻宣传、廉政教育、廉洁文化、舆情处置和意识形态等工作。其中，全市纪检监察机关在省级以上主流媒体（含报网）刊登（播出）新闻稿件6300余篇（次）（含素材），数量居全省第一位。全市纪检监察机关有5人分别获评中共中央纪委国家监委新闻传播中心优秀记者、优秀通讯员。

【廉政新闻宣传】2023年，市纪委市监委以政治监督推动经济高质量发展、建设共同富裕示范区、护航亚运会筹办等重点工作的成果，运用媒体采风、专题专栏专版报道、新媒体策划等方法进行宣传阐释。《人民日报》以姊妹篇形式两次报道杭州纠治“指尖上的形式主义”工作举措成效；中央广播电视总台《经济半小时》栏目报道杭州公权力大数据监督特色做法，《新闻直播间》栏目专条宣传杭州市澄清正名、容错纠错工作；新华社专题采访杭州公交清廉集中采购工作，在《内参选编》《半月谈》等刊出相关报道；《中国纪检监察报》整版刊出《杭州推进渣土领域以案促改》特稿。加强宣传平台建设，在“杭州发布”平台开设“廉视窗”专栏；改版杭州廉政网，优化主办主管的“一站两微双号五阵地”（“一

2023 年 6 月 26 日，杭州市党员干部"廉洁好家风"主题晚会举行 （市纪委市监委办公厅 供稿）

网"即杭州廉政网，"两微"即"清廉杭州"官方微博和微信，"双号"即"清廉杭州"视频号、抖音号，"五阵地"即内部专刊《清风窗》、杭州电视台固定栏目《廉政经纬》、华数电视"清廉杭州"专区、省市区三级共建的法纪教育基地、杭州发布"廉视窗"）宣传矩阵，"清廉杭州"政务新媒体传播力、影响力提升。

【廉政教育】 2023 年，市纪委市监委强化对各级领导干部的经常性纪律教育，推动各级党委（党组）理论学习中心组把党章党规党纪教育作为重要学习内容，在市委党校中青班常态化开设"以案说纪"课程，协助省法纪教育基地布设纪检监察干部违纪违法案例警示展。围绕年轻干部推进"青廉工程"建设，项目获评 2023 年全市宣传思想文化工作创新奖；编辑发行《廉心向未来——年轻干部廉洁教育导读》，获评 2023 年度浙江省廉洁文化优秀理论成果；举办首届全省"青年说清廉"大赛。开展被留置人员廉洁教育访谈，编发《忏悔与警示——2022 年杭州市严重违纪违法党员干部忏悔书选编》，指导各地各部门编发同级同类违纪违法党员干部忏悔录或典型案例剖析警示录。制作警示教育片《剑指经合社腐败》，拍摄的典型案例剖析视频在《廉政经纬》栏目常态化播出，在浙政钉"浙里干部之家"开设廉政教育视频专版。深化党员干部"廉洁好家风"主题教育，举办"传承好家风，勤廉向未来"主题活动。

【廉洁文化建设】 2023 年，市纪委市监委举办第五届"玉琮杯"清廉微电影微视频大赛和第六届"藕花洲杯"廉洁故事大赛、第二届"钱潮杯"动漫清廉微作品大赛颁奖活动，做好优秀作品宣传推广和转化运用，3 项赛事合力弘扬崇廉拒腐的社会风尚，先后被评为 2022 年度杭州市精神文明建设十件大事、首批浙江省廉洁文化建设十大创新案例。规范廉洁文化阵地培育管理，印发《杭州市廉洁文化教育基地管理办法》，明确廉洁教育基地的申报、评审、命名及运行与管理规定。探索建设市域廉洁文化线下立体展陈体系，在第十九届中国国际动漫节开设"动漫之都·廉潮亚运"廉洁文化动漫展专区，联合市委党史研究室（市志办）举办"清气满人间——杭州红色清廉事迹展"，统筹机场、火车站、地铁、公交、城市大屏等全市廉洁文化展陈平台和各地创作资源，以互通共享形式开展线下立体展播。

（市纪委市监委办公厅）

责任编辑 金利权 高 丹

11 民主党派

中国国民党革命委员会杭州市委员会

【概况】至2023年年末，中国国民党革命委员会杭州市委员会（简称民革市委会）下辖建德市委会1个县级地方组织，上城区、拱墅区、西湖区、滨江区、萧山区、余杭区、临平区7个区级基层委员会，卫生健康、教育2个行业基层委员会，临安区、杭州师范大学2个总支部，11个市直支部，及46个市直基层组织下辖支部。全市有党员1445人。全年发展新党员84人，平均年龄37.46岁。

2023年，民革市委会深入学习贯彻中共二十大和民革十四大精神，开展“凝心铸魂强根基、团结奋进新征程”主题教育，围绕三个“一号工程”、打好“两场硬仗”等重点工作，加强自身建设，提升履职成效，各项工作稳步前进。市委会获2022—2023年民革全省参政议政工作先进集体一等奖、社情民意信息工作先进集体三等奖，获评2022年度全市党委系统信息工作优秀单位、全市政务信息工作先进单位、全市统战信息工作成绩突出单位。2个“民革党员之家”被列为杭州多党合作传统（实践）教育基地，6个支部获评第四、第五批省级示范支部，14个基层组织获民革全省各项工作先进集体表彰。《同心聚力为杭州 亚运会喝彩——民革市委会助力服务亚运工作纪略》专报获民革中央领导批示肯定。

【民革开展主题教育】2023年6月，民革市委会印发《民革杭州市委会开展“凝心铸魂强根基、团结奋进新征程”主题教育工作方案》，召开主题教育部署学习会，把主题教育贯穿宣传思想工作全过程。3—8月，举办“一路欢歌——民革短视频大赛”，征集短视频21件，点击量近110万人次。4月，与团结报社联合举办“团结读书会·重温经典、再忆初心——纪念‘五一口号’发布75周年读书分享沙龙”。6月，与市文史研究馆联合举办“山高水长——秦天孙书法作品捐赠展”。7月，举办“时代赞歌”主题演讲比赛并选送参加民革全省比赛，获全省演讲比赛二等奖。12月，组织市委会理论学习中心组成员到贵州省毕节市、遵义市、安顺市等地开展主题教育“循迹溯源”，瞻仰革命遗迹、拜谒烈士故居。各级组织举办专题讲座、“微课堂”分享沙龙、参观主题展览、寻访红色之路等活动。

【宣传思想建设】2023年，民革市委会以理论学习中心组为载体，把学习贯彻习近平新时代中国特色社会主义思想作为首要任务，组织学习习近平总书记考察浙江重要讲话精神和系列重要指示批示精神。召开主委会议8次、常委会议4次、全会1次，市委会领导带头作主题宣讲，推出“我读·初心”“言为心声”“学思践悟”等栏目，引领各级组织开展学习230余次、撰写体会52篇。依托

2023年4月26日，民革市委会与团结报社联合举办纪念“五一口号”发布75周年读书分享沙龙活动
（民革市委会 供稿）

"五位一体"思想宣传矩阵，利用新媒体技术拓宽思想宣传场景，开展基层组织负责人口述史访谈、喜迎亚运和"同心 博爱"系列公益直播。全年推送公众号稿件353篇，在视频号举办直播讲座8次、推送短视频25条，阅读量15万余人次，"杭州民革"微信公众号入选民革市级组织微信公众号十大靓号；在市级以上媒体平台发稿105篇，单篇最高阅读量超过75万人次。

【履职建言成果】2023年，民革市委会参加党风廉政建设情况通报、市法检两院工作情况通报、政府工作报告征求意见、市委全会报告征求意见等各类协商会、座谈会、通报会8次。在市政协十二届二次会议上提交大会发言6篇、集体提案11件，其中《提升城市文化空间，打造杭州韵味的人文城市》等2件被选为口头发言，《加强杭州临空经济示范区建设，着力打造城市新兴增长极》由中共杭州市委领导领办并获市委、市政府主要领导批示，《关于推动先进制造业与现代服务业融合发展的建议》由市政协领导督办。市委会2件集体提案和市政协民革界别小组委员工作室1件集体提案获市政协2022年度优秀提案表彰。向市政协专题常委会、专题协商会、月度协商会提交《加快公共与社会数据融合利用，激活数字经济数字治理发展新动能》《以智慧社区建设为契机，提升融合型大社区大单元智治水平》《杭州申报国内外重要农业文化遗产面临的短板与建议》等调研文章7篇，其中6篇被选为会议口头发言。承办首届民革省委会"之江同心·民革好参谋"专题议政会，承担"高水平建设'幸福颐养标杆区'实现老有康养"主报告调研撰写任务并作口头交流，3名党员作子报告发言。6篇文章入选民革中央主办的第六届莫干山会议论文集，18篇文章入选2023年民革全省参政议政研讨会材料汇编，其中3篇获民革省委会主要领导批示。

【专项民主监督成果】2023年，民革市委会根据市委办公厅《关于支持杭州市各民主党派、市工商联和无党派人士围绕"助力打好经济翻身仗"开展专项民主监督工作的实施意见》的统一安排部署，对口临安区和市农业农村局，开展"加快高标准农田建设，全面夯实粮食安全基础"重点调研监督。4—7月，民革市委会领导带队，组织市政协委员、相关专委会和专业人士组成的调研组，到市农业农村局、市规划和自然资源局、临安区等开展实地调研、专题座谈，在市委专项民主监督协商座谈会上发言交流，形成专报《关于加快推进高标准农田建设的建议》并获市领导批示，所提建议"推动高标准农田、粮食功能区和永久基本农田'三合一'"被写入政府工作报告。

【社情民意信息】2023年，民革市委会收到党员报送信息427篇，整理报送131篇，被中央、省、市等各级部门录用97篇（次），其中《关于加强细分领域精准发展定位，促进生物医药"链式+集群"发展的建议》等10篇信息获中共杭州市委、市政府主要领导批示。3月起，在全市各级民革组织开展"我为亚运献一策"活动，内容涵盖营造亚运氛围、倡导城市文明、弘扬亚运精神、场馆后续利用等方面，收到相关信息30余篇，整理报送22篇，被各级部门录用10篇，其中《杭州亚运会风险分析及应对建议》《关于放大亚运综合效应提升杭州未来城市发展"四力"的建议》等5篇获中共杭州市委、市政府主要领导批示。

【对台交流】2023年，民革市委会以多元活动为载体加强对台交流。市委会主要领导参加第十五届"西湖·日月潭"两湖论坛开幕式、台湾南投馆揭牌仪式、"相约亚运，幸福来临"杭台书画展等活动。举办"品味茶香，喜迎亚运"海峡两岸茶文化交流展示活动，联合民革省委会举办"之江同心·两岸一家亲"祖统沙龙2期，组织到江西省景德镇市、杭州桥西历史文化街区等开展海峡两岸陶瓷（茶）文化交流调研，为海峡两岸文创产业发展融合建言献策。《关于打造台湾文化智慧云交流的建议》入选市政协十二届二次会议集体提案。

【"同心·博爱"品牌深化】2023年，民革市委会落实省、市对口帮扶工作要求，组织到贵州省纳雍县董地乡、淳安县文昌镇、桐庐县金塘坞村、建德市团结村等地开展"同心·博爱"社会服务活动。至年末，全市各级组织建有"同心·博爱"社会服务基地28个，形成社会服务的长效阵地群格局。4月，联合市市场监管局、市司法局在滨江区成立的"同心·博爱"知识产权保护法律服务基地，12名民革律师参与援助、调解案件80余件，举办讲座6场，受益企业100余个。6月，成立临平区基层委员会"同心·博爱"法律服务浙江理工大学站。加强与结对乡镇（街道）、村（社区）联系共建，开展"同心·博爱"助力乡村共富系列活动，其中"同心共富试验田"实践探索获民革省委会主要领导批示肯定。

【基层组织建设推进】2023年，民革市委会加强与统战部门沟通协商，完成拱墅区、西湖区、余杭区等基层委员会届中微调，成立富阳区支部筹备组，建德市委会完成7个支部换届。开展2021—2023年"双争"评比工作，评出市级示范支部15个和优秀党员63名、优秀党务工作者124名。以异地办班形式举办基层组织负责人研讨班，在市社会主义学院举办新党员培训班，培训党员90余人次。突出"同心同廉"主题，联合市台办在连横纪念馆举办"清风廉语"清廉文化书画展，以全市民革处级实职干部和机关干部为重点开展廉政警示教育集中培训，以西湖四支部为试点开展"清廉民革支部"建设，以开展基层组织活动经费使用管理专项检查为抓手推动内部监督向基层延伸，促进内部监督与廉政建设衔接，推进"同心同廉"融入基层组织建设全过程。

（李亦丹）

中国民主同盟杭州市委员会

【概况】至2023年年末，中国民主同盟杭州市委员会（简称民盟市委会）下辖萧山区、建德市2个地方委员会，杭州师范大学、上城区、拱墅区、西湖区、滨江区、余杭区、临平区、富阳区、淳安县、综合、直属教育11

个基层委员会，杭州科技职业技术学院、浙大城市学院2个总支部，104个支部。全市有盟员2316人。全年发展新盟员75人，平均年龄37.4岁。

2023年，民盟市委会学习贯彻落实习近平总书记考察浙江重要讲话精神，推进“凝心铸魂强根基、团结奋进新征程”主题教育，各项工作取得新进展。市委会获评民盟中央思想政治建设与宣传工作先进集体、基层组织建设先进集体、反映社情民意信息工作先进单位、社会服务工作先进集体。

【民盟开展主题教育】2023年，民盟市委会落实民盟省委会和市委统战部主题教育动员部署要求，把握“学思想、强根基、重履职、建新功”总要求，一体推进理论学习、调查研究、助力发展、检视整改、建章立制等主要任务，将主题教育与参政履职、自身建设一体谋划、一体部署、一体落实，做到以学铸魂、以学增智、以学正风、以学促干。围绕“五一口号”发布75周年、“八八战略”实施20周年等重大历史节点，开展“共读经典、书香润盟”读书活动、“铭初心，聚共识，跟党走”主题知识竞赛等活动。班子成员带头领学促学，读原著、学原文、悟原理，开展主题宣讲，各基层组织同步跟进。市委会坚持边学习、边对照、边检视、边整改，查摆不足，抓好突出问题的整改整治，确保检视整改工作落地落实，推动主题教育抓出质量、取得实效。

【思想引领强化】2023年，民盟市委会落实“第一议题”制度，定期召开理论学习中心组会议，学习习近平总书记系列重要讲话精神及全国、省、市重要会议精神。市委会专题学习资料印发10余种3000余份，引导全市盟员结合重要时间节点开展学习实践活动。形成政治理论学习常态化制度，推动全市各级盟组织定期学习，并列入年度考核。

【传统教育基地建设】2023年，西湖区盟员驿站、余杭区“黄丝带”帮扶基地、临平区“盟员之家”建设获民盟省委会领导肯定。杭州高级中学建立盟员传统教育基地暨盟员“同心同廉”教育基地；抗日战争胜利浙江受降纪念馆中国民主同盟传统教育基地扩建提质工作得到民盟中央领导批示肯定；杭州科技职业技术学院陶行知研究馆中国民主同盟传统教育基地获评杭州市统一战线“同心最美阵地”。打造“走基地·悟初心”研学线路2条，串联盟员传统教育基地6处，基层组织开展“走基地·悟初心”活动80余场。

【宣传工作深化】2023年，民盟市委会推进盟内宣传平台建设。提升杭州民盟微信公众号阅读率，全年发布900余条，获2023年民主党派市级组织微信公众号二十大靓号称号。扩大对外宣传，被民盟上级组织和各类社会媒体录用刊发稿件160余篇（次）。开展参政党理论研究，3项理论课题被省政协、民盟省委会立项，其中1篇课题成果获省政协理论研究会2023年度论文征评二等奖，2篇课题成果获民盟省委会2023年度参政党理论研究课题二等奖、优秀奖。总结大走访活动成果，出版画册《追寻杭盟先贤精神》《共筑基层的力量》。

【民盟服务亚运会和亚残运会】2023年，民盟市委会围绕“强化亚运牵引”建言，到广州、深圳开展专题调研，调研成果2篇被市委统战部建言直通车采用，2篇在市政协协商会上被作为发言材料。组织盟员围绕亚运会和亚残运会主题撰写社情民意信息，收集近100篇，被民盟中央、民盟省委会及市政协、市委统战部等采用31篇。举办“团结奋进新征程，同心齐步迎亚运”运动会，2个地方组织、12个基层委员会参加。发挥教育优势，开展“亚运文化进校园”、公益培训、迎亚运全民健身等活动40余次，受益师生3000余人次，参与群众2500余人。面向全市盟员征集迎亚运会和亚残运会主题文章、摄影作品60余篇（幅），华夏书画学会杭州分会和杭州民盟艺术团成员创作亚运会和亚残运会主题文艺作品。

【民盟助力经济翻身仗】2023年，民盟市委会开展“大走访大调研大服务大解题”活动。市委会主委班子带队到区县（市）走访企业近40个，召开座谈会30余次，70余个企业参加，剖析发展中的困难和瓶颈，帮助解决难题。开展“助力打好经济翻身仗”专项民主监督，以“推动杭州市职业教育高质量发展，为助力经济稳进提质提供人才和技能支撑”为监督重点，对口萧山区、市教育局，组织60余人次盟员专家到市教育局、相关区县（市）、企业及省外济南、青岛等职业教育创新发展高地试点城市实地调研，形成社情民意信息、调研报告12篇报送相关部门，专项民主监督总报告获市领导批示。参与中共浙江省委委托民盟省委会重点调研课题暨专项民主监督工作。围绕“优化科技型企业营商环境，助力‘一号改革工程’”主题，组织市发改委、市科技局等相关部门开展座谈，召开科技型企业座谈会，形成调研材料，为民盟省委会民主监督报告提供资料。

【协商议政】2023年，民盟市委会围绕中共杭州市委、市政府中心工作，参加各类协商会议，针对市委全会报告、政府工作报告、法检两院工作、党风廉政建设等议题建言献策。立足政协平台建言，在市政协十二届二次会议上提交大会口头发言3篇、书面发言5篇、团体提案16篇，其中《关于更好发挥政策激励和惠企效应，助推打造全国最优营商环境的建议》等3篇大会口头发言获市政府主要领导批示，2篇被评为重点提案，3篇被评为优秀提案，8篇用于市政协各类协商会议发言。

【建言献策】2023年，民盟市委会加强社情民意信息工作，收到社情民意信息1745篇，盟员参与率30%。其中：全国政协转送1篇，《每日社情》采用1篇，民盟中央采用5篇，省委统战部采用5篇，民盟省委会采用403篇，市政协采用24篇，市委统战部采用17篇。《关于抓住数字疗法发展机遇，挖掘数字经济新增长点的建议》获中共浙江省委、省政府领导批示，6篇获市政府主要领导批示，1篇被全国政协转送相关部委办局，4篇被民盟中央各类论坛评为优秀论文，4篇被民盟省委会各类论坛评为优秀论文。聚焦“一号发展工程”，以“数字经济”为主要研究方向，与浙大城市学院共建城思智库，提升建言专业性。

【传统服务品牌深化】2023年，民盟市委会在富阳区宵井村挂牌成立杭州民盟“培英乡村振兴实践基地”，开展系列服务活动，受益村民400余人。深化“农村教育烛光行动”，引进陶行知教育基金会项目，为淳安、建德两地教育系统捐赠价值120余万元的信息化教学设备。落实民盟省委会“烛光行动”示范学校第三轮帮扶安排，组织名师为建德全市义务教育段学校开展教科研专题培训。连续17年在杭州民盟“培英社会服务实践基地”淳安县安阳乡中心小学开展奖教奖学活动，“点亮心希望，同筑共富梦”儿童心理成长行动项目获市民政局、市教育局、淳安县教育局肯定，扩展至淳安全域。拓展“黄丝带”帮教活动，在杭州民盟“黄丝带帮教”基地开展“请陪我长大”专项帮扶计划、临释服刑人员急救培训，市委会获评民盟中央、司法部“黄丝带帮教”工作先进集体。

【对口帮扶】2023年，民盟市委会响应民盟中央对口帮扶贵州省毕节市义务教育高质量发展，到毕节市开展帮扶签约，助力当地何官屯镇中心学校教育教学水平提升。“培英公益·豆苞女孩”项目扩展至衢州市衢江区、四川省甘孜藏族自治州新龙县、新疆阿克苏地区等地，新增覆盖1300余人，全年为4820余名适龄女生提供成长支持，发放物资价值130余万元，获第一届杭州慈善奖，以“培英公益·豆苞女孩”帮扶故事为背景的《爱撒豆苞》节目亮相全省统一战线助力“八八战略”实施20年“之江同心·经典展示”活动。实施“培英有声书屋”项目，投入资金近40万元为四川省甘孜藏族自治州捐赠喜马拉雅有声图书馆系统及听读机等设备，完成州图书馆及所属18个县（市）图书馆全覆盖。

【基层组织建设提升】2023年，民盟市委会成立浙大城市学院总支，对直属教育、综合、上城区3个基层委员会进行换届改选或届中调整。开展未达“星级支部”提升工作，采用年初分析研判、年中自查自纠、年底总结验收等形式，推动基层组织提升。以基层委员会（总支）年度先进评比和星级支部创建为抓手，深化基层组织规范化建设。全年评选出星级支部75个，“上星率”85.5%，其中五星级支部30个。召开组织工作现场交流会，分享富阳区基层委员会规范性建设方面的经验。

【内部监督体系完善】2023年，民盟市委会在杭州高级中学建立盟员“同心同廉”教育基地，行知中学陶行知纪念馆盟员传统教育基地入选拱墅区统一战线“同心同廉”教育基地。完善内部监督组织架构，2个地方组织成立内部监督委员会，10个基层委员会建立监督小组，实现监督小组在基层委员会层面的全覆盖。修订完善内部监督制度，落实委员分片联系指导基层制度，强化对各级领导班子的监督，常态化开展基层组织活动经费使用情况的专项监督，围绕薄弱基层组织履职提升开展专项检查，推进内部监督工作走深走实，经验被民盟中央收入《民盟内部监督工作研讨会材料汇编》。

（李国栋）

2023年9月4日，民盟市委会“培英公益·豆苞女孩”项目阿克苏站启动

（民盟市委会 供稿）

中国民主建国会杭州市委员会

【概况】至2023年年末，中国民主建国会杭州市委员会（简称民建市委会）下辖地方组织1个（建德市委会）、城区基层委员会8个、总支部2个、支部89个、专委会6个、横向组织3个。有会员2500人，平均年龄54岁。其中：经济界会员占会员总数的84.9%，新的社会阶层人士占16.8%，非公有制经济人士占26.2%，公有制经济人士占32.0%。全年发展新会员95人，平均年龄37岁。

2023年，民建市委会被民建中央评为民建思想政治建设工作先进集体，获民建省委会评选的宣传工作先进集体特等奖、信息工作先进集体一等奖、理论研究工作先进集体一等奖、社会服务工作先进集体一等奖、对外新闻宣传先进集体一等奖，民建杭州分会（民建浙江省工作委员会）办公旧址被命名为民建浙江省委会爱国主义教育基地。

【民建开展主题教育】2023年，民建市委会成立主题教育领导小组，制定工作方案，加强督促指导。市委会领导班子召开专题研究会5次，参加各级组织主题教育20余场次。组织市委会领导班子、常委会成员、骨干会员和企业家会员代表及机关全体干部参观“八八战略”实施20周年大型主题展览，专题学习习近平总书记关于“千万工程”和“浦江经验”重要批示精神和专题纪实文章《汇聚磅礴力量 同心勇立潮头——习近平同志在浙江工作期间关于统战工作的探索与实践》等，沿着中共中央总书记习近平在浙江工作的足迹学思践悟。建立领导班子成员领衔课题调研机制，创新实施常委会专题议政制度，形成调研报告25篇，其中被省级以上部门录用6篇。注重总结经验，形成工作报告1份，编发主题教育专报7期，促进基层组织互学互鉴。聚焦五大建设查找短板，召开主题教育民主生活会，针对学习调研发现的问题、会员反映强烈的问题等，列出问题清单，剖析原因，明确整改方向，研究整改举措，部署推动改进提升，将建章立制贯穿主题教育全过程，出台关于改进调查研究、加强民建"会员之家"建设管理等5项制度。与民建宁波市委会开展对口监督调研，互查互评促提升。结合纪念中共中央"五一口号"发布75周年和"八八战略"实施20周年，开展"历史回声·时代足迹"经典展示活动，组织骨干会员排演情景剧《响应》，参加全省终场会演。各级组织推出"重温'五一口号'"短视频、口述会史音频、原创歌曲等作品。钱塘区总支部的《我们一直在路上》获浙江民建"历史回声·时代足迹"短视频三等奖，建德市委会的《重温先贤初心 传承家国情怀》、拱墅区基层委员会的《肝胆相照同奋进 协商共议谋发展》获优秀奖。

【思想政治建设推进】2023年，民建市委会学习宣传贯彻中共二十大精神，完善理论学习中心组学习机制，印发理论学习中心组年度学习计划和学习清单，学习中共中央总书记习近平重要讲话、重要文章、重要指示批示精神，召开理论学习中心组学习会12次。完成民建杭州分会办公旧址二期展陈提升，打造会史教育和多党合作传统教育的重要平台。旧址入选全市统一战线"最美同行阵地"，被纳入省社会主义学院"之江同心·合作传承"现场教学精品线路。在民建杭州分会办公旧址召开"凝心铸魂强根基、团结奋进新征程"主题教育动员部署会，举办黄炎培塑像揭幕仪式，承办全省民建"会章会史大学习"宣讲活动。旧址全年接待各地民建组织参观30余批次，访客2000余人次。推进特色化品牌化"会员之家"建设，加强分类指导，制定《关于加强民建会员之家建设、管理和使用工作的意见》，鼓励各级组织整合资源、打造优势，确保"会员之家"常态化运作、高质量使用。至年末，全市建成"民建会员之家"20个，其中市级3个、区县（市）级17个。加强宣传引导，开辟学习贯彻中共二十大精神、主题教育展示、"大走访大调研大服务大解题"活动报道等专题专栏，开展基层组织主委交流履职经验、会员骨干分享学习体会等活动。微信公众号推送各类报道604篇，被"浙江民建""杭州统战"等平台录用和报送330余篇，被国家、省、市主流媒体刊登180余篇。

【参政党理论研究】2023年，民建市委会建立健全"立项指导—开题辅导—中期研讨—成果交流"工作闭环机制，开展理论研究工作专题学习研讨，申报课题29个，形成研究成果23篇。7篇获民建省委会优秀理论研究成果奖，1篇获省政协"践行全过程人民民主、推进人民政协专门协商机构建设"征文优秀论文三等奖，1篇被市政协信息专刊录用刊发。

【"同心同廉"工程】2023年，民建市委会深化"同心同廉"工程，启动民建中央廉政建设示范点工作。抓好"清廉杭州·同心民建"品牌建设，依托民建杭州分会办公旧址展陈厅，建成市级"同心同廉"教育基地。各专委会、基层组织开展清廉教育和建设活动，建德市委会举办"同心同廉"专题学习研讨，萧山区基层委员会和富阳区支部挂牌成立"同心同廉"教育实践基地，余杭区基层委员会在西溪洪园揭牌，钱塘区总支部在钱塘清廉家风馆成立"同心同廉"廉政教育共建基地。推进清廉会员企业建设，20余个会员企业获评区级"清廉民企"。

【基层组织建设加强】2023年，民建市委会成立富阳区基层委员会、浙大城市学院支部，指导建德市委会和上城、拱墅、西湖、滨江、萧山、临平、临安等基层组织优化支部班子结构，实现基层组织数量和质量双提升。深化数字化改革，迭代升级基层组织日常管理模式和争先创优机制，开展2023年"先进支部"评选工作，在职支部申报参评率100%。

【民建服务亚运会和亚残运会】2023年，民建市委会围绕亚运会和亚残运会开展调研，《关于全力办好亚运会，积极实践"亚运遗产"战略的建议》集体提案被列为2023年度市政协重点提案并获市政府主要领导领办。报送亚运会和亚残运会相关社情民意信息110余篇，被各级部门录用30余篇，其中获中共杭州市委主要领导批示2篇、获市政府主要领导批示3篇。信息《关于结合杭州亚运会提升浙江省境外人员购物离境退税服务水平的建议》《关于在亚运会期间营造残疾人更优爱心礼遇环境的建议》引起中共杭州市委、市政府重视，得到相关部门落实。全市组织民建会员500余人次参与各类亚运会和亚残运会志愿服务，开展"同心同行·共筑亚运"主题作品征集活动，举办"亚运忆·最忆是杭州"迎亚运书画作品展。开展"同心同行·杭州民建在行动"系列宣传活动，编发亚运会和亚残运会相关报道60余篇。

【参政议政】2023年，民建市委会在中共杭州市委全会报告和政府工作报告征求意见座谈会、党外代表人士座谈会等各类政党协商会上，就中共杭州市委、市政府中心工作和重大决策部署及其他重要事项提出意见和建议。在市两会上提交大会发言9件、集体提案13件，民建人大代表、政协委员提交建议和提案58件，其中民建界别委员提交并立案25件。参与全会建议案《关于深化"两廊""两地"建设，打造全球高端制造业研发和生产基地的建议》。2件集体提案被列为2023年度市政协重点提案。界别组全年开展活动40余次，参与市政协组织的协商类会议60人次。

制定《关于进一步加强和改进调查研究工作的意见》，提高调研成果的质量和实效。围绕数字经济健康发展、促进共同富裕、经济翻身仗、亚运攻坚战等重大部署开展调查研究，14篇课题报告获中共杭州市委、市政府主要领导批示。完善建言资政工作机制，开发参政议政子系统，全年编发专报和信息370篇，其中161篇被全国政协、民建中央以及省、市相关单位采用。

【专项民主监督】2023年，民建市委会围绕"加速提升开发区能级水平，助力打造现代化产业体系""助力打好经济翻身仗"开展监督调研，召开

2023 年 4 月 24 日，杭州市统一战线之江同心·“三好”智库论坛举行
（民建市委会 供稿）

专题会议动员部署，制定工作方案、调研计划，组织专家队伍到临平区实地调研、到市发改委座谈交流，组织小分队走访企业。全年召开座谈会 11 次，开展实地调研 8 次、主题议政 5 次，参与 120 余人次，收集相关意见和建议 40 余条，形成建言成果。

【“同心智库”论坛】 2023 年 4 月 24 日，由市委统战部主办、民建市委会承办的全市统一战线“之江同心·‘三好’智库”论坛举行。论坛主题为“融合的力量：从产业数字化到数字产业化”，分主旨演讲和集智建议环节，邀请信息技术和商务贸易领域的专家学者作主题分享。7 名民主党派专家从数字贸易国际化、中小企业数字化转型、数字智能制造产业发展、人工智能创新应用、大数据时代对农业和文化传媒行业的影响等角度分享观点，提出意见和建议。活动中，杭州市统一战线“之江同心·‘三好’智库”论坛民建分论坛成立。

【共同富裕基层实践助力】 2023 年，民建市委会新挂牌省级基地 3 个，在全省现场会上作典型发言。市委会提供 12 万元资金支持淳安县富文乡农业基础设施建设，组织会内专家开展茶叶生产技术帮扶活动，促进农民增收。市委会与杭州开放大学（杭州社区大学）共同举办“建设高质量终身教育体系，助力共同富裕”三江论坛。民建会员企业家联谊会响应“同心共富石榴红”号召，带领会员企业家到临安区浪山畲族村考察产业项目，开展持续性消费帮扶认购农产品活动，购买当地自产大米 5 万余千克。

【定点帮扶深化】 2023 年，民建市委会制订定点帮扶计划，参加民建中央“地域 + 领域”产业帮扶京浙黔企业家毕节行座谈会，与当地领导探讨意向合作项目和模式。市委会领导带队到贵州实地走访调研 3 次，牵线会员企业捐赠 60 万元（含物资）在黔西市第一中学开设“彩虹优 + 育才班”，资助 50 名家庭贫困的学生完成高中学业。组织会员企业安排讲师为黔西市新仁乡化屋村提供新零售培训，助力黔西苗绣产业品牌提升。会员企业在河北省丰宁满族自治县投资近 800 万元共建牛奶场，帮助销售牛奶价值 1000 余万元。市委会对接资源，向黔东南苗族侗族自治州剑河县捐赠救护车 1 辆。

【社会服务活动】 2023 年，民建市委会以“思源工程”为平台开展赈灾救助、捐资助学、扶弱济贫等社会服务活动。为支援甘肃、青海抗震救灾，市委会通过“思源·彩虹人生公益基金”捐赠救灾资金 10 万元，各级组织和会员通过各种途径捐赠救灾款物近 152 万元。协同会员企业和“思源·彩虹人生公益基金”向受灾的河北省高碑店市捐赠总价值 20 万元的救灾物资。关心关爱老会员，走访慰问老会员及原工商业者，发放原工商业者补助约 4 万元。民建会员企业家联谊会牵头推进校企合作项目，设立“思源·杭旅小匠”技能竞赛奖学金，为杭州旅游职业学校在各类职业技能大赛上获奖的 55 名学生颁发奖学金 6.9 万元。4 名会员被评为浙江民建社会服务先进个人。

引导支持各级组织和会员开展各类社会服务工作，创建上城区“向日葵爱心助学”、拱墅区“送文化下基层”、西湖区“紫荆花学校爱心捐助”、滨江区“共富助残公益项目”、萧山区“同心共富基金会”、余杭区新港村“共富同行”、临平区“临里·民建”、钱塘区“太阳花公益系列项目”、富阳区“同在蓝天下”、临安区“助力残疾人共富发展”、建德市“光明行动——公益防盲”送医下乡等特色社会服务品牌。

（王浙名）

中国民主促进会
杭州市委员会

【概况】 至 2023 年年末，中国民主促进会杭州市委员会（简称民进市委会）下辖萧山区、临安区、建德市 3 个区（市）级委员会，杭州师范大学、上城区、拱墅区、西湖区、滨江区、余杭区、临平区、钱塘区、桐庐县 9 个基层委员会和富阳区 1 个总支部，106 个支部，设参政议政、团结联谊、学习研究和社会服务 4 类 18 个工作机构。有会员 2589 人，其中各级人大代表、政协委员 303 人（全国人大代表 1 人、省人大代表与政协委员 8 人、市人大代表与政协委员 47 人）。全年发展新会员 111 人，平均年龄 37.47 岁。

【民进开展主题教育】 2023 年，民进市委会将开展主题教育与重要讲话、重大主题的学习贯彻结合，开展中共中央总书记习近平考察浙江重要讲话精神专题学习活动，成立宣讲团。全年开展主题宣讲、专家辅导、“循迹溯源”实地考察等学习活动 66 次，其中理论学习中心组集中学习 4 次，

2023 年 12 月 7 日，话剧《马叙伦》在全国政协礼堂公演

（民进市委会 供稿）

组织常委到武汉开展现场教学 1 次。市委会将开展主题教育与“常委走基层”“学会章，交会费，做民进人”品牌活动结合，开展“常委走基层”活动 70 余场次，其中领导班子到基层走访、调研、宣讲 30 余次。

【马叙伦“正道”工程建设】 2023 年，民进市委会马叙伦研究会开展马叙伦生平事迹研究并形成学术文章 3 篇，联合西泠印社、杭州师范大学以纪念“五一口号”发布 75 周年为主题举办“马叙伦与国歌”主题艺术作品展。马叙伦与杭州主题展览馆、马叙伦公园被评为民进全国首批学习教育基地、民进浙江省会史教育基地，马叙伦历史资料陈列馆被评为杭州市统一战线“同心最美阵地”，全年接待全国各地民进组织 50 余批次、900 余人次，杭州民进会员参观学习 1800 余人次。话剧《马叙伦》在省内巡演 11 场，入选第十八届中国戏剧节展演剧目，被评为民进中央主题教育精品剧目，并于 12 月 7 日在全国政协礼堂公演。至年末，话剧《马叙伦》被各级媒体报道 70 余次，全网阅读量超过 270 万人次。市委会获评民进全国思想宣传工作先进集体，获民进浙江省开明特别贡献奖。

【“同心同行·共筑亚运”系列活动】 2023 年，民进市委会聚焦“打赢亚运攻坚战”的中心工作，组织“同心同行·共筑亚运”“六个一”活动。联合萧山区委会在奥体中心举办助力亚运文艺展演暨趣味运动会，联合拱墅区基层委员会举办杭嘉湖绍“共筑亚运”主题书画艺术展，创新举办“新亚运新杭州”城市发展高峰论坛、“亚运竞技项目 @ 古文字书法”线上展、“我为亚运献一策”“我为亚运做一事”等活动。其中，历时一年半、万人参与绘就的“百米艺术长卷”捐赠杭州亚组委收藏，《关于创建全球体育城市的建议》获中共杭州市委、市政府主要领导批示。

【全媒体宣传平台建设】 2023 年，民进市委会加强与互联网平台的合作，升级市委会机关“民进之家”图文展示系统。联合杭州图书馆、杭州书房挂牌成立首批 9 个“开明讲堂”活动基地，举办“云上 + 线下”活动 50 余场，受众超过 1 万人次。“一刊一网一微”全年组稿 980 余篇，其中“亚运、共富”专题稿件 85 篇（次）、会员风采 79 篇（次），在全国民主党派微信公众号热文 TOP 20 周榜上榜 9 次，186 篇文章获中新网、“学习强国”学习平台、民进网、浙江民进等平台刊载。微信公众号入选 2023 年度民主党派市级组织微信公众号二十大靓号。

【政治协商】 2023 年，民进市委会在中共杭州市委全会报告、政府工作报告、法检两院工作和党风廉政建设等协商会议上提出“推进基础教育高质量发展”“厚植历史文化名城优势”等意见和建议 10 余条。在市两会上提交集体提案 11 件，在专题联组会和小组讨论上提出建议 50 余条；在市政协专题议政性常委会、“请你来协商”月度协商会上提交调研报告 10 篇，作大会发言 8 次。《抢抓国潮消费新趋势融合 推动我市“老字号”传承与发展》等 2 件集体提案被列为重点提案，获市政府主要领导批示；2 件集体提案、5 件个人提案获评优秀提案，3 名会员获评市人大代表履职积极分子。在杭州市政协新时代协商民主实践中心组织“民进周”活动，开展议政沙龙、能力培训、医疗义诊等活动 14 次，市委会获杭州市政协新时代协商民主实践中心活动优秀组织奖。

【参政议政成果】 2023 年，民进市委会立项课题 63 个，其中教育、文化等主界别课题超过 50%。市委会领导班子领衔开展“深化‘千万工程’、建设美丽乡村”“助力世界一流历史文化名城”等重点课题调研，由专家领衔组建 7 个重点课题小组。全年有 7 项成果获民进中央 2023 年度参政议政奖励，9 项成果获民进省委会参政议政表彰，14 项成果获开明教育论坛奖项。会员的 1 篇调研报告获中共中央政治局常委批示。2 项成果分别用作民进中央集体提案和全国政协常委会发言材料。全年报送社情民意信息 319 篇，获各级各部门录用 148 篇，其中民进中央录用 32 篇、全国政协录用 5 篇、中共中央宣传部录用 2 篇，获省、市领导批示 23 篇（次），《补强我省国家重点实验室短板》等 3 篇信息获中共浙江省委主要领导批示。市委会获评浙江民进参政议政工作先进单位、全市党委系统信息工作优秀单位、全市统战信息工作成绩突出单位。

【专项民主监督调研】 2023 年，民进市委会将“助力打好经济翻身仗”专项民主监督调研课题“高水平建设‘诗路文化·三江两岸’世界级文化旅游带，助力打造后亚运新经济增长极”列为年度“一号重点课题”，召开主委会议2次，专题研究实施方案和保障机制，组织25名文旅、规划、经济领域专家学者成立课题调研组。全年开展调研活动19次，会员、专家参与400余人次，涵盖“三江两岸”235千米全线重要节点，实现沿线9个区县（市）全覆盖。市委会专项民主监督调研报告获中共杭州市委肯定，12篇阶段性成果获各级各部门录用，其中《激活三江两岸传统村落文旅引擎，助推杭州中西部共富发展》获市政府主要领导批示。

【**社会服务工作**】2023年，民进市委会联合余杭区基层委员会承办民进全国社会服务信息化工作现场会；联合建德市委会承办民进中央乡村振兴专题培训班，培训贵州省毕节市基层干部40余人；联合滨江区基层委员会举办“之江同心·开明共富”经济论坛，推动省、市企业家联谊会与工业和信息化部先进制造商学院实现战略合作，获民进中央领导批示肯定。参与民进中央东西协作开明·健康项目，实施杭州—金沙妇幼保健医疗技术帮扶项目和消费助农项目，捐赠运动康复器材等各类物资价值15万元，购买农产品价值2.5万元。协同实施“开明乡村养老关爱工程”，百丈乡村康养服务基地入选首批“开明共富”省级基地。深化联乡结村，统筹上城、滨江、临平、钱塘、建德等12个民进组织的力量，对口建德市航头镇实施开明共富六大帮扶项目（教育、医疗、成长、农场、宿美、驿站）。组织医药卫生专家到社区、企业举办健康义诊和专家讲座9场次，组织法律专家围绕民营经济健康发展的主题推出“专家说法”10期。开展癸卯年“春联万家·奔赴新征程”系列活动11场，向群众赠送春联1200余副、“福”字近3000张。

【**组织规范化建设**】2023年，民进市委会将桐庐、钱塘两地民进组织由总支部升格为基层委员会，新成立富阳区总支部、民进杭州市儿童医院支部。市委会以“星级组织创建”和“民进之家”建设为抓手，深化组织建设“1433工程”（围绕建设新时代高素质参政党目标，推进“四雁”工程、“三建”工程、“三能”工程），构建杭州民进版的“三会一课”，增强基层组织的规范化和执行力。全市11个区级民进组织实现“五星示范型组织”全达标，“831标准型”（有固定场所、标识标牌、马叙伦铜像或画像、制度台账、必要办公设施、联系方式、统战理论和会史介绍、履职工作和会员风采展示，每年利用3次以上，酌情安排1名专职或兼职工作人员）“民进之家”全覆盖。市委会在全市各民主党派基层组织规范化建设现场会上作典型发言，拱墅区基层委员会、建德市委会先后在民进全省基层组织规范化标准化建设、民进全省“开明嘉苑”建设现场推进会上作经验交流，余杭区基层委员会基层组织建设经验获民进中央领导批示肯定，市委会获评浙江民进组织建设工作先进单位，8个地方组织、基层组织获评省级优秀，16名会员获民进中央、省委会表彰。

【**作风建设主题年**】2023年，民进市委会以内部监督委员会为主体，参加市委统战部组织的“联学廉建”活动，开展“民进会员违法违纪警示案例”教育，以签订廉政承诺书等形式，推动“清廉机关”“清廉支部”等清廉单元构建，分别在余杭“四无粮仓”、建德“千鹤妇女精神教育基地”建立“同心同廉·开明廉政教育”基地。系统修订市委会内控制度，常态化开展对基层组织经费使用的监督管理、指导和专项检查。监督委员会成员划片监督基层组织，在建德市试点建立内部监督委员会监督小组，推进内部监督工作向基层延伸。优化公众号“开明清风”专栏，全年推送制度学习、政策解读、典型案例等文章50余篇（次）。

（姚芳芳）

中国农工民主党杭州市委员会

【**概况**】至2023年年末，中国农工民主党杭州市委员会（简称农工党市委会）下辖各级组织110个，其中区级委员会1个（临安区委员会）、基层委员会12个、总支部4个、支部93个。全市有党员2255人。其中：主体界别党员1471人，占65.2%；高中级职称以上党员1853人，占82.2%。全年发展新党员103人，平均年龄37.35岁。

2023年，农工党市委会围绕“凝心铸魂强根基、团结奋进新征程”主题教育，推进各项工作。市委会被农工党省委会评为2023年度市级组织党务工作先进单位、宣传工作先进集体、参政议政工作先进集体、反映社情民意信息工作先进集体、社会服务工作先进集体。

【**农工党开展主题教育**】2023年，农工党市委会围绕学习习近平总书记考察浙江重要讲话精神，召开主题教育动员部署会，通过宣讲会、学习座谈会，邀请农工党省委会主委和多名专家学者作主题授课等，推进“凝心铸魂强根基、团结奋进新征程”主题教育、纪念中共中央发布“五一口号”75周年等活动。征集15幅党员作品参与市委统战部主题书画作品展，组织党员到广东惠州、广西百色、山东济南等地开展循迹溯源现场学习活动。

【**思想政治建设**】2023年，农工党市委会贯彻落实“逢会必学”“第一议题”制度，召开理论学习中心组会议、主委会、常委会、全会等，开展专题学习20余次，学习中共二十大、中共二十届二中全会精神，习近平总书记重要讲话、重要指示精神，农工党十七大、十七届二中全会精神，中共浙江省委、杭州市委全会精神等。市委会领导班子带头宣讲并撰写学习体会刊发在农工党省委会、市委会等微信公众号。落实《市委会各级组织理论学习制度》，加强基层组织理论学习。组织党员参与理论研究和研讨论文活动，1篇理论课题成果获农工党中央2023年理论研究优秀论文一等奖，4篇文章获二等奖，1篇文章获三等奖。1篇理论文章获2023年全市统战理论政策研究优秀成果二等奖。

【**宣传力度加大**】2023年，农工党市委会加强市委会杂志、网站和微信公众号的融合，围绕“时政微课堂”“主题教育”“学习传达”“助力共富”“共筑亚运”等专题开展宣传报道。加强与主流媒体合作，加大对优秀履职成果等宣传力度。刊发《杭州农工》杂志4期，推送微信公众号报道290余篇。在中央统战部、农工党中央和省委会、市政协、市委统战部等宣传平台发布报道和动态信息140余篇，240余篇报道被各级新闻媒体采用。4个基层组织被农工党省委会评为宣传工作优秀集体，市委会被市委统战部评为2023年度全市统战宣传工作成绩突出单位。

【协商建言实效】 2023年，农工党市委会履行民主党派协商建言的职能，市委会领导班子成员参与政党协商、政府协商、政协协商等9次，就中共杭州市委全会、政府工作报告、市委常委会专题民主生活会、法检两院工作、党风廉政建设、专项民主监督等工作提出意见和建议。"推进安宁疗护""开展孕妇耳聋基因免费筛查"等建议得到中共杭州市委、市政府及有关部门采纳。《优化金融服务支撑体系建设，推进杭州科创金融改革试验区高质量发展》等16篇调研报告分别被列为市政协专题议政性常委会议和"请你来协商"专题协商会课题。打造农工党界别组、委员工作室协同履职阵地，在市政协新时代协商民主实践中心启动"挺膺使命担当，聚力'两场硬仗'"主题活动周，统筹串联课题研究、专题讲座等多类型活动8场，征集集体提案及社情民意25件，开展基层协商活动6次，服务群众130余人次。市政协农工党界别组获2023年度实践中心活动优秀组织奖，委员工作室获评2023年度市政协五星级委员工作室。

【参政履职成果】 2023年，农工党市委会开展"参政议政质效提升年"活动，征集课题选题和协商建议等95篇（次），形成调研报告27篇，《关于建立健全市场主体容错纠错机制体系，持续优化营商环境的提案》等2篇调研报告以农工党中央团体提案、省委会领导名义提交全国两会。《关于疫情防控新形势下加快互联网医院建设的建议》等2篇调研报告分别以省委会团体提案、书面发言名义提交省两会。10篇调研报告通过省委会课题立项，数量列全省地级市首位。7篇调研报告转化为市两会大会发言和集体提案，1个提案被选为大会口头发言；2个提案被列为重点提案，分别由中共杭州市委、市政协领导领办督办。3篇调研成果经转化得到市政府领导批示肯定。

市委会抓好信息骨干队伍建设，组成信息沙龙"讲师团"，将培训延伸到各基层组织，举办沙龙活动16期。加强与市卫生健康委、市医疗保障局等对口联系单位沟通，争取专业支撑。深化省、市、区联动，承办农工党全省反映社情民意信息现场推进会，参与农工党省委会"之江同心经济圆桌论坛"、同心议政沙龙等活动，聚焦创新创业、生物医药、新材料、乡村振兴等领域建言。全年征集信息836篇，被各级部门采用126篇，其中23篇（次）被国务院、中央统战部、全国政协采用，11篇（次）得到国家、省、市主要领导批示肯定。市委会被市委统战部评为2023年度全市信息工作成绩突出单位。

【民主监督强化】 2023年，农工党市委会围绕"助力打好经济翻身仗"专项民主监督主题，联合农工党省委会、相关基层委员会，开展监督7次，实地调研产业园区5个、企业12个，进行座谈交流8次，90余名相关领域骨干党员参加，梳理问题困难44条（次）。邀请省、市专家学者多方研讨论证并吸纳各方建议，到广州、深圳、苏州等地走访企业、园区、平台11个，进行座谈交流。贯彻落实省、市政协"深化'千万工程'、建设美丽乡村"专项集体民主监督部署要求，强化三级联动，到临安区开展专项监督，发现问题11个，征集呼吁诉求13条（次），提出意见和建议21条（次），转化为社情民意信息，形成监督报告，助推临安区美丽乡村发展和共同富裕建设。

【组织建设夯实】 2023年，农工党市委会落实市委会领导班子成员联系基层制度，主委、副主委带头参加基层组织和工作委员会开展的调研、社会服务等活动。加强与中共党组织、统战部门沟通协商，规范换届程序，按计划完成19个基层组织的换届、届中调整和撤销工作。修订新一轮支部考核实施方案，完成对78个支部的考核工作，评出五星级支部13个、四星级支部32个、三星级支部29个，先进支部比例达95%。做好全市15个"党员之家"的建设管理和使用。6月，农工党中央主要领导一行到上城区"农工党党员之家"调研，对市、区两级农工党组织和中共上城区委放大阵地效应，对基层共同富裕现代化基本单元建设赋能添翼工作表示肯定。举办组织工作专题培训班，通过提升组织委员业务能力加强基层组织规范化建设。6个基层组织被农工党省委会评为组织工作先进集体。

【人才队伍建设】 2023年，农工党市委会落实党员年度发展计划，严把质量关，落实培养教育期人员"四个一"要求，开展初始教育培训4期、新党员培训1期。更新30余名全链条管理市级代表人士信息和37名"浙统云"党员数据库信息，整理规范现有党员信息库项目48个。

【农工党服务亚运会和亚残运会】 2023年，农工党市委会发出《"同心同行·共筑亚运"倡议书》，号召党员做好亚运会和亚残运会服务保障。延续"亚运有我"志愿服务活动，开展亚运保障急救公益培训、护航亚运健康义诊、亚运宣传"进校园、进社区"等活动，发挥医药卫生主体界别特色，在亚运会和亚残运会场馆所在区县（市）、乡镇（街道）等，完成急救公益培训10余场，受训对象600余人次。杭州东站"同心实践"服务基地联合红十字会开设救护服务区。深化警民共建，连续3年开展"中国人民警察节"义诊服务活动，为护航亚运会和亚残运会的警察队伍赠送价值16万元的降温警用马甲等物资。

【农工党助力共同富裕】 2023年，农工党市委会承办全省社会服务基地建设现场推进会，落实3个助力共富特色服务站工作。余杭区基层委员会文化教育服务站完成公益课80余课时，受益学生2500余人次，获农工党中央领导肯定。富阳区基层委员会医疗健康服务站开展门诊2400余

2023年5月18日，富阳区基层委员会医疗健康服务站在场口镇东梓关村开展“环境与健康宣传周”为民服务活动　　（农工党市委会 供稿）

人次，超声波、胃肠镜检查4500余人次，筛查发现肿瘤60余例，获农工党中央领导肯定。临安区委会生态科技服务站设立“农工党巡回服务点（眼科专科）”、残疾人康复站等，开展送科技、送医疗等服务，并联合省直党员捐赠价值3万元的康复器材。以临安区徐村为基点，推动社会服务与参政议政深度融合，促成“天目医享·乡村医疗优质共享”改革实践项目得到农工党中央领导批示肯定。依托桐庐县基层委员会在大庄畲族村设立“助农共富”基地，在医疗卫生、农技养殖、农产品销售等方面开展帮扶。余杭区和富阳区特色服务站及杭州东站基地均获批为省级社会服务基地。

【精准帮扶】2023年，农工党市委会做好巩固脱贫攻坚成果和乡村振兴相结合工作，主要领导带队到贵州省毕节市大方县三元乡开展帮扶工作，捐赠10万元帮扶资金和价值6万元的物资。300余人次党员参与“我为大方下一单”消费帮扶，采购当地特产价值4.7万元。依托钱塘区基层委员会承办农工党中央乡村振兴工作委员会“科技＋文化”赋能乡村振兴现场会，牵线相关部门与大方县政府、教育局签订“共富工坊”和研学项目，相关工作获农工党中央领导批示肯定。“靓发屋”职业技能公益培训在杭州开班，培训新疆学员50余名。市委会向新疆到杭州中职班学子捐赠价值3万元运动服；向广西百色的小学捐赠价值6万元的课桌椅。落实联乡结村工作，市委会依托淳安县基层委员会在淳安县王阜乡中心学校开展专题服务活动2场，向王阜乡捐赠帮扶款10万元。14名党员被市委统战部聘为“之江同心·结伴同行”助力共同富裕名誉院长、名誉校长和名誉村长。7个基层组织被农工党省委会评为社会服务工作先进基层组织。

（褚晨希）

中国致公党杭州市委员会

【概况】至2023年年末，中国致公党杭州市委员会（简称致公党市委会）下辖上城区、拱墅区、西湖区、萧山区、余杭区5个基层委员会，滨江区、临平区2个总支部，钱塘区、富阳区、临安区、杭州师范大学、杭州市第一人民医院、文艺6个支部，城市建设和生态环境委员会、教育文化卫生体育委员会、数字经济和科技委员会、社会发展和法制委员会、社会服务工作委员会、海外联谊工作委员会、妇女工作委员会7个专门委员会，明志法律服务团、明志海创联盟2个团体。全市有党员738人，全年发展新党员47人，平均年龄34.41岁。

2023年，致公党市委会开展“凝心铸魂强根基、团结奋进新征程”主题教育，推进各项工作，获评中国致公党参政议政工作先进集体和致公党省委会思想宣传、组织、社会服务3项先进集体。

【致公党开展主题教育】2023年，致公党市委会开展“凝心铸魂强根基、团结奋进新征程”主题教育。落实“第一议题”制度，召开常委会暨理论学习中心组学习会4次、主委会议19次，召开机关工作例会21次，传达学习中共中央总书记习近平重要讲话、贺信、致辞精神以及中共中央、省委、市委全会等重要会议精神。班子成员结合“大走访大调研大服务大解题”活动，走访党员、调研党员企业81人次，听取意见和建议。常委会组成人员结合各自领衔课题带队调查研究、建言献策。联合致公党省委会、萧山区基层委员会三级联动开展“循迹溯源”调研，组织党员观看《中国致公党章程》系列微课。召开专题民主生活会，做好检视整改工作。在“杭州致公”微信公众号开设“主题教育”专栏，推送各类活动报道76篇。

【参政履职强化】2023年，致公党市委会开展“我为亚运献一策”建言征集活动，形成建议21篇，其中2篇被市委统战部《建言直通车》录用。提交市政协十二届二次会议大会发言6篇，集体提案11篇；参与市政协“两廊”“两地”议政性常委会课题调研，完成调研报告2篇，其中“两地”报告在市政协常委会上被选为党派发言，获市领导点评肯定。向致公党省委会报送政协全会提案和大会发言素材31篇，3篇被作为省委会提交省政协十三届一次会议的团体提案，2篇材料被作为大会口头发言，1篇被作为报送省委统战部建言直通车信息的主要内容，1篇被选为省政协重点提案，1篇材料被选为致公党中央提交全国政协十四届一次会议的团体提案。收集社情民意信息152篇，转化录用72篇；报送社情民意信息130篇（次），包含意见和建议390篇（次），其中：64篇（次）被刊发录用，6篇（次）获省、市主要领导批示肯定，4篇（次）经验类信息材料被《团结报》《省委统战部“八八战略”20周年建言案例选编集》等刊发录用；组织党员报送中国发展论坛参政议政论文材料 2 篇。获评致公党中央优秀成果 2 篇，获致公党省委会参政议政优秀成果一等奖 4 篇、二等奖 9 篇、三等奖 4 篇。

【对外联络】2023 年，致公党市委会推进以“一联盟一论坛六基地”为主体的平台、阵地、渠道建设，发挥对外联络优势。明志海创联盟组织成员到之江实验室和企业参观交流；联合西湖区基层委员会举办“红船映初心，扬帆再起航”读书分享会，邀请《红船》作者黄亚洲作主题分享；联合钱塘支部举办《流光记：杭州往事》读书分享会；举办奥运冠军高敏面对面访谈，助力体育公益。以“数字领航，活力未来”为主题举办第六届致公明志论坛，召开“‘西园论健’创新赋能会暨导师私享会”，协助致公党省委会举办“之江同心·经济圆桌论坛”。“同心·传承”文化基地全年开展文化交流、青少年科普研学等活动近 100 场，结合亚运会传播传统文化。“同心·国际社区”基地捐赠 1 万元支持东信国际社区设立爱心基金，举办“弘扬宋韵文化，喜迎亚运盛会”古诗词艺术歌曲音乐会。中非友好杭州致公驿站承办中津（津巴布韦）教育与经贸合作概况研讨会，承办“侨海·致公驿站”工作推进现场会。与三亚市委会结对友好市委会，接待致公党中央及上海、福建、广州、成都、青岛、厦门等地调研组 20 批次。

【宣传平台优化】2023 年，致公党市委会运营好以“杭州致公”微信公众号为主体的宣传平台。转发中央、省、市重要会议精神等报道 108 篇，推送党员参与服务保障亚运会和亚残运会等报道 80 篇、“五一口号”发布 75 周年征文及相关报道 32 篇、党员风采相关文章 34 篇、参政履职相关报道 80 篇、自身建设相关报道 32 篇。全年编发《杭州致公》杂志 4 期，推送微信公众号宣传报道 661 篇，阅读量 15.7 万人次。

【社会服务推进】2023 年，致公党市委会联合西湖区基层委员会在浙江工业大学附属实验学校开展“明志·悦读”十周年纪念活动，为学校捐赠书卡价值 2 万元。完成致公党中央“西好货”“优选毕货”消费帮扶 5.5 万元。推动杭州师范大学东城第二小学与贵州省毕节市第十九小学签订“教育合作校际结对互助”协议，组织上城区基层委员会党员到毕节专题帮扶，为七星关区 300 余名小学校长分享前沿教育理念，协助落实毕节市第十九小学 7 名骨干到杭州师范大学东城第二小学跟岗学习 1 周；杭州市第一人民医院支部与毕节市七星关区医生视频连线开展“致福医疗一帮一”活动。到丽水市遂昌县三仁畲族乡小忠村消费帮扶 1.4 万元，捐赠微型消防站 1 套、书画作品 1 幅。联合余杭区基层委员会协助承办“之江同心·公益点亮乡村”主题沙龙议百丈，开展结对百丈镇“六个一”活动，捐赠书画作品 2 幅。为建德市大慈岩镇双泉村、航头镇航川村消费帮扶 10.2 万元，捐赠书画作品 1 幅。到淳安县安阳乡开展教育帮扶活动，组织教师到安阳乡中心小学授课，为学校捐赠体育用品价值 7000 元，购买各类农产品 2.34 万元。响应致公党中央号召帮扶甘肃震区，党员捐赠生活急需物资价值 379 万元。文艺支部创作 11 幅书画作品捐赠给“市统战之家”。

（张洋莉）

2023 年 5 月 28 日，致公党杭州市委会“明志·悦读”十周年纪念活动举行

（致公党市委会 供稿）

九三学社杭州市委员会

【概况】至 2023 年年末，九三学社杭州市委员会（简称九三学社市委会）下辖上城区、拱墅区、西湖区、滨江区、萧山区、余杭区、临平区、钱塘区、临安区、杭州师范大学、杭州市第一人民医院 11 个基层委员会，87 个支社，设有 10 个工作委员会和宣传工作研究会、信息工作研究会、法律服务顾问团、“九三讲堂”讲师团、九三学社杭州书画院。全市有社员 2364 人，主体界别占比 73.7%。全年发展新社员 92 人，平均年龄 37 岁。

2023 年，九三学社市委会履职尽责，加强自身建设，被九三学社中央评为 2021—2022 年参政议政先进集体，被九三学社省委会评为 2023 年度优秀市级地方组织、宣传思想工作先进单位、组织建设先进地方组织、参政议政先进市级组织、社会服务先进集体，获信息工作先进单位一等奖。

【九三学社开展主题教育】2023 年，九三学社市委会开展“凝心铸魂强根基、团结奋进新征程”主题教育。召开理论学习中心组（扩大）学习会、主题教育推进会、宣讲会 7 次，市委会主要领导作主题宣讲，领导班子成员到基层宣讲，举办基层工作培训班、骨干读书班、新社员培训班，各基层组织开展各类专题活动，宣传矩阵开辟主题教育专栏，刊登相关报道

2023年5月26日，"九三同心向未来 魅力滨江迎亚运"暨纪念中共中央发布"五一口号"75周年文艺晚会举行　　（九三学社市委会 供稿）

95篇（次）。结合纪念中共中央发布"五一口号"75周年等重要契机，举办大型文艺晚会、作品征集等活动。市委会思想教育基地茅以升事迹展览馆和萧山区"九三之家"被确定为杭州市多党合作传统（实践）教育基地。

【思想政治建设加强】2023年，九三学社市委会增强主委会议、常委会议、理论学习中心组学习会议、全委会议等载体开展思想政治学习的系统性和实效性，召开主委办公会议19次、主委会议17次、常委会议7次，学习习近平新时代中国特色社会主义思想，贯彻落实中共二十大和省委、市委全会精神，学习习近平在浙江工作期间关于统战工作的探索与实践的重要意义。成立由领导班子领衔的学习贯彻习近平总书记考察浙江重要讲话精神宣讲团，到基层组织开展宣讲活动20余场。

【宣传工作推进】2023年，九三学社市委会网站发稿410篇，"杭州九三"微信公众号推送文章226篇，阅读量20.5万人次，居全国民主党派市级组织微信公众号第三位。全年编印社刊《杭州九三》4期，在主流媒体发表作品130余篇（次）。视频特辑《薪火相传 点亮星河——九三学社杭州市委员会成立40周年》获评2022年度浙江统战宣传好作品。

【九三学社服务亚运会和亚残运会】2023年，九三学社市委会制定印发2023年"同心同行·共筑亚运"助力服务杭州亚运会和亚残运会系列活动实施方案，开展"同心筑亚运"主题宣传，编发助力服务亚运会和亚残运会相关微文章36篇；制作迎接亚运会视频《等你来》，收录30个九三学社地市组织祝福；举办"九三同心向未来 魅力滨江迎亚运"暨纪念中共中央发布"五一口号"75周年文艺晚会，300余人现场参加，3.2万人在线观看直播；开展"同心逐梦，悦动未来"妇女节活动，组织女社员110余人参观亚运会和亚残运会场馆。为亚运会和亚残运会建言献策，在市两会上提交的《人人都是志愿者，美丽杭州迎亚运》被选为市政协十二届二次全会口头发言；举办"我为亚运献一策"十大金点子评选和主题议政活动，收到相关建议150余条；报送亚运会和亚残运会相关社情民意信息12篇，其中：《乘势亚运会加快建设中国式现代化体育强省》获中共浙江省委主要领导批示，《拓展出行即服务应用场景，提高亚运交通保障水平》获市政府主要领导批示。向全市社员发出助力亚运会和亚残运会志愿行动倡议书，成立"杭州九三亚运志愿服务队"，开展义诊咨询服务7场，服务群众近1000人次；开展"啄木鸟捉虫随手拍"活动，报送不文明行为和影响市容市貌现象线索30余条，助力提升城市形象；在线推出6期"九三E讲堂"科普亚运外语及体育知识，开展"武术进校园"活动20余场。

【组织建设】2023年，九三学社市委会领导班子走访区县（市）委统战部10个、西湖大学等有关单位党委10余个，骨干社员、企业家社员和新社员300余人次。开展机关处级干部走访直属基层组织行动，8个小组走访44个基层组织，建立社员意见落实反馈闭环机制。关爱退休社员，对25名社龄40周年的老社员开展上门慰问，对80岁以上社员进行暑期和新春慰问680余人次。以"人才强社"战略为指引，市、区两级制定年度发展规划，实施入社积极分子培养期情况反馈机制，规范组织发展工作。至年末，全市社员中有各级人大代表和政协委员221人次。完成杭州市第一人民医院基层委员会及所属支社等22个基层组织换届或届中调整，临安区支社升格为基层委员会。新建"九三之家"等阵地10个，微信公众号嵌入"阵地导图"功能，实现全市30个工作阵地的全景展示和地图导航，推进社务工作数智赋能。33个基层组织被九三学社省委会分别评为组织建设、宣传思想、社会服务等工作先进集体。

【清廉建设】2023年，九三学社市委会实现内部监督与实施"同心同廉"工程双向发力，在吴山清风廉政文化专线建立"同心同廉教育基地"并开展现场教学，接待社员200余人次，与浙江五联律师事务所共建"清廉律所"，在微信公众号开设"同心同廉"专栏作为线上阵地，在城区基层委员会建立班子成员专人负责内部监督工作机制。内部监督委员会对各基层组织推进重点工作情况开展专项督导，对社务工作进行专项检查，为基层组织规范化标准化建设发挥作用。

【协商议政成果】2023年，九三学社市委会主要领导参加中共杭州市委、市政府召开的民主协商会、征求意见座谈会和情况通报会等，就重点工作议政建言。班子成员带队走访5个对口联系部门，组织社员专家参与对口部门的协商议政活动。市两会期间，九三学社市委会提交《优化支持政策体系，促进优生优育》等大会发言7篇、《推动城西科创大走廊科技成果转移转化首选地建设的相关建议》等集体提案7件。其中：《关于促进杭州智慧交通发展的建议》等2件集体提案被列为市政协重点提案，《关于加快城西科创大走廊"产城人"融合发展的建议》等2件集体提案被评为优秀提案。社内各级人大代表、政协委员提交全国人大代表建议6件，省、市、区两会建议67件和提案170件。

【课题调研】2023年，九三学社市委会领导班子成员围绕中共浙江省委三个"一号工程"和市委"两场硬仗"，领衔参政议政重点课题15项，组织调研40余场次，社员专家参与500余人次。立项并完成招投标课题58项。课题成果《关于优化我省科技成果转化机制的建议》被选为省政协专题协商会议口头发言；《进一步推进大模型打造，加快杭州国家人工智能创新应用先导区建设》等2篇被选为市政协常委会口头发言，6篇被选为市政协专题协商会、月度协商会口头发言。2022年重点课题成果《九三学社杭州城西科创大走廊创新服务联盟调研成果汇编》获中共杭州市委、市政府、市人大常委会、市委统战部主要领导批示肯定。

【专项民主监督助力经济翻身仗】2023年，九三学社市委会聚焦"以城西科创大走廊为核心，构筑全国科技成果转移转化首选地"，对口杭州城西科创大走廊管委会和余杭区，开展"助力打好经济翻身仗"专项民主监督。由主委班子领衔，到18个单位开展调研，走访企业20余个，社员专家参与300余人次，发放调查问卷200余份。在杭州技术转移转化中心建立九三学社杭州城西科创大走廊创新服务联盟活动基地，打造"九三创吧"品牌，举办产学研对接等活动8场，企业、高校、科研院所从业者参与700余名，促成项目合作投融资意向金额超过2亿元。联盟助力浙江、杭州创新策源地建设的相关做法得到九三学社中央领导批示肯定。

【社情民意信息工作成效明显】2023年，九三学社市委会围绕超算中心、大模型与通用AI等主题举办议政活动7场，信息培训巡回课堂覆盖城区并走进市属高校，发展信息工作站，在支社星级创建中设置信息工作晋级通道，议政建言水平提升。7名社员被九三学社省委会、市政协、市委统战部聘为特邀信息员。全年报送信息250余篇，被各级部门录用178篇，其中：《规模工业效益下滑严重亟须引起重视》等2篇被国务院办公厅录用，《强化国产自主可控AI根技术，发挥科技创新支撑作用》等7篇被全国政协录用，《我国蓝色碳汇发展遇阻恐拖慢碳中和进程》等29篇被九三学社中央录用，124篇被省级部门录用。《推进"大综合一体化"行政执法改革顶层设计亟待重视》等3篇信息获中共浙江省委领导批示，《西湖手划船收费乱象原因分析和对策建议》等7篇信息获市领导批示。市委会被市委统战部评为2022年度全市统战信息工作成绩突出单位。

【九三学社助力"九地合作"】2023年，九三学社市委会推进东西部协作和对口支援工作。到新疆阿克苏市开展"九阿合作"，与当地政府签订价值约1000万元的"数智校园"项目援建及30万元助学金捐赠框架协议，现场捐赠助学金4万元。"九广合作"推进，滨江区企业家社员向四川省广元市3所学校捐赠数字化设备300万元，覆盖学生4000余人；发动社员向广元市青川县两所小学捐赠图书价值15万元，组织医疗、教育、农业科技等领域专家社员到当地开展帮扶指导。余杭区社员企业为甘肃省积石山县地震灾区筹措急需物资价值400万元，连夜驰援赈灾。

【九三学社助力乡村振兴】2023年，九三学社市委会在淳安县金峰乡建立"岭上花开"九三学社助力乡村振兴共富实践基地，帮助当地销售农产品价值500余万元，带动500余户农户实现户均增收近6000元，帮扶成果获6个省级以上媒体报道。为联乡结村结对帮扶点桐庐县百江镇开展农技服务，帮助杭蔬基地成功申请九三学社中央"多党合作乡村振兴示范"项目，争取项目资金助推发展。与合作单位联合举办共富集市销售农特产品，销售额17万余元。

【服务惠民】2023年，九三学社市委会围绕科技、医疗、文化、教育等主题推出"九三讲堂"线上和线下讲座50余场，服务群众1万余人次。关注青少年学生心理健康，教育沙龙获中小学好评。建立九三学社杭州市首个"非遗"传承服务基地。拱墅区康桥街道社会服务基地整合社内优质资源参与基层社区治理和服务，受益近1000人次。临平区"小小计量师体验站"为近300名学生提供体验式科学实践活动。"九三科技讲堂"杭州第一技师学院社会服务基地被九三学社省委会命名为第三批省级社会服务示范基地。

（陈　欣）

责任编辑　郦　晶

2024

杭 州 年 鉴

12 人民团体

杭州市总工会

【概况】2023年年末，市总工会下辖13个区县（市）总工会、10个产业工会和5个直属企事业单位。全市有基层工会组织2.7万个，涵盖单位10.6万个，工会会员451.71万人。

市总工会以构建新时代和谐劳动关系为统揽，以助力省委三个“一号工程”（数字经济创新提质、营商环境优化提升、地瓜经济提升能级）和市委打赢“两场硬仗”（经济翻身仗和亚运攻坚仗）为工作主线，推进杭州工运事业和工会工作，取得新的成果。全年市总工会系统获全国五一劳动奖状1个、全国五一劳动奖章6个、全国工人先锋号4个；省五一劳动奖状17个、省五一劳动奖章43个、省工人先锋号49个；在杭州亚运会专题评选中获评省五一劳动奖状24个、省五一劳动奖章30个、省工人先锋号52个，命名市级工人先锋号100个。

【职工思想引领】2023年，市总工会开展“中国梦·劳动美——凝心铸魂跟党走，团结奋进新征程”系列活动，举办“守好红色根脉·班前十分钟活动”1.9万场次，覆盖职工85.3万人次，被认定全省产业工人思想教育基地2个。承办《宋韵耀今辉，青春致匠心》劳模工匠进校园全国示范活动。举办“书香满屋”悦读会744场次，获评全国职工主题阅读活动优秀组织单位。承办“迎亚运千万职工来健身”全省职工街舞大赛等迎亚运文体活动100场，开展具有影响力的文化活动和体育活动2174场次，完善职工文化工作新布局。

【工会助力亚运会和亚残运会】2023年，市总工会承接杭州亚运会、杭州亚残运会运动员抵离的服务保障工作，统筹协调3个抵离工作组、187个业务单位，强化民航、高铁、高速公路联运服务，创新“首开亚运航线”“首创电子身份注册卡”“首推枪弹联合核验”等服务举措，在省内外8个机场和2个高铁站完成抵离服务6.3万人次、行李9万余件，实现“零投诉、零纠纷、零差错”。按照市委统一部署，高标准完成杭州亚运会、杭州亚残运会2.7万名观众远端集结等重大保障任务。市总工会办公室、市工人文化宫、杭州市职工旅行社及8名个人获评杭州亚运会和杭州亚残运会工作先进集体（个人）、省五一劳动奖状（章）。

【工会助推经济发展】2023年，市总工会把助力打赢经济翻身仗作为工作的重中之重，组织“当好主人翁，亚运立新功”立功竞赛项目234个。举办“十百千万”职工技能竞赛1万余场，带动岗位练兵30余万人次。开展“劳模工匠助企行”活动20场，解决企业技术难题750余个。为1.9万名职工发放返岗补贴380万元，举办招聘会提供就业岗位5849个。向1.2万名职工发放新时代技能人才奖励800万元，组织1100名职工参与市工会会员学历提升行动。选树市级职工高技能人才（劳模工匠）工作室30个、浙江省劳模工匠创新工作室8个。开展适应未来工厂需要的技能培训和就业培训1800余场，惠及职工2.3万人。全年缓减企业上缴工会经费7.8亿元，返还小微企业工会经费1908.1万元。

【新就业形态基层工会扩建】2023年，市总工会集中攻坚新就业形态劳动者工会“扩面提升年”专项行动。全年以省、市新业态领域重点联系企业和领军企业为重点，新建新就业形态基层工会276个，覆盖单位1027个，发展会员7.2万人；依托“爱心驿家”等服务阵地，建立新就业形态联合工会121个，发展会员3.9万人。全年市总工会推进“五有”职工之家建设，培育认定市示范职工之家20个、全国模范职工之家和职工小家各6个，培育市新就业形态基层工会示范点50个。

【新时代和谐劳动关系深化】2023年4月17日，市总工会发布全市首届构建新时代和谐劳动关系十大典型案例，认定首批新时代和谐劳动关系先进单位63个。市总工会制定《杭州市企业、行业集体协商质效评价标准》《杭州市集体协商操作指引》，指导签订工资集体合同9923份，覆盖企业2.3万个。能级工资集体协商纳入“七优享”工程的“劳有所得”专项，全市签订能级工资集体合同2493份，覆盖2806个规模以上

2023 年 3 月，市总工会在全市开展“春风行动”。图为市公安局向活动捐款
（市总工会 供稿）

工业企业和全部产业工人队伍建设改革试点企业。

【工会改革深化】2023 年，市总工会深化产业工人队伍建设改革，承办全国非公企业产业工人队伍建设改革暨“十四五”全国引领性劳动和技能竞赛推进会，推动“杭州工匠”认定、提质、扩面，发布第七届“杭州工匠”60 名，发布首届“杭州数字工匠”50 名。推进工会自身改革创新，开展“县级工会加强年”专项工作，临平区总工会“扎实推进新就业形态劳动者建会入会”项目入选全国总工会典型案例。出台《杭州市总工会深化数字化改革实施方案》，在全市推广“天目寻匠”“云协商”等优质改革项目。市总工会“以‘数字工匠’赋能数字经济人才队伍建设”等 2 个项目入选省总工会“助力高质量发展建设共同富裕示范区”十大创新案例。

【职工帮扶救助】2023 年，市总工会出台《关于进一步加大困难群众援助力度推进共同富裕的实施意见》，修订“娃哈哈·春风助学”“阿里巴巴·春风助医”等实施办法，实现救助均等化、精准化。全年市本级“春风行动”收到捐款 7097.6 万元，救助各类困难群众 4.2 万户（人次），发放救助金 7097.3 万元。深化困难职工三级梯度精准帮扶机制，常态化开展“送温暖”4.5 万人次，发放“送温暖”资金 3388.1 万元。拨付困难职工专项帮扶资金 1306 万元，精准救助建档家庭困难职工 1966 人次。为国内灾区工会群众提供帮助，第一时间向甘肃省和青海省各捐助救灾款 100 万元。

【职工实事项目提升】2023 年，市总工会制定提升职工生活品质实施方案，创建首批市级试点单位 76 个，获评省级试点单位 26 个。举办“会·有缘”等各类交友活动 335 场次，服务职工 19.5 万人次。新建“妈咪暖心小屋”100 个，完成母婴室提质培优五星级小屋 50 个。补助暑期爱心托班 600 个，推出“乐智荟”百堂公益课。组织 1.86 万名职工参加免费疗休养，认定首批 136 个星级疗休养基地。为 2.59 万名一线职工提供免费健康体检，举办心理健康讲座惠及职工 5.2 万人，第 12 期医疗互助参保 245 万人次，参保金额 1 亿元。组织夏季高温慰问职工 10 万人次。

（钱晓华）

共青团杭州市委员会

【概况】2023 年年末，杭州市有团员 42.25 万人，基层团（工）委 1470 个，团总支（团支部）2.85 万个，各级团干部 4.74 万人。全年新发展团员 2.39 万人，新建非公企业团组织 1931 个。推动市消防救援支队、美发美容行业协会等建立团（工）委，实现新华三集团、锦江国际集团等中国民营企业 500 强在杭州企业和中国互联网企业 100 强在杭州企业的团组织全覆盖。杭州团市委在浙江共青团工作评价、浙江青年发展综合指数、基层团建强基指数考核中均列全省第一名。杭州共青团系统获评全国五四红旗团委 1 个、全国五四红旗团支部 2 个、全国优秀团员 5 名、全国优秀团干部 1 名。

【青少年思想引领】2023 年 9 月起，团市委在全市开展团员青年学习贯彻习近平新时代中国特色社会主义思想主题教育，全市 2.85 万个团支部开展学习 21.5 万场。组织 3.2 万名青年宣讲员开展宣讲 3900 余场次，交流分享 10.6 万场次。推进“明德守法、完善自我”专项行动，开展严守“政治关、道德关、品行关”大讨论、“明德守法我来说”等活动 3200 余场。开展杭州青少年“‘追随足迹’现场学”活动，选取习近平总书记去视察指导过的 30 处地方，推出少先队员“追随足迹章”争章活动，参与青少年 78 万人次。举办“杭州青年说”宣讲大赛，以“我学二十大”“我讲八八战略”“我爱杭州，奉献亚运”为主题宣讲 1360 余场。启用中国少年先锋队杭州总部，接待少先队工作者和青少年 1.96 万人次。杭州青年运动史馆全年接待参观团队 491 个 2.01 万人次。市团校全年培训团干部、团员、青年 7266 人次。

【亚运会和亚残运会志愿服务】2023 年，团市委完成杭州第 19 届亚运会、第 4 届亚残运会志愿服务保障任务。招募预录用赛会志愿者 3.76 万名并完成配岗录用；完成 57 场“韵味杭州”测试赛等志愿服务；赛会期间，志愿者上岗 52.39 万人次，服务 512.5 万小时，收到各国家（地区）奥委会以及运动员、技术官员的感谢（表扬）信 2200 余封。在场馆周边及重要交通枢纽、景点等区域，设立城市志愿服务阵地“亚运青年 V 站”521 个，亚运会期间志愿者上岗 76.93 万人次，服务 537.5 万小时。在奥运会和亚运会历史上首次单列赛会“志愿者

2023年，团市委完成杭州第19届亚运会和第4届亚残运会志愿服务保障任务。图为部分“小青荷”志愿服务者合影　（团市委 供稿）

火炬手”类别，杭州亚运会列36名、亚残运会列29名。召开杭州亚运会志愿者主题新闻发布会，美国、英国、法国、日本、韩国等12个国家及中国港澳台地区的29个媒体报道“小青荷”志愿服务；《人民日报》、新华社、《中国青年报》等报道800余篇（次），中央广播电视总台《新闻联播》《新闻直播间》《朝闻天下》《体育世界》等10余个栏目进行专题报道；全网各类新媒体推送宣传信息1.8万条。

亚奥理事会代理主席辛格，亚残奥委会主席马吉德分别在杭州亚运会、杭州亚残运会开（闭）幕式上给予“小青荷”志愿者高度肯定。杭州志愿者群体被共青团中央、中国青年志愿者协会授予第十四届“中国青年志愿者优秀个人奖”，赛会志愿者“小青荷”获评“浙江骄傲（最美浙江人）”，杭州市志愿者工作指导中心被推荐为全国五一劳动奖章候选单位，27个高校和单位获评杭州亚运会、杭州亚残运会省部级先进集体，19个单位获评省级部门先进集体。

【全国青年发展型城市建设试点】2023年，杭州在全国青年发展型城市建设试点的中期评估中获评A档（优秀），得95分（全国第八位）。其中，“全域开展青年发展型城市建设”“推动青年发展元素纳入国土空间总体规划”“实施青年就业帮扶计划和职业技能提升行动”“创新推出青春议事厅”等被列入全国首批典型经验和创新举措。青年发展型城市建设相关工作被写入市委十三届四次、五次、六次全会报告和五次全会决定。市委、市政府领导对推进青年发展型城市建设作出重要批示18次。市委主要负责人在全国中长期青年发展规划工作部际联席会议第五次全体会议上作典型发言；市委政法委主要负责人多次专题研究“青年发展型城市建设三年行动方案”制定工作；市委有关领导代表杭州出席团中央举办的世界青年发展论坛青年发展型城市主题论坛开幕式。团市委在团中央青年发展型城市县域试点专题研讨班作典型发言。在全市创建第一批青年发展型社区、街区、园区47个，授牌青年发展型社区6个。研究青年发展现状，编写《杭州青年蓝皮书》。杭州在浙江青年发展综合指数（2023）中蝉联全省第一名，11个区县（市）获评优秀，滨江区、钱塘区、余杭区、萧山区获全省县（市、区）综合排名前4名。

【团工作服务杭州大局】2023年11月28日，团市委承办的第十八届“振兴杯”全国青年职业技能大赛学生组主体赛决赛闭幕。历届获奖者累计34人在杭州就业，其中20名选手被认定为杭州市D类、E类人才。举办第十届“创青春”中国青年创新创业大赛数字经济专项赛，前100个获奖项目中有22个签订落户杭州意向。杭州全球青年人才中心新成立香港分中心、上城区分中心，引进人才1375名、项目109个。推报获评首批一星级全国文明号集体17个、二星级全国青年文明号集体5个，报备一星级全国青年文明号43个、二星级全国青年文明号30个。推报获评全国青年岗位能手1名，报备全国青年安全生产示范岗集体7个。组建亚运攻坚青年突击队2387支，参与团员青年4.13万人；抢险救灾、科技攻关等青年突击队929支，参与团员青年1.09万人。寻访、储备乡村振兴农村好青年197名，承办全省“青牛奖”揭晓仪式，推报获评第二届全国乡村振兴青年先锋标兵1名、先锋1名。开展“青耘中国·夏耘梦想”直播助农活动，授牌15个市级示范青创农场。推进全市青工技能比武活动，全年开展网络安全、芯片封装等市级技能比武28场。遴选培育“浙江青年工匠”488人，推荐4人获评年度“浙江工匠”。

【青少年综合服务】2023年，团市委围绕青年就业，推出就业岗位8505个、实习岗位2237个。关注青年婚恋，开展“在杭州遇见你”活动295场，服务5.91万人次。聚焦权益维护，资助“精实助学计划”学生76名、金额38万元；做好困境青少年帮扶，发挥“亲青筹”公益平台效能，开展青少年公益项目29个，拨付帮扶资金159.87万元。承办“全国青少年模拟政协提案征集活动”启动会暨现场推进会、全国青少年制度自信教育培训班。“00后走进协商民主”做法获评团中央首批创新案例。在首届杭州市青少年学生模拟政协优秀提案征集大赛中获奖的10件模拟提案被纳入正式提案，10名获奖学生受邀列席市政协会议开幕式。举办西湖金奖进青年活动推进会暨主题教育青年调研活动，收集建议1158个。

【青少年阳光成长行动】2023年7月4日，全市青年工作联席会议第四次（全体）扩大会议暨青少年阳光成长行动部署推进会召开，部署青少年“15分钟社区小伙伴成长圈”

等10个专项工作。制定《杭州市青少年阳光成长行动三年行动实施方案(2023—2025年)》及《杭州市青少年阳光成长行动2023年十大重点专项任务分解及推进方案》。推动"家门口青少年宫"建设纳入杭州市2023年现代社区建设15件民生关键小事,打造镇街(社区)少年宫点位50个,建成启用青少年阳光成长驿站18个。开展首届青少年阳光成长心理健康公益服务项目大赛,培育"微暖阳学校社会服务"等示范项目。打造青少年体育文化"一区一品"特色项目,形成校园足球迎亚运特色品牌活动。加大优质校外教育供给力度,全市青少年宫开设兴趣课程5.15万个班(次),服务青少年63.6万人次。

【共青团改革】2023年,团市委"基层团建强基指数(2023)"排名全省第一位。开展城市基层团组织改革试点,拱墅区、富阳区、临安区等改革案例入选团中央优秀案例,上城区在团中央县域(城市)共青团基层组织改革专题培训研讨班作典型发言。团市委全面完成县域共青团改革任务,临安区、上城区、富阳区在团省委县域共青团基层组织改革中期评估中获评"好"等次,优秀率列全省第一名。完成市青联换届,指导区县(市)青联按期换届,一体推进青联、学联、少先队改革,其中少先队改革工作入选团中央典型案例,在全国少工委八届四次全会作典型发言。完成推选中国共产主义青年团第十九次全国代表大会代表6名,1名代表作为大会主席团成员参会并当选为第十九届团中央委员会委员,1名代表当选为候补委员。

【团组织自身建设】2023年,团市委学习贯彻中共中央总书记习近平同团中央新一届领导班子成员集体谈话和考察浙江时的重要讲话精神,班子成员带头开展调研,形成11项调研成果,梳理问题88个,至年末全部解决。深化团干部作风建设三年行动"全面提质年"工作,举办"共青讲坛",邀请市监委委员在团市委全委会上做《扣好廉洁从政的"第一粒扣子"》专题讲座。开展"我是窗口团干部"大讨论,开设专栏发表文章196篇。承办首届浙江省"青年说清廉"大赛,征集"青年+清廉"作品1051件,引导年轻干部和青年廉洁从政、廉洁从业。

(倪玮琦)

杭州市妇女联合会

【概况】2023年年末,杭州市妇女联合会有2个直属事业单位,辖13个区县(市)妇联、2个直属妇工委。全市乡镇(街道)、村(社区)妇联组织3405个,市本级妇联团体会员10个。

全年,市妇联围绕杭州三个"一号工程"和"两场硬仗"谋划妇联工作,引领广大妇女在高质量发展主战场上当好主人翁、生力军。市妇联协同推进家事"共享法庭"、助建"平安之家"工作入选全国妇联十佳创新案例;杭州儿童友好城市建设实践入选《中国儿童友好城市发展报告(2023)》;"赓续红色根脉,打造妇女助力共同富裕的千鹤样板"案例入选《"八八战略"杭州实践100例》;市妇联法律援助工作站被推荐为省"司法行政系统公共法律服务工作成绩突出集体"。

【"半边天"倡议】2023年12月8日,由中华女子学院(全国妇联干部培训学院)、清华大学教育基金会英雄文化基金会主办的"妇女能顶半边天"思想理论研讨会暨巾帼英雄文化论坛在建德市梅城镇召开。会上,以女科学家韩喜球、中国妇女第十三次全国代表大会代表朱丹萍等为代表的"千鹤女儿",向广大女性发出"半边天"倡议,提出牢记嘱托砥砺奋进,传承弘扬"千鹤妇女"精神,为建设社会主义现代化国家团结奋斗,为强国建设、民族复兴伟业贡献"半边天"力量。"千鹤妇女"精神教育基地被列为中华女子学院和全国妇联干部现场教学点、浙江省妇女干部学校教学实践基地。

【"巾帼助力亚运"行动】2023年,市妇联开展"巾帼助力亚运"系列行动。联合市直部门开展"美丽家园你我同行"活动,13个区县(市)联动,开展庭院环境整治1.2万户(次),发放倡议书90万份、各类苗种72万份,参与创建活动148万余人次。创建市级"美丽庭院"和"美丽阳台"各1000户、"美丽庭院"示范村和"美丽楼道"各100个。发动"巧娘"手工制作"妈妈的手作"5000件送进亚运村,制作亚运观赛礼1万份送给观众。开展妇女亚运曲目传唱活动,全市100个巾帼头雁文艺推广站举办活动1万余场次,参与21.44万人次;组织弯湾托管中心编排的舞蹈《弯湾向阳花开》入选亚残运会开幕式暖场节目。成立15个巾帼文明岗亚运志愿服务站,组织全市7万余名巾帼志愿者开展清洁家园、基层治理和关爱帮扶等志愿服务。

【科技创新巾帼行动】2023年,市妇联助力西湖大学建设,推进西湖女性科学家发展支持计划,在杭州青山湖科技城成立杭州市巾帼科技服务中心,为女性科技工作者打造服务窗口。举办"西湖科技她论坛"、云栖大会女性主题论坛,参与"科学她力量"第二届西湖女性科学家发展论坛暨2023年西湖女性科学家颁奖典礼,发挥女科技工作者协会、女企业家协会优势,为女科学家提供支持和关爱。11月26日,浙江省巾帼创新创业大赛科技创新组比赛总决赛在杭州青山湖科技城举办,涵盖海内外"云计算"、人工智能等274个科技项目参赛。现场杭州紫金港科技城、青山湖科技城、钱江经济开发区分别与3个项目单位签订意向合同。

【杭州市第十七次妇女代表大会】2023年6月13—14日,杭州市第十七次妇女代表大会在之江饭店召开,市委主要负责人出席开幕式并讲话。市妇联主要负责人代表市妇联第十六届执行委员会作题为《高举旗帜担使命,踔厉奋发建新功,为加快打造世界一流的社会主义现代化国际大都市贡献巾帼力量》的工作报告。大会选举产生市妇联第十七届执行委员会,审议通过市妇联第十六届执行委员会工作报告决议,选举阮英为市妇联第十七届主席,叶琦、钟怡媛、郑萍等7人为副主席。

2023年6月13—14日，杭州市第十七次妇女代表大会召开（市妇联 供稿）

【创业就业巾帼行动】2023年，市妇联连续第10年举办女大学生专场招聘会，200余个企业提供3500余个工作岗位。市妇联与阿里巴巴集团妇联联合推出女性专场招聘，吸引3000余名女性报名。开展就业创业关怀进校园活动，助力高校女大学生就业。启动“巾帼法助营商公益行”计划，为近300个企业实施“法治体检”。举办女性岗位创优、技能比武、劳动竞赛，深化“巾帼文明岗”创建。

【乡村巾帼共富工坊建设】2023年，市妇联推进“巾帼共富工坊”建设，建成首批省级“巾帼共富工坊”5个、市级“巾帼共富工坊”22个，培育县级“巾帼共富工坊”225个，全市“巾帼共富工坊”从业人员4.42万名，年发放加工费3.04亿元。开展“巾帼兴粮节粮”活动，培育100名乡村振兴“巾帼领头雁”。举办杭州市“妈妈的味道”巾帼村播大赛，建成杭州市巾帼直播实训基地8个。

【新时代家庭建设】2023年，市妇联深化家家幸福安康工程，挖掘“钱氏家训文化”等家风资源，打造“拱墅家风馆”“钱塘家风馆”等综合展馆，优化“最美家庭”“廉洁好家庭”“绿色家庭”常态化选树机制，实施“杭阿一家亲·同心创美好”融情工程。贯彻《中华人民共和国家庭教育促进法》，完成市家庭教育学会换届，建立家庭教育专家智库。推进家庭教育指导中心（站）建设，扩大家庭教育指导服务体系标准化建设试点成效，全年开展服务活动9933场次，培训44.5万人次。助力教育“双减”，与杭州市第七人民医院合作研发心理健康指导课程，受益150万人次。联合市教育局推出每周“家庭日”活动，倡导“五个一”亲子活动，提高家庭陪伴质量，参与13万人次。

【平安家庭建设】2023年，市妇联建设妇女儿童“一站式”维权综合服务窗口，坚持领导干部接访制，聚焦妇女权益保障突出问题，做细做实维权工作。严厉打击性侵、家暴行为，对家暴者实施“告诫、传唤、拘留”三级惩处机制，对重点家庭、家暴高发地区精准关注和研判，建立部门联动、干预化解、协同处置机制。全年接处电询、到访2100余件，“110”家暴警情1.55万件，签发人身安全保护令28件，切实维护妇女权益。贯彻《中华人民共和国妇女权益保障法》，开展普法宣讲活动335场，受益6.86万人次。开展“同在蓝天下，我们共成长”留守儿童关爱行动。开展“家庭平安护航亚运”行动，其间大接访服务1879人次、大调解服务2072人次、关爱服务12万余人次，处置信访案件1877件、家暴警情1737件。

【儿童友好城市建设】2023年5月28日，杭州市发布《杭州市儿童友好10条》，从交通出行、普惠托育、心理健康和家庭教育等10个方面，为儿童成长提供适宜的条件、环境和服务。市妇联协调推进杭州亚运会场馆母婴设施建设，全市36个公共体育场馆配置母婴室和儿童娱乐设施，建设地铁全线网母婴室251个，建设儿童青少年参与度较高的运动场地2213片。8月25日，市妇联承办全省“国家儿童友好城市”建设工作现场会，推广杭州儿童友好城市建设工作经验。编撰《杭州市儿童友好城市发展状况白皮书》，推动儿童友好城市建设走在前、做示范。11月20日“世界儿童日”，市妇联推出“儿童友好让杭城更美好”系列活动，传播儿童友好理念。

（周玲燕）

杭州市科学技术协会

【概况】2023年年末，市科协辖3个直属事业单位、13个区县（市）科协和西湖风景名胜区科协。全市有市级学会84个、园区科协38个、企业科协208个、高等院校科协7个、科研院所科协2个。全市有乡镇（街道）科协191个、区县（市）级学会335个，科协主管的区县（市）农村专业技术协会71个，形成覆盖理、工、农、医和相关综合学科领域的多层次科技群团网络。

市科协动员广大科技工作者和科协组织弘扬科学家精神，围绕服务全市三个“一号工程”，助力打好经济翻身仗和亚运攻坚仗，推进科协“四服务”职责落实落细。杭州市获批中国科协第二轮“科创中国”试点城市；市科协获评中国科协全国科普日优秀组织单位；开展“党建红”引领“科技蓝”行动，成立杭州市科协科技社团党委，推动学会高质量发展；打造科学家故事众创空间，弘扬新时代科学家精神；举办杭州“建设创新创业新天堂”院士座谈会；院士工作站、专家工作站和博士创新站建设领跑全省；开展亚运科普活动和志愿服务，助力打好亚运攻坚仗。市科协在全省地市科协年度创先争优评价中获评“综合优秀”。

【党建引领科技社团发展】2023年，市科协实施“党建红”引领“科技蓝”行动，成立科技社团党委，落实党建工作责任制和意识形态工作责任制。开展党建强会和清廉学会建设，对全市科协系统科技社团党建工作进行调研，形成《关于进一步推进全市科协系统科技社团党建引领高质量发展的实施意见》，杭州市医学会成立首个市级学会理事会党委。严格学会日常管理，10个市级学会换届，建立学会换届前新老理事长、秘书长与科协领导、业务部门负责人面商制度。召开市级学会创新发展和数字化改革推进会，表彰10个一流学会、10个特色学会、20名学会工作先进个人。

【院士专家工作站建设】2023年，市科协完成院士资助、柔性引进、院士专家工作站建站奖励政策等兑现2179万元。全年新建院士工作站12个、专家工作站69个，院士工作站新建数连续4年位居全省首位。在第二批省重点支持的17个省级重点院士站中，杭州有4个入选，居全省首位。萧山区“湘湖院士岛”连续两年获得“浙江院士之家”绩效评价优秀。全市院士专家工作站建站企业投入专项经费7.05亿元，院士团队与建站企业共同承担各级科技项目375个，获得省级以上成果奖励188个；获得专利授权1534个，其中发明专利授权595个；制定国家标准8个，参与制定国家标准37个；帮助建站企业增加产值632亿元、利润19亿元。全市新建博士创新站125个，累计280个，列全省第一位。院士专家助企联盟开展博士入企服务185次，发挥院士、专家、博士在科技成果转移转化的作用，促成合作项目240余个。杭州市获批中国科协第二轮“科创中国”试点城市。新引入中国人工智能学会、中国化工学会、中国机械工程学会等8个国家级学会建设杭州服务站。举办第二届低碳城市发展论坛、首届食药同源功能食品与健康国际论坛。

【科学家精神弘扬】2023年，市科协以“点亮精神火炬”为主题，开展“5·30”全国科技工作者日活动140余场次。市主场活动邀请中国工程院院士李家彪、高翔重回母校参观并访谈。举办“汇聚科技力量，点亮精神火炬——全国科技工作者日专题展”“致敬她力量，奋楫新征程——女科学家主题展”等。各区县（市）地标建筑大屏滚动联播“5·30”全国科技工作者日宣传片，营造崇尚科学的社会氛围。命名杭州植物园等首批10个杭州市科学家精神教育基地。钱学森科学馆（杭州市钱学森学校）获评第二批浙江省科学家精神教育基地。开展“科学家故事众创空间”试点建设。邀请房建成、孙昌璞、蔡荣根、龙乐豪等10余名院士开展“院士专家进校园”“科学家科普巡讲”“杭州科学大讲堂”等活动。

【国际民间科技交流】2023年，市科协举办第十八届海外英才杭州项目对接会，征集海外和海归人员科技项目150余个，与100余个投资机构、园区进行对接交流。举办杭州国际科技工作者年会暨“互联网+人工智能”科创论坛、杭州国际健康创新论坛、中俄机器人合作论坛、第五届中国长三角数字经济大会暨未来网络产业发展大会。引进以色列伊奇洛夫创新国际医院管理有限公司。与市人力资源和社会保障局等部门到德国、荷兰开展科技交流，拜访慕尼黑工业大学、鹿特丹伊拉斯姆斯大学，对中荷人工智能协会、全德华人机电工程学会、德国中国学生学者联合会等海外科技社团进行访问交流，组织杭州创新创业环境推介会。到南非、莫桑比克参加第六届中非科技合作论坛，推进“一带一路”中非科技合作项目。拜访开普敦大学、西开普大学，推介杭州市科技与人才政策。组团到新加坡开展国际交流合作，吸引海外科技人才到杭州创新创业。

【科技咨政】2023年，市科协推进科技智库人才队伍建设，发挥科技智库和科技智库研究基地作用，立项决策咨询项目14个。深化工业视觉、自动驾驶、智能医疗等重点端产业发展，高标准建设“中国视谷”的建议，被市政府《关于高标准建设“中国视谷”高质量发展视觉智能产业的实施意见》采纳。院士潘云鹤、陈云敏指导的《优化自主创新示范区建设，打造综合性国家科学中心的建议》获市委主要领导批示肯定。发挥政协科协界别参政议政作用，开展“大科学装置”“公交地铁接驳”等专题调研，提交提案36个、集体提案3个。

【全民科学素质提升工作】2023年6月30日，市科协召开全民科学素质工作会议。与省科协联合举办“全国科普日浙江（杭州）主场活动暨‘中华问天’中国载人航天工程科普展”。全市11个单位被中国科协表彰为全国科普日优秀组织单位，11个科普活动被中国科协表彰为全国

2023年12月1日，市科协为海外英才杭州人才大使颁发聘任证书

（市科协 供稿）

科普日优秀活动。全年杭州开展科普活动超过1万场次。实施《全民科学素质行动规划纲要（2021—2035年）》区县（市）“十四五”中期评估。贯彻《浙江省科学普及条例》，对乡镇（街道）科协秘书长进行科普培训。新认定市级科普教育基地15个，全市有国家级科普教育基地22个、省级36个、市级94个，新建成农村科技小院15个。开展2023—2027年度第一批杭州市农业农村科普教育基地创建工作。杭州低碳科技馆、杭州科技交流馆接待团队近500个，观众100万人次，线上受众500万人次。杭州低碳科技馆被中央网信办、教育部、中国科协等13个部门联合评定为“全民数字素养与技能培训基地”。杭州科学大讲堂、社区科普讲师团举办讲座700余场次。科普助力教育“双减”活动3500余场次。杭州市“科普中国”信息员超过51万人。第13次中国公民科学素质抽样调查显示，杭州市具备科学素质的公民比例21.1%。

【科技工作者服务】2023年，市科协走访和慰问院士399人次，健全更新杭州科协核心服务的专家库院士203名。建设杭州“院士路”第4期，新增18名院士的手模铜雕，展示总数增至78名。开展“院士专家杭州行”活动，召开“建设创新创业新天堂”院士座谈会，潘云鹤等18名两院院士与省、市领导交流，为杭州乃至浙江创新发展建言献策。院士专家工作站帮助企业柔性引进各类专家及其创新团队766人，提升人才学历和职称525人。实施市科协青年科技人才培育工程，遴选20名35周岁以下的青年科技人才，提供经费、政策、平台等方面的支持。组建有1200余名专家的学会专家库，建立有247名市科协培育的青年科技人才库。开展“最美科普人”选树宣传和全市科技工作者状况调查，为党委、政府制定人才政策提供依据和参考。为青年科技工作者举办“创新讲堂”“青春有时”主题沙龙等品牌活动50余场，邀请青年科学家、青年科技工作者分享科研成果。打造“杨柳青青·情由科缘”青年科技工作者联谊交友品牌，现场牵手比例23.5%，被中国科协评为全国科技工作者日特色活动。

（沈娅瑜）

杭州市归国华侨联合会

【概况】2023年，杭州市归国华侨联合会为全市大局服务、为侨服务，完成全年工作任务。年末，市侨联内设部室3个，有直属事业单位1个、团体协会10个、海外联络处119个、区县（市）侨联13个、基层侨联组织760个。全年侨联系统有2个集体、11名个人获全国第十一届归侨侨眷代表大会表彰，“创业中华”品牌活动获中国侨联领导的批示肯定，“侨助共富”活动得到省领导肯定，多个侨界社团、企业及代表人士在首届“杭州慈善奖”表彰中获奖。

【侨联助力亚运会】2023年，市侨联将杭州亚运会主题贯穿全年工作和活动中。围绕全市“办好一个会、提升一座城”目标，引领各级侨联组织、侨界社团、归侨侨眷、海外侨胞、留学人员等，举办“助力亚运宣传、讲好亚运故事、宣传最美杭州”专题座谈会、“侨见亚运、相约杭州”海外华文媒体杭州行、“以声聚侨、唱响亚运”音乐会、“全民学英语·侨界迎亚运”讲座、“侨眼看亚运”主题摄影展、“迎杭州亚运·画西湖美景”画展、“迎亚运毅行”等活动80余场次。制作《侨胞说亚运》栏目、《侨迎亚运》短视频和《全球留学生迎亚运》专题片，组织华裔青少年、华侨华人新生代、海外侨领等200余人走进杭州亚运会各场馆，在海内外营造杭州亚运会氛围。

【侨界精英创新创业大会】2023年11月1日，由中国侨联、浙江省侨联、杭州市政府共同主办，杭州市侨联、萧山区政府等承办的“创业中华——2023侨界精英创新创业（中国·杭州）大会暨侨界青年发展大会”在杭州开幕。中国侨联主要负责人、杭州市委主要负责人、浙江省侨联主要负责人出席大会并致辞。会议以“聚焦科创新动能，打造侨创新生态”为主题，揭牌“杭州侨创中心”，聘请侨界“青年发展大使”，成立知名高校校友联盟。会议征集到项目150余个，签约项目43个，投资198.54亿元。开幕式现场签约项目9个，投资80亿元。

【侨界创新创业基地新增24个】2023年，市侨联发挥杭州市侨界创新创业基地的平台和资源优势，推选第三批杭州市侨联侨界创新创业基地。市侨联依据双创基地申报要求，在各区县（市）侨联推荐申报名单的基础上，审核确认玉皇山南基金小镇等24个单位新增为杭州市侨联侨界创新创业基地。市侨联推荐的6个基

2023年11月1日，市侨联承办的2023侨界精英创新创业（中国·杭州）大会暨侨界青年发展大会开幕
（市侨联 供稿）

地入选省级侨界创新创业基地。

【"侨胞之家"建设】2023年，市侨联发挥760个基层侨联组织的作用，全年新增市级"侨胞之家"56个，选树市级"侨胞之家"126个，其中5个入选中国侨联"侨胞之家"、113个入选省侨联"星级侨胞之家"。依托市华侨活动中心宣传推介杭州侨史馆，举办侨界书法培训、英语学习、书画展览、歌舞排练等，丰富侨界群众文化生活。余杭区侨联打造"侨韵街区"，以闲林埠老街"侨胞之家"为核心，打造"侨之驿站""侨之书院""侨之艺苑"等侨务活动站点。

【华侨国际文化交流基地建设】2023年，市侨联推进华侨国际文化交流基地建设，改进文化交流工作，提高侨联宣传能力，发挥各级基地在文化引领、文化寻根、文化惠侨方面的作用。7月，市侨联开展第6批杭州市华侨国际文化交流基地申报工作，经各区县（市）推荐申报，市侨联审核确认杭州西湖博物馆总馆等24个单位为市级华侨国际文化交流基地。新增钱学森故居等5个单位为省级华侨国际文化交流基地，历年累计68个。

【侨助共富】2023年，市侨联推进侨助共富工作，"百家侨企助百村"深挖潜能，引导侨企侨团和海归留学生通过智资回归、公益回扶、技术导入、资源导流、宣传推介等途径融入乡村振兴。全市有98个侨企（侨团）与93个乡村签约结对，总投资18.9亿元。6月20日，举办"之江同心·侨助共富"工作现场会，市、区有关部门负责人，中国来料加工联盟协会专业协会代表、"新侨美宿""侨亮乡村"代表等110余人参加会议。会上举行"百家侨企助百村"举牌仪式、"侨助工坊"授牌仪式、"新侨美宿"联盟成立仪式、"侨亮乡村"第三批示范点和"乡创客"授牌仪式。

【侨联助力经济发展】2023年，市侨联以全国侨商组织会长联席会、第八届杭州民营企业牵手共建"一带一路"国家（地区）活动为契机，展示杭州营商环境、做好投资环境推介，牵线杭州市与其他省的10个侨商组织签约。全年通过海外侨团、海外委员的渠道，为省、市、区多个团组出访欧亚各国和中国港澳地区开展招商、文旅、亚运推介等做好对接工作，助力杭州经贸、文化等领域的对外交流合作。

【华侨华人新生代活动】2023年4月18—21日，市侨联、富阳区侨联主办"新势力·向未来"华侨华人新生代活动，围绕"凝心、励志、亚运、共富"4个篇章开展主题活动。来自美国、阿根廷、法国、澳大利亚、阿联酋等18个国家和地区的42名青年侨领和侨界新生代参加。活动期间，侨界青年近距离体验杭州的博物馆，亚运会场馆、双创园区、侨界阵地和美丽乡村典型，体验杭州政策、文化、双创、共富和亚运等元素，让侨界新生代了解政策、把握形势、寻找机遇。萧山区侨联设计"海派青年说"分享会，帮助侨界青年搭建起相互交流学习的平台。

【海外协作】2023年11月2日，市侨联海外协作会议在萧山区召开，来自27个国家和地区的48个海外联络处和友好侨团负责人参加。会上，市侨联与特立尼达和多巴哥、阿联酋、法国的3个侨团签订合作协议，市侨联海外联络处增至119个。全年，市侨联以组团、参团等形式出访葡萄牙、希腊、西班牙、克罗地亚等国家，开展文旅招商推介、调研华文学校和侨企华媒，促成希腊杭州华侨华人协会成立，助推卡拉玛塔市设立"杭州—希腊"窗口建设，拓展海外联谊工作。

【"中国寻根之旅"夏令营】2023年8月10日，市侨联承办"中国寻根之旅"夏令营浙江杭州营开营，来自美国、英国、日本、意大利等14个国家的105名营员及领队参加。在为期10天的夏令营里，市侨联组织华裔青少年、侨界新生代领略秀美山水，感受亚运会氛围，品读宋韵文化，参访美丽乡村，了解中国国情，感知中华文化。营员学习汉语、书法、剪纸、茶艺，以及诗词诵读、"中国结"制作、民族器乐弹奏等中华优秀传统文化，走访中国江南水乡博物馆、西湖、良渚遗址等，感受杭州的独特韵味。

【涉侨权益维护】2023年，市侨联依托法律顾问委员会资源优势，设立"为侨法律服务日"，制作"杭侨法律微讲堂"系列短视频，开展"进双创园区、为侨企送法"系列活动4次，为200余个侨企提供专题法律培训和咨询服务。西湖区法院挂牌成立全市首个"涉侨共享法庭"，专门解决侨胞纠纷。市侨联与市检察院联合出台《关于加强新时代涉侨检察依法保护侨胞合法权益工作机制的意见》，建立联席会议机制、工作通报机制、案件办理和矛盾化解机制等。规范信访办件流程，出台《杭州市侨联信访处置闭环管理流程（试行）》，联动有关单位和基层侨联，闭环处理侨界各类信访求助19件。

（谢唯宜）

杭州市青年联合会

【概况】2023年，杭州市青年联合会组织市、区县（市）两级青联组织，把学习习近平总书记重要讲话和重要指示精神作为青联活动第一主题。召开市青联十三届一次全体会议。全年市青联围绕杭州亚运会、共同富裕、数字经济等主题，举办"青联大讲堂""青联思享汇""青联读书社"等活动40余场，开展服务新兴领域青年发展活动65次、实践体验活动229次、深度交流活动84次。

【市青联十三届一次全体会议】2023年5月9—10日，杭州市青年联合会第十三届委员会第一次全体会议召开。市委组织部负责人出席开幕式并讲话，市有关领导和团省委、省青联有关负责人参加。来自杭州各族各界青联委员参加会议。会议审议通过《高举旗帜跟党走，踔厉奋发建新功，为打造中国式现代化城市范例贡献青春力量》工作报告的决议（草案），强调各级青联组织要当好党联系服务青年的桥梁纽带，回应时代和青年期盼，将青联改革与共青团深化改革、青年发展型城市试点建设一体谋划、统筹推进。汪杰当选为市青联第十三届委员会主席，周妙荣、邵小军、邹华、圆诠、杨金龙、陈大进、徐

2023年5月8日，第十六届"最美杭州人——十大杰出青年"受到表彰

（市青联 供稿）

迅、姜丽娟、陈远流、洪致远当选为副主席。市委统战部主要负责人出席闭幕式并讲话。

【十大杰出青年评选】2023年3—5月，市委宣传部、市青联、杭报集团、杭州文广集团联合开展第十六届"最美杭州人——十大杰出青年"推选活动，受到社会各界的广泛关注和参与。在组织推荐、社会推荐的基础上，经组委会办公室初审、部门联审、书面初评、考察、公示、现场推审、会议确认等环节，决定授予申永辉等10人第十六届"最美杭州人——十大杰出青年"称号，授予陈柳等10人第十六届"最美杭州人——青年英才"称号。

【建军节慰问消防战士】2023年8月1日，市青联组织法律界别组、文艺体育界别组的委员代表，到毛景荣烈士所在的市消防支队特勤大队进行建军节慰问，赠送价值6万元的运动鞋、矿泉水等物资。毛景荣生前是杭州市消防救援支队特勤大队一站班长，2022年6月9日，在扑救杭州互动冰雪文化旅游发展有限公司火灾中，为保护国家财产和人民生命安全，冲锋在前，壮烈牺牲。应急管理部政治部批准毛景荣为烈士，并追记一等功。

【青少年交流加强】2023年杭州亚运会期间，市青联接待柬埔寨青年政治家考察团、韩国丽水青年会议所、日本静冈青年代表团到访，举办"重走——大路之杭州亚运游"主题交流等活动。围绕杭州开放发展，市青联深化与香港华菁会、香港青年协会、港九劳工协会、台湾卓越青商会等组织的联系合作，促成中国港澳台地区1000余名青少年到杭州参观交流。

【对口援建青联助力】2023年，市青联助力东西部协作和山海协作的对口援建工作。与四川省广元团市委召开东西部协作会议，到广元市、甘孜藏族自治州实地调研帮扶，通过书信交流、暑期社会实践等方式促进青少年交流2900余人次，捐赠爱心书籍和书包等7万余份、项目资金290余万元。对口支援新疆维吾尔自治区、西藏自治区，举办西藏那曲青年电商培训班，促进两地中小学生交流1.3万人次，助力"石榴籽同心筑梦"工程。深化山海协作，到衢州市常山县开展留守儿童关爱行动，新建"希望小屋8个"，举办青少年人才交流活动21场，捐赠物资价值20余万元。

（倪玮琦）

杭州市工商业联合会

【概况】2023年，市工商联助力打造营商环境最优市，推动杭州民营经济健康发展。全市有42个民营企业上榜"2023年中国民营企业500强"，蝉联全国城市第一名、全省第一名。市工商联被评为全省工商联服务"两个健康"工作成绩突出集体、年度工作评价"优秀"等级。

【民营企业思想引领】2023年，市工商联设立市级理想信念教育基地4个、区县（市）理想信念教育基地45个，引导民营企业家自觉"与党同向、与民同心、与时代同进"。组织机关干部、直属商会代表和企业家代表到"大下姜·红色茶山"开展红色教育活动，实地感悟"绿水青山就是金山银山"重要理念。发挥"之江同心·民营企业家宣讲团"作用，贯彻全国两会精神，推出"忠实践行八八战略，奋力推进两个先行"主题宣讲活动。推出"新征程、向未来"——《听见·杭商》第三季音频节目，邀请宗庆后、吴建荣等10名杭商代表发声，展现杭商贯彻新发展理念、构建新发展格局的新作为。

【新生代杭商培育】2023年，市工商联联合市委组织部、市委统战部制定《"之江同心·后浪潮涌"新生代杭商成长计划》，将新生代杭商培育工作向初创人群延伸。组建"战略导师、传承导师、创业导师"3支团队，打造"杭商青蓝接力薪火传承营"，推进新生代企业家培育。结合世界杭商大会，举办新生代企业家潮创汇暨"杭商青蓝接力薪火传承营"开营仪式。《后浪潮涌向钱塘——杭州市新生代企业家培育工作的情况报告》获全国工商联领导和杭州市主要领导批示肯定。杭州新生代培育工作被全国工商联教育专刊转发。

【共同富裕助力】2023年，市工商联开展"万企兴万村"行动，70名优秀民营企业家担任杭州山区四县（市）的"名誉村委会主任"。推进"共富工坊"建设，全市定向招工式"共富工坊"年产值82.78亿元，吸纳就业2万人，村集体增收9556.74万元。开展对口帮扶，组织3批次50名企业家到四川省甘孜藏族自治州、广元市和吉林省延边朝鲜族自治州开展走访交流，加强产业合作，助推经济发展。推动"山海协作"迭代升级，全年杭州民营企业在衢州、丽水和淳安等地新建项目47个，总投资42.49亿元。收集民营企业助力山区高质量发展优秀案例17个。鼓励民营企业参与公益慈善和“光彩”事业，推选树立优秀典型，形成向善文化理念和良好慈善氛围。在第一届“杭州慈善奖”的获奖个人和机构中，民营企业和民营企业家占比近50%。

【“金融惠企”助力】2023年，市工商联围绕民营企业“融资难、融资贵”瓶颈制约难题，落实中央和省委、市委“金融惠企”要求，联合市相关部门和金融机构，创新建立金融服务工作例会制度、金融服务联合走访制度和金融服务机构与直属商会片组结对服务制度。工商联、金融机构、商会、企业四方联动，全年组织金融对接活动21场，企业家参加700余人次；会同11个金融服务机构，对接走访企业8686个，新增授信企业2800个，新增授信金额289.3亿元，新增贷款投放185.21亿元，缓解民营企业融资难题，助力企业健康发展。

【工商联参政议政】2023年，杭州市政协十二届二次会议期间，工商联界别提交提案27件，立案24件。集体提案《关于为民营企业参与乡村振兴营造良好环境的建议》被列为重点提案，由市政协领导领办；3个提案被评为2022年度优秀提案。委员姜广勇代表工商联界别作题为《全力拼经济，民企要发力》的大会发言，得到市主要领导批示肯定。做好市政协议政性常委会及专题协商会工作，调研报告《做强做优数字工程服务产业，更有效赋能中小企业数字化转型》获市主要领导批示肯定。

【世界杭商大会】2023年11月7日，第五届世界杭商大会在杭州举行。大会以“勇立潮头·智启未来”为主题，举办开幕式、世界杭商发展论坛、新生代企业家“潮创汇”、友好工商联座谈等活动。海内外600余名杭商代表参加。市政府主要负责人出席开幕式并致辞，对杭商在促进杭州发展中重要作用予以肯定。大会宣传“杰出杭商”“优秀杭商”“新锐杭商”等一批具有引领性、示范性的杭商，发布“2023年中国民营企业500强”杭州上榜企业名单、“2023年杭州民营企业百强系列榜单”和“杭州市首批民营企业助力共同富裕优秀案例”。启动海内外52个“杭商驿站”，落实总投资额526亿元的签约项目。“中国民营经济50人谈”亮相世界杭商发展论坛，新生代杭商成长计划“青蓝接力传承营”启动。

2023年11月7日，以“勇立潮头·智启未来”为主题的第五届世界杭商大会在杭州举行
（市工商联 供稿）

【清廉民企建设】2023年，市工商联发布《杭州市清廉民企创建培育工作十年规划》《杭州市清廉民企建设标准（试行）》，分层次做好年度培育规划。探索推进评价服务应用“145系”项目建设，力争到2032年全市清廉民企建设具备覆盖各行业、辐射全领域的广泛影响力。通过党政以点带面推进，民营企业主动作为，合力推动清廉民企建设。邀请市纪委领导与企业家面对面交流，推进清廉民企示范点建设，推荐12个民营企业为年度浙江省清廉民企建设示范企业，选树市、区两级清廉民企标杆单位191个。

【“一单一会”为企解难】2023年，市工商联牵头制定民营企业反映问题“一单一会”闭环管理工作机制，通过企业问题反映单和民营经济发展联席会议，完善问题的收集、流转、协调、反馈、督查机制，提升解决效率，帮助民营企业专注经营、潜心发展。全市工商联系统全年走访民营企业和基层商会3778个，联络509个，市本级工商联执委走访企业达到78.4%；市区两级召开政企恳谈会108场，有1809个企业代表参加会议，现场提出问题911个，解决反馈865个。其中：市本级举办政企恳谈会4场，33个企业提出问题59个，相关部门现场答复57个，会后牵头部门协调解决2个；10份企业问题反映单经联席会议领导批示，流转至相关部门或城区处置。

【商会党建】2023年，市工商联深化商会党建，出台《关于加强商会党建工作的十项举措》《市工商联直属商会党组织规范化建设指引（试行）》，提升商会党组织工作能力和实效。修订《杭州市工商业联合会直属商会管理办法》，推动党建与商会建设互促共进。推进“四好”商会建设，推荐上报全国“四好”商会14个。实施“商会党建品牌”建设工程，以“全国党建工作示范商会”杭州市诸暨商会和“全省党建工作示范商会”杭州市温州商会为党建榜样，在全市工商联系统形成优秀党建工作品牌群。组建党建指导员队伍，对党建工作薄弱的商会开展“一对一”或“一对二”的党建指导。

（王　锴）

责任编辑　汤　峻

13 外事·侨务·港澳台事务

外 事

【概况】2023年，杭州市外事部门贯彻中共中央外事工作会议精神，执行中央决策、省委部署和市委要求，在服务国家总体外交、助力全市高质量发展上取得新成果。全年新增国际友好交流城市2对，累计建立国际友好交流城市41对、友好城市31对。新增“一带一路”地方合作委员会会员8个，累计会员数91个。全年审核审批因公出国（境）团组662批1967人次，审核到中国邀请核实单1292批1880人次，办理亚太经合组织商务旅行卡（APEC商旅卡）1477批1965张。处置各类涉外案（事）件82件520人次，处置海外领事保护事件19件。

市委外事工作委员会办公室秘书处被评为浙江省参与“一带一路”高质量发展成绩突出集体，礼宾处、涉外处、友协办、翻译中心被评为杭州亚运会、亚残运会浙江省先进集体。

【上海合作组织国际美术双年展】2023年7月20日，“迎亚运、颂杭州”第六届上海合作组织国际美术双年展暨第九届“画说西湖”美术交流展在中国杭州低碳科技馆开幕。国际美术双年展旨在以艺术语言传递友谊与和平，展示来自12个国家的180余名艺术家创作的主题画作近200件，展品涵盖中国画、油画、版画、水彩画等品类，弘扬“上海精神”和“丝路精神”，传递对杭州的热爱和对亚运盛会的期盼。

【杭州国际日】2023年9月5日，主题为“亚运之城向未来，一带一路促共赢”的第六届杭州国际日在钱塘江畔开幕。古巴、尼加拉瓜、西班牙、法国、斯洛伐克、罗马尼亚、葡萄牙等15个国家驻华使节代表，国际组织、国际友城和“一带一路”地方合作委员会嘉宾代表等出席活动。开幕式上，杭州市委副书记、市长姚高员致辞，古巴驻华大使白诗德、世界城地组织亚太区秘书长博纳蒂娅·伊拉瓦蒂·坦德拉德薇、国际友城美国波士顿市代表詹姆斯·考林姆现场致辞。尼加拉瓜首都马那瓜市和伊朗伊斯法罕市代表在线签署加入“一带一路”地方合作委员会入会协议。

【“一带一路”地方合作委员会全体大会】2023年9月5日，“一带一路”地方合作委员会第二届全体大会暨2023年理事会会议以线上和线下相结合的方式举行，线下会场设于杭州市。世界城地组织亚太区主席、尼泊尔杜利凯尔市市长拜安居，世界城地组织亚太区秘书长博纳蒂娅·伊拉瓦蒂·坦德拉德薇等出席会议并发言，来自中国长沙市、福州市、都江堰市，意大利卡尔佩内多洛市，尼泊尔丹库塔市，尼泊尔国家乡村发展委员会，孟加拉国地方政府联盟，阿根廷中国交流理事会等会员城市和机构代表约80人参加会议。8个城市和

2023年9月5日，“一带一路”地方合作委员会第二届全体大会暨2023年理事会会议在杭州召开
（市外办 供稿）

机构正式加入委员会，会员总数增至91个。

【杭州（上海）城市推介会】 2023年12月15日，“亚运之城、启杭未来”杭州（上海）城市推介会暨2023年答谢会在上海举行。推介会旨在深度展现杭州对外开放形象和对外交流渠道，深化交流合作，提升杭州城市国际化水平。来自31个国家驻沪总领事馆及有关驻沪机构代表等120余人参加活动。现场通过“非遗拓印”“书法展示”等互动形式，让嘉宾感受杭州魅力。

【“一带一路”地方合作委员会新年音乐会】 2023年12月12日，以“传承丝路文化，共享新年乐章”为主题的“一带一路”地方合作委员会第二届新年音乐会在杭州大剧院举行。在杭州的外籍人士、留学生、“一带一路”走出去企业和“一带一路”地方合作委员会合作单位的代表及市民约600人参加。

【杭州市代表团受邀参加波士顿龙舟节】 2023年是杭州与美国波士顿缔结友城41周年，6月12日，杭州市代表团受邀到美国波士顿参加第44届波士顿龙舟节。代表团向龙舟节组委会赠送绘有杭州城市形象的龙舟，并拜访波士顿市议长。龙舟节期间，杭州市代表团举办“最忆是杭州”主场文旅推介会和文化展示等。

【杭州市代表团访问法国、坦桑尼亚】 2023年12月10—17日，杭州市代表团到法国、坦桑尼亚访问。在法国期间，代表团拜访中国驻法国大使卢沙野，举行法国杭籍侨商回归交流座谈会；拜访联合国教科文组织文化助理总干事埃内斯托·奥托内·拉米雷斯；与法国展望与创新基金会主席、法国前总理让－皮埃尔·拉法兰座谈交流；走访巴黎奥运场馆，学习体育场馆运营及开发利用工作。代表团在坦桑尼亚达累斯萨拉姆市举办杭州城市推介会。

【主要到访活动】 2023年1月16日，市委副书记、市长姚高员会见德国工商大会上海代表处首席代表马铭博一行。

1月19日，市委副书记、市长姚高员会见法国驻沪总领事王度一行。

2月17日，省委常委、市委书记刘捷会见国际奥委会副主席、萨马兰奇体育发展基金会创始人兼荣誉理事长胡安·安东尼奥·萨马兰奇一行，并向萨马兰奇、于再清、李玲蔚颁授“杭州打造‘国际赛事之城’全球推广大使”聘书。杭州市与萨马兰奇基金会签署携手打造赛事之城战略合作备忘录。

2月24日，省委常委、市委书记刘捷会见上海美国商会主席谭森一行。

3月2日，市委常委、常务副市长柯吉欣会见美国运通公司柯睿博及连通公司首席执行官（拟任）朱亚明一行。

3月29日，省委常委、市委书记刘捷会见亚残奥会主席马吉德·拉什德。

4月3日，省委常委、市委书记刘捷会见奥的斯公司董事会主席、总裁兼首席执行官朱蒂·马克斯一行。

5月8日，市委副书记、市长姚高员会见国际奥委会主席巴赫。

5月9日，市委副书记、市长姚高员会见哈萨克斯坦图尔克斯坦州州长达尔罕·萨特巴勒德和哈萨克斯坦驻沪总领事拉合莫夫·拉合穆江一行。

5月31日，市委副书记、市长姚高员会见新加坡贸易与工业部常任秘书林明亮、新加坡驻沪总领事蔡鳌合一行。

6月5日，市委副书记、市长姚高员会见阿联酋阿治曼皇室家族成员谢赫·阿里、谢赫·穆罕默德和纽顿集团副董事长兼全球执行总裁廖怀南，探讨新能源领域的战略合作。

6月9日，市委副书记、市长姚高员会见辉瑞全球生物制药商业集团中国区总裁彭振科一行，就辉瑞在杭州的发展战略及辉瑞参与杭州亚运会医疗保障的可能性进行商讨。

6月28日，省委常委、市委书记刘捷会见联合利华集团执行副总裁兼联合利华高端美妆全球首席执行官瓦西莉奇·帕特鲁一行。

7月5—7日，市委常委、副市长陈瑾会见欧盟委员会地区与城市政策总司执行总司长助理约瑟夫·斯特尔一行，就跨境电商、数字贸易等合作事宜进行洽谈。

7月12日，市委副书记、市长姚高员会见英中商业发展中心主席约翰·麦克莱恩一行，就数字经济、金融及专业服务、生物医药、科技创新、高端制造、文化创意等领域的合作机遇进行洽谈。

8月23日，杭州市与塔吉克斯坦杜尚别市签署友好合作备忘录。市委副书记、市长姚高员与塔吉克斯坦议会上院议长、杜尚别市市长鲁斯塔姆·埃莫马利签约并座谈交流。

10月4日，省委常委、市委书记刘捷，市委副书记、市长姚高员与世界羽联主席波尔－埃里克·赫耶尔·拉尔森等，在杭州亚运会主媒体中心参加杭州市与世界羽毛球联合会、国际皮划艇联合会、国际曲棍球联合会签署合作备忘录。

10月24日，意大利驻华大使安博思到杭参加中意世界文化遗产地结好论坛，省委副书记、市委书记刘捷会见大使一行。

10月30日，省委副书记、市委书记刘捷会见新加坡外交部兼国家发展部高级政务部长沈颖、驻华大使陈海泉，驻沪总领事蔡鳌合一行，洽谈双方经贸往来、科技创新、产业合作、人才交流等领域的务实合作。

11月7日，市委副书记、市长姚高员会见日本岐阜市市长柴桥正直一行。

11月28日，省委副书记、市委书记刘捷会见雅培公司全球执行副总裁、核心诊断总裁孟儒毅一行，洽谈进口药品和医疗器械本土化生产，助力杭州医药和医疗器械产业发展等事宜。

12月13日，市委副书记、市长姚高员，副市长孙旭东会见乌克兰国家科学院副院长兼巴顿焊接研究所所长、院士克里夫聪·伊戈里·维塔利叶维奇一行，对乌克兰国家科学院在杭州的项目二期规划进行评估。

（郭　卉）

侨务

【概况】 2023年，杭州侨务工作坚持为大局服务和为侨服务，围绕“打造新侨创新创业城市之窗”中心，以凝聚海外侨界共识和力量为着力点，多措并举，为杭州争当浙江高质量发展建设城市做出贡献。

全年市侨办举办重要侨务活动4场，开展“侨干代您看家人”等暖侨慰问活动，落实侨务政策法规。开展“三侨”考生身份认定、华侨回国定居等涉侨事项审批工作。全年认定“三侨生”高考生66名、中考生49名，华侨回国定居审批1人，办理审批转办归侨证16人，转办侨务信访12件。

市委统战部（市侨办）引导侨胞回馈社会，热心公益事业。全市海外华侨华人、侨资企业投资者、归侨侨眷等侨界人士，资助杭州社会公益事业、济贫扶困，全年捐赠人民币782.2万元。

【侨界人士思想引领】2023年，市委统战部（市侨办）3次组织侨界人士100余人次，座谈学习党的二十大精神，领会精神内涵。侨商协会青年委员会举行60余人参加的“侨商青年说”沙龙活动2次，引导侨商青年坚定跟党走，担起为杭州经济社会发展贡献侨界力量的责任。8月，组织青年侨商代表参加中国（浙江）世界华侨华人新生代创新创业大会。其间，召开杭州新生代侨商创新创业座谈会，参会代表表示要做“中国侨声音”的传播者和创新创业发展的践行者。

【新侨创新创业城市之窗建设】2023年，市委统战部（市侨办）推进新侨创新创业城市之窗建设，实施聚侨、引侨、暖侨，助侨、联侨、护侨6项举措，发挥新侨人才多、联系广、资金雄厚的独特优势，主动为新侨双创企业和人才参与杭州经济建设牵线搭桥。针对侨界企业及人才在项目孵化、业态咨询、人才政策、创业培训、心理疏导等方面的现实需求，做好精准服务。协助市侨联召开“创业中华侨界精英创新创业峰会”，指导各区县（市）开展新侨创新创业工作，培育新侨创新创业领军人物、领军企业和新侨创新创业基地。协助市侨联加强阵地建设，丰富活动内容，打造全国一流“侨胞之家”。

2023年10月10—13日，市侨办在桐庐县和上城区举办杭州市海外侨领研习班（市侨办 供稿）

【海外侨团建设】2023年9月22—24日，市委统战部（市侨办）邀请美国、德国、新西兰、日本等14个国家的24名海外侨领，参加“对话千年运河，传承共富文脉”活动和杭州第19届亚运会开幕式活动，强化海外侨团建设。10月10—13日，举办杭州市海外侨领走进桐庐县和上城区暨海外侨领研习班，邀请50名杭州侨界人士和侨商国内代表参加。通过研修学习，提升侨领对杭州市、桐庐县、上城区的经济社会发展情况及发展规划的认知，结合自身事业发展需求，发挥侨胞独特的作用。其间，在桐庐举办海外侨团论坛，围绕“加强海外侨团建设，传播中华文化，助力家乡经济社会发展”主题，各侨团负责人分享侨团建设的做法和经验。

【涉侨法规政策落实】2023年，市委统战部（市侨办）全年走访侨资企业40余个，听取生产经营中遇到的困难和问题，协调帮助解决。举办“数字经济赋能企业合规实务”研讨会，杭州市侨商协会30余个成员单位参加。市侨办邀请相关法律顾问现场解答企业问题，维护侨界企业稳定。

【为侨服务】2023年，市委统战部（市侨办）秉承“用心、用情、用力”的为侨服务基本要求，为侨胞办实事、解难事，营造爱侨、利侨、护侨的环境。在中秋节、元旦、春节前，重点做好重要侨领和困难归侨侨眷家庭的走访慰问，走访慰问重要侨领、侨商200余人次，困难归侨侨眷40户，发放慰问品和慰问金11.25万元。全年对16名孤、寡、病、残、无退休金收入等造成生活困难的归侨每月进行补助，累计发放补助金5.76万元。10月，开展“侨干代您看家人”中秋暖侨慰问活动，为95户侨界家庭送去慰问信和慰问品。

【侨助亚运系列活动】2023年4月8日，市委统战部（市侨办）与省委统战部（省侨办）等单位共同主办浙江省侨界“之江同心·喜迎亚运”毅行活动暨“侨助亚运”系列活动。启动仪式在杭州奥体中心体育场举行，来自60个国家和地区的500余名统一战线人士参加并进行毅行活动。5月11日，市侨办联合省侨办、省侨联、市侨联、杭州亚组委，主办“之江同心·侨助亚运”——“为你歌唱”天目里演唱会，演唱会通过浙江广播电视集团直播视频号等平台向海外华侨、华人同步线上直播，170万人次观看。

（孙云新）

港澳事务

【概况】2023年，杭州市外办（市港澳办）在省港澳办指导下，围绕服务中央港澳工作大局，贯彻落实中央和省委关于港澳工作重大决策部署，发挥港澳资源优势，推动杭州与港澳多领域合作取得积极成效。全年接待港澳团组 38 批、623 人次。

【市政协代表团访问香港、澳门】2023 年 11 月 2—8 日，市政协代表团到香港、澳门开展港澳团结联谊活动。在香港期间，参加“凝心聚力，交流互鉴，携手共创国际消费中心城市”杭港澳发展交流会，与港澳委员及联谊会代表人士座谈交流，为杭州市政协香港委员工作室、香港杭州政协之友联谊会揭牌。在澳门期间，出席澳门杭州政协之友联谊会成立 7 周年年会，拜访全国政协副主席何厚铧及澳门中联办，与澳门地区委员开展座谈交流，为市政协澳门委员工作室揭牌。

【香港国际创科展参展】2023 年 4 月 12—15 日，杭州市受邀参展由香港特别行政区政府和香港贸易发展局合办的香港国际创科展。杭州以“科技创新·智慧城市”为主题，推出城市形象展区和海外数贸·杭州产业专区，利用智能科技手段，携手数字经济领域优秀企业，展示智慧城市建设的优秀案例场景和数字经济发展的动力。其间，杭州举办“数智杭州·预见未来”专题推介会，杭港两地签署 4 份合作备忘录及合作协议。杭州展区接待团组 30 余个，吸引观众 3 万余人次，参展企业达成意向成交额超过 3 亿元。

【香港赛马会与杭州市签署合作备忘录】2023 年 6 月 26 日，香港赛马会与杭州市政府在香港签署合作备忘录。备忘录提出，要发挥香港赛马会在马匹产业发展的世界级专业水平与经验，结合杭州市的市场潜力以及举办亚运会等国际赛事的影响力，进一步深化杭港合作，共同推动国家马匹体育运动发展。

【香港理工大学杭州技术创新研究院揭牌】2023 年 6 月 26 日，香港理工大学与杭州市拱墅区政府在香港签署框架协议。11 月 7 日，香港理工大学杭州技术创新研究院举行正式签约暨揭牌仪式，标志着研究院落户杭州，与杭州开展产、学、研的全方位合作，共同推动杭港两地的科技创新与经济发展。

【香港电视台到杭州拍摄亚运纪录片】2023 年 7 月，香港电视台到杭州拍摄亚运纪录片《启航亚运》。走访亚运会相关体育设施、场馆，采访杭州亚运筹备工作负责人，拍摄杭州城市风貌、历史文化特色及地标性建筑等，旨在通过介绍杭州亚运会，加强香港市民对杭州的了解。

【杭州图书馆与澳门相关图书馆合作】2023 年 7 月，杭州图书馆代表团到澳门考察交流，与澳门大学图书馆签署合作协议，计划在人员往来、学术培训、出版物交换以及建立文献传递关系等方面开展合作交流。11 月 16 日，澳门特区公共图书馆代表团到杭州访问，参观杭州图书馆并进行座谈。双方交流古籍和地方文献的空间规划及设备配置，分享古籍文献的收集、保存和维护方法，以及地方文献的馆藏建设、资源整理及服务模式相关经验。

2023 年 11 月 7 日，香港理工大学杭州技术创新研究院揭牌

（市港澳办 供稿）

【港澳代表团到访】2023 年 2 月 9 日，市委副书记、市长姚高员会见香港特区政府驻沪办主任蔡亮及香港赛马会代表团一行。

7月30日至 8月1日，香港文化体育及旅游局、立法会议员代表团访问杭州，参观杭州大剧院、黄龙体育中心、陈经纶体校以及杭州亚运会场馆等文化和体育场所。

8 月 19—23 日，香港华菁会青年考察团一行 33 人参观杭州全球青年人才中心、杭州亚运会电竞馆、阿里巴巴公司总部、杭州国家版本馆、良渚文化遗址、浙江大学等。

10 月 18—20 日，香港建筑师学会代表团考察富阳区东梓关村、杭州国家版本馆、良渚博物院、西溪艺术集合村等。

11 月 24—30 日，香港特区政府入境事务处考察团一行 12 人参观良渚博物院、“五四宪法”历史资料陈列馆、中国茶叶博物馆、西湖区双峰村、阿里巴巴公司总部等。

12 月 20 日，香港特区政府运输及物流局代表团到访，与杭州市交通运输局、杭州市经信局、杭州市交警支队等部门就智慧交通、物流管理、自动驾驶车辆投放使用等进行座谈，实地考察安途科技创新（杭州）有限公司。

2023 年，澳门特区政府组织公务人员领导力提升培训班 3 批次、111 人到杭州培训，学习杭州数字政府、城市大脑、云计算、大数据等内容，赴杭州市民中心、阿里巴巴公司总部、杭州亚运会场馆等地考察。

（郭 卉）

涉台事务

【概况】2023 年，市委台办秉持“两

岸一家亲”理念，出台惠台政策，优化涉台金融服务，推进杭州与台湾各领域交流合作，深化两地经济社会融合发展。

全年举办大型涉台活动10场，包括第十五届“西湖—日月潭”两湖论坛、浙江·台湾合作周（杭州）主场活动、首届杭台公望团圆节、杭台邻里节、月老法印交接仪式、鲲鹏会台湾青年杭州宋韵文化研习营活动、第十届海峡两岸亲子文创作品联展、杭台书画展、“公望文化周”暨“公望两岸圆缘园”开园活动、“公望两岸庙会”暨杭州—南投海峡两岸茶文化交流活动。

全年杭州因公赴台湾团组92批187人次，均为商务考察团组。全年接待台湾知名人士83批1747人次。全年新增台资企业160个、增资台企23个，实到台资2.5亿美元。

【浙江·台湾合作周（杭州）主场活动】 2023年7月6日，以“新格局、新机遇、新发展”为主题的浙江·台湾合作周在杭州开幕。活动由国务院台办、浙江省政府共同主办。来自海峡两岸的知名工商团体、行业协会、企业及台商台青代表600余人参加有关活动。开幕式上，3个杭州投资项目现场签约，投资总额超过10亿美元。杭州作为主会场，举办杭台生命健康产业对接会、杭台经贸高质量发展暨“两岸同心·筑梦钱塘”主题活动启动仪式2个分会场活动。各媒体发布浙江台湾周信息9603篇，海峡两岸媒体平台阅读量6325万人次，其他境外平台阅读量超过300万人次。

【“西湖—日月潭”两湖论坛】 2023年7月17日，以“茶香飘两湖，牵手谋福祉”为主题的第十五届“西湖—日月潭”两湖论坛在杭州举行。论坛由杭州市政府和台湾南投县政府共同举办。海峡两岸文化界、教育界人士及茶产业发展带头人等近300人参加交流活动。开幕式上，南投茶叶标识体系发布，杭州市政府和南投县政府签订4年销售南投茶叶4000万元的意向书。论坛围绕乡村振兴、体育教育和茶产业发展等议题交流研讨，以茶为媒、以茶联谊、以茶兴业、以茶富民，推动两地产业同发展、百姓共富裕，成为两地交流、交往、交心、交融的合作品牌。

【亚运会涉台工作】 2023年9月23日至10月8日，杭州第19届亚运会举行。中国台北代表团791人，其中运动员521人，参加杭州赛区30个大项41个分项比赛。23个台湾媒体、111名记者参与报道。市委台办组建杭州亚运会涉台工作指挥小组，编印“工作指引”等，召开省、市、区有关部门专题协调会28次，组织培训31场、受众1800余人次；调研督导全市涉台场馆、亚运村28次，63名台办部门工作人员驻赛790场次。指导市台湾同胞投资企业协会成立亚运服务专班，推荐3名台胞担任亚运会火炬接力手，邀请9名台胞观礼开幕式，组织200余名台胞观摩棒球、羽毛球、软式网球等项目。策划具有亚运特色、杭州风采的涉台交流活动4场。台湾运动员获亚运会奖牌67枚，其中金牌19枚，平历史纪录，居奖牌榜第6位。台湾媒体对杭州亚运会报道700余篇（次），转载信息3000余条，“亚运会开（闭）幕式”“数字火炬人”“绿色亚运”等议题引发民众的持续好评和热议。

【台湾青年到杭州创业就业鼓励政策发布】 2023年12月22日，以“同心同行，聚梦启杭”为主题的“台商大讲堂”活动在杭州举行。活动发布《关于支持和鼓励台湾优秀青年人才来杭创业就业的八项措施》，涵盖台湾青年在杭州学习、就业、创业、生活等方面，从加强人才引进、强化资金扶持、提升服务保障等方面支持和鼓励台湾青年人才到杭州发展。推动引进台湾高层次人才和台湾优秀毕业生，鼓励就业见习，提供创业项目资助、创业融资支持、经营场所房租补贴、住房和子女就学保障等。活动同步印发“操作指南”，方便台湾青年了解政策内涵，知晓申报路径，助力创业就业。

【公望团圆节】 2023年2月5日，以“公望闹元宵，两岸话团圆”为主题的首届公望团圆节在杭州举行，杭州市台湾同胞投资企业协会、在杭州的台商台胞代表等近100人参加。节庆活动在富阳黄公望隐居地举办元宵游园会和公望两岸圆缘园二期签约仪式，引进文化创意、亲子互动、户外研学、露营民宿等10余个台湾青年项目，其中台商投资约2600万元。

【杭台邻里节】 2023年3月30日，以“相约亚运·幸福来临”为主题的杭台邻里节在杭州举行。杭州市台胞台属联谊会、杭州市台湾同胞投资企业协会、在杭州的台胞代表等100余人在临平区开展邻里走亲，举办杭台民俗文艺演出等活动。台胞参观塘栖古镇、中国江南水乡文化博物馆、临平亚运场馆，体验清水丝绵制

2023年2月5日，首届公望团圆节在杭州举行　　（市委台办 供稿）

作、塘栖米塑等传统民俗活动。台胞走进国家智能制造示范工厂、省首批“未来工厂”——浙江春风动力有限公司，与公司台湾员工闲话家常，共叙情谊。

【月老法印交接仪式】2023年6月7日，台湾南投县文武庙从业人员到杭州玉皇山老玉皇宫迎请月老法印，并举办交接仪式。杭州市道教协会、在杭州的台商台胞等近60人参会。双方以月老文化为红线，迎请月老法印，举办祈福法会，推进海峡两岸道教文化合作。

【鲲鹏会台湾青年杭州宋韵文化研习营】2023年6月23日，以“品味宋韵，共享亚运”为主题的鲲鹏会台湾青年杭州宋韵文化研习营在杭州举行。活动由鲲鹏会、杭州海峡两岸经济文化交流促进会共同承办。来自台湾大学、台北大学、台湾政治大学、台湾成功大学等高校的40名台湾学生和浙江工业大学志愿者共70人，开展为期8天的研习交流活动。海峡两岸青年到德寿宫、杭州国家版本馆、良渚博物院、连横纪念馆、黄公望隐居地、浙江吉利控股集团、阿里云计算有限公司、杭州农夫山泉生产基地、西湖大学等地参访，参观和体验亚运场地自行车场馆、电竞馆等，感悟杭州宋韵文化和杭州亚运理念。

【海峡两岸亲子文创作品联展】2023年6—9月，以“喜迎亚运，共创未来”为主题的第十届海峡两岸亲子文创作品联展在杭州举行。台湾南投县政界人士许淑华率南投文创代表团等150人参加活动。联展通过亲子艺术共创的方式，增强亲子间的情感交流，体现“两岸一家亲”的美好场景。活动征集到杭州和南投的学生文创作品150件，涵盖书法、绘画、剪纸、陶艺等艺术形式，在浙江杭州与台湾南投轮流联展。

【公望两岸圆缘园（二期）开园】2023年7月18日，以“我在富春山居图里等你”为主题的公望文化周暨公望两岸圆缘园（二期）开园活动在杭州举行。南投县政界人士张嘉哲及200余名南投乡亲出席活动。公望两岸圆缘园引入台菜餐厅、古琴工作室、胜大庄书房、“非遗”传承互动教学、幸福市集等业态，并与台湾南投县南投市营南社区签订“台青富裕阳光园”建设备忘录，助力台胞融入杭州共同富裕示范区建设。

【杭台书画展】2023年7月21日，以“相约亚运，幸福来临”为主题的杭台书画展在杭州开幕。围绕“中国特色、亚洲风采、精彩纷呈”的杭州亚运目标，画展征集120幅作品展出。海峡两岸书画家以笔墨为媒，表达对杭州亚运盛会的美好祝愿，书写两岸同胞“要和平、要发展、要交流、要融合”的期盼。

【海峡两岸茶文化交流活动】2023年12月10日，“公望两岸庙会”暨杭州—南投海峡两岸茶文化交流活动在杭州富阳区举行。50余名台湾同胞相约富阳区黄公望村，和当地民众以茶会友，喜迎庙会。杭台两地民众一起参与投壶、套圈、画团扇、做灯笼等互动小游戏，增进情谊，促进杭台两地的文化和民间交流。

【杭州市台湾同胞投资企业协会换届】2023年2月19日，杭州市台湾同胞投资企业协会进行换届选举。选举产生会长1名、监事长1名、副会长11名、秘书长1名、常务理事9名、理事27名。协会聘请海关、进出口商品检验、外经贸局、税务、公安、交警等19个部门的负责人担任协会顾问，并有法律服务团、检察联络站等会员服务平台。协会有会员企业近200个。协会以“服务会员、创业杭州”为宗旨，发挥杭州与台湾、政府与台商的桥梁纽带作用，开展公益活动，推动杭台经济、文化、基层等领域交流合作、融合发展。

【杭州对台宣传】2023年，杭州市邀请中央广播电视总台、海峡卫视、中国台湾网等媒体到杭州采访拍摄“媒眼看亚运”“诗画中国，两岸博主江南行”“茶金岁月”3个专题节目，向海峡两岸同胞传递杭州亚运氛围，讲述杭州发展和杭台融合故事。借助知名博主，以台湾青年视角展示杭州亚运风采，讲述共富先行杭州故事。全年邀请台湾媒体5批85人次到杭州采访，新华社、《人民日报》、中央广播电视总台、台湾“中视”等媒体多次刊登和报道杭台交流活动。杭州市委台办连续两年被评为中共中央台办“两刊”宣传工作先进单位。

（*颜君芝*）

责任编辑 汤 峻

14 法治

地方立法

【概况】2023年，杭州市人大常委会学习习近平总书记关于完善法律体系、提高立法质量的重要论述要求，推进科学立法、民主立法、依法立法，贯彻落实中央和省委、市委的决策部署，制定6件地方性法规，修改5件地方性法规，对3件法规草案进行审议。协助市委召开市委立法工作会议，为杭州加快打造社会主义现代化国际大都市、建设中国式现代化城市范例提供法治保障。

【《杭州市优化营商环境条例》制定】2023年2月22日，杭州市第十四届人民代表大会第三次会议通过《杭州市优化营商环境条例》。该条例经3月31日浙江省第十四届人大常委会第二次会议批准，自7月1日起施行。条例共7章70条，对市场环境、政务服务、创新创业支持、监管执法、法治保障等做出规定。该条例是全省首部优化营商环境地方性法规，坚持立法决策与改革发展决策精准衔接。该条例是杭州市首部提请市人民代表大会审议通过的实体性地方性法规，是新时期加强和改进地方立法工作的具体举措，实现市人大立法工作的新突破。

【《杭州钱塘新区条例》制定】2023年4月28日，杭州市第十四届人大常委会第十次会议通过《杭州钱塘新区条例》。该条例经5月26日浙江省第十四届人大常委会第三次会议批准，自7月1日起施行，《杭州大江东产业集聚区管理条例》同时废止。条例共6章29条，包括总则、先行先试、规划建设、产业促进、保障措施、附则，以“高质量发展”为主线，理顺钱塘新区的管理体制，就新区开展先行先试、规范规划建设、促进产业发展、鼓励科技创新、强化发展保障等方面做出若干创新性规定，为钱塘新区实现“四大战略定位”“打造世界级智能制造产业集群”和“再造一个杭州工业”提供法治保障。

【《杭州市乡村建设条例》制定】2023年4月28日，杭州市第十四届人大常委会第十次会议通过《杭州市乡村建设条例》。该条例经5月26日浙江省第十四届人大常委会第三次会议批准，自8月1日起施行。条例共8章57条，就村庄规划与风貌提升、乡村公共基础设施建设、农村住房建设、传统村落保护及相应保障措施、法律责任等内容做出规定。该条例推动杭州乡村建设从“无法可依”到“良法善治”，为宜居宜业、和美乡村建设提供法治支撑。

【《杭州市农村集体经济组织财务管理规定》制定】2023年8月22日，杭州市第十四届人大常委会第十三次会议通过《杭州市农村集体经济组织财务管理规定》。该规定经9月28日浙江省第十四届人大常委会第五次会议批准，自2024年1月1日起施行。规定共21条，厘清政府和部门职责，规定重大财务事项的范围和决策程序，规范资金管理和薪酬管理，完善“部门监督＋监督机构监督＋民主监督＋审计监督＋会计监督”的监督体系，是适应新形势下农村集体经济组织规范发展，推动乡村全面振兴的法治举措。

【《杭州市农村公路条例》制定】2023年11月7日，杭州市第十四届人大常委会第十四次会议通过《杭州市农村公路条例》。该条例经12月21日浙江省第十四届人大常委会第七次会议批准，自2024年3月1日起施行。条例共7章49条，对农村公路规划和建设、管理和养护、运营和服务、保障措施和法律责任等内容做出规定，细化农村公路管理职责，强化农村公路的规划建设要求，加大农村公路的管理养护力度，提升农村公路的运营服务。该条例是浙江省首部围绕农村公路的地方性法规，为新一轮“四好农村路”建设提供法治保障。

【《杭州市智能网联车辆测试与应用促进条例》制定】2023年12月29日，杭州市第十四届人大常委会第十五次会议通过《杭州市智能网联车辆测试与应用促进条例》，报请浙江省第十四届人大常委会审议。

【《杭州市城市国际化促进条例》修改】2023年4月28日，杭州市第十四届人大常委会第十次会议通过《杭州市人民代表大会常务委员会关于修改〈杭州市城市国际化促进条例〉的决定》。该决定经5月26日浙江省第十四届人大常委会第三次会议批准，自6月2日起施行。决定对原条例第四十二条作出修改，删去第四十五条第二款有关表彰等内容。

【《杭州西溪国家湿地公园保护管理条例》修改】 2023年8月22日，杭州市第十四届人大常委会第十三次会议通过《杭州市人民代表大会常务委员会关于修改〈杭州西溪国家湿地公园保护管理条例〉的决定》。该决定经9月28日浙江省第十四届人大常委会第五次会议批准，自10月12日起施行。决定对西溪湿地一体化管理原则、湿地公园保护管理经费投入主体、综合行政执法等内容作出修改。

【《杭州市物业管理条例》修改】 2023年12月29日，杭州市第十四届人大常委会第十五次会议通过《杭州市人大常委会关于修改〈杭州市物业管理条例〉等3件地方性法规的决定》。对《杭州市物业管理条例》作出修改，删去第二十五条第一款第三项“按照有关规定或者约定，交存物业专项维修资金、交纳需要业主共同分摊的费用，且未恶意拖欠物业费”。

【《杭州市水上交通管理条例》修改】 2023年12月29日，杭州市第十四届人大常委会第十五次会议通过《杭州市人大常委会关于修改〈杭州市物业管理条例〉等3件地方性法规的决定》。对《杭州市水上交通管理条例》作出修改，删去第五十条“当事人对行政处罚决定不服的，可依法申请行政复议或者直接向人民法院起诉。当事人逾期不申请复议，也不向人民法院起诉，又不履行处罚决定的，由作出处罚决定的机关申请人民法院强制执行”。

【《杭州市水上交通事故处理条例》修改】 2023年12月29日，杭州市第十四届人大常委会第十五次会议通过《杭州市人大常委会关于修改〈杭州市物业管理条例〉等3件地方性法规的决定》，对《杭州市水上交通事故处理条例》作出修改，删去第三十八条“当事人对行政处罚决定不服的，可以依法申请复议或直接向人民法院起诉。当事人逾期不申请复议，也不向人民法院起诉，又不履行处罚决定的，由作出处罚决定的机关申请人民法院强制执行”。

【《杭州老字号传承与发展条例》初审】 2023年6月20日，杭州市第十四届人大常委会第十一次会议对《杭州老字号传承与发展条例》进行初次审议。

【《杭州市数字贸易促进条例》初审】 2023年11月6日，杭州市第十四届人大常委会第十四次会议对《杭州市数字贸易促进条例》进行初次审议。

【《杭州市建筑垃圾管理条例》初审】 2023年12月28日，杭州市第十四届人大常委会第十五次会议对《杭州市建筑垃圾管理条例》进行初次审议。

（市人大常委会办公厅）

政法委与综治

【概况】 2023年，杭州市委政法委按照中央、省委、市委决策部署，以平安护航亚运会为主线，开展学习贯彻习近平新时代中国特色社会主义思想主题教育，抓好防风险、保平安、护稳定各项工作。出台《加强全市政法系统党建工作的若干意见》，推进政法系统“最强党支部”创建。推动全市乡镇（街道）政法委员政治轮训36期，培训2万余人次。对市、区县（市）72个政法单位实现巡察全覆盖。完善政法系统年轻干部选育管用机制，分条线制定专门人才发展规划。拓展干警挂职锻炼渠道，提高政法干警政治素质和履职能力。推进政治督察、执法检查、纪律作风巡查具体化、精准化、常态化。

全年杭州政法系统有100余人获全国检察业务专家、省三八红旗手等荣誉；余杭区委政法委被授予全国“新时代政法楷模集体”称号；上城区法院基金小镇法庭被授予“全国法院先进集体”称号；余杭区检察院被评为“全国模范检察院”；萧山区公安分局钱江世纪城派出所被授予全国“枫桥式公安派出所”称号。

【安保工作体系创新】 2023年，市委政法委全面落实杭州亚运会和亚残运会“简约、安全、精彩”办赛要求，践行“智能、无感、动态、和谐”安保理念，做好维稳安保。创新平安稳定重点工作常态化机制和重大活动维稳安保工作体系，得到中央和省、市领导肯定。以“日、周、旬、月”频次统筹推进平安护航亚运“十大攻坚行动”，严格执行“十项战时措施”，紧盯重点事、物、域、场所、事件等要素，制定《全市重点要素管控工作方案》，形成219类重点要素的分时、分级、分类管控措施和责任

2023年6月11日，杭州市举行“平安护航亚运百日攻坚大行动”暨夏季治安大巡防启动仪式

（市委政法委 供稿）

清单，顶格实施“火炬传递”“要人警卫线路”等重点安全目标管控措施。加强源头防控，市委组织部、市委政法委、市公安局联合牵头，将全市 191 个乡镇（街道）、3310 个社区、1.4 万个网格接入维稳安保工作体系，开展“三排查、三清零”等行动，动员社区民警、网格员、平安志愿者等 160 万人协同参战，入户走访 1537.5 万人。开展 19 轮风险隐患大排查，销号整改各类风险 6379 个。开展瓶装液化气、发光二极管成像屏、电信网络诈骗等突出问题专项整治，纳管发光二极管成像屏 7.3 万块。

【“大平安”工作格局构建】2023 年，市委政法委锚定“平安考核进全省前列”目标，发挥市委平安领导小组“一办九组”作用，健全完善定期研判、全域督查、考核激励、挂牌整治 4 项机制，从顶层设计规划构建“大平安”工作格局。常态化开展重点行业专项督查和市、区两级督查，检查点位 3.6 万个，闭环整改风险隐患 5.1 万个。将平安建设“基层基础提升年”活动贯穿全年，细化 6 个领域、19 个专项、99 项任务清单，全域开展风险隐患排查整治及整改提升工作。推进“各行各业创平安”活动，对 13 个问题隐患突出的重点镇（街道）开展挂牌整治，对 84 个城郊接合部村（社区）开展集中攻坚整治。贯彻《浙江省平安建设条例》，组建市、区县（市）两级宣讲团，推出进机关、进社区、进学校、进企业、进工地等集中宣传 3475 场次、专题讲座 145 场次，覆盖干部群众 35 万余人。全年全市未发生“较大”以上事故。全市刑事、治安警情比上年分别下降 10.6% 和 24%，道路交通亡人事故起数和亡人数下降 14.5% 和 40.3%；安全生产事故起数和亡人数下降 7.9% 和 4.5%，火灾起数和亡人数下降 44% 和 30%。

【市域社会治理现代化杭州品牌建设】2023 年 10 月，杭州市通过省级验收和中央复核，被评为全国市域社会治理现代化试点合格城市。杭州市的“全量掌握、全域智治、全程引导，健全特大城市网络舆情风险防控体系”入选全国市域社会治理现代化试点优秀创新经验，形成一批新时代“枫桥经验”实践品牌。深化警源、诉源、访源“三源”治理，推进区县（市）、乡镇（街道）、村（社区）三级社会治理中心（矛盾纠纷调解中心）建设全覆盖，推动基层治理“141”体系与“民呼我为”体系融合贯通，全年分流非警务事项 42 万余起，分流率 62.4%。“小脑 + 手脚”等 14 个工作法入选全省新时代“枫桥式工作法”。出台《关于进一步推动市场化解纷机制的工作意见》，健全“公益 + 市场”“专职 + 兼职”等市场化解纷新模式并在全省推广。推进“共享法庭”阵地建设，出台建设标准、运行规程、职责规范和保障机制，完善集成应用，实现“共享法庭”对乡镇（街道）、村（社区）和主要行业组织全覆盖，指导调解基层矛盾纠纷 4.8 万件，全省“共享法庭”建设现场会在杭州召开。以“红色领杭·奉献亚运”为目标，组建杭州“百万义警”队伍 3646 支，共 128 万余人，巩固“武林大妈”“西子义警”“萧山红领”等群防群治力量。

【司法执法监督】2023 年，市委政法委坚持“平安杭州”“法治杭州”一体推进，提升执法司法规范化水平。杭州在全国 100 个城市法治政府建设评估中列第二位，“行政复议信访引流”“行政执法协调监督体系”项目被纳入司法部试点。召开 50 余次重大疑难案件协调会，化解信访疑难积案 800 余件，实现政治效果、社会效果、法律效果“三统一”。按照全国“扫黑办”工作要求，推进扫黑除恶斗争常态化。实现 13 个区县（市）行政合法性审查中心全覆盖，全年审查行政规范性文件、重大行政决策等 2.1 万件。颁布《杭州市优化营商环境条例》，完善法治化营商环境。开辟涉企行政合法性审查“绿色通道”，开展涉企刑事案件专项执法检查和刑事风险防范指导工作，探索买卖合同纠纷案件快审机制。严厉打击知识产权侵犯、合同诈骗、商业贿赂、串通投标等涉企突出违法犯罪，排查案件 300 余件，为企业挽回经济损失 10 亿余元。建设为企服务特色警务站 133 个，推出杭州版“首违不罚”清单 46 份。

【数字法治改革推进】2023 年，市委政法委落实全省深化数字法治改革工作会议要求，推进政法智能化建设。以市综治中心实战化建设为抓手，推进“数字法治一体化综合平台”建设。117 个应用被纳入省“数字法治系统一本账 S3”，20 个应用被列入“市数字法治改革重大应用”，7 个应用被列入省“急用先行重大应用杭州落实清单”，7 个应用被列入省“揭榜认领项目”，3 个应用获评省“改革突破奖”，4 个应用获评省“数字法治好应用”。推进全量信息视图建设，关联“人、房、企、事、物”等社会治理要素 3600 万余条。牵头公安、国资、数据等单位成立工作专班，统筹全市公共管理摄像头建设应用工作。

【法学会活动】2023 年，杭州市法学会发挥桥梁纽带作用，推进习近平法治思想集中宣讲活动和“百名专家百场报告会”活动。8 月 4 日，召开杭州市法学会第五次会员代表大会。举办“中国破产法论坛之营商环境优化与办理破产数智化专题研讨会”“市场化解纷机制论坛”等。建立健全两级法学会首席法律咨询专家制度，聘请专家 243 名，参与党委、政府重大决策合法性审查和法律风险评估等工作。举办法治讲座，开展法治体检、咨询服务等法律入企活动，助力防范化解企业经营中的法律风险。巩固深化“全民法理通”等数字化应用建设，开展“青年普法志愿者法治文化基层行”活动 1.3 万场次。

（李 良）

法治政府建设

【概况】2023 年，杭州市全面贯彻落实中共二十大精神和习近平总书记考察浙江重要讲话精神，锚定全国法治政府建设示范市创建目标，助力打赢经济翻身仗和亚运攻坚仗“两场硬仗”，为杭州建设中国式现代化城市范例提供法治保障。在《中国法治政府评估报告》公布的全国 100 个城市法治政府建设评估中，杭州列第二位，其中“优化营商环境法治保障”指标得分列全国第一位。7 个项目获评全省“法治建设主动融入三个‘一号工程’揭榜挂帅典型案例”，5个基层法治建设成果获评全省“县乡法治政府建设最佳实践”成果，连续3年列全省第一位。杭州在“法治浙江”建设考核中列全省第一位。

【法治杭州建设】2023年，杭州市委理论学习中心组（扩大）举行习近平法治思想专题学习会，市政府党组及常务会议学法讲法5次。将习近平法治思想纳入党校主体班次必学内容。全市1.56万名领导干部进行年度述法。全年组织学习培训3.1万场次，受众1300万余人次。优化完善全面依法治市工作机制，发布市直部门党政主要负责人履行推进法治建设第一责任人职责共性和个性清单，分层分类举办法治能力提升培训班。创新法治杭州专报机制，形成“专报—批示—督办—落实”的闭环管理。健全法治考核常态化管理，开展法治化营商环境等专项督察。完成法治杭州建设规划中期评估，形成短板问题清单。组织全市第二届“十大法治实践”评选，在司法行政系统发起设立杭州市法治建设促进基金会。争创全国法治政府建设示范市，成立市长为总召集人的工作协调机制，召开全市域动员部署会同步推进。开展规范行政执法行为、国家工作人员学法用法考试等专项行动。实施实地督查，攻坚核心指标和短板弱项，落实问题清单销号整改。杭州成为全国104个法治政府示范市创建候选地区之一。

【“两场硬仗”法治保障】2023年，杭州市围绕经济翻身仗和亚运攻坚仗“两场硬仗”，出台优化营商环境条例，推进数字贸易立法。制定平台经济健康高质量发展等配套政策，优化营商环境制度体系，设立营商环境监督和服务中心、营商环境检察办公室、“12345”营商环境服务专席等公众参与渠道，探索职业滥诉扰企处置机制。发布22个重点产业合规指引，其中“直播电商”“生物医药”入选全省首批重点产业合规目录，法治2个案例获评全省营商环境优化提升最佳实践案例、6个案例获评全市营商环境优化提升最佳实践案例。开展首批全省政务服务增值化改革试点，建设“一站式”企业综合服务中心，设立法治服务专区。打造“亲清在线·政策超市”，公开各类惠企政策近5700条，服务企业59万余个，员工198万余人。深化企业市内跨区迁移、变更注销同城通办等“一件事”集成改革，开办企业无感监测达到全省最优值。入选首批国家知识产权保护示范区建设城市，发布数据知识产权交易地方标准《数据知识产权交易指南》。法律顾问服务覆盖170万个市场主体。

依法保障杭州亚运会和亚残运会举办。统筹立法、执法、司法、普法全方位融入杭州亚运会和亚残运会全过程，开展迎亚运系列普法活动，参与130万人次。制定无障碍环境打造、大型群众性活动保障等法规规章，出台危险物品安全管理、“低慢小”航空器及空飘物临时管控、经营性留宿服务场所信息登记等行政措施。设立驻亚运村知识产权检察官办公室和亚运共享法庭。组建“亚运调解人才库”“律师服务团”，开通涉亚运涉法事务合法性审查、纠纷调处、案件审理“绿色通道”，强化涉亚运风险评估、重大谈判、赛事筹办、知识产权保护、公益诉讼监督等法治保障。

【地方立法程序完善】2023年，杭州市健全党领导立法的体制机制。市委召开全市立法工作会议，市人大常委会出台《关于进一步加强和改进新时代地方立法工作的实施意见》，5件重大立法项目向市委报告，《杭州市优化营商环境条例》提交市人代会审议高票通过。深化重点立法项目“双组长”制。建立市人大常委会组成人员会前进站制度，实现法规草案线下进代表联络站征求意见全覆盖，上线基层立法联系点数字化应用。推动立法协商，发挥全国工商联立法协商联系点作用。组织专家学者、志愿者参与立法活动，巩固公众参与立法途径。推进新兴领域立法，制定农村公路、农村集体经济组织财务管理、“海绵城市”建设管理等14件法规规章。立法规范网络餐饮外卖配送监督管理，受中央广播电视总台《新闻1+1》专题采访。推进重大决策源头治理，制定决策事项标准，规范决策程序，制发重大行政决策、行政规范性文件工作指引，5个项目获评全省重大行政决策源头治理专项行动典型案例。开展政策文件清理，修改地方性法规5件，废止市政府规章2件、行政规范性文件96件，对185件市委、市政府文件和协议等进行合法性审查，对286件区县（市）及市级部门报备文件进行备案审查。

【行政执法改革】2023年，杭州市行政执法改革有新突破。“大综合一体化”行政执法改革综合评价指数居全省第一名。制发《杭州市乡镇（街道）综合行政执法队建设规范（试行）》，打造基层“一支队伍管执法”品牌示范点。加强对赋权乡镇（街道）行政处罚事项的动态管理，166个乡镇（街道）赋权办案6万余件，赋权事项实施率51.6%。创建市、区两级综合执法法治保障中心，补齐乡镇（街道）法治审核短板。打造行政裁量权基准体系，出台《杭州市综合行政执法行政处罚裁量权实施规定》，实现综合执法领域“首违不罚”全覆盖。创建行政执法监督机制，推进行政执法监督、行政复议监督、人大监督、纪检监察监督、司法监督、社会监督、舆论监督7项监督联动配合，发布行政执法“示范优案”“典型差案”，提升执法质量。开展道路交通安全和运输执法领域突出问题专项整治，开展平台经济执法、涉企执法、行政处罚结果网上公开等专项监督。建立行政执法机关内部人员干预案件办理的记录、通报和责任追究制度。建立法治监督员、新闻媒体、行业协会联系点制度。完善“行刑衔接”执法监督系统，获评浙江省“数字法治好应用”。杭州信访导入复议工作被列为全国试点，设立22个行政复议“5S”助企工作站，企业复议后案结事了率94.2%。建立全市行政案件闭环化解“一件事”机制，全年全市行政复议收案7518件，比上年上升40.3%，纠错率5.3%，下降0.2个百分点。一审行政诉讼收案2031件，下降1.98%；败诉率4.6%，下降0.62%。行政机关负责人出庭实现100%。

【司法权运行规范】2023年，杭州市制发“涉众涉稳涉刑类型化纠纷防范化解方案”，近1万件类型化纠纷通过工作专班机制妥善解决。开展“11087（110帮企）·亲清在浙里”平安护航行动，依法打击侵害企业利益的违法犯罪，在重点企业聚集区设立“为企服务警务联络站”，协助企业排除风险隐患。常态化开展扫黑除恶斗争，健全异地公安机关到杭州办案提级审核和报告机制，规范异地协作办案。审判质效优化，全市诉讼总量实现连续5年下降，一审服判息诉率超过90%，民商事案件平均审理天数降至历史新低。推动杭州知识产权法庭、破产法庭、国际商事法庭和杭州互联网法院“三庭一院”协同司法，打造国际商事纠纷“一站式”融合解决平台。深化“执行一件事”集成改革，“涉众案件管理平台”被最高人民法院列入“基本解决执行难”可复制可推广经验名录。实施“诉权保护”“快速响应”等20项增值化改革，涉企纠纷平均审理天数缩短12.3天，化解破产企业债务643亿余元，1.5万个企业和3.7万名个人信用得到修复。审结全国首例“虚拟数字人侵权案”，入选年度全国法院十大案件。设立全国首个生物经济审判庭。推进46个重点领域专项法律监督，发挥检察建议作用，推动从个案办理到类案监督再到社会治理。出台《关于加强新时代未成年人检察工作的决定》。建立针对弱势群体的司法救助机制。创建“全域检察e站”、刑事检察监督线索研判处置中心，组建数字检察指挥中心。出台《企业数据合规指引》，“空壳公司监督治理”获评省、市营商环境优化提升“最佳实践案例”。落实认罪认罚从宽制度，犯罪嫌疑人在审查起诉阶段认罪悔罪占86.5%。加强民事执行监督，发出检察建议512件，协同破解“执行难”。对行政生效裁判监督案件开展行政行为合法性审查。全年办理公益诉讼678件。

【基层依法治理】2023年，杭州市实现县级合法性审查中心全覆盖，开展县乡合法性审查质效提升改革，增配用编用工计划56个，居全省首位。全年县乡审查各类事项2.3万件，其中县级合法性审查中心协审乡镇（街道）重大疑难涉法事项500余件。“乡镇（街道）合法性审查数字应用”获全省推广。构建矛盾纠纷多元化解体系，3年培育市场化调解组织120余个，化解纠纷4.95万件，商事纠纷诉前化解率40%。该机制获浙江省改革突破银奖，入选全国法院“十大最具创新一站式建设改革创新成果”。迭代升级中国（杭州）知识产权·国际商事调解云平台，制定《在线商事调解服务规范》团体标准。“共享法庭”集成应用、“可信云调解”应用获全省推广。全域推进信访法治化建设，贯通“民呼我为”平台与基层治理“141”体系，14个项目入选全省新时代“枫桥式工作法”，杭州获评全国市域社会治理现代化试点合格城市。建设“15分钟公共法律服务圈”，公证联络点、代办点、法律援助分中心等向偏远地区延伸覆盖，建成运行158个公民法治素养观测点和全省首个法律援助主题公园。全市县级综治中心窗口公证入驻率100%、法律援助市域通办率100%，公共法律服务“一事一评”满意率98.8%。车位使用权公证备案平台上线运行。海外华人远程视频公证服务覆盖100余个国家。

（彭志芳）

公 安

【概况】2023年，杭州市公安机关全力防风险、保安全、护稳定、促发展，推进“守正创新、实干争先”系列变革性实践，完成习近平总书记考察浙江期间在杭州的重要警卫任务，完成杭州亚运会和亚残运会安保任务，完成全国公安系统厅局长座谈会实地考察任务；获首个“中国公安法治指数”评估第一名，首次获“全国公安机关大数据智能化建设与实战应用成效”评测第一名。杭州被命名为首批“全国社会治安防控体系建设示范城市”。全市刑事、治安警情比上年分别下降10.6%、24.0%，刑事立案数降至近10年最低，交通事故亡人数连续5年下降，万车死亡率全省最低。市公安局获评全省公安机关综合实绩评估优秀单位。全年杭州市公安机关获评省部级先进集体23个、个人62名；省级部门先进集体36个、个人225名；二级英模人物5名，一等功集体11个、个人12名，二等功集体47个、个人111名，总量居全省第一位。

【亚运会和亚残运会安保】2023年，针对杭州亚运会和亚残运会安保任务，市公安局坚持“智能、无感、动态、和谐”的安保理念，推进警卫对象、赛事侧、城市侧“一核两侧”安保工作，布设陆路、水路、铁路、机场等8个板块的101个检查站，筑起“环浙、环赛、环核心”3层安保网，连续141天保持高等级响应，连续83天工作无休，完成45批次中外领导人警卫任务，以及71批398次警卫路线交通保障。守护266个涉亚运会网络系统和132个城市侧核心网络系统安全运行。完成亚运会和亚残运会922棒（50.15千米）火炬传递、开幕式、闭幕式、火炬点火、近8600场赛事290余万名观众的安保任务，实现亚运会史上跨时最长、规模最大、强度最高、项目最密的赛事活动全程安全，实现超大体量的亚运村和亚残运村运行安全，实现4.92万班次赛事通勤“零事故、零延误、零投诉”，实现数字安保“一网统管”、智能查控“刷脸即查”、数字车道“无感切换”、无人机“零升空、零滋扰”。创造亚运会开幕式7万人“3小时进场、40分钟散场”的历史纪录。

【大型活动安保】2023年，市公安局严格活动安全许可审批，督促承办单位落实主体责任，实施《杭州市大型群众性活动安全管理规定》，服务杭州“打造国际赛会之城”的城市定位，规范开展大型活动安保工作。全年投入警力17.3万人次，完成元宵烟花灯光秀、系列明星演唱会、第十九届中国国际动漫节、云栖大会、首届“良渚论坛”、第二届全球数字贸易博览会、第六届中国—阿拉伯国家广播电视合作论坛等721项活动的安保工作。

【涉企经济犯罪打击整治】2023年，市公安局打击合同诈骗、职务侵占、商业行受贿等“侵企扰商”突出犯罪，受理各类经济犯罪案件870起，挽回经济损失6.43亿元，追赃率89.2%。破获“4·25”特大暴力虚开

2023 年 9 月 23 日至 10 月 28 日，市公安局全面完成杭州亚运会和亚残运会安保工作。图为警察在亚运会期间进行日常巡逻 （市公安局 供稿）

发票案等 60 余起重特大经济犯罪案件，抓获犯罪嫌疑人 1314 人，移送起诉 1101 人。建设网下助企服务阵地，全市建设为企警务服务站点 133 处、驻省外联络站 8 处，实现全年走访企业 4400 余个，发现并提醒企业经营风险隐患 400 余个，帮助解决企业需求问题 340 余个，化解涉企矛盾纠纷 370 余起，开展防范宣传教育 1000 余场，培训企业 2800 余个 4 万余人。

【多领域犯罪打击整治】2023 年，市公安局以“昆仑”“钱潮”“忠诚”“剑锋”等专项行动为载体，打击环境、食品、医药、森林、知识产权等领域违法犯罪。全年破案 381 起，采取刑事强制措施 1133 人，移送起诉 998 人。全年获批公安部督办案件 14 起、省标案件 50 起，“1·21”专案获得公安部部长嘉奖令；“2·15”制售假冒“西湖龙井”品牌案等 8 起案件获省、市领导批示肯定；省公安厅综合实绩评估、公安部贺电、“昆仑 2023”专项行动破案数 3 项指标均列全省第一位；杭州“创新数智警务、守护舌尖安全”案例被列入全国食品安全周“五大经验做法”；“民生卫士数智应用”获评全省“数字法治”好应用和公安服务三个“一号工程”最佳实践案例。

【电信网络诈骗治理】2023 年，市公安局落实打防管控各项措施，遏制电信网络诈骗案件高发态势。全年受理电诈案件 1.9 万起，比上年下降 15.4%；打掉电信网络诈骗犯罪团伙 396 个，采取刑事强制措施 5803 人，分别上升 40.2%、60.4%；侦破 100 万元以上电诈案件 84 起，返还被骗资金 2.63 亿元。实施全市反诈宣传“五提”工程（反诈“心防”提级工程、宣传载体提效工程、“无诈单元”提质工程、志愿者队伍提升工程、宣传“产品”提亮工程），全年处置预警指令 609 万余条，劝阻 487 万余人次，劝拦资金 38.2 亿元。杭州市预警劝阻的经验做法得到国务院打击治理电信网络新型违法犯罪工作部际联席会议办公室肯定并在全国推广。

【“2023 忠诚”行动】2023 年，市公安局结合部、省、市关于“平安护航亚运百日攻坚”“夏季治安打击整治”等系列行动，先后开展“2023 忠诚”系列行动 12 波次，检查整改寄递、娱乐、旅馆、涉危、涉毒等重点行业问题隐患 1.2 万处，挂牌整治全市重点复杂部位 20 个，打架斗殴、寻衅滋事等重点警情比上年下降 42.9%；紧盯突出违法犯罪，打掉各类违法犯罪团伙 505 个，抓获各类违法犯罪嫌疑人 1.3 万名。

【杭州义警队伍建设】2023 年，市公安局依托义警发展中心和社区警校建设，组织发动义警队员、平安类社会组织等各类力量参与社会治安防控工作，构建共治共享社会治理新格局。成立 150 人的保安义警突击队，参与亚运会场馆、亚运村等重点区域和场所的平安巡防。全年有 432 万名义警参与各类活动，其中开展平安巡防 3.12 万次、平安反诈宣讲活动 1.37 万场，协助应急救援 320 次，化解矛盾纠纷 4969 起，帮扶教育“一老一小”等特殊群体 3076 人。

【出入境管理】2023 年，市公安局实施商务专窗、网上预约办理、“浙里拍”证件拍照系统应用、多元化“浙里移民”服务、出入境助企联络警官、境外人员住宿登记掌上办理 6 项便民惠企措施，上门走访涉外重点企业 200 余个，签发各类出入境证件 2620 余本。“外国人动态管理新模式”“助力优化营商环境”等工作被国家移民管理局、公安部研究室、《浙江政务信息》简报刊发。市公安局出入境管理局获评亚运安保省部级先进集体、国家移民管理局“打击违法犯罪专项行动”先进集体。

【交通安全防控】2023 年，市公安局以“常态化、加强型、专项性、针对性”防控机制，推进交通领域安全生产隐患大排查、大整治，实施“千灯万带”隐患专项治理、工地源头治理、交警支队领导联系 10 个复杂中队等防控措施。治理省、市交警部门“挂牌”的隐患 27 处、斑马线 6307 处、村道 1.03 万处，安装信号灯 213 个、照明灯 1811 处；纳管货车企业、场站、工地、平台 6555 个，宣教职业驾驶人 339 万人次、电动自行车驾驶人 541 万人次，查处影响城市秩序和形象的违法行为 18.3 万起；纳管外籍货车 1.27 万辆、驾驶人 1.24 万名，严查疲劳驾驶、非法载人、超员载客等重点违法 8.36 万起。

【公安政务服务】2023 年，市公安局打造“一窗办”“一网办”“一次办”综合集成的模式，完成全省“一窗通拍、全域应用”民生实事改革工作。实现“居民身份证丢失”“损坏补领（领证未满两年）”事项的全程

表 8 2023 年杭州市交通事故（含高速）情况一览表

月份	交通事故（含高速）			
	起数（起）	死亡（人）	受伤（人）	经济损失（万元）
1 月	133	19	95	220.41
2 月	195	25	151	120.71
3 月	219	30	155	118.42
4 月	237	35	181	58.62
5 月	181	26	148	138.94
6 月	211	36	187	110.10
7 月	181	31	153	151.93
8 月	182	28	146	218.54
9 月	184	29	157	102.34
10 月	161	21	118	60.42
11 月	206	20	173	61.04
12 月	190	27	145	53.89
合计	2280	327	1809	1415.34

（资料来源：市公安局）

网办并全省推广。完成长三角区域新生儿落户、长三角区域临时居民身份证“跨省通办”等试点改革，全域构建线下 15 分钟办事圈，全时提供线上 102 个事项“一网通办”、13 个事项“一键直办”，群众办事满意率 99.9%。“一窗通办”标准体系成为全省公安行业规范。建成城西科创大走廊移民事务服务中心，为外籍人才提供一站式签证、永居、入籍等移民事务服务，全年为外籍高层次人才及其家属申请在华永久居留 334 人次。

【营商环境助力】2023 年，市公安局出台《关于为打造营商环境最优市保驾护航助力添彩的实施意见》，打造“11087·护杭平台直通车”，推出优化人才落户、长三角区域户籍准入年限累计互认、出入境便民措施等一揽子政策，助力引进 35 岁以下大学生 37 万余人；开通为企服务线上专区和线下专窗，布设为企服务特色警务站 133 个，推出杭州版“首违不罚”清单 46 条，推行“知产警官”“涉外警官”“项目警官”等专业化服务，打击侵犯知识产权、合同诈骗等“侵企扰商”违法犯罪，打击“串通投标”成果居全省第一位。

【杭州“公安大脑”建设】2023 年，市公安局突破“应用数字孪生”“视觉智能”等技术，建成集指挥、预警、侦查、治理、交通、服务、执法、护航、核心等全局业务于一体的“一站九舱”集成应用，提升“智研”“智搜”“智推”，支撑实战效能。快速联动处置网约恶性案件 11 起，获得省、市领导批示肯定，“流动人口模型”在全国推广。“高危楼宇管理模型”“实有人口模型”“特定人群风险模型”获评全省公安十佳模型。

【情指行合成作战中心一体化运行】2023 年，市公安局建设数字指挥平台和市级“数智预警中心”，优化数智融合指挥集成应用平台，提高情报研判、数智预警、合成作战能力。对内横向统筹合成作战、侦查打击、防控治理等分中心，纵向完成各分局合成作战中心升级改造及“两队一室”“一室一队”改革；对外推动社会治理中心建设，固化完善“常态”“应急”“专项”3 种合成模式，实现“合纵连横、平战结合、线上线下”合成作战。常态保持社会面巡处警力，由情指行合成作战中心一盘棋布局、点对点调度，实现指令最快速度从指挥端到作战端。全年主城区平均到警时间 4 分 56 秒，全市 8 分钟到警率 88.4%。

【“警网协同”机制建设】2023 年，根据市委办公厅、市政府办公厅出台的《关于推动 12345 政务服务便民热线与 110 报警服务台高效对接联动的实施方案》，市公安局制定《全市公安机关非警务报警分流处置工作指引》等规范性文件，将非警务数据融入“浙警智治”平台，形成市级“双向协同”高效分流警情、县级“双网融合”高效管控警情、镇（街道）“双脑联动”全息闭环警情的三级双协同模式，事件处结率 98% 以上，群众满意度 97% 以上。全年分流非警务事项 42.09 万件，分流率 62.4%，非警务分流率和非警务纠纷分流率均列全省第一位。

【特大跨省生产运输销售假烟案】2023 年 3 月 28 日至 4 月 1 日，市公安局环境和食品药品犯罪侦查支队（森林警察支队）牵头建德市公安局环境和食品药品犯罪侦查大队，累计出动 80 余名警力，到广东、河南、湖北、湖南、四川、浙江，分波次开展查案收网，侦破特大跨省生产运输销售假烟案。抓获犯罪嫌疑人 29 人，其中采取刑事强制措施 24 人；捣毁假烟生产、仓储窝点 15 处，查扣“黄鹤楼”“东湖情”等礼盒装假烟 70.28 万支、辅料 4.7 万件、机器 2 台，涉案金额 2 亿元。

（许周庆）

检 察

【概况】2023 年，杭州市检察机关依法全面履行法律监督职责，自觉为大局服务、为人民司法、为法治担当，各项工作取得新进展。全市检察机关办理各类案件 4.66 万件，比上年增长 41.9%，在全省检察工作绩效考核中居全省第一名。新增全国指导性案例 2 件，以总数 9 件居全国地级市首位。全年有 296 个集体和个人获得省级以上荣誉和表彰，西湖区检察院从鑫莎被评为全国“十佳公诉人”，萧山区检察院方芸以第一名的成绩获评全国“未检业务竞赛标兵”；余杭区检察院被评为“全国模范检察院”，是杭州时隔25年再获全国检察机关最高集体荣誉。

维护国家安全和社会稳定，依法批准逮捕4246人，提起公诉1.76万人，分别上升48.9%和24.2%。严惩泄露国家秘密等犯罪，维护国家政权、制度、意识形态安全。办理粮食政策与收储领域犯罪14人，推进抛荒5年之久的333.3公顷农田复耕复种。对革命英雄何克希被造谣案提起公益诉讼。起诉严重暴力犯罪574人、涉黑涉恶犯罪82人。起诉扰乱市场经济秩序犯罪1318人，上升51%。起诉非法吸收公众存款、集资诈骗等犯罪301人。办理职务侵占、挪用资金等犯罪212人。深化涉案企业合规改革，对整改合格的17个企业、34名责任人依法做出宽缓处理。"空壳公司监督治理"案例获评省、市营商环境优化最佳实践案例。办理知识产权综合履职案件74件，依法惩处知识产权刑事犯罪251人，上升44.3%。办理侵害老字号和驰名商标案件107件。办理网络犯罪案件人员4663人，上升42.5%。追诉网络造谣、侮辱诽谤等犯罪34人。打击电信网络诈骗犯罪，惩处2280人。牵头出台《企业数据刑事风险识别和防范指引》。起诉危害食品、药品安全犯罪82人，办理公益诉讼案件109件。

全年检察机关支持民事起诉146件，上升4倍，挽回损失500余万元。牵头会签《关于建立"支持起诉+"护民惠民协作机制的意见》，富阳区检察院办理旧楼加装电梯起诉系列案，促成开设该领域全省首个专项资金监管账户。专项打击养老诈骗，起诉11人，办理公益诉讼24件。对未成年人涉嫌严重犯罪的起诉164人，对犯罪情节较轻的不起诉271人。全年开展司法救助案1215件，发放救助金1035万元，增长50.2%。成立市女检察官协会驻市女企业家协会联谊工作室，在妇女就业领域开展公益诉讼监督。开展"护薪惠民"专项监督，为务工者追回欠薪770余万元。全年受理群众诉求和反映8431件，上升61.8%，3个月内的办理过程或结果答复率100%。以公开听证方式办理案件110件。拱墅区东新检察室、西湖区上泗检察室被评为全省首批"枫桥式检察室"。

【"全域检察e站"创建】2023年，杭州市检察机关创建市、县两级"全域检察e站"。8月上线至年末，注册及访问总量超过5万人次；成立联络站点1424个。在工商联等单位设立"营商环境检察e站"，及时办理涉企事项。运行"枫桥式检察e站"，"进网入格"设立联络室。打造"军地协作检察e站"，获中央军委政法委推广。"检察e站平台服务解纷工作法"获评全省新时代"枫桥式工作法"。

2023年12月1日，杭州市检察院和杭州军事检察院举行"军地协作检察e站"授牌仪式

（市检察院 供稿）

【亚运会和亚残运会护航】2023年，杭州市检察机关部署护航杭州亚运会和亚残运会的25个数字检察专项监督，确保城市和赛事安全。富阳区检察院构建亚运会和亚残运会水环境公益诉讼数字场景，护航亚运会和亚残运会水上运动"最美赛道"。淳安县检察院"山区检察官"团队推动完善赛事标识设置。驻亚运村知识产权检察官办公室投入运行，办案15件、67人。"杭州检察"服务亚运微博阅读量超过3000万人次。

【职务犯罪惩处】2023年，杭州市检察机关完善监检衔接机制，协同纪委、监委整治行业性和系统性腐败。全年受理监委移送职务犯罪164人，比上年上升16.3%；起诉148人，其中原县（处）级以上干部34人。市检察院职务犯罪办案团队被评为全国检察机关首批重大职务犯罪案件办理团队。

【刑事检察】2023年，杭州市检察机关对不构成犯罪或证据不足的嫌疑人决定不批捕474人、不起诉271人。创新刑事检察监督线索研判处置中心，提前介入、引导侦查案件242件。监督立案和纠正漏捕漏诉后被判处3年以上有期徒刑128人，其中10年以上有期徒刑20人。提出抗诉52件。部署指定居所监视居住专项检察，落实刑事强制措施。办理监狱罪犯实行减刑、假释、暂予监外执行的监督案件8044件。

【民事检察】2023年，杭州市检察机关办结民事生效裁判监督案件720件，比上年上升11%。发出民事执行监督检察建议512件。推进虚假诉讼领域深层次违法行为等监督专项行动，提出检察建议31件。创新民事检察和解机制，促成民事案件和解49件。

【行政检察】2023年，杭州市检察机关办结行政生效裁判监督案件132件，提出监督意见41件。聚焦征地拆迁等民生领域，化解群众反映强烈的行政争议89件，比上年上升81.6%。做好"民告官"案件的释法说理和矛盾化解，推进行政违法行为监督，督促纠正行政违法行为69件，向行政机关提出检察建议36件。

【公益诉讼检察】2023年,杭州市检察机关办理检察公益诉讼案件678件。对诉前检察建议整改不到位的,提起行政公益诉讼6件。建成公益诉讼创新保护基地7个,督促收回国有资产价值1960余万元。探索公益检察保护新领域,办理相关案件89件。

【检察侦查】2023年,杭州市检察机关立案查处司法工作人员相关职务犯罪18人。用好机动侦查权,对充当"黄赌毒"保护伞、涉嫌新型网络犯罪的2名司法工作人员立案查处。用好自行补充侦查权,在办理刑事案件中深挖涉渎职线索4条并进行查处。

【数字检察】2023年,杭州市检察机关推进大数据法律监督战略杭州实践,突破法律监督"人找案"传统模式,形成数据支撑"案找人"能级跨越,获最高人民检察院主要领导肯定。统筹推进35个领域、177项算法模型,产出线索4万余条。3个数字模型分获大数据法律监督模型竞赛一等奖、二等奖,获奖数居全国地级市第一名。3个场景入选浙江省"数字法治一本账S4"。

【检察接受人大政协监督】2023年,杭州市检察院自觉接受市人大监督。市人大常委会出台《关于加强新时代未成年人检察工作的决定》,市检察院专题报告未成年人检察工作情况。依托"杭检一周通"短信平台,每周向市人大代表报告工作。全年办理人大代表建议、政协委员提案和公益诉讼检察建议衔接转化65件。主动接受民主监督和社会监督,办结政协委员提案3件并反馈结果。邀请市人大代表、政协委员100余人次视察市检察院工作,全年发布相关信息800余条。

【英烈权益保护民事公益诉讼案】2023年11月30日,杭州市西湖区检察院就"开国少将"何克希权益保护向杭州互联网法院依法提起民事公益诉讼,诉请判令郭某某、何某某、付某某3人分别在国家级媒体上公开赔礼道歉、消除影响,并承担公益损害赔偿金15万元。12月21日,杭州互联网法院公开开庭审理该案,判决支持检察机关全部诉讼请求。

何克希于1929年加入中国共产党,1955年被授予少将军衔,并获颁一级独立自由勋章、一级解放勋章。2022年10月至2023年7月,郭某某、何某某、付某某通过各自的自媒体账号制作并发布"中共历史上最恶劣的十大叛徒"短视频时,将"开国少将"何克希的照片用于负面历史人物的头像,在互联网平台上被大量浏览、传播,造成恶劣社会影响。

该案判决后,郭某某、何某某、付某某3人的涉案短视频删除,涉案账号封禁。涉案3人各自在《法治日报》上刊登《致歉声明》,并支付相应公益损害赔偿金。赔偿款项被列入何克希纪念设施维护和革命事迹宣传等事项用途。

(管梅子)

法 院

【概况】2023年,杭州市两级法院聚焦"公正与效率"工作主题,忠实履行宪法法律赋予的职责。探索杭州知识产权法庭、杭州破产法庭、杭州国际商事法庭和杭州互联网法院"三庭一院"能动司法新模式,服务全市经济社会发展大局。全市法院受理各类案件24.58万件,办结25.18万件,其中市中级人民法院受理3.12万件,办结3.26万件。全市法院一线法官人均结案319件。

全市法院举办中共二十大精神学习轮训和各类业务培训5000余人次,开展先进典型选树活动。全市法院有120个集体和个人获省级以上荣誉表彰,90个案例入选全国、全省典型案例。开启与清华大学等4所高校全面合作,聘请知名法学教授为智库专家,探索理论研究与司法实践融合互促新模式。成立法院系统首届青年工作委员会,举办全市法院青年干部培训班,为年轻干警成长成才搭建平台。

【法治化营商环境优化】2023年,杭州市两级法院审结涉企案件8.1万件。开展"助企纾困"专项行动,推出20项增值化司法服务举措,对2364个暂时受困的企业采取"活封活扣",对1.53万个企业和3.71万名个人实施信用修复,为市场主体创造司法"暖环境"。杭州互联网法院审结"蚂蚁森林名誉权纠纷案",对网络自媒体蹭热点、编造虚假信息侵害企业名誉行为进行惩处,入选最高人民法院涉民营企业、民营企业家人格权保护典型案例。审结企业破产案件830件、个人债务集中清理案件52件,762个企业有序退出,68个企业实现重生,化解债务810亿余元,盘活土地258.5公顷,安置职工4632名。滨江区法院在某企业破产重整案中创新集体资产处置模式,妥善解决村集体留用地项目"烂尾"问题,续建、使用房产7.2万平方米。临安区法院开发上线"企业挽救价值估值系统",重整企业成功率提升至25.8%,入选全市营商环境优化提升最佳实践案例。

【知识产权司法保护】2023年,杭州市两级法院审结各类知识产权案件8621件,29个案例入选全国、全省典型案例。加大对芯片制造、量子通信等涉新质生产力关键核心技术保护力度,助力杭州"全国专精特新名城"建设。设立生物经济审判庭,服务打造"中国医药港"等产业地标。严格知识产权司法保护,依法判赔总额7.4亿元,其中惩罚性赔偿1.7亿元。审结"扬麦25"小麦种子案,打击直播销售不法种子行为,入选全国法院种业知识产权司法保护典型案例。审结涉传统品牌案件263件,保护老字号和工匠精神。审结电影《蓝月》著作权案,支持"再创作",鼓励多业态文创发展繁荣,入选全国法院电影知识产权保护典型案例。

【互联网司法审判】2023年,杭州市两级法院发挥互联网司法先行优势,审结涉数字经济案件1.18万件,助推技术创新、网络治理;审结涉网络消费纠纷案1398件。余杭区法院对非法抓取使用直播数据、侵犯个人隐私和商业权益的行为予以制裁,防止违法"数据画像""技术窥私",入选中国法院知识产权典型案例。杭州互联网法院审结"AI换脸"民事公益诉讼案，引导技术向善，重塑数字信任；审结"刷量干扰平台算法不正当竞争案"，保护平台算法决策机制；审结"虚拟数字人第一案"，首次对虚拟数字人的法律属性进行司法界定，入选全国法院十大案件。

【杭州国际商事法庭挂牌】 2023年3月15日，杭州国际商事法庭挂牌运行，承建最高人民法院"中国涉外商事审判网"，展示中国涉外司法成效。全年审结涉外民商事案件909件。加强与国际投资和贸易通行规则衔接，发布服务杭州数字自贸试验区高质量发展10条保障措施。平等保护中外当事人合法权益。护航国货品牌"出海"，推动构建跨境电商防范应对外国法院临时禁令治理保障机制，维护中国企业海外合法权益。

【刑事案件】 2023年，杭州市两级法院审结一审刑事案件9288件1.23万人。审结故意杀人、抢劫等严重暴力犯罪612件755人。审结集资诈骗、非法吸收公众存款等涉众型刑事案件106件203人。审结危害食品药品安全犯罪案件32件51人。依法惩处群众反响强烈的犯罪，全链条打击跨境电信网络诈骗犯罪1820件2989人。市中级人民法院与市检察院、市公安局、市委网信办联合发布《企业数据刑事风险识别和防范指引》，推动形成数据合规共治格局。常态化推进扫黑除恶斗争，审结涉黑恶案件22件、50人。保持惩治腐败高压态势，审结贪污、贿赂、渎职等职务犯罪案件115件、129人，其中原厅（局）级以上6人、县（处）级14人。

【行政案件】 2023年，杭州市两级法院监督支持依法行政，审结一审行政诉讼案件2373件。行政机关负责人应诉出庭率100%，"出庭""出声"成为常态。市中级人民法院连续15年发布《行政审判白皮书》，联合市司法局举办行政审判与行政复议同堂培训，促进行政争议源头预防，行政诉讼发案量比上年下降1.9%。鼓励行政机关自行纠错，助推"责任豁免和容错免责"机制，行政争议协调化解率31.9%。

【环境保护案件】 2023年，杭州市两级法院审结环境资源案件3770件，其中公益诉讼314件。健全全市江河湖司法协作保护机制，牵头流域内法院携手保护一江清水、两岸青山。淳安县法院首创环境资源审查意见书，聚焦环资领域突出问题，发出预警、建议，助力特别生态功能区建设。富阳区法院在某球拍公司破产清算案中，支持生态修复费用支出，获评最高人民法院"司法推进碳达峰碳中和"典型案例。以司法宣传周活动迎接8月15日全国首个"生态日"，市中级人民法院院长开庭审理一起环保行政诉讼案件，相关市领导出庭应诉，提升全社会生态环境保护意识。

2023年3月15日，杭州国际商事法庭挂牌成立，杭州国际商事法庭全体法官进行宪法宣誓
（市中级人民法院 供稿）

【民生权益保障】 2023年，杭州市两级法院审结一审民事案件6.83万件。审结劳动争议案件5188件，帮助务工人员追回欠薪2.3亿元。审结婚姻家庭、赡养抚养等纠纷案件9817件，审结涉未成年人案件1158件，审结涉"空巢"老人、再婚老人等赡养纠纷案件82件。富阳区法院打造家事服务、保护、预防一站式应用场景，入选全国妇女工作改革创新十佳案例。杭州互联网法院创办"网络观"课堂，浏览量超过200万人次，助力预防青少年沉迷网络。上城区法院、余杭区法院获评"全国维护青少年权益岗"。

【"执行难"综合治理】 2022年，杭州市两级法院办结执行案件6.5万件，执行到位金额217.8亿元。萧山区等6个区县（市）党委召开深化执行"一件事"改革推进会。市委政法委出台"终本出清"意见，全市法院与市、区县（市）的238个协作单位建立执行高频事项协作机制。优化执前督促，完善"预强制执行措施"敦促履行。加大强制执行力度，开展百日集中执行专项行动，曝光失信被执行人3.3万人次。与市检察院、市公安局联合发布严厉打击拒执犯罪公告，判处拒执犯罪74件79人。推进涉众型刑事案件执行，研发应用"涉众案件管理平台"，为203万人次发放执行款123亿元。

【社会主义核心价值观保护】 2023年，杭州市两级法院以公正裁判引领社会风尚向善、向上。审理"开国少将何克希被造谣成叛徒案""以雷锋名义敛财案"，制裁亵渎烈士的人，捍卫英烈荣光。审理"挺身救火受伤案"，判决受益人给予适当补偿，支持见义勇为。审结涉彩礼纠纷案件120件，践行移风易俗。倡导邻里和睦，上城区法院审结"何某诉万某排除妨碍纠纷案"，入选最高人民法院与住房城乡建设部联合发布的加装电梯典型案例。惩处虚假诉讼案件1104

件，罚款、拘留适用率 52.4%，维护社会诚实守信。

【诉源治理】2023 年，杭州市两级法院坚持和发展新时代“枫桥经验”，推进矛盾纠纷“源头解决”“实质解决”“一次性解决”。全市诉前调解成功 7.32 万件，占诉至法院纠纷总量的 29.8%，比上年增长 130%。市中级人民法院与市司法局、市律师协会等协同推进全国市场化解纷试点，为企业解纷提供高效增值化服务。全市培育 120 余个市场化调解组织，诉前化解率提升至 40% 以上，为当事人节省解纷成本 1.8 亿元，该机制入选全国法院“十大最具创新一站式建设改革创新成果”、全省营商环境优化提升“最佳实践案例”和全省新时代“枫桥式工作法”。发挥人民法庭服务乡村振兴的“桥头堡”作用，上城区基金小镇法庭、桐庐县富春江科技城法庭、建德市乾潭法庭入选全省首批“枫桥式人民法庭”。萧山区瓜沥法庭化解一起涉及 26 户村民的土地承包经营权纠纷，助力抢农时、保秋收。推广司法救助“一件事”应用，兜住民生底线，入选全国社会治理创新案例。

【数字法院建设】2023 年，杭州市全域数字法院建设工作在全省法院排名第一位，获评国家级奖项 8 个。迭代研发“共享法庭集成应用 2.0”，在全省共享法庭建设推进会上发布推广。上线律师调查令“一件事”应用，构建便捷精准的调查取证新场景。首创破产企业生态环境治理“生态 e 治”应用，助力破产审判提升生态环境，入选省委改革办营商“微改革”项目库。深化“凤凰智审”系列应用，金融纠纷、买卖合同纠纷平均用时分别减至 31.6 天和 16.5 天，获最高人民法院科技成果二等奖。

【审判管理】2023 年，杭州市两级法院巩固以审判为中心的刑事诉讼制度改革，贯彻证据裁判原则，适用认罚案件 7662 件。落实司法责任制，强化审判权监督制约，全市两级法院院长、庭长办理案件 7.89 万件，监管“四类案件” 3633 件。组织“百日攻坚迎亚运、审判质效大提升”专项行动，市中级人民法院创设员额法官业绩月度公布机制，开展质效短板“督帮一体”约谈，各类案件平均审理天数比上年缩短 8.5 天。建立法律适用分歧解决机制，依托“法答网”平台推进裁判尺度统一。应用“减假全域数智协同”，推进减刑、假释案件实质化审理。

【“蚂蚁森林”名誉权纠纷案】2023 年 10 月 16 日，最高人民法院发布涉民营企业和民营企业家人格权保护典型案例，杭州互联网法院审结的“蚂蚁森林”名誉权纠纷案入选。

“蚂蚁森林”项目系原告某科技公司发起并推动的绿色低碳公益项目。被告某文化公司在其运营的微信公众号发布文章，称原告利用全国用户积攒碳排放指标，再将排放指标卖给重污染企业，帮助重污染企业污染环境等。上述文章阅读量超过 7 万余人次，引发读者留言质疑和否定“蚂蚁森林”项目。被告某文化公司、被告某传媒公司通过多个自媒体平台账号转发案涉文章，原告遂以名誉侵权为由起诉至法院。

杭州互联网法院经审理认为，被告某文化公司发布案涉文章内容与事实不符，导致原告及“蚂蚁森林”项目社会评价显著降低。两被告公司的网络自媒体账号存在关联，其行为构成共同侵权，应当承担连带责任。法院遂判决两被告停止侵权、删除案涉文章、公开赔礼道歉并赔偿经济损失。该案对网络自媒体恶意侵害知名企业名誉权的认定标准，以及网络自媒体账号之间互相引流的共同侵权行为认定进行有益探索。

（蒋冰倩）

司法行政

【概况】2023 年，杭州市司法行政系统坚持改革创新、服务大局，形成一批具有杭州辨识度的中国式现代化“法治范例”。召开市委全面依法治市委员会第五次会议，首创市直部门党政主要负责人履行推进法治建设第一责任人职责共性、个性任务清单。全市县乡合法性审查质效提升改革取得实质性突破，13 个县级合法性审查中心实现全覆盖。实施“法护营商”六大工程，牵头全市“一号改革工程”法治环境专项小组，制定实施全市法治化营商环境改革行动方案。开展行政复议“助企利民”专项行动，首创设立 22 个基层行政复议“5S”助企工作站。

全员全域实施“法筑平安”工程，部署杭州亚运会安保“六大行动”，确保重点场所安全。组建百名律师“服务亚运会志愿团”，3 个律师事务所签约亚运会法律服务供应商，选派 19 名律师到杭州亚组委提供赛事法务支撑。完成 2 件涉亚运会安保政府规章立法工作，协调推出“低慢小”航空器及空飘物临时管控等行政措施。

全市律师、公证、司法鉴定、仲裁等队伍发展，业务总量稳定占全省 1/3 强，提前并超额完成公证、法律援助“最多跑一次”等省政府民生实事项目任务，全市公证县级综治中心窗口入驻率 100%、法律援助市域通办率 100%。开展“法护营商”律师服务年活动，举办第九届杭州律师论坛。国际仲裁院挂牌成立。完成国家统一法律职业资格考试组织实施工作。完成省、市“八五”普法规划中期评估，发布市域公民法治素养基准“1+X”体系。完善矛盾纠纷多元调解政策体系，全年各类调解组织化解矛盾纠纷 127.9 万件，市场化解纷机制全国试点取得重要阶段性成果。出台社区矫正对象赴外地生产经营管理制度，“萧矫云哨”社区矫正监管预警系统入选司法部重大应用并获司法部副部长批示肯定。

全年全市司法行政系统获评全国公共法律服务工作先进集体等市级以上先进集体 32 个、先进个人 72 人。一批典型做法被司法部、省司法厅以及省、市“两办”简报刊发，被中央级媒体报道 34 次。

【法治化营商环境建设】2023 年，市司法局制定实施《杭州市法治化营商环境改革行动方案》，梳理发布直播电商、生物医药等 22 个重点产业合规指引，其中 2 个指引入选全省首批重点产业合规目录，7 个项目被纳入全省三个“一号工程”涉改革项目库。开展全市涉营商环境和涉企信用行政规范性文件专项清理，梳理文件971件，拟废止78件，拟修改18件。开展行政执法证清理和换证工作，注销执法证1053本，转换或新申领国家统一执法证3462本。推动覆盖各级行政执法机关，辐射各个执法领域，跨多个执法种类的“1+8”行政裁量权多元基准体系化建设。开展平台经济执法、行政处罚信息网上公开等专项监督，聘任杭州市法治建设监督员（特邀行政执法监督员）30名。市行政复议局开展行政复议“助企利民”专项行动，设立22个基层行政复议“5S”助企工作站，全年办结复议案件7518件，调解结案1638件。

【监所管理】2023年，全市监狱围绕“法护营商、法筑平安”，连续26年实现安全稳定“五无”（无罪犯脱逃、无重大狱内案件、无重大安全生产事故、无重大疫情、无罪犯非正常死亡）目标。聚焦节点保安，推进杭州亚运会安保“十大重点行动”，完成刑释人员与戒毒解除人员“必接必送”闭环管控。聚焦改造主业，打造修心教育品牌，组织罪犯参加自学考试。创新矛盾诉求多元化解途径，探索电商、新经济业态等契合就业形势的罪犯职业技能培训，1523人获得相应证书。聚焦规范执法，构建“六规范、六核查”执法监督体系，发挥法制员作用，与市中级人民法院、市检察院等建立减刑假释工作联席会议制度，监狱办案调整为每月呈报。实体推进5个社区戒毒康复指导站运行，开展各类禁毒宣传向社会化延伸。

【社区矫正】2023年，市司法局实现连续20年社区矫正安全稳定。全市社区矫正机构按照省、市有关亚运会安保部署，完善社区矫正“突发快响”应急处突机制，实行场馆“三圈三色预警”，建立每日矫情会商报告机制，实现全市社区矫正5个“零发生”。“萧矫云哨”项目受到司法部矫正局致信表扬，“信用矫正”项目入选年度“杭州市数字法治好应用”。与市检察院对接“非羁码”，与市公安局对接数据协同，建立“指挥联动、协同衔接、信息共享、预警研判”等机制。联合市检察院出台《关于社区矫正对象赴外地从事生产经营活动管理的若干意见（试行）》，与市中级人民法院出台《人民法院参与社区矫正对象帮教工作指引》。全年有3892名社区矫正对象参加杭州开放大学技能培训，307人获高中毕业证书，84人大专在读。全市6个矫正中心成为全国社区矫正工作培训班现场教学点，选送的案例被评为全省社区矫正“执法攻坚破难”示范案例。依托“浙里安帮”平台，加强对人员信息、数据衔接和信息流转的管理。联合市公安局建立完善“1410”基层治理协同机制，实现指挥联动、协同衔接、信息共享、预警研判机制。

2023年7月4日，市司法局在市政府新闻办网络平台解读《杭州市法治化营商环境改革行动方案》（市司法局 供稿）

【普法宣传】2023年，市司法局推动全民普法和公民法治素养提升。市普法办获评亚运法律知识线上竞答活动优秀组织单位，“构建全域法治文化带浓厚法治氛围”项目获评杭州市第二届十大法治实践案例。完成“八五”普法中期评估，全市9个单位和20名个人被评为全省“八五”普法中期成绩突出集体和个人。开展“12·4”国家宪法日、“宪法宣传十进”等活动。健全公民法治素养提升“四化协同”工作机制，构建市域公民法治素养“1+X”基准体系，全市设置公民法治素养观测点158个。新增市级法治宣传教育基地40个，深化大运河、富春江、龙坞茶镇等精品法治文化带建设。创建省级民主法治村（社区）79个。全年制作公交地铁普法节目《阿普说法》48期，广播普法节目《空中阿普》80期，电视普法节目《学法小课堂》48期，举办第七届“阿普杯”普法创意大赛和全市首届“普法达人”培育推荐活动。

【多元调解体系】2023年，市司法局统筹整合人民调解、行政调解、司法调解、行业调解、专业调解和商事调解等资源，出台《建立完善矛盾纠纷多元调解体系的实施意见》。围绕全市打赢经济翻身仗和亚运攻坚仗，组织“万名调解员进万家”行动，由110名优秀调解专家组成“服务保障亚运会人才库和应急库”，排查各类矛盾隐患7万余件，直接调解结案3.8万件，其余经法律宣传和其他途径预防化解。调度各类调解力量充实到信访、公安、法院、社会治理中心等队伍中，为前端提供主体调解力量。在全市推广“浙里调解”矛盾纠纷多元调解平台，完成与支付宝、微信的对接，与省“解纷码”等平台实现贯通。全市有各类人民调解组织3750个、人民调解员1.54万人。全年调处矛盾纠纷127.9万件，其中行政调解99.62万件、人民调解21.28万件、商事调解7万余件。7个司法所创建省级“枫桥式司法所”，5个调解工作室被评为省级金牌人民调解工作室。

【公共法律服务】2023年，全市司法

机关办理公证案件20.7万件，司法鉴定案件5.25万件。全市县级公共法律服务中心实现公证窗口全覆盖，全市公共法律服务“一事一评”满意率98.8%。推进省政府民生实事项目，全市办理“最多跑一次”公证18万余件，占比85.5%；办理全省通办事项公证18万余件，全省通办率100%。成立杭州市公证行业党委和杭州市司法鉴定行业党委。“杭州海外远程视频公证”在中央广播电视总台《新闻联播》亮相。杭州国立公证处获“全省法律服务行业领跑企业”称号。杭州互联网公证处担任慈善信托监察人的创新模式，入选“2022年度中国公证十大影响力新闻”和“2022年度中国公证十大典型案例”。

【法律援助】2023年，市司法局完成省民生实事项目，落实市域内法律援助案件全部通办，全年通办法律援助案件902件，居全省首位，案件审批满意率100%，承办满意率98.2%。在市律师协会成立法律援助专门委员会，依托行业管理力量吸纳优秀律师参与法律援助，提升办案质量。出台《杭州市法律援助志愿服务实施办法》，搭建各群团组织志愿服务分队，扩大法律援助服务覆盖面；搭建各业务分队，贯穿法律援助案件办理、受援人社会救助等全过程。全年办理各类法律援助案件1.74万件、法律帮助案件1.58万件，提供法律咨询25.97万人次，挽回经济损失3.9亿元。

【律师服务业】2023年，杭州市有律师事务所714个、律师1.6万名，纳税8.6亿元。宏昊律所联合党支部获评全国“律师行业先进基层党组织”。律师中的145名人大代表、政协委员参政议政，递交提案、议案200余件，40人次获相关履职荣誉。推进“法护营商”，全市律所担任企业法律顾问2.8万个，与日本和东南亚地区的12个国家建立律师服务合作关系。协助杭州亚组委选调律师挂职、外聘律所采购、赞助律所征集等工作。推进市场化解纷，全市律师调解收案3.68万件，比上年增长47%；调解成功1.31万件，增长45%，获全国律师协会和省、市级表彰荣誉。

（周雅婧）

仲 裁

【概况】2023年，杭州仲裁委员会受理案件1.18万件，受案标的额227亿元，办结案件1.13万件，涉及案件纠纷类型80余种。杭州贸易仲裁院、杭州房地产仲裁院、杭州知识产权仲裁院迁入“西溪首座”新址，杭州仲裁机构整体入驻西湖区的发展规划基本实现。新设余杭仲裁分会，与萧山仲裁分会协同创新深化区域仲裁模式，形成“以点带面、以面带全”的仲裁整体发展格局。

【仲裁业务拓展】2023年，杭州仲裁委员会走访上市公司及科技与文化传媒公司等企业，宣传仲裁对法治化营商环境的服务与促进作用。与省房地产业协会签订战略合作协议，共同搭建仲裁化解房地产纠纷平台。结合金融发展新形势，畅通保险理财合同纠纷的仲裁解决路径。加强与市中级人民法院知识产权庭、立案庭的联系交流，探索知识产权保护诉讼与仲裁的对接路径。

【国际仲裁事业发展】2023年，杭州仲裁委员会面向全球招募仲裁员400余名，在聘仲裁员1000余名，能够使用14种语言进行仲裁工作，均为涉外经贸相关领域的资深专家或学者。与市中级人民法院、市贸促会共同签署《关于健全完善国际商事争端“一站式”多元解纷机制备忘录》。助力司法部、教育部法律硕士专业学位（国际仲裁）研究生培养项目，深化与复旦大学、中国政法大学等7所签约高校的合作交流。支持省教育厅涉外法治人才协同培养创新基地建设，与浙江大学、浙江理工大学签订相关项目共建协议。与大连海事大学、南京航空航天大学等6所院校签订合作备忘录，探索国际航运航空仲裁解纷机制。

【线上仲裁】2023年，杭州仲裁委员会升级线上“立案登记平台”和“仲裁员办案平台”，提供登记立案、材料收转、在线办案等全方位、多层次数智服务，全年线上登记立案3000余件。优化仲裁案件全流程线上书面审理模式，发挥线上仲裁高效、便捷、惠民优势，全年通过智慧仲裁平台受理涉互联网案件800余件。

【诉源治理助力】2023年，杭州仲裁委员会批量案件快速处理中心发挥类型化案件“批量办理、快速办理、优质办理”模式的优势，受理案件1892件，为诉源有效引流。仲裁调解中心坚持解纷关口前移，做好保险领域经济纠纷高效便捷化解的仲裁调解范例，全年受理案件5221件，收到客户表扬锦旗16面。

【杭州仲裁影响力扩大】2023年，杭州仲裁委员会围绕“国际仲裁”“海商海事仲裁实务”“民用航空争议解决”等专题，举办“杭仲直播间”线上公开课13期，课程浏览量近8000人次。主办“浙江省仲裁员知识产权专题培训”线上直播课程，提升仲裁员在知识产权专业领域的理论与实务水平，直播视频课程浏览量7270人次。

（吴 妍）

责任编辑 汤 峻

15 军 事

杭州警备区

【概况】2023年，杭州警备区贯彻落实省军区党委和杭州市委决策部署，聚焦援战使命，抓好练兵备战，注重基层治理，在完善国防动员体系、加强国动能力建设和巩固军政军民团结等方面取得成效。

官兵和民兵预备役人员参加地方建设，在抢险救灾、亚运安保、文明创建等任务中发挥作用。组织亚运会安保“指挥编组作业”“任务行动演练”课题示范观摩，完成警备纠察执勤点位保障等任务，得到省军区专电表扬。聚焦主责主业，推动国防动员转型发展，规范建立市国防动员委员会工作规则机制和职责制度，协调召开市国防动员委员会第一次会议暨国防动员工作会议，开展研究性演练，国防动员能力检验评估获评优秀。巩固完善军地指挥所“两所联建联用”建设成果，实施“数智征兵”举措，研究出台关于激励大学生参军入伍的若干措施。审核军人子女中考加分，协调解决随军家属就业安置，军官转业安置行政岗位比例93%。

【杭州警备区党委九届一次全体（扩大）会议】2023年1月5日，杭州警备区党委九届一次全体（扩大）会议召开。会议宣读表彰奖励通报，为先进单位和先进个人代表颁奖。会议强调，警备区党委要贯彻习近平强军思想和新时代军事战略方针，贯彻中共中央、中央军委和中央军委主席习近平决策指示，贯彻军委国防动员部、省军区和市委部署要求，强化党管武装，推进练兵备战，实行动员改革，夯实抓建基础，参与地方建设，在打造国防动员“重要窗口”、推动警备区建设高质量发展的实践中取得成效。

【杭州警备区主题教育部署】2023年，杭州警备区根据全党全军统一部署，开展学习贯彻习近平新时代中国特色社会主义思想主题教育。融合推进“学习强军思想、建功强军事业”教育实践活动和军委主席负责制学习教育，人人制订学习计划，采取集体领学与个人自学相结合的方式，通读学习必读书目，机关人员撰写学习体会并集中展示；组织参观“八八战略”实施20周年大型主题展览，参观杭州海康威视数字技术股份有限公司；到“中央调查组在富阳”史料陈列馆开展红色研学；到西湖区翠苑一区调研，探索“民呼我为”基层治理；协调保障省军区首长机关并组织参观富阳区黄公望村。邀请市委有关领导和市委党校市情研究所负责人授课辅导。

【亚运会和亚残运会服务保障】2023年，杭州警备区师团两级聚焦“2项职能”（任务部队保障、民兵服务亚运）、“7项任务”（安保任务部队部署保障、战区指挥机构车辆保障、警备纠察执勤力量食宿保障、驻军亚运会火炬手选拔、属地民兵情报侦搜、支援地方应急处突、亚运会各类活动外围警戒防控），完成比赛场馆、重要路段警戒巡逻，保障任务部队和警备纠察力量执勤备勤，协调保障亚运会和亚残运会。

【市委议军会暨市领导军事日活动】2023年3月24日，市委议军会召开，市四套班子领导及相关领导出席会议。会上传达学习省委议军会精神，宣读新任区县（市）人武部党委第一书记任职命令并颁发任命状，区县（市）人武部党委第一书记述职，研究审议《关于加强新时代基层人民武装工作的实施办法》（简称《实施办法》），警备区政治委员汇报全市党管武装工作情况，司令员汇报解读《实施办法》。会后，市四套班子领导到陆军驻杭某部集体开展军事日活动。

【民兵抗险救灾】2023年，杭州警备区针对夏季防台防汛实际，做好紧急应对灾情相关准备。7月22日，富阳突发小流域山洪灾情，杭州警备区组织民兵支援抢险救灾，连续6天动用民兵完成群众转移、失联人员搜救、河道清理、灾后恢复等任务。事后组织专题复盘，总结经验，查补短板，完善方案，优化防台防汛部署准备工作。

（刘书傲）

武警杭州支队

【概况】2023年，武警杭州支队按照总队党委决策部署，推进部队高标准高质量建设发展，完成各项任务。聚焦防卫作战、执勤安保、反恐维稳等任务，开展战法研究、方案修订、能力评估、实案演练，贯彻新时代执勤安保集训精神。加强数据收集、战法研究、实兵演练，完成杭州亚运会安保、两会安保等任务。贯彻落实《军队基层建设纲要》，优化挂钩帮建、当兵蹲连机制，修订纲要考评办法，激发官兵争先创优热情。包片挂钩干部定期参加基层按纲建队形势分析会，提升基层党组织自建能力。开展新条令“学训考用”活动，综合运用专家解读、条令竞赛、试点先行等方式，强化宣传贯彻质效。开展“迎亚运、严纪律、正秩序、树形象、保安全”作风纪律教育整顿，守牢安全底线。聚焦服务任务抓保障，组织专业兵集训轮训、“四考一评”、会操考核。深化“一中心五网点”保障体系网络建设，探索“一组五队”编组新模式。开展“大摸排、大调研”“保障工作走基层”等活动，提升官兵获得感满意度。贯彻新时代军队党建法规，落实民主集中制，围绕“讲政治、能打仗、善创新、重实干、严自律”组织专题民主生活会，开展“廉政三进”活动，组织党员定期过政治生日。推进文化基础设施建设，坚持以文化人、以文育人，组建文艺轻骑兵到基层巡演，编排的两个节目入选武警部队文化活动优秀作品。全年在省级以上媒体刊稿191篇。

【**主题教育和专题业务培训**】2023年，武警杭州支队加强主题教育和专题业务培训工作。2月，参加武警部队关于中央军委主席习近平向武警部队授旗致训词5周年学习教育。3月27日，召开思想政治教育工作暨主题教育动员部署会。4月4日，组织官兵到杭州革命烈士纪念馆，举行祭扫蔡永祥烈士活动；10月10日，举行纪念蔡永祥烈士牺牲57周年祭扫活动。4月19—28日，组织新闻舆论业务骨干和文化骨干培训。6月10日，举行2023年春季新兵宣誓授衔仪式。12月8日，举行2023年秋季新兵宣誓授衔仪式。

【**军事训练与考评考核**】2023年，武警杭州支队常态化开展军事训练与考评考核。推进“三学一进”活动、首长机关前指带任务分队战备拉动演练等。开展2023年度冬季大练兵“创破纪录”会操考核、训练法规知识竞赛、秋季士官晋升预选对象军事素质考核、干部全员军事训练会操考核、2023年度群众性“创破纪录”竞赛暨军人运动会、年终军事训练考核以及亚运会升护旗手训练。

【**武警安保执勤**】2023年，武警杭州支队担负多次安保执勤任务。1月11—16日，担负浙江省两会警卫安保任务。1月19—27日，完成春节期间联勤武装巡逻任务。4月28日至5月3日，完成2批次高考命题入闱点安全警戒任务。5月1—5日，完成国际劳动节期间社会面联勤武装巡逻任务。9月19—23日、10月10—13日，完成2批次亚运会奖牌押运任务。9月28日至10月8日，完成亚运会社会面巡逻任务。

【**文化体育活动**】2023年，武警杭州支队推进文化基础设施建设，开展文化体育活动。8月1日，武警杭州支队与市文化广电旅游局共同举办“军民鱼水情，携手迎亚运”八一联欢晚会。5月29—31日，组织“三会一好”优秀政治教员评比暨红肩章宣讲员评级。6月21日，武警杭州支队组织“从浙里出发”文艺轻骑兵汇报演出。5月16—25日，举办第二届“钱塘卫士杯”篮球赛。

（徐　维）

国防动员（人民防空）

【**概况**】2023年，市国防动员办公室（市人民防空办公室）开展学习贯彻习近平新时代中国特色社会主义思想主题教育，强化党建引领抓队伍促业务，加强履职尽责，提升新时期军事斗争国防动员准备能力。围绕“加强国防动员和后备力量建设”战略任务，聚焦服务备战，抓好工作统筹，推进国防动员体制改革，增强国防动员保障打赢能力，推动杭州国防动员高质量发展。

【**援战备战能力提升**】2023年，杭州市推动人民防空建设指标与国土空间规划衔接落地。加强信息通信与安全建设。结合“5·12”警报试鸣，组织市、区县（市）、乡镇（街道）、村（社区）四级人口疏散演习。组织国防动员军地联合战备点验，开展“杭州国动—2023”研究性演练。拟制军事设施保护实施办法，指挥所按标准完成改造和评估，完成针对水电气城市生命线工程、重要目标战时防护的专题研究。

【**工程防护体系夯实**】2023年，杭州市建立“两级三类”[市级、区县（市）级，国土空间总体规划、人民防空专项规划、单元详细规划]人民防空规划体系，在国土空间总体规划中设置人民防空规划专篇，市、区县（市）两级分别编制人民防空专项规划，单元详细规划中设置人民防空规划章节，人民防空配建指标融入“多规合一”规划体系，补齐规划指标难落地的短板，完善人防设施的空间布局。全年完成12个总体（分区）规划及98个单元详细规划人民防空专篇审查，通过强化规划引领，为刚性落实国防需求夯实制度性保障。推进人防工程建设，提升城市综合防护能力，全市新增结建人防竣工备案692个。

【**人民防空服务城市建设**】2023年，市国防动员办公室服务全市三个“一号工程”和“攀登行动”，推动人民防空与城市建设融合发展，多个人民防空综合体建成投用，新一批人民防空综合体项目推进；地铁与管廊等城市重大基础设施兼顾人民防空建设加快，地铁三期工程完成人民防空专项验收。亚运会场馆周边人防工程配合亚运会安保应急任务，亚运会保障任务高标准完成。结合人民防空主题宣传教育活动，开放纳凉点，接待人数创新高。“962790”专号服务“民呼我为”，全年受理转办件4317件。

【**联合通信保障演练**】2023年8月10日，杭州警备区、市国防动员办公室在建德市联合组织战备点验暨联合通信保障演练，探索国防动员联合通信保障途径，提升全市联合通信保障能力，通过布局一体融合、资源一体整合、力量一体运用，形成各成员

2023 年 9 月 28 日,《守护人间天堂——杭州防空洞的故事》首发式举行

(市国防动员办公室 供稿)

单位各司其职、紧密协作、规范有序的跨军地联合通信保障格局。演练中,军地联合紧密,专业特色突出,通信保障到位,达到军地协同、快速动员、联合通信的目的。

【"共富人防"建设】2023 年,市国防动员办公室紧扣"两个先行"的战略布局,探索人民防空资源助力共同富裕示范区建设的新模式。激活防空地下室等战备资源为百姓生活服务,通过专业设计和技术攻关,弥补公共空间不足,推动小区利用人防工程开展二次供水改造。助力打造共同富裕现代化基本单元,推进新型人防未来社区建设。将人防疏散基地建设与乡村振兴相融合,完成农村家庭式防空地下室试点建设,探索"人防 + 乡村"融合发展的新模式。

【人民防空宣教阵地建设】2023 年 9 月 28 日,市委宣传部、市国防动员办公室主办"踔厉奋发强国防,勇毅前行向复兴"主题活动,是国防动员体制改革后杭州举行的首次跨部门大型国防教育活动。活动深化全民国防教育,加强国防动员建设愿景。现场举行杭州首本防空题材出版物《守护人间天堂——杭州防空洞的故事》一书首发式。该书由市国防动员委员会办公室主编、杭州师范大学合作编写,团结出版社出版。全书 19 万字,采用近 100 幅图片,内容包括"解放前的杭州防空""建国后的杭州人民防空""杭州防空洞的故事""防空洞与市民生活""人民防空百科"等。市国防动员办公室开展"文化人防传承发展"课题研究,从适应性再利用理念、差异化利用路径、传承创新方案传承创新体系等多角度提出文化人防工程活化利用与传承路径,推动人防文化的创新发展,培育一批文化人防创新试点项目。

【"5·12"防空警报试鸣】2023 年 5 月 12 日,市国防动员办公室组织全市防空防灾警报试鸣。全市人民防空系统拓展警报发放渠道,利用社会公共资源发放警报信号。协同市城管局、华数集团等有关单位,依托三大运营商、新媒体、广播电视、各大报刊、突发公共信息发布平台,精准实时发放警报信号,拓展地上地下一体的警报报知体系,鸣响率 100%,警报信号覆盖率达到规定要求。联合市地铁集团开展人防工程平战转换演练,提高应急响应能力。结合警报试鸣,全市开展形式多样的疏散演练活动。滨江区、建德市组织心理疏导、心理干预、心理防护演练;萧山区组织防灾安全综合演练;富阳区组织应急救援队伍进行救援技能的讲解和展示;淳安县组织前进指挥所开设、医疗救护演练;建德市运用数字化疏散场景引导人员组织疏散;拱墅区、桐庐县组织伤员紧急包扎处置、心肺复苏急救演练。上城区、西湖区、余杭区、临平区、钱塘区、临安区组织学校、社区全要素紧急疏散演练。

【"杭州国动—2023"研究性演练】2023 年 11 月,"杭州国动—2023"研究性演练举行。演习围绕国防动员新职能任务,采取统一指挥、时空压缩、异地同步、以少带多,计划导调和随机导调、实兵演练与虚拟演练相结合的方法组织实施,重点演练依令展开局部动员部署、转产扩产、新域新质动员、交通要道动员保障、人民防空等国防动员行动。

【自建人防工程不动产权办证】2023 年,市国防动员委员会办公室推进自建人防工程办证工作。自建人防工程把周边地下空间连通起来,推进地下空间由单一开发向网络化开发发展,实现平时和战时功能的良好结合。该工程不动产权证书的取得,弥补全市自建人防工程不动产权发证史上的空白,全市人防工程产权制度改革取得实质性突破。

(郑祝龙)

退役军人事务

【概况】2023 年,杭州市退役军人事务部门聚焦双拥创建、护航亚运、机制完善、作用发挥等重点任务,完善体制机制,提升服务水平。市委、市政府召开退役军人事务工作和双拥工作领导小组会议,审议通过领导小组工作要点,健全完善领导小组办公室工作机制,推动各项退役军人工作开展。全年市退役军人事务局开展学习贯彻习近平新时代中国特色社会主义思想主题教育,配发学习资料,集中研学 32 次,循迹溯源学 40 余次,筹办主题教育读书班 7 场。依托退役军人服务中心(站),推动退役军人服务中心(站)服务事项清单落实落细,开展法律援助和咨询解答。27 个退役军人服务中心(站)获评"新时代基层双拥共建示范点",60 个退役军人服务中心(站)获评省级枫桥式退役军人服务中心(站),成功创建 4 个"亚运 V 站"。

【移交安置】2023 年,市退役军人事

务局指导区县（市）完成自主择业军转干部年度审查。完成转业干部和政府安排工作退役士兵移交安置工作，接收军队离退休干部（士官），完成随军随调家属安置，落实军人子女中考加分，解决军人子女中小学入学问题。做好转业干部岗前适应性培训，依托浙江大学继续教育学院，设置党性修养、省情市情等九大模块培训内容，组织计划分配转业干部参加前移培训。

【退役军人就业创业】2023 年，市退役军人事务局将退役军人就业创业工作融入共同富裕建设一体推进，搭建“四位一体”就业创业服务体系，制定出台鼓励和扶持退役军人回乡从事农业创新创业等政策文件。建设杭州退役军人教育培训学院，在近 20 个知名单位挂牌成立首批教学实践基地，打造人才培养基地。联合安徽省 3 个地市举办跨省退役军人职业技能培训班。承办全省退役军人就业创业现场会，介绍杭州特色经验做法。推进数字化就业援助系统建设。举办军人随军家属专场招聘会，协调企业进场招聘。实施“校园橄榄绿”行动，选派优秀退役军人常态化制度化进驻中小学。市、区县（市）两级农技基金会资助退役军人农业创新项目 21 个。依托各方资源建立 23 个就业创业基地。全市举办各类专场招聘会、精准对接会、直播带岗活动 30 余场。完成全国退役军人事务员新职业试点工作，承办全国退役军人事务员新职业试点培训班，完成退役军人事务员培训和评价。

【拥军优抚】2023 年，杭州市各级四套班子领导在重大节日带队走访慰问部队和重点优抚对象。市退役军人事务局做好省双拥模范城（县、区）创建考评验收工作，被列入新一届省级双拥模范城（县、区）的命名范围。4 月，全国双拥办到杭州检查调研双拥创建工作，调研组领导给予高度评价。开展纪念延安双拥运动 80 周年等“崇军周”系列活动，举办“双拥花开代代红”纪念延安双拥运动 80 周年文艺会演。八一建军节期间，全市开展各类拥军优属活动 441 次。对社会化拥军企业（社会组织）授予“新时代基层双拥共建示范点”称号，开通双拥公交专线 62 辆。创新军供保障模式，做好亚运会安保期间部队饮食保障。开展“情系边防一线、万里结对共建”活动，建立结对共建常态长效机制，推进军地互办实事“双清单”工作，落实全国双拥模范城第三批城连结对共建工作。实施拥军优属“百件实事”工程，梳理地方拥军优属项目 52 件、部队拥政爱民任务 22 件。以市委、市政府名义在各平台发布致春节、建军节慰问信，落实立功受奖送喜报制度，协调主流媒体刊播“八一光荣榜”。

【褒扬纪念】2023 年，杭州市弘扬英烈精神，在清明节、“9·30”烈士纪念日期间开展主题宣教活动，30 余万人参加各类祭扫和献花篮等活动。组织青少年学生开展烈士事迹专题宣传、经典诵读等活动 20 余场。联合浙江大学医学院附属第一医院为全市烈属提供专场义诊服务。发挥各级退役军人协会、基金会、文联凝聚社会力量营造关心爱护退役军人的桥梁纽带作用，浓厚崇军氛围。调整优抚对象抚恤和生活补助标准，评定残疾军人和带病回乡军人。推动富阳区、临安区烈士陵园规划建设，进入实质性立项阶段。西湖区凌家桥烈士纪念园、富阳区陆鼎裕烈士墓建成。

【退役军人作用发挥】2023 年，杭州市学习运用“千万工程”经验，印发《关于学习运用浙江“千万工程”经验，推动“兵支书”在乡村振兴中发挥作用的通知》，举办两批“兵支书”培训班暨现场推进会，评选首批“优秀兵支书”，宣传“兵支书”带动促进乡村全面振兴的榜样故事，助力“兵支书”参与民生共富，探索总结“千万工程”经验在退役军人事务领域新实践新成果，相关工作经验在退役军人事务部《退役军人工作信息参考》刊发，指导杭州退役军人教育培训学院在富阳区宵井村挂牌全市首个退役军人乡村振兴实践基地。

市退役军人事务局建立退役军人志愿者人才库，选拔退役军人志愿者组成“钱潮老兵”亚运赛会医疗志愿服务队，参与志愿服务保障。“钱潮老兵”团队被授予“最美浙江人·最美退役军人”称号。召开亚运志愿服务工作总结大会，强化提升“戎耀”应急救援志愿服务队。实施平安护航亚运专项行动，建立“1+6+4”组织保障体系和协调机制，加强风险防控和情报信息闭环处置，完成平安护航亚运会和亚残运会工作任务。利用红色资源开展宣传教育，开展第五届“最美退役军人”选树宣传活动，评选省、市、区县（市）级“最美退役军人”，成立“最美退役军人联盟”。

【退役军人事务数字化改革】2023 年，杭州市推进退役军人事务数字化改革。“老兵码”平台入驻各类崇军商家 2 万余个。推进智慧老兵项目三期建设，推进老兵码与市民码融合，构建全生命周期数字化管理保障模式，实现退役军人在省、市 9 个医院无感优先就诊，实现市、区县（市）两级行政审批服务中心“码上办事”，实现杭州籍（常住杭州）退役军人扫码免费乘坐市内公共交通。

（周晗棋）

责任编辑 金利权 高 丹

16 经济管理

综合经济管理

【概况】2023年，杭州市地区生产总值20058.98亿元，比上年增长5.6%。其中，第一产业、第二产业和第三产业增加值分别增长3.7%、1.8%和7.2%。三次产业增加值结构为1.7∶28.3∶70.0。常住人口人均地区生产总值16.11万元。

固定资产投资增长2.8%。分产业看，第一产业投资增长131.9%，第二产业投资增长29.7%，第三产业投资下降0.6%。社会消费品零售总额7670.6亿元，增长5.2%。货物出口总额5339亿元，增长3.7%，占全国总额的2.25%。实际利用外资88.3亿美元，占全国总额的5.41%。重点产业中，数字经济核心产业增加值5675亿元，增长8.5%；金融产业增加值2492亿元，增长7.7%；文化及相关产业增加值3211亿元，增长11.3%。在册市场经营主体187.46万户，增长11.7%。全年新增上市公司22个、退市2个、迁出1个，年末总数302个。首个国家实验室挂牌运行，中国科学院杭州医学所获批直属所。新增全国重点实验室7个、总量18个，承担国家、省重点研发项目278个，实施市重大科技创新项目100个，13个"卡脖子"技术实现国产替代。连续3年获省"科技创新鼎"，国家创新型城市创新能力评价居全国第五位。

【国家营商环境创新试点建设】2023年，杭州推进国家营商环境创新试点建设，推动"接轨国际先进标准""放大创新试点成效""破解企业痛点问题"3张清单的150项改革。优化营商环境制度供给，推动出台《杭州市优化营商环境条例》，制定实施《杭州市人民政府关于全力打造营商环境最优市赋能经济高质量发展的实施意见》。连续5年居全国工商联"万家民营企业评营商环境城市"首位，并获评"营商环境最佳口碑城市"。

【固定资产投资增长】2023年，杭州市固定资产投资结构持续优化，工业投资增长29.9%。其中：制造业投资增长30.0%，高新技术产业投资增长24.5%，民间项目投资增长8.6%，交通、水利和能源投资下降37.0%。全市确定重点项目858个，其中实施类项目742个、预备项目116个；完成投资3011.6亿元，为年度计划的146.1%。开工项目214个，开工率109.7%。杭绍甬高速公路杭州至绍兴段、萧山国际机场改扩建（国际货站及机坪）工程、环城北路—天目山路（中河立交—古翠路）提升改造工程、北京航空航天大学中法航空学院等超过90个重点项目建成。杭州地铁四期工程、超高灵敏极弱磁场和惯性测量装置国家重大科技基础设施、白马湖实验室、浙江桐庐抽水蓄能电站、杭州市本级海塘安澜工程（三堡至乔司段海塘）一期、海康机器人智能制造（桐庐）基地等一批重点项目开工建设。

【社会民生保障】2023年，杭州公共服务水平持续提升，城区总人口1002.1万人，成为全国10个超大城市之一。在《世界城市名册》中排名全球第73位。城乡居民人均可支配收入分别为80587元和48180元，增长4.6%和6.6%，城乡居民收入倍差缩小至1.67，连续17年获评"中国最具幸福感城市"。民生福祉持续改善，公共服务水平加快提升。建成家庭养老床位5041张、康养联合体52个，乡镇（街道）级居家养老服务中心全覆盖。出台生育补助政策，发放孕产、育儿补助1.56亿元，每千人托位数4.4个。杭州市入选全国首批婴幼儿照护服务示范城市。杭州市连续3年获评"全国健康城市建设样板市"。推出公租房1.29万套、发放货币补贴18万户，筹集保障性住房8.7万套（间），销售人才共有产权保障住房7223套。筹措保障性租赁住房21.3万套（间）。全年完成老旧小区改造269个。低保调标后人均月标准1259元，建立困难家庭医疗费用负担封顶制。制定《关于实施"春雨计划"的意见》及相关配套政策，降低新市民和青年群体生活成本，深化青年发展型城市建设。

【"双碳"和"双控"工作】2023年，杭州"1+N+X"碳达峰碳中和政策体系基本建立，成功入围国家首批碳达峰试点城市。固定资产投资项目节能审查208个，新增能耗157.37万吨标准煤。加快绿色低碳转型，全市创建省级以上绿色工业区3个、绿色工厂18个，培育国家级绿色供应链管理企业10个。开工重大能源项目5个，天然气储气能力7200万立方米，成品油储备能力23万立方米，新增变电容量743万千伏安。对568个高能耗企业开展用能预算管理工作。

【价格管理和监测】2023年，杭州市居民消费价格上涨0.2%。出台杭州市公共交通票价优惠措施，实行起始9折、满50元7折、满100元5折的分段递进式优惠，共优惠1.87亿人次，优惠金额2.58亿元。实施天然气价格市场化改革，修订完善非居民用气上游下游价格联动机制。落实输配气价格阶段性优惠政策，连续两次下调非居民终端气价。分类分担红线外电力接入工程费用，为企业减负7.24亿元。完成监审项目17个，涵盖教育、供水、污水、天然气等重点领域，核定定价成本36.64亿元，核减不合理费用2.64亿元。对全市11类、21个品种的234个农产品成本调查点开展成本收益调查。

（徐枫琳莉）

国有资产监督管理

【概况】2023年年末，市国资委监管企业15个，分别是：杭州市城市建设投资集团有限公司、杭州市交通投资集团有限公司、杭州市地铁集团有限责任公司、杭州市临空建设投资集团有限公司、杭州市国有资本投资运营有限公司、杭州市商贸旅游集团有限公司、杭州市实业投资集团有限公司、杭州市金融投资集团有限公司、杭州银行股份有限公司、西湖电子集团有限公司、杭州市水务集团有限公司、杭州市公共交通集团有限公司、杭州市安居集团有限公司、杭州市能源集团有限公司、杭州市农业发展集团有限公司。

全年市属国有企业营业收入4719.05亿元，比上年增长28.9%；利润总额308.27亿元，增长2.1%；年末资产总额3.01万亿元，增长12.3%；净资产5769.86亿元，增长8.6%。

【国有资本布局优化】2023年，市国资委根据企业类型和功能定位分解制定市属国有企业2023年度和2023—2025年任期高质量发展综合绩效考核目标，逐个签署任务书。健全“以月保季、以季保年”工作机制，分解年度任务，按季下达指标，逐月督促落实，推动国有经济运行实现质的有效提升和量的合理增长。加大固定资产和产业投资力度，完成投资1550亿元。

杭州市“3+N”产业基金集群初步建成。印发《关于打造“3+N”杭州产业基金集群聚力推动战略性新兴产业发展的实施意见》，建立以杭州科创基金、杭州创新基金和杭州并购基金为主，覆盖全生命周期的杭州产业基金集群体系，围绕杭州市智能物联、生物医药、高端装备、新材料和绿色能源五大产业生态圈开展市场化、专业化运作。出台3支基金的管理办法，规范化运作基金。至年末，3支基金组建规模2006亿元，其中科创基金新增规模82亿元、创新基金新增规模172亿元、并购基金新增投资规模77亿元。

【国资国企改革深化】2023年，杭州市区域性国资国企综合改革推进。完善制定改革试验实施工作任务分工清单，推进各项任务落地，相关做法成效获国务院国资委肯定，相关经验在全国区域综改试验座谈会上交流。加快低效无效资产集中处置，完成股权类和实物类资产处置盘活39.87亿元。

市属国有企业新一轮改革全部完成。完成市城投集团与杭州市钱江新城投资有限责任公司、市商旅集团与杭州市运河综合保护开发建设集团、杭州种业集团5个企业战略重组，完成杭州市临空建设投资集团、杭州市能源集团、杭州市安居集团、杭州市农业发展集团、杭州市科创集团5个企业新设组建，完成杭州市国有资本投资运营有限公司、杭州市公共交通集团2个企业升格，完成28个涉及改革子企业的535亿元股权划转。实施经营性资产集中统一监管分类处置，18个市级行政事业单位所属企业涉及资产231.35亿元纳入统一监管。开展市属国有企业子企业的优化整合工作，批复通过15个二级子企业的优化整合方案。

市国资委推动打造世界一流企业，对照布局结构、质量效益、持续创新能力等6个维度差距短板，指导市属国有企业制定15套赶超方案和工作清单。推进上市公司高质量发展，建立上市培育和协调推进机制。指导杭州市国有资本投资运营有限公司完成转让杭汽轮集团股份引入战略投资者，指导推动市交投集团收购龙元建设集团事项完成审批程序和股份过户，指导市城投集团和西湖电子集团谋划发行公开募集基础设施证券投资基金，指导杭州银行积极推进定向增发。杭实集团、市城投集团入围中国企业500强名单，杭氧集团、杭汽轮集团获评国务院国资委创建世界一流专业领军示范企业、国家级科改示范企业。

印发《杭州市市属国有企业高质量发展综合绩效考核办法（试行）》和配套实施方案，从6个方面更新改革考核体系架构，更加突出高质量发展导向、服务大局功能和分类精准考核。建立阶梯考核制度，围绕保障国有资产保值增值、投资任务完成等制定市属国有企业经营低线值，围绕企业对照一流标准实现高质量发展等制定高线值，增强考核指标弹性，树立争创一流的导向。

【国有资本监管加强】2023年，市国资委进一步完善制度建设。全力配合市委第四巡察组、市审计局审计组做好巡察和经济责任审计工作。以巡察、审计反馈问题整改为契机，注重加强长效管理，制定出台《杭州市市属国企资金监督管理办法》《关于进一步加强市属国有企业违规经营投资责任追究工作的通知》《杭州市市属国有企业房产出租管理办法》等16个国资监管制度，修订完善国资委机关内控制度13个，进一步补短板、堵漏洞。深化制度专项检查问题整改跟踪，建立问题整改台账，通过点上整改、举一反三和建章立制3个方面压实企业主体责任。按照“一业一企、合理布局”的原则，重新核定新一轮改革后15个市属国有企业的功能定位和主责主业，进一步强化市属国有企业的战略管理、投资管理和主业管理。围绕企业功能定位和主责主业，开展15个市属国有企业“三定”方案核定和批复工作，引导市属国有企业推进组织改革、管理改革，提升效率效益。

加强对重点领域、重要业务、重要企业和权力集中、资金密集、资源富集等行业领域的监督，聚焦市委、市政府关注重点和企业问题高发易发领域，构建“企业自查＋内审监督＋出资人检查”的立体监督体系。企业自查以全面梳理问题清单和风险清单为载体，要求制定风险化解方案。专项检查以基金投资和房产出租为年度重点，运用外部专业力量开展深度检查。

结合新一轮市属国有企业改革，配齐配强外部董事，15 个市属国有企业共委派 62 个外部董事岗位。进一步规范和保障市属国有企业外部董事行权履职要求，组织开展外部董事聘任、座谈等活动。

推进智慧监管，实行经济运行和风险事项双报告制度，明确智慧国资平台工作规范，推动信息化监管向深化运用和闭环管理方向发展。加强风险监管，初步建成风险资金数字化管控平台，搭建债务风险监测预警模块。规范使用产权管理信息系统。

完善合规监管，推进健全组织架构、优化制度体系、完善运行机制、抓好境外合规、打造合规文化、明确工作机制 6 个重点工作，市属国有企业完成合规办法制定和合规部门设立全覆盖。开展平安国企建设，举办安全生产月等主题活动。市国资委开展安全生产检查 24 次，企业整改隐患 2.93 万处。

【国资国企服务保障能力提升】2023 年，杭州市国有企业服务保障杭州第 19 届亚运会。市城投集团建立“1+7+N”亚运保障体系，制定方案预案 260 个，亚运村运营接待客户群 2.4 万人；市商旅集团完成亚运会食材专仓、城市观光、安保等 9 项工作；市地铁集团保障亚运会开幕式 7 万余名观众 40 分钟内快速散场的疏散工作，赛事期间运输乘客 1.3 亿人次，日均客流 430 万人次；市公交集团开辟亚运专线 26 条，发送 3.19 万班次，运送 22.39 万人次，开幕式和闭幕式期间接驳运送 31.38 万人次。

服务全市重大项目招引和重点产业布局，发挥国有资本战略支撑功能。指导杭州市国有资本运营有限公司增资浙江长龙航空有限公司、推进浙江盈德控股集团有限公司收购，指导市金融投资集团组建杭州数据交易所，协调市城投集团受让杭州银行 2% 股份，支持西湖电子集团实施对华数传媒网络有限公司的近 10 亿元投资收购项目。推进公共视频（探头）资源由 1 个国有企业统一经营开发利用工作。按照市委、市政府要求，推进信泰人寿保险股份有限公司、浙江连连科技有限公司等有关工作。

（沈佳颖）

土地资源管理

【概况】2023 年，杭州市获各类新增建设用地指标 2515 公顷，比上年增长 9%。完成 18 个省级以上重大项目用地报批，总用地面积近 1003 公顷。首次建立由市规划和自然资源局、市发改委、市林水局、市交通运输局等市级部门参与的重大项目用地报批协调推进机制。104 国道河庄至衙前段项目通过自然资源部审查。全市出让工业用地 466 宗、1007.67 公顷，成交地块中投向民间投资项目比重 75%，标准厂房完成供应面积 830 万立方米，盘活低效工业用地 1165.4 公顷。全市新供保障性住房用地 124.91 公顷。其中：共有产权房新供地 12 宗、42.37 公顷，配建类公租房新供地 10 宗、25.87 公顷，筹建类公租房新供地 19 宗、56.67 公顷。加大存量土地盘活力度，消化批而未供、供而未用、低效用地 1.47 万公顷。全市完成做地收储 936 宗、2925 公顷。其中：经营性用地 456 宗、1619 公顷，工业用地 480 宗、1306 公顷。全年全市经营性用地成交 689 公顷。完成垦造耕地（含旱地改水田）1306.3 公顷，异地有偿调入 904 公顷，补充耕地 2210.3 公顷。推进“百亩方、千亩方、万亩方”整治项目，完成连片耕地整治面积 8331 公顷。

（金嘉懿 殷 裕 孙 雯 陈铭芳）

【地下市政基础设施普查】2023 年，杭州市完成城市建成区 1270.94 平方千米范围内的 9.20 万千米地下综合管线及 2733.90 万平方米地下空间普查。查清城市地下市政基础设施的种类、数量、位置、属性及分布情况，建成地下市政基础设施普查数据库，在部分区域进行三维模型建设，实现城市地下市政基础设施“一张图”管理，为城市规划建设、城市运行管理提供数据基础。

【基础测绘管理】2023 年，杭州市基础测绘投入 7920 余万元，市本级和各区县（市）统筹实施基础测绘，开展 1 ∶ 500 和 1 ∶ 2000 等大比例尺地形图测绘。开展地理空间框架数据生产，实施杭州市高精度数字高程建设，获取全市域 0.2 米、0.5 米、0.75 米多尺度航空航天影像数据，完成“天地图”数据更新，支撑耕地保护、执法督察等自然资源管理工作。完成全市测绘地理信息行业监管任务，全年共完成 436 项乙级测绘资质审查、53 项地图审批，对 59 个测绘资质单位实施双随机检查。

【市规划和自然资源局数字化改革】2023 年，市规划和自然资源局推进数字化改革工作。11 月 23 日，杭州市规划和自然资源局发布《“3+X”底图动态更新工作规程》，为全市一张底图编规划、审规划、批项目提供基础支撑。重点解决部门间配套核查意见书、考古意见书、施工许可证、工业项目投资数据等难点问题。针对存量数据开展专项治理，进行“土地码”补码，推进存量数据关联、一码汇集，基本实现全链条数据畅流、实时汇集。聚焦规划编制攻坚、土地综合整治、存量盘活、做地供地、指标筹措等重点任务，打造重点工作看板，直观展示总体工作进度和分项指标具体工作进度，与相关场景数据互通，实现图数联动、动态更新。12 月，《杭州上线“空间智治”应用，赋能空间治理现代化》被收录于《中国行政体制改革报告（2023）》。

（缪哲莹）

【要素保障政策完善】2023 年 3 月 4 日，市规划和自然资源局印发《关于强化创新优化服务全力做好项目实施规划资源要素保障的通知》，实施 37 条举措，保障重大项目落地。3 月 28 日，印发《关于进一步优化总部类等商业商务用地出让管理助力招商引资的通知》，助力招商引资和经济高质量发展。

（金嘉懿 殷 裕）

【集体经营性建设用地入市】2023年1月5日，市政府办公厅印发《关于进一步完善杭州市区村级留用地开发建设管理工作的通知》，切实保障失地农民长远生计，促进村集体经济组织发展壮大。3月，自然资源部办公厅印发《深化农村集体经营性建设用地入市试点工作方案》，杭州市临安区、淳安县被列为试点地区。同年，淳安县9宗、临安区1宗地块成功挂牌出让。

【节约集约用地管理】2023年9月，自然资源部印发《关于开展低效用地再开发试点工作的通知》，杭州市成功获批低效用地再开发全国试点城市。滨江区、临平区成功创建首批自然资源节约集约示范县（市）（2023—2025年）。

（殷 裕）

【用地行政审批制度改革】2023年5月23日，市规划和自然资源局印发《关于推动工业项目“拿地即开工”全覆盖工作的通知》，采用“带方案出让”“方案模拟审查”双轨并行模式，推动新增工业项目建设用地规划许可证、不动产权证（国有建设用地使用权）、建设工程规划许可证“一窗受理、一窗出件、三证齐发”，三证办理时间压缩60%，有关改革成果和典型做法被《中国自然资源报》刊登。6月15日，印发《关于开展“办不成事”窗口服务的通知》，细化“否定把关”工作流程机制，对诉求特殊、政策变化或其他历史遗留问题等原因导致“不好办”“办不成”的事项，通过专项窗口，提供专项服务。拓展“土地码”应用面，在工业用地“土地码”改革基础上，完成2019年以来4451宗新供地房建类项目的土地赋码；推进跨部门间数据按码共享，通过“土地码”完成与“投资项目全生命周期数字看板”“智慧房管”的联动，完成980余件（次）供地数据、1300余件（次）工程规划数据、100余件（次）登记数据的历史数据校核补录。

【“浙地智管”试点】2023年，市规划和自然资源局承接省自然资源厅“浙地智管”试点任务，承担建设规划许可审批系统任务，以自然资源部用途管制数据规范为标准，梳理规划许可业务流程，优化业务表单，形成杭州市用途管制数据标准；按照“一地创新、全省共享”原则，搭建“浙地智管”规划许可审批服务平台，以“土地码+电子监管号”的数据关联协同模式，串联业务流程，开发电子报盘、规划条件核提等审批辅助工具，减轻企业报批报建负担，提高审批效率。8月15日，该应用在全省部署上线试运行，12月11日运行，包含“一书三证”在内的规划许可类项目均通过线上完成审批。

（金嘉懿）

【工业用地土地储备三年滚动计划编制】2023年，杭州市首次编制全市工业用地土地储备三年滚动计划（2023—2025年），谋划未来三年工业用地土地储备规模、布局和时序。加大工业用地储备，对照目标细化分解年度任务，推进滚动开发，实现“地等项目”“拿地即可开工”。

【“数智优储”场景推出】2023年，市规划和自然资源局依托空间治理数字化平台，推出空间智治“数智优储”场景。构建数字驾驶舱，实时展示全市做地供地动态，明确做地进度和土地库存情况。运用土地赋码，打通“多跨协同”，共归集全市5252宗、1.78万公顷地块、10万余条数据，实现做地供地的13个环节、70个节点在线办理。

（孙 雯）

【耕地保护监督制度健全】2023年5月，市规划和自然资源局将国土空间规划“三区三线”划定的全市耕地保有量和永久基本农田保护任务分解到各区县（市）、乡镇（街道）和村（社区）。6月19日，市规划和自然资源局、市财政局联合印发《杭州市耕地保护补偿资金管理办法》《杭州市永久基本农田保护补偿资金管理办法》，落实耕地和永久基本农田保护补偿机制，规范保护补偿资金管理。8月28日，市委办公厅、市政府办公厅联合印发《关于切实加强耕地保护严守耕地红线的通知》，落实各级党委和政府耕地保护责任，守住耕地保护红线。9月，全市新划定永久基本农田储备区6653公顷，划定面积居全省第一位，为永久基本农田核实整改和重大建设项目占用补划夯实基础。12月5日，以市财政转移支付的方式发放各区县（市）6.1亿元市级耕地和永久基本农田保护补偿资金，调动农村集体经济组织和农户保护耕地的积极性。9月15日，杭州市政府连续4年被省政府评为年度耕地保护责任目标考核优秀单位。

（梁学彦）

【土地综合整治推进】2023年，杭州市推进土地综合整治工作，完成16个项目整体验收，6项核心指标均超额完成年度目标，跨乡镇试点项目开工率100%。1月9日，市土地综合整治工作领导小组成立。2月15日，《杭州市人民政府办公厅关于高质量开展跨乡镇土地综合整治试点的实施意见》印发。3月15日，市土地综合整治工作专班成立。6月26日，临安区实施全域土地综合整治工程取得成效，获省政府督查奖励。8月28日，建德市梅城镇、临安区龙岗镇大峡谷村等19个村、桐庐县合村乡后溪村等3个村、余杭区良渚街道良渚村等7个村的4个工程入选2022年度“省级精品工程”。11月23日，余杭区径山镇和桐庐县横村镇的2个项目入选省土地综合整治促进共同富裕基本单元建设优秀案例。

（方思佳）

【绿色矿山数字化建设】2023年，杭州市推动绿色矿山质量提升，以依法开采、矿区环境、资源开发、综合利用等为重点开展绿色矿山复核工作，对全市绿色矿山建设成效开展体检。4月17日，市规划和自然资源局、市应急管理局等5个部门联合印发《杭州市全面推进数字化矿山建设实施方案》，按照不同矿种、服务年限、开采规模等，分类推动数字化矿山建设。全市11个正常生产的大型矿山分批次开展智能化绿色矿山试点建设，其他生产矿山全部启动基础数字化建设。全市建成智能化绿色矿山6

个，占全省智能化绿色矿山建成数的43%。

【地质安全风险防控】2023年4月23日，市规划和自然资源局、市气象局联合印发《杭州市地质灾害雨量监测应用体系建设实施方案》，建设雨量监测预警网络，强化“技防+人防”工作体系。5月17日，《杭州亚运会地质服务保障工作方案》印发，编制重点亚运会场馆地质风险图件和风险隐患提示清单，成立12支亚运会场馆地质应急技术支撑小队，常态化开展地质灾害巡查、地下水和地面沉降监测，及时消除风险隐患。7月13日，《杭州市地质灾害防治地质队员“驻县进乡”行动实施方案》印发，建立领导小组，强化队伍建设和装备配备，实现有防治任务的区县（市）和重点乡镇（街道）全覆盖。9月，市规划和自然资源局印发《乡镇、村社短临极端天气地质灾害防范应对双十条工作举措》、修订《杭州市突发地质灾害风险预报预警工作预案》，细化风险预报预警工作流程，明确各级工作职责。

（张文博）

【自然资源资产管理】2023年，杭州市完成全民所有自然资源资产清查和自然资源资产负债表编制。《杭州市2022年度国有自然资源资产管理情况专项报告》通过市人大常委会审议。《杭州市推动西溪湿地修复及土地储备促进湿地公园型生态产品价值实现案例》被列入自然资源部生态产品价值实现案例（第四批）。完成全民所有自然资源资产所有者职责委托代理试点工作。

（吴丽梅）

【农村土地承包经营权登记职责移交】2023年11月20日，市规划和自然资源局与市农业农村局联合发布《将农村土地承包经营权纳入不动产统一登记的通告》，将农村土地承包经营权（土地经营权）登记工作由农业农村部门移交规划和自然资源部门。通过重新梳理申请资料、再造审批流程，全市区县（市）均实现农村土地承包经营权登记证书发放。

【集体土地所有权登记成果更新汇交】2023年，市规划和自然资源局引入农村宅基地不动产调查、全民所有自然资源资产清查等工作成果作为参考数据，提升集体土地所有权数据的准确性，加快集体土地所有权登记成果更新汇交。推动集体土地所有权权属信息在耕地保护、集体土地征收转用、自然资源统一确权登记等工作中应用。

（周　敏）

【不动产登记服务改革】2023年5月，全市域范围不动产数据合库完成，整合数据约14.86亿条，搭建完成全市域不动产登记一体化通办平台，购买新房、二手房转移登记、抵押登记等高频登记事项实现全市通办。实现“交房云办证”全市一网覆盖，全年办证约13.5万件，惠及1300余个新交付小区，节约中介费5000余万元。9月11日，市规划和自然资源局、国家税务总局杭州市税务局联合印发《关于推行二手房转移一件事全程网办（掌办）的通知》，推行二手房转移“一件事”全程掌上办网上办，全年办理二手房云登记1855件，其中“带押过户”183件。与绍兴、金华、温州等10个地市建立不动产登记跨地域服务机制和常态化联络机制，实现“跨城通办”。二手房“带押过户”“交房云办证”等智慧服务场景，在省委改革办《浙里改》的“基层首创”栏目推广。

【加快解决历史遗留问题“办证难”专项行动】2023年，杭州市推进加快解决群众历史遗留问题“办证难”专项行动，全年化解“办证难”问题所涉住宅2.37万套。9月，市政府办公厅印发《加快解决杭州市国有企业不动产登记历史遗留问题实施方案的通知》，推动市本级和区县（市）所属国有企业明晰产权、规范管理，实现国有资产保值增值。

【不动产登记告知承诺负面清单管理】2023年8月14日，杭州市不动产登记服务中心印发《关于进一步加强不动产非公证继承登记事中事后监管的通知》，建立不动产登记告知承诺负面清单管理制度。至年末，办理非公证继承登记手续1668件，其中依据遗嘱公证书办理的不动产登记65件。

（姚　叶）

【土地成片开发方案编制】2023年度，杭州市中心城区成片开发方案涉及7个城区、33个片区，片区总面积479.46公顷；中心城区外方案涉及10个区县（市）、390个片区，片区总面积6482.48公顷。其中，西湖、萧山、余杭、富阳、临安、桐庐6个区县（市）因项目建设需要，编制年度第二批成片开发方案。全年所有方案均获省政府批复并完成备案。

【回迁安置提速】2023年，市规划和自然资源局推进农村回迁安置治理工作。全年完成集体土地在外过渡5年以上2.34万户、5年以下9623户的回迁安置整改。制定《关于进一步加强集体土地房屋征收项目回迁安置内部管控工作方案》，建立土地房屋征迁全流程长效闭环管理工作机制。

（陈铭芳）

行政审批服务（公共资源交易）

【概况】2023年，市行政审批服务中心受理各类事项222.87万件，办结222.59万件。市公共资源交易中心成交项目23.99万个（笔、宗、次），比上年增长3.0%，成交额1869.30亿元，平均资金节约（溢价）率6.0%。其中：土地项目81宗，成交额837.70亿元，溢价率9.5%；产权项目929个，成交额87.56亿元，溢价率0.6%；建设工程项目494个，成交额161.99亿元，平均中标价下浮率16.6%；政府采购（含电子卖场）项目23.79万个（次、笔），成交额25.02亿元，平均资金节约率1.9%；综合交易项目428个，成交额39.95亿元，平均资金节约率9.1%；其他交易项目72个，成交额717.08亿元，平均资金节约率0.01%。

市行政审批服务管理办公室（市公共资源交易管理委员会办公室）（简称市审管办）发挥政务服务主平台、数字化改革主阵地作用，围绕高标准打造增值式政务服务环境，推进招投标领域专项整治与提升行动。国务院总理李强在杭州调研考察时对全市政务服务平台“办不成事”专窗实行兜底办相关做法给予肯定。市行政审批服务中心获评2023年度浙江省示范政务服务中心。连续6年获评“年度全国十佳公共资源交易中心（市级）”，连续12年获评中国政府采购“年度创新奖”，并首次获评年度优秀公共资源交易平台。

【便捷高效政务环境打造】2023年，杭州市根据省、市“一号改革工程”实施方案部署，组织20个专项改革牵头单位联合编制《杭州市全面优化提升政务环境2023年度工作要点》，推出4个方面、56项重点工作，做好任务交办、协调督促、总结评估等工作。9月，市审管办代表杭州参加在山东济南召开的第十七届全国政务服务工作交流研讨会。

【政务服务增值化改革省级试点】2023年，杭州被确定为政务服务增值化改革省级试点，市行政审批服务中心增挂“市企业综合服务中心”牌子。8月，政务服务大厅一期优化改造完成，首批进驻增值服务事项142个，形成工作机制24个，为企业提供惠企政策、人才服务、金融服务、法律服务、国际商贸服务、慈善共富等增值服务。

【“一网通办”推进】2023年，杭州市实现乡镇（街道）、村（社区）省政务服务2.0平台全覆盖，161件事项跨省通办，实现不动产登记全市域“一网通办”。2023年度依申请政务服务高质量“一网通办”率居全省前列。

【电子证照、电子签章应用范围扩大】2023年，电子证照、电子签章在政务、商务领域得到应用，实现279件涉及企业事项“一照通办”。在企业开户、银行贷款领域，电子证照共享应用试点机构涵盖各类型银行序列，银行端电子签章技术应用覆盖面比改革前增加近30%；公安证件照片“一窗通拍、全域应用”跨警种、跨部门调用近7.6万次；交通运输电子证照社会化应用领跑全省；全市档案馆实现24小时内档案电子出证服务。至年末，杭州归集电子证照413类1054种，调用1.83亿次。

【投资项目长效服务机制】2023年，杭州市建立健全“三色预警”工作机制，推动拿地即开工、全生命周期代办等服务机制在全市层面的推广与应用，围绕服务重点项目，协调解决相关问题4类25个。全年服务代办项目191个，总投资1407亿元。打造移动审批车“行走的办事大厅”品牌，以重大投资项目、老旧偏远小区、特殊群体和人流集中场所为服务重点，全年开展上门联评联审联办及政策宣讲、志愿服务等143场次。

【招投标领域专项整治与提升行动】2023年，市审管办牵头推动招投标领域专项整治“一办五组”实体化运作，细化分解7个任务的32个具体举措，实行项目化、清单化推进。全年解决痛点、堵点问题70余个，研究制定规范性文件13个、指导类文件（通知）10个，在市场主体、全链条监管、数字智治等方面创新管理手段，强化制度规范，统一规范限额以下小额工程项目管理。

【重点项目招投标提速增效】2023年，杭州市建立市、区两级“1+13”协同服务保障机制，坚持“需求牵引、首要保障、快速响应、全面联动”要求，组建工作专班，全力保障重点重要项目招投标提速增效。全年对接服务各类重点重要项目513个，其中市重点计划项目134个、动态服务保障项目379个。

【全流程数字化交易拓展】2023年，杭州市实现与山东、河南、北京、上海等国内13个省、市数字证书授权跨区域互认，完成首批国家营商环境创新试点6个城市数字证书授权互认试点，全年通过数字证书授权互认参与杭州市电子招标投标的外地企业31.26万个（次），占参与企业总数的34.2%，降低外地企业投标成本。全市开通数字直播间28个，完成数字直播1420场次，为39.8万个企业提供“全程直播、全网监督”的阳光服务。拓展“1+N”远程异地多点评标，建成省、市、区（县）立体多级贯通的远程异地多点评标体系。全年完成远程异地评标项目360个，并取得国家版权局审核认定的“计算机软件著作权登记证书”。迭代升级阳光交易智管系统，从分析展示、智慧服务、信息预警3个维度，展现市场开放程度、市场服务能力等15类29个功能，提供数据366万条，提升行业监管数字治理能力，获2023年度全国公共资源交易科技成果大赛三等奖。

（王坚武）

财　政

【概况】2023年，杭州市财政总收入4916.53亿元，比上年增长7.1%。全市一般公共预算收入2616.81亿元，增长6.8%，其中市区一般公共预算收入2497.19亿元，增长7.0%。市本级一般公共预算收入358.51亿元，增长2.7%。全市一般公共预算支出2636.23亿元，增长3.7%，其中市区一般公共预算支出2386.60亿元，增长3.4%。市本级一般公共预算支出464.81亿元，增长6.2%。全市完成非税收入2585.44亿元，其中按规定纳入一般公共预算管理的非税收入268.68亿元。全市各级财政收支平衡，预算执行情况良好。

全市一般公共预算收入占财政总收入的53.2%；税收收入占一般公共预算收入的89.7%，保持全国副省级城市首位。杭州市把涵养优质税源放在首位，加强对各区县（市）财政部门的指导，确保财政组织收入工作有序平稳。加强非税征管，做好非税收入预测，完善土地出让收支管理机制，加强土地出让金拨付、非税收入缴库、清算及退付等工作，推进数字人民币非税收缴应用试点。规范财政票据管理和使用，深化财政电子票据改革。

【“8+4”政策体系落实】2023年，市财政局出台“8+4财政资金拨付情况晾晒机制”等政策。全市统筹资金超过480亿元，成立综合协调、政策落实、监督绩效3个工作组，推动全市“8+4”政策体系加快落地。加强财政政策与金融、产业等政策协同，支持工业稳定发展、稳外贸拓市场、消费提振升级、园区有机更新、招大引强、推进总部经济发展等。减税降费支持稳企业、保就业、促进市场经营主体纾困发展。稳投资促增长，市财政投入139.78亿元，支持扩大有效投资“千项万亿”工程，支持构建现代化大都市综合交通网络。全市争取新增政府债券资金347.83亿元（其中市本级54.64亿元），支持保障性安居工程、交通基础设施、市政产业园区基础设施等项目。

【三个“一号工程”财政保障】2023年，杭州市推进“一号发展工程”，投入44.64亿元支持数字经济创新提质，完善“415X”先进制造业集群和五大产业生态圈政策体系。加大科技领域支持力度，全年科技支出242.91亿元，比上年增长16.9%。杭州“财政科技投入增长‘两个15%’”（确保“十四五”期间，全市财政科技支出年均增长15%以上；市本级每年新增财力的15%以上用于科技方面的投入）的做法得到省政府主要领导表扬。推进“一号改革工程”。支持营商环境优化提升，支持中小企业参与政府采购，全市中小企业获政府采购合同金额209亿元；推进政府采购领域增值化改革，编制“中小企业政采机会清单”；在全国率先建立省、市、区三级集中裁决中心，优化政府采购营商环境，连续11年获中国政府采购奖，被评为全国优化政府采购营商环境先进单位。推进“一号开放工程”。支持“地瓜经济”提能升级，投入31.03亿元，支持促消费、稳出口、拓市场。发挥产业基金投资撬

表9　2023年杭州市区公共财政收支情况一览表

公共财政收入			公共财政支出		
收入项目	发生额（万元）	为上年（%）	支出项目	发生额（万元）	为上年（%）
一般公共预算收入	26168107	106.8	一般公共预算支出	26362270	103.7
一、税收收入	23481349	108.2	一、一般公共服务支出	2096556	99.8
增值税	9194156	126.1	二、外交支出	—	—
企业所得税	4968483	93.1	三、国防支出	22711	107.9
个人所得税	2434447	106.8	四、公共安全支出	1537063	102.9
资源税	19418	78.7	五、教育支出	5601784	112.0
城市维护建设税	1339289	89.6	六、科学技术支出	2429074	116.9
房产税	973362	110.3	七、文化旅游体育与传媒支出	679750	118.8
印花税	581394	132.2	八、社会保障和就业支出	3142782	108.7
城镇土地使用税	152475	105.9	九、卫生健康支出	2177487	82.7
土地增值税	1640802	105.6	十、节能环保支出	393721	100.4
车船税	145855	100.4	十一、城乡社区支出	2967955	94.4
耕地占用税	59673	45.8	十二、农林水支出	1201439	123.9
契税	1966933	99.6	十三、交通运输支出	546756	57.1
烟叶税	—	—	十四、资源勘探信息等支出	1412001	134.2
环境保护税	2402	155.5	十五、商业服务业等支出	676772	98.5
其他税收收入	2660	114.4	十六、金融支出	28403	98.2
二、非税收入	2686758	95.7	十七、援助其他地区支出	91003	112.2
专项收入	1410990	95.1	十八、自然资源海洋气象等支出	188705	97.5
行政事业性收费收入	286245	126.5	十九、住房保障支出	521961	107.3
罚没收入	282139	77.4	二十、粮油物资储备支出	59240	142.5
国有资本经营收入	-124380	56.4	二十一、灾害防治及应急管理支出	123870	95.8
国有资源（资产）有偿使用收入	679847	82.1	二十二、其他支出	12593	34.6
其他收入	151917	121.1	二十三、债务付息支出	448990	104.2
			二十四、债务发行费用支出	1654	102.4

（资料来源：市财政局）

2023 年 8 月 8 日，市财政局举办 2024 年度市级部门预算编制培训

（市财政局 供稿）

动作用，从 2023 年起，每年统筹安排 50 亿元，支持市属政府产业基金和国有企业改革发展。

【民生事业支出保障】2023 年，全市一般公共预算用于民生方面支出 2065.30 亿元，民生投入占比 78.3%。建设"美好教育"投入 110.68 亿元，发挥名校集团的辐射、示范和带动作用；实施"三名工程"，建设高水平大学和科研院所。保障"健康杭州"建设，投入 52.60 亿元支持三甲医院建设和基层卫生服务站提档升级。构建"共富型大社保体系"，投入 76.87 亿元支持企业减负稳岗，帮助重点群体就业创业，提高城乡居民基本养老保险基础养老金标准、社会救助保障标准。聚焦"一老一小"，养老兜底保障、发展普惠型养老服务、完善社区居家养老服务网络等工作成效明显，获国务院督查激励。支持降低家庭育儿成本，入选全国首批婴幼儿照护服务示范城市。设立专项资金，推动城区优质公共服务资源向西部延伸。投入 30.39 亿元，支持淳安特别生态功能区建设。投入 21.01 亿元，支持援疆、援藏、援青、浙川东西部协作、援恩施革命老区和山海协作工程。

【财政改革深化】2023 年，杭州市推进资源管理改革。盘活存量资金和行政事业性国有资产，推进公物仓建设。支持国有企业做大做强做优。建立财政金融要素保障联动机制，优化"集中财力办大事"财政政策体系，保障重大政策、改革、项目实施。深化机制创新改革，坚持行政事业单位"过紧日子"。完善财政资金竞争性分配机制，推动政府产业基金规范管理和运作。建立土地储备项目预算管理制度，夯实土地出让收支管理基础。建设财政涉企资金"全网查"平台，运用收支智管系统，提升财政治理水平。探索预算绩效管理改革。在桥梁隧道养护、展陈（博物）馆运营维护等领域，试点全成本预算绩效管理，将成本理念和方法融入预算编制、执行、监督全过程。开展财政专项资金、产业政策绩效调查，提高财政资源配置效率和使用效益。杭州市财政综合管理绩效连续 3 年获省政府督查激励，财政管理绩效考评连续 2 年居全省第一位。

【财政监督强化】2023 年，市财政局联合市委巡察办出台《关于深化巡察监督、财会监督协作配合的操作办法》，制定《杭州市财政局巡财联动监督检查工作规程》，探索实践"同部署、同检查、同研判、同报告、同整改" 5 个同步的杭州模式。成立专项检查组，与市委巡察组开展"巡财联动"重点监督检查，共发现违规开展会议培训、公款存放不合规等问题 10 个，涉及问题资金 2842 万元，并向市纪委移送有关线索。加强政府债务管理。建立全市地方债务联席会议机制，推动出台进一步加强防范政府债务风险的实施意见，指导符合条件地区合理编报延期化债方案并获省政府批准；督促区县（市）落实化债举措，利用财政部一揽子化债政策，挖掘可调剂使用的专项债潜力，推进存量隐债化解。

（刘　淮）

税　务

【概况】2023 年，杭州市税务部门组织税费收入 8430.1 亿元，比上年减少 6.0%。其中：税收收入 4559.1 亿元，增长 6.9%；社会保险费收入 1578.8 亿元，增长 5.2%；非税收入 2246.3 亿元，减少 28.8%；其他收入 45.9 亿元，增长 7.4%。全市办理出口退税 552.2 亿元，增长 0.1%。税收收入占一般公共预算收入的 89.7%。税收规模居全国省会城市第二位。

【税费支持政策】2023 年，杭州市新增减税降费及退税缓费 620.85 亿元，其中新增减税降费 442.72 亿元，增值税留抵退税 177.65 亿元，阶段性缓缴社保费 0.48 亿元，为各类市场经营主体减负赋能。落实延续优化完善的税费优惠政策，拓展更高精度"政策找人"，完成全环节精准推送 2306.76 万条，惠及 494.87 万户（次）。注重税费政策和服务的双重作用，围绕民营经济高质量发展深入调研并推出 18 条税务助力举措；探索"科技创新税收指数"评价体系，为"专精特新"企业提供"一企一策""一事一议"专项梯度培育服务；落实好公益性捐赠税前扣除政策。

【税收营商环境优化】2023 年，杭州市再获全国纳税人缴费人满意度调查省会城市、副省级城市第一名。13 项税务牵头举措、14 项配合举措纳入杭州营商环境优化提升"一号改革工程"。持续优化办税缴费服务，连续 10 年开展"便民办税春风行动"，推出 121 条服务措施，其中结合杭州特色推出创新举措 7 项。探索打造"申报纳税缴费一类事"全链条增值服务体系，在全省率先实现“十七税”合并申报。服务企业方面，开展“万名党员进万企、领导干部下基层”活动，征求意见和建议154个，收集解决困难问题304个。特别针对进出口企业，承接税务总局出口退税试点任务3个，出口退税申报准备时间提速1/3。创新实施“综保区一般纳税人资格试点精准化服务模式”，在全省推广。便利个体工商户方面，推广“云端一体化”智慧办税缴费服务体系，推出21个事项“预约云办”不上门，依托下沉式服务点建设“离厅云窗”，集成智慧办税终端，方便“就近问办”。针对自然人纳税人，打造“跨区一体、智审秒办”不动产登记缴税便民新模式，被评为杭州市数字政府系统“一部门一应用”案例。打造优良法治化营商环境，推行6项非强制性执法方式，统一规范全市稽查案件执法程序、政策口径、裁量基准。

【税费治理】 2023年，杭州市落实中共中央办公厅、国务院办公厅《关于进一步深化税收征管改革的意见》，推动“数字治税”。推动全面数字化的电子发票（简称数电票）试点，扩围率97.4%，纯数电率94.7%。注重防范化解数电票风险，“智绘图谱”精准监管机制得到税务总局主要领导2次批示肯定。探索一批智慧税务基层应用场景，“业务集中处理‘智税中心’”项目获团中央、税务总局“创青春”智税大赛精细服务赛道金奖，作为8个可复制可推广的金奖案例之一向全国交流展示。“任务统筹集约化管理机制”“重点税源网上直连申报”“退税账户实时核验”3个项目得到税务总局发文推广。全国首批实现“非居民智能跨境办税”。坚持“税费皆重”理念，加强外部门沟通协作，落实《浙江省税费服务和征管保障办法》，推动加强税务司法协作，完成森林植被恢复费和草原植被恢复费两项非税收入征管职责划转；加强内部数据整合运用，探索运用“企业所得税+”税费种联动管理等“工具箱”，拓展残疾人就业保障金与企业所得税联动分析管理等，税费治理效能得到提升。

（尤少文）

2023年，杭州税务部门搭建“税绘共富”税宣驿站。图为税务人员为商户和游客开展税收宣传　（市税务局 供稿）

审　计

【概况】 2023年，杭州市审计局完成审计项目35个，查出主要问题金额35.65亿元，其中违规金额9586万元、管理不规范金额34.70亿元。移送司法机关、纪检监察机关和有关部门处理事项3件，移送处理人员2人；审计促进整改落实有关问题金额22.39亿元；审计后挽回（避免）损失19万元。出具审计报告和专项审计调查报告37篇，被批示、采用5篇；审计提出建议126条，被采纳84条；推动被审计单位制定整改措施25条；促进被审计单位制定、完善规章制度4个；提交审计信息11篇，被批示、采用7篇。向社会公告审计结果4篇。组织实施的杭州市就业补助资金和失业保险基金审计项目被审计署评为优秀审计项目二等奖，杭州市本级项目连续6年获评审计署优秀审计项目。

【重大公共投资项目审计】 2023年，市审计局围绕省委、市委决策部署落地见效强化监督，安排实施扩大有效投资“千项万亿”工程推进情况专项审计调查、投资领域营商环境政策执行情况专项审计调查、亚运会场馆建设运维情况专项审计调查等一批重大审计项目，保障重点工作部署落地见效。承担全市招商项目奖励兑现和土地合同执行情况专项检查任务，推动各区县（市）建立健全制度19个，废止制度3个，重新签订协议10份，收回资金4336万元，收回土地10.07公顷，谈话提醒36人次。采用“六个一体化”亚运会跟踪审计创新做法，防范场馆建设、运行管理、投资控制等方面相关风险隐患。

【财政资金审计】 2023年，市审计局围绕大资金、新政策，组织开展市级预算执行和决算草案审计、区县（市）财政决算审计等项目，促进财政资金提能提效。在市级预算执行和决算草案审计中，围绕财政改革，揭示部分专项资金管理不够完善等问题，促进收回15亿元市级财政资金，推动2个专项资金政策和10个内部管理制度完善出台。受市政府委托向市人大常委会作审计工作报告，报告反映5个方面39个问题，共101个明细事项。

【民生审计】 2023年，市审计局安排并实施2023年省政府十方面民生实事推进情况专项审计调查、市本级和钱塘区共同富裕涉农政策及资金专项审计调查、公立医院改革绩效及运营管理专项审计调查等民生审计项目。通过揭示部分农村集体经济组织对财政资金使用管理不规范等问题，助力《杭州市农村集体经济组织财务管理规定》通过市人大常委会批准颁布实施。

【经济责任审计】2023年,市本级对12个单位的14名领导干部开展经济责任审计,上报审计结果报告、审计专报、综合报告等18篇,查出主要问题金额6.91亿元,提出各类审计意见和建议38个,向市纪委市监委等有关单位移送问题线索3件。对12个单位的13名领导干部经济责任审计成果进行会商研判。3篇经济责任审计大数据案例入选全省优秀大数据审计案例,21个技术方法入选全省大数据审计方法。12月,针对性修订《杭州市党政主要领导干部和国有企事业单位主要领导人员经济责任告知办法》。

【审计管理】2023年,市审计局推进制度设计创新,及时清理、废止5个不再适用的审计办法和规定,针对审计质量提升工作,制定全流程管控机制"一办法两意见",推动《杭州市内部审计工作规定》以市政府令形式发布实施。出台《关于全面落实"三个区分开来"要求深化审计容错纠错机制实施意见(试行)》,以8个方面30种具体情形助力激发干部担当敢为、干事创业活力。探索实施"驻镇(街)审计师"制度,并在全市13个区县(市)实施推广,助力村(社区)"一肩挑"干部监督工作的开展。

【审计整改督查】2023年,市审计局优化完善审计重大问题清单工作机制,全市共有20个主动发现的问题被纳入全省重大审计问题清单,对11个省级和145个市级重大审计问题清单完成整改销号,切实推动一批体制机制难题和历史遗留问题得到整改破解。在原市长经济责任审计和自然资源资产离任审计整改中,创新成立书记、市长任双组长的整改工作领导小组,推动出台、完善制度机制85个,累计整改资金1443.36亿元,追责问责168人。

【审计数字化改革】2023年,市审计局推广"数据分析+现场核查"大数据审计模式,探索"现场审计+后台分析"的数据分析协同工作机制,市本级大数据审计项目占年度项目总量的88.9%,通过大数据发现问题390个,占问题总数的64.2%;大数据发现问题金额142.9亿元,占问题总金额的83.4%。开发的"智慧杭审组工综合应用平台"在全省推广运用,并获2022年度杭州市改革创新最佳实践案例优秀奖,8个大数据审计案例入选全省优秀案例。

【审计队伍建设】2023年,市审计局制定全市审计系统专业人才管理办法,创新建立能力升级"六训"机制,落实"优师带徒""青蓝行动"等干部培养制度,优化考评激励机制。通过举办大数据审计技能竞赛、审计"赛场赛马"等活动提升专业能力。探索与在杭高校的战略合作,提升研究型审计能力和专业素养。通过将理论学习与实践操作融会贯通,培育各领域的"行家里手"和"会查善审"的高水平复合型人才。

(凌治华)

统　计

【概况】2023年,市统计局围绕三个"一号工程"、"十项重大工程"和打赢"两场硬仗"等中心工作,谋划确定"12359"的年度工作布局,以"高质量党建引领统计高质量发展"1条主线贯穿全年,全力做好"第四届联合国世界数据论坛筹办"和"第五次全国经济普查"2项工作,组织"改革创新提能年""基层基础提质年""作风建设提效年"3个主题年行动,组建"统计监测""改革创新""第五次全国经济普查""满意度考核""基层基础建设"5个工作专班,推动统计监测、统计调查、统计服务、统计监督、统计改革、经济普查等9项工作任务落实落地。在全省统计系统综合和单项"1+2"考评中,市统计局均居第一位。

【统计咨政质效提升】2023年,市统计局加强经济运行的统计监测分析。对地区生产总值以及农业、工业、服务业、投资和房地产、贸易等重要指标密切监测分析、及时研判预警。全年提交153篇统计分析监测报告,获市领导批示150篇(次)。制定并落实科学统计具体举措36条,协调财政、海关等8个单位,建成统计数据"集成快报"机制,迭代升级全市主要经济指标体系2.0版。发布"八八战略"实施20周年统计主题报告。完成城市管理、营商环境、亚运效应等31个社情民意调查。为101个企业提供"一企一报告"服务,帮助企业破解发展难题。为区县(市)政府提供"一区县(市)一报告",精准助力经济攻坚。

【联合国世界数据论坛】2023年4月24—27日,由联合国主办,国家统计局、浙江省人民政府联合承办的第四届联合国世界数据论坛在杭州举行。论坛采用线上和线下相结合的方式,包括中国全会1场,联合国组织的其他全体会议5场,平行会议、展览展示和一系列特别活动70余场,围绕数据创新与合作、挖掘数据价值、提高数据公信力、构建良好数据生态4个主题领域展开。来自联合国等国际组织及其驻华机构、各国政府统计和数据管理部门、国内外学术机构、国内政府部门、企业界等各界代表1000余人现场参加会议,约1.1万人线上参加会议,540余名专家学者发表主旨演讲。在闭幕式上,论坛成果文件《杭州宣言》发布。

【第五次全国经济普查落实】2023年,市统计局按照"查全、查准、查实"的要求,推进第五次全国经济普查工作。3月30日,《杭州市人民政府关于做好第五次全国经济普查的通知》印发;5月,市级第五次全国经济普查领导小组组建,将37个职能部门纳入成员单位,明确职责分工。全市13个区县(市)及西湖风景名胜区,196个乡镇(街道)普查机构全部按要求完成组建。3—5月,余杭区完成国家级综合试点工作并召开全国试点总结会。试点期间,采集上报5.5万个单位和4700余个个体样本经营户的普查登记数据,围绕清查底册编制、数据处理程序等方面反馈建议31条。统筹各区县(市)按时保质完成全市3288个村(社区)的村级边界更新维护工作。采取线上和线下相结合的方式，对市、县两级业务骨干和597个参与调查单位进行投入产出调查业务培训。8—11月，通过地毯式清查及查遗补漏，形成普查登记底册。

【统计领域依法治理推进】2023年，杭州市开展防治统计造假专项治理行动和市级统计督察。进一步加强部门协作，建立健全统计监督与纪律监督、组织监督、巡察监督、审计监督的贯通协同机制。全面梳理检查2017年以来的296件立案查处案件，开展案件抽查和专项指导。组织开展全市“四上”单位自查，分层分类进行数据质量核查，累计核查单位1.29万个，达到在库数的48.8%。严格统计执法，全年检查企业1268个，掌上执法率100%，立案查处45件。

【统计领域改革创新突破】2023年，市统计局统筹推进统计制度方法、数字化、现代化“三位一体”改革。开展“中国式现代化”课题研究，承接共同富裕统计监测体系省级综合试点，领衔5个领域、18个试点任务，形成52个理论成果和13个制度成果。“五大产业生态圈”“两地四中心”“开发区(园区)”以及总部经济、平台经济、数字经济的统计监测指标体系升级完善。提升“统计大脑+应用”实效，迭代升级“杭数统”平台，实现白名单库“省—市—县”三级贯通。全面启动“入库早知道”平台提级应用，建立多部门常态化数据共享机制，促进统计单位全生命周期服务管理改革。

【统计基层基础建设加强】2023年，市统计局推进“基层基础提质年”行动。“加强组织领导、严格质量管控、夯实工作基础、优化法治环境”4个方面的13项具体举措全部得到落实。通过第十四届“中国统计开放日”、《中华人民共和国统计法》颁布40周年纪念日等活动，营造良好社会氛围。全市2.3万个“四上”企业全部纳入单元化管理，划分统计单元1189个，单元线下活动日趋规范，统计工作基础进一步优化。

（许剑峻　赵　笑）

市场监督管理

【概况】2023年，市市场监管局做好杭州第19届亚运会和第4届亚残运会保障工作，实现食品安全事故和食源性兴奋剂事件“两个零发生”，餐饮服务“零断供”“零投诉”。落实亚运会“三区”特种设备数字化管控、风险隐患排查、检验技术保障等任务，实现安全事故和负面影响突发事件“双零”目标。对亚运会特许产品生产企业开展产品质量提升帮扶，并加强知识产权保护，查处侵权案件64起，4个案例入选省亚运知识产权保护典型案例。赛事侧、城市侧协同推进“三品一特”（食品、药品、重要工业产品、特种设备）、广告、商品交易市场、网络安全等排查整治，开展“护航亚运”“铁拳”“亮剑”等系列执法行动，开展分片包干督导，落实闭环管理，全市未发生重大安全事故。

市市场监管局牵头推进市场环境建设，深化商事制度改革加强事中事后监管再获国务院真抓实干督查激励，入选全省营商环境最佳实践案例3个，入选全省市场监管系统改革创新最佳实践、优秀实践案例6个。举办“商事制度改革十周年”活动。实施港资企业简化版公证文书电子化流转，外资企业登记管辖权市域范围全覆盖。推出电子营业执照“企业码”信用服务板块，上线中国强制性产品认证免办备案系统，便利企业市内跨区迁移取得突破，年报“多报合一”、食品经营许可“互联网+核查”、标准化实施“中介管理”等经验在全省推广。

市市场监管局强化质量提升行动。杭州市在2022年度全国公共服务质量满意度监测排名中居第一位，全省质量考核实现“九连A”“两连冠”。规范建设运行质量基础设施“一站式”服务平台22个。市委、市政府出台贯彻落实《质量强国建设纲要》、加快推进标准强市建设的政策意见，首次发布标准化工作白皮书，上线“杭州标准数字平台”，高分通过标准国际化创新型城市创建验收。国际标准化组织小水电技术委员会（ISO/TC339）顺利落户杭州。8月29日，全国茶叶过度包装专项治理行动推进会在杭州召开。通过养老服务机构“品字标”浙江服务认证。

市市场监管局规范平台经济高质量发展，获评首批全国网络市场监管和服务示范区，入选全省“一号发展工程”优秀案例，牵头发布电子商务交易保障国际标准2个。承办平台经济与数字生态未来发展大会，召开平台经济座谈会，出台促进平台经济健康高质量发展实施意见和外卖配送地方立法，组建联席会议，建立平台企业“结对联络”“增动能提信心”专项服务机制。开展“数字

2023年9月，市市场监管局开展“护航亚运”执法行动。图为工作人员在亚运特许商店检查　（市市场监管局 供稿）

藏品”行业治理，信访量比上年下降88%。打造“红盾云潮”一站式服务新品牌，全市电商平台179个，增长39.8%，网络经营主体57万户，网络交易总额超过8.5万亿元，居全国第一位。

5个项目通过“浙里食安”标志性成果验收。杭州市全域推进食品小作坊“五化”改造提升，创建小作坊集聚园区2个，“5S”管理小作坊216个，文旅化小作坊76个，共富工坊11个。实行消费纠纷“一键和解”机制，开通商户3.27万个。连续5年在全国百城消费者满意度测评中排名前三位。

市市场监管局制定出台《杭州市网络餐饮外卖配送监督管理办法》。承担产品质量领域处罚事项裁量基准全省试点，平台经济新业态行政合规建设被列入省司法厅提升行政执法质效先行试点。强化和规范医疗美容市场监管领域行政执法，印发《医疗美容市场监管领域行政执法清单》《医疗美容市场监管领域刑事移送清单》。全国商业秘密保护创新试点扩大至全市，在全国推进会上作典型发言，查办的非法数据爬取案入选全国“反不正当竞争法实施三十年以来十大行政执法案件”。

至年末，全市有市场经营主体187.46万户，增长11.7%，总量居全省第一位，增幅居全省第二位。新设市场经营主体36.54万户，增长26.7%，总量居全省第二位，增幅居全省第一位。全市净增市场经营主体19.70万户，增长32.5%。新增专利授权量10.77万件，其中：发明专利授权量3.20万件；有效发明专利拥有量15.33万件，居全国省会城市第一位，增长24.8%；每万人高价值发明专利数量52.6件，增长22.8%，居全省首位。新增申请注册商标20.11万件，有效注册商标12.69万件，累计有效注册商标128.83万件，增长8.9%。新增“品字标”浙江制造认证企业241个，累计791个。

【商事制度改革】2023年，市市场监管局深化商事制度改革，夯实“四化四减四办”商事登记审批体系，完善清廉审批体系建设，优化企业开办便利化服务水平，提供“10+1”项市场准入“一类事”增值化服务。全市开办企业全环节业务“一日办结”实现率99%，设立登记网上办比例99.99%，“零见面”比例96%。畅通市场经营主体退出渠道，推行注销企业“一类事”全程网办“零见面”增值化服务，实施市场经营主体歇业集成服务，全市简易注销业务占比65%以上。

【政务服务增值化改革】2023年，杭州市推广电子营业执照“企业码”应用，全市市场经营主体电子营业执照下载占比83%。“电子印章”“电子证照”通用政务服务应用场景上线。推出“信用服务”板块，上线“企业信用记录查询”杭州特色应用场景。拱墅区、西湖区、临平区、钱塘区市场监管局获国家市场监督管理总局外商投资企业登记管理权授权，杭州市全部区县（市）登记机关实现外商投资企业登记管辖权市域范围全覆盖。数字化推进港资企业公证文书电子化流转，签订《杭港商事登记便利化合作框架协议》，启用实施香港非自然人投资者简化版公证文书电子化流转，系统自动查询调用，免于纸质提交。

【杭州市首创经验全省复制推广】2023年，杭州市在全省唯一试点实施食品经营许可远程视频“互联网+核查”，实现食品经营许可“零见面”审批，全省复制推广杭州改革经验。标准化实施“中介管理”一件事，构建“共治+数智+信用”管理体系。9月，该项经验被全省复制推广。便利企业市内迁移被纳入市“一号改革工程”专项行动，推行全流程线上办理、多事项一次办结服务模式，实现“一次申请、全程网办、办事零跑”。智能化探索股权转让“一件事”，以“数字化、零见面、智能审、控风险”为原则，全市域覆盖实施，工作经验被全省复制推广。

【企业年报改革成果】2023年4月27日，市市场监管局在全市推广上线企业年报智能语音外呼系统，年报提醒实现“机器换人”，语音呼叫同时显示来电单位信息，挂机后同步跟发提醒信息，化解年报服务工作量大与基层监管人手不足的矛盾。至年末，呼出37.6万次，发送挂机短信15.3万条。6月25日，企业年报“多报合一”改革成果入选省委改革办营商环境优化提升第一批“最佳实践案例”。

【市场主体年度报告和信息公示监管】2023年，杭州市完成2022年度报告的企业78.56万个，年报率94.9%；个体工商户56.05万个，年报率75.1%；农民专业合作社2933个，年报率90.8%。全市列入经营异常名录企业13.87万个，其中10.71万个因未按时申报年度报告被列入；1.41万个企业被列入严重违法失信名单。全市移出经营异常名录办件量1.90万件。全市市场监管系统开具企业无违法违规证明4439件。107个企业被公示为2023年度杭州市信用管理示范企业。

【质量强市建设】2023年，市市场监管局在全市滚动实施13个特色产业质量提升，并分产业建成22个线上和线下联动的质量基础设施“一站式”服务平台，其中：5个平台入选省级五星级平台，3个平台获评省级示范点。各大平台入驻服务机构156个、质量专家256人，企业注册数超过5万个，服务2万余次。依托杭州首席质量官专委会，发布实施企业首席质量官地方标准，相继建成“西湖养老”“滨江集成”“拱墅质量”等分会6个，全市政府质量奖和“品字标”企业首席质量官聘任率100%，规模以上制造业企业聘任率超过70%。开展消费品缺陷召回工作，布局产品伤害监测网点44个，配合市场监督管理总局开展新能源智能网联汽车、自动驾驶技术等新技术、新产品“沙盒监管”试点工作。临安装饰纸产业推出产业质量全景地图和质量问题鱼骨图。滨江集成电路产业质量提升项目入围长三角质量提升示范点。

【“千企创牌”计划】2023年，市市场监管局推进“千企创牌”计划，建立政府质量奖和“品字标”两个培育库，对全市700余个有发展潜力和市场竞争力的企业开展梯队培育。设立政府质量奖创奖工作专班，组织开展中国质量奖、省政府质量奖的争创企业集中培训，并邀请质量专家对争创企业进行“一对一”现场辅导。其间，组织争创企业到美的集团、中国中车集团等企业学习考察。杭州海康威视数字技术股份有限公司入围中国质量奖公示名单，4个组织入围中国质量奖提名奖公示名单；6个组织获省政府质量奖和管理创新奖，数量居全省第一位。

【标准强市建设】2023年，杭州市实施“标准强基、标准提质、标准创新”标准国际化三大工程，以总分第一的成绩获国家标准委批复，成为全省首个“标准国际化创新型城市”。至年末，全市共主导（参与）国际标准121个、主导国家标准1138个、行业标准2479个，有国家级标准化试点58个、省级标准化试点64个，发布“浙江制造”标准596个，承担国际标准化技术组织秘书处4个、国家级标准化专业技术委员会/分委员会30个，18个标准获中国标准创新贡献奖，数量居全省第一位。

【电子商务国际标准化】2023年，杭州市标准化院发挥国际国内两个技术委员会（TC）平台作用，推动全国电子商务质量管理标准化技术委员会（SAC/TC563）发布实施《跨境电子商务进口商品质量风险评估指南》等国家标准6个，新立项《电子商务平台竞争合规管理规范》等国家标准7个。国际标准化组织电子商务交易保障技术委员会（ISO/TC321）发布由中国主导的全球首批2个电子商务交易保障领域国际标准ISO 32110:2023《电子商务交易保障——词汇》和ISO 32111:2023《电子商务交易保障——原则与框架》；新增由中国提出的2个新研究项目“电子商务交易保障——电子商务平台交易相关信息披露指南”“电子商务交易保障——电子平台和电子商店相关客户体验最佳范例”。11月14—17日，由杭州市标准化院联合之江实验室共同承办的国际标准化组织电子商务交易保障技术委员会第八次全体会议在杭州举行，日本、新加坡、塞内加尔等代表团参会，国内电子商务领域专家学者及电商企业代表近200人出席会议。

【标准化综合服务建设】2023年，杭州市标准化院发布首个《杭州市标准化工作白皮书》，全面总结2019—2022年杭州标准化工作的开展情况、存在问题、对策建议和实践案例，为全市标准化工作提供顶层设计与建设指引。全新上线“杭州标准数字平台”，整合各类标准14万个，覆盖标准服务、标准智库、标准国际交流、标准体系、质量基础服务5个场景，建立标准数据驾驶舱，向在杭州的1.7万名用户提供“标准一件事”一站式服务。聚焦人工智能、电子商务等重点领域，承办国际标准化组织/国际电工委员会第一联合技术委员会脑机接口分委员会（ISO/IEC JTC1/SC43）第三次全会等3场标准化领域国际会议，300余个杭州企业参会。

【放心消费示范建设】2023年，市市场监管局围绕“满意消费长三角”和“放心消费在浙江”行动，优化消费环境，连续5年获全国百城消费者满意度测评前三名。全市共建成放心消费单位4.9万个，无理由退货承诺单位1.9万个，创建数量连续5年居全省首位。至年末，放心消费建设覆盖全市食品、餐饮、健身等38个行业，线下无理由退换货承诺活动和异地异店无理由退换货机制推进，完成退换货服务61.32万笔，退款金额7300余万元。全国首创“一键和解”维权模式，保障交易5800万笔。放心消费示范建设工作获评“满意消费长三角”实践优秀案例。

【消费者权益保护】2023年，杭州市市场监管系统接收处理举报投诉164.6万件，其中网购投诉举报139.2万件，解答咨询22.28万件。投诉按时初查率、投诉按时办结率、举报按时核查率均为99.99%，高于全国、全省平均水平。推进ODR（在线纠纷解决）机制建设，全市发展在线调解ODR企业344个，全年处理投诉件28万件，占全市投诉量的23.5%。全年在商店和超市、商圈（街区）、村（社区）、快递站点等人流集中场所搭建放心消费基层维权联络站423个，推动引导消费纠纷就近解决、源头化解，消费者满意率95%以上。定期开展消费教育，举办“放心消费大声说，消费科普大讲堂”系列直播节目，在线观看400万人次。

【预付式消费综合监管机制构建】2023年，“构建预付式消费综合监管机制”被列为“优化营商环境重点任务”和“市领导领衔推进的优化营商环境重大攻坚任务”。市市场监管局做好市预付式消费专班牵头工作，按照“完善体制机制、落实行业治理、发挥市场力量、推进立法规范”的工作思路改革攻坚，取得阶段性成果。10月，市政府办公厅印发《进一步完善构建预付式消费综合监管机制的通知》，首次对行业主管、综合监管、行政执法等21个部门的职责分工和衔接进行明确，9个市级行业主管部门首次将预付式消费纳入行业综合治理范围，印发实施美容美发、体育健身等10个行业领域治理方案，从行业源头加强信用监管和防范资金风险。启动市场化改革探索，完成《杭州市预付式消费管理办法》起草，提出在预付式消费领域发展平台经济新场景新模式。

【“守合同重信用”企业培育】2023年，市市场监管局推进“守合同重信用”企业梯级培育，指导和培育536个企业获评省市场监管局AAA级“守合同重信用”公示，数量规模居全省第一位。市市场监管局公示AA级“守合同重信用”企业587个。小微企业申报“守合同重信用”单独建库、单列推荐和公示，分别新培育74个、214个小微企业获AAA级、AA级“守合同重信用”公示。

【合同格式条款规范】2023年，市市场监管局加强法定备案领域格式合同监管。全市累计认领企业主体1.06万个，全年972个企业报备合同，确认备案1871份，其中房地产领域合同备案1349份。制订贯彻全年的合同格式条款检查计划，聚焦消费者关注的房屋买卖、租赁、居间等合同。全市检查相关企业1810个，行政约谈107个，立案查处不公平格式条款案件62件。联合市住保房管局出台《杭州市老旧小区住宅加装电梯项目委托实施服务合同（示范文本）》，填补杭州市相关领域合同示范文本空白，为社会公众签订合同提供模板。

【特种设备安全监管】 2023年，杭州市未发生特种设备安全事故。全市共出动监察人员2.46万人次，监察特种设备生产使用单位1.26万个、特种设备2.56万台，发现并整改一般安全隐患4434处、严重安全隐患459处，发出特种设备安全监察指令书882份，立案280件，罚没款665.38万元。保障亚运会核心区使用单位123个、特种设备2061台，重点区使用单位1188个、特种设备2.18万台。开展5次"护航亚运"应急救援演练，完成2万台特种设备提前定期检验、2064台核心区特种设备保障性检验、100台重点电梯专项风险评估。督促448个生产单位和3.6万个使用单位完成"两员"（食品安全总监和食品安全员）配备，推动全市乘客电梯物联接入累计7万台。推广氧气瓶"保压阀"，更换"保压阀"9.13万只。

【市场监管领域案件查办】 2023年，杭州市市场监管部门开展"铁拳"行动、"亮剑2023守护民生护航经济"综合执法检查，立案6752件，罚没款0.88亿元。开展"护航亚运"集中执法行动，立案4721件，罚没款0.43亿元。牵头开展全市涉企违规收费专项整治行动，立案查处14件，清退规范各类违规收费988.93万元。 全年市场监管部门办结各类案件1.70万件，其中大案、要案2154件，罚没款1.56亿元，移送司法机关114件，省级以上典型案例54件。查办药械化案件493件，罚没款1285.06万元；查处广告违法案件1215件，罚没款1517.78万元；查处食品安全违法案件4531件，罚没款3455.89万元；查处传销案件13件，罚没款206.52万元；查处不正当竞争案件1841件，罚没款2061.44万元；查处价格案件711件，罚没款1976.39万元。

【公平竞争审查】 2023年，市市场监管局牵头的杭州市公平竞争审查和反垄断委员会继续推进公平竞争审查制度贯彻落实。4月，上城区入选全省集中审查试点，萧山区入选全省公平竞争审查刚性约束试点。5月，《2023年全市公平竞争审查工作要点》出台。7月，在开展全省滥用行政权力排除、限制竞争行为专项行动中，对交叉检查中涉及杭州市的8个问题按时整改落实。全年先后对88件以市政府名义出台的重大政策措施及合作框架协议进行会审，对其中43件涉嫌含有地方保护、行业壁垒等有违公平竞争问题的文件提出调整意见并被采纳。开展全市破除地方保护和市场分割专项行动，审查新增文件4436件，清理存量文件4908件，废止、修订问题文件37件。组织市内168个企业参加经营者集中反垄断合规辅导培训，培育4个全省反垄断合规标杆企业，提升企业反垄断合规意识，预防垄断行为，倡导公平竞争文化。

【"国家食品安全示范城市"创建成果巩固】 2023年，杭州市巩固"国家食品安全示范城市"创建成果，开展市级自评并通过省级跟踪评价。余杭区、临平区、富阳区、淳安县、建德市完成"浙江省食品安全示范县（市、区）"创建，全市新增五星级乡镇（街道）食品安全委员会办公室24个、四星级办公室46个。印发《杭州市食品安全满意度提升三年行动方案》。健全食品安全"两个责任"体系，22万余个食品生产经营主体与2.4万名工作人员建立包保对应关系，全市包保关系建立率、承诺书签订率、督导完成率动态均为100%。全市配备食品安全总监1519名，配备食品安全员3.6万名，"两员"配备总量居全省第一位。全市完成食品监督抽检5.07万批次，检出不合格1505批次，不合格率3.0%，协调办理不合格食品案件2146件。建立运行风险预警"1+14+11+N"交流体系，覆盖市、县、企业三级的食品安全风险监测网络基本形成，常态化开展日常风险预警交流工作。推进食品安全监督协会建设，有会员7025人。推进食品安全主体责任行政约谈工作，全年约谈食品企业近1.4万个（次），纳入监管档案1.1万余个，列为重点监管对象1936个。

【食品生产、流通、餐饮环节监管】 2023年，杭州市"浙食链"激活食品生产企业总数2037个，新增"阳光工厂"62个，在产食品生产企业"阳光工厂"安装率100%。推动全市食品生产企业应用GM2D溯源码，完成1328个。完成食用农产品批发市场规范化建设AA级3个，创建"放心肉菜示范超市"10个，建成"示范小蔬菜门店"88个。对全市1084所中小学校园内及周边200米内的1439个小食杂店开展全方位监管，实现100%食品销售风险分级动态管理、100%签订食品安全承诺书、100%全覆盖督查。建成养老机构"阳光厨房"145个。新建杭州市上城区清河坊历史街区、新天地时光里巷街区等8个高品质"阳光餐饮街区"。强化网络餐饮食品安全治理，开展网络餐饮"阳光厨房"提质增效工作。联合"杭州网"设立餐饮食品安全红黑榜专栏，公布红黑榜142期。

【亚运会和亚残运会食品安全保障专班】 2023年，市市场监管局强化杭州亚运会和亚残运会的食品安全保障工作。印发《亚运餐饮服务食品安全保障总体方案》《亚运食品安全保障工作实施方案》等专项方案21个。组建493人的驻点监管队伍和155人的驻点快速检测队伍，完成3轮全员培训，经考核合格后持证上岗。把控食源性兴奋剂关口，组织专家对餐饮服务供应商品种清单及配料表进行成分审查，对4个牛羊肉供应商开展4轮飞行检查，对入仓食材批批开箱查验兴奋剂报告、产品标签等信息。对亚运村、运动员接待酒店、主媒体中心和大家庭饭店等赛事核心保障点位，落实人员24小时全程驻点监管，实施从业人员晨检、菜单审查、食材验收、清洗切配、烹饪制作、食品留样、出餐供餐、清洗消毒的全流程监管。组建亚运会和亚残运会食材遴选工作组，制定实施方案，确定15个五类高风险食材供应商、8个非五类食材供应商，754个五类高风险食材品种；推进运动员食材专仓、非运动员食材中转仓等10个食材专（分）仓建设运行。赛事期间，全市驻点监管力量1.71万人次，供应食材6384.11吨，食品安全检测8051批次、快速检测9.38万批次、食源性兴奋剂检测3887批次，保障用餐安全 537.2 万人次。

【燃油加油机计量准确性专项治理】 2023 年，市市场监管局开展燃油加油机计量准确性专项治理工作，规范加油机铅封管理和示值误差调整，提高对加油机的准确度要求，示值误差由国家规定的 ±3‰提高到 ±2‰以内。查办案件 20 件，罚没款 81.69 万元。组织开展加油站诚信计量承诺，承诺率 100%。开展宣传报道 124 次、科普宣传 28 次，发放宣传资料 1.3 万份。探索加油机智慧监管新模式，开发“安心加油”数治平台，构建“一网感知”的数字治理体系。杭州市地方标准《燃油加油机计量远程监测技术规范》发布。市市场监管局与市公安局等单位联合印发《杭州市综合治理加油机作弊专项行动方案》。

【产品质量监督管理】 2023 年，杭州市共开展产品质量监督抽查 3433 批次，发现不合格 240 批次，不合格发现率 7.0%。其中：生产领域抽查 978 批次，不合格 33 批次，不合格发现率 3.4%；流通领域抽查 2455 批次，不合格 207 批次，不合格发现率 8.4%。强化工业产品生产许可获证企业事中事后监管，对 316 个获证企业开展“双随机”证后监督检查。“护航亚运”产品质量安全保障，对 842 批次亚运会相关产品开展专项质量监督抽查，对 23 个亚运会特许产品生产企业开展全覆盖调研帮扶。开展电动自行车、燃气器具等重点产品专项督查调研，开展 18 类重点工业产品专项整治，出动人员 4516 人次，检查生产销售单位 2308 个（次）。开展全省产品质量安全监管工作试点，推进“学生用品安全智控系统”场景建设，在临平区、临安区深化场景应用，在建德市拓展试点。开展产品质量安全信用监管建设，在萧山区、余杭区、临平区开展工业产品质量安全信用监管试点建设，搭建信息管理平台，对 142 个获证企业开展分级分类监管。落实工业产品质量安全“两个规定”，推动企业配备“质量安全员、质量安全总监”，建立健全“日管控、周排查、月调度”制度。

【药品安全监管】 2023 年，杭州市建成民生药事服务站 32 个，其中四星级 11 个、三星级 21 个，提供用药指导、用械指导、医药书刊查阅、个人药物使用档案（个人药案）等 30 项免费药事服务，服务 126 万人次。完成药品监督抽验 2148 批次，完成率 107.4%，不合格 8 批次（其中 2 批次为非药品冒充药品），合格率 99.6%；省级增补药物抽检计划 65 批次，实际抽样完成 66 批次，完成率 101.5%。飞行检查药品经营企业 128 个，特殊药品企业 33 个。检查麻醉药品和精神药品类生产批发企业 101 个（次）。药品经营许可证到期换证检查 9 个，注销 10 个，新开办 56 个，变更 426 个。药品专项抽检 171 批次，其中抗疫用药品专项 10 批次，国家集采药品及通过一致性评价品种专项 121 批次，中药饮片及中药配方颗粒和包材专项 12 批次，老年慢性病和儿童病常用药及不良反应风险监测专项 18 批次、亚运会用药和医美专项 10 批次。

【亚运会和亚残运会药品安全监管】 2023 年，市市场监管局强化亚运会和亚残运会药品领域安全保障，制定亚运会和亚残运会药品安全保障工作方案，督促含兴奋剂药品经营企业建立“含兴奋剂药品目录”。指导全市 4199 个零售药店，35 个定点医疗机构、医疗点，92 个亚运会保障酒店，2 个官方彩妆用品及化妆品供应商全部签订规范经营承诺书。打击非法经营含兴奋剂药品和特殊药品行为，加强对全市 42 个竞技场馆（含 2 个亚运会独立竞赛场馆）、1 个亚运村及 5 个亚运分村周边重点区域的监管，督促药品生产（批发）企业、定点医疗机构、保障酒店、重点零售药店经营者履行药品安全管理法定责任义务。完成药品领域专项检查 20 批次，检查定点医疗机构 27 个、亚运会保障酒店 72 个、药械及化妆品生产经营企业 2 万个（次），排查并整改风险隐患 108 处。

【医疗器械安全监管】 2023 年，市市场监管局强化医疗器械全生命周期监管服务，出台《杭州市医疗器械经营监督管理规定》，实施医疗器械经营许可“一证多址”。杭州市首次承办中国（杭州）生物制品质量控制大会。获批开展药物临床试验 115 个，新增药品注册证 66 个（含 3 个一类创新药），新获批第二类、第三类医疗器械 498 个，新进入国家、省级创新医疗器械审批通道 17 个，新获批注册创新医疗器械 8 个，数量居副省级城市第一位。新备案第一类医疗器械 1141 个。新开办第二类、第三类生产企业 64 个，新备案第一类生产企业 42 个，新批准第三类经营企业 1406 个，新备案第二类经营企业 3424 个，完成第三批医疗器械唯一标识赋码 124 个。在 3 个医疗器械产业园区试点医疗器械设施设备和实验室资源共享共用共管模式，打造医疗器械经营智慧监管平台，创新实施非现场检查监管。推进医疗器械风险隐患排查整治，组织医疗器械质量安全专项整治 6 次，全市开展生产企业现场检查 786 个（次），全覆盖检查亚运会定点医疗机构 31 个，医疗器械抽检 722 批次，上报医疗器械不良事件 6064 例，每百万人 508 例。成立医疗器械网络宣传空间站，组织 97 个第三方平台开展医疗器械安全科普宣传。

【化妆品安全监管】 2023 年，市市场监管局试点实施化妆品注册人备案人“首席质量官”制度，推广应用“美丽溯颜”智慧监管平台，首发美妆地铁科普专列。备案普通化妆品 1.24 万个（国产 9586 个、进口 2771 个），备案符合率超过 90%。实施化妆品“百千万”美丽消费升级工程，创建完成浙江美妆品质商圈（街区）1 个，美容美发示范单位 178 个，示范宾馆 33 个，高分通过省级验收。安排 100 批次化妆品亚运会专项抽检任务，对特许类化妆品 100% 实施监督抽检，保障亚运村和 1 个亚运分村及 92 个亚运会定点接待酒店所用化妆品质量安全；创设 3 个美妆服务站，为 2500 余名演职人员提供化妆造型服务，为运动员及相关人员提供化妆、美发、美甲等服务 4000 余人次，确保所用化妆品质量安全。完成省级、市级化妆品企业抽检 852 批次，市级抽检合格率 98.5%，均闭环处置。完成省级、市级飞行检查 53 个，完成化妆品不良反应监测报告 1485 份。组织开展儿童用妆“护盾”、化妆品网络经营“净网”、美容美发机构“靓妆”和化妆品“一号多用”违法行为专项检查。全年立案查处化妆品案件171件，涉及货值金额856.55万元，没收违法所得22.32万元，罚款346.96万元。

【认证认可检验检测管理】2023年，市市场监管局深化检验机构资质认定改革，13个企业通过检验检测机构资质认定告知承诺制度快速获得检验检测资质，数量居全省第一位。全市有各类检验检测机构644个，国家级质检中心20个，数量均居全省第一位。推进检验检测机构“无废实验室”建设。全市310个具有危险废弃物的检验检测机构全部签订责任承诺书，并与第三方专业危险废弃物处理公司合作，安全合规处置实验室废弃物。杭州市6个企业入选全省首批绿色产品（服务）认证“领跑者”名单，涵盖家电、能源、化工等行业领域。深化中国强制认证（3C）免办政策，对信用记录好、追溯体系完善、申报批次较多的企业开通“便捷通道”。全年“3C”免办企业85个，发证592张，办件量居全省第一位。

【广告监测监管】2023年，市市场监管局监测全市广告56.01万条（次），发现涉嫌违法广告135条（次），涉嫌违法率0.02%。其中：监测传统媒体广告33.17万条（次），发现涉嫌违法广告16条（次）；监测互联网广告22.20万条（次），发现涉嫌违法广告56条（次）；监测全市范围内户外广告6350条（次），发现涉嫌违法广告63条（次）。全市系统查处各类广告违法案件1080件，罚没款1517.51万元。贯彻落实新修订的《互联网广告管理办法》，查处互联网广告案件887件，罚没款1260.74万元。

3—10月，市市场监管局开展“护航亚运”广告专项治理工作。开展亚运会广告合规培训45次，行政指导企业272个（次），行政约谈告诫35个（次）。监测各类广告68.51万条（次），其中涉及亚运会的信息3.47万条（次），发现处理涉嫌违法线索80条。处理上级监测平台派发线索45条，立案查处涉及亚运类案件22件，罚没款12.21万元。

【金水滴奖广告大赛】2023年6月，市市场监管局启动杭州市第十四届“创意杭州”金水滴广告大赛作品征集。大赛收到平面、短视频、微电影等广告作品1296件，评选出金奖9件、银奖17件、铜奖22件、优秀奖133件。11月24日，颁奖仪式举行，获奖优秀公益广告作品通过杭州文广集团和杭报集团下属媒体展播。

（李　甜）

知识产权保护

【概况】2023年，杭州市成功入选首批国家知识产权保护示范区建设城市、国家知识产权公共服务标准化试点建设城市，获批建设全国首个数字经济产业类知识产权保护中心，设立国家海外知识产权纠纷应对指导地方分中心。推进专利侵权纠纷“简案快办”“纠纷快处”国家试点，开通电商平台知识产权案件处理绿色通道，处理周期缩短20%以上。发布数据知识产权交易地方标准，发行全国首单“专精特新”知识产权证券化项目，包含数据知识产权要素证券化产品。落地数据知识产权被侵权损失保险，数据知识产权质押融资入选国家服务业扩大开放最佳实践案例，“临安山核桃”“西湖龙井”分别入选全国、全省地理标志富农、助力乡村振兴典型案例。

全年新增专利授权量10.77万件，其中发明专利授权量3.20万件。有效发明专利拥有量15.33万件，居全国省会城市第一位，比上年增长24.8%；每万人发明专利拥有量123.9件，增加21件；有高价值发明专利6.51万件，占全省高价值发明专利总量的54.1%；每万人高价值发明专利数量52.6件，增长22.77%，居全省首位。PCT国际专利年申请量2341件，占全省总量的53.6%，累计PCT专利申请量1.29万件。杭州市在第二十四届中国专利奖评选中获金奖2个，共获奖33个。至年末，全市办理知识产权质押融资登记企业1790个，质押金额291.96亿元，惠及企业数居全省第一位。新增国家知识产权优势示范企业48个，省级知识产权示范企业64个。累计培育国家、省、市知识产权优势示范企业1918个，通过贯标认证企业1317个，实现对重点产业骨干企业全覆盖。在2022年浙江省创造力百强企业榜单中，杭州55个企业上榜，前十强中杭州占8个。

【知识产权运用转化】2023年，杭州市设立知识产权质押融资风险补偿基金，推进知识产权质押融资提质扩面。全市专利质押金额233.87亿元，惠及企业1798个，数量居全省首位。至年末，杭州市发行知识产权证券化项目5个，发行数量居全省首位。助力发行包含数据知识产权的证券化产品，发行金额1.02亿元；助力发行全流程市场化“专精特新”知识产权证券化项目，创全国

杭州知识产权大厦（摄于2023年）　（市市场监管局 供稿）

同类型产品最低利率。运行杭州市知识产权交易服务中心，征集有效发明专利 9050 余件，实现专利成交额 5.66 亿元。健全专利开放许可规则体系，打造全国首家“知识产权银行”，精准提供项目挖掘、分析评价和匹配服务。至年末，全市参与开放许可主体 29 个，发布专利开放许可 4607 件，达成开放许可 1680 件（次），被许可 822 件（次）。

【知识产权国家试点】2023 年，杭州市推进数据知识产权改革试点，全市数据知识产权登记（含公示）1844 件，登记数量居全省首位，占全省的 37%；发布全国首批数据知识产权交易地方标准《数据知识产权交易指南》《数据知识产权市场化定价指南》，探索标准化数据知识产权转化路径。数据知识产权挂牌交易落地，数据知识产权交易金额 1269 万元。推广基于区块链的数据知识产权质押模式。至年末，数据知识产权质押金额 1.2 亿元。推进专利侵权纠纷“简案快办”和“纠纷快处”国家试点，全年通过“简案快办”办理专利行政裁决案件 71 件，平均办案周期从法定的 90 日缩短至 30 日内；办理维权援助案件 146 件，平均办案时间 13.6 天；推进电商专利案件纠纷行政快速处理，办理电商案件 2196 件，平均结案周期 2.6 天。

【知识产权保护】2023 年，杭州市做出专利侵权行政裁决 78 件，比上年增长 254%，办理知识产权行政调解案件 18 件，增长 80%。建立专利、商标代理机构“双随机、一公开”监管机制和“红黄绿码”分类监管事项清单，加强专利代理机构监管，查处案件 2 件。建立专利非正常申请快速处置联动机制，开展非正常专利申请核查处置，核查非正常专利申请信息 1.55 万条，约谈专利代理机构、高校等 110 余个（次）。市市场监管局联合市法院印发《知识产权纠纷行政调解协议司法确认工作指引（试行）》，建立行政调解司法确认机制。与市法院联合实施知识产权领域失信联合惩戒。联合市商务局印发《杭州市海外知识产权风险防控体系建设方案（2023—2025 年）》，建立知识产权海外专家库、案例库、政策库，加强海外知识产权纠纷应对指导。制订对外转让实施方案，新华三集团完成知识产权对外转让 33 件。

【知识产权服务】2023 年，市市场监管局印发《杭州市国家知识产权公共服务标准化城市试点工作方案（2023—2024）》，从推进知识产权公共服务标准化、规范化、便利化、特色化 4 个方面提出 12 个具体工作任务。在萧山区、钱塘区等地新设知识产权“一站式”服务大厅，强化知识产权服务供给。获批建设专利密集型产品培育和推广中心，新增国家级专利导航基地 1 个，新增省级人工智能产业联盟 1 个。获批建设省级科创企业上市知识产权加速器，建设加速器数字服务平台，为全省科创企业上市提供知识产权、证券等综合服务。承办第二届全球数字贸易博览会全国专利密集型产品展览专区，全球 142 个企业、有高价值专利的 400 余件产品集中展出，同时在线上搭建虚拟馆，推进高价值专利在商贸推广中升级。

【专利预审与确权服务】2023 年，杭州市知识产权保护中心推进备案主体分级分类信用管理，开展重点科创平台进驻服务、领军企业专项支持、初创企业下沉指导等工作，围绕光刻机、激光雷达、医学影像、芯片制造等重点领域的技术创新提供专利快保护支撑。全年备案各类创新主体（企业、高校、科研院所）1766 个，完成代理机构联系登记 596 个，接收预审申请案件 2755 件，授权发明专利 1359 件。

【商标品牌培育】2023 年，杭州市新增申请注册商标 20.11 万件，有效注册商标 12.69 万件，累计有效注册商标 128.83 万件，比上年增长 8.9%。马德里商标国际注册新增 168 件。新申请集体商标 12 件，全市累计有效集体商标 146 件。新申请地理标志证明商标 3 件。全年商标质押融资企业 398 个，质押商标 972 件，质押金额 58.59 亿元。新建成商标品牌指导站 14 个。

【西湖龙井茶品牌管理和保护】2023 年，市市场监管局出台《西湖龙井国家地理标志产品保护示范区建设 2023 年度实施方案》，召开西湖龙井国家地理标志产品保护示范区筹建工作小组专题会议，推动示范区筹建。印发《西湖龙井茶防伪溯源专用标识管理办法》，制定《地理标志产品 西湖龙井茶》（DB3301T 1135—2023）市级地方标准，制定《西湖龙井地理标志专用标志申请使用管理规范》等 7 个团体标准，完成 64 个相关行业标准、地方标准和团体标准的制定。全市查处违法“西湖龙井”商标专用权案件 15 件，其中移送公安机关 6 件，罚款近 20 万元。“西湖龙井”富农实践工作入选全省首批地理标志富农最佳实践案例。“西湖龙井”获首届浙江省知识产权奖地理标志类一等奖。

（李　甜）

责任编辑　秦文蔚　何　彬

17 西湖风景名胜

综述

【西湖风景名胜区布局与特点】 杭州之美，美在西湖。以西湖为中心的西湖风景名胜区总面积约60平方千米，其中西湖水面6.38平方千米，是国务院首批公布的国家重点风景名胜区，也是全国首批十大文明风景旅游区和国家AAAAA级旅游景区，素有“东方文化名湖”之誉。2011年6月，“杭州西湖文化景观”被列入“世界遗产名录”下的“世界文化景观遗产”，遗产面积43.3平方千米。2014年，联合国教科文组织授予杭州市“世界遗产保护管理荣誉证书”。

地理区位优越，人景交融相得益彰。城景交融。西湖风景名胜区位于杭州市中心，中含秀丽的西湖，东临市中心城区，南、西、北三面被海拔不超过400米的内外两圈群山环绕，内圈有飞来峰、南高峰、玉皇山、凤凰山、吴山、葛岭、宝石山等，外圈有北高峰、天马山、天竺山、五云山等，呈现“三面云山一面城”的空间格局。西湖风景名胜区下辖西湖街道，有9个村、6个社区、3个经济合作社，2023年常住人口5925户、3.27万人。

自然景观精致，湖光山色如诗如画。西湖湖中被孤山、白堤、苏堤、杨公堤分隔，按面积大小分为外西湖、西里湖、北里湖、小南湖及岳湖5片水面，其中外西湖面积最大。西湖常水位水面面积6.38平方千米，平均水深2.27米，库容量约1450万立方米。2023年，引水1.4亿立方米，湖心平均透明度88.9厘米，5个市控以上断面水质保持地表Ⅲ类水标准，其中小南湖均值达到地表Ⅱ类水标准。环湖四周，绿荫环抱，山色葱茏，画桥烟柳，云树笼纱，名胜众多。有三秋桂子、六桥烟柳、九里云松、十里荷花等100余处各具特色的公园景点。其中最为著名的分别是苏堤春晓、曲院风荷、平湖秋月、断桥残雪、柳浪闻莺、花港观鱼、雷峰夕照、双峰插云、南屏晚钟、三潭印月“西湖十景”，云栖竹径、满陇桂雨、虎跑梦泉、龙井问茶、九溪烟树、吴山天风、阮墩环碧、黄龙吐翠、玉皇飞云、宝石流霞“新西湖十景”，灵隐禅踪、六和听涛、岳墓栖霞、湖滨晴雨、钱祠表忠、万松书缘、杨堤景行、三台云水、梅坞春早、北街梦寻“三评西湖十景”。

历史文化厚重，人文景观相融。西湖在近千年自然与人文历史演变过程中，融汇和汲取中国传统佛教文化、儒家文化、道教文化。西湖周边人文荟萃，古迹遍布，有全国重点文物保护单位21处、省级文物保护单位27处、市级文物保护单位55处。有博物馆（纪念馆）20余个，其中西湖博物馆总馆、中国茶叶博物馆为国家一级博物馆。湖山胜景、文化遗迹交相辉映，自然人文、历史艺术融为一体，是中国著名历史文化游览胜地。“南宋皇城遗址”“五四宪法与西湖”入选浙江省优秀文化基因解码项目。

【景区迎亚运会和亚残运会全域提升】 2023年，西湖风景名胜区完成龙井路、灵隐路、北山街、杨公堤道路改造提升，整治建筑立面256处、1.3万平方米，对南山路、北山街、白堤、孤山路、杨公堤、苏堤6处高保洁区和41处国际化标识标牌优化改造，开展道路井盖巡查、街容景观拾遗补阙，专项整治双峰桥、龙井支路桥等桥梁伸缩缝桥台跳车。在亚运会火炬传递5.2千米沿线，修复道路5215平方米、人行道2450平方米，更新增设果壳箱55只，布置园林小品摆花25处、大型立体花坛2个，彩化美化面积近5000平方米，断桥荷区、北山荷区充实西湖红莲、秋荷2000余盆，全域提升景区整洁度、美观度、舒适度，迎接杭州亚运会和亚残运会举行。

【景区亚运会和亚残运会接待保障】 2023年杭州亚运会和亚残运会期间，杭州西湖风景名胜区管委会制作《亚运大家庭成员／西湖游船和三潭印月／接待服务工作手册》，组织亚运西湖讲堂等演练培训，成立英语讲解团队，推出中、英、日、韩、意五国语言线上讲解服务，增加130余处外币刷卡点，环西湖商户可提供3种以上金融服务。景区接待亚运会和亚残运会相关团体到访42批次、1248人次，占全市接待任务90%。

【景区“大安全”风险防控】 2023年，西湖风景名胜区推出“大安全”工作体系，全域树立“西湖无小事、不出事”理念，坚持“变被动改为主动查、源头防”思路，以“条抓块管”模式，全域构建1个“大安全”风险防控体系、9个重点风险防控领域、9个属地单位、58个网格、N个企事业单位的“1+9+9+58+N”的“大安全”风险防控体系。做到小事不出网格、大事不出单位、问题终结在景区，把风险发生概率、已发生风险影响降到最低。“大安全”体系在长假期间有效发挥作用，停车乱收费和手划船服务缩水等多年老大难问题实现“零投诉”。

【景区经济发展】2023年，西湖风景名胜区通过强化目标引领、严格考核激励、优化服务保障等措施，系统开展企业纳管、协税护税、百名干部助百企、联席破难及定期“晾晒”五项行动，内挖潜力，外引活力，完成全年各项经济指标。财政总收入20.41亿元，比上年增长14.5%，其中：一般公共预算收入10.06亿元，增长13.9%；国有企业营业收入15.08亿元，增长83.2%。全年接待各级党政代表团314批次、3832人次，接待中外游客3867.91万人次。西湖龙井茶总产量171吨，下降3.3%，产值2.72亿元，增长5%。

（杭州西湖风景名胜区管委会）

西湖文化景观保护

【西湖风景名胜区文化项目推进】2023年，西湖风景名胜区推进南宋皇城遗址保护利用等文化项目，加速遗址驻军土地置换工作，基本完成土地置换协议谈判，相关议题经市政府第33次常务会议审议通过。南宋皇城综保工程开篇之作——“西方三圣”造像保护罩建设及周边环境整治工程结顶。西湖世界爱情文化公园建设推进，杭州师范大学玉皇山校区局部区域于9月16日开放。长桥溪水生态修复、公园提升改造工程完成。

【文物保护与建档】2023年，西湖风景名胜区完成望湖楼主体建筑修缮、岳庙石质文物保护、平湖秋月碑亭及御书楼保养维护、飞来峰安防、湖州会馆保养维护、通利桥修缮等工程。国民革命军第二十一师北伐战争阵亡将士墓园遗址（血园陵）、弘一法师舍利塔、周恩来农村工作联系点旧址、九曜山造像、清行宫遗址5处文物被列入第八批浙江省级文物保护单位。完成36处市级文物保护单位建档工作。

【西湖博物馆总馆提升改造】2023年6月，杭州西湖博物馆总馆启动展陈、灯光、数字化、周边设施提升工程。9月，新“西湖天下景”固定陈列开放，以“西湖天下景”为主题，按照“浚治之功——我在钱塘拓湖渌”“湖山之胜——松排山面千重翠”“美学典范——淡妆浓抹总相宜”“人文渊薮”“西湖情缘”“天下西湖”6个单元，呈现西湖从古至今演变历程。提升后的博物馆保留西湖全景沙盘，引进最新数字化3D技术与投影技术，展出文物400余件，成为游客可看、可感、可互动的西湖旅游导览。同步推出“高山仰止，千古一人，苏轼主题文物展”，联合故宫博物院、四川博物院、黑龙江省博物馆、辽宁省博物馆、眉州三苏祠博物馆等17个博物馆单位，推出苏轼主题文物252件（套），其中一级文物33件（套）。

2023年8月17日，成都大熊猫繁育研究基地提供的大熊猫“春生”和“香果”入驻杭州动物园

（杭州西湖风景名胜区管委会 供稿）

【中国茶叶博物馆展陈提升】2023年，中国茶叶博物馆按一流标准，系统改造提升南方嘉木——中华茶文化展、“世界茶，茶世界”展览、美美与共——社会捐赠文物精品展、注春啜香——西湖龙井茶专题展、中国传统制茶技艺及其相关习俗非物质文化遗产展5个基本陈列专题。11月29日，“中国传统制茶技艺及其相关习俗”列入人类非物质文化遗产代表作名录一周年纪念活动在中国茶叶博物馆举行，围绕中国茶文化与非物质文化遗产，举行茶“非遗”书籍发布捐赠仪式、10条杭州茶文化旅游线路推介、珍藏版古树普洱茶饼捐赠、“非遗”技艺传承人收徒仪式。杭州“茶都十景”评选同时启动。

【大熊猫入驻杭州动物园】2023年8月17日，杭州动物园（少儿公园）举办建园65周年庆暨大熊猫欢迎仪式，成都大熊猫繁育研究基地提供的2只大熊猫“春生”和“香果”入驻杭州动物园。8月18日开始，通过预约向公众开放，确保亚运会和亚残运会期间中外游客在杭州能见到大熊猫。杭州动物园于1975年开始饲养大熊猫。2019年重建大熊猫馆，“成就”“双好”2只大熊猫回到成都基地。2022年3月，建筑面积约700平方米的新馆竣工，包含2个室内活动场、2个室外活动场、4个内舍。馆内设管理室、科普展区、治疗室、竹（笋）储藏间和喷淋间。

【宝石山及北山街夜景灯光改造通过验收】2023年11月3日，宝石山及北山街夜景灯光安全改造工程通过竣工验收。工程以“节能减排、消除隐患、智慧管理”为宗旨，按照生态环保原则，拆除上树灯具、改变安装方式、更新管线设备、增设智慧化管理平台，提升宝石山、北山街区域亮灯效果，再现“北山情、西子意、水墨境”人文自然景观。工程更换低碳环保灯具3.3万套，敷设电缆140千米，新设、更换和维修配电箱180余个，投入资金3700万元。

【“西湘记”合作推进】2023年6月28日，西湖·湘湖唱好“西湘记”、缔结“姊妹湖”战略合作签约仪式举行，标志着西湖风景名胜区、萧山湘湖国家旅游度假区携手拉开“西湘记”序幕。双方计划在品牌共建、智库共享、文化共兴、旅游共荣、赛事共办、文创共拓、商业共育、资源共融8个方面展开合作。

【西湖音乐喷泉重新启用】2023年7月25日，暂停开放3年多的西湖音乐喷泉重新启用。停开期间，西湖景区投入300万元整体改造喷泉，更换老旧设备、增设新型数控设备、更换电缆和全部2548套水下灯具。音乐喷泉每天19:30开始，连续播放4首歌曲（15~20分钟）。

【中国（合肥）国际园林博览会“杭州园”开园】2023年9月26日，第十四届中国（合肥）国际园林博览会开幕，作为38个城市展园之一的“杭州园”同步开园。由市园林文物局、杭州西湖风景名胜区管委会组织实施，杭州植物园承建的“杭州园”占地2912平方米，取名“亦乐园”，着眼“宋韵”“观鱼”，打造极富江南园林韵味、宋韵文化底蕴、百姓生活气息园景。12月26日，在闭幕式颁奖典礼上，“杭州园”获评最佳综合城市展园、最佳植物专项城市展园、最佳技术创新城市展园。

【中国风景名胜区智慧景区发展峰会】2023年7月21日，由中国风景名胜区协会、浙江省风景名胜区协会主办，杭州西湖风景名胜区管委会承办的中国风景名胜区智慧景区发展峰会在杭州举行。活动以“智创未来，促进风景名胜区高质量发展”为主题，探讨风景名胜区数字化建设转型升级之路，现场发布《智慧景区评价指标》团体标准和《智慧景区建设指南》。

【“西湖文化在亚洲地区的传播及影响”学术论坛】2023年7月21日，“西湖文化在亚洲地区的传播及影响”学术论坛举行。论坛由杭州西湖风景名胜区管委会、市园林文物局主办，邀请日本、韩国等国家的学者及国内相关领域专家，围绕“西湖文化在亚洲地区的传播及影响”，就各国西湖文化研究成果开展学术研讨，凝聚海内外重视和保护西湖世界遗产力量。

【中意世界文化遗产地结好论坛】2023年10月24日，由市政府、省文物局、意大利驻华大使馆主办，市委宣传部、杭州西湖风景名胜区管委会承办的中意世界文化遗产地结好论坛在杭州举行。论坛以“守护中意文化遗产 促进文明交流互鉴”为主题，旨在深化中意文化遗产领域交流合作与互学互鉴。来自中意两国文物部门和世界文化遗产地保护机构代表近100人参加论坛。中意两国文物部门和专家代表围绕中意世界文化遗产保护理念、经验开展对话，杭州、维罗纳等中意结好世界文化遗产地保护机构代表围绕世界文化遗产保护传承利用开展交流。论坛受到主流媒体关注，传播量4000余万次，《人民日报》、新华社、中央广播电视总台等媒体刊发报道121篇（条）。文化和旅游部副部长、国家文物局局长批示予以肯定。

【“东亚书院与儒学”国际学术研讨会】2023年11月9日，第十届“东亚书院与儒学”国际学术研讨会暨中国书院学会在杭州万松书院召开。来自中国书院学会、北京大学、清华大学、中国人民大学、中国社会科学院、湖南大学，以及韩国书院学会、韩国学中央研究院·韩国学大学院、韩国国立庆尚大学校师范大学的100余名专家学者参加，围绕“东亚书院与儒学”展开研讨。“东亚书院与儒学”国际学术研讨会是中国、日本、韩国等国家书院研究组织机构共办的系列国际性学术会议，实行年度轮流主办，在高校或书院举行。

（杭州西湖风景名胜区管委会）

景区综合管理

【景区政务服务】2023年，西湖风景名胜区组建西湖景区政务“跑小西”服务队，开设外语服务专窗，配备外语服务专员和多国语言翻译器、免开口双语服务卡，为外籍运动员、游客提供高频事项“一对一”服务。设置无障碍服务专窗、低位服务台、电脑读屏软件、手语翻译软件，配备轮椅。搭建环西湖推广体验平台，将政务服务“嵌入”区党群服务中心数智服务

2023年10月24日，中意世界文化遗产地结好论坛在杭州举行

（杭州西湖风景名胜区管委会 供稿）

平台，以及环西湖各党群服务驿站，推出“七个一”亚运特色政务服务：一个亚运政务专员、一个外语服务专员、一份高频事项清单、一份办事指南、一个办事码、一个办事端口、一张办事地图。组建三级慈善服务矩阵，培育慈善组织1个，上线慈善项目4个。实施“西子暖情365”服务项目，设立50万元的名胜区“西子暖情，共助同行”慈善信托基金。

【新时代和美乡村建设】2023年，杭州西湖风景名胜区管委会制订《名胜区深化新时代“千万工程”和美乡村建设实施方案》，推进西湖风景名胜区农村人居环境整治提升五年行动，打造“全域景区化”景中村，建设宜居宜业和美乡村。把景中村建设成为具有“江南韵、乡愁味、国际范、时尚风、活力劲、共同富”的新时代宜居宜业和美乡村。12月26日，新一轮景中村整治首个项目——莲花峰、玉皇山、观音洞区块综合提升工程开工，按照微整治、小范围提升与集中整治分类同步推进思路，系统整治提升景中村，确保2027年实现和美乡村全覆盖。

【无障碍旅游景区通过国家标准委验收】2023年，西湖风景名胜区8条道路、128座公厕、30个停车场、37处公共设施、12个接待宾馆开展无障碍设施改造提升，更新无障碍标识标牌420块。推出无障碍专用接待船和观光车，组织接待、讲解、保洁、窗口等一线人员适残服务培训，657处景点实现无障碍手语翻译及讲解服务全覆盖，打造无障碍旅游服务圈。西湖风景南宋风华游、茶香古韵遇杭州游入选杭州市首批无障碍旅游线，杭州动物园成为山地式无障碍动物园，中国茶叶博物馆是杭州唯一有盲文及手语信息展示的博物馆。全国首个无障碍旅游景区试点项目获国家标准委专家验收通过，景区无障碍建设被列入全国首批高质量融合建设十佳案例。

【景区交通治理】2023年，西湖风景名胜区完成满觉陇路虎跑路口、双峰路满觉陇路口、中法路天竺路口、北山街环城西路口4处交通设施改造。针对景区旅游业复苏及旅游旺季人流车流高峰，通过开通水上交通巴士，试行机动车单双号限行，限外地车辆进入，本地小客车单双号限行，灵隐景区限制出租车、网约车进入，规范出租车、网约车定点上下客，景区外围公交接驳等交通组织措施优化，景区拥堵指数下降明显。中秋、国庆假期景区白天延时指数均值1.85，比五一假期下降39.1%；拥堵指数峰值最高为10月2日的3.36，比5月1日的峰值5.94大幅下降。

【景区平安创建】2023年，西湖风景名胜区开展安全生产隐患大排查、大起底、大整治，排查点位8663个，发现化解风险4910条，审批各类大型活动30场，安全生产形势持续向好。景区连续36年未发生森林火灾。

【数字景区建设】2023年，西湖风景名胜区迭代升级“大安全·数智中心”，实时完成全量数据归集上图展示。建设前端AI智能设备225路，实现人脸、车牌、电子围栏入侵、野外用火、防汛水位等6类智能识别应用。通过建设AI解析算力中台，实现算法纳管、算力调度，支持客流计算、黑车野导识别、水位预警、落水预警等多维度场景。

【亚运观光车出街】2023年7月14日，西湖风景名胜区“看亚运·游西湖”西湖景区观光服务动员大会暨亚运观光车首发仪式在涌金广场举行，杭州亚运会定制亚运观光车首次推出。亚运观光车有“水韵潮涌”“弄潮儿”“时代宋韵”3款车型，车身设计以亚运潮涌为主元素，提取宋画中西湖图景，集浙江澎湃活力、杭州宋韵文化、西湖山水景观于一体，展现勇立潮头亚运精神，蕴含风雅温润水韵气质。

【西湖游船上新】2023年10月8日，西湖第五代新型智慧画舫启航，西湖游船进入全新智慧游船时代。推出1艘大舫、4艘小舫5艘新型智慧画舫，结合前沿科技与东方艺术，新增5G通信、北斗定位、智能辅助驾驶、双目识别测距等尖端智能辅助驾控功能，提高船舶特性和行驶安全；采用低碳、环保、清洁的锂电池新能源驱动，融入绿色生态理念和时代特色。大型画舫“玉津舫”整体设计以中国传统“凤”鸟为题，以杭城特色元素为缀，寓意百鸟之王。4艘小型画舫以西湖莲花珍品“并蒂莲”为设计原型，船体外观采用“茎秆一枝、花开两朵”的概念，入水后会倒映出另一朵莲花，分别命名“隐秀”“景行”“浚源”“玉带”。

【社区配套设施完善】2023年5月，景区净寺社区阔石板区块开工建设社区配套用房、地下停车库、室外配套工程，完善基础设施，解决净寺社区阔石板区块停车难问题，提高基层社区公共服务质量，改善居民居住条件，提升生活品质。新建工程地上建筑面积4960平方米、地下建筑面积5600平方米。

【“一老一小”服务保障】2023年，西湖风景名胜区着眼“一老一小”服务保障，新增7名持证养老护理员，每1万名老年人拥有持证护理员31人。新增九溪老年食堂，村社助餐服务覆盖率80%，服务1.8万人次，爱心驿站设置共享洗衣房，老年食堂“全城通”上线率100%。建成婴幼儿示范型成长驿站，新增托位40个，每千人拥有托位数5.8个。建立医疗资源“双循环”模式。成立名师培育基地，聘请特级教师加入导师专家团队，提高学校教育质量。

（杭州西湖风景名胜区管委会）

特色活动

【杭州市民兰花节】2023年2月5—12日，杭州市民兰花节暨第十一届杭州春兰精品展在郭庄举行。展览以“宋韵兰香 迎祥纳福”为主题，有沪、苏、杭三地40余个企事业单位和个人选送的春兰品种200余种、400余盆。现场展示宋韵山水人物花鸟画、宋韵环境小品、兰花文化长廊。展览由杭州西湖风景名胜区管委会主办，杭州市兰花协会、西湖风景名胜区花

2023年3月6日，纪念岳飞诞生920周年祭祀大典在杭州岳庙举行　　（杭州西湖风景名胜区管委会 供稿）

港管理处承办。

【纪念岳飞诞生920周年祭祀大典】2023年3月6日（农历二月十五），纪念岳飞诞生920周年祭祀大典在杭州岳庙举行。“春秋岳王祭”从南宋延续至今已800余年，是第七批杭州市非物质文化遗产代表性项目。祭祀大典以敬献花篮、三鞠躬礼、诵献祭文、敬酒、扫墓等仪规再现“春秋岳王祭”盛景。全国各地近150名岳氏后裔参加。3月6日至4月6日，岳庙举办第八届岳飞文化节系列活动。

【癸卯元宵钱王祭】2023年2月8日，癸卯元宵钱王祭在杭州钱王祠举行，活动由杭州西湖风景名胜区管委会主办，西湖水域管理处、杭州钱镠研究会承办。来自全国20余个省（自治区、直辖市）的600余名钱氏后裔和市民参加，恭祭五代吴越国三世五王。元宵钱王祭于2008年恢复，每年依照祭规条例举行。

【“茶香器韵·品味中国”中国茶文化展】2023年3月27日至6月9日，由文化和旅游部指导，马德里中国文化中心主办，中国茶叶博物馆承办的“茶香器韵·品味中国”中国茶文化展在西班牙马德里中国文化中心举行。该展为“中西文化和旅游年”系列活动之一。展览由茶事雅集·序章、茶·器之源、茶·萃之集、茶·茗之品四部分组成，以中国茶文化为主题，通过茶事雅集、茶的历史与海外传播、中国传统制茶技艺及其相关习俗、茶品集萃、茶艺问道，呈现中华茶文化。

【六和塔牡丹精品展】2023年4月1—15日，第十五届“天香·人和”六和塔牡丹精品展举行。展出近70个地栽品种、130个盆栽品种，有高杆日本牡丹、紫斑牡丹等特色品种，有通过品种驯化将地栽转为盆栽的牡丹植株供市民游客观赏。展出期间同步推出“漫游六和，章集好运”、民乐快闪、跟着大师赏牡丹等系列活动。

【“飞来寻踪”导赏】2023年4月26日，“飞来峰里的文化亚洲展览”暨第四届“飞来寻踪”导赏在飞来峰景区举行。展览由省文史研究馆、市园林文物局和杭州西湖风景名胜区管委会主办，西湖风景名胜区灵隐管理处承办。导览设飞来肇始、石刻万像、森壁摩崖、爱达未来4个板块，展出34件造像拓片、20组照片、2件3D打印复刻、9幅书法篆刻、10组文创作品。灵隐管理处匠人创作一批诗画园林小品。“飞来寻踪”导赏系列推出后，到访游客100余万人次，受到新华社、中新社等媒体关注。

【“茶和天下”雅集活动】2023年5月15日，“茶和天下”雅集启动仪式在北京举行。活动由文化和旅游部主办，中国对外交流协会、海外中国文化中心和驻外旅游办事处、恭王府博物馆、中外文化交流中心、中国茶叶博物馆承办。联动全球41个国际组织及中国驻外使领馆，依托海外中国文化中心和驻外旅游办事处，于5月21日“国际茶日”前后在全球范围举办“茶和天下”雅集活动。文化和旅游部、浙江省政府领导，以及联合国教科文组织驻华代表、41个国家和国际组织驻华外交官参会。活动以雅集为载体，围绕中国传统制茶技艺及其相关习俗，聚焦绿茶、红茶、乌龙茶、白茶、黑茶、黄茶、再加工茶，以及全国15个省（自治区、直辖市）44个国家级“非遗”代表项目，通过实物、图片、影像、“非遗”活态、文艺表演、交流互动，展示茶文化背后蕴含的天人合一、和谐共生思想理念，展现中国茶文化。

【青少年三大赛事优秀作品展】2023年5月20日，第十一届杭州市青少年西湖明信片大赛、第十三届童画杭州名人主题绘画大赛、第十五届杭州市中小学生陶艺大赛颁奖典礼暨优秀作品展启动仪式在杭州西湖博物馆总馆举行。活动由杭州西湖风景名胜区管委会、市园林文物局、市教育局、市未成年人思想道德建设暨青少年学生第二课堂领导小组办公室、中国国际动漫节执委会办公室、杭报集团联合主办。展览以“宋韵迹忆”为主题，以明信片、绘画、陶艺3种创作形式展现西湖之美。青少年借助明信片、陶艺、名人画作等艺术作品，展示西湖诗意景观、人文艺术、精致生活，展现宋韵文化。展览利用裸眼3D多媒体技术，立体化动态展示南宋官窑青瓷。

【“云上龙门牵手飞来峰”大型直播活动】2023年6月5日，杭州西湖风景名胜区管委会、洛阳龙门石窟研究院联合举办“云上龙门牵手飞来峰”大型直播活动。直播分“各美其美，美美与共——文明交流互鉴视角下弥勒形象的演变”“比日长悬，随山永固——龙门石窟的碑刻”“东南佛国——探寻五代到宋时的飞来峰”“汉藏多民族交融——飞来峰元代石刻造像的历史文化价值”“从盛世光芒到缤纷多彩——云上龙门牵手飞来峰”5个主题，通过洛阳、杭州两地主流媒体及行业新媒体平台，展现龙门石窟和飞来峰造像两大石窟艺术。

【西湖国风节】2023年6月22—24日，第二届西湖国风节举行。活动分“国家京剧院演艺、国风音乐节、西湖武林大会”3个专场，现场有国风市集、“宋韵十雅”系列展演、沉浸式国风剧本游、现场音乐演艺、国风美人立体式游园等互动环节。

【古树名木主题展】2023年7月5日至11月30日，“云木参天·葳蕤千年”——杭州市首届古树名木主题展在云栖竹径枫香古树文化公园举行，主题展首次集中向公众展示全市古树名木。杭州有古树名木2.89万株、省级古树名木文化公园14个，其中城区范围有古树名木1242株、省级古树名木文化公园4个。展览以古树文化故事、古树保护历程、古树保护案例3个篇章向公众介绍杭州市古树名木的景观、生态和人文价值及保护现状。其间，举办宣教活动和文化课堂，与市民游客互动。活动由市园林文物局、杭州西湖风景名胜区管委会主办，市园林绿化发展中心承办，浙江日报传媒有限公司、浙江保利城市发展有限公司协办。

【黄龙夜游升级】2023年10月1日，由西湖风景名胜区岳庙管理处与杭州水秀文化集团合力打造的黄龙洞景区沉浸式夜游“潮汇黄龙·缘份空间”与观众见面。升级后的“夜游黄龙”在保留黄龙洞景区原始风貌和“缘”文化基础上，全面升级园内景观光影和建筑，融合演艺表演、艺术装置、创意市集、餐饮、元宇宙等夜游元素。自主设计的大型人工智能互动多媒体艺术装置“许缘树”，造型取自云朵与果实，代表传统的祈福文化。“元宇宙”概念首次引入景区，古风元气少女“龙玥”在景区圆缘民俗园入口处与游客互动问答，给观众沉浸式夜游体验。

【韩美林艺术馆18周年系列活动】2023年10月19日，“1864——杭州韩美林艺术馆熊猫特展”开幕式暨“杭州韩美林艺术馆18周年再出发”启动仪式在杭州举行，近1000只韩美林笔下的熊猫在艺术馆展出。同时举办“美林美育”艺术体验市集。“1864”是全国第四次大熊猫数量调查结果：至2015年年末，全国有野生大熊猫1864只。

【菊花艺术展】2023年10月31日至12月3日，长三角第三届菊花精品展暨杭州第九届菊花艺术展在杭州植物园举行。菊花展由浙江、江苏、安徽、上海三省一市28个单位共同协办，展出12个菊花园林艺术小品，以及1300余盆品种菊。菊展分3个展区：菊花小品区，以“绿水青山，共享繁华”为主题，布置12组菊花小品；环境布置区，以造型菊（塔菊、立菊、悬崖菊、盆景菊等）为主，布置各种造型菊；品种菊展区，以“共享共富，一路繁花”为主题，展示各地送展的品种菊。11月24日，在无锡市举办的第十四届中国菊花展览会上，由杭州市园林文物局、杭州西湖风景名胜区管委会制作的室外景点作品、标准展台作品获菊展最高大奖。

【杭州市雕塑院40周年纪念展】2023年12月23日至2024年3月1日，刻画时代精神——杭州市雕塑院40周年纪念展在杭州举行。展览以刘开渠先生题词的“刻画时代精神”为主题，展出杭州市雕塑院老、中、青3代雕塑家作品109件，展现杭州市雕塑院发展脉络、艺术追求、价值担当。创建于1983年的杭州市雕塑院原名杭州市城市雕塑创作室，主创设计杭州第19届亚运会主火炬塔“钱江潮涌”，创作出嘉兴南湖雕塑《火种》、杭州武林广场音乐群雕，以及《西湖世界遗产标志》《良渚之光》等作品，获多项国家级美展大奖，多次参与举办国际性户外雕塑大展及学术活动。

（杭州西湖风景名胜区管委会）

责任编辑　须同威

18 旅游业

综 述

【旅游总收入1804.17亿元】2023年,杭州市接待境内外游客1.193亿人次,比上年增长47.2%。其中,接待境内游客1.188亿人次,增长46.8%。全年旅游总收入1804.17亿元,增长29.9%。其中,国内旅游收入1784.92亿元,增长28.8%。旅游休闲产业增加值1097亿元,增长18.0%,占全市地区生产总值的5.5%。

【入境旅游46.62万人次】2023年,杭州市接待入境游客46.62万人次,比上年增长3.84倍。旅游外汇收入2.73亿美元,增长4.63倍。到杭州的外国人32.48万人次,增长3.64倍。其中:亚洲17.10万人次,欧洲6.28万人次,美洲6.49万人次,大洋洲1.33万人次,非洲及其他地区1.27万人次。到杭州旅游的十大客源国分别是美国、越南、韩国、马来西亚、新加坡、日本、俄罗斯、澳大利亚、加拿大和德国。以上客源国的旅游人数占全年接待外国人总数的64.4%。

【旅游业高质量发展】2023年3月13日,市政府出台《关于加快促进旅游业高质量发展的实施意见》。3月22日,市委、市政府召开全市旅游业高质量发展大会。杭州京杭大运河(拱墅段)入选"国家文化产业和旅游产业融合发展试验区"。拱墅区武林路时尚街、余杭区良渚文化村·玉鸟集和建德市寿昌古镇创建第三批省级夜间文化和旅游消费集聚区。新增省示范级文旅融合IP2个、省创建级文旅融合IP4个。杭州方回春堂河坊街馆和桐庐桐君山创建省级中医药文化养生旅游示范基地。8个领军型企业、19个骨干型企业、12个新锐型企业被纳入第三批浙江省文化和旅游企业梯度培育计划名单。19个企业入选全省数字文化梯度培育名单,其中领军型企业3个、骨干型企业8个、新锐型企业8个。德寿宫遗址博物馆等2个单位被评为宋韵杭式生活体验基地,江南铜屋等14个单位被评为宋韵杭式生活体验点。

【文化和旅游重大项目投资】2023年,杭州市推动文化和旅游重大项目投资。全市纳入文化和旅游项目库的在建项目297个,实际完成投资658.17亿元,完成年度计划的123.8%。

(市文化广电旅游局)

旅游资源

【国家A级旅游景区117个】至2023年年末,杭州市有国家A级旅游景区117个。其中:国家AAAAA级3个,国家AAAA级43个,国家AAA级61个,国家AA级10个。

表10 2023年杭州市游客量及旅游收入一览表

地 区	游客量(万人次)	比上年增长(%)	总收入(亿元)	比上年增长(%)
杭州市	11927.85	47.16	1804.17	29.87
上城区	1796.63	56.60	279.45	41.91
拱墅区	717.45	26.61	155.39	29.32
西湖区	2156.69	66.18	240.10	34.96
滨江区	320.53	16.85	61.94	12.17
萧山区	1274.39	57.57	200.55	43.25
余杭区	1166.94	47.00	156.04	22.68
临平区	568.41	40.38	80.63	19.19
钱塘区	285.06	5.48	61.72	7.99
富阳区	509.86	26.04	88.52	15.23
临安区	692.48	52.78	121.41	43.72
桐庐县	734.22	37.03	117.52	21.85
淳安县	1262.07	54.64	183.39	35.66
建德市	443.13	33.49	57.52	6.41

(资料来源:市文化广电旅游局)

表 11　2023 年杭州市接待国内游客量及旅游收入一览表

地区	游客量（万人次）	比上年增长（%）	总收入（亿元）	比上年增长（%）
杭州市	11881.23	46.76	1784.92	28.79
上城区	1783.50	55.80	274.17	39.99
拱墅区	705.86	24.73	150.39	25.45
西湖区	2150.82	65.85	237.79	33.95
滨江区	319.17	16.46	61.33	11.27
萧山区	1271.88	57.44	199.55	42.90
余杭区	1164.57	46.76	155.08	22.04
临平区	564.78	39.58	79.12	17.13
钱塘区	280.45	4.83	59.74	5.42
富阳区	509.56	25.99	88.40	15.13
临安区	692.15	52.72	121.28	43.59
桐庐县	734.04	37.14	117.44	22.06
淳安县	1261.37	54.59	183.15	35.56
建德市	443.09	33.48	57.50	6.39

（资料来源：市文化广电旅游局）

表 12　2023 年杭州市接待入境游客量及旅游收入一览表

地区	游客量（万人次）	比上年增长（%）	外汇收入（万美元）	比上年增长（%）
杭州市	46.62	383.49	27314.93	462.68
上城区	13.13	416.50	7502.47	371.30
拱墅区	11.59	1382.07	7102.49	1607.43
西湖区	5.87	511.40	3282.78	470.79
滨江区	1.36	444.13	870.26	473.09
萧山区	2.51	173.31	1421.43	167.08
余杭区	2.37	648.17	1355.53	688.17
临平区	3.63	1284.27	2141.73	1313.48
钱塘区	4.61	70.29	2811.78	287.41
富阳区	0.30	271.77	161.70	227.82
临安区	0.32	739.56	186.60	767.79
桐庐县	0.17	−68.64	110.20	−68.20
淳安县	0.71	206.41	341.33	194.77
建德市	0.04	440.38	26.64	432.30

（资料来源：市文化广电旅游局）

【旅行社 1079 个】至 2023 年年末，杭州市有旅行社 1079 个，比上年增加 79 个。其中：经营境内旅游业务、入境旅游业务的旅行社 959 个，经营出境旅游业务的旅行社 120 个。全市有星级旅行社 137 个，其中五星级 25 个、四星级 55 个、三星级 57 个。

【星级饭店 91 个】至 2023 年年末，杭州市有星级饭店 91 个，比上年减少 6 个。其中：五星级饭店 22 个，四星级饭店 37 个，三星级饭店 22 个，二星级饭店 10 个。全市星级饭店有客房 2.06 万间，床位 3.28 万张。平均客房出租率 61.8%，增长 31.1%；平均房价 432.60 元 / 间，增长 11.2%。

【旅游专项规划编制】2023 年，杭州市启动实施《杭州市大运河文化和旅游融合发展专项规划》和《杭州市文化设施专项规划（2022—2035 年）》编制。《杭州市大运河文化和旅游融合发展专项规划》通过对杭州市域大运河文化和旅游资源进行梳理整合，科学评估发展优势和不足，明确文旅融合发展在大运河国家文化公园建设中的目标、路径和举措。《杭州市文化设施专项规划（2022—2035 年）》通过梳理文化设施现状，优化配建指标和布局各类文化设施，提出全市文化设施建设目标和空间布局近期建设计划，为全市公共文化设施建设提供重要参考依据。全年编制完成 3 个专题研究报告（文化名城对标研究、设施配建标准研究、文旅融合发展研究）和 2 个调研报告（现场调研小结、问卷调查报告），形成“专项规划文本 + 说明书 + 图集”的核心成果。

【“百城千镇万村景区化”工程打造】2023 年，杭州市打造“百城千镇万村景区化”工程取得阶段性成果。富阳区被评为 AAAAA 级景区城，余杭区被评为 AAAA 级景区城。余杭区良渚街道、淳安县姜家镇被评为浙江省 AAAAA 级景区镇，上城区小营街道等 12 个乡镇（街道）被评为浙江省 AAAA 级景区镇，上城区望江街道等 11 个乡镇（街道）被评为浙江省 AAA 级景区镇。西湖区转塘街道外桐坞村等 7 个村被评为浙江省金 AAA 级景区村庄，萧山区张家弄村等 60 个村被评为浙江省 AAA 级景区村庄。

（市文化广电旅游局）

【文化旅游带开发】2023 年，杭州市推进“诗路文化·三江两岸”文化旅游带开发，围绕“三江两岸”举办二十景评选、国际推广周等系列宣传推广活动，打造“潮涌钱塘·精彩三江”文旅金名片。新建 5 艘游船投入运行，10 条水岸互动精品旅游线路在杭州亚运会前推出，七甲闸客运码头建成并投入运营，浙江第一码头和六和塔码头具备靠泊条件。12 月，完成《“诗路文化·三江两岸”水上黄金旅游线实施规划（征求意见稿）》编制。

［市文化广电旅游局
市商旅集团（市运河集团）］

表 13　2023 年杭州市国家 AAAA 级以上旅游景区（景点）接待游客量及门票收入一览表

景区（景点）名称	等　级	游客量（万人次）	比上年增长（%）	门票收入（万元）	比上年增长（%）
杭州西湖风景区	AAAAA	3867.91	180.95	43029.73	194.22
淳安千岛湖风景名胜区	AAAAA	930.80	113.40	24744.43	171.70
西溪国家湿地公园	AAAAA	573.58	23.93	4939.18	93.22
皋亭山景区	AAAA	60.00	12.10	—	—
杭州市清河坊历史街区	AAAA	1629.14	79.24	—	—
玉皇山南基金小镇	AAAA	45.38	-11.86	—	—
京杭大运河・杭州景区	AAAA	2066.99	—	—	—
杭州宋城旅游景区	AAAA	841.75	377.32	75407.81	417.81
龙坞茶镇景区	AAAA	275.12	—	—	—
杭州雷峰塔景区	AAAA	571.10	333.41	21006.90	356.28
杭州乐园	AAAA	224.54	-0.95	12325.12	-9.93
杭州东方文化园	AAAA	9.59	204.44	236.24	166.46
萧山湘湖景区	AAAA	322.91	40.32	—	—
杭州长乔极地海洋公园	AAAA	58.98	60.14	14473.28	96.50
浙旅院国际教育旅游体验区	AAAA	6.60	—	—	—
余杭梦想小镇	AAAA	70.19	47.36	—	—
余杭双溪竹海漂流景区	AAAA	9.58	-9.54	—	—
杭州山沟沟景区	AAAA	9.12	38.18	283.86	7.63
良渚博物院	AAAA	99.98	31.70	—	—
余杭径山景区	AAAA	611.92	19.05	2668.99	-35.72
杭州临平超山风景名胜区	AAAA	94.58	89.17	52.25	-84.52
临平塘栖古镇（水北街）	AAAA	327.25	42.97	—	—
富阳黄公望隐居地景区	AAAA	20.14	32.62	342.30	212.77
杭州龙门古镇	AAAA	65.09	297.86	493.91	83.71
富阳富春桃源风景区	AAAA	45.48	137.59	840.03	125.81
杭州野生动物世界	AAAA	121.57	41.18	23409.51	93.85
临安天目山景区	AAAA	12.88	103.15	701.27	57.83
临安太湖源景区	AAAA	22.00	105.61	400.00	10.31
临安大明山景区	AAAA	37.42	39.99	—	—
浙西大峡谷景区	AAAA	10.89	439.12	198.61	87.92
青山湖景区	AAAA	247.92	—	869.98	—
瑶琳仙境景区	AAAA	93.48	309.65	3510.83	143.72
桐庐严子陵钓台景区	AAAA	38.11	173.17	2724.77	170.10
桐庐垂云通天河景区	AAAA	84.23	125.33	15113.40	182.09
桐庐江南古村落	AAAA	161.72	143.04	—	—
桐庐天子地生态风景旅游区	AAAA	24.00	213.32	390.90	85.31
下姜景区	AAAA	115.39	23.19	—	—
千岛湖乐水小镇・文渊狮城	AAAA	11.98	24.66	121.73	30.31
淳安县千岛湖石林景区	AAAA	3.09	101.63	65.16	-20.88
航空小镇	AAAA	104.40	1.32	1731.14	-4.64
大慈岩景区	AAAA	21.13	153.00	495.21	87.83
灵栖洞景区	AAAA	20.80	85.22	841.93	95.99
建德七里扬帆景区	AAAA	8.87	24.58	198.51	31.99
严州古城景区	AAAA	9.00	—	—	—

说明：门票收入标示"—"的为不收费景区

（资料来源：市文化广电旅游局）

【旅游业“微改造、精提升”项目实施】2023年,杭州市实施旅游业“微改造、精提升”项目2632个,完成投资127.18亿元。认定杭州市2023年浙江省旅游业“微改造、精提升”示范点501个。

【全域旅游示范区县(市)创建】2023年,杭州市推进全域旅游示范区县(市)创建。至年末,全市有国家全域旅游示范县1个(桐庐县),省级全域旅游示范区县(市、区)9个(淳安县、余杭区、临平区、建德市、西湖区、临安区、萧山区、拱墅区、富阳区)。数量与2022年持平。

【文化和旅游服务场所无障碍环境建设】2023年,杭州市对5条无障碍旅游线路景区、文博场所(馆)进行勘察整改并完成验收。对承担亚残运会接待任务的宾馆饭店、旅游景点、文化场馆无障碍环境进行全面检查,优化文化旅游无障碍服务保障水平。制订杭州城区2023—2024年公共文化场馆、星级宾馆饭店、A级旅游景区无障碍环境建设整改和建设计划,助力杭州市创建全国无障碍示范城市。

【乡村旅游发展】2023年,杭州市创建9个乡村旅游产业集聚区,淳安县枫树岭镇下姜村被联合国世界旅游组织评为“第三批世界最佳旅游乡村”,余杭区径山镇创建全国乡村旅游重点镇。余杭区、临安区4个样板村入选浙江省实施乡村旅游“五创”工程助力新时代“千万工程”建设试点。组织全市民宿业主短视频宣传作品大赛,举办杭州市省级等级民宿培育和文化主题(非遗)培育民宿主人培训活动、全市优质民宿伴手礼产品大赛、“浙韵千宿”高质量发展推进大会。开展“乐宿优选·自在游杭”杭州民宿助力乡村共富活动,推出杭州民宿农特优线上平台,为民宿业主提供培训讲座、宣传推广、线上农产品销售等服务。征集、梳理全市乡村旅游项目97个,编印年度乡村旅游招商手册。全市评定省级等级民宿33个、市级等级民宿30个。

(市文化广电旅游局)

【桥西历史文化街区入选国家级旅游休闲街区】2023年3月1日,文化和旅游部公布第二批国家级旅游休闲街区名单,由市商旅集团(市运河集团)运营管理的桥西历史文化街区入选,是杭州市唯一入选街区。桥西历史文化街区核心区位于京杭大运河南起点地标——拱宸桥区域,绿道延伸涵盖小河历史文化街区、大兜路历史文化街区。占地面积39.62万平方米,主街长2880米,是世界文化遗产点、省级旅游休闲街区。街区呈现出“白墙黛瓦、运河人家”独特的杭州韵味,是具有鲜明大运河文化特色的旅游休闲街区。

【小河公园新文旅业态试营业】2023年6月30日,小河公园河方音乐艺术空间、大盒沉浸艺术空间试运营。小河公园是大运河国家文化公园(杭州段)标志性项目之一,位于杭州拱墅区和盛路与小河路交叉口东侧,紧临大运河,北连桥西直街,南与小河直街相通。小河公园占地面积4.94公顷,保留前身小河油库原有的4个历史仓库和3个油罐,其中保留历史保护建筑约3700平方米。全年小河公园接待游客近150万人次,与桥西直街、小河直街、大兜路历史街区形成良性互动,成为打卡热门景点。

[市商旅集团(市运河集团)]

旅游节庆活动

【“2023文旅市集·杭州奇妙夜”活动】2023年,市文化广电旅游局牵头举办“2023文旅市集·杭州奇妙夜”活动,活动设主会场、分会场和嘉年华三大板块内容。6月21—23日,在上城区吴山商圈举办主会场活动,以“宋韵今辉、奇妙文旅”为主题,吸引上海、南京、成都、开封等12个城市文旅部门和10个博物馆参展,设置19个展示单元,创新打造亚运和宋韵“双YUN”融合奇妙空间。在建德市、富阳区及宁波市设置分会场,开展7个主题40余项嘉年华活动。“2023文旅市集·杭州奇妙夜”活动总曝光量4亿次。该活动被中国旅游研究院(文化和旅游部数据中心)评为“2023夜间经济创新案例”。

【“宋”福杭州年活动】2023年1—3月,市文化广电旅游局联动各区县(市)推出“宋”福杭州年活动。主要包括“宋”福非遗年、“宋”福惠民年、“宋”福书香年等“8+X”活动板块270余项活动,打造集展示、演艺、体验、消费于一体的全新杭州年IP,全面展现杭州宋韵文化传承与生活艺术积淀,形成市、区县(市)联动、政企互动的浓厚氛围。参与活动3029万人次,拉动文旅消费超过2.1亿元,登上中央广播电视总台《新闻联播》5

2023年6月21日,“2023文旅市集·杭州奇妙夜”活动在德寿宫开幕

(市文化广电旅游局 供稿)

次，媒体曝光量超过 3.3 亿次。

（市文化广电旅游局）

【“迎亚运、庆元宵”烟花灯光秀】2023 年 2 月 5 日，2023 年“迎亚运、庆元宵”烟花灯光秀活动在钱塘江沿岸举行。500 架无人机依次呈现亚运会会徽、吉祥物、口号等 10 个画面；钱江新城和上城区、滨江区、萧山区等 13.1 千米沿江两岸组合上演喜迎亚运和欢庆元宵主题灯光秀；时长 30 分钟的烟花秀，由 3.2 万发高空礼花弹、中低空造型烟花和艺术烟花组合呈现。100 余万名市民游客实地观赏，近 1000 万名观众通过直播在线观看。

［市商旅集团（市运河集团）］

【杭州户外休闲旅游节】2023 年 4 月 14—16 日，“野趣杭州·亦可赛艇”三江两岸·2023 杭州户外休闲旅游节在富阳区新桐乡桐洲岛举行。户外休闲旅游节推出 15 个主题板块，线上户外休闲旅游节开启，推出大杭州露营、赏花、徒步等旅游产品。首次发布《杭州户外休闲旅游指南》及“三江两岸”春夏旅游产品。

【宋韵杭式生活节】2023 年 4 月 21—23 日，“忆江南·寻宋味”宋韵杭式生活节在西湖区弥陀寺文化公园举行。生活节邀请耶鲁大学教授等 13 名专家、学者，开设 18 场高规格的名家讲堂、非遗课程和文化沙龙，推出 10 条“迎亚运·游杭州”宋韵文化主题旅游线路，设置十大板块 62 个展位，打造扎根于典籍、活化于生活的宋韵文化空间。

【“中国旅游日”宣传活动】2023 年 5 月 19 日，第 13 个“中国旅游日”宣传活动在大运河音乐公园举行。活动以“美好中国·幸福旅程”为主题，内容主要包括“沿着总书记的足迹看杭州”红色经典线路发布、“看亚运·游杭州”观光旅游线路发布、“三江两岸”二十景征集评选活动启动、杭甬双城记“湖海对话”之“名人与名湖”、组织 12 名旅游达人在德寿宫和杭州国家版本馆等场所开展网络直播等。活动现场开展文旅惠民咨询、民法典宣传，部分景区、酒店推出 70 余项惠民举措，100 余名市民代表和外籍人士开展喜迎亚运、宋韵、乡村共富、“三江两岸”等线路的体验活动。该活动通过央视频、新浪微博、快手、B 站等平台线上同步直播，观众超过 110 万人次。

［市文化广电旅游局
市商旅集团（市运河集团）］

2023 年 10 月 21 日，中国杭州大学生旅游节在浙江外国语学院开幕。图为开幕式活动现场（市文化广电旅游局 供稿）

【大学生旅游节】2023 年 10 月 21 日，由杭州市文化广电旅游局、杭州市教育局、共青团杭州市委、宁波市文化广电旅游局共同主办的中国杭州大学生旅游节在浙江外国语学院开幕。活动以“放飞梦想·YOUNG 帆起‘杭’”为主题，策划“爱上杭州的 1000 个理由”短视频大赛、“在杭州，看见美好未来”文旅交流体验等系列活动，其中“爱上杭州的 1000 个理由”创意短视频大赛收到来自全国 128 所高校及团队的参赛作品 516 个，入围作品 311 个。活动期间，全网媒体总曝光量达 3.6 亿次。

【H'art 杭州艺术周】2023 年 12 月 8—10 日，由市文化广电旅游局、市文化创意产业发展中心、杭报集团主办的 H'art 杭州艺术周暨 2023（第十六届）杭州艺术博览会艺术“典”亮生活·杭州社区市民艺术集市在拱墅区 Tcar 汽车文化主题公园举办。活动期间，“艺术力量”中心展区展出来自美国、法国、德国、日本、韩国、印度等国艺术家的经典代表画作；在“艺术现场”展区展出来自上海、江苏、北京、四川、厦门及杭州等地画廊、策展人和艺术家作品；在“艺术市集”板块融合“点亮生活·惠民艺术市集”“咖啡艺术市集”“O!ART! 艺术品市集”“青鸟艺术美食市集”等主题内容。

（市文化广电旅游局）

旅游推广

【国内会奖旅游市场拓展】2023 年，杭州市组织 10 个单位参加第十四届中国会议产业大会，组织 20 个单位到成都、广州开展会奖客源市场推广促销活动。聘任第 11 批杭州会议大使，发挥渠道力量积极引会。推进“杭州数字经济旅游十景”预约接待工作。至年末，参观旅游十景游客 7648 批次 33.03 万人次。

【杭州文旅海外新媒体营销活动】2023 年，杭州文旅 4 个海外社交媒体平台（Facebook、Instagram、Twitter、YouTube）运用创意视频、品牌活动及产品宣传推广等方式，推出“亚运接力跑”、“杭小忆”虚拟人物设计等活动，“揭秘亚运场馆”“假装在杭州”“老外带我游杭州”“诗里杭州”等系列音视频及“你好，宋潮”“未来感杭州”“亚运线路”等主题栏目，以国际视野展现宋韵、亚运、康养运动等杭州文旅热点。至年末，4 个海外社交媒体平台总关注人数超过 152 万人，总互动数（含视频播放量）超过 254 万次。

【“杭州文广旅游网”升级】2023 年，市文化广电旅游局围绕杭州亚运、宋韵文化等主题，在中文、英文、德文、法文、西班牙语、韩语 6 个语种的杭州文广旅游网发布 1848 篇文章，举行“宋福杭州年”摄影大赛、“云游德寿宫”直播等活动，新建“杭州亚运场馆”“新增亚运赛事”“亚运主题旅游”“南宋十二时辰”等活动类专题，网站总浏览量超过 201.1 万次。完成英文网站、中文繁体网站改版上线，整合多语种网站共同宣传杭州亚运会和亚残运会。

【亚运会旅游宣传品推出】2023 年，杭州市围绕“看亚运 · 游杭州”主题，以“亮点 + 线路”的展示形式，将亚运会吉祥物元素与杭州的世界遗产文化、非物质文化遗产文化、美食文化、江南文化、美丽乡村、主题演艺等进行融合，发布《杭州亚运旅游指南》中英文版手册、主题画册、中英文版旅游地图等。宣传品派发至景区景点、酒店、旅游咨询点等近 630 个网点 80.5 万份，其中派发至亚运村、亚运主媒体中心、亚运接待酒店等亚运会场所 81 个网点 12.5 万份。

【世界旅游联盟 · 杭州之夜文旅推介会】2023 年 2 月 24 日，世界旅游联盟（WTA）总部启用仪式在杭州湘湖举行，“发现杭州 · 文旅总入口”（英文版）发布。7 月 5 日，世界旅游联盟 · 中西旅游对话在西班牙马德里举办。11 月 14—16 日，2023 年世界旅游联盟 · 湘湖对话在杭州举行。借助世界旅游联盟平台，杭州市文化广电旅游局配套举办 3 场杭州之夜文旅推介会。7 月，以宋画宋服、茶艺表演、江南丝竹等展陈互动内容展现杭州的历史文化底蕴。11 月，以“宋韵雅风”为主题，宋韵四雅、宋韵舞蹈、国风宋宴集中推出，向中外嘉宾展现杭州宋韵文旅资源。

【杭州文旅推广计划实施】2023 年 4—12 月，杭州市遴选文旅推广计划第二批专家 50 人，涵盖文物考古、历史研究、遗产保护、艺术创作、生态保护、旅游休闲等类别。邀请 76 名专家推出“大美杭州—专家说城市”大型文旅系列直播活动 7 场，从自然之美、文化之美、创造之美、生活之美 4 个维度入手，以视频直播 + 现场走读、线上 + 线下的方式，让市民游客发现杭州城市更多价值。线上观看量达 426.91 万人次，培训导游总时长达 53.67 小时。

【杭州文化和旅游（波士顿）推介会】2023 年 6 月，市文化广电旅游局组团到美国参加第 44 届波士顿龙舟节，并举行杭州文化和旅游（波士顿）推介会。该活动被外交部列为“2023 年上半年对美地方及各界工作 6 个创新做法”之首。

【“亚运文旅大礼包”向全球派送】2023 年 6 月 1—10 日、8 月 1—10 日、10 月 10—20 日，杭州市分 3 期向全球发放 100 万份“亚运文旅大礼包”，按 30% 境内、70% 境外，吸引 670.6 万境内外游客报名，享受惠民权益 492.7 万人次，直接拉动消费 6.3 亿元。每份礼包通过“亚运 PASS”数字化平台，兑现杭州地铁畅行（7 天）权益 1 份、景区（7 天）畅游权益 1 份、百元通话畅聊权益 1 份，其中随机包含 10 万张杭州亚运会门票。活动通过新华社、美联社等媒体用超过 10 种语言在全球范围内传播，发稿 2000 余篇，覆盖受众 8.4 亿人次。

【杭州“三江两岸”旅游国际推广周活动】2023 年 8 月 29 日，会在山水间——杭州“三江两岸”旅游国际推广周活动启动。该活动举办会奖旅游交易会 1 场和特色文旅资源商务对接会 4 场，完成洽谈 600 人次，达成 50 个合作意向。启动仪式上发布《会在山水间》视频，首发“迎亚运——‘三江两岸 20 · 23 焕新游’”产品（包括水上黄金游线 20 景、13 条水上黄金旅游线路和 10 条“三江两岸”商务旅游线路），开展“三江两岸”会奖旅游国际对话，举办“三江两岸”会奖旅游交易会，助力杭州打造国际“赛”“会”之城。

【“看亚运 · 游杭州”文旅地铁专列推出】2023 年 8 月 29 日至 11 月 30 日，市文化广电旅游局以“人间天堂 · 最忆杭州”文旅品牌展示为核心，联动拱墅区等 11 个区县（市）文广旅体局及市商旅集团（市运河集团），在杭州地铁 1 号线、2 号线、4 号线各 2 列车 36 节车厢进行全包设计，投放地铁沿线 216 个灯箱广告，开展快闪活动，活动总曝光量 7000 余万次。

【杭州文旅宣传片发布】2023 年 9 月 5 日，市文化广电旅游局联合星球研究所出品的新版杭州文旅宣传片《什么是杭州》发布。该片以“5000 年，一座杭州城”为主题，分设山海之间、天堂初成、众生舞台、群潮涌动 4 个篇章，借助 CG 动画技术和电影化艺术质感，邀请 10 余名智库专家指导，从自然地理、历史文化、人文精神、生活美学、城市活力等多维角度对杭州进行创新性诠释。至年末，《什么是杭州》系列视频全网总曝光量超过 5 亿次，全网可统计的播放量超过 1864 万次。

【“‘声’动杭州”短视频配音秀活动】2023 年 10 月，市文化广电旅游局开展“‘声’动杭州”——《什么是杭州》短视频配音秀活动。邀请杭州第 19 届亚运会火炬手、冠军运动员和文旅界代表、市民游客等参与活动，推广“人间天堂 · 最忆杭州”城市文旅品牌。该活动收到 902 份配音作品，覆盖中文普通话、英文、粤语、杭州话、陕西话等多语种版本作品，所有报名作品获点赞 43.1 万次，活动曝光量超过 6000 万次。

【杭州文旅“城市漫步”活动】2023 年 11 月 1 日，杭州“晨经济”品牌发布暨“我的 City 邀你 Walk”活动启动。围绕早茶早餐、早市早集、早起运动、早间参访、早游体验 5 个主题，推出“杭州晨间 City Walk 52 种玩法”，全年策划举办城市漫步活动 25 场。“City Walk，用脚步丈量城市人文”被市委全面深化改革委员会办公室评为“2023 杭州生活品质总点评年度事件”。

【“人间天堂 · 最忆杭州”文化旅游推介会】2023 年 11 月 23—24 日，市文化广电旅游局组织百人促销团，到郑州、西安开展“人间天堂·最忆杭州”2023杭州文化旅游大型推广活动。该活动以“情景演艺”沉浸式一日游开场，从山水杭州、文化杭州、美食杭州、后亚运主题、“三江两岸”新玩法5个维度呈现，穿插越剧、豫剧、滑稽戏曲和非物质文化遗产等特色演艺互动节目，呈现杭州独特的文旅资源。推介活动在两地主流媒体进行预热和推介宣传，并邀请旅游达人以短视频和图文的形式在各社交平台发布，总曝光量超过1000万人次。

2023年11月23日，杭州文化旅游（郑州）推介会举行。图为推介会上展示的杭州特色文创产品 （市文化广电旅游局 供稿）

【《中国国家地理（杭州特刊）》出版发行】 2023年12月8日，《中国国家地理（杭州特刊）》出版发行。该刊分“山生”“水养”“城蕴”“物致”4个板块20余篇作品及系列高清图片，系统梳理杭州自然景观、名胜古迹与地方文物，全方位、多角度、高维度展现杭州文旅价值，将板块文章与历史人文深度结合，体现出“杭州旅游天堂城市”独特的优势与价值，从全新的编辑视角解读杭州的文化旅游资源，展现新时代的全景杭州。

（市文化广电旅游局）

旅游管理与服务

【旅游设施建设】 2023年，杭州市按照新的国家标准《旅游厕所质量要求与评定》（GB/T 18973—2022）组织旅游厕所质量类别评定，全年评定Ⅰ类旅游厕所99座，Ⅱ类旅游厕所59座，其中14座旅游厕所获评省旅游厕所优秀案例。推进旅游驿站建设，通过省等级旅游驿站评审21个，其中一级5个、二级13个、三级3个。发放市级旅游厕所（旅游驿站）专项补助资金300万元。

【旅游目的地环境秩序综合治理】 2023年，市文化广电旅游局依托市旅游目的地管理工作协调小组，围绕护航亚运会，强化城市侧旅游环境整治，开展“迎亚运”旅游环境秩序专项整治行动。专项整治期间，成立现场联合整治组进驻景区一线集中办公，落实旅游特保人员上岗执勤，开展景区周边旅游志愿服务，重点治理“非法拉客、非法营运、非法张贴小广告、诱导购物”等问题，出动执法人员1.28万人次，开展联合执法70次、“安心游”专项整治5次，处罚非法拉客人员126人次，发出各类告知单29份。

【景点景区讲解员服务技能大赛】 2023年6月1—2日，市文化广电旅游局、市人力社保局、市总工会、团市委联合主办的2023年杭州市第五届景点景区讲解员服务技能大赛举行。大赛以“迎亚运、做先锋”为主题，评选出15名“杭州市金牌讲解员”、15名优秀讲解员。授予3人“杭州市技术能手”称号、1人“杭州市杰出青年岗位能手”称号、5人“杭州市优秀青年岗位能手”称号。24名讲解员获讲解员职业技能高级工证书，9名金牌导游申报成为杭州市高层次人才。

【伴手礼创意设计大赛】 2023年，市文化广电旅游局组织“韵味杭州·有礼相伴”2023伴手礼创意设计大赛，评选产生杭州地域文化主题类金奖3个、银奖9个、铜奖19个，最受市场欢迎的宋韵杭式伴手礼16个，亚运特色伴手礼6个，创意设计作品一等奖2个、二等奖4个、三等奖6个。

【全国和省级文旅大赛获奖】 2023年，杭州市推荐2名导游代表浙江省参加第五届全国导游大赛，分别获银奖、铜奖。推荐10名讲解员参加全省“诗画江南·活力浙江”首届文化和旅游讲解员大赛，1名获评金牌讲解员、1名获评优秀讲解员。组织人员参加2023年全省广播电视职业技能竞赛，获一等奖4个、二等奖6个、三等奖4个。选送12个类别55个项目参加浙江省广播电视节目质量奖（金鼎奖）评选，获一等奖9个、二等奖18个、三等奖26个。选送6个类别19个项目参加浙江省广播电视科技创新项目（金潮奖）评选，获一等奖3个、二等奖5个、三等奖8个。

（市文化广电旅游局）

责任编辑　孙晟珂　袁啸马

19 数字经济

综述

【数字经济核心产业营业收入1.87万亿元】2023年，杭州市数字经济核心产业实现营业收入1.87万亿元，比上年增长7.9%；数字经济核心产业增加值5675亿元，增长8.5%，占全市地区生产总值的28.3%。软件与信息服务业实现增加值4399亿元，增长9.1%。电子商务、数字内容、云计算与大数据产业增加值分别增长13.0%、9.6%和9.9%。

【数字经济发展成果】2023年，杭州市获批全国中小企业数字化转型试点城市。在工业和信息化部组织的全国14个软件名城首次评估中，杭州获三星评价，仅次于深圳，居全国第二位。在《2023年浙江省数字经济发展综合评价》中，杭州以140.0分居全省第一位。7个区县（市）排名居全省前十位，分别为滨江区、余杭区、西湖区、钱塘区、萧山区、临平区、拱墅区。

【数字经济创新提质“一号发展工程”】2023年3月31日，全省数字经济创新提质“一号发展工程”大会在杭州召开。大会提出要紧扣“往高攀升、向新进军、以融提效”三大主攻方向，加快建设数字经济高质量发展强省。会上，杭州市、阿里巴巴集团作交流发言。

5月6日，杭州市委、市政府召开全市数字经济创新提质“一号发展工程”大会，提出加快构建以数字经

表14　2023年杭州市数字经济核心产业增加值及增长情况一览表

产　业	增加值（亿元）	比上年增长（%）
电子商务产业	2307	13.0
云计算与大数据产业	1818	9.9
智能物联产业	675	2.8
数字内容产业	4093	9.6
软件与信息服务产业	4399	9.1
电子信息产品制造产业	1349	1.0
集成电路产业	119	−0.8
机器人产业	48	7.7

（资料来源：市经信局）

表15　2023年杭州市区县（市）数字经济核心产业增加值及增长情况一览表

地　区	增加值（亿元）	比上年增长（%）
上城区	83.5	6.9
拱墅区	93.3	8.9
西湖区	670.1	−0.8
滨江区	1866.1	7.3
萧山区	274.5	8.5
余杭区	1998.5	11.9
临平区	75.1	10.2
钱塘区	155.9	12.2
富阳区	111.1	6.4
临安区	89.8	7.7
桐庐县	63.4	2.3
淳安县	9.5	12.5
建德市	21.1	15.1

（资料来源：市经信局）

济为核心的现代化产业体系，高水平重塑全国数字经济第一城。会上发布《杭州市数字经济创新提质"一号发展工程"实施方案》，萧山区、钱塘区、市投资促进局、杭州海康威视数字技术股份有限公司、浙江邦盛科技股份有限公司负责人作交流发言。

【**数字经济八大攻坚行动实施**】2023年，杭州市围绕《杭州市数字经济创新提质"一号发展工程"实施方案》，实施科技铸魂强基、数据要素激活、智能物联强链、企业梯队培育、数字赋能转型、业态模式创新、数字基建提升攻坚、平台经济创新发展八大攻坚行动。杭州市以工作领导小组办公室名义印发八大攻坚行动子方案，推动全市数字经济往高攀升、向新进军、以融提效。

【**新一轮战略合作协议签署**】2023年1月10日，杭州市政府与阿里巴巴集团签订全面深化战略合作协议。5月16日，与蚂蚁集团签署全面深化战略合作协议。6月29日，与阿里巴巴"6+N"业务集团签订全面战略合作框架协议。7月5日，与网易（杭州）网络有限公司签订战略合作协议。8月18日，与新华三技术有限公司集团签订战略合作框架协议。

（金子倩）

软件与信息服务业

【**概况**】2023年，杭州市软件和信息技术服务业实现营业收入13934亿元，比上年增长9.6%；实现软件业务收入8099.75亿元，增长2.3%，居全国中心城市第四位（前三位是北京、深圳、上海），副省级城市第二位（第一位是深圳）。其中：软件产品收入1087.78亿元，增长3.1%；信息技术服务收入6894.14亿元，增长1.9%；信息安全收入22.35亿元，增长10.2%；嵌入式系统软件收入95.49亿元，增长20.4%。实现利润总额2548.90亿元，增长22.1%。信息传输、软件和信息技术服务业增加值占全市地区生产总值的21.5%。

【**产业发展质效并进**】2023年，杭州在工业和信息化部首次开展的中国软件名城评估工作中获三星评价，居全国城市第二位。全市软件行业研发投入983.28亿元，研发强度（研发经费占软件业务收入比重）12.1%，保持高位投入。行业从业人员33.24万人，年度全员劳动生产率267.85万元/人，比上年提高9.46万元/人。至年底，营业收入超过1000亿元的软件企业1个，营业收入100亿～1000亿元的软件企业15个，营业收入10亿～100亿元的软件企业51个。营业收入10亿元以上企业占纳统企业的8.1%，占全市软件和信息技术服务业营业收入的90%以上。

【**企业综合竞争力提升**】2023年，网易（杭州）网络有限公司、杭州海康威视数字技术股份有限公司、新华三技术有限公司、恒生电子股份有限公司、中控科技集团、浙江大华技术股份有限公司、浙大网新科技股份有限公司、银江技术股份有限公司8个企业入选2023年度软件和信息技术服务竞争力百强企业；蚂蚁科技集团股份有限公司、淘天集团、网易（杭州）网络有限公司和杭州边锋网络技术有限公司4个公司入选2023年中国互联网综合实力百强企业。浙江大华技术股份有限公司"数字化供应链管理能力"、中才邦业（杭州）智能技术有限公司"水泥绿色智造工业互联网平台"入选工业和信息化部2023年新一代信息技术与制造业融合发展示范名单。浙江省服务业领军企业评选公布软件信息服务业领跑者企业20个，杭州企业占17个。2023年浙江省首版次软件产品应用推广指导目录中，杭州47项软件产品入选，占全省的57.3%，其中国内首版次的10个软件产品中杭州占9个。

【**网易未来大会**】2023年12月22—23日，2023年网易未来大会召开。大会以"智能涌现·发现未来"为主题，"线上+线上"相结合的方式，邀请3名院士以及专业机构、企业负责人、专家等共46名嘉宾出席大会。大会通过60余个媒体平台在线同步直播，全网直播观看2680万人次，总曝光超过5亿次，全网热搜热榜7个，全网视频播放量1.2亿次，其中单条视频播放超过1000万次。

（蔡俊杰）

云计算与大数据产业

【**概况**】2023年，杭州市云计算与大数据产业限额以上企业营业收入4693.88亿元，比上年增长9.0%。云技术服务首届"云上亚运会"，云服务器产品多次刷新世界纪录，企业参编的国际标准、业界首款机架箱式浸没服务器、全球首款容器计算服务、云计算定制SSD主控芯片发布，"通义千问"大模型推出。8个企业入选浙江省第三批制造业"云上企业"，10个企业成为浙江省第九批大数据应用示范企业，入选企业数量居全省第一位。阿里巴巴浙江云计算仁和液冷数据中心入选2022年国家新型数据中心典型案例中的大型数据中心。

（卢　逊）

【**联合国世界数据论坛在杭州举行**】2023年4月24—27日，第四届联合国世界数据论坛在杭州举行，设置"全球视界""中国智慧统计""数字浙江""杭州实践""数据产业"5个展区。杭州实践展区展示杭州市在数字服务人民生活方面的经验和实践，设置"数据杭州概览""数据生活应用""数据场景体验"3个方面内容，包括城市国际化、数字经济、数智文旅、城市大脑、智慧商圈等。蚂蚁集团、之江实验室、国家（杭州）新型互联网交换中心、同盾科技有限公司、阿里巴巴集团、新华三技术有限公司集团、每日互动股份有限公司、杭州网易数帆科技有限公司、浙江盘石信息技术股份有限公司、浙江核新同花顺网络信息股份有限公司、恒生电子股份有限公司参展。

（金子倩）

【**产业数据价值化峰会暨数栖大会**】2023年5月27日，2023年产业数据价值化峰会暨数栖大会在杭州市未来科技城举行。大会由1场主论坛和3场分论坛组成，来自各个领域的专家和企业家围绕"产业数据价值化"的主题，探讨交流数字时代背景下，发挥“数据”资源价值，赋能发展的途径和解决方案。

（卢　逊）

【杭州·云栖大会】2023 年 10 月 31 日至 11 月 2 日，由杭州市政府、浙江省经信厅、阿里巴巴集团共同主办，杭州市西湖区政府、杭州市经信局、阿里云计算有限公司联合承办的“2023 杭州·云栖大会”在云栖小镇举行。大会以“计算，为了无法计算的价值”为主题，设置开幕式暨云栖主论坛、并行话题、展览展示和特色创新活动等板块，设置 3 个展区共 4 万平方米。国内外参展企业 475 个，来自 44 个国家和地区的 9.5 万人线下参会，线上参会超过 3000 万人次。

（金子倩）

2023 年 10 月 31 日至 11 月 2 日，“2023 杭州·云栖大会”在云栖小镇举行。图为大会展览现场

（西湖区志编纂委员会办公室 供稿）

【“通义千问”语言模型推出】2023 年 4 月 11 日，阿里云计算有限公司推出全新语言大模型“通义千问”，支持数智化转型，降低建构专属 AI 功能的成本。该模型基于自研的“通义”预训练模型框架实现，其中包括“文生图”“文生短视频”等 AI 模型。

【企业参编国际标准发布】2023 年 7 月和 8 月，新华三技术有限公司牵头编写的两项无线局域网接入控制技术标准——组网架构（7 月发布）和调度平台（8 月发布）由国际标准化组织和国际电工委员会（ISO/IEC）联合发布为国际标准。两项国际标准填补了我国在无线局域网接入控制技术标准方面的空白。

【机架箱式浸没服务器发布】2023 年 9 月 8 日，新华三技术有限公司发布机架箱式浸没服务器 H3C UniServer Cube。该服务器通过融合冷板式、浸没式的技术优势，相对传统浸没式液冷实现空间利用率提升 200%，相对单一浸没式液冷实现冷却液使用量减少 57%，为建设绿色数据中心提供新型解决方案。

【云技术服务首届“云上亚运会”】2023 年 9 月 23 日，杭州第 19 届亚运会开幕，首次实现亚运核心系统 100% 采用云计算替代传统数据中心，并通过采用云技术搭建的底层架构作为智能亚运的基础，支撑“云转播”“亚运钉”等一系列智能应用。阿里云计算有限公司、新华三技术有限公司、钉钉科技有限公司、杭州安恒信息技术股份有限公司等杭州云计算与大数据企业为“云上亚运会”提供服务。

【容器计算服务推出】2023 年 10 月 31 日，在杭州云栖大会上，阿里云计算有限公司推出容器计算服务（Alibaba Cloud Container Compute Service，ACS），以 Serverless 的形式交付算力，降低用户对底层节点和集群运维管理的压力。ACS 采用自研调度技术提升资源利用率，支持最大 1∶8 的资源配比和按需弹性、资源预留等使用模式，可在用户负载和云产品间切换算力。

【云计算定制 SSD 主控芯片发布】2023 年 11 月 1 日，平头哥半导体有限公司发布为云计算场景定制的 SSD 主控芯片镇岳 510，在时延和误码率方面领先业界主流。该芯片可应用于 AI、在线交易、大数据分析、高性能数据库、软件定义存储等业务场景，将率先在阿里云数据中心部署。

【服务器产品刷新 SPEC世界纪录】2023年 11月 22日，标准性能评估组织 Standard Performance Evaluation Corporation（SPEC）网站上公布的数据显示，新华三技术有限公司的 UniServer R6700 G6 服务器在 SPECpower_ssj2008基准评测中创下 14742分的纪录（数据截止时间为 2023年 11月），刷新基于英特尔处理器的四路服务器性能世界纪录。此前，新华三技术有限公司基于英特尔处理器的四路服务器 UniServer R6900 G6于 10月 10日以 14715分刷新 SPECpower_ssj2008测试纪录（数据截止时间为 2023年 10月）；基于英特尔处理器的两路服务器 UniServer R4900 G6 Ultra于 4月 27日以 16881分刷新 SPECpower_ssj2008测试纪录（数据截止时间为 2023年 4月）。

（卢　逊）

智能物联产业

【概况】2023 年，杭州市智能物联产业总体规模 8435.3 亿元，拥有规模以上企业 1206 个，其中 10 亿元以上企业 108 个、100 亿元以上企业 13 个、500 亿元以上企业 3 个，上市企业 90 个，国家制造业单项冠军示范企业 5 个，国家级专精特新“小巨人”企业 76 个。其中，集成电路产业链实现营业收入 848.4 亿元，比上年增长 5.3%；云计算大数据产业链实现营业收入 2280.68 亿元，增长 2.1%；高端软件和人工智能产业链实现营业收入 4506 亿元，增长 11.3%；视觉

2023 年 12 月 27 日，“中国视谷”智能网联汽车（深圳）论坛暨视觉智能产业推介会在深圳举行（市经信局 供稿）

智能产业链实现营业收入 7763.2 亿元，增长 7.1%；网络通信产业链实现营业收入 1080 亿元，下降 1.5%；智能仪表产业链实现营业收入 946 亿元，增长 9.0%。

【“中国视谷”发展实施意见出台】2023 年 8 月 3 日，市政府办公厅印发《关于高标准建设“中国视谷”高质量发展视觉智能产业的实施意见》，包括总体要求、产业布局、重点任务、支持保障政策 4 个方面内容。在总体要求上，到 2027 年，视觉智能核心产业营业收入达 4000 亿元，总体规模达 1 万亿元。在产业布局上，构建“一园窗口、双核引领、四区协同、全域联动”的“中国视谷”空间布局。在重点任务上，提出实施产业链链长制、促进产业集聚发展、强化创新能力、开展融合应用示范、加强品牌标准建设、优化布局数字基建六大任务 18 项举措。在保障政策上，提出支持产业链建设、支持窗口园区建设、支持科技创新、推广应用示范、支持宣传推广、支持数字基建 6 个方面保障，加快将全市视觉智能产业打造成世界级数字产业集群。

【视觉智能集群培育提升三年行动方案出台】2023 年 10 月 17 日，市政府办公厅印发《杭州市视觉智能（数字安防）集群培育提升三年行动方案（2023—2025 年）》，包括发展基础、总体思路和提升目标、重点任务和举措、保障措施 4 个方面内容。在发展基础上，杭州市视觉智能集群发展水平国内领先，但对标世界级先进制造业集群指标体系，杭州市视觉智能集群建设仍有较大提升空间。在总体思路和提升目标上，到 2025 年，集群产业规模超过 8500 亿元。在重点任务和举措上，提出实施视谷建设引领、集群产业优化、产业强基攻坚、应用场景拓展、先进制造升级、优强企业培育、生态优化保障、集群开放合作 8 项行动。在保障措施上，重点提出加强组织领导、强化政策保障、加大宣传力度、开展考核评估 4 个方面保障。

【智能物联医疗专场对接会】2023 年 3 月 7 日，由市卫健委、市经信局和滨江区政府主办的“智绘医疗，数联健康”杭州市智能物联产业生态圈暨智能医疗专场对接会在杭州举行。会议邀请行业学者、业界技术专家、相关企业和医疗一线实践人员共同讨论行业发展新趋势、数字化医疗的应用案例，激发智能医疗持续创新发展的动力。

【“中国视谷”产业生态大会】2023 年 4 月 22 日，“有界无域，洞视未来”中国视谷产业生态大会暨首届“中国视谷杯”创新创业挑战大赛在杭州举办。首届“中国视谷杯”创新创业挑战大赛以“中国视谷”产业集群化发展的实际需求为导向，面向全球吸纳视觉领域顶尖创业项目及精英人才团队，为“中国视谷”注入创新策源发展活力。大会现场，由杭实集团、滨江区、萧山区共同出资组建的总规模 30 亿元“中国视谷”产业投资基金启动，落户杭州高新区（滨江）萧山特别合作园。

【视觉智能产业链专场活动】2023 年 5 月 16 日，以“共协作促发展，抢机遇开新局”为主题的浙江省“十链百场万企”系列对接活动之视觉智能产业链专场活动在杭州市萧山区举行。活动通过线下活动和线上直播同步举办，长三角视觉智能产业龙头企业及产业链上下游企业代表，以及有关高等院校、科研院所、行业协会、金融机构和媒体代表约 300 人参加活动。

【“中国视谷”智能网联汽车论坛】2023 年 12 月 27 日，“中国视谷”智能网联汽车（深圳）论坛暨视觉智能产业推介会在深圳举行。会议以“聚智成势，向‘视’出发”为主题，集聚杭州、深圳智慧，合力打造自动驾驶产业链上下游交流合作平台。会上举行“中国视谷”智库专家聘任仪式。

（裴　敏）

电子信息产品制造产业

【概况】2023 年，杭州市电子信息制造业规模以上企业实现营业收入 6281.17 亿元，比上年增长 2.8%，其中计算机、通信和其他电子设备制造业实现营业收入 3604.8 亿元，增长 4.2%；仪器仪表制造业实现营业收入 677.8 亿元，增长 8.9%。滨江区、钱塘区、临安区整体产业规模排名前三位，分别为 2693.02 亿元、889.73 亿元、578.39 亿元。上城区、萧山区、钱塘区等 8 个区县（市）增速快于产业整体增速。

【9 个企业入选电子信息百强企业榜单】2023 年 9 月 9 日，中国电子信息行业联合会在厦门发布 2023 年度电子信息企业竞争力报告及前百家企业名单。杭州海康威视数字技术

股份有限公司、富通集团有限公司、新华三技术有限公司、浙江富春江通信集团有限公司、浙江大华技术股份有限公司、浙江万马股份有限公司、浙江南都电源动力股份有限公司、三维通信股份有限公司、富联统合电子（杭州）有限公司9个企业入选，比上年增加2个。

【交叉研究平台基建项目开工】2023年5月24日，浙江省第二个大科学装置——“超高灵敏极弱磁场与惯性测量装置项目”可行性研究报告获国家发展改革委批复，落地杭州高新区（滨江），将建设5个交叉研究平台。10月31日，杭州极弱磁大设施首个交叉研究平台基建项目开工仪式举行。

【杭州受邀参加先进制造业集群发展大会】2023年12月8日，先进制造业集群发展大会在长沙举行。大会以“链群生态，向新进发，奋进新型工业化”为主题，包括1场主论坛、3场平行活动和1个集群风采展示。杭州市视觉智能产业集群受邀参加。

（裴　敏）

集成电路产业

【概况】2023年，杭州市集成电路产业实现营业收入848.3亿元，比上年增长5.3%，占全省的35%。集成电路设计业是杭州的优势产业，仅次于深圳、上海和北京，居全国第四位。全市有集成电路企业312个，其中设计企业192个、制造企业41个、材料设备企业54个、其他企业22个（包含EDA、封测、IP）。

【5个企业获第十八届“中国芯”奖项】2023年9月20日，琴珠澳集成电路产业促进峰会暨第十八届“中国芯”颁奖仪式在广东珠海举行，大会发布2023年第十八届“中国芯”优秀产品征集结果，杭州有5个企业获第十八届“中国芯”奖项，分别是矽力杰半导体技术（杭州）有限公司、杰华特微电子股份有限公司、杭州智芯科微电子科技有限公司、杭州联芯通半导体有限公司、杭州云合智网技术有限公司。

【中国（杭州）集成电路产业创新大会】2023年5月22日，2023年中国（杭州）集成电路产业创新大会暨全国集成电路学院院长论坛在浙江大学杭州国际科创中心召开。中国科学院院士、中国工程院院士、国际欧亚科学院院士、欧洲科学院院士以及来自全国58个示范性微电子学院、集成电路学院负责人，中芯国际集成电路制造有限公司、北京智芯微电子科技有限公司、北方华创科技集团股份有限公司、杭州士兰微电子股份有限公司等行业企业负责人及浙江省集成电路产业技术联盟单位负责人参加。大会研究集成电路未来发展新趋势，探索产教融合的集成电路人才培养新路径。

【“百场千企”产业链活动】2023年6月16日，杭甬“双城记”之“芯机联动”对接暨“百场千企”产业链活动在杭州举行。活动由杭州市经济和信息化局、宁波市经济和信息化局、钱塘区经信科技局共同主办，来自杭州、宁波的34个企业负责人及9个科研院所、公共服务机构代表参加活动，就企业需求及未来合作方向作交流推介。

【集成电路封装测试与创新应用技能提升高级研修班】2023年8月16—18日，由浙江省人力资源和社会保障厅主办的2023年集成电路封装测试与创新应用技能提升高级研修班在滨江海创基地开班，来自全国各地的集成电路企业的负责人、工程师、技术研发人员等产业从业人员共52人参加培训。来自杭州士兰微电子股份有限公司、杭州芯云半导体技术有限公司、杭州加速科技有限公司、杭州科技职业技术学院等企业和院校的高管、技术负责人、教授作为讲师，为学员专业授课，组织学员实地参访杭州集成电路测试公共服务中心。

【闪存峰会在杭州举行】2023年8月29—30日，以“芯存储，AI未来”为主题的2023年闪存峰会在杭州举行。峰会由杭州市萧山区政府、萧山经济技术开发区管委会指导，中国计算机学会信息存储专委会、中国计算机行业协会信息存储与安全专委会、武汉光电国家研究中心、浙江省半导体行业协会、上海市计算机学会、JEDEC固态技术协会、杭州电子科技大学、美国闪存峰会（FMS）等单位支持。峰会为业界人士提供交流分享最新技术、行业应用、发展趋势的平台，促进杭州数字化转型进程。

【集成电路产业集群（浙江）创新发展大会在杭州举行】2023年12月12日，集成电路产业集群（浙江）创新发展大会在杭州举行。大会以“勇立潮头，谱芯篇章”为主题，300余名院士、业内专家、企业代表参会，聚焦产业趋势，探讨产业链协同创新，把握集成电路产业高质量发展的新风向。

（裴　敏）

机器人产业

【概况】2023年，杭州市机器人产业总产值超过150亿元，整机和零部件企业200余个，集聚专精特新“小巨人”企业10个，覆盖零部件、本体、系统集成等产业链主要环节，技术研发和产业发展水平总体处于国内领先地位。滨江区、萧山区机器人与数控机床产业集群入选省级特色产业集群协同区，9个企业入选浙江省机器人典型应用场景，占全省入选总数一半以上，3个企业入选“机器人+”应用标杆企业。全市有杭州海康机器人股份有限公司、浙江华睿科技股份有限公司、杭州宇树科技有限公司、五八智能科技（杭州）有限公司、杭州云深处科技股份有限公司、优必选山湖（杭州）科技有限公司、浙江有鹿机器人科技有限公司、西湖机器人科技（杭州）有限公司等龙头企业，萧山机器人小镇、余杭人工智能小镇、滨江物联网小镇等产业平台，浙江大学、西湖大学、之江实验室、阿里达摩院、中国（浙江）机器人及智能装备创新中心、石虎山机器人创新基地、浙江省机器人创新中心等创新平台。

【机器人产业政策制定】2023年，杭州市落实《杭州市产业链链长制实施方案（2022—2025年）》，推进高端装备生态圈建设。综合全市机器人产业总体情况，梳理11个四级赛道、

80个五级赛道及7个产业支撑，结合各细分赛道企业情况和当前发展形势，研究形成机器人产业链细分赛道图谱。出台《关于加快推动高端装备制造业高质量发展的若干措施》，围绕机器人领域做精做专和推广应用，发布2条政策。

【机器人领域重大项目招引】2023年，杭州市招引落地机器人领域亿元以上项目10个，总投资额30.7亿元。投资项目涵盖消防机器人主机、水下机器人、AGV减速器、物流机器人主机等。

【机器人产业链协同发展】2023年，杭州市机器人产业链上下游相对齐全。上游核心部件产业，在传感器、滚柱丝杆、电机等硬件上具有优势，操作系统与软件在人才资源、云服务与软件系统、机器人智能感知与决策等方面具有优势。中游机器人本体产业处于国内第一梯队，杭州海康机器人股份有限公司、浙江华睿科技股份有限公司、浙江国自机器人技术股份有限公司在机器视觉、AGV领域处于全国龙头地位，移动机器人销量分别居全国第一位、第二位、第三位；杭州宇树科技有限公司是国内最早实现足式机器人商业化的企业，人形机器人H1、G1实现量产，核心零部件与系统集成全部实现自研；杭叉集团股份有限公司的智能无人叉车销量国际领先，智能建筑机进入量产阶段；五八智能科技（杭州）有限公司承担多项国家和军队人形机器人研发任务，生产的仿鸵鸟双足机器人“大圣”具有一定的行业影响力；浙江大学朱世强教授团队研制多型号高性能人形机器人，利用自研大模型在实现多机器人平台、多任务的自主规划和作业；浙江大学朱秋国教授团队完成四代“悟空”人形机器人系统研制；浙江大学熊蓉教授团队自主研制动态乒乓球对打的仿人机器人系统和小型足球机器人“绝影”，技术在国内高校院所中处于领先水平。下游应用场景方面，杭州宇树科技有限公司的四足机器人，用于科教娱乐及军事训练和亚运会等特色场景，市场份额居世界前三位；杭州云深处科技股份有限公司生产的变电站巡检四足机器人，拥有全国90%以上市场份额；杭州申昊科技股份有限公司的轮式智能巡检机器人，广泛应用于电力电网、轨道交通、能源化工等领域；五八智能科技（杭州）有限公司的仿鸵构型双足机器人“大圣”，获得100台（套）级装备订单；杭州程天科技发展有限公司的面向中枢神经病变导致的下肢步行功能障碍的康复外骨骼，广泛应用于康复与养老领域；杭州柳叶刀机器人有限公司的骨科手术导航定位系统——膝关节手术置换，与浙江大学医学院附属第二医院签订临床试验协议，即将规模化推广应用；中移（杭州）信息技术公司即将发布家庭人形机器人原型产品，打造“会干家务的人形机器人”，实现“物品递送、家电操作”等功能。

（朱安生）

信息基础设施

【概况】2023年，杭州市网络环境进一步优化，城域网出口带宽大幅增长，2000M宽带全省首发，5G分流比超过70%，5G-A商用部署全球首发；算力支撑体系完善，算力网络联合创新实验室揭牌，全省最大的算力项目共建签约；交换中心服务能力提升；亚运会和亚残运会城市侧通信保障工作完成；新型信息基础设施的支撑能力增强。全市主要通信运营商实现电信业务收入281.15亿元，比上年增长6.2%；城域网出口带宽达21.96T，增长28.4%；建成5G基站3.50万个，增长9.0%；移动电话用户（出账用户）1886.82万户，增长0.04%。

【5G网络覆盖优化】2023年，杭州市建设新增5G基站2916个，累计建成基站3.50万个，全市重点场所5G网络通达率100%，每万人拥有5G基站27.92个（按2023年末杭州市常住人口1252.2万人计算），5G用户（按5G手机终端连接数计算）超过1054万户。核心主城区、县域核心城区、主要园区及重点乡镇实现精品网络全覆盖。

【5G-A商用部署首发】2023年3月28日，中国移动公司在杭州首发5G-A商用部署。中国移动公司在杭州实施“5G-A千站计划”，全市范围内建设“数智5G-A网络”：以5G-A内生智能为基础，打造三载波聚合极致体验网与低空安防网。

【算力网络联合创新实验室揭牌】2023年6月16日，由国家（杭州）新型互联网交换中心、浙江大学工程师学院共同建设的算力网络联合创新实验室揭牌。该实验室致力于服务新型算力协同体系，为算网融合发展提供支撑。

【算力设施入选全省典型案例】2023年10月26日，省经信厅确定10个浙江省算力设施典型案例。杭州市有阿里云计算有限公司、杭州杭钢云计算数据中心有限公司、中移（杭州）信息技术有限公司、西湖大学、杭州谐云科技有限公司、浙江大学计算机创新技术研究院6个单位的项目入选，入选数量居全省第一位。

【新型互联网交换中心服务能力提升】2023年，国家（杭州）新型互联网交换中心发布浙江省一体化算力服务平台，实现多元异构算力资源的融合调度和弹性供给。接入企业超过230个，开通带宽超过28.9T，峰值交换流量超过5.17Tb/s，互联网网间架构不断优化。

【亚运会和亚残运会城市侧通信保障】2023年，市经信局根据杭州亚运会赛事总指挥部总体工作方案，完成杭州亚运会和亚残运会信息通信服务保障。协同杭州电信公司、杭州移动公司、杭州联通公司以及杭州铁塔公司，完成42个竞赛场馆、2个亚运村的千兆光网和5G无线网络深度覆盖，打造超密弹性自呼吸的4G/5G公网，实现开幕式场馆5G网络无缝覆盖，运用“5G+扩展现实”技术提供沉浸式观看体验，“5G+AI”技术实现多语种云端智能翻译。

【5个工厂入选省5G全连接工厂名单】2023年11月29日，省经信厅公布2023年度浙江省5G全连接工厂名单。杭州的中策橡胶集团股份有限公司“5G+智慧轮胎工厂”、浙江

万向精工有限公司“汽车零部件智造5G全连接工厂”、浙江新安化工集团股份有限公司“5G全连接工厂”、杭州西奥电梯有限公司“5G全连接工厂”和杭州老板电器股份有限公司“5G全连接工厂”5个工厂级5G全连接工厂入选。

【政企战略合作协议签订】2023年08月18日，杭州市政府与新华三技术有限公司签订战略合作框架协议。12月20日，杭州市政府与华为技术有限公司签订深化战略合作协议。

（卢 逊）

通信服务

【概况】至2023年年末，中国电信股份有限公司杭州分公司（简称杭州电信公司）有员工2751人。杭州电信公司完成主营业务收入91.9亿元，宽带用户净增6.1万户，移动用户净增33.5万户，产业数字化业务收入31亿元，比上年增长14.7%。

中国移动通信集团浙江有限公司杭州分公司（简称杭州移动公司）有员工2800余人。全年通信服务收入141.4亿元，增长7.9%；手机通信客户1106万户、5G客户710万户、家庭宽带客户280万户。

中国联合网络通信有限公司杭州市分公司（简称杭州联通公司）有员工1857人。主营业务收入46.2亿元，增长4.3%。

杭州电信公司、杭州移动公司、杭州联通公司全年为杭州市两会提供5G网络技术支持，完成杭州亚运会、亚残运会、世界互联网大会、中国国际动漫节、云栖大会、高考等通信网络保障任务。

【亚运会和亚残运会通信服务保障】2023年，杭州亚运会和亚残运会通信服务保障期间，杭州电信公司派出保障人员6万余人次、抢修保障车辆8000余辆（次），全程保障125个重点区域7492场赛事，实现“零重大云网故障、零重大网信安全事件、零群体投诉事件和零负面焦点事件”。打造亚运通信保障智慧大脑——天目通信保障系统、5G-A网络、5G新通话、5G智能通感、电信数字人、亚运元宇宙等赋能“智能亚运”。打造5G手语视频专席，派驻专业服务团队，提供优质通信服务，收到各界表扬信330余封。

杭州移动公司全球首创超密弹性自呼吸的4G/5G网络，建成全球首个5G-A万兆亚运精品体验圈，为10余个亚运会场馆安装“智慧大脑”。杭州电信公司被亚奥理事会授予突出贡献奖，被省委、省政府、国家体育总局评为“先进集体”，被工业和信息化部评为“成绩突出集体”。

杭州联通公司完成杭州亚运会和亚残运会42个竞赛场馆、76个涉亚酒店、2个亚运村等195个场景的网络建设、优化工作。个性化实施错频覆盖、多载波聚合、网络热备份、D-MIMO组网等方式，减少干扰损耗，提升网络容量。在重点商圈、亚运场馆部署毫米波试验网，下行峰值接近5G，上传峰值500Mbps。在多个场景实现5G-A网络覆盖，下行峰值达1万兆。依托AI智能、大数据、云计算、数字孪生、态势感知等技术打造重保调度系统，将实时数据分析能力运用到亚运会和亚残运会应急通信保障方案中。部署TDD+TDD5G300M3CC载波聚合方案，在杭州马术馆创新验证并商用。基于5G+云网技术能力，打造5G+民用无人机全国反恐监管平台，在亚运会和亚残运会赛事重点场馆与区域对无人机飞行轨迹进行实时监控预警。

【数字乡村建设】2023年，杭州电信公司助力乡村振兴，实现行政村光纤和城市“同网同速”，为全市所有乡村提供数字乡村云平台，签约助建数字镇15个，数字乡村基础村248个，形成有示范效应的数字乡村典型案例及项目3个。

杭州移动公司作为杭州市数字乡村发展促进会会长单位，参与打造65个数字乡村项目（含21个未来乡村）。入选杭州市未来社区优秀服务商名单，参与建设拱墅区瓜山社区、上城区红梅社区等39个未来社区项目。

杭州联通公司打造萧山区全域未来社区能力底座，与“萧山·红领通”基层智治综合应用贯通，探索面向社区居民、政府、社区运营方的三类交互端，降低未来社区整体建设成本。该平台作为全省首个全域未来社区项目，入选2023年全国新型智慧城市“十大引领型案例”，获第二届“光华杯”千兆光网应用创新大赛三等奖。

（尹雪莹 周宇飞 李梦涵）

【电信网络诈骗防范】2023年，杭州移动公司打造“谛听”反欺诈平台，依托AI模型，开展潜在受害人预警、智能回访和提前识别关停，全年向公安机关推送预警信息10万余条。与市公安反诈中心建立“快打机制”，全年提供诈骗嫌疑人员精准信息400余人次。联合公安机关开展反诈宣传直播，全年开展宣传53场，观看超过50万人次。与属地街道等紧密联动，发放反诈宣传手册78万份，发送反诈公益短信3800余万条。

杭州联通公司运用大数据手段，根据问题用户的行为特征建立红黄预警监测模型，迭代30余个监测模型。强化提前介入，对不同风险等级号码进行实时处置，识别处置高危号卡14.5万个。加强警企联动，协助公安机关打击电信网络诈骗窝点30余个。

（周宇飞 李梦涵）

【5G精品网络打造】2023年，杭州电信公司打造精品5G网，建设5G基站1.31万个，实现全市主城区、县城、乡镇及重点行政村5G商用网络连续覆盖，重点场景和地铁线路深度覆盖。打造精品光网，完成千兆全覆盖小区1.37万个，千兆光网用户63.7万户，实现XGPON网络全面覆盖城市区域，农村区域覆盖率超过90%。打造精品物联网，全年连接规模超过3200万户，其中NB-IoT用户规模超过2500万户，规模居全国第一位。打造精品卫星网，推进天地一体信息网络建设运营，为2.05万个手机直连用户和2800个天通卫星用户提供卫星移动通信服务。打造精品视联网，接入终端超过32万个。

【电信公司科技创新】2023年，杭州电信公司研发投入比上年增长165%，

5 项科研成果获工业和信息化部、中国电信集团、浙江电信公司奖项。亚运会 5G+XR+AI 智慧运维项目获第六届“绽放杯”5G 应用融合技术赛道一等奖、全国优秀奖，ICT 中国·创新项目、优秀“创新应用”。5G 物联网云检测系统项目获浙江电信公司科技进步奖三等奖、省经信厅“2023 年度浙江省制造业首台（套）产品工程化攻关项目”称号。集团认证 L1 研发工程师 158 人、专职软研队伍 76 人、省市级专家人才 3 人。

【运营商云平台建设】2023 年，杭州电信公司为杭州市建成提供政务云、信创云、灾备以及公众服务 4 个物理专区的运营商云平台，承载杭州城市大脑、信创改造、容灾备份等重点场景。为民政数字赋能“一老一小”项目、城市运行“一网统管”迭代升级项目、人防地一体化智慧平台（一期）等 200 余个重要系统提供云服务。其中，政务云容灾备份项目获中国信息通信研究院 2023 年度“政务云创新实践优秀案例”和“鼎新杯”数字化转型应用大赛二等奖。打造一体化视联网平台，助力阳光厨房、数字乡村、智慧社区、危房治理、环保危废视频监控、城管工地渣土管理、卫健委生物安全在线等数字化平台建设推广。建设“民呼码”系统，搭设民情民意全流程智治平台，覆盖 16 个市属医院，按期办结率和评价满意率均达 100%。承建全市 43% 以上区县（市）教育专网，为全市 1840 所学校提供数字校园服务，覆盖师生 230 余万人。全年签约“5G+ 工业互联网”项目 50 余个，其中三花 5G 数字工厂等项目获批浙江省 5G 全连接工厂，18 个项目获“5G 绽放杯”“光华杯”等赛事奖项。

（尹雪莹）

【移动 5G 新基建推进】至 2023 年年末，杭州移动公司 5G 基站总数达 2.5 万个，实现城区、县城、乡镇和村 100% 覆盖；5G 日均流量超过 7600TB，流量规模居全国地市前三位。3 月，杭州移动公司完成 5G-A 万兆站点验证；4 月，建立 5G+ 电力场景的 RedCap 端到端商用试点。在工业和信息化部“绽放杯”5G 应用大赛获奖 41 项。入选 2023 年中国 5G+ 工业互联网大会“典型应用案例”4 个、浙江省首批“5G 全连接工厂”4 个，入选数量居全省第一位。

【移动公司创新发展】2023 年，杭州移动公司落地浙江大学、西湖大学、图灵小镇等算力中心项目，签约金额超过 8 亿元，打造中国移动集团最大 ECSO 项目、全国高校最大算力裸金属项目、全省首个政府算力服务项目。推动中国数谷“三数一链”（数交所、数联网、数字证书、区块链）应用场景落地，在乌镇互联网大会发布“数据要素综合服务平台暨中国移动数联网长三角枢纽”。响应制造业“智转数改”工作方向，入选杭州市汽车零部件行业数字化转型总包服务商和通信设备制造行业服务商。

（周宇飞）

【联通公司基础设施建设】2023 年，杭州联通公司加快新型基础设施建设，推进 5G 网络共建共享，提升网络速率和覆盖面。至年末，5G 基站总数达 2.1 万个，实现重点乡镇以上 5G 网络连续覆盖。加强网络承载能力，5G 网络 100% 使用 IPv6，4G 网络、固定宽带网络、云基地及全国 IDC100% 完成 IPv6 升级改造，主要网站、手机应用软件全面支持 IPv6。

【医疗共富战略合作】2023 年，杭州联通公司与浙江大学医学院附属邵逸夫医院开展共富战略合作，加速推动县域医疗共富体系发展，以乡镇医疗共建、医院智能化改造等赋能，帮助乡镇提高医疗救治水平。4 月，举办“5G+AR 云急救”野外应急演练，救援人员通过 AR 眼镜，依托杭州联通公司 5G+AR 云急救平台，使用 RHS5G+AR 系统，连接专家手机，将基层医生与上级医院专家连线，实时传达伤者情况。该创新技术在舟山普陀、衢州龙游、宁波余姚等地基层医共体进行运用，在杭州市淳安县枫树岭镇下姜村卫生院设立 5G+AR 云诊室。

【赋能数字经济融合发展】2023 年，杭州联通公司深化运营商“云 + 网 + 边缘计算”的创新技术运用，全面升级联通云 7.0 的基础能力，为用户提供“联接 + 感知 + 计算 + 智能”的算网一体化服务。推动吉利高精地图算力私有云、联众医疗影像云等云项目实施部署。依托联通云网能力、信创能力、定制化场景方案等核心优势，打造杭州市教育局城市大脑 2.0、浙江开放大学全民终身学习公共平台、市一医院桐庐院区智慧医院等云平台项目，全年推动企业上云客户 5934 个。

【中国联通行业数据中心落户临平】2023 年 8 月，中国联通行业数据中心落户临平区。该中心计划打造全国领先的“高算力 + 强算法 + 大数据 + 优数商”的产业生态，提升云、算、安、网一体的新型基础能力，发挥联通云网一体化能力，形成安全、可靠、高速的“联数网”，实现全国数源、数商的安全可靠链接。

【浙西智算中心开园】2023 年 11 月，杭州联通公司联合建德市政府成立的浙西智算中心开园，推动“东数西算”发展。该中心依托联通 5G、大数据、云计算、物联网、人工智能等新一代通信技术以及数字技术融合创新的能力，推动信创云及产业云建设，构建数字经济基础底座，带动相关产业集聚。

（李梦涵）

责任编辑　孙晟珂　袁啸马

20 文化产业

综 述

【文化产业实现增加值 3211 亿元】 2023 年，杭州文化产业在全国同类城市第一阵营领先地位进一步巩固，文化产业及相关特色产业实现增加值 3211 亿元，比上年增长 11.3%，占地区生产总值的 16%。全市 1570 个规模以上文化及相关企业营业收入 1.01 万亿元，占全省的 64.4%，增长 15.7%。

【文化产业政策服务体系完善】 2023 年 5 月 23 日，杭州市委办、市府办印发《杭州市加快国际文化创意中心建设行动计划（2023—2025 年）》，从综合实力、产业平台、发展环境、品牌传播、共建共享 5 个方面明确未来 3 年国际文化创意中心建设的重点任务，提出着力打造文化产业高质量发展样板地、文化数字化融合创新示范地、新时代精神富有文化先行实践引领地的目标定位。制定印发《2023 年杭州市文化产业发展要点》，明确 2023 年文化产业发展方向和举措，推动杭州文化产业高质量发展。到金融机构和企业开展“关于加快推进文化金融建设的思考和实践”课题研究，推进新一轮文化金融政策的改革和实施。

【之江文化产业带建设】 2023 年，杭州市落实《之江文化产业带建设规划》，加快之江文化产业带建设。新增 13 个重点项目入库，之江文化产业带重点项目 93 个，投资总额 1195 亿元，其中投资规模在 10 亿元以上的重点项目 38 个。世界互联网总部项目、国家（杭州）短视频基地开工建设，横店之江影视创新中心、浙江电影科技城先后建成，之江文化中心、大丰数艺科技产业化生产基地等一批大项目投入使用。至年末，重点项目在建（建成）率 96.7%。之江文化产业带规上文化企业实现营业收入 3572 亿元，比上年增长 8.6%；利润总额 667 亿元，增长 38.4%。

【大运河（杭州段）文化产业带建设】 2023 年，杭州市按照《杭州市加快国际文化创意中心建设行动计划（2023—2025 年）》，做大做强大运河（杭州段）文化产业带，抓好抓实重点项目建设和运行。大运河（杭州段）文化产业带聚焦创意设计、文化休闲旅游、数字文化等领域，打造兼具“世遗”文化风韵、文化创意魅力的文化产业发展带。实施重大文化产业项目带动战略，浙江文化科技创新基地、玉鸟流苏文创街区二期、中泰跳头文艺集镇建成并投入使用。至年末，大运河（杭州段）文化产业带重点项目 34 个，投资金额 223 亿元。

【动漫游戏产业发展】 2023 年，杭州动漫游戏产业营业收入超过 500 亿元。全市 276 个动漫游戏企业，从业人员 1.24 万人，备案电视动画片 43 部，网络动画 98 部，备案立项动画电影 8 部，获得版号游戏 166 款。由追光影业（杭州）公司联合出品的动画电影《长安三万里》获第 36 届中国电影金鸡奖最佳美术片奖。中国美术学院创作的动画电影《艺术学院 1994》入围第 73 届柏林电影节主竞赛单元。浙江博采传媒有限公司出品科幻短片《诞辰》获第 12 届柏林短片电影节“最佳科幻短片：评审团奖”。浙江中南卡通股份有限公司的《钱王传奇》和浙江睿宸影视制作有限公司的《三国赵云传》入选国家广播电视总局 2023 年重点扶持项目。浙江睿宸影视制作有限公司的《济公之降龙降世》和杭州友诺动漫有限公司的《下姜村的绿水青山梦》，分别获浙江省第十五届精神文明建设“五个一工程”电影类、电视类优秀作品奖。重启“动漫万里行”活动，组织杭州动漫游戏企业参展香港影视展、法国戛纳电视节、新加坡亚洲电视论坛以及韩国光州、富川动漫节，助推企业参与国际竞争。

【杭州扶持电竞产业政策出台】 2023 年 7 月，市文创产业发展中心出台《杭州市电竞产业项目扶持管理办法》，推动电竞产业发展，首次公开征集并扶持动漫游戏项目 116 个，投入扶持资金 3300 万元。杭州电魂网络科技股份有限公司竞技游戏《梦三国 2》成为亚运会唯一国风电竞项目，中国电子竞技国家队赢得该项目金牌，杭州有 7 名运动员和 1 名教练员入选电子竞技国家队。网易《第五人格》和腾讯《王者荣耀》《英雄联盟》相继在杭州举办电竞比赛。

【文创产业投资基金投资项目 346 个】2023 年，杭州文创产业投资基金新增投资项目 47 个，新增对外投资额 10.88 亿元。至年末，文创产业投资基金规模 83.78 亿元，投资项目 346 个，完成对外投资额 53.34 亿元。其中，引导基金参股子基金规模 61.38 亿元，投资项目 246 个，投资额 40.58 亿元，投资杭州区域金额为引导基金出资金额的 3.7 倍，自有资金参股子基金规模为 22.4 亿元，带动社会资本对文化产业投资。

（过灵芝）

文化产业园区（文化创意街区）

【概况】2023 年，杭州市文化产业园区（街区）保持稳步发展趋势。经纬天地创意产业园、良渚数字文化产业园入选全省首批国家级文化产业示范园区培育名单。梅城古街获评浙江省高品质步行街和浙江省 AAAAA 级景区镇。艺创小镇推进文化与科技融合发展做法入选市创新深化特色案例。

【杭州经纬天地创意产业园】杭州经纬天地创意产业园于 2010 年由杭州纺织机械有限公司老厂房改建而成，是一个较为成熟的创意产业集聚区、创新人才聚集地。2023 年，园区占地面积 10 万平方米，入驻企业 300 余个，被列入首批国家级文化产业示范园区培育名单。园区致力于工业遗存的保护和利用，打造以工业设计等为核心业态的创新产业特色园，为年轻人创新创业提供平台和全方位支持。园区被评为国家级众创空间、国家级科技企业孵化器、国家级广告业创新创业示范基地、浙江省重点文化产业园区、浙江省工业设计中心、浙江省中小企业创业示范基地、杭州市文化和科技融合示范园区。

【良渚数字文化产业园】良渚数字文化产业园总规划面积 6.52 平方千米，东至绕城高速公路，西至美丽洲路、设计路，南至运溪高架路、玉鸟街，北至新 104 国道。2023 年，中国（良渚）数字文化社区获评国家对外文化贸易基地。园区未来之光区块是集办公、商业、剧院于一体的垂直生态复合体，其中光剧院作为 LGD 电子竞技俱乐部王者荣耀分部主场，聚力打造电竞文娱产业；玉鸟集区块是重点文创商业街区，提供现代科技与传统艺术碰撞交流；起梦科创园着力发展文化跨境电商，推动出海贸易。

【杭州之江文化创意园】杭州之江文化创意园位于杭州市西湖区转塘街道创意路 1 号，2008 年开始运营，其中凤凰·创意国际占地 21.88 万平方米，楼宇面积 4.5 万平方米。2023 年，园区入驻文创企业 3000 余个，吸引蔡志忠、施慧、吴海燕、杨奇瑞等一批文化产业领军人物，有影视、动漫、游戏、设计等中高级职称人才 1100 余名。拥有杭州第 19 届亚运会标识“潮涌”、奖牌“湖山”、火炬形象、官方礼仪服装、G20 杭州峰会会标、“最忆是杭州”G20 文艺晚会背景扇子动态制作等一批国家级作品。

【大兜路历史文化街区】大兜路历史文化街区位于世界文化遗产京杭大运河（杭州段）的重要节点“十里银湖墅”，毗邻香积寺、富义仓遗址公园，保留有国家厂丝储备仓库和清末民初民居建筑群，是杭州老城历史风貌尚存街区之一。街区全长约 1100 米，宽约 5 米，规划占地面积 9.5 万平方米，总建筑面积约 5 万平方米。2023 年，街区有入驻文创企业及商户近 50 个，定位为“老杭州的‘禅意’生活”。重点招引手作工艺、“非遗”文化、艺术空间、创意产品、音乐文化、禅修素食等文化传承类业态及受年轻人欢迎的网红经济业态。街区组织“北关市集”、杭州首届啤酒音乐节等特色文体活动 20 余场，推出青年艺术家“繁星计划”、“郎朗杭州艺术世界”等特色文化品牌。

【梅城古街】梅城古街位于建德市梅城镇，由正大街、南大街、东门街、三星街、沿玉带河风情街构成，与元代古城墙形成“三横一纵”旅游景观区。景区完整保存南宋州府街巷、富含深厚文化底蕴的旅游街区 1180 米，观光河道街区 1700 米，是融合文化、文创、康养、旅居等功能复合、文化多元、亦商亦儒的综合性步行街。2023 年，有入驻店面商铺 320 个。完成国家 AAAA 级旅游景区复评，获评浙江省高品质步行街和浙江省 AAAAA 级景区镇。街区结合“宋韵严州”文化传世工程，推进南宋瓦子街区（二期）复建和严州府衙复建考古工作；推出《宋之韵·艺说严州》玉带河夜间实景演出，繁荣古街夜经济。引入文创团队，将澄清门、太平桥、建德侯坊、碑坊石刻、书院会馆等文物作为地标建筑，制作旅游导览和手绘地图。创新推出“严州有礼”“严州宋宴”等系列文创产品。

（方杜衡）

文化品牌活动

【概况】2023 年，杭州市举办第十七届杭州文化创意产业博览会、杭州国际工艺周、第二届浙西（千岛湖）创意生活周等重点文化会展活动。依托杭州意大利文创产业交流中心等海外交流阵地，举办杭州传统工艺创新展，拓展海外文创交流阵地，支持杭州文化企业和产品服务“走出去”。

【国际文化交流拓展】2023 年，杭州市做好联合国教科文组织“工艺与民间艺术之都”品牌推广与建设，入选新一批国家对外文化贸易基地。加强与创意城市网络成员沟通联系，组团参访瑞士、意大利，促进文化交流。推进“新杭线”文化巡展计划，组织优秀文化企业参加海外专业性会展 3 场，到国内兄弟城市巡展 5 场。依托杭州意大利文创产业交流中心等海外交流阵地，举办 2023 年杭州传统工艺创新展。组织 34 个影视、动漫企业参展第二十七届香港国际影视展，达成意向成交额近 1000 万美元。

【浙西（千岛湖）创意生活周】2023 年 11 月 9—13 日，由市委宣传部指导，淳安县主办，以“文化聚力·国潮生活”为主题的第二届浙西（千岛湖）创意生活周活动举行，邀请 3 个省 7 个城市 18 个区（县）及国际代表参与。活动吸引县内外观众 4 万人次参与，展区直接带动各类消费 120 余万元，直播带货 300 余万元，间接带动淳安县其他文旅消费 2200 余万元。

2023 年 11 月 23—27 日，第十七届杭州文化创意产业博览会举行　　（市文化创意产业发展中心 供稿）

【杭州文化创意产业博览会】2023 年 11 月 23—27 日，由市政府、浙江大学、中国美术学院主办，市委宣传部、市文化创意产业发展中心、高新区（滨江）管委会、滨江区政府承办的第十七届杭州文化创意产业博览会（简称文博会）举行。文博会以“创意杭州·联通世界”为主题，以“WOW（哇），杭州！”为口号，构建“一主一副联动、五馆九区主打、展览论坛协同、线上线下融合”的格局，举办展览、论坛、商务等 70 余项活动。吸引 66 个国家和地区的 6500 余名展商、客商和专业人士参与，国际展区面积超过 50%，集聚国际知名文创品牌 500 余个。展会集中举办涵盖“非遗”传承保护、新消费周期、文化产业投融资、文化推动城市更新等内容的专业论坛活动 13 场，发布《2022—2023 年杭州文化创意产业投资发展报告》《2023 年文旅元宇宙产业融合发展白皮书》《2023 年直播短视频产业白皮书》等行业报告。开设“新生力量馆”等潮流艺术品和数字文化场景，策划“国际潮玩设计展”“亚运创意集市”“生长力艺术商店”“WOW 杭州灵感商店”等互动式零售新空间。主会场白马湖国际会展中心、分会场杭州中国动漫博物馆有参展观众 15.2 万人次，“云尚宋韵”2.0 及相关线上平台参与互动超过 610 万人次，现场签约与成交总金额 29.02 亿元。《人民日报》、新华社等 160 余个中央、省、市主流媒体和网络新媒体刊发转载报道 5000 余篇，总浏览量 3.5 亿次。

【杭州国际工艺周】2023 年 11 月 23—27 日，杭州国际工艺周作为特展在第十七届杭州文博会现场举行。展览以“竹木之外”为主题，展陈面积 1300 平方米，设置“民俗、再造、双手、机巧、新序”5 个板块，邀请装置艺术家纪馥君、机巧装置艺术家余宸睿，以及浙江自然造物文化创意有限公司、晚峰文化创意有限公司、有竹科技有限公司等 50 余个竹木品牌参展。联合西泠印社、自然造物文化创意有限公司等匠人举办手工体验活动 30 场，15 万人次参观。举办杭州国际手工艺创新发展论坛，邀请英国工艺设计协会主席娜塔莉·梅尔顿（Natalie Melton）、凡尔赛宫博物馆国际合作项目开发总负责人阿加·雷诺（Agathe Renault）、西班牙 ADN 陶瓷协会主任安娜·伊卢埃卡（Ana illueca）等海外嘉宾参与。

（谢希洪）

文化企业

【概况】2023 年，杭州市围绕之江文化产业带、大运河（杭州段）文化产业带建设，培育龙头领军企业，引进大企业，重点扶持中小微文创企业发展，整体经济效益向好。杭州网易雷火科技有限公司、杭州绝地科技股份有限公司、华策影视股份有限公司、杭州电魂网络科技股份有限公司、浙江中南卡通股份有限公司、杭州若鸿文化股份有限公司、杭州力合数码科技有限公司入选 2023—2024 年度国家文化出口重点企业名单。“版钉”数字文化版权保护平台（浙江中南卡通股份有限公司）入选 2023—2024 年度国家文化出口重点项目名单。10 个城区入选中国文化产业综合发展指数百强区。

【文化企业高质量发展】2023 年，杭州文化企业保持高质量发展强劲动能，全市 1570 个规模以上文化及相关产业企业营业收入首次超过 1 万亿元。华数传媒网络有限公司、浙江华策影视股份有限公司等 4 个企业再次入选“全国文化企业 30 强”，数量居全国副省级城市第一位。13 个文化企业、2 个项目入选国家文化出口重点企业和重点项目，数量均居全国同类城市第一梯队。22 个文化企业和 3 个项目入选 2023—2024 年度浙江省文化出口重点企业和重点项目名单，居全省第一位。

【“文创新势力”和“文创青云榜”上榜企业（项目）获融资 5.77 亿元】 2023 年 11 月 23 日，杭州市第九届“文创新势力”暨“文创青云榜”颁奖活动在杭州中国动漫博物馆举行。该届“文创新势力”评选活动聚焦影视传媒、文化教育等传统文化行业，深入挖掘人工智能技术、数字营销等文创新领域和新赛道具有商业爆发力和投资价值的创新型文创企业，吸引 100 余个企业报名参评。经过初审、复评、决赛等程序，杭州奥创光年互联网科技有限公司、浙江花果山文化传媒有限公司等 10 个项目获评 2023 年度“十大文创新势力”。杭州巴九灵文化创意股份有限公司等 43 个企业入选 2023 年杭州“文创青云榜”。入围“文创新势力”项目和“文创青云榜”上榜企业共获得融资或达成意向融资金额 5.77 亿元。

（方杜衡）

文化人才队伍

【概况】 2023 年，杭州市围绕《2023 年度全市文化产业发展工作要点》，加强文化产业人才引育工作。针对不同受众，组织各类文化产业人才培训班 30 余期，开展相关活动 70 余场。

【文创人才培训】 2023 年，杭州市发挥市文创协会、市文创人才协会等人才服务机构的作用，联动各区县（市）针对不同受众，以线上和线下形式组织文创企业培训班、创意引擎研学营、文创力量大讲堂等人才培训活动 30 余期（次）；举办交流对接会、文创沙龙等各类活动超过 30 场，市本级人才项目辐射文创人才 3000 余人。区县（市）结合自身实际，举办“梦溪杯”宋韵文化内容转化大赛，实施“创意蓝海”文化产业高层次人才、“守艺人”文化共富计划等人才培养重点项目。推动第三轮“薪火传承——工艺美术大师带徒学艺”项目，创新“三年带徒授艺 + 社会传承活动”模式。面向全市重点园区、街区，举办市级文化产业园区、创意街区运营专题培训班。

【文创人才引育机制创新】 2023 年，杭州市健全完善文创杭军“引、育、留、用”机制，探索整合文化产业人才培养资源。实施市“五个一批”人才计划、“青年文艺家发现计划”等重点人才项目，推进高层次文化产业人才集聚。发挥中国网络作家村、之江编剧村等人才基地作用，吸引专业文化人才、海归人才到杭州创业发展。通过举办中国国际动漫节、杭州文博会等活动，搭建文创人才展示交流平台。

（韩 慧）

文化市场监管

【概况】 2023 年，杭州市文化市场行政执法机构出动执法人员 10.86 万人次，检查场所 5.21 万个（次），行政处罚立案 949 件，停业整顿 6 个（次），罚款 50.73 万元，没收非法所得 10.77 万元，受理处置各类投诉举报信访件 770 件。市文化广电旅游局在全省文化市场行政执法岗位技能竞赛中获团体综合一等奖，3 个执法案件入选全省文化市场行政执法十大案件，“文管在线”应用被文化和旅游部评为文化和旅游数字化创新示范十佳案例。

【平安文旅百日攻坚行动】 2023 年，市文化广电旅游局部署开展“护航亚运·平安文旅百日攻坚行动”，突出重点领域，强化市区联动。重点围绕营业性演出市场、剧本娱乐经营场所、网络出版物市场、未经许可经营旅行社业务、不合理低价游、旅行社规范用车、大运河文物等领域开展专项整治行动。

【亚运会知识产权保护】 2023 年，市文化广电旅游局开展迎亚运著作权专项整治检查，联合市市场监管局、市公安局、亚组委法律事务部开展亚运会知识产权保护联合督查行动。清理涉亚运会吉祥物侵权物品 5387 个，删除链接 4541 个，向公安机关移送重大案件 1 起，接收并处置检察机关移交案件 2 件。

【文化市场数字化治理】 2023 年，市文化广电旅游局制定《杭州“文管在线”应用使用及管理办法》，推动“文管在线”区县（市）贯通应用，打造网络文化、旅游市场、文化娱乐场所多跨应用场景。做好“天网工程”文旅行业汇聚节点建设，统筹全市 A 级以上景区、星级宾馆、网吧、歌舞娱乐场所、电子游艺场所和演出场所等领域视频监控汇聚工作。“文管在线”应用全年开展网络文化巡查 249 万余次，系统自动生成风险预警 1.5 万个。

【杭州广播电视安全播出】 2023 年，杭州市各广播电视机构安全稳定运行，未发生广播电视安全播出事故。全年监测到“黑广播”频率 4 个，杭州市无线电监测中心予以查处取缔。完善安全播出应急预案，做好重要保障期及节日期间广播电视安全播出保障。组织广播电视行业安全播出大检查，发现风险隐患及时整改，提升全市广播电视安全播出能力。

（市文化广电旅游局）

责任编辑　须同威

21 农 业

综 述

【农林牧渔业产值增长】2023年，杭州市农林牧渔业总产值533.11亿元，比上年增长3.4%，增加值356.90亿元，增长3.7%。其中：种植业产值335.59亿元、林业62.80亿元、渔业52.49亿元，分别增长4.5%、4.9%、2.8%；畜牧业产值55.98亿元，下降5.1%。粮食产量55.19万吨，增长4.1%；蔬菜产量360.49万吨，增长2.6%；水果产量84.33万吨，增长3.8%；水产品产量18.60万吨，增长4.4%；肉、蛋、奶产量分别为13.93万吨、9.02万吨和3.51万吨。杭州市农村居民人均可支配收入48180元，增长6.6%，城乡居民收入倍差缩小至1.67。

【乡村振兴战略实施】2023年，杭州市全面压实省、市、县、乡、村五级书记抓乡村振兴责任，围绕建设高效生态农业强市，推进三个“一号工程”在农业农村领域落地见效，推动县城承载能力提升和深化“千村示范、万村整治”工程落实。实施乡村振兴战略实绩考核，杭州市和余杭区、临平区、富阳区、临安区、桐庐县在全省乡村振兴考核中获优秀，杭州市和余杭区、临安区、富阳区获“神农鼎”，5个乡村振兴案例获评全省乡村振兴最佳创新实践案例。余杭区、临平区、临安区、富阳区、萧山区获全市乡村振兴考核优秀。启动打造以“农业标准地＋双强”为核心的高效生态农业示范园20个，建设现代农事服务中心20个。建德草莓、千岛湖鲢鳙、余杭径山茶入选首批国家现代农业全产业链标准化示范基地创建。桐庐县入选国家农业现代化示范区创建，临安区太阳镇入选国家级农业产业强镇创建。7月18日，市政府办公厅印发《乡村振兴支持政策二十三条》。杭州市在国务院“菜篮子”考核中连续3轮获评优秀。市农业农村局（市乡村振兴局）被评为浙江省粮食生产功能区“非粮化”整治优化和高标准农田建设先进集体。

【县城承载能力提升和深化“千村示范、万村整治”工程】2023年，杭州市围绕“强城”“兴村”“融合”三大领域，推进县城承载能力提升和深化“千村示范、万村整治”工程。全年实施重大项目129个，年度计划投资额183.39亿元，投资完成265.32亿元，投资完成率144.7%。桐庐县、淳安县入选省级以县城为重要载体的城镇化建设试点；萧山区、余杭区入选省级深化“千万工程”方向试点；临安区入选省级城乡融合发展方向试点。杭州市第二、第三季度连续获评全省五星等次，在全省“十项重大工程”年度考核中被评为A档。

【“千万工程”深化】2023年，杭州市放大“千万工程”源起地优势，举办“千万工程”20周年系列主题活动。7月18日，市委、市政府印发《深化新时代“千万工程”打造中国式现代化乡村杭州范例行动计划（2023—2027年）》。8月10日，全市深化新时代“千万工程”打造宜居宜业和美乡村推进会召开。杭州市推进“六和六美”新时代和美乡村建设，累计建成美丽乡村特色村60个、未来乡村85个、历史文化村保护利用村203个、美丽乡村国际旅游体验点17个，推进建设未来乡村共富引领带12条。萧山区横一村、余杭区径山村和小古城村被列入全国学习运用“千万工程”经验现场推进会考察点，淳安县下姜村入选世界旅游组织“最佳旅游乡村”。《人民日报》刊发市委书记关于“千万工程”的署名文章《持续推动“千万工程”走深走实》。市农业农村局（市乡村振兴局）编撰形成《“千万工程”杭州20年》《“千万工程”杭州实践50例》，制作专题宣传片《“千万工程”20年杭州实践》。10条“千万工程”美丽乡村精品线成果被收录至全省和美乡村百花园案例，6个案例被农业农村部录入《绘就新时代“富春山居图”——浙江“千万工程”典型案例》。

【农业“双强”行动】2023年，杭州市持续推进农业“双强”项目建设，争取省农业“双强”项目库第一批入库项目25个、第二批16个，省级补助资金8612.27万元。第一批入库项目全部完工验收；第二批入库项目开工率100%，计划年度投资9469.41万元，完成投资1.01亿元。4月20—21日，全省农业“双强”推进暨现代农事服务中心建设现场会在临安区召开。市农业农村局（市乡村振兴局）被评为浙江省农业“双强”行动成绩突出集体。

【强村富民集成改革】2023年，杭州市推进以集体经济为核心的强村富民乡村集成改革，激发乡村各类主体、要素活力。至年末，培育强村公司524个，参与村（社区）1208个；实施飞地抱团项目127个，参与村（社区）1129个。全市农村集体经济总收入196.7亿元，经营性收入154.3亿元。其中，1906个村实现总收入68.46亿元，经营性收入45.54亿元，经营性收入50万元以上村占比96.6%。7月13日，市委农村工作领导小组印发《关于加快西部地区农民增收着力提高全市农民收入水平的若干意见》，启动实施产业增效、就业增薪、改革增财、帮扶增血“四增”工程，落实“三百”帮促、开发公益性岗位、设立共富工坊等农民增收20项举措。10月12日，《杭州市农村集体经济组织财务管理规定》公布，自2024年1月1日起施行，推动农村集体经济组织财务管理法治化、规范化。深化省、市、县、乡、村五级联网的“浙农经管”贯通应用，完善农村产权交易服务体系。全市农村产权交易1700余宗，总成交额超过13亿元，促进集体资产保值增值。启动“共享村居”闲置宅基地和闲置农房盘活利用试点，新增盘活闲置农房4278幢，帮助村集体和农户增加财产性收入2.9亿元。

【新型农业经营主体培育】2023年，市农业农村局（市乡村振兴局）修订完善《杭州市示范性新型农业经营主体评定及监测办法》，新认定市级示范性农民专业合作社13个、市级示范性社会化服务组织10个、市级示范性家庭农场49个。组织对2021年及以前年度认定的市级示范性（规范化）农民专业合作社和示范性家庭农场进行监测。组织50个农民专业合作社和70个家庭农场负责人开展业务培训，提高知识技能和管理水平。

【结对帮促深化】2023年，杭州市深化区县（市）协作、“联乡结村”活动、“百社百企结百村帮促活动”三大协作帮扶载体，强化工作机制落实、细化年度工作任务、拓展协作帮扶内容、丰富活动开展形式，促进临安区、桐庐县、淳安县、建德市等山区4个区县（市）经济社会发展、农民增收、公共服务提升，推动山区跨越式高质量发展。全年开展各类协作帮促活动500余次，落实区县（市）协作资金4.1亿元、实施协作项目75个，协作城区向山区4县产业转移项目29个、完成投资43.19亿元。落实“联乡结村”帮扶资金1.34亿元、实施帮扶项目249个。百社百企结百村帮促活动为帮促村实施帮促项目32个、提供帮扶资金924万元、帮助销售农产品672万元。杭州团组12个成员单位在衢州市衢江区合计帮扶事项28个，筹措落实帮扶资金2.02亿元，帮助招商引资5380万元，落实消费帮扶资金3565.52万元，筹集慈善帮扶资金755.61万元，提供就业岗位235个。《农民日报》头版刊发的《弹好“协奏曲”共唱“山城歌”——浙江杭州“区县（市）协作”观察》一文获省政府领导批示，协作帮扶工作机制入选“八八战略”杭州实践100例，《杭州杂志》刊发《“绿水青山”成为“幸福靠山”》文章。

【低收入农户保障提升】2023年，杭州市持续完善低收入农户和低保边缘户认定标准“两线合一”工作。至年末，全市有低收入农户6.78万户、9.00万人。低收入农户人均可支配收入25520元，比上年增长11.7%，比全市农村居民人均可支配收入增幅高5.1个百分点。在全市开展低收入农户“春风行动”重大疾病医疗救助和“春风助学”活动，实施重大疾病救助430人，补助金额155.7万元，春风助学604人，补助金额181.2万元。

【现代农业园区创建】2023年，杭州市推进现代农业园区创建。桐庐县被评为国家级农业现代化示范区。建德市大同镇被列为全国首批“五好两宜”和美乡村试点试验项目。建德航头现代农业园区被列入省级创建名单，全市累计创建13个。

【农产品质量安全提升】2023年，杭州市开展种植养殖环节定量抽检1.55万批次、定性快速检测11万余批次，主要农产品省级例行监测合格率99.6%。创建建德草莓、千岛湖鲢鳙、余杭径山茶3个国家现代农业全产业链标准化示范基地。临安区成功创建为第三批国家农产品质量安全县。杭州市8个农产品质量安全监管方面的做法获农业农村部和省农业农村厅肯定。其中：临安区查处全国首例农产品承诺达标合格证违法案例，建德市实施豇豆治理工作获农业农村部认可。12月7日，农业农村部在余杭区召开全国基层检测监管服务能力提升学习交流活动，展示杭州农产品质量安全监管水平。

【绿色优质农产品】2023年，杭州市新增绿色食品85个，总量628个，比上年增长13.2%，居全省第一位，绿色食品生产企业为341个。余杭区、桐庐县绿色食品认证分别为171个、115个，居全省前五位。全市有地理标志农产品登记18个，授权主体295个，有机农产品331个。至年末，全市建设国家地标保护工程4个，省级精品基地7个，创建省级优质农产品生产基地15个。

【亚运会和亚残运会农产品保供】2023年，杭州市有6个区县（市）、12个生产企业、30个农产品品种参与亚运会和亚残运会保供，提供蔬菜23吨、鸡蛋等畜禽类17吨，农产品检测全部合格。高标准实现亚运会和亚残运会保供农产品“产得出、运得走、供得上、保安全、零风险”目标。

【农业行政执法】2023年，杭州市办理农业行政处罚案件2568件，罚没款627. 68万元，移送公安机关39件，办理首违不罚案件62件，实现年度办案总数和畜牧业（234件）、渔业（2113件）、农机（44件）、农产品质量安全（40件）案件数5个全省第一位。20件案卷获评部省市优秀案卷、典型案例。其中：3件获评全国农业（渔业）行政处罚优秀案卷，4件获评全省农业（渔业）执法优秀案卷，2件获评全省农业行政执法典型案例，1件获评全市行政执法“示范优案”，10 件获评全市农业行政处罚优秀案卷。

市农业行政执法队开展西湖龙井茶品牌保护执法，实现《杭州市西湖龙井茶保护管理条例》颁布实施以来零办案的突破，联合市公安局环食药支队对“2·15”假冒西湖龙井茶系列案收网抓捕，抓获涉案人员 51 名，现场查扣假冒西湖龙井茶约 3 吨，涉案价值 1.2 亿元。联合市公安局环食药支队查办 1 起跨省贩牛案，涉嫌养殖环节添加瘦肉精、运输环节买卖虚开检疫证明、屠宰环节注水等违法犯罪，抓获犯罪嫌疑人 30 名，摧毁犯罪团伙 5 个，查获问题牛肉 10 余吨，扣押虚开动物检疫合格证明数十份。

【农业领域碳达峰碳中和】2023 年，市农业农村局（市乡村振兴局）修订发布《杭州市农业领域碳达峰实施方案》，明确农业领域碳达峰的目标任务、工作路径和保障措施。制定杭州市地方标准《杭州市低碳生态农场碳排放核算与评价规范》。开展低碳模式探索，余杭蓝天农业绿色零碳智慧化能源中心示范项目入选“杭州市十大低碳应用场景”。成功创建 3 个国家级生态农场、44 个省级生态低碳农场、1 个市级低碳生态农业试验区。支持建德市、临安区等继续与专家团队合作创建低碳生态农场碳标签，围绕“晚稻米”“水稻”“蔬菜”“桃子”“小番薯”“水果笋”“百合花”“红美人”等作物进行全生命周期碳账户核算与碳足迹认证，新发布产品碳标签 8 个。杭州市有低碳农场碳标签 13 个。

【农业“放管服”改革】2023 年，杭州市巩固“放管服”改革成果，完善农业农村领域政务服务事项基本目录、办事指南，推进政务服务标准化规范化便利化。所有许可事项网上申请率、网上办事率、掌上办事率、零跑次实现率、材料电子化率均为 100%，承诺时限压缩比 86%，即办率 100%。全年，全市农业系统办理行政许可事项 16.14 万件，其中市本级办理行政许可事项 2210 件。

（市农业农村局）

种植业

【概况】2023 年，杭州市种植业产值 335.59 亿元，比上年增长 4.5%。粮食播种面积 9.33 万公顷，增长 0.2%；产量 55.19 万吨，增长 4.1%。蔬菜种植面积 10.31 万公顷，增长 2.4%；产量 360.49 万吨，增长 2.6%；产值 104.00 亿元，增长 6.5%。茶叶种植面积 3.72 万公顷，增长 2.2%；产量 3.10 万吨，增长 4.5%；产值 42.34 亿元，增长 10.9%。水果种植面积 3.86 万公顷，增长 1.0%；产量 84.32 万吨，增长 3.8%；产值 56.1 亿元，增长 3.7%。果用瓜种植面积 0.99 万公顷，增长 2.0%；产量 32.93 万吨，增长 0.8%。中药材种植面积 0.903 万公顷，增长 6.7%；产量 6.08 万吨，增长 5.6%；产值 19.1 亿元，增长 11.0%。盆栽观赏植物（含盆景）1.04 亿盆，增长 29.1%。桑园面积 3284.9 公顷，下降 13.5%。

【西湖龙井茶保护管理】2023 年 2 月 15 日起，《西湖龙井茶防伪溯源专用标识管理办法》开始施行。2023 年，核定西湖龙井茶园面积 1479.69 公顷，生产经营主体包括西湖区和杭州西湖风景名胜区的 5 个街道 62 个村（社区）的茶农 9910 户，授权经营茶叶企业 151 个。全年全市西湖龙井茶产量 490 吨，相关第一产业产值超过 6 亿元，比上年增长 7%；全产业链产值 19 亿元，增长 12%。“西湖龙井”品牌获评全省首届知识产权大奖一等奖，获省政府表彰；品牌价值 82.64 亿元，连续 5 年居全国茶叶区域公用品牌价值榜首；入选省市场监管局全省第一批地理标志富农最佳实践案例。

【农作物新品种展示示范】2023 年，杭州市创建部、省、市、县（市、区）级水稻、油菜、小麦、瓜菜等农作物新品种展示示范点（方）195 个，面积 4615 公顷。其中：水稻展示点 10 个、高产示范方 104 个，展示示范面积 3400 公顷，包括甬优 31、甬

表 16　2023 年杭州市粮食作物生产情况一览表

项　目	播种面积（公顷）	总产量（万吨）
早　稻	3566.67	2.27
中稻和一季晚稻	40193.33	32.23
双季晚稻	2613.33	1.75
小　麦	23286.67	9.94
玉　米	2580.00	1.16
大　豆	12226.67	3.47
其他杂豆	933.33	0.26
薯　类	7166.67	3.87
其他谷物	693.33	0.25
总　计	**93260.00**	**55.19**

（资料来源：市农业农村局）

表 17　2023 年杭州市蔬菜、茶叶、水果、油菜籽生产情况表

项　目	种植面积（万公顷）	比上年增长（%）	总产量（万吨）	比上年增长（%）
蔬　菜	10.31	2.40	360.49	2.60
茶　叶	3.72	2.20	3.10	4.50
水　果	3.86	1.05	84.32	3.80
油菜籽	2.55	5.47	6.22	1.40

说明：蔬菜产量包含食用菌，水果含园林水果及果用瓜

（资料来源：市农业农村局）

优59、甬优1538、华中优9326、上师大19等50余个品种；油菜展示点4个、高产示范方12个，展示示范面积80公顷，包括越优1510、越优1203、越优577、浙油杂1510等10余个品种；小麦展示点2个、高产示范方25个，展示示范面积760公顷，包括扬麦33、扬麦39、扬辐麦13等10余个品种；旱杂粮展示点5个、高产示范方25个，展示示范面积360公顷，包括玉米杭糯玉21、大豆浙鲜12、甘薯杭薯1号等80余个品种；瓜菜展示点8个，展示面积15公顷，包括番茄杭杂503、茄子浙茄11、西瓜浙蜜8号、甜瓜丰登蜜25等80余个品种。

余杭区仁和街道渔公桥村的“甬优12”攻关田（摄于2023年）

（市农业农村局 供稿）

【新技术新模式推广应用】2023年，杭州市持续推进绿色高效生产技术模式集成与示范应用。首次引进双季稻钵苗摆栽技术、大钵体毯状苗育秧技术和早稻覆膜栽培技术，分别在萧山区和桐庐县试验示范；引进玉米移栽机具，开展玉米机械移栽试验。推广杂交稻精准播种机插技术、水稻叠盘暗出苗育秧技术、水稻机插侧深施肥技术、油菜稀植绿色栽培技术、优质稻产加销一体化模式等粮油主推技术、高效农作模式16项，应用面积7.6万公顷。推广蔬菜集约化育苗、蔬菜水肥一体化、耐高温速生叶菜绿色轻简栽培技术等蔬菜主推技术11项，其中蔬菜集约化育苗技术应用7317万株；推广微灌与水肥一体化、病虫害绿色防控、废弃物资源化利用等蔬菜绿色生产技术5项，应用面积1.94万公顷；推广水旱轮作、旱地间作套种、生态种养等瓜菜新型农作制度3项，应用面积0.64万公顷。

【水稻高产创建】2023年，杭州市建立粮油作物高产高效示范片（区、方）166个，市农业技术推广中心印发《关于做好2023年市级粮油优质高产高效示范区建设工作的指导意见》。参与省级粮油作物高产竞赛，位于余杭区仁和街道渔公桥村的杂交晚稻千亩示范片平均亩产978.81千克（其中最高田块亩产1011.76千克），获全省杂交晚稻千亩示范片竞赛亩产第一名；萧山区瓜沥镇和益农镇百亩小麦示范方平均亩产分别为535.75千克和494.14千克，分别获全省粮油作物绿色高产高效示范片小麦单产第一名、第二名；富阳区场口镇越优1510油菜百亩示范方，平均亩产230.96千克，获全省第三名；钱塘区义蓬街道南沙村百亩鲜食春大豆双产（百亩示范区平均亩产1179.39千克、攻关田平均亩产1229.61千克）破“浙江农业之最”纪录。

【种质资源保护】2023年，杭州市开展种质资源提纯保护工作。开展建德糯米丝瓜、桐庐乌豇豆、杭州油冬儿等30份地方种质资源品种的保护提纯工作，留存优良种子2千克。推荐的建德“糯米丝瓜”入选浙江省“十大优异农作物种质资源”，并被推荐参评国家“十大优异农作物种质资源”。

【救灾应急种子储备】2023年，杭州市储备农作物应急种子85.47万千克（折合常规稻98.46万千克）。其中常规早稻17.7万千克、常规晚稻42.25万千克、杂交晚稻1.46万千克（折合常规稻7.3万千克）、小麦15.6万千克、荞麦0.2万千克，玉米4.83万千克（折合常规稻9.66万千克）、大豆1.8万千克、蔬菜0.58万千克（折合常规稻2.9万千克）、储备油菜种子1.05万千克。根据需求按程序及时动用农作物储备种子18.04万千克，保障粮食生产种子需求，其中早稻4.49万千克、杂交晚稻0.2万千克、常规晚稻0.84万千克、玉米0.14万千克、小麦12.3万千克、蔬菜0.07万千克，补播面积1765公顷。

【种子执法年活动】2023年，杭州市开展种子执法年活动。出动执法人员1604人次，检查持证种子企业60个（次）、种子经营门店633个、繁种基地49个，监督抽检种子样品95批次，对违法行为立案调查17起，罚没款14.97万元。

【高标准农田建设】2023年，杭州市以农田建设和工程质量“双百”行动及粮功区储备区划定为重点，推进建设进度，提升建管质量和成效。全市新建和改造提升高标准农田5200公顷，完成率104%，同步建成高效节水灌溉面积292.73公顷，完成率257%；新立项实施高标准农田建设项目99个、5440公顷，达任务数的133%且均开工在建；落实粮食生产功能区储备区划定490.07公顷、完成率126%；新创建省级绿色农田4个和市级高标准农田示范区6个。

【农作物病虫害监测与绿色防控】至2023年年末，杭州市创建省级及以上农作物重大病虫监测预警区域站

7 个，设立重点农作物病虫监测点 50 个。做好水稻褐飞虱、小麦赤霉病等迁飞性害虫和流行性病害的监测预警及科学防控工作。全年发布病虫情报 123 期，农作物病虫草鼠害发生面积 71.92 万公顷（次），防治面积 82.53 万公顷（次），挽回损失 39.76 万吨，病虫害发生和危害得到有效控制。

【植物疫情防控】 2023 年，杭州市落实重大农业植物疫情防控责任，建立地方政府负责、部门分工协作、区域联防联控的工作机制。设立省、市级植物疫情监测点 45 个，构建重点疫情区域阻截带 5 条。开展以红火蚁、亚洲梨火疫病为重点的植物疫情专项普查 6.64 万公顷（次），及时发现和处置检疫性有害生物 3 种，发生面积 17.07 公顷。处置扑灭局部疫点 14 个，疫情总体控制在零星轻发生状态。强化植物检疫源头监管，创建无疫种子种苗基地 12 个。全市实施产地检疫 73 批次，调运检疫 2.66 万批次，调运种子 1.1 万吨、花卉苗木 29.03 亿株。

【农业外来物种普查】 2023 年，杭州市开展农业外来入侵物种普查，包括杭州农业外来入侵植物、农作物外来入侵病虫害和外来入侵水生动物的种类数量、分布范围、发生面积等。调查农业外来入侵植物 167 种、外来入侵病虫害 35 种。开展外来入侵物种科普宣传，发放宣传资料 1000 余册。

【秸秆综合利用与禁烧】 2023 年，杭州市农作物秸秆可收集资源量 71.45 万吨，利用量 71.41 万吨，秸秆综合利用率 97.4%，其中肥料化利用 59.57 万吨（直接还田 53.65 万吨、离田肥料 5.92 万吨）、饲料化利用 3.89 万吨、燃料化利用 1.49 万吨、基料化利用 6.04 万吨、原料化利用 0.42 万吨。通过多种途径宣传，引导民众树立利用秸秆、抵制露天焚烧的自觉意识，增强群众法治观念和环保理念。

【农田氮磷生态拦截沟渠】 2023 年，杭州市新建农田氮磷生态拦截沟渠 12 条，建设长度 1.20 万米，覆盖农田面积 714.2 公顷。对建成的 69 条生态沟渠，落实管护主体，制定管护制度，明确运维职责，加强运维管护。

【农业土壤污染防治】 2023 年，杭州市推进农业土壤污染防治与安全利用工作。在富阳区常安镇筹建的土壤重金属污染治理试验站继续进行重金属治理研究工作，在桐庐县持续开展省级受污染耕地安全利用和耕地土壤环境质量类别动态调整试点工作。根据全市耕地的污染类型精准施策，重点对水稻种植区全面实施以“原位阻隔治理、低积累品种替代、深翻耕、水肥优化调控”为主要技术的水稻等农产品安全生产技术措施，对严格管控区进行“回头看”检查，防止其反弹。经核算，全市受污染耕地安全利用率 95.5%。

【农药减量增效】 2023 年，杭州市围绕农业绿色发展，集成推广统防统治、绿色防控、精准测报和科学用药等措施，实现农药减量增效。实施主要农作物统防统治面积 6.03 万公顷。融合推进专业化统防统治与绿色防控，建立省级病虫害绿色防控（农药定额制）示范区 15 个，示范面积 528.6 公顷，绿色防控推广面积 7.60 万公顷（次）。通过示范区建设、科技下乡、培训班和现场会等形式，加强安全用药、绿色防控和植保器械操作等农药减量技术指导服务，开展科学用药培训 33 期、1775 人次。

【化肥减量增效】 2023 年，杭州市融合测土配方施肥、有机肥替代化肥、水肥一体化等技术，推进化肥减量提质增效工作。全年举办化肥减量技术培训班 34 期，培训技术骨干和农民 2084 人（次）。在主要农作物上推广应用配方肥 5.09 万吨（实物量）、11.22 万公顷（次），实现测土配方施肥技术覆盖率 91.6%；加大有机肥替代化肥力度，推广有机肥 19.11 万吨、4.82 万公顷（次），资源化利用畜禽粪便 66.9 万吨；深入实施土肥水耦合技术，在经济作物上推广应用水肥一体化 6740 公顷。

【第三次全国土壤普查推进】 2023 年，杭州市在继富阳区完成全国试点县的基础上全面铺开第三次全国土壤普查。召开推进会及培训班，联合科研院校，发挥富阳区作为第三次全国土壤普查试点的优势，培训区县（市）、乡镇、村各级普查技术骨干。发布《杭州市第三次土壤普查工作实施方案》《关于组建杭州市第三次土壤普查数据审核专家库的通知》等文件，推进全市普查工作落实落细。加强普查外业采样调查的全程质量控制工作，确保上报点位信息准确，为普查成果汇总奠定基础。

【农业废弃物资源化利用】 2023 年，杭州市全面推进“无废城市”建设，加强秸秆、农药包装废弃物、废旧农用薄膜等农业废弃物的综合利用。建立农药包装废弃物、废旧农用薄膜有偿回收和集中处置工作体系，投入财政资金 2073.77 万元，设立回收点 788 个，回收农药废弃包装物 580.21 吨，回收率 123.6%。

（市农业农村局）

林　业

【概况】 2023 年，杭州市以全面推行林长制为抓手，立足区域森林资源优势，坚持山水林田湖草系统治理，加快推进林业高质量发展，着力构建布局合理、功能完备、效益显著的森林生态系统。全市完成国家造林任务 5020 公顷，实施森林质量提升（不含健康森林）面积 1.38 万公顷，其中战略储备林 6000 公顷、美丽生态廊道 7800 公顷。新建省级森林城镇 9 个、省级“一村万树”示范村 29 个，新增国家级林业重点骨干企业 2 个、省级林业特色产业强镇 1 个、省级森林康养名镇 2 个、省级森林人家 25 个、省级森林康养基地 2 个、省级生态文化基地 8 个、省级森林氧吧 14 个。全年森林火灾受害率 0.003‰，松材线虫病监测覆盖率 100%，防治面积 2.67 万公顷，占省计划任务的 113.7%。

市林水局获评“全国松材线虫病疫情防控攻坚行动先进单位”，在 2023 年度浙江省自然资源集约利用考核林长制专项评价中居全省第一位。杭州市获 2025 年第五届世界生物圈保护区大会承办权，通过国际湿地城市创建国内评估。浙江午潮山国有林场成功创建现代国有林场。余杭区长乐林场入选首批国家林草科普基地。

【“亚运林”建设】2023年3月15日，省委、省政府领导到萧山区钱江世纪城亚运村地块景观绿化带，带头参加义务植树活动。杭州市连续6年在亚运村景观绿化带开展“亚运林”建设，累计植树17.07公顷、1万余株。

（黄柏顺）

【林业产业】2023年，杭州市坚持生态优先，合理利用森林资源，促进产业深度融合，推动林业产业发展。新增省级现代林业经济示范区28个，其中省级特色产业强镇1个、省级森林康养名镇2个、省级森林人家25个。抓住旅游产业复苏的发展机遇，大力发展森林康养，创建省级森林康养基地2个、省级生态文化基地8个，14个森林氧吧被评选为“浙江森林氧吧”。

【碳汇项目开发】2023年，杭州市开展“浙林碳汇”项目减排量开发，在余杭、建德和淳安等地开发1.64万吨碳汇减排量，向亚组委捐赠1.13万吨减排量。余杭区、淳安县被列入全省林业增汇试点县创建名单，建德市林业总场、物产中大长乐林场被列入全省林业碳汇先行基地创建名单。

（李 皓）

【中国义乌国际森林产品博览会】2023年11月，第十六届中国义乌国际森林产品博览会在义乌举行。杭州参展企业91个，参展产品主要有萧山花卉、余杭竹（竹笋）产品、富阳甜柿、临安山核桃、建德山茶油、淳安林下道地药材等特色林产品。全市有50个产品获金奖、80个产品获优质产品奖。

（邢筱蛟）

【古树名木保护】2023年，市林水局与蚂蚁科技集团股份有限公司签订合作框架协议，引入社会力量保护古树名木。全年古树名木保护项目社会公众参与6700万人次，新增省级古树文化公园8个。

（王嫩仙）

【森林防火】2023年，市林水局紧扣重点时间和重点区域，特别是对有森林防火任务的亚运场馆周边，联合市政府森林消防指挥部办公室及乡镇（街道）出台措施、制订方案，做好森林防火各项工作。持续加强森林消防基础设施建设和森林消防物资装备储备，市级财政投入补助资金2000万元，全市新建蓄水池246座，增配蓄水桶844只、高压水泵75台、水罐车5辆，落实“林火智治”预警监测监控118台，全市火情早期处理和预警监测能力提升。全市森林火灾发生率0.09起/10万公顷，受害率0.003‰，持续保持低发平稳态势，实现亚运期间“零火情”。

（叶 青）

【“3·19”森林消防日宣传】2023年，市林水局指导全市各地开展“3·19”森林消防宣传活动，以“筑牢防火墙，护航亚运会”为主题，宣传森林防火相关法律法规、防火基本常识，增强公众森林防火意识，形成群防群管局面。3月18日，在西湖区铜鉴湖与省林业局共同主办浙江省暨杭州市“3·19”森林消防宣传日活动。全市开展森林消防宣传活动，制作安装横幅、标语等4000余条，发送森林防火短信6.6万条，制作宣传牌700余块，发放宣传品3万余份。

【火源管控专项治理】2023年，市林水局联合应急、公安等部门压实防火责任，制订行动方案，加强隐患排查，严管野外火源，开展宣传教育，做好早期处置。加大进山入林人员、车辆防火检查力度，严防火种进山入林。开展野外火源专项治理，打击野外违法违规用火，从源头上杜绝森林火灾发生。专项行动期间，全市组织200余个督查组，出动人员2万余人次，设置检查站3145个，发现各类森林火险隐患500余个，发放整改通知书57份，并及时闭环整改。查处、制止违规用火数量404起，罚款1.79万元。

【隐患排查和专项治理行动】2023年3月下旬，市林水局联合市应急管理局、市农业农村局到西湖景区、富阳区、桐庐县等地开展森林防火督查，对森林防火工作责任落实、宣传氛围、火源管控、应急处置等方面进行检查督查。4月，印发《关于开展护航亚运森林火灾隐患督导检查工作的通知》，开展区县（市）自查和交叉检查。6月，印发《7部门联合开展森林火灾隐患排查和专项治理行动》。全市出动人员5000余人次，排查火灾隐患并完成整改200余个，查处违规用火100余次。

（陈青晖）

【森林防火实战演练】2023年，杭州市加强森林火情早期处理队伍建设，做好森林消防物资装备日常维护，开展实战演练，使森林火情早期处理队伍时刻保持战斗力。8月，开展全市森林火情早期处理队伍骨干队员培训；9月1日，省林业局、市政府主办，市林水局和萧山区政府共同承办“浙江省杭州市林业系统森林防火演练暨护航亚运誓师大会”。在重要时段，全市近3000名护林员增加巡查频次，发挥护林员在森林防火工作中的“前哨”“触角”作用，364支森林消防专业和半专业队伍随时待命，确保能有效早期处置。

【“林火智治”水平提升】2023年，杭州市开展全市“林火智治”应用场景操作培训，加快“林火智治”应用场景贯通。全市建成“森林智眼”高位监控点位300余个，在重点林区初步实现林火智能识别、全天候自动值守、防火救援多方联动、空天地一体化等功能，提升森林防灭火数字化水平。探索无人机巡林护林模式，将区县（市）无人机通过专用网络连接到市林水局指挥平台，实时预警、实时监督、实时指挥。市林水局利用2架无人机在节假日到各地重点林区开展巡护。

（范 华）

【林长制深化】2023年，杭州市深化林长制工作，健全森林湿地资源保护发展长效机制，加快推进林长制改革创新，在2023年度浙江省自然资源集约利用考核林长制专项评价中居全省第一位。市委、市政府召开总林长会议，审议通过《2023年杭州市林长制工作要点》《杭州市林长履职工作规范》，双总林长签发总林长令，推动年度重点任务落实。建立林长挂钩联系机制，明确林长责任区域，市、区县（市）两级林长协调解决重点难点问题28个，落实林长保护发展森林湿地主体责任。各级林长开展巡林调研5万余人次，促进林长履职常态化、规范化。建立林长责任区“三单一函一信”工作机制，强化过程管控。深化“林长+河湖长+田长+检察长”联动机制，解决林田河湖治理难题，成果入选省林长制机制创新十大典型案例。丰富“林长+”协作模式，开展多部门联合行动，强化外部要素供给，凝聚林长制工作齐抓共管强大合力。提升源头治理能力，加强乡镇林业站和林长办建设，全市123个乡镇林长办与林业工作站一体化办公，实现乡镇林长办全覆盖。

（戴　玲）

【林业立法】2023年5月1日起，《杭州市湿地保护条例》施行。条例于2022年12月20日杭州市第十四届人民代表大会常务委员会第七次会议通过，2023年3月31日浙江省第十四届人民代表大会常务委员会第二次会议批准。条例设总则、湿地资源管理、湿地保护、利用与修复、法律责任、附则5章33条，主要内容包括明确湿地分级管理和名录制度、落实国家湿地面积总量管控制度、加强湿地保护和利用等方面。

【国际湿地城市创建】2023年，杭州市创建国际湿地城市，对照《国际湿地城市认证提名办法》，各项指标均达到认证提名条件，得到国家林草局专家组高分评价。设立市、区县（市）两级湿地保护管理机构，将湿地保护成效指标纳入高质量发展综合绩效评价。系统实施湿地保护三年行动，落实专项资金对8.07万公顷湿地实行生态补偿。举办2023年“世界湿地日”中国主场宣传活动、G60科创走廊九地市和南京市林业主管部门联席会议，发布《杭州宣言》。全市湿地面积保持在13.43万公顷以上，湿地率8%，湿地保护率63.74%。

（方鑫之）

【自然保护地融合发展镇（村）创建】2023年，杭州市建成第三批省级自然保护地融合发展镇（村）8个，居全省第一位。其中镇（街道）4个、村4个，包括上城区丁兰街道沿山村，余杭区良渚街道，临安区昌化镇，淳安县石林镇、汾口镇、枫树岭镇白马村，建德市三都镇三江口村、松口村。

【西溪湿地一体化保护提升】2023年，杭州市完善西溪湿地保护管理领导小组，明确成员单位职责分工。修订施行《杭州西溪国家湿地公园保护管理条例》和《杭州西溪国家湿地公园总体规划》，建立健全西溪湿地日常管理制度、生态预警监测机制、湿地保护专家咨询机制等制度体系。经国家林业和草原局批准同意，在西溪湿地试点中国国际重要湿地数字化项目，年内形成1朵“信创云”、1个数字孪生底座、4个业务模块和28个应用场景。开展生物多样性监测，编制完成《杭州西溪国家湿地公园生物多样性2022年度监测报告》。

【杭州新增省级湿地公园1处】2023年，杭州市通过前期申报、专家实地核查，经评审，省林业局同意设立杭州钱塘大湾区省级湿地公园，总面积4406.99公顷。公园位于钱塘江江湾河口区，是三江两岸景观廊道的终端、杭州东部生态带的核心区域，有杭州最大的沿江滩涂湿地，是“东亚—澳大利亚”候鸟迁徙路线的重要中转站。

（曹彤彤）

【国有林场改革】2023年，杭州市加强国有林场建设，深化国有林场改革，推动杭州市余杭区长乐林场、淳安县林业总场、淳安县千岛湖林场、淳安县富溪林场、建德市林业总场和临安区天目山林场6个国有林场被列入国家林业和草原局国有林场服务集体林权制度改革试点和种苗基地试点。浙江省午潮山实验林场被评为2023年浙江省现代国有林场，全市累计创建现代国有林场6个，国有林场高质量发展水平提升。

（吴恢庆）

【“千村万元”工程】2023年，杭州市推进“千村万元”林下经济增收帮扶工程，建成示范基地14个，面积280公顷，推进林药、林菌、林茶、林养等多种森林复合经营模式成果转化应用。该工作在全省“千村万元”林下经济增收帮扶工程现场会上作典型交流发言。《“千村万元”林下经济增收帮扶促乡村共富》入选杭州市主题教育百个案例汇编。

【林业科研与推广】2023年，杭州市林业和湿地科学研究院获评浙江省种质资源保护工作突出贡献集体，科研成果获浙江省科技兴林奖1个、“五小”科技成果1个，实施林业科研项目12个。深化科技推广人员“四联”帮扶机制，加强科技培训和技术支撑服务，全市举办培训66期，培训林农4535人次，其中，市本级举办培训17期，培训1309人次。培育国家级乡土专家2名、省级乡土专家24名、市级乡土专家19名。挖掘全市强林富民先进适用技术和典型案例，杭州入选省第二批林业推进共同富裕示范区建设实践典型案例2个。加速林业科技落地转化，认定省级“一亩山万元钱”高质量示范基地4个，省级林下道地中药材种植基地4个，入选省林业先进科技成果名录1个。

【林业科技周】2023年3月28日，市林水局在余杭区启动林业科技周活动。活动主题为“以科技强林，促乡村振兴”，围绕林长制、国土绿化、生态富民等工作，举办全市林业科技与产业座谈会、林业技术培训会、乡土专家交流会、林业经济和林旅融合发展现场会等主会场活动，发挥林业科技工作的服务支撑作用，推动各项林业重点工作实施。科技周期间，开展培训、咨询服务、实地指导等活动，培训乡村干部、林技人员、林农等2000余人次，发放林业科技推广宣传资料1万余份。

（陈丽华）

【花卉苗木进社区活动】2023年植树节期间，市林水局在临安区河桥镇，淳安县瑶山乡，拱墅区兰茵社区、田园社区等地开展花卉苗木进社区、进村居和进校园等活动。在河桥聚秀村种植油茶6900株，面积13.33公顷，邀请油茶专家上山现场讲授油茶栽培与管护技术。为淳安县瑶山乡天坪村赠送红花油茶、红花檵木、杜鹃等树种500余株。

（蔡 婷）

【林草种质资源普查】2023年3月，市林水局启动林草种质资源普查，委托浙江农林大学开展普查工作。10月，召开市林草种质资源普查工作推进会，着重解决各地普查过程中重难点问题。全市组织9个专家团队开展样线调查239条、样方调查21个、优良林分标准地调查23个，完成优良单株调查1080株，保存种质资源734份，栽培利用资源288份、古树名木资源350份、野生种质资源1878份。2023年杭州市林草种质资源普查工作完成情况排全省首位。

（郭 婷）

【桐庐无规定马属动物疫病区维护】2023年，市林水局完成杭州桐庐无规定马属动物疫病区野生动物调查监测，保障桐庐无规定马属动物疫病区通过国际组织认证。开展赛场周边野生动物突发事件应急演练，亚运会赛事期间落实24小时应急值守，安排“党员+专家”进驻桐庐瑶林，保障杭州亚运会马术比赛顺利完成。

【野生动植物保护工作联席会议】2023年2月，杭州市野生动植物保护工作联席会议办公室印发《杭州市野生动植物保护工作联席会议成员单位职责》。6月，开展“护航亚运”野生动植物保护专项整治百日攻坚行动，出动执法人员1195人次，查办野生动物案件29起，查获违法猎捕工具715件、野生动物162只及制品40件，打击处理违法人员73人。

【野生动植物保护宣传月暨“爱鸟周”活动】2023年4月，杭州市开展以“保护候鸟迁徙通道，推进生态文明建设”为主题的野生动植物保护宣传月暨“爱鸟周”系列宣传活动。举办第六届杭州市小学生鸟类自然笔记大赛、第十二届少先队观鸟赛、杭州常见鸟类图片展等，组织鸟类自然笔记优秀作品宣传进校园活动。全年近1万人次参加杭州市野生动物保护宣传活动。

（沈 冰）

【林业有害生物防治】2023年，杭州市林业有害生物发生总面积2.30万公顷，无公害防治作业面积2.72万公顷，无公害防治作业率100%。全市开展松材线虫病疫情防治“百日攻坚行动”，超额完成年度松材线虫病防控任务。推进“健康森林”“古松大树保护”等防控五年攻坚行动六大工程建设，完成健康森林建设7700公顷，抚育提质1353.33公顷。在环黄山毗邻区域、亚运会场馆周边等重点区域开展免疫注射，保护古松、大树24.6万株，增强森林御灾能力。在亚运会保障期间，开展“美丽林水，护航亚运”林业有害生物防控专项行动，加强对“两路两侧”及亚运场馆周边等重点区域森林巡查，全市巡查9.56万千米，近1万人次参与。

（赵丽涵）

【林业水利专项检查】2023年，市林水局印发《关于进一步加强林业水利行政执法监管工作的通知》，实施征占用林地建设项目、林业植物检疫专项检查，检查项目113个，督促区县（市）林业主管部门移送综合行政执法部门查处案件39件。实施涉河涉堤建设项目、水土保持项目、水利工程建设项目专项检查，检查项目97个。市本级移送市综合行政执法部门查处案件4件，督促建德市水利部门移送属地综合行政执法部门查处1件。

（王 辉）

畜牧业

【概况】2023年，杭州市以亚运保障为中心，完成亚运会马术比赛保障任务；以畜牧稳产稳供为重点，坚持稳中求进、“双强”引领、全链提升、绿色发展，开展生猪产能调控，推动畜禽养殖场改造提升，深化绿色生态养殖和粪污资源化利用，推进各类试点示范创建守住防疫安全底线，推进全市畜牧业高质量发展。全市生猪出栏量居全省第一位，猪肉、禽蛋、牛奶产量全部实现增长，实现畜牧业产值55.98亿元。

【亚运会马术比赛保障】2023年，杭州市按照“高效通关、无疫办赛、精细服务”要求，开展马属动物和猪、牛、羊等易感动物免疫，做好马属动物、易感动物、虫媒和野生动物疫病监测，开展野生动物调查和虫媒治理，杭州桐庐无规定马属动物疫病区（简称“无疫区”）始终保持无疫状态。做好国际组织认证的申报和答疑，“无疫区”于2月通过世界动物卫生组织审核认可，6月通过欧盟审核，为亚运会马术比赛举办奠定基础。做好“无疫区”赛时保障和马术赛事服务工作，开展网格化巡查，建立每日巡查机制和日报告、零报告制度，做好国内参赛马匹检疫监管、境外参赛马匹转运保障、饲料兽药和兽医管理服务等工作。会同海关等部门完成欧盟、日本、韩国112匹亚运会参赛马入境和复出境，保障亚运会马术比赛顺利举办。

【亚运会和亚残运会畜产品安全保障】2023年，杭州市做好供亚运会和亚残运会畜产品基地飞行检查，到宁夏、新疆、内蒙古等7个省（自治区）检查牛羊肉类、鸭肉类、蛋类等食材，保障亚运会和亚残运会运动员食材安全。开展护航亚运防疫专项行动，开展兽医实验室生物安全自查和排查，落实畜禽屠宰检疫程序，加大无害化处理监督力度，增加畜产品检测频次，开展生鲜乳质量安全抽检行动，保障亚运会和亚残运会期间社会面肉蛋奶等重要畜产品供给和安全。

【生猪稳产稳供】2023年，杭州市以“保优质种猪，保重点基地，保优势产能”为重点，加强能繁母猪数量监测、预警、调控，新增国家级生猪产能调控基地4个，全市累计入选43个；启动并认定市级生猪产能调控基地6个，初步建立生猪产能调控体系，稳定预期、稳定生产，全市能繁母猪存栏量总体保持稳定。以“六化”为引领开展养殖场提升改造，创建农业农村部畜禽养殖标准化示范场1个。推进“产业+金融”发展模式，推广

表 18　2023 年杭州市畜牧生产情况一览表

项　目	单　位	年内出栏	比上年增长（%）	年末存栏	比上年增长（%）
生　猪	万头	144.84	10.32	80.64	-15.39
牛	万头	0.58	5.19	1.29	6.54
其中：奶牛	万头	—	—	0.69	0.13
羊	万只	18.23	3.93	23.54	4.67
兔	万只	22.95	11.78	2.37	-60.02
禽	万羽	1117.92	-1.87	960.59	2.84

（资料来源：市农业农村局）

表 19　2023 年杭州市主要畜产品产量一览表

项　目	总产量（吨）	比上年增长（%）
肉　类	139273	7.50
禽　蛋	90181	4.42
牛　奶	35096	7.14
蜂　蜜	13756	-0.46

（资料来源：市农业农村局）

实施生猪价格指数保险，健全生猪稳产保供工作保障体系。

【特色畜牧业发展】2023 年，杭州市以项目为抓手推动特色畜牧产业发展。实施蛋鸡产业集群项目，总投资超过 1 亿元，中央资金扶持 2400 万元，新增蛋鸡产能近 100 万羽。实施湖羊产业集群项目，全市羊存栏增加 1.05 万只。聚焦"大田里种出效益"，创新实施新型综合种养，拓展畜牧发展空间。全市实施稻鸭综合种养 2933.33 公顷，农药、肥料施用量明显下降，亩均增收 1000 元以上。

【畜禽种业提升发展】2023 年，杭州市继续实施现代种业发展项目，加强对全市特有地方畜禽资源品种的保护和利用，加大优良品种的引进、筛选、示范、推广力度。浙江赛诺生态农业有限公司、浙江华丽牧业有限公司选送的湖羊在全省十大优质种羊评比中获 2 个席位，湖羊养殖繁育水平继续提升。

【重大动物疫病防控】2023 年，杭州市继续实行重大动物疫病强制免疫，使用牲畜口蹄疫疫苗 436.22 万毫升，使用高致病性禽流感疫苗 1542.96 万毫升，使用猪瘟疫苗 354.45 万头（份）；监测各类样品 10.8 万份（次）。以高致病性禽流感、牲畜口蹄疫和猪瘟为重点，推进"先打后补"强制免疫政策落地，所有规模场整体上线率 100%，扫码免疫率 100%。开展动物疫病净化工作，成功创建国家级非洲猪瘟无疫小区 1 个和国家级猪伪狂犬病净化场 1 个。强化生物安全宣传培训，开展高致病性禽流感、布鲁氏菌病等人畜共患病防控宣传，举办全市非洲猪瘟等重大动物疫病防控技术培训班，提升基层防控意识和技术水平。全市畜禽疫病总体平稳，未发生区域性重大动物疫病。

【家畜屠宰管理】2023 年 6 月 3 日，市农业农村局（市乡村振兴局）印发《杭州市牛羊定点屠宰厂（场）实施规划》，推动全市家畜屠宰行业规范有序发展。推进牛羊定点屠宰企业建设，萧山区建成全市首个猪、牛、羊多畜种集成屠宰企业，富阳区增设 1 个牛屠宰厂，全市牛羊屠宰产能达牛 12 万头、羊 10 万只。鼓励生猪屠宰企业转型升级，临平区、建德市开展小型生猪屠宰点提升改造行动。

【饲料兽药监管】2023 年，杭州市推进兽用抗菌药减量化和饲料环保化创建工作，完成试点创建 177 个。开展畜产品及畜牧投入品兽药残留监测、畜产品安全例行检测、重大节假日前飞行检测等各类畜产品安全风险监测，监测各类样品 1843 批次。推进畜牧投入品信息化管理工作，全市兽药经营企业出入库管理系统活跃度 100%。

【畜牧业专项整治】2023 年，杭州市出动畜牧业专项执法人员 1300 余人次，检查各类农业经营主体 475 个（次），发现案源线索 167 个，处理投诉举报 112 件，对涉嫌违法问题线索全部严格立案查处。办理兽药、饲料、屠宰、动物卫生监督等违法案件 156 起，罚没款 270 余万元。全年监督抽检兽药、饲料、猪肉、猪肝、牛肉、鸡蛋等各类农产品 140 余批次，开展兽用生物制品经营、畜禽养殖场动物防疫条件等现场核查 16 个（次），其中通过 16 个。开展两轮双随机检查工作，完成饲料兽药、种畜禽养殖场、生鲜乳等 14 项检查任务，任务完成率 100%、事项覆盖率 100%。

（市农业农村局）

水产业

【概况】2023 年，杭州市以水产品稳产保供、渔业高质高效、渔民富裕幸福为目标，坚持优质、高效、生态、安全的原则，推进渔业双强行动，推广新型综合种养模式和先进适用技术，构建现代渔业产业体系，促进全市渔业稳健发展。全市渔业产值 52.49 亿元，比上年增长 2.8%。水产养殖面积 5.19 万公顷，基本保持稳定；水产品产量 18.60 万吨，增长 4.4%。

【渔业主推品种和主推模式与技术联合行动】2023 年，杭州市开展渔业主推品种和主推模式与技术联合行动。重点推广中华鳖、大口黑鲈、南美白对虾等 13 个主推品种，及稻渔综合种养、池塘内循环流水养殖、大棚设施养殖等 8 项主推技术。建立科技示范户 401 个，示范面积 2860 公顷。组织渔业技术培训，2530 人次参加。

【省级健康养殖和生态养殖示范创建】2023 年，杭州市规范渔业养殖行业管理，采取生产条件标准化、生产操作规范化、生产管理制度化、示范辐射规模化等措施，推进健康养殖示范建设。临平区被列入省级首批全域水产健康和生态养殖示范区创建名单，推进规模化养殖主体养殖尾水零直排全覆盖。

【水产品保供能力提升】2023年，杭州市水产品总产量18.60万吨，比上年增长4.4%。新建菜篮子基地22个、122.47公顷，提升基地生产能力，助力“菜篮子”市长负责制考核完成。夯实渔业种业基础，新建市级良种场2个，杭州千岛湖鲟龙科技股份有限公司被列入农业农村部鲟鱼遗传育种重点实验室。加快设施渔业发展，大力拓展工厂化循环水、陆基圆桶等养殖新空间，获省级未来农场、数字农业工厂（基地）认定各1个，建成现代渔业大项目1个。

【新型综合种养】2023年，杭州市聚焦“让大田种出效益”，实施政策扶持、技术集成等举措，发展新型综合种养产业。发展新型综合种养面积7200公顷，比上年新增6400公顷，其中“稻鸭”“稻蛙”“稻鳖”单项面积均居全省第一位，带动农户增收超过2.5亿元，实现粮食安全、农民增收和生态循环“多赢”。

【渔业安全监管】2023年，杭州市做好第19届亚运会和第4届亚残运会渔船管控工作，对全市993艘机动渔船设置95个集中停泊点，对淳安县、富阳区和主城区等渔船管控情况开展专项督导。落实钱塘江、苕溪、运河三大水系禁渔期管理，做好防汛防台工作，渔船安全生产未发生死亡事故和重大责任事故。

【渔业资源养护】2023年，杭州市放流17个品种水生生物2.5亿尾，放流区域基本实现重要渔业水域全覆盖。开展水生野生动物许可现场勘查73个，组织杭州市水生野生动物救护中心（杭州长乔极地海洋公园）救护收容误入钱塘江的江豚，开展水生野生动物保护科普宣传月活动，加强鳄鱼繁育利用管理工作，开展各类水生野生动物宣传活动34场。

【钱塘江禁渔期管控】2023年，市农业行政执法队组织辖区钱塘江、苕

表20 2023年杭州市水产品产量一览表

项 目	产量（吨）	比上年增长（%）
一、总计	186001	4.43
淡水养殖	167956	3.80
淡水捕捞	18045	10.67
远洋渔业	0	0
二、养殖水域		
池塘	83714	0.56
湖泊	678	-1.74
河沟	293	6.66
水库	20234	-29.57
稻田	55025	5.88
其他	8012	22.88
三、主要养殖品种		
青鱼	5922	25.84
草鱼	12528	0.60
鲢鱼	22082	-10.78
鳙鱼	23310	-7.23
鲫鱼	17180	-0.65
鳊鱼	8835	10.71
鲤鱼	3067	43.86
罗非鱼	39	-2.50
鲇鱼	203	6.28
鳖	30190	7.59
蟹	84	-60.56
虾类	27874	1.19
加州鲈鱼	3192	71.89
乌鳢	248	-15.07
鳗	9	-25.00
鳜鱼	376	-3.84
黄鳝	28	3.70

（资料来源：市农业农村局）

表21 2023年杭州市水产养殖面积一览表

项 目	面 积	比上年增长（%）
一、水域养殖（公顷）	51955	-0.16
池塘	7144	-4.06
湖泊	344	-10.56
河沟	207	728.00
水库	42939	0.01
稻田（不计入总面积）	5243	5.18
其他	1321	5.93
二、网箱养殖（平方米）	200101	0

（资料来源：市农业农村局）

溪、运河三大水系禁渔执法行动298次，出动执法人员6848人次，出动执法船艇（车辆）2564艘（台）次，没收渔获物78.8千克，取缔电捕工具45套、违禁渔具2.09万件，查扣涉渔“三无”船舶（筏）62艘，清理非法钓具1027件，查办行政案件700件，查获涉案人员731人，移送公安机关立案追刑30起、44人，行政处罚金额74.44万元。

【水产病害测报与防疫检疫】2023年，杭州市设立水生动物病害测报点31个，开展对鲫鱼、鳖、南美白对虾、白条4个品种水生动物的病害测报。完成33个批次的南美白对虾苗种及成虾的白斑病毒、对虾血细胞虹彩病毒、肠胞虫和急性肝胰腺坏死等病原检测。从获得的26株中华鳖主要细菌性病原中筛选出11株气单胞菌属的细菌，用9种抗菌药物进行最小抑菌浓度测定。

【主要渔业水域环境监测】2023年，杭州市开展主要渔业水域环境监测。按鱼类种质资源保护区、增殖放流区、产卵索饵场和养殖区4类监测区域，设立监测站点49个，确定单水样检测指标21项，采样检测216批次，获取各类监测数据4496个，基本掌握主要渔业水域环境情况。

（市农业农村局）

农业科技

【概况】2023年，杭州市实施科教兴农战略，加强农业科技体系建设和队伍建设，抓好农业科技创新、推广、管理和协作工作。全市基层农技推广体系健全，建有市、县、乡三级农技推广机构171个，其中市级5个、县级43个、镇级123个，有农技人员1901人。全市有农业技术创新和推广团队89个，专家837人，其中市级产业团队11个、农技首席专家19人。

【农业科技创新】2023年，杭州市加强科技项目建设，推进10个合作项目、43个首席专家和产业团队项目，做好中期评价，收集中期报告53份，实地检查项目30个，召开绩效分析会10次，完成全市市院项目中期报告；启动22个市级产业团队项目。征集并报送省“三农九方”项目7个，省产业团队项目35个、市农业与社会发展领域重点科研计划项目1个、市自然科学基金项目1个。组织完成各类科技项目验收12次。加强科技基地建设。突出“绿色、科技、示范”，新创建省级高品质绿色科技示范基地31个，累计285个。做好“浙农优品”和“浙农技”数字系统推广管理工作。杭州市获2022年度全省农业科技奖励项目6个，其中省农业技术进步奖2个、省农业丰收奖4个、省农业技术推广贡献奖7个。

【农业科技推广】2023年，杭州市组织“科技下乡服务月”和“科普宣传周”活动，遴选发布市级农业主导品种123个、主推技术67项。依托市级产业团队和首席专家工作室，市、县、乡三级联动，多部门合作开展科技下乡服务。全市开展点对点科技下乡服务4096次，参加9446人次，推广技术856项、品种969个，解决问题1474个，举办培训161期，服务1.56万人次。联合市政协、市科协、市科技局、市农科院等单位在临安区湍口镇、桐庐县、淳安县汾口镇举办春耕备耕农业科技下乡现场会和“智汇乡村，助推共富”科技志愿服务活动，在各区县（市）举办“农业农村科普基地创建互学共促”交流会9场。推广应用“中国农技推广信息平台”，发布各类工作动态信息41条。

【农业科技管理】2023年，杭州市加强农业转基因监管，委托省农业科学院农业农村部农产品及加工质量安全监督检验检测中心（杭州）完成主要农产品（包含农作物种子）及其加工品抽样检测工作，完成抽检样品500批次。加强农业知识产权保护，完成知识产权营商环境考核各项工作。全市申请农业农村部植物新品种权291项、授权124项。种业创新成果取得突破。全市育成并通过审定（认定、登记）农作物新品种37个（含2个水稻不育系），其中以第一单位育成新品种28个（含1个水稻不育系）、参与育成9个（含1个水稻不育系）。1个品种被农业农村部确认为超级稻品种，7个品种被列入2023年浙江省种植业主导品种，7个品种被列入杭州市主导品种。引进农作物优良新品种248个，筛选出绿色高产优质适种新品种15个。开展种业知识产权专项检查行动，检查各种种子企业、经营门店693个，繁制种基地49个，种子抽检样品95批次，出动执法人员1604人次。开展知识产权宣传，培训全市农技专家和农业管理干部、新型农业经营主体负责人170余人。做好农业外来物种普查、监管、处理各项工作，确保外来

新型综合种养——钱塘区稻鸭共生示范基地（摄于2023年）

（市农业农村局 供稿）

物种生物安全。

【农业科技队伍】2023年，杭州市围绕主导产业组建新一轮11个市农业技术创新与推广服务团队，成员229人，涵盖市、县、乡三级农技专家和部分乡土专家。壮大基层农技队伍，定向培养基层本科农技人员17人，其中萧山区5人、钱塘区3人、富阳区4人、临安区5人，涵盖农学、植物保护、园艺等7个专业。提升农技人员素质，举办科教管理人员、市级产业团队和首席专家培训班，加强交流互促，市级全年培训农技人员709人次。

【实用人才培训】2023年，杭州市以农民教育培训提质增效"1256"行动为主抓手，开展分层分级分类培训，培育"有文化、懂技术、善经营、会管理"的农村实用人才。全市培训农村实用人才1.02万人。其中，市本级抓好"125"高层次农村实用人才培训，培训774人（新型农业经营主体带头人260人、农业农村兴业带头人514人）。

【高素质农民培训】2023年，根据部、省关于高素质农民培训的有关规范管理要求，杭州市、区县（市）两级围绕产业发展需求，创新培训方式，采取理论实践结合、线上线下培训相结合，培养经营管理型、专业生产型和技能服务型的高素质农民，全年培训2735人。其中，市本级围绕稻渔综合种养、乡村运营管理、新茶调饮、龙井茶制作技术、中药材和柑橘全产业链技术举办培训班6期，参训227人。

【乡村工匠遴选评定】2023年，杭州市认定省级乡村工匠名师46人、市级乡村工匠102人、区县乡村工匠278人，共计426人，认定省级乡村工匠名师工作室4个。乡村工匠人选呈现技能拔尖、获奖荣誉高、持证率高、学历高和年轻人占比高等特点。

【农业职业技能大赛】2023年5月30日，市农业农村局（市乡村振兴局）与市人力社保局举办"匠心迎亚运、技能促共富"杭州市农业职业技能大赛，设置茶叶加工工、农机驾驶操作员、农作物植保员3项赛事，9名选手获"杭州市技术能手"称号，34名选手获高级工职业技能证书或技师职业技能证书。经市赛选拔的选手参加省级农业行业职业技能大赛，2人获"浙江金蓝领"称号，8人获"浙江省农业技术能手"称号，杭州市获优秀组织奖。推荐7人参加全国农民技能大赛，获手工编织二等奖1名、农民画三等奖2名。

（市农业农村局）

2023年5月30日，杭州市农业职业技能大赛举行。图为茶叶加工赛事现场

（市农业农村局 供稿）

农业机械化

【概况】2023年，市农业农村局（市乡村振兴局）实施农业"双强"行动，开展农业"机器换人"促进工程和农机购置补贴等工作，打造20个高效生态农业示范园和20个现代农事服务中心，农业机械化水平进一步提升。至年末，全市有农业机械总动力195.60万千瓦（不含渔船），其中柴油机械动力68.49万千瓦、汽油机械动力25.32万千瓦、电动机械动力101.57万千瓦。有主要农机具35.81万台（套），其中：大中型机械有拖拉机0.18万台，配套的各类农机具0.80万台、收获机械0.72万台、植保机械3.02万台、排灌机械10.10万台、农产品初加工机械9.80万台，农机装备结构进一步优化。

【农业"机器换人"推进】2023年，杭州市安排市级财政补助资金340.01万元，提升农业设施装备水平，推进农业"机器换人"促进工程。创建省级农业"机器换人"高质量发展先行县8个（含特色产业先行县7个），农机服务中心12个，全程机械化应用基地24个，农机创新试验基地8个。

【农机购置补贴政策落实】2023年，杭州市通过落实中央、省、市、县（市、区）四级财政资金对农户购置先进适用的农业机械装备给予补贴，调动农户购买使用农机的积极性，引进茶叶全自动覆膜机、油菜毯状苗高速移栽机等新机具，促进农机装备信息化和智能化水平提升。全市补贴机具1.66万台（套），补贴资金5292.10万元，其中中央补贴资金4423.36万元、省级补贴资金236.43万元、市级补贴资金339.81万元、县级配套资金292.50万元。

【高效生态农业示范园】2023年，杭州市为建设高效生态农业强市、推动农业产业提质增效，实施"农业标准地+'双强'行动"，以高标准农田为基础、以科技装备为支撑，高标准建设农业标准地，实现规模化、集约化、标准化、产业化发展。通过调研摸排、区县申报、专家评审，审定高效生态农业示范园项目20个，计划总投资5.58亿元，引进新机具600台（套）

以上。至年末，项目全部开工，计划于2024年10月底完工。

【农机安全监管】2023年，杭州市组织农机"安全生产月"，举办活动11场次，现场农机安全活动受益1713人，发放农机安全宣传材料3201份，制作标语、横幅、展板、宣传专栏等189个，发送农机安全信息覆盖2.61万人次。办理农田作业拖拉机牌照登记173台，办理联合收割机牌照登记69台。开展免费实地检验工作，拖拉机和联合收割机年检率98%。推进报废更新工作，涉及中央农机报废补贴资金的部分，受理农机报废118台（套），使用资金96.94万元。

（市农业农村局）

临安区现代农事服务中心（摄于2023年）　（市农业农村局 供稿）

农业合作生产

【概况】2023年，市供销社深化"三位一体"农民合作经济组织联合会改革，推进社有企业转型升级，助推"三农"工作高质量发展，各方面工作取得实效，获全国供销系统综合业绩考核计划单列市和副省级省会城市一等奖，获评全省供销社综合业绩考核优秀单位。

围绕社有企业转型升级，构建为农服务与经济效益协调运转的双线运行机制，推动社有企业在回归为农服务主责主业中发展壮大。全市供销社系统社有企业实现利润5.10亿元，比上年增长5.0%；所有者权益43.18亿元，增长5.1%；社有资产保值增值率9.9%，增长2.8%。市本级农园林垃圾消纳处理转微生物有机肥项目、临平智慧生态田园综合体项目、富阳供销商贸中心项目等有序推进。

升级为农服务能力，提升服务水平，出台《加快推进农业社会化服务三年行动计划实施方案（2023—2025年）》，全年农业生产社会化服务15.18万公顷（次），比上年增加8400公顷（次），统筹推进冷链物流体系规划，新建集采集配中心2个、冷库7个，新增冷库库容6909.44立方米。实现农产品市场交易额342.2亿元，增长8.1%；参与农事节庆活动60余场，开展涉农培训84班（次），3916人次。

优化机关编制资源，明确职能职责，为改革提供体制机制保障。构建农产品产供销一体化综合平台建设方案，获市共富工作领导小组肯定。临安区供销社完成全省"三位一体"首批改革实施示范县建设，萧山区供销社入选2024年第二批改革示范县。全年安排"三位一体"为农服务体系建设专项支持资金900万元，建设项目6个，实际撬动为农服务投资3400万元。

【杭州市供销社第六次代表大会】2023年4月23日，杭州市供销社第六次代表大会召开。会议谋划未来5年工作目标和重点任务，通过新修订的《杭州市供销合作社联合社章程》，选举产生新一届理事会、监事会领导班子及组成人员，健全完善理事会、监事会的决策、议事和监督机制。来自全市供销社系统的126名代表参加会议。

【"天目粮仓"助农共富】2023年，浙江天目粮仓现代农业发展有限公司投资2250万元，在临安区天目山镇打造天目粮仓高效生态示范园。公司由市供销社下属企业和临安区於潜基层供销社共同出资组建，主要以提升粮食综合生产能力为目标，聚焦粮食生产功能区和现代农业园区建设，实施以数字化转型为支撑的高标准农田提升工程，打造现代农业高质量发展浙江样板。全年流转临安区天目山镇肇村村、九里村、对石村、亭口村、长六村、交口村和闽坞村7个村333.33公顷土地，让村集体和2000户农户在每年稳定土地租金360万元的基础上，带动160名农民在家门口实现就业，人均增收1.93万元。

【乡土资源开发】2023年，市供销社发挥示范带动作用，开发索面、粉丝、辣酱、黄金粽、酒酿馒头等乡土资源，21个产品入选全省名优"土特产"名单。培育发展有机、绿色等特色品牌15个，"天目山宝""禹上田园"品牌分别列全国区域农业形象品牌影响力指数第11名、第19名。依托全市52个产业农民合作经济组织联合会，推动富民产业建链、补链、强链。淳安茶叶产业农民合作经济组织联合会实现茶叶年产值超过14亿元，带动茶农8万余户；建德草莓产业农民合作经济组织联合会实现草莓年产值超过40亿元，带动莓农1.3万户。

（陶永兵）

责任编辑　郦　晶

22 工业

综　述

【工业经济发展提质增效】2023年，杭州市工业增加值4984亿元，比上年增长2.4%，其中规模以上工业增加值4192亿元，增长2.4%。高新技术制造业、战略性新兴产业和高端装备制造业持续发展壮大，分别实现增加值3049亿元、1984亿元和1760亿元，增长1.3%、2.6%和4.7%，占规模以上工业的70.0%、45.6%和40.4%。规模以上工业百元营业收入成本81.1元，低于全省3.9个百分点；新产品产值率42.3%，工业产品产销率98.3%。规模以上工业全员劳动生产率38.2万元/人；规模以上工业企业利润总额1485.5亿元。规模以上工业研发费用占营业收入的3.9%，提高0.2个百分点。全市制造业投资增长30.0%，快于全部投资27.2个百分点。全年杭州为企业减负降本925.7亿元，金额居全省第一位。

（楼力政　黄　略）

【五大产业生态圈打造】2023年，杭州市打造智能物联、生物医药、高端装备、新材料和绿色能源五大产业生态圈，以产业链链长制为牵引，落地“一链一图三清单”，完善“链长+链主”“专班+联盟”“图谱+清单”“政策+基金”“名片+名城”工作机制，推动产业发展聚“链”成“圈”。全市五大产业生态圈规模以上企业4231个，营业收入1.83万亿元，比上年增长2.8%；规模以上工业总产值1.16万亿元，增长2.7%，利润总额1408亿元。以“中国视谷”引领视觉智能产业集群加快由国家级向世界级跃升，“中国软件名城”评估获三星级、排名居全国第二位，人工智能产业居全国第一梯队。出台国内第一个地级市层面的合成生物产业专项政策，“中国医药港”建设获国家部委和省级有关部门支持。智能网联汽车领域打造全国首个中心城区高铁站出行线，全国第二个开放机场智能网联车辆服务城市。招引总投资103亿元的环球新材项目，新材料实现100亿元级项目重大突破。杭州50兆瓦/100兆瓦时锂离子电池储能项目成为全省唯一入选国家能源局新型储能试点示范项目。

（黄晓飞）

【国家级专精特新“小巨人”企业新增117个】2023年，杭州千石科技有限公司等117个企业被评为第五批国家级专精特新“小巨人”企业。至年末，杭州市累计有国家级专精特新“小巨人”企业数321个，总量居全国城市第六位。

（黄　略）

装备制造业

【概况】2023年，杭州市装备制造业规模以上工业总产值9891.45亿元，比上年增长5.8%；工业增加值2344.56亿元，增长7.8%。高端装备制造业规模以上工业总产值7030.61亿元，增长4.8%；工业增加值1760.45亿元，增长4.7%。高端装备产业生态圈呈现速度快于面上、规模持续扩大、传统优势明显的发展态势。

【产业生态圈建设】2023年，杭州市围绕打造万亿级高端装备产业生态圈，推进高端装备制造业高质量发展。智能物流装备产业链工业总产值556.45亿元，增长7.6%；营业收入612.86亿元，利润49.55亿元。智能物流装备主要产品包括自动引导车（AGV）、码垛机器人、分拣机器人、自主移动机器人（AMR）、有轨制导车辆（RGV）、无人配送机器人、无人叉车等，有杭州海康机器人股份有限公司、杭叉集团股份有限公司、杭州迦智科技有限公司、浙江国自机器人技术股份有限公司等企业。工业母机产业链包括增材制造和数控机床产业，产值超过120亿元。增材制造产业分三维扫描建模软件、三维扫描核心硬件、3D打印装备软硬件、3D打印材料等门类，在精准医疗、航空航天、高性能工业制造、模具制造、教育、个性化定制消费等方面形成产业链。数控机床产业链涵盖金属切削机床、金属成形机床、工量具及量仪、铸造机械等领域。航空航天产业链有企业60余个，产值超过30亿元，有浙江西子势必锐航空工业有限公司、杭州艾美依航空制造装备有限公司等航空零部件制造企业，安飞航空技术（杭州）有限公司、浙江通飞野马飞机制造有限公司等通用航空制造企业，杭州海康机器人股份有限公司、杭州牧星科技有限公司等无人机制造企业，产品涵盖通用飞机、无人机、卫星、飞机重要零部件等。产业主要集聚在“一区”（杭州临空经济示范区）、“两镇”（西湖云栖小镇、建德航空小镇）、“一平台”（钱塘区航空航天“万亩千亿”产业平台）。

【产业政策制定】 2023年，杭州市落实《杭州市产业链链长制实施方案（2022—2025年）》，持续推进高端装备生态圈建设。出台《关于加快推动高端装备制造业高质量发展的若干措施》，围绕加大重点领域扶持力度、新能源汽车产能提升和整零配套、智能网联汽车技术创新和测试应用、机器人和增材制造领域做精做专、深化首台（套）产品推广应用等方面，发布具体政策7条。

【首台（套）产品认定】 2023年，杭州市有59个装备入选浙江省首台（套）装备评价认定。其中，浙江百能科技有限公司、杭氧集团股份有限公司、杭州德适生物科技有限公司3个企业的装备被认定为国际首台（套）装备，36个产品入选省首台（套）工程化攻关项目，占全省认定总数的1/3以上。

【重大项目招引】 2023年，杭州市招引落地高端装备领域1亿元以上项目85个，其中10亿元以上项目16个。总投资额50亿元的路特斯智能线控全球总部及智能线控产业化项目预计2025年投产，未来10年营业收入700亿元。总投资额50亿元的三诺电子长三角总部及产业基地项目主要建设储能电池全链条相关产业，预计5年后达到设计生产能力产量，产值约100亿元，税收2.5亿元。高端装备领域500万元以上技改项目34个，累计投资金额15.84亿元。

【产业链协同发展】 2023年，杭州市围绕产业链关键环节，认真梳理产业链图谱和重点企业清单，持续开展整零对接活动，促进产业链协同发展。举办“百场千企”系列对接活动之富阳汽车零部件、桐庐整零配套、高端装备产业生态圈等专场活动，促成10余个企业达成战略合作签约。参加省“十链百场万企”系列对接活动之节能与新能源汽车、物流装备产业链专场活动、滚动功能部件创新峰会、山区县首台（套）推介对接会、长沙国际工程机械产业链发展大会等活动。

【产业集群建设】 2023年，杭州市围绕机器人、增材制造、数控机床、智能网联汽车等重点产业，加强顶层设计，推动产业集聚，构建“两廊并进、多园承载、集聚发展、协同推进”的高端装备产业空间布局。深化“链长+链主+专精特新”协同培育体系，加强链主企业培育，吉利汽车集团、杭州亚太集团、先临三维科技股份有限公司3个企业评为市级高端装备产业生态圈“链主”企业。滨江区、萧山区机器人与数控机床产业集群入选省级特色产业集群协同区，9个企业入选浙江省机器人典型应用场景，占全省入选总数一半以上，3个企业入选“机器人+”应用标杆企业。

（朱安生）

汽车产业

【概况】 2023年，杭州市有汽车产业规模以上企业300余个，其中整车、改装车及专用车企业16个，有整车生产资质企业8个，全国汽车零部件百强企业3个，其中中策橡胶集团股份有限公司入选2023年中国汽车零部件企业十强。有专精特新企业89个、国家级企业技术中心6个、省级企业技术中心19个，共有13个企业上市。全年生产机动车50.2万辆，其中生产整车21.2万辆，新能源汽车6.9万辆，占整车生产数量的34.0%。汽车销量46.6万辆，居全国第六位（前五位是上海、北京、成都、广州、郑州）。推广应用新能源汽车22.3万辆，渗透率47.9%，累计推广应用76.9万辆，居全国第四位（前三位是北京、上海、深圳）。长安福特汽车有限公司杭州分公司产量9.03万辆，比上年增长49.0%；产值227.6亿元，增长37%。吉利汽车有限公司杭州分公司产量6.90万辆，与上年持平；产值150.62亿元，增长11.4%。广汽乘用车（杭州）有限公司产量4.31万辆，销量4.57万辆，产值57.92亿元。其中：新能源汽车产量1.97万辆，增长34.4%；销量1.97万辆，增长35.0%；产值33.05亿元，增长31.5%。

【汽车产业链产值2798.6亿元】 2023年，杭州市智能网联和新能源汽车产业链产值2798.6亿元，比上年增长7.7%，高于规模以上工业总产值增速5.9个百分点，占高端装备产业产值比重35.0%，提高0.9个百分点，其中整车和关键零部件产值931.8亿元，增长9.0%。工业增加值164.9亿元，增长9.7%，高于规模以上工业增加值7.9个百分点。智能网联新能源汽车产业链是杭州市智能物联、高端装备两大万亿级产业生态圈标志性产业链之一，形成“一核（钱塘区）、三心（萧山区、滨江区、余杭区）、多点（上城区、西湖区、临平区、桐庐县）”的完整产业链布局。

【智能网联汽车发展】 2023年，杭州市发布《杭州市智能网联车辆测试与应用管理办法》，启动智能网联汽车立法工作。12月29日，《杭州市智能网联车辆测试与应用促进条例（草案）》经杭州市第十四届人大常委会第十五次会议表决通过。全年开放智能网联车辆测试与应用区域1912平方千米，开放道路里程超过1000千米，上城区、滨江区、余杭区、钱塘区全域开放，实现城东从钱塘到滨江一体化成网，城西余杭区成片联网。向7个智能网联车辆企业发放测试与应用牌照198张，累计安全测试与应用里程超过120万千米，主动事故率为0。围绕绿色、智能、科技亚运，打造全国首个核心城区智能网联汽车高铁枢纽特等站出行线路和浙江省首条自动驾驶景区游览观光线。推进长三角智能网联汽车大走廊建设，向西开放杭千黄高速公路全线作为智能网联车辆道路测试与应用高速，与安徽省黄山市共建世界级智能网联汽车自然生态和文化旅游走廊。部署无人物流配送车、无人零售车、无人移动充电车、无人环卫车、无人巡逻车等多场景低速无人车近150辆，形成“大小车同步、低速车创新”的局面。建成智能网联汽车安全监测平台并投入运营。该平台能够接入在杭州运行的所有智能网联车辆，实现实时监测无人自动驾驶车辆的运行参数和视频数据，具有数据接收、数据验证、数据上报、数据存储、数据补发、统计信息上报和数据查询响应功能，支撑智能网联汽车产品的测试数据分析和产品安全性能评估，具备智能网联汽车安全监测能力、运输安全保障能力。

【充电基础设施建设】 至 2023 年年末，杭州市建成各类充电设施 28.88 万个，其中自用充电设施约 25.50 万个，公共充电设施约 3.38 万个。形成主城区 900 米服务半径、乡镇及高速公路服务区全覆盖的充电网络，在总体规模、公共充电设施密度、覆盖率等方面居全国主要城市前列。印发《杭州市推进新能源电动汽车充电基础设施建设运营实施办法（修订）》，为全市充电设施建设运营提供更加完善的政策支撑；按照“建管并重，奖励优秀”的原则，出台《杭州市新能源电动汽车公共充电设施奖励补贴资金分配实施细则》，引导激励充电设施建设运营企业依规建设、优质运营。

【杭州汽车及零部件企业获荣誉】 2023 年，杭州汽车及零部件企业获多项荣誉。吉利控股集团以 603.96 亿美元营业收入列 2023 年《财富》世界 500 强第 225 位，比上年提升 4 位，该集团连续 12 年入选《财富》世界 500 强。在《中国汽车报》发布的 2023 年全球汽车零部件企业百强和中国汽车零部件企业百强榜单中，中策橡胶集团股份有限公司入选 2023 年全球汽车零部件企业百强榜，中策橡胶集团股份有限公司、万向钱潮股份公司、浙江亚太机电股份有限公司入选 2023 年中国汽车零部件企业百强榜。浙江龙生汽车部件科技有限公司“龙生科技汽车座椅滑轨智能工厂”被认定为浙江省智能工厂。杭州前进齿轮箱集团股份有限公司“杭齿前进大功率工程机械变速器数字化车间”被认定为浙江省数字化车间。浙江零跑科技股份有限公司企业技术中心、杭州世宝汽车方向机有限公司企业技术中心被列入浙江省企业技术中心名单。浙江春风动力股份有限公司被认定为 2022 年度浙江省科技领军企业。万向一二三股份公司被认定为 2022 年度浙江省科技小巨人企业。

（陈昕儒）

节能环保产业

【概况】 2023 年，杭州市有节能环保产业规模以上企业 568 个，规模以上工业总产值 2442.0 亿元，比上年增长 13.9%；工业销售产值 2423.5 亿元，增长 11.8%；出口交货值 304.5 亿元，增长 9.0%；新产品产值 1289.1 亿元，增长 18%，新产品产值率 52.8%；利润总额 267.3 亿元，增长 19.8%。

【运达能源科技集团项目落地】 2023 年 12 月 27 日，运达能源科技集团股份有限公司 16~18 兆瓦漂浮式深远海海上风电机组在江苏省射阳基地下线。10 兆瓦陆上风电机组在河北省张北国家实验风场并网。180 米超高混塔风电机组在江苏省涟水县完成吊装。“一机一储”方案在浙江省象山县实现批量应用。

【南都电源动力公司获荣誉】 2023 年，浙江南都电源动力股份有限公司居彭博新能源财经（BNEF）“全球储能电池供应商”名录前列，形成 10 吉瓦时（GWh）储能锂电电芯年产能、10 吉瓦时（GWh）系统集成年产能。“高比能低成本钠离子电池关键材料研发及应用示范”项目入选浙江省科技厅“尖兵”“领雁”研发攻关计划。联合申报《园区多能互补系统高效运行关键技术及应用》获浙江省科学技术进步奖一等奖。锂电池储能系统完成意大利环保产品声明（EPD）体系注册。

【绿色能源产业政策发布】 2023 年 7 月 21 日，市政府办公厅印发《关于加快推进绿色能源产业高质量发展的实施意见》，明确产业总体目标、任务举措和保障措施，从发展绿色能源装备制造业、提升低（零）碳解决方案供给水平、推进产业集聚提质发展、加快绿色能源装备应用拓展、构建高能级产业创新体系等方面加大支持力度，加快培育低（零）碳新业态，提升绿色能源产业规模和竞争力，打造长三角地区绿色能源产业发展新高地、技术创新策源地、示范应用先行地、低（零）碳综合解决方案集聚地。

【绿色制造体系建设深化】 2023 年，杭州市节能环保产业国家、省、市、区县（市）四级联动分级创建体制进一步形成。萧山经济开发区、富阳经济开发区获评国家级绿色园区，杭州钱江经济开发区获评省级绿色低碳园区，杭氧集团股份有限公司等 7 个

2023 年 12 月 27 日，运达能源科技集团股份有限公司 16~18 兆瓦漂浮式深远海海上风电机组在江苏省射阳基地下线 （市经信局 供稿）

企业成功创建国家级绿色工厂，圣奥科技股份有限公司等11个企业成功创建省级绿色工厂。浙江艾罗网络能源技术股份有限公司等10个企业获评国家级绿色供应链管理企业，杭州锅炉集团获评工业和信息化部工业产品绿色设计示范企业，杭州杭钢云计算数据中心和阿里巴巴浙江云计算数据中心获评国家绿色数据中心。

（云　露）

生物医药产业

【概况】2023年，杭州市生物医药与健康产业链营业收入2756.6亿元（不含医疗机构部分），比上年下降11.2%。其中，生物医药制造产业链营收857.9亿元，下降25.0%。全市有生物医药规模以上工业企业278个，增加38个；工业总产值859.5亿元，下降27.3%。从产业细分看，化学制药企业产值472.2亿元，在医药制造业占据主体地位，占总产值的55.0%，多款产品填补国内空白，2个一类创新药获批；生物制药企业产值104亿元，杭州多禧生物科技有限公司在抗体－药物偶联物（ADC）领域拥有30款药物；中药企业产值69.0亿元，有杭州胡庆余堂国药号、浙江惠松制药有限公司等企业；医疗器械及设备制造企业产值205.1亿元，诊断试剂、植（介）入产品和高值耗材领域发展速度较快。

【医药研发创新成果】2023年，杭州市获批开展临床试验新药超过150个，新取得药品批件66个。3月和6月，华东医药股份有限公司利拉鲁肽的肥胖或超重适应证取得上市许可，成为国内第一款减重获批的GLP-1药物；5月和6月，贝达药业股份有限公司1类新药甲磺酸贝福替尼、伏罗尼布获批上市，适用于晚期肾细胞癌治疗。

【医疗器械获批上市】2023年，杭州市新获批三类医疗器械91个、二类医疗器械339个，有13款产品通过国家和省创新医疗器械特别优先审批通道获批上市。10月，杭州键嘉医疗科技股份有限公司自主研发的种植牙手术机器人获证上市，具备占地小、易操作、易维护等特点。12月，杭州德适生物科技有限公司自主研发的高效智能染色体核型精准诊断装备，被省经信厅认定为国际首台（套）产品，可快速精准辅助诊断数千种染色体异常，从源头找准疾病的病因。

【合成生物产业布局】2023年9月，杭州市出台专项政策《支持合成生物产业高质量发展的若干措施》，支持钱塘区、萧山区和西湖区合理布局合成生物技术产业，明确提升合成生物创新研发能力、促进合成生物产业集聚发展、健全合成生物生态服务体系3类行动任务及政策措施。12月13日，在萧山区召开杭州合成生物产业政策发布暨产业对接会，解读产业专项政策，助力产业“双招双引”，促进“政产学研金服用”等各环节整合互动。

【生物医药企业获荣誉】2023年5月，杭州脉流科技有限公司入选“2023未来医疗100强——中国创新医疗器械榜TOP100”。6月，杭州胡庆余堂国药号参与的科技项目“中医药防治慢性胃炎‘炎癌转化’的体系构建及推广应用”获教育部科学技术进步奖二等奖。10月，杭州泰格医药科技股份有限公司在CSA Research2023年生命科学领域语言服务企业排名中居全球第七位（亚太地区第三位，中国大陆地区第一位）。11月，贝达药业股份有限公司主持的项目“国家一类新药盐酸恩沙替尼研究开发、产业化和推广应用”获2022年度浙江省科学技术进步奖一等奖。

（李中韦）

食品工业

【概况】2023年，杭州市有食品生产许可证企业2037个，被列入监管目录的小作坊2543个，添加剂生产企业110个。全年抽检食品产品（生产环节）7679批次，合格7641批次，合格率99.51%。杭州市食品工业有规模以上企业309个，工业销售产值1012.6亿元，比上年增长5.1%；利税总额439.7亿元，增长6.6%；利润总额112.3亿元，增长15.7%。食品工业是杭州市重点产业，软饮料占据主导地位，其次为预制菜、方便食品、婴童食品、食用油、巧克力，以及具有区域特色的豆制品、休闲食品等，基本涵盖食品饮料产业的主要行业门类。其中饮料、乳制品、冷冻食品和肉制品在国内有较大影响力。

【娃哈哈集团新增2个国家级绿色工厂】2023年11月8日，工业和信息化部公布2023年度绿色制造名单，娃哈哈集团双城公司、西藏公司被评为2023年国家级绿色工厂。娃哈哈集团以厂房集约化、原料无害化、生产洁净化、废物资源化、能源低碳化原则，充分利用可再生能源，实施大量节能节水减碳改造措施。11月3日，杭州娃哈哈集团有限公司获2023年浙江省人民政府质量奖。

【鸿光浪花公司被认定为省“高新技术企业研究开发中心”】2023年11月23日，杭州豆制食品有限公司全资企业杭州鸿光浪花豆业食品有限公司被省科学技术厅认定为“省高新技术企业研究开发中心”。公司融合传统工艺与现代科技，深化大豆、豆浆及其制品机理的研究，研发新技术新工艺新产品，推进高端化、智能化、绿色化发展，是国家高新技术企业、省专精特新中小企业、省节水型企业。

【祖名豆制品公司扬州生产基地投产】2023年，祖名豆制品股份有限公司“扬州祖名年产5万吨生鲜类豆制品和植物蛋白饮品等豆制品迁建项目”通过竣工验收并投产。该项目位于扬州经济技术开发区，总面积5.46公顷，建筑面积近8万平方米，主要生产和销售生鲜类豆制品、休闲类豆制品、植物蛋白饮品三类系列产品。

【贝因美公司获“质量金奖”】2023年4月3日，中国乳制品工业协会在北京召开中乳协第六届理事会第十一次会议暨2023年中国乳业经济运行会议。会议表彰2022年度主流品牌婴幼儿配方乳粉质量大赛获奖企业，贝因美股份有限公司获2022年中国乳制品工业协会“质量金奖”。

【贝因美公司入选消费品行业数字化转型先进示范案例】2023 年 9 月 19 日，由工业和信息化部指导支持、中国轻工业信息中心等主办的第一届消费品行业数字化转型暨工业互联网高质量发展大会在北京召开。大会发布 2023 年度消费品行业数字化转型先进示范案例 218 个，涵盖乳制品、家电、家具、照明、五金、皮革、中药、服装、酿酒等 50 余个行业，贝因美股份有限公司入选。

【千岛湖啤酒公司生产项目建设】2023 年，杭州千岛湖啤酒有限公司投资 2000 余万元用于项目技术改造，新建扩建酵母扩培设备、中试车间、马口铁旋盖设备、立仓等设备。12 月，投资 1.5 亿元新建 60 吨糖化生产线、240 吨发酵罐、30 吨离心过滤线、麦芽粉碎等设施设备。项目预计 2024 年 7 月投产。千岛湖啤酒公司获工业和信息化部绿色工厂称号、省专精特新中小企业奖等 12 个荣誉，新增专利 4 件，新产品开发 245 项。

【太古可口可乐公司生产提升】2023 年 1 月，浙江太古可口可乐饮料有限公司投资 8786 万元，新增易拉罐线生产线，灌注速度 9 万罐 / 小时，年产能 2600 万标箱。5 月，投资 1.1 亿元，引进灌注速度 5.4 万瓶 / 小时的 PET 瓶装汽水高速生产线，年产能 3200 万标箱。公司获中国工业饮料协会颁发的“青山绿水节水节能优秀企业”奖。

【法根食品公司宋韵文化体验地标打造】2023 年 2 月，法根食品有限公司转型工业旅游，塘栖基地升级为超过 1 万平方米的花园式数字化观光工厂，融合文旅信息、公共教育、休闲购物、图书阅览与非物质文化遗产体验。结合非物质文化遗产中点制作技艺，策划二十四节气中点系列体验课程，展现中国传统非物质文化遗产茶食文化。

（袁琼芳）

建材冶金工业

【概况】2023 年，杭州市有建材冶金工业规模以上企业 1023 个，占全市工业规模以上企业总数的 15%。全年工业总产值 1876 亿元，比上年下降 7.6%，占全市规模以上工业的 10%；利税 122 亿元，下降 17.2%，其中利润 60 亿元，下降 25.5%；完成出口交货值 133 亿元，下降 13.2%。非金属矿产采选业主营业务收入 12.5 亿元，下降 28.6%；非金属矿物制品业主营业务收入 553.8 亿元，下降 24.8%；黑色金属冶炼和压延加工业主营业务收入 98 亿元，下降 8.2%；有色金属冶炼和压延加工业主营业务收入 815.1 亿元，增长 13.1%；金属制品业主营业务收入 728.9 亿元，下降 2.4%；有色金属矿选业主营业务收入 1.9 亿元，下降 26.2%。

【材料基因工程高层论坛】2023 年 2 月 16—18 日，第六届材料基因工程高层论坛在杭州举行。论坛有海内外材料领域 47 名院士参加，邀请美国、加拿大、英国、德国、奥地利等 15 个国家和地区的 37 名海外学者、93 名国内学者作学术报告，分享新材料领域最前沿的研究成果，研讨材料基因工程新理论、新技术变革新材料研发和产业发展模式的新趋势。论坛首次设立“杭州青山湖材料基因工程青年科学家奖”，奖励在材料基因工程领域前沿基础研究中取得突破性成果、取得重要技术发明并获显著工程应用成效的青年科学家。

【新材料产业政策发布】2023 年 7 月 24 日，市政府办公厅印发《加快推进新材料产业高质量发展若干措施》，从加大重点领域支持力度、推动产业核心技术攻关、加快首批次新材料推广应用、强化政府基金引导、细化产业（区域）准入和监管、优化财政激励机制、加强组织领导 7 个方面推动杭州市新材料产业高质量发展。政策自 2023 年 8 月 25 日起施行，有效期至 2025 年 12 月 31 日。

【杭州企业项目获省重点首批次新材料认定和应用奖励】2023 年，杭州市多个企业项目获浙江省重点首批次新材料认定和应用奖励。杭州福斯特电子材料有限公司的“感光干膜”等 8 个项目获 2023 年度浙江省重点首批次新材料认定。浙江省化工研究院有限公司的“动力电池用聚偏氟乙烯材料”等 2 个项目获 2023 年度浙江省首批次新材料认定和应用奖励。杭州本松新材料技术股份有限公司的“高导热尼龙材料”等 2 个项目获 2023 年度浙江省首批次新材料应用奖励。

【科百特公司获国家科学技术进步奖一等奖】2023 年，杭州科百特过滤器材有限公司参与完成的“新型膜法水处理关键技术及应用”项目获 2023 年度国家科学技术进步奖一等奖。公司入选“中国生命科学服务企业 100

2023 年 2 月 16—18 日，第六届材料基因工程高层论坛在杭州举行

（市经信局 供稿）

强”，被省科学技术厅确定为浙江省科技领军企业。

【杭州国际石墨烯博览馆开馆】2023年7月28日，由杭州德烯科技集团投资建设的杭州国际石墨烯博览馆开馆。博览馆以石墨烯为主题，展示石墨烯在康护纺织、航空航天、智能汽车、低碳节能、电子数码以及大健康等领域的创新成果和科技突破。博览馆设有烯望、烯星、烯海、烯潮、烯和、烯光、烯同、烯道8个展览厅，以及烯美、烯梦、烯成、烯真4个交流厅。

（陈文娟）

丝绸服装产业

【概况】2023年，杭州市规模以上丝绸企业22个。全年工业总产值16.86亿元，比上年增长11.6%；完成营业收入17.66亿元，增长11.1%；工业销售产值17.06亿元，增长11.4%；利税总额0.25亿元，增长36.2%。

杭州市规模以上服装服饰企业251个。全年工业总产值222.43亿元，下降3.6%；工业销售产值224.74亿元，增长1.0%；出口交货值56.52亿元，下降14.5%；利税总额23.01亿元，增长38.0%，其中利润14.15亿元，增长83.2%。

【万事利丝绸“共享工厂”模式建设】2023年1月11日，万事利集团有限公司与全球化物联网（IoT）开发平台服务商杭州涂鸦科技有限公司在杭州签订合作协议，建设丝绸纺织行业首个“共享工厂”创新商业模式，实现纺织业全链条数字化升级。通过该合作协议，万事利丝绸推出“万事利云控平台”，打破生产流程各环节及生产设备之间的数据壁垒，实现订单、采购、生产、交付、仓储等全流程的自动化升级，建立数字化支撑的“柔性快反”生产链。

【喜得宝公司“年产350万件高档服装产品建设项目”奠基】2023年1月11日，杭州喜得宝集团有限公司“年产350万件高档服装产品建设项目”奠基仪式在杭州市余杭经济开发区举行。该项目总建筑面积2.8万平方米，建成后将进一步优化喜得宝公司的产业布局和产业结构。

【《纺织与服装》（中文版）发布】2023年2月25日，在第35届北京图书订货会上，由中国丝绸博物馆和联合国教科文组织联合出品、浙江大学出版社出版的《纺织与服装》（中文版）发布。浙江大学出版社与中国丝绸博物馆建立战略合作关系，该书为双方共同建设国家重点研发计划项目“世界丝绸互动地图关键技术研发和示范”成果。

【宋韵文化创新艺术作品邀请展】2023年3月24日，国家艺术基金2023年度传播交流推广资助项目“一曲新词：宋韵文化创新艺术作品邀请展”在中国丝绸博物馆开幕，展览持续至6月2日。展览以晏殊、欧阳修、苏轼、李清照等宋词为主线，邀请国内著名的工艺美术大师、服装设计师等创作系列艺术作品，以春、夏、秋、冬4个主题阐释宋韵美学在当代艺术设计中的创新表达。分为春日游、芙蓉醉、深闺院、长歌行4个单元，展出60名艺术家的120余件作品。展览期间发布首批“宋韵数字时装藏品”，举行“宋词心境”Grace Chen2023年春夏高定时装发布会。

【杭州市丝绸行业协会换届】2023年4月27日，杭州市丝绸行业协会五届一次会员大会暨理事会在中国丝绸博物馆召开。大会审议通过第五届理事会成员单位推荐名单，新一届理事会设会长1名、副会长15名、监事1名、理事23名，万事利集团有限公司董事长屠红燕连任第五届会长。会议征集筛选一批丝绸企业经典产品，8个企业的45件（套）作品入选并捐赠中国丝绸博物馆收藏。

【中国（杭州）国际纺织服装供应链博览会】2023年6月15—17日，由浙江省针织行业协会、浙江省羊毛衫协会、杭州励业展览有限公司主办的第30届中国（杭州）国际纺织服装供应链博览会在杭州国际博览中心举行。博览会参展企业1500余个，展区总面积超过5万平方米，展品涵盖服装面辅料、服装贴牌加工、原创设计、流行纱线、时尚袜业、品牌内衣等，吸引各地服装参观团、行业协会、一线品牌公司、直播机构、时尚买手等参观洽谈。

12月14—16日，第31届中国（杭州）国际纺织服装供应链博览会在杭州国际博览中心举行。供应链博览会设置4个主题展馆，举办20余场专场活动，展览面积5万平方米，参展企业超过1500个，10余个全国行业协会参观团、6000余名服装设计师现场面辅料采样，活动首日参展专业客商超过4万人次。

【“2023丝绸之路周”活动】2023年7月12日，由国家文物局、浙江省人民政府主办的“2023丝绸之路周”活动在中国丝绸博物馆开幕。活动主题为“丝路同行，互鉴共赢”，发布《2022年度丝绸之路文化遗产年报》，“丝路之夜·数融之夜”暨“SROM海上丝绸之路云上策展大赛”颁奖典礼等活动举行，组织展览、学术研讨以及丝路研学、“丝绸之路文化进校园”等系列联动活动。

【中国服装科技大会】2023年7月24—25日，以“聚智创变，共融归衣”为主题的2023年中国服装科技大会在杭州临平艺尚小镇举行。大会设置开幕大会、主题论坛、圆桌对话、服装科技专题展、智造游学参观等内容，探讨中国服装行业的“智”变之路。

【茧丝绸企业获中国纺织工业联合会奖项】2023年12月6日，中国纺织工业联合会科学技术奖励大会举行。由浙江省农科院、浙江理工大学、浙江凯喜雅蚕桑研究院、淳安茧丝绸有限公司等共同完成的“高品位雄蚕茧丝生产关键技术研发与产业化”项目获2023年度中国纺织工业联合会科技进步奖一等奖。

（郑璐华）

工艺美术产业

【概况】2023年，杭州市有规模以上工艺美术品制造企业60个，其中雕塑工艺品制造企业3个、金属工艺品制造企业7个、漆器工艺品制造企业2个、花画工艺品制造和天然植物纤维编织工艺品制造企业各1个、抽纱刺绣工艺品制造企业27个、地毯（挂毯）制造企业3个、珠宝首饰及有关物品制造企业5个、其他工艺企业11个。全行业有工艺美术大师200名，其中亚太地区手工艺大师3名、国家级工艺美术大师9名、省级工艺美术大师66名、市级工艺美术大师125名。

【东北亚文化艺术创意设计博览会参展】2023年5月7—10日，首届东北亚文化艺术创意设计博览会在哈尔滨国际会展中心举行。杭州市组织萧山花边、石雕、手艺机绣、紫砂、陶瓷、金属工艺等品种的200余件作品参展。

【中国（浙江）工艺美术精品博览会参展】2023年5月12—14日，第十一届中国（浙江）工艺美术精品博览会在绍兴国际会展中心举行。朱炳仁·铜、临安昌化鸡血石、贵山窑陶瓷、王星记扇业、杭州刺绣等70余个单位的105个展位参展，品种有金属工艺、陶瓷、石雕、木雕、花边、扇艺、刺绣、丝绸、家具及城市雕塑等。

【中国（深圳）国际文化产业博览交易会参展】2023年6月7—11日，第十九届中国（深圳）国际文化产业博览交易会在深圳国际会展中心（宝安）举行。杭州贵山窑陶瓷艺术研究室、杭州水韵琴丝文化艺术有限公司、朱府铜艺、匠铜实业（杭州）有限公司、杭州泉季工艺品有限公司、杭州武备司文化创意有限公司、杭州雅尚造型艺术有限公司、杭州之江度假区延智文化创意工作室、杭州萧山美艺花边有限公司等单位的16个展位参展，品种有杭州刺绣、萧山花边、金属工艺、根雕、陶瓷、泥彩塑等。

【中国（大连）国际文化旅游产业交易博览会参展】2023年7月20—23日，第五届中国（大连）国际文化旅游产业交易博览会在大连世界博览广场举行。杭州组织8个企业10个展位参展，品种有宝剑，铜雕、铜版画、金属工艺、陶瓷、木雕、泥彩塑、雕塑雕刻、纸工艺品等，其中30件作品参加"经典工美"工艺美术优秀作品大赛的评选。

【粤港澳大湾区工艺美术博览会参展】2023年9月7—10日，2023年粤港澳大湾区工艺美术博览会暨第十三届深圳工艺美术博览会在深圳会展中心7号馆（福田）举行。杭州武备司文化创意有限公司、杭州雅尚造型艺术有限公司、杭州金星铜世界装饰材料有限公司、杭州延生造型艺术有限公司、杭州鱼丸文化艺术有限公司、杭州粹正堂文化艺术有限公司、匠铜实业（杭州）有限公司、杭州骏马雕塑艺术有限公司、杭州旺上昇艺术品有限公司、余杭李映峰玉石雕刻工作室、杭州富阳导岭新新湖笔厂、杭州萧山美艺花边有限公司等单位的20个展位参展，品种有萧山花边、富阳湖笔、石雕、紫砂、金属工艺、根雕、陶瓷、泥彩塑等。

【中国（杭州）工艺美术精品博览会】2023年11月3—6日，2023中国（杭州）工艺美术精品博览会在杭州滨江白马湖国际会展中心举行。工美展以"传承经典·守正创新"为主题，展览面积约2万平方米，设置国际标准展位650个。来自北京、深圳、福州、扬州、大连、洛阳及杭州、龙泉、绍兴、泰顺、温州、嘉兴、宁波、湖州、青田、东阳等地的作品参展，涵盖陶瓷、漆器、玻璃、首饰、雕塑工艺（木、金、石等）、金属工艺、抽纱刺绣、纺织纤维、民画、皮雕、纸工、扇艺、民间工艺品、古典家具、珠宝玉石等。

（刘文吉）

石油和化学工业

【概况】2023年，杭州市有化工行业规模以上企业736个，其中石油、煤炭及其他燃料加工业15个，化学原料和化学制品制造业326个，橡胶和塑料制品业395个，占全市规模以上工业企业总数的10.6%。化工行业工业总产值1621.4亿元。其中：石油、煤炭及其他燃料加工业产值20.9亿元，比上年下降0.4%；化学原料和化学制品制造业收入891.0亿元，下降6.9%；橡胶和塑料制品业收入709.4亿元，下降5.0%。营业收入1869.7亿元。其中：石油、煤炭及其他燃料加工业收入25.6亿元，下降7.5%；化学原料和化学制品制造业收入966.1亿元，下降8.0%；橡胶和塑料制品业收入878.0亿元，增长3.7%。利润总额123.3亿元。其中：石油、煤炭及其他燃料加工业利润6.0亿元，增长1.0%；化学原料和化学制品制造业利润85.1亿元，增长5.7%；橡胶和塑料制品业利润32.2亿元，下降21.7%。利税总额160.9亿元。其中：石油、煤炭及其他燃料加工业利税7.2亿元，增长5.4%；化学原料和化学制品制造业利税108.0亿元，增长4.2%；橡胶和塑料制品业利税45.7亿元，下降16.4%。企业投入研发费用57.6亿元。其中：石油、煤炭及其他燃料加工业0.5亿元，增长43.9%；化学原料和化学制品制造业29.5亿元，下降1.6%；橡胶和塑料制品业27.6亿元，增长4.8%。

【化工园区发展】2023年10月8日，省经济和信息化厅、省自然资源厅、省生态环境厅、省住房和城乡建设厅、省交通运输厅和省应急管理厅6个部门联合公布2023年浙江省化工园区复核认定（第四批）通过名单，萧山临江高新技术产业开发区新材料化工园区通过复核认定。至此，全市3个省级化工园区全部通过复核认定。

萧山临江高新技术产业开发区新材料化工园区有企业55个，全年营业收入536亿元，比上年下降2.9%。天目医药港化工集聚区有企业5个，全年营业收入12亿元，下降9.9%。建德经济开发区化工园区有企业35个，全年营业收入213亿元，下降6.6%。

【传化集团新产品产出提高】2023年，传化集团有限公司突破前纺油剂、无氟抗芯吸剂等"卡脖子"技术，精草铵膦、硅氧负极、有机硅终端等达到行业领先水平，新产品产出比上年提高4.21个百分点。获省部级以上科技奖4个，获浙江省"科技小巨人"企业2个，入选省级以上"专精特新"企业10个，获批省级企业研究院、研究开发中心4个，入选浙江"尖兵""领雁"研发攻关计划项目2个。

【新安化工集团入选全球有机硅行业TOP10名单】2023年，中国氟硅有机材料工业协会发布2023年全球有机硅行业TOP10名单，浙江新安化工集团股份有限公司入选。新安化工依托硅基新材料全产业链优势，打造硅矿开采与金属硅冶炼、基础单体与聚合物、功能性硅烷与树脂、弹性体、建筑密封胶、工业密封胶、改性硅油与二次加工品7个业务板块，围绕电力通信、医疗健康、轨道交通与汽车、消费电子、新能源材料等细分领域，构建硅基新材料产业生态圈。

【动力电池用聚偏氟乙烯材料获省首批次新材料认定奖励】2023年，浙江省化工研究院有限公司的“动力电池用聚偏氟乙烯材料”入选2023年度浙江省首批次新材料名单，并获认定奖励。该材料为新能源汽车动力电池设计，采用聚合物技术，具有化学稳定性和耐候性，有效提升电池的安全性能和使用寿命。

【“7N超纯氨”产品获省首批次新材料应用奖励】2023年，浙江建业微电子材料有限公司的“7N超纯氨”产品获浙江省首批次新材料应用奖励。该材料纯度99.99999%，被列入《浙江省重点新材料首批次应用示范指导目录》，广泛应用于发光二极管、太阳能、集成电路等领域。

【高导热尼龙材料获省首批次新材料应用奖励】2023年，杭州本松新材料技术股份有限公司的高导热尼龙材料获浙江省首批次新材料应用奖励。该高导热尼龙材料适用电子电器、LED照明散热系统及汽车发动机周边高耐热部件等高端应用领域，有助提高电子设备的散热效率，延长使用寿命，减轻产品重量，符合现代技术对材料提出的轻量化、高性能要求。

（季培蓓）

电力工业

【概况】2023年，杭州电网有35千伏及以上公用变电站473座，变电容量1.01亿千伏安；35千伏及以上输电线路（含电缆）1252条，总长度1.21万千米。10（20）千伏配电变压器15.03万台（含用户），总容量1.03亿千伏安；10（20）千伏配电线路（含电缆）7365条（含用户），总长度5.96万千米。

按电度表户为计算单位，电力用户596.46万户，全社会用电量987.13亿千瓦时，比上年增长3.9%。售电量932.3亿千瓦时，增长3.6%。最高负荷2028万千瓦，增长6.0%。

杭州电网发展总投入61.3亿元；营业收入582.7亿元，增长1.0%，利润5.0亿元；资产总额602.78亿元，增长5.8%。

【亚运会和亚残运会电力保障】2023年，国网杭州供电公司打造亚运首个数字化保电指挥平台，构建高效保电体系。组建2042人客户侧保电团队，898名省内外支援人员实行同质化、同时化管理。创新客户侧隐患查治、管控机制、临时负荷管理“543”工作法（五项清单、四措并举、三个渠道），推动杭州亚组委、省市政府出台42项客户侧保电制度规范，客户侧保电标准达到国内重大活动的最高水平。清单化闭环办结16个大项、202个小项工作任务，联合杭州亚组委实现4953项场馆隐患全量清零。利用数字化保电平台实现786处重点设施、2.1万处重要负荷的全息监控，39项要客活动、982项赛事等保电任务全程指挥。组建亚运史上首支“零碳工程师”服务团队，协助场馆交易绿电6.21亿千瓦时、绿色电力证书3982张，建成充电桩800个，实现亚运史上首次赛事场馆常规电力100%绿电供应、充电桩100%全覆盖，相关工作成果获评中国能源研究会管理创新一等奖。

【电力营商环境优化】2023年，国网杭州供电公司优化电力营商，全域供电可靠率居国内（不含中国港澳台地区）第一位。升级“数智电力BEST”增值服务品牌，联合市发改委推出营商环境服务再升级12条举措。在全省推广“电水气网”联合服务，入选浙江省涉企服务“一类事”微改革案例。深化全周期专员服务，两级营商办公室和营商服务中心常态管控951个“三重项目”（电力电缆、电气试验、继电保护），服务162个重大项目按期投产送电。全市增量和过渡期项目政策执行率双100%，累计服务储备土地项目1886个，年均为企业节省投资10亿元以上。

【供电服务优化】2023年，国网杭州供电公司服务电力供需平衡。保障白鹤滩800万千瓦全容量投运，柔性低频输电实现30万千瓦供区互济，66项保供重点措施落地发挥实效，支撑供电能力提升至2000万千瓦。连续2年开展“除险保安、百日攻坚”电力安全专项整治行动，协同市发改委、市应急局、市城管局完成

2023年9月23日，国网杭州供电公司亚运电力保障团队巡检杭州奥体中心体育场供电设施

（姚靖霖 摄）

表 22 2023 年杭州市全行业用电一览表

行 业	用户数（户）	用电量（万千瓦时）
一、农林牧渔业	48564	61093.18
二、工业	112511	4365011.9
三、建筑业	20691	198431.58
四、交通运输、仓储和邮政业	4977	334174.11
五、信息传输、软件和信息技术服务业	53369	389889.92
六、批发和零售业	164141	595206.83
七、住宿和餐饮业	19984	172274.25
八、金融业	2419	45546.92
九、房地产业	95610	500471.26
十、租赁和商务服务业	12866	483876.26
十一、公共服务及管理组织	116420	817250.74
总 计	651552	7963226.95

（资料来源：国网杭州供电公司）

1896 条客户侧隐患整改。完成老旧设备整治、实施配网管理提升三年行动，连续 4 年实现“三个零超限”，建成亚运场馆、城西科创大走廊核心区、卓越供电区。深化大都市精细电力保供模式，组建政企协同电力保供专班，建立街道与供电所网格化保供小组，推动出台市级综合性电力保供补贴等 10 项政策。储备 42 万千瓦无感调峰资源池、1215 户空调柔控用户群。开展春节期间客户侧电力保障服务，派出工作人员 1162 人次，完成重要用户和重点项目走访排查 581 个，指导用户完成隐患全量整改 275 条。

加快数智型供电所建设，i 国网“掌上数供”实现跨专业融合，推广低压营配融合网格化管理，建成国家电网五星所 1 个、百强所 2 个，国网浙江电力五星所 5 个。累计建成电力驿站 89 个，形成乡村“15 分钟电力服务圈”。全域推广“新时代、新农村、新电力”电力服务模式，建成新时代电气化村 135 个、乡村电气化惠农富民项目 60 个、“村网共建”电力便民服务示范点 8 个。

【电网建设攻坚行动】2023 年，杭州电网开展电网建设攻坚三年行动，电网容量首次超过 1 亿千伏安。新开工 35 千伏及以上输变电工程 21 项，开工容量 263 万千伏安、线路 546.19 千米。新投产 35 千伏及以上线路（含电缆）278.6 千米，输变电工程 32 项，变电容量 743 万千伏安。全容量提前投运金塘特高压工程，投产白浙特高压高端 400 万千伏安，500 千伏瓶窑变电站增容 120 万千伏安。新建富阳 220 千伏中埠换频站、萧山 220 千伏新益变电站；新建 110 千伏变电站 17 座（上城四堡，拱墅小河、西湖西科、园区、蒋村、西大、双浦，萧山黄家、益农，余杭民丰、庙前、南湖，富阳渌渚，钱塘七格，临平兴旺，临安市坞，建德大洋）；新建 35 千伏中洲变电站。

【新能源体系建设】2023 年，杭州电网建成国家电网唯一泛亚运都市级新型电力系统综合示范，落地柔性低频输电、碳电协同微电网群等 24 个重点工程。优化光伏接入流程，提前两年完成“十四五”光伏倍增计划。

联合省综合能源公司在临安区发布山核桃碳标签，实现产业碳足迹精准溯源。加大绿电交易和绿证交易推广力度，促成杭州全社会交易绿电 20 亿千瓦时、绿证 6.4 万张。政企协同制定园区综合能源解决方案 16 份，完成城区 6 万杆路灯节能改造和 500 杆光伏智慧路灯建设，协助市运河集团完成武林门等 4 个码头的 6 套岸电充电桩建设。

新建成充电站 39 座、充电桩 758 个，完成 812 个小区充电设施整体加装，全年充电量 1.8 亿千瓦时。打造乡村充电设施服务模式，全市 191 个乡村公共充电设施全覆盖，在萧山打造全省新能源汽车下乡示范区。推广“远杭无忧”卓越服务品牌，建成民宿充电站 100 座、充电桩 111 台，带动农村居民增收 30 余万元。

（张学飞）

责任编辑 孙晟珂 袁啸马

23 建筑业

综 述

【建筑业总产值5981亿元】2023年，杭州市建筑业完成总产值5981亿元，比上年增长4.2%，高于全省平均增速，总产值保持全省第一位，占全省建筑业总产值的24.3%。其中：省内完成总产值4832亿元，增长6.6%，增速提高2.1个百分点；省外完成总产值1149亿元，下降4.5%。全市建筑业签订合同金额1.2万亿元，下降2.9%。其中，新签合同金额5738.69亿元，下降1.3%。建筑业增加值685.6亿元，下降1.7%。

【工程建设项目审批制度改革】2023年，市建委按照“四个统一”（统一审批流程、统一信息数据平台、统一审批管理体系、统一监管方式）要求，优化工程建设项目策划生成机制，精简审批环节，规范审批事项，分级分类制定审批流程。推进工程建设项目全生命周期数字化管理、政务服务增值化改革“一类事”、工业项目“拿地即开工”、分期验收、工程质量保险等改革试点。深化电子招投标和远程异地评标工作，建立工程建设项目分级分类监管制度，推动工程建设领域全方位变革。全年完成房屋建筑和市政基础设施项目发包4521个，中标金额2496.42亿元。其中：公开招标项目2504个，中标金额1333.40亿元；邀请招标项目27个，中标金额32.39亿元；直接发包项目1990个，发包金额1130.63亿元。

【装配式建筑发展】2023年，市建委推进装配式建筑提质扩面工作。根据《住房城乡建设部办公厅关于印发装配式建筑发展可复制推广经验清单（第一批）的通知》，梳理研究相关经验做法，组织市发改委、市住保房管局、市规划和自然资源局等单位到上海、广州、深圳等地学习考察。市建委制定《关于持续推进装配式建筑发展的实施意见》，明确政府投资单体地上建筑面积2万平方米（含）以上的新建公共建筑应采用钢结构装配式建造，并制定金融支持、税收优惠、资金奖补等方面的支持政策。印发《关于下达2023年度各区、县（市）装配式建筑（建筑工业化）目标任务的通知》，将装配式建筑年度目标任务列入全市公共服务“七优享”“住有宜居”专项工程，明确各区县（市）装配式建筑年度目标任务。实施工作例会、服务指导、督查考核、季度通报等举措，加强项目全过程监督指导，参与20个市级装配式建筑项目方案及初步设计技术指导，对279个新开工装配式建筑项目网上报送信息进行复核，推进装配式建筑项目落地。编制《装配式建筑质量问题防控技术指引（试行）》，梳理形成包括设计类、部品部件加工类、施工类质量问题防治案例109个。组织装配式建筑职业技能竞赛，推进装配式适用技术创新成果转化，认定并公布《杭州市装配式建筑适用技术推广目录名单（2023）》。组织2023年度

2023年10月27日，杭州市“远大杯”装配式建筑职业技能竞赛举行。图为技能竞赛现场 （市建委 供稿）

杭州市新型建筑工业化示范产业基地和项目申报评审，认定示范基地和示范项目15个。市建委建筑工业化工作案例被推荐为杭州建设行业忠诚践行“八八战略”二十周年优秀实践案例，相关做法在人民网、《中国建设报》、《建筑》杂志刊登。全年全市新开工装配式建筑2337.9万平方米，超额完成省建设厅下达的年度目标任务。

【钢结构装配式住宅试点】2023年，杭州市开展钢结构装配式住宅建设试点评估工作，梳理总结钢结构住宅开发、设计、生产、施工、验收和运行维护等环节的做法，加强对钢结构装配式住宅试点企业、试点项目的日常管理。建立健全市场信息监测工作体系，定期发布装配式钢构件产能信息。全年全市新开工钢结构住宅41.3万平方米，完成年度目标任务的103.2%。杭州钱塘新区前进片区人才专项租赁房等钢结构装配式住宅项目成为全市钢结构装配式住宅样板。

【装配化装修试点】2023年6月8日，市建委根据省建设厅装配化装修试点工作部署，召开重点装饰企业、市建筑业协会和市装饰业协会参加的装配化装修座谈交流会，征求开展装配化装修试点意见建议。印发《杭州市装配化装修试点工作实施方案》，方案提出杭州市实施装配化装修试点项目、试点示范项目的数量及有关推优评先、财政奖补、工程承（发）包等政策支持内容。全年全市落实装配化装修试点项目6个。

（莫良燕）

勘察设计

【概况】2023年，杭州市勘察设计行业“四库一平台”信息系统中有在库勘察设计企业1110个，其中上城区163个、拱墅区225个、西湖区311个、滨江区94个、萧山区87个、余杭区92个、临平区30个、钱塘区43个、富阳区34个、临安区12个、桐庐县9个、淳安县6个、建德市4个。在库人员4.75万人，其中注册人员6571人。市建委运用“四库一平台”信息系统，采集勘察设计企业及人员信息，加强对企业和人员的资质、资格、市场行为及信用评价管理。年内，市勘察设计行业协会新入会企业23个，会员企业增至351个。

【勘察设计优秀成果认定】2023年2—5月，市勘察设计行业协会开展行业优秀成果评审工作，协会收到申报项目918个，比上年增加152个。评审认定工作按照专业设置建筑、勘察、市政、综合工程技术、风景园林、建筑智能化、BIM应用和环境照明8个类型的奖项。协会组织68名不同专业的专家参加评审认定，经评议、投票，认定一等奖92个、二等奖256个、三等奖282个。7—12月，协会组织建筑设计、工程勘察、风景园林、市政工程、BIM应用、环境照明6场不同专业的优秀项目讲评会，交流分享专家认定的优秀设计成果。

（顾　全）

【建筑设计交流活动】2023年，市建委组织市勘察设计行业协会与香港建筑师学会进行6次不同层面的联络和交流。其中：5月13日，香港建筑师学会有关负责人访问杭州市勘察设计行业协会，双方商定2023年交流互动计划；6月中旬，市勘察设计行业协会组织第九届杭州市青年建筑师到香港参观学习，与香港房屋局、香港建筑师学会相关人员进行交流研讨，并拜访香港特区政府建筑署，参观香港故宫文化博物馆等场馆；10月18—20日，由香港房屋局副局长带队的考察团到杭州考察交流，参观富阳东梓关杭派新民居、杭州天目里城市综合体、杭州国家版本馆、良渚博物院、杭州铁路西站枢纽等建筑，并举办3场学术交流活动，互相分享经验和见解；11月5日，市建委会同市勘察设计行业协会参加天目里“伦佐·皮亚诺RPBWLB国际展览论坛”，与参加论坛的城市建筑师、品牌创始人、高校学者进行学术交流讨论。

（俞沁柳　陈　杰）

【优秀青年设计师选拔培养】2023年，市建委会同市勘察设计行业协会完成杭州市第九届十佳优秀青年设计师（建筑师）选拔培养工作，并与建德市政府联合举办杭州市优秀青年建筑师“助力乡村振兴、建设宜居宜业和美乡村”公益服务活动，组织十佳建筑师为建德市大同镇溪口村农居安置房建设、大洋镇庆丰村村容村貌更新改造提供设计方案，两村设计方案通过有关部门及专家评审。5—6月，市建委组织十佳优秀青年建筑师举办“城市设计”等主题学术交流活动，到深圳跟院士交流学习并实地参观，到香港与香港建筑师学会进行业务交流，并拜

2023年5月13日，香港建筑师学会访问杭州市勘察设计行业协会

（市建委　供稿）

访香港特区政府建筑署，参观香港故宫文化博物馆等建筑，提升青年设计师的综合能力。10月，市建委会同市勘察设计行业协会开展“杭州市第十届优秀青年设计师（建筑结构设计师）”选拔培养活动。

（俞沁柳）

【行业业务培训】2023年，市勘察设计行业协会围绕新技术、新标准及会员单位关注的热点难点问题，举办“国家标准《建筑防火通用规范》宣传贯彻及消防设计疑难问题解析培训班”“盈建科建筑结构设计软件V5版本软件技术研讨会”“《建筑与市政工程防水通用规范》宣贯及建筑防水新技术研讨会”“工程勘察设计企业资质业务申报培训班”等业务培训。配合市建委组织《杭州市民用建筑绿色与节能方案设计专篇及施工图设计专篇》培训、《建筑与市政工程防水通用规范》解读培训、住房城乡建设部关于工程设计人员能力提升公益性培训、浙江省《民用建筑项目节能评估技术规程》培训等技术培训，参加培训的勘察设计人员3150余人次。

（顾　全）

建筑工程管理

【概况】2023年年末，杭州市在建建筑工程2423个，比上年减少369个，其中房屋建筑工程2173个、市政基础设施工程250个。在建工程中，5米以上深基坑工程259个。开展省、市标准化优良工地和“钱江杯”“西湖杯”优质工程推荐评选，评出浙江省“钱江杯”优质工程33个、“西湖杯”优质工程159个、浙江省标准化管理优良工地98个、杭州市标准化管理优良工地280个，杭州市获奖数量全省领先。

【工程安全质量管理】2023年，杭州市各级建设行政主管部门和监督机构加强对重点项目、重点企业、重点部位和重点内容的安全质量检查，检查施工项目3.29万个（次），发现质量、安全和不文明施工问题7.62万处，签发限期整改通知单1.59万份、停工整改通知单1115份，对企业信用扣分1396个（次）、1450.5分，作出一般行政处罚132件（含移交）、简易行政处罚994件。排查有限空间作业场所68个（次），发现作业隐患23处，年内100%完成整改。加强建筑施工领域汛期和台风期间重大风险防范，加固基坑391个、板房1627间、围挡6.88万米，筑牢恶劣天气下施工工地安全屏障。市建委与5个施工企业签订应急救援队伍共建协议，设立应急物资储备基地5个，选拔各类专业应急人员320余人。开展建筑工程质量年度评价，完成5个区县（市）50个在建项目、8个交付小区质量评价。全市建筑领域安全生产形势总体平稳。

【“迎亚运”工地环境保障】2023年，市建委开展围挡品质提升、工地扬尘管控、噪声防治等专项整治，制定全市统一的工地管理高品质标准，梳理重点线路、赛事场馆附近重点保障项目398个，对所有项目实行清单化管理。围绕“防风险、除隐患、保安全、护亚运”目标和“不停工、保安全”原则，坚持安全管控和服务保障双向发力。建立专人值守制度，针对亚运会和亚残运会场馆及重要线路周边的重点工程，建立政府部门专人值守制度。赛事期间，对全市366个重点工地安排“一人一工地”进驻值守。

【文明施工管控】2023年9月4日，市建委印发《杭州市2023年建筑施工噪声污染专项治理工作方案》，制定中高考期间夜间施工意见书出具标准，检查夜间施工工地1698个，确保中高考期间环境噪声达到标准要求。开展建筑工地环境治理，检查建筑工地1.85万个（次），发现问题1.54万处，印发整改通知单9376份，责令局部停工工地40个，完成全部隐患整改。采取裸土覆盖、湿法作业、密闭运输、净车出场等举措，加强工地扬尘管控。全市2140个符合安装要求的在建工地安装扬尘在线监测设备，设备联网率99.3%，预警处置率100%，对扬尘管控不力及预警处置不及时的在建工地通报3次。

（张倩颖）

建筑市场管理

【概况】2023年，市建委贯彻《关于促进我市建筑业高质量发展的实施意见》，加强建筑市场监管。组织各区县（市）住建局对2022年依法招标的和2023年报监的在建工程项目开展合同履约情况排查，完善“双随机、一公开”监管机制，规范招标投标行为。全年全市检查在建项目1703个，督促整改问题201个，印发责令改正决定书、行政指导意见书120份，对36个施工单位、监理单位告诫谈话，扣除建筑市场信用分19分，立案3起，罚款72.6万元。

【招投标改革】2023年，市建委启动联合体投标试点，支持全市建筑业示范企业与中央企业、省外地方国有企业强强联合，提升杭州建筑业企业核心竞争力。全年完成试点项目招标22个。推进“评定分离”改革试点。市建委印发《杭州市市本级房建市政工程项目“评定分离”改革试点工作方案》，扩大试点区域和项目类型，全市纳入“评定分离”试点项目162个，完成试点项目招标133个。调整房建市政工程项目资格后审施工类评标办法，将原来单一价格入围方式改为招标人推荐、信用择优、报价抽选等多元化方式，进一步落实招标人自主权。推进电子招投标和远程异地评标，全年实行全流程电子招投标项目2552个，完成远程异地评标项目64个。

【建筑市场信用体系完善】2023年，杭州市建设行业完善“守信激励、失信惩戒”机制，对优秀建筑业企业进行良好信用激励。加强工程项目现场管理人员信用监管，将招标阶段投标人拟派关键岗位人员资格核验与工地现场实际到岗人员身份核验相结合，实现市场、现场“两场联动”，压实建设工程项目承包商合同履约责任，确保工程质量和安全生产。在省内率先公布实施工程监理企业信用等级划分标准，将省建设厅印发的施工监理企业信用评价结果与招投标活动挂钩。联合印发《关于对恶意欠薪企业（个人）开展信用联合惩戒的合作备忘录》，对被列入信用联合惩戒名单的恶意欠薪企业，依法取消参加依法必须进行招标的项目的投标资格。

（郭　超）

进杭建设者

【概况】 截至2023年年末，杭州市有进杭建设者33.58万人，比上年减少9.83万人，人员分布在全市2100余个在建工程项目。从来源地看，进杭建设者中，河南籍占21.4%，安徽籍占18.2%，四川籍占10.1%，贵州籍占7.7%，江西籍占6.3%，省内占12.8%。进杭建设者年龄偏大，29岁以下占15.8%，30~39岁占25.2%，40~49岁占24.0%，50~55岁占18.8%，55岁以上占16.4%。学历偏低，小学文化占24.7%，初中文化占40.8%，高中和中专文化占11.6%，大专及以上文化占3.4%，其他占19.5%。进杭建设者中男性居多，占90.8%；女性占9.2%。

【民工学校建设】 2023年3月6—8日，市建委召开杭州市民工学校总校校长培训会，分析研究全市民工学校建设情况，布置民工学校教学工作各项任务。提交《杭州市建设工地民工学校调查研究报告》，印发《民工学校》专刊4期。完善杭州市建设工地民工学校信息管理平台，实现民工学校与智慧工地实名制管理平台信息互联互通，通过岗前培训、自培自考和建设工地民工学校、智慧工地实名制管理三维互动，实现建筑工地现场工人岗前培训、三级安全教育全覆盖。全年全市新建工地民工学校596所，民工学校开展教学活动2.16万次，其中举办岗前培训和安全教育9720场次，举办工程质量、文明施工和操作技能培训4492场次。

（金臻丽）

【建筑产业工人队伍培育】 2023年，市建委推进新时代建筑产业工人队伍培育工作，全年组织建筑施工三类人员、特种作业人员考试2.14万人次。参加建筑施工特种作业人员继续教育培训9697人次。做好监理员培训考核的资料审核、过程监督和信息上传公示，以及施工现场专业人员职业培训和继续教育等工作。全年审核七大员（施工员、质量员、材料员、资料员、劳务员、机械员和标准员）考试成绩1076批次，认定七大员学时达标6.96万人次。新增建筑行业高级技师234人、技师672人、高级工1903人。联合浙江建设技师学院召开建筑业高技能人才招聘会，108个建筑业企业提供2500余个工作岗位，600余人达成就业意向。推动浙江建设技师学院与浙江百花园林集团有限公司建立战略合作，共同培育建筑行业技能型、应用型人才。推荐杭州市滨江区筑才职业技能培训学校作为浙江省第一批装配式建筑工人培训机构。对接杭州市职业能力建设指导服务中心，召开建筑产业工人队伍培育政策培训会。指导成立杭州市建筑工人服务园，该园是杭州市首个以建筑劳务为产业支撑、服务建筑工人的专业特色园区，被住房城乡建设部列入关于培育新时代建筑产业工人可复制经验做法清单（第一批）。年内，市建委承办全省起重机、升降机司机培训活动，350余人次参加培训，引入“吴恒锦电气技能大师工作室”“邹新华防水技能大师工作室”等技能大师工作室6个。

（王　英）

【进杭建设者关爱服务】 2023年，市建委以工地民工学校为载体，开展建筑工人主题实践和关爱活动。联合浙江省第三建设集团浙南公司等单位开展“学习实践在路上，‘八八战略’在身边”主题教育、“学雷锋迎亚运，提品质树新风”志愿服务、“亚运传递精彩、关爱铸就未来”暑托班、系列“小候鸟”关心关爱实践等活动，用心、用情、用爱呵护建筑行业“小候鸟”健康快乐成长。全年开展各类关心关爱活动15场，参与活动志愿者140余人，受关爱的“小候鸟”210余人。

【“红色工地”建设】 2023年3月，市建委印发《杭州市建筑行业“优秀红色工地”创建活动实施方案》，召开全市工地项目党组织党员学习贯彻党的二十大精神集中轮训暨党员春训，推进全市建筑业企业“红色工地”建设工作。根据省建设厅《关于在杭州市、宁波市、湖州市开展浙江省“红色工地”应用模块协同建设首批上线工作的通知》要求，召开全市建筑行业“优秀红色工地”建设工作座谈会，进行“浙里建—红色工地”应用模块技术培训和现场答疑，做好“红色工地”历年数据补录。开展省级优秀“红色工地”和典型案例评选推荐，11个工地获评全省优秀“红色工地”，3个工地入选典型案例。

（金臻丽）

2023年5月4日，浙江省第三建设集团浙南公司团总支开展“学习实践在路上，‘八八战略’在身边”主题教育　（市建委　供稿）

【建设项目实名制管理】2023年，市建委根据《省建设厅关于做好“建筑工人保障在线”应用上线工作的通知》，指导2个建设项目开展“建筑工人保障在线”应用上线试点工作，全年开展4批次线上培训和线下集中培训，新开工项目实现实名制管理全覆盖。根据人员数字化监管应用试点工作方案，结合萧山区、钱塘区试点情况，印发《关于做好实人认证以及考勤设备直连应用有关工作的通知》，在全市在建项目中推广“实人”“直连”场景。全年实行实人认证、直连应用建设项目2516个，通过实人认证47.4万人，对未通过实人认证的291人限制其进出工地。

【欠薪问题治理】2023年，市建管站会同建设单位、施工单位、区县（市）住建局、市人力社保部门，通过实地走访和发放调查问卷等途径，了解并剖析欠薪问题发生原因，提出针对性的欠薪治理举措。印发《杭州市市级政府及国有投资建设项目农民工欠薪源头治理工作指导意见》，开展房地产开发建设项目根治欠薪专项整治。全市排查房地产建设项目405个，整治欠薪隐患问题63个。市建委联合市人力社保局对全市46个进入精装修施工阶段的房地产建设项目开展实地检查，督促整改问题173个。牵头各区县（市）住建局做好整改问题“回头看”工作，巩固欠薪问题治理成果。借助智慧工地实名制系统，3次向在杭州务工人员发送短信息摸排欠薪情况，安排4部专线电话专门接听欠薪投诉；开发“杭薪付”小程序，对无法打通电话的农民工进行线上欠薪信息登记，对摸排到的欠薪线索落实化解处置措施。全年市建委向区县（市）住建局发出督办函151份，约谈企业55个（次），发放责令改正决定书117份，化解欠薪隐患问题2235个。

（张艳芳）

建筑节能

【概况】2023年，杭州市围绕发布“建筑双碳”政策文件、推进绿色建筑与绿色建造、扩大可再生能源建筑应用、实施既有公共建筑能效提升等重点工作，推动建筑领域绿色低碳高质量发展。全年办理新建民用建筑节能审查项目521个，建筑面积4438万平方米，其中二星级以上绿色建筑占76.3%。新增实施高星级绿色建筑示范项目17个、超低能耗建筑示范面积23.99万平方米、近零能耗建筑示范项目3个、高比例可再生能源建筑应用示范面积95.23万平方米、公共建筑能效提升示范项目面积270.28万平方米；完成既有公共建筑节能改造118.43万平方米、既有居住建筑改造61.66万平方米、可再生能源建筑应用面积2235.1万平方米；申报省级绿色施工示范工程87个；完成绿色建材试点验收项目2个，获得绿色建材认证证书项目51个。5个案例入选省建设厅建筑领域碳达峰相关工作优秀案例，占全省优秀案例的23.8%，数量居全省11个设区市首位。

【“建筑双碳”政策文件发布】2023年4月10日，市建委会同市财政局发布《杭州市建筑业碳达峰碳中和奖补资金管理暂行办法》，每年落实市级建筑领域碳达峰专项资金2000万元，用于推进建筑节能与绿色建筑、新型建筑工业化等工作。6月2日，市建委会同市发改委、市财政局等7个部门联合发布《杭州市建筑领域碳达峰实施方案》，统筹推进杭州市建筑领域绿色低碳高质量发展。7月12日，市建委会同市发改委、市规划和自然资源局发布《杭州市绿色建筑专项规划修编（2022—2030）》，从规划入手，对国有建设用地上的民用建筑项目执行不低于“修编规划”图集明确的绿色建筑等级、建筑工业化、可再生能源应用、太阳能光伏面积、建筑运行碳排放强度降幅、超低能耗建筑等控制性指标。12月8日，市建筑双碳办（市建委）发布《杭州市绿色建筑低碳高质量发展行动方案（2023—2025年）》，围绕构建绿色建筑发展体系、强化绿色建筑全过程管理、推动绿色建筑高质量发展、加强项目交付及运行管理、推动绿色低碳技术应用5个方面、20条措施进行重点任务推进。

【高星级绿色建筑发展】2023年，杭州市新建民用建筑网上办理《浙江省民用建筑节能审查意见书》项目521个，建筑面积4438万平方米，所有项目均达到一星级及以上绿色建筑标准。其中：二星级项目285个，面积2531万平方米，占项目总数的57.0%；三星级项目70个，面积857万平方米，占项目总数的19.3%；二星级、三星级项目合计占项目总数的76.3%。至年末，杭州市实施高星级绿色建筑面积1.26亿平方米。

【杭州市获评省建筑领域碳达峰碳中和工作优秀设区市】2023年，杭州市连续3年被省建设厅、省财政厅评为年度建筑领域碳达峰碳中和工作（建筑节能与绿色建筑、建筑工业化）“双优秀”设区市。其中，建筑节能与绿色建筑考核优秀县（市、区）有西湖区、钱塘区、富阳区、淳安县，建筑工业化考核优秀县（市、区）有西湖区、萧山区、余杭区、钱塘区。杭州市优化市、县（市、区）两级建筑节能与绿色建筑目标责任考核工作，从配套政策出台、制度机制建立、目标任务完成等方面细化考核指标体系，加强对建筑节能与绿色建筑的评价考核。

（邹　栋）

责任编辑　余显幕

24 商贸服务业

综述

【社会消费品零售总额7670.6亿元】 2023年，杭州市社会消费品零售总额7670.6亿元，比上年增长5.2%。从规模来看，拱墅区1363.9亿元、上城区1107.0亿元、萧山区1006.2亿元，居全市前三位。其中，萧山区首次超过1000亿元。从消费类型来看，商品零售额6349.7亿元，增长3.7%；餐饮收入1320.8亿元，增长12.8%。

【“菜篮子”保供稳价】 2023年，市商务局根据“菜篮子”市长负责制以及国家、省、市保供稳价相关工作要求，组织相关协会及骨干企业到安徽、甘肃、内蒙古等地进行产销对接6轮（次）。通过产销对接，增强对市场异常波动的防范意识和应对能力，确保生活必需品的有效供给和价格平稳。

【市级家政地方标准发布】 2023年，市商务局编制并发布杭州市级地方标准《家政服务机构信用评价规范》。该标准是以数字化平台为落地基础的家政领域地方标准。根据标准，对入驻“安心找家政”场景的家政服务机构开展信用评价试运行。

【社区家政服务网点星级评定】 2023年，杭州市在全国“家政进社区”工作现场会上作典型经验交流。市商务局开展两批社区家政服务网点星级评定工作，评出三星级、四星级和五星级社区家政服务网点77个，为全市社区家政网点树立标杆和示范。

【内外贸一体化高质量发展项目申报】 2023年，杭州市根据《浙江省商务厅、浙江省财政厅关于组织实施2023年度内外贸一体化高质量发展项目计划的通知》要求，申报浙江国贸云商控股有限公司等企业的13个项目计划。经评审，全省内外贸一体化高质量发展项目共入围15个，其中杭州市7个。

【内外贸协同发展政策出台】 2023年6月，杭州市出台《杭州市关于充分利用国际国内两种资源促进内外贸协同发展的若干意见》。该意

表23　2023年杭州市社会消费品零售额一览表

行业（地区）	社会消费品零售额（亿元）	比上年增长（%）
全市总计	**7670.6**	**5.2**
一、分行业		
商品零售	6349.7	3.7
餐饮收入	1320.8	12.8
二、分地区		
上城区	1107.0	3.2
拱墅区	1363.9	3.9
西湖区	906.3	7.2
滨江区	568.2	3.9
萧山区	1006.2	11.1
余杭区	826.3	3.1
临平区	392.3	5.0
钱塘区	340.4	0.7
富阳区	444.4	1.4
临安区	246.2	9.8
桐庐县	173.8	4.1
淳安县	109.4	16.3
建德市	136.0	5.4
杭州西湖风景名胜区	50.2	14.0

（资料来源：市商务局）

见立足于数字贸易先发优势，以消费促循环、以平台通链路、以数字谋转型，促进内外贸协同发展，实施“地瓜经济”提能升级“一号开放工程”。

【**消费促进体系建设**】2023年，杭州市分解社会消费品零售总额、批发业销售额、零售业销售额、餐饮业营业额4个指标目标任务，通过“攻坚汽车消费、攻坚以旧换新、攻坚招商引贸、攻坚直播赋能、攻坚餐饮消费、攻坚平台消费、攻坚经普纳统、攻坚服务研究、逐月分析点评、加强统筹调度”10个举措，建立社会消费品零售运行调度、督导、服务、通报、晾晒、约谈等8个机制。出台《杭州市2023年提振消费行动计划》《关于“抢先机、拼经济”实现开门红的实施意见》《关于进一步提振消费阶段性举措的通知》《杭州市大宗贸易赛马激励政策》《关于打造“不夜天堂、乐购杭州”的实施方案》等提振消费的政策。

【**消费在线系统数智化升级**】2023年，杭州市通过消费在线系统数智化平台建立消费和社会消费品零售的关联关系，优化预测模型提升经济监测能力。根据历史数据拟合社会消费品零售总额增速情况与线下消费增速情况，发现2022年社会消费品零售总额统计中，杭州市社会消费品零售总额、商品零售、餐饮业收入与消费数据增速趋势基本一致，且数据波峰、波谷、拐点出现时间基本一致。运用社会消费品零售增速预测模型，以餐饮监测数据和零售监测数据为基础，基于社会消费品零售统计方法

表24　2023年杭州市主要商业特色街一览表

街区名称	入驻商家（户）	营业额（万元）	税收（万元）	客流量（万人）
湖滨步行街	1214	1413223.00	48670.0	3150.8
清河坊步行街	392	166008.00	3690.0	1629.2
四季青服装特色街区	14008	390000.00	13650.0	3200.0
运河映巷影视文化商业特色街区	65	7500.00	224.0	1800.0
杭州中国丝绸城步行街	614	110254.00	434.4	150.0
武林路时尚女人街	487	32220.00	432.0	600.0
胜利河步行街	40	9156.20	320.5	77.6
绍兴路汽车文化精品街区	58	1176528.00	11733.0	13.0
信义坊商业步行街	130	2896.45	101.4	59.0
石祥路汽车贸易街区	165	1319638.30	46187.3	100.0
大兜路历史街区	70	7354.00	150.0	1200.0
桥西步行街	51	3286.20	115.0	846.0
文三数字生活街区	778	246734.30	8635.7	14105.0
青芝坞休闲旅游慢生活街区	233	19000.00	6650.0	185.0
栖悦城·西溪天堂商业街	51	7658.75	65.0	100.0
厚仁路商业特色街	200	84966.70	2974.0	524.2
星光大道电影文化步行街	220	120000.00	3800.0	1400.0
湘湖慢生活步行街	53	3913.00	137.0	104.0
河上老街商业特色街	85	2200.00	77.0	44.0
金沙湖休闲商业特色街	55	4022.00	320.0	1500.0
瓶窑老街步行街	78	3374.80	151.2	120.0
闲林埠文化休闲步行街	114	10831.00	385.0	460.0
塘栖老街风情特色街区	86	5196.90	49.0	327.3
达夫路步行街	130	15800.00	870.0	41.0
千岛湖秀水街	68	3600.00	30.0	90.0
千岛湖骑龙巷步行街	60	1200.00	30.0	260.0
严州古城步行街	265	4400.00	220.0	285.0
寿昌中山路步行街	456	20100.00	703.5	109.0
梅家坞茶文化村	153	6800.00	238.0	230.0

（资料来源：市商务局）

和向量自回归（VAR）模型，根据历史数据对模型进行拟合训练得到最优参数估计值，实现对短期内社会消费品零售增速的预测，优化预测模型，从而推动形成更具科学性、时效性、可操作性的经济预测预警体系，提升形势分析的前瞻性和政策建议的有效性。

【亚运会保供“白名单”城市侧运输保障】2023年，市商务局参与负责农副产品物流中心“绿色通道”（勾庄、新农都2个物流园区）和生活必需品保供车辆、商贸企业车辆、外地运输生鲜产品货车等4类普通货车在亚运会期间城市侧的运输保障。录入保供“白名单”普通货车1620辆。

【“菜篮子”追溯综合服务平台转型】2023年，杭州市学习借鉴宁波市“菜篮子”追溯综合服务平台转型的经验，探索重要产品追溯与保供工作相结合。在追溯平台中纳入绿色商店超市、保供经营大户的信息。同时拓展追溯产品范围，试点禽蛋产品追溯。

【商业街步行街建设】2023年，杭州市新增4条商业特色街和4条高品质步行街。其中：上城区运河映巷、拱墅区武林时尚街区被命名为省级商业特色街，临安苕溪广场商业街和淳安千岛湖啤酒小镇被命名为市级商业特色街，建德寿昌中山路步行街、临平区塘栖老街被命名为省级高品质步行街，滨江长河历史文化街和余杭良渚文化村玉鸟集步行街被命名为市级高品质步行街。

【示范智慧商圈建设】2023年，杭州市打造拱墅区新天地商圈、萧山区市心路商圈2个市级示范智慧商圈。5月4—5日，全国智慧商圈调研现场会在杭州召开。全国8个省、市商务部门相关负责人70余人参加调研活动，实地调研武林智慧商圈、湖滨智慧商圈，杭州市作典型经验交流。活动期间，湖滨智慧商圈以创新元宇宙商业生态、打造数字消费新场景为主题，开展“滨次元”消费元宇宙首发仪式暨全国商圈党建联建活动。

（汪凯骏）

【市商旅集团（市运河集团）营业收入188.18亿元】2023年，市商旅集团（市运河集团）合并报表营业收入188.18亿元，比上年增长9.8%；利润总额21.03亿元，增长7.9%。固定资产投资66.29亿元，产业投资50.19亿元。资产总额1000.17亿元，净资产392.02亿元。主要经济指标完成年度目标任务。

市商旅集团（市运河集团）完成集团“三年行动计划”编制，明确使命愿景、发展目标和具体指标；完成集团总部“三定”方案和改革，精简编制31个；完成二级、三级企业优化整合方案，二级企业由40个整合为20个；完成全级次企业优化整合和资产划转工作；明确全级次133个全资和控股企业主责主业、业务单元、组织架构、人员职数和“一利三率”；制定10个重点涉及改革子企业的7个改革发展方案。集团开展“联乡结村”“百社百企结百村”等帮促活动，帮扶捐赠资金430万元、慰问困难群众240余户，助销帮扶地区农特产品超过8600万元。

9月20日，中国企业联合会、中国企业家协会第19次发布“中国服务业企业500强”名单。市商旅集团（市运河集团）再次上榜，居第314位。集团旗下杭州联华华商集团有限公司再次上榜，居第369位。联华华商集团有大卖场、综合超市、标准超市、精品超市、便利店、线上App等多种商店和超市业态，运营网点共计500余个。

【市商旅集团（市运河集团）营销方式创新】2023年，市商旅集团（市运河集团）推进企业创新营销方式，加快产品升级，激发消费潜力。杭州饮食服务集团有限公司围绕餐饮、食品加工、电商3个核心主业，开展品牌宣传和让利促销活动，利润总额9072.9万元，比上年增长10.3倍。杭州联华华商集团有限公司完成门店分类定型和迭代升级，打造“抖音+微信+小红书”生态圈，线上销售8.68亿元。杭州宏逸投资集团有限公司推动轻资产项目创收创效，营业收入8.6亿元、增长37.5%，利润总额1.63亿元、增长55%。浙江五丰冷食有限公司创新冷饮新品29个，销售7647万元，净利润1.13亿元。杭州运河集团投资发展有限公司衍印中心写字楼、滨运锦上湾住宅项目售罄，合同销售额81.4亿元。“商旅运河直通车”进企业活动连带销售额超过1亿元。

【市商旅集团（市运河集团）实现酒店资产与运营分离】2023年，市商旅集团（市运河集团）启动酒店板块整合重组。5月31日，杭州仁和酒店管理有限公司更名为杭州仁和酒店物产有限公司，主要负责酒店类产业投资与资产经营。6月13日，浙江黄龙酒店管理集团有限公司成立，主要负责酒店运营及品牌输出管理（住宿服务、餐饮服务、酒店管理）。杭州仁和酒店物产有限公司和浙江黄龙酒店管理集团有限公司作为投资改革试点，实现酒店资产与运营分离，加快品牌与管理输出。全年两个公司共拓展酒店22个，新增客房3500余间。

（沈琴晓）

电子商务

【概况】2023年，杭州市网络零售额12321.9亿元，占全省网络零售额的40.2%，比上年增长12.6%。余杭区、滨江区、萧山区、钱塘区、西湖区、上城区、临平区7个区的网络零售额入围全省前十名。在重点监测的第三方电子商务平台上，有各类活跃网店11.87万个，电子商务从业人员126.2万人。全市电子商务增加值2307亿元，增长13.0%，占全市地区生产总值的11.5%。

【新电商高质量发展项目申报】2023年，杭州市围绕打造“新电商之都”目标，出台《关于促进杭州市新电商高质量发展若干意见实施细则（试行）》，开展杭州市新电商发展专项资金申报及新电商园区、新电商品牌、新电商供应链项目申报工作，并在全市范围内分3个片区组织政策宣讲答疑活动。经评审，符合专项资金奖补条件的企业59个，奖补金额4560万元，其中市级奖补金额1752.50万元。同时认定新电商品牌3个、新电商供应链项目2个。

【直播电商新业态新模式发展】2023年，杭州市有"头部"直播平台30余个，直播相关企业注册量超过5000个，数量列全国第一位，带动就业超过100万人。国内8个顶级多频道网络（MCN）机构，有5个在杭州设立总部。杭州市直播电商在拓市场、促消费、助力乡村振兴和共同富裕中做出的贡献获商务部肯定。

【新零售示范之城建设】2023年，杭州市落实《杭州市新零售发展五年行动计划（2019—2023年）》，推动线上和线下双向融合发展。培育省级、市级新零售示范企业76个、市级新零售企业130个、市级新零售服务企业29个。全市94个大型商场（综合体）和5个大型连锁超市实现数字化运营。

【电商直播式"共富工坊"建设】2023年，杭州市完成210个电商直播式"共富工坊"的创建培育，大下姜电商直播式"共富工坊"等10个工坊被评定为优秀工坊。市商务局落实"数商兴农"行动要求，深化电商示范村培育，推动电商直播式"共富工坊"建设，全市培育电商村326个、电商镇52个，省级电商示范村139个、示范服务站236个。

【杭州市直播电商协会成立】2023年11月3日，杭州市直播电商协会举行成立大会。该组织由浙江淘宝网络有限公司、杭州遥望网络科技有限公司、杭州无忧传媒有限公司、谦寻（杭州）控股有限责任公司、杭州君盟文化传媒有限公司、交个朋友优选科技有限公司、杭州缇苏网络信息有限公司、构美（浙江）信息科技有限公司8个企业共同发起筹备成立。杭州遥望网络科技有限公司任首届杭州市直播电商协会会长单位。

（汪凯骏）

批发零售业

【概况】2023年，杭州市批发零售业增加值1652亿元，比上年增长2.5%；住宿和餐饮业增加值265亿元，增长11.0%。品质类商品消费活跃，限额以上家用电器和音像器材类、金银珠宝类商品零售额分别增长24.2%和19.6%；可穿戴智能设备、智能家用电器和音像器材零售额分别增长93.7%和20.8%。全市有各类商品市场522个，全年交易额3653亿元。

至年末，全市有20条市级商业特色街和15条高品质步行街。9条商业特色街区被中国步行商业街工作委员会授予"中国著名商业街""中国特色商业街"称号，12条商业特色街区被省商务厅授予省级示范街称号，8条商业特色街区被省商务厅等11个部门授予省级高品质步行街称号。其中，湖滨步行街被商务部授予首批全国示范街称号；四季青服装特色街区被中国商业联合会授予"中国服装第一街"称号；文三路电子信息街区杭州数字娱乐产业园被文化和旅游部授予全国首个国家数字娱乐产业示范基地称号；丝绸特色街区被授予"全国百强批发市场"称号；杭州武林商圈获"中国最具竞争力中央商务区"称号；湖滨商圈、武林商圈被商务部授予全国首批智慧商圈称号。

【再生资源回收体系建设】2023年，杭州市完成再生资源回收体系建设任务，形成"以回收网点为基础、分拣中心为核心、转型升级为主线、标准规范为要求、秩序监管为常态"的再生资源回收行业"杭州模式"。全市有再生资源回收网点2800个，提升建设分拣中心50个，总面积48.7万平方米，再生资源回收利用率64.8%。

【供应链创新与应用示范】2023年，杭州市完成现代商贸流通体系重点项目申报工作，7个项目入选本年度省级激励名单，获得省补资金2000万元。完成供应链创新与应用示范企业推荐上报工作，3个企业入选全国供应链创新与应用示范企业，8个企业入选省级供应链创新与应用示范企业，2个企业被评为供应链协同创新综合体。

【商业特许经营备案管理】2023年，市商务局完成商业特许经营相关审查200余件，受理"12345"信访投诉100余件，其中转送市场监管部门40余件。杭州市备案企业449个，督促备案企业完成上年度特许经营年报，加强特许经营备案审核、行业管理、培训与督查。

【"数智消费嘉年华"主题系列促消费活动】2023年4月29日，"2023杭州数智消费嘉年华·完美生活节"启动。杭州市围绕"数智消费·共富生活IN杭州"主题，突出"数智、宋韵、亚运"元素，以"一区一主题"联动各区县（市），以"1+4+N"为框架开展"亚洲美食季·仲夏夜嘉年华""西湖区缤纷乐享购车节""燃情亚运·领杭消费""活力暖冬·年货大集"等特色主题促消费活动564场。中央广播电视总台《新闻联播》《朝闻天下》《新闻直播间》等栏目以及《人民日报》等媒体多次报道杭州数智消费新生活、夜消费新场景等内容。杭州市促消费工作被省政府表彰。

（汪凯骏）

【商品交易市场监管】2023年，市市场监管局强化商品交易市场安全管理，首次开展商品交易市场跨部门联合双随机检查行动，推动职能部门落实商品交易市场安全监管职责。结合"美丽杭州迎亚运，城市环境大提升"行动，开展检查督导。采取录入民生实事平台、线上和线下动态督导等方式推动落实，高标准创建放心农贸市场57个，超额完成省、市民生实事项目。坚持"便利化、智慧化、人性化、特色化、规范化"导向，采取现场督导、一场一次、量化评比等方式，新创建"五化"市场30个，共208个，居全省第一位。推进星级市场创建提档升级，创建三星级以上文明规范市场87个。突出消费者权益保护，部署规范生鲜食用农产品灯光照射，更换灯具1.87万盏。牵头开展净重专项行动，立案查处违法行为156个。

【网络市场监管】2023年，杭州市获批国家市场监督管理总局首批全国网络监管与服务示范区。《关于促进平台经济健康高质量发展的实施意见》出台。全市有电商平台179个，比上年增长39.8%，主要分布在上城区、拱墅区、西湖区、滨江区、萧山区、余杭区。网络经营主体数量55.72万个，占全市市场经营主体的30%；网络销售额1.23万亿元，占全省的40.3%。上城区、西湖区、滨江区、萧山区、余杭区、临平区、钱塘区入围全省前十名。全年检查网站（网店）10.28万个，查办网络案件1.43万件，罚没款1432万元。落实轻微违法行为“柔性执法三清单”，轻微违法行为不予处罚及减轻处罚占比59%，实施平台企业合规指导600余个（次）。依托市场监管总局“电子商务12315投诉维权（杭州）中心”和“网络商品质量监测（杭州）中心”处置网络消费投诉举报139万件；监督抽检网络产品135种、3091批次。制定出台《杭州市平台经济领域非正常投诉举报行为认定及处置指引（试行）》，构建对平台经济领域非正常投诉举报精准甄别、部门协同和联动处置的综合治理机制。“变革重塑，融通发展，创建‘全国网络市场监管与服务示范区’”获评省数字经济创新提质“一号发展工程”优秀案例。

（李　甜）

【市商旅集团（市运河集团）案例入选共同富裕最佳实践名单】2023年1月31日，浙江省国资委召开省属企业工作会议暨全省国资监管工作会议，并公布2022年浙江国资国企共同富裕示范区最佳实践名单，市商旅集团（市运河集团）报送的“坚持三路并进，做实三百帮促，探索国企助力共富路”案例入选，是杭州市唯一入选案例。市商旅集团（市运河集团）先后投资3.7亿元，在桐庐合村、临安河桥镇、淳安下姜村、萧山闻堰老街等地建设一批乡村文旅项目，释放就业岗位1000余个，解决本地用工350人。依托“31590”三级销售帮扶平台（3个消费帮扶馆、15个消费帮扶专柜、90个销售门店），累计助销农产品15.4万吨，帮扶消费额15.73亿元。在淳安县临岐村建立蔬菜直采基地，并复制推广到周边5个村，4年时间帮扶销售额由4.5万元提升至436万元。

【杭州大厦成立30周年】2023年是杭州大厦成立30周年。1985年，杭州大厦前身——杭州工业大厦动工兴建，1988年更名为杭州大厦。1983年，成立购物中心。春节7天假期，杭州大厦营业收入比上年同期增长87%；1月，销售额超过12亿元，创单月历史新高；3月，杭州大厦举办嘉年华活动，3天销售额超过3亿元；9月，30周年店庆活动举行，5天销售额6.6亿元。全年销售额超过100亿元，列杭州商场单店全年销售第一位。

（沈琴晓）

住宿餐饮业

【概况】2023年，杭州市住宿和餐饮业增加值265亿元，比上年增长11.0%。限额以上住宿业和餐饮业企业1564个。其中：住宿业法人企业656个，包括旅游饭店317个、一般旅馆304个；餐饮业法人企业908个，包括正餐服务企业784个、快餐服务企业53个、饮料及冷饮服务企业45个。限额以上住宿企业营业额173.50亿元，其中客房收入100.28亿元、餐费收入47.54亿元、商品销售收入2.19亿元。限额以上餐饮企业营业额352.94亿元，其中客房收入4.05亿元、餐费收入330.19亿元、商品销售收入10.36亿元。

【餐饮专项消费券发放】2023年1月，杭州市发放“红红火火过大年”餐饮专项消费券2000万元。餐饮专项消费券在让市民和企业得到实惠的同时，促进春节期间杭州的餐饮消费。春节期间，全市8万余个餐饮门店消费378.25万笔，营业收入20.68亿元，分别比上年增长49.8%和61.6%。

【亚运美食餐厅评选】2023年，杭州市以亚运美食餐厅为窗口，弘扬杭州传统美食文化，打造杭州特色美食地标。市商务局印发《关于杭州亚运美食餐厅名单的通知》，共评选出35个亚运美食餐厅并授牌，进一步提高杭州餐饮业为亚运会和亚残运会服务质量，打响杭帮菜在亚洲国家的知名度和美誉度，擦亮杭州“世界美食名城”金字招牌，推动杭州餐饮业高质量发展。

【中国（杭州）美食节】2023年6月24—27日，中国（杭州）美食节暨首届杭帮菜美食嘉年华活动举行。活动以“爱上亚运·味美浙江·缤纷西博”为主题，现场有全市13个区县（市）的100余个品牌餐饮企业和国内外1000余种美食，吸引超过30万人次市民参观体验，参展餐企总销售额近2000万元，达成意向采购2.3亿元。中央广播电视总台《新闻直播间》栏目报道相关活动，其他主流媒体发表报道200余篇，全网曝光量超过8000万次。活动期间，1000万元“知味杭州·美食无界”数字人民币餐饮专项消费券发放。

【杭帮菜预制菜产业布局】2023年5月，市商务局出台《关于加快推进杭帮菜研发和预制菜产业高质量发展的实施方案（2023—2025年）》《推进杭帮菜高质量发展十大行动》，以杭帮菜研发和预制菜产业为契机带动产业融合发展，加快推动杭帮菜研发和预制菜全产业链布局。计划到2025年，全市培育10个以上预制菜骨干生产企业，100个规模以上预制菜企业，研发1000道以上杭帮菜创新菜品，培育1万个以上全国连锁杭帮菜经营门店和预制菜经销网点，全产业链总产值1000亿元以上。

【“知味杭州”美食文化国际推广活动】2023年6月26日至7月4日，“知味杭州”美食文化国际推广活动在泰国和日本举行。活动通过品鉴晚宴、特装展台、厨艺交流、图片展播等形式，展现杭州美食文化独特韵味和别样精彩。品鉴晚宴上，宋嫂鱼羹、龙井虾仁、东坡肉、蟹酿橙等菜肴与泰国、日本当地特色菜肴同台展示，并为嘉宾们介绍晚宴菜肴的历史典故，讲述杭帮菜的文化内涵。餐饮企业代表、华侨以及媒体代表300余人参加。

【亚洲美食季活动】2023年8—10月，杭州市以“和羹之美·亚洲同味”为主题，举办2023年亚洲美食季活动。围绕45个参赛国家（地区）和5个协办城市的特色美食，推荐500个亚洲美食特色餐厅，推出5000道亚洲精选菜肴。活动期间，市商务局编印《食在杭州·亚洲精选菜品5000道》（双语版）、《食在杭州·亚洲美

2023 年 9 月 29 日，“亚洲美食季——知味宋韵·亚运团圆，德寿宫中秋之夜”活动在杭州举行（市商务局 供稿）

食特色餐厅 500 家》（双语版），推出线上和线下美食地图，让消费者能够“不出杭州、吃遍亚洲”。

【**餐饮燃气安全专项整治**】2023 年 9 月，杭州市出台《全市商务系统城镇餐饮经营主体燃气安全专项整治工作方案》。市商务局成立全市商务系统餐饮燃气安全专项工作组，履行行业管理责任，完善履职机制，创新督促指导方式，加大对餐饮经营主体督导力度，配合有关监管执法部门开展餐饮经营主体燃气安全隐患排查整治。

（汪凯骏）

【**市商旅集团（市运河集团）博士后科研工作站获批**】2023 年 5 月，人力资源社会保障部、全国博士后管委会联合发文公布 2022 年全国第二批获批的国家级博士后科研工作站，市商旅集团（市运河集团）博士后工作站获批。博士后工作站作为集团与外部机构推动产学研的重要联结，在集团转型发展的过程中发挥重要作用。2021—2023 年，博士后工作站累计出版专著 3 部，发表学术论文 6 篇，参与国家级科研课题 1 个，累计培养博士后 3 名，其中出站博士后 1 名、在站博士后 2 名。

【**黄龙饭店员工获全国饭店业职业技能竞赛金奖**】2023 年 4 月 20—22 日，由中国饭店协会、中国就业培训技术指导中心、中国财贸轻纺烟草工会全国委员会联合举办的第九届全国饭店业职业技能竞赛（前厅服务员）总决赛在苏州举行。大赛内容涵盖世界技能大赛酒店接待项目所涉及的技能要点，着重考核接待全流程、投诉处理、应急处理等模块。各酒店集团 28 个企业的 56 名选手参赛，市商旅集团（市运河集团）旗下的杭州黄龙饭店管理服务有限公司 2 名员工在总决赛上获金奖，成为浙江省唯一获得金奖的单位。4 月 21 日，第十二届中国饭店文化节发布《2023 饭店业高质量发展精选案例》，黄龙饭店的相关案例入选 2023 年品质饭店精选案例。

【**海丰西餐社重新开业**】2023 年 7 月，杭州海丰西餐社公司注册成立。该公司隶属于市商旅集团（市运河集团）旗下浙江黄龙酒店管理集团有限公司。12 月 30 日，位于学士路 48 号的海丰西餐社对外试营业。西餐社营业后，成为杭州网红打卡点。海丰西餐社创办于清朝末年，由广东省海丰县的商人出资创办，最早定位为广式茶餐厅，店名为“海丰茶楼”。民国后，海丰茶楼改名为海丰西餐社，开始做西餐。1966 年，海丰西餐社改名光明甜品店，做中式甜点。1979 年改回海丰西餐社，重新做西餐。2004 年，海丰西餐社歇业。

（沈琴晓）

粮油供应

【**概况**】2023 年，杭州市粮食总产量 55.20 万吨，比上年增加 2.25 万吨。全市粮食消费总量 318.11 万吨，减少 1.93 万吨；食用油消费总量 24.36 万吨，增加 1.36 万吨。全年粮食产需缺口 262.91 万吨，减少 4.13 万吨，比上年下降 1.6%；食用油产需缺口 21.99 万吨，增加 1.16 万吨，增长 5.6%。至年末，社会粮食库存 173.07 万吨，增加 4.15 万吨。其中，企业库存 130.32 万吨，农户存粮 31.60 万吨，城镇居民存粮 11.15 万吨。社会食用油及油料库存 14.10 万吨，增加 3.23 万吨。其中，企业库存 11.44 万吨，城镇居民家庭库存 2.01 万吨，农村居民家庭库存 0.65 万吨。

【**生活必需品流通保供体系建设项目申报**】2023 年，市商务局组织杭州市生活必需品流通保供体系建设项目申报，实现平时“流通效率提升、流通成本下降”和急时“物资供应充足、流通运转稳定”。经区县（市）推荐申报、实地考察、集体会审等环节确定申报杭州市生活必需品流通保供体系建设项目 28 个，向中央财政申请补贴金额 1.06 亿元。

【**粮食收购服务试点**】2023 年，杭州市完成小麦订单收购 8.73 万吨，晚稻订单收购 30 万吨，分别比上年增长 87.7% 和 38.5%。全市粮食收购工作无一例相关信访投诉，保障农民利益。推进余杭区创建全省现代化粮食收购服务试点。在全市推广“浙里办”“浙政粮安”应用在线预约收购和收购服务经验做法，加强为农服务。

【**粮食应急保障**】2023 年，杭州市开展“护航亚运，粮安有我”粮食安全应急演练，按照应急预案处置流程，围绕监测预警、粮源调度、加工运输、安全维稳和配送分发等 9 个重点场景分别进行应急情况预想和问题处置，检验全市粮食和生活物资安全应急保障体系能力。谋划推进杭州市粮食应急保障中心试点建设项目，加强应急保障企业管理，完成全市粮食应急能力布局，落实应急储运企业 10

个，应急加工能力 4950 吨，应急供应网点 417 个。

【仁和粮食储备库竣工】2023 年 9 月，仁和粮食储备库建设完成。该储备库有平房仓 16 幢、仓容 20 万吨，浅圆仓 20 个、仓容 15 万吨，地下储油罐 20 个、罐容 1 万吨，配有大米加工生产线、智慧粮库系统和光伏发电系统，投资概算 20.29 亿元，于 2018 年 10 月开工。仁和粮食储备库以“未来粮仓”建设理念，向高空要仓容、要效益，按照节地、节能、减人、减损、智慧的建设要求，采用 10 米堆粮线的机械化孪生高大平房仓、地下储备食用油储油罐技术等粮库建设新技术。

【粮食购销监管】2023 年 5 月，杭州市接受省级政策性粮油库存检查，被检查库点 24 个、货位 696 个，涉及粮食库存 96.59 万吨。经检查，杭州市地方政策性粮油账实相符、账账相符、数量真实、质量良好。检查发现其他问题 11 个，全部按时整改到位。8 月，杭州市开展政策性粮食质量检查暨全市政策性粮油出入库专项检查，共检查入库 75.59 万吨、出库 74.52 万吨。针对检查中发现的管理不规范问题，杭州市粮食和物资储备局制定印发专项检查情况通报，要求各单位制定措施、落实整改。10 月，杭州市开展“一符四无”鉴定及秋季粮油安全普查，并进行检查情况通报。根据浙江省粮食和物资储备局关于粮食质量安全监测工作要求，完成小麦、稻谷 164 个监测样品的采样、送样，检测结果为合格；完成粮食质量风险关口前移监测农户 720 户、监测村 510 个、扦样 966 份；完成出入库质量满仓鉴定 838 批次，代表数量 83.03 万吨，质量合格率 100%；完成质量监督抽查 112 批次，代表数量 25.31 万吨，抽检率 31.2%，达到储备规模 30% 的要求，质量合格率 100%。

【粮食专业人才队伍建设】2023 年 11 月 15 日，在全国第六届粮食行业职业技能竞赛中，杭州市 2 名参赛企业选手分别获二等奖、三等奖，2 名职工获省“优秀教练”称号。市商务局调整确定杭州市粮油物资管理专业人才库成员名单。全市粮食和物资条线有 D 类人才 4 人、E 类人才 14 人，具有高级职称 12 人、中级职称 60 人，粮食保管检验技师 45 人。

【粮食企业品牌培育】2023 年，杭州市组织全市 69 个粮食企业开展年度信用评价，其中获评 A 级 14 个、B 级 55 个。完成浙江省“放心粮油”示范企业 2022 年度年审工作，以及全市“放心粮油”示范企业（门店）的年审工作。全年新增“浙江好粮油”品牌 3 个，累计 14 个，列全省第一位。

（汪凯骏）

专项经营

【概况】2023 年，杭州市加强烟草、成品油、盐业专项经营管理，重点提升数字化水平。全市查获涉烟违法案件 5242 起；市商务局开展加油站平安创建工作，规范成品油市场秩序；市盐业公司实现全年营业收入 1 亿元。

【烟草专卖】2023 年，杭州市查获各类涉烟违法案件 5242 起，比上年下降 13.4%；查获卷烟 1.53 万件，增长 6.3%。其中：真烟 1.16 万件，增长 48.7%；省外卷烟 4269.57 件，增长 19.6%。破获国标网络案件 9 起，其中公安部督办案件 1 起，追究刑事责任 144 人。市烟草专卖局与铁路公安、机场公安、交警、运管等部门建立协作关系，利用全省涉烟情报作战指挥中心数据研判，查获重大、特大案件 44 起，卷烟 13.66 万条、雪茄烟 5401 支；向省外传递线索破获案件 10 起，查获卷烟 3.3 万条。市烟草局深化许可证合理容量研究，修订新版《烟草制品零售点布局管理规定》，提高零售点布局科学性、合理性，全市许可证数量减少 351 本。健全电子烟常态化监管模式，查处电子烟案件 136 起，查获违法电子烟 15.4 万个，破获“1·10”电子烟合成大麻素案、“9·27”涉依托咪酯电子烟案等一批重大案件。

（郭　继）

【成品油市场秩序规范】2023 年，市商务局开展加油站平安创建工作，对全市加油站、油库开展调查摸底，查处非法加油点 61 处、查扣成品油 1150 吨。做好成品油日常审核审批及变更换证有关工作，全年办理加油站点审批、变更 302 件。“杭州成品油智慧综合监管服务平台”投入试运行，平台以数字化改革为方向，推进运用“互联网＋监管”，切实加强事中和事后监管，实现相关监管部门信息互联互通，形成有效的综合监管机制，提高监管技术手段和管理服务水平。

（汪凯骏）

【盐业经营】2023 年，杭州市盐业公司开展“营销品宣＋”，围绕集团品牌战略，推动企业高质量发展。全年营业收入 1 亿元。销售各类盐产品 3.85 万吨，其中小包装食盐 1.76 万吨、食品加工用盐 2.09 万吨。加强食盐储备体系建设，执行完成全年市级食盐储备计划 5000 吨，其中小包装食盐储备量 3100 吨、大包装食盐储备量 1900 吨。强化新品宣传引导，以点带面增加新品曝光和品牌消费认同。全年投入广告费用 20 余万元，多次承办协办大型公益活动，组织“四进”（进机关、进学校、进企业、进社区）活动 200 余场次，覆盖人数 2 万余人。推进公司数字化工作，以数字化赋能渠道下沉，加快合规化提升工作，全年“365”系统客户建档数 1.85 万个，发生交易客户数 9000 余个。推进食盐智慧控制平台、经营管控平台、数据分析平台、渠道管理平台、智慧办公平台建设，打造“数字浙盐”样本。公司入驻“浙食链”食盐电子防伪追溯平台后，及时更新信息，确保上链畅通，实现食盐来源可追溯、流向可查询、风险可防范、责任可追究。

（金向群）

责任编辑　秦文蔚　高　丹

25 会展业

综　述

【大型会展项目承载能力提升】2023年，杭州市围绕打造国际“赛”“会”之城目标，坚持“国际化融合、市场化转型、专业化运营”举措，加快国际会展之都建设，提升大型会展项目承载能力。全市有实际投入使用的展览场馆6个，展馆总面积154.39万平方米；有西溪天堂、西湖风景名胜区、钱塘新城、杭州奥体博览中心等会议酒店集群9个，余杭云栖小镇、余杭梦想小镇、萧山大创小镇等会议设施完备的特色小镇10个；会展相关企业8万余个，其中从事会展服务的企业7100余个。全年举办各类展览112个，比上年增加22个；展出总面积142.18万平方米，增加53.17万平方米；参加境外展会展出面积9.21万平方米，占全国境外展会展出面积的16.1%。杭州在国际大会与会议协会（ICCA）发布的全球国际会议目的地城市分析报告中，列亚太地区城市第35位、中国内地城市第4位；境外参展办展数量在中国贸促会的统计排名中居第1位。杭州被中国会展经济研究会评为“2023—2024年度中国十佳会展名城”和“金五星”优秀会展城市。

【会展人才培养】2023年，杭州市依托高等院校加强会展人才培养。全市有12所高等院校开设会展专业，其中本科和专科学校各5所、职业高中和初中各1所，在校学生近3500人。会展专业毕业生就业率70%。市商务局建立会展人才信息库，对全市会展业人脉与资源进行整合。6月6日，市发展会展业服务中心举办杭州会展业高级人才研习营，全市会展企业、酒店、院校、媒体及文旅、体育行业协会等单位相关人员近100人参加。研习营安排会展服务、会展策划、会展融合发展等授课专题，组织思库（浙江）文化传播有限公司、杭州市体育休闲行业协会等企业、协会交流办展经验。

【会展文化活动】2023年，杭州市开展国际合作发布、会展品牌项目推介、专家主题演讲、《我们圆桌会》专场录制等国际会展文化活动，加强与国际展览业协会、国际大会及会议协会、国际展览和项目协会等国内外会展机构对接，引进世界知识产权大会、联合国环境署巴塞尔公约亚太区域中心会议及国际展览业协会认证展览。推出“会展人故事”系列专题报道，编印《杭州会展在行动》《开会观展到杭州》等工作手册、《城市会展》杂志、《会展业发展报告》。

【会展业宣传推介】2023年，杭州市开展会展环境宣传，组织会展业企业到厦门、深圳、乌鲁木齐、南宁开展会展合作交流，推介杭州会展环境及全球数字贸易博览会、杭州西湖国际博览会等重要展会活动，宣传杭州“会展之都”品牌。在印度尼西亚、日本、英国和中国香港进行会展环境和品牌展会专题推介，在全省展览业高质量发展座谈会上宣传推介杭州会展业发展情况。

（王苏宁）

世界休闲博览会暨西湖国际博览会

【概况】2023年6月6—27日，第六届世界休闲博览会暨第二十五届中国杭州西湖国际博览会在杭州举行。两个博览会围绕“广博、精专、年轻、消费、双创、开放”主题，按照“整合品牌项目、开拓国际合作、服务产业发展、汇聚青年群体”目标，安排世界休闲发展论坛暨中国城市会展发展大会、“湖山嘉会”国内高端会展智库平台闭门会、中华老字号掌门人大会、“人间天堂直播之夜”晚会、“印象西湖”西博会演艺周等活动，通过政府主导、企业主体、市场运作、市民参与的形式，融合会、展、节、赛、演等项目，推动展览贸易一体化发展。国内相关行业知名专家学者及南非、斯里兰卡、希腊等国家和世界休闲组织、国际大会及会议协会、国际展览和项目协会等机构的嘉宾参加会议。博览会期间，经贸合作成果丰硕，其中“幸会杭州”投资促进大会签约项目48个，涉及投资总额700亿元。

【“味美浙江·烟火杭州”餐饮消费欢乐季】2023年4月20—22日，“味美浙江·烟火杭州”餐饮消费欢乐季在杭州国际博览中心举行。餐饮消费欢乐季以“味美浙江，韵富山海，滋养千年”为主题，以促进消费为主线，以弘扬浙菜文化为纽带，采取全省联动、线上与线下协同的方式，构建品质消费普及普惠促进体系，引领浙江餐饮消费潮流和风尚。餐饮消费欢乐季展厅展出面积3万平方米，设3个主题馆、8场名家文化宴，邀请全省11个设区市近500个餐饮企业进场设摊，让市民一站式体验“浙派”烟火气。欢乐季接待市民游客参观体验15.67万人次，实现消费额1600余万元，达成采购合同金额2.3亿元。

【中国国际丝绸博览会】 2023年6月10—12日，中国国际丝绸博览会在杭州白马湖国际会展中心举行。博览会以“东方潮流，美好生活”为主题，以传承丝绸文化为主线，以新国潮、新科技、新传承为亮点，为丝绸产业搭建展示、交流、贸易合作平台。来自浙江、四川、江苏、广西等12个省的160余个丝绸品牌企业参展。现场观展超过6.5万人次，注册专业观众1.7万人次；实现销售额2100余万元，意向订单金额超过1.3亿元；丝博会与新电商跨界融合，中国丝绸宣传展抖音直播间实现线上交易额145万元；首次发布新产品350件、新技术119项，近200个媒体参与报道。

【中国（杭州）国际电子商务博览会】 2023年6月10—12日，电商中国·第十届中国（杭州）国际电子商务博览会在杭州白马湖国际会展中心举行。博览会由杭州市政府主办，杭州市商务局承办，设置论坛、展览、活动3个板块，围绕“新电商·新跨境·新突破”主题，展示杭州“新电商之都”产业生态。博览会举办20余场垂直于电商各领域的会议、论坛和活动，吸引近300个企业现场精准对接交流，达成10余个项目的战略合作签约，签约投资金额近10亿元。150余个媒体参与报道，观众3.1万人次。

【亚洲设计管理论坛暨生活创新展】 2023年11月2—6日，亚洲设计管理论坛暨生活创新展在杭州武林之星博览中心举行。论坛通过创意展览、活动体验等形式，把设计创新落实到“衣、食、住、行、用”的具体细节中，让设计实现价值创造。350余个商家、30余名行业专家参加展会，举办65场活动，530余个主流媒体、新媒体参与报道，曝光量超过1亿次，话题搜索流量超过1700万次，现场直播逛播活动浏览量超过80万次。

（沈琴晓）

中国国际动漫节

【概况】 2023年6月20—24日，由国家广播电视总局、中央广播电视总台和浙江省政府主办，杭州市政府、浙江省广播电视局和浙江广播电视集团承办的第十九届中国国际动漫节在杭州白马湖国际会展中心举行。动漫节以“动漫之都，亚运之城”为主题，开设白马湖国际会展中心主会场、中国动漫博物馆副会场及6个分会场，举办会展、论坛、商务、赛事、活动5个板块105个项目，67个国家和地区的567个企业、机构参与，参展客商和专业人员2305人，线上和线下参与活动1081万人次，实现意向签约金额14.85亿元，动漫节规模和签约金额均超过上届。

【“金猴奖”大赛】 2023年5—6月，由中央广播电视总台主办的“金猴奖”大赛面向全球征集原创动漫作品，大赛组委会收到来自15个国家和地区的620部原创动漫作品，经过层层筛选，73部作品入围终评，《雄狮少年》《深海》《中国奇谭》《木兰辞》《乐比成长记》等34部作品获奖。21部终评作品参加跨界合作对接会，吸引39个平台、企业参与，签订合作意向项目13个，合作金额1070万元。大赛于6月20日在杭州举行颁奖仪式。

【动漫游戏商务大会】 2023年6月19—20日，第十九届中国国际动漫节动漫游戏商务大会在杭州滨江开元名都大酒店举行，主题为“重聚、联结、共赢”。大会举办预约洽谈、项目路演、专场发布、分享对接、商务社交、技术配套等专业活动16场，参与活动中外企业和机构448个、4680余人。开展“一对一”商务洽谈3538场，达成意向成交额1.89亿元。大会期间，加拿大企业和儿童娱乐公司分别推出《花生漫画》《天线宝宝》《汪汪队立大功》等作品。

【动漫高峰论坛】 2023年6月20—21日，第十九届中国国际动漫节高峰论坛在杭州白马湖建国饭店举行。高峰论坛推出主论坛、大师班等分论坛活动，华特迪士尼（中国）有限公司携新上映的动画电影《疯狂元素城》主创人员在大师班上演讲。国家广播电视总局举办社会主义核心价值观优秀作品颁奖仪式和第三届中俄动画产业博览会。朱德庸、慕容引刀、叶露盈、林帝浣等知名漫画家以“漫画治愈心灵”为主题，围绕漫画创作、艺术探寻、内容传播、理念创新、行业发展及衍生跨界等内容举办专题讲座，分享生活见闻和创作历程。

【动漫产业博览会】 2023年6月20—24日，第十九届中国国际动漫节产业博览会在杭州白马湖国际会展中心举行。展会集聚裸眼3D、元宇宙技术、AI数字人等动漫领域的前沿技术，邀请华特迪士尼（中国）有限公司、日本索尼公司、上海美术电影制片厂、浙江中南卡通股份有限公司等国内外动漫企业和机构参展。中共中央宣传部组织80部“原动力”获奖作品进场集中展示。俄罗斯动画电影协会和莫斯科出口中心组织18个企业参会，开展对华交流与合作。共建“一带一路”主题展区集聚伊朗、新加坡等11个国家和地区的企业及作品参展。

【国内外媒体宣传】 2023年6月20—24日，第十九届中国国际动漫节吸引45个主流媒体和43个新媒体的577名记者参与报道。中央广播电视总台派出新闻频道、国际频道、少儿频道等11路68名记者，在《晚间新闻》《新闻直播间》等品牌栏目发稿108篇。新华社、中国新闻社和《人民日报》《中国日报》《浙江日报》《杭州日报》等媒体相继报道动漫节活动情况，“学习强国”全国学习平台开设专题并重点推荐动漫节相关活动，“Z视介”和“潮新闻”设置专题进行全方位报道。动漫节抖音话题浏览量超过1.6亿次，微博话题浏览量超过3.2亿次。

（过灵芝）

其他重要会展

【全球数字贸易博览会在杭州举行】 2023年11月23—27日，第二届全球数字贸易博览会在杭州国际博览中心举行。国家主席习近平致贺信，国家副主席韩正出席开幕式并致辞。博览会由浙江省政府、商务部共同主办，杭州市政府、浙江省商务厅、商务部外贸发展事务局共同承办，以“数字贸易 商通全球”为主题，由展览、会议、平台、活动4个板块构成。聚焦数字贸易全产业链，设置1个综合馆、“前沿趋势”“丝路电商”2个特色馆、“数字技术”“数字服务”“数字内容”“数智出行”4个数字产业馆，展出总面积10万平方米。参展企业1100余个，其中世界500强企业51个、数字贸易百强企业53个；参加洽谈对接国际采购团100余个、专业采购商1.5万人，观众10.1万人次，参会的国家和地区、境外商（协）会、跨国公司代表数量超过首届数贸会。会议实现意向成交额1558.5亿元，现场签约重大项目32个，涵盖数字技术、数字服务、数字内容、数据交易、跨境电子商务5个领域。

（王苏宁）

2023年11月23—27日，第二届全球数字贸易博览会在杭州国际博览中心举行。图为全球数字贸易博览会中国馆 （市商旅集团 供稿）

【中国国际茶叶博览会】 2023年5月20—24日，第五届中国国际茶叶博览会在杭州国际博览中心举行。博览会以“茶和世界，共享发展”为主题，引入亚运会、体育、非物质文化遗产等元素，设置成就展区、品牌展区、特色展区、推介活动区4个展区，推出标准展位2003个，展示展销面积5万平方米，来自10余个国家和地区的800余个知名茶叶企业参展。博览会实现茶叶交易量145.2吨，交易额1.73亿元；签订订单1.18万笔，订单意向交易量8555.9吨，意向交易额38.01亿元。

（沈琴晓）

【中国（杭州）城市会展发展大会】 2023年6月6日，由世界休闲组织、杭州市政府、中国会展经济研究会共同主办的第十五届中国（杭州）城市会展发展大会暨世界休闲发展论坛在杭州国际博览中心举行。大会围绕“以西博会品牌重塑为契机推动杭州会展业高质量发展”的核心主题，邀请国内外会展行业专家、先进场馆运行机构、知名会展主办单位共谋发展，探讨会展业在城市发展及经济社会发展中的重要作用，交流数字时代下行业发展热点及机遇与挑战。会上，世界休闲组织授予杭州“国际创新城市奖”，肯定杭州运用大数据、云计算、云宇宙等技术，推进线上与线下会展业融合发展的工作成果。

（王苏宁）

【杭州国际人才交流与项目合作大会】 2023年11月12日，第十四届杭州国际人才交流与项目合作大会开幕。大会以“开放合作、创新创业”为主题，由浙江省委、浙江省政府、欧美同学会主办，浙江省委组织部、浙江省人力社保厅、杭州市委、杭州市政府承办。开幕式现场公布2022年度“魅力中国——外籍人才眼中最具吸引力的中国城市”评选活动结果，杭州连续13年入选最具吸引力的中国城市名录。会议期间，杭州推出吸引全球青年人才的“青荷计划”、海外人才“访学访工访窗口”等活动50余场。

【浙江农业博览会】 2023年12月7—11日，浙江农业博览会在杭州国际博览中心举行。博览会以“千万工程浙江先行 乡村振兴浙里共富”为主题，以做好乡村“土特产”文章为主线，聚焦产业振兴、共同富裕、美好生活等内容，通过线上与线下融合、省内与省外联动，展示浙江农业农村发展新理念、新做法、新成效，推介展销名特优新农产品。线上和线下参展企业超过3000个，参展农产品3万余种，整体规模超过历届农业博览会。现场参观采购25.45万人次，实现交易额1.9亿元；签订购货合同711份，合同金额10.8亿元；网上交易额1977.5万元。

（沈琴晓）

责任编辑　余显幕

26 金融业

综述

【金融业稳中向好】2023年，杭州市金融业总体稳进向好，实现金融业增加值2489.6亿元，比上年增长7.7%。金融业增加值占全市地区生产总值的12.4%，下降0.2个百分点。杭州市新增社会融资总量7589.96亿元。其中：以人民币贷款为主体的间接融资6289.82亿元，以债券、股权融资为主体的直接融资1300.14亿元。

【钱塘江金融港湾核心区能级提升】2023年，杭州市建立健全港湾建设政策体系，制定印发《关于建设现代金融创新高地助力经济高质量发展的实施意见》及政策兑现细则、《2023年钱塘江金融港湾暨杭州国际金融科技中心建设工作要点》和《杭州国际金融科技中心建设实施方案（2023—2025年）》等文件。建成钱塘江金融港湾展示服务中心（一期）。加快集聚各类高端金融资源，招引落户北京证券交易所浙江运营基地、财通基金浙江分公司、中国电力财务浙江分公司、瑞众人寿保险浙江分公司、国民养老保险浙江省分公司。至年末，钱塘江金融港湾聚集省级以上持牌金融机构125个、各类金融服务机构3109个，管理资产规模超过1.6万亿元。

【亚运会和亚残运会金融服务保障】2023年，杭州市构建外卡受理、外币兑换、现钞支付、移动支付四大亚运会和亚残运会金融服务体系，完成对全市2.4万个商户外卡受理改造、4801台自动取款机外币兑换、4712个人工现金柜台开设，实现移动支付全面覆盖。亚运会和亚残运会期间，境外人员在杭州支付金额超过2.2亿元，实现“零涉外投诉、零负面舆情、零系统中断”。深化数字人民币应用试点，完成68个亚运会和亚残运会定点酒店、30个定点医院、14个景点购票、主城区公交地铁数字人民币受理设施改造。发放3轮数字人民币消费券红包，金额总计2400万元。至年末，全市开立数字人民币钱包1238万个，交易金额1130亿元，落地应用场景150万个，各项指标均居全省第一位。

【融资畅通保障】2023年，杭州市制定实施“8+4”经济政策体系金融要素保障清单，开展“百行万企共依存同发展”金融助力稳经济行动，市、区县（市）两级兑付政策资金2.68亿元。修订完善银行保险机构综合评价办法，引导金融机构用好用足结构性货币政策工具，加大对重点领域和薄弱环节的支持力度，新增民营经济贷款2611.3亿元、普惠小微贷款2005.9亿元、制造业贷款795.3亿元，比上年分别增长10.6%、20.6%、11.6%。引导金融机构运用贷款市场报价利率定价机制，全市企业贷款利率下降0.35个百分点。政府性融资担保机构小微和“三农”担保余额平均担保费率降至0.8%以下。至年末，杭州金融综合服务平台融资撮合金额3211亿元，获“全国中小企业融资综合信用服务示范平台”称号。

【多层次资本市场体系完善】2023年，杭州市新增境内外上市公司22个、“新三板”挂牌7个、浙江省股权交易中心挂牌企业44个、股份制公司111个。至年末，杭州市有境内外上市公司302个（境内上市公司228个，境外上市公司74个），仅次于北京、上海和深圳，居全国城市第四位。至年末，杭州市有股份制公司2289个。开通浙江省股权交易中心与“新三板”“绿色通道”，公司挂牌审核时间较之前缩短一半。至年末，40个企业通过“绿色通道”挂牌。

【直接融资渠道拓宽】2023年，杭州市企业通过资本市场实现股权融资337.09亿元。其中：境内外首次公开募股融资112.73亿元，境内上市公司定向增发222.12亿元，“新三板”挂牌企业定向增发2.24亿元。杭州市企业全年在各类市场发行债券2527.29亿元。其中：银行间市场发行债务融资2374.00亿元，可转换债18.14亿元，企业债137.45亿元。

【金融改革创新推进】2023年，杭州市召开科创金融改革试验区启动仪式暨科创金融论坛，制定出台《杭州市建设科创金融改革试验区实施方案》《杭州市科创金融专营机构（组织）认定管理办法（暂行）》，完成两批共21个科创金融专营机构认定，全市科创贷款余额比上年增长

22.5%。获批证监会股权投资和创业投资份额转让试点、资本市场金融科技创新试点。推进金融科技创新监管试点，全市有3批14个创新应用项目入箱检测，其中8个出箱应用。

【地方金融业运行平稳】至2023年年末，杭州市有小额贷款公司48个，注册资金94.31亿元；年内新增小额贷款笔数1.47万笔，金额196.88亿元；年末小额贷款余额115.83亿元。有典当行65个，注册资金57.42亿元；年内新增典当笔数4.64万笔，金额448.21亿元；年末典当余额60.82亿元。有融资性担保机构76个，注册资金146.5亿元；年内新增担保笔数9.51万笔，金额870亿元；年末融资担保责任余额657.18亿元。

【地方金融保持安全稳定】至2023年年末，杭州市银行业不良贷款率0.8%，保持在历史最低区间。持续化解企业"两链"资金、私募基金、地方金融组织风险，打击非法集资、伪金交所、电信诈骗等重点领域违法犯罪行为，相关重点领域总体平稳。落实监管职责，引导良性退出小额贷款公司、担保公司等5个经营不规范、业务停滞的地方金融组织。开展防范非法集资"七进"活动，举办各类防范非法集资宣传活动1万余场，发放宣传资料100万余份，覆盖市民群众约110万人，网络宣传点击阅读量约685万次。

（王舒绮）

银行业·保险业

【概况】至2023年年末，在杭银行业金融机构有86个，其中政策性银行3个、大型国有商业银行6个、股份制银行12个、城市商业银行14个、民营银行1个、农村中小金融机构18个、外资银行12个、金融资产管理公司4个、信托公司4个、财务公司8个、金融租赁公司1个、汽车金融公司1个、消费金融公司1个、商业银行理财子公司1个。杭州市银行业金融机构各项存款余额7.34万亿元（占全省的34.7%），比上年末增长12.6%；各项贷款余额6.86万亿元（占全省的31.7%），增长9.4%；实现利润629.82亿元，下降5.6%；不良贷款率0.8%，上升0.06个百分点。

至年末，在杭保险机构有88个，其中财产险公司38个、人身险公司50个。杭州市保险机构实现保费收入1220.15亿元（占全省的34.3%），增长13.4%。其中：财产险公司实现保费收入358.89亿元，增长6.5%；人身险公司实现保费收入861.26亿元，增长16.5%。全年发生赔付支出381.35亿元（占全省的30.0%），增长12.6%，其中：财产险公司赔付支出247.03亿元，增长20.5%；人身险公司赔付支出134.32亿元，增长0.3%。

【金融服务经济高质量发展】2023年，浙江金融监管局加强金融与其他各类政策协同，推动金融服务经济高质量发展。3月1日，浙江金融监管局印发《关于强信心稳预期提升金融服务质效的实施意见》，提振市场信心，稳定发展预期。全年新增贷款5901.77亿元，新发放企业类贷款平均利率4.3%，比上年末下降0.37个百分点。优化金融服务，匹配企业生产经营周期，强化困难企业支持。至年末，杭州市银行业金融机构企业"连续贷+灵活贷"机制贷款余额增长24.7%，当年发放"双保"（保就业、保市场主体）助力贷款增长41.4%。

【重点领域金融保障夯实】2023年，浙江金融监管局深化制造业、科技创新、普惠小微等重点领域金融服务。推动在杭银行业金融机构对接制造业重大项目、技改项目。至年末，杭州市银行业金融机构制造业贷款余额9784.45亿元，比上年末增长16.1%。持续推动金融服务科技型企业发展，强化科技创新金融保障。至年末，杭州市银行业金融机构科技型中小微企业贷款余额3193.71亿元，增长18.5%。发展首台（套）重大技术装备保险和重点新材料首批次保险业务，满足科创型小微企业保险服务需求。引导在杭银行保险机构加大支农支小力度。至年末，杭州市银行业金融机构普惠型小微企业贷款占各项贷款余额比重为17.0%；临安区、桐庐县、淳安县、建德市贷款增速持续高于各项贷款平均增速。

【金融服务社会民生】2023年，浙江金融监管局增强社会民生领域的金融支持，提升金融服务社会民生能力。发展惠民型商业补充医疗保险"西湖益联保"，参保人数517.68万人，参保率43.8%，续保率81.4%，赔付金额7.6亿元。强化新型农业经营主体综合保险服务供给，创新地方特色农险。至年末，在杭保险机构为1.2万户（次）农户提供84.5亿元风险保障，开办茶叶低温气象指数保险、南美白对虾养殖疾病保险等地方特色农险产品18个。联合市委、市政府相关部门推动浙江省首款普惠型家庭生活综合保险"浙家保"上线。

【金融风险防控】2023年，浙江金融监管局加大金融风险防控力度。推进信用风险防控长效机制建设，督促杭州银行业金融机构强化信用风险源头治理，提升信贷管理水平，强化风险排查，加大风险处置。优化联合会商帮扶机制，提升大型民营企业风险防控质效。推进保函置换预售资金、"保交楼"等工作，因城施策优化调整个人住房信贷政策。组织杭州银行业金融机构开展不法贷款中介专项治理行动，及时发现和处置违法违规问题，净化金融生态环境。

【金融改革推进】2023年，浙江金融监管局深化金融供给侧结构性改革。迭代升级浙江省金融综合服务平台，融合59个部门的1.2万条数据，支持数据调用4.9亿次，服务企业群众超过1300万次。支持国家营商环境创新试点城市创建，第二批"两电"试点银行机构基本落地，调阅数据超过47万笔。支持杭州市科创金融改革试验区建设，指导成立杭州城西科创大走廊科技金融服务联盟，牵头举办保险资金支持科创暨险资入浙经验座谈会。推进个人养老金先行工作，至年末，开立个人养老金账户246.9万户，缴费金额19.7亿元。探索惠民型商业护理保险，在淳安县开展人寿保险与长期护理保险责任转换业务试点。成立"桐庐县不动产慈善信托"，全国首单全流程规范化不动产慈善信托在桐庐落地。

（马雅恬）

证券·期货

【概况】2023年,杭州市新增首次公开募股上市公司(境内,下同)14个,占全省新增总数的29.8%,境内上市公司总数增加12个。至年末,杭州市有境内上市公司228个,数量居全国第四位、省会城市第一位。其中:上海证券交易所、深圳证券交易所主板上市126个,创业板上市67个,科创板上市28个,北京证券交易所上市7个。创业板、科创板、北京证券交易所上市公司合计占比45%,比上年提升1.5个百分点。全市有拟上市企业135个,其中已申报在审和已过审待发行企业35个、辅导期企业100个。全年,杭州新增资本市场直接融资2328亿元,同比增幅是全国的2倍。

表25　2023年杭州市境内上市公司情况一览表

指标名称	计量单位	2022年年末数	2023年新增数	2023年年末数
境内上市公司	个	216	12	228
主板	个	123	3	126
创业板	个	63	4	67
科创板	个	26	2	28
北京证券交易所	个	4	3	7
募集资金	亿元	6275.96	798.29	7074.25
首发融资	亿元	1653.02	111.53	1764.55
主板	亿元	961.58	39.30	1000.88
创业板	亿元	375.57	32.28	407.85
科创板	亿元	309.96	36.81	346.77
北京证券交易所	亿元	5.91	3.14	9.05
再融资	亿元	4622.94	686.76	5309.70
过会待发企业	个	5	—	1
已报会企业	个	37	—	34
辅导期企业	个	91	—	100

说明:新增首次公开募股上市公司14个,其中主板5个、创业板4个、科创板2个、北京证券交易所3个

(资料来源:浙江证监局)

【上市公司质量提升】2023年,杭州市新上市企业中战略性新兴产业企业占比87%,全市上市公司研发投入占全市研究与试验发展费用的80%。全市上市公司合计营业收入超过2.5万亿元;合计归母净利润1182亿元,比上年增长5.3%。全市制造业上市公司营业收入占规模以上工业企业总收入的60%,上市公司缴纳税费1110亿元,相当于全市一般公共预算收入的40%。

【多层次市场体系建设】至2023年年末,杭州市有"新三板"挂牌企业181个、浙江股权交易中心(四板)挂牌展示企业2837个。全市基础设施不动产投资信托基金(REITs)发行不断突破,在和达高科产业园等2只上市REITs基础上,杭州印象城消费REITs作为全国首批商超消费REITs项目发行上市,募资32.6亿元。2023年,浙江区域性股权市场"专精特新板"在杭州建成,全省资本市场金融科技创新试点在杭州启动,多层次市场服务功能进一步增强。

【证券期货业竞争力提升】至2023年年末,杭州市有在杭证券公司3个、证券资产管理公司2个、公募基金管理公司1个、期货公司11个、期货风险管理公司8个,证券期货业总资产4018.2亿元,比上年增长3.5%;已登记私募基金管理机构1314个,管理私募基金9569只,管理规模7763.15亿元,下降4%。在杭证券经营机构服务杭州企业实现直接融资2328亿元,增长35.7%,占全省新增直接融资的32.7%;在杭期货公司服务大宗商品产业客户5.88万个(次),推广"保险+期货"服务农业客户挽回损失2.51亿元。玉皇山南基金小镇、湘湖金融小镇等培育和服务私募基金集聚发展,在畅通股权融资、形成创新资本等方面发挥积极作用,为创业投资发展营造良好环境。

(张锦铭)

责任编辑　郦　晶

27 房地产业

综　述

【房地产市场平稳健康发展】2023年，杭州市坚持“房住不炒”定位，多措并举支持刚性和改善性住房需求，实现“稳地价、稳房价、稳预期”目标，房地产市场总体平稳健康发展。全年全市新开工商品住宅面积1071万平方米，比上年下降12.0%。新建商品房批准预售9.47万套，批准预售面积1332.0万平方米，分别下降25.5%和18.7%。其中：新建商品住宅批准预售8.48万套，批准预售面积1110.9万平方米，分别下降21.1%和16.7%；非住宅批准预售9.92万套，批准预售面积221.1万平方米，分别下降49.5%和27.4%。全市新建商品房成交11.16万套，成交面积1545.0万平方米，成交金额4740.1亿元，分别下降2.6%、增长7.0%和1.9%，其中：新建商品住宅成交9.38万套，成交面积1221.8万平方米，成交金额4031.5亿元，分别下降0.1%、增长4.2%和2.1%；非住宅成交1.78万套，成交面积323.2万平方米，成交金额708.7亿元，分别下降13.8%、增长19.2%和1.3%。二手住宅成交7.87万套，成交面积776.7万平方米，成交金额2044.8亿元，分别增长34.4%、34.9%和37.6%。

（翁歆焙）

【房地产企业资质管理】2023年，市建委根据新修订的《房地产开发企业资质管理规定》，通过浙江省房地产审批服务事项管理系统办理房地产开发企业资质审核，新审批二级开发资质企业333个。至年末，全市有房地产开发资质的企业1468个，其中一级资质32个、二级资质1436个。

（郦柯伊）

【房地产开发投资增长】2023年4月18日，市建委按照省、市扩大有效投资、保持房地产开发投资稳定的要求，印发《杭州市2023年度房地产业稳进提质行动方案》。将国有企业拿地未开工项目列入《市级重大项目攻坚方案》，按周跟踪进度，压实主体责任。全年全市出让地块平均开工用时60天，比上年缩短一半以上时间。完成房地产开发投资4340.0亿元，增长11.6%，投资额创历史新高。房地产开发投资额占全市固定资产投资的52.1%，占全省房地产开发投资额的1/3。

（韩　婧）

【房地产信用监管模式构建】2023年12月，市建委联合市发改委、市住保房管局、市规划和自然资源局、市城管局，按照国家及省、市加强信用体系建设要求和浙江省信用工程建设的总体部署，研究制定《杭州市房地产开发企业信用管理暂行办法（试行）》。通过加强房地产信用母子公司关联度、延伸失信行为认定范围、制定有针对性的奖惩措施等方式，构建以信用为基础的新型监管模型。市建委同步完成杭州房地产企业信用管理平台搭建，通过数据共享、系统对接，实现开发企业信用信息自动化采集，以及信用等级智能化评价、管理和应用。

（高昊旸）

房地产市场

【概况】2023年，针对房地产市场供求关系发生重大变化的新形势，杭州市精准施策，支持刚性和改善性住房需求，促进房地产市场平稳健康发展。实施“一镇（街）一策”和“一区一策”，逐步优化临平区、钱塘区、萧山区、余杭区限购政策，适时取消临平区、钱塘区、富阳区、临安区新房限价。10月16日，杭州市房地产市场平稳健康发展领导小组办公室印发《关于优化调整房地产市场调控措施的通知》，从加强保障性住房建设和供给、优化住房限购政策、加大住房信贷支持力度、优化住宅用地供应、强化预售资金监管、规范房地产市场秩序等方面完善房地产市场调控措施。全年全市房地产税收收入（剔除上交中央部分）762.5亿元，比上年增长7.7%，占一般公共预算收入的29.1%。全年新建商品住宅销售价格指数和二手住宅销售价格指数总体保持平稳。

（翁歆焙）

【房地产领域风险处置】2023年，市住保房管局（市房地产项目风险处置工作专班办公室）牵头联动各成员单位和区县（市）专班，围绕“保交楼、保民生、保稳定”目标，采取动态摸排、筹集资金、加强跟踪、多方协调、加快交付等举措，推进风险项目化解处置。市建委会同区县（市）对逾期交付项目或有逾期交付风险项目的房地产开发企业及其总包、分包单位开展约谈，通过压实企业责任，推进风险项目的建设及交楼进度。对9个项目推进滞后的施工单位倒逼进度，排出时间表，督促其限期完成项目竣工备案；对6个属地项目实行分期验收。会同市住保房管局建立市区质量投诉24小时响应联动机制，提升信访投诉处理效率和办结率。至年末，全市筹集用于风险项目“保交楼”资金216.34亿元，有40个项目、4.71万套房源完成竣工准备，有39个项目完成不动产登记，实现风险项目动态清零。

（高昊旸 范国强）

【商品房预售资金监管】2023年，杭州市优化和完善商品房预售资金监管体系，出台《杭州市商品房预售资金监管银行考评办法（试行）》《杭州市商品房预售资金监管操作规范（试行）》《杭州市商品房预售资金监管违规违约行为查处规程（试行）》等配套制度，确保监管机构、监管银行、开发企业在实施工作中有据可依。落实差异化监管举措，加强优质企业政策扶持，通过推行保函置换预售监管资金、适度降低预售资金监管额度、合理增加预售监管资金拨付节点等措施，助力市场强信心稳预期。全年新审批项目预售资金数字化监管率100%，监管商品房项目416个，入账资金4873.39亿元，其中置换监管资金43.41亿元，保障商品房项目按预期竣工交付。

（章微倩）

【房地产市场秩序整治】2023年，市住保房管局开展房地产市场秩序整治规范专项行动，严查违规违法行为，督促问题整改落实。重点综合整治大平层“商改住”项目安全隐患，抽查商业办公项目13个。开展交付前商品房项目排查，检查商品房项目64个，确保交付样板房装修材料和设施设备完好，防范发生精装房交付矛盾。6月19日，市住保房管局印发《关于开展房地产中介市场全面检查整治的通知》，部署全市房地产中介机构问题排查和立查立改工作。8月23日，杭州市房地产市场平稳健康发展领导小组办公室印发《关于印发杭州市住房租赁和房地产中介市场专项治理行动实施方案的通知》，在全市范围内开展房地产中介市场专项治理行动。聚焦群众反映强烈的虚假房源、捆绑收费等重点问题，协同市市场监管局、区县住建部门，建立全方位多角度检查机制，采取企业自查、部门联合检查、跨区域互查、线上联动巡查等方式开展专项督查。全年摸排房地产中介机构1020个，抽查机构门店968个，重点查看机构登记、人员备案、房源挂牌、信息公示等情况，发现从业人员未实名登记、经营场所公示信息不齐全、挂牌房源未经核验等违规问题151个，通报违规中介机构14个、经纪从业人员26人，移送执法立案调查3件。

（徐 燕 章微倩）

2023年9月，市住保房管局在全市范围内开展房地产中介市场专项治理行动。图为现场检查中介机构 （市住保房管局 供稿）

【人房地一体化智慧平台建设】2023年，市住保房管局推进人房地一体化智慧平台建设。组织专业人员摸清市区房屋底数，编制房屋身份证，全量全要素归集人、房、地、企和公用事业（水电气）等涉房数据，建设以房屋为主题的大数据仓。综合土地、人口、经济、区域发展等因子，构建大数据模型，开发“供需匹配”“公服配套”“职住平衡”“供地分析”“空置率计算”等工具，为决策分析提供支撑依据。人房地一体化智慧平台在城市规划编制、土地出让、住房保障和房屋隐患排查等数字化赋能方面取得应用实效。

（董兆国）

住房租赁市场

【概况】2023年，杭州市加快建立多主体供给、多渠道保障、租购并举的住房制度，推进住房租赁市场健康平稳有序发展，满足新市民、青年人对美好居住生活的追求。全年全市新增市场租赁房源2.37万套（间），107个租赁从业企业被纳入杭州市智慧租赁平台统一管理，网签备案住房租赁合同44万份，平均签约租金每月55.59元/平方米，比上年下降4.0%。

【住房租赁资金监管】2023年，市住保房管局完善以住房租赁资金监管为核心的长效监管机制，发挥“白名单”（规范化专业化规模化住房租赁企业名单）、“风险名单”（存在经营风险或有扰乱市场行为的住房租赁企业名单）两张名单的导向作用。3月21日，印发《关于进一步完善住房租赁企业“白名单”机制的通知》，在“白名单”准入、退出条件中新增企业运营房源量、出租率等相关要求，并组织住房租赁市场常态化监督检查，对全市“托管式”住房租赁企业进行分类管控。延续实施《杭州市住房租赁资金监管办法（试行）》，将住房租赁从业企业纳入租赁资金监管范围。组织对“托管式”住房租赁企业进行综合评审，根据评审结果降低3个企业的风险防控金缴交比例。对未落实资金监管要求的“白名单”企业实行退出机制，全年有182个企业在资金监管平台开设专户，冻结风险防控金4.03亿元，住房租赁“白名单”企业调整至51个，24个企业被列入风险提示名单。

【智慧住房租赁监管】2023年，市住保房管局完善智慧住房租赁平台检测功能，建立涵盖“三类房源、五大场景、N个专题”（“三类房源”指公租房、保障性租赁住房、市场租赁住房；“五大场景”指住房租赁市场供求分析、租客画像、机构监管、价格监测、市场预警场景；“N个专题”指市场租赁、保障性租赁住房、蓝领公寓、人才专项租赁住房、企业自持商品住房等专题）的住房租赁监测体系，实现对住房租赁运营情况的动态监测及风险预警。全年平台新增验真房源49.15万套（间），网签备案住房租赁合同237.54万份。在“浙里办”上线“租房一件事”场景，开发“租房一张图”应用系统，该系统涵盖集中式长租公寓、蓝领公寓、人才专项租赁住房、公租房等房源信息，为租赁各方提供“一站式”服务。

（吴姚瑶）

房屋安全和更新

【概况】2023年，杭州市深化自建房安全专项整治，实施城镇房屋第三次调查登记，征集并确认31支杭州市房屋安全突发事件排查鉴定和监测应急响应队伍，完成城乡危房解危治理各项目标任务，助力浙工新村（杭州市拱墅区朝晖六区）危旧房拆改，探索城市更新新的路径。加强房屋安全管理顶层设计，形成《杭州市房屋使用安全管理条例（草案）》。加快推进既有住宅电梯加装工作，《全域推进老旧小区加装电梯，破解老年人出行难问题》范例被列入全国学习贯彻习近平新时代中国特色社会主义思想主题教育典型案例。

（寿亚锋 朱丹阳）

【老旧小区住宅电梯加装】2023年，杭州市老旧小区住宅加装电梯工作连续7年被列入市政府十大“民生实事项目”。市住保房管局牵头就加装电梯项目联合审查、加装电梯补助资金使用管理、加装电梯使用管理、加装电梯档案管理等工作印发文件，引导各地发挥基层主导作用，协调解决加梯各方分歧矛盾，合力推进电梯加装。全市组建加梯“帮帮团”和加梯宣讲团176个，召开加梯听证会256场，并优化激励方式，组织“最美加梯人（项目）”评选。全年全市完成电梯加装1118台，有36个小区的单元实现电梯加装全覆盖。杭州加装电梯工作被中央学习贯彻习近平新时代中国特色社会主义思想主题教育领导小组办公室、最高人民法院、住房城乡建设部推广，获中央广播电视总台、新华社、《人民日报》和《中国建设报》等媒体专题报道。

【房屋使用安全管理立法】2023年，根据市人大常委会年度立法计划，《杭州市房屋使用安全管理条例》被列为预备项目。市住保房管局开展调查研究，全面收集、梳理房屋使用安全管理上位法，以及北京、上海、广州等国内24个重点城市的房屋安全管理相关条例、规章和规范性文件，并到广州、西安、福州等地调研。组织《杭州市城市房屋使用安全管理条例》立法后实施效果的评估，总结分析全市城镇、农村房屋安全管理现状和经验做法，查找短板弱项。8月30日，形成新的《杭州市房屋使用安全管理条例（草案）》。

杭州市住房租赁监测分析平台（摄于2023年）　（市住保房管局 供稿）

【城乡房屋排查】2023年，市住保房管局推进自建房安全专项排查整治，排查自建房177.1万处，初步判定存在隐患的自建房6650处，经鉴定发现危房1724处，所有危房均落实安全管理或工程解危措施。建立健全自建房安全隐患常态化网格巡查机制，依托基层综合治理队伍和网格员队伍，完成重点自建房巡查40.1万处，督促指导属地复核异常数据、落实隐患管控等工作。开展城镇房屋第三次调查登记，全年排查城镇房屋31.5万处，初步判定丙类房屋67处，经鉴定发现危房57处，年内拆修销号45处，其他危房均落实管控措施。

（朱丹阳）

【住宅室内装修管理】2023年，市住保房管局创新打造住宅室内装修“一码管理”模式，构建“装修必备案、过程必监督、违规必查处、结果必评价”的房屋装修全链条闭环管理机制。全年有3.74万套装修房屋被纳入“装修码”管理系统备案管理，装修房屋领取“装修码”2.96万个，小区物业开展装修巡检2.56万次。各区县（市）住建局加强违规装修房屋执法查处工作，向行政执法部门移交违规装修案件159件。

（寿亚锋）

【房屋安全鉴定】2023年4月，市住保房管局完成杭州市房屋安全突发事件排查鉴定和监测应急响应队伍确认就位工作，征集确认应急响应队伍31支、技术人员305人、仪器设备和车辆367台（套）。6月8日，召开全市房屋安全鉴定机构工作会议，开展“落实企业安全生产主体责任年”、《浙江省既有高层民用建筑使用安全体检技术导则（试行）》等专题培训和技术培训，督促鉴定机构落实自查自纠工作。开展全市房屋安全鉴定工作质量检查和鉴定项目现场核查，检查鉴定报告 109 份、鉴定项目 45 个，检查中发现的 9 个问题均整改到位。

（朱丹阳）

【城乡危房治理】2023 年，市住保房管局加强城乡危房解危治理，全年完成 1724 处自建房安全专项整治、57 处第三次城镇房屋调查新增危房整治、8 处城镇危房解危三年（2021—2023 年）行动年度任务、125 处城市更新行动城镇危房治理。开展历年危房整治，2933 处历年危房全部整治到位。集中开展腾空危房拆、修销号攻坚行动，全年拆、修腾空危房 2072 处，腾空危房销号率 68.1%。牵头开展 6 轮（次）市级危房现场检查，检查危房点位 617 处。依托基层网格员完成农房常态化网格巡查 40.1 万处，委托第三方技术力量完成自建房及第三次城镇房屋调查数据质检 8.38 万处，对发现的问题隐患均交由属地进行管控。11 月 28 日，浙工新村城市危旧房有机更新（试点）项目开工。

（寿亚锋）

【白蚁防治】2023 年，市住保房管局实施白蚁防治专项行动，对全市 41 个亚运场馆及周边环境开展 2 轮蚁害排查，处置存在蚁害的场馆 2 处、场馆外围绿化蚁害 80 余处，新增和替换场馆周边白蚁监测控制系统 1.2 万套。加强白蚁危害应急处理能力建设，市、区县（市）两级分别编制白蚁防治应急处置预案和白蚁防治应急演练方案。亚运会期间，抽调骨干力量建立应急处置小组，实施 24 小时值守。全年全市受理新建房屋白蚁预防项目 297 个，实施新建房屋白蚁预防 2918.8 万平方米。完成“杭州市行道树白蚁危害调查”科研课题，调查主城区 35 条道路 1.93 万株行道树，其中受白蚁危害 355 株，行道树白蚁危害率 3.9%。形成杭州市行道树白蚁危害专题报告，为后续白蚁防治提供数据支撑。

（陈建顺）

物业管理

【概况】2023 年，全市有住宅项目的物业服务企业 984 个，管理住宅市场化物业项目 4500 余个，管理面积 4.35 亿平方米，从业人员 14.1 万人，住宅小区项目物业管理覆盖率 85.6%。市住保房管局根据新修订的《杭州市物业管理条例》，制订《杭州市住宅小区物业长效管理专项工作方案》，推广老旧小区片区化大物业服务等模式，按照成片区域引进专业化物业企业。在全市住宅小区物业管理全覆盖基础上，健全物业管理长效机制，扩大专业物业服务覆盖范围。开展迎亚运住宅小区环境品质提升行动，推进“美好家园”住宅示范小区创建，促进住宅小区软、硬件提升。推出智慧物业管理服务平台，提高物业管理活动效率，推动形成“党建引领、政府支持、基层主导、业主主体、市场运作、法治保障、科技支撑”的物业综合管理格局。

【《杭州市物业承接查验实施办法》出台】2023 年 6 月 29 日，市政府办公厅印发《杭州市物业承接查验实施办法》，自 7 月 30 日起施行。办法包括适用范围、承接查验要求、监督管理 3 个部分，明确物业承接查验的条件、程序、资料、费用、协议备案、信息公开、监督管理 7 个方面内容。全市 76 个符合情形的住宅小区完成承接查验。

（焦忆梦）

【物业服务考核评价】2023 年，市住保房管局按照《杭州市住宅小区物业管理项目考核评价实施方案（试行）》《2022 年度杭州市住宅小区物业管理项目考核评价指标内容和计分标准》，完善全市统一的住宅小区物业管理项目考核评价体系，以及由行业主管部门牵头负责、乡镇（街道）和社区参与实施、业主参与打分的考核评价工作机制。将业主满意度纳入考核内容，开展线上和线下物业服务业主满意度测评。全年对 4185 个住宅物业管理项目进行考核评价 1.49 万次，考核项目比上年增加 1360 个。其中，251 个由物业服务企业管理的小区获评市级“美好家园”建设示范小区或受到省、市相关部门表彰奖励。考核评价结果在市、区县（市）两级物业主管部门官网上公开。

【住宅小区环境品质提升】2023 年 4 月 6 日，市住保房管局围绕住宅小区“环境品质有提升、平安建设有底气、氛围营造有亮点”目标，制订《“迎亚运”住宅小区环境品质提升行动方案》，成立专项行动领导小组，指导各区县（市）住建局会同街道（乡镇）、社区聚焦重点问题，梳理明确 32 项住宅小区环境品质提升重点内容。优化“小区环境秩序治理”平台应用，发动 7400 余名小区环境监督员参与环境整治监督，构建问题“发现、上传、督办、整改、评价、复查”的线上闭环整改机制，推动住宅小区环境整治工作常态化开展。对 93 个街道的 710 个小区进行 12 轮（次）督查，发现的问

2023 年 11 月 28 日，浙江新村城市危旧房有机更新（试点）项目开工

（市住保房管局 供稿）

题全部录入“小区环境秩序治理”平台并现场抄告各区县（市）住建局及项目所属街道、社区。全年完成小区环境问题整改1285个。

（陈建顺）

【“美好家园”住宅示范小区创建】 2023年3月28日，市物业综合管理工作领导小组印发《2023年杭州市“美好家园”住宅示范小区创建实施方案》，该方案将“美好家园”创建工作与住房城乡建设部的“加强物业管理、共建美好家园”活动、省建设厅的“红色物业”创建、迎亚运住宅小区环境品质提升行动等工作结合。“美好家园”住宅示范小区创建接受市人大代表、市政协委员监督。全市1474个小区参与创建。经过市、区两级验收评审、集中公示，评出住宅示范小区113个。

（焦忆梦）

【小区经营性收支信息公示】 2023年，市住保房管局搭建统一信息查询公示平台，探索街道集中代理记账办法，推出“电子业主卡”，打造“政府搭建平台、信息及时归集、业主实时监督”的住宅小区物业经营性收益监管杭州模式。至年末，全市有2538个物业管理项目完成平台开户，其中1896个项目在平台录入收支信息，业主通过“电子业主卡”可查询所在小区物业经营性收支情况。全年市住保房管局向12个街道发放以奖代补资金531.67万元。

2023年，西湖区文新街道香樟公寓获评杭州市“美好家园”住宅示范小区

（市住保房管局 供稿）

【维修资金管理】 2023年，市住保房管局健全物业专项维修资金和物业保修金各项管理制度，督促指导各区县（市）做好物业专项维修资金和物业保修金交存、使用和退还管理工作。全年全市办理物业专项维修资金缴交137件，归集物业专项维修资金7.98亿元；办理物业专项维修资金续筹17件，续交物业专项维修资金400万元；为3371个物业项目拨付维修资金1.21亿元。维修资金使用项目中，公共安全的维修项目按简易程序拨付维修资金6246.41万元；为296个物业应急维修专项资金使用项目拨付维修资金506.3万元。办理物业保修金交存69件，归集资金5.63亿元；拨付3个物业保修金使用项目维修资金758.28万元。办理物业保修金到期退还61件，退还保修金2.16亿元；办理物业专项维修资金退还3件，退还维修资金0.97万元。

（陈建顺）

责任编辑　余显幕

2024
杭州年鉴

28 交通运输·邮政

综　述

【交通建设投资 511 亿元】2023 年，杭州市综合交通建设完成投资 511 亿元，比上年下降 42.8%。其中：公路、水运、民用机场完成投资额 318.5 亿元，下降 28.3%。37 个“交通强省”重大项目完工 8 个、开工 8 个。临建高速公路（临安於潜至建德安仁段）建成通车，杭绍甬高速公路杭绍段（杭州段）主线完成交工验收，京杭运河杭州段二通道建成通航，地铁四期 7 条线路全部开工，杭州都市区中环 13 个项目完工 3 个、开工 5 个。杭淳开高速公路、合温高速公路（桐庐至义乌段）、钱塘江三级航道整治工程纳入交通运输部“十四五”规划中期调整实施（正选）类项目，为“十四五”期间项目开工奠定基础。

全社会营运性综合客运量（公路、水路、铁路、民航）1.64 亿人次，增长 67.6%，高于全省平均水平（57.2%）。完成公路客运量 4111 万人次，增长 0.3%；水路客运量 698 万人次，增长 187.9%；民航旅客发送量 2078 万人次，增长 104.0%；铁路旅客发送量 9515 万人次，增长 114.7%。完成营运性货物运输总量 4.43 亿吨，增长 3.6%，低于全省平均水平（7.2%）。其中，公路占 79.5%，水路占 20.1%，民航占 0.1%，铁路占 0.2%。

（孙钰夏）

【邮政行业稳步发展】2023 年，杭州市邮政行业寄递业务量完成 45.5 亿件，比上年增长 13.3%，其中快递业务量（不含邮政公司包裹业务）完成 40.1 亿件，增长 15.1%。全市同城快递业务量完成 4.5 亿件，增长 3.9%；异地快递业务量完成 27.3 亿件，增长 2.8%。国际及中国港澳台地区快递业务量完成 8.4 亿件，增长 109.9%。全市邮政行业业务收入（不含邮政储蓄银行直接营业收入）完成 458.8 亿元，增长 6.6%，其中快递业务收入完成 366.7 亿元，增长 9.3%。全市邮政函件业务完成 5694.4 万件，增长 6.6%；包裹业务完成 49.9 万件，增长 8.1%；报纸业务完成 2.64 亿份，增长 0.3%；杂志业务完成 838.9 万份，下降 8.8%；汇兑业务完成 13.2 万笔，下降 3.6%。

（刘　琴）

【交通规划编制】2023 年，杭州市交通运输部门推进交通规划前期研究，提升综合交通规划研究能力。开展《杭州港总体规划（2021—2035 年）》《杭州临空经济示范区综合交通规划》《杭州市现代物流体系专项规划》等规划编制，完成《绕城高速公路规划建设方案》《杭州湾出海航道研究》等方案编制，以及杭淳开高速公路、合温高速公路、建武高速公路等项目工程可行性研究编制，基本完成余杭区、临平区、桐庐县、淳安县等区县（市）公路网规划。做好专班综合协调工作，参与编制发布《杭州加快打造国际性综合交通枢纽城市实施方案》，开展新一轮“6342”综合交通大会战。编制完成《杭州市交通强国示范城市建设跟踪评估》《杭州市提升交通共富指数专项研究》，配合做好杭州都市区中环、“四好农村路”等相关政策出台。完成全省首个交通强省试点——杭州交通运输数字化治理效能提升试点验收，选树 4 个试点入选省市交通强国、共同富裕试点名单。完成共同富裕、一流强港、民航强省、长三角一体化、杭甬“双城记”、杭州都市圈等日常协调工作。强化综合交通规划统筹，深化《杭州市国家综合货运枢纽补链强链实施方案》，推进国家综合货运枢纽补链强链申报工作。做好国家和省、市综合交通“十四五”发展规划中期调整，协助争取杭淳开、合温高速公路，中埠大桥纳入交通运输部“十四五”规划，获国家建设资金支持。牵头组织各公路、水运规划建设项目纳入国土空间规划“一张图”。

（项翼铭）

【平安交通建设】2023 年，杭州市交通运输部门统筹推进“企业主体责任年”“除险保安强化年”安全防范系列行动。全年查处交通运输领域案件 2.64 万起，安全生产处罚案件比上年增长 26%，“利剑行动”全省排名升至第一位，亡人事故下降 17.5%，亡人数下降 13%。普通公路超限率下降 54.3%，钱江三桥双向 15 吨以上货车、高速公路超限车辆、“两外车辆”、“百吨王”车辆、无证网约车基本清零。网约车订单合规率 99.4%，居全国第一位。助力客运“数字打非"，与文旅、财政等部门建立实时数据比对机制，将旅行包车、政府采购用车纳入监管，清退2条800千米以上班线，下架违规客运线路3323班次，查处案件786起，查扣非法营运大客车146辆（次）。巩固危货运输安全态势，推进成品油、城镇燃气、剧毒化学品、驻杭外省籍危货车辆专项治理，查处案件188起，增长15.3%。深化"浙运安"危货智控平台应用，企业扫码率、车辆监控上线率98%，驾驶员蓝码率、异常线索处置率、异常申诉处理率100%。运用"浙大件"开展线上巡查，集中整治内河脱检船舶、危货港口作业、普货码头作业、客渡船、夜游船等安全隐患，实施50客位以上客船签单发航，完成2个港口油气储运企业安全评估和隐患整治。推进"平安百年品质工程"创建，开展农村公路督查、沥青路面、利剑行动、质量突出问题专项整治，实施铁路工程安全监管，确保在建工程"零事故、零死亡"。加强公交轨道监管，构建主城区公交轨道、市区城市轨道交通、融杭圈（海宁、绍兴）城市轨道交通两级监管机制。委托第三方开展城市轨道交通运营安全专项检查，发现整改问题129项。首创制定《企业安全自查自纠指引》，完善应急预案和水上搜救机制，组织参与应急演练105次，与省公羊会公益救援促进会签订战略合作协议。

（黄　洁）

【亚运会和亚残运会交通运输保障】2023年，市交通运输局围绕"防风险、除隐患、保安全、护亚运"目标，全力护航亚运会。组建专班、制订方案、拟定清单，对标对表，严密组织，制订《第19届亚运会和第4届亚残运会杭州市交通运输平安护航提质行动工作方案》《第19届亚运会和第4届亚残运会水上交通保障工作方案》，按时间节点，逐项落实各阶段交通运输系统亚运安全稳定和保障工作。根据各阶段上级工作要点和行业工作重点，开展交通运输领域除险保安"春雷行动"、大排查大整治"夏安行动"、平安亚运"护航行动"、严查严管专项整治行动，排查治理各辖区亚运场馆周围风险隐患，做好排查治理、行业安全整治和安全稳定工作。办会期间严格落实各项安保举措：水上联合8个市级部门成员单位，构建"六大工作机制"（专班运作、信息报送、工作例会、培训演练、督导督查、工作提醒机制）。按照分级分类管控措施，设立20个管控点，落实入浙船舶监管、客渡运及码头监管和水上赛事安保工作。客运采取长途客运包车人工审核机制，加强客运实名制、落地检等安全管理。地铁实行车站"人物同防"，进站乘客、物品全时段检查。公交加强重点线路安全员配备，做好乘客安检和安全宣传。加强危货车辆24小时动态监控，开展"三超一疲劳"违法违规检查处罚，实行危货车辆通行白名单管理制度。与市公安局联合开展入杭通道执法检查，按照督导工作方案对13个区县（市）开展包保监督工作。应急抢险工作实行领导带班24小时应急值班制，20名应急抢险队员在岗待命，进入亚运一级应急响应"战时状态"。在杭州市战前演练中组织专业力量勘察制订应急排水方案，集结抢险队员，完成快速排水任务。

2023年，在亚运会和亚残运会赛事总指挥部统一领导下，部、省、市联动，构建"三位一体"高效协同指挥体系和精准智控亚运会专用交通指挥调度平台。该平台面向运动会参与者和观众群体，针对不同场景提供交通服务，总体架构由支撑、数据、应用3个层次组成，大屏、中屏、小屏三屏联动贯通，通过交通地图实现6项核心功能，开发6个特色专题，依靠城市交通支撑系统，实现赛事与城市的统筹管理。杭州交通运输部门完成亚运会和亚残运会交通运输服务保障任务，实现"安全、准时、便捷、绿色、温馨"目标。市交通运输系统800余名干部职工投入交通指挥中心、车辆调度中心、亚运村等团队，完成31个亚运配套工程项目建设和41个入城口治理。牵头各区县（市）开展道路两侧洁化、美化、绿化、路面平整"三化一平"整治，实现886千米高速公路、1176千米国省道公路、649千米铁路路域环境全面提升。优化出台"轨道+公交+慢行"三网融合服务保障举措，实行公交免费，地铁加密班次，推出亚运专线，全网平均运能提升23%。亚运会期间，近6万交通班次零延误、300万千米里程零事故、近4.5万名客户群零投诉，开（闭）幕式散场40分钟有序离场，收到客户群感谢信300余封。

（来晨华　康　琦　段　云　赵应华　黄　洁）

【法治交通建设】2023年，市交通运输局围绕"固根本、抓创新、促善治"3个维度，紧扣"打造最优法治环境"工作主线，推进法治政府建设。全年办理行政案件1.24万件，其中告知承诺案件3101件、违法案件9308件、罚款1340.74万元。办理行政复议案件8件，无行政诉讼案件。市交通运输局"数字执法实验室"项目入选年度全省交通运输法治品牌，在省交通运输行政执法比武活动中连续3年获得团体一等奖。做好特色立法，11月7日，《杭州市农村公路条例》经市人大第十四次会议表决通过，并于12月21日省第十四届人民代表大会常务委员会第七次会议批准通过，自2024年3月1日起施行。这是浙江省也是全国副省级城市首部农村公路地方性法规，填补杭州农村公路法治空白。严格规范性文件审查备案制度，全年清理废止行政规范性文件20件。

（程　康）

【"政务服务+"增值服务建设】2023年，杭州交通运输部门深化政务服务增值，定制"政务服务+金融服务"。联合中国工商银行、中国农业银行、中国银行等7个银行开展"银企面对面"活动，为物流企业提供金融信贷支持，拓宽企业融资渠道，提升货运供应链韧性。联合中国人寿富阳分公司推出网约车司机意外险，富阳区网约车司机可免费享受保险服务。网约车司机在杭州部分加油站加油最高可享受每升0.8元优惠。构建"政务服务+数字服务"，交通运输电子证照数据实现跨部门跨层级按需共享，推进以部门间数据共享形式获取交通电子证照。开展"交保联动"，向金融保险机构开放交通电子证照数据，由保险业务人员核验电子证照，无须提交纸质材料。打造"政务服务+便利服务"。开发交通政务服务自助终端多种功能，实现21个交通政务服务高频事项可24小时办理。依托全市交通党群服务中心、高速公路服务区，开展政务服务帮办，实现65个涉企事项及从业人员诚信考核、继续教育、营运车辆年审等事项“免申即办”。全年智能审批17.1万件。

（朱晓宇）

【“四好农村路”建设】2023年，市交通运输部门制定《杭州市建设“四好农村路”提升工程（2023—2027年）实施方案》及配套资金管理办法，投资40亿元，新、改建农村公路226千米，养护812千米。打通公路“断头路”三年行动基本收官，总投资18亿元，下达市级补助资金近6亿元，打通25个项目、133.02千米。组织评选杭州市“四好农村路”示范乡镇（街道）10个。萧山区创建成为“四好农村路”建设全国示范县，县级交通共富指数全省排名第一位。富阳区打通9条公路“断头路”。临平区大运河环线公路获评全省十大最美农村路，临安区获评“四好农村路”建设省级示范县。推进高速公路、普通国省道养护大中修工程，完成“四沿”（沿海、沿江、沿湖、沿山）美丽富裕干线公路建设77千米，路面修复养护11.47千米。高速公路大中修及养护368千米，普通国省道养护132千米。桐庐县208省道桐千线路况指数从84.71提升至92.44，入选省级绿化美化精品道路及省级特色精品道路。104国道良渚古城遗址公园段提升工作得到省委书记肯定，获评全省亚运氛围营造样板路段。

（雷　杰）

【城市交通治堵】2023年，杭州市有关部门根据亚运会期间公交客流增长形势，统筹亚运会交通保障，完善交通设施供给，建设快速路23千米，新增停车位4.9万个，建成地铁口非机动车停放位1.8万个，地铁站点建设地下连廊29个、风雨连廊8个，全市早晚高峰拥堵指数分别下降13.5%和10.1%。开展交通堵点治理攻坚、50个最堵路口“降紫”行动，治理各类堵点103个。探索“交通管控、强化重点、公交优先、多元换乘、多方联动”西湖景区综合治理模式。坚持公交优先发展，推出公交进学校、进企业、进园区、进医院、进小区、进中心“六进”服务、新一轮票价优惠政策，优化新增各类特色线路216条，主城区道路交通拥堵情况大幅改善，在全国50个主要城市拥堵指数排名下降至第40位、全省年度治堵成绩考核杭州市获第一名。

【春运期间发送旅客1064.7万人次】2023年春运期间（1月7日至2月15日），杭州市城际交通（铁路、民航、公路、水路）旅客发送总量1064.7万人次，比上年同期增长77%。其中：铁路发送旅客760.8万人次，比上年同期增长64%。公路客运发送旅客117.2万人次，比上年同期增长253.6%。市内公共交通（公交、地铁、水上巴士）运送乘客总量1.36亿人次，比上年同期增长15.7%。其中：轨道交通运送乘客1.01亿人次，比上年同期增长30.3%；公共汽（电）车运送乘客3512.6万人次，比上年同期下降22.5%；水上巴士运送乘客9万人次，比上年同期增长293.8%。巡游出租车营运295.1万车（次），比上年同期下降19.4%；网约出租车营运3100.1万车（次），比上年同期增长36.7%。杭州辖区内高速公路总车流量3769.5万辆（次），比上年同期增长8.3%。小型客车免费通行量490万辆（次），比上年同期增长46.2%。

（沈威宇）

【交通职业教育培训】2023年，杭州技师学院招生1891人，在校学生近6000人。学院以汽车、飞机、轨道、机电和商务5类专业群为特色，开设专业由26个增加至40余个，其中汽车运用与维修、汽车检测与维修、汽车钣金与涂装、数控技术应用、数控加工（数控铣方向）、汽车营销、数控加工（车工）7个专业是省级示范（品牌）专业。学院组织汽车类、机电类、轨道类、电商类，飞机维修类5个专场招聘会，近1000名学生和200余个企业参加，提供实习岗位2500余个。毕业生就业率99.2%，就业对口率92.2%，企业满意度99.1%，毕业生、家长满意度96.6%。学院在编职工280人，高级职称教师占36%，全国和浙江省技术能手、省级专业（学科）带头人等67人，杭州市D类及以上高层次人才53人。学院牵头开发3个专业的技能人才培养国标和课程设置方案、参与5个国标项目的开发，完成数字媒体技术应用、彩绘设计等11个新专业开发，牵头参与完成智能网联汽车技术应用、汽车营销、汽车钣金与涂装等8个工学一体化课程标准和设置方案开发。全年参加各类技能竞赛获奖师生172人次，其中28人次获国家级一等奖或金牌、4人进入第47届世锦赛国家集训队。承办各类技能竞赛11项，其中国家级一类大赛2项、国家级二类大赛1项。办学成果多次被中央广播电视总台、新华社等媒体报道。

杭州汽车高级技工学校在校学生近2000人。2023年招生536人，毕业351人，毕业率92.4%，其中223人取得成人大专毕业证书。选派师生143人参与交通调度、随车联络、开（闭）幕式等亚运会服务保障工作，组织党员参与杭州地铁志愿服务活动，1人获杭州亚运会、亚残运会浙江省先进个人，3人获市交通系统大考大赛先进个人。立足新能源汽车检测与维修专业，学校与宁德时代新能源科技股份有限公司合作设立宁德时代培训基地，与杭州水陆交旅发展集团有限公司合作培养沃尔沃轮机动力检修人才。开展在校学生职业等级认定794人次（其中高级工及以上339人次），面向社会开展汽车机械维修工、数控车床、车工3个工种职业技能等级认定174人次。交通行业各类考试及培训全年超过7万人次，师生校外各类竞赛获得奖项52个。1名教师获“全国技术能手”称号，2名教师获“浙江青年工匠”称号，2名教师获评浙江省技工教育工作成绩突出个人，2名教师分获“杭州市优秀青年岗位能手”称号和“杭州市中华职教社黄炎培杰出班主任奖”。

（沈　妤　高超颖）

公路运输

【概况】2023年，杭州境内建有公路6706条、总里程1.66万千米。其中国道省道干线里程2628.76千米、农村公路1.47万千米、城管路段373.499千米（含干线公路100.164

千米）。公路密度98.60千米/百平方千米，公路通乡率、通村率100%。公路桥梁7284座76万延米，新增144座7.3万延米。其中：高速公路桥梁2179座52万延米，占全市公路桥梁总数的29.9%；普通干线桥梁1181座10.5万延米，占全市公路桥梁总数的16.2%；农村公路桥梁3924座13.9万延米，占全市公路桥梁总数的53.9%。公路隧道397道31万延米。其中：高速公路隧道225道，占全市公路隧道总数的57%；普通干线隧道126道，占全市公路隧道总数的32%；农村公路隧道46道，占全市公路隧道总数的11%。

春节、清明节、五一节、国庆节期间，高速公路小客车免费通行2008.6万辆（次），免收通行费超过6亿元，总流量2515万辆（次）。收费公路农副产品免费通行量48.5万辆(次)，免费金额3.5亿元。

全市从事道路运输经营业户（含个体运输户）4574户，营运客货汽车10.36万辆（其中，营运货车9.88万辆、151.52万吨位，营运客车4797辆、18.78万座）。从事道路运输相关业务经营业户6434户。

全市从事道路旅客运输经营业户90户（其中客货运输兼营业户1户）。其中，班车客运32户，旅游、包车客运66户。开行客运线路773条：一类客运班线225条，日发班次272.5个；二类客运班线178条，日发班次714个；三类客运班线100条，日发班次361个；四类客运班线270条，日发班次2675.5个。杭州市区（不含萧山、余杭、钱塘、临平、富阳区）开行道路客运线路387条，其中：一类客运班线195条，日发班次220个；二类客运班线134条，日发班次583个；三类客运班线54条，日发班次235个；四类客运班线4条，日发班次18个。全年完成道路旅客运输量4111.29万人次，旅客周转量44.516亿人次千米，分别比上年增加0.3%和下降2.1%。

全市有城市综合客运枢纽7个，公交调度指挥中心19个，从事公共汽（电）车经营户18户，运营车辆1.04万辆，运营线路1543条、2.86万千米。其中，快速公交长度30.1千米，无轨电车长度27.7千米，全年完成客运量5.67亿人次。轨道交通站256座，运营线路516千米，运营车数558列。全年完成客运量13.63亿人次，旅客周转量115.22亿人次千米。

全市有公路货物运输业户（含个体运输户）4485户（其中客货运输兼营业户1户），有营运货车9.88万辆、151.52万吨位，其中，市辖区（不含萧山、余杭、钱塘、临平、富阳区）1432户，有营运货车2.96万辆、39.70万吨位。全年完成货物运输量3.52亿吨、货物周转量749.63亿吨千米，分别增长0.4%和35.6%。等级客运站19个，其中一级站6个、二级站4个、三级站9个、简易站及招呼站761个。

巡游出租汽车经营业户有487户，经营车辆1.46万辆。其中：企业户99户，经营车辆1.40万辆；个体户388户，经营车辆526辆。杭州市区（不含萧山区、余杭区、临平区、钱塘区、富阳区）客运出租汽车经营户314户，经营车辆1.15万辆。其中：企业户58户，经营车辆1.11万辆；个体256户，经营车辆336辆。主城区有7个出租车服务区，面积6222平方米（不含车位），停车位1891个。

全市有机动车驾驶培训机构140个，从业人员7464人。其中一级驾培机构10个、二级驾培机构57个、三级驾培机构69个、残疾人驾培机构3个。道路客货运输驾驶员从业资格培训机构7个，危险货物运输驾驶员从业资格培训机构3个。各类教学车辆7343辆，教练员6877人，全年培训驾驶员16.86万人。

全市有机动车维修企业5163个，从业人员3.95万人。其中一类机动车维修企业212个、二类机动车维修企业1271个、三类机动车维修业户3193个、摩托车维修业户155个，全年维修各类车辆768.25万辆(次)。汽车综合性能检测站42个，从业人员1220人，全年检测车辆17.57万辆（次）。已备案登记汽车租赁企业626个，备案租赁车辆2.77万辆、从业人员9400人。

（雷　杰　朱方晋）

【公路建设】2023年，杭州市完成公路建设投资298.2亿元，比上年下降23.8%。其中：高速公路完成投资45.5亿元，普通国省道完成投资190.7亿元，农村公路（含规划省道和重要县道）完成投资61.6亿元，公路站场完成投资0.4亿元。全年新建高速公路1条、23.5千米，新、改建普通国省道项目4个、84.4千米，新、改建农村公路269.9千米。实施干线公路大中修养护517.18千米，农村公路养护821.35千米。农村公路总里程1.4万千米，较大自然村全部通等级公路，乡镇全部通三级及以上公路，87.2%的行政村通双车道公路。农村公路灾毁保险赔付案件453件，赔付金额1670.19万元。

【公路养护管理】2023年，杭州市高速公路路面技术状况指数值94.75。全年高速公路预防性养护里程225.3千米，修复性养护148.45千米，投入养护金额7.40亿元，其中养护大中修（含预防性养护）工程约3亿元。普通国道技术状况指数值92.39，普通省道技术状况指数值91.18。全年完成普通国道、省道公路大中修工程项目143.43千米，总投资4.08亿元。投入公路桥隧养护资金1.46亿元。其中：高速公路3423.47万元，维修改造桥隧41座；普通国道、省道2626.93万元，维修改造桥隧4座；农村公路8529万元，维修改造桥隧63座。高速公路投入资金2272万元，检查桥隧412座。普通国道、省道投入资金283万元，检查桥隧250座。农村公路投入资金3806万元，检查桥隧1118座。

【《高速公路服务区"平急两用"设计指南（试行）》发布】2023年，市交通运输局按照国务院、交通运输部、省、市关于推进超大特大城市"平急两用"公共基础设施建设要求，建体系、推项目、树标准，推进"平急两用"交通建设。克服缺乏技术支撑困难，根据高速公路服务区特点和"平急两用"建设需求，制定《高速公路开放式服务区"平急两用"设计指南（试行）》。该指南分8章27节，明确"平急两用"高速公路开放式服务区分类规模、选址、总平布置、建筑规模、设备配备、平急转换要求，提出"平急两用"设施转换率概念，实现"急时”“平时”功能平衡，对杭州市4个高速公路开放式服务区进行“平急两用”交通场站设施建设具有指导作用。12月17日，中央广播电视总台财经频道《经济信息联播》栏目报道杭州发布《高速公路开放式服务区“平急两用”设计指南（试行）》。

（吴　玮）

【长深高速公路富阳灵桥新互通启用】2023年1月13日，25国道长深高速公路富阳灵桥新互通开通运行。新互通位于富春湾大道和春永线交接口，通过梨形互通与富春湾大道衔接，主线全长1.87千米，采用高速公路标准，设计时速120千米，双向六车道，总投资6.3亿元。

【临建高速公路全线通车】2023年9月15日，临建高速公路临安於潜至建德安仁段通车，至此，临建高速公路全线开通，项目总投资206.48亿元。全线设横路、於潜北、潜川、乐平、分水、瑶琳、横村7个互通、2个枢纽，打通浙皖省际高速公路断通道，有利于浙西地区经济发展和长三角高速公路网完善。

【绕城高速公路西复线通过竣工验收】2023年12月19日，长深高速公路杭州段扩容工程（绕城高速公路西复线）通过竣工验收并投入运营，竣工质量评定得分96.01分，等级为优良，获浙江省建设工程“钱江杯”。工程起于湖州德清与杭州余杭唐家畈村，途经径山枢纽、汪家埠枢纽，终于富阳区环山乡中埠枢纽，接入长深高速公路杭新景段，全长64.89千米，设桥梁47座、隧道15座，总投资165.12亿元。该项目是杭州第19届亚运会配套重点工程，也是浙江省高速公路网“两纵两横十八连三绕三通道”中的重要一纵，有效改善浙江省路网结构和城市空间布局。

【104国道改建工程（临平段）建成通车】2023年7月7日，104国道改建工程（临平段）建成通车。项目起于疏港大道运河大桥东侧，终于秋石快速路疏港互通地面道路，全长6.38千米。双向六车道，设计时速80千米。

【杭州绕城高速公路整治】2023年1月5日，绕城高速公路迎亚运“三化一平”路面专项养护工程交工验收。工程采用集约化施工模式，分9个阶段对绕城高速公路全线进行维修提升。16个参建单位投入人工1.37万人次、机械车辆1.41万台班（次）、施工478班（次），病害处治18.83万平方米，加铺罩面26.63万平方米，预防性养护22.47万平方米，桥头跳车整治31处，投入资金1.53亿元。

（雷　杰）

【运溪高架路瓶仓互通竣工通车】2023年6月5日，杭州都市区中环项目、余杭区亚运重点保障项目运溪高架瓶仓互通通车。瓶仓互通全长5.29千米，采用互通式立交，设匝道9条，串联起运溪高架、杭长高速公路，衔接良渚古城、未来科技城，形成运溪高架与杭长高速公路、瓶仓大道快速转换的立体交通网，助力余杭区构建良渚文化大走廊、城西科创大走廊、五千年发展轴“两廊一轴”空间新格局，打造杭州城市新中心。

（谢雨宸）

【330国道千岛湖大桥至临岐段开通】2023年9月15日，330国道千岛湖大桥至临岐段通车。项目起于淳开、千威公路交叉口，北向经千黄高速公路汪宅互通出口，至左口乡奎星桥处，于浪境坞村接昌文公路，全长39.03千米，设计时速60千米，总投资11.02亿元。该项目连接杭黄铁路千岛湖站及文昌旅游码头。

（张　磊）

【“杭州—宁国”开行省际客运专线】2023年11月18日，杭州至安徽宁国定制客运专线开通。客运班线在杭州各大医院、四季青服装市场、浙大紫金港校区等设置停靠点。运行时间：杭州—宁国8:30—9:30、17:00—18:00；宁国—杭州6:00—7:30、12:00—13:00，循环发班。

【新彭埠大桥获中国钢结构金奖】2023年4月28日，新彭埠大桥获中国建筑金属结构协会公布的第十五届中国钢结构金奖。中国钢结构金奖是经国务院批准的建筑领域国家级优质工程奖，是中国建筑钢结构行业最高荣誉。沪杭甬高速公路杭州市区段改建工程新彭埠大桥是集高架、地铁、地面于一体的综合交通走廊，也是杭州首座公路与地铁合建的桥梁，实现地铁首次“踏浪飞渡”。钱塘江新彭埠大桥全长1350.8米，系主跨240米的四主跨悬链形上加劲连续钢桁梁桥，大桥上层为8车道高架快速路，下层为双线快轨，2022年9月建成通车。

【杭州增放小客车指标2万个】2023年2月24日，杭州市小客车总量调控管理办公室新增投放小客车指标2万个。新增指标通过专项摇号方式，面向参加小客车摇号累计达到48次（含）以上个人配置。3月20日，杭州市新增专项个人小客车指标摇号，17.01万人申请摇号，审核通过生成有效申请编码数16.92万人，不通过950人。

【智能学车馆开馆】2023年12月8日，杭州翔力机动车驾驶员培训公司推出智能学车馆，馆内54台智能教练车、45台智能动感模拟器具备仿真度极高的增强现实功能及动感模拟，能模拟体验真实驾车感受。智能学车馆提供科目二、科目三智能学车场景，覆盖基础场地驾驶、道路驾驶教学内容，提供24小时培训服务，实现场地培训无人化、教学管理定制化、教学质量可视化的教学新模式。至年末，培训学员5456人。

（朱方晋）

水路运输

【概况】2023年，杭州市完成水路运输建设投资6.68亿元，比上年下降77.7%，其中重点航道工程投资4.66亿元、港口工程投资1.82亿元、航道养护工程投资2000万元。杭州港完成货物吞吐量8000万吨，下降9.1%，全航区完成集装箱吞吐量16.77万标准集装箱，增长44.2%。内河船舶平均吨位629.7净载重吨，增长9.6净载重吨。

全航区船闸过闸船舶17.96万艘（次），增长4%；过闸量1.23亿吨，增长4.6%；货运量9913.86万吨，增长5%。三堡船闸过闸船舶6.48万艘（次），下降18.3%；过闸量4970.33万吨，下降15%；货运量4695.75万吨，下降9.9%。新坝船闸过闸船舶5.56万艘（次），增长6%；过闸量3130.55万吨，增长5.7%；货运量1963.43万吨，增长2.3%。富春江船闸过闸船舶5.21万艘（次），增长26.7%；过闸量3679.13万吨，增长26%；货运量2928.27万吨，增长26.6%。八堡（试运行）船闸过闸船舶7217艘（次），过闸量486.27万吨，货运量326.4万吨。新坝、富春江船闸过闸量创历史新高。普通货船平均待闸时间三堡船闸0.8天、新坝船闸0.21天、富春江船闸0.38天、八堡船闸0.38天。优先过闸船舶7506艘（次）。

航区全年发生水上交通事故74起，沉船1艘，无死亡，直接经济损失235.11万元，事故总量减少17.8%。港口区域未发生一般及以上港口安全生产事故，航区安全形势总体平稳。水上行政处罚案件4160件，罚款343.59万元，非现场查处案件占74.5%。其中海事4011件、港政94件、航政50件、水运5件。接收船舶水污染物3.05万吨（583吨/万艘）。船舶使用岸电1.23万次，用电量93.87万千瓦时，增长50.6%。船舶燃油硫含量抽检1891艘（次）。

（雷　杰　黄　洁）

【水运行业发展】2023年，杭州市完成水路客运量698.5万人，旅客周转量1.08亿人千米，比上年分别增长187.9%、194.4%。杭州港籍船舶全年完成水路货运量8924.5万吨，货物周转量506.14万吨千米，分别增长18.4%、1.7%。建成杭州首个1000吨级内河港口，临浦作业区完成初步设计批复，钱塘江三级航道整治工程（杭州段）完成省级工可预审。推进海河联运发展，杭甬运河新坝二线船闸工程完成年度投资计划的102%，总体形象进度50%。推进《杭州港总规》出台，结合杭州旅游高质量目标，编制《三江两岸水上黄金旅游线实施规划》《两江一湖总体规划调整》，加快杭州交通服务旅游发展客旅码头建设、通景公路完善、航道等级提升。先后建成东洲岛、新沙岛、“郁达夫”、小河公园旅游码头，改造提升武林门、六和塔、复兴站等旅游码头，为打造水上黄金旅游线提供基础设施支撑。水陆交旅发展集团成立省内首个内河游艇俱乐部，三江两岸公司以融资租赁方式建造全省内河首例4艘客船在亚运会前投运。依托美丽航道创建，开展钱塘江三堡至八堡段航道整治、富春江三桥（柴埠大桥）航道整治和跨航桥梁助航标志专项整治，完成疏浚28.7万立方米，增设航标14座，全年投入航道及船闸养护资金1536万元。开展“新安江—千岛湖”皖浙省际航线国内精品航线试点，指导“诗画富春江，富春山居实景游”省级精品航线试点申报，开通钱塘江夜游4条亚运会专线，推出7艘主题游船，亚运会期间夜游灯光秀接待游客3.47万人次。建德市“江清月近人”新安江夜游获全国艾蒂亚奖最佳夜间旅游项目提名奖。利用奖补政策，加快老旧运输船舶淘汰和集装箱船舶建造，完成42艘老旧船舶拆解任务，发放补助615万元。新改建港口岸电设施47套，完成“海进江”船舶受电设施安装改造3艘，发放补助202万元。编制全省首部《内河纯电池动力船舶检验指南》，填补行业规范技术空白。组建新型游船研发团队，推进新能源船舶建造应用，新增新能源锂电池船舶22艘，发放补助273万元。“新能源在内河旅游船舶上的应用”入围2023年度杭州市十大低碳应用场景。

（雷　杰）

【水上运输监管】2023年，市交通运输部门开展海事现场监督检查9035艘（次）、船舶安检6540艘（次），其中入浙船舶专项安检2203艘（次），杭州航区进出港报告数51.9万艘（次）。高质量完成亚运会水上交通保障任务，构建综合立体管控体系，完成“分级分类管控、入浙船舶安检、客渡运及码头监管、平安护航行动、应急保障”五大任务，确保城市侧和赛事侧安全运行。公布内河通航水域，涉及航道676千米。明确监管机制、完善配套制度，保障运河“二通道”顺利通航。建立、完善渣土运输监管机制及渡口渡运监督机制，推进客渡船动态监控、内河航运智控平台、港口危货安全智控、建筑垃圾水路运输监管等数字化监管手段。开展内河脱检船舶专项整治、危险货物港口作业安全专项治理、普货码头作业隐患排查治理、客渡船安全整治、长江经济带船舶污染问题大排查大整治专项行动，问题隐患全部得到整改。完成余杭塘河水环境治理工作，河长年度积分1000分，全市排名第8位，全省排名第32位。全年市级巡河28次，发现并协调处理一般问题4个，重大问题3个，处理率100%。帮助“诗路文化·三江两岸”水上黄金旅游线解决靠泊问题、落实安全监管，完成游艇俱乐部备案。“小海狮”讲师团开展常态化、规范化普法，进校园24次，进实践基地2次，面向社会或企业宣讲3次。开展“中国航海日”纪念活动暨亲友开放日活动，第五届浙江国际智慧交通产业博览会开展活动3次，受众2763人次，“小海狮”讲师团获杭州首届“普法达人”称号。

（黄　洁）

【现代化内河航运体系示范省推进会在杭州召开】2023年11月14日，浙江省现代化内河航运体系示范省推进会在杭州召开。会议公布《浙江省建设现代化内河航运体系示范省实施方案》，观看现代化内河航运体系示范省建设成果展示片。会议要求进一步厘清思路、找准跑道、抓实举措，加快建设现代化内河航运体系示范省。杭州市交通运输局被列为全省基层试点单位。

【美丽航道建设】2023年2月28日，杭州航区渌渚江航道（富阳区）、浦阳江航道（萧山区）创建美丽航道项目通过验收。其中渌渚江航道养护改造景观绿化工程获杭州市“优秀园林绿化工程”（公园及滨水绿地类）银奖，该奖是杭州园林绿化工程最高奖。

【“穿越千岛湖”航线通过省级精品航线验收】2023年9月，省级试点水路旅游客运精品航线评估工作会议在嘉兴召开，淳安县“梦想狮城——穿越千岛湖”航线通过省级验收。该航线从千岛湖夜游码头启航，跨越中心湖区、西南湖区，抵达姜家镇文渊狮城。“梦想狮城——穿越千岛湖”线路运行以来接待游客超过5万人次，姜家镇创造经济效益1000余万元。

（雷　杰）

【京杭运河杭州段二通道通航】2023年7月18日，京杭运河杭州段二通道通航。该通道由新开挖航道段和八堡船闸段组成，起自博陆、终于八堡，全长26.4千米，总投资167.7亿元。项目建设三级航道23.4千米，新建桥梁20座、服务区2个、远程待泊区1个、应急锚地1个，沪昆普铁改建桥梁1座，以及博陆至八堡段必要水利设施。二通道建成通航全面提升大运河通航能力，项目关键性节点工程八堡船闸是继三堡船闸之后，第二个连接京杭大运河和钱塘江的水上枢纽，1000吨级船舶可以满载货物从山东直达杭州，通过八堡船闸进入钱塘江。京杭运河杭州段二通道打通了全省内河千吨级航道网的关键堵点，开辟了联通长江经济带和海上丝绸之路的第二水运通道。

（丁姝婷　张　磊）

【渌渚作业区江口码头通过交工验收】2023年6月2日，渌渚作业区江口码头通过交工验收。位于杭州市富阳区渌渚镇的渌渚作业区江口码头，利用348米渌渚江岸线新建4个500吨级泊位（水工结构按1000吨级船舶设计）及相应附属设施。码头泊位长度256米，布置散货进口及出口泊位1个、散货进口泊位1个、多用途泊位1个、集装箱泊位1个，年吞吐量5.2万标准集装箱、散货85万吨。

（张　磊）

【杭甬运河新坝二线船闸工程进度完成50%】至2023年年末，杭甬运河新坝二线船闸工程完成总投资11.52亿元、总体形象进度的50%。项目已通过《杭甬运河新坝二线船闸工程“平安百年品质工程”示范创建总体方案》评审。该工程是浙江北部和中西部通往宁波舟山港的唯一内河运输通道，工程概算19.27亿元。

（汪紫涵）

【下沙港开港试运行】2023年7月20日，杭州港钱塘港区下沙综合作业区开港试运行。下沙港是杭州首个1000吨级内河港口，占地24.87公顷，岸线长773米，设9个1000吨级泊位以及仓储、海关查验区等配套设施，年吞吐量300万吨。

（谢雨宸）

【杭州航区骨干航道标志工程通过竣工质量评定】2023年6月9日，杭州航区骨干航道桥区水域助航标志完善工程和杭州航区骨干航道交叉河道警示标志工程通过竣工质量评定。杭州航区骨干航道交叉河道警示标志工程总投资82.6万元，新建标志标牌67块，其中余杭辖区17块、萧山辖区20块、富阳辖区9块、淳安辖区21块。桥区水域助航标志完善工程总投资185.24万元，对京杭运河、杭申线、杭余线、萧余线等航道47座跨航桥梁的桥涵标、桥名牌、净高牌、甲类和乙类警示标志及桥涵灯和桥柱灯补设完善，其中桥涵标95块、桥名牌112块、通航净高牌108块、甲类警示标志132块、乙类警示标志16块、桥涵灯4座、桥柱灯8座、倒水尺48座。

（雷　杰）

2023年7月20日，下沙港开港试运行　　（丁舒婷　供稿）

铁路运输

【概况】2023年，杭州市境内营运铁路725.3千米，其中高铁377.9千米、干线铁路421.3千米、支线铁路39.2千米。高铁中杭黄高铁208千米、沪杭高铁17千米、杭甬（杭台）高铁5.6千米、宁杭高铁9.3千米、杭长高铁25千米、合杭高铁湖杭段113千米均为全封闭电气化铁路。干线铁路中，沪杭线49.9千米、浙赣线132千米、宣杭线93.2千米、萧甬线33.2千米均为全立交铁路，铺设60千克无缝钢轨。除宣杭线其余设施为电力网线、信号自动闭塞双线铁路，站内通过计算机联网控制。支线铁路金千线境内39.2千米，铺设50千克普通钢轨，为信号半自动闭塞单线铁路，站内信号为继电集中控制。杭州地区全年发送旅客9515.34万人次，到达旅客9672.91万人次；发送货物374.01万吨，到达货物1196.61万吨。运输收入125.44亿元。

境内铁路有车站32个，由中国铁路上海局集团有限公司杭州直属站、乔司直属站、嘉兴车务段、金华车务段和宁波车务段分别管理。杭州站、杭州东站属一等客运站，由杭州直属站管理。杭黄高铁线上的杭州南、富阳、桐庐、建德、千岛湖站，普铁线上的盈宁、钱塘江、萧山西、萧山站，合杭高铁湖杭段的杭州西、富阳西、桐庐东由杭州直属站管理。乔司直属站分管乔司、艮山门、南星桥、杭州北、临平、笕桥、行宫塘、沈家塘、星桥9个车站。其中，乔司站为综合自动化编组站，二级四场配置，承担杭州地区货物列车编解作业任务，为一等编组站。艮山门站属动车所，主要为杭州枢纽开行高铁动车组提供保障。南星桥站承担零担货物和部分集装箱运输，并负责杭州客车底整备工作。排塘、功塘、寿昌、新安江南、新安江、朱家埠、千岛湖南7个车站由金华车务段管理。临平南站由嘉兴车务段管理。夏家桥站由宁波车务段管理。其他涉及铁路运营单位有：杭州客运段负责旅客列车乘务，杭州机辆段负责辖内机车乘务、机车客车整备和检修，杭州北车辆段负责货车整备检修，杭州工务段负责高铁线路、普速铁路、桥梁、隧道维修养护，杭州电务段负责铁路信号设备维修养护，杭州供电段负责铁路电网调配维修，杭州房建公寓段负责铁路房产及乘务员公寓管理运营，杭州货运中心负责铁路货物运输经营。12月6日，杭州、金华两个货运中心合并为中国铁路上海局集团有限公司杭州铁路物流中心。杭州铁路办事处是中国铁路上海局集团有限公司派驻浙江省管理机构，负责铁路与地方联络协调，管内铁路单位安全生产、联劳协作、员工社会保障等。

【亚运会和亚残运会铁路运输服务保障】2023年，杭州亚运会和亚残运会期间，杭州铁路部门聚焦“筑牢安全防线、强化赛时保障、提升服务水平、展示铁路形象”总目标，亚运会工作专班加入亚运会赛事总指挥部交通指挥中心，开展24小时合署办公，实现零距离、全天候、常态化铁路运输服务保障。结合长三角铁路运输特点，完成运力统筹、客运服务、联络接待、环境保障、安全保卫等工作。

杭州东站等20个客运车站构建全链条抵离服务，为涉亚人员提供高效顺畅出行环境。车站设置亚运专用通道、专用候车区，由专人引导从亚运专用通道可直达亚运专用候车区。涉亚运会票务工作置顶优先、重点保障。针对4类客户群、3种运输场景，每日对接亚运抵离、赛时通勤、赛事转场等运输需求，按照重点运输、团体受理、固定包车3种运输组织互补方式，采取列车换型重联、启用高峰线、加开临客等措施，完成客流高峰期各项涉亚铁路运输任务。亚运会恰逢中秋、国庆黄金周，在黄金周运输和杭州亚运会叠加客流冲击下，保障涉亚人员出行需求。铁路部门组织上海、南京动车段，挑选173列动车组固定担当亚运会运输任务。同时联合各主机上部设施厂家专家在杭州东、金华、上海虹桥、南京南等重点车站长期驻站，应急处置，在动车段应急值守，做好技术支持。坚持每日排查车辆隐性故障，加强动车组出库前状态确认和突发故障检修处置。

表26　2023年杭州铁路客货运量一览表

单位	站名	旅客发送量（万人次）	旅客到达量（万人次）	货物发送量（万吨）	货物到达量（万吨）	运输收入（万元）
杭州直属站	杭州	856.53	839.50	—	—	112979.12
	杭州东	7128.76	7182.71	—	—	919491.41
	杭州南	583.99	663.75	—	—	53425.96
	杭州西	410.09	465.61	—	—	84450.51
	盈宁	—	—	—	—	—
	钱塘江	—	—	—	—	—
	萧山西	—	—	—	—	—
	萧山	—	—	—	—	—
	富阳	58.20	53.79	—	—	3248.75
	富阳西	135.98	137.23	—	—	8311.07
	桐庐	83.77	80.66	—	—	5801.18
	桐庐东	135.51	140.15	—	—	11953.23
	建德	10.85	5.77	—	—	788.62
	千岛湖	13.06	12.94	—	—	1527.92
乔司直属站	乔司	—	—	1.01	5.09	148.90
	艮山门	—	—	—	—	—
	南星桥	—	—	4.15	5.17	0.0
	杭州北	—	—	74.25	334.30	20617.60
	临平	—	—	20.87	72.09	4756.90
	笕桥	—	—	0.43	4.36	0.0
	行宫塘	—	—	—	—	—
	沈家塘	—	—	—	—	—
	星桥	—	—	—	—	—
	仓前	已关停	—	—	—	—
嘉兴车务段	临平南	98.60	90.80		—	7594.78
金华车务段	排塘	—	—	—	—	—
	功塘	—	—	0.50	719.30	572.23
	寿昌	—	—	0	0	23.65
	新安江南	—	—	99.80	24.50	4978.74
	新安江	—	—	0	0	0
	朱家埠	—	—	96.70	24.20	7359.11
	千岛湖南	—	—	76.30	7.60	6372.40
宁波车务段	夏家桥	—	—	—	—	—
合计		**9515.34**	**9672.91**	**374.01**	**1196.61**	**1254402.08**

（资料来源：杭州铁路办事处）

【复兴号亚运智能动车组列车投入运营】2023年9月16日，G9313次复兴号亚运智能动车组列车驶出杭州东站，标志着专为杭州第19届亚运会打造的亚运列车投入运营。复兴号亚运智能动车组列车车身采用亚运主题色“虹韵紫”涂装，绘有良渚古城饕餮纹、西湖三潭印月、大运河拱宸桥等文化元素和亚运色彩。随车配备2台同步翻译机，可满足60余种语言的翻译需求，5G+Wi-Fi高速无线网络全覆盖。铁路部门精心挑选44名业务技能精、综合素质强的员工组建成亚运服务专班，统一着全新制服。亚运智能动车组列车根据亚组委要求和实际运行情况适时调整运行线路，承担亚运会城市间抵离、赛时通勤、赛事转场等职能。

2023年9月16日，复兴号亚运智能动车组开行。图为动车组服务专班上岗

（杭州铁路办事处 供稿）

【中秋、国庆黄金周杭州铁路发送旅客408.9万人次】2023年，中秋、国庆黄金周观赛、探亲、旅游和学生客流交织，出行需求强劲。杭州铁路加强运能匹配供给，精准实施“一日一图”，加开上海、南京、郑州、武汉、南昌、长沙、温州、台州、黄山等热门方向旅客列车1160列，发送旅客408.9万人次，日均发送旅客34.1万人次。其中，铁路杭州（城站）站发送旅客46.6万人次，杭州东站发送旅客284.3万人次，杭州南站发送旅客27.6万人次，杭黄高铁富阳、桐庐、建德、千岛湖4站发送旅客18.8万人次，湖杭高铁杭州西、富阳西、桐庐东3站发送旅客31.6万人次。

（徐卫宁）

【中铁快运助力亚运会和亚残运会】2023年，杭州亚运会和亚残运会期间，中铁快运股份有限公司上海分公司杭州营业部承接杭州第19届亚运会、第4届亚残运会兴奋剂检测样本运输项目。按照亚组委要求，中铁快运从主办城市杭州及协办城市宁波、温州、金华等地收集兴奋剂检测样本后，通过高铁冷链运输方式运送至北京南站，再转运到北京兴奋剂检测实验室。要求24小时内完成取样送达，运输温度控制在2℃~12℃，全程专人押运，冷链箱视频监控。亚运会期间安全发送冷链箱240个。

（徐　静）

【长三角铁路年发送旅客超过8亿人次】2023年12月29日，长三角铁路年发送旅客超过8亿人次。铁路上海局集团公司和省文旅厅在杭州东站和G7467次列车上举行长三角铁路旅客发送量超过8亿人次宣传活动，邀请中央广播电视总台、新华社等30个媒体近50名记者开展集中采访，刊发报道300余篇。发送的第8亿名旅客当日在杭州东站产生，领到了浙江文旅和铁路部门的大礼包，含价值5000元的铁路E卡（买车票时可以当现金使用）以及浙江景点门票等代金券。长三角铁路拥有25条高铁线路，动车组开行所有地级市（舟山除外），营业里程1.4万千米，其中高铁里程超过7100千米。

【杭州机场高铁海宁至绍兴段开工】2023年3月30日，新建杭州机场高铁海宁至绍兴段工程启动会在杭州召开。工程总投资338.3亿元，正线长72千米，自桐乡站引出，经桐乡市、海宁市，穿越钱塘江后向南，经杭州市钱塘区、萧山区及绍兴市柯桥区，终于绍兴北站。其中：桐乡至钱塘段长约34千米，设计时速350千米；钱塘至绍兴段长约38千米，设计时速250千米；杭州南站至萧山机场站联络线长约13千米，设计时速160千米。全线设海宁观潮、钱塘、萧山机场、绍兴北等车站，其中海宁观潮、钱塘、萧山机场为新建车站。

【杭州至南昌高铁全线运营】2023年12月27日，杭州至南昌高铁全线贯通运营。杭昌高铁起自杭州南站，途经浙江省杭州市，安徽省宣城市、黄山市，江西省景德镇市、上饶市、南昌市，接入南昌东站，线路全长560千米，设计时速350千米。杭昌高铁是继沪昆高铁杭州至南昌段后，连接杭州至南昌的又一高铁通道，是国家“八纵八横”高铁网的重要连接线，串联起西湖、千岛湖、黄山、鄱阳湖、景德镇、滕王阁等一批全国著名旅游名胜区，途经9个国家AAAAA级旅游景区、70余个国家AAAA级旅游景区，形成浙江、安徽和江西3个省的名城、名镇、名湖、名山黄金旅游线。

【杭温高铁全线铺轨】2023年7月20日，杭州至温州高速铁路开始铺轨。全线铺轨总长529千米，铺设道岔245组。施工采用国内先进的智慧云安全调度管理系统，实时远距离监控铺轨机、长轨运输车、焊轨车等设备，实现管理智能可视、安全自动预警。预计2024年6月具备开通运营条件。

【杭州西站站房结构监测系统启用】2023年2月6日，杭州西站站房结构监测系统通过竣工验收，投入使用。该系统在站房主体框架中平均分布765个传感器，传感器中的采集箱自动感知采集结构应力、挠度、轴力、沉降、承重、风向、温度等各项数据，完成健康监测数据库建立。同步将监测数据与平台系统对接，实现平台功能分析与应用。采集数值如超出标准值范围，系统自动判别，发出警报，标明隐患存在位置，便于快速处置。

【"12306"旅客信息服务功能优化】 2023年8月22日起，铁路部门优化完善"12306"旅客信息服务功能，提供购票、乘车、退票、改签、停运通知、晚点提示等出行信息服务。优化后信息服务功能新增推送候补同方向增开临时旅客列车、检票地点变更等信息，向乘车人推送服务信息。根据旅客需求，通过微信、支付宝及"12306"手机App推送消息；对未开启微信及支付宝消息通知的旅客，通过手机短信推送服务信息。

【铁路钱塘江大桥陈列馆入选科学家精神教育基地】 2023年5月30日，在全国科技工作者日暨全国创新争先奖表彰大会上，杭州铁路钱塘江大桥陈列馆入选科学家精神教育基地。钱塘江大桥陈列馆地处钱塘江大桥北岸西侧引桥处，建于1998年11月，1999年12月14日对外开放。2017年9月，钱塘江大桥通车80周年之际重新整修。陈列馆建筑面积330平方米，设3个展厅，展陈钱塘江大桥的前世今生和历史意义，讲述以茅以升、罗英等为代表的大桥设计者和建设者们的事迹。钱塘江大桥陈列馆作为精神文明建设和爱国主义教育窗口，被列入各级爱国主义教育基地，成为学校的第二课堂。科学家精神教育基地入选名单由中国科协、教育部、科技部、国务院国资委、中国科学院、中国工程院、国家国防科工局联合发布。

【杭州费家塘铁路主题公园开园】 2023年6月，位于杭州拱墅区的费家塘铁路主题公园竣工对外开放。公园紧邻宣杭铁路，占地面积2.8万平方米，园内种有东方杉、金桂、香樟、水杉等各类乔木500余株，还有红叶石楠球、红花檵木球、八仙花等灌木。公园保留一段长约350米的宣杭铁路遗迹，配备足球场、健身跑道等设施，设置休息座椅和管理用房。

（徐卫宁）

民用航空运输

【概况】 杭州萧山国际机场位于浙江省杭州市东部，距市中心27千米，是国务院确定的国内区域性枢纽机场、国家一类航空口岸，也是浙江省的门户机场和中国·杭州临空经济示范区、中国（杭州）跨境电子商务综合试验区的重要依托。机场2000年12月28日建成通航，2006年12月与香港机场管理局合资合作，是国内首家整体与港资合资的机场，2009年跻身全球机场100强。2023年，杭州萧山国际机场列国内前十大客运机场、前五大货运机场和航空口岸。至年末，机场用地面积10平方千米，有4座航站楼、2条跑道（3600米×45米、3400米×60米）和等长的滑行道，以及217个机位。飞行区等级4F级，可保障世界最大民航客机A380全重起降。

杭州萧山国际机场按照建设"世界一流现代化国际航空枢纽"战略目标，统筹做好亚运会保障、主业恢复等工作。全年完成旅客吞吐量4117.05万人次，比上年增长105.5%；完成货邮吞吐量80.97万吨，下降2.4%；完成航班起降30.04万架（次），增长57.8%。其中客运量创历史新高，恢复程度列内地前十大机场首位。全年客运量列内地机场第十位，货运列内地机场第五位。全年新增6个内地航点，稳定运营国际（地区）客运航点34个，新增及恢复14个国际（地区）客运航点，开通至迪拜、阿拉木图2条中西亚航线，以及境内首条至大洋洲的第五航权客运航线。稳定运营货运航点17个，引入全球物流巨头马士基，携手中外运与寰宇通达首次达成合作。新增比隆、芝加哥、布达佩斯、达卡、巴黎和奥斯坦德6个国际货运通航点。至年末，杭州萧山国际机场有通航点182个，定期运营航空公司68个。

▶资料：2023年杭州萧山国际机场定期航点

共182个，其中内地136个、中国港澳台地区3个、国际43个。

1. 内地：广州、深圳、首都、重庆、西安、双流、昆明、大兴、天府、乌鲁木齐、哈尔滨、贵阳、沈阳、海口、长春、青岛、三亚、郑州、大连、太原、厦门、南宁、兰州、珠海、银川、西双版纳、石家庄、西宁、呼和浩特、天津、武汉、丽江、揭阳、烟台、长沙、阿克苏、拉萨、威海、宜宾、赣州、泉州、桂林、绵阳、运城、泸州、湛江、恩施、赤峰、呼伦贝尔、延吉、南阳、毕节、柳州、襄阳、遵义新舟、临汾、十堰、宜昌、临沂、喀什、广元、榆林、敦煌、惠州、铜仁、大理、通辽、昭通、常德、遵义茅台、菏泽牡丹、包头、白山、鄂尔多斯、洛阳、东营、南充、鸡西、日照、安康、阿拉尔、怀化、佳木斯、玉林、张家口、乌兰浩特、库尔勒、唐山、芒市、万州、信阳、沙市、图木舒克、承德、牡丹江、延安、邯郸、潍坊、西昌、乌海、九寨沟、文山、大同、井冈山、琼海、长治、汉中、岳阳、庆阳、德令哈、北海、张家界、陇南、衡阳、忻州、达州、佛山、嘉峪关、通化、康定、济宁、满洲里、吕梁、百色、鄂州花湖、韶关、秦皇岛、锦州、黔江、稻城、石河子、济南、黎平、巫山、福州、南昌。

2. 中国港澳台地区：香港、澳门、台北桃园。

3. 国际：首尔、大阪、曼谷廊曼、新加坡、曼谷素万那普、东京、吉隆坡、芽庄金兰、多哈、开罗、罗马、济州、清迈、普吉、里斯本、巴厘岛、沙巴、卡利博、胡志明市、阿拉木图、文莱、雅加达、马德里、迪拜、奥克兰、悉尼、阿姆斯特丹、法兰克福、河内、马尼拉、新西伯利亚、莫斯科谢列梅捷沃、莫斯科伏努科沃、列日、布达佩斯、洛杉矶、芝加哥、纽约、达卡、比隆、乌兰乌德、巴黎、奥斯坦德。

【亚运会和亚残运会航空运输保障】 2023年，杭州机场围绕杭州亚运会和亚残运会办赛目标和理念，以状态、队伍、设施、环境、服务、品质"六个一流"标准，完成亚运会航空运输保障任务。先后升级航站楼、机坪、交通等硬件设施，完成环境美化、绿化提升等系列工程和关键流线亚运氛围布置。创新采用行李提前收运、“一机一策”差异化保障、舱门口轮椅转换与交运等方法，实现抵离高峰客流、行李、轮椅保障高效有序。争取放飞政策支持、落实时刻容量临时调减措施、统筹航班错峰出港，提升航班正常率。亚运会期间，杭州机场保障涉亚客运航班4538架（次）、旅客5.09万人次、行李8.7万件；货运航班44架（次），运输赛马224匹；保障亚残运会特殊旅客1.1万人次、枪弹1562件、超规行李5996件，实现“绝对安全、快进快出、温馨舒适”亚运会航空运输保障目标。

表27　2019—2023年杭州萧山国际机场主要生产指标一览表

年份	旅客吞吐量（万人次）	比上年增长（%）	货邮吞吐量（万吨）	比上年增长（%）	航班量［万架（次）］	比上年增长（%）
2019	4010.84	4.9	69.03	7.7	29.09	2.1
2020	2822.43	-29.6	80.20	16.2	23.74	-18.4
2021	2816.38	-0.2	91.41	14.0	23.83	0.4
2022	2003.81	-28.9	82.98	-9.2	19.04	-20.1
2023	4117.05	105.5	80.97	-2.4	30.04	57.8

（资料来源：杭州萧山国际机场）

表28　2023年杭州萧山国际机场直达通航流量前十位城市一览表

位　次	城　市	客流量（万人次）	出港平均客座率（%）
1	广州	368.12	83
2	深圳	323.96	84
3	北京	309.71	70
4	成都	307.33	84
5	重庆	225.34	91
6	西安	174.26	89
7	昆明	161.95	90
8	沈阳	102.37	86
9	贵阳	100.66	88
10	三亚	99.96	88

（资料来源：杭州萧山国际机场）

表29　2023年杭州萧山国际机场新开通部分国内航线一览表

航空公司	航　线	开通日期	航班号	机型
浙江长龙航空有限公司	杭州—鄂州—西安	2023-10-29	GJ6095	A320
中国东方航空集团有限公司	杭州—井冈山—昆明	2023-01-10	MU5547	A320
浙江长龙航空有限公司	杭州—吕梁	2023-09-16	GJ8553	A320
首都航空股份有限公司	杭州—芒市	2023-10-29	JD5983	A320
四川航空股份有限公司	杭州—石河子	2023-07-07	3U3193	A320
浙江长龙航空有限公司	杭州—西宁—德令哈	2023-06-09	GJ8877	A319

（资料来源：杭州萧山国际机场）

表30　2023年杭州萧山国际机场新开通部分国际航线一览表

航空公司	航　线	开通日期	航班号	机型
中国东方航空集团有限公司	杭州—悉尼—奥克兰	2023-11-05	MU731	A332
浙江长龙航空有限公司	杭州—阿拉木图	2023-09-07	GJ8217	A321
中国国际航空股份有限公司	杭州—迪拜	2023-09-10	CA761	A333

（资料来源：杭州萧山国际机场）

【机场安全运行】2023年，杭州机场运行安全平稳有序，全年不安全事件万架次率为0.033，比上年下降38%，实现第23个安全年。高标准推进航空安保体系建设，开展安保演练8次。运行、空防、消防、网络信息等重点领域风险隐患137项、“吹哨”信息714条全部清零。制定落实21条安全运行措施，20项航空器地面操作标准化程序通过审核并进入试运行。严格落实跑道防侵入、鸟击防范、“低慢小”升空物防治等专项整治。制定集中攻坚方案、完善规章制度、加强人员教育、规范日常管理，顺利通过民航局安保审计。完成亚运会和亚残运会期间政要抵离、全国两会等重大航空运输保障任务。

【机场服务品质提升】2023年，杭州机场服务质量提升，机场服务质量评分（ASQ）自测得分4.93分，对社会公布的46项服务承诺100%达标，航班放行正常率88.79%。全面整合值机、问询、安检、临时证明办理等资源，增设航站楼内座椅、手推车、摆渡车等服务设施，缩减国内值机截止时间、提升航班靠桥率。推出文旅主题定制班线，打造“一站式”便捷出行服务。亚运会前夕发布六大产品线、近20个子品牌的“杭行无忧”品牌，系统优化机场服务品牌体系。杭州机场被授予无障碍环境认证最高奖三星级证书，获国际卫生机场和首批“浙江省服务业龙头企业”称号，“美好出行一件事”入选全省交通领域三个“一号工程”典型案例。

【机场枢纽建设】2023年7月31日，杭州机场东区国际货站投运。该货站是浙江省重点项目、亚运会保障项目，总投资14.89亿元，建筑面积15.67万平方米，是原货站面积的近5倍，规划年货邮吞吐量保障能力60万吨。货站整体采用公共货站、快件/跨境中心、代理区三层结构设计，设有汽车平台、综合业务楼、海关查验中心、特运库、海关卡口、空侧管理用房等设施；配备ULD提升机、托盘提升机、无人驾驶叉车、立体货架、海关查验分拣线、安检作业回流线等智能化设备。至年末，东区国际货站保障货量5.61万吨。杭州机场争取时刻放量，小时容量由45架（次）提升至54架（次），连续4个航季实现高峰小时容量递增；双跑道独立离场、相关进近转入运行阶段，机场可持续发展空间得到拓展。组建“慧行”服务创新实验室，完成6个科创项目立项，首项研究成果“慧询”投入试运行。开展5G专网及终端、机坪无人驾驶货邮驳运等前沿业务研究，全年完成8项知识产权申报和9项集团数字智治任务。如期完成T4航站楼联检区域改造、入境航班全面转场T4航站楼、凯悦及凯悦嘉轩酒店营业。

（徐　文）

城市公共交通

【概况】2023年，杭州市公交集团秉承“地铁坐到站，公交送回家”服务理念，实施“两网融合”战略，围绕“一站一策”“单元治理”“六进服务”，以短距离、高密度、走街串巷、招手即停等灵活运营方式，强化地铁接驳服务，推动城市公共交通可持续发展。开通地铁接驳线415条，日均客流58.33万人次。开行“一老一幼”通学线、精准排班、准时公交、响应式停靠、多线联运，打造公共交通转型发展和区域交通治理样板，公交客流提升20%。717条“求知专线”每天运送学生5.92万人次。至年末，全市公交营运线路1310条，营运车辆9548辆（其中主城区4136辆），出租车3465辆（含和谐出租挂靠车辆）；公共自行车14.37万辆、服务点5458处，最高日租用量47.3万人次，累计租用量超过13.24亿人次，免费使用率98%。形成以普通公交线路为主体，旅游线、定制线、接驳线、社区微公交、出租车、公共自行车为补充的公交服务体系。集团总资产188.49亿元，下属分公司11个、子公司36个，有员工2.23万人。杭州市地铁集团以奋发有为的精神状态，打赢经济翻身仗和亚运攻坚仗“两场硬仗”；履职尽责、实干担当，推进公司组织架构重塑、产业布局优化、治理体系建设。全年完成固定资产投资120.6亿元，运送乘客13.84亿人次，日均客流379万人次，单日最高客运量503.2万人次，地铁出行占主城区公共交通客运总量的72.6%。

【交通治理在线平台发布】2023年12月1日，第五届浙江国际智慧交通产业博览会在杭州开幕，杭州交通治理在线平台发布。平台全量全要素归集国土空间、环境气象、设施设备、人口职住、居民出行等11大类、50亿条政府公共数据、信令数据及互联网出行数据，实现综合交通数据融合化、结构化、主题化和共享化。在此基础上建立交通路网设施、人口交通资源分布、交通运行活动特征三大类N层交通图谱，实现城市交通治理全要素的数字化、空间化、可视化。平台着眼破解市民交通出行痛点和行业治堵、治超、治乱、治危等实际问题，建成行动在线、指标在线、公交在线、运输在线、设施在线、交管在线、停车在线、服务在线8个模块，推出智慧公交、堵点治理、景区治理等14个重点场景。

（段　云）

【杭州公交“片区治理”入选交通运输部典型案例】2023年，杭州公交针对市民对城市公共交通更便捷、更可靠、更高效、更智慧要求，在丁兰街道25个社区推进区域智慧公交应用试点，利用客流分析系统构建多元化的社区公交线网体系，开展“片区治理”。依托公交廊道优化4条公交通勤快线，5条公交干线新辟线路、优化走向、调整票价，推动供给需求精准匹配、运输组织精准高效、出行时间精准可控，探索单元化、网格式公交服务新模式。“片区治理”使丁兰街道公共交通乘客满意度提升19.7%、客流量提升20%、运营效率提升20.5%，城市公交竞争力和吸引力有效提升。该治理模式入选交通运输部城市公共交通优先发展和绿色出行典型案例。

（谢雨宸　朱晓宇）

【亚运会和亚残运会公共交通保障】2023年，杭州公交集团设立工作专班，制定工作方案，做好亚运会期间公共交通运输工作。6月15日，市公交集团举行“平安护航迎亚运 百日攻坚守安全”誓师大会。市公安、城投等单位党员干部、营运司机、修理人员200余人参加。7月10日，市公交集团制定发布《杭州市公共交通集团有限公司“平安护航亚运”联合巡查行动方案》，联合市公安局交通治安分局公交派出所开展“平安护航亚运”联合巡检行动，出动巡查人员481人，巡查场站38处，开展逢物必检、逢疑必查、逢液必查“三逢三必”检查3449辆（次）。亚运会期间，完成开（闭）幕式观众和社会面观众运送保障、地铁6号线东北段接驳服务、赛事期间公交运营保障及轮椅运动员保障等工作。

【公交“六进”服务落实】2023年，市公交集团开通“六进”服务需求热线，以需求为导向，落实“六进”服务内容，推出公交进学校、进企业、进园区、进医院、进小区、进中心（行政中心、商业中心）服务线路。至年末，开通“六进”服务线217条，其中进学校33条，进小区79条，进企业52条，进园区36条，进医院12条，进中心5条。

【市公交集团节能减排显成效】2023年，市公交集团新购1180辆新能源公交车投入运营，至此，已经连续9年采用新能源车辆更新运营车辆。至年末，市公交集团主城区在用4136辆运营车辆均为新能源车辆。按年均运营里程5万千米测算，年单车节约柴油1.75万升，全公司年节约柴油7328万升。同时，单车每年减少排放二氧化碳46.03吨，全公司年减少排放二氧化碳1.9亿吨。

（市公交集团）

【杭州公共交通一码通上线】2023年4月21日，原杭州公交App升级为杭州公共交通App，杭州市内公共交通实现一码通。该App支付功能全面接入公共汽（电）车、地铁、公共自行车、水上巴士等各类公共交通工具。同时推出一码通票价优惠，乘客使用杭州公共交通App内的杭州公共交通一码通，自然月内乘坐地铁、公交、水上巴士累计消费满一定金额可享受9折、7折、5折不同的累乘优惠和换乘优惠。杭州公共交通App还可查询周边公交、地铁站车辆线路走向及到达时间、公共自行车桩点位信息。

（沈威宇 市公交集团）

【**亚运会和亚残运会地铁保障**】2023年，市地铁集团完成护航亚运会和亚残运会各项保障任务。建立亚运会指挥部组织架构，制定亚运会《杭州地铁保障指挥部工作方案》，成立5个工作保障组，构筑高度整合、分工明确运作机制，实时更新《杭州地铁亚运保障任务清单》，开展滞后工作督查督办，确保亚运会和亚残运会保障任务按时保质保量完成。围绕“办好一个会，提升一座城”总目标，高效率、高质量、高标准完成74条“迎亚运”道路建设和52座亚运保障重要站点站容站貌提升美化。更新5万余处标识标牌、优化290条英文广播、装点800余个地铁出入口亚运元素，开行地铁“亚运号”主题专列，精彩亮相国务院新闻办公室新闻发布会。聚焦亚运会开（闭）幕式，优化运营组织方案，创新“专站专列闭环运输”模式，实现亚运会开幕式3万余地铁观众40分钟顺利疏散。加密高峰行车间隔，延长高峰时段，延后末班时间，提高运能，保障畅通。赛事期间累计保障1.3亿人次安全出行。编制完成《杭州地铁无障碍设施设计规程》，提升轨道交通无障碍设施水平。完成各类无障碍整改，提升2000余处，无障碍卫生间、母婴室、轮椅坡道、盲道、低位票亭、盲文等无障碍设施及服务水平显著提升。市地铁集团组织10批次、2889人次志愿者服务保障开（闭）幕式，依托亚运菁彩服务星、亚运V站、志愿服务队为乘客提供信息咨询、大件行李拎包、医疗应急、失物招领等增值服务。亚运会和亚残运会期间，8万人次志愿者服务时长58万小时，收到亚组委及市直部门感谢信20余封，乘客表扬信1492封。

【**地铁四期工程开工**】2023年，市地铁集团超额完成年度投资目标，地铁四期7条新线、80座车站全面开工。年初，地铁集团细化分解四期项目报批开工各环节，梳理线路工程可行性研究、初步设计报批前规划选址用地预审等要件，落实专人跟踪督办。组建项目审批专班，采用“分期实施、分期供地”方式，解决非农用地站点先期实施问题，确保国有用地先行供地、先行开工。通过成立分公司协同推进设计、征迁、土建、机电等工作，地铁9号线二期仅用22天完成农转用批复。

【**轨道经济发展**】2023年，市地铁集团秉持“轨道营城”理念，发挥“轨道+”资源整合优势，推动产业链补链、强链、延链，做强做优轨道交通产业经济。全新升级杭铁开发品牌，在建13个TOD（以公交为导向的开发模式）项目，建筑面积285万平方米，全年销售面积26万平方米，销售金额77.9亿元，克而瑞登上2023年度杭州房企销售榜前20位。自主开发翠著邱山里、和映云筑、河翠云筑3个新盘陆续面市，成为杭州房地产市场新亮点。五常车辆段TOD项目入选城市轨道交通TOD示范案例。建成善贤站、文一西路站、潮王路站等5个地铁商业区。加强自营语音广告，拓展自营平面广告，全年自营广告合同额2525万元，比上年增长3.5倍。承接物业管理项目10个，服务面积75万平方米。参与宁波地铁、常州地铁等杭州市外监测项目投标，入围杭海线地铁保护监测名录库，首次承接地铁线路首级控制网测试及控制测量、地形图修测和地下管线探测项目。开展8条地铁线路398千米结构长期变形监测、46个地铁保护项目监测。拓展周边市域铁路和地铁沿线市场化代建业务，完成地铁10号线三期、杭海线西延2个代建项目协议签订。科技创新引领，拓展轨道交通产品研发，签订合同近1亿元。与杭实集团战略合作，合资成立杭州铁联供应链服务公司，承接业务合同金额超过20亿元。

【**杭州地铁7号线获国家优质工程奖**】2023年，杭州地铁7号线工程获2022—2023年度国家优质工程奖，是杭州地铁首次获该奖项。工程建耕区间盾构通过开仓换刀在国内首次实现盾构机掘磨地连墙，减振型易调整型无砟轨道成套工装设备达到国际先进水平，为杭州亚运会举办提供交通保障。地铁7号线全长47.5千米，设车站24座。工程于2017年开工建设，2022年4月全线通车。

（傅方明）

【**数字人民币“乘车码”进地铁**】2023年5月31日，杭州地铁集团在全国率先实现数字人民币“乘车码”展码进站。数字人民币“乘车码”直接加载在国家数字人民币App中，实现“一个App、一码过闸、互联互通”。杭州、绍兴、海宁3地16条线路、291个站点、1.1万台闸机同步开通，全线路支持“双离线”展码过闸、互联互通。使用境外手机号码开通“乘车码”的乘客，不采集身份信息，数字人民币钱包及“乘车码”同步开通，解决境外人员支付工具不互通、收集身份信息等问题。

（朱方晋）

【**杭州地铁新增3站开通**】2023年2月21日，杭州地铁10号线与19号线换乘站文三路站、6号线丰北站、亚运村站开通运营。文三路站重要节点的开通，使城西连通南北作用的10号线、城市东西向骨干快线19号线在核心区域实现换乘，轨道交通线网功能得以完善，有助于文二路、文三路、学院路等地面主干道车流“减负”。丰北站、亚运村站开通后为杭州亚运会提供公共交通保障。3个站均设有低位服务窗口、第三卫生间、母婴室等无障碍设施，并为乘客提供预约接送、协助进站等爱心服务。

（沈威宇）

邮政·快递

【**概况**】2023年，杭州地区有邮政局所287个，其中邮政支局97个、自办邮政所185个、代办邮政所5个。报刊零售网点47个（含邮政报刊亭46个）、叠加警医邮业务网点178个、集邮专业网点19个。创建省级普服示范网点3处、扫黄打非示范点4处。一级干线邮路61条、二级干线邮路

42条、邮区内邮路445条、投递道段2835条，其中城市投递道段1917条、农村投递路线918条。行政村通邮率100%，城区每日平均投递次数2.38次。2月13日，临平邮政管理局成立。

【亚运会和亚残运会寄递服务保障】2023年，市邮政管理局在全市邮政快递行业开展迎亚运"安全强基、服务品质、行业形象、生态环保、人员素质"五大提升攻坚行动。成立相应工作专班，由邮政管理部门与寄递企业人员组成。通过政企联动，专班化运作，形成工作合力，完成杭州亚运会和亚残运会保障任务。

【《杭州第19届亚洲运动会》纪念邮票发行】2023年9月23日，《杭州第19届亚洲运动会》纪念邮票首发式在杭州第19届亚运会组委会大楼举行。《杭州第19届亚洲运动会》纪念邮票一套2枚，全套邮票面值2.40元，计划发行783万套。2枚邮票分别以杭州第19届亚洲运动会会徽和亚运会吉祥物为画面主体，下方为杭州亚运会核心图形与色彩系统，画面集中国色彩文化和杭州特质于一体，简约明快、主题突出。该套邮票是杭州第19届亚运会唯一纪念邮票，在邮票设计与工艺上都有创新。中国邮政还特别发行《杭州第19届亚洲运动会》特殊工艺版式二，面值9.60元，发行量10万版。首发式当天同时发行《杭州第19届亚洲运动会》首日封和《西湖十景》亚运版邮折，并向杭州亚组委赠送特殊编号首日封。

【杭州通过"中国快递示范城市"复评】2023年3月28日，国家邮政局发文批复第三批"中国快递示范城市"评选结果，杭州通过复评"中国快递示范城市"。杭州市作为首批中国快递示范城市，优化行业发展环境，提升行业发展质效，出台系列支持快递业发展政策，破解快递行业发展难题，推动杭州市快递业高质量发展。

【浙江省邮政业亚运安保突发事件应急演练】2023年6月27日，浙江省邮政业亚运会和亚残运会安保突发事件应急演练在杭州萧山中通分拨中心举办。演练突出问题导向、实战导向，瞄准亚运安保目标和行业安全生产实际，重点演练亚运期间入杭邮件快件二次安检查堵处置违禁物品、分拣作业场所火灾处置和人员逃生、员工宿舍火情处置3个场景。通过现场演练结合实景拍摄，展示突发事件全环节处置流程，提升演练效果。

表31　2023年杭州市邮政行业发展情况一览表

指标名称	单位	总量		比上年同期增长（%）	
		全年	12月	增长（%）	同期增长（%）
一、邮政行业寄递业务量	万件	455303.5	42404.4	13.3	2.5
1. 快递业务	万件	401163.0	36552.7	15.1	-1.1
其中：同城	万件	44700.1	4342.8	3.9	5.0
异地	万件	272959.0	25109.4	2.7	-5.5
国际/中国港澳台地区	万件	83503.8	7100.5	109.9	13.3
2. 邮政寄递服务	万件	54140.5	5851.8	1.5	32.6
其中：函件	万件	5694.4	453.1	6.6	-3.5
包裹	万件	49.9	6.6	8.1	95.6
订销报纸	万份	26423.9	3415.9	0.3	62.2
订销杂志	万份	838.9	69.0	-8.8	-8.4
汇兑	万笔	13.2	1.8	-3.6	17.4
二、邮政行业业务收入	亿元	458.7	43.5	6.6	5.1
其中：快递业务	亿元	366.7	35.5	9.3	-6.5
邮政寄递服务	亿元	13.9	1.1	-25.8	-25.2

说明：邮政行业业务收入中未包括邮政储蓄银行直接营业收入，快递业务中不包含邮政公司包裹业务

（资料来源：杭州市邮政管理局）

【杭州市快递员职业技能竞赛】2023年7月5日，以"迎亚运、竞技能、展'蜂'采"为主题的杭州市快递员职业技能竞赛在杭州技师学院举行，这是年度职工职业技能八大竞赛活动之一，首次纳入市一类竞赛。竞赛由市总工会、市人力资源和社会保障局、市邮政管理局主办，市经信工会、市职业能力建设指导服务中心、市快递行业工会联合会、市快递行业协会承办，杭州技师学院、浙江邮电职业技术学院协办。市直和各区县（市）9支队伍、10个快递品牌、33名快递员参加。竞赛包括理论知识和操作技能两部分，闭卷笔试占30%、操作技能占70%计算比赛总成绩。市直队胡邵、陈增峰、楼铠锴分别获前三名。胡邵代表杭州市参加全国赛获二等奖。

【快递业党建融入城市治理双向奔"富"现场会】2023年8月8日，杭州市快递行业党建融入城市治理双向奔"富"现场会在康桥街道文体中心举行。活动以"心安吾家，亚运'佳邮'"为主题，分参观和会议2个环节。与会人员参观了快递小哥党群之家、快递小哥公寓样板房、大关新人幼儿园，实地调研吴家墩顺丰快递小哥集中居住区党建工作，了解"四点半"课堂、"杭小蜂"夏令营等品牌项目开展情况，感受快递小哥在康桥的无忧生活。

【中国西北地区快递集拼项目启动】2023年11月10日，中国邮政与淘天集团有限公司打造的浙江省中国西北地区快递集拼项目启动。项目旨在响应和助力国家公共服务均等化号召，构建全区域、全链路一体化寄递网络，打通由东至西购物运输通道，让西北地区享受到浙江商品时效优、性价比高的快递服务。项目落地杭州萧山区杭州邮政集拼仓，占地面积3000平方米，为江浙沪首个邮政集拼仓，开通杭州至新疆维吾尔自治区乌鲁木齐、阿克苏2条直达专线，逐步拓展西藏、青海、甘肃、内蒙古、海南等区域。

（刘　琴）

责任编辑　须同威

29 产业投资促进

产业链精准招商

【产业项目招引推进】2023年，杭州市贯彻落实省委、省政府三个“一号工程”和“十项重大工程”，围绕打赢经济翻身仗和亚运攻坚仗目标，开展“全球招商季”“亚运招商季”活动，聚焦智能物联、生物医药、高端装备、新材料、绿色能源五大产业生态圈，实施产业链精准招商，推动产业项目招引取得新进展。全市落地总投资1亿元以上制造业固定资产投资类项目345个，比上年增长19.4%。其中总投资10亿元以上制造业固定资产投资类项目62个，增长8.8%。落地总投资1亿元以上五大产业生态圈项目421个。

【招商引资统筹机制完善】2023年，市投资促进局等部门制定《关于进一步强化招大引强市区联动的若干举措》，加大市级层面要素统筹和资源投入力度，协调资金、土地、能耗、人才等要素保障部门，畅通要素供给渠道，保障重大项目落地。制定《杭州市招商引资项目全生命周期“1+6”管理机制》，搭建招商引资项目全生命周期全景看板“一张图”，建立项目策划生成、评审分级、协调调度等机制6项，形成全市层面统一研判信息、调度要素、大抓落实的招商引资工作格局。

【重大产业项目招商引资】2023年，杭州市以招商引资项目协调调度机制为抓手，推进一批重大项目落地。全年召开招商引资推进调度会13次和项目专题协调会3次，研究推进项目50余个。坚持市区联动、专班攻坚，招引落地投资100亿元及以上产业项目3个，招引落地三诺电子长三角总部及产业基地、路特斯智能线控全球总部及产业基地等总投资50亿元以上制造业项目。

2023年6月20日，“幸会杭州”投资促进大会召开

（市投资促进局 供稿）

【“幸会杭州”城市机遇发布机制建立】2023年，杭州市创新“市场+资源+应用场景”招引模式，建立“幸会杭州”城市机遇发布机制，梳理城市资源开发利用、要素供给、公共产品和服务等信息，发布产业谋划及政策支持内容，帮助企业全面、准确、及时地了解杭州发展机遇，促进城市资源配置效益最大化和效率最优化。年内发布“中国视谷”、“3+N”（由市政府整合组建的杭州科创基金、杭州创新基金和杭州并购基金三大母基金与其余N支行业母基金、子基金、专项子基金）产业基金集群等发展机遇信息20余次。6月20日，市委、市政府召开“幸会杭州”投资促进大会。来自《财富》世界500强企业、中国500强企业、中国500强民营企业、境内外商（协）会、投资基金及中介机构等领域的嘉宾420余人参会，共同探讨杭州产业投资和发展方向。大会洽谈签约项目48个，涉及总投资1072亿元，其中集中签约项目30个，涉及总投资701.1亿元。会上发布涉及人工智能产业创新发展政策、“中国视谷”发展前景、跨境电商未来发展、金融支持绿

表 32　2023 年杭州市各区县（市）利用外资情况一览表

单　位	项目（个）	到位资金完成数（亿美元）
上城区	129	11.93
拱墅区	95	7.45
西湖区	110	4.00
高新区（滨江）	169	9.27
萧山区	165	35.16
余杭区	175	8.88
临平区	21	2.51
钱塘区	97	3.47
富阳区	38	1.85
临安区	29	2.20
桐庐县	13	0.92
淳安县	5	0.12
建德市	12	0.55
市　属	8	—
合　计	**1066**	**88.31**

（资料来源：市投资促进局）

色产业发展等方面的信息。结合大会召开，市投资促进局举办“幸会杭州”城市机遇资本招投联动对接会，为有意向落地杭州的项目和知名投资机构搭建交流平台。

【项目全生命周期闭环管理】2023 年，杭州市以项目全生命周期管理赋能招商引资工作，建设杭州市投资项目全生命周期管理平台，用好全市产业投资项目管理系统，实现项目盯引、签约、落地、开工、投产、达产等环节的数据贯通。建立招商引资项目全生命周期标准体系，重点跟踪招引项目推进过程，加大对签约未落地项目的监测力度。

（陈冠璋）

引进和利用外资

【实际利用外资88.31亿美元】2023 年，杭州市创新利用外资方法和渠道，聚焦五大产业生态圈实施精准招商，利用外资创历史新高。全年新设外商投资企业 1066 个，实际利用外资 88.31 亿美元，利用外资比上年增长 13.0%，在全国 11 个重点城市中总量居第四位，增幅居第一位，总量继续保持全省第一位。至年末，杭州市累计引进外商投资企业 1.91 万个，投资总额 3388.05 亿美元，合同外资 1867.74 亿美元，实际利用外资 1126.54 亿美元。

【利用外资结构优化】2023 年，杭州市利用外资结构不断优化，制造业利用外资总量持续增长，达到 45.44 亿美元，比上年增长 2.5 倍，占全省利用外资总量的 49.9%，其中电气机械和器材制造业、专用设备制造业分别增长 4.8 倍和 3.3 倍。招引落地沙特阿美石油公司、美国高盛集团、美国辉瑞制药有限公司、法国苏伊士环境集团、德意志银行等世界 500 强企业投资项目 5 个，引进投资额 3000 万美元以上项目 108 个，其中投资额 1 亿美元以上项目 40 个，包括荣盛石化股份有限公司、杭州大和热磁电子有限公司、浙江鸿尊科技有限公司、杭州镁伽科技有限公司、杭州智宸智能装备有限公司等 7 个制造业外资项目。

【利用外资渠道拓宽】2023 年，在国际局势复杂多变、美元持续加息、全球跨国投资低迷的局势下，民营企业境外融资或上市后返投成为“双循环”背景下杭州利用外资的重要抓手。3 月，沙特阿美石油公司出资 34.05 亿美元从荣盛石化控股股东浙江荣盛控股集团有限公司处受让 10% 的股份。10 月，世界知名车企斯特兰蒂斯公司以 14.5 亿欧元战略投资，入股浙江零跑科技股份有限公司，该案例是杭州深度参与全球产业分工合作，有序推动企业高水平走出去、高质量引进来的典型范例。

【重点产业平台稳外资“主力军”作用发挥】2023 年，杭州市重点产业平台坚持高水平对外开放，发挥稳外资主力军作用，全市保持外资利用稳中提质良好态势。全年 5 个国家级开发区和 5 个省级经济开发区实际利用外资 65.95 亿美元，比上年增长 90.5%，占全市实际利用外资的 74.7%。其中：萧山经济技术开发区实际利用外资 39.87 亿美元，增长 6.2 倍；杭州高新技术开发区实际利用外资 9.62 亿美元；杭州经济技术开发区实际利用外资 7.08 亿美元。5 个国家级开发区和 5 个省级经济开发区制造业利用外资 44.07 亿美元，占全市制造业利用外资总额的 97.0%。

（陈冠璋　冯金海）

投资促进活动

【瑞士、德国产业投资促进活动】2023 年 3 月 5—12 日，市投资促进局组团到瑞士、德国开展投资促进活动。3 月 9 日，举办杭州—德国“专精特新”企业恳谈会，德国机器视觉、3D 增材制造、机器人等领域 10 余个“专精特新”企业和机构参会。会上，市投资促进局、钱塘区分别推介投资环境，与企业高级管理人员和机构代表交流合作事宜。

【法国、西班牙产业投资促进活动】2023 年 3 月 9—16 日，市投资促进局会同上城区、拱墅区到法国、西班牙开展投资促进活动。3 月 10 日，举办中国杭州·法国巴黎投资合作推介会，来自法国航空集团、法国电力集团等 20 余个企业代表参会，市投资促进局作杭州产业投资环境推介。出访期间，代表团走访法中友好协会联合会、巴黎工商会、格勒诺布尔创新园、欧洲永恒美妆公司、西中友好投资促进协会等 15 个商（协）会、科创园和企业。

2023 年 11 月 1—3 日，中国医药企业家科学家投资家大会在杭州市临平区艺尚小镇举行
（市投资促进局 供稿）

【芬兰、英国产业投资促进活动】 2023 年 3 月 18—26 日，市投资促进局会同萧山区投资促进局、余杭区商务局到芬兰、英国开展投资促进活动。在芬兰期间，走访人工智能、新材料、医疗健康等领域企业，与奥卢市市长梅特·赛普进行会面，与奥卢商务局开展座谈交流。3 月 23 日，在英国举办杭州投资合作交流会，英中商业发展中心主席、中国贸促会驻英国总代表兼英国中国商会副会长出席活动并致辞，30 余个英国企业及在英中资企业代表参加，参加活动企业涉及金融科技、产业投资、专业服务等领域。在英国期间，代表团走访牛津大学技术与管理发展中心、牛津大学商学院等研究机构。

【杭州新材料产业城市行苏州站活动】 2023 年 3 月 31 日，市投资促进局组织杭州企业到苏州开展新材料产业投资促进活动，召开投资环境推介会。会上，市投资促进局、钱塘区、临安区、桐庐县分别作投资环境推介。有关单位与江苏星起源新材料科技有限公司、江苏大毛牛新材料有限公司、国镓半导体（无锡）有限公司等企业就项目投资问题进行“一对一”洽谈。其间，市投资促进局组织 3 支招商小分队，分别考察火箭派（太仓）航天科技有限公司、苏州博理新材料科技有限公司、苏州溯驭科技有限公司等企业，进行项目投资合作意向对接。

【香港投资促进系列活动】 2023 年 4 月 10—14 日，市政府组团到中国香港开展投资促进活动，走访新鸿基集团、香港置地有限公司、恒隆集团有限公司等 20 个企业，并于 4 月 13 日举办以“数字 + 服务 + 制造耦合共生”为主题的杭州—香港高端服务业推介会。会议吸引恒生银行有限公司、高盛（中国）证券有限责任公司、戴德梁行有限公司、仲量联行投资有限公司等 60 余个香港企业和机构参加。市投资促进局介绍杭州投资环境、服务业扩大开放综合试点情况及利用外资政策。

【杭州市（深圳）投资交流会】 2023 年 4 月 12 日，由市投资促进局主办的“2023 杭州市（深圳）投资交流会”在深圳举行。会议邀请广州文远知行科技有限公司、江西沃格光电股份有限公司、康佳集团股份有限公司、宁波 TCL 股权投资有限公司等 18 个行业企业和机构参会。会上，临平区商务局、富阳区商务局围绕区域位置、空间资源、产业基础等方面进行招商推介。

【日韩智能物联产业投资促进活动】 2023 年 5 月 10—17 日，市投资促进局组团到日本、韩国开展投资促进活动。5 月 15 日，在东京举办杭州市日本投资促进专题对接会，邀请纽康株式会社、花王株式会社、日中投资促进机构、先锋领航日中并购投资基金等企业和机构参加。会上，市投资促进局、西湖区推介投资环境，与日本企业和机构交流探讨合作事项。

【中国医药企业家科学家投资家大会在杭州召开】 2023 年 11 月 1—3 日，第十五届中国医药企业家科学家投资家大会在杭州临平艺尚小镇举行。大会由中国医药企业管理协会、中国医药生物技术协会、杭州市投资促进局、杭州市临平区政府共同主办，围绕中国医药创新趋势，以“让创新可持续”为主题，设主论坛 1 场、分论坛 22 场，大会达成推动集聚创新资源、形成头部共识、加强成果展示与合作的目的。会议吸引近 1400 个生物医药领域企业、科研院所和投资机构参加，超过 4 万人次业界人士通过线上参与活动。会议期间，中国医药企业管理协会发布 2023 年中国医药创新企业 100 强、中国医药上市公司竞争力 20 强、中国生命服务企业品牌 100 强等榜单，举办中国医药创新投资十大赛道发布与路演活动。

【杭州新材料产业城市行上海站活动】 2023 年 11 月 5—6 日，市投资促进局带队到上海开展新材料产业投资促进活动，召开投资环境推介会及“一对一”洽谈对接会，与上海派拉纶生物技术股份有限公司、上海维旺光电科技有限公司等新材料领域企业开展交流，并组织萧山区及膜材料产业平台、余杭区及瓶窑新城、临安区及锦南新城等区县、平台与上海有关企业面对面交流。

【杭州—北京绿色能源产业招商对接会】 2023 年 11 月 30 日，市投资促进局和钱江经济开发区在北京联合举办杭州—北京绿色能源产业招商对接会，与上海电气集团股份有限公司、新锦动力集团股份有限公司、北京华胜天成科技股份有限公司、首航高科能源技术股份有限公司等近 30 个企业的高级管理人员现场交流，回应企业投资关切，邀请企业到杭州考察。会上，市经信局作杭州市绿色能源产业推介及产业政策解读。

（陈冠璋）

责任编辑　余显幕

30 对外经贸

货物贸易

【概况】2023年,杭州市货物进出口总额8029.7亿元(1141.6亿美元),比上年增长6.1%(以美元计算增长0.3%)。其中:出口5338.7亿元(759.3亿美元),增长3.7%(以美元计算下降2.1%);进口2691.0亿元(382.3亿美元),增长11.3%(以美元计算增长5.2%)。按不含省级公司进出口实绩统计,杭州市外贸进出口总额7523.9亿元(1069.6亿美元),增长6.4%(以美元计算增长0.5%)。其中:出口5119.2亿元(728.0亿美元),增长4.7%(以美元计算下降1.1%);进口2404.8亿元(341.5亿美元),增长10.0%(以美元计算增长4.0%)。全年一般贸易出口4528.8亿元,增长5.2%,占出口总额的88.5%;加工贸易出口521.7亿元,下降2.4%,占出口总额的10.2%。机电产品出口2473.6亿元,增长14.9%,占出口总额的48.3%;高科技产品出口814.2亿元,下降20.0%,占出口总额的15.9%。对共建“一带一路”国家出口1792.8亿元,增长12.8%,占出口总额的35.0%;对《区域全面经济伙伴关系协定》的国家出口1172.7亿元,增长1.7%,占出口总额的22.9%。杭州市有进出口实绩企业1.7万个,有出口实绩企业1.4万个。

【外贸融资服务】2023年,杭州市加大“杭信贷”融资模式(“信保+担保”融资)推广,发挥政策性担保融资兜底作用,扩大惠及面。全年为39个(次)企业授信3.41亿元,放款2亿元。自2020年4月以来,累计授信外贸企业215个(次),授信总额16.3亿元,累计放款8.73亿元。

【“双百双千”拓市场专项行动】2023年,杭州市开展“双百双千”拓市场专项行动。全市出行团组共计773个,出行企业3485个(次),参加展会数量超过520个,获取订单金额达1114.9亿元。与英国励展博览集团、德国汉诺威展览公司、环球资源会展(上海)有限公司等国际展会公司建立合作并邀请到杭州与企业现场对接。升级“海外杭州”自办展成为国际平台展会,在印度尼西亚、波兰、德国、巴西、土耳其、阿拉伯联合酋长国、墨西哥、南非和日本自主举办9场展会,参展面积16.6万平方米。阿拉伯联合酋长国展是中国在海外举办的规模最大的展会,印度尼西亚展是中国在《区域全面经济伙伴关系协定》国家中举办的规模最大的展会。通过“展会+包机”、建立签证绿色通道,为企业提供便利、开拓市场。

【出口品牌培育】2023年,杭州市开展2023年度杭州市级出口名牌企业评审认定工作。按照《杭州市商务局关于组织开展2023年度“杭州出口名牌”认定工作的通知》要求以及有关认定办法,在企业自主申报、属地初审推荐和第三方事务所审核打分的基础上,市出口名牌评审小组通过核查确认、会议联审、征求意见和网络公示,认定2023年度“杭州出口名牌”91个,其中新增品牌22个、复评品牌69个。

【国际贸易摩擦应对】2023年,杭州市组织区县(市)商务局和相关预警点做好相应的贸易救济案件应对工作。共排查案件104起,涉案企业2210个,涉案金额13.2亿美元。其中:与印度贸易摩擦19起,涉及企业371个,涉案金额1.9亿美元;与美国贸易摩擦16起,涉及企业721个,涉案金额2.6亿美元。

【外贸风险防范】2023年,杭州市与中国出口信用保险公司浙江分公司创新服务模式,通过“杭城出口风险直播间”模式开展培训5场次,覆盖超过1万人次。鼓励各地开展各具特点的信保合作,防范风险,特别是中小企业的出口风险。中国出口信用保险公司承保企业超过4400个,通过直接赔付和海外追偿为企业挽回损失15.3亿元,其中短期出口贸易险直接支付赔款4.35亿元,比上年增长9.3%。

【杭州交易团参加中国进出口商品交易会】2023年4月15日至5月5日,第133届中国进出口商品交易会在广州举行。杭州市有参展企业810个,其中品牌企业46个,参展展品类别涵盖家用电器、电子信息、机械设备、新能源、礼品、餐厨、园艺、装饰品、玩具、家具、纺织服装、鞋帽、医疗保健、体育及休闲用品等全部54个展区中的45个展区。

10月15日至11月4日，第134届中国进出口商品交易会在广州举行。杭州市有参展企业955个，其中品牌企业77个。参展展品类别涵盖家电、电子信息、加工机械、工程机械、工业自动化、礼品、餐厨、园艺、装饰品、家具、纺织服装、鞋帽、医疗保健等全部55个展区中的50个展区。

【杭州交易团参加中国国际进口博览会】2023年11月5—10日，第六届中国国际进口博览会在上海举行。杭州市组织3577个单位8358人参加采购，其中赛诺菲安万特（杭州）制药有限公司、杭州汽轮动力集团股份有限公司、浙江迪安诊断技术股份有限公司等重点进口企业均签下1000万美元以上采购订单，意向采购5.46亿美元。展会期间，杭州跨境电商综试区代表外贸新业态展示跨境电商最新发展动态与趋势，中南卡通全息数字人、强脑科技智能仿生腿代表自贸试验区杭州片区展示最新创新成就，华立泰国罗勇工业园代表中国“一带一路”倡议的成功案例。姚生记、山外山、喜得宝公司等17个杭州非物质文化遗产和老字号企业全方位、多角度展现杭州传统文化。短剧《径山茶宴·茶汤会》呈现禅茶文化悠久的历史价值和丰富的文化内涵。市商务局在浙江专场新闻发布会上发出数字贸易之约，对11月23—27日在杭州举办的第二届全球数字贸易博览会进行推广介绍，邀请全球客商到杭州参会。

【杭州交易团参加中国—东盟博览会】2023年9月16—19日，第20届中国—东盟博览会在广西南宁举行。杭州市受邀成为展会中国唯一的“魅力之城”，组织14个企业参加商业展，包括科技智能、电子产品、国际贸易、食品加工包装、新能源、绿色建材与智能家居等领域。另有3个企业在“魅力之城”主题展区展示数字智能产品，展现杭州企业的创新活力。9月17日，杭州市举办中国“魅力之城”杭州经贸合作交流推介会，向世界推广介绍杭州投资环境。展会期间，东盟国家媒体、广西主流媒体、浙江主流媒体对杭州“魅力之城”主题展区和推介会进行专题报道。

（市商务局）

服务贸易

【概况】2023年，杭州市服务贸易出口额182.48亿美元，比上年增长7.4%。知识密集型服务贸易出口额148.65亿美元，增长9.5%，占全市服务贸易出口额的81.5%，其中知识产权使用费增长15倍。全年杭州市服务贸易对《区域全面经济伙伴关系协定》成员国出口额为80.27亿美元，占全市出口额的44.0%。杭州市出口规模居前三位的是滨江区、西湖区和萧山区，出口额分别为54.95亿美元、25.82亿美元和19.27亿美元，3个区出口额合计占比超过全市的50%。

全年杭州市签订技术出口合同707份，合同金额18.35亿美元。其中技术咨询、技术服务出口合同347份，合同金额10.42亿美元，增长13.6%，占技术出口合同金额的82.7%；计算机软件出口合同85份，合同金额1.22亿美元，增长5.6%；专利技术出口合同11份，合同金额4000万美元，增长109.0%。

【服务贸易创新发展试点】2023年，杭州市深化服务贸易创新发展试点收官，107项任务完成。“推进新型离岸国际贸易创新发展”“探索人民币跨境收付新方式”“以知识产权服务业集聚区建设支持区域创新发展”3个案例分别入选第三批、第四批全国“最佳实践案例”。三轮试点以后，累计入选全国最佳案例10个，为服务贸易创新发展输出“杭州经验”。入选2023年服贸会示范案例5个，数量居全国副省级城市首位。“杭州阿里巴巴海外数字商业有限公司——阿里巴巴国际站数字外贸增长飞轮”入选中国服务实践案例，“慧博云通科技股份有限公司——企业级ERP高端海外研发中心服务”“菜鸟网络科技有限公司——菜鸟数智海外仓助力国货出海降本提速”入选全球服务实践案例，“杭州趣链科技有限公司——五云一码松茸全产业链数字化平台”入选业态创新示范案例，“浙江阿里巴巴闲鱼网络科技有限公司——闲置资源循环利用数字化交易平台”入选绿色发展示范案例。

【国家特色服务出口基地建设】2023年，杭州市培育产生数字服务、文化、知识产权和中医药4类共5个国家级服务出口基地。滨江物联网产业园获国家数字服务出口基地量化考核“优秀”等次，综合得分居全国第一位。知识产权服务出口基地的数据知识产权制度改革入选国务院知识产权联席办印发的知识产权强国建设第二批典型案例。中国（浙江）影视产业国际合作区的“以原创短视频为媒，向世界讲好中国故事”入选国家文化出口基地第三批创新实践案例。浙江数字文化国际合作区的“‘版钉’数字文化版权保护平台”入选“2023—2024年度国家文化出口重点项目”。国家中医药服务出口基地——浙江中医药大学的来华留学生规模扩大，新增科威特、利比里亚、伊拉克、阿富汗、利比亚5个生源国，全年总计招收学生309人，在校学生人数超过1000人。

【数字贸易发展】2023年，杭州市数字服务贸易额1923.97亿元，比上年增长16.9%，占全省数字服务贸易额的74.4%。杭州市2个区（余杭区、萧山区）入选首批浙江省数字贸易示范区，7个单位入围省级数字贸易标准化试点基地，数量均居全省第一位。在第二届全球数字贸易博览会上，84个杭州企业入选2023年浙江省数字贸易百强榜。

【服务贸易市场主体建设】2023年，杭州市支持服务贸易企业和园区专业化、规模化、品牌化发展。全年新认定3个服务贸易示范园区、20个示范企业和19个成长型企业，累计培育32个示范园区、189个示范企业和107个成长型企业。其中服务贸易出口额在1000万美元以上的企业215个、1亿美元以上的企业27个。

【服务外包】2023年，杭州市承接服务外包合同签约额190.15亿美元，服务外包合同执行额 176.79 亿美元。其中离岸服务外包合同签约额 99.81 亿美元、离岸服务外包合同执行额 93.63 亿美元。离岸执行额中，信息技术外包（ITO）合同接包执行额为 50.04 亿美元，占总执行额的 53.5%，比上年增长 2.8%；业务流程外包（BPO）接包执行额为 9.51 亿美元，占总执行额的 10.2%，增长 5.7%；知识流程外包（KPO）合同接包执行额为 34.07 亿美元，占总执行额的 36.4%。

（市商务局）

对外经济合作

【概况】2023 年，杭州市实现境外企业总投资额 99.05 亿美元，境外企业中方投资额 38.48 亿美元，比上年增长 43.4%。其中新批境外投资项目 408 个，总投资 46.42 亿美元，中方投资额 24.16 亿美元。新批境外投资增资项目 74 个，增资额 14.51 亿美元。全年全市批准境外投资项目 3411 个，分布于全世界 103 个国家和地区，其中非贸易性项目 2170 个，总投资 1082.94 亿美元，中方投资额 451.21 亿美元；实现国外经济技术合作营业额 21.39 亿美元，增长 48.4%。对外承包工程新签合同额 25.40 亿美元，完成营业额 21.39 亿美元；劳务人员实际收入总额 56.00 万美元。

【境外经贸合作园区建设】2023 年，杭州市推进 1 个国家级境外经贸合作区、5 个省级境外经贸合作区的建设工作。至年末，泰中罗勇工业园新增入园企业 40 个，其中浙江企业 19 个，累计入园企业 224 个（其中浙江企业 79 个）。北美华富山工业园新增入园企业 8 个，其中浙江企业 2 个，累计入园企业 29 个（其中浙江企业 13 个）。华立柬埔寨农业园新增入园企业 36 个，累计入园企业超 100 个（其中浙江企业 4 个）。中柬国际农业合作示范区原区内种植面积超过 1250 公顷，果树约计 53 万棵，另新推地约 800 公顷，新育芒果树苗 60 万株。文莱大摩拉石油炼化工业园实现营业收入 44.26 亿美元，总资产规模达 63.50 亿美元。钱塘（硅谷）中心完成 16 个企业的洽谈和续约，拓展 23 个新入驻企业并完成签约，累计入驻企业、机构 80 个。

【对外经贸促进活动】2023 年，杭州市举办杭州—芝加哥经贸交流座谈会，与美国中西部政商领袖访华团开展交流活动，全市近 20 个企业参会。与美国芝加哥招商局、南非开普敦市等举行视频交流会，商谈合作意向，密切双边经贸往来。访问日本、马来西亚、泰国等地，推介杭州全球数字贸易博览会，开展经贸交流活动。组织企业参加 2023 年“丝路护航”暨浙江—东南亚绿色能源投资与建设合作对接活动。

【境外风险防范】2023 年，杭州市摸排在非洲投资合作项目和所有涉及采矿业、金属冶炼和压延加工业投资合作境外项目运行情况，排查境外项目在劳资关系、环境保护、安全许可、生产环境、安防力量、公共关系等方面存在的风险隐患。组织重点外经企业参加第二期境外中资企业安全生产能力提升培训班，提高全市企业境外安全事件预防和应对能力。在浙江省境外经贸合作区规范健康运行考核中，杭州市 3 个境外园区被评为一类园区，占全省园区数量的 37.5%。

（市商务局）

国际贸易投资促进

【概况】2023 年，市贸促会落实三个“一号工程”，聚焦打好经济翻身仗和亚运攻坚仗，创新对外经贸服务新模式，拓展商事法律服务新领域，提升贸易便利化水平，助力杭州外经贸事业发展和高水平对外开放。全市贸促系统为 1500 余个（次）企业办理各类商事认证文件 16.55 万份。其中：签发一般原产地证明书 10.79 万份，签证金额 188.6 亿美元；签发优惠原产地证明书 3.06 万份，签证金额 12.91 亿美元；签发商事证明书 2.46 万份，代办领事认证 2049 份，附加证明书（海牙认证）217 份，受理 ATA 单证册 53 份。自贸协定优惠原产地证为企业减免关税 6457 万美元。

市贸促会全年接待走访 49 个国家和地区的到访团组 70 批次 222 人次。举办金砖国家女性工商联盟代表团与中国（杭州）企业对接洽谈会、“选择美国”投资圆桌会、中国（杭州）—哈萨克斯坦经贸研讨会等 10 余场国际经贸活动。与印度尼西亚—中国商务理事会签署合作协议。

市贸促会组织企业参加澳大利亚中国纺织服装服饰展、意大利米兰国际时尚服装及珠宝配饰展等 20 个国际展会，帮助企业深耕欧美日等传统市场及拓展共建“一带一路”新兴市场。推进首届中国国际供应链促进博览会招展招商，组织浙江吉利控股集团有限公司、浙江极氪智能科技有限公司等 5 个企业参加展会，展览面积 1162 平方米。

【杭州世界知识产权大会筹备】国际保护知识产权协会（AIPPI）杭州世界知识产权大会（简称杭州大会）将于 2024 年 10 月 19—22 日举办，市贸促会推进杭州城市及杭州大会国际宣传，做好大会筹备工作。2023 年 5 月 20—25 日，市贸促会接待 AIPPI 会长奥山尚一、AIPPI 中国分会副会长龙传红一行到杭州考察，与 AIPPI、AIPPI 中国分会就杭州大会相关筹备工作交流。10 月 22—25 日，市贸促会组织杭州代表团到土耳其学习观摩 2023 年 AIPPI 伊斯坦布尔世界知识产权大会，完成杭州大会交接仪式。参加第十三届中国国际商标品牌节、第十二届中国知识产权年会等专业活动，设置杭州大会宣传展位，开展杭州大会宣传推广。

【杭甬贸促“双城记”交流会】2023 年 11 月 8 日，杭州、宁波两地贸促会（国际商会）在杭州联合举办“潮起杭甬、聚力双城”——杭甬贸促“双城记”交流会暨合作签约仪式。杭州、宁波 30 个贸促机构、商协会、国际机构和企业在会上签订 18 个合作协议，建立多层级合作机制。两地企业代表以及媒体代表近 200 人参加活动。

【“世界杭商汇”活动】2023 年，市贸促会创新对外经贸服务新模式，借助贸促会、国际商会驻海外联络处和商会会员企业力量，在境外组织开展国际经贸交流活动。6 月 27 日，依托

2023年10月25日，国际保护知识产权协会（AIPPI）杭州世界知识产权大会举行接旗仪式
（市贸促会 供稿）

市国际商会驻日本联络处，在日本大阪举办“中日经济贸易交流会”，参观考察日本上市企业，开展商务交流。共有来自杭州、大阪、东京、神户、京都等地的企业家、中日友好人士和媒体代表40余人参加活动。日本株式会社三川、杭州蓝前建设发展有限公司等中日企业现场签署合作意向书。11月3日，依托市国际商会驻古巴会员企业杭州多加科技有限公司，在古巴哈瓦那举办“中拉经贸交流会暨中拉产业园古巴园区发布会”及商务考察活动。来自杭州、古巴、委内瑞拉等地60余个政府机构、企业80余人参加活动；市国际商会30余个会员企业线上参会。

【市国际商会第四届会员代表大会】2023年5月16日，市国际商会召开第四届会员代表大会。大会报告市国际商会第三届会员代表大会2018年以来的工作情况；选举产生新一届市国际商会会长、副会长、秘书长、常务理事、理事；审议通过市国际商会章程、市国际商会会费收缴与使用管理办法等。市国际商会通过优化组织架构与运行机制，创新商会服务模式，开展清廉商会建设，增强国际商会工作力量服务外向型企业发展。

【市国际商会助力共同富裕】2023年，市国际商会依托共同富裕委员会，引导、支持商会会员企业参与杭州西部区县（市）乡村振兴与共同富裕建设。7月20日，市国际商会共同富裕委员会一届二次会议召开，新增10个委员企业，组织企业与富阳、临安、桐庐、淳安、建德5个区县（市）在产业投资、贸易推动、民生帮扶等领域新签订8个合作项目。至年末，共同富裕委员会委员企业达53个，有19个共富合作项目同步推进。

【国际商事调解云平台功能提升】2023年，市贸促会推进中国（杭州）知识产权·国际商事调解云平台迭代升级，上线运行手机移动端，推动商事纠纷化解提速。至年末，在平台上向公众提供调解服务的调解机构86个、调解员1400余名；平台自运行以后受理案件2.74万件，调解完结2.31万件，调解成功8563件，成功率37.1%，涉案金额41.9亿元，履行率99.0%，入选“2023年浙江省国际贸易投资促进最佳实践案例”“2023杭州生活品质总点评年度区块”。市法院、杭州仲裁委、市贸促会签署《关于健全完善国际商事争端“一站式”多元解纷机制备忘录》。市贸促会与市互联网法院及13个基层法院签署《关于建立知识产权·涉外商事纠纷多元化解机制的合作协议》。

【“杭州品牌出海培育”项目实施】2023年7月19日，市贸促会主办的2023年度“杭州品牌出海培育”项目暨“海外独立站培训营”开营。项目共举办线下全体培训4场、线上主题培训10场，帮助50个企业完成独立站网页制作，品牌曝光量913万余次，项目意向成交额500万美元，国际询盘高于75%。

【《区域全面经济伙伴关系协定》政策宣传推广】2023年，市贸促会围绕《区域全面经济伙伴关系协定》（RCEP），加大RCEP等自贸协定宣传推广和服务力度，推进RCEP优惠原产地证明书办理和宣传推广。开展“助企抗风险，力促稳外贸”等RCEP主题“贸促课堂”培训，编发《RCEP实务百问解答》，全年签发RCEP优惠原产地证明书2460份，帮助企业节约关税成本159.2万美元。

【中非经贸西湖论坛】2023年11月16—17日，市贸促会（市国际商会）联合浙江工商大学、中非民间商会举办“2023中非经贸西湖论坛暨第二届浙商对非经贸合作论坛”。论坛主题为“数智赋能、绿色发展”，设“2023中非经贸西湖论坛”、第二届浙商对非经贸合作论坛、中非经贸高质量发展智库论坛3个分论坛。全国中非经贸研究及实践领域知名专家学者、企业家和优秀青年创客等518人（次）参加活动。

（市贸促会）

钱江海关

【概况】2023年，钱江海关围绕杭州市“奋进新时代、建设新天堂”目标，推进各项工作。全年钱江海关监管进出口货物226.71万吨，价值116.61亿美元，其中出口21.08亿美元、进口95.53亿美元。受理报关单7.93万份，其中出口报关单3.86万份、进口报关单4.07万份。监管进出口邮件和快件3049.1万件。全年完成税收征管入库86.78亿元。

【国门安全监管】2023年，钱江海关开展“国门绿盾”“跨境电商寄递‘异宠’综合治理”专项行动，推进严防外来物种入侵三年专项行动，查获禁止进境物355批次，截获植物有害生物107种（次）、外来入侵物种52批次。开展重点敏感进出口商品质量安全风险监测，检出不合格工业品215批。开展“打击进出口危险品伪瞒报”专项行动，查获含活泼金属邮件3个和危化品出口逃检情事1起。

【跨境贸易便利化】2023年，钱江海关统筹推进署、省、市跨境贸易便利化多项行动，细化落实海关总署优化营商环境16条，推进杭州市“一号改革工程”事项，完成6项杭州市2023年优化营商环境重点任务，并通过现场评估。建立出口鲜活易腐农产品属地查检“绿色通道”，推进出口危险品及其包装检验模式改革试点，确保货物进出口高效顺畅。推广真空包装等高新技术货物布控查验模式，累计有8个高新技术企业享受目的地查验便利措施，惠及30余票货值2.5亿元的进口集成电路制造设备。“企业集团加贸改革”和“破解特殊物品入境难”2项举措获评浙江省“一号开放工程”最佳实践案例，“数智保税仓+智慧通关+海外仓”事项获评杭州市营商环境优化提升最佳实践案例。

【打击走私行动】2023年，钱江海关按照杭州海关关于开展打击走私“国门利剑2023”联合行动的要求，开展“全员打私”，推进综合治理。开展禁止洋垃圾入境、打击象牙等濒危动植物及其制品走私等工作，查验签发毒品、濒危物种、枪支配件等走私违规情事94起。开展“金钥2023”和“商神2023”专项行动，查验签发各类漏税情事34起，累计追补税5533.26万元。

【开放平台融合发展】2023年，钱江海关支持杭州市“自贸试验区、跨境电商综试区、临空经济示范区、综合保税区”4个开放平台融合发展，以海关监管制度创新赋能“四区”联动做大做强，梳理16项创新举措并推动落实，其中13项纳入杭州市重点任务清单。“链式服务”助力亚运会官方合作航企引进飞机5架，货值18亿元，单架可节约成本30万元、增收300万元。通过出口保税暂存优化出口汽车行业供应链，助力汽车“整车出海”。打造全省首个航空“数字化”监管公用型保税仓库，预计每年进口2000批次，节约报关成本80余万元。推进入境特殊物品安全联合监管机制试点落地见效，助力4个企业被纳入“白名单”试点、2批急需人源血清原料进口。“特殊生物制品一体化通关平台”和“跨关区监管助力临空枢纽通关便利”2项获评浙江自贸试验区省级制度创新及联动创新案例，13项入选杭州市“地瓜经济”提能升级重点任务清单。

【跨境电商监管服务】2023年，钱江海关在全国首批试点跨境电商网购保税进口跨关区退货模式，允许从全国各地销售的网购保税进口商品统一退入杭州综保区，首次实现网购保税进口“一点退全国”。开展跨境电商网购保税进口食品“健安2023”专项行动、“跨境进口化妆品”专项抽样检测等工作，共抽样检测跨境电商进口商品840批。与杭州自贸办联合开展“3·15”“双十一”跨境电商商品专项监测活动，共抽检265批跨境进口商品，监测结果向公众发布。

【企业管理服务】2023年，钱江海关规范信用等级调整操作，依规修复失信企业52个，开具资信证明335份，为企业上市融资提供便利支持。提档升级“十地百团助千企”“关长送政策上门”“关企直通车”等品牌，健全常态化、长效化帮扶机制，全年召开企业座谈会、恳谈会56次，调研企业877个，帮助解决问题258个，实现问题“动态清零”。

【国家税收优惠政策落实】2023年，钱江海关审核征免税证明3313份，减免两税2.87亿元。推广原产地证书“e打印”模式，推进落实出口检验检疫证书“云签发”模式。推动《区域全面经济伙伴关系协定》（RCEP）等自贸协定高质量实施，签发各类原产地证书38.36万份，自贸协定项下进出口享惠79.66亿元，其中RCEP项下原产地证书2.17万份，进出口享惠超1亿元。8月1日，杭州关区首票享受集成电路进口增值税分期纳税的设备顺利通关。该项目涉及进口环节增值税2亿元，根据相关优惠政策，可分期6年缴纳，减轻企业资金压力。

【钱江海关保障杭州亚运会】2023年，钱江海关组织通关、监管、动植检、食品等各业务领域150余人，做好赛事监管服务及亚运会安保工作。设立物资通关中心，落实“7×24”小时通关承诺，保障亚运会、亚残运会物资进出口报关单58票，货值2900万元；进境自用物资3票，共3385件。设立马术监管中心，助推杭州马术中心取得进出境动物指定隔离检疫场使用证、饲料和添加剂特许准入、自带饲草饲料进口免于核验动植物检疫证书等。通过“智慧海关

2023年9月11日，钱江海关派员现场检验检疫和监装验放，助力千岛湖活鱼出口（钱江海关 供稿）

食品安全在线”,实现对亚运会进口食材专用仓食品的全天候监控。应用“赛马检疫在线”智慧化手段落实闭环管理,完成112匹参赛马口岸检疫、运输监管、赛时监管到离境检疫全过程在线监管,出具参赛马出境《动物卫生证书》120份、《兽医卫生证书》5份。

（钱江海关）

中国（浙江）自由贸易试验区杭州片区

【概况】2023年,中国（浙江）自由贸易试验区杭州片区(简称杭州片区)推进数字自贸区建设,全年实现数字贸易额3190.7亿元,占全省数字贸易额的41.5%;服务贸易出口额182.5亿美元,其中数字服务贸易额占全省的75.8%,数字服务贸易、知识密集型服务贸易占服务贸易比重分别超过60%和80%,位居全国前列;跨境电商进出口额1400.38亿元,跨境电商贸易额1亿元以上企业194个。3项成果作为国务院自贸试验区第七批改革试点经验向全国推广,11项案例入选全省自贸试验区制度创新成果案例,4项成果入选2023年全省自贸试验区“十大进展”。12月,国家知识产权局公布全国首批国家知识产权服务业高质量集聚发展示范区名单,杭州片区滨江区块获批国家知识产权服务业高质量集聚发展示范区。

【杭州国际商事法庭成立】2023年3月15日,杭州市举行“杭州国际商事法庭”成立暨揭牌活动,这是全国第9个、浙江省首个国际商事法庭。“数智国商”系统及杭州国际商事法庭中英文网站上线,《杭州国际商事法庭规程》发布,推进涉外民商事审判工作,放大杭州贸易和投资自由化便利化的制度型开放先行优势。

【改革试点经验评选】2023年5月19日,浙江自贸试验区杭州片区举行2023年第一批改革试点经验评审会,来自滨江、萧山、钱塘3个区块和上城、余杭、临平联动创新区的25项改革试点经验参与评选。经评审,共20个案例入选优秀改革试点经验,其中联动创新区5项,涉及司法服务与实践、生物医药、跨境电商、数据交易、数字产业、数字金融等领域。

【杭州萧山国际机场双跑道独立运行获批】2023年7月,杭州萧山国际机场双跑道独立运行由试验运行阶段转入正式运行阶段。试验运行期间,杭州萧山国际机场双跑道运行效能提升,高峰小时可起降航班由45架次增加至54架次,航空器平均滑出时间减少2分钟,全天放行正常率提升11个百分点。

【机场东区国际货站开通运行】2023年7月31日,国内首个“多层结构+智能化”国际航空货站——杭州萧山国际机场东区国际货站开通运行。机场东区国际货站项目作为浙江自贸试验区建设推进大会签约项目,总投资14.89亿元,建筑面积15.67万平方米,年货邮吞吐量60万吨。

【数据知识产权证券化项目发行】2023年7月5日,杭州片区滨江区块企业杭州高新金投控股集团有限公司关于2023年度第一期杭州高新区（滨江）数据知识产权定向资产支持票据在中国银行间市场交易商协会成功簿记,发行金额1.02亿元,票面利率2.80%,发行期限358天。该次作为质押物的知识产权中,有2件为数据知识产权,标志着数据要素产权化的有效新路径已经形成。

【航空“数字化”保税仓库投入运营】2023年8月11日,杭州片区萧山区块企业长龙（杭州）航空维修工程有限公司公用型保税仓库投入运营。该仓库为浙江省首个通过数字化手段打造的航空保税仓库,机器人自动搬运航材、相关业务数据同步至企业仓库管理系统,生成报关数据实现自动报关。

【杭州数据交易所揭牌】2023年8月23日,杭州数据交易所在“中国数谷”2023杭州峰会（夏季）上揭牌,为数据交易双方发出全国首批“数据合规流通数字证书”。杭州数据交易所以建设国家级数据交易所为目标,围绕数据要素流通,探索数据交易所的业务模式创新,打造规范高效的数据交易场所。

【“一带一路”在华留学生创新创业大赛】2023年10月20日,“数贸杯”·“一带一路”在华留学生大赛总决赛在杭州举行。大赛以“数字贸易,商通全球”为主题,聚焦引人才、聚资源、拓市场、优布局、强总部5个方向,创新数字贸易人才培养新模式。市商务局以此大赛为契机,通过服务、政策、模式创新,为“一带一路”海外人才创新、创业面临的问题提供解决方案。

【第五航权客运航线启运】2023年11月5日,搭载134名旅客的东方航空MU731航班首航,从杭州萧山国际机场起飞前往新西兰奥克兰,短暂停留后再前往澳大利亚悉尼。该航线为浙江省内首条第五航权客运航线,也是全国首条第五航权大洋洲客运航线。

【数联网接入一体机路由器交付】2023年11月17日,“中国数谷”数联网首批接入一体机（数联猫）交付仪式举行,为数据交易各方实现数据要素合规高效、安全、低成本流通交易提供重要基础支撑。数联猫作为数联网的关键网元之一,以一体化可信设备的产品形态,帮助数据供应方、数据需求方实现接入“数联网”的“最后一公里”,享受到“高效合规低成本”的“数据要素快递服务”。

【数字自贸区贸易便利化研讨会】2023年11月24日,高标准经贸规则（DEPA）视野下数字自贸区贸易便利化研讨会在杭州举行。会上,围绕数据跨境便利流动,上海自贸试验区临港新片区与浙江自贸试验区杭州片区共同签署《数据跨境领域合作备忘录》。围绕数据跨境流动重大需求和企业跨境合规化痛点难点,杭州片区开展数据出境合规应用场景建设。会上,双方共同启动浙江省数据出境合规导引服务系统,并发布浙江省数据跨境合规监测大屏。

【服务业扩大开放综合试点】2023年,杭州市以“为国家探路、为发展赋能、让主体有感”为目标,构建“省市联动、市区协同、清单推进”工作体系，形成“1+10+N”抓统筹、“6项机制”抓推进、“6张清单”抓落实的工作机制。优化各类要素保障，探索功能适度混合的产业用地模式，优化人才服务机制，保障数据安全有序流动，完善风险防控保障，特别是重点领域风险防控机制。全年全市完成97项任务，形成创新实践案例83个，其中“探索基于区块链数据知识产权质押新模式”等4个案例入选2023年国家服务业扩大开放试点示范最佳案例。

（市商务局）

杭州综合保税区

【**概况**】2023年，杭州综合保税区规模以上工业企业总产值109.17亿元，比上年增长3.4%；规模以上工业企业利润总额5.27亿元，增长34.0%；税收总额21.84亿元，下降13.8%；货物进出口总值235.71亿元，下降7.7%；全年跨境零售进口额79亿元，增长22.6%。在海关总署发布的综合保税区发展绩效评估结果中，杭州综合保税区在全国138个海关特殊监管区中居全国第24位和浙江省第2位。

【**“浙江省特殊生物制品一体化通关平台”启用**】2023年，杭州综合保税区“浙江省特殊生物制品一体化通关平台”启用。全年完成10票、货值1800万元特殊生物制品的通关服务。平台建筑面积2600平方米，设置采样区、仓储区等功能区，在“一次申报、一次查验、一次放行”无纸化一站式通关模式下，特殊生物制品通关时间由原先的3~5天缩短为1~2天。相关做法入选2023年浙江自贸试验区第一批省级制度创新成果案例。

【**杭州综合保税区跨关区退货试点**】2023年，杭州综合保税区打破跨境电商网购保税零售进口商品“原进原出”模式，实现网购保税进口商品“一点退全国”，即在保税仓售出的进口商品退货时不必退回原仓，可以统一退回至具有全国性退货揽收功能的杭州综合保税区仓库。9月20日，跨境电商网购保税零售进口商品跨关区退货试点首单完成。至年末，验放跨关区退货商品1.68万件，货值492.62万元。

【**跨境电商争议云端调解**】2023年，杭州综合保税区打造“现场＋远程”的争议化解模式，海关、企业、消费者三方通过网络协商解决问题，实现“云端调解”。全年，杭州跨境电商综试区下沙园区监管跨境电商网购保税进口包裹2400余个，受理、调解跨境电商领域的质疑、投诉、举报112起，采取整改、退货、销毁等风险消减措施22批次，就地化解率、问题整改率、消费者满意率均达100%。

【**海关特殊监管区域进境木质包装检疫监管新模式测试**】2023年6月9日，杭州综合保税区完成“长三角海关特殊监管区域进境货物木质包装检疫监管新模式”首单测试。该模式

表33　2023年杭州综合保税区主要经济指标完成情况一览表

指标名称	计量单位	2023年	比上年增长（%）
一、招商引资			
外资项目批准数	个	3	50.0
仓储物流企业	个	0	—
外资项目投资总额	万美元	4650	-34.0
增资额	万美元	4556	100.0
合同利用外资	万美元	0	—
增资额	万美元	0	—
实际到位外资	万美元	10.9	-98.0
内资项目审批数	个	6	20.0
仓储物流企业	个	0	—
内资项目注册资本数	万元	2030	-95.0
二、工业经济			
工业总产值	万元	1091719	3.4
工业产品销售产值	万元	1062289	4.2
工业企业利润总额	万元	52697	34.0
税收总额	万元	218380	-13.8
海关税收及代征税	万元	199600	-14.5
税务部门税收	万元	18780	-11.1
进口值	万美元	1358775	-17.7
出口值	万美元	998374	10.8
三、仓储物流业			
营业收入	万元	8933	-3.4
工商税收	万元	319	-7.9
四、保税业务			
保税物流	万元	948386	-21.6
保税加工	万元	879791	1.5
保税电商	万元	431377	-0.7
五、基本建设			
固定资产投资	万元	43402	-8.2
投产企业数量	个	3	50.0
从业人员	个	5661	-19.3

说明：投产企业数量为拿地和租赁类项目投产

（资料来源：杭州综合保税区管理办公室）

实现辖区企业全覆盖，并列入浙江省“地瓜经济”提能升级“一号开放工程”创新试点清单。

【招商引资工作机制优化】2023年，杭州综合保税区优化招商引资工作机制，实施“存量用地招引、低效用地整治、存量厂房利用”3个模式，发挥空间资源优势。至年末，实到外资10.9万美元，完成1亿元以上制造业固定资产投资类项目1个，签约1亿元以上项目5个、10亿元以上项目1个，完成外出走访及接洽企业163个（次）。

（黄　楠）

跨境电子商务

【概况】2023年，杭州市跨境电商进出口总额1400.38亿元，比上年增长16.4%，其中出口1210.89亿元，增长20.1%。通过海关跨境电商监管平台进出口申报额592.3亿元，增长1.8倍，其中出口548.2亿元，增长2.3倍，对杭州市外贸出口增长贡献度达165.5%，提高全市出口增长7.8个百分点。在商务部“2022年跨境电子商务综合试验区评估”结果中，杭州综试区再次获评全国第一档“成效明显”。

【推进跨境电子商务发展政策出台】2023年，杭州市出台《关于加快推进跨境电子商务高质量发展的实施意见》，从跨境电子商务主体培育、品牌培育、仓储物流建设、人才培育、服务生态建设5个方面，完善政策扶持的重点、力度、方式，鼓励跨境电商品牌出海，做大做强跨境电商规模。对通过应用独立站开展跨境电商出口业务的企业，给予不超过200万元的一次性资金扶持；对跨境电子商务交易平台，每年给予不超过100万元的资金扶持。全年兑现项目388个，惠及企业283个，涉及扶持资金6903.84万元。

【亚马逊全球开店亚太区卖家培训中心落户杭州】2023年，亚马逊全球开店亚太区卖家培训中心在杭州举行开幕仪式，为亚马逊全球开店在全球的首个综合性卖家培训中心。该培训中心落户杭州，是打造专业化、国际化、复合型跨境电商人才培育和储备的重要基地。

【全国跨境电商综试区现场会】2023年5月30—31日，杭州市召开全国跨境电商综试区现场会。会议发布2022年跨境电商综试区考核评估结果，评选出杭州市等10个优秀跨境电商综试区。在商务部评选的30个外贸新业态优秀实践案例中，杭州入选7个。

【全球跨境电商峰会】2023年6月11日，杭州市召开“潮起钱塘”第七届全球跨境电商峰会，吸引来自全国各地1200余名代表到杭州参会，峰会直播观看量超过500万人次，峰会新闻全网传播量超过7000万次，成为行业内年度重要交流平台。

【跨境电商实战赛】2023年7月14—16日，杭州市联合国家电商教学指导委员会举办第十三届全国大学生电子商务“创新、创意及创业”挑战赛（三创赛）跨境电商实战赛，吸引来自全国965所高校的6819支队伍4.28万人报名参赛，并与三创赛组委会达成长期合作协议，将三创赛“跨境电商实战赛”总决赛永久落户杭州。

【跨境电商服务杭州制造出海行动】2023年7月，市商务局会同市经信局召开跨境电商服务杭州制造出海行动资源对接会，政府、企业、平台三方共同启动“跨境电商服务杭州制造出海行动”。利用跨境电商渠道优势，1128个企业上线跨境电商平台，帮助杭州制造提能升级打造国际品牌，跨境卖家数10万余个，跨境电商品牌企业占全省比重超过1/3，省级跨境电商园区数量居全省第一位。

【中欧区域政策合作杭州座谈会】2023年7月5—7日，在中欧区域政策合作机制下，中欧区域政策合作欧方案例城市与区域代表团到杭州交流访问，会议围绕中欧案例地区交流、数字经济、跨境电商、人才培养和创新、国际合作等重要议题展开讨论，推动中欧务实合作取得新进展。

【“丝路电商日”活动】2023年，杭州市举办首届“丝路电商日”活动，开启“丝路电商”国际合作的新平台，来自“丝路电商”伙伴国、共建“一带一路”国家以及亚洲开发银行等国际组织的100余名外宾参会活动。其间发布《“丝路电商”合作发展报告2016—2023》，是国内首个专业阐释、分析“丝路电商”合作的权威报告。“丝路电商”馆作为第二届全球数字贸易博览会的两大特色展馆之一，71个国内外企业参展，其中包括12个电商平台，59个产业链企业，阿里国际数字商业集团、乐麦信息技术（杭州）有限公司、南京硅基智能科技有限公司等在现场达成50余项意向合作，涉及金额超过20亿元。

【杭州跨境电商交易博览会】2023年12月27日，杭州跨境电商交易博览会在杭州开幕。杭州跨境电商交易博览会引入跨境人才对接会的新模式，吸引10余个跨境电商平台，50个跨境优质服务商和200个全国优质产业带工厂参展，30余名跨境人才现场分享经验。

（市商务局）

责任编辑　孙晟珂　袁啸马

31

区域合作

东西部协作

【概况】2023年,杭州市贯彻落实中共中央总书记习近平关于深化东西部协作的重要指示精神,按照全国东西部协作和中央单位定点帮扶工作推进电视电话会议要求及省对口工作领导小组第十六次会议精神,围绕“出成果、出亮点、出模式”要求,打造“产业合作、数字化转型、消费帮扶、文化交流、援派铁军”5张金名片,高质量完成年度各项目标任务。全年投入财政援助资金9.53亿元,在四川甘孜藏族自治州(简称甘孜州)、广元市两地实施帮扶项目151个,组织102所学校、58个医院、302个企业和47个社会组织与帮扶地区结对,选派39名挂职干部、252名专业技术人才到对口地区挂职锻炼。投入社会帮扶资金和物资价值9515万元,打造东西部协作乡村振兴“杭广样板”。

【产业协作】2023年,杭州市引导99个企业到对口地区开展产业协作,投资88.41亿元,实施产业合作项目37个。参与共建产业园33个,其中农业产业园24个,引导入驻园区企业41个,吸纳农村劳动力就业1661人;援建“家门口”帮扶车间72个,安置农村劳动力就业2304人。借助市场资源和数字化优势,采取线上与线下、专柜与专区、认购与订购、展览与展销相结合方式,拓展对口地区优质农特产品销售渠道,采购和销售农特产品金额15.2亿元。按照“拉长板、补短板、创样板”工作思路,培育示范村和先进村,打造乡村振兴示范典型27个。帮助广元市昭化区天雄村建立集“农、旅、娱、购”于一体的采摘体验园,建成党群服务中心、村史馆、“颐养之家”、儿童之家、“葭萌书房”等项目。

【文旅融合】2023年,杭州市推动民族交往交流交融工作。实施民族少年迎亚运交流计划,组织甘孜州群众参与“浙甘一家亲·携手迎亚运”、“跨越千里,共享亚运”浙甘青少年同心营、“藏汉一家亲,千里传真情”浙甘两地青少年“迎亚运,手拉手”书信交流等活动。实施各族群众文艺互嵌式发展计划,采用“线下演出+线上直播”“剧场演出+露天演出”相结合的形式,组织各地艺术家同台表演。探索文旅促进民族交融工作,杭州市拱墅区等单位开展“万人游甘孜”“拱赴休养·情牵职工·墅工乐游·助力亚运”等活动,组织杭州机关和企事业单位员工8860人次到甘孜州疗休养。亚运会期间,广元市46个A级景区、甘孜州67个景区推出优惠政策,吸引杭州市民到对口地区旅游。

【教育援助】2023年,杭州市组织4所高中与甘孜州4所高中开展“组团式”教育帮扶。其中:杭州第二中学结对康定市第二中学,杭州学军中学结对泸定中学,杭州市萧山区第二高级中学结对九龙高级中学,杭州高级中学结对雅江中学。援助甘孜州教师团探索实施适合当地要求的教学方式,助力共享杭州教育资源。组建甘孜州教育“组团式”帮扶工作联盟共同体,邀请“时代楷模”陈立群到甘孜州泸定中学等学校开展教学指导,整合浙江、四川和甘孜本地教师资源打造融合特色班3个,组织两地结对学校师生交流研学、导师帮带、师徒结对,结对师生378人。

【就业增收】2023年,杭州市为帮扶地区举办乡村振兴干部培训班113期、专业技术人才培训班273期,培训当地干部2.33万人次。举办劳务协作培训班275期,培训农村劳动力1.09万人次。组织对口地区农村劳动力到浙江就业1.16万人。聚焦残疾人、返贫重点监测对象、脱贫人口等低收入群体,以项目化运营,数字化赋能等形式,助力对口地区农村劳动力就业增收。实施“帮帮摊”助残共兴项目,探索防止规模性返贫新路。5月17日,全国东西部残疾人帮扶协作推进会在广元市剑阁县召开,杭广东西部协作助力残疾人就业创业工作获中国残联和国家乡村振兴局肯定。西湖区与广元市青川县联合开发“青川县就近就业数字化应用场景”,通过建立12个功能模块,实现用工企业线上出单、劳务专业合作社线上接单、农村闲散劳动力自动匹配派单的数字化运行。全年数字化应用场景对接用工单位1069个,派工1.48万次,上工22.8万人次,实现劳务收入2828.8万元。

【数字赋能】2023年，杭州市发挥数字赋能优势，助力对口地区优化产业布局，拓宽市场渠道，促进重点特色产业集群发展。建成杭广东西部协作数字产业园，阿里巴巴客户体验中心、淘宝教育（广元）数字经济产教融合基地入驻，打造集“电商直播+创新创业+休闲娱乐”于一体的众创空间。推广应用“青川茶智—茶叶溯源指挥中心”数字综合服务平台，构建“技术培训—管护—加工—销售‘四位一体’”数字化茶产业新格局。投入援建资金1.8亿元，实施牦牛产业项目9个，甘孜州首个“牦牛精深加工塘塘研发中心”落户理塘，助力甘孜打造牦牛优势特色产业集群。借助浙江市场资源和数字化优势，推动亚丁集市、雅江松茸、理塘牦牛等产业数字化发展，联合阿里巴巴集团实施“热土计划”，拓展产品销售渠道，助力销售农特产品、手工艺产品等。

（王力洲）

对口支援

【概况】2023年，杭州市做好对口支援新疆阿克苏市、西藏色尼区、青海德令哈市工作，带动对口支援地区共同富裕。全市选派干部人才141人，统筹安排对口支援资金3.96亿元，实施以民生保障为重点的援建项目75个，其中援疆项目36个、援藏项目16个、援青项目23个。浙江省党政代表团到新疆、青海考察对接时，杭州市向阿克苏市、德令哈市各捐赠500万元，用于民生实事项目。

【产业援建】2023年，杭州市深化“万亩亿元”工程，完善“疆果东送、浙产西进”双向市场运行机制。推进纺织服装产业发展，推动壮大纺织服装产业集群。完善农产品快递物流体系，支持阿克苏市打造南疆物流集散中心和区域性仓储中心。协调开展产业项目对接工作，德令哈市牦牛肉、羊肉成为杭州亚运会专供食材，那曲色尼民族手工艺品成为亚运会特色纪念品。运用“832扶贫网”（脱贫地区农副产品网络销售平台）、电商、融媒体、直播带货等方式，助力对口地区传统产业发展。引导杭州外向型企业在阿克苏市布局装备制造、新能源、新材料、生物科技等战略性新兴产业。南玻集团投资100余亿元的多晶硅项目落地德令哈市。援青指挥部安排7000万元资金，运用智能管控和标准化管理技术，助力青海省德令哈市打造“中国牦牛之都”。年内，该项目完成一期、二期建设。杭州亚运会期间，德令哈市为参赛运动员提供牛肉、羊肉34吨。

2023年2月，青海省德令哈市牦牛产业园一期和二期建成。图为产业园牦牛养殖场

（市发改委 供稿）

【民生支援】2023年，杭州市投入资金2000万元，帮助阿克苏市3个乡镇建成温室大棚51个，通过“公司+基地+合作社+农户”经营模式，助力阿克苏市村集体经济增收，实现农产品网络销售额10.1亿元，比上年增长23.3%。阿克苏市苹果、红枣、核桃3个品种的网络销售量居全国农村电商示范县之首。投资7000万元的“十四五”时期重点援藏项目——杭嘉新村开工。德令哈市建成青海省首个农村养老服务中心。举办“那有人才、浙企就业”色尼专场招聘会，招收26名那曲籍大学毕业生到杭州鄂达精密机电科技有限公司就业。富阳日月电器有限公司扩大生产规模，接收522人到该公司就业。深化“组团式”教育帮扶，打造援疆援青“空中丝路课堂”“杭州班”等优质数字教育资源平台；推动杭州市与阿克苏市学校、班级及师生之间“手拉手”结对。“海亮援藏班”探索社会力量参与对口支援办学模式，投入援藏资金2380.1万元，招录学生310人。做优做强“杭州名医工作室”，健全“多院帮科·专科联盟”机制，借助杭州名医、名科、名院带动效应，打造中医骨伤科等“小组团”品牌。萧山区中医院实施“重塑人生脊梁”等医疗帮扶项目，帮助阿克苏市和色尼区50名患者摆脱疾病痛苦，回归正常生活。发挥“医疗援藏联合专家工作站”作用，与色尼区人民医院联合义诊10余次，惠及农（牧）民1250余人次。

【民族交往交流交融】2023年，杭州市打造“最美交流”“多浪公益”“瞪羚计划”“杭州班”等交往交流交融品牌，开展“名师送教”、“浙里石榴红·海西公益行”、“五进五结合”医疗服务、青少年夏令营、“母亲微笑行动”、“多浪水·西湖情”玫瑰婚典等活动。3月，“千鹤妇女精神阿克苏实践基地”入选全国妇联“同心最美”范例。6月9日，“杭州—西宁—德令哈”直航航线开通，为三地交往交流提供便利。以共迎共享亚运为主题，开展对口地区各民族志愿者服务杭州亚运会等活动，营造五湖四海喜迎亚运会的浓厚氛围。

（聂晟楠）

对口合作

【概况】2023年，杭州市对口合作工作贯彻落实中共中央、国务院和省委、省政府关于全面振兴东北、加强浙吉合作的决策部署，按照《2023年浙江省与吉林省对口合作重点事项清单》和《杭州市与恩施土家族苗族自治州对口合作工作实施方案（2023—2025年）》（恩施土家族苗族自治州简称恩施州），与吉林省长春市和长白山市、湖北省恩施州革命老区在深化重点产业发展、科技成果转化、平台载体建设、文化旅游互动、干部人才交流等方面加强合作。

【重点产业合作】2023年，杭州市按照“政府引导、企业主体、市场运作”基本原则，引导企业发挥自身优势，参与对口合作，在发展重点产业方面形成“开工建设一批、签约落地一批、洽谈储备一批”的项目梯次推进格局。根据吉浙合作工作任务清单，实施长春与杭州合作项目50个，总投资333.5亿元。推动专注于智能网联汽车服务的杭州云动智能汽车有限公司与一汽奔腾轿车有限公司开展合作。吉浙合作大厦在长春新区揭牌。长春万丰智能工程有限公司智能机器人装备制造产业园项目一期工程竣工。网易（长春）数字产业中心在长春市净月高新区数字产业园签约入驻企业30个。“吉浙绿色智能制造产业园”开工建设，总投资10亿元，总建筑面积40万平方米。吉林大学科研院科技开发办公室与杭州未来科技城合作，成立吉林大学（杭州）科技成果转化中心，聚焦国家战略需求和杭州产业发展特点，推进吉林大学和校友企业科技成果在杭州转化。滨江区出资1亿元，共建杭州长光产业技术研究院，推进精密仪器与装备领域的成果转移转化，带动光电技术成果落户滨江。推进杭州市农业产业化重点企业参与长春市产业合作，杭州市与长春市签订牛肉、大米、水果等农产品采购协议。山海共富农优产品展销窗口吉林馆在杭州投入运营。杭州认养一头牛公司与长春博瑞科技有限公司合作，共建公主岭肉牛良种繁育融合示范产业园，总投资57.78亿元，投产后实现年产值90亿元，带动养殖户户均增收1万元以上。杭州市有关部门洽谈省外优质粮食企业到杭州投资兴业，与长春市建立粮食合作企业名录库，助力长白山优质农特产品进入杭州市场。杭州晓生农产品有限公司在当地建立粳稻生产基地，总面积5000公顷，并与长春农嫂食品有限公司签订合作协议，投资500万元建设鲜食玉米加工项目。

【平台载体建设】2023年，杭州市推动城市大脑技术服务企业入驻“长春市服务百万市民的数字化平台”。该平台复制、建设“一网统管”“数智营商”“一网通办”等杭州城市大脑经典场景，助推长春“一网统管”场景获2023年世界智慧城市中国治理奖。推动光电子、新材料、生物医药、新能源、生态农业等服务平台建设。阿里云创新中心长春基地采取“政府主导、企业运作、合作共赢”的市场化运作模式，搭建线下创新实体空间与线上创新服务平台结合的开放式创新创业生态圈。

2023年2月17日，吉浙合作大厦在长春新区揭牌　（市发改委 供稿）

【文化旅游互动】2023年，杭州市与长春市、长白山市加强文旅合作，全年输送1.11万人次杭州游客到长春、长白山旅游。“春雪咏春韵 春风话春雨”第二届春回大地主题音乐诗会活动在杭州西湖、长白山西景区同期举行并全程网络直播，全网收看音乐诗会超过200万人次。深化杭州与长春两市旅游领域互惠合作，协调长春市推出净月潭、莲花岛影视休闲文化园、庙香山温泉滑雪度假区等6个国家AAAA级及以上旅游景区参加“‘浙’里出发去吉林”——面向浙江游客实行景区免门票活动。

【医疗卫生事业合作】2023年，杭州市急救中心、杭州市第七人民医院等医疗卫生机构与长春市急救中心、长春市儿童医院、长春市第六人民医院加强合作交流。杭州市急救中心帮助长春市急救中心建成符合美国心脏协会标准的培训基地。杭州市第七人民医院与长春市第六人民医院建立各行政管理科室之间的联系。长春市第六人民医院加入浙江大学医学院精神卫生中心专科医院联盟，依托专科联盟平台，采用线上和线下相结合的模式，邀请北京大学第六医院、上海市精神病总医院、四川大学华西医院、中南大学湘雅医院等医院专家参与精神卫生疾病诊疗，促进医疗资源共享与有机整合及医疗质量同质化管理。杭州选派2名专家到长白山中心医院消化内科坐诊，接收门诊582人次，接收入院35人次，开展手术275人次。

（俞宏陵）

【革命老区对口合作】2023年，杭州市贯彻落实《国家发展改革委关于印发〈革命老区重点城市对口合作方案〉的通知》，统筹推进与湖北省恩施州革命老区对口合作工作。全年实施重点支持项目35个，总投资3.89亿元。延续杭州与恩施州东西部扶贫期间建立的工作基础，通过政策倾斜推动存量合作项目扩大产能。浙江新安化工集团股份有限公司与湖北皇恩烨新材料科技有限公司签订战略合作协议，双方商定在产业发展、科创合作等方面加强协同。浙江农集商贸有限公司投资建设恩施土家族苗族自治州利川市首个大型综合智慧农贸批发市场。杭州市为恩施州鹤峰市驻长三角地区招商办考察杭州千岛湖啤酒有限公司、杭州娃哈哈集团有限公司等企业牵线搭桥。恩施州利用建州40周年契机，推动与杭州市签约投资项目12个，总协议金额81.93亿元，其中10亿元以上项目5个、30亿元以上项目1个。两地开展共建产业平台和项目10个。萧山区与利川市共建阿里巴巴数字经济产业园，引进电子商务、现代服务业、科技及相关配套经营主体。引入社会资本投资革命老区建设，其中建始县招引社会资金建设电商冷链物流产业园，总投资1.8亿元。富阳区与来凤县共同召开"丹凤朝阳·飞黄（黄精油）腾（藤茶）达"主题招商推介会，招引杭州企业在来凤县建设藤茶精油产业生产线。开展乡村振兴和新型城镇化相关重点项目17个。西湖区与宣恩县打造椒园镇黑茶产业园，滨江区与建始县共建明康汇百万蛋鸡示范产业园。杭州市引导恩施企业到杭州参加浙江对口地区农优产品消费帮扶等活动，恩施消费帮扶展销馆在杭州开馆，杭州消费帮扶企业恩施州天启农业发展有限公司在巴东县注册。余杭区组织20个企业到咸丰县开展劳务协作，提供就业岗位1800余个，实施基础设施和基本公共服务合作项目8个。余杭区与咸丰县合作开展曲江镇中小学基础设施整体搬迁。杭州8个区与恩施州8个县（市）加强在医疗资源、教育服务等方面合作。临平区与鹤峰县建立教育、医疗等对口结对机制，实施教师、学生互派互访交流。两地围绕共同保护革命历史旧（遗）址、革命文物，加强常态化交流。恩施州各县（市）结合自身特色，挖掘革命老区红色文化资源，实施传承弘扬红色文化相关重点项目7个。上城区与恩施州共建鄂西特委旧址，萧山区与利川市共同修缮中共湘鄂西中央分局会议旧址、三军军部旧址。杭州市与恩施州合作开展湘鄂西、湘鄂川黔革命根据地历史课题研究及丛书编撰，完成抢救性红色书籍《铭刻——致敬恩施州抗美援朝老兵》编纂。

（史　亮）

合作帮扶

【概况】2023年，杭州市贯彻落实国家发展改革委《沪苏浙城市结对合作帮扶皖北城市实施方案》，深入开展杭州市与安徽省宿州市结对合作帮扶工作，推动两市在园区共建、农业互链、民生共享等方面取得阶段性成果。安徽省发展改革委组织沪苏浙城市结对合作帮扶皖北城市工作评估，杭州市与宿州市结对合作帮扶工作在沪苏浙8个市（区）与皖北8个市的结对工作中排名第一位。人民周刊网发表文章《千年之约，全"宿"启"杭"》，推介杭州市与宿州市合作帮扶工作经验做法。杭州在宿州举办"文化走亲·走进宿州"专题文艺晚会。

【杭宿产业合作】2023年，杭州市深入推进与宿州市产业合作工作。协助宿州在杭州举办"宿杭联动·数智共赢"产业合作对接会等招商活动，参与杭州亚太生物医药合作峰会、徽商西湖论坛等峰会。协调杭州企业到宿州考察，签订总投资20亿元的建设宿州传化"公路港"物流产业园等项目。推动产学研融合发展，浙江理工大学与宿州市政府签署《共建浙江理工大学宿州技术转移中心协议》。浙商银行股份有限公司与宿州市政府签订金融合作协议，全年浙商银行股份有限公司在宿州投放信贷资金17.58亿元。临平区与灵璧县、上城区与埇桥区、西湖区与砀山县、滨江区与泗县、萧山区与宿马园区分别签订合作共建产业园区框架协议。搭建科技创新平台，宿州在杭州紫金港科技城设立首个"科创飞地"。

【农产品消费帮扶】2023年3月4日，西湖区在宿州市砀山县曹庄镇成立"杭州市西湖区菜篮子生产基地"，共同实施"西湖砀山共富梨园"。五一节期间，市对口支援和区域合作局协助宿州在杭州举办首届高端绿色农产品展示展销会，实现销售额339.7万元，现场签约订单金额1.42亿元。浙江省新时代乡村研究院与宿州灵璧县签订战略合作协议，探索推动合作共建杭州宿州绿色农产品生产加工供应基地。杭州市民中心对口地区特色农产品馆设立"宿州农特产品"专区，支持宿州特色农产品上线浙江政府采购网供应链平台、网上农博会平台等。

2023年3月30日，杭州市"文化走亲——走进宿州"专题文艺晚会在安徽宿州举行
（市发改委 供稿）

【公共服务合作】2023年,宿州市选派297名中小学校长、811名中小学幼儿园骨干教师到杭州开展教学培训。杭州技师学院在宿州泗县挂牌"杭州技师学院泗县分院",并选派杭州技师学院教师在当地挂职。临平区与灵璧县签订劳务协作协议,根据协议联合举办专场招聘活动。余杭区、临平区、市人力社保局会同20余个企业与灵璧县高级职业技术学校开展校企合作。上城区与埇桥区联合举办服装行业职业技能竞赛。杭州市第一人民医院与宿州市立医院、杭州市中医院与宿州市中医院、杭州市第七人民医院与宿州市第二人民医院分别签订合作共建协议,两市互派267名医务人员开展预防、诊断、治疗、护理、康复等新技术、新项目活动。两市文旅部门联合举办"'文化走亲'暨专场文艺演出"、杭州—宿州当代书画名家邀请展等活动。杭州中国京杭大运河博物馆与宿州市博物馆签订战略合作协议,开展馆际交流活动。宿州相关旅游路线纳入2023年杭州市职工疗休养旅游路线方案。

【杭州宿州产业园区揭牌】2023年5月17日,杭州与宿州签订"共建杭州宿州产业园区"框架协议,同时举行杭州宿州产业园揭牌仪式。园区采用"管委会+运营公司"合作模式,由杭州和宿州分别委派杭实集团工业投资有限公司、宿州市高新建设投资有限公司负责营运管理,并导入杭州市创新创业资源,助力园区招商引资和优质项目落地。年内编制完成《杭州宿州产业园区产业规划(2023—2030)》,两市共建省际产业园区工作取得初步成果。

(吴慧珊)

融入长三角一体化发展

【概况】2023年,杭州市贯彻落实国家和浙江省推进长三角一体化发展工作部署,加强与长三角地区核心城市及周边城市协同联动发展,加快杭州与上海未来智造协同发展试验区建设。编制印发《临平区打造"深度融沪桥头堡、产城融合示范区"三年行动计划》,明确对接上海高端科创资源等重点工作任务,长三角G60浙江(临平)科创基地建成投用。举办长三角地区主要城市中心城区高质量发展联盟第三届联盟大会,提出打造长三角地区商务楼宇品牌倡议。对接上海全球服务商计划,形成《实施"全球服务商计划"赋能杭州城市能级提升的有关建议》专报。大运河文化区域一体化发展、中心城区一体化共建2个案例被评为浙江省第三批长三角一体化发展最佳实践案例。

【数字长三角建设】2023年,国内首个长三角地区面向物联网领域"感存算一体化"超级中试中心加快建设。年内超级中试中心吸纳优质核心企业13个,整合中试设备500余台(套),设备价值超过55亿元。杭州市推动城市大脑2.0建设,完善"一网通办""一网统管""一网共治"体系架构,依托云栖小镇成立城市大脑产业协同创新基地,联动上海、江苏分别成立海纳小镇、雪浪小镇,共同打造长三角地区城市大脑产业高地。提升产业数字化赋能能力,参与组建"数字长三角共建联盟",其中长三角(杭州)制造业数字化能力中心汇聚数字服务商62个,服务长三角地区工业企业1500余个(次),工业互联网平台在全国"双跨"工业互联网平台中排名升至第九位。会同16个节点城市发起长三角地区共建数字文明"乌镇对话"合作机制,节点城市围绕双碳领域数据要素全流程管理、数字文旅一体化等重点工作签署合作协议。

【科创产业协同】2023年,杭州市国家实验室入轨运行,超重力离心模拟与实验装置、超高灵敏极弱磁场与惯性测量装置2个大科学装置加快建设,18个全国重点实验室、7个省重点实验室获批建设,基本形成"1+2+18+7"(1个国家实验室、2个大科学装置、18个全国重点实验室、7个省级实验室)高能级创新平台矩阵。之江实验室承担上海浦江国家实验室2个重大任务,浙江大学牵头建设上海临港国家实验室浙江基地。杭州市参与长三角产业链强链补链行动,加强与中国商用飞机有限责任公司、中芯国际集成电路制造有限公司等重点企业对接,与中国商用飞机有限责任公司设立复合材料联合研发中心和卓越创新中心。发起设立G60科创走廊生物医药产业联盟、长三角数字驱动创新生物医药产业链联盟,启动阿斯利康生命健康产业园建设。

【一体化统一大市场构建】2023年,杭州市坚持以数字化改革理念打破区域行政壁垒,173个政务服务事项实现长三角范围跨省市"一网通办",37类高频电子证照共享互认,建成联通20余个城市的全国首个城市信用分互认互通平台。组织3577个企业参加第六届中国国际进口博览会,举办全球数字贸易博览会,自贸区杭州片区累计有5个成果入选国家级及各部委复制推广名单,19个成果入选省级制度创新最佳案例。与宁波市共同推进跨境贸易便利化专项行动,联合推出17条跨境贸易便利化举措和12条改革创新举措,协同宁波市、温州市共同落实国家要素市场化改革综合试点工作,联合上海市、南京市、嘉兴市、合肥市创建国家科创金融改革试验区。创新打造长三角地区"人才云"市场品牌,建设浙江人才大厦,推动形成"工作生活在杭州,服务贡献在全省"的新型引才模式。

【民生共建共享】2023年,杭州市以社保卡为基础实现151项居民服务事项"一卡通",住院、门诊和规定病种医疗费用跨省异地就医直接结算实现长三角地区41个城市全覆盖,5个市级医院与上海13个医院建立技术协作关系。开展户籍业务"一站数办"数字化改革,做好户籍业务的跨市通办,实现"一窗通拍、全域应用"。实现杭州通交通联合卡在包括41个长三角地区城市在内的314个城市使用,"长三角PASS"旅游年卡实现一卡畅游上海、宁波、杭州。推动长三角地区优质教育资源共享,建成杭州国际学校白马湖校区、浙江杭州惠灵顿外籍人员子女学校。

【长三角主要城市中心城区高质量发展联盟第三届联盟大会】2023年12月15日,长三角主要城市中心城区高质量发展联盟第三届联盟大会在杭州上城区召开。大会以“都市经济高质量发展”为主题，旨在打造共享、共创、共赢的长三角核心都市生态圈，共谋共促长三角中心城区高质量一体化发展大计。来自长三角主要城市的上海黄浦、南京鼓楼、苏州姑苏、杭州上城、宁波鄞州、合肥庐阳、合肥蜀山、无锡梁溪、南通崇川9个中心城区政府、企业代表与会探讨交流。中心城区高质量发展联盟致力于推动落实党建引领与人才高地建设、共建一流营商环境、扩内需促消费和核心引领功能提升4个专项行动12项重点事项，提升联盟品牌影响力，推动长三角区域加强经济合作、优化产业布局、促进资源共享。联盟大会公布长三角主要城市中心城区首轮商务楼宇等级评定结果，20幢商务楼宇被评定为联盟首批长三角示范楼宇和新锐楼宇。

（阮　蓉）

杭州都市圈建设

【概况】 2023年，杭州都市圈围绕中心城市赋能升级和都市圈同城化水平提升，推进资本、文化、生态、资源等要素互动交流，加快重点板块、重点平台、重点项目建设。根据《杭州都市圈发展规划》，开展区域一体化产业创新协同体系建设、基础设施互联互通、公共服务共建共享、都市圈功能协同等课题研究。2023年年末，杭州都市圈常住人口2256万人，常住人口城镇化率80.1%。实现地区生产总值3.34万亿元，比上年增长6.1%，在国家批复的10个都市圈中名列前茅。人均地区生产总值14.78万元，增长5.1%；规模以上工业增加值10796亿元，增长5.7%。

【9个一体化发展重点任务推进】 2023年，杭州市按照省政府建立“更高层次，更加紧密、更加有力”工作机制要求，推动组建省、市协同的都市圈工作机制。牵头会同湖州市、嘉兴市、绍兴市编制《杭州都市圈发展实施方案》和指标清单、事项清单、项目清单、年度重点工作清单4张清单。围绕城乡发展、基础设施、科技创新、产业集群、绿色低碳、

2023年12月15日，长三角主要城市中心城区高质量发展联盟第三届联盟大会在杭州上城区召开

（市发改委　供稿）

民生共享、对外开放、人文交流和社会治理9个一体化建设任务，健全协调机制，落实合作载体，加强要素保障。

【便捷交通圈建设】 2023年，杭州都市圈围绕便捷综合交通体系打造，制定并完善轨道网、道路网、水运网布局方案。建成投用京杭大运河杭州段二通道、临建高速公路、杭绍甬高速公路主线、杭州萧山国际机场国际货站、下沙综合作业区等重点项目，实施杭温铁路、金建铁路、杭衢铁路、都市区中环公路和5条地铁四期线路，推进铁路杭州萧山国际机场场站枢纽及接线工程建设，以及杭淳开高速公路、合温高速公路、钱塘江三级航道和沪乍杭铁路等项目前期工作。推进都市圈轨道网互联互通工作，实现杭海城际、杭绍城际票制票价一致、车票（码、卡）兼容互通、信息系统互联、安检互信互认和接驳公交互通。加快杭州至德清市域铁路建设，谋划杭州至诸暨市域（郊）铁路建设，共同打造“轨道上的都市圈”。扩大杭州都市圈公交服务范围，开通杭州至安徽宁国首条省际定制客运专线，通过预约系统，享受小型巴士门到门接送服务。开通全省唯一“跨三市三县三镇”的杭金衢“明清古韵·浙硒莲盟”城乡特色旅游公交线路，推动建德大慈岩镇与兰溪市诸葛镇、龙游县横山镇交流。

【经济协同圈扩大】 2023年，杭州都市圈发挥数字经济优势，加快推进投资100亿元及以上产业集群工业互联网平台建设和应用。发挥杭州技术转移转化中心和都市圈促进科技成果转化联盟作用，推动都市圈科技创新一体化发展。高水平建设杭州临空经济示范区，制定《杭州临空经济示范区产业发展规划》，设立杭州临空经济示范区发展服务中心，做好申报国家综合保税区前期准备工作，打造“2+3”（智能制造和生命健康两大千亿元级临空制造业，航空服务、数字贸易和会展商务三大千亿元级临空服务业）高端临空产业体系。协同推进城东智造大走廊建设，杭州空港型国家物流枢纽上榜国家物流枢纽建设名单，杭州临空现代物流创新发展区入围第三批浙江省现代服务业创新发展区名单。推进杭州城西科创大走廊北翼中心建设，大走廊北翼中心管委会实行实体化运作。

【美丽生态圈打造】 2023年，杭州都市圈城市联合开展生态保护红线勘界定标，推动共建都市圈生态保护红线“一张图”。加快新安江—千岛湖生态保护区建设，印发实施首个跨省流域水生态共保规划，建立跨区域联合执法、跨界河湖污染联合治理、交界断面联合监测、大气污染联防联控等跨区域生态环境共保机制，助推新

安江—千岛湖跨界水体治理保护。都市圈流域共治实现常态化，萧山区与绍兴市柯桥区签订杭甬运河（西小江）联防联控协议，与诸暨市联动推进浦阳江治理。余杭区与德清县签订流域共治协议，开展东苕溪饮用水水源地保护跨区域联动执法行动。完善余杭—德清上下游饮用水水源保护生态补偿机制。

【文化旅游共融】2023年，杭州都市圈共同打造长三角地区世界遗产群落，举办首届"良渚论坛"，成立大运河古镇联盟，建立运河沿岸共同保护机制，推进大运河文化带建设。整合杭州至黄山沿线"名城名湖名江名山名村"文化旅游资源，联手推出"世界遗产精华之旅""诗路文化寻踪之旅"等世界遗产经典游线路12条，基本建成"诗路文化·三江两岸"水上黄金旅游线。联动都市圈各城市开展市民体验活动，做精做强"江南绝色·吴越经典"等文化旅游品牌。

【一体化合作先行区建设】2023年，杭州都市圈推进杭州与绍兴、杭州与嘉兴一体化合作先行区建设，谋划杭州与湖州一体化合作先行区建设思路与规划。创新党建联建模式，萧山区瓜沥镇与柯桥区前清街道集聚两地流动党员力量，组建"清和沥"流动党员党支部志愿服务队伍，探索跨市域流动党员"双向管理、双向服务"机制。钱塘区与海宁市签订新一轮《杭州钱塘区—海宁市全面战略合作协议》《"一地一线一桥"合作开发建设框架协议》。落实"杭海通办"合作协议，构建"线上网办、线下通办"立体式服务格局，钱塘区与海宁市两地互设政务服务自助一体机。

（俞宏陵）

杭甬"双城记"

【概况】2023年，杭州市贯彻落实中共中央总书记习近平有关"双城记"工作重要指示精神，根据省委、省政府关于"双城记"工作部署要求，凝聚合作共识，完善工作机制，推进与宁波市在产业链共建、科创体系共筑、公共服务共享、文旅品牌共塑等方面取得新进展。两市累计组建产业链上游和下游企业共同体141个，实施产业链协同创新项目183个，联合攻克"卡脖子"技术10余项，"十里埠—东洲—乍浦"至宁波外贸集装箱吞吐量14.56万标箱，两市有6015个药店实现异地定点零售药店购药免备案直接结算。

【党政共商机制完善】2023年，杭州市、绍兴市、宁波市联合成立"双城记"工作专班，形成专班例会统筹协商、专班办公室例会协同落实常态化工作机制。杭州市与宁波市人大、政协定期座谈协商杭甬合作事宜。两市发展改革部门发挥统筹协调作用，印发并滚动推进重点任务、标志性工程事项、第三批惠民利企事项3张清单。区县、部门加强对接合作，两市贸促会签署合作备忘录，杭州市上城区和宁波市江北区签订战略合作框架协议。

【关键产业链共建】2023年，杭州市与宁波市推动共建新能源汽车、集成电路、智能装备、生物医药、纺织服装5个标志性产业链，新组建产业链上游和下游企业共同体11个，累计141个；实施产业链协同创新项目20个，累计183个。举办杭甬"双城记"之"芯机联动"对接活动。发挥杭州市数字平台建设起步早、专业服务水平领先的优势和宁波市制造业应用场景丰富的优势，深入开展产业数字赋能合作，杭州凌迪科技有限公司与宁波凯信服饰有限公司联合承担宁波市"科技创新2025"重大专项，杭州涂鸦科技有限公司赋能宁波市2500余个传统制造企业向智能企业转型。全年两市集成电路、节能与新能源汽车等5个共建产业链实现产值5202.78亿元。

【科创人才合作交流】2023年，杭州市与宁波市实施重大科技攻关专项行动，联合攻克"卡脖子"技术10余项，实现技术合同成交额47.63亿元，比上年增长135.8%。协同争创国家区域科技创新中心、国家吸引和集聚人才平台。加强高端人才培育共享，共育国家技术转移专业人员303人。组织西湖大学、湘湖实验室等67个杭甬企事业单位到苏州和南京举办杭甬高层次人才招聘会。举办杭甬高层次人才武汉站校园会，推出岗位3029个。

【开放大通道建设】2023年，杭州市与宁波市加快推进重大项目建设。京杭运河（浙江段）三级航道整治工程杭州段建成通航，杭州首个千吨级内河港口下沙综合作业区（一期）工程开港试运行，杭甬运河杭州段节点工程新坝二线船闸开工。建成钱塘区（西岸）生态海岸带16.5千米，新开工海塘提标加固工程243千米。推进四港（海港、空港、陆港、信息港）联动发展，杭州萧山国际机场开通国际货运航线8条，萧山站海铁联运具备1天3班能力，"十里埠—东洲—乍浦"至宁波外贸集装箱船舶运输精品航线运输能力提升。深化两地通关一体化合作，杭甬港口全链路保障亚运会场馆和亚运村相关进口物资申报当日办结，累计监管保障亚运会和亚残运会物资货值2645万余元。

【服务共享】2023年，杭州市与宁波市推进公共服务"一卡通"优质共享，"一卡通"可办事项增至155个。杭州3383个、宁波2632个药店实现异地定点零售药店购药免备案直接结算，新增预购商品房预告登记等不动产异地办理事项7个。探索构建职业教育协同发展机制，两地50余所职业院校38个专业达成办学合作，招收新生2211人。推动生态环境数字化协同管理集成改革，实现两市重型柴油车车载诊断系统在线车辆信息共享、联网结果互认，两地联网成功车辆19.14万辆，加强城市物流、环卫等重点行业车载自动诊断系统在线车辆重点管理，并实现异常报警，全年杭甬OBD免检车辆9.69万辆。

（李广文）

山海协作

【概况】2023年，杭州市山海协作工作完成省政府的5类、14项考核任务。山海协作任务涵盖产业协作、乡村振兴、民生事业等方面。按照全年工作计划，有序推进5个产业"飞

2023 年，杭州援建的衢州海创园投入运行　　（市发改委 供稿）

地”建设。杭州作为全省唯一设区市代表，在全省高质量发展建设共同富裕示范区暨山区海岛县高质量发展推进会上作交流发言。杭州深化山海协作工程携手奋进共同富裕做法入选全市“八八战略”典型案例 100 例，山海协作工作连续 20 年获全省考核优秀等次。

【“产业飞地”建设】2023 年，杭州市按照省政府办公厅印发的《关于进一步支持山海协作“飞地”高质量建设与发展的实施意见》《浙江省山海协作“飞地”建设导则》，完善山海协作合作机制，加快山海协作“产业飞地、消薄飞地、科创飞地”建设。年内，衢州海创园投入运行。钱塘区成立“产业飞地”工作协调领导小组，建立工作专班和双周例会机制。萧山—龙泉“产业飞地”成立工作协调专班，设置综合协调组、资金保障组、土地要素组、项目招引组等工作小组，明确专人推进“飞地”建设。年内，富阳—缙云、临平—柯城、钱塘—龙游、钱塘—淳安、萧山—龙泉 5 个“产业飞地”引进项目 13 个，总投资 72.71 亿元（含续建项目）。推动结对地区在杭州建设“科创飞地”，全年滚动推进科创孵化项目 45 个。

【产业项目合作】2023 年，杭州市与山海协作地区签订产业项目 119 个，到位资金 288.9 亿元。围绕“传统产业提升、新兴产业培育”工作主线，加强项目承接转化，实现错位协同发展。深化新材料、先进制造、新一代网络信息、人工智能、农林产品精深加工、环保、健康等项目合作。发挥滨江智造供给产业优势，组织中控科技股份有限公司、浙江力太工业互联网有限公司、杭州吉利易云科技有限公司、杭州火石创造科技有限公司、杭州优海信息系统有限公司等滨江智造服务商到泰顺县开展“一线问诊”“入驻式帮扶”。滨江区与泰顺县根据各自产业资源优势，实施杭州正泰光伏发电有限公司、杭州网易严选贸易有限公司、中国华能集团公司等项目，推动滨江“数字 +”“设计 +”“金融 +”赋能泰顺优势产业。

【示范点项目打造】2023 年，杭州投入山海协作援建资金 6128 万元，打造乡村振兴示范点项目 42 个，推动乡村面貌变化、农旅产业融合。全年“消薄飞地”返利 6247 万元，带动 616 个村实现消薄增收。打造“瓷画碗窑”乡村振兴示范点，投入援建资金 680 万元，实施基础设施提升和农文旅融合发展项目，建设“数智渔场”等新型帮扶共同体，协作地区村集体经济平均收入增加 60 万元。柯城区石室乡引入山海协作“生态净养鱼共富产业园”项目，临平区投入援建资金 80 余万元，共同建设“庭院鱼塘”。上城区促成联众集团与开化县中村乡政府合作，打造“源头里”艺术家古村落项目，累计投资 5000 万元，带动全村村民增收 200 余万元。

【民生事业合作共享】2023 年，杭州市推动与协作地区医疗、产业、文旅等资源共享，建立跨区域紧密型城乡医联体 15 个，全市 26 个医疗机构与结对 9 个山区县实现智慧互联网医院合作。滨江区按照“企业 + 基地 + 农户”共建模式，推动聚光科技（杭州）股份有限公司、浙江大华技术股份有限公司等 10 个企业“认领”泰顺县 66.6 公顷“共富茶园”，提升泰顺茶叶产品价值，为农民增收 5000 余万元。该区发挥直播电商资源优势，推动泰顺创建电商直播式“共富工坊”。杭州网易严选贸易有限公司成立全国首个地方馆（泰顺馆），上架泰顺本土特色产品，利用网易跨界多领域布局，拓宽泰顺农产品销售渠道。网易集团竞技游戏《永劫无间》摄制组推出“畲族·凤凰装”项目，开设官方直播泰顺专场，实现商品交易额 15.2 万元。“三月三”畲族风情旅游节期间，泰顺民族乡村接待游客 3 万余人次，带动农户增加收入 80 余万元，线上直播带货金额 340 余万元。

（吴慧珊）

责任编辑　余显幕

32 开发区·产业平台

钱塘新区

【概况】2023年，钱塘新区地区生产总值1270.39亿元，比上年增长4.2%；规模以上工业增加值737.62亿元，增长2.4%；服务业增加值433.24亿元，增长6.9%；固定资产投资709.14亿元，增长30.8%；财政总收入247.63亿元，增长7.5%，一般公共预算收入127.08亿元，增长9.0%；进出口总额1072.91亿元，增长4.3%。杭州经济技术开发区综合考评连续3年居全国第九位、全省第一位。

货物进出口总额1072.91亿元，增长4.3%，其中货物出口总额640.47亿元，增长3.4%。举办健康中国——2023年生命健康产业跨境合作“钱塘对话500强”、欧盟企业浙江行等活动20余场次。合同外资金额1.88亿美元，实际利用外资金额7.08亿美元。新批外资项目97个，其中：工业项目9个，服务业项目88个，投资总额5000万美元以上项目4个。

2023年，钱塘新区获评2022年省级制造业高质量发展示范园区。集成电路产业进入国家级创新型产业集群，数字安防与网络通信产业、现代家具与智能家电产业入选协同区名单。启动“中国医药港”建设，落地全市首个合成生物科创园。数字经济综合评价连续两年居全省第四位。

实施服务业高质量发展“百千万”工程，服务业增加值增长6.9%。召开数字经济和现代服务业创新发展大会，6个企业获评省级服务业领军企业。金沙湖数字贸易创新发展区获评省级现代服务业创新发展区，杭州深国际华东智慧物流城获评国家级示范物流园区。落实总部经济政策，认定市级总部企业42个。举办“夜钱塘”“嗨购节”等促消费活动，带动汽车、美妆等领域销售近50亿元。金沙湖商业街获评2023年“杭州十大夜地标”，居“浙里名街”前十位。

启动国家自主创新示范区和自由贸易试验区“双自联动”试点，开工建设杭州国际数贸港，落地全国首个跨境电商网购保税进口商品“跨关区退货”模式试点、全国首个超期退货试点、全省首个生物医药产业国际职业资格比照认定试点。启用浙江省特殊生物制品一体化通关平台，推动入境特殊物品安全联合监管机制试点。

全社会研究与试验（R&D）经费支出63.32亿元，增长5.4%。新增国家高新技术企业250个、国家级专精特新“小巨人”企业16个、省级专精特新中小企业53个。新增省级科技领军企业3个、科技小巨人企业1个。新认定国家知识产权示范企业2个、国家知识产权优势企业3个、省知识产权示范企业7个；企业发明专利授权量1424件，增长11.6%。18个项目入选省“尖兵”“领雁”研发攻关计划。新培育省级小微企业园30个。集聚杭州独角兽、准独角兽企业40个。

【《杭州钱塘新区条例》发布】2023年6月2日，杭州市人民代表大会常务委员会公布《杭州钱塘新区条例》，并于7月1日起施行。4月28日，该条例由杭州市第十四届人民代表大会常务委员会第十次会议通过；5月26日，浙江省第十四届人民代表大会常务委员会第三次会议批准，设先行先试、规划建设、产业促进、保障措施等6章、29条。6月26日，市人大常委会召开《杭州钱塘新区条例》新闻发布会，解读条例立法背景和主要内容。

【五大制造业集群发展】2023年，钱塘新区半导体、生命健康、智能汽车及智能装备、新材料、航空航天五大制造业产业产值3168.9亿元，占规模以上工业企业总产值的86.9%。其中：半导体产业产值761.5亿元，生命健康产业产值443.3亿元，智能汽车及智能装备产业产值1139.5亿元，新材料产业产值819.1亿元，航空航天产业产值5.6亿元。集成电路制造创新型产业集群入选全国2022年创新型产业集群名单。生物医药与医疗器械、节能与新能源汽车及零部件入选省级特色产业集群核心区协同区创建名单。“汽车产业链”获评2023年度全省开发区产业链“链长制”优秀示范单位，与龙游经济开发区合力打造的“智能装备（汽车零部件）产业链”成为全省唯一获评“双链长制”示范试点单位。

【项目招引质效提升】2023年，钱塘

新区签约1亿元以上项目100个，总投资498亿元，五大产业生态圈项目占比超过80%。其中：10亿（含）~20亿元项目16个，20亿（含）~50亿元项目3个，50亿元（含）以上项目1个（中兴新材锂离子电池隔膜生产基地项目）。投资方为世界500强企业项目1个（辉瑞创新中心项目）；中国民营企业500强项目1个（文峰农牧项目）。落地10亿元以上项目16个，1亿元以上项目61个；9个“152”省市县长项目全部落地，16个省“千项万亿”项目投资完成率超过200%。

【1个产教联合体入选国家级市域产教联合体】2023年10月7日，教育部办公厅公布第一批国家级市域产教联合体名单，杭州经济技术开发区（钱塘科学城）产教联合体入选。该联合体以杭州经济技术开发区为依托园区、杭州职业技术学院为牵头学校、杭州钱塘新区产业发展集团有限公司为牵头企业共同申报，钱塘科学城管理办公室牵头具体落实。联合体成员包括9个政府部门、4所本科院校、4所高职学校、5所中职学校、15所科研机构、43个企业。该联合体聚焦智能制造、生命健康两大行业领域，通过职业院校、普通高校、科研机构与企业共建产教融合实训基地、产业学院等形式，推动各类主体参与职业教育，促进技能专业人才培养、科技创新和产业经济高质量发展。

【“中国医药港”建设启动】2023年2月，杭州市政府工作报告首次提出打造“中国医药港”产业地标，由市经信局和钱塘新区管委会牵头。其间，钱塘新区管委会邀请中国药学会、浙江省药学会、中国药科大学等机构和专家学者，评估建设“中国医药港”可行性。11月3日，在钱塘新区“打造产业新城、建设一流新区”高质量发展大会上，“中国医药港”建设启动。启动现场，中国药学会与浙江省科协签署《服务科技经济融合发展合作协议》，浙江省药学会、杭州市经信局、钱塘新区管委会三方签订《共建“中国医药港”合作协议》。

2023年10月26日，浙江西子势必锐航空工业有限公司第1000架空客A320飞机前起落架舱下线 （钱塘区地方志编纂研究室 供稿）

【西子航空公司第1000架空客A320飞机前起落架舱下线】2023年10月26日，浙江西子势必锐航空工业有限公司（简称西子航空公司）第1000架空客A320飞机前起落架舱下线。西子航空公司是西子联合控股集团与美国势必锐宇航系统公司合资公司，于2019年11月成立，中方占股60%。2012年8月，西子联合控股集团飞机零部件项目在钱塘区启动。2013年，与空中客车公司明确飞机零部件转包项目合作。2016年，完成空客A320飞机前起落架舱首件交付。2019年11月，引入美国势必锐宇航系统公司，导入世界先进飞机结构件生产工艺和管理制度。2020—2022年，西子航空公司连续3年获空中客车公司“供应商挑战者奖”。

【杭州医学所获批中央事业法人单位】2023年2月23日，中国科学院杭州医学研究所（简称杭州医学所）获批设立为中央事业法人单位。杭州医学所成立于2019年5月8日，是中国科学院首个以医学命名的直属研究机构，也是浙江省重点引进和打造的生命健康科创高地主平台。杭州医学所位于中国医药港小镇核心位置，一期项目占地约8万平方米，建有核酸适体、动物实验研究中心等科研平台，2020年10月投入使用。至年末，杭州医学所主持国家级、省级重大科研项目130余个，人才项目24个，横向项目10个，取得研发基于舌象的胃癌诊断新技术、建立三阴性乳腺癌分子分型新方法等科技成果。

【省飞机复合材料技术创新中心获批建设】2023年1月31日，浙江省飞机复合材料技术创新中心获省政府批准建设，成为第二批4个、全省10个省技术创新中心之一。中心由浙江省机电集团有限公司、浙江华瑞航空制造有限公司牵头，联合杭州艾美依航空制造装备有限公司、浙江抟原复合材料有限公司、浙江省机电设计研究院作为核心共建单位组建，协同中国商飞复合材料中心、浙江大学等国内外复合材料领域优势力量，聚焦高性能碳纤维复合材料原材料、大尺寸复合材料构件制造装配工艺和大尺寸复合材料产品专用装备等关键技术攻关。

【金沙湖数字贸易创新发展区入选省级名单】2023年7月11日，省发改委公布第三批省现代服务业创新发展区名单，钱塘新区金沙湖数字贸易创新发展区入选。金沙湖数字贸易创新发展区位于下沙街道，东至文渊路，南至下沙路，西至月雅路，北至新建河，规划面积11.17平方千米。集聚规模以上服务业企业168个、限额以上贸易企业281个，以数字贸易与生命健康服务为主导产业。全年创新发展区生产总值197.62亿元，服务业增加值78.86亿元，数字经济核心营收40.16亿元。

【杭州深国际华东智慧物流城获评国家级示范物流园区】 2023年7月21日，国家发展改革委、自然资源部确定第四批22个示范物流园区名单，浙江杭州深国际华东智慧物流城（杭州深国际物流港）入选。这是继杭州传化公路港之后，杭州市第二个国家示范物流园区。杭州深国际华东智慧物流城于2015年6月成立，位于杭州钱塘新区前进智造园内，占地42公顷，总投资30亿元，总投运面积超过40万平方米。全年园区货物吞吐量240万余吨，快递收发量4.67亿件，入驻企业总营业收入超过22亿元。

【合成生物学创新发展大会】 2023年5月8日，合成生物学创新发展大会暨中国科学院医学所2023年生命健康高峰论坛在钱塘新区召开，10名中国科学院院士、50名专家学者、100余名合成生物关联企业代表参加。大会发布杭州合成生物学产业核心区高质量发展试点政策和杭州市生物制造相关重点成果及技术需求榜。会上，钱塘新区与中国科学院杭州医学研究所医学合成生物学研究中心、浙江大学合成生物制药技术平台等4个科研合作平台，联川DNA合成项目、下沙生物维生素类药物研发中心项目等10个合成生物学重点产业项目集中签约；杭州合成生物学创新产业园宣布成立。

【国际生物医药（杭州）创新大会】 2023年7月6—7日，“2023中国（浙江）自由贸易试验区生命健康产业推介会暨第七届国际生物医药（杭州）创新大会”在钱塘新区召开。大会由1场开幕式、10场平行会议组成，围绕“技术创新、生态融合、产业转化”主题开展探讨，中国科学院院士、中国工程院院士、世界知名企业的行业领导者、生物医药新锐公司负责人、国内外医疗健康领域金融机构的投融资专家等100余人参加。

【前沿科学创新大会】 2023年11月1—2日，前沿科学创新大会在钱塘新区召开。14名院士、来自100余个科研机构的300余名学者、含3个顶尖学术期刊在内的10余个期刊编辑参加，围绕前沿领域的交叉融合、科学创新展开研讨。大会由综合性学术期刊 *The Innovation* 主办，是2023杭州市国际人才交流与项目合作大会系列活动之一。6月8日，钱塘新区成为 *The Innovation* 的全球运营总部所在地。

【全国智能超表面技术创新应用大赛】 2023年11月28日至12月8日，“钱塘信息杯”首届全国智能超表面技术创新应用大赛总决赛在钱塘新区举行。100余支来自全国各大高校的队伍参加，12支队伍进入决赛。大赛以智能超表面技术的创新应用为主题，探索智能超表面系统及应用，以高度集成化、低成本、极简架构的方式，实现无线通信、雷达、成像等多维应用场景。

【鼎龙科技公司在上海证券交易所上市】 2023年12月27日，浙江鼎龙科技股份有限公司在上海证券交易所主板上市。股票简称“鼎龙科技”，股票代码603004。鼎龙科技专业从事精细化学品研发、生产、销售，是国家级专精特新“小巨人”企业、全球少数具备自主生产PBO单体能力的厂家。公司向社会公开发行普通股（A股）5888万股，每股发行价16.80元，募集资金9.89亿元，用于年产1320吨特种材料单体及美发助剂项目、补充流动资金项目。

（陈　玲）

杭州国家高新技术产业开发区

【概况】 2023年，杭州国家高新技术产业开发区（简称杭州高新区）地区生产总值2467.9亿元，比上年增长8.0%，总量居全市第三位。财政总收入462.46亿元，增长6.7%。规模以上工业增加值883.4亿元，增长7.0%，总量居全市第一位。全区数字经济核心产业增加值1866.1亿元，增长7.3%，占全区生产总值的75.6%。工业企业数字化改造覆盖率86.7%，居全省第二位。数字安防与网络通信、集成电路、机器人三大产业集群规模均居全省第一位，制造业高质量发展指数、数字经济综合评价居全省第一位。

2023年，杭州高新区引进1亿元以上项目48个，开工24个、摘牌9个、落地21个。滨江—富阳、滨江—萧山特别合作园（区）新落地项目12个、总投资114.3亿元，富芯一期项目投产。国家数字服务出口基地考核优秀、排名居全国第一位。外贸出口总额108.6亿美元，占全国的3.2‰。实际利用外资9.3亿美元。新设产业基金合作子基金8只，规模37.5亿元，带动社会资本31.4亿元。新增上市企业3个，累计72个。新增注册企业2.07万个，增长23.5%。新认定国家高新技术企业515个、有效数2601个；新认定国家级专精特新“小巨人”企业21个、省隐形冠军企业4个、省“专精特新”中小企业310个；新增科技领军企业5个、科技小巨人企业13个；新认定瞪羚企业264个；新增省级以上孵化器10个。发布总部经济政策，99个企业获杭州市总部企业认定。发布杭州江南科学城概念性规划，编制完成“国际零磁科学谷”五年行动计划。极弱磁大科学装置首个交叉研究平台开工建设。区块链与数据安全、经血管植入器械两个全国重点实验室研究院落地。浙江工业大学网络安全研究院、浙大城市学院滨江创新中心投用。白马湖低碳节能技术、滨创低空立体交通系统入选市概念验证中心。南部科创中心分基地、杭州人工智能计算中心二期投用。科创平台新获批省级创新联合体2个、市级以上研发载体145个；省级以上研发载体累计638个，居全省第一位。

2023年，杭州高新区新引进省顶尖人才2人，新增市领军型创新创业团队6个，数量居全市第一位。新增省级以上博士后科研工作站10个。新引进大学生4.1万人，数量居全市第一位。交付人才房1万余间，发放各类人才购房、租房补贴5.9亿元。新增发明专利授权量7699件，每万人发明专利拥有量700余件，每万人高价值发明专利拥有量390余件，均保持全省第一位。完成技术交易额450亿元，居全省第一位。知识产权4项改革经验获国家、省、市推广，杭州高新区获评首批国家知识产权服务业高质量集聚发展示范区。新立项省“尖兵”“领雁”研发攻关计划项目33个，居全省第一位。获评市重大科技创新项目14个，数量居全市第一位。新获批国际标准、国家标准、行业标准27个。杭州海康威视数字技术股份有限公司获全省首个制造业领域中国质量奖。科技成果转化指数居全省第一位，杭州高新区获省2023年度“科技创新鼎”。

【5个项目入选工业互联网App优秀解决方案】2023年1月31日，工业和信息化部发布2022年工业互联网App优秀解决方案名单，杭州高新区5个项目入选，数量居全省第一位。5个项目分别为浙江中控技术股份有限公司的“新材料智能生产管控App解决方案”、浙江甲骨文超级码科技股份有限公司的“基于区块链技术的产品全生命周期智能管理解决方案”、明度智云（浙江）科技有限公司的“面向生物医药领域工业互联网App应用解决方案”、新华三技术有限公司的“基于数据驱动的智能诊断评估应用解决方案”、杭州哲达科技股份有限公司的“面向通用机械的能碳安一体化工业服务应用解决方案”。

【“中国数谷”建设】2023年2月24日，“中国数谷”建设启动。“中国数谷”位于杭州高新区，总体规划面积73.3平方千米，其中核心区面积11.32平方千米，是杭州市落实《中共中央、国务院关于构建数据基础制度更好发挥数据要素作用的意见》精神，打造“数据产业第一城”，围绕“规则＋市场＋生态＋场景”推进数据要素改革，提出的全新谋划。全年，杭州高新区发布“中国数谷”总体建设方案，举办春、秋季“中国数谷”杭州峰会系列活动；杭州数据交易所揭牌成立，发布“数据合规流通数字证书”；成立“‘中国数谷’数据产业发展联盟”，授牌“中国数谷”数据产业发展联盟首批成员，出台《“中国数谷”数商企业认定标准及引育政策方向》；落地省级公共数据授权运营试点场景，交付投用全国首批数联网接入一体机，构建“三数一链”数据可信流通基础设施框架和数据要素治理体系；上线“中国数谷”宣传平台；举办数据要素通识秋季讲堂16场。

【滨江国际人才节】2023年5月26日，第六届滨江国际人才节开幕式暨Hi TECH全球青年创业大赛颁奖仪式在杭州高新区海外高层次人才创新创业基地举行。省、市、区及重点科创平台有关负责人，上市企业、高层次人才、外国专家、高校、青年大学生、投融资机构、孵化器代表等600余人参加。人才节为Hi TECH全球青年创业大赛10个获奖项目颁奖，为“中瑞联合精密制造研发中心”揭牌。杭州高新区与人力资源和社会保障部留学人员和专家服务中心举行合作签约仪式。发布“全球数字英才招募令”，公布重点科创平台和头部企业高层次人才招引“百校、千企、万岗”计划。举行“相约在高新”政校企人才交流会、BIA蝴蝶沙龙·生物医药创新分享会、恒生“LIGHT”金融科技杯暨第五届杭州电子科技大学Python程序设计大赛、机器人产业链对接会。人才节期间，举行50场“潮给力”人才月活动，包括北京航空航天大学唯实论坛杭州分论坛暨钱江论坛、滨青UP技能成长、电子商务师职业技能大赛等系列活动，1000余个企业推出2万余个岗位，吸引各行业5万余人次参加。

【99个企业通过杭州市总部企业认定】2023年5月31日，杭州市首次总部企业认定启动，评选根据总部企业的营业收入、研发费用投入、从业人员、发明专利等情况进行加权综合评分。10月26日，杭州高新区99个企业通过年度杭州市总部企业认定，占全市总部企业数的21%，数量居全市第一位。其中：根据规模体量、增长贡献、引领示范作用等维度，5个企业被评定为五星级总部企业，5个企业被评定为四星级总部企业，6个企业被评定为三星级总部企业；根据企业营业收入规模，12个企业被评为百亿元以上总部企业，包括浙江吉利控股集团有限公司、杭州海康威视数字技术股份有限公司2个千亿总部企业，占全市千亿元级总部企业数的33%。

【4个孵化器获评国家级科技企业孵化器】2023年6月1日，科技部公布2022年度国家级科技企业孵化器名单，杭州高新区的创之海科技园、东冠科技企业孵化器、浙农绿色双创孵化器、江南智谷科技孵化器4个孵化器入选。创之海科技园于2017年1月投入运营，是“以投融资促创业孵化”为一体的综合型孵化器，集聚物联网、网络信息技术、电子信息、智能制造、电子商务、文化创意企业。东冠科技企业孵化器位于滨江互联网小镇，于2013年2月26日投入运营，以培育小微企业为核心，打造围绕企业成长全生命周期的陪伴式服务体系。浙农绿色双创孵化器位于滨江互联网小镇，于2019年投入运营，依托浙农控股集团的优势和资源优势，孵化和培育涉农领域企业。江南智谷科技孵化器位于滨江物联网小镇，于2017年1月成立并运营，专注于物联网产业，致力于培育云计算、移动互联网、人工智能、信息软件、电子商务、文创六大产业的高新科技企业。

【网络空间安全大会】2023年6月2—3日，2023网络空间安全大会在杭州高新区召开。大会由中国电子学会主办，中国电子学会网络空间安全专业委员会、浙江大学网络空间安全学院、浙江大学计算机科学与技术学院、区块链与数据安全全国重点实验室、杭州高新区共同承办，行业学者、产业专家等1000余人参加。大会以“网络空间安全新趋势、新模式、新业态”为主题，设主论坛2场、专题论坛9场、专题报告研讨64场，从国家政策导向、行业标准、前沿技术、应用前景、产学研结合等探讨新理论、发布新成果、交流新经验。大会发布“数据安全与合规”“网络安全保险”“内生安全”“人工智能安全”等2023年度网络空间安全十大热词。

【物联网产业园获评国家数字服务出口优秀基地】2023年8月30日，

商务部、中央网信办、工业和信息化部公布12个国家数字服务出口基地量化考察复审结果，滨江物联网产业园综合评分91.9分，列第一位，入选4个“优秀”基地之一。物联网产业园于2010年启动核心区建设，总规划面积3.66平方千米。至年末，园区有千亿级智能物联产业，形成数字安防、信息安全、集成电路、区块链、智慧医疗、环境能源、智能驾驶为代表的优势数字产业链7条。集聚世界500强企业2个、世界500强投资企业15个、中国企业500强2个。有上市企业19个、国家级专精特新“小巨人”企业9个、浙江省“专精特新”企业68个、国家高新技术企业231个。

【中国创新创业大赛新一代信息技术全国赛】2023年11月15—16日，第十二届中国创新创业大赛新一代信息技术全国赛暨新一代信息技术产业发展高峰论坛在杭州高新区举行。全国3.7万个企业参赛，入围项目涉及卫星通信、雷达探测、透明显示、车载控制器、智慧船舶、智慧诊疗等信息技术应用领域。大赛以“创新引领，创业筑梦”为主题，以提升企业技术创新和成果转化能力为主线，举办大企业创新需求发布及“一对一”对接、公益大讲堂、参赛企业创新创业成果展等企业服务活动。经选拔，403个参赛企业入围第十二届中国创新创业大赛新一代信息技术全国赛，163个企业入选“中国创新创业大赛优秀企业”。

【杭州高新区获批国家知识产权服务业高质量集聚发展示范区】2023年12月8日，国家知识产权局公布全国首批国家知识产权服务业高质量集聚发展示范区、试验区名单，杭州高新区获批国家知识产权服务业高质量集聚发展示范区，系全省唯一。杭州高新区于2016年启动建设国家知识产权服务业集聚发展试验区，2019年启动建设国家知识产权服务业集聚发展示范区，2022年获批国家知识产权服务出口基地。

【集成电路产业集群（浙江）创新发展大会】2023年12月12日，2023年集成电路产业集群（浙江）创新发展大会在杭州高新区召开，院士、行业专家、企业代表共300余人参加。大会由市发改委、杭州高新区、浙江省支持浙商创业创新服务中心联合主办，以“勇立潮头，谱芯篇章”为主题。大会为2023年集成电路领域省级工程研究中心授牌，杭州高新区、杭州广立微电子股份有限公司、杭州行芯科技有限公司、华芯程（杭州）科技有限公司签约共建浙江省半导体签核中心。院士、企业代表结合“构建特色协同创新体系，打造浙江省半导体产业集群”主题，围绕模拟与功率芯片及化合物半导体、半导体材料、半导体装备及零部件3个细分领域进行研讨和分享。

［杭州高新区（滨江）地方志编研室］

萧山经济技术开发区

【概况】2023年，萧山经济技术开发区（简称萧山开发区）规模以上工业增加值162.8亿元，比上年增长12.7%；规模以上服务业营业收入1922亿元，增长3.9%；规模以上服务业增加值101.7亿元，增长24%；规模以上数字经济核心产业增加值82.3亿元，增长22.6%；财政总收入114亿元，增长9.3%；一般公共预算收入59.7亿元，增长0.4%。国家级开发区综合考评排名居第17位，比上年提升4位。

【萧山开发区招商引资】2023年，萧山开发区聚焦“2+3+X”（以纤维新材料和智能汽车两大优势产业为主导，以智能物联、生命健康和高端装备等新兴产业为特色，以绿色能源、未来网络、绿色建筑、元宇宙等未来产业为补充的先进制造业集群体系）和“4+4”产业体系，绘制招商图谱，招大引强，招引骨干企业、“链主”型企业落户开发区。至年末，完成1亿元以上项目备案45个，10亿元以上项目10个，招引落地全市首个百亿级项目——总投资108亿元的新能源材料和器件模组制造项目，实到外资居全省第一位，完成实际利用外资32.2亿美元。

【产业集群发展】2023年，萧山开发区围绕无忧传媒集团有限公司、浙江希瑞新材料技术有限公司等龙头企业，做好创链建链、稳链固链、强链补链文章，推动“一企一链、一链一园”，加快产业集群壮大发展。“萧山经开区高端新材料特色产业平台”入选首批市级“一园一主业”特色产业平台名单，推动高端新材料产业链延链展链，带动上游下游核心材料、装备、系统集成等关键领域企业落地发展。

【重大项目建设推进】2023年，萧山开发区优化“开竣投”项目推进机制，制定产业项目推进联席会议制度，实行“委领导领衔＋专班推进＋综合督查”三联动，开展项目全生命周期服务，及时解决堵点卡点，推动项目落地见效。推动合盛新能源项目、传化年产68万吨有机硅新材料及高端精细化学品项目、希瑞新材料二期项目和杭可总部项目等18个产业项目新开工建设，新入库产业项目68个，其中工业项目60个。完成固定资产投资176.9亿元，比上年增长4.7%，其中工业投资54.7亿元，增长4.9%。

【产业结构优化】2023年，萧山开发区注重巩固优势产业，强化高端产业布局，推动制造业高端化、智能化、绿色化发展，开发区高新技术产业、战略性新兴产业、高端装备制造业增速和贡献度提升。全年高新技术产业、战略性新兴产业、高端装备制造业的增加值分别比上年增长14.3%、22.2%和11.0%。

【制造业细分行业数字化改造扩面】2023年，萧山经济技术开发区加快细分行业数字化转型扩面，总结梳理数字化改造现状，制定制造业细分行业数字化改造扩面计划。至年末，有300余个企业启动实施数字化改造或轻量化应用，159个技术改造项目完成立项，33个计划投资500万元以上的技改项目开工并投资入库。推动数字化转型示范样本建设，浙江省大胜达包装股份有限公司、浙江讯飞智能科技有限公司等4个企业获评省级工业互联网平台，占全区的80%。杭州宏诚食品饮料有限公司、浙江盛达铁塔有限公司等企业入选杭州市“未来工厂”（数字化车间）名单。打造数实融合全球品牌赋能中心，赋能更多有制造实力、产品适销对路的企业通过“制造＋跨境”模式实现数实融合品牌出海。培育自贸创新发展新动能，中国（浙江）自贸创新中心（萧山自贸大厦）启用，入驻企业营业收入超过15亿元，税收超过6000万元。“推进新型离岸国际贸易创新发展”“建设全球跨境电商知识服务中心打造知识服务高地”“跨境电商诚信体系便利跨境电商交易”3个典型案例入选商务部“外贸新业态优秀实践案例”。“一图两色三协同”管理模式，助推制造业项目提质增效、入境特殊物品安全联合监管机制2个案例，入选省、市制度创新案例。

【“腾笼换鸟”行动实施】2023年，萧山开发区进一步完善《“腾笼换鸟”三年行动方案》，明确连片收储实施方案，建立“腾笼换鸟”专班，建立一企一台账，逐家分析研判处置方案，至年末，完成企业收储签约17个，面积56公顷。围绕产业定位和招商项目入驻需求，建设标准厂房130.6万平方米。

【低效企业整治】2023年，萧山开发区对列入年度低效整治企业进行分组分类，全面摸排企业和地块现状，形成“一企一表”档案，按照“跟踪服务、重点帮扶、依法收储、收储退出”等进行分类处置。结合企业发展实际，支持企业开展存量招商、数智改造，至年末，华尔泰国际纺织（杭州）有限公司、索尔机械（杭州）有限公司等24个规模以上企业实现低效企业摘帽，盘活低效工业用地101.5公顷。

【江南科技城建设】2023年，萧山开发区优化桥南、科技城管理机制，推进江南科技城建设，海归小镇入选省级合成生物未来产业先导区。引育集聚数字医药核心企业100余个，生物技术产业集聚度达65%。组建包括政府引导基金、生物医药专业投资基金、天使基金在内的总规模近145亿元的产业基金群。完成1133公顷亚运村东侧环境整治提升工程。

【绿色智造产业新城建设】2023年，萧山开发区围绕“纤维新材料”“高端功能性材料”两大主链，持续招引服务重大产业项目落地。推进浙江盛元化纤有限公司二期工程、浙江传化绿色智造科技发展有限公司等大项目建设，浙江奥展航空科技有限公司等企业相继上规模，浙江广泰环境技术有限公司、浙江万鼎精密科技股份有限公司、恒宏智能装备有限公司等投产或生产调试。完成萧山临江高新技术产业开发区新材料化工园区益农板块目标，在“新材料”“新装备”“新能源”“新印染”项目上，推动绿色工厂与数字工厂有机结合，加快形成新质生产力。

【市北数字总部基地建设】2023年，萧山开发区加快打造数字总部基地，浙江长龙航空有限公司、杭州无忧传媒有限公司、杭州华澜微电子股份有限公司等12个企业获市总部企业认定。落地小灿灿新媒体总部、“二咖传媒”等新消费品优质项目。信息港小镇入选全省第一批专精特新产业园创建名单，获评全省第一批示范型数字经济产业园，并连续3年在省级特色小镇考核中获优秀。信息港七期（西区）竣工，信息港六期北区块等开园。

【企业梯队培育】2023年，萧山开发区支持企业高质量发展，杭州东霖染整机械有限公司、拿森汽车科技（杭州）有限公司、凯临钒机械（杭州）有限公司等97个企业，获评省级专精特新企业，累计获评省级专精特新企业数量占全区近1/3。杭州雷迪克节能科技股份有限公司、浙江浙能迈领环境科技有限公司、杭州传化精细化工有限公司等11个企业获批国家级专精特新“小巨人”企业，占全区近40%。杭州布雷科电气有限公司、浙江杭可仪器有限公司、杭州国泰环保科技股份有限公司等5个企业获2023年度浙江省首台（套）装备认定。开发区获评国家级专精特新企业培育园区。杭州湾信息港园区获评浙江省五星级小微园。杭州乐刻网络技术有限公司、万向一二三股份有限公司、微医云（杭州）控股有限公司等39个企业入选“2023杭州独角兽&准独角兽企业榜单”。杭州大王椰供应链科技有限公司、浙江华感科技有限公司、杭州乾晶半导体有限公司等80个企业，新认定为国家高新技术企业。杭州镓仁半导体有限公司、高诚生物医药（杭州）有限公司、杭州长河动力技术有限公司等186个企业，新认定为省科技型中小企业。浙江舜为科技有限公司、杭州布雷科电气有限公司、浙江杭可仪器有限公司等91个企业，新增为规模以上企业。国泰环保登陆深圳创业板，杭可科技发行的全球存托凭证（GDR）在瑞士证券交易所上市。培育浙江健盛集团股份有限公司、杭州雷迪克节能科技股份有限公司、浙江兆丰机电股份有限公司等28个企业为上市企业（含新三板）。微医控股（浙江）有限公司、杭州华澜微电子股份有限公司、圣奥科技股份有限公司等16个企业列入区级上市后备企业。

【“千名干部进千企”活动】2023年，萧山开发区推进“千名干部进千企”活动，开展纾困解难、转型发展等助企服务，共审核财政扶持项目130批次，涉及企业900余个，兑现扶持金14亿元。打造“零距离”服务圈，构建最优助企服务新生态。设立“信用e站”“营商环境检查e站”，为园区企业提供更优质的增值服务。统筹安全发展，编制并发布《落实企业安全生产主体责任指导手册》，组织召集安全生产主题培训活动13场，总培训2400余人次。

【企业联动发展】2023年，萧山开发区探索形成具有开发区特色的总部回归路径，通过开辟贸延工、贸转工新路径、科学运用委外加工新方式、支持创建管理运营新模式等途径，引导产值回归，浙江健盛集团股份有限公司、杭州大王椰智环装饰新材料有限公司、浙江华感科技有限公司等5个总部企业，回归产值35亿元。发挥数智楼宇系统作用，加强清单化摸排、网格化梳理，实现41个楼宇、30个园区、1.19万个企业纳入系统管理。通过“T+1”数据抓取和更新，争取税源回归。至年末，回迁企业166个。完成46个税务登记在区外的企业转入变更。

【三大科创平台建设】2023年，萧山开发区推进三大科创平台建设。占地14.6公顷的浙江大学杭州国际科创中心一期项目第一阶段区块，完工并交付使用；总建筑面积37.33万平方米的西安电子科技大学杭州研究院，22幢建筑完成主体结顶；总投入资金2.36亿元、建筑面积5.7万平方米的湘湖实验室科研平台启动运行。推动三大平台与企业共建创新研究院5个，共建联合实验室57个，项目合作协议资金近2亿元。支持平台建设孵化载体，孵化面积（含在建）6.8万平方米。

【人才引育优化】2023年，萧山开发区加大海内外高层次人才、领军型创新创业团队等引育，修订完善《萧山经济技术开发区“5213”项目管理办法》，进一步优化人才项目推进。新增杭州市E类及以上高层次人才606人，13名人才入选第19批国家级领军人才，比上年增加5.3倍，占全区的65%；18名人才入选市级领军人才，增长80%，占全区的90%；推荐并最终入选区2023年“5213”项目70个，占区入选总数的61.4%；招引“创客天下”总决赛项目落地3个，落地项目数量列全市第一位。

【科技型企业服务管理】2023年，萧山开发区创建科技型企业创新积分系统，以5个维度、34个指标，为科技型企业建设一套评价体系。开展企业知识产权工作室专题培训，帮助企业健全完善知识产权管理体系和知识产权管理水平。新增发明专利授权944件，比上年增长33.7%。浙江希瑞新材料技术有限公司、杭州中电安科现代科技有限公司、杭州座头鲸科技有限公司等9个企业被新认定为“杭州市专利试点企业”。圣奥科技股份有限公司、开源环境科技集团有限公司、杭州健培科技有限公司等6个企业被新认定为“杭州市专利示范企业”。举办“2023年度开发区创新创业系列活动发布会”，到外地开展高层次人才招引和政策推介活动。

【“企安心”数字化平台建设】2023年，萧山开发区深化“企安心”建设，数字化平台形成1个驾驶舱、5个业务系统和1套数字孪生的“151”主体构架。新建招商引资项目管理、土地收储、政策兑现、水电费管理、停车场管理等16个模块，迭代升级公共资源交易管理、企业库等7个模块，实现智慧化办公。

（寿　璐）

临平经济技术开发区

【概况】2023年9月，商务部复函同意余杭经济技术开发区更名为杭州临平经济技术开发区。至2023年年末，临平经济技术开发区（简称临平开发区）规模以上工业总产值1214.50亿元，比上年增长5.0%，高于全区平均值1.5个百分点；工业增加值337.77亿元，增长5.2%；完成制造业投资83亿元，增长10.0%。

重点企业带动作用明显，125个1亿元以上工业企业产值贡献率超过92%。新增“小巨人”企业11个、省专精特新中小企业64个。杭州福斯达深冷装备股份有限公司、杭州安杰思医学科技股份有限公司、杭州民生健康药业股份有限公司3个企业上市。引进杭州汽轮动力集团股份有限公司、杭州蕙勒智能科技有限公司、浙江欧伦电气有限公司等一批优质企业，总用地59.2公顷。杭州蕙勒智能科技有限公司入选浙江省“机器人+”应用标杆企业，全市仅3个。杭州老板电器股份有限公司、杭州西奥电梯有限公司等6个企业入选浙江省DCMM贯标省级试点企业。新增浙大高端装备研究院、浙江春风动力股份有限公司、杭州新希望双峰乳业有限公司3个省级工业互联网平台。年内，获评省级制造业五星级园区，成功创建开发区产业链“链长制”优秀示范单位，获评2022—2023中国国际进口博览会溢出效应最佳承接园区。生物医药特色平台被列入首批市级“一园一主业”特色产业平台创建名单。聚焦重点区块，分层分类推进半导体、专精特新、生物医药3个“一平方公里”产业园区建设，进一步提升开发区产业集聚度。

【临平开发区招商引资】2023年，临平开发区推动浙江科盛智能装备有限公司、浙江圣兆药物科技股份有限公司等28个1亿元以上重大产业项目（含10亿元以上重大产业项目5个）落地，其中：固定资产总投资1亿元以上制造业项目25个，固定资产总投资1亿元以上服务业项目2个，注册类项目1个。产业项目实现供地21宗，用地面积超过61.8公顷。举办MAH&CXO精准对接会暨药物经济学研究论坛、2023年全球生物医药制药工程大会暨ISPE中国年会等专业招商论坛活动，签约落地临平区CXO知识产权投资管理平台。累计落地“鼎湖”高层次人才领衔项目37个，完成国家级海外人才有效申报35名、入选6名，国家特殊人才支持计划专家入选2名，实现国家级人才增长双100%。新增杭州市C类及以上人才31名，新引进青年博士49名，招引青年大学生1万余名。

【企业创业创新】2023年，临平开发区推动“红丰创新带”产业社区建设，浙江省国家大学科技园（临平）正式开园，引进临平首个诺奖项目晨伫生物，个性化定制打造小林高科生物医药创新空间，新增创新空间载体12个，新认定省级孵化器4个。高新技术产业产值1004.85亿元，占工业总产值的82.7%，比上年增长6.9%。贝达药业股份有限公司、杭州汽轮动力集团股份有限公司2项成果获浙江省科学技术进步奖一等奖；浙江运达风电股份有限公司、杭州西奥电梯有限公司等4项成果获浙江省科学技术进步奖二等奖；汉尔姆建筑科技有限公司获浙江省技术发明奖三等奖。新增省级研发中心13个、省级企业研究院7个，其中杭州百诚医药科技股份有限公司认定为省级重点企业研究院。服务型制造研究院获批省服务型制造发展促进会业务主管单位。年内成立浙江省医疗器械创新转化研究院，累计促成企业与省内医疗机构、科研院所达成临床试验、生物样本及科研项目等合作项目44个。

【开发区配套设施建设】2023年，临平开发区坚持规划引领，有序推进兴旺区块、东湖新城等6个单元详细规划报批审查。立足打造产业新城、科技高地，推进临平北枢纽新城概念规划及城市设计。推动地铁9号线昌达路站以公共交通为导向的开发（TOD）地铁上盖项目建设，加快推进玉架山遗址博物馆、市民广场、共有产权房、公租房、小林老街提升改造等项目建设。红丰路、顺达路等多条道路完成建设，星火苑、红丰等安置房竣备交付，风荷路、雨荷路等学校正式投用，48个政府投资项目累计完成有效投资32.94亿元，比上年增长约10%。

【浙江省国家大学科技园（临平）开园】2023年5月16日，浙江省国家大学科技园（临平）开园。该科技园是由临平区人民政府、开发区与浙江省国家大学科技园、浙江科发资本管理有限公司合作运营的高校成果转化基地、海外高层次人才创业基地及创新人才培育基地。浙江省国家大学科技园（临平）作为开发区"红丰创新带"的重要板块，是临平区首个引进诺奖项目的科创园区。

【全球生物医药制药工程大会】2023年5月26日，2023年全球生物医药制药工程大会暨ISPE中国年会举行。大会邀请美国食品药品监督管理局驻中国办事处、欧洲药品管理局和国家药品监督管理局等相关部门行业专家，以及赛诺菲集团、默克公司、上海药明生物技术有限公司、百济神州有限公司、德国西门子股份公司和赛默飞世尔科技公司等国内外行业头部企业。

【中国（临平）国际医药源头创新大会】2023年5月26日，第二届中国（临平）国际医药源头创新大会举行。大会邀请院士出席，100余名权威专家参会。大会以"聚焦源头孵化，引领医药创新"为主题，共同探讨生物医药领域源头创新的新趋势、新技术、新挑战、新合作及新发展。开幕式上，浙江大学基础医学创新研究院分别与高校项目，幂方资本、一起创资本等基金，领伯医汇（杭州）医疗科技有限责任公司、中国医药工业研究总院、浙江大学科技园发展有限公司等进行签约，打造国际化生物医药源头创新交流平台。

【生命健康产业发展交流会】2023年7月13日，第四届生命健康产业发展交流会举行。大会以"聚智聚力、协同创新"为主题，邀请行业科学家、领域医院管理者参会，共同探讨产城融合推动生命健康产业高质量发展的实践路径。会上，"细胞基因药物质量检测评价技术成果转化协同创新中心"公共技术平台、杭州博尔夫生物科技有限公司、杭州立生生物科技有限公司等10个优秀项目正式签约入驻开发区，进一步助推全省医学科技成果转化和生命健康产业融合发展，推动区域生命健康产业高质量发展。

【杭州·微短剧大会】2023年11月10—11日，首届杭州·微短剧大会在浙江省家纺产业创新服务综合体举行。大会以"奋楫扬帆正当时——夯实微短剧产业生态底座，助推网络作品精品化创作"为主题，共同探讨中国短剧产业未来发展方向，搭建促进网络视听产业高质量发展的高端交易平台，以及传播展示微短剧作品的重要交流推广平台，推动区域影视产业提档升级。

【全国机械工业设计创新大赛高峰论坛】2023年12月10日，"临平杯"第三届全国机械工业设计创新大赛高峰论坛举行。本届机械工业设计创新高峰论坛是在中国机械工业联合会和中国机械冶金建材工会指导下，由机械工业信息研究院、机械工业出版社、浙江大学高端装备研究院共同主办。论坛围绕落实制造强国和新型工业化建设，推动设计创新赋能制造业转型，促进机械工业加快步入高质量发展，全面展示临平开发区制造元素。

（沈晓燕）

富阳经济技术开发区

【概况】富阳经济技术开发区（简称富阳开发区）成立于1992年5月，是浙江省首批省级开发区之一。2012年10月，升格为国家级开发区。在2022年度国家级经济开发区综评中位列全国第76位。至2023年年末，实际经营企业9325个，其中工业企业1685个，规模以上工业企业414个，占全区数量的54.2%，产值百亿元级企业2个（浙江江铜富冶和鼎铜业有限公司、富通集团有限公司）、50亿元级企业3个、10亿元级企业14个、亿元级企业146个。全年"四上企业"（规模以上工业企业、资质等级建筑业企业、限额以上批零住餐企业、规模以上服务业企业）主营业务收入3335亿元，比上年增长1.8%；规模以上工业总产值1291亿元、增长2.8%；制造业投资43.7亿元、增长10.9%；营利性服务业营收80.4亿元、增长12.5%；"四上企业"税收收入42.7亿元、增长15.4%。富阳开发区先后获评国家级绿色工业园区、省级服务业创新发展区、省级特色产业风貌样板区、省级商业秘密保护基地。

【富阳药谷小镇被命名为省级特色小镇】2023年1月18日，富阳药谷小镇被命名为第六批省级特色小镇。药谷小镇位于富阳开发区胥口镇，总面积3.22平方千米，其中核心区面积1.26平方千米。小镇以"健康+"作为产业定位，以"康医、康养、康旅、康教、康农、康居"为主题，围绕全球生物医药前沿科技，建成占地100余公顷、累计投资120亿元的生物医药高新技术产业园，引育海正药业（杭州）有限公司、瀚晖制药有限公司等一批链上企业，是中国最大的抗生素、抗肿瘤药物生产基地之一。

【中医药产业化项目落地】2023年4月7日，富阳区政府与浙江中医药大学签署全面深化战略合作协议，共建浙江中医药大学富阳研究院和现代中医药国际合作示范区。该校特聘教授、欧洲科学院院士蒋玉林和中国科学院院士赵国屏分别领衔的2个中医药产业化项目（浙江中医药大学富阳研究院植物药国际研究中心及产业化项目、杭州中科雾联医药生物科技有限公司中医药生物合成雾化产品项目）落地富阳开发区。

【浙工大国际创新中心落户富阳开发区】2023年6月28日，富阳区政府与浙江工业大学共建浙工大国际创新中心签约仪式举行。浙工大国际

富阳经济技术开发区（摄于 2023 年）（富阳经济技术开发区管委会 供稿）

创新中心选址在富阳开发区银湖科技城核心板块，园区总面积 3.5 万平方米，在深化研究院建设基础上，以"企业"工厂为理念，创新建设包括高层次人才引育、科研平台建设、研发人才培养、产业孵化服务等在内的双新创业载体，培育一批符合杭州城西科创大走廊产业导向的"高、精、特、新"科创型企业。

【"虹缤之都"综合体项目建设启动】 2023 年 6 月 30 日，浙江金帝房地产集团以 8.34 亿元竞得银湖"大草坪"地块，计划投资 40 亿元建设。作为富阳开发区重大招商引资项目之一，"虹缤之都"计划打造为集大型购物中心、高端酒店、商业办公和住宅于一体的城市以公共交通为导向的开发（TOD）综合体项目，项目总建筑面积约 37 万平方米，其中商业中心面积 7.5 万平方米。

【路特斯能源总部入驻启用】 2023 年 7 月 20 日，路特斯能源总部入驻启用仪式在杭州缙云大厦举行。"路特斯"是浙江吉利控股集团旗下的高端汽车品牌，路特斯能源是路特斯全面进军新能源产业合作的战略部署，从储能全场景出发，布局全球核心位置的闪充网络，规划建设运营约 1000 个闪充充电场站，为高端品牌新能源汽车用户提供一体化的智能解决方案。2022 年 11 月 8 日，富阳区政府与吉利控股集团战略项目签约，路特斯能源总部项目正式落户富阳开发区，预计 2025 年建成投产。项目融合设备研制、解决方案、场站运营等商业模式，探索新能源补能体系的全场景布局。杭州闪电速能科技有限公司作为项目的运营主体，在富阳打造集综合运营职能于一体的综合管理总部。项目于 3 月拿地并开工建设，6 月在过渡厂房实现批量化生产；7 月，办公研发基地投入使用。

【"东方丹谷"产业发展研讨会】 2023 年 11 月 30 日，"东方丹谷"产业发展研讨会在富阳区召开。"东方丹谷"是富阳区以全省实施"双百计划"和浙江中医药大学创建"双一流"高校为契机，以现代中医药产业为突破口，面向世界统筹全球资源，全力打造的"全球化、高能级、高辨识度"现代中医药国际合作示范区。"东方丹谷"定位以现代中医药为特色的生命健康产业，按照"3+X"布局，重点突破现代中医药、合成生物、CMO 及 CDMO3 个产业和"X"个细分赛道，系统建设产业生态，打造千亿产业集群。产业空间上，"东方丹谷"由 3 个区块组成，其总部研发区位于富阳开发区银湖科技城，核心区由 320 国道、公望街、恩波大道围合而成的约 19 平方千米区域（即富阳大城北产业集聚区），智造基地位于开发区胥口药谷小镇。

【中国汽车充换电生态大会】 2023 年 12 月 19—21 日，中国汽车充换电生态大会在富阳开发区召开。大会以"迎接新挑战，全面推动充换电基础设施高质量发展"为主题，设置"1 场闭门会议 +1 个主论坛 +6 个分论坛"。大会从把握充换电产业高质量体系内涵出发，围绕稳固设备质量、技术模式创新、提升服务品质、筑牢安全底线等方向，分享经验、把握未来，共同构建健康的充换电产业生态。大会期间发布《2022—2023 中国电动汽车充电基础设施发展年度报告》等重要成果，并举行充电桩下乡活动启动、闪充委员会成立、国际化发展委员会启动等仪式。会议吸引近 1000 名行业人士参会。

【杭州城西科创大走廊富阳片区联动办成立】 2023 年 12 月 21 日，杭州城西科创大走廊富阳片区联动办在富阳开发区揭牌成立。2022 年 5 月，富阳区政府与杭州城西科创大走廊签订《联动发展合作协议》，进一步明确联动内容和工作机制。富阳高规格组建大走廊富阳片区联动发展领导小组，由区委书记和区长担任双组长，推动富阳片区加快融入大走廊高质量、一体化发展。

【富阳开发区获评国家级绿色工业园区】 2023 年 12 月，工业和信息化部公布 2023 年度绿色制造名单，富阳开发区获评国家级绿色工业园区，杭州星帅尔电器股份有限公司与浙江江铜富冶和鼎铜业有限公司获评国家级绿色工厂。富阳开发区加快建设省级园区循环化改造试点，在省级园区循环化改造试点工作中获优秀等次。富阳开发区积极构建 5G（光通信）产业链，5G（光通信）产业链获评省级产业链"链长制"示范试点；加快打造浙江省氢能发展的先行先试区，建设能源双碳管控平台、企业绿色工厂培育体系。至年末，富阳开发区有 6 个企业成功创建省级绿色工厂、4 个企业成功创建国家级绿色工厂。

（牟露露）

杭州城西科创大走廊

【概况】 杭州城西科创大走廊东起浙江大学紫金港校区，西至浙江农林大学，东西长约 39 千米，下辖紫金港科技城、未来科技城、青山湖科技城三个省级高新区，主廊道东西长约 39 千米，南北宽约 10 千米，规划面积约 416 平方千米。2023 年，城西科创大走廊产业增加值 3464.4 亿元，比上年增长 9.1%；规模以上服务业增加值 2685.7 亿元，增长 13.3%；高新技术产业增加值 2739.0 亿元，增长 10.4%。城西科创大走廊企业蚂蚁科技集团股份有限公司、菜鸟网络科技有限公司等入选胡润研究院“2023 全球独角兽榜”前 100 名；杭州利珀科技有限公司、杭州众硅电子科技有限公司等 136 个企业入选 2023 年度第一批浙江省专精特新中小企业名单；之江实验室“发现飞秒激光诱导复杂体系微纳结构新机制”、中电海康集团“长三角‘感存算一体化’超级中试中心”入选长三角科技创新共同体协同创新十佳典型实践案例。

【城西科创大走廊企业获 151 个省级科技奖项】2023 年 11 月 10 日，全省创新深化大会在省人民大会堂召开，会上公布 2022 年度浙江省科学技术奖获奖名单。城西科创大走廊范围内浙江大学、之江实验室、阿里巴巴集团、阿里云计算、浙江华正新材料股份有限公司、杭氧集团等单位共 151 个成果获自然科学奖、技术发明奖和科学技术进步奖，其中一等奖 45 个，比上年增长 15 个，占全省总量的 76.3%。

【杭州技术转移转化中心揭牌】2023 年 6 月 6 日，杭州技术转移转化中心揭牌仪式在杭州师范大学科技园举行。杭州技术转移转化中心由杭州高科技投资有限公司、浙江火炬生产力促进中心牵头，联合西湖大学、中控集团、杭州师范大学等单位设立，是在科技成果转移转化的供给侧、需求侧、服务侧均有一批骨干机构参与的专业化技术转移转化服务平台。国家技术转移东部中心、上海技术交易所（上技所申态科技发展有限公司）、北京知识产权运营管理有限公司、日本筑波科学城产业技术中心、俄中人文合作发展中心等单位与中心签约，签约单位作为首批入驻机构，与杭州技术转移转化中心开展深入合作。

【城西科创大走廊科技金融服务联盟成立】2023 年 4 月 12 日，城西科创大走廊科技金融服务联盟成立大会暨浙江城西科创制造业股权投资母基金签约仪式举行。该联盟由中国工商银行股份有限公司、中信证券股份有限公司等 58 个单位组成，致力于开展拟上市企业培育、金融推动科技成果转化等多样化的服务活动。会议举行浙江城西科创制造业股权投资母子基金签约以及基金拟投项目签约仪式，融合城西科创大走廊内产业优势、区域优势、创新优势和政策优势，打造新兴制造业发展的生态圈，为科技创新和产业转型升级提供增长动能。

2023 年 6 月 6 日，杭州技术转移转化中心揭牌仪式在杭州师范大学科技园举行

（杭州城西科创大走廊管委会 供稿）

【城西科创大走廊与中国科学院控股有限公司合作备忘录签署】2023 年 11 月 13 日，杭州城西科创大走廊管委会与中国科学院控股有限公司签订合作备忘录，建立健全“科技 + 金融”“基金 + 基地”的产业发展模式，推动更多科技成果转移转化。双方聚焦引育颠覆性技术、探索成果转化新模式、打造特色产业集群等方向开展深度合作，加速打造一批行业细分领域的标杆企业。

【“大走廊杯”中国杭州博士后科创精英赛】2023 年 8 月 8 日，首届“大走廊杯”中国杭州博士后科创精英赛总决赛在城西科创大走廊举办，15 个“高精尖”博士后科技创新项目参赛。杭州市人力资源和社会保障局、杭州城西科创大走廊管理委员会、杭州技术转移转化中心共同发起设立杭州博士后成果转移转化中心，建立博士后科技创新成果库，通过线上、线下融合的方式为参赛项目进行服务。

【浙江省巾帼创新创业大赛】2023 年 11 月 27 日，由浙江省妇女联合会和杭州城西科创大走廊管委会联合主办的“巾帼添彩·创赢未来”2023 年浙江省巾帼创新创业大赛颁奖仪式在青山湖科技城创业广场举行，从参赛的 562 个团队、选手中评选出一等奖 2 名、二等奖 5 名、三等奖 9 名。大赛分科技创新组和村播组，其中科技创新组共有 274 个项目团队报名参赛，参赛项目涵盖高端装备、绿色能源、新材料、生物医药、智能物联、生活创意 6 个领域。

【中国工程院国际工程科技发展战略高端论坛】2023 年 2 月 16—18 日，“中国工程院国际工程科技发展战略高端论坛——第六届材料基因工程高层论坛”在城西科创大走廊青山湖科技城召开。论坛吸引国内外材料领域 47 名院士参加。论坛首次设立“杭州青山湖材料基因工程青年科学家奖”，奖励在材料基因工程领域前沿基础研究中取得突破性成果、取得重要技术发明并获显著工程应用成效的青年科学家。

【重点道路建成通车】2023年1月16日，荆长路（杭长高速—余杭塘路）建成通车。该道路位于大走廊云谷区块，是紫金港科技城云谷地区南北向重要的骨架道路，也是连接未来科技城的重要通道。位于紫金港科技城的荆大路（墩余路—振华路）同步建成通车。5月30日，文一西路互通全线通车，匝道全长约5千米，其中匝道桥全长4.6千米，共设8条匝道，实现高架公路体系与地面文一西路快速路体系交通量的快速转换。

【智能空中交通联合实验室成立】2023年1月6日，城西科创大走廊未来科技城企业杭州迅蚁网络科技有限公司与中国民用航空飞行学院正式签约合作共建智能空中交通联合实验室。该实验室持续推进智能空中交通发展，深化关键技术攻关、研究生联合培养、科研项目合作等方面的合作。

【城西科创大走廊创新展示厅启用】2023年3月2日，城西科创大走廊创新展示厅暨“在西站”规划展示馆启用仪式在杭州西站举行。该展厅集科创展示、规划纵览、综合推介于一体，以“活力走廊、链接未来”为主题，从大走廊基本概况、创新成果、规划展望3个维度出发，通过数字沙盘及裸眼3D等现代展陈技术，全方位展示大走廊在创新平台、创新人才、创新企业、创新产品等方面的成果。“在西站”党群服务中心同期启用。

【“城西大讲堂”开讲】2023年3月21日，城西科创大走廊第一期“城西大讲堂”在未来科技城海创园举行。中国科学院院士、西湖大学校长施一公以《贯彻两会精神，谈中国科技走向》为题进行演讲。大走廊党工委管委会领导班子成员，“一廊四城”机关干部代表，受邀的杭州市高层次人才及群众代表等170余名嘉宾参加活动。

【天目山论坛暨天目山实验室科技成果发布会】2023年3月30日，首届“天目山论坛暨天目山实验室科技成果发布会”在城西科创大走廊未来科技城学术交流中心举行。会上发布1000余项科技成果、500余项技术成果；天目山实验室科技成果转化中心正式成立，未来科技城管理局与天目山实验室签订科研生态战略合作伙伴协议。实验室和多个平台、企业进行集中签约，包括航空技术战略合作协议签约、天目山实验室共建及关键技术攻关协议签约等。会上，相关领域的院士专家就《构建全球化协同创新体系，加速重大基础研究成果产业化》等主题做专题分享。

【知识产权证券化项目发行】2023年3月31日，城西科创大走廊未来科技城在中国银行间市场交易商协会发行全省首单知识产权证券化（ABN）产品。储架发行额度为10亿元，首期发行金额1.33亿元，发行票面利率2.7%，期限为1年。发行的知识产权证券化产品为资产支持票据模式，项目入池的基础资产基于余杭区范围内的14个高新技术企业共计135件授权专利，涵盖智能物联、新一代信息技术、新材料、生物医药、高端装备制造等产业领域，其中发明专利47件，实用新型专利88件，评估价值共计1.74亿元。

▶资料：资产支持票据模式

对企业持有的知识产权进行价值评估后以独占许可专利的方式形成入池基础资产，设立资产支持票据信托，向投资人发行以信托财产为基础的资产支持票据，再由增信机构以差额支付承诺人的角色提供主体信用后在市场上发行。

【国家天文科学数据中心分中心落户之江实验室】2023年4月20日，国家天文科学数据中心与之江实验室签署协议，共建国家天文科学数据中心之江实验室分中心。双方围绕智能计算天文开展合作研究，联合打造包括快速射电暴、分子谱线、天体化学领域数据库的智能计算天文开放平台，以及相关领域的数据分析及可视化平台。

【国际基因组学大会年会】2023年4月25—28日，国际基因组学大会第十八届年会（ICG-18）暨“栖西聚才·智赢未来”全球科学家峰会在城西科创大走廊紫金港科技城召开。会议设有多场分论坛，涵盖基因组学的各个方面，其中包括“生命科学与组学DNA”“组学与未来10年的人工智能”“生物经济与增长”等领域。来自国内外的100余名科学家、医学专家、行业领袖出席活动，共同探讨基因组学领域的最新进展和未来发展趋势，促进全球基因组学研究领域的深入交流合作。

【医学大数据与人工智能创新发展大会】2023年5月13日，第四届医学大数据与人工智能创新发展大会暨浙江省数理医学学会肿瘤精准诊疗与伦理论坛在城西科创大走廊未来科技城举办。大会主会场举行人工智能医疗器械创新合作平台数据治理工作组成果发布会、“2022年度中国医学人工智能代表性算法”收录仪式、浙江省数理医学学会团体标准发布会、人工智能医疗装备产业化平台落地揭牌与战略协议签约仪式、《名医大家谈》新书发布会等。

【空天信息大会】2023年5月26日，“2023空天信息大会”在城西科创大走廊举行。大会现场，由中国空间技术研究院杭州中心、中国船舶集团第七一五研究所、国科大杭州高等研究院、杭州智元研究院有限公司、中电金信软件有限公司、杭州云栖交叉技术研究院为成员单位的杭州空天地海协同创新联合体正式成立，共同推动空天信息产业协同创新。会上，举办西湖区科技成果转化中心成立仪式，并发布空天信息科技成果转化政策。

【西湖大学城科研成果产业化基地启用】2023年6月9日，西湖大学（杭州）发展有限公司与紫金港科技城管委会（杭州云谷发展中心）签署战略合作，共建西湖大学创新药物概念验证中心。西湖大学城首个科研成果产业化基地（云创镓谷园区）有西湖烟山、西湖心辰、西湖丝创、西湖灵犀、西湖智能视觉、西湖艾凯利元6个“西湖系”企业实体入驻，西湖大学生命科学学院新型产学研基地、工学院人工智能产业孵化中心等10余个“西湖系”储备项目在谈判签约阶段。

【全球人工智能技术大会】2023年6月10日，由中国科学技术协会指导，中国人工智能学会、杭州市人民政府主办的2023年全球人工智能技术大会在城西科创大走廊未来科技城学术交流中心举行。大会打造会议、展览、赛事三位一体的内容格局，设有主论坛1场，专题论坛33场，学术报告200余场，参展企业70余个，共有包括40名中外院士在内的近300名产学研专家作分享探讨。

【“浙里好成果”平台建设】2023年6月19日，“浙里好成果”平台建设暨浙江创新馆启动仪式在城西科创大走廊未来科技城举行。“浙里好成果”平台是一个集聚成果展示发布、合作交流、路演对接、交易转化等功能的综合性平台，以成果月报、季度发布、年度榜单和常态化发布集成的机制，定期发布全省优秀科技创新成果，并依托浙江创新馆开展成果展示与推介。

【全国智能计算标准化工作组成立】2023年6月30日，全国智能计算标准化工作组在之江实验室成立。来自全国智能计算领域相关高校、科研机构、企业的170余名专家学者出席成立大会，国家市场监督管理总局标准技术管理司代表宣读成立批文。至年末，之江实验室共主导制定各类标准近50项，牵头制定首个多中心临床数据协同利用ISO国际标准，发布ITU国际标准《隐私保护机器学习技术框架》《人工智能云平台技术规范模型开发》。

【国家重大科技基础设施实验大楼结顶】2023年7月16日，超重力离心模拟与实验装置国家重大科技基础设施实验大楼结顶。该项目是“十三五”规划确定的十个国家重大科技基础设施之一，是在浙江省建设的首个国家重大科技基础设施，总投资超过21亿元，总用地5.93公顷，总建筑面积3.46万平方米，建成后将成为全球容量最大、应用范围最广的超重力多学科实验平台。

【西湖未来论坛】2023年7月26日，首届西湖未来论坛在城西科创大走廊未来科技城举行。该论坛由浙江省发展和改革委员会、杭州市人民政府指导，邀请15名中外院士以及超过100名中外科学家、企业家、科普传播者等，围绕人类生命健康、可持续发展的重大课题展开交流，并落地一批未来产业合作成果。开幕式现场，西湖大学和美国化学会出版部签署为期3年的《美国化学会出版部、西湖大学关于联合推动化学及相关物质科学领域科学事业发展的谅解备忘录》。会上，国家合成生物技术创新中心杭州研发基地揭牌。

【11件专利获中国专利奖】2023年7月19日，国家知识产权局发布第二十四届中国专利奖授奖决定，城西科创大走廊11件专利获第二十四届中国专利奖，占全省数量的15.5%。其中：中国专利金奖1个，中国专利银奖1个，中国外观设计银奖1个，中国专利优秀奖8个。阿里云计算有限公司“一种分布式存储系统升级方法和装置”专利获中国专利金奖，实现全省数字经济领域中国专利金奖“零的突破”。

【湖畔实验室免费开放100件AI专利许可】2023年8月11日，在浙江省专利公开实施政策公布会上，湖畔实验室宣布向社会免费开放100件AI专利许可。湖畔实验室免费开放的AI专利许可覆盖图像技术、视频技术、3D视觉等AI技术领域，被纳入全国首批专利公开实施清单，在浙江知识产权交易中心上架。

【浙江信创大会】2023年9月7日，浙江信息技术应用创新大会在大走廊紫金港科技城召开。大会围绕云计算相关信息技术应用创新发展的新技术、新应用、新模式，邀请龙蜥社区、统信软件技术有限公司、飞腾信息技术有限公司等50余个合作企业和140个企业用户代表及科研机构代表等，围绕应用侧、产业侧各方创新资源开展技术交流、成果分享。

【知识产权投行筹建发起】2023年9月4日，浙江省专利开放许可路演基地成立暨知识产权投行筹建启动仪式在城西科创大走廊紫金港科技城举办。西湖区市场监督管理局（区知识产权局）、紫金港科技城管委会、浙江大学、浙江工业大学、浙大控股集团、杭州西湖区科创股权投资有限公司作为首批发起单位，签约并发起筹建全省首个知识产权投行——西湖知识产权投行。首批知识产权投行收储专利现场集中签约，20件专利以“一对多”开放许可模式在线上达成意向登记签约，涉及智能制造、新材料等领域。

（城西科创大走廊管委会）

杭州临空经济示范区

【概况】杭州临空经济示范区成立于2017年5月9日，由国家发展和改革委员会、中国民航局批准设立，辖靖江街道、南阳街道、红山农场、机场全域以及瓜沥镇，拥有杭州保税物流中心（B）型、中国（杭州）跨境电子商务综合试验区、中国（浙江）自由贸易试验区拓展区杭州片区、空港型国家物流枢纽等多项改革试验点。杭州临空经济示范区是以“两港两高地”，即全球数字贸易创新港、国际航空服务枢纽港、全国临空高科技产业高地、全国临空会展商务新高地为发展定位，以“一廊两翼、四链五楔”为空间结构，以“2+3”现代临空产业体系，即做强智能制造、生命健康两大千亿元级临空制造业，打造航空服务、数字贸易、会展商务三大千亿元级临空服务业为产业定位的示范区。

至2023年年末，杭州临空经济示范区总面积142.72平方千米，财政总收入47.7亿元，增长25.0%；一般公共预算收入26.82亿元，增长26.0%；规模以上工业企业增加值130.2亿元，下降0.5%；规模以上高新产业增加值94.87亿元，下降2.1%；规模以上工业企业利税总额52.68亿元，增长6.5%；规模以上工业企业利润总额33.96亿元，增长5.0%；规模以上服务业增加值55.37亿元，下降1.1%；规模以上数字经济增加36.65亿元，下降2.8%；出口额192.64亿元，增长11.4%；限额以上社会消费零售额17.22亿元，增长13.2%。固定资产投资69.13亿元，增长28.1%。

【杭州临空经济示范区国土空间规划获批复】 2023年10月10日，杭州市政府对杭州临空经济示范区国土空间规划作出批复，规划界边东至规划头蓬快速路，南至萧山区瓜沥镇界，西至杭州绕城高速，北至杭州大江东产业集聚区界及钱塘江水域，总面积为142.72平方千米。规划形成"一廊两翼、四链五楔"的国土空间保护开发总体格局。规划期限为2021—2035年，规划基期年为2020年，近期至2027年，远期至2035年。规划目标定位为全球数字贸易创新港、国际航空服务枢纽港、全国临空高科技产业高地、全国临空会展商务新高地。

▶资料："一廊两翼、四链五楔"国土空间保护开发总体格局

"一廊"：连接萧山辅城和钱塘辅城的航空都市走廊，依托国际商务港、国际贸易港和临港制造园，集聚航空运输、航空物流、航空服务、航空维修和制造等航空枢纽核心功能。"两翼"：萧山国际机场南北两大特色功能组群，北翼以产兴城，集聚产业创新功能，包括会展板块、阳城板块和红山板块；南翼以城促产，侧重城市配套服务功能，包括瓜沥板块、坎山板块和靖江板块。"四链"：四个方向链接周边区域和主要城市的交通廊道，东、南接绍兴市，西接萧山辅城，北接钱塘区和嘉兴市。"五楔"：五大以山水林田为主体的楔形农业生态空间，承担城市"风道""绿肺"等生态功能，兼顾游憩综合功能，包括瓜沥田园绿楔、航昭山水绿楔、机场快速路绿楔、红山通江绿楔、南阳两山绿楔。

【"腾笼换鸟"推进】 2023年，杭州临空经济示范区推进存量高耗低效、不符合产业导向企业有序腾挪，按照"一次评估、一次签约、分步腾挪"原则，拆迁农户1500余户，拆迁企业348个，启动空间腾挪666.67公顷，其中集中连片的产业用地380余公顷。与杭州贝豪控股股份有限公司、锐钲（杭州）科技有限公司、浙江城开投资建设有限公司等公司签约，落地100亿元以上项目1个、1亿元以上项目34个，其中制造业项目20个。

【营商环境优化】 2023年，杭州临空经济示范区在市、区两级审批部门的协同下，企业服务中心可审批事项共66个，推出"施工图图审优化"等微改革举措，打造"重点项目+公证承诺+容缺审批"机制。推进政府引导基金组建，完成管委会下属基金出资主体——杭州临空产业控股发展有限公司实体化运作，设立总规模20亿元的临空产业发展基金。与杭州实业投资集团有限公司基金合作的定向投资南京宽能半导体专项子基金，完成投资2亿元，完成率100%。

【基础设施建设】 2023年，杭州临空经济示范区完成政府投资46.91亿元。推进会展新城安置房五期2号地块项目、空港新城城市示范村（红山区块）一期等5个安置房项目建设，占地面积31.93万平方米，总建筑面积95.81万平方米，总投资55.77亿元。开工建设阳城大道（萧清大道—红十五线）工程、南虹路（阳城路—南阳大道）道路拓宽工程、保税大道南伸（永盛路—八柯线）一期、新港路工程、会展南路、会展北路、南阳大道北伸等12条道路，总投资63.52亿元，总长26.26千米。围绕第三届全球数字贸易博览会，推进大会展中心及周边104国道地下通道和人行天桥（会展南路段）工程、110千伏会展专用变电站、酒店综合体、人才房公交场站等配套工程建设。推进示范区内104国道、机场高铁、杭绍甬高速公路等省市重大交通项目建设。其中：铁路萧山机场站枢纽及接线工程进机场工程，主线4个标段已实质性进场施工；104国道河庄街道至衙前镇段工程，开展大面积桩基施工；杭绍甬高速公路计划于2024年1月通车。推进杭州生物科技谷30万平方米的生物医药标准厂房建设，其中选址四地块1号楼、2号楼完成封顶。

【自贸工作创新推进】 2023年，杭州临空经济示范区自贸工作被评为优秀案例。其中："数字清关+复合监管，助力高效便利化通关"入选商务部"外贸新业态优秀实践案例"；"跨关区监管强化口岸功能，助力临空枢纽进出口通关便利化"获评浙江自贸试验区第二批省级制度创新及联动创新优秀案例；"保税集拼整车出口助力数智制造能级提升"被评为杭州自贸片区及联动创新区2023年第一批优秀改革试点经验。

【重大项目集中签约】 2023年7月12日，杭州临空经济示范区重大项目集中签约仪式举行，总投资44亿元的3个项目落户示范区，涉及智能制造、生命健康和数字贸易等领域。3个项目分别为全球智慧物流枢纽杭州eHub项目、宁和衡信（杭州）医药科技有限公司制药项目、杭州乾智坤达微晶新材料科技有限公司新材料项目。这些项目与临空目标产业契合度高、链接点多、合作空间大。

（陈佳文）

责任编辑　孙晟珂　袁啸马

33 民营经济

综　述

【民营经济快速增长】至2023年年末，杭州市有民营企业87.05万个，注册资本（金）7.33万亿元，比上年分别增长8.9%和2.8%。其中：第一产业8823个，增长5.1%；第二产业11.45万个，增长5.5%；第三产业74.72万个，增长9.5%。有个体工商户90.93万个，资金总额1236.62亿元，分别增长14.3%和12.6%。2023年，杭州市新设民营企业13.65万个，增长13.4%；注册资本（金）0.70万亿元，下降3.9%。新设量和注册资本（金）分别占全市新设内资企业的90.1%和71.1%。

全年民营经济增加值占地区生产总值的61.2%。民间投资占固定资产投资总额的51.9%，比上年提高1.2个百分点。

（市市场监管局　市工商联）

【42个杭州企业入围"2023中国民营企业500强"】2023年9月12日，全国工商联公布"2023中国民营企业500强"榜单（根据2022年度数据评出）。进入"2023中国民营企业500强"的营业收入总额门槛由上一年度的263.67亿元，提高到275.78亿元。杭州市有42个企业上榜，上榜企业数比上年增加1个，占全国入围企业的8.4%，占浙江省入围企业（108个）的38.9%。杭州市上榜"中国民营企业500强"的企业数再次居全国城市第一位。

全国工商联同时发布"2023中国民营企业制造业500强"（入围门槛145.16亿元）和"2023中国民营企业服务业100强"（入围门槛314.04亿元）榜单。杭州有29个企业进入"2023中国民营企业制造业500强"行列，占全国入围企业的5.8%，占浙江省入围企业（100个）的29%；有13个企业进入"2023中国民营企业服务业100强"行列，占全国入围企业的13%，占浙江省入围企业（17个）的76.5%。

在"2023中国民营企业500强"杭州入围企业中，进入全国前50名的企业数量保持6个不变，进入世界500强的企业数量保持4个不变。

（市工商联）

【16个企业被认定为省隐形冠军企业】2023年，杭州市推进中小企业高质量发展，遴选一批专注深耕细分行业、细分市场、细分领域的隐形冠军企业。杭州有16个企业被新认定为浙江省隐形冠军企业，累计78个，总量居全省第一位；1706个企业被新认定为浙江省专精特新中小企业，累计2613个。

【117个企业被认定为国家级专精特新"小巨人"企业】2023年，杭州千石科技有限公司等117个企业被认定为国家第五批专精特新"小巨人"企业。杭州累计有321个企业被认定为国家级专精特新"小巨人"企业，总量居全国城市第六位。

（黄　略）

【20个企业入选"领航企业"】2023年，杭州市根据《浙江本土民营跨国公司"领航企业"评价办法》要求，组织企业申报、遴选。经省商务厅评定，杭州有万向集团公司等20个民营企业入选为2023年度浙江本土民营跨国公司"领航企业"，占全省入选企业总数的33.3%。

【民营企业对外贸易增长】2023年，杭州市有进出口实绩民营企业1.5万个，进出口总额5061.17亿元，比上年增长8.8%，占全市外贸总值的67.3%。其中：出口额4017.10亿元，增长9.8%，占全市出口总值的78.5%；进口额1044.07亿元，增长5.1%。

（市商务局）

民营经济发展环境

【《杭州市民营经济发展报告(2022年度)》发布】2023年9月28日，《杭州市民营经济发展报告（2022年度）》发布。该发展报告由市工商联与浙大城市学院联合编制，利用数据和案例对杭州市民营经济发展状况进行全面系统分析，盘点发展现状、总结发展经验、提炼特色亮点、发现问题瓶颈、提出对策，为党委、政府决策提供参考建议。

【法治营商环境建设】2023年，市工商联与市、区县（市）两级法院系统建立民营企业家涉案信息共享机制，引导涉案民营企业家依法配合侦办，提出应急处理意见。在成都市、重庆

表 34 2023 年杭州市民营企业登记注册情况一览表

行业分类	年末实有数		全年开业数		全年注销数（个）
	企业数（个）	注册资本（金）（亿元）	企业数（个）	注册资本（金）（亿元）	
合 计	**870485**	**73342.69**	**136519**	**7027.16**	**63353**
农、林、牧、渔业	8823	448.00	872	30.17	512
采矿业	212	37.82	22	6.66	15
制造业	62176	3956.82	3842	275.87	3130
电力、热力、燃气及水生产和供应业	1564	220.14	374	34.40	109
建筑业	50547	6713.81	6878	524.20	2596
批发和零售业	240831	9555.41	31733	768.40	19305
交通运输、仓储和邮政业	12174	588.16	1450	61.12	809
住宿和餐饮业	16048	341.56	2638	30.39	1597
信息传输、软件和信息技术服务业	126421	6197.25	25766	892.58	9608
金融业	6300	4201.77	560	256.63	375
房地产业	16625	2433.73	1901	297.36	1335
租赁和商务服务业	138298	27802.23	25054	2719.36	10326
科学研究和技术服务业	103989	7627.69	19389	818.57	6424
水利、环境和公共设施管理业	3576	333.61	467	42.45	188
居民服务、修理和其他服务业	25570	932.80	3226	52.14	2568
教育	5914	122.12	418	4.26	523
卫生和社会工作	3883	187.98	692	12.67	206
文化、体育和娱乐业	47416	1532.99	11234	197.48	3715
其他	118	108.80	3	2.45	12

（资料来源：市市场监管局）

市、南京市成立民营企业服务警务联络站，服务外地杭商企业、民营经济代表人士涉法涉诉协调。探索成立“调解中心”，成立“1+13+N”的商会特色商事调解组织，建立以人民调解为基础、市场化调解为补充的矛盾纠纷多元化解工作机制，打造由律师调解员、民办非企业单位调解组织等组成的调解员队伍。

【**清廉民营企业建设**】2023 年 3 月 6 日，市工商联牵头发布《杭州市清廉民企创建培育工作十年规划》和《杭州市清廉民企建设标准（试行）》，探索推进清廉民企评价服务应用“145 体系”项目建设。推进“1+8+27+N”清廉民企示范点矩阵建设，推荐 12 个民营企业作为 2023 年度浙江省清廉民企建设示范企业，选树 191 个市、区两级清廉民企标杆单位。

（市工商联）

【**杭州市中小企业发展环境评估居全国第五位**】2024 年 6 月 3 日，工业和信息化部发布《2023 年度中小企业发展环境评估报告》，以 19 个副省级以上城市和 31 个地级市作为评估对象。杭州中小企业发展环境综合排名列上海、深圳、北京、广州之后，居全国第五位。

（黄 略）

【**小微企业园建设提升**】2023 年，杭州市有 20 个园区被小微企业园工作联席会议办公室认定为小微企业园，累计认定 267 个。对 2022 年度小微企业园实施绩效评价，从产业发展、企业培育、科技创新、服务能力、效益产出、运行数据报送等不同维度，确定杭州湾信息港等 250 个参评小微企业园的绩效评价和星级评定结果。其中：61 个小微企业园被评定为 A 档（三星级），76 个小微企业园被评定为 B 档（三星级）。

市经信局发布《杭州市升级版小微企业园建设和管理工作指引（试行）》，推动小微企业园成为产业特色更明、园区品质更优、管理水平更高、服务能力更强的基础性平台。西子智慧产业园、杭州华业高科技产业园等 5 个小微企业园被评定（复评）为 2023 年度浙江省五星级小微企业园，乐富智汇园、颐高创业园等 10 个小微企业园被评定（复评）为 2023 年度浙江省四星级小微企业园。推进中小企业“专精特新”发展和优质企业培育，5 个小微企业园被评定为省“专精特新产业园（创建）”，7 个小微企业园被评定为精准服务中小企业财政专项激励试点。

【**数字化企业服务平台建设**】2023 年，杭州市推进数字化企业服务平台建设，精准服务企业。升级优化“政

表 35 2023 年杭州市个体工商户登记注册情况一览表

行业分类	年末实有数		全年开业数		全年注销数（个）
	个体工商户（个）	资金数额（亿元）	个体工商户（个）	资金数额（亿元）	
合 计	**909344**	**1236.62**	**212388**	**260.27**	**95291**
农、林、牧、渔业	16058	52.76	3783	6.69	763
采矿业	60	0.45	6	0.00	5
制造业	26543	41.88	2338	3.97	1421
电力、热力、燃气及水生产和供应业	84	0.13	32	0.06	9
建筑业	15418	39.18	3721	7.89	1215
批发和零售业	544740	649.54	113425	130.83	54936
交通运输、仓储和邮政业	9478	16.54	1621	2.23	882
住宿和餐饮业	118143	193.60	27622	40.35	15563
信息传输、软件和信息技术服务业	18411	20.69	10300	8.68	2775
金融业	60	0.08	14	0.02	9
房地产业	474	0.49	215	0.19	41
租赁和商务服务业	47395	73.31	18837	18.68	5913
科学研究和技术服务业	8562	10.92	4172	4.65	1102
水利、环境和公共设施管理业	380	0.93	97	0.20	32
居民服务、修理和其他服务业	84767	104.83	17886	19.85	8693
教育	490	0.49	113	0.13	39
卫生和社会工作	763	1.60	96	0.17	57
文化、体育和娱乐业	17368	29.13	8099	15.67	1823
其他	150	0.07	11	0.01	13

（资料来源：市市场监管局）

灵通”平台，丰富企业标签与政策标签，提升政策推送精度，梳理、发布政策3800余条，制作政策汇编10本，推送政策1331次，推送企业286.7万个（次），服务人员489.9万人次。开设“亲清直播间”，邀请相关部门和机构开展涉企政策、税收优惠政策直播活动41场，观看量2.1万人次。开展“杭企通”（杭州市大中小企业融通发展平台）建设，以企业需求为导向，加强政府、社会、企业三方联动，促进大中小企业供应链、创新链、政策链以及服务链等链条的融通。

（赵卫华）

【企业信用修复一件事改革】2023年6月9日，市市场监管局、市发改委联合印发《杭州市企业信用修复一件事改革实施方案》，启动全市信用修复一件事改革，建立标准透明、流程规范、信息共享、主体权益有保障的信用修复一件事工作机制。至年末，753个企业提交成功修复件1226件，部门完成审批678个企业1096件，完成全平台修复456个企业639件。部门审批平均时长从15个工作日压缩至3.05个工作日，全平台修复平均时长为8.56个工作日。该改革获评市信用办“一部门一特色”示范场景、省工商联“清廉民企”典型案例。

【个体工商户纾困帮扶】2023年，市市场监管局完善扶持个体工商户发展联席会议制度，激活个体工商户发展活力。开展第二届个体工商户服务月活动，全市开展线上和线下专题宣传活动96场，参与7349人次，发放宣传材料1.47万份；召开个体工商户座谈会34场，参与个体工商户533个；收集整理反馈的意见建议155条，协调解决问题诉求和实际困难230个。以变更登记模式实现“个转企”，全年支持个体工商户转为企业3179个，其中转为公司制企业2764个。推荐2108个“名特优新”个体工商户进入培育库。开展生存发展状况监测分析，定期采集个体工商户经营信息超过4.5万个，市、区县（市）两级形成分析报告56份。召开全市个体经济高质量发展大会，发布《杭州市个体工商户发展报告（2022）》。30个个体工商户被评为浙江省先进个体工商户。

【助企纾困服务】2023年，杭州市选派助企服务员4533名，“一对一”服务企业8815个，走访服务企业7.63万个（次）。以召开助企服务推进会、座谈会、督导督查、下发工作提醒单等形式，解决企业未办结的个性化问题。至年末，收集问题12722个，办结12665个，办结率99.6%；解决12524个，解决率98.4%。

（市市场监管局）

表 36 杭州市入围“2023 中国民营企业 500 强”企业一览表

单位:万元

序号	企业名称	地区	营业收入总额	全国排序
1	阿里巴巴（中国）有限公司	余杭区	86453900	2
2	浙江荣盛控股集团有限公司	萧山区	57961835	5
3	浙江吉利控股集团有限公司	滨江区	40626870	12
4	浙江恒逸集团有限公司	萧山区	38566157	13
5	万向集团公司	萧山区	19046558	37
6	蚂蚁科技集团股份有限公司	西湖区	17956685	43
7	传化集团有限公司	萧山区	14500311	53
8	中天控股集团有限公司	上城区	12018757	75
9	浙江富冶集团有限公司	富阳区	10322860	89
10	网易（杭州）网络有限公司	滨江区	9649581	97
11	杭州锦江集团有限公司	临安区	8227646	113
12	浙江菜鸟供应链管理有限公司	余杭区	7397046	132
13	巨星控股集团有限公司	上城区	7264228	138
14	浙江明日控股集团股份有限公司	上城区	6894353	152
15	富通集团有限公司	富阳区	6305010	166
16	浙江东南网架集团有限公司	萧山区	5817225	185
17	杭州东恒石油有限公司	拱墅区	5316806	208
18	杭州娃哈哈集团有限公司	上城区	5120216	227
19	新华三信息技术有限公司	滨江区	4932198	244
20	金田阳光投资集团有限公司	上城区	4524850	268
21	杭州滨江房产集团股份有限公司	上城区	4150232	291
22	浙江新湖集团股份有限公司	西湖区	4033817	301
23	广厦控股集团有限公司	西湖区	3889641	314
24	华东医药股份有限公司	拱墅区	3771459	325
25	中通快递集团	桐庐县	3537700	341
26	海外海集团有限公司	拱墅区	3490297	351
27	浙江中南建设集团有限公司	滨江区	3422834	356
28	兴惠化纤集团有限公司	萧山区	3395434	362
29	泰地控股集团有限公司	拱墅区	3371616	367
30	回音必集团有限公司	上城区	3365163	370
31	农夫山泉股份有限公司	西湖区	3323919	374
32	浙江建华集团有限公司	拱墅区	3323481	375
33	浙江富春江通信集团有限公司	富阳区	3282289	387
34	西子联合控股有限公司	上城区	3258618	389
35	胜达集团有限公司	萧山区	3181353	410
36	华立集团股份有限公司	余杭区	3156749	414
37	万事利集团有限公司	上城区	3073326	437
38	浙江大华技术股份有限公司	滨江区	3056537	440
39	西子国际控股有限公司	临平区	3021090	456
40	浙江协和集团有限公司	萧山区	3016317	457
41	浙江宝利德股份有限公司	西湖区	3002664	466
42	浙江国泰建设集团有限公司	萧山区	2891663	488

（资料来源：市工商联）

企业活动

【民营企业活动多样化】2023年，市工商联发挥职能优势，推动民营企业高质量发展。开展“金融惠企再出发”活动，全年组织金融对接活动21场，参加活动企业家700余人次，会同11个金融服务机构，对接走访企业8686个，新增授信企业2800个，新增授信金额289.3亿元，新增贷款投放185.21亿元。开展各类经贸交流活动46场，参与1157人次，组织38人次参加第六届中国国际进口博览会活动。8月28日，发布《杭州市民营企业反映问题“一单一会”闭环管理工作机制》，落实民营企业反映问题的收集、流转、协调、反馈和督查。开展“走进”系列活动，组织民营企业走进纪委、走进临平——浙商“地瓜经济”杭州现场会、走进“中国民营企业500强”大华技术股份有限公司、走进以数字经济产业为主导产业的拱墅智慧网谷小镇、走进第三届生物医药发展论坛，为企业与企业间、企业与政府间增进交流合作搭建平台。组织企业参加“上海市工商联数字经济商会成立大会暨长三角一体化数字经济高峰论坛”等系列活动，助力长三角一体化发展。

【民营企业参与国际合作交流】2023年，市工商联推荐30余个企业加入浙江省民营经济国际合作商会，举办“浙商国际合作沙龙”7期，为企业提供政策咨询、信息、法律等服务。组织第八届杭州民营企业牵手共建“一带一路”国家（地区）对接交流会，汇编海外企业联系手册，线上直播观看超过4.5万人次。邀请企业参加“2023年港澳·浙江周”活动，组织企业家到泰国、越南、澳大利亚开展经贸交流活动，考察境外产业园和浙商企业。在海内外设立52个“杭商驿站”，发挥政策咨询、市场调研、项目对接、招才引技等作用。

【民营企业调研】2023年，市工商联开展网上调查7次，参与调查企业1.93万个（次），立项杭州市民营经济运行专题研究等课题7项，市工商联被全国工商联评为调查点工作先进单位。开展上规模民营企业调研，全市有439个上规模企业参与调研，比上年增加121个，增长38.4%。落实全国工商联“万家民企评营商环境”工作，组织5830个民营企业参与，杭州再次入围得分和最佳口碑省会城市及副省级城市前10位。

（市工商联）

【中小企业创新创业大赛杭州赛区活动】2023年5月12日至7月14日，第八届“创客中国”暨“浙江好项目”中小企业创新创业大赛杭州赛区活动举行。活动征集项目361个，开展路演17场。其中，5个项目获全省总决赛一等奖、二等奖，4个项目进入全国500强。大赛首次为在杭州赛区获奖的16个企业发放奖金48万元。

【全国专精特新中小企业发展大会在杭州举行】2023年7月25—27日，全国专精特新中小企业发展大会在杭州召开。大会设置平行论坛4场、对接活动2场、举办地考察活动6场，参加人员700余人，25个中央及财经媒体对活动进行报道，客户端浏览量720.7万次，达成各类融资、技术、人才、项目合作意向1000余项。中国中央电视台《经济信息联播》播出“浙江杭州：专注+深耕实现工业基础突破性进展”“专精特新之印象杭州”“专精特新·制造强国”系列报道。杭州有10个企业被列入大会展览，2个企业在开幕式签约，3个企业在主论坛发言，19个企业在平行论坛和对接活动发言或签约，18个企业被列入参会代表考察行程。

（赵卫华）

【新生代企业家潮创汇】2023年11月8日，新生代企业家潮创汇暨“杭商青蓝接力薪火传承营”开营仪式在杭州举行。该活动为第五届世界杭商大会的活动之一，来自省、市新生代企业家联谊会，杭州大学生创业企业发展促进会，杭州市青年企业家协会的会员企业家以及部分知名杭商代表共500余人参加。活动以传承接力的方式举行，邀请兄弟城市的新生代企业家参加。开营仪式上，新生代杭商传承示范基地名单、新生代杭商标识和视觉卡通形象发布，“杭商青蓝接力薪火传承营”开营。该传承营计划打造一个全面助力杭商精神传承与拓展的全体系、全链条、全服务的新生代企业家培育平台。

（年鉴编辑部）

【民营经济协会获荣誉】2023年3月8日，中国个体劳动者协会印发《关于对在2022年度调查工作中作出突出贡献的单位和个人给予表扬的通报》，萧山区个体民营企业协会获评先进单位，富阳区个体民营企业协会徐江英获评先进个人。12月5日，市民政局通报2023年度杭州市社会组织评估等级结果，杭州市民营企业协会获评AAAAA级社会组织，杭州市个体劳动者协会获评AAAA级社会组织。

（市市场监管局）

责任编辑　孙晟珂　袁啸马

34 城乡建设

国土空间规划

【概况】2023年，杭州市加强规划统筹、资源保护和要素保障，支撑全市经济社会高质量发展。落实“三区三线”（城镇空间、农业空间、生态空间和城镇开发边界、永久基本农田、生态保护红线）划定成果，推进国土空间总体规划编制报批，加快构建“一主六辅三城”[中心城区，萧山、良渚、钱塘、临平、富阳、临安六大辅城，桐庐、淳安、建德三县（市）]多中心、网络化、组团式国土空间结构。开展全市规划编制攻坚年行动，实施“三级三类”[市、区县（市）、乡（镇）三级和总体规划、专项规划、详细规划三类]规划联动一体编制，完成195个规划编制攻坚项目，推动空间资源要素向重要战略承载地倾斜。编制《杭州市大运河核心监控区国土空间管控细则》《杭州大运河国家文化公园规划》《良渚遗址周边地区景观控制规划》《西溪湿地周边地区景观控制规划（修编）》，强化世界文化遗产和西溪湿地景观风貌管控。完成《杭州市绿地系统专项规划（2021—2035年）》《杭州市养老设施专项规划》等专项规划编制并获市政府批复。制定《杭州市乡村单元详细规划（通则）编制技术指引》和乡村单元详细规划范例，编制完成乡村单元详细规划80个。

（刘晓丽 葛佳翌 赵建超）

【国土空间规划编制】2023年，杭州市紧扣“做优主城、做强辅城、集聚县城、培育重镇”目标，推进各类国土空间规划编制，优化规划布局，拓展国土空间。年内，杭州市国土空间总体规划正式上报国务院审批，完成上城区、拱墅区、萧山区等6个分区规划和桐庐县等3个县（市）总体规划编审报批，完成94个城镇单元和80个乡村单元详细规划编制。深入实施“东西并进、南北互动”发展战略，加快推动重点区域高质量发展，完成杭州城西科创大走廊、杭州临空经济示范区、杭州云城等重点区域国土空间规划编制，其中杭州临空经济示范区国土空间规划获市政府批复。落实市总规、分区规划及县（市）总规要求，结合详细规划编制，划定工业园（片）区，优化工业空间布局，全市规划工业用地规模框定为360平方千米。

【国土空间规划统筹管理】2023年，市规划和自然资源局根据规划建设治理一体化要求，加强对城市发展重点难点问题的分析研究，并提出具体的对策建议。完善派驻乡镇（街道）规划师制度，推动基层国土空间治理提档升级。市规划和自然资源局公布100个乡镇（街道）配置规划师名单，规划师覆盖率50%。编印驻乡镇（街道）规划师服务手册，增强基层规划力量保障。《杭州市国土空间规划条例》（简称《条例》）被列入杭州市人大常委会2023年立法调研项目，年内形成《条例》草案及相关论证报告。

【公园规划建设】2023年，市规划和自然资源局推进公园规划建设，加快构建“郊野公园—城市公园—社区公园—游园”四级公园体系。全年新建公园55个，改建公园10个，新增公园绿地122公顷。开展“规划师带您逛公园”等系列宣传活动，编印《2023年公园规划建设手册》，吸引公众参与公园建设规划制定。根据《杭州市国土空间总体规划（2021—2035年）》《杭州市绿地系统专项规划（2021—2035年）》要求，完成《杭州市郊野公园规划(2023—2035年)》编制，并提请市政府批复。

（刘晓丽）

【规划编制全过程闭环管理】2023年3月20日，杭州市国土空间规划编制攻坚年领导小组办公室印发《关于实施规划编制全过程闭环管理的指导意见（试行）》，提出利用杭州市“空间智治”数字化平台，建立“政府+团队”“服务+管理”“机审+人审”规划编制方式，完善“行政+技术”工作协同机制，加强规划编制全过程闭环管理。此前，杭州市规划委员会办公室印发《攻坚年规划编制项目分级分类审查审批方案》，对195个规划编制攻坚年项目分为4个层级进行审查审批。

（赵建超）

【专项规划编制】2023年，市规划和自然资源局开展《杭州市竖向专项规划》编制，构建“多元统筹、分类施策、管控有度”的竖向系统。制订

表 37　2023 年杭州市政府批复同意的规划项目一览表

序号	批 复 项 目	批复时间
1	杭州市供排水专项（一体化）规划（2021—2035 年）	2023-01-16
2	杭州大运河国家文化公园规划	2023-01-18
3	杭州市大运河核心监控区国土空间管控细则	2023-01-20
4	杭州市养老设施专项规划	2023-02-08
5	杭州市地下空间开发利用专项规划	2023-02-09
6	杭州市殡葬设施专项规划（2021—2035 年）	2023-03-10
7	杭州市钱塘江堤防及岸线整体提升改造规划	2023-03-15
8	良渚古城遗址周边地区景观控制规划	2023-04-22
9	西溪湿地周边地区景观控制规划（修编）	2023-04-22
10	杭州西溪国家湿地公园总体规划（2021—2035 年）	2023-06-02
11	西湖区留下单元详细规划	2023-09-14
12	西湖区蒋村文新单元详细规划	2023-09-14
13	西湖区小和山单元详细规划	2023-09-14
14	西湖区双桥单元详细规划	2023-09-14
15	西湖区三墩单元详细规划	2023-09-14
16	西湖区玉泉单元详细规划	2023-09-14
17	余杭区西站新城单元详细规划	2023-09-14
18	余杭区未来科技城单元详细规划	2023-09-14
19	余杭区南湖单元详细规划	2023-09-14
20	余杭区瓶窑新城单元详细规划	2023-09-14
21	临安区滨湖单元详细规划	2023-09-14
22	临安区青山湖单元详细规划	2023-09-14
23	杭州临空经济示范区国土空间规划	2023-10-10
24	西湖区双浦单元详细规划	2023-10-22
25	萧山区湘湖单元详细规划	2023-11-09
26	萧山区蜀山单元详细规划	2023-11-09
27	钱塘区前进单元详细规划	2023-11-09
28	钱塘区下沙单元详细规划	2023-11-09
29	富阳区受降南单元详细规划	2023-11-09
30	富阳区滨富合作区单元详细规划	2023-11-09
31	上城区城东新城单元详细规划	2023-11-29
32	杭州临空经济示范区单元详细规划	2023-11-29
33	富阳区黄公望单元详细规划	2023-11-29
34	富阳区受降北单元详细规划	2023-11-29
35	西湖区之江度假区单元详细规划	2023-12-18
36	西湖区转塘单元详细规划	2023-12-18
37	滨江区浦沿单元详细规划	2023-12-18
38	临平区双林单元详细规划	2023-12-18
39	临平区汀城单元详细规划	2023-12-18
40	临平区兴旺单元详细规划	2023-12-18
41	临平区东湖新城北单元详细规划	2023-12-18
42	钱塘区临江东单元详细规划	2023-12-18
43	钱塘区临江单元详细规划	2023-12-18
44	临安区锦北单元详细规划	2023-12-18
45	杭州市绿地系统专项规划（2021—2035 年）	2023-12-28

（资料来源：市规划和自然资源局）

《杭州市市政基础设施空间优化行动方案（2024—2026 年）》，编制完成《杭州市轨道交通近期沿线用地控制规划》，加强轨道交通站点周边国土空间全要素管控及综合利用，完善交通衔接设施，统筹沿线土地开发。编制《杭州市电力专项规划》，规划范围扩大至全市行政辖区，推进形成更为绿色、安全的市域电力网络网架结构。

（郑雯昕）

【《杭州大运河国家文化公园规划》发布】2023 年 1 月 18 日，市规划和自然资源局编制的《杭州大运河国家文化公园规划》获市政府批复并发布。该规划涉及上城区、拱墅区、西湖区、滨江区、萧山区、余杭区、临平区 7 个运河沿线中心城区。规划以打造中国大运河国家文化公园最美段、经典园及浙江高质量发展建设共同富裕示范区的文化生态实践范本为目标，对总长度 261 千米、核心空间面积 332 平方千米的运河沿线范围提出管控要求，形成“山水群落、河岸双带、核心十园、特色百景”的大运河国家文化公园结构。

【《良渚遗址周边地区景观控制规划》公布】2023 年 4 月 22 日，市政府批准并公布《良渚遗址周边地区景观控制规划》。控制规划涉及拱墅区、西湖区和余杭区，总面积 402 平方千米，包括杭州云城、杭州北部新城等区域。该规划（草案）曾于 2021 年 11 月公示，对规划范围内基准高度控制做出明确限制。此次公布的正式规划将构建良渚遗址周边景观管控体系，保护良渚遗址周边整体景观格局，协调城市发展与遗址保护和合共生。

【《西溪湿地周边地区景观控制规划（修编）》获批】2023 年 4 月 23 日，市政府批准并公布《西溪湿地周边地区景观控制规划》。规划涉及西溪国家湿地公园周边 96 平方千米的景观要素，基于西溪湿地核心价值研判与上轮规划实施的效果评估，提出湿地周边地区景观风貌与塑造的系统方案，重点对整体景观格局和建筑高度、色彩、体量等风貌要素进行中观层级的管控和指引。

（葛佳翌）

城乡基础设施建设

【概况】2023年，杭州市综合实施快速路网建设、地下综合管廊建设、公共停车场（库）建设、水环境治理等工程项目，提升城乡基础设施建设水平。年内建成快速路网23千米、主次干道52千米，打通断头路26条、14千米，完成建成道路移交121条。推进17个地下空间建设，新增地下空间开发量677.5万平方米。轨道交通运行总长度516千米，建成轨道交通总里程居国内城市前列。开工农村生活污水处理设施项目386个，完工366个。

【快速路网建设】2023年，杭州市按照“四统两分”（统一规划，统一标准，统一设计，统一计划；分头筹资，分头实施）机制，统筹推进新一轮快速路网建设三年行动计划。全年建成环城北路—天目山路（中河立交—古翠路）、富春湾大道工程二期等快速路网项目9个，总长23千米，全市快速路总长506千米。开工彩虹大道东延工程（一期）（含中环互通立交桥）、康良路（京杭大运河—运溪高架公路）工程一期等5个项目，总长11.5千米；续建文一路提升改造工程、江东大道提升改造工程三期等7个项目，总长21千米。

【城市主次干道及配套设施建设】2023年，杭州市建成凤起东路、丽水路、明石路、建业路跨铁路立交桥、通惠南路、新甫路、杭乔路等主次干道项目47个，总长52千米。建成名车路、新文路等支路项目83个，总长42千米。建成九堡大桥南接线慢行系统、凤起东路同协路人行过街地道、江虹路新月路天桥等人行过街设施项目13个。建成凤起东路沿线等路段港湾式公交停靠站10个。

【城镇污水处理能力建设】2023年，杭州市统筹推进城市污水处理设施建设和污水管网改造，新建和改造污水管网97千米。完成杭州城北净水厂一期、富阳污水处理厂五期2个污水处理厂改造项目，日新增污水处理能力16万立方米。开工续建余杭区仁和净水厂、余杭污水处理厂四期二阶段、临平第二净水厂、临安区横畈污水处理厂、昌化污水处理厂、淳安县城西污水处理厂二期和建德市城东污水处理厂扩建7个项目，日新增污水处理能力31.5万立方米。至年末，全市建成城镇污水处理厂52个，日处理污水总规模427.1万立方米。

（叶剑丽）

【《杭州市地下空间开发利用专项规划（2021—2035年）》获批复】2023年2月9日，《杭州市地下空间开发利用专项规划（2021—2035年）》（简称《专项规划》）获市政府批复。《专项规划》由市建委、市规划和自然资源局、市人防办依据杭州市国土空间总体规划进行编制。根据《专项规划》要求，杭州地下空间开发利用围绕“一主六副三城，三心十区十八片”的目标结构进行，重点推进近湖地区国际文旅地下城、钱江新城公共中心地下城、未来科技城公共中心地下城等31个地下空间重点区域项目建设。年内，全市实施地下空间重点建设项目41个，包括大会展中心、恒隆广场、国际体育中心等。同步实施地下连通工程29个，其中完工9个。

▶资料链接：“一主六副三城，三心十区十八片”目标结构

构建与国土空间结构相协调、与城市公共中心体系相适应、以轨道交通网络为骨架、以地下空间重点建设区为核心的地下空间总体结构。杭州市地下空间开发利用主要形成“一主六副三城，三心十区十八片”的总体空间结构。

“一主”：杭州地下空间开发利用中高强度的城市区域，主要包括上城区、拱墅区、西湖区、滨江区全域及萧山区、余杭区部分区域组成的城市空间。依托轨道交通网络和城市公共中心体系，构建互联互通、网络化、多中心的地下空间建设核心区。

“六副”：杭州地下空间开发利用中等强度的城市区域，主要包括萧山区和余杭区除“一主”以外区域及临平区、钱塘区、富阳区、临安区6个副城组成的地下空间建设区域。

“三城”：桐庐县、淳安县、建德市组成的地下空间建设区域。

“三心”：围绕武林湖滨中心、钱江两岸中心、城西科创中心3个全球城市功能中心，建设3处具有国际美誉度的高品质地下城，分别为近湖地区国际文旅地下城、钱江新城公共中心地下城和未来科技城公共中心地下城。

“十区”：围绕城市副中心、城市门户枢纽及重大战略发展板块核心，建设10个副中心级地下空间重点建设区域。

“十八片”：围绕地区级公共中心和TOD重点建设区，建设18个区级地下空间重点区域。

2023年7月，杭州市江虹路新月路天桥竣工　（市建委 供稿）

【地下综合管廊建设】2023年，市建委根据《杭州市综合管廊建设三年（2022—2024年）行动计划》，实施江东大道三期、之江路中段等地下综合管廊项目建设，推进钱塘区、余杭区、富阳区等区域综合管廊建设。年内，富阳区秦望通道地下综合管廊工程主体结构完工，备塘路二期、富春湾地下综合管廊建成并投入试运行。全年全市建成综合管廊7.88千米。市建委完成《城市综合管廊分类及应用技术规程》编制，该规程为省级标准，经专家评审后颁布施行。

【水务一体化改革】2023年，市建委推进水务一体化改革。编制并实施《杭州市供排水专项（一体化）规划（2021—2035年）》，规划为全市首个跨区县（市）行政区划编制的涉水规划。该规划打破原来行政边界和管理边界，破除城乡区域供水屏障，为水务设施统一布局、水资源统一调配提供依据。11月30日，杭州钱塘水务有限公司成立，标志着钱塘水务发展进入新的阶段。根据水务一体化改革进程，加快水务一张网建设。年内，杭州市取水口上移一期工程竣工，二期工程完成工程量的80%；江南取水口上移一期工程竣工，日取水能力由75万立方米提升到125万立方米，江南片区供水安全保障能力明显提升。

【停车场（库）建设】2023年，杭州市加快提升公共停车场社会服务效能，优化重难点区域停车供需结构，高标准建设停车场（库）。全年新增停车泊位17.34万个，其中公共停车泊位1.36万个，市级拨付公共停车场（库）建设专项资金6000万元。加快中小学校的“停车+接送”系统建设，完成10所学校项目同步配置地下“停车+接送”系统。完成12个“P+R”换乘停车场收费优惠改造，并上线运营。

（朱爱军）

【新能源汽车充电设施建设】2023年，市政府办公厅印发《杭州市推进新能源电动汽车充电基础设施建设运营实施办法（修订）》，市建委会同市财政局印发《杭州市新能源电动汽车公共充电设施奖励补贴资金分配实施细则》，为全市新能源汽车充电设施建设运营提供完善的政策支撑。全市建成各类充电设施28.88万个，其中自用充电设施25.5万个、公共充电设施3.38万个。市域实现主城区900米范围内充电圈、乡镇及建成高速公路服务区充电桩两个全覆盖。新能源汽车充电设施总体规模、公共充电设施配置密度和快速充电网络覆盖率等居全国主要城市前列。

（赵　峰）

【农村生活污水治理】2023年，杭州市涉及农村生活污水治理工作的有西湖区、萧山区、余杭区、临平区、钱塘区、富阳区、临安区、桐庐县、淳安县、建德市10个区县（市）1940个村（社区），涉及农户86.82万户。年内开工农村生活污水处理设施项目386个，完成处理设施标准化运行维护8265个，完成总投资6.74亿元。建成生活污水处理设施9614个，其中终端处理设施8357个；设计生活污水处理能力每日29.87万立方米。全年农村生活污水治理村覆盖率96.6%；建成并通过市级评定的农村污水“零直排村”72个。杭州农村生活污水治理工作获评全省优秀等次，萧山区、富阳区、淳安县、建德市获评全省优秀县（市、区）。杭州农村生活污水治理工作连续5年排名全省第一位。

（江　帆）

共富基本单元建设

【概况】2023年，杭州市城乡风貌整治提升工作围绕“自然、传统、现代、和谐”八字方针，抢抓亚运会机遇，坚持共富引领，优化顶层设计，积极创新思路，以城乡风貌整治提升行动为总抓手，统筹推进未来社区、未来乡村、城乡风貌样板区、美丽城镇建设，以全市一盘棋的思维，由点及面、由表及里、由貌及风，加快形成覆盖全市域的共富“杭州意象”。

（周雨杭）

【未来社区建设】2023年，杭州市贯彻落实中共中央总书记习近平考察浙江重要讲话精神，根据省、市关于全域推进未来社区建设要求，印发出台《杭州市人民政府办公厅关于高质量全域推进未来社区建设的实施意见》《杭州市未来社区（完整社区）建设三年行动计划（2023—2025年）》等文件，建立“顶层设计+集成推进”的工作保障机制、“全面体检+精准落地”的公共服务补短板机制、“综合运营+专项服务”的可持续运营机制，着力解决人民群众急难愁盼问题，提高公共服务水平，增强均衡性和可及性，推进共同富裕。全年创建省级未来社区105个，验收通过省级未来社区106个，其中引领型未来社区64个。全市392个服务场景上榜省共同富裕现代化基本单元“一老一小”服务场景名单。未来社区创建数量和建设质量全省第一。滨江区缤纷社区等3个未来社区入选全国首批完整社区建设试点项目，试点数量居全国设区市之首。迭代开展城镇社区专项体检，对全市1248个社区开展公共服务设施体检，通过体检掌握并录入2.4万个公共服务设施的数据，形成“调查—评估—提升”的动态闭环。以“一老一小”场景建设为重点，全年实施760个补短板项目，形成“调查—评估—提升”的动态闭环。

（黄一成）

【未来乡村建设】2023年，杭州市聚焦“一统三化九场景”，启动建设市级未来乡村146个，其中列入省级创建77个，通过省级评价认定67个。杭州以未来乡村创建为载体，通过村庄基础设施改造提升，改善农村人居环境面貌；通过运用数字化手段，提升服务水平和治理能力；通过培育民宿、农事体验、网络直播等新型业态，激活村庄发展活力；通过未来邻里、未来健康、未来文化等场景打造，提升乡村公共服务水平。全市通过创建活动形成美丽的乡村底色、现代的产业形态、包容的文明乡风和配套的公共服务，群众的获得感、幸福感和安全感进一步增强。

【城乡风貌整治提升】2023年，杭州市城乡风貌整治提升工作余美丽城镇、幸福河湖创建统筹贯通、联为一体，通过完善基础设施，补齐功能短板，高标准打造“杭州意象”。全年开展44个城乡风貌样板区试点建设，建成省级城乡风貌样板区29个、省级"新时代富春山居图样板区"12个，创建市级城乡风貌样板区33个、市级"新时代富春山居图样板区"17个，杭州获评省级样板区数量居全省首位。杭州建成全省首个"跨三市三县三镇"样板——杭金衢"明清古韵·浙硒莲盟"县域风貌样板区。全年全市实施城乡风貌整治提升项目654个，完工项目640个，总投资189.4亿元，项目总数和投资总额均居全省第一位。在2023年度美丽浙江建设工作考核中，杭州获优秀等次。推进城乡风貌整治"十大专项"行动，实施"老乐乐""邻睦睦"等活动1831次、"路美美""房整整"等建设项目389个。建成省、市级共富风貌驿128个，被列入省、市级"共富风貌驿·江南驿"典型案例41个。打造共富风貌旅游线，临安风情唐县域风貌旅游线等30条线路获评省、市级共富风貌旅游线。线上和线下同步推进共富超市建设，并以省、市、县、乡镇、村五级"共富红小二"队伍积极赋能。用好"赛马"机制，发布风貌整治提升类课题成果转化项目14个。全市城乡风貌智汇通平台接入杭州城市大脑"2050"展厅，并横向统筹兼并5个系统，开发"共富游线""共富超市"等7个平台通用模块。平台覆盖全市44个风貌区，涉及77个乡镇（街道），服务人口约1530万人次。

（周雨杭）

2023年，滨江区滨康小区整体加装电梯项目完成　（市住保房管局 供稿）

城市更新

【概况】2023年，杭州市成立由市委书记、市长为双组长的杭州市全面推进城市更新行动领导小组。市政府办公厅印发《关于全面推进城市更新的实施意见》，领导小组印发《杭州市全面推进城市更新行动方案（2023—2025年）》。城市更新以宜居品质提升、产业高质量发展、基础设施能级提升、公共空间优化、文化传承利用、复合空间集约开发、数字智慧赋能等领域为重点，开展城市更新体验评估，编制城市更新专项规划，制定建设规划和更新计划，推进城市更新项目实施。全年新建和改造城市绿道333千米。完成海绵城市建设项目144个。推进城中村改造，按照"动则必快、动则必成"的要求，出台相关政策措施。杭州市在住房城乡建设部召开的全国房地产领域三大工程现场会上作交流发言。

【城市体检】2023年，市建委根据住房城乡建设部、省建设厅统一部署，同步开展市级和区县（市）级城市体检，一体化推进城市体检与城市更新工作。参照住房城乡建设部提出的"住房、小区（社区）、街区、城区（城市）"四大体检维度，形成具有杭州特色的"4个维度、15个方面、81项指标"的市级指标体系，全面评估杭州城市规划建设管理的优势和问题短板，并提出对策建议和整治更新意见，建立"发现问题—更新整改—巩固提升"的工作闭环。年内，通过部门填报、城市大脑提供、手机信令传送等手段，科学收集和分析数据，形成新一年度的城市体检报告。

（楼哲挺）

【老旧小区改造】2023年，杭州老旧小区改造与美丽宜居城市建设、加装电梯等工作有机结合，加快城市更新速度。市建委按照"应改尽改、应改早改"原则，印发《杭州市城镇老旧小区改造三年（2023—2025年）行动计划》，出台《杭州市老旧小区改造项目社区配套用房产权办理办法（试行）》及补充办法，以联审联验方式代替常规审批。针对小区基础设施老化、基础配套不全短板，通过"整合、提供、共享、复合"等途径，新增养老托幼、文化活动等公共服务场地1488平方米、健身活动场地及设施9787平方米、无障碍及适老性设施341处。全年完成老旧小区改造269个，惠及住户近10.05万户。落实中央补助资金、中央预算内投资资金、省级补助资金、专项债等政策性资金3.8亿元，市政府拨付补助资金7.5亿元。完善既有住宅加装电梯实施办法，明确既有住宅加装电梯实施范围、实施对象、实施原则和实施主体。全年实施既有住宅加装电梯1118台。杭州市老旧小区改造工作市民支持率97.4%、满意率95.1%。老旧小区改造工作中社区配套用房办证、片区化大物业管理等做法入选住房城乡建设部城镇可复制政策机制清单（第八批），杭州在全国无障碍环境建设工作电视电话会议和"国球进社区""国球进公园"活动视频推进会上作经验介绍。

（杨静漪）

【海绵城市建设】2023年，杭州市以系统化全域推进海绵城市示范建设为契机，将海绵城市建设理念融入亚运会赛事场馆、亚运村、城市公园绿地和城市其他基础设施建设中，对标国家海绵示范城市建设任务和绩效目标，在顶层设计、制度建设、项目推进、技术创新等方面下功夫，打造海绵城市示范建设的"杭州样板"。开展《杭州市海绵城市专项规划》修编，出台《杭州市海绵城市建设管理办法》，全年完成海绵城市建设项目 144 个，市区建成区 63 平方千米区域达到海绵城市建设要求。通过“杭州市 CIM 基础信息平台三期项目（海绵）”数字化平台，推进海绵生态宜居环境改善。杭州在省建设厅公布的 2023 年海绵城市示范性工程名单中，有 18 个项目上榜，其中八堡排水泵站工程、亚运村水系治理工程、大运河杭钢工业遗址综保工程、余杭经济技术开发区市民广场、富阳区亭山渠 5 个项目入选全省海绵城市建设典型案例。

（魏 洁）

2023 年 3 月，大运河杭钢工业遗址综保工程入选全省海绵城市建设典型案例

（市建委 供稿）

【三改一拆】 2023 年 6 月，杭州市聚焦涉及加工制造类企业（作坊）和园区的违法建筑（厂房）等重点区域，启动“迎亚运”违建大排查大整治。健全常态化巡查机制，对 13 个区县（市）开展三轮督导和抽查，排查并完成整治违建 655 处 77.04 万平方米。开展影响景观违建再排查再整治，排查并完成违建整治 136 处 5.54 万平方米。瞄准企业法人厂房违建、人员密集场所违建等容易引发安全事故的场所，摸排点位 1.90 万个，发现违建 1209 处 48.54 万平方米。市建委将排查出的违法建筑纳入浙江省违建防控治理应用场景系统管控，做到全链条闭环督促整改。全年全市完成违法建筑处置面积 318.9 万平方米。

（林士磊）

【安置房建设】 2023 年，市政府将回迁安置工作列入年度民生实事项目，重申“新启动项目未安置户在外过渡时间不超过 5 年”的总要求。全市按照“征迁后安置房 1 年开工、3 年建设、1 年回迁”的标准，建立从征迁到安置全过程闭环管理机制，加快征迁安置房及配套设施建设。全年全市开工安置房 3.29 万套，竣工 15.41 万套，完成安置房建设投资 459 亿元；开工安置房配套设施项目 35 个，竣工 48 个（包括历年项目）。开展“最美安置房”评选，30 个小区入选“最美安置房”榜单。回迁安置在外过渡户 2.33 万户，完成率 116.2%。全市棚户区改造坚持从“重开工”向“重竣工、重交付”转变，开工棚户区改造安置房 4884 套，累计建成 3.43 万套，完成 2019 年年末前开工项目竣工率 100% 和交付率 85% 的年度任务。

【绿道建设】 2023 年，杭州市绿道建设以生态道、健康道、智慧道、文化道、致富道的“五道”理念为引领，采取多种举措推进。全年新建改造绿道 333 千米，其中新建 193 千米、改造 140 千米，完成率 133.2%。建成绿道中，亚运会精品绿道 50.5 千米。临平山旋转绿道、富春山居绿道、双西绿道等高颜值绿道成为市民游客点赞的网红绿道。至年末，全市域绿道总里程达 4800 千米，绕城内基本实现主城区范围 5 分钟可达绿道网。

（王菁菁）

【大城北三年行动计划收官】 2023 年，杭州市深入实施大城北“55510”（打好 5 场攻坚战，5 个重点片区基本成形，实施 500+ 项目，重点打造十大标杆项目）工程，打好规划布局、路网建设、水电设施完善、民生项目落地、生态环境修复 5 场攻坚战。全年实施大城北建设项目 212 个，完工 111 个，总投资 143.1 亿元。杭钢工业旧址公园中央大草坪、祥符桥传统风貌街区、城北万象城、浙江大学医学院附属邵逸夫医院大运河分院等项目基本建成，杭钢工业旧址公园区块、博物院—炼油厂区块、运河湾区块、浙江云数据计算中心区块、城北中央商务区块 5 个重点片区基本成形，大城北三年行动计划收官。

（魏 洁）

钱江新城

【概况】 2023 年，钱江新城管委会推进亚运会服务保障、钱江新城核心区品质提升、钱塘江综合保护与发展等重点工作。实施核心区城市景观亮化提能升级，完成市民公园 3 公顷地铁建设归还用地绿化整治，两大公园（森林公园、世纪花园）提升绿化面积 5000 平方米。推进核心区土地招商，2 个地块出让总价 11.99 亿元。探索建立产业联动机制，助力杭州临空经济示范区打造城东智造大走廊。江河汇汇中项目景观步行桥、西岸公园等子项目完成竣工预验收，五堡排涝泵站项目开工，景芳三堡单元 2 个安置房项目竣工。杭州市博奥隧道工程获评浙江省建设工程“钱江杯”。杭州国际会议中心洲际酒店完成亚运会代表团团长大会服务接待。市城投集团完成亚残奥委员会大家庭饭店活动支撑服务、第六届中国—阿拉伯国家广播电视合作论坛执行运营任务。

（施旭青 张敏华）

【钱塘江流域区县（市）联动发展】 2023 年，钱江新城管委会根据市拥江发展领导小组办公室职责要求，推进钱塘江流域区县（市）联动发展各项工作。完成市人大常委会制定的《杭州市钱塘江综合保护与发展条例》意见和建议反馈。根据《杭州市钱塘江两岸综合保护与发展实施导则》，组织对涉及的重要节点风貌管控进行评估评审，完成《钱塘江沿线景观风貌管控提升三年行动计划（2023—2025年）》编制。实施“三江两岸”景观风貌提升行动，完成沿钱塘江绿道主（支）线改造等项目11个，新建改建绿道52千米。推进“诗路文化·三江两岸”水上黄金旅游线建设。举办第三届“拥江杯”喜迎亚运诗文吟诵大赛，传承和发扬钱塘江文化、宋韵文化。开展钱塘江学研究工作，《钱塘江通史》3册出版，“钱塘江丛书”4册选题完成。

【杭州钱塘江博物馆竣工】2023年12月，杭州钱塘江博物馆（钱塘江金融港湾综合发展服务中心）竣工。博物馆新馆位于京杭大运河南端起始点，于2019年12月开工建设，占地面积3386平方米，建筑面积1.15万平方米，地上4层，地下3层，总投资1.49亿元。建设单位克服新冠疫情影响，按照新的时间节点，抓好安全、质量、进度和后续单项验收工作。2023年8月，博物馆完成展陈施工、无障碍设施体验和室外泛光照明安装。12月，工程通过防雷设施等单项验收。

【杭州太平金融大厦落成】2023年4月25日，杭州太平金融大厦落成。该项目位于钱江新城核心商务区，于2019年11月开工建设，占地面积2.2万平方米，总建筑面积15.8万平方米，总投资近30亿元。定位为国际高品质商务中心。太平金融大厦的设计灵感来源于杭州的地理特征和历史元素，采用蝶状布局和平面设计，为上城区的“152”项目之一。

（施旭青）

【海塘安澜（一期）工程建设】2023年，杭州市级海塘安澜工程（三堡至乔司段海塘）水利、市政设施建设加快，超额完成年度目标。安澜工程项目位于钱江新城二期区块，西起彭埠大桥，东至和睦港，是杭州市海塘安澜千亿工程的重要组成部分。项目按照300年一遇的防洪标准建设，内容包括提标加固海塘3.98千米，新建五堡排涝箱涵、之江东路隧道、地下车库等，在提高海塘安全性能的同时，兼顾市政设施、城市绿道、生态景观等功能。

（张敏华）

【城市阳台亚运会火炬传递】2023年9月20日上午，杭州第19届亚洲运动会火炬传递杭州站起跑仪式在城市阳台举行。杭州站的火炬传递长度11.4千米，有203棒火炬手参与，其中城市阳台段火炬传递长度1.5千米，有27棒火炬手参与。第一棒火炬手为游泳运动员陈雨菲。火炬传递沿线的市民和游客，为奔跑中的火炬手加油助威，表达对体育的热爱和对运动员的期待。

【钱江新城亚运主题灯光秀】2023年9月23日晚8点，亚运圣火在杭州奥体中心体育场点燃，钱塘江两岸灯光秀同时在钱塘江畔启幕。此次灯光秀全长18.5千米，基础性景观照明楼宇数量增加到79幢。其中由钱江新城管委会策划的“亚运”主题灯光秀长2.6千米。钱江新城灯光秀提升项目历时1年完成，其间经过3轮创意方案优化、20余次现场上墙测试、1000余分钟航拍素材比照，最终敲定的灯光秀方案画面分为“中国气派”“浙江风采”“江南韵味”“多彩亚洲”4个篇章，播放时长增加到20分钟，并首次实现钱塘江两岸3千米音画同频。

【“拥江杯”诗文吟诵展演】2023年7月8日，杭州市第三届“拥江杯”喜迎亚运诗文吟诵大赛（“浙江诗词大会”杭州选拔赛）暨诗词之乡、吟诵教学基地授牌仪式在钱江新城举行。活动由中华吟诵学会、浙江省诗词与楹联学会、杭州市文学艺术界联合会指导，钱江新城管委会、浙江诗词大会组委会主办。吟诵大赛最后15组选手获复赛入围奖，20组选手获复赛提名奖，18组选手获海选入围奖。获得复赛入围奖的选手晋级《浙江诗词大会》吟诵大赛决赛等系列活动，角逐吟诵赛道一等奖。“拥江杯”诗文吟诵大赛连续举办3届，为钱塘诗路营造浓厚的诗意文化氛围。

（施旭青）

【望江隧道获国家优质工程质量奖】2023年12月12日，杭州望江隧道工程被中国施工企业管理协会授予“2022—2023年度国家优质工程奖”。望江隧道工程位于钱江三桥和四桥之间，作为横穿钱塘江的第二条城市过江隧道，是杭州实施“拥江发展”行动，服务保障亚运会的省、市双重点工程。隧道全长3240米，其中盾构段长1830米，设计双向四车道，行车时速80千米，于2015年12

2023年12月12日，杭州望江隧道工程被中国施工企业管理协会授予“2022—2023年度国家优质工程奖”

（市城投集团 供稿）

月开工建设，2019年12月建成通车。望江隧道工程由钱江新城开发集团负责建设，项目规模大、施工内容多、工艺复杂、专业综合性强。建设单位坚持高标准管理、高质量要求，利用创新技术手段，克服盾构掘进中的重大风险，实现4次沉降穿越钱塘江。

【杭州“晨经济”品牌发布】2023年11月1日，“杭州‘晨经济’品牌发布暨‘我的城市邀你漫步’推广活动”在杭州启程东站旅游集散中心举行。活动由市文化广电旅游局、市城投集团等单位联合主办。此次活动发布杭州“晨经济”新品牌“晨启杭州”，推出城市漫步系列活动，开展“晨经济”品牌媒体配套宣传，旨在用文旅融合思维，构建“晨经济”为核心的文化空间，架起消费新场景。主（承）办和支持单位负责人、市旅游业高质量发展特聘顾问、杭州文旅“千人（推广）计划”专家、获奖旅游企业代表及媒体记者等80余人出席活动。

【中金—杭州国际会议中心资产支持专项计划发行】2023年11月23日，中金—杭州国际会议中心二期资产支持专项计划发行，发行规模20.01亿元，发行期限18年，优先级证券票面利率2.94%，认购倍数3.16倍，为2023年同类产品中最低的发行利率。此次发行是省内首单单结构产品续发，得益于杭州国际会议中心（洲际酒店）的优秀业绩、市城投集团的优质增信和“亚运之城”的良好形象，民生银行、江苏银行、兴业银行、光大银行等投资机构参与发行和产品认购。

（张敏华）

历史文化名城保护

【概况】2023年，杭州市有世界文化遗产3处、全国重点文物保护单位48处、省级文物保护单位114处、市（县）级文物保护单位555处、市级文物保护点470处；历史文化名镇名村32个，历史街区和历史地段28处；历史建筑1671处，增加31处；国家级考古遗址公园1处，省级考古遗址公园3处。全年市财政投入历史文化名城保护资金1.23亿元。年内，省人大常委会第二次会议审议批准《杭州市历史文化名城保护条例》。市园文局制定《杭州市历史文化名城保护条例实施细则》《杭州市历史文化名城保护条例实施三年行动计划》。推进历史文化名城保护标准化建设。杭州市牵头制定首部长三角区域地方标准《历史建筑保养维护规范》、浙江省标准《历史文化名镇名村风貌保护技术标准》。

【《杭州市历史文化名城保护条例》实施】自2023年5月1日起，《杭州市历史文化名城保护条例》（简称《条例》）施行。该《条例》全文55条，分总则、保护对象、保护规划和风貌管控、保护措施、合理利用、法律责任及附则7个章节。《条例》聚焦“保什么”“谁来保”“怎么保”问题，规定保护对象、责任体系和遵循原则。按照“应保尽保”要求，创新提出保护规划应遵循“三面云山一面城”等杭州特有整体景观格局，做好保护南宋临安城、杭州府城等各历史时期都城、州府、县治所在地的历史城区的整体格局，加强“宋韵文化”等特色文化资源的保护和传承等工作；规定各级政府应当定期开展专项评估，加大对破坏各类历史文化资源行为的执法力度。

【前8批历史建筑保护利用导则编制完成】2023年12月15日，杭州市完成前8批1640处历史建筑保护利用导则编制。此次编制的保护导则，以图文并茂的形式体现历史建筑的价值特色，提出历史建筑保护要求和利用指引，并为每幢历史建筑量身定制“保护利用说明书”，体现历史建筑“原风貌、新价值”“活态保护”的宗旨。

【枝头巷13号裘宅A幢历史建筑修缮完成】2023年7月26日，杭州市文物遗产与历史建筑保护中心组织的枝头巷13号裘宅A幢历史建筑保护修缮工程通过竣工验收。枝头巷13号裘宅是杭州民国时期的洋式别墅代表建筑之一，时代特征鲜明，具有较高的历史价值。该历史建筑由东、西两幢二层高的主楼和一排一层高辅房组成，东侧五开间两层洋房为裘宅A幢，西侧三开间两层洋房为裘宅B幢，两幢建筑之间设过街楼道相互连通。修缮前，裘宅A幢因长期空置且年久失修，存在构件糟朽、墙基砌块松动等结构方面安全隐患。此次修缮东侧A幢裘宅，总建筑面积664平方米。修缮内容包括建筑本体修缮、结构加固、院落环境整治、设施设备更新和防腐防虫防雷措施优化等方面，总投资170万元。

【历史建筑价值等级评定】2023年，杭州市文物遗产与历史建筑保护中心完成刘庄1号楼建筑、润庐、毓秀庵等78处历史建筑价值评定。评定的历史建筑分布于上城区、拱墅区、西湖区、滨江区、萧山区、西湖风景名胜区及临平区7个城区（风景名胜区），价值品质总体良好，评定一类保护建筑1处、二类保护建筑17处、三类保护建筑60处。至2023年年末，全市累计完成主城区历史建筑价值等级评定370处。

【历史建筑保护图则核查】2023年，杭州市文物遗产与历史建筑保护中心组织各区县（市）历史建筑相关保护部门对纳入编制的历史建筑保护图则开展核查，收集存在问题的保护图则170处。核查围绕保护图则中历史建筑名称、地址、坐标、保护范围、破损情况和级别变化等方面开展，旨在全面梳理历史建筑保护图则中存在的问题，为下一步开展历史建筑保护图则修编做好准备。

【历史建筑标志牌核查与养护】2023年7—8月，杭州市文物遗产与历史建筑保护中心对全市公布的历史建筑开展核查。主要核查历史建筑的标志牌残损、污染等情况，最终核查出需要整改的标志牌25块，其中缺失的3块、清洗（含描漆、归正等内容）脏污标志牌22块。养护后的标志牌，牌面整洁、字迹清晰、构件完整，符合历史建筑标志牌整体美观、信息齐全、位置醒目、无遮挡的设牌要求。

【第七批历史文化名镇名村街区名单公布】2023年12月5日，省政府印发《关于公布第七批浙江省历史文化名镇名村街区名单的通知》，全市有2处名镇、2处名村、2处历史文化街区列入，具体包括临安区清凉峰镇、建德市大同镇、富阳区新桐乡俞家村、富阳区大源镇蒋家村、杭州市大运河杭州萧山火车西站段历史文化街区、杭州市西溪路杭大新村历史文化街区。

（连亚娜）

运河保护开发

【概况】2023年，市商旅集团（市运河集团）推进大运河国家文化公园建设。大运河杭钢工业旧址综保项目（一期）、大城北中央景观大道、大运河水上产业板块等项目建成；大运河滨水公共空间项目群落成。完成全国首个土壤地下水修复改革试点，该项目被中共中央组织部列为第六批干部培训教材案例。武林门码头完成改造提升，小河公园新文旅业态投入试营业。桥西历史文化街区、大兜路历史文化街区、小河直街历史文化街区3条历史文化街区入选国家级旅游休闲街区名单。全省首条双层隧道——丽水北路隧道通车，全长2千米，双向六车道，为城市次干路。

推进"诗路文化·三江两岸"世界级文化旅游带开发。新增5艘游船投入运行，10条水岸互动精品旅游线路于杭州亚运会前推出，七甲闸客运码头建成投运，浙江第一码头和六和塔码头具备靠泊条件。融合"平急两用"功能，选择桐庐县先行一步，开展以精品民宿和公共空间为核心的文旅整村运营；市商旅集团（市运河集团）所属杭州三江两岸旅游运营有限公司、杭州宏逸投资集团有限公司与普德赋亚洲有限公司、奥飞娱乐股份有限公司、悦榕控股有限公司、地中海俱乐部等签订战略合作协议。市商旅集团（市运河集团）参与制作《大运河之歌》等3部大型文化纪录片。

【新年祈福走运大会】2023年1月1日，中国（杭州）新年祈福走运大会在京杭大运河（杭州段）景区举行。大会由市商旅集团（市运河集团）、市园文局主办，以运河毅行迎新的形式，展现迎亚运水岸互动文旅融合提升项目成果及京杭大运河（杭州段）绿道贯通风貌。"走运"线路从钱塘江出发沿着运河至石祥路全程15.2千米，在运河沿线盛运公园、西湖文化广场、香积寺码头、大兜路"郎朗艺术世界"、小河公园、桥西手工艺活态馆、大运河音乐公园7处搭建打卡点，分别代表"财富运""迎亚运""宋韵""学业运""健康运""事业运""爱情运"。1100余名市民参加"走运"活动。

【"杭州大运河—北之江"项目入选国家级中心试点】2023年1月14日，国家水上（海上）国民休闲运动中心评审标准颁布新闻发布会在北京召开。会上，国家体育总局水上运动中心为第一批15个国家水上（海上）国民休闲运动中心试点单位颁发证书，市商旅集团（市运河集团）实施的"杭州大运河—北之江"项目入选国家水上（海上）国民休闲运动中心试点，为杭州市唯一入选的试点项目。水上国民休闲运动区域为大运河杭州段及其支流和富阳北支江水域。年内，"杭州大运河—北之江"项目引入国际水上运动赛事3场、水上群众体育运动项目3个。

【大运河杭钢公园公共空间建成】2023年6月17日，大运河杭钢公园公共空间建成并投入试运营，标志着运行近60年的原杭州钢铁厂变身为大运河杭钢公园。公园拥有近10万平方米生活公共空间、4.5万平方米规模的大草坪，建有铸铁机房秘密花园、再生花园、落水花园、焦槽花园等景观，并在开放当日举办杭州草莓音乐节，吸引1万余人参加。大运河杭钢公园（大运河杭钢工业旧址综保项目）位于拱墅区大运河畔，是大运河国家文化公园（杭州段）标志性项目之一，占地面积54.7公顷，总建筑面积50万平方米，总投资98亿元（含建设用地费），由市商旅集团（市运河集团）负责规划建设。

【运河新城区块规模最大小学建成】2023年6月28日，由市商旅集团（市运河集团）负责建设的运河新城谢村区块48班小学完成竣工验收备案。该小学西至三号支路，北至四号支路，东至顾扬路，南至候圣街，用地面积4.14万平方米，由6个建筑单体组成，总建筑面积6.16万平方米，其中地下建筑面积1.85万平方米、专用车位近400个，规模为48个班级，招收新生1500人左右，是拱墅区运河新城区块规模最大的小学。

【大运河杭钢工业旧址土壤修复完成】2023年8月1日，大运河杭钢工业旧址综保项目最后2宗地块——杭钢单元GS1303-07和08地块完成修复，正式移出污染名录，标志着国家发展改革委大运河保护传承利用"十四五"重点项目——大运河杭钢工业旧址综保项目55万平方米的污染土壤全部修复完成。杭钢基地是全国唯一的土壤治理修复改革试点，污染土壤最深18米。市商旅集团（市运河集团）规范施工组织和环保设计，加强安全监管，实施土壤修复项目数字化管理，探索、固化"水土共治"创新模式，为改革试点进行有益探索。年末，土壤改革试点工作全部完成。

【绿色新能源公交船投入运行】2023年8月28日，由市商旅集团（市运河集团）打造的水上巴士"归锦"号从嘉善造船厂抵达武林门码头，用于京杭大运河营运。"归锦"号是杭州第一艘绿色新能源公交船，船长23.4米、宽4.5米，载客量66人，采用锂电池动能，航速每小时15千米，续航时长6小时，船体材料采用钢铝混合结构，船舱装配大面积幕墙玻璃窗，配置夜间灯光系统，为游客提供更环保、更舒适的乘船体验。至年末，绿色新能源公交船发送游客2.96万人次。

【运河湾人行桥获吉尼斯纪录认证】2023年10月25日，经吉尼斯（GWR）世界纪录认证机构官方认证，运河新城单元（运河湾城市设计范围）人行桥为"世界上主跨跨径最大的反向芬克式桁架桥"。人行桥位于拱墅区运河湾区域，上塘高架与留石高架中间，东西横跨京杭大运河，连接运河湾综合体一期商业街、运河音乐公园等。

人行桥结构形式采用反向芬克式桁架结构，全桥长181.8米，主跨长150米，桥宽8米。项目于2022年5月24日开工建设，2023年12月29日完工。

【康园路一期工程竣工验收】2023年10月27日，康园路（康桥路—金昌路）一期工程通过竣工验收。康园路（康桥路—金昌路）位于拱墅区杭钢单元，南起金昌路，北至独城路以南，全长880米，最宽59.5米，标准断面宽度42米，按双向六车道布置，为杭钢单元首条主干道，由市商旅集团（市运河集团）负责建设。项目含跨杭钢河桥梁1座。经世界纪录认证机构官方认证，跨杭钢河桥梁为“世界最大跨度的单跨钢梁门式刚构桥”。

【大运河滨水公共空间项目竣工验收】2023年12月27日，大运河滨水公共空间项目通过竣工验收。项目位于大城北核心区，是大运河国家文化公园杭州段标志性项目之一，由京杭大运河、电厂河、杭钢河、宣杭铁路防护绿带、支流水系及新开挖河道等两岸滨水公共空间构成，全长23千米，景观绿化总面积70万平方米，利用滨水空间绿地优势，将漫步道、跑步道、自行车道3条道路贯通；沿线布设各具特色的驿站21处，设置足球、篮球、滑板等健身及运动广场7处，新建、贯通绿道12千米，实现运河绿道从主城区段至大城北地区电厂河段的全线贯通。

【中国大运河庙会】2023年11月3—5日，第十届中国大运河庙会在杭州大运河历史文化街区举行。庙会以“北关庙市 潮味生活”为主题，由市商旅集团（市运河集团）、市园文局主办。庙会设大兜路历史文化街区、小河历史文化街区、桥西历史文化街区、运河天地文化艺术园区、运河天地5个板块、220余个摊位，吸引比亚迪、蔚来、腾势等新能源汽车品牌入驻，举办演艺活动63场，其中国风游园会参会4100余人次。庙会为期3天，接待游客51.3万人次，实现营业收入199万元，带动京杭大运河杭州景区实现销售收入638万元。

【中国大运河文化带京杭对话活动】2023年11月13—14日，以“传承运河文化，赋能美好生活”为主题的中国大运河文化带京杭对话活动在北京举行。活动由北京市政府新闻办公室、浙江省政府新闻办公室、杭州市政府、中国新闻社、世界运河历史文化城市合作组织共同主办。安排开幕式暨主论坛、京杭大运河（北京段）调研、大运河文化带建设图片展、京杭对话活动文艺演出及京杭雅集、大运河国际传播对话、大运河国家文化公园建设学术会议、北京（国际）运河文化节等主体活动，以学术交流、图片展出等形式，展示北京、杭州等地大运河文化带建设成果，形成巩固共识、文化交心、民众参与、合作推进、促进传播五大成果。其间，杭州市商旅集团（杭州市运河集团）与北京大运河文化旅游发展公司（筹）签订共同打造水上文旅产品、开发运营京杭大运河国家文化公园文化旅游产业的协议。

【京杭大运河水上对抗赛】2023年11月18—19日，京杭大运河水上对抗赛在京杭大运河（杭州段）举行。赛事由中国赛艇协会、杭州市体育局、拱墅区政府、杭州市商旅集团（杭州市运河集团）主办。来自全国各地的22支队伍220名运动员，分别代表高校组、俱乐部组和中学组，进行为期2天的比赛。高校组湖南师范大学代表队、俱乐部组划然万科联合队获5000米追逐赛冠军；中学组新艇体育队、大学组中国台北中国文化大学队、俱乐部组划然万科联合队获400米PK赛冠军。

【大运河国际诗歌节】2023年12月22日，第十二届大运河国际诗歌节暨《城市寻踪》系列主题活动展览在小河公园1号仓库举行。活动由市委宣传部指导，市园文局、市文化广电旅游局、市商旅集团（市运河集团）、拱墅区政府联合主办。活动以“流动的盛宴”为主题，围绕运河诗歌文化溯源、大运河国家文化公园（杭州段）建设等内容，以诗歌、诵读、音乐、舞蹈、影像等艺术形式，展现运河的文化之美。

【杭州运河天地项目获“中国城市更新优秀案例资产跃升奖”】2023年12月9—10日，第六届中国城市更新论坛在上海举行。通过近100个理事投票，分别评出城市更新十大现象级案例和十大资产跃升奖等奖项。市商旅集团（市运河集团）旗下杭州运河天地项目获“中国城市更新优秀案例资产跃升奖”。运河天地项目围绕“城市生活的造梦厂”核心定位，打造体验摩登生活的城市空间。通过对老厂房商业空间的规划和调整，招引年轻人喜爱的业态与品牌26种，80%以上品牌实现迭代更新。

（沈琴晓）

2023年11月18—19日，京杭大运河水上对抗赛在京杭大运河（杭州段）举行

［市商旅集团（市运河集团）供稿］

城市公用设施

【概况】2023年，市城投集团以“服务亚运、借力亚运、推动发展”为主线，聚焦城市供排水、公共出行、天然气供应、垃圾清运处置、道路桥梁隧道养护等保障工作，压紧压实主体责任，确保公共产品供给稳定。全年投入城市公用设施建设资金701亿元，比上年增长8.7%。完成环城北路——天目山路提升改造、临丁路半山路道路整治，建成艮山东路过江隧道并通车。富阳银湖水厂（一期）、望江隧道、千岛湖配水工程获鲁班奖等奖项。市水务集团供水8.77亿立方米；处理污水6.21亿立方米；完成二次供水改造小区325个。市公交集团发送乘客8.22亿人次，增长2.9%；公共交通行驶总里程4.82亿千米，优化低效公交线路125条；新投放电子锁公共自行车1万辆。市能源集团新增居民用户点火数9.87万户，销售天然气17.41亿立方米；清运垃圾245.72万吨，处置垃圾220.99万吨，利用垃圾发电23.14亿千瓦时。市安居集团提供公共租赁住房4.7万套，租赁住房出租率92.2%。市路桥集团完成道路、桥梁、隧道养护2930条（座）次。

【银湖水厂（一期工程）获鲁班奖】2023年11月27日，2022—2023年度第二批中国建设工程鲁班奖（国家优质工程）入选名单公布，由杭州水务银湖制水有限公司负责建设的富阳银湖水厂（一期工程）榜上有名。富阳银湖水厂是浙江省首座以千岛湖、富春江互为备用“双水源”的重点民生工程，设计日供水能力10万立方米。工程于2019年开工建设，2021年9月29日建成通水。工程建设应用《建筑业10项新技术》中的9个大项14个小项，获得实用新型专利5项、创新技术3项，达到国内领先水平。

【杭州钱塘水务有限公司成立】2023年11月30日，杭州钱塘水务有限公司挂牌成立，公司由杭州市水务集团和钱塘区城市发展集团合资组建，注册资金5亿元。主要业务包括供水服务、污水处理、水资源管理、水环境治理、水务工程建设等。通过打造集涉水投资、建设、运营和资本运作于一体的专业平台，解决钱塘区多年来无独立的供排水系统、运营主体多元、水资源管理交叉等问题，推动辖区内水资源配置、调度、开发利用、节约保护工作的有机统一。

2023年7月24日，杭州环城北路——天目山路提升改造工程完工

（市城投集团 供稿）

【桐庐莪山畲族乡管道天然气通气】2023年11月30日，杭州桐庐杭燃燃气有限公司（简称桐庐杭燃公司）在桐庐莪山畲族乡举行“石榴花开共富裕 绿色能源新气象”天然气通气仪式，桐庐县莪山乡成为全省第一个用上管道天然气的民族乡。桐庐杭燃公司致力于推动乡村能源结构转型，合理规划县域中低压天然气管网布局，加大天然气基础设施投入，于4月启动莪山乡天然气扩面项目。通过推进“燃气下乡”，创新“绿色能源站＋微管网”供气模式，促进城乡公共服务均等化。项目采取“政府出一点、企业让一点、村社担一点”政策，降低乡政府和村民的建设成本。至年末，桐庐杭燃公司敷设燃气管网近700千米，供气范围覆盖4个中心街道、5个中心乡镇及19个乡村，服务用户6万余户。

【杭州高压管网成环供气】2023年12月6日，“杭州市高压管网成环供气，天然气保障能力实质提升”主题新闻发布会在萧山区瓜沥镇举行。会上发布杭州市天然气利用工程成环成网最后一段S7、S8所前门站至江东门站35千米管线建设全线投运信息，标志着杭州市天然气利用工程高压管网“多点接气、环状供气”格局全面实现。杭州首个接气门站——北门站于2003年开工建设，历时20年，建成高压管线300千米、接气门站5个、高中压调压站（含阀室）29个，把高压管网延伸至杭州10个区、2个县（市），清洁能源天然气惠及城乡居民300余万户。

【湖滨商圈“通停通付”系统上线】2023年4月17日，杭州市停车产业股份有限公司设计并开发的湖滨商圈“通停通付”系统完成测试、联调并上线。湖滨商圈利用跨区域的大“圈”优势，打造“通停通付”模式，即在商场、楼宇、酒店等多主体之间实现联动停车、优惠互认。各商场通过城市大脑停车系统平台向会员或车主发放平台通停券，所有的停车缴费流程均在系统后台进行，车主离场前无须进行任何操作。至年末，湖滨商圈“通停通付”平台发券用券4438次，服务车主1309人次，使用通停券优惠金额5.9万元。

【“危废无害化处置全过程管理”项目入选省级标准化试点项目建设名单】2023年，经区级推荐、市级选拔、省级评定，杭州市第三固体废物处置中心“危险废物无害化处置全过程管理”项目入选浙江省标准化试点项目建设名单。该项目集危险废物焚烧、物化、填埋于一体，可收集处置国家危险废物名录46类中的41类，年处置危险废弃物11万吨，项目具有工艺控制智能化、危险废物管理规范化等优势。

【天子岭循环经济产业园获评全国生活垃圾分类宣传教育基地】2023年5月19日，住房城乡建设部办公厅公布2023年“生活垃圾分类宣传教育基地”名单，天子岭循环经济产业园入选该名单。天子岭循环经济产业园前身为杭州市天子岭垃圾填埋场，1991年投入使用，主要承担杭州市区生活垃圾填埋处置任务。2020年填埋场封场，园区进入“后填埋”时代。通过高标准处置垃圾渗滤液和易腐垃圾，实施沼气发电，发展生物质能源，实现“垃圾”资源再循环利用。结合垃圾资源化利用，建成天子岭环境教育基地，通过普及垃圾分类知识，促进全社会垃圾减量、垃圾分类习惯养成。

（张敏华）

水 利

【概况】2023年，杭州市有水库636座，总库容236.4亿立方米，规模以上水闸184座，堤防总长度1109千米，大中型灌区1个，有效灌溉面积182.53公顷，治理中小河流147千米，农村自来水普及率99.9%。全年投入水利建设资金105亿元，创历史新高。市林水局开展涉河涉堤治理、水土保持、取水许可审批“三合一”改革，前期在富阳区、建德市进行试点。组织杭州水网、水资源节约保护和利用、城市防洪排涝等规划编制，《杭州水网建设规划》《杭州市水资源节约保护和利用总体规划》获市政府批复。完成《杭州市水安全保障“十四五”规划中期评估》，《杭州市城市防洪排涝规划》通过市级技术审查。市林水局获浙江省第23届水利“大禹杯”银杯。拱宸桥水文站入选水利部第四届水工程与水文化有机融合案例、全国第一批百年水文站。京杭大运河（杭州段）滨水公园入选大运河国家文化公园典型案例。桐庐县卢茨溪生态清洁小流域、杭州市第二水源千岛湖配水工程入选国家水土保持示范点。千岛湖入选全国第二批美丽河湖优秀案例。

【重大水利工程建设】2023年，杭州市推进重大水利工程建设，按计划实施的重大水利工程完成投资54.6亿元，比上年增长128.1%。围绕省水利厅“大干项目、大干民生”工作部署，各地各单位精心组织、靠前服务、抢抓进度，新开工三堡至乔司海塘一期、城西南排（西线）等重大水利工程项目13个。在探索海塘融合审批模式基础上，超常规推进三堡至乔司段海塘的整体报批，3天内接连取得可行性研究批文、行业审批意见、初步设计批文，创造海塘工程前期准备“杭州速度”，该做法获省政府领导批示肯定。年内，青山水库防洪能力提升和八堡排水泵站、萧山五堡闸站、余杭新陡门闸站改造4项工程完工并投入运行，萧山浦阳江治理、临安双溪口水库建设、西险大塘先行段整治3项工程主体完工，城西南排、西险大塘、海塘安澜等重大工程完成干堤加固，苕溪清水入湖（余杭段）、桐庐干堤加固三期等36项工程通过竣工验收。

（金姗姗）

【水利行业监督】2023年，全市水利系统出动2490人次，开展水利工程质量安全监督检查790余次，发现和整改质量安全问题1790余个，以建议方式提出加强质量安全管理措施286条。抽查和巡查工程项目24个，发现并整改质量隐患问题173个、安全隐患问题98个。举办《质量强国建设纲要》《水利工程质量管理规定》等内容的培训10期，参加培训水利系统骨干478人次。对119个在建工程的三类人员（水利工程施工企业负责人、项目负责人和专职安全生产管理人员）进行集中培训，参训764人次。全市水利系统创建省级水利文明标准化工地7个、省级建设优良工地3个。富阳区北支江综合治理工程——上游水闸船闸、新登镇贤明湖公园（一期）—鼍江景观堰坝工程获评“钱江杯”优质工程，杭州市第二水源千岛湖配水工程、萧山区蜀山片外排工程——大治河排涝闸站改建工程获2021—2022年度中国水利工程优质（大禹）奖。

（马　骏）

【水资源管理】2023年，杭州市水资源总量115.26亿立方米，比上年下降10.0%。其中，地表水资源量113.64亿立方米，地下水资源量26.94亿立方米（含重复计算量）。全市平均产水系数0.49。地表水资源空间分布与降水量空间分布基本相似，总体趋势由西部山区向东部平原递减。全年全市用水总量29.10亿立方米，达到“十四五”期间用水总量控制目标要求。按年平均人口计算，人均水资源量925.83立方米。万元地区生产总值用水量14.5立方米，下降7.1%，提前两年完成“十四五”期间控制目标。万元工业增加值用水量8.8立方米，下降6.5%。农田灌溉水有效利用系数0.61，达到省定目标，农业水价综合改革获省水利厅年度绩效评价优秀等次。创建省级节水标杆酒店、学校、小区、企业31个，获评省级节水型企业21个、节水型单位和小区53个。

（王天华　汪　健）

【河湖管理与保护】2023年，杭州市推进全域建设幸福河湖工作，创建市级美丽河湖26条（个）、亲水节点57个、水美乡镇27个、高品质水美乡村20个，完成中小河流治理147.9千米。临安区完成幸福河湖试点县建设，建德市启动2023—2024年全国水系连通及水美乡村建设县试点，千岛湖入选全国第二批美丽河湖优秀案例，新安江入选太湖流域片幸福河湖典型案例。全年完成水利部卫星遥感疑似问题图斑复核7001个、省水域动态监测图斑复核520个，推进109个水利部和省“四乱”（乱占、乱采、乱堆、乱建）督查组发现的问题整改，以及1877个市、县（市、区）自查发现的问题销号；完成河湖管理范围划界复核2210千米，公示山区河道责任人9147人。完成全市191个乡镇（街道）基层治理平台与省水域监管“一件事”贯通。推进河湖长制工作。全市召开总河长会议21次,签发总河长令31个;召开联席会议30次,三级河湖长巡河巡湖近20万人次。市级河湖长平均履职积分排名连续两年居全省第一位。健全工作机制,杭州首次以市政府名义对生态文明建设工作(河长制工作)成绩突出集体和个人进行嘉奖;印发《杭州市全面推行河湖长制提醒通报约谈工作规则(试行)》,全市建立跨区域联防联控机制18个,联合开展活动20次。市河长办与市委督查室、省河长办等开展3轮专项检查,发现并整改问题及隐患97个。市、区县(市)两级开展“护航亚运”河湖水域岸线保护专项行动,发现并整改问题及隐患2431个。培育民间河长品牌,市级民间河长胡福庆巡河日记被浙东运河博物馆收藏。

(钱学诚 吴 桢)

【水库山塘系统治理】2023年,杭州市将水库除险加固和山塘综合整治纳入省级民生实事,全年完成水库除险加固28座,完成率126.3%;完成山塘综合整治91座,完成率130.4%。持续开展水库安全设施达标行动,完成水库配套设施提升改造98座。深化水利工程标准化管理,闲林水库通过水利部评价,桐庐新舍里山塘通过省水利厅评价,32座水库、16座山塘创建成为市级精品工程。

【钱塘江防潮】2023年,杭州市加强钱塘江防潮安全管理,做好“护航亚运”钱塘江防潮工作。开展隐患排查整改、联合整治和日常督查检查1600余次。改造提升防潮安全设施3750米,更新宣传警示标识191处,建成智慧防潮带2千米。组织钱塘江防潮安全暨水域管理综合演练,演练设置水域执法及救援船艇展示、智慧防潮预警事件、水域突发事件应急处置3个科目,参演单位16个、110余人,检验各单位对钱塘江防潮安全管理突发事件的应急处置能力和协同配合能力。开展钱塘江防潮安全宣传教育培训,在沿江驿站和宾馆投放《钱塘江观潮安全中英双语手册》4200份。全年劝阻下堤下江观潮8.3万人次,完成农历八月十八日大潮和杭州亚运会期间防潮安保任务,保障钱塘江杭州段157千米岸线观潮群众的观潮安全。

(何 晴 陈亚月)

【农村饮水保障】2023年,杭州市实施农村供水水站提升改造方案,年内单村供水水站开工率83%。全市创建省级规范化水厂(站)8座、市级农村供水水站标准化精品工程16座,其中临安区告岭水厂获评农村供水水站省级标准化工程。临安区、建德市入选省农村供水建设和运行管理机制改革试点,临安区入选单村水站供水技术攻关“揭榜挂帅”和“健康浙江”建设典型案例。加强抗旱保供工作,保障夏季和秋季连续发生旱情期间山区居民的饮水安全。

(郑秀倩)

【农田水利灌溉】2023年,杭州市72处泵站机埠、堰坝水闸、农民用水管理主体和基层水利站获评省级示范,111处灌区获评市级标准化示范化灌区。杭州市和临安区等6个区县(市)分别获2023年度全省农业水价综合改革绩效评价优秀市和优秀区县(市),其中杭州市农业水价综合改革绩效考核排名全省第一位。市林水局印发《杭州市农田灌溉发展规划》。全年完成农田水利灌溉工程更新升级640座,完成数量排名全省第一位。推动面上农田水利设施质量和效益明显提升。桐庐县江南灌区纳入深化农业水价综合改革推进现代化灌区建设省级试点,为全市现代化灌区建设提供经验做法。

(陆一奇)

【水旱灾害防御】2023年,杭州市汛情总体平稳,但局部地区强降雨频发,山洪致灾严重。全年汛期发生洪水2场,经历“杜苏芮”“卡努”台风2个,全市灾害防御情况总体平稳。杭州建成水文遥测站2037处,实现23个江河重要控制断面洪水预报方案全覆盖。汛期发布山洪灾害预警9期、降雨预警通告单189份、预警短信7万余条。市林水局联合萧山区、富阳区在钱江枢纽开展全市水旱灾害防御演练33场次,参加演练2317人次。组织修编各类防御预案1350个、亚运会场馆“一点一方案”54个。出动7.1万人次,开展6轮水利隐患大排查,检查工程5.3万处(次),排查风险点294个并落实动态闭环整改。梅汛期发出调度令11份,水库累计调蓄洪水3.73亿立方米,平原河网排涝1.32亿立方米。亚运会期间,建立新安江、富春江等水库联调联控双向机制,累计增加下泄水量21亿立方米,确保城市供水不受咸潮影响。加强钱塘江清水入城生态补水调度管理,日均配水722万立方米,主场馆和亚运村周边河道水体能见度超过1米。从外江引配优质水源4346万立方米,成功防御八月十八日天文大潮,保障亚运会水上赛事项目顺利开展。市级工程七堡排涝泵站、德胜坝翻水站、备塘河泵站运行2.63万台时,引排水4.73亿立方米,保障上塘河流域防洪安全与水环境改善。余杭区北湖分洪闸等8个水闸、闸站完成安全鉴定,萧山区管家溪等9.14千米堤防完成管理范围划界,37个堤塘泵闸水利工程通过省级标准化管理精品工程评价。

【水利科普宣传与研究】2023年,杭州市水利科普馆接待参观团组154批次、1.1万人次。依托“亲水之旅”研学品牌,开展迎亚运、节水护水、保护湿地、预防溺水、水文化遗产保护等系列研学活动20次,吸引300余个家庭参与。结合世界水日、科普日等节点,开展“江河情·水滴行”水利科普宣传志愿服务14次,其中“共护母亲河 携手迎亚运”世界水日宣传活动在《中国水利报》、中国网、潮新闻等媒体刊登。印发“浙水遗韵·诗画杭州”水文化遗产丛书,推进重要水利遗产保护利用。9月26日,省水利厅公布浙江省首批重要水利工程遗产资源名录,杭州入围遗产资源名录20处。印发“杭州水印”杭州水情教育基地手绘地图,手绘地图汇聚杭州32处水情教育场所。

(孙映宏)

城市管理

【概况】2023年,杭州市高标准开展市容环境综合整治,推进城市环境由点到面、从平面到立体的全方位提升。出台《杭州市乡镇（街道）综合行政执法队建设规范（试行）》《杭州市综合行政执法行政处罚裁量权实施规定》等制度21项，加大违法建设、建筑渣土运输、建筑垃圾处置等专项执法力度，综合执法信访投诉比上年下降10.4%，杭州市在全省行政执法改革综合评价考核中排名第一位。全面完成省、市级有关民生实事项目，全年创建省级示范生活垃圾分类小区880个，完成住宅小区二次供水设施改造303个，建成地铁出入口非机动车停放点127处，新增非机动车停车位1.83万个，为5559户独居老年人免费加装燃气安全装置。深化全市城管系统营商环境十大行动，“有困难找城管”“助力经济新方阵”成为杭州城管新IP形象。

（裴　帅）

【亚运城市侧环境保障】2023年，杭州市以亚运城市行动为牵引，实施“匠心提质绣杭城”专项行动，打造“美丽家园”“杭韵街巷”“畅行交通”“花满杭城”4条风景线、102个风景点，完成339条重要道路、174个高标准保洁区、50条重点河道、31条老旧街巷品质提升。完成978幢重要道路涉及的建筑立面整治、5053条（段）道路平整，维修沥青路面73.3万平方米，整治道路井盖1.18万只。完成钱塘江、西湖、运河三线及亚运会重点线路33.7千米沿线景观带、18.5千米沿江堤岸线、50个景观节点、3座跨钱塘江大桥的夜景灯光提升，创建省级席地而坐客厅级保洁区域14个，获评省级“美丽公厕”14座。依托城市治理有奖举报平台，发起“拍一拍标识纠错活动”，鼓励市民参与城市治理。利用户外电子屏，播放亚运会公益宣传视频17.95万小时。完成“两纵三横”高架道路和“一场三站”等重要节点周边2987套亚运会宣传灯箱安装。提高道路保洁标准，亚运会、亚残运会期间，全市城管系统出动保障人员20.1万人次、各类车辆6.2万辆（次），设置流动公厕37处、215座（次）。

（殳　啸）

【综合行政执法改革】2023年，杭州市坚持“项目式推动、清单化管理”，推进“大综合一体化”行政执法改革落地见效，年度行政执法改革综合评价列全省11个设区市第一位。市、区县（市）两级行政执法指挥中心全部建立并有效运行，全市191个乡镇（街道）均实现“基层治理四平台”与省执法监管数字应用双向贯通。市城管局制定《跨部门“综合查一次”操作指南》，将“综合查一次”联合执法纳入优化营商环境考核评价体系，推进全市营商环境法治化提档进位。在全省率先实现综合执法领域“首违不罚”全覆盖、细化裁量基准全市同案同罚。完善市、区县（市）两级综合执法法制保障中心建设和执法能力等级化认证制度，提升基层执法质量。围绕实现“小事不出队、大事不出镇、矛盾不上交、问题不激化，服务不缺位”目标，开展党的群众路线在基层生动实践。至年末，杭州市有17个基层综合执法队进入省级“枫桥式”综合执法队行列。

（郑胜全）

【城市管理指挥保障】2023年8月16日，市城管局印发《杭州市数字城管亚运会（亚残运会）保障方案》，发挥1579名信息采集员和2498个网络单位力量，处置城市事部件问题46.12万件，问题及时解决率99.1%。优化紧急事件报送流程，实行24小时值班制度，加强物联感知、行业监管、数字城管、有奖举报、信访舆情等信源渠道监测，启动应急响应3次，保障亚运会、亚残运会期间城市管理安全运行。全年完成亚运会和亚残运会比赛场馆周边及重要点位9146项无障碍问题销号，完成5条旅游线路1712项无障碍问题整治，以及881项地铁与市政衔接处无障碍问题整改。打造全国首个“山地无障碍动物园”等无障碍示范项目50个。“城市治理有奖举报”平台受理无障碍设施被侵占等问题8243件，发放奖励3.96万元。

（单　宏）

【城市河道综合治理】2023年，市城管局围绕“迎亚运、强保障”工作，全面落实城市河道水环境长效管养要求。全年督查市管河道266条（次），日常巡检各城区城市河道1041条（次），发现问题5130个，印发整改通知书291份。创建省级美丽河湖8条（个），建成市级美丽河道11条、21千米。提升城市河道50条，打造水上运动河道10条。完成清淤河道17条，清除淤泥22万立方米，其中采取生态清淤方式清淤西塘河、三墩港、蓬架桥港等河道10条，实现河道淤泥减量化、资源化。开展钱塘江（杭州城区段）水面保洁工作，出动保洁人员2.69万人次，保洁船只2546船（次），清理漂浮物4009.6吨。

（徐玉裕）

【道路桥梁隧道安全数智治理】2023年，杭州市建立“风险识别—监测预警—应急处置—事件复盘”安全隐患防控管理闭环体系，推进城市道路桥梁隧道管理工作转型。全年该体系归集道路桥梁隧道设施8100余处，涉及管理单位130余个。完成案卷采集7.32万条，处置案卷7.21万条，接入物联设备6824个，采集物联数据2.6亿条，道路病害发现和处置效率提升45%，桥梁超限车辆过桥数量降低90%，隧道（下穿道）积水处置时效由平均120分钟缩短至30分钟，交通事故处置时间由平均30分钟缩短至15分钟，隧道空气合格率由62%上升至95%。探索采用城市桥梁超重车辆数智治理办法，完成杭州九堡大桥、复兴大桥等6座城市桥梁试点安装不停车称重系统，实时监测超重车辆过桥情况。年内核查处置车辆违法运输线索2600余条，超重车辆过桥数量比上年下降90%。

（杜荣乐）

【建筑垃圾处置】2023年，杭州市完善建筑垃圾处置制度，印发《杭州市工程渣土处置领域常态化监管实施方案》《杭州市工程渣土消纳市域统筹和保障方案（2023—2025）》，发布杭州首个装修垃圾管理地方标准——《装修垃圾收运处置管理规范》（DB3301/T 0415—2023）。规范工程渣土全程闭环管理，全年处置建筑垃圾7051万吨，建筑垃圾综合利用率超过90%。推动建筑垃圾资源化利用和装修垃圾全过程规范管理。

萧山区"固废资源化综合体建筑垃圾资源化利用项目"、桐庐县"石材废泥掺合建筑垃圾资源化利用项目"入选省建设厅首批 17 个建筑垃圾资源化利用典型案例名单。

（童星冰）

【"垃圾革命"提质增效】2023 年，杭州市推进"垃圾革命"提质增效，打造生活垃圾治理先行示范样板。完善生活垃圾分类工作考核办法，加快推进生活垃圾处理设施建设，构建垃圾分类志愿服务工作体系，推动垃圾分类成为低碳生活新时尚。全年全市生活垃圾分类覆盖率、无害化处理率、资源化利用率均保持 100%，生活垃圾回收利用率 65.3%；创建省级高标准生活垃圾分类示范小区 880 个，累计 1553 个，实现垃圾分类"示范广覆盖、市域全达标"；评选"星级达人"204 人，累计 505 人，2 人入选住房城乡建设部"百名达人"名单；印发《关于城市生活垃圾经营性服务许可等部分事项实行"免审即批"的通知》，对涉及的城市生活垃圾经营性服务许可和城镇污水排入排水管网许可等 3 种申请情形实行免予许可实质审查。

（邵金蔚）

【停车服务】2023 年，杭州市整合"先离场后付费""共享停车""道路停车""找车位"等便民场景，研发"杭州停车"便民应用系统，通过"浙里办"一个应用端统一发布，为市民提供"一站式"停车服务。建立市民意见信息中心，收集分析市民在停车方面意见和建议，完善停车系统功能，优化市民停车体验。依托"停车在线"平台，综合研判全市停车供需矛盾，为停车设施规划、建设和管理提供数据支撑。升级"邻里停"市级泊位共享平台，为车主提供车位查询、路径导航、个人车位发布、邻里共享等停车服务。年末，"邻里停"共享平台参与停车共享单位增至 520 余个，提供停车泊位 2.7 万个。打造共享停车区域示范项目，缓解医院、老旧小区、景区等区域停车难问题。西湖区翠苑社区腾出"医院职工车位让位于患者"，滨江区缤纷社区、拱墅区塘河社区实行"住宅小区泊位错时共享""商业停车场闲时包月优惠"，西溪湿地、西溪金谷产业园推出"周末共停"车位等举措。

（俞　虹）

【单车管理】2023 年，市城管局加强单车停放秩序长效管理。新建地铁出入口公共自行车服务点 20 个，增加"电子围栏"点位 536 处，电子锁公共自行车增至 1.5 万辆。启动共享单车换新工作，全市更换共享单车 13.33 万辆，新车占共享单车总量的 52.3%。制定《共享单车重大活动保障联动机制》，亚运会、亚残运会期间，日均清运共享单车 6 万辆，重新摆放共享单车 2 万辆，协调运营企业共同加强共享单车管理。完善共享电单车骑行人信用评价办法，全年对用户乱停乱放、损坏车辆行为实施提醒 8.61 万人、警告 2.45 万人、禁骑 1.59 万人，增强市民游客文明安全骑行和规范有序停放意识。

（洪炼杰）

2023 年 6 月 15 日，杭州市生活垃圾分类五星级达人聘任暨志愿者队伍成立仪式举行（市城管局 供稿）

【城市照明管理】2023 年，市城管局加强城市照明管理，会同有关部门运用"零碳"技术，完成未来科技城梦想小镇天使村 1 幢和 8 幢建筑、钱江新城城市阳台灯光秀建筑分布式光伏发电系统试点建设。钱江新城城市阳台光伏发电系统年发电量为 3.46 万千瓦时，年碳减排量为 33.26 吨；未来科技城光伏发电系统年发电量为 12 万千瓦时。实施西湖景区节能改造，指导属地开展环湖夜景灯光修缮，重点对环湖公园植物照明及宝石山、玉皇山等山体照明进行安全修缮和节能改造，更换金卤灯 7900 余套，降低功率 700 千瓦，设施节能达 50%。完成 2093 条道路改造前的照明质量检测，更换市管道路灯具 9.91 万套、区管道路灯具 7.68 万套。《杭州多措并举 积极推动城市照明绿色低碳发展》做法被住房城乡建设部《建设工作简报》第 11 期刊登。

（陈英飞）

【燃气安全专项整治】2023 年，市城管局围绕燃气使用安全问题，开展问题隐患大起底、隐患治理全闭环、灶具市场大整顿行动，全面落实各级各单位燃气安全管理责任。通过市场整合、专项体检和网格治理，夯实燃气安全治理基础。全年整治餐饮用户安全隐患 2.6 万个，执法处置燃气类案件 2228 件，罚款 581.9 万元。推进行刑衔接（指行政执法和刑事司法相衔接）案件 25 件，抓获犯罪嫌疑人 54 人，涉案金额 7725 万元。对全市城镇燃气管网、燃气设施及"黑气"（使用非正规合法渠道取得的燃气或使用过期、废弃、不合格气瓶充装的燃气）线索进行全面检查和专项排查，重点排查夜市小餐饮摊点、城乡接合部农居点、出租户及城中村内的饭店、夜间临时摊点等，对"黑气"线索经梳理后移交公安部门核实处理。整治过程中，执法人员发放燃气安全使用手册，引导燃气用户及餐饮从业人员提高防范风险能力。杭州市燃气安全专项整治工作被《中国建设报》《中国质量报》头版刊发。

（胡　琳）

【营商环境优化助力】2023年3月13日，市城管局出台《关于加大对商圈、商业街区外摆经营活动支持力度的指导意见》，放宽全市97个重点商圈商业外摆场地范围、业态、时间等限制，将审批办理权限下放至属地。文化商业活动审批采取"一次踏勘，固化设置"模式，审批时限压缩80%，活动期限放宽至20天。全年全市办理商业外摆单位1132个，指导88个运营主体制定"一场一方案"，打造特色点位21个，完成50条市级、11条区级商业外摆样板路创建，举办户外文化商业活动2163场次。市城管局"支持外摆经营，助力经济繁荣"做法获评杭州市营商环境优化提升最佳实践案例。上报《杭州夜景灯光助推夜经济发展研究》报告，提出发展夜经济16项对策24条具体举措。亚运会期间，钱塘江两岸核心区观看灯光秀市民和游客超过150万人次，带动钱江新城商圈实现销售额11亿元。通过演出智能交互式沉浸体验文旅节目"今夕共西溪"，增强景区及周边"吃、住、行、游、购、娱"等各类旅游要素之间的联动性，提供就业岗位5100余个，间接带动周边商圈销售额比上年增长20.3%。综合执法部门整合监管执法资源，开展跨部门、跨区域、跨层级的联合执法检查行动，推进市、区县（市）二级招投标领域执法保障工作。全年综合执法部门办结围标串标行为行政处罚案件192件，办结行刑衔接案件13件。

（陈英飞）

【城市运行"一网统管"平台建成】2023年，市城管局围绕"城市运行安全高效健康、城市管理干净整洁有序、为民服务精准精细精致"目标，设立杭州市城市运行管理服务平台，该平台运行有序，通过住房城乡建设部专家验收，并在此基础上打造杭州市城市管理"一网统管"应用平台。围绕超大城市运行安全难题，聚焦固体废物处置、市容景观提升、市政设施配套等6个领域，构建城市体征指标体系，强化城市治理多跨协同、城市便民服务、管理在线等模块，做实运行监测、分析研判、平转战指挥、综合评价等功能，助力亚运会期间城市运行保障，提升城市安全风险防控能力和精细化管理服务水平。

（杨　超）

【"贴心城管"志愿服务】2023年，市城管局会同市文明办和各区县（市）开展"贴心城管'益'起同行暨'烟蒂不落地 文明迎亚运'"志愿服务系列活动，组织"贴心城管"志愿者在商业街区、公园、广场等公共场所进行烟蒂乱扔劝导、路面垃圾捡拾等志愿服务，带动全市志愿者15万余人次参加。全年"文明帮帮码"和"志愿汇"平台注册登记志愿者2.75万人，服务时长34.23万小时。深化"支部建在驿站"工作法，推出提供就餐区、认领微心愿等内容的"暖'新'服务十条"，向环卫、市政员工，快递、外卖小哥、交警等户外工作者开展便民服务、"爱心"美发、健康义诊等活动。市城管局"红色领航'驿'暖杭城"活动被市直机关党工委认定为年度杭州市机关党建品牌，并在全市亚运会城市志愿服务站点建设现场会上作经验交流。

（陈金辉）

城市绿化

【概况】2023年，市政府办公厅印发《关于杭州市科学绿化的实施意见》，该意见分指导思想、实施原则、实施内容、保障措施4个方面，对全市科学绿化工作进行规划统筹。市园文局编制《杭州市迎亚运"花满杭城 香飘亚运"专项规划指引》。根据《杭州市区加快公园城市建设三年行动计划（2022—2024年）》，推进公园建设，开展新建改造美丽公园评选，加强"迎亚运"花期精准调控，推进城市绿地提质增量。全年市区建成区新建绿地面积822万平方米，建成区绿地面积333.14万平方千米，绿地率38.78%，绿化覆盖率42.81%，人均公园绿地面积14.5平方米。

【国家生态园林城市创建成果巩固】2023年，杭州市持续巩固国家生态园林城市创建成果，全面完成国家生态园林城市创建工作主要工程和项目，新建和提升改造各类公园68个，其中包括省民生实事公园48个、迎亚运提升改造公园30个。同步推进公园嵌入式体育设施落地和儿童友好公园建设，丰富公园休闲活动功能。组织第一届新建改造美丽公园评选，评出上城区桃花湖公园（北区）、拱墅区北景园生态公园等新建改造美丽公园10个。杭州市通过省建设厅组织的国家生态园林城市省级复评。

【古树名木保护管理】2023年，杭州市加强古树名木保护管理，实行日常养护与专业技术人员巡查管护相结合，将古树名木纳入城市长效管理考评。组织专家团队采取"一树一策"技术措施，完成保护复壮工程的古树名木40余株。开展古树保护专项考核、科研科普、技术指导等工作。7月5日至11月30日，举办杭州市首届古树名木主题展，主题展设古树名木科普区，安排园林专家现场讲解不同树木个性化的保护措施；开展以"你我同行·守护身边的古树名木"为主题的公益活动。12月6日，市政府发布《杭州市城市古树名木保护管理办法》，对古树名木和古树后续资源的保护、信息管理、利用方式、养护责任和死亡注销程序等作出明确规定。

【杭州市第二植物园（暂名）概念性方案确定】2023年5月，市园文局、市规划和自然资源局、云城指挥部、市交投集团、余杭区政府作为主办单位，发布"杭州市第二植物园（暂名）概念规划方案国际征集"公告。8月，主办单位邀请专家评审组从5个入围方案中评选出2个优胜奖方案，后经院士级专家领衔的专家团队评审，从中推选出1个概念性方案。

【园林绿化项目招标文件示范文本（2023—1.0版）发布】2023年6月28日，市园文局召开《杭州市园林绿化项目招标文件示范文本（2023—1.0版）》发布会暨园林绿化市场信用综合评价系统上线启动会。招标文件示范文本包含设计、施工、养护、监理、工程总承包、资格预审项目6个大类。其中，设计、工程总承包和资格预审项目招标文件示范文本为首次编制，施工、养护和监理项目招标文件示范文本为全新修订。此次上线的园林绿化市场信用综合评价系统是市园文局入选2023年市信用办“一部门、一特色”信用应用场景试点建设的核心构架。该系统展示杭州市园林绿化行业施工领域和养护领域企业信用图谱，借助系统数字赋能，构建起具有杭州特色的园林绿化行业信用评价机制。

【“迎亚运”景观提升】2023年，市园文局根据“保障全市范围全域美丽、有绿有序和突出重点区域百花妆点、局部精彩”的要求，聚焦保障亚运会通勤线路、场馆周边、接待宾馆、入城站口、公园绿地等重要区域、重要节点，有梯次地规划景观提升项目，实施形式丰富、主题鲜明的景观提升妆点项目390余处。组建杭州市“迎亚运”城市园林景观提升专家指导组，下设景观营造、植物景观、设计、月季花期精准调控、荷花花期精准调控、桂花花期精准调控、紫薇花期精准调控、红枫观赏期精准调控8个专家指导小组，对迎亚运会期间杭州整体植物景观及特定植物花期调控进行专业技术指导，并发布月季、紫薇、荷花、桂花、红枫5种花卉的调控技术方案，保障迎亚运会期间园林绿化的盛花效果。

【城市公园绿地开放共享】2023年3月，杭州市入选住房城乡建设部首批城市公园绿地开放共享试点城市，市园文局通过4项举措、5类活动、6个精细化管理策略的“4+5+6”开放模式，构建“全龄友好、共治共享、类型丰富、开门见绿”的城市公园绿地开放共享体系。10月，市园文局发布《杭州市公园绿地开放共享管理导则及管理规范（试行）》《草坪开放文明公约》，推动公园治理和服务向共治共建共享转变。至年末，杭州城市公园绿地开放共享总面积3738.23公顷，新增大运河亚运公园、城北体育公园、杭州植物园等开放共享试点公园10个。

【《杭州市城市绿地系统专项规划（2021—2035）》获批复】2023年12月28日，《杭州市城市绿地系统专项规划（2021—2035）》获市政府批复。该规划包括文本、分城区手册、图集3个部分。其中，文本9个章节，对2021—2035年杭州市城市绿地的规划目标与指标、市域绿色生态空间规划、市域城市绿地系统规划、中心城区绿地系统规划、特色专业规划、近期建设规划、规划与实施传导、实施策略与保障进行明确阐述。市政府的批复件对城市绿地系统专项规划的主要内容、局部调整办法和生效条件进行确认。

【绿化惠民活动】2023年，杭州市根据亚运会、亚残运会八大绿色行动方案，开展主题为“月月有花香，季季有花展”的绿化惠民活动。全年全市推出月季、牡丹、紫藤、蕙兰等44场“花满杭城”系列花展，绘制“花香月历”地图和杭州首批古树名木CityWalk路线图，举办“七夕线下古树名木守护”“杭州人心目中的冠军花”“书香换花香”“我为亚运栽盆花——百万花籽赠市民”等市民互动活动。发布《“市民扮靓家园”工作指引方案》《家庭养花指导手册》，为市民合理种花养花提供科学指导。

【园林城镇及园林式居住区（单位）、优质综合公园、绿化美化示范路评比】2023年11月，杭州市推荐一批园林城镇及园林式居住区（单位）、优质综合公园、绿化美化示范路参加省建设厅组织的评比。经省级专家综合考查打分，萧山区楼塔镇、临安区天目山镇、临安区太阳镇、建德市莲花镇、淳安县梓桐镇5个城镇被评为省级园林城镇。拱墅区传宸府、拱墅区大家·运河之星、西湖区滨江古翠蓝庭等19个居住区（单位）被评为园林式居住区（单位）。上城区桃花湖公园、拱墅区紫荆公园、西湖区斗门公园等15个公园被评为“优质综合公园”。上城区解放东路（之江路—杭海路）、拱墅区上塘路（德胜路—拱康路）、西湖区西溪路等16条道路被评为绿化美化示范路。

【亚洲花卉主题园打造】2023年2月，杭州市园文局、萧山区政府联合钱江世纪城管委会、浙江大学、中国美术学院、杭州植物园等团队，共同谋划打造亚洲花卉主题园，意在传达“亚洲人民团结共进”的和谐理念，促进城市公园绿地开放共享。主题园选址钱江世纪公园，项目从建议提出、方案设计、专家论证到建设竣工，历时7个月，占地面积近3万平方米，汇集花卉品种200余个。主题园采用花卉植物造景及公共艺术手法，体现种子传播植物、种子传播友谊的设计理念。通过“东方花韵”“亚洲花毯”“花帆启航”3个花景区，打造“种子广场”“友谊花廊”“好运莲莲”“手拉手、心连心”“乘风破浪”等景观节点，科普化展示亚洲各国的特色植物，弘扬亚洲植物文化。

（龙梦琪）

亚洲花卉主题园（摄于2023年）　　（市园文局 供稿）

表 38　2023 年杭州市花事花展活动一览表

行政区	时　间	花展主题
上城区	3 月 25 日	“皋亭观桃 FUN 肆玩——杭州（上城）第十届皋亭观桃节”系列活动
上城区	4 月 20 日	“初心映山红 花舞韵上城”第五届黎明公园杜鹃花展
上城区	5 月 18 日	“亚运上城行 仲夏八仙梦”第四届城东公园八仙花展
上城区	7 月 24 日	“共享亚运 美好薇来”上城区花事活动
拱墅区	4 月 7 日	第一届紫藤花展
拱墅区	4 月 7 日	“迎亚运 弄花朝 传宋韵”2023 年祥符花朝节
拱墅区	4 月 23 日	“花满杭城 香飘亚运”首届杭州市月季花展暨拱墅区第四届月季花展
拱墅区	6 月 26 日	拱墅区小区花展暨盆景展
拱墅区	9 月 1 日	拱墅区第四届紫薇花展
西湖区	4 月 2 日	西溪湿地“花朝月夕”花神节
西湖区	4 月 23 日	“花满杭城 香飘亚运”首届西溪月季花展
西湖区	6 月 20 日	西湖区第三届荷花展
滨江区	9 月 19 日	“雅韵西兴——百花迎亚运”主题花展
萧山区	3 月 24 日	“迎亚运・郁见春暖，邂逅花开”郁金香花展
萧山区	4 月 23 日	“花满杭城 香飘亚运”月季花展
萧山区	11 月 1 日	菊花展
余杭区	3 月 18 日	樱花季
余杭区	4 月 22 日	余杭百丈杜鹃花节暨花中宋韵主题月
余杭区	4 月 23 日	“花满杭城 香飘亚运”月季花展
临平区	4 月 15 日	“唐风宋韵醉 百花亚运行”第四届百花临平山活动暨临平山杜鹃园二期开园
临平区	4 月 23 日	“花满杭城 香飘亚运”月季花展
临平区	11 月 5 日	“宋风迎菊来 锦绣临平山”临平公园菊花精品展
钱塘区	9 月 1 日	“花漾金沙 香飘亚运”钱塘区绣球、芙蓉葵主题花展
富阳区	3 月 25 日	首届山花大会暨第二十届半山桃花节
富阳区	8 月 18 日	杭州荷塘里“喜迎亚运 荷韵绽放”音乐节
临安区	4 月 12 日	“盛世迎亚运 牡丹风中曳”主题花展
淳安县	9 月 8 日	“山水亚运 花漾福韵”花展
桐庐县	9 月 22 日	迎亚运月季主题花展
建德市	4 月 29 日	“打破传统观念，充分展现大自然奇观”创意微景观・盆景展
杭州西湖风景名胜区	1 月下旬	灵峰探梅花事活动
杭州西湖风景名胜区	2 月 5 日	杭州市兰花节暨第十一届杭州春兰精品展
杭州西湖风景名胜区	3 月 10 日	“爱如繁花”太子湾春季花事活动
杭州西湖风景名胜区	3 月 20 日	杭州少儿公园樱花节市集
杭州西湖风景名胜区	4 月 1 日	第十五届六和塔牡丹精品展
杭州西湖风景名胜区	4 月 7 日	“蕙质兰心 香雅满堂”杭州蕙兰艺术节
杭州西湖风景名胜区	4 月 23 日	“花满杭城 香飘亚运”首届杭州市月季花展
杭州西湖风景名胜区	4 月 26 日	“迎亚运”飞来峰里的文化亚洲暨第四届“飞来寻踪”导赏
杭州西湖风景名胜区	5 月 19 日	“迎亚运 紫阳记忆”第九届八仙花主题展
杭州西湖风景名胜区	6 月 24 日	“好运莲莲”三潭印月第五届睡莲展
杭州西湖风景名胜区	7 月 5 日	“云木参天・葳蕤千年”迎亚运杭州市首届古树名木主题展
杭州西湖风景名胜区	8 月 18 日	“花开亚运・缤纷满园”石蒜精品展
杭州西湖风景名胜区	9 月 28 日	“同心同行庆亚运 共创共融向未来”首届浙江省小微盆景精品展
杭州西湖风景名胜区	11 月 30 日	长三角第三届菊花精品展暨杭州第九届菊花艺术展

（资料来源：市园文局）

美丽城镇建设

【概况】 2023年是杭州市现代化美丽城镇建设开局之年。全市美丽城镇建设工作以“富裕富足、数智高效、和美共生”十二字方针为引领，围绕城镇基础设施、公共服务、经济产业、人文环境、综合治理、数智赋能6个方面开展。坚持理念先行，市建委出台《杭州市现代化美丽城镇建设评价办法（试行）》《关于全面推进杭州市现代化美丽城镇建设的实施意见》《市城乡环境治理协调小组美丽城镇建设办公室成员单位职责分工》等文件；印发《现代化美丽城镇集群跨域建设导则（试行）》《关于建立杭州市现代化美丽城镇“四师制度”的指导意见（试行）》《杭州市小城镇有机更新工作指南》《杭州市现代化美丽城镇集群建设评价办法》等导则指南；完成《提升杭州西部县市城镇化率打造更强县城和中心镇策略研究》课题研究成果转化。在全省美丽城镇建设“五个现代化”基础上，推进“数智赋能”现代化，完善风貌智汇通乡镇级子平台“乡村小脑”，升级“美丽城镇管理”功能，实现从计划申报到考核评价全过程数智化管理。打造红色农产品“共富超市”品牌，铺设联结城乡直达链路，形成“共富闭环”。增设“美镇游”特色服务功能，为城乡居民提供更多“看得懂、用得了”的数智服务。全年全市启动现代化美丽城镇建设乡镇（街道）114个；实施现代化美丽城镇建设项目778个，总投资391.17亿元。10个区县（市）建设行动计划及51个乡镇（街道）行动方案完成编制上报；30个乡镇（街道）入选2023年全省现代化美丽城镇示范镇建设名单，占全省示范镇建设总数的25.0%；35个乡镇（街道）申报创建市级现代化美丽城镇示范镇，创建成功29个。

（周雨杭）

2023年11月14日，杭州市现代化美丽城镇建设现场会组织参观余杭区良渚街道共富风貌驿·山海驿（市建委 供稿）

【乡村详细规划编制】 2023年，市规划和自然资源局开展“规划编制攻坚年”专项行动，制订年度规划编制计划，明确规划编制责任主体、编制环节、时间节点和任务要求，实施规划编制全过程管理，完成80个乡村单元详细规划编制。3月24日，市规划和自然资源局制定《杭州市乡村单元详细规划（通则）编制技术指引》和乡村单元详细规划范例，根据农民建房、公共服务配套、乡村产业“农村三类地”用地规划，指导各地开展乡村详细规划编制，助力全省“千村示范、万村整治”工程深入实施。

（方思佳）

【“匠心提质绣杭城”城市品质大提升行动】 2023年，杭州市围绕“当好最美杭州绣花匠，一起扮靓人间天堂”要求，坚持面上全面提质和点线亮点营造相结合，开展“面上提质+点线精品”的“匠心提质绣杭城”城市品质大提升行动，下足绣花功夫，全域精雕细琢城市环境品质。落实城市品质提升标准，统筹市、区县（市）两级建设、城管、交通、园文等部门，推进快速路建设、联网路建设、老旧小区改造和未来社区创建等项目138个。开展农村“污水零直排村”试点建设10个、绿色处理设施试点建设10个、城乡风貌样板区提升30个，完成“匠心提质绣杭城”7项任务384个项目、“城市品质大提升”12项任务469个项目。

【传统村落保护发展】 2023年，市建委统筹市域传统村落保护各项工作，构建传统村落集中连片保护利用格局。指导建德市入选2023年全国传统村落集中连片保护利用示范县（市、区）名单，建德市成为该年度全省唯一入选集中连片保护利用示范县（市）的县级市。深化传统村落保护利用工作，在开展全面普查、调查登记、规范建档立案的基础上，研究制定加强传统村落保护利用的行政规范性文件。

（何序凯）

【现代化美丽城镇建设现场会】 2023年，杭州市两次召开市级现代化美丽城镇建设现场会。2月上旬，第一次现场会在余杭区召开，会议提出现代化美丽城镇建设“富裕富足、数智高效、和美共生”十二字方针。11月14—15日，第二次现场会在萧山区召开。会议深入贯彻全市城乡风貌整治提升和现代化美丽城镇建设方针，总结经验成果，部署阶段任务，谋划年度工作收官收口和下一年度工作。会前，与会人员参观余杭区良渚街道共富风貌驿·山海驿、萧山区新街街道机器人小镇，考察美丽城镇建设取得的成果。会上，宣读2023年城乡风貌整治提升及现代化美丽城镇建设评价、评比结果。西湖区、萧山区、余杭区、建德市和现代联合集团分别作交流发言。

（周雨杭）

责任编辑　余显幕

35 生态环境保护

环境质量

【水环境质量】2023年，杭州市地表水环境质量状况总体稳定。全市市控以上断面的水环境功能区达标率100%；达到或优于Ⅲ类标准的水质比例为100%，与上年持平。钱塘江水环境功能区达标率100%，干、支流水质达到或优于Ⅲ类标准比例为100%。运河水环境功能区达标率100%，水质达到或优于Ⅲ类标准的比例为100%。苕溪水环境功能区达标率100%，水质达到或优于Ⅲ类标准的比例为100%。西湖平均透明度1.23米，水质达到Ⅲ类及以上水质标准。千岛湖平均透明度5.27米，水质达到Ⅱ类及以上水质标准。全市集中式饮用水水源地水质状况为优，15个县级以上饮用水水源地监测点位水质达标率均为100%，与上年持平，水质保持稳定。

全市7个国控地下水监测点位中，新开元、曲院风荷、龙井村3个监测点位为Ⅲ类水质，百井坊和虎跑2个监测点位为Ⅳ类水质，临江高新区和建德高新产业园2个风险点位为Ⅳ类水质。全年入海监测断面（七堡断面）水质保持Ⅱ类，优于考核目标Ⅲ类的要求。

【环境空气质量】2023年，杭州市区（指上城区、拱墅区、西湖区、滨江区、萧山区、余杭区、临平区、钱塘区、富阳区和临安区，下同）环境空气优良天数308天，优良率84.4%。与上年相比，优良天数增加4天，优良率上升1.1个百分点。PM2.5达标天数353天，达标率96.7%，达标天数减少1天，达标率下降0.3个百分点。二氧化硫（SO_2）、二氧化氮（NO_2）、PM10和PM2.5年均浓度分别为6微克/立方米、30微克/立方米、51微克/立方米和31微克/立方米，臭氧（O_3）日最大8小时平均浓度第90百分位数165微克/立方米，一氧化碳（CO）日均浓度第95百分位数0.9毫克/立方米。其中SO_2、NO_2和CO达到国家环境空气质量一级标准，PM10和PM2.5达到国家二级标准，O_3超过国家二级标准。与上年相比，O_3日最大8小时平均浓度第90百分位数、PM10和NO_2年均浓度下降幅度分别为2.9%、1.9%和6.2%，SO_2年均浓度、CO日均浓度第95百分位数与去年持平，PM2.5年均浓度上升3.3%。其余3个县（市）（桐庐县、淳安县、建德市，下同）环境空气质量优良天数分别为340天、355天和354天，优良率分别为93.2%、97.5%和97.0%，主要污染物为O_3，O_3日最大8小时平均浓度第90百分位数分别为148微克/立方米、132微克/立方米和134微克/立方米。

杭州市酸雨程度处于较轻水平，总体有所改善，大部分地区处在非酸雨区，其中萧山区、临安区、淳安县和建德市处在轻度酸雨区。全市酸雨率34.0%，下降4.7个百分点。降水pH年均值为5.59，pH值范围为3.80~7.60。

杭州市区降尘为2.73吨/（平方千米×30天），其余3个县（市）降尘为1.65~2.01吨/（平方千米×30天）。

【声环境质量】2023年，杭州市声环境质量状况良好，环境噪声的主要来源为交通和社会生活噪声。市区区域环境噪声55.5分贝，质量等级为一般；其余3个县（市）区域环境噪声51.2~55.9分贝，其中桐庐县、淳安县质量等级为较好，建德市质量等级为一般。按照声环境质量标准（GB 3096—2008）评价，杭州市区及3个县（市）各类标准适用区昼间噪声均达标。杭州市区道路交通噪声66.0分贝，质量等级为好；其余3个县（市）道路交通噪声65.3~65.7分贝，质量等级均为好。

【辐射环境质量】2023年，杭州市辐射环境质量总体良好，全市环境x-γ辐射剂量率位于全国天然放射性水平范围之内，环境空气中放射性比活度保持正常水平，无上升趋势。钱塘江（干流）、运河（杭州段）、千岛湖、西湖、地下水均未监测到人工放射性核素污染，天然放射性核素含量基本保持在本底水平。杭州市饮用水总α、总β放射性比活度均低于国家生活饮用水水质标准，符合饮用要求。绝大部分放射源或射线装置应用单位的放射性应用活动未见异常，未对公众造成超过标准的额外照射。环境中电磁辐射水平符合《电磁环境控制限值》（GB 8702—2014），电磁辐射污染对公众造成的照射水平低于限值。

【固体废物安全处置】 2023年，杭州市工业固体废物产生量670.3万吨，处置利用率99.56%。一般工业固体废物产生量583.17万吨，综合利用量576.94万吨（含利用往年贮存量1.64万吨），处置量5.88万吨（含处置往年贮存量0.17万吨），综合利用率98.65%，处置利用率99.65%。危险废物产生量87.12万吨，处置利用量88.12万吨（含处置利用往年贮存量1.68万吨），处置利用率99.23%。医疗废物产生量3.53万吨，无害化处置率100%。

（叶　辉）

2023年，杭州市深入推进低碳城市建设。图为杭州市举办的“低碳对话——助力亚运会碳中和活动”（市生态环境局 供稿）

环境综合治理

【主要污染物总量控制】 2023年，杭州市围绕改善环境质量和打好污染防治攻坚战的核心目标，实施主要污染物减排项目17个，完成化学需氧量减排5850吨、氨氮减排500吨、氮氧化物减排1.25万吨、挥发性有机物减排5300吨，完成省下达的年度减排目标。杭州市推进排污许可证质量复核、执行报告抽查、现场检查等工作。全年全市办理发证、变更、重新申领、延续排污许可证单位2303个。年度排污许可证质量审核率、整改率、执行报告内容规范性质量整改率均为100%。

【气候变化应对】 2023年，杭州推进应对气候变化工作。市生态环境局等部门印发《杭州市现代化国际大城市减污降碳协同创新试点实施方案》，全市新增11个省级减污降碳试点单位，推进20个省级减污降碳协同标杆项目建设，减污降碳协同指数居全省第一位。完成市级和13个区县（市）年度温室气体清单报告编制。67个碳交易企业被纳入碳排放报告核查，23个发电行业企业完成履约清缴，履约率100%。推进多层次低碳试点创建和低碳城市建设，联合有关部门举办“低碳对话——助力亚运会碳中和活动”，杭州获评国家低碳城市试点优良等次，12个乡镇（街道）、74个村（社区）入选省级低（零）碳试点名单。

【水环境整治】 2023年，杭州市加强重大赛事水环境质量保障。4月18日，美丽杭州建设领导小组印发《第19届亚运会和第4届亚残运会杭州市水环境质量保障专项方案》。对139段核心水域河道、10个饮用水水源地、898个重点污染源实行分类管控、动态管理。全市布设176个水质监测点位、126个藻类监测点位，对2个水上赛区及比赛场馆、亚运村（分村）、接待饭店等重要场所周边水体实施监控。开发富春江水库藻类水华预测预警系统，实时监控藻情发展。统筹推进5项清水入城工程，改善主场馆、亚运村周边等河道水体的感观和透明度。储备10艘高压控藻船、560米拦藻围隔、116台曝气机等除藻物资设备。建立富阳北支江“水质+藻类、水位+气象”全天候监测体系，制定实施综合除藻措施，化解北支江藻情风险。完成20个迎亚运精品小微水体创建、100件治水民生实事、29.85千米河湖缓冲带建设。基本完成钱塘江重要饮用水水源保护区优化调整。完成全市43个“千吨万人”（日供水1000立方米或供水人口1万人以上）及其他乡镇级饮用水水源保护区划分方案批复。建成投运淳安县鸠坑口水质自动监测超级站，提升饮用水水源保护监管能力。开展排污口排查整治，排查工作覆盖河道长度1.2万千米，清查各类排口11.28万个，完成排污口监测4.71万次、溯源污水5.11万次。开展涉水问题“找寻查挖”行动，排查整改问题7431个。完成57个乡镇（街道）“污水零直排”建设、杭州医药港小镇和建德高新技术产业园区“污水零直排”省级星级园区的创建，完成58.2千米老旧污水管网的有机更新。

【大气污染整治】 2023年，杭州市通过集中攻坚源头减排和助企服务协商减排，统筹推进全市治气工作。4月，市政府办公厅印发《杭州市亚运环境空气质量提升攻坚工作方案》，美丽杭州建设领导小组印发《环境空气质量提升攻坚暨第19届亚运会和第4届亚残运会环境空气质量保障专项实施方案》。依托全国生态环境数字化改革试点，开发建设亚运环境质量保障指挥平台，用数字化手段优化重塑业务流程，持续提升亚运环境空气质量。出台淘汰补助、绿色物流区、差异化路权等政策措施，淘汰“国四”及以下柴油汽车和“国二”及以下柴油叉车5.7万辆。完成挥发性有机物（VOCs）治理源头替代项目128个、低效设施升级改造项目344个，推动2166个企业集中更换活性炭。深化入企帮扶指导，解决问题1280余个，完成绩效提级和引领型企业创建170个。坚持以“最小代价”实现“最好保障目标”为工作导向，完成675个企业两轮（次）与政府协商，制定差异化减排措施，实现亚运会大气质量保障工作预期目标。

【土壤污染防治】2023年，杭州市加强土壤污染防治，完成321个地块土壤污染状况调查。治理修复24个地块127.7公顷污染土壤。开展杭钢半山基地退役地块土壤地下水污染风险管控和修复改革试点，完成杭钢17个地块风险管控和治理修复，为全市提供“净地”77.4公顷。督促123个土壤污染重点监管单位完成自行监测、隐患排查和有毒有害物质排放报告。完成受污染耕地“源解析”，并制定后续断源控源方案。编制完成9个重点企业地下水污染风险管控方案、3个垃圾填埋场地下水环境状况调查评估报告。全市重点项目建设用地安全利用率100%，受污染耕地安全利用率95.49%。

（叶　辉）

环境监管执法

【固体废物安全监管】2023年，杭州市加强固体废物管理。杭州首批通过浙江全域“无废城市”建设四星级评估，并被授予“无废城市”建设工作“清源杯”。开展“无废亚运”行动，按照三类“无废亚运细胞”建设指南，建成“无废亚运场馆”39个、“无废亚运饭店”82个、“无废亚运工厂”4个，打造亚运会史上首届“无废”赛事，该做法被生态环境部转发全国推广。“无废细胞”创建提质扩面，新建“无废细胞”800个，为全省“无废细胞”建设指南编制提供借鉴。更新重点危险废物企业管控清单，督促年产危险废物30吨以上单位安装监控视频及应用“浙固码”。规范小微收运体系建设，开展危险废物经营单位分级评价自查、抽查，绿码率超过90%。收集清运医疗废物3.53万吨，安全处置率100%。办理危险废物经营许可证22件。办理废弃电器电子拆解资格证1件。办理危险废物跨省移出批复83件，跨省移入回复309件。开展环评与危险废物经营许可联查工作。

【声环境管理】2023年，杭州市加强噪声管理，开展噪声污染问题专项治理，办结省、市噪声投诉举报件273件，查处施工噪声违法行为256件，机动车违法鸣笛行为586起，解决工业噪声问题169个，修缮整改道路伸缩缝损坏、隔声屏破损等问题411个。完成“宁静小区”创建国家试点并逐步推广，启动噪声敏感建筑物集中区域划定省级试点工作。4月23日，市政府发布《关于加强2023年度中高考等特殊时期噪声管理的通告》，开展“绿色护考”专项行动。加强全市夜间施工管理，全年出具夜间作业证明5628件，发布夜间施工公告180期。

【辐射环境管理】2023年，杭州市有放射源单位88个、在用放射源1284枚、核技术利用单位2385个。开展辐射安全检查及放射源使用现场检查500余个（次）。完善放射源在线监控系统，实现放射源使用单位全覆盖。加强辐射安全许可监管，核发辐射安全许可证1003份，完成放射性同位素转让审批220件。督促送贮闲置、废弃放射源178枚，送贮率100%。

【环境执法监察】2023年，杭州市以高压执法促进依法减排，开展“雷霆”系列专项执法行动和非道路移动机械专项执法检查，组织11次“零点行动”，开展生态环境违法行为集中整治，打击10类环境违法问题，实施行政处罚案件964件，罚款6656.88万元。深化执法大练兵活动，市生态环境保护行政执法队、市生态环境局富阳分局获评2023年全国生态环境保护大练兵表现突出集体，2名执法人员获评表现突出个人。参加省级大练兵技能比武，市生态环境保护行政执法队获集体一等奖，4名参赛队员分别获一、二、三等奖。深化正面清单制度，制定《杭州市生态环境局依法不予行政处罚实施办法（试行）》，形成不予处罚清单53项，入选杭州市2023年优化营商环境重点任务清单。

【生态环境法治建设】2023年，杭州市推动地方环境立法工作，开展《杭州市环境噪声管理条例》《杭州市生态文明建设促进条例》立法调研。6月25日，市建设法治政府（依法行政）工作联席会议办公室编制《杭州市生态环境局合法性审查事项目录清单》。出具法律审查意见12份，完成规范性文件备案6个，审查行政合同65个。《竹林固碳经营技术标准化试点》项目在省生态环境标准化试点评估中被评为优秀等级。创建“信用+环评”应用场景，开展信用修复服务554个（次）。在“环保e企管”应用场景开设《学法普法》专栏，首创积分抵扣罚款举措，该场景入选“第二批浙江省公民法治素养观测点”。建立学法题库，全市304个企业参与学法积分抵扣活动，其中22

2023年6月8日，市生态环境保护行政执法队执法人员在萧山区对非道路移动机械进行检查

（市生态环境局 供稿）

个企业积分抵扣罚款44万元。

【自然生态保护和修复】2023年，杭州市开展“绿盾2023”自然保护地强化监督工作。利用卫星遥感等手段，通过“生态智卫”平台对疑似问题核查及整改销号情况进行实时反馈，形成自然保护地问题发现交办处置反馈的闭环管理机制。完成自然保护地生态环境监管系统2812条线索分派核查，其中必查点182条全部完成系统填报，自查点完成基本情况核查。保护湿地生态，推动矿山修复治理。实施西湖、西溪湿地等重点区域生态保护修复工程，推动国际湿地城市创建，全市湿地保护率63.7%，高于全国平均水平，西溪湿地被列入中国国际重要湿地数字化项目试点。开展湿地保护修复三年行动，完成《杭州西溪国家湿地公园生物多样性2022年度检测报告》，建成钱塘大湾区省级湿地公园。完成第二轮中央生态环境保护督察废弃矿山修复治理问题整改销号，实施迎亚运生态复绿和废弃矿山修复工程，修复治理废弃矿山17处。推进智能化绿色矿山建设，创建智能化绿色矿山6个。加强执法督察，实现新增违法占用耕地问题动态清零。完成2021年、2022年耕地保护督察反馈问题整改，2023年问题整改完成率70%。

2023年8月14日，首个“全国生态日”杭州主场活动在钱塘区举行
（市生态环境局 供稿）

【生态环境保护区域合作】2023年，杭州市加强长三角区域、杭州都市圈生态环境合作，完善深化生态环境一体化合作机制。“杭黄共同推进千岛湖流域环境联保共治”案例入选浙江省推进长三角一体化发展第二批最佳实践名单。10月27日，杭州市生态环境局与湖北省恩施土家族苗族自治州生态环境局签订《对口合作框架协议》。与吉林省长春市生态环境局开展常态化对口交流。深化杭州与衢州山海协作生态环境共保联治合作。

【生态环境保护督察和整改】2023年，杭州市推进督察整改，落实5项工作机制，全面完成中央生态环境保护督察和省级专项督察反馈问题及信访件整改销号。杭州重大生态环保督察问题清单指数排名全省第一位。完成省委“七张问题清单”22项重大生态环保督察问题整改，拱墅区大运河违建问题整改、淳安县千岛湖饮用水水源风险防范问题整改、杭州市固体废物处置问题整改、拱墅区噪声扰民问题整改、富阳区蓝藻防控阻击战5个案例被评为浙江省“七张问题清单”典型案例，上城区横四港水质问题整改、富阳区涉林垦造问题整改、桐庐县石材行业整治、滨江区设备噪声扰民整改4个案例被评为浙江省重大生态环保督察问题清单典型案例。萧山区龙山河整改作为正面典型案例在省长江经济带生态环境警示片中播出。落实问题发现整改闭环机制，全市2期曝光的89个重大问题全部完成整改。

【环境应急管理】2023年，杭州市加强环境应急能力建设，推进“南阳实践”（指南阳突发环境事件应对的经验总结和方法创新）运用和多级防控体系建设，落实24小时应急值守制度。全市开展环境应急拉练13次（其中参加省级拉练2次）、环境应急演练14次，组织实施的“平安护航亚运”暨化工园区突发水污染事件多级防控综合演练做法获生态环境部和省生态环境厅肯定。开展“迎亚运”环境安全隐患专项检查，检查企业2.01万个（次），发现整改风险隐患4439个。启动环境应急响应14次，全市未发生突发环境事件。

【建设项目环境管理】2023年，杭州市深化“规划环评+项目环评”改革，对在改革区域内除负面清单外的项目实施环评降级审批，享受改革红利项目421个。审批环评文件935份，其中环评报告书86份、环评报告表849份，登记表网上备案3865份。

【生态环境宣传教育】2023年，杭州市承办“六五”环境日浙江省主场活动并与国家主场活动连线，开展首个全国生态日、“我为蓝天减1克”等活动40余场。全年在市级以上主流媒体报道2710篇，其中国家级881篇、省级730篇；组织新闻发布会5次、新闻发布工作17次；新媒体平台推送文章3900余篇，阅读量超过1700万人次；上线“生态杭州”视频号，单条视频全网播放量400余万次；布点开展“生态杭州”慢直播，15条抖音进入全国热搜榜。做好“5·22”国际生物多样性日全市范围宣传活动谋划与实施，举办首届“杭州市生物多样性观察节”，开展“跟着科学家去调查”“城市萤火虫调查”“湿地观鸟”等系列活动，西湖水下森林直播全平台观看总量超过500万次，形成杭州特色宣传品牌。生态文明教育基地数字化应用场景“绿优游”升级为“浙里绿游”并向全省推广。创建省级生态文明教育基地2个、市级生态文明教育基地10个、市级绿色学校72所。杭州临安排水有限公司获评"全国十佳环保设施开放单位"。"我是环保小卫士"系列动画获评中国动画公益之星。成立杭州市全民绿色行动促进会,打造绿色志愿品牌,推动绿色理念普及。

【环境信访调处及建议提案办理】2023年,杭州市受理环境信访投诉7586件,比上年下降16.2%。其中,涉气占52.3%、噪声占30.4%、涉水占7.7%、固体废物占0.7%、其他类占8.9%,所有信访件全部按时办结。办理省、市两会涉及生态环境系统的建议提案50件,其中,省人大建议和省政协提案5件、市人大建议和市政协提案45件全部按时办结。

【环保信息公开】2023年,杭州市修订生态环境政府信息公开指南,完善主动公开目录,规范信息公开申请答复函格式和答复用语。全年生态环境系统主动公开信息2738条。市级收到政府信息公开申请119件,年内基本完成办理。办结的申请件中,公开及部分公开75件,不予公开4件,结转下年度继续办理5件。全年发生政府信息公开行政复议5件,发生行政诉讼1件(已撤诉)。

(叶　辉)

环保科研监测

【环境信息化建设】2023年,杭州市以数字赋能提升现代环境治理能力水平为目标,建立多跨高效的整体智治平台。迭代升级"杭州·生态智卫"大场景,该场景发现并处置预警问题3.2万个,提供预警提醒5.1万次。打造全省首个重大赛事保障平台,保障预测会商31次,形成管控措施39项。承办全国生态环境信息技术应用研讨会暨中国环境科学学会环境信息化分会学术年会,4个子场景、1个平台被全省推广使用。推进数据资源化建设,全年向一体化数字资源系统平台发布专用组件2个、数据接口37个和共享信息70条,向浙江省"生态环境大脑"项目提供智能模块2个、知识库28个。"杭州·生态智卫"被推选为全省数字化改革门户优秀应用、杭州市改革创新最佳实践案例,"改革提升—助企惠民"系列应用场景入选第三届中国国际数字产品博览会数字治理论坛创新成果与实践案例。

2023年7月4日,"绿色亚运 有我护航"杭州市亚运会环境质量保障应急监测演练在淳安县举行

(市生态环境局 供稿)

【环境监测】2023年,杭州市围绕环境应急监测、理化分析、生态环境评价等专题,举办业务培训7场,参加国家、省级培训28次。举行全市生态环境监测技术大比武。完成生态环境质量监测及重点排污单位监督性监测等工作,全年获取水、气、噪声、固体废物及生物等常规监测数据7万余个。上报并发布环境空气AQI日报和预报365份,编制空气质量周报52期、空气质量预报与污染提示28期、水环境质量分析专报12期、千岛湖水质专题报告12期、污染源信息公开简报专报12期。完成10个企业41个项目执法监测。做好亚运会环境质量保障工作,每日开展大气站点巡查和数据审核、高值筛查、空气质量预报研判和空气质量会商,出具空气质量报表120余份,开展空气质量会商90余次,出具强化观测报告6期,开展走航监测52次,发现问题40余个。举办"绿色亚运 有我护航"杭州市亚运会环境质量保障应急监测演练。赛期完成176个核心水域点位、126个藻类重点水域点位水质监测,编制环境质量监测日报33期。"杭州市基于AI与无代码技术的智慧实验室"案例入选国家网信办"2023年数字化绿色化协同转型发展优秀案例"和生态环境部创新应用技术指导委员会"生态环境智慧监测创新应用优秀案例"。

【环保科研】2023年,杭州市加强环境保护基础科研工作,完成市科协"重点工业园区地下水污染扩散排查思路研究"决策性课题。完成市科技局立项的"杭州市'十三五'期间锅炉炉窑减排效益及控制技术综合评价""'放管服'背景下杭州市建设项目环评制度改革对策研究""杭州市重点涉水行业清洁生产现状及对策研究""基于水质目标的杭州市典型控制单元排放管控研究""杭州VOCs及臭氧污染防控成效研究""杭州市机动车尾气排放控制措施协同效应研究""排放强度约束下的浙江省市际温室气体排放配额分配研究""痕量磷的分析方法开发与千岛湖痕量磷监测"8个课题。完成《生态文明教育基地建设与运行规范》地方标准编制。

(叶　辉)

责任编辑　余显幕

36 科学技术

综 述

【科技创新引领杭州经济】2023年，杭州市以争创综合性国家科学中心和科技成果转移转化首选地为牵引，推进创新深化和“315”科技创新体系建设工程。连续3年获省“科技创新鼎”，连续13年入选“外籍人才眼中最具吸引力的中国城市”，全球创新指数排名居全球第14位，国家创新型城市创新能力评价居全国第五位。全社会研究与试验发展经费支出786.38亿元，投入强度为3.92%。

全市构建高效的科技创新运作体系，通过强化政策、资金、专班3类保障，形成创新深化政策“1+X”体系，建立“两个15%”财政科技投入稳定增长机制和清单化、责任化、时限化推进机制。创新“1245”工作法，以“提醒单+倒逼法”加快指标进位、项目建设，形成互查互督的闭环督导模式。打造工作品牌，创新深化4个案例入选省典型案例，获得3个省级创新深化试点授牌，9项指标完成值居全省第一位。

全市强化科技基础能力建设，完善新型实验室体系，国家实验室挂牌，中国科学院医学所获批直属所。新增全国重点实验室7个，历年累计18个。重大创新平台项目实现“投资额超百亿、区县（市）全覆盖”目标，30个重大项目完成投资105亿元，总量居全省第一位。实施关键核心技术攻关，加快推行“揭榜挂帅”“赛马制”等攻关模式，承担国省重点研发项目278个，实施市重大项目100个，获得省科学技术奖200个。

强化企业创新主体地位，打造全链条孵化体系，新增国家级孵化器8个，历年累计65个，连续11年居全国省会城市、副省级城市第一位。新认定国家高新技术企业3164个，15个企业成为省科技领军企业，37个企业成为省科技小巨人企业。新增省技术创新中心1个、省重点企业研究院17个、省企业研究院81个、省高新技术企业研究开发中心282个，在人工智能、新材料等领域组建省创新联合体5个。助企纾困政策落地，出台“抢先机、拼经济”开门红科技政策，拨发省、市惠企科技资金15亿元。

加快科技成果转移转化，杭州技术转移转化中心启动运营，上技所申态科技发展（上海）有限公司等41个机构入驻。开展科研机构分级分类评价，建立4000人规模的成果转化员、创新协作员、技术经纪人队伍。杭州市概念验证中心入库项目422个，获投融资13.5亿元。举办首选地品牌活动，承办全国颠覆性技术创新大赛总决赛，8个项目达成落户意向，总投资3亿元。全年技术交易额超过1589亿元。

实施“西湖明珠工程”，新培育20支市高层次人才团队。争创国家区域科技创新中心方案报送科技部；城西科创大走廊“国字号”科创平台达89个；滨江区建设世界领先

2023年2月22日，2022年全国颠覆性技术创新大赛总决赛开幕式在杭州举行
（市科技局 供稿）

科技园区新项目；新增未来科技城等4个省级高新区，实现全市除淳安外的区县（市）全覆盖。打造智能亚运，围绕"智能安防、智能场馆、智能观赛"等亚运重点应用场景需求，200项技术成果在杭州亚运会展开应用。

（龚　勤）

【创新深化工作推进】2023年，杭州市组建市创新深化工作专题组，推进各部门工作形成合力。7月31日，市委、市政府出台《关于强力推进创新深化厚植创新活力之城特色优势的实施意见》，提出创新深化20条重点举措。市有关部门出台专项政策，形成创新深化政策"1+X"体系。市科技局建立创新深化领域20项年度重点任务清单和24条工作要点，"构建科技教育领域人才评价新模式"等3项工作入选省级创新深化试点，4个案例入选省创新深化改革清单典型案例，28个案例入选市创新深化领域典型案例。杭州市创新深化工作在全省评定中获A档评价，综合成绩居全省第一位。

（杨逸雯）

【"315"科技创新体系工程建设】2023年3月28日，杭州市印发《杭州市贯彻落实省"315"科技创新体系建设工程实施方案（2023—2027年）》，组建市"315"工作专班，专班围绕重大科创平台提能、关键核心技术攻坚、创新链产业链深度融合、战略人才、全域创新能级跨越提升、开放创新生态深化打造6个目标推进工作，全面完成"315"科技创新体系工程各项指标任务。年末，位列全省年度考评A档，综合成绩全省排名第一位。

（吕月珍）

【科技服务亚运会和亚残运会】2023年，市科技局作为杭州亚运会信息技术保障组成员单位，主要职责是开展智能科技项目在亚运会及相关场所的应用示范，立项实施"基于自主标准AVS3的8K超高清电视广播与智能信息发布系统"等3个智能亚运"揭榜挂帅"科技项目，资助金额2500万元；立项实施"亚运会及亚残运会在线咨询与实时互动平台"等9个市农业与社会发展重点研发项目（亚运），资助金额872万元。12个项目中有11个在亚运村、亚运场馆、亚运公园等场景中落地应用。

（陈　跃）

科技计划

【科技计划改革】2023年，市科技局围绕科技重大任务，重点从科技创新主体培育、核心技术攻关、重大平台建设、人才引育和科技成果交易转化等方面统筹配置市级财政科技专项资金。按照"谁出题""谁答题""谁来用"的科技攻关组织机制，围绕"互联网+"、生命健康、新材料3个科创高地以及"碳达峰、碳中和"等技术制高点，组织征集企业关键核心技术攻关重大需求800余个，推荐申报省级"尖兵""领雁"攻关计划项目245个。被列入省重点研发计划和中央引导地方科技发展专项资助项目164个。聚焦市级高端装备、新材料、绿色能源3个领域重大技术攻关榜单，经组织申报和专家评审，确认市重点研发计划100个，其中"揭榜挂帅"重大科技攻关项目3个、重点研发计划项目69个、智能亚运支撑项目9个、农业与社会发展领域重点科研项目19个；推荐认定市级领军型创新创业团队20个、生物医药产业临床前研发补助项目13个、公共服务平台补助项目11个；资助市级共性技术平台建设项目3个、国际大科学计划项目1个；争创省技术创新中心建设项目1个。

杭州市企业牵头承担或参与实施的国家重点研发计划项目有"面向城市服务的数字资源集成技术示范验证""大规模片上分布式光交换互连架构及芯片研制"等156个，项目合同补助金额4.48亿元；争取省级重点研发计划等项目资助资金7.63亿元，争取中央引导地方科技专项资金0.53亿元；拨付市本级财政科技专项资金9.54亿元。

【科技财政预算投入与支出】2023年，市本级科技发展专项资金年初预算6亿元，年度追加高新技术企业培育和生物医药产业等专项资金3.91亿元，实际执行数9.54亿元。具体支出安排：市重点研发计划专项（包括国家、省科技项目配套）补助0.46亿元；科技型中小微企业研发费投入补助1.39亿元；农业和社会发展科研攻关补助0.276亿元；领军型创新创业团队引进培育专项补助0.445亿元；科技成果交易转化项目补助0.59亿元；重大研发平台建设补助0.722亿元；国家重点扶持领域高新技术企业认定补助和奖励资金4.58亿元；生物医药产业临床前沿和公共平台建设补助0.638亿元；新设立省、市联合自然科学基金出资0.1亿元，其余0.339亿元专项用于双创孵化平台建设、创投机构、科技特派员等专项科技政策补助。

【关键核心技术攻关】2023年，市科技局围绕创新策源、科技攻关等方向重点发力，组织验收省、市重点研发计划项目68个，项目带动企业研发投入41.8亿元，项目技术产品实现销售收入58.6亿元、利税12.2亿元。牵头制定国家标准18件，获得（授权和受理）发明专利433件。在杭州高校、科研院所、新型研发机构和企业取得原创性重大科技成果36个，获省自然科学奖、技术发明奖和科技进步奖一等奖项目52个。对13个获省科技进步奖一等奖并在杭州实施产业化的项目，共兑现政策奖励2200万元。

（胡小庭）

【市重点科研计划项目立项】2023年，市科技局根据《杭州市重点科研计划项目管理办法》，推进高端装备、新材料、绿色能源（碳达峰碳中和）领域的市重点科研计划项目建设。围绕基础研究和原始创新能力、攻克关键核心技术、保障产业链安全、抢占未来产业新高地、培育新业态等重点领域，征集需求284个。通过凝练需求、编制指南、公开征集、专家评审、公示等程序，对"材料喷射3D打印装备及关键技术研究"等69个项目予以立项。

（杨　瑾　徐红辉）

【农业科研项目支持】2023年，市科技局强化农业科技项目支撑，在杭州市农业与社会发展科研项目中重点支持现代种业、土壤肥力提升、农产品加工等领域，对“两系杂交水稻新品种选育及制繁配套技术研发”等5个农业领域重点项目立项支持，补助总经费500万元。加大种业振兴、农业关键核心技术攻关力度，育成推广新品种104个，完成新品种示范推广面积1.81万公顷，为杭州乡村振兴和共同富裕示范区建设提供科技保障。

（刘军波）

【社会发展科技计划】2023年，市科技局组织实施社会发展领域重点项目申报工作，重点聚焦医疗、交通、环保等社会发展领域的科研攻关，对“基于唾液代谢组和CT影像组的双组学肺结节良恶性判别新技术系统的建立”等14个项目予以立项，资助金额1900万元。实施生物医药领域杭州市生物医药产业高质量发展专项，对11个公共服务平台建设项目和13个药物临床前项目予以立项，兑付市本级资金6384.39万元。

（何若愚）

科技创新体系建设

【科技政策体系建设】2023年，杭州市优化科技政策体系，加强创新宏观统筹，构建全面创新的体制机制。加强惠企政策供给，落实国家和省有关强化企业科技创新主体地位的决策部署，形成推动经济高质量发展的“8+4”政策体系。12月29日，杭州市出台《强化企业科技创新主体地位加快科技企业高质量发展的若干措施》，形成覆盖科技企业创新全过程的政策组合包。推动具体政策落地，围绕强化基础研究、加大企业研发投入力度、支持核心技术攻关等目标，杭州市科技局5月30日印发《杭州市企业研发费用投入财政补助实施细则》，6月14日印发《杭州市重点科研计划项目管理办法》，9月21日印发《杭州市自然科学基金项目管理办法》，12月26日印发《杭州市科技企业孵化器管理办法》，12月29日印发《杭州市科技特派员工作管理办法》5个专项科技政策。全面落实涉企政策措施公平竞争审查和行政规范性文件合法性审查制度。

（孙　磊）

【高新区建设】2023年，杭州市推进高新区高质量发展，综合实力持续提升，成为全市经济高质量发展的主阵地。全市有各级高新区13个，其中国家高新区2个、省级高新区5个、省级创建高新区6个，形成全域创新格局。桐庐智能装备高新区被列入省级高新技术产业园区创建名单，杭州紫金港科技城高新区、杭州未来科技城高新区、杭州青山湖科技城高新区被认定为省级高新区。杭州国家高新技术产业开发区、萧山临江高新技术产业开发区、杭州紫金港科技城高新技术产业园区、临平生物医药高新园区被评为浙江省高新技术产业园区建设成绩突出集体。全市高新区实现规模以上工业企业增加值2881亿元，占全市总量的67%，占全省高新区的29%；高新技术产业增加值2447亿元，占规模以上工业企业增加值比重的85%；高新技术产业投资917亿元，比上年增长77%。高新区拥有国家高新技术企业5500个，占全市的近40%；新增国家高新技术企业1650个，占全市新增量的50%。各类高新区累计拥有省级企业研发机构超过2500个，科技企业孵化器、众创空间、大学科技园等创新创业载体超过200个。

（杨逸雯）

【新型研发机构培育】2023年，杭州市推动高能级科创平台提能升级，首个国家实验室挂牌运行。中国科学院杭州医学所获批中央直属所。市科技局开展首次科研机构分级分类评价，将17个科研机构纳入评级管理。7个省实验室建设稳步推进，之江实验室聚焦智能计算编制新一轮5年发展规划，“西湖、良渚、湖畔、白马湖、天目山、湘湖”6个实验室获省级“五星”绩效评价。推进全省重点实验室重组，年末，首批推荐30个实验室申报全省重点实验室，推荐6个研发机构申报省级新型研发机构。在杭州的省级新型研发机构累计36个。

（何依瑶）

【企业研发机构建设】2023年，市科技局加强全市高新技术企业研发机构的建设，组织专家到省市企业高新技术研究开发中心、省重点企业研究院依托企业走访和指导近800人次，引导企业加强研发投入，引进和培养科技创新人才，推动企业加快新技术、新产品、新工艺研发，促进高新技术产业化。全年新认定487个市企业高新技术研究开发中心，累计3751个；组织开展省研发中心的申报、评审和推荐，282个企业被认定为省高新技术企业研究开发中心建设单位，全市累计2234个，占全省的36.1%；完成省企业研究院的组织申报，新增81个省企业研究院，全市累计695个，占全省的32.2%。开展省重点企业研究院的申报评审辅导及推荐，17个企业被认定为省重点企业研究院，全市累计149个，占全省的39.1%。

（王晓燕）

创新主体培育

【高新技术企业培育】2023年，市科技局推进高新技术企业培育，助推全市经济社会高质量发展。市、区县（市）两级科技部门联合开展“高新技术企业政策进园区”系列活动，加强政策宣传培训。全市高新技术企业新认定3164个，占全省新认定数的36.3%，居全省第一位；有效高新技术企业1.5万个，占全省总量的35.3%，居全省第一位。高新技术产业投资增速24.5%，高于全省平均增速3.4个百分点。高新技术产业增加值3049.09亿元，比上年增长1.3%；高新技术产业增加值占规模以上企业工业增加值比重为70%。

【科技型中小企业培育】2023年，市科技局实施科技企业“双倍增”计划，推动科技企业“扩面提能”，创新能力提升。市、区县（市）两级科技部门发挥众创空间、孵化器和小微企业园等创新创业平台力量，加大政策宣传和培训力度。做好省科技型中小企业审核和推荐，全市新增省科技型中小企业7770个，占全省新增总数的32.2%，有效在库企业2.9万个，占全省在库企业总数的25.4%，全市新增数和有效在库企业数均居全省第一位。作为国家高新技术企业的“后备队”，省科技型中小企业中有近

40% 成长为国家高新技术企业。

（金旭东）

【省科技小巨人企业培育】2023 年，杭州市的杰华特微电子股份有限公司、先临三维科技股份有限公司等 37 个企业被认定为省科技小巨人企业，占全省新认定数的 29.6%，全市拥有省科技小巨人企业 70 个，占全省有效总数的 29.4%，新增数和总数均居全省第一位。其中，新增的 37 个省科技小巨人企业分布于云计算与未来网络、智能控制与先进技术、结构生物学及关键生物技术、新药创制与高端医疗器械、生物育种与现代农业、功能材料、双碳与环保技术等 15 个战略性领域，实现营业收入 210.6 亿元，核心知识产权 2709 件，高新技术产品（服务）收入占比 90.7%。

【概念验证中心建设】2023 年，杭州市构建概念验证服务体系，新增概念验证中心 15 个，总数达 30 个。建设总体思路为“1 个工作指引 +1 项政策支持 +X 项工作机制”。“1 个工作指引”，即《杭州市概念验证中心建设工作指引》；“1 项政策支持”，即市本级按年度服务绩效，给予最高 500 万元资助等支持概念验证中心建设的配套性政策纳入《构筑科技成果转移转化首选地的若干政策举措》。“X 项工作机制”，即构建概念验证中心建设机制。按照“定向组织 + 公开征集”方式选育，收到近 100 个机构创建申报；遵循“先创建、后认定”方式培育，遴选确定 30 个单位为创建单位；坚持“成熟一个、认定一个”方式导向，形成概念验证探索的“杭州模式”；立足“统筹规划、分类建设”方式推进，实现五大产业生态圈全覆盖；采取“过程赛马 + 年度评价”方式监测，首批创建单位同行互评优秀率 36.7%、专家评分优秀率 46.7%。杭州概念验证中心建设有关探索与实践按依托主体看，主要有新研机构平台型、大企业垂直型和院校链条型 3 种类型；按验证模式看，形成引投联动型、需求驱动型、场景应用型、平台加速型、专家主导型、企业裂变型 6 种模式。

【科技领军企业培育】2023 年，杭州市构建“省科技型中小企业—国家高新技术企业—省科技小巨人企业—省科技领军企业”的梯度培育体系，打造“微成长、小升高、高壮大、大变强”的雁阵培育机制，巩固强化企业创新主体地位。新认定杭州长川科技股份有限公司、杭州科百特过滤器材有限公司等 15 个企业为省科技领军企业，占全省新认定数的 37.5%，居全省第一位；全市拥有省科技领军企业 34 个，占全省有效总数的 34%，居全省第一位。

（邵永新）

【孵化平台建设】2023 年，杭州市新培育市级孵化器 53 个、省级孵化器 23 个，累计培育市级及以上孵化器 359 个、省级及以上孵化器 150 个、国家级孵化器 65 个；新培育市级备案众创空间 21 个、省级备案众创空间 16 个，累计培育市级及以上备案众创空间 210 个、省级及以上备案众创空间 163 个、国家级备案众创空间 85 个；累计培育国家大学科技园 5 个。至年末，全市建有科技企业孵化器和众创空间 569 个，孵化总面积超过 600 万平方米，孵化载体基金总规模 590 亿元，带动就业超过 15 万人；在孵企业 2.6 万个，总收入 319.64 亿元，比上年增长 13.5%；累计毕业企业 1.2 万个，孵化培育出“丁香园”“微医”等“独角兽企业”30 余个。培育国家高新技术企业 2129 个，占全市新增国家高新技术企业数的 16.7%。在 2023 年度省级孵化器（众创空间）绩效评价中，杭州有 19 个省级孵化器评为优秀（A 类），占全省的 73.1%；51 个省级众创空间评为优秀（A 类），占全省的 41.1%。

（何茂川）

科技成果与合作

【科创平台建设】2023 年，杭州市以创建综合性国家科学中心为牵引，以杭州城西科创大走廊为核心，加快培育建设高能级战略平台，初步形成 1 个国家实验室、2 个国家大科学装置、18 个全国重点实验室、7 个浙江省实验室的新型实验室体系。建设智能感知、集成电路、飞机复合材料 3 个省技术创新中心和 36 个省新型研发机构，构建技术创新体系，推动科技创新能级提升。世界知识产权组织（WIPO）发布的《2023 年全球创新指数》显示，杭州在全球科技集群中连续两年保持第 14 位排名。全市新增发明专利授权量 3.2 万件、高价值发明专利 1.39 万件、国际专利申请量 2341 件。新增认定登记科技成果 886 个，比上年增加 86 个，增长 10.8%。其中：基础理论成果 27 个，下降 30.7%；软科学成果 29 个，与上年持平；应用技术成果 830 个，增长 13.4%。

【科技成果转移转化】2023 年，杭州市落实《杭州市构筑科技成果转移转化首选地实施方案（2022—2026 年）》和《构筑科技成果转移转化首选地的若干政策措施》，实施“创新提能、攻坚提质、服务提效”3 项行动，建立科研成果、技术需求、服务要素 3 张清单，实施“1+N”政策和“两个 15%”资金两个保障，形成“线上 + 线下”闭环督导模式，推动科技成果全过程全周期服务体系建设，促进科技成果转移转化。

杭州技术转移转化中心挂牌运行，引进上技所申态科技发展（上海）有限公司等 41 个机构，开发成果转化“智者大模型”，推动 100 余项成果对接转化。建立科技成果转化基金 38.84 亿元，支持“投早、投小、投科技”。组织区县（市）技术合同登记员业务培训和初级技术经纪人培训，举办“政策优惠解析”和“技术合同认定登记”巡讲 127 场。新增持证技术经纪人 360 人，发展成果转化专员 1400 余人。全市技术交易额 1589 亿元，比上年增长 49%，其中技术输出 3.1 万项 1075 亿元，列全国副省级城市第 3 名；技术吸纳 2.68 万项 1084 亿元，列全国副省级城市第 2 名。实现工业新产品产值 7982 亿元，增长 5.2%，新产品产值率 42.3%。

杭州市科技成果转化总指数 384.69，比上年增加 62.66。其中创新研发、成果产出、成果交易、转化绩效 4 项分指数分别为 207.08、370.56、576.52、384.60。

【科技成果奖励】2023 年 3 月，浙江省启动 2022 年度科学技术奖申报提名工作，杭州市专题组织宣传发动和申报培训，严格前置审核。杭州市提名浙江省科学技术奖116个，其中自然科学奖1个、技术发明奖10个、科学技术进步奖105个。11月，全省创新深化大会召开，公布省科学技术奖获奖项目298个，其中200个项目第一完成单位为在杭州的单位，获奖总数比上年度增加10个，占全省总奖数的67%。其中：自然科学奖47个（一等奖20个、二等奖12个、三等奖15个），占全省的80%；技术发明奖16个（一等奖6个、二等奖4个、三等奖6个），占全省的76%；科学技术进步奖137个（一等奖26个、二等奖50个、三等奖61个），占全省的64%；浙江大学洛伦茨·特奥多尔·毕格勒获国际科学技术合作奖。杭州获奖单位233个，其中获奖数最多的是浙江大学53个，占全省的18%。以第一完成单位获一等奖的企业有贝达药业股份有限公司、杭州海康威视数字技术股份有限公司、蚂蚁科技集团股份有限公司、国网浙江省电力有限公司4个。

【长三角G60科创走廊建设】 2023年，杭州市成立以分管副市长为组长的杭州市长三角G60科创走廊建设专责小组，印发《G60科创走廊（浙江段）建设杭州行动计划（2023—2025年）》和《2023年杭州市G60科创走廊建设工作三张任务清单》。参加科技部G60建设专题会议（苏州）、G60专责小组专题会议（芜湖）、G60科创生态建设大会（松江）、第六届上海进博会高质量发展要素对接大会、G60专责小组第五次全体会议等，全面融入长三角G60科创走廊一体化高质量发展格局。联合举办“创赢未来”G60科技与产业创新大赛和G60（浙江）科技孵化企业创新创业大赛，华亿金卫（杭州）能源有限公司、杭州谱康医学科技有限公司、杭州知衣科技有限公司等7个企业分别获一等奖、二等奖、三等奖。

聚焦人工智能、云计算、大数据、物联网、网络数据安全、集成电路等领域，合力争取面向2030年的重大战略项目和国家科技重大专项，推动关键共性技术开发与协同攻关。促成华为杭州研究所实现智能终端操作系统自主可控，“鸿蒙系统”装机超过7亿台，“鲲鹏”“昇腾”计算体系实现国产化替代；杭州海康威视数字技术股份有限公司在视频监控领域蝉联全球第一名，占全球市场份额为27.5%。INPARK创新创业产业园获评第二批长三角G60科创走廊产融结合高质量发展示范园区；富春湾新城获评第二批G60科技成果转移转化示范基地。推荐13件商标纳入长三角G60城市第二批重点商标保护名录，推进地理标志保护专项行动。支持浙江工商大学、西湖大学、浙大城市学院、浙江大学科技园发展有限公司等高校、企业加入科技成果转化联盟。

【杭甬科技创新合作】 2023年1月，杭甬“双城记”工作专班组建，起草《杭州—宁波区域科技创新中心创建方案》并报省政府。10月，杭州组成考察团到宁波参加“2023中国（宁波）高新技术成果交易洽谈会”并开展科技合作对接活动，奠定两地科技创新合作、协同发展的基础。加强杭甬两地技术交流，全年从杭州流向宁波技术985项，比上年增长86.2%，实现技术交易额25.4亿元，增长304.6%；从宁波流向杭州技术324项，增长49.3%，实现技术交易额22.23亿元，增长59.7%。

【科技帮扶与合作】 2023年，杭州市落实对四川省广元市和甘孜藏族自治州的对口帮扶，开展对安徽省宿州市的合作帮扶，推进与吉林省长春市、长白山保护开发区的对口合作，实现跨区域互补合作、联动发展。3月，市科技局与广元市科技局搭建科技协作框架，聚焦建设协同创新示范区目标，打造科技交流新模式；6月，对接长春市科技局，学习科技创新和成果转化经验做法；7月，与广元市、甘孜州签订《东西部科技合作协议》，开展义诊、科普宣讲、食品安全检测等活动；8月，举办甘孜州专题辅导培训会，重点围绕农业产业信息化、企业创新等开展辅导交流；11月，与长春科技大市场签订战略合作框架协议，强化在科技创新领域的深度合作，建立科技资源共享互访机制。

（陈子法）

科技人才与服务

【科技人才工作】 2023年，杭州市创建“3+N”人才集聚平台，建立重点企业、重大平台服务专员机制，开展重点人才申报辅导工作。公布的国家和省级人才计划入选人数（科技口）均居全省第一位。实施“西湖明珠工程”，35名科技人才入选市高层次人才；新培育20支市高层次人才团队；10名非华裔外籍人才入选市海外高层次人才；组织469个项目申报市“115引智计划”，新立项308个，创历史新高。加快推行“揭榜挂帅”“赛马制”等攻关模式，实施市重大项目101个。根据《杭州市科研机构分级分类评价办法（试行）》，首次开展分级分类评价培育国际一流水平研发机构，赋予定级单位高层次人才分类自主认定权利。在深圳举办“杭州创新创业环境”专场推介活动，宣传科技成果转移转化首选地政策，介绍区域特色和政策，对接50余个机构、300余个项目和600余名人才。

（陈　闻）

【外国人才工作】 2023年，杭州市实施“外国专家工作站”“外籍人才家庭医疗保障”“西湖游学计划”等项目，10个单位设立杭州市外国专家工作站，8个人才家庭享受医疗补助，对7名外籍留学生所在实习单位发放补助。14名外国人才入选省、市政府“友谊奖”。全年审批外国人到华工作许可事项5525件。

杭州成为全国首批开展外籍“高精尖缺”人才地方认定标准试点工作的城市，全年有124名外籍人员通过条目申请，其中符合“高精尖”人才认定标准的115名、适用“急需紧缺”人才岗位目录的9名。北京大学在杭州设立首个“北京大学留学生及港澳台学生交流实践基地”。杭州连续13年入选“在外籍人才眼中最具吸引力的中国城市”榜单，列第四位。杭州确立人才联合推荐机制，在全市设立由企业申请，区县（市）行业主管部门审核，市级行业主管部门复核的标准化推荐机制，规范引进各类产业发展所需“高精尖缺”人才。实施外国人到华工作“一件事”办理

2023 年 11 月 12 日，杭州国际人才交流和项目合作大会发布 2022 年度"魅力中国——外籍人才眼中最具吸引力的中国城市"主题活动成果，杭州市列第四位（市科技局 供稿）

改革和外国高端人才"一卡通"服务。2023 年杭州国际人才交流与项目合作大会邀请来自 14 个国家的 32 个境外专家组织到杭州参会。对接国内外创新资源，与杭州市委人才办等单位共同筹办外国人才创新成果展和"西湖对话"论坛。发挥国际人才俱乐部特色优势，组织活动 10 余场，优化外国人才的人文、创业和生活环境。

（王东怀）

【**科技服务业**】2023 年，杭州市出台《推进杭州现代服务业高质量发展的实施意见》，聚焦研究开发、技术转移、创业孵化、知识产权、科技咨询等科技服务，新引进 6 个科技服务机构，新建成杭州技术转移转化中心，落实科技成果转化基金 38.84 亿元。对首次成长为规模以上的科技中介服务企业给予一次性奖励 50 万元。推动全市 126 个高校、院所、企业共享大型科研仪器 1.08 万台（套），原值金额 106.2 亿元，对外服务 23 万余次。全市科技服务业企业 2568 个，营业收入 1.4 万亿元，比上年增长 9.1%；营业利润 2485.8 亿元，增长 23.5%；利润总额 2508.6 亿元，增长 21.6%；年末用工人数 51.9 万人，下降 2.7%。其中：规模以上科学研究与技术服务业企业 707 个，营业收入 1326.7 亿元，增长 4.8%；研发费用 88.7 亿元，增长 21.6%；营业利润 96 亿元，下降 15.8%；利润总额 96.5 亿元，下降 17.3%；年末用工人数 14 万人，增长 1.2%。新增规模以上科技中介服务企业 3 个。

（陈子法）

【**科技创新平台建设**】2023 年，杭州市加快推进"市核酸药物共性技术研发平台"和"市芯片化量子传感器与系统共性技术研发平台"建设。支持在杭州的高校、科研院所、新型研发机构等开放共享科技创新资源，开放共享大型科研仪器设备 1.08 万台（套）。加强产业创新服务综合体建设，完成 12 个省级综合体年度绩效考核和 4 个省级综合体期满验收工作。推进科技创新领域开放合作，新获批在杭州的省级国际科技合作载体 23 个，其中国际科技合作基地 8 个、国际联合实验室 11 个、企业海外研发机构 3 个、外资研发中心 1 个。在杭州的省级国际科技合作载体累计 173 个。

（何依瑶）

【**科技特派员工作**】2023 年 12 月 29 日，市科技局印发《杭州市科技特派员工作管理办法》，推进科技特派员工作。选派第十批市级科技特派员 288 名，其中 70 名个人科技特派员、20 个团队科技特派员，入驻 12 个区县（市）开展科技服务工作，划拨项目资金 900 万元，实施科技特派员项目 90 个。科技特派员工作以项目化管理、组团式服务、全链条协同，形成政府主导、科技牵头、部门联动、特派员服务的"杭州模式"。

（刘军波）

责任编辑　汤　峻

37 教育

综述

【教育高质量发展】2023年，市教育局通过实施普通高中跨区域跨层级集团化办学、跨区域城乡教育共同体建设、组团式教育对口服务等政策，推进市本级及城区与“山区4县”（临安区、淳安县、桐庐县、建德市）、城西科创大走廊共建共享优质教育资源。杭州第十四中学青山湖学校投入使用，为临安区增加近1200个优质高中学位；协调核心城区知名义务教育学校，面向“山区4县”新组建跨区域教育共同体85个；推进大走廊内84所学校（幼儿园）名校集团化办学；110名城区优秀骨干教师到“山区4县”开展全职教育对口服务，促进教师快速成长。至年末，全市有中小学教育集团246个，成员学校596个，覆盖率72.5%，比上年提高2个百分点，“山区4县”覆盖率提高近5个百分点。

9月，市委办公厅、市政府办公厅印发《杭州市教育高质量发展行动方案（2023—2027年）》，围绕教育发展关键领域，提出红色根脉强基、基础教育公共服务体系优化、创新人才贯通培养、职业教育提质培优、终身教育提升、教育评价改革深化、教育共富城乡一体、教育数智改革推进、教育对外开放提升、学生健康阳光成长、新时代教育强师、家校社协同育人推进12项行动重点工作任务。

【教育部信息技术支撑学生综合素质评价试点区域建设】2023年，杭州市入选教育部信息技术支撑学生综合素质评价试点区域。根据全市统一部署，确定上城区、滨江区、萧山区、余杭区、临平区为试点，每区遴选2所以上学校开展试点工作；依托北京师范大学学生综合素质评价平台，推进“一生一档”，动态生成学生的“数智画像”。12月，《杭州市教育局进一步推进小学生综合评价改革实施方案》出台，优化评价标准、评价方式、结果呈现、考试管理等质量评价体系。

【地方教育经费总投入678.90亿元】2023年，杭州市地方教育经费总投入678.90亿元，其中国家财政性教育经费投入564.01亿元（包括一般公共预算安排554.44亿元、政府性基金预算安排9.53亿元）。市本级地方教育经费总投入117.82亿元，其中国家财政性教育经费投入93.11亿元（包括一般公共预算安排92.69亿元、政府性基金预算安排0.38亿元）。全市普通小学生均教育事业性经费支出2.88万元，普通初中生均教育事业性经费支出4.67万元，普通高中生均教育事业性经费支出6.70万元，中等职业学校生均教育事业性经费支出5.20万元。

【学生资助金额3.73亿元】2023年，杭州市构建覆盖学前教育、义务教育、高中教育及高等教育的学生资助体系，履行“不让一个孩子因家庭经济困难而失学”的承诺。全市学生（含幼儿）获各类资助26.221万人次，金额3.73亿元。其中：学前教育段有幼儿6686人次享受保育费1472.28万元；义务教育段有学生3.28万人次享受营养改善计划3385.58万元，3.35万人次享受生活补助1039.74万元；普通高中段有学生4100人次享受免学费、代收费541.41万元，4461人次获国家助学金446.1万元；中职学生88人获中等职业教育国家奖学金52.8万元，1124人次获市政府奖学金112.4万元，13.16万人次免除学费1.32亿元，7851人次享受国家助学金785.1万元；市属高校有学生3.99万人次享受奖学金和助学金1.63亿元。

【中小学、幼儿园新建119所】2023年，杭州市中小学、幼儿园建设连续4年被纳入市政府民生实事项目。全市完成新建中小学、幼儿园119所，新增学位9.44万个，建筑面积265.35万平方米，总投资184.38亿元，缓解部分区域入学（入园）紧张问题。

【教育治理现代化】2023年，市教育局以城市大脑2.0“智慧教育”综合场景建设为重点，推进数字赋能教育治理现代化。“智慧教育”通过业务数据回流、部门数据共享、专题数据清洗，推进教育数据全量全要素归集，累计归集全市学生、教师、学校、入学预警、课后服务、校园健身等数据1.5亿条，保障教育数据有效共享和安全运行。“智慧教育”围绕上好学校难、学生健康成长、校园安全等群众关切问题，通过“迭代升级一批特色应用，创新建设一批破题应用，试点培育一批区域应用”，打造教育数字化场景。依托数字化能力，通过制度重塑、业务流程重构，完成构建“数智助学”“数智优学”“数智乐学”“数智护学”4个场景，建成“入学早知道、云上资助、家长执照、精准教学、问道名师、共享优课、心理晴雨表、护校安园、阳光厨房、课后服务、校园健身、第二课堂”12个标志性应用。通过融合“服务＋治理”的理念，在浙里办建成“学在杭州”集成门户，为学生提供入学入园、网络学习、成长支持、安全防护、场馆引导等一站式数智服务；建成“浙政钉”工作台和“智慧教育”数字驾驶舱，构建多维度智能监测和管理体系，发挥数据的驱动效能，推动以数据为核心的科学决策和精准治理。

【教育系统国际交流合作】2023年，姐妹学校结对覆盖面扩大，杭州市中小学校有国（境）外姐妹学校857对。在全省教育工作业绩考核重点——“十百千”基础教育国际交流工程和“亚运姐妹校”中，有2个中小学重点国际交流品牌案例入选，数量居全省第一位；8所中小学被评为国际交流工作坊，数量居全省第一位；33对姐妹学校入选省教育厅等4个部门“亚运姐妹校”名单，数量居全省第一位。选派5名校长、4名园长参加省教育厅组织的赴新加坡研修项目，组织青少年师生友好交流团到友城日本岐阜交流访问，组织代表队到美国和法国参加国际比赛。全年接待中国澳门教业中学、粤港澳大湾区师生代表团、首批中国香港高中公民科内地考察团、新加坡中学华文特选课程学生团和日本岐阜市市长柴桥正直代表团等团组访问杭州市学校。10月，“国际交流新愿景，专业合作共育人”中国杭州—芬兰奥卢职业教育交流合作研讨会举行。至年末，杭州市有8所外籍人员子女学校，在校生3072人。

【迪拜中国学校建设】至2023年年末，迪拜中国学校开设一至八年级共26个班，在校学生525人；教职员工86人，其中杭州选派教师52人、迪拜当地聘用员工34人。3月，学校接受迪拜知识与人力发展局组织的新办学校第一次等级评估，在47个评估项目中获优秀23个，总体评估等级为“Good”。10月，迪拜知识与人力发展局局长阿卜杜拉·阿勒卡拉姆一行访问杭州，就迪拜中国学校办学等事项进行交流。

【国家级教学成果奖获奖项目14个】2023年7月，教育部公布2022年国家级教学成果奖获奖项目，杭州市获国家级基础教育教学成果一等奖1个、二等奖13个，占全省获奖总数的28%；获国家级职业教育教学成果奖一等奖5个、二等奖4个。杭州市获奖成果均经过5年以上的实践，围绕课程实施、学教方式变革、立德树人、劳动教育、产教融合、创新创业等主题，涉及普通教育各学段、职业教育及特殊教育，分别从不同角度展现贯彻落实党的教育方针，探索立德树人的新理念、新机制、新模式，具有理论创新与实践推广价值。

【中小学校国防教育深化】2023年，教育部、中央军委政治工作部公布2023年中小学国防教育示范学校名单，杭州市有10所中小学校入选，分别为杭州第四中学、杭州市长青小学、杭州市西湖小学教育集团（总校）、杭州市丹枫实验小学、杭州养正小学、杭州市萧山区劲松小学、杭州市临平区临平第三小学、杭州市余杭区太炎中学、杭州市富阳区郁达夫中学、杭州市临安区实验初级中学。市教育局开展学生军训商业化市场化问题专项整顿治理，加强学生国防教育和军事训练科学管理与指导，规范国防教育和军训工作秩序。全市124所高中学校（校区）7.77万名学生完成军训任务，870余所义务教育阶段学校100%按规定开展国防教育。

【教育品牌创建】2023年，西湖区、萧山区、余杭区、临平区、富阳区、桐庐县、建德市通过国家义务教育优质均衡发展县省级评估，萧山区、富阳区通过国家学前教育普及普惠县省级评估。2019—2023年，全市累计通过省级评估的区县（市）分别为10个和9个，数量均居全省第一位。教育部办公厅首次发文认定上城区、拱墅区、西湖区、滨江区、钱塘区、余杭区和临平区为国家学前教育普及普惠县。全市获评省现代化学校112所，其中幼儿园29所、小学36所、初中27所、普通高中6所、中等职业学校3所、社区学校11所，总数比上年增加21所。全市区县（市）教育现代化发展水平监测平均分81.82分，居全省第二位。全市县域基础教育生态监测平均分81.35分，居全省第五位。

【大中小学思政教育一体化建设】2023年，《杭州市大中小学思政教育一体化建设实施方案》出台。6月29日，杭州市大中小学思政教育一体化建设工作推进会举行，成立大中小学思政教育一体化建设指导委员会和一体化建设联盟，签约结对学校247所。培育杭州市中小学思政教育一体化先行区3个（临平区、钱塘区、临安区）、先行校50所，“思政课模范教师”“思政工作骨干”各100名。认定杭州市大中小学思政教育一体化实践基地100个，并在此基础上认定2023年度优质基地20个。12月21日，2023年杭州市大中小学思政教育一体化建设工作主题宣传暨现场教学活动举行，邀请中国科学院院士谭蔚泓作主题报告，全市各类代表近300人参加。

【教育对口帮扶】2023年，杭州对口帮扶地区涉及全国9个省（市、自治区）、14个地（市、州、区）、63个县（市、区）。杭州教育对口支援新疆维吾尔自治区51人、西藏自治区2人、青海省9人，对口帮扶四川省广元市49人、甘孜藏族自治州129人，省内山海协作衢州市5人、丽水市5人、舟山市5人。接收28名四川省甘孜藏族自治州教师到杭州跟岗锻炼2个月，接收34名新疆维吾尔自治区阿克苏市骨干教师在杭州学习2个星期；在杭州开设对口支援教师培训班10期，接收来自新疆维吾尔自治区、青海省、甘孜藏族自治州、广元市、恩施土家族苗族自治州、衢州市等地教师430人。市教育局牵头促成浙江省杭州高级中学与广元市剑阁高级中学结对，新增阿克苏市14所学校与杭州学校结对，实现阿克苏市全部中心校均与杭州结对；牵头组织杭州名师到青海省德令哈市、新疆维吾尔自治区阿克苏市、四川省广元市和甘孜藏族自治州送教和慰问。设立援派教师意向库，夯实支教教师选派工作基础。

【教师队伍建设】2023年，杭州市中小学、幼儿园和中等职业学校（含特殊教育学校、工读学校，不含技校、成人中专）有专任教师12.02万名。其中：幼儿园专任教师3.27万名，小学专任教师4.38万名，初中专任教师2.40万名，普通高中专任教师1.31万名，中等职业学校（不含技校、成人中专）专任教师0.55万名，特殊教育学校专任教师694名，工读学校专任教师56名。幼儿园、小学、初中专任教师具有高一层次学历比例分别为99.78%、99.95%、99.68%；普通高中教师具有研究生学历（含硕士）以上的占30.6%，职业高中教师具有研究生学历（含硕士）以上的占21.9%。至年末，全市中小学有正高级职称教师数321名，在职省特级教师数373名，占全省1/4以上。

【师德师风建设长效机制】2023年，市教育局印发实施《关于进一步落实师德师风建设长效机制 推进教育系统清廉建设的通知》，制定16个机制及33条具体办法，以“五全面五切实”为核心，强化师德师风建设，整治突出问题。3月起，通过多种形式对区县（市）教育局和直属学校进行师德师风专项督查，撰写《持续完善师德师风长效机制推进教育系统清廉学校建设》主题教育专题调研报告。根据教育部推开教职员工准入查询工作要求，全市对招聘入职的7386名教职工开展入职查询，对近16万名在职教职工进行有无犯罪记录查询，均未发现存在不得录用情形人员。

【“清廉学校”建设】2023年，杭州市召开教育系统“清廉学校”建设工作推进会，出台《杭州市教育系统“清廉学校”建设三年行动计划（2023—2025年）》，推进“清廉学校”建设十大行动，把清廉教育纳入学校德育规划。评选全市“清廉学校”建设示范点100个、优秀案例100个，有37所学校入选省清廉学校建设示范校、14所学校（单位）相关工作案例入选省教育系统廉洁教育优秀工作案例、14所学校（单位）入选省教育系统廉洁教育基地。杭州市教育局、杭州第二中学、杭州学军中学获评全省清廉建设成绩突出单位。

【名师乡村工作室】2023年，市教育局推进市域组团式教育对口服务，110名主城区教师新学期正常到岗。5月，公布“十四五”期间萧山区（20个）、余杭区（20个）、临平区（20个）、钱塘区（20个）、富阳区（30个）市级中小学名师乡村工作室名单。10月，富阳区30个市级中小学名师乡村工作室每年90万元工作经费由市本级财政保障调整。加大名师乡村工作室对杭州西部区县（市）乡村教师的培养力度，组织“山区4

表39　2023年杭州市各类中小学、幼儿园情况一览表

学校类别		学校数（所）	毕业生数（人）	招生数（人）	在校生（在园幼儿）数	
					当年（人）	为上年（%）
普通高中	全　市	101	43569	50916	144471	104.23
	主城区	37	18179	23027	62591	106.79
	市　属	19	13127	17618	47000	108.15
职业高中	全　市	31	20998	23145	64619	101.91
	主城区	12	7143	9236	23594	108.66
	市　属	9	5728	7953	20001	111.81
中等专业学校	全　市	9	1585	1718	4879	106.04
技工学校	全　市	22	5804	15553	43138	124.67
初　中	全　市	307	87148	104784	293848	105.99
	主城区	128	36786	45556	126784	107.08
小　学	全　市	515	104798	154455	762062	107.23
	主城区	186	45289	66424	325104	107.28
幼儿园	全　市	1074	145632	121394	372923	94.96
	主城区	434	61725	49891	154292	94.00
盲聋哑学校	全　市	2	64	50	447	129.57
智障儿童学校	全　市	13	307	446	1884	130.20
工读学校	全　市	1	202	255	459	113.05

（资料来源：市教育局）

表40　2023年杭州市中小学、幼儿园教职工情况一览表

学校类别		教职工总数（人）	其中：专任教师数（人）		达到规定学历的专任教师比例（%）	
			初中	高中	初中	高中
普通中学	全　市	42311	23979	13137	100.00	99.99
	主城区	17825	10574	5361	100.00	99.96
	市　属	4652	201	3992	100.00	99.97
职业高中	全　市	5573	5139		99.79	
	主城区	2146	1878		100.00	
小　学	全　市	45434	43791		100.00	
	主城区	20205	19323		100.00	
幼儿园	全　市	60707	32737		100.00	
	主城区	25364	14023		100.00	

（资料来源：市教育局）

县"名师乡村工作室骨干学员分两批次到北京师范大学和厦门大学集中培训。

【校园及周边安全防控"一件事"改革】2023年,《杭州市教育局等13部门关于进一步做好校园及周边安全防控"一件事"工作暨2023年"护校安园"专项行动的通知》发布,围绕"校园周边安全",确立以"浙教安全"为平台基础,以学校"护校安园"工作组为工作主力,谋划"服务指导"和"协同处置"两个核心功能模块。"服务指导"指各相关部门单位进入校园或在校园周边进行宣传教育、业务指导、工作检查等,帮助、指导、督促学校或有关单位完成有关工作任务要求。"协同处置"指各相关部门单位对学校或其他人员提供的校园周边问题隐患线索进行跟进处置,及时消除问题隐患。至年末,各部门对学校"服务指导"2481人次,对学校移交的校园周边问题线索"协同处置"1507次。

【阳光体育建设】2023年,杭州市围绕"喜迎亚运"主题,筹划全市中小学生"亚运年"阳光体育竞赛活动,设定体育竞赛项目28个大项,举办各级各类比赛近1万场次。建设市级体育传统项目学校阳光体育后备人才基地,搭建小学—初中—高中杭州市特色项目精英培养梯队,完善基地评估标准和建设规范,以及体育后备人才培养的管理、训练模式。建设基地学校101所,覆盖区县(市)和小学、初中、高中各阶段。推动形成涵盖幼儿园—小学—中学的全学龄赛事链,举办"市长杯"青少年各组别校园足球比赛、"小脚丫大世界"幼儿足球展示和校园足球冬季、夏季精英训练营、杭州市2023年校园足球年度颁奖典礼等系列活动,举办校园足球赛事活动5000余场,2.4万人次参与。

【体育、美育、劳动教育】2023年,杭州市推进体育固本行动,100%开齐开足体育课、100%落实每天不少于30分钟的大课间活动。在2022学年高校新生(浙江籍高中毕业生)体质健康测试中,杭州籍生源体质健康总体成绩、优良率均居全省第一位。举办2023年杭州市中小学生舞蹈比赛、戏剧比赛,"新时代少年"第五届杭州市中小学生现代音乐节活动等系列展演活动。完成杭州第19届亚运会开幕式、闭幕式的《梦想天堂》《我们的亚细亚》等节目演出,文汇学校18名听障学生参加第4届亚残运会闭幕式的演出。组织参加全国和省级各项艺术活动,在全国第七届中小学生艺术展演活动中,杭州市教育局等4个单位获优秀组织奖,杭州第十四中学等9个单位获奖;在浙江省中小学生艺术节中,杭州市5个单位获优秀组织奖。4月18日,市教育局在浙江省中小学劳动教育实验区工作交流会上作关于劳动教育的交流发言。12月2日,杭州市中小学生劳动教育集市在杭州青少年活动中心广场举行,全市13个区县(市)教育局、2个直属高中,共15个单位集中展示劳动教育特色项目及成果。

【服务亚运系列英语活动】2023年,杭州市开展全民学英语活动,面向全市大中小学师生举办"亚运之星"英语大赛,包括教师英语风采大赛、学生英语演讲大赛和Vlog大赛。各地各校举办课文朗读大赛、单词拼写大赛、英文配音大赛等活动。开展学英语志愿服务,结合杭州第19届亚运会倒计时100天,举办志愿服务启动仪式,100名师生共同组成英语志愿服务队。暑假期间,各地各校组建2500余支中小学生志愿服务小队,到交通场站、社区活动中心等地开展学英语志愿服务,参与学生1.6万人,辐射市民群众5.6万人。开展"我是亚运代言人——杭州市中小学优秀社团展示"活动,评选出40个优秀社团,并录制短视频定期推送。

【儿童青少年近视防控】2023年,杭州市推进实施儿童青少年防控近视"十大行动",按照《杭州市儿童青少年近视防控光明行动工作方案》部署,加强护眼常识经常性宣传普及,推进"双减"政策落实,强化普查监测干预,注重医教结合,密切家校协同,健全完善长效机制,落实儿童青少年综合防控工作。全市儿童青少年总体近视率比上年下降1.64个百分点。11月,省教育厅等5个部门对2022年度全省儿童青少年近视综合防控工作进行评议稽核,杭州市被评定为A级。

(市教育局)

学前教育

【概况】至2023年年末,杭州市有幼儿园1074所,在园幼儿37.29万人。杭州市学前三年户籍幼儿入园率99.3%,普惠性幼儿园在园幼儿人数占比95.0%,公办幼儿园在园幼儿人数占比82.7%。幼儿园园长及专任教师3.36万人,幼儿园教师持证率100%,学历合格率100%,大专及以上学历占比99.8%。

【优质学前教育覆盖率提升】2023年,杭州市景和幼儿园凤起园区等90所幼儿园(园区)被认定为省二级幼儿园,杭州市海潮幼儿园等53所幼儿园被认定为省一级幼儿园。全市等级幼儿园在园幼儿覆盖率100%,其中省一级、省二级幼儿园在园幼儿覆盖率(优质学前教育覆盖率)95.1%。

【普惠优质托育服务体系完善】2023年,杭州市幼儿园开设托班800余个,入托幼儿1.53万人,比上年新增9235人,其中入托普惠园7960人,占比85.4%;幼儿园提供托育服务的园区设置率58.1%。12月,市教育局、市卫生健康委、市财政局和市发改委联合印发《关于推进杭州市幼儿园"托幼一体化"工作的实施意见》。

(市教育局)

义务教育

【概况】至2023年年末,杭州市有小学515所,在校学生(含九年一贯制、十二年一贯制学校小学部)76.21万人;初中(含九年一贯制学校)307所,在校学生(含九年一贯制、十二年一贯制学校和完全中学的初中部)29.38万人。其中,民办小学7所,在校学生4.38万人;民办初中(含九年一贯制学校)45所,在校学生2.70万人。全市义务教育阶段接纳随迁子女26.64万人,占在读学生人数的 25.2%，其中招收一年级随迁子女 3.27 万人。

【小学入学高峰平稳度过】2023 年，受 2016 年国家全面放开二孩政策影响，杭州市小学入学人数骤增至 15.4 万人，比上年增加 2.9 万人、增长 23%。市教育局通过“入学早知道”一体化平台及时发布入学预警信息，合理引导家长预期；压实属地责任，“一地一案”“一校一案”设定预案，通过新校启用和内部挖潜，做好新生学位保障和分流调剂工作，小学入学工作平稳推进，杭州相关经验做法获教育部基础教育司肯定，并获中国广播网报道。

【随迁子女入（转）学保障】2023 年，市教育局压实属地责任，落实随迁子女教育全周期“一件事”集成改革和“两为主”（以流入地政府管理为主、以公办学校接收为主）保障，通过改建和扩建公办学校、内部挖潜扩班、民办随迁子女学校转公等方式增加公办义务教育学校学位。全市符合条件的随迁子女入（转）学 100% 保障，公办学校就读比例 90.7%，比上年提高 6.1 个百分点。

【跨区域教育共同体建设】2023 年，在“山区 4 县”学校提出需求的基础上，市教育局协调城区学校“揭榜挂帅”，成立 85 个跨区域教育共同体，推动核心城区优质教育资源向西部县（市）延伸拓展。西湖区、临平区和上城区入选省教育厅全域教育共同体（集团化）办学试点。全市新增 18 个案例入选浙江省城乡义务教育共同体典型案例。至年末，全市农村义务教育学校教育共同体结对率 100%。

【公办初中提质强校行动】2023 年，市教育局以课程改革、初中教科研、教师队伍专业化为中心，通过“轻负高质”教学改革交流研讨、教学专题案例征集等一系列活动，推进公办初中提质强校。12 月，公办初中提质强校专项行动三年工作总结交流大会召开，表彰成绩突出的 52 所公办初中，成立由 35 所学校组成的初中高质量发展联盟。

【校外培训综合治理】2023 年，市“双减”工作专班开展全市校外培训机构“清朗亮剑”专项行动，以及校外培训“监管护苗”暑期培训治理、“中小学生校外培训材料规范管理年”活动、“安全守护”专项行动联合检查、加强艺考类培训机构规范管理等专项行动，“浙江杭州开展机构治理亮剑行动营造校外培训清朗环境”被评为全国“双减”工作优秀案例。开展非学科类校外培训机构底数核查，对科技类、文化艺术类、体育类校外培训机构开展审批准入工作。至年末，杭州市有入驻“全国平台”合规的非学科类培训机构 1462 个，其中科技类 178 个、文化艺术类 1094 个、体育类 190 个。建立和完善面向中小学生开展科技类、文化艺术类、体育类校外培训机构的“白名单”管理制度，实行动态管理，向社会集中公布符合条件的校外培训机构“白名单”310 个，其中科技类 39 个、文化艺术类 196 个、体育类 75 个。

【校内提质和课后服务优化结合】2023 年，杭州深化实施义务教育“减负提质”实施方案，着重加强课堂质量提升、校本作业设计、个性化学习、综合评价改革。出台《杭州市教育局进一步推进小学生综合评价改革实施方案》，完善小学生综合评价各维度评价标准，优化评价结果，丰富评价方式，加强过程评价，建立健全科学、全面、适应小学生综合评价改革要求的教育质量评价体系。在暑期托管扩面提质基础上，秋假及中秋节、国庆节期间，全市开设 193 个托管服务点，组织 1300 余名教师为亚运会一线工作人员子女免费提供托管服务，相关做法获中央广播电视总台报道。

【中小学生科技节】2023 年 3—12 月，第十四届杭州市中小学生科技节举行。科技节围绕“学科学·用科学·爱科学——科技创造未来”主题展开。各基层单位开展科技活动 184 个；3236 名中小学生参加市级现场赛事，产生一等奖 337 个、二等奖 530 个、三等奖 860 个。科普类活动中，44 万人注册参与线上“科学知识网络普及活动”，1.81 万名中小学生观看科普纪录片。闭幕式上，杭州市科技创新人才“育苗计划”启动仪式举行，西湖大学、杭州师范大学、阿里云计算有限公司、浙江大华技术股份有限公司、网易有道公司、浙江省科技馆等单位被授牌首批“育苗计划”实践基地。在闭幕式外场举行的中小学生科技成果展上，全市 13 个区县（市）和 7 所直属学校设立 20 个展区，展出科技节优秀特色作品及区域科技教育典型成果 65 个。

【“共享优课”活动】2023 年，杭州市迭代升级“名师公开课”，推进“共

2023 年 11 月 14 日，杭州市中小学生科技节——积木建构竞赛举行

（市教育局 供稿）

享优课”活动，2100余节市级一等奖优课通过手机、电脑、电视3个途径免费提供给学生线上学习。“问道名师”项目每周末推出1期直播课堂并在线答疑，收看人数近20万人次。

【中小学食堂采购问题专项治理】2023年，市教育局出台《杭州市中小学食堂采购问题专项治理工作方案》。市、区两级教育行政部门组织各类专项检查督查108次，检查学校3000余所（次），发现并整改问题110个，制发整改通知书449份，完成整改449份，批评教育10人，处分3人，追缴金额52.79万元。专项治理期间，市、区两级教育行政部门出台管理制度13个，建立数字监管平台19个，规范食堂管理制度和操作流程，完善长效工作机制。

（市教育局）

普通高中教育

【概况】至2023年年末，杭州市有普通高中（含完全中学、十二年一贯制学校）101所，在校生14.45万人，专任教师1.31万人。全市初中毕业生升入各类高中比例99.8%，高中段优质教育覆盖率90.8%。深化普通高中课程改革，推进五育融合的课程体系建设，转变育人方式，普通高中教育教学质量稳步提升。

【普通高中均衡优质发展】2023年，市教育局以新课程新教材国家级示范区建设为契机，优化普通高中育人方式，推动普通高中分类办学，实现多样化特色发展，直属普通高中高考成绩取得突破。推进中考招生改革，发布《进一步规范完善杭州市区中考加分项目的通知》和《关于进一步完善杭州市区普通高中名额分配招生工作的通知》，调整完善市区中考加分和普通高中名额分配招生政策。主城区与新区示范性普通高中双向等额招生扩大为16个班、768人，比上年增加192人。

【中学生社团文化节】2023年4—11月，市教育局、团市委联合举办杭州市第二十二届中学生社团文化节。文化节以“青春迎亚运，青年展风采”为主题，将“喜迎亚运会”主题融入校园文化，举办校园好歌声大赛、中学生街舞大赛、动漫作品大赛、书画作品展等活动。开展杭州市中学生模拟政协提案评比，开展中学生诗歌节、“典籍里的杭州”文学社团PK大赛等。

【省“县中崛起”行动参与】2023年，浙江省内山区、海岛县“县中崛起”行动被纳入省政府民生实事。杭州市8所省一级重点中学（其中市直属学校5所）与市外7所、市内1所县域高中结为帮扶对象（杭州高级中学与泰顺中学、杭州第二中学与景宁中学、杭州第四中学与常山县第一中学、杭州第十四中学与淳安中学、杭州学军中学与嵊泗中学、萧山中学与龙泉市第一中学、余杭高级中学与龙游中学、富阳中学与文成中学），开展跟岗锻炼、联合教研、集体备课、暑期夏令营等活动，支持县域高中发展。

【直属高中建设】2023年，在杭州市本级直属学校中，杭州市电子信息职业学校双桥校区、杭州第十四中学青山湖学校建成投入使用；杭州高级中学临平新城学校、杭州第二中学富春学校续建；杭州学军中学桐庐学校和皋亭山高中项目开工建设。

（市教育局）

中等职业技术教育

【概况】至2023年年末，杭州市有独立设置中等职业学校43所（不含技工学校），其中职业高中31所、普通中专9所、成人中专3所。在校生7.1万人（不含技工学校及成人中专非全日制学生），专任教师5806人。有国家中等职业教育改革发展示范学校4所、省中等职业教育改革发展示范学校14所、省中等职业名校建设单位6个、省现代化中等职业学校12所、省高水平中等职业学校建设单位6个、省高水平中等职业专业建设单位19个。

【现代职教体系建设】2023年，杭州市中等职业技术学校新增人工智能技术与应用、新能源汽车制造与检测、城市轨道交通运营服务等专业22个，撤销、停招会计事务、茶艺与茶营销等专业8个。中等职业学校专业布点总数327个，涵盖16个行业，涉及45个专业类，与35所高等职业院校开展合作，“中高职一体化”五年制招生9000人。推进区域中职高职一体化人才培养改革，杭州市临平职业高级中学和杭州市闲林职业高级中学成为第二批省级改革学校。推进中等职业与应用型本科一体化人才培养试点，全市10所试点中等职业学校面向杭州招生370人，试点学校数和招生人数均居全省首位。全市中等职业学生通过多种渠道继续升学1.79万人，占全市中等职业学校毕业生的83.8%，为高校输送1000余名本科生。

【教育教学改革成果】2023年，杭州市乔司职业高级中学的《乔匠模式：个性化培养服装技术技能人才的十年探索与实践》，杭州市富阳区职业高级中学的《基于“企业学区”的中职高素质技能型人才培养模式探索与实践》，杭州市临平职业高级中学、杭州市旅游职业学校、杭州市电子信息职业学校与杭州师范大学合作的《创专融合·点面结合·闯创协同：中职创新创业人才培养模式的探索与实践》获职业教育国家级成果一等奖（全国共11个）。杭州市旅游职业学校的《内地新疆中职班“融情·融文·融技·融扶”育人模式的构建与实施》，杭州市良渚职业高级中学的《良渚文化宴：“入心、上手、践行”培育烹饪传创人才的实践探索》获职业教育国家级成果二等奖。14个案例入选浙江省职业教育改革优秀典型案例和典型案例，居全省第一位。在2023年浙江省职业院校师生职业能力大赛中，获金牌21枚、银牌35枚、铜牌25枚；在全国职业院校职业能力大赛中，获金牌9枚、银牌17枚、铜牌2枚，居全省第一位。

【职业教育培训15.63万人次】2023年，杭州市发挥职业教育资源优势，面向企业职工、退役军人、进城务工人员、新型职业农民和家政服务人员等群体开展职业培训，提升全市劳动者职业技能水平和就业创业能力。

全年完成职业教育培训（32学时以上）15.63万人次。

（市教育局）

高等教育

【**概况**】至2023年年末，在杭州的全日制普通高校有44所（含独立学院），在校生（含研究生）63.56万人。其中：部属、省属高校33所，在校生（含研究生）54.67万人；市属高校7所，在校生（含研究生）8.89万人。全市高等教育毛入学率72.5%。另有中国科学院大学杭州高等研究院、杭州市北京航空航天大学国际创新研究院2所参照市属高校管理的高水平研究院。

【**“三名工程”建设**】2023年，杭州市“三名工程”（“名校名院名所”工程）重大项目建设取得标志性进展。做好“三名工程”重大项目相关指导、服务工作，保障项目各项建设运行工作。协调做好西湖大学、中国科学院大学杭州高等研究院、杭州市北京航空航天大学中法航空研究院经费保障工作。12月7日，召开对西湖大学2018—2022年财政补助资金全生命周期绩效的评价会议。协调推进校区建设工作，推动西湖大学三期项目建设有序进行，指导中国科学院大学杭州高等研究院配合西湖区完成主校区项目开工前的各项手续，推动北京航空航天大学中法航空学院校园建成，于9月投入使用。

【**市属高校内涵式发展**】2023年，杭州师范大学争创国家“双一流”建设高校推进，建立统筹协调机制。1月，召开杭州师范大学与市教育局合作交流会，研究支持杭师大创“双一流”相关事宜；4月，印发《杭州市推进杭师大争创国家“双一流”建设高校领导小组成员名单与任务清单》，并督促学校推进博士点培育、高层次人才引育等工作。支持浙大城市学院争创全国百强大学。协调相关单位推进落实支持举措，指导学校谋划“创百强”下一阶段顶层设计；指导学校推进硕士点建设，完成首届100名硕士生录取报到；深化科教创新综合体试点改革，落地建成智慧交通、先

表41　2023年杭州市普通高校本专科学生情况一览表

单位：人

学校名称	毕业生数	招生数	在校学生数
合　计	**137485**	**155663**	**514304**
浙江大学	5955	6380	26762
杭州电子科技大学	4476	5717	19504
浙江工业大学	4641	5474	21053
浙江理工大学	4419	4781	18767
浙江农林大学	4045	5205	18315
浙江中医药大学	2502	4425	14846
浙江工商大学	4158	4970	18383
中国美术学院	1696	1633	7124
中国计量大学	4057	5259	18128
浙江科技大学	3909	4633	17551
浙江水利水电学院	3792	5239	15187
浙江财经大学	3912	5001	17368
浙江警察学院	871	1070	3978
浙江传媒学院	3191	3281	13346
浙江树人学院	5437	5232	17538
浙江交通职业技术学院	3452	4153	11418
浙江电力职业技术学院	—	—	—
浙江同济科技职业学院	3496	3791	10271
浙江机电职业技术学院	3289	3372	9730
浙江建设职业技术学院	4102	4714	13000
浙江艺术职业学院	1128	1767	4690
浙江经贸职业技术学院	4224	4421	11835
浙江商业职业技术学院	4647	4507	13915
浙江经济职业技术学院	3288	3562	9950
浙江旅游职业学院	4874	4617	13062
浙江警官职业学院	1218	1568	4417
浙江金融职业学院	3964	3462	11386
杭州医学院	2844	3471	11114
浙江长征职业技术学院	5336	7433	21027
杭州电子科技大学信息工程学院	3088	3136	10526
浙江中医药大学滨江学院	1008	2	2384
浙江工商大学杭州商学院	3170	3332	10207
浙江体育职业技术学院	195	272	627
浙江外国语学院	2283	2783	9516
浙江特殊教育职业学院	714	1005	2976
浙江音乐学院	641	696	2822
杭州师范大学	5196	6736	25239
浙大城市学院	2754	3210	11919
西湖大学	—	89	148
杭州师范大学钱江学院	1864	—	1920
杭州职业技术学院	4508	4601	13172
杭州科技职业技术学院	3885	4944	12719
杭州万向职业技术学院	2279	2514	7081
浙江育英职业技术学院	2977	3205	9383

（资料来源：市教育局）

进材料增材制造、边缘智能创新研究院3个协同创新平台。协调推动杭州职业技术学院新安江校区建设，助力学校升格为本科层次职业学校硬件达标。

【北京航空航天大学中法航空学院获教育部批准设立】2023年4月，教育部批复同意设立不具有独立法人资格的中外合作办学机构——北京航空航天大学中法航空学院。学校位于杭州市余杭区瓶窑镇双红桥街166号，占地面积66.67公顷，总建筑面积77万平方米，总投资93.8亿元。2023年启动本科生招生，共招收180人，在浙江录取60人，按照本科和硕士贯通模式培养。2023年秋季学期开设15门课程。9月14—15日，中法航空学院第一次联合管委会召开，建立研究院理事会、北航杭州管委会、中法联合管委会、院务会等议事决策机制，推出关键制度39个。11月，学校与法国国立民航大学签署校级合作备忘录及学生交换协议，与法国国立应用科学学院集团签署合作办学备忘录，与法国国立应用科学学院图卢兹签署校级合作备忘录及学生交换协议，与法国国立应用科学学院里昂签署学生交换协议。学校成立北航中欧合作委员会第一届委员会，召开第一次会议。至年末，学校投入70%的经费支持教学科研平台建设，完成物理化学科教平台、数据科学与智能计算科教平台、工程师通用技术科教平台、智慧民航科创中心、自旋芯片与技术全国重点实验室/微纳科学与分析测试协同创新中心建设方案的论证，启动平台装修、仪器设备购置等工作。

（市教育局）

【浙江大学“双一流”建设】至2023年年末，浙江大学学科涵盖哲学、经济学、法学、教育学、文学、历史学、艺术学、理学、工学、农学、医学、管理学、交叉学科13个门类，设有学部7个、专业学院（系）40个、工程师学院1个、中外合作办学机构2个、直属附属医院7个。学校有全日制学生6.77万人、国际学生5514人、教职工9557人，教师中有中国科学院全职院士27人、中国工程院全职院士21人、文科资深教授14人。

习近平新时代中国特色社会主义思想概论教研中心成立。获批全国高校思想政治工作精品项目，建设学科思政育人示范基地6个，新增学科（专业）思政特色创新项目8个。“王淦昌事迹陈列室”入选全国科学家精神教育基地，7个项目入选教育部全国高校思想政治工作质量提升综合改革与精品建设项目。新增国家级一流本科课程61门，建成浙江省优秀研究生课程71门，打造《求是大讲堂》品牌课程。入选战略性新兴领域“十四五”高等教育教材体系建设团队1个，聘任38名国家级教学名师等担任雏鹰导师，入选国家高层次人才特殊支持计划领军人才教学名师3人。学校获国家级教学成果奖24个、全国高校教师教学创新大赛奖4个、全国青年教师教学竞赛奖4个。15名本科生获批国家自然科学基金青年学生基础研究项目。启用“浙大学子一站式科研导航平台”，280余个学生项目在国内外赛事中获奖。学生获“互联网+”大赛金奖17个、“挑战杯”创业计划竞赛金奖4个、“挑战杯”学术科技作品竞赛特等奖5个，连续11次获“优胜杯”。完善“3+1+X”本博贯通培养模式，试点新农科实验班、智慧海洋卓越班本博贯通项目。2023届本科毕业生海内外深造比例65.3%。

在第五轮学科评估中，学校实现各学部A+学科全覆盖。获批教育部首批学科交叉中心试点建设单位。全职引进中国科学院院士2人、求是讲席教授6人。制定实施《浙江大学青年人才跃升行动方案》，推进博士后队伍建设，43名青年学者入选国家级领军人才，123人入选国家级青年人才，比上年增长20%。

获批牵头组建3个全国重点实验室，作为依托单位参与建设3个。实施全国重点实验室“领航人才培养计划”，获批人工智能国家产教融合创新平台、消化系统肿瘤医药基础研究创新中心等平台，推动能源工业级芯片研发中心获批国家能源研发创新平台。依托南湖脑机交叉研究院、余杭生命科技协同创新与转化研究院，推动临港和广州国家实验室浙江基地落地杭州。学校全年科研经费80亿元。获授权中国发明专利2955件，获中国专利金奖1个。

推进全国重点马克思主义学院、浙江省习近平新时代中国特色社会主义思想研究中心浙江大学研究基地、中国特色社会主义研究中心、习近平法治思想研究中心建设。铸牢中华民族共同体意识研究基地通过验收并获新一轮建设支持。习近平外交思想研究中心浙江大学基地成立。启动实施哲学社会科学自主知识体系创新团队计划，2个团队获批重大专项课题。实施“学术精品走出去”计划，首批11本著作在海外出版发行。区域协调发展研究中心通过国家高端智库综合评估。入选教育部“礼敬中华优秀传统文化”宣传教育优秀项目1个，入选“浙江有礼·四个一百”典型项目3个，入选浙江省文化创新案例项目1个。

3个案例入选教育部直属高校精准帮扶典型项目和创新试验项目。担任教育部高校团队对口支援新疆农业大学组长单位，与新疆农业大学共建6个研究中心。制定《全球开放发展行动计划（2024—2027年）》，实施世界顶尖大学学科合作计划、可持续发展目标全球合作等专项，与加州大学洛杉矶分校、多伦多大学、哈佛大学医疗系统等合作，全年签署校际协议23份。培育“地壳物质重力演变”国际大科学计划，参与“深时数字地球”国际大科学计划。培育8个学科联盟，联合美国麻省理工学院、英国剑桥大学等高校发起成立“可持续智慧宜居城市”“国际土壤”等国际性联盟4个。“一带一路”国际医学院新校园启用，招收首批来自25个国家的94名留学生。

【浙江大学“紫金计划”推进】2023年，浙江大学推进“紫金计划”，支持重点方向开展前沿、交叉和颠覆性研究，围绕材料、能源、信息、育种、医药联动等领域，开展关键核心技术集中攻坚。成立量子精密测量研究院。实施“科技创新团队建设2.0”计划，在脑与脑机融合、量子科学与技术等领域布局支持科技创新团队。在信息、制造、生命健康等领域取得重大科技突破，研制出国际上神经元规模最大的类脑计算芯片“达尔文3代”与体积最小的无线无源脑机芯片，实现工程机械35MPa液压元件自主可控，自主研发的经血管二尖瓣修复系统获批上市。10名科技工作者获全国创新争先奖状，总数居全国高校第一位。

【全球教育品牌和国际合作教育样板区打造】2023年，浙江大学扩大优质留学生招生规模和比例，推进成建制全英文硕士学位项目和联合培养双学位项目。举办首届青年科学家长三角国际科研浸润项目（GripS），继续办好可持续发展全球暑期学校。加强国际学生国情教育，建好国情教育名师工作室。打造国际合作教育样板区。深化"在地国际化"人才培养改革创新，探索实施国际化拔尖创新人才本科培养新项目，推进实施交叉复合型研究生国际化培养示范项目建设。拓展国际化办学战略布局，多渠道高质量引育外籍师资。依托国际联合研究中心集聚国际化创新资源，推进国际学术与科研合作。发挥中国学项目作用，设计来华留学、校际交换、短期访学等项目，打造示范性来华留学基地。海宁国际合作教育样板区"教科人产城"一体化发展模式的改革创新成果获浙江省2023年改革突破奖银奖。

（熊晶蕾）

【中国美术学院稳步发展】至2023年年末，中国美术学院校园总用地84.33公顷，地跨杭州、上海两市，有南山、象山、张江、良渚、湘湖5个校区。学校设直属院系（部）21个、中外合作办学机构1个及附属中等美术学校1所。有教职工1065人，其中专任教师701人；教师中具有正高级职称119人、副高级职称212人。在校学生1万余人，其中本科生7148人、研究生3253人、留学生128人。

中国美术学院有艺术学学科门类下的美术学、艺术学理论、设计学、戏剧与影视学4个一级学科，以及工学门类下的建筑学一级学科，艺术学理论、美术学、设计学3个博士后科研流动站。获评首批教育部哲学社会科学实验室、文化和旅游部重点实验室、文化和旅游部文化和旅游研究基地（2023—2025），以及10个其他省部重点实验室、基地、平台。

在全国第五轮学科评估中，成绩继续居全国艺术院校之首。设计学入选浙江省高水平大学登峰学科，美术学、艺术学入选优势特色学科，戏剧与影视学、建筑学入选省一流学科A类。成立中国画学院、书法学院、视觉传播学院、工业设计学院、时尚设计学院，形成"五校区、十六学院"办学格局。完成学术委员会换届，调整学科建设委员会，完善以校学术委员会、学科建设委员会、二级学院学术委员会为主体的学术治理体系。全年引进高层次人才30人，6人获国家级和省、部级人才称号，2人被授予"法国建筑科学院外籍院士"称号。试行"聘任制"改革，健全人力资源管理体系。持续打造以"哲匠"为标杆的人才荣誉体系。

推进"以人民为中心，以乡土为学院，构建中国美术学"的艺术教育改革，获国家级教学成果奖一等奖2个、二等奖2个。初步构建"主辅修学位"的艺术专业学习体系。发布"洞天：国美在线艺术社区"和"元宇宙艺术学院"，探索构建艺术教育在线社区。推进"居学一体"学生社区建设和学社制改革，特色做法入选教育部高校"一站式"学生社区风采展示活动优秀案例。获首届中国研究生"美丽中国"创新设计大赛全国十佳设计师（团队）2个、一等奖作品3个、其他各类奖33个，并获评优秀组织单位。获"互联网+"大学生创新创业大赛、"挑战杯"等省级以上奖项9个。

全年举办高水平学术活动200余场次。"艺术国学研究院"获批浙江省哲学社会科学重点研究基地。首次在自然科学研究领域获批国家级重大项目，新增国家社科基金项目9个（其中重大项目1个）。发起国际设计智造联盟、亚洲纪录电影联盟等国际学术组织，在全球范围内组建"同行评议"专家库。新设维也纳国际研学基地，新增国际合作伙伴院校3所、国际合作协议12个。策划主办涉外展览和国际学术会议20余场。完善国际化在线课程平台建设，建成艺术人文开放课程30余门。

拓展校地合作、扩展社会服务领域。学校与上海市政府建立战略合作关系，与中央广播电视总台、中国国家博物馆、故宫博物院等单位达成战略合作意向。完成杭州亚运会和亚残运会志愿服务任务及系列重大形象设计1300余个（项）。有国家、省、市重大战略的社会服务项目600余个。与乡村共建"艺术村长"机制，多个乡村获评全国乡村治理示范村。实施"乡村艺课"美育文化创新项目，服务全国21个省、市、区的100余所乡村学校。学校教育基金会收到捐款1400余万元。

【中国美术学院湘湖国学院建设启动】2023年4月8日，中国美术学院湘湖国学院启动建设，建筑面积约16万平方米。国学院构建"水乡聚落""深山书院""馆阁苑囿"3个板块，以培养硕士、博士研究生为主，依托中国画、书法等专业，整体布局遵循"四院三馆四中心"建设构架。其中，"四院"包括中国书画高等研究院、湘湖书院、艺术人文学院和中国艺术教育研究院，"三馆"包括打造国艺馆、湘湖博物苑（馆）和中国历代书画珍品馆，"四中心"包括汉字研究中心、山水研究中心、器道研究中心和造园研究中心。同时设立中国书画材料实验室、名师工作室群和世界艺术史研究中心。

【中国美术学院良渚校区启用】2023年9月，中国美术学院良渚校区全面启用。良渚校区位于杭州市余杭区，占地面积19公顷，总建筑面积15.2万平方米，包含创新设计学院、时尚设计学院、工业设计学院、视觉传播学院、文创设计制造业协同创新中心，在校生约3200人。良渚校区以"生活即教育，学院即社区，教育即传播，学习即生产"为办学理念，以"着眼艺科融合，推动跨界教学，打造创新社区；重新发明日常，推动社会创新，重建设计人文"为办学目标，建立一个艺术与设计、媒体与思想、创新与产业之间交互整合的创新教育枢纽。2018年4月8日奠基，2021年9月启用一期一标段。

【中国美术学院建校95周年活动】2023年11月10日，中国美术学院以"到源头饮水，与伟大同行"为主题举行建校95周年大会，南山校区、象山

2023 年 9 月，中国美术学院良渚校区启用　（中国美术学院 供稿）

校区分设两个分会场同步直播。在建校 95 周年系列学术活动中，核心学术活动“天问 2023：文明的互鉴”将人类文明视为超越时空局限的整体，以大人文学科视角进行解构，提出“什么是分科之学的统一之道”，以及将“文明”自身作为方法，在“文明互鉴”中的策划架构。探讨“什么是人机共生文明中的艺术”，以及“如何在一个艺术院校中建构有为之学”等核心问题。12 个中国美术学院跨学科师生团队到世界各地文明现场寻访艺术背后的文明史和人类学意涵。

【“宋韵今辉”艺术特展】2023 年 3 月 18 日至 4 月 16 日，“宋韵今辉”艺术特展在中国美术学院美术馆举行。展览以“湖山揽胜——宋韵江南书画艺术”为核心，由“夜山钩古——黄宾虹的宋画研究及其传承”“立最高峰——潘天寿的常变之道”“含英咀华——绘通中西的国美油画”“典垂百代——两宋传习书画展”等板块共同构成。“湖山揽胜——宋韵江南书画艺术”是以浙江风物为主题的中国古代珍品书画特展，37 件（套）传世书画系统梳理从宋、元、明、清到近现代江南地区的宋韵书画艺术文脉，讲述宋韵文化在丹青世界里的传承与创新，呈现浙江人文景致对中国美术史发展的贡献。

【之江国际青年艺术周】2023 年 6 月 1—18 日，“大脑花园 · 2023 第五届之江国际青年艺术周”暨中国美术学院毕业季举行。青年艺术周线上活动在“洞天 CAACOSMOS”、西湖天幕呈现，线下活动在浙江展览馆、西湖美术馆、浙江美术馆、湘湖博览馆、全山石艺术中心、艺创小镇 6 个场馆举行。总展出面积近 7 万平方米，2500 余名应届毕业生共展出作品 3000 余件，2000 余名青年艺术家、设计师、作家、学者线上参与。

（陈　铄）

【杭州师范大学加快发展】至 2023 年年末，杭州师范大学（简称杭师大）是省重点建设高校，有仓前、下沙、玉皇山 3 个校区，占地面积 192.34 万平方米。下设教学机构 24 个、科研机构 1 个、国有民办独立学院（钱江学院）1 个、直属附属医院（杭州市第二人民医院、建德医院）2 个。全日制在校生 3.15 万人（不含钱江学院本科生 1877 人），其中本科生 2.52 万人、硕士生 5927 人、博士生 96 人，有学历国际生 289 人。教职员工 2614 人，其中专任教师 1932 人；教师中具有副高级以上职称 1198 人，博士研究生占比 78.6%。本科毕业生就业率 95.8%，升学率 27.7%；研究生毕业生就业率 97.2%，升学率 8.0%。

杭师大有一级学科博士学位授权点 1 个、专业学位博士授权点 1 个、服务国家特殊需求博士人才培养项目 1 个，一级学科硕士点 23 个、专业硕士授权类别领域 21 个、中外合作培养教育领导学硕士项目 1 个、非独立法人资格中外合作办学机构 1 个；省高水平大学基础学科 1 个，省优势特色学科 2 个，省一流学科 A 类 2 个、B 类 10 个；基本科学指标数据库（ESI）排名前 1% 学科 13 个。有本科专业 83 个，其中国家级特色专业 5 个、国家级一流本科建设专业 27 个。

杭师大获批国家自然科学基金和科技部重点研发计划项目 87 个，国家社会科学基金项目 28 个，国家艺术基金项目 3 个，教育部哲学社会科学研究重大课题攻关项目 1 项。获批省领雁计划项目 5 个，省基础公益计划项目 66 个，省软科学项目 2 个。发表《科学引文索引》（SCI）收录论文 1231 篇；入选 ESI 高水平论文 272 篇，比上年增加 15.3%。发表人文社科类论文 1023 篇，其中文科权威期刊 32 篇、《社会科学引文索引》（SSCI）收录论文 128 篇、《艺术人文引文索引》（AHCI）收录论文 11 篇、文科一级论文 164 篇。授权发明专利 162 个。

杭师大有 26 个学科进入全国第五轮学科评估榜，其中 B 类 12 个。获批省“十四五”研究生教学改革项目 17 个，研究生发表高水平学术论文 647 篇，比上年增长 76%；20 名研究生获国家建设高水平大学公派研究生项目资助，获批率 95.2%。12 月 21 日，省第二十二届哲学社会科学优秀成果奖公布，杭师大有 27 个成果获奖，其中一等奖 3 个、二等奖 20 个、青年奖 4 个。在中国国际大学生创新大赛（2023）全国总决赛中，参赛团队获金奖 1 个、银奖 3 个、铜奖 2 个。在第十八届“挑战杯”全国大学生课外学术科技作品竞赛中，获主体赛特等奖 1 个、一等奖 2 个、二等奖 3 个，全省主体赛成绩排名第 1 位，总分排名全国第 26 位。获全国师范院校师范生教学技能竞赛一等奖 4 个。300 余名学生赴英国剑桥大学、美国加州大学伯克利分校等世界名校交流学习。获批国家留学基金委创新型人才培养项目单位，3 个“汉语桥”项目获教育部中外语言交流合作中心立项。

杭师大推进 18 项服务杭州任务。建设富阳基础教育研究院，成立未来教育研究院、0~3 岁儿童发展研究中心、“杭师大—余杭区”0~3岁儿童托育综合服务中心等。与市卫生健康委共同制定《2023医校融合发展行动方案》。完成科技成果转化和产学研合作项目73个，培育国家高新技术企业48个。市科技成果转移转化中心落户学校国家大学科技园。联合城西科创大走廊管委会与中国科学技术交流中心建设民间国际科技创新服务联盟长三角中心。

【杭师大人才引育】2023年2月，杭师大入选全省高校首批“双百行动”计划名单。同月，与余杭区签订《“鲲鹏行动”暨人才工作战略合作框架协议》。全年新增国家级人才10人，其中自主培养4人；新增学科带头人、学术方向带头人等高层次人才61人；入选省高层次人才特殊支持计划3人、省突出贡献中青年专家1人；入选市“西湖明珠工程”人才计划18人。15名学者入选全球前2%“终身科学影响力榜单”，26名学者入选全球前2%“年度科学影响力榜单”，1人入选“国之名医·卓越建树”榜单。

【杭师大获国家教学成果奖4个】2023年7月24日，《教育部关于批准2022年国家级教学成果奖获奖项目的决定》发布。杭师大4个项目获奖。其中：高等教育类一等奖1个、二等奖1个，基础教育类二等奖1个，中等职业教育类一等奖1个。

【杭师大ESI全球排名前1%学科增至13个】2023年11月9日，据基本科学指标数据库（ESI）发布的最新统计数据显示，杭师大社会科学总论首次进入全球排名前1%学科行列。学校ESI全球排名前1%学科增加至13个，化学、数学、植物与动物学3个学科进入ESI全球排名前5‰。6个学科进入2023年软科中国最好学科排名前20%，外国语言文学学科蝉联中国最好学科前7%。

【杭师大成果获教育部科学技术进步奖一等奖】2023年7月12日，杭师大牵头完成的“濒危珍稀中药铁皮石斛霍山石斛繁育技术及质量体系创建与推广应用”成果获教育部高等学校科学研究优秀成果奖科学技术进步奖一等奖。11月10日，全省创新深化大会颁发2022年度省科学技术奖，5个成果获奖（含2个参与获奖），其中杭师大作为第一完成单位申报的成果获自然科学奖二等奖1个、三等奖2个。

2023年4月7日，杭师大国家大学科技园·青山湖未来产业加速器开园

（杭州师范大学 供稿）

【杭师大115周年校庆活动】2023年，杭师大举办115周年校庆系列活动。首届婴幼儿发展与托育国际学术会议、2023年中比意识与意识障碍论坛、中国化学会第六届高分子结晶研讨会、全国“生态文明视域下的艺术学学科体系建设”高峰论坛、首届杭州都市圈健康城市发展论坛、“创新驱动 转化未来”科技创新论坛、第二届中青年比较教育学者研讨会、新征程上的外国语言学及应用语言学学科建设高峰论坛、新文科背景下中文学科建设高峰论坛、中国共产党与新中国现代化学术研讨会等论坛、会议举行。

【杭师大国家大学科技园·青山湖未来产业加速器开园】2023年4月7日，杭师大国家大学科技园·青山湖未来产业加速器开园。该加速器聚焦数字经济、生命健康、双碳科技三大产业，致力打造成为集创新资源集成、科技成果转化、科技企业孵化、创业人才培育、开发协同发展于一体的科技创新综合服务平台。

（刘伟伟 王凌敦）

【浙大城市学院】至2023年年末，浙大城市学院有全日制本科生1.19万名、全日制硕士研究生100名，与浙江大学等联合培养硕博研究生330余名，教职工1600余名，专任教师中具有高级专业技术职称占比50%、博士学位占比67%，有国家和省级高层次人才36人。学校深化本科教育教学改革，新增本科专业2个，产业班、特色班4个，成立通识教育中心，建筑学专业通过本科教育评估并获独立颁发建筑学学士学位授予权。人工智能与先进计算产业学院入选2023年省级重点支持现代产业学院建设点名单。“电机与拖动”课程入选教育部第二批国家级一流本科课程，作为主要参与单位之一的教学改革项目获2022年高等教育（本科）国家级教学成果奖二等奖。2023年毕业生整体深造率26.4%（其中海外深造率13.5%）。举办第二届新时代劳动教育联盟论坛，开展师生进工厂、进农场、进商场、进机关“四进”活动，设立校内耕读园，建立51个校外劳动教育基地，迭代升级“劳模工匠进校园”活动。深化学科科研建设，筹建材料与机械工程学院，成立良渚文明研究中心（筹），新建长三角纪录片创作研究中心、高等教育数智评价研究中心等6个科研平台，新增城市安全治理实时数智化技术浙江省工程研究中心、浙江历史研究中心等5个省级平台，作为共建单位参与建设的2个实验室获全省2023年重点实验室认定。年度科研经费1.4亿元,科技成果转化额超过1000万元。深化人才引育,全年录用全职和非全岗聘任人才113人,教师队伍博士学位占比67%。深化地方合作,在滨江区、拱墅区、临安区分别落地建成智慧交通、先进材料增材制造、边缘智能创新研究院3个协同创新平台;新增安吉县人民医院、台州市博爱医院和武义县第一人民医院3个医院为非直属附属医院,浙江医院和杭州市第一人民医院2个医院为重点教学医院。入选全省优质干部教育培训高校基地,新增发展共同体9个。推进"智安校园"建设,学校获2023年度浙江省高等学校AAAAA平安校园认定,入选浙江省技术赋能智慧教育试点校、教育部第二批高校数据共享应用平台试点高校。

【西湖大学】2023年,西湖大学加快探索新型研究型大学创新发展之路,提升科研创新能力和人才培养水平,服务国家和区域重大发展战略。录取博士生380人、本科生93人(含国际生3人),累计招收7届博士生1653人、两届本科生153人。加大海外引才力度,新到岗学术人才46人,累计到岗215人,讲席教授32名。获批博士学位授予单位,生物学、化学、电子科学与技术3个一级学科增列为博士学位授权点。入选浙江省高水平大学建设高校,生物学被列入省登峰学科,化学、电子科学与技术被列入省优势特色学科。启动创建医学院,首任院长由中国科学院院士、免疫学家董晨担任,与市卫生健康委共建西湖大学医学院附属杭州市第一人民医院。牵头承担国家生物科学本科教育教学改革试点任务,获批建设4个国家虚拟教研室,与复旦大学联合举办国际暑期学校,与美国杜克大学签署学生访学协议,学生海外访学交换院校增至21所。

稳步推进未来产业研究中心、西湖实验室等创新载体以及光电研究院、西湖牧原合成生物研究院等新型产学研平台建设,发现世界首例具有本征相干性的光阴极量子材料,实现重大原创性突破30余个。创建杭州市西湖大学创新药物概念验证中心,新增培育高科技企业15个,累计45个。区校协同推进科技成果就地转化获省改革突破奖。与美国化学会、西湖教育基金会合作举办首届西湖未来论坛。

校园建设改造推进,云栖校区二期1.8公顷土地项目主体结构施工,铜鉴湖园区即应急医学研究中心加快建设,P3实验室完成设计招标。云谷校区三期项目完成桩基工程,其中本科书院组团主体结构提前结顶,周边产学研配套区和综合配套区开工建设。

【中国科学院大学杭州高等研究院】至2023年年末,中国科学院大学杭州高等研究院4届累计招收研究生超过2000人。2023年首届毕业生200人,留杭就业升学率51%。杭州高等研究院申报增列的物理电子学博士培养点获评审通过。国家级博士后科研工作站获批独立招收资格。强化科技创新硬实力,研制的"百微牛级霍尔推进系统"随高分05A卫星搭载长征二号丁运载火箭成功入轨。完成HIAS科创园生态服务体系搭建,总部园区启动运营;培育科技企业17个,到位融资4300万元。

【杭州职业技术学院】至2023年年末,杭州职业技术学院有二级学院9个,开设13个大类、42个专业(含专业方向)。学校建有杭职院实训中心暨杭州市公共实训基地,钱塘新区高职学生创业园(国家级大学生科技创业见习基地)。学校获批国家级职业教育"双师型"教师培训基地,有国家级职业教育教师教学创新团队2个、浙江省黄大年式教师团队1个。教职工992人,其中专任教师736人;教师中具有副高级以上职称240人、博士102人。学校全日制在校生1.31万人。

学校推进专业数字化和数字专业化改革,新增设(调整)智能制造装备技术、新能源汽车技术(中外合作办学)等7个专业。3个典型案例入选全国教育评价优秀案例,获评全国高职院校学生发展指数100强、教师发展指数100强和服务贡献60强。获国家级职业教育教学成果一等奖2个、二等奖3个;达利女装学院教师团队获2023年全国职业院校技能大赛教学能力比赛一等奖。2门课程获国家职业教育在线精品课程认定,22门课程上线国家智慧职教平台,14个课题获浙江省"十四五"教育教学改革项目立项。获"振兴杯"等技能大赛国家级一等奖3个、二等奖1个、三等奖3个,获"互联网+"等技能大赛省级一等奖16个、二等奖24个、三等奖39个。

学校获国家级科技计划项目立项2个、省部级30个。学校教职工在国内外核心及以上期刊发表论文190篇。全年获知识产权专利91件,其中发明专利50件、实用新型专利17件、外观设计专利24件,获软件著作权5件。学校全年举行科技成果竞价(拍卖)会杭州职业技术学院专场2次,拍卖科技成果27个,成交价1366万元。学校成为省政府批准成立的智能网联汽车省级制造业创新中心联合共建单位。学校服务区域经济社会高质量发展的典型做法入选国家教育行政学院、中国教育干部网络学习培训课程。拓展知识产权运营和交易新渠道,联合浙江省知识产权交易中心面向中小微企业提供专利开放许可,参与数据知识产权交易服务标准化试点项目。开展非学历教育培训21.78万人次,全年社会服务到款额1089万元。

学校牵头成立的"杭州经济开发区(钱塘科学城)产教联合体"入选教育部第一批国家级市域产教联合体。推进安恒数智工程师学院、阿里巴巴数字商贸产业学院等产教融合项目建设。与钱塘新区管理办公室签约共建杭州医药港学院杭职产教融合基地,与杭州燃气集团、杭州西子电梯科技有限公司、杭州诗季宝丝绸科技有限公司等10余个企业合作。制定实施产教融合、校企合作"五个一批"工程,认定产教融合高水平实训基地55个、教学工程创新中心31个。立项省级产学协同育人项目4个。

中外合作办学机构项目莱茵国际学院获省政府批复同意,与德国博世汽车服务有限公司合作举办汽车检测与维修专业"双元制"人才培养项目。实施汉语留学生项目,招收俄罗斯等国留学生16人。深化教育部"未来非洲—中非职业教育合作计划”,推进中非(尼日利亚)丝路工匠学院建设,完成5个中非职业技能等级证书研发。与澳大利亚TAFE学院、马来西亚北吉隆坡国际学院签署校际合作协议。学校与建德市政府举行签约仪式,校地合作共建杭州职业技术学院新安江校区。

【杭州科技职业技术学院】至2023年年末,杭州科技职业技术学院下设8个高等职业二级学院、1个新制造培训学院、1个马克思主义学院、1个继续教育学院、1个基础教学部,开设8个专业群、32个招生专业。全日制在校生1.3万人,成人学历教育在籍生1.6万人,在编教职工655人,高级专业技术人员数占在编专业技术人员数的35%。学校推进新一轮“创一流”内涵建设行动计划和杭州开放大学建设方案的实施。在“双高”(中国特色高水平高职学校和专业建设计划)建设中,做好两个省级高水平专业群验收工作。获省级高等职业教育“十四五”教学改革项目立项12个,获省职业教育与成人教育优秀教科研成果一等奖1个、三等奖3个。牵头成立助力嵊泗海岛职教高质量发展中高职一体产教融合联盟。持续推进教育部中德先进职业教育合作项目试点院校等3个中德合作项目。开发坦桑尼亚国家职业标准和配套教学标准3个,被纳入坦桑尼亚国家职业教育体系。学生获一类学科竞赛奖项136个,获第十八届“振兴杯”全国青年职业技能大赛金牌3枚、银牌1枚、铜牌1枚,居全国高职院校第一位。获2023年中国国际大学生创新大赛银奖1个。

全年共引进高层次人才及青年教师44人。国家级职业教育教师教学创新团队项目建设扎实推进,入选“第三批国家级职业教育教师创新团队培育单位”1个,入选浙江省第二批教师创新团队1个,入选中高职一体化教师教学创新团队1个。完成大江东校区“智能制造”开放性公共技能实训基地、工业4.0科教展示馆、高桥校区西北角学生公寓、“一站式”学生活动中心、心理健康教育基地陶心驿站(心理健康指导中心)等建设任务,学校入选教育部首批职业院校数字校园建设试点单位和浙江省信息化标杆校试点单位,持续推进“教育魔方”建设。推进大江东智能制造基地、阿里巴巴橙点同学数字经济产业学院、工业互联网创新平台、智能制造协同创新中心、乡村振兴学院等产教融合平台建设。牵头组建成立“全国数据智能产教融合共同体”“富阳经济技术开发区(国家级)智能装备产教联合体”。推进乡村振兴学院助力共同富裕,学校当选全国乡村振兴产教融合联盟常务副理事长单位,工作案例入选教育部乡村振兴典型案例。

【浙江育英职业技术学院】至2023年年末,浙江育英职业技术学院有民航交通、信息技术、数字商贸、智慧旅游、创意设计、继续教育6个学院,公共教学部1个。开设空中乘务、城市轨道交通运营管理等26个专业。学院深化“专业群+领军企业”协同育人模式,各专业群产业学院建设全覆盖。分别与新华三技术有限公司、杭州百事可乐饮料有限公司、复旦科技园浙江创新中心、浙江宾馆等签订战略合作协议。与“海尔智家”签约共建智慧零售产业学院,“海尔智家”校园直播基地在学院启用;与横店影视城共建智慧旅游产业学院,与洲际酒店集团合作成立英才培养研习中心;与宁波国际会议中心、宁波东钱湖旅游学校三方签订战略合作协议,成立“产教融合共同体”。获批“浙江省国际学生国情教育名师工作室”建设单位;高职学生职业素养提升工作室入选浙江省高校辅导员名师工作室。入选《2022中国职业教育质量年度报告》高职院校学生发展指数100所优秀院校。在《中国高等职业院校竞争力白皮书》中国职业高校竞争力综合分析中,学院被评为A类职业高校。入选中国高等教育学会高校竞赛评估与管理体系研究专家工作组编制的《2022全国普通高校大学生竞赛分析报告》,居全国普通高校大学生竞赛榜单第25位。获第八届中国高校计算机大赛——团体程序设计天梯赛全国高校一等奖1个、全国团队一等奖3个;获第五届“码蹄杯”全国职业院校程序设计大赛总决赛金奖16个。创建面向下沙高教园区14所大学的钱塘区高校退役军人创新创业孵化园,被省退役军人事务厅确定为全省退役军人就业创业工作培训班现场教学观摩点。生命健康教育取得新成果,学院入选第二批“全国急救教育试点学校”,杭州市民生实事推进应急救护项目中的杭州市红十字会钱塘区应急救护实训基地、应急救护考点、应急救护实操体验点均建在学院。

【杭州万向职业技术学院】至2023年年末,杭州万向职业技术学院建成“三创教育体验中心”,与“课程思政实践基地”同步挂牌。学生参加各类竞赛及技能大赛获国家级奖27个、省级141个,连续3年获全国大学生金相技能大赛一等奖。学校承办2023年浙江省高职院校英语口语大赛。获评首届“钱江杯”大学生反走私创作比赛“优秀组织单位”。获批高职教育“十四五”教学改革项目5个,1部教材入选国家“十四五”规划教材。深化课堂革命,制定实施《“美好课堂”建设教学指引》,形成教育评价改革典型案例。毕业生人均获“X”证书或同类同级证书1.01本。国贸专业教师获2023年浙江省高职院校教学能力比赛二等奖。新增合作中职学校6所。开展“福堤漫步”“BMI达标”“长跑”三大体育行动,被《中国青年报》等媒体报道。制定实施《科教融汇行动方案》。获“八八战略”研究课题立项,“打造四个高地”相关成果被《杭州日报》(理论版)刊载。全年获授权专利59件。出版专著1部,主编教材5本。公开发表论文143篇,立项省级课题6个。浙江工匠学院在校内设立康养分院。与滨江区人力社保局签订合作协议。学校成为全国数字贸易产教融合共同体副理事长单位。与万向一二三股份公司、杭州市萧山区第四中等职业学校、杭州杰牌传动科技有限公司共建智能制造产业学院。形成“三区三会多村”校地共建合作格局。完成省民生实事社会培训任务1万余人次,完成目标的123%。“生活茶艺”获评省、市老年教育品牌项目。举办“十万强”鲍卡斯研习团短期留学学习。联手“十万强”校友在2023年中美青年创客大赛全国总决赛中获“中美青年合作奖”，南京赛区中美联队一等奖，学生受邀参加在清华大学举办的总决赛颁奖仪式分享参赛经验。接待布隆迪总统府人力资源研修班一行20余人参访交流。

（市教育局）

成人教育

【**概况**】至2023年年末，杭州市有全国社区教育示范区6个、全国社区教育实验区2个、省社区教育示范区1个、省社区教育实验区1个。上城区采荷街道社区学校等11所乡镇（街道）成人学校（社区学校）被认定为省现代化成人学校。被教育部认定为社区教育“能者为师”特色课程10门、推介典型案例5个、实践创新项目6个、“智慧助老”优质工作案例2个、优质培训项目4个、优质课程资源23个。上城区社区学院紫阳分院的“阳光艺术，匠心助残”被评为全国“特别受百姓喜爱的终身学习品牌项目”，并和杭州开放大学的退役职通车“退役军人终身学习好助理”2个项目获评全国“终身学习品牌项目”。2人被评为浙江省“百姓学习之星”。

【**老年教育**】2023年，杭州市新增71所老年学校，提前2年实现市政府提出的乡镇（街道）老年学校全覆盖目标。创建11所省老年教育优质（示范）学校，超额完成省政府民生实事项目。开展老年人智能技术应用培训，充分依托社区教育四级网络、老年教育机构、养老机构、农村文化礼堂、科普教育基地、科普场馆等资源，通过线下为主、线上补充的方式，开展服务2549场次，受服务11.59万人次；开展“三入”（入社区、入户、入养老机构）志愿服务1380场次，受服务5.48万人次；开设长学制班303个，就读3.47万人次。

【**全民终身学习活动周**】2023年11月16日，杭州市暨高新区（滨江）全民终身学习活动周启动。启动仪式以“让学习成为一种生活方式”为主题，由“活力杭州”“韵味杭州”“数字杭州”“美丽杭州”“绿色杭州”5个篇章组成。活动对2023年杭州市“百姓学习之星”、2023年杭州市“终身学习品牌项目”、2023年杭州市老年教育系列项目进行表彰，通过线上直播、线下体验、现场展示的方式进行。活动期间设置“美食课堂、文化课堂、娱乐课堂、健康课堂、生活课堂”5个创意展区、50个独立展台，展示13个区县（市）的终身学习成果。

【**社会人员学历提升**】2023年，市教育局开展全市成人学历教育工作，整体提升社会人员的学历层次和受教育水平。全年完成社会人员成人中等学历提升2.4万人，完成成人大专及以上学历教育提升8.76万人。

（市教育局）

特殊教育

【**概况**】至2023年年末，杭州市建有培智学校13所、聋人学校1所、省属盲校1所、杭州市新苗学校（民政系统）1所、工读学校1所，进一步健全“以特殊教育学校为骨干，以随班就读为主体，以特教班、卫星班和送教上门为补充”的特殊教育发展格局。全市有市级合格资源教室556个（其中市级示范性资源教室119个）、特殊教育“卫星班”19个、特殊教育职教实训基地6个、特殊教育医教结合实验学校7个。全市持证残疾儿童少年学前教育入学率99.6%，义务教育段入学率99.9%，高中段入学率97.6%。

【**第二期特殊教育发展提升行动计划发布**】2023年3月，市教育局等7个部门印发《杭州市第二期特殊教育发展提升行动计划（2023—2025年）》，确定4个方面的重点任务和9个重点推进项目。行动计划明确到2025年，全面建成布局合理、学段衔接、普特互补、普职融通、医教结合的高质量特殊教育体系，打造高质量发展建设共同富裕示范区特殊教育样板。

【**培智学校学生特殊奥林匹克运动会**】2023年11月24—25日，杭州市第十届培智学校学生特殊奥林匹克运动会在建德市严州中学新安江校区举行。来自各区县（市）培智学校的15支代表队、236名运动员参加。运动会分甲（16~21岁）、乙（12~15岁）、丙（8~11岁）3个年龄段和高能力、低能力2个组别，设50米、立定跳远等12个运动项目。

【**特殊教育教学成果**】2023年7月，教育部发布《关于批准2022年国家级教学成果奖获奖项目的决定》，杭州市杨绫子学校主持的《“生涯自立”理念下培智学校劳动育人体系建构与实践创新》、杭州市湖墅学校与浙江师范大学合作的《关键能力导向的孤独症学生融合教育新范式及课堂教学实践》分别获评2022年基础教育国家级教学成果一等奖。8月，教育部办公厅发布首届全国融合教育优秀教育教学案例遴选结果，杭州文汇学校和杭州市丁兰第二幼儿园两个融合教育案例入选。11月，杭州市随班就读教师参加浙江省第三届资源教师基本功大赛，获一等奖2个、二等奖9个、三等奖11个。

（市教育局）

责任编辑　秦文蔚　何　彬

38 文化遗产保护

西湖世界遗产

【概况】2011年6月24日，在法国巴黎召开的联合国教科文组织第35届世界遗产委员会会议上，杭州西湖文化景观被列入“世界遗产名录”，成为中国第41处世界遗产。西湖是全国第一个以文化景观类别申报世界遗产成功的遗产地。

杭州西湖文化景观总面积33.23平方千米。由西湖自然山水、“三面云山一面城”的城湖空间特征、“两堤三岛”景观格局、“西湖十景”题名景观、西湖文化史迹和西湖特色植物六大要素组成。

杭州西湖景观肇始于9世纪、成形于13世纪、兴盛于18世纪，并传承发展至今。在10余个世纪的持续演变中日臻完善，成为景观元素特别丰富、设计手法极为独特、历史发展特别悠久、文化含量特别厚重的“东方文化名湖”。

杭州西湖文化景观是中国历代文化精英秉承“天人合一”哲理，在深厚的中国古典文学、绘画美学、造园艺术和技巧传统背景下，持续性创造的“中国山水美学”景观设计的杰出典范，展现东方景观设计自南宋（13世纪）以来讲求“诗情画意”的艺术风格，为中国传承至今的佛教文化、道教文化及忠孝、隐逸、藏书、印学等中国古老悠久的文化与传统的发展与传承提供特殊的见证。

2023年，杭州西湖风景名胜区管委会按照依法依规保护、全域联动管理、人工巡查和科技监测相结合、科研和宣教促保护的工作总框架，全面开展西湖世界遗产的保护管理工作，西湖文化景观得到良好保护。

【遗产本体要素监测】2023年，杭州西湖风景名胜区管委会完成西湖遗产监测预警体系优化提升，原有地理信息系统、特色植物监测管理系统、游客量监测系统、基础信息系统和六和塔自动监测系统等统一归入西湖文化遗产监测预警系统，实现遗产要素监测核心业务全覆盖，形成“数智中心全支撑、遗产多应用合一”的西湖特色监测体系。持续开展遗产本体要素专项监测和本体病害监测工作，定期出具监测评估报告，为遗产点管理单位提供决策依据。在保护管理方面，形成“1+9+9+58+N”安全风险防控体系，以“四库一平台”的安全感知、快速反应、主动服务、科学决策能力实现对西湖遗产地交通、秩序、安全、环境等对遗产产生影响的复杂问题的数智化治理。

【遗产地保护规划和法律法规更新】2023年，杭州西湖风景名胜区管委会推进《杭州西湖风景名胜区总体规划》《杭州西湖文化景观保护管理规划》修编工作。至年末，新版《杭州西湖风景名胜区总体规划》报送国务院办公厅；《杭州西湖世界文化遗产保护管理规划（2021—2035）》报送省文物局。杭州在西湖总体规划的框架指导下开展全域九大景区控规、全国重点文物保护单位专项规划等编制工作，岳飞墓（庙）、飞来峰造像、西泠印社等全国重点文物保护单位的专项规划公布实施，西湖十景专项保护规划经国家文物局审批；《北山街历史文化街区保护规划》修编工作完成。

制定《西湖文化景观遗产监测管理工作规则》，明确遗产监测管理机构及其相应的职能，遗产监测的范围、对象、方式和内容，以及遗产监测管理和监测预警的运行机制；编制各遗产预警监测对象的监测指导书，指导各单位开展遗产监测工作。出台《杭州西湖风景名胜区文物遗产巡查工作办法（试行）》《关于进一步加强西湖风景名胜区建设项目管理和精细化养护的若干规定》《杭州西湖文化景观遗产影响评估工作规则》等规章制度，规范遗产区建设项目管理、遗产巡查和遗产影响评估等方面的工作。

【遗产保护管理数字化】2023年，杭州西湖风景名胜区管委会开展飞来峰造像数字化考古调查工程，利用最新的多图像三维数字化技术和大地测量技术对首批选取的16龛飞来峰造像进行科学记录和测量，记录其反映的历史、选址、造像、修缮、现状、病害等信息，形成考古调查报告，作为维修、保护、研究及未来展示等工作的科学基础。

【《杭州西湖文化景观2022年度监测报告》获评省优秀报告】2023年，

2023 年 8 月 19 日，西湖文化特使走读湘湖活动举行

（杭州西湖风景名胜区管委会 供稿）

杭州西湖世界文化遗产监测管理中心完成《杭州西湖文化景观 2022 年度监测年度报告》编制，获评浙江省优秀监测年度报告。世界文化遗产监测年度报告是国家履行世界遗产监测义务的重要措施之一，反映世界文化遗产监测的成效，年度报告全面展示杭州西湖遗产监测、保护、管理、研究等各项工作。

【西湖文化特使招募及培训】 2023 年 6 月，第十一届西湖文化特使招募吸纳西湖文化特使 42 人。7 月，开展为期 6 天的西湖文化特使集训营，以世界遗产讲座、实地教学、分小组实践等形式为新一届特使培训，提升西湖文化特使对西湖遗产价值的认知。

（杭州西湖风景名胜区管委会）

运河世界遗产

【概况】 2014 年 6 月 22 日，在卡塔尔多哈召开的联合国教科文组织第 38 届世界遗产委员会会议上，中国大运河被列入“世界遗产名录”。中国大运河由隋唐大运河、京杭大运河和浙东运河组成，沟通海河、黄河、淮河、长江、钱塘江五大水系。大运河（杭州段）被列入遗产河道总长 110 千米，包括富义仓、凤山水城门遗址、桥西历史文化街区、西兴过塘行码头、拱宸桥、广济桥 6 个遗产点及江南运河杭州塘、上塘河、中河、龙山河、浙东运河（杭州段）5 段河道。《杭州市大运河世界文化遗产保护条例》自 2017 年 5 月 1 日起实施。

2023 年，大运河遗产日常巡查监测、标准规范审查、运河水体治理、运河文化研究和宣传、对外交流等工作稳步推进。

【大运河遗产工作标准复审】 2023 年，市运河综保中心组织专家对 2018 年发布并实施的《中国大运河（杭州段）世界文化遗产要素分类、代码与图式》《中国大运河（杭州段）世界文化遗产监测工作规范》两项市级标准开展复审。评审专家一致认为，两项标准仍满足适用性、规范性、时效性、协调性等要求，复审结论均为继续有效。

【大运河遗产监测分析】 2023 年，市运河综保中心完成拱宸桥、富义仓、凤山水城门遗址的专项监测报告。其中，凤山水城门遗址专项监测首次提出针对城墙基础及驳坎沉降、侧墙外鼓及倾斜等监测指标的监测理论预警值，将其作为监测过程的提醒值。利用卫星遥感技术对遗产区、缓冲区的历史数据进行补充收集和分析利用，完成 2016—2022 年大运河（杭州段）遗产范围相关图斑核查工作。

【大运河遗产巡查】 2023 年，市运河综保中心开展运河遗产日常监测巡查 401 次，水环境巡查 60 次，编制巡查简报 12 期，发现并督促整改问题 71 件。制定迎亚运运河水环境专项巡查行动方案，亚运会期间主城区段开展专项巡查 31 次，干流断面每 3 天监测一次，协调解决运河垃圾油污、晴天排水等水环境相关问题 10 个。

【大运河“一河一策”编制】 2023 年，市运河综保中心编制《京杭运河（古运河）杭州段“一河一策”实施方案（2021—2023 年）完成情况评估报告》。2021—2023 年，实施重点项目 165 个，完成投资额 74 亿余元，投资完成率 148%。

【大运河水环境治理】 2023 年 3 月，《京杭运河（古运河）杭州段 2023 年水环境治理计划》《风波港 2023 年水环境治理计划》印发实施，总投资 27 亿元，推进实施综合治理提升项目 88 个。7 月 13 日，2023 年度京杭运河、古运河、风波港河长制工作座谈会召开，会议总结运河治理及河长制工作情况，协调解决运河河岸管护、断面水质提升等难点问题。

【杭州市大运河世界文化遗产保护宣传周】 2023 年 6 月，第六届杭州市大运河世界文化遗产保护宣传周活动举行。宣传周以“同一条运河——2023 年中国大运河杭甬对话活动”为主场活动，开展“走运大会”“运河庙会”“京杭对话”等品牌活动，发布《运河人说》系列主题片、运河文化主题校本课程。其中，《运河人说》系列主题片从运河保护者、传播者的平凡视角解读运河保护的当代使命。

【运河文化研究】 2023 年，由市运河综保中心编制的《江南运河杭州段（含浙东运河杭州萧山段）2022 年度监测年度报告》在浙江省世界遗产监测年会中被评为优秀监测年报。《大型活态线性遗产保护模式研究——以大运河杭州段为例》课题研究推进，完成该课题两项预期成果研究报告和咨政报告的初稿，其成果《杭州工艺美术史》印刷出版。

2023 年 9 月 20—24 日，“看亚运·品风景”全国名山名水名园展在杭州武林之星博览中心举行 （市园文局 供稿）

【数智运河】 2023 年 11 月，数智运河——大运河（杭州段）世界文化遗产数智管理系统完成验收并投入使用。该系统搭建起涵盖遗产档案、本体监测、格局风貌、水体保护、监测填报、巡查管理、处置管理、遗产影响评价等运河遗产数智治理体系，通过跨层级跨部门信息共享，实现对遗产要素本体保护状态科学管控、影响因素及时防控，系统解决大型活态遗产多部门、跨区域管理背景下世界文化遗产保护管理措施精准落实问题。

【运河宣传活动】 2023 年 9 月 20—24 日，“看亚运·品风景”全国名山名水名园展在杭州武林之星博览中心举行。由市运河综保中心设计策划和制作的展陈，获“展馆设计金奖”“最佳组织奖”“最具创意奖”3 个奖项。11 月 13 日，2023 年中国大运河文化带京杭对话暨北京（国际）运河文化节开幕式·主论坛在北京举行。活动以“传承运河文化 赋能美好生活”为主题，由北京市人民政府新闻办公室、浙江省人民政府新闻办公室、杭州市人民政府、中国新闻社、世界运河历史文化城市合作组织（WCCO）“五方合作机制”共同主办，市运河综保中心受邀参加“京杭对话”学术会议并作主旨发言。

（章珠裕 连亚娜）

良渚古城遗址世界遗产

【概况】 2019 年 7 月 6 日，在阿塞拜疆巴库召开的联合国教科文组织第 43 届世界遗产委员会会议上，良渚古城遗址被列入“世界遗产名录”。2023 年 12 月，浙江省文化和旅游厅公布“第二批文化标识建设创新项目”，“良渚文化”项目入选。

全年良渚古城遗址公园接待游客 100 余万人次，获 2020—2022 年度国家考古遗址公园联盟年度人气推荐奖、社会活动组织推荐奖、志愿者之友奖，入选首批 100 个“长三角人文经济典型案例”，入选 2023 年杭州市民日最具品质体验点、杭州市第二课堂活动基地等。

【良渚遗址考古与研究】 2023 年，杭州良渚遗址管委会制定《良渚遗址和鲤鱼山—老虎岭水坝遗址保护总体规划》，获国家文物局批复原则同意。联合省文物考古研究所申报潮湿环境土遗址考古与保护国家文物局重点科研基地，并晋级终评。《世界文化遗产档案管理标准化研究——以良渚古城遗址档案为例》获 2023 年度国家档案局优秀科技成果奖励三等奖。与南方科技大学合作开展“良渚博物院（良渚研究院）院藏玉器成分数据采集与分析”项目；与河北师范大学历史文化学院合作开展“良渚博物院（良渚研究院）良渚文化玉器切割实验考古研究”，与浙江大学艺术与考古学院合作开展“良渚博物院（良渚研究院）藏石锛研究”；与省文物考古研究所合作开展的“南方潮湿环境土遗址与石灰岩造像综合保护技术研究与应用示范”项目被列入省科技厅“尖兵”“领雁”研发攻关计划重大专项。

【“良渚遗址 5000+”数智应用升级】 2023 年，杭州良渚遗址管委会升级完善“良渚遗址 5000+”数智应用，浙政钉端上线图斑比对、项目踏勘、农户建房、遗址维护等功能模块，全年核查变化图斑 4 批次 148 项、采集农户建房信息 2 批次 185 户、录入历史建设项目 552 个。“加强良渚遗址保护传承和活化利用”集成改革成果获中央全面深化改革委员会办公室专篇刊登、全国印发；“构建良渚遗址保护传承和活化利用机制”获 2022 年度浙江省改革突破奖提名奖、2022 年度杭州市改革创新最佳实践案例特等奖。该应用聚焦大遗址保护利用全生命周期，通过数字孪生、神经网络、空间资源分析、AI 识别等技术，使用视频、无人机、虚拟周界、微振动等监测手段，构建 1 个驾驶舱、4 个子场景、11 个功能模块，风险主动预警准确率在 90% 以上，文物前置审批平均用时缩短 50% 以上。

【西门市集入选省重点培育文旅市集名单】 2023 年 9 月 22 日，良渚古城遗址公园西门市集入选浙江省首批重点培育文旅市集名单。西门市集以良渚文化的传播与活化应用为核心目标，打造文化、商业、艺术、娱乐、旅游跨界融合的创新型市集，使良渚文化在市集场景中进行演绎和活化应用，让游客在休闲氛围中体验良渚文化。至年末，西门市集举办 6 场，接待游客超过 10 万人次，营业收入超过 60 万元。

【良渚古城遗址水利系统入选省重要水利工程遗产资源名录】 2023 年 10 月，省水利厅公布首批浙江省重要水利工程遗产资源名录，良渚古城遗

2023 年 4 月 12 日，2023 年国际古迹遗址日主题论坛在良渚举行
（杭州良渚遗址管委会 供稿）

址水利系统入选。良渚古城遗址水利系统的影响范围约 100 平方千米，由谷口高坝、平原低坝和山前长堤等 11 条人工坝体和天然山体、溢洪道构成，是全国迄今发现最早的大型水利系统、拦洪大坝工程，体现中国早期城市与水利工程的整体规划能力。

【良渚遗址入选国家文物保护利用示范区创建名单】 2023 年 11 月 21—23 日，国家文物保护利用示范区创建工作现场会在上海召开，良渚遗址入选第二批国家文物保护利用示范区创建名单。创建范围包括良渚遗址重点保护区、一般保护区、建设控制地带、环境控制区，总面积 161.59 平方千米，创建周期为 3 年。

【良渚古城纪录片参加香港国际影视展】 2023 年 3 月 13—16 日，由杭州良渚遗址管委会联合华数求索纪录频道摄制出品的良渚文化微纪录片《我家城墙五千岁——良渚古城土遗址保护实录》先导宣传片参加第二十七届香港国际影视展。该纪录片向公众传播良渚对世界文化遗产的创新性保护理念，是探秘南方潮湿环境下土遗址保护的系列微纪录片。

【遗址博物馆与中华文明探源论坛】 2023 年 3 月 30 日，由中国文物报社、浙江省文物局、杭州良渚遗址管委会联合主办的“遗址博物馆与中华文明探源论坛”在良渚举行。活动邀请全国 60 余名遗址博物馆工作者和专家学者，围绕“遗址博物馆与中华文明探源”主题进行交流研讨。

【国际古迹遗址日主题论坛】 2023 年 4 月 12 日，由中国古迹遗址保护协会、杭州良渚遗址管委会联合主办，良渚博物院（良渚研究院）、杭州良渚古城遗址世界遗产监测管理中心承办的“创享过去的未来：变革中的考古遗产保护利用”国际古迹遗址日主题论坛在良渚古城遗址公园良渚国际研学中心举行。论坛期间，与会代表商议形成关于推动成立中国古迹遗址协会考古遗产管理专业委员会联合提议，促进考古遗产保护管理前沿探索，扩大中华文化国际影响力。

【中希文明对话活动】 2023 年 7 月 6 日，良渚与世界——“良渚古城·雅典卫城”中希文明对话活动在余杭区良渚举行。活动期间，开展“主旨演讲”“圆桌对话”“学术分享会”等对话交流，举办现场采风、雅典卫城摄影展等配套活动。活动被 100 余个国内外媒体报道，网络传播量超过 1 亿次。

【良渚生活美学工程·色彩研究应用发布会】 2023 年 7 月 10 日，“研色丨良渚生活美学工程·色彩研究应用发布会”在杭州良渚古城遗址世界遗产监测管理中心举行，会上发布经典良渚核心色彩并启动“良渚生活美学工程·色彩研究应用成果展”。8 个“良渚核心色”分别为鸡骨白、琮黄、玉沁黄、璧青、雾灰、泥陶粉、炭稻黑、抱玉朱，色彩带有鲜明的中国东方美学特征，与良渚文化的代表文物呼应。

【《良渚文献集成（良渚考古发掘史料集成）》出版】 2023 年 9 月 23 日，良渚博物院（良渚研究院）主编的《良渚文献集成（良渚考古发掘史料集成）》由浙江古籍出版社出版，该书集中呈现良渚遗址发现、发掘过程及考古成果。《良渚文献集成（良渚考古发掘史料集成）》隶属于《杭州全书》，项目自 2016 年立项，全书分 10 册，其中浙江 4 册、江苏 4 册、上海 1 册、其他地区 1 册，总字数超过 500 万字，该书收录《东方杂志》《中国美术会季刊》《科学通报》《文物参考资料》等 20 余种报纸杂志的资料内容。

【《国家考古遗址公园》邮票发行】 2023 年 10 月 17 日，由杭州良渚遗址管委会、中国邮政集团有限公司杭州市分公司主办的良渚《国家考古遗址公园》邮票发行仪式在良渚古城遗址公园西门举行。邮票采用胶雕套印工艺印制，每套规格为 50 毫米 ×30 毫米，每张 12 枚，全套邮票面值 4.80 元，计划发行数量 701.7 万套。良渚《国家考古遗址公园邮票》图案选取的文物为三叉形器，是良渚时期高规格的玉礼器，三叉形器背后为良渚文化的神徽图案。

【“良渚”中华文明全球青年分享会】 2023 年 12 月 3 日，由浙江广播电视集团海外中心（国际频道）、联合国教科文组织驻华代表处、“良渚文化青年传播计划”联合发起人，以及来自全球各地的高校青年学生代表联合发起的“良渚”中华文明全球青年分享会在元宇宙空间召开。该活动以良渚文明为主题，通过“对话良渚”“寻宝良渚”“飞跃良渚”等环节，探讨中华文明的起源与发展之路。

【良渚古城土遗址保护纪录片播出】2023年12月12日，由杭州良渚遗址管委会与华数求索纪录频道联合出品的探秘潮湿环境土遗址保护纪录片《我家城墙五千岁——良渚古城土遗址保护实录》在华数互动电视、求索纪录频道、华数TV、杭州地铁电视播出。纪录片有《合璧》《齐心》《纳新》《薪传》《与归》《血脉》6集，从良渚古城土遗址本体修复、生物病害防治、安全巡防、“良渚遗址5000+”数智应用、社教讲解、游客体验等方面，展示地处江南潮湿环境下的良渚遗址范围保护工作。

【良渚文创产业】2023年，杭州良渚遗址管委会新增自主研发文创产品88款，联名37款，线下开设良渚古城遗址公园南出口店、西入口店和良渚文创瓶窑老街店，线上登录“学习强国”学习平台。良渚神徽黄金饰品获评第二届全国文化创意产品推介活动“优胜文创产品”，良渚文化金属书签获评第二届全国文化创意产品推介活动“终评推荐文创产品”，良渚王国系列盲盒获“2022年浙江省博物馆文创产品大赛”金奖。

（祝杭俊）

非物质文化遗产

【概况】2023年，杭州市出台《关于建设高水平“非遗强市”打造新时代非物质文化遗产保护城市范例的实施意见》，引导、推动非物质文化遗产高质量发展。开展杭州市国家级非物质文化遗产代表性传承人年度传承情况评估、传统工艺存续状况试点评估工作，开展第六批市级非物质文化遗产代表性传承人推荐工作。14个项目入选第六批省级非物质文化遗产代表性项目名录。至年末，杭州市入选联合国教科文组织人类非物质文化遗产代表作名录5项（7个子项）；入选国家级非物质文化遗产代表性项目名录48项；入选省级非物质文化遗产代表性项目名录198项，入选数量居全省第一位；入选市级非物质文化遗产代表性项目名录428项。入选国家级非物质文化遗产代表性项目代表性传承人34人、省级非物质文化遗产代表性项目代表性传承人230人、市级非物质文化遗产代表性项目代表性传承人388人。

【杭州市非物质文化遗产保护发展指数居全省首位】2023年7月，省文化和旅游厅发布《浙江省非物质文化遗产保护发展指数评估指标数据（2022年度）》，杭州市在全省11个设区市中居第一位，拱墅区、余杭区、上城区、萧山区、临平区5个区进入全省县（市、区）非物质文化遗产评估数据总得分前10名。该指数评价体系包含非物质文化遗产保存保护、传承传播、组织体系、创造创新4个方面67个具体评估指标，较为全面地反映一个地区非物质文化遗产保护工作的基本情况。

【非物质文化遗产载体建设】2023年，上城区等7个区县（市）入选浙江省“非物质文化遗产助力共同富裕”试点地区名单，入选数居全省第一位。王星记文化创意产业园等4个单位入选浙江省首批非物质文化遗产体验基地（创建）名单，“江南本草”等4个传统工艺工作站入选第二批浙江省省级传统工艺工作站（创建）名单，“胡庆余堂中药”等39个非物质文化遗产工坊入选第二批浙江省省级非物质文化遗产工坊（创建）名单，入选数居全省第一位。命名首批市级传统工艺工作站6个、市级非物质文化遗产工坊53个，“创建非物质文化遗产工坊，助力乡村共富”案例入选杭州市争当浙江高质量发展建设共同富裕示范区城市范例最佳实践（第二批）名单。

【“文化和自然遗产日”活动】2023年6月9日，“文化和自然遗产日”杭州市系列活动启动仪式在拱墅区亚运体育公园举行。活动以“相约亚运·乐享非物质文化遗产”为主题，由“相约亚运·非物质文化遗产共芳茗”“相约亚运·非物质文化遗产筑健康”“相约亚运·非物质文化遗产话共富”“相约亚运·非物质文化遗产新势力”等板块组成，66个非物质文化遗产项目、150余名传承人参加活动。中央广播电视总台新闻频道等30余个主流媒体对活动进行报道，非物质文化遗产工坊直播在线观看量约90万人次，线上和线下销售总额500余万元。

【非物质文化遗产服务亚运会】2023年，杭州市40余项非物质文化遗产项目参与杭州第19届亚运会开幕式演出、贵宾接待、亚运村、媒体中心、亚奥理事会大家庭饭店接待的展示体验。开幕式现场，“富阳竹纸”作为亚运会开幕式线装节目单用纸亮相，杭州小热昏、余杭滚灯作为暖场节目展演。国际贵宾欢迎晚宴上，中国传统制茶技艺（西湖龙井）等6个非物质文化遗产项目参与宴前展示交流。在开幕式主会场贵宾厅，浙派古琴艺术传承人向主席台各国领导人演绎浙派琴曲《高山》《流水》等曲目。在亚运村，44个杭州非物质文化遗产项目进驻文化屋，开展静态展示及动态体验活动。在亚奥理事会大家庭饭店，20余个杭州非物质文化遗产项目在酒店内与国外来宾进行展示互动，在9月29日晚举办的“日出东方·月圆亚运”2023年西湖中秋赏月雅集上展示。在亚运会主媒体中心展厅展示“丝、茶、瓷、印、伞、扇”等传统文化。

【“非物质文化遗产+”推广】至2023年年末，杭州非物质文化遗产“抖音”新媒体矩阵拍摄非物质文化遗产项目150余个，总播放量60余亿次，点赞量1.38亿次，关注人数900余万人。在“抖音”平台创建的非物质文化遗产话题——“奋进新征程迎接亚运会”参与量4783.7万人次、“我在杭州等您来”参与量2074.5万人次、“全民艺术迎亚运”参与量1066.3万人次，在“抖音”上开通的专题“跟着非物质文化遗产学手艺”播放量592万次。《构建非物质文化遗产+宋韵标识体系，打造精神共富体验高地》入选新华网2023年文化和旅游高质量发展典型案例，“杭城千年古都文脉非物质文化遗产奇妙游”入选中国旅游报社“2022中国非物质文化遗产主题旅游线路”。

【非物质文化遗产研究培训】2023年，杭州市非物质文化遗产保护中心面向传承人群，开展绿茶制作技艺（西湖龙井）、滑稽戏、白蛇传传说等非物质文化遗产项目的传承人群培训班，培训传承人群1000余人次。面向社会人群开设春、秋季非物质文化遗产免费培训班216班（次），培训学员3215人次。在杭州市党群服务中心“杭州非物质文化遗产大师工作室”开设非物质文化遗产传习班，培训学员3220人次。编撰出版《“城市记忆”杭州市非物质文化遗产丛书·民间文学卷》《欣于所遇·中日韩名家书法篆刻邀请展作品集》《孤山印证》等非物质文化遗产类书籍25册。

（陈睿睿）

西泠印社

【概况】西泠印社创立于清光绪三十年（1904年），是中国成立最早的金石篆刻专业学术团体。西泠印社秉承“保存金石、研究印学、兼及书画”的宗旨，在国际印学界享有崇高地位。至2023年年末，西泠印社有在册社员514人（其中名誉社员43人），分布于全国26个省（自治区、直辖市）和中国香港、澳门、台湾地区，以及美国、日本、韩国、新加坡、马来西亚、法国、瑞典、加拿大等国家。

【亚运系列活动】2023年，西泠印社与中央广播电视总台共同举办“亚运风采”篆刻文字与图形印记作品展。展览采用“古今玺印史”与“世界印章史”双轨式展览，以“亚运风采”为主题，将亚运文化与印学文化有机结合。亚运会赛事期间，组织在亚运大家庭饭店和贵宾驻地开展金石篆刻（西泠印社）非物质文化遗产静态展示和动态展演。

【癸卯春季雅集】2023年4月14—17日，西泠印社春季雅集在宁波举行，社员及各界来宾近200人出席。同期举办“情系西泠——西泠印社宁波籍社员作品展”，举行雅集笔会和“西泠印社建社以来印学研究流变与未来方向”专题学术研讨会。

【西泠印社建社120年系列活动】2023年11月10—14日，西泠印社庆祝建社120年系列活动在杭州举行，其间举办5场会议、5场展览及3场研讨会，正式社员330人及海内外嘉宾近200人出席。活动收到包括中国文学艺术界联合会、中央广播电视总台等国家级机构和团体，部分省（自治区、直辖市）文联、书法家协会、美术家协会，浙江大学、中国美术学院等各大艺术院校，以及海内外印社等机构、团体、个人的贺信贺电102封。

【“百年百事百印”主题篆刻项目】2023年，西泠印社与中国共产党历史展览馆推出“百年百事百印”主题篆刻项目。选择党史上有代表性的重大事件、重要会议、重要精神、名言金句等内容，反映中国共产党成立以来的奋斗历程，邀请在全国篆刻领域具有较高水准和较大影响力的社员创作印章102方，于9月移交中国共产党历史展览馆收藏。

【“金石宋韵”篆刻主题展】2023年4月1日至5月3日，“方寸间·颂风雅”——西泠印社“金石宋韵”篆刻主题展在中国印学博物馆和西泠印社孤山社址遁庵举行。展览围绕“宋韵文化”及其有代表性的文化艺术标识，展出“忠义·家国情怀”“文治·士人盛世”“盛学·百家争鸣”“创新·百工竞巧”“情致·文艺雅玩”5个方面内容的篆刻作品56方。

【“茶文化”主题创作】2023年，西泠印社与中国国家版本馆杭州分馆合作开展“茶文化”主题创作。邀请180名西泠印社社员以宋代茶文化中的茶叶品种、茶具、文人雅趣、茶俗、茶点、别称等为主要内容，创作印章180方，反映宋代茶文化的历史底蕴和文化精神。印章于7月移交杭州国家版本馆收藏。

【西泠公益文化活动】2023年，西泠印社开展“五进”活动50余场次。在原有中小学篆刻社团的基础上，协助杭州高级中学钱塘校区创建篆刻社团，协助5个中小学校开设篆刻、书法社团课。与拱墅区教育局等协作，联合中国印学博物馆在拱墅区13个中小学“运河少年”书画院分部成立“中国印学博物馆第二课堂馆校”共建实践基地。“西泠公益行”到海南三亚、山东临沂、甘肃兰州开展活动，涵盖书画篆刻展览、专题讲座等板块。在三亚学院、临沂大学、沂蒙山区等地开展讲座、艺术创作等公益活动。

【学术成果与社员名录汇编】2023年，西泠印社举办第七届“孤山证印”学术研讨会，参会150余人，出版上下两册《西泠印社第七届“孤山证印”学术研讨会论文集》。完成《社员名录》编印，对建社120年来的848名社员的基本信息、签名、代表作品、艺术简历进行收集、编辑、核实，汇编《社员名录》。

【“西泠学堂”系列活动】2023年，“西泠学堂”项目重启杭州暑期深度文化游活动，组织首届“西泠杯”香港青少年书画篆创作大赛获奖学生，以及国家艺术基金——西泠学堂书画篆艺术人才培养项目师生，于西泠印社举办“书画江南 艺缘西泠——香港西泠学堂书画篆艺术作品展”。举办“西泠杯”全港青少年书画篆创作大赛、第二届“西泠杯”全港青少年书画篆创作大赛颁奖典礼暨优秀作品展、西泠学堂书画篆艺术领军人才优秀作品展（澳门站）、校长论坛等活动。组团到香港考察“西泠学堂”教学成果，参加“东学西渐，播芳六合——中国传统文化的国际交流与传播”主题论坛，西泠印社副社长兼秘书长在香港主讲“西泠印社与‘大印学’”公开课。

【文物资料收藏与交流】2023年，西泠印社推进文物资料收藏与交流。组织征集战国、秦汉玉印4枚；接收10余名个人捐赠藏品140余件（组）；接收社员捐赠艺术资料及自创作品600余件（组），完成藏品保护、装裱174件。全年策划执行、合作主办、支持出借展览38个，应用社藏文物及资料实物1800余件（组）。组织“西泠印社社藏菁华展”“西泠印社捐赠菁华展（2019—2023）”“吴隐‘百年印魂’展”“百年印社千秋印学——西泠印社建社120年艺术展暨藏品展”“西泠仁风——精品书画扇展”“孤山仰止——西泠印社藏金石书画精品展”“以古为名:从中原到江南”“笔法常法 雅丽丰繁—任伯年绘画作品展”“朗姿玉畅——赵之谦特展”等展览活动。

【孤山特色展览及研学活动】2023年，西泠印社依托孤山社址，举办“西泠‘她’时代系列展览活动”“铭刻中原——河南印社藏中原古代金石铭刻展”“沙孟海和他的朋友圈——沙孟海书学院院藏沙村师友书迹特展”“虞山印宗——赵古泥篆刻作品展”等展览13场。完成中央广播电视总台、杭州亚组委、杭州亚残组委、“学习强国”学习平台、浙江卫视、法国电视台等摄制组近40次拍摄任务，完成“宗师列传·唐宋八大家”“亚运会和亚残运会开（闭）幕式短片”“跑男上孤山”等节目的录制。在孤山社址开展西泠研学“春消息——西泠寻梅落墨香”“君子好遁——华严风铃响春仲”“文泉有声——瑶琴悠悠话西泠”等传统艺术技法体验活动和“湖上题襟——西泠印社国际人文交流”“我眼中的中国——国际交流活动”等国际交流活动31场次，参与学员700余人次。

【合作办展】2023年，西泠印社与各地政府部门和文化团体合作举办各类活动和展览近50场。以西泠印社建社120年为契机，在国内外举办各类预热展览33场。支持海内外印社及文化艺术团体在当地举办各类文化艺术活动，覆盖黑龙江、重庆、贵阳、上海、澳门特别行政区等地及马来西亚等国家。支持各地社员举办艺术展览，在沈阳、杭州、重庆、四川、黑龙江、湖南、贵阳等地区及日本等国家举办各类展览10余场。

【期刊出版】2023年，《西泠艺丛》出版《高式熊艺术创作研究》《“一带一路”印学研究》《徐无闻书法篆刻研究》《宋淳化阁帖传拓与典藏研究（下）》《印学传播研究》《敦煌书法风格研究》《济宁汉碑研究》《亚洲印学论坛论文选粹》《庆祝西泠印社建社120年》《“西泠印社建社以来印学研究流变与未来方向”专题研讨会论文选粹》《谢磊明艺术创作研究》《第七届“孤山证印”学术研讨会论文选粹》等专辑12期。入展“第二十九届北京国际图书博览会期刊精品展”；获评国家哲学社会科学文献中心2022年度艺术学最受欢迎期刊；与“博看网”数据库开展数字化合作，获“2023年度出版融合优秀案例奖”。

【对外宣传加强】2023年，西泠印社建社120年社庆活动期间，央视新闻客户端策划直播活动1场、“浙江宣传”发布《方寸之间如何做大文章》，阅读量超过10万人次，与中央广播电视总台、浙江卫视、杭州亚组委等合作，拍摄、录制西泠印社建社120年特别活动和《奔跑吧》《金石中国心》《亚运不一young的杭州》《湖山雅集》及《遇见浙江》第2期——西泠潮涌、庆祝西泠印社建社120年“金石今声”专访等节目，视频播放量443.9万次，相关话题阅读量2.97亿人次。完成社员纪录片《徐家昌》《吴颐人》摄制。

【中国印学博物馆】2023年，中国印学博物馆接待参观18.3万人次，举办各类临展15个。到江苏省常州市金坛区、浙江省平湖市等地举办“印之爱”篆刻艺术宣教活动6场。组织参与各类研学活动40余场，与15个中小学校建立第二课堂馆校共建实践基地。开展对外宣传，发布各类展览与活动宣传推广27期、云展厅24期、“西泠印社”微信视频号13期，相关展览活动被专业媒体报道40余篇。与钱塘江诗词馆签订共建协议，以“博物馆结对共建”为载体，推进文化共富，助力乡村振兴。

（西泠印社社委会）

【西泠印社集团稳步发展】西泠印社集团成立于2008年，是市属一级国有文化产业集团。集团旗下有10余个全资、控股参股子企业（单位），形成以拍卖、出版、文创3个板块为龙头，以西泠印社美术馆、艺术品鉴定评估中心、西泠非物质文化遗产中心等公益平台为学术支撑，集展览展示、拍卖交易、图书出版、创作设计、非物质文化遗产传承等于一体的艺术品产业链。2023年，西泠印社集团拍卖、出版、文创等业务均稳步增长，合并营业收入比上年增长14.2%，获“2023年浙江省服务业行业领跑企业”称号。杭州西泠印社有限公司通过商务部“中华老字号”首次复核，非物质文化遗产中心入选省级非物质文化遗产工坊，西泠艺苑获批省级“微改造，精提升”示范点。

【西泠拍卖市场份额行业领先】2023年，西泠印社拍卖有限公司举办2022年秋季拍卖会、2023年春季拍卖会、2023年秋季拍卖会，每月大拍和每

2023年12月23日，“西泠印社二〇二三年秋季拍卖会”在杭州国际会议中心洲际酒店举行

（西泠印社集团 供稿）

日网拍成交踊跃，总成交额27.97亿元。11月，中国拍卖行业协会发布《2022中国文物艺术品拍卖市场统计年报》，西泠印社拍卖有限公司实收拍品款、实收佣金、主营业务利润居全国文物拍卖企业前三位。

【西泠出版经营业绩增长】2023年，西泠印社出版社实现营业收入1.13亿元，承办第五届中华经典诵写讲大赛"笔墨中国"汉字书写大赛，入选"2023中国图书海外馆藏影响力出版100强"。全年申报选题726个，出版新书378种，重印图书116种，《中国珍稀印谱原典大系（第二编）》入选"十四五"国家重点出版物出版规划增补项目，《黄小松辑释吉金拓本》入选2023年度国家古籍整理出版资助项目，《封泥考略·点校本》获全国古籍出版社年度百佳图书（2022年）一等奖、第32届浙江树人出版奖图书奖，《萧山家谱资料选编·序言卷》获全国古籍出版社年度百佳图书（2022年）二等奖，《古琴名谱集珍》（第三期）入选2023年度中华民族音乐传承出版工程精品出版项目，《王福盦印稿全集》获第32届"金牛杯"优秀美术图书银奖。

【西泠文创运营模式优化】2023年，西泠文创板块实现销售额1.96亿元。孤山社址和龙游路体验店等重点直营场所营业收入保持稳步增长，文创公司拓展线下交通枢纽渠道店铺8个。电商板块拓展成效明显，文创公司天猫"西泠旗舰店"和抖音"西泠印象旗舰店"单店销售额超过1000万元，艺术公司微拍堂和抖音店铺组织艺术品直播活动500余场，成交额超过1300万元。完成国家博物馆馆藏文物产品开发、故宫文具产品联合开发、世界互联网大会乌镇峰会宣传品"十年印象"主题设计和制作等项目。实施杭州地铁员工入职十周年纪念章项目、建德航空康养小镇酒店项目、杨晨传媒艺术品配置项目、浙江交工集团空间设计项目。文创产品入选文化和旅游部第四届中华设计大展和中央广播电视总台联合国总站"何以文明"全球巡展·联合国特展，获浙江省、市特色伴手礼，"梦溪杯"宋韵文化创新大赛银奖，"最国潮"——杭州市第二届"杭城迹忆"文创设计大赛优胜奖。文创公司获"浙江文创奖——传统文化复兴奖"。

【亚运会文化服务】2023年，西泠印社集团"品牌产品聚力亚运"做法入选第七届杭商品牌案例，下属企业、单位共同承办杭州第19届亚运会主媒体中心展陈、艺术雅集活动与迎亚运系列活动54场次。文创公司运用杭州第19届亚运会特许生产企业、特许零售企业资质，合计研发亚运徽宝、大铜章等系列产品132款，"薪火"火炬系列产品、亚运徽宝系列产品入藏中国国家版本馆。开拓亚运门店12个，召开特许商品发布会15次，亚运特许产品销售收入1888万元。参与亚组委倒计时100天系列快闪"清河夜游卷"活动，完成亚运会、亚残运会开（闭）幕式观众礼包重大项目，获杭州亚运会、亚残运会先进集体、杭州奥体中心体育场亚运赛事优秀服务保障单位。出版《从新德里到杭州——七十二年亚运路》。举办"美在西泠，喜迎亚运——西泠印社社员作品网展"23场，举办"精拓神韵·喜迎亚运""拓墨有神·喜迎亚运"非物质文化遗产传拓体验活动16次。

【西泠印社120年社庆活动】2023年，西泠印社集团开展以"百廿风华"为主题的"翰墨华章""产业寻踪""今人说社史"等系列活动，建设产业发展陈列室，举办"西泠清芬"社员捐赠展4场，编辑《播芳六合》艺术专刊7期。出版社庆系列书籍6本，推出社庆《印记》纪念礼盒等社庆主题文创产品。

【文化空间运营探索】2023年，西泠印社集团与拱墅区签署西泠·武林美术馆项目合作协议，组建杭州西泠数智文化产业有限公司，推进初步设计、功能布局、招商测试等工作。西泠书房多点布局，重庆市渝中区、淳安县、宁波市奉化区等3个西泠书房平稳运营，新签约河南省滑县西泠书房1个。

【品牌影响力提升】2023年，西泠印社集团策划"先生归来——吴隐和他的时代"系列活动，出版《先生归来——吴隐和他的时代》作品集，刊发信息阅读量近100万次。组织第六届"西泠春运会"，将10万副春联、"福"字送至杭州13个区县（市）、合作单位、重点项目现场，邮寄到对口帮扶地区。举办"百廿风华，美美与共——西泠印社文化惠民进政协新时代协商民主实践中心活动月"活动、"马叙伦与国歌"主题艺术活动。签约友好美术馆4个，开展对口支援地区助学采风公益活动；开展非物质文化遗产技艺"五进"推广活动35次。推动国家文物局民间文物鉴宝活动试点，开展活动11场。第12年承办"期颐之贺"项目，赠送百岁老人专属姓名印章360枚。《印·信·廉》微视频在"学习强国"杭州学习平台和"清廉杭州"视频号播放。

（来　奇）

责任编辑　孙晟珂　袁啸马

39 文化事业

公共图书馆

【概况】至2023年年末，杭州市有1个市级公共图书馆、12个县级公共图书馆、191个乡镇（街道）图书馆、2971个村（社区）图书馆（室）。其中，纳入通借通还系统的乡镇（街道）图书馆191个、村（社区）图书馆（室）2685个。在第七次全国县级以上公共图书馆评估定级中，杭州市13个县级以上公共图书馆全部获评国家一级图书馆。

【援建项目“葭萌书房”揭牌】2023年，根据杭州市东西部协作四川省广元市昭化区天雄村教育帮扶工作需要，杭州图书馆开展调研，了解广元市昭化初中、昭化小学、天雄村幼儿园3所学校建设情况及文献需求，挑选1万册馆藏文献，援助当地完成“葭萌书房”建设。6月7—8日，杭州市党政代表团到广元市对接东西部协作工作。其间，“葭萌书房”揭牌。

【合唱助力全民美育论坛】2023年6月9—11日，由中国合唱协会、杭州市文化广电旅游局指导，杭州图书馆、杭州市慈善总会、浙江省合唱协会共同主办的“2023合唱助力全民美育论坛暨青年指挥家训练营”在杭州图书馆举行。论坛（训练营）邀请12名专家学者围绕“文艺赋美”“全民美育”“合唱赋能乡村振兴”等主题开展授课、对话及研讨等活动，1200名合唱指挥及音乐工作者参与，来自全国30个省（自治区、直辖市）的350名基层音乐老师参加。

杭州市援助四川省广元市昭化区建设的“葭萌书房”（摄于2023年）
（市文化广电旅游局 供稿）

【杭州图书馆与澳门大学图书馆缔结友好馆】2023年6月27—30日，杭州图书馆和澳门大学图书馆在澳门大学展馆签署合作协议，确定两馆友好合作关系的建立。初步达成“杭州之窗”项目合作意向，旨在通过“杭州之窗”项目向澳门大学师生及市民读者推介杭州的人文历史、自然风景等，展现城市形象。

【杭州图书馆合唱艺术中心少儿团获佳绩】2023年7月14—17日，杭州图书馆合唱艺术中心少儿团获第四届上海（国际）童声合唱节金奖。亚运会期间，受杭州亚组委邀请录制亚运会主题曲《同爱同在》童声合唱版，并在亚运会前夕发布。

【“韵味杭州”主题展】2023年9月16日，杭州图书馆和国际友好馆米兰公共图书馆共同举办的“韵味杭州”主题展览在意大利米兰开幕。展览为期两个半月，分线上和线下两部分，线下主要展出杭州图书馆赠送的反映杭州风貌和地方文化特色的图书和文创产品，线上通过与西湖、手工艺等有关的主题图片和外国友人讲述的“我的杭州故事”系列视频作品，呈现杭州城市风貌和地方文化特色。

【中国—中东欧国家图书馆联盟馆长论坛】2023年10月21—24日，由文化和旅游部国际交流与合作局指导，中国—中东欧国家图书馆联盟秘书处（设在杭州图书馆）主办，南京图书馆承办的第三届中国—中东欧国家图书馆联盟馆长论坛举行。来自匈牙利、塞尔维亚、阿尔巴尼亚、克罗地亚、北马其顿、罗马尼亚、斯洛文尼亚7个中东欧国家的10个公共图书馆，以及国内23个省（自治区、直辖市）共45个省（自治区、直辖市）、市级公共图书馆的馆长和专家学者参会。

【“中国阅读”图书推荐书目发布】2023年12月19日，“期期新禧，阅悦生辉”——第六届“中国阅读”图书推荐书目发布仪式在杭州图书馆举行。推荐书目新增“人工智能”大类，推出10种探索未来科技与人类社会相互关系的书籍，首次采取联合推广模式，全国23个省（自治区、直辖市）的78个图书馆成为首批联合推广单位。

【“一秒入宋画·宋韵体验之旅”活动】2023年4月22日，由杭州图书馆联合杭州市人民对外友好协会办公室共同策划的“一秒入宋画·宋韵体验之旅”第二季活动启动。活动贯穿全年，共举办4期，结合杭州图书馆馆藏文献《宋画全集》中有关体育的内容，分别推出“蹴鞠”“捶丸”“射箭”“木射”等运动的体验活动，邀请在杭外国友人参与，配合专家讲解和指导老师演示，展现民族传统体育文化。

【杭州图书馆亚运文化空间推广活动】2023年，位于杭州图书馆三楼的亚运文化空间通过“亚运文化系列展览”“亚运真人图书馆”“亚运美学文化”三大主题，举办访谈沙龙和配套展览。以线上和线下互动推广，吸引49万余人参与，传播亚运精神，营造亚运氛围，被评为浙江省公共图书馆“十佳阅读推广案例”。

【邻里阅读空间建设】2023年，杭州图书馆牵头、各区县（市）图书馆联动、浙江省文澜图书馆事业基金会支持推进邻里阅读空间建设。新增邻里阅读空间70个，累计建成90个，培育邻里阅读空间志愿者2000余人，修订完善《“邻里阅读空间”项目建设和服务规范》《邻里阅读空间读者使用手册》等制度。8月，该项目被列入杭州市十四届人大常委会第十三次会议通过的《关于促进全民阅读建设书香杭州的决定》。

【杭州图书馆新媒体获评奖项】2023年，市文化广电旅游局微信公众号在第二届全民阅读大会上获评“第七届大众喜爱阅读的新媒体号”，入选公共图书馆网络影响力前10名。微博被浙江省委网信办、杭州市委网信办分别评为“2023年浙江省网络文明建设百佳成果‘走好网上群众路线’优秀账号”和2023年度走好网上群众路线成绩突出新媒体账号。

【《行在·杭州》出版】2023年，市文化广电旅游局会同合作单位完成《行在·杭州》图书编辑出版工作。该书收录18篇有关杭州历史、人文、景观的文章，展现杭州的历史脉络和文化故事，于1月8日在市文化广电旅游局举办的“祥龙开运，福满杭州——‘文旅迎新春’活动周”启动仪式上首发。

【《中国合唱世界2021—2023》出版】2023年，由杭州图书馆牵头编撰的中国（杭州）合唱指挥大会会刊《中国合唱世界2021—2023》出版。该刊由16名国内音乐艺术家担任编审专家。全书分上、下两册，收录首届和第二届中国（杭州）合唱指挥大会获奖论文26篇、获奖作品43首，另有名家杂谈10篇、委约作品15首。

（市文化广电旅游局）

博物馆

【概况】至2023年年末，杭州市有公共博物馆197个（含省部级博物馆6个），其中一级博物馆7个、二级博物馆4个、三级博物馆1个。按类型分，有综合性博物馆10个，专题性博物馆、陈列馆187个。按办馆对象分，有国有博物馆54个、非国有博物馆34个、乡村（社区）博物馆109个。

杭州市实施博物馆高质量发展“一十百千万”计划。新建成萧山区茅湾里印纹陶博物馆，杭州博物馆、西湖博物馆、杭州京杭大运河博物馆、中国共产党杭州历史馆完成提升改造并开放。印发乡村博物馆专项管理制度《杭州市乡村（社区）博物馆藏品管理制度》，全市5个区县（市）出台乡村博物馆扶持政策。推进省、市民生实事乡村博物馆建设，新增乡村（社区）博物馆59个，其中21个被列入省政府民生实事项目认定。

2023年，杭州博物馆新增征集藏品54件（套），完成纸质文物修复10套12件；杭州工艺美术博物馆新增馆藏113件（套），完成122件（套）藏品定级和25件金属文物修复。

杭州市博物馆共推出临时展览145个，举办社会教育活动6510场，接待观众1221.8万人次，其中亚运会和亚残运会期间，全市国有博物馆举办临时展览41个、社会教育活动1294场，接待观众82.3万人次（含境外观众9133人次）。杭州市实施博物馆错时、延时开放政策。7月31日起，有11个市属国有博物馆每天开放、17个周二闭馆、24个周一闭馆。临平博物馆“春风又绿——江南水乡文化陈列”获第二十届（2022年度）“全国博物馆十大陈列展览精品奖”，杭州博物馆“行在山水间——南宋视野下的杭州：临安城”等5个展览获第十七届（2022年度）全省博物馆陈列展览精品项目精品奖，中国茶叶博物馆“南方嘉木——中国茶文化展基本陈列”等3个展览获优秀奖。杭州工艺美术博物馆获评2022年度浙江省“最具创新力博物馆”，杭州博物馆“行在山水间——南宋视野下的杭州：临安城”获评2022年中国博物馆美术馆海报设计年度最佳作品。

【“走遍杭州的博物馆”活动】2023年7月20日，市园文局启动“领杭州的博物馆护照”“我是文博推荐官”主题活动，开展探馆、探展、探宝、探活动。“我是文博推荐官”收到参赛作品1万余篇，活动全网话题浏览量2600万次。活动平台“杭城迹忆”注册用户179.4万人次。

表42　2023年杭州主要博物馆特色临时展览一览表

博物馆	主要临时展览名称
杭州博物馆	“盛宴：18至20世纪西方银器展”“湖山胜处：16至20世纪杭州书画特展”“闹忙的乡村：青少年教育体验展”“‘与古为新：从中原到江南’中国礼制与尚古文化的源与流”“瑰玮丹青，归之于公——寿崇德、寿再生捐赠作品展”“‘soft迷宫’第二课堂公共艺术项目”
杭州工艺美术博物馆	“西泠仁风——精品书画扇展”“趣玩运动会”“钱塘匠心·杭州工艺美术甘孜展”“天堂里——工艺的苏州与杭州”“岁月如歌·大运河的邻里们”“别出心裁·创意工美与美好生活展”“大匠之风系列——金家虹杭绣艺术展”“来自大洋彼岸的信使——诺瑞·穆罕默德油画作品展”
杭州西湖博物馆总馆	“高山仰止，千古一人——苏轼主题文物展”“解码官窑——南宋官窑传统制作工艺研究成果展”“趣玩集结号——杭州市青少年博物馆教育成果展”“宋都四序——南宋临安城的节俗风物”“第十一届杭州市青少年西湖明信片大赛、第十三届童画杭州名人主题绘画大赛、第十五届杭州市中小学生陶艺大赛三大赛事优秀作品展”
中国茶叶博物馆	“茶·世界——茶文化特展”“东风西渐——16—19世纪欧洲瓷器展”“茶中日月长——亚洲茶文化展”“茶香器韵，品味中国——中国茶文化展”“茶和天下·雅集——中摩茶业展”“墨茗融妙——西泠印社藏书画印作品展”“南方嘉木——中华茶文化展”“注春啜香——西湖龙井茶专题展”“美美与共——社会捐赠茶具文物精品展”“世界茶，茶世界——世界茶文化展”“茶和天下，芳传古今——人类非遗‘中国传统制茶技艺及其相关习俗’专题展”
韩美林艺术馆	“玉照千树——梅花主题书画作品展”“1864——杭州韩美林艺术馆熊猫特展”“‘清气满乾坤’——清廉文化主题书画展”“山水绘壁——南宋壁画的传承与创作”“最国潮·潮尚——‘杭城迹忆’文创作品展”
杭州京杭大运河博物馆	“献礼二十大·‘艺江春潮’残疾人书画展”“华章迭起定乾坤，新春纳福兆丰年——妙笔扬清风楹联书画作品展”“沟通南北：大运河的开凿、变迁与影响”“因河而兴：大运河与杭州城的故事”“亚运之城的百年影像主题展”“八八战略集邮展”
杭州海塘遗址博物馆	“守护·传承——浙江大学图书馆、哥伦比亚大学图书馆馆藏民国门神画像巡展”“‘香’约海塘——中国传统香文化展”“‘亚运风采，文博添彩’博物馆志愿者风采展”“‘镜之源’主题展”“龙鸣狮吼——东方民间狮子艺术展”“‘为亚运喝彩’海报展”“‘艺样精彩亚运·共创美好生活’少儿书画摄影展”
杭州南宋德寿宫遗址博物馆	“八百年前云和月——南宋历史文化展”“德寿集珍，锦绣重华——南宋文物珍品展”“德寿有意思——宫兔出游·四时幽赏”“赏花乐石头——南宋宫廷花物艺术展”
中国湿地博物馆	“守护身边的生灵——濒危动物展”“横行介士——馆藏蟹类标本展”
临平博物馆	“鲁王之宝——明代朱檀墓出土文物展”“明潢贵器——万历专题文物展”“发现杭州2022——杭州考古工作年度盘点暨出土文物展”“熔境江南——朱炳仁艺术展”“亚运来临——亚运文化主题展”“甘今朝——杭州市临平博物馆二十周年新增文物展”“不器：金文名品与徐天进书作特展”
章太炎故居纪念馆	“子其艰贞——章念驰夫妇捐赠章太炎先生文物特展”“朴写余杭——明羽艺术传承展”“追光之路——余杭区2021—2022年度考古前置成果展”“文明原点，薪火相传——新时代新征程新余杭视觉艺术作品邀请大展”“木版雕刻里的两宋故事——民俗与历史年画作品展”
良渚博物院	“‘东方五千年’良渚遗址，焦家遗址联展”“礼记：中原夏商周礼乐文明展”“反光·反观：‘郁郁乎文哉’观众摄影作品展”“‘良渚童huà’儿童艺术展”“‘不朽——大漆艺术五千年’跨年大展”
萧山博物馆	“洪荒印记——辽西古生物化石展”“金石宋韵——西泠印社‘杭·宋词韵’篆刻主题巡展”“‘佰年国艺’全国中国画（册页）写意作品展”“加油！向未来——萧山运动文化展”“修我戈矛——越国青铜兵器展”“‘虹YUN陶陶’青少年优秀陶艺作品展”“唐韵——刘伟陶瓷雕塑作品展”“千人千‘兔’迎亚运——萧山区长山幼儿园2023年‘指尖艺术’展”
萧山跨湖桥遗址博物馆	“海风山骨——福建昙石山遗址与昙石山文化特展”“野马尘埃——赵跃鹏国画作品展”“竞出东方——中国古代体育文化特展”“玉耀长河——凌家滩文化展”“萧山区模范专题图片展”
茅湾里印纹陶博物馆	“至极之美——金国荣南宋官窑瓷精品展”“绿云薄冰——萧绍越窑青瓷精品展”
桐庐博物馆	“禅墨观影写经摄影作品展”“百兵君子——千年一脉的中国剑文化展”“海风浙韵——杭州市临平博物馆馆藏浙海两派书画名家作品展”“发扃的宋潮”“先生之风，山高水长——桐庐严子陵展”
富阳博物馆	“‘兰亭的故事’全国巡展富阳站”“时间之外——高泉强现代水墨画艺术展”“诗画富春，翰墨黄山——文房四宝珍藏展和杭城迹忆图版展”“‘千年宋纸，不纸于此’主题特展”“迎亚运，展风采——首届杭州隶书作品展”“向阳而生——2023年杭州公望少儿美术作品展”“翰墨传情，焕发华章——陈焕章等七人书画篆刻作品展”“‘诗画富春，共享亚运’杭州市富阳区第五届摄影作品展”
临安博物馆	“画之大者——黄宾虹书画艺术展”“与大师同行——中华少年杯诗书画印艺术展”“两端——海上丝绸之路上的东方与西方”“搏戏——中国古今体育文化展”“天目产佳瓷——天目窑文物专题展”“临安‘两山’建设成果巡礼图片展”“玉兔呈祥中国兔文化图片展”
淳安博物馆	“寄梦山水，文化溯源——淳安文化基因解码暨文化标识专题展”“聆听岁月经典，唤醒尘封记忆——淳安人的声音记忆专题展”“尺牍芳馨，喝彩亚运——淳安县亚运主题书画作品展”“2023新文化新融合杭州市书画摄影采风创作活动优秀作品展”
建德市博物馆	“传世匠心，雅韵严州”“兰亭的故事”“‘新安寓情’陈必武咏新安诗书作品展”“‘诗乡画城迎亚运’——《富春江山》油画展”“天下龙泉——龙泉青瓷传承与创新展”“宝刀未老·中国古代刀专题展”

（资料来源：市园文局）

2023 年杭州第 19 届亚运会期间，市园文局在亚运主媒体中心推出手工艺展示展演。图为手工艺者教外国友人体验手绣　（市园文局 供稿）

【"亚运风采，文博添彩"系列主题活动】 2023 年，市园文局推出"最国潮——文创设计大赛成果展""与古为新：从中原到江南——中国礼制与尚古文化的源与流""天堂里——工艺的苏州与杭州""高山仰止 千古一人——苏轼主题文物展"等 41 个迎亚运特展。举办杭州市青少年博物馆教育品牌评比、第七届最美文物守望者暨最美博物馆志愿者评选、革命文物及乡土建筑保护利用十佳案例评比、第十五届全市讲解员技能竞赛、第二届全市文创设计大赛、"我和博物馆的故事"征文大赛、杭州市第十三届青少年创意剪纸大赛、杭州市首届十大展览精品评选等迎亚运赛事。在亚运主媒体中心推出扇、伞、刀剑等专题展示，开设"大师工作室"特色展演 18 场。杭州工艺美术博物馆与市公交集团、"潮新闻"平台合作策划"善城杭州，共享亚运"爱心伞公益活动。

【青少年创意剪纸大赛】 2023 年 9 月 20 日，市教育局、市园文局、市文明办联合主办的第十三届青少年创意剪纸大赛启动。围绕"我和博物馆的故事"主题，以剪纸的艺术手段来展现与博物馆相关的人和事物。大赛收到有效参赛作品 296 件，经评审专家组初评，有 53 幅作品进入现场终评，最终评选出一等奖 4 名、二等奖 8 名、三等奖 13 名、优秀奖 26 名，入展作品陆续在部分中小学、公共文化场所等进行巡展。

【杭州市讲解员职业技能竞赛】 2023 年 7 月 20—21 日，第十五届杭州市讲解员技能竞赛在杭州博物馆举行。比赛设置专业组、志愿者组和学生组 3 个组别，分初赛和决赛。286 名选手报名参加，专业组 100 名、志愿者组 20 名、学生组 20 名选手进入决赛。评定五星级讲解员 10 名，优秀志愿者讲解员成人组和学生组各 10 名。

【文创产品开发】 2023 年，杭州工艺美术博物馆"刀剑英雄梦"潮玩积木入选 2023 年第三季度"博物馆头条"全国博物馆十大创新事件。杭州博物馆开展文创跨界合作，配合传统节日和临时展览、馆藏文物专题系列，研发设计制作文创产品 48 品类 317 款。其中，"行在山水间"系列获 2023 年全省博物馆文创产品大赛铜奖。

【对外交流与合作】 2023 年 5 月 21 日"国际茶日"前后，杭州西湖风景名胜区管委会围绕"中国传统制茶技艺及其相关习俗"主题，依托海外中国文化中心和旅游办事处联动全球 41 个国际组织及中国驻外使（领）馆（团），在全球范围举办"茶和天下"雅集活动。举办"新时代博物馆的特色发展之路"学术研讨会、"西湖文化在亚洲地区的传播及影响"学术论坛、第十届"东亚书院与儒学"国际学术研讨会、中意世界文化遗产地结好论坛等高层级学术论坛及研讨会 15 个。西湖文化特使代表队在由联合国教科文组织工业遗产教席和联合国教科文组织亚太地区世界遗产培训与研究中心（苏州）等单位主办的第五届青少年无界论坛中获最佳代言人奖。

（连亚娜）

文　物

【概况】 至 2023 年年末，杭州市有世界遗产 3 处、全国重点文物保护单位 48 处、省级文物保护单位 114 处、市（县）级文物保护单位 555 处、市级文物保护点 470 处。出台《杭州市全面加强新时代文物工作 打造文化遗产保护利用范例城市的实施方案（2023—2027 年）》。推进《国土空间规划文化遗产专项规划》编制，完成第八批省级文物保护单位、第七批市级文物保护单位及市级文物保护点共 75 处不可移动文物的用地保护规划初稿。编制普查登录文物挂牌、测绘、建档三年计划，完成全市 121 处市级文物保护单位档案编制。开展全市文物安全大提升攻坚行动。

推进文物审批权限下放与文物全流程管理机制建设，完成未核定为文物保护单位的不可移动文物修缮许可和修缮设计变更许可、市级文物保护单位保养维护审批权限下放，全年审查文物保护方案 167 个，审查历史遗存保护方案 59 个。参与指导大运河国家文化公园、京杭运河浙江段三级航道古海塘迁移等重点工程，完成运河涉建项目遗产影响评价 14 个，出具选址论证审查意见 18 个。完成《杭州市文物建筑保护利用指导意见》和《杭州市文物保护工程管理办法》的初稿编制。形成《杭州市文物保护管理若干规定》立法草案条文和起草说明。

完善考古前置工作机制，建立市、区县（市）两级考古前置沟通协调工作组，启用"数智考古"和"考古一件事"应用场景，全年实施考古调查、勘探、发掘项目 1309 项，发掘面积 6.15 万平方米，清理墓葬 451 座、窑址 24 座，出土文物标本 4.3 万件（套）。《平安里吴越捍海塘遗址考古发掘报告》《牛角村古海塘遗址考古发掘报告》获 2024 年度国家文物保护资金出版项目立项。杭州桐庐沈家畈遗址入选“2023 年度浙江考古重要发现”。

【吴越国王陵考古遗址公园建设】 2023 年 3 月，吴越国王陵考古遗址公园（衣锦城城址公园区块）项目开工建设。该城址公园区块项目是吴越国王陵考古遗址公园“城—陵—寺”结构体系中的重要节点，是创建国家级考古遗址公园的重要支撑项目。项目总投资金额 5.33 亿元，总用地面积 2.12 万平方米，总建筑面积约 1.18 万平方米，设东、中、西 3 个场馆。区块项目以反映临安城市变迁与历史遗存遗迹保护展示为主题，对考古发现的酒库、醋库、顺城巷、城墙遗迹进行保护和展示。

【泗洲造纸作坊遗址保护利用】 2023 年，市文物考古研究所推进泗洲中国古代造纸遗址综保复兴项目建设，完成《泗洲造纸作坊遗址保护规划》《泗洲考古遗址公园专项规划》编制，在省、市文物部门审核批复后实施。举办首届泗洲纸文化节，开工建设泗洲中国造纸博物馆，计划于 2024 年年末完成结项。

【萧山沈家里遗址考古发掘项目】 2023 年，市文物考古研究所推进萧山沈家里遗址考古发掘项目。该项目位于萧山区湘湖东岸的西山东麓，发掘面积 325 平方米，首次在杭州市域内钱塘江南岸发现马家浜文化时期的人工土台，为马家浜文化向南的传播路线提供新思路。发现的良渚石器绝大多数处于生产加工的早期环节，可能为良渚文化时期石器加工区，为探讨当地的石器生产贸易链提供新材料。

【桐庐沈家畈遗址考古发掘项目】 2023 年，市文物考古研究所推进桐庐沈家畈遗址考古发掘项目。该项目位于桐庐县分水镇沈家畈村，地处分水江（富春江支流）呈 U 形大弯道凸岸堆积部位，发现良渚文化时期灰坑、柱坑、石器堆等遗迹 190 余处，出土遗物以石质标本为主，包括原料、石砧、石锤、磨石、石器成品、半成品、毛坯、废片等石器生产链中各个环节的遗物，证明该遗址是一处工艺流程完备的石器加工作坊，填补长江流域史前石器生产链研究的空白，为探讨史前磨制石器加工技术专业化、复原石器加工生产链、资源开发利用、产品交易流通等一系列学术问题提供实物资料。

【临平黄泥坝汉代墓葬考古发掘项目】 2023 年，市文物考古研究所推进临平黄泥坝汉代墓葬考古发掘项目。该项目位于临平区丁山村东北约 200 米，南临安平路、宝幢路，东临华清山庄，墓葬位于临平山南麓平缓的山腰阳坡。发掘清理墓葬 63 座、窑址 5 座、灰坑 1 座，年代以西汉晚期至东汉早期为主。出土随葬品 500 余件，类型包括陶（釉陶）器、瓷器、青铜器、铁器、石器等，器形包括鼎、盒、瓿、喇叭口壶、盘口壶、罐等。临平黄泥坝汉代墓葬保存较好，墓葬形制具有较强的时代特征，出土随葬品丰富，为研究汉代墓葬的形制与演变、丧葬习俗、生死观念等提供重要材料。

【建德杨村桥镇十里埠宋墓考古发掘项目】 2023 年，市文物考古研究所推进建德杨村桥镇十里埠宋墓考古发掘项目。该项目位于建德市杨村桥镇十里埠村东部，东距严州古城 7.5 千米。墓葬选址考究，地表建有大型茔园建筑，自下而上发现有神道、墓庐、山门、墓祠、拜坛、墓室、环墉、围墙、排水沟等建筑结构。根据墓葬地望、时代、等级规格等信息推测，该墓葬可能与北宋末年当地潘姓大族族长潘世雄有关。该墓葬茔园建筑结构清晰、营造考究，对于研究本地区大中型墓葬的选址风水、茔园布局、丧葬习俗都具有重要意义。

【千岛湖水下城址考古调查项目】 2023 年，市文物考古研究所推进千岛湖水下城址考古调查项目。该项目是国家文物局水下考古研究中心与杭州市文物考古研究所联合实施的考古调查项目，调查对象是淹没在千岛湖西南湖区下的原遂安县县城“狮城”。2023 年水下考古调查运用多波束扫测、水下声呐测扫、浅地层解剖等科技手段，结合潜水搜索、潜水拍摄等传统方法，基本摸清狮城的平面格局，完成自主水下航行器（AUV）在大水域淡水湖区的实验性应用，为 AUV 技术向深水领域推广提供经验和测试数据。

（连亚娜）

【吴越国王陵考古遗址公园功臣山区块建成开放】 2023 年 9 月，吴越国王陵考古遗址公园功臣山区块建成开放。该项目于 2021 年 6 月开工建设，东至钱湖水库东缘、西至天目路、北至功臣山南麓、南至锦桥地块南侧

临平黄泥坝汉代墓葬（摄于 2023 年）　　（市园文局 供稿）

山脚，总面积 5.98 公顷，其中建设用地面积 1.4 公顷，总建筑面积 3761.1 平方米，总投资 8370.79 万元，分 3 个区域建设。净土禅寺区域，总面积 1.7 万平方米，建成“吴越多圣地”净土寺遗址主题展示馆，展示现存吴越国时期代表性的寺、塔、幢等构筑物信息。吴越佛教研学营地区域，建设用地面积 3377 平方米，建筑面积 2495 平方米，建设内容为吴越佛教研学营地工程、钱湖水库景观改造工程、功臣寺下穿人行通道装修改造工程等。功臣寺区域，总面积 1.98 万平方米，建设内容为功臣寺遗址保护展示工程、婆留井环境提升工程、外围景观环境工程等。

（柴钰灿 杨彩霞）

【**公共考古**】2023 年，市文物考古研究所开展“笔墨考古”文艺创作计划、“小小考古人”、“我在西站修文物”、“我为良渚修文物”、“御街行”陶瓷修复工作坊等创作、研学、修复体验类公共考古活动 20 余场。着力考古发掘、文物修复成果转化共享，举办“发现杭州——杭州考古工作年度盘点暨出土文物展”“古邑风华——余杭汉六朝考古成果展”，联合策展并推出“行在山水间——南宋视野下的杭州：临安城”“御街行——考古发现中的南宋临安”“春未远——南宋宫廷花物艺术展”等展览。

【**科技保护修复**】2023 年，市文物考古研究所完成文物修复 189 件，其中陶瓷文物修复 187 件、金属文物修复 2 件；完成 1339 件文物标本档案建立工作。与浙江大学合作开展饱水木质文物保护相关课题研究，与复旦大学合作开展南宋官窑青瓷胎土来源调查与研究。

【**文物安全**】2023 年，市园文局开展文物执法，检查 3123 人次，检查文博单位 1228 个（次）；立案查处文物违法案件 21 件，罚款 61 万元；破获文物犯罪案件 3 起，抓捕嫌疑人 17 人，追缴文物 175 件。加强部门联动，开展文物行业重大隐患、“迎亚运，保平安”文物保护单位和历史遗存保护单位消防安全、野外古遗址古墓葬安全等 7 项重大专项行动；挂牌督办有重大火灾隐患的文物保护单位 1 个。实施文物平安工程，完成飞来峰造像、杭州博物馆、杭州西湖博物馆总馆等安防提升工程；功臣塔、普庆寺石塔、南屏塔完成防雷工程。整合全市文物志愿者队伍，市、区县（市）两级文物部门成立文物保护志愿者队伍 21 支，其中杭州市“文保 360”志愿服务队获首届浙江省“最美文物安全守护人”称号。

【**文物宣传活动**】2023 年 5 月 15 日，市园文局举办“5·18”国际博物馆日主场活动，推出 38 条乡村（社区）博物馆旅游线路。6 月 10 日，举办杭州市 2023 年文化和自然遗产日“世遗之夜”主题晚会，晚会以“世遗杭州，应运而‘声’”为主题，与联合国教科文组织“公约 50 周年”国际论坛活动相结合，加大“世遗杭州”国际国内传播力度。

【**文物保护队伍建设培训**】2023 年 4 月，市园文局举办 2023 年度全市文物保护法规政策培训班，45 人参加。5 月，举办全市文物系统消防安全“明白人”培训会，100 人参加。6 月，举办文物安全监管和执法检查无人机操作培训会，10 人参加；举办全市博物馆定级工作馆长培训班，31 人参加。11 月，举办历史文化名城保护条例培训班，66 人参加。杭州市文物考古研究所 1 人在第二届全国文物行业职业技能大赛中获“陶瓷文物修复师”二等奖，全市有 4 人获评浙江省 2023 年度“新鼎计划”优秀青年文博人才。

（连亚娜）

档　案

【**概况**】至 2023 年年末，杭州市有 14 个综合档案馆和 1 个专业档案馆，总馆藏档案 524.34 万卷、480.98 万件，资料 22.64 万册、2194.75GB，实物档案 9.61 万件。市档案馆馆藏纸质档案 174.78 万卷、77.41 万件，电子档案 3947.93GB，实物档案 5.53 万件，馆藏资料 2.85 万册、1117GB。全年，杭州市在全省档案工作指数评价中继续保持领先，5 个档案工作成绩突出集体和 9 名档案工作成绩突出个人获省委、省政府通报表扬。杭州市作为设区市唯一代表在全省档案工作会议上作典型发言。

全市档案新馆建设推进。市城市档案中心完成搬迁启用，搬迁工作得到市委主要领导批示肯定。上城区建成档案新馆并搬迁启用。西湖区档案新馆完成主体建筑工程并进入室内装修阶段。钱塘区机关文档中心建成启用。余杭区档案过渡馆完成装修并投入使用，新馆项目被纳入 2024 年余杭区重大政府投资项目计划。

【**亚运会和亚残运会档案服务保障**】2023 年，市档案局、市档案馆联合对 6 个市属亚运场馆、20 个市直单位和 7 个档案服务企业开展专项执法检查，抽调 5 名业务骨干驻点亚组委，全程跟踪杭州亚运会和亚残运会档案监督管理，指导杭州亚组委完成收集整理 2014—2021 年形成的 4.3 万件档案的接收进馆。全市收集各类亚运会和亚残运会档案 22.9 万件，接收中央广播电视总台亚运会和亚残运会赛事视频档案 560TB。市城建档案馆完成主城区 17 个亚运场馆和区县（市）29 个亚运场馆全部工程档案的接收。市档案馆发挥档案资政作用，从馆藏资料中调取 G20 杭州峰会相关档案，通过异地查档向广州市档案馆调取亚运会开（闭）幕式、火炬传递等活动方案档案。

【**档案数字治理**】2023 年，市档案局、市档案馆开发“三合一综合归档计划报审工具”公共组件，在部分单位进行试用并通过省级试点验收。会同市本级、萧山区民政部门开展婚姻登记电子档案单套制管理省级试点，协同省档案局制定管理办法。市档案馆开展市域一体化数字档案平台（二期）项目建设，开发档案接收进馆、中介服务机构评价、智慧管理系统和数字化工作平台等功能，实现核心业务的在线运行和相关工作指标的自动收集。完成国家档案局科技项目“OCR+NLP 技术在档案数据化中的研究与实践”课题研究，运用人工智能技术开展档案内容挖掘和数据校对，形成档案数据化数据集输出规范。推进政务服务电子文件归档，打通 11 个区县（市）的数据交换接口，至年末，累计接收各类行政服务事项归档记录近 2500 万条。滨江区档案馆、建德市档案馆通过国家级数字档案馆测评，富阳区打造“人生档案一件事”平台，完成“浙里数字档案”重大应用场景试点任务。

【**档案公共服务**】2023 年，杭州市各综合档案馆和市城建档案馆接待档案利用 7.57 万人次 42.35 万卷（件）次。市档案馆优化档案查阅利用服务，查档窗口被评为全国巾帼文明岗。全年接待档案利用 6650 人次、1.33 万卷（件）次，办理异地查档、跨馆服务 57 件。完成各类档案开放审核 10.98 万件。萧山区档案馆将涉民档案查阅落实至村（社区）党群服务中心，实现市民档案查询利用服务“不出村（社区）”。临安区档案馆探索实践“一馆存放、一站查阅、一体贯通”共享服务模式，全年服务 2.7 万人次。

【**档案文化建设**】2023 年，市档案馆承办“书信家国 · 尺牍情深”长三角档案联展，接待参观团队 250 余批、党员干部 3000 余人次。主办“时光印记：百年前外国人镜头中的韵味杭州”“亚运，让世界认识杭州——馆藏刘浩源先生摄影作品展”等专题展览，出版发行《外国人眼中的杭州》一书。与市城建档案馆联合举办杭州亚运场馆建设成果专题展览。举办“礼赞八八战略、践行三个走向”档案故事宣讲会，与杭州日报社联合举办“呼吸的档案·时代的力量”——民间记忆见证“八八战略”杭州文化实践系列宣传，文章在报纸刊发 22 篇，推送新媒体 30 篇，阅读量 65 万余人次。

【**档案基础业务建设**】2023 年，市档案馆接收市保密局、杭州市第一人民医院等 19 个单位档案 1.16 万卷、7.7 万件。杭州市 7 个区县（市）完成人民银行档案接收进馆共 34 万余卷（件）。举办第十七届“杭州印象”纪实摄影作品征稿活动，征集到杭州贯彻实施“八八战略”、杭州亚运会和亚残运会等各类影像照片 1 万余张。开展新时代新成就口述档案采集，采集到 12 人的口述影像档案。加强馆藏档案保护，全市档案馆（含市城建档案馆）修复档案 9.48 万页。市档案馆通过全国副省级以上综合档案馆业务建设评价，杭州工业印记档案工作品牌入选首批“浙档精品”建设成果。市档案局探索具有普适性的世界遗产档案管理标准，编制完成《杭州市世界文化遗产档案管理规范（草案）》，联合余杭区档案馆申报的《世界文化遗产档案管理标准化研究——以良渚古城遗址档案为例》获 2023 年度国家档案局优秀科技成果三等奖。市城建档案馆起草的《杭州市城市建设档案管理办法》通过评审，被列为市政府规章立法正式项目，《建设工程消防审验档案管理规范》《建设工程消防档案信息数据采集规范》入选团体标准。西湖区“蕨类植物种质资源建档建库研究”等 6 个课题被列入省档案科技项目立项项目。杭州市和临平区 2 个项目入选全省档案法治案例。市本级档案室业务建设评价合格及以上的 57 个，数字档案室规范化及以上的 13 个。富阳区档案馆被省档案馆列入数据归集提质扩面试点单位，归集档案数据资源 74.48 万件。

【**档案人才队伍建设**】2023 年，杭州市举办全市档案系统践行“三个走向”重要论述 20 周年座谈会。分层级、针对性地开展全市档案管理岗位培训、档案继续教育培训、档案干部研修培训，培训 493 人。开展第二届杭州兰台工匠选树工作，评选产生 20 名兰台工匠。参与浙江省档案专家、档案工匠型人才和档案青年业务骨干选拔工作，入选省级档案专家 11 人、省级档案工匠型人才 15 人、省级档案青年业务骨干人才 19 人。全市 23 人获评档案研究馆员和副研究馆员职称，入围人数均列全省第一位。市档案馆在全省档案系统党课比赛中获一等奖，与中国人民大学共同申报国家档案局课题“人工智能引擎在档案多维度分类组织的研究”，并共同合作论文《大型语言模型在检测和保护档案数据中个人身份信息中的应用探索》，在 IEEE（电气与电子工程师协会）国际大数据会议第八届计算档案学分会上进行交流。临平区“档案工作整体智治背景下区域档案人才队伍建设路径研究”课题获省档案局科技立项。

（连亚娜）

群众文化

【**概况**】2023 年，杭州市建成“15 分钟品质文化生活圈”537 个、城市书房 31 个和文化驿站 16 个。至年末，累计建成“15 分钟品质文化生活圈”1399 个、城市书房 65 个和文化驿站 34 个。“杭州书房”被中国旅游研究院评为艺术和旅游融合经典十佳案例。5 个乡镇被评为浙江省文化强镇，16 个村被评为浙江省文化示范村，2 个县（市、区）被评为浙江省公共文化服务现代化先行县，1 个项目被评为浙江省公共文化服务现代化领航项目，8 个公共文化空间被评为“浙江省最美公共文化空间”。杭州市在全省公共文化服务现代化发展指数（CMDI）评估中列第二位。全年送书下乡 113.47 万册、送戏下乡 5617 场、送展览讲座 1.02 万场、开展文化走亲 456 场，市、区县（市）、乡镇（街道）开展群众文化活动 30.05 万场，村（社区）开展文化活动 13.76 万场。推进电影惠民工程，开展老年人观影、特定人群观影和农村数字电影放映工作等活动，完成农村公益电影放映 2.6 万场，落实农村公益电影放映设备更新。

（市委宣传部 市文化广电旅游局）

【**公共文化服务高质量发展实施意见出台**】2023 年 5 月，市委办公厅、市政府办公厅印发《杭州市推进公共文化服务高质量发展的实施意见（2022—2025 年）》和《杭州市公共文化服务现代化标准（2023—2025）》，为全市到 2025 年实现基本建成覆盖市、区县（市）、乡镇（街道）、村（社区）的四级公共文化服务体系，明确具体举措和规范化标准。《杭州市推进公共文化服务高质量发展的实施意见（2022—2025 年）》提出六大工程 20 项具体任务。《杭州市公共文化服务现代化标准（2023—2025）》从六大板块明确全市公共文化服务现代化标准 60 条。

【**群众文化活动**】2023 年元旦，杭州

“十二 Yuè”全民朗读跨年夜活动在南宋德寿宫遗址博物馆举行，超过200万人通过各大直播平台在线参与，《杭州日报》头版进行报道。4月，以“拥抱春天，爱‘尚’阅读”为主题的杭州春日读书节活动在全市13个区县（市）开展，举办各类全民阅读活动200余场。其中，4月14—16日，在萧山区东巢艺术公园内举办的杭州市主场活动东巢书市吸引100余个文创品牌、杭州书房、城市书房、独立书店、跳蚤书市等参与。6月，2023年杭州市民艺术节之“三江两岸”音乐节开幕音乐会在南宋德寿宫遗址博物馆重华殿举行，以古筝演奏为表现主体，呈现传统民乐与西洋音乐相结合的沉浸式国风国乐新体验。7月21—24日，“三江两岸”音乐节之第二十七届“三江”歌手大赛总决赛在富阳区举行。

【文化基因解码创新项目培育】2023年，西湖文化、良渚文化入选第二批浙江文化标识创新项目（全省共20个）。没有围墙的博物馆、“飞来峰造像与摩崖题刻”活化创新项目、古海塘文化公园（海塘博物馆）、吴越文化研学基地4个项目入选省第二批文化基因转化活化创新项目（全省共20个）。

【全民艺术普及】2023年，杭州市文化馆总校及6个分校开设春、秋季免费培训各2期，未成年人暑期夏令营2期，艺术沙龙4个，包含175个门类、280个班、6720班次，培训学员约16万人次。实施公益培训“夜课堂”试点计划，针对55周岁以下成年人，在每周二至周五夜间开设7个门类、17个班的培训课程，培训学员超过500人次。举办杭州市基层业务骨干培训班，培训各区县（市）文化馆（站）业务骨干216人。举办杭州市村级宣传文化员培训班，培训学员1686人。举办杭州市文旅志愿者培训班，培训各类文旅志愿者2000余人。与杭州市青少年活动中心合作，推出少儿美育研学活动3场。

【杭州市民艺术节】2023年5—7月，首届杭州市民艺术节举行。艺术节围绕“潮起三江·畅享两岸”主题，分为唱响杭州、舞动杭州、画说杭州、底蕴杭州4个板块。活动期间，全市举办音乐、摄影、美术、舞蹈、戏剧等各类文艺赛事、展演活动100余项，带动各区县（市）举办各类文艺活动1000余场次。重点打造“今夕重华”2023年杭州市民艺术节之“三江两岸”音乐节开幕音乐会、“文艺赋美·百姓百艺”2023年杭州市民艺术节广场舞大赛、杭州市少儿书画摄影大赛、“相约亚运·乐享非遗”2023年“文化和自然遗产日”等文艺活动。

（市文化广电旅游局）

【农村文化礼堂建设】2023年，杭州市推进农村文化礼堂阵地建设，举办“我们的村歌”“我们的村舞”等群众性文化活动。在2023年全省“我要上村晚”系列活动中，小品《小村新事》获小品大赛一等奖，《南苑竹马》等3支村舞获村舞大赛一等奖，“王泰和”萧山萝卜干等3个项目入选“我们的村礼”项目清单。评定四星级礼堂40个、五星级礼堂54个，嵇萍等3人获评全省“最美文化礼堂人”，打造特色文化礼堂2个。建德市“文化乡集”入选全市高质量发展建设共同富裕示范区第三批试点，临安区“文化管家”被列入全省农村文化礼堂社会化运行试点工作项目，余杭区、富阳区入选浙江省“文化礼堂·老年学堂”试点区县（市）。

（方　波）

【全民阅读大会】2023年4月23—25日，第二届全民阅读大会在杭州举行。大会举办论坛交流、推荐发布、展览互动、阅读主题推广4类30余项活动。来自中央有关单位和全国各地嘉宾4400余人参加大会，约15万人次线下参与展览展示和阅读推广活动，超过2200万人次参与“全民阅读·月读好书”倡议签名接力活动，媒体报道总传播量5.43亿次。

【全民阅读深化】2023年8月22日，市十四届人大常委会第十三次会议表决通过《关于促进全民阅读建设书香杭州的决定》，为全民阅读高质量发展及书香杭州建设提供法治保障。全市在第二届全民阅读大会前后，集中联动开展全民阅读活动1663场次，线上和线下参与群众413.4万人次。组织“书香杭州”系列活动，市级层面推出24项重点阅读推广活动，全市全年开展各类阅读活动2万余场次，参与1500万余人次。杭州市获评“全民阅读推广城市”，杭州图书馆获评“全民阅读20佳图书馆”，杭州晓风书屋获评“全民阅读20佳书店”，建德市图书馆黄慧红获评“全民阅读20佳读书人”，富阳区东洲街道陆家浦村陆人淼获评“全民阅读20佳藏书人”。余杭区闲林街道闲林农家书屋（林下书院）获评国家级“最美农家书屋”，富阳区供电公司职工周益萍获评中共中央宣传部评选的新时代乡村阅读季“发现乡村阅读榜样”。

（何国江）

文学艺术

【概况】至2023年年末，杭州市文联有团体会员56个，包括13个区县（市）文联，市作家协会、美术家协会、书法家协会、戏剧家协会、摄影家协会、音乐家协会、舞蹈家协会、民间文艺家协会、曲艺家协会、杂技家协会、电影电视家协会、文艺评论家协会、网络作家协会、文艺志愿者协会14个直属文艺家协会及文艺家联合工会、文艺两新发展促进会，公安分会、公交分会、浙大城市学院分会、消防救援支队分会、城管分会、青年文联、残疾人文联和退役军人文联8个行业（高校）文联以及19个其他团体会员。14个直属文艺家协会有会员1.1万人。

2023年，杭州文广集团推进各项演艺工作。杭州演艺集团及市属各文艺院团围绕“我们的中国梦——文化进万家”“新春欢乐送”“送戏下乡”等主题，开展公益性文化惠民演出，全年完成公益演出807场。

杭州演艺集团打造的杭州演艺剧场联盟单位扩充到24个。自主研发的“数字智慧剧场”保障中国戏剧节票务工作，并为全国30余个剧场服务。杭州演艺集团及市属文化院团举办2023年杭州国际音乐节，演出42场，接待观众近3万人次；举办2023年杭州戏剧节，演出22场，开展线下活动20余场;筹办并承担第十八届中国戏剧节的演出和会务保障;探索小剧场新空间新业态,推动“西子国乐馆”项目落成并投入使用。

各院团重视精品创作,集中资源重点扶持优秀作品,全年获国际、国家级奖项16项、省级奖项52项,3部剧目获省级扶持。其中,杭州越剧传习院越剧《黎明新娘》获浙江省第十五届精神文明建设“五个一工程”优秀作品奖,实现杭州市属国有文艺院团9年来该奖项“零的突破”。市属文化单位组织300余人参与杭州亚运会和亚残运会的开(闭)幕式演出。在赛事期间,为各国运动员与嘉宾举办文艺演出16场。

(市文联 杭州文广集团)

2023年2月,文艺志愿者协会举办非遗闹元宵活动 (市文联 供稿)

【文艺主题活动】2023年,市文联组织重大主题展览展示展演及宣传活动50余场次。举办擘画廿载“八八战略”实施20周年书法主题创作系列展和创作座谈会、“新时代新亚运新运河”影像艺术周等主题活动。开展“艺起迎亚运”系列文艺活动,举办“奋进新时代、艺起迎亚运”巡回主题文艺演出等活动150余场次。举办“我爱杭州,奉献亚运”书画篆刻作品展、“亚运与宋韵”征文大赛、“迎亚运·展风采”隶书作品展等活动。举办2023年中国国际网络文学周及网络文学产业博览会,推动网文海外传播,助力网文IP跨界转化,现场成交意向金额4.6亿元;组织杭州影视企业参加香港国际影视展,举办“杭州影视作品推介会”,签约成交意向金额超过1000万美元;参与承办第十八届中国戏剧节,吸引观众走进传统剧场。

【文艺精品创作】2023年,杭州市有232件(名)作品和作者获省级以上奖项,其中12件(名)作品和作者获全国性权威性文艺奖项。郑龙华、徐淑凯获第十四届中国摄影金像奖;朱军岷熔铜作品“榴传盛世”获中国工艺美术“百花杯”金奖;电影《万里归途》获第36届中国电影金鸡奖最佳美术奖,《艺术学院》入围第73届柏林国际电影节主竞赛单元,《河边的错误》入围第76届戛纳国际电影节“一种关注”单元并获评第七届平遥国际电影展“费穆荣誉·最佳电影”;电视剧《我们这十年》获第28届上海电视节白玉兰奖评委会大奖;散文集《我是陈桂花》获冰心散文奖。

【文艺志愿服务】2023年,市文联开展文艺惠民和文艺志愿服务。全市文联系统开展文化惠民活动1828场,参与的文艺工作者、文艺志愿者近2万人次,线上和线下惠及群众100万人次。开展中国文联文艺名家宣讲团、中国文联学雷锋文艺志愿服务先锋队走进杭州活动。组织文艺志愿者到四川康定和广元、新疆阿克苏等地开展“文艺援藏”“文化润疆”及对口支援创作采风活动。

市文联开展“艺术乡建”活动,引导文艺工作者到基层担任“文艺村长”、文艺辅导员,认定“书法村”“摄影之乡”“戏曲传承基地”“民间文艺小镇”“文艺评论小站”等特色文艺基地51个。杭州市文艺志愿服务工作在中国文联会议上作交流发言。

【组织建设深化】2023年,市文联完成191个乡镇(街道)文联组织建设全覆盖,建立市文联直属文艺家协会与区县(市)、乡镇(街道)结对联系制度,推动形成优势互补、双向促进的协同联动机制。成立书法名城艺术交流中心西湖书法艺术基金会,成立市戏剧家协会音乐剧专业委员会、市音乐家协会弦乐学会和声乐专业委员会、市书法家协会教育分会,支持成立市残疾人文联、市退役军人文联。

【文艺人才培养】2023年,市文联举办专题集中培训9期,培训文艺骨干1100余人次。推荐202名会员加入省级协会、64名会员加入国家级协会。推荐优秀文艺人才申报各级人才计划,2名会员入选“西湖明珠工程”特殊支持人才,1名会员入选国家艺术基金艺术人才培养资助项目名录,13名会员入选省文联文艺名家计划,1名会员入选“艺苑撷英”全国优秀青年艺术(曲艺)人才。22名文艺人才入选市高层次人才,4名自由职业作家评上中级职称。评选市文联第十三批青年文艺人才35名。

(蒋卓斌)

【亚运会和亚残运会文化活动】2023年,杭州演艺集团联合市属文化院团完成亚运村和亚残运村开村、闭村仪式活动。赛事期间,杭州演艺集团联合杭州歌剧舞剧院、杭州越剧院、杭州杂技总团、杭州爱乐乐团等市属文化院团,为各代表团和外宾开展文化活动16场,涵盖歌舞、戏曲、魔术、杂技、交响乐、民乐等,现场观看、参与近7000人次。在亚运会开幕式欢迎酒会和闭幕式答谢酒会中,演出民乐《西湖春》《采茶舞曲》、京剧《牡丹亭》、越剧《梁山伯与祝英台·十八相送》、交响乐《梁祝》等节目。

【魔术谍战剧《明家大小姐》】 2023年3月12日，大型原创魔术谍战剧《明家大小姐》在德清大剧院上演。该剧历经3年创作、打磨、复排，由杭州演艺集团、杭州杂技总团演艺有限公司出品，国家一级演员、中国魔术最高奖"金菊奖"获得者李洁领衔主演。该剧以魔术为主体支撑，叙述中共地下党员明丽以"明家大小姐"身份返乡继承祖业，开展地下工作，最终破坏敌人绝密计划的故事。全剧涉及数十种魔术效果，其中大型魔术8件。中国文联副主席、中国杂技家协会主席在演出现场对该剧的创作方向予以肯定。3月22—23日，《明家大小姐》在第十一届全国杂技展演中演出。

【原创话剧《苏堤春晓》】 2023年11月22日，原创话剧《苏堤春晓》在杭州大剧院首演成功。该剧由市委宣传部、杭州文广集团指导，中国国家话剧院、杭州演艺集团、杭州话剧艺术中心、杭州爱乐乐团出品，国家话剧院院长田沁鑫担任编剧和导演，国家话剧院著名优秀演员辛柏青、吴彼、苏青领衔主演。该剧采用非线性叙事结构，塑造苏轼作为"俗人""文人""职人""爱人"的形象，阐述他带领杭州百姓打造人间天堂、为民生幸福奋斗的故事。杭州演艺集团调动剧场资源，开放互动剧场，将数字科技与戏剧艺术融合，让第二现场的观众沉浸式体验戏剧。

【现实题材越剧《第一缕阳光》】 2023年11月23日，由杭州越剧院出品的现实题材越剧《第一缕阳光》在杭州剧院上演，是第十八届中国戏剧节的参演剧目之一。该剧由国家一级演员、梅花奖得主徐铭领衔主演，国家一级演员、梅花奖得主周妤俊和国家二级演员孙旻婕主演，将越剧与"大奏鼓"两个国家级"非遗"融合，打造越剧现代戏。

【越剧《黎明新娘》获"五个一工程"奖】 2023年8月25日，杭州越剧院越剧现代戏《黎明新娘》获浙江省第十五届精神文明建设"五个一工程"优秀作品奖。《黎明新娘》是一部以杭州籍著名爱国人士茅丽瑛为原型创作的抗战题材越剧现代戏，以传统戏曲的方式弘扬革命文化，由莫霞编剧、俞鳗文导演，谢群英担任艺术指导，杭州越剧院青年演员担纲主演。该剧自2019年首演以来不断改进，在各城市剧院、高校剧场、乡村文化礼堂等地演出超过100余场，数万人观演。

【杂技《荷韵·倒立技巧》获国际大赛银奖】 2023年10月16—23日，由俄罗斯联邦文化部、俄罗斯国家马戏团公司、萨拉托夫斯基马戏团主办的第九届俄罗斯国际公主马戏节在俄罗斯萨拉托夫市举行。杭州杂技总团演艺有限公司的《荷韵·倒立技巧》是唯一代表中国参赛的杂技节目，获银奖并入选马戏节闭幕式演出。

2023年11月22日，原创话剧《苏堤春晓》在杭州大剧院首演

（杭州文广集团 供稿）

【文艺创新大赛】 2023年5月9日，"艺路领杭"杭州文广集团首届文艺创新大赛闭幕。大赛历时半年，有来自6个市属国有文艺院团的34名青年选手参与。评委从节目观赏性、主题贴合度、文旅融合可能性、市场推广便捷性等多维度对节目及选手进行考评，杭州滑稽艺术剧院侯圣霖与洪崇乔的组合、杭州杂技总团周娟、杭州歌剧舞剧院张一鹏分别获冠、亚、季军。

【"盛夏欢乐送"文艺演出】 2023年6月20日，杭州演艺集团"盛夏欢乐送"暨杭州大剧院露天剧场百场演出启动仪式在杭州大剧院（露天）剧场举行，杭州爱乐乐团表演开幕式现场音乐会。"盛夏欢乐送"是杭州文广集团落实文化惠民工作的举措，集结杭州歌剧舞剧院、杭州越剧院、杭州杂技总团、杭州滑稽艺术剧院、杭州话剧艺术中心、杭州爱乐乐团等文艺院团，以及一些潮流艺术团在杭州大剧院露天剧场，为观众呈现交响乐、越剧、话剧、民乐、歌曲、杂技、魔术、戏曲、乐队弹唱等艺术门类的演出。"盛夏欢乐送"演出秉持文化惠民，最低票价10元，杭州市民可以免费欣赏"文艺赋美，城市舞台，悦动杭州"品牌的10余场演出。

【"西子国乐馆"揭幕】 2023年7月20日，由杭州演艺集团策划打造的民乐演出场所"西子国乐馆"揭幕。"西子国乐馆"位于西湖边，以杭州歌剧舞剧院"西子国乐"团队为主要演出阵容，集结杭州演艺集团旗下各市属文艺院团的演艺资源，以及文广集团所属融媒矩阵，创排专属演出剧目，兼顾户外直播、展览展示、活动发布、沉浸式体验等文化业态。

【杭州滑稽艺术剧院成立70周年展演】 2023年10月18日，杭州滑稽艺术剧院成立70周年庆典活动“喜笑颜开”——江浙沪滑稽曲艺名家专场在杭滑艺苑剧场上演。举办杭滑建院70周年系列展演，推出“钱塘余韵——精品滑稽曲艺专场”、杭剧现代戏《男人立正》、滑稽戏《唐伯虎点春香》《老来得子》《清清白白》等一系列专场演出及优秀剧目。

杭州滑稽艺术剧院成立于1953年，拥有独角戏、杭州评词、杭州评话、小热昏、武林调、杭州摊簧、杭剧、滑稽戏和杭州方言9项“非遗”戏曲曲艺。

【杭州戏剧节】2023年11月30日至12月10日，第十二届杭州戏剧节举行。戏剧节由市委宣传部为指导单位，杭州文广集团等主办，杭州话剧艺术中心有限公司、杭州演出有限公司等承办，导演孟京辉担任艺术总监。戏剧节以孟京辉导演的话剧《红与黑》作为开幕大戏，10部戏剧作品完成22场艺术呈现。戏剧节将艺术与科技、运动、时尚相结合，策划帐篷戏剧、环境戏剧朗读、戏剧骑行、戏剧派对、戏剧装置打卡等20余场“戏剧+”线下活动，1万余名观众观看和参与。

（邹　争）

文化交流

【概况】2023年，杭州市加强国内外文化交流，提升杭州文化影响力。举办以“迎亚运”为主题的书法美术展、“西湖之春”艺术节等活动，以文艺赋美工程为载体，开展文艺赋美活动6.8万场次。

【文艺赋美工程】2023年，杭州市举办杭州街头艺术节和“文艺秀全城·赋美迎亚运”等活动。推出4574个文艺赋美示范点，有文艺志愿者2万余人、团队5000余个。

【文化走亲活动】2023年，杭州市开展文化走亲交流活动4场，其中安徽省宿州市1场、四川省甘孜藏族自治州2场、嘉兴市嘉善县1场。2023年杭州市红色文化之旅巡演在义乌、嘉善、马鞍山等地举行，开展文艺巡演与培训辅导，促进红色文化与旅游融合发展。

【“城市艺舞台·演艺新空间”评定】2023年，市文化广电旅游局启动首批杭州市“城市艺舞台·演艺新空间”申报、评定。公布40个“城市艺舞台·演艺新空间”名单，其中金牌演艺新空间5个、示范演艺新空间15个、城市艺舞台街头演艺示范项目20个。

【文旅企业国际国内交流活动】2023年，杭州市组织文旅企业参加国际国内交流活动。组织文旅企业以“多彩中国·佳节好礼”为主题参加意大利米兰国际手工艺博览会。组织文旅企业参加全省首届“浙派好礼”文创产品评选大赛，文创作品获7个金奖、4个银奖和5个铜奖。组织1000余件杭州特色旅游商品参展第十七届中国义乌文化和旅游产品交易博览会，获2023年中国旅游商品大赛2个金奖、3个银奖、3个铜奖。组团参加全省文旅招商与融资大会，全年招引落地文旅产业项目20个，共引资202.69亿元，其中1亿元以上项目14个、10亿元以上项目6个。

【杭州灯展亮相南投灯会】2023年1月14日至2月5日，市文化广电旅游局组织的“魅力杭州”灯展在中国台湾南投灯会展示。杭州灯展融合杭州亚运会、宋韵文化、钱塘潮等元素，向台湾民众展示杭州的历史文化底蕴和现代城市风貌。

（市文化广电旅游局）

【杭州国际音乐节】2023年4月11—30日，杭州国际音乐节举行。音乐节邀请16个国内外表演团体推出42场演出，呈现古典交响乐、歌剧、室内乐、独奏音乐会、艺术歌曲、合唱、芭蕾电影交响音乐会、民乐、流行音乐、诗歌古琴雅集10种演出形式。其中，33场演出以售票形式向省内外观众推出，接待观众近3万人次，总票房200余万元。由杭州演艺集团牵头，打造乐团、大剧院和西湖明珠频道的宣传矩阵，邀请50余个媒体宣传报道。

（邹　争）

【西湖之春艺术节】2023年5月23日，由市委宣传部、市文化广电旅游局联合举办的“相约亚运·最忆杭州”2023年西湖之春艺术节在余杭苕溪大剧院广场开幕，活动为期1个月。艺术节设置“艺尚@未来”“戏韵@杭州”“幸会@杭州”“潮艺@杭州”“传承@杭州”“喜迎@杭州”6个板块项目，在全城范围内开展公共艺术装置展、优质剧目展演、戏剧评论单元、动漫情景剧展演、CityWalk（城市漫步）活动、青少年绘画大赛、文艺赋美街艺秀、杭州非遗曲艺演出季、亚运歌曲演唱会等城市艺术活动。推出9部优质剧目，包括开幕大戏新编越剧《帘卷西风》、越剧《班昭》、话剧《春风不可以》、英语亲子舞台剧《你是演奏家2·超级金贝鼓》、昆曲《古韵今辉向长河》、话剧《了不起的你》、古装滑稽戏《唐伯虎点春香》、歌舞剧《窗口的星》、古装泗州戏《大明皇后》。

（市文化广电旅游局）

【中国国际网络文学周】2023年5月27日，由中国作家协会和浙江省政府主办的中国国际网络文学周在杭州开幕。活动主题为“多彩亚洲，精彩世界”。开幕式上，发布《中国网络文学亚洲传播报告》，邀请在网络文学国际传播过程中作出贡献，成就较为突出的网络作家，网络文学平台负责人，出版社负责人，游戏、影视、动漫等文化产业公司负责人作专题发言。大会表彰网络文学海外传播表现突出的作家、平台等，举办多场主题活动。

（年鉴编辑部）

【街头艺术节】2023年6月2—4日，由市文化广电旅游局、拱墅区政府联合主办的“文艺赋美·最忆杭州”2023年第三届杭州市街头艺术节在杭州新天地太阳广场举行。市演艺业协会邀请近100名演艺人员共同出演。各区县（市）在属地文艺赋美精品点位举办街头艺术节分会场活动。

【“城市舞台·悦动杭州”（文艺赋美）户外展示展演活动】2023年6月3日至11月18日，市文化广电旅游局联合杭州演艺集团有限公司举

2023 年 6 月 2—4 日，第三届杭州市街头艺术节在杭州新天地太阳广场举行
（市文化广电旅游局 供稿）

办“城市舞台·悦动杭州”（文艺赋美）户外展示展演活动。组织市属专业文艺院团和专业文艺表演团体队伍合作参与，在杭州主城区商业街区、景区景点、市民广场等文艺赋美工程点位举办活动 45 场。

【“两湖论坛”文化分论坛】2023 年 7 月 17 日，由杭州市政府和南投县政府联合主办，杭州市文化广电旅游局和南投县文化局联合承办的第十五届“两湖论坛”文化分论坛在浙江宾馆举行。杭州、南投两地专家学者围绕“历史建筑和古迹遗存的活化利用”主题进行探讨和交流。

【“西湖杯”主题书法美术作品展】2023 年 8 月 3—17 日，“翰墨传宋韵·丹青绘亚运”2023 年杭州市“西湖杯”主题书法美术作品展在杭州图书馆展览艺术中心展出。展览收到书法（包括篆刻）、中国画、油画及其他美术作品等有效稿件 671 件（组），经专家组评审和推荐，142 幅优秀作品入展。参展作品以翰墨丹青为载体、以宋韵文化为根基，将亚运精神和价值融入其中，展现亚运精神内涵和杭州文化。

【“西湖杯”中国硬笔书法大赛】2023 年 8 月 28 日，“翰墨传宋韵·丹青书亚运”第五届“西湖杯”中国硬笔书法大赛颁奖典礼暨获奖作品展开幕式在杭州图书馆艺术展览中心举行。活动由市文化广电旅游局主办，市硬笔书法家协会承办，杭州图书馆协办，包括“翰墨传宋韵·丹青书亚运”第五届“西湖杯”中国硬笔书法大赛和获奖作品展览两个公益性活动。活动自 5 月 9 日起面向全国征稿，收到全国 31 个省（自治区、直辖市）及意大利、澳大利亚、马来西亚等国家投寄的有效稿件 3.13 万件，其中成人稿件 6397 件、少儿稿件 2.49 万件。1000 件作品获奖，选出 300 幅获奖作品进行展出。

【“三江两岸”国际摄影大展】2023 年 10 月 26—31 日，由市文化广电旅游局，杭州亚组委宣传部，拱墅区委、区政府，淳安县委、县政府，美国摄影学会（中国），中国摄影学会主办，拱墅区大运河文旅商贸投资集团、淳安县文化和广电旅游体育局承办，杭州拱墅区小河街道执行承办的第五届中国浙江“大运河”暨“三江两岸”国际摄影大展在浙江展览馆举行。大展除画意彩色组等常规组别外，特设“三江两岸”特展。收到来自 28 个国家和地区以及国内 28 个省（自治区、直辖市）的 520 名摄影家和摄影爱好者选送的近 5000 幅参赛摄影作品。大赛组委会邀请 10 名国际摄影专家担任评委，经过线上和线下评审，选出 270 幅获奖作品入展。

（市文化广电旅游局）

【中国戏剧节在杭州举行】2023 年 11 月 8—27 日，第十八届中国戏剧节在杭州举行。戏剧节以“潮涌新时代·戏聚新天堂”为主题，由中国文联、中国戏剧家协会、浙江省委宣传部、杭州市政府主办，展现 23 个省（自治区、直辖市）35 台剧目，15 个戏曲剧种以及话剧、音乐剧、舞剧等戏剧艺术形式，在杭州 12 个剧场演出 48 场。戏剧节观演观众约 5 万人次，票房收益 207 万元，平均上座率 90% 以上；外地观众占比超过 30%；保障接待领导嘉宾、演职人员 3700 余人。戏剧节还组织“一戏一评”剧目评论会，开设“全国中青年戏剧骨干人才研习班”，揭晓 2023 年中国文联终身成就戏剧家名单。

（邹　争）

【杭州—宿州当代书画名家邀请展】2023 年 12 月 28 日，作为长三角地区合作与发展联席会议的文化交流重要项目，杭州—宿州当代书画名家邀请展在宿州美术馆举行。杭州市文化广电旅游局组织杭州黄宾虹学术研究会、西泠印社文化发展有限公司、杭州之江书画院等单位，选送中国美术学院、西泠印社及省、市画院书画家创作的 80 余幅书画作品参展。

（市文化广电旅游局）

责任编辑　郦　晶

40 社会科学

综述

【社会科学服务社会】2023年，市社科联、市社科院围绕市委、市政府中心工作，做好理论研究阐释、社科咨政服务、宋韵文化研究传承、社科普及、社团管理等工作。市社科联被评为2023年度全国先进社科组织，市社科院被评为2023年度全国城市社科院先进单位。市社科联在全省社科年度测评中被评为优秀单位。

市社科联（院）贯彻落实“学思想、强党性、重实践、建新功”总要求，以“八八战略”实施20周年主题，加强理论研究阐释，制定实施《“八八战略”实施20周年专项课题研究方案》，立项专项课题11个。围绕深入实施“八八战略”，奋力推进“两个先行”主题，举办全市社科界专题读书班。全市社科界举办“八八战略”实施20周年理论研讨会21场，开展“八八战略”实施20周年理论宣讲91场（次）。聚焦数字经济创新提质、营商环境优化提升、“地瓜经济”提能升级，制定实施《杭州市社科界助力三个“一号工程”专项课题方案》，组织2023年度市哲学社科规划常规性课题和重大重点课题研究。召开杭州市社会科学界第九届学术和咨政年会，建好用好杭州市社会治理现代化研究中心、南宋史研究中心等研究平台，推进市社科院“一所一中心一研究品牌”建设。承办浙江省2023年哲学社会科学普及周启动仪式，举办2023年杭州市社科普及周活动。全市13个区县（市）社科联、所属社团、124个市级社科普及基地组织举办173个讲座、展览、论坛、比赛、研学等社科普及活动，向公众普及社科知识。“钱塘大讲坛”连续3年居全市党群服务中心工作“十佳品牌”之首。举办宋词朗诵会、“迎亚运·品宋韵”短视频大赛、宋韵文化系列讲座。贯彻《关于深化杭州数智群团的实施意见》，落实《杭州市社科联数字化改革实施方案（2022—2023年）》。

市社科联（院）支持推动淳安县社科联开展省“社科赋能”重点立项课题《习近平生态文明思想在淳安的创新实践》成果转化，指导开展服务党政中心咨政研究，服务地方需求，融入地方发展，为淳安在政策研究和理论思考上提供智力支持和理论支撑。贯彻《浙江省哲学社会科学工作促进条例》，各级社科组织举办《条例》培训、专题授课57场。落实《关于加强区县（市）社科联工作的意见》，完善市社科联领导班子联系基层工作制度。加强市级社科重点研究基地建设，修订《杭州市哲学社会科学重点研究基地管理办法》。确定市委党校“杭州基层党建研究中心”等10个研究机构为第四轮杭州市哲学社会科学重点研究基地。建立首批社科调研基地8个、社科调研观察点5个。全市获国家社科基金立项21个，数量居全省第一位。市社科院25个课题入选浙江文化研究工程，数量居全省市级社科院前列。组织编撰《杭州蓝皮书：2023年杭州发展报告》3卷本和《创意城市学刊》4期。编辑出版《宋韵文化与亚洲文明》4期，立项实施宋韵文化课题10个。

【社科课题规划研究】2023年，市社科联（院）围绕服务三个“一号工程”、打好经济翻身仗，制定实施《杭州市社科联（院）助力三个“一号工程”专项课题方案》，组织开展杭州市社科规划三个“一号工程”专项课题。发挥规划课题引领作用，组织年度市哲学社科规划常规性课题研究，立项开展经济建设层面课题研究25个，向市领导报送研究成果7个，获批示6次，其中市政府主要领导批示4次。与市委组织部、市委统战部、市咨询办、市政协研究室、市工商联等联合攻关，合作开展专项课题研究27个。各区县（市）社科联开展宋韵文化、良渚文化、大运河文化课题研究17个，得到省、市领导批示11件（次）。市社科院申报课题《“体文旅”产业融合发展的逻辑机制、场景生成及实现路径研究》获2023年度国家社科基金立项。

【社会科学科研成果转化】2023年，市社科联（院）以应用性对策性研究为重点，开展理论和实践研究，发挥社科智库作用，编发《杭州社科成果》和《杭州社科智库专报》18期，获市领导批示14件（次），为杭州经济社会发展建言献策。市社科院科研人员发表论文39篇，出版专著6部，承担课题21个。

【社会科学人才队伍建设】2023年，市社科联（院）实施《杭州市社科联2022—2023年人才工作实施方案》《杭州市哲学社会科学优秀青年人才认定实施意见》，落实社科人才培养重点任务。通过设立人才专项培育课题、开展调研和培训，促进优秀社科青年人才成长，认定杭州市社科优秀青年人才146人。坚持科研基地建设和社科人才引育两轮驱动，实施杭州市哲学社会科学优秀青年人才培育计划。做好“西湖明珠工程”高层次特殊人才、宣传文化系统“五个一批”人才等工作。加强全市中青年社科人才队伍建设和哲学社科领军人才培养，加强社科领域学术创新和团队培育。

【市社科联八届三次理事（扩大）会议】2023年5月15日，市社科联召开八届三次理事（扩大）会议，总结回顾市社科联工作，部署2023年任务，对全市第六批科普基地授牌。会议要求全市社科界深入学习贯彻习近平新时代中国特色社会主义思想，贯彻中共二十大精神，加强理论研究阐释。以服务三个“一号工程”、打好经济翻身仗为重点，提升社科咨政服务水平；以助力打好亚运攻坚仗推进历史文化名城建设为目标，加强宋韵文化研究传承；以规范管理、改革创新为动力，加强社团管理和社科普及；以品牌建设和数智社科为抓手，夯实社科工作发展基础；以展现担当作为为导向，加强社科队伍建设，推动新时代杭州社科工作高质量发展。

（市社科联）

【城市学智库建设】2023年，杭州城市学智库启动全国影响力省级培育智库建设。以入选具有全国影响的省级新型智库培育名单和中国智库索引（CTTI）为契机，围绕党建引领、领导批示、央媒发声、全国会议、论文专著、横向课题、双月论坛、专题研究、网文供稿、培训工作、成果销售、人才引培、期刊组稿等方面对标对表推进智库建设。年度全国影响力积分1200分，在首轮浙江省新型重点专业智库5年建设周期评估中被评为优秀等级。

（杭州国际城市学研究中心）

杭州特色研究

【“习近平新时代中国特色社会主义思想的杭州实践”研讨会】2023年5月13日，“习近平新时代中国特色社会主义思想的杭州实践”系列理论研讨会在杭州召开。研讨会以“杭州经济高质量发展与共同富裕示范区建设”为主题，强化习近平总书记关于杭州工作的一系列重要指示批示精神研究阐释，忠实践行“八八战略”，加强思想溯源，丰富理论成果，凝聚奋进力量，共同探讨杭州奋力建设共同富裕示范区城市范例、中国式现代化城市范例发展方向及实践路径。来自省内外高校、科研院所、知名企业专家学者及机关干部、市民群众、高校师生代表、媒体代表参与研讨。6月17日，以“共同富裕与最具幸福感城市”为主题的第二场研讨会召开，来自省内外科研院所、党校高校专家学者、机关干部，结合习近平总书记有关重要论述精神和杭州打造浙江高质量发展建设共同富裕示范区城市范例中的特色亮点，以学术交流带动共同富裕相关理论提升和实践提炼，彰显时代特征和地方特点。会议发布新书《共同富裕“双城记”》。7月6日，第三场研讨会——“八八战略”与现代版富春山居图理论研讨会在富阳区召开，开幕式发布“八八战略”实施20周年富阳实践案例和“高质量发展建设共同富裕示范区、高水平描绘现代版富春山居图”实践案例。省委宣传部、市委宣传部、市社科联（院）、杭州城研中心和富阳区有关负责人参加会议。

2023年5月13日，杭州经济高质量发展与共同富裕示范区建设理论研讨会召开

（市社科联 供稿）

【“八八战略”理论研究】2023年，市社科联（院）制定《“八八战略”实施20周年理论研究阐释工作总体方案》《“八八战略”实施20周年专项课题研究方案》，立项开展“‘八八战略’实施20周年”社科规划专项课题11个。会同市委组织部开展“沿着总书记的足迹”党建课题研究。编撰出版《勇立钱江潮 建设新天堂》社科专著，被省委宣传部列入“八八战略”20周年研究系列丛书。牵头举办“习近平新时代中国特色社会主义思想的杭州实践”系列理论研讨会3场，全市社科界举办“八八战略”实施20周年理论研讨会21场。联合承办全市“八八战略”与中国式现代化城市范例高峰论坛。依托杭州社科能人讲师团等市、区县（市）两级社科讲师团平台，开展“八八战略”实施20周年理论宣讲。举办“我们的价值观”理论研讨会12场。

【法治杭州建设专业评估】2023年，市社科院负责实施市政府“2023年度法治杭州建设专业评估”项目，对33个市直部门和13个区县（市）开展行政执法质效评议，专题评估杭州政务服务增值化改革、社会治理法治化、《法治杭州建设规划（2021—

2025年)》。7月7日,市社科院主持召开2023年法治杭州(法治政府)建设专业评估方案论证会,来自浙大城市学院、浙江工业大学、浙江工商大学、浙江理工大学4个项目组负责人,分别对杭州市直部门行政执法质效评议、《法治杭州建设规划(2021—2025年)》中期评估、杭州市区县(市)政府行政执法质效评议、杭州公正文明依法行政和行政执法评估作出详细汇报,就评估方法、评估重难点、评估指标设计进行讲解。与会专家基于评估指标提出工作建议,明确各课题存在的现实问题、操作难度,并就如何贴合杭州实际给出意见。市城乡建委、市城管局等对课题实施提出目标与方向,结合自身实践工作对课题组的疑问进行解答与回应。课题组以杭州市域社会治理研究为职责,开展好课题研究,为法治杭州建设和行政执法质效评估提供科学依据。评估结果被市委依法治市办公室采纳。

【宋韵文化研究与传播】2023年,市社科联(院)发挥南宋史研究先锋队作用。研究编纂《南宋及南宋都城临安研究》系列丛书,完成《宋代礼学思想及其对东亚的影响研究》《宋代文明向东亚诸国传播的途径、特征和影响》等研究成果。《宋朝武官制度研究》结题,编辑出版《宋韵文化与亚洲文明》。《宋代制度史》9个课题和《宋史研究博士文库(一)》的16个子课题被列入浙江文化研究工程,入选数量居全省各地市第一位。针对青少年群体,实施"大家写小书"计划,推出《宋学》《宋苑》《宋词》《宋画》4册普及读本,入选2023年"浙江好书榜"。

【宋韵系列活动】2023年,市社科联(院)围绕"服务亚运·传承宋韵"举办宋韵文化系列讲座3期,线上和线下140余万人次参与。策划举办宋词朗诵会、唱读亭、宋韵故事会、宋雅体验秀等系列活动,打造"迎接亚运·品读宋韵"工作品牌,服务历史文化名城建设,助推城市优秀传统文化对外交流。宋词朗诵会邀请名家引领诵读,吸引1万余名市民线下参与"唱读亭"活动,线上互动分享61.8万人次,形成名家领诵、线上学诵、市民朗诵氛围。市社科联(院)举办的宋韵文化研究传承工作成果展在市政协新时代协商民主实践中心展出。

【宋韵文化短视频大赛】2023年,市社科联以"迎亚运·品宋韵"为主题举办短视频大赛,围绕喜迎亚运、古韵探迹、市井寻味、非遗传承、人文风雅5个板块,征集展现宋韵文化的视频,营造喜迎亚运浓厚氛围,助力实施"宋韵文化传世工程",助推杭州历史文化名城建设。大赛自4月启动,收到参赛作品200余部,全网曝光量500余万次,入围作品全网播放量700余万次,大众投票17万人次。经筛选,26部参赛作品分获一等奖、二等奖、三等奖和优秀作品奖,并组织开展宋韵文化短视频大赛获奖作品展播活动。

【"宋韵·思想"青年学者研讨会】2023年11月3日,第二届"宋韵·思想"青年学者研讨会在杭州举行。复旦大学、华东师范大学、同济大学、中国人民大学、东南大学、湖南大学、中山大学、江苏省社科院等学校(单位)青年学者60余人参加会议,就宋代思想经典著作研究、宋代思想前沿问题研究、浙江地域学术史、专题史研究以及宋韵文化基本概念、命题与理论体系研究开展讨论。

(市社科院)

【杭州文史研究】2023年,市政协强化人才和平台支撑,完成杭州市文史研究馆首批馆员和特约研究员聘任工作,成立杭州中华文化促进会陶瓷文化研究传承中心和丝绸文化研究传承中心。编纂出版《东方文化名湖——西湖申遗纪实》等4辑文史图书,共100万字。举办2023年杭州文史论坛暨"数字人文视野下的宋代文明"学术研讨会,收到学术成果60余个。举办第二届浙江"人文之美"研讨会、第二届杭城悦读文化节文史展览2场、文史讲堂5期,组织开展"宋韵杭州"专项课题研究。

(市政协文化文史和学习委员会)

【两宋论坛】2023年10月18—19日,第八届"两宋论坛"在开封市举行。论坛由杭州国际城市学研究中心(浙江省城市治理研究中心)、河南大学中原发展研究院、中国古都学会主办。同时开设"唐宋时期的地方治理及其启示学术研讨""古都现代化转型研究交流"等历史、经济分论坛,开办"新时代新征程新风貌"杭州开封书画联展、"国风宋韵"两宋文创展等系列活动。

【"八八战略"与中国式现代化城市范例研讨会】2023年6月8日,"八八战略"与中国式现代化城市范例理论研讨会在杭州举办。研讨会总结"八八战略"实施20周年浙江和杭州发生的变革,阐释"八八战略"的丰富思想理论内涵、实践价值、时代价值和战略价值,为杭州在新时代新征程深入践行"八八战略",在以"两个先行"打造"重要窗口"中展现头雁风采,加快打造世界一流社会主义现代化国际大都市、为中国式现代化城市范例建言献策。

【西湖金奖进青年活动推进会】2023年5月18日,"2023年西湖金奖进青年活动推进会暨主题教育青年调研活动"举行。活动以"办好西湖金奖进青年,献计青年发展型城市"为主题,围绕"学思想、强党性、重实践、建新功"主题教育,共议青年发展型城市建设思路和创新路径。全市各级团组织负责人、市城投集团青年代表等150人参加。活动由杭州城研中心、团市委主办,杭州城投集团承办。

【省习近平新时代中国特色社会主义思想研究中心研究基地获批】2023年,杭州城市学智库获批浙江省习近平新时代中国特色社会主义思想研究中心研究基地。中心将深入研究习近平新时代中国特色社会主义思想与浙江城市治理现代化,结合建设"重要窗口"、高质量发展、建设共同富裕示范区等浙江经验,阐释浙江省域治理现代化历史理性、发展逻辑、实践路径。

(杭州国际城市学研究中心)

【杭州市社会科学院数字经济研究中心成立】2023年,"杭州市社会科学院数字经济研究中心”成立。该研究中心聚焦数字经济理论、数字经济政策、数字经济技术、数字经济产业、企业数字经济转型等，加强课题研究项目和咨政研究服务，致力浙江深入实施数字经济创新提质“一号发展工程”，服务杭州高水平重塑“数字经济第一城”。

（市社科联）

【杭州市城市国际化战略咨询推进专委会设立】2023年，杭州市城市国际化推进工作委员会设立杭州市城市国际化战略咨询推进专委会，办公室设在杭州国际城市学研究中心。专委会负责对杭州城市国际化过程中重点问题开展前瞻性、针对性、储备性政策研究；整合专家资源，与高校科研院所进行战略合作；开展研讨交流活动；发布学术成果。专委会先后到高新区（滨江）、余杭区、市民政局、桐庐县富春江镇等地调研，与市人大常委会、浙江大学团队开展决策咨询研究，交流杭州产业转型发展课题。

（杭州国际城市学研究中心）

社会科学成果

【市委调研成果】2023年，市委政研室（财经办）围绕省委三个“一号工程”、亚运攻坚仗、经济翻身仗、超大城市治理等重点工作部署开展调查研究，推进“杭经e站”建设，组织完成《杭州放大亚运效应提升城市国际化水平的思路和对策研究》《关于我市直播电商发展有关情况》《杭州消防体制改革情况报告》《杭州科技创新全链条加速机制的构建与突破——基于滨江区物联网小镇调研报告》等调查报告，为市委决策提供参考。做好2023年度市委、市政府领导重点调研课题服务，以及年度全市党政系统优秀调研成果评选和表彰。开展委托研究课题14个，做好各类课题成果汇编，编发《杭州政研》37期。

（市委政策研究室）

【市人大常委会调研成果】2023年，市人大常委会发挥人大制度优势，大兴调查研究之风，形成调研报告57篇，编印《杭州人大信息·调查研究》13期。在省人大工作研究会理论研讨会优秀论文评选中，杭州市、县两级人大有6篇论文获奖，列全省第一位，其中《加强和改进新时代地方人大监督工作的实践与思考》获一等奖。在市改革创新优秀理论成果、市党政系统优秀调研成果评选中，市人大常委会机关各有1篇获奖，有2个案例入选《“八八战略”杭州实践100例》。成立杭州市全过程人民民主理论和实践研究会，举办首次全过程人民民主专题研讨会，收到来自全市各级人大常委会机关、党校、高校论文52篇，省人大常委会、省委党校、省社科院、杭州师范大学、浙大城市学院等单位作交流发言。围绕中国式现代化城市范例法规体系建设，围绕习近平总书记提出的“历史文化名城、创新活力之城、生态文明之都”城市定位开展专项调研，形成中国式现代化城市范例法规体系建设课题“1+7”总报告和子报告，为召开市委立法工作会议、调整完善五年立法调研项目库、系统化推进杭州市立法工作做好准备。发挥“五四宪法”历史资料陈列馆宪法宣传教育独特作用，在南湖革命纪念馆举办《西子湖畔制宪奠基》专题展览，开设“法治大讲堂”10期，出版《毛泽东在杭州的77天——新中国第一部宪法诞生记》。开展关于美国费城宪法纪念设施保存及利用情况、宪法宣传教育“大思政”课程设计与开发、新时代宪法宣传教育活动内容和形式等课题研究。围绕亚运会筹办、经济高质量发展、科技创新、民主法治、共同富裕重大工作部署，开展蹲点式调研，形成关于杭州亚运村运行管理情况、积极开展人大协商、市本级财政专项资金绩效情况、城西科创大走廊加快推进科技成果转移转化首选地主阵地建设等调研报告，为经济社会发展科学决策提供重要参考依据。发挥市人大工作研究会作用，围绕杭州城市更新立法、天目山国家级自然保护区立法、杭州市传统村落保护发展情况等开展调研，为有关部门和单位提供参考。

（市人大常委会研究室）

【市政府调研成果】2023年，市政府研究室（市政府参事室）围绕市委、市政府中心工作，深入乡镇（街道）、村（社区）、产业园区、企业及新型研发机构了解基层一线情况。通过发动参事、对外委托等方式强化外部支撑，全年形成各类调研成果30余个，为市委、市政府领导决策提供重要参考，不少调研成果转化为市委、市政府决策部署及政策文件。开展前瞻性、综合性战略研究。根据《政府工作报告》确定的任务和市政府主要领导关注的重点难点问题，结合“大走访大调研大服务大解题”活动，聚焦发展所需、未来所向，开展综合性、前瞻性研究。牵头组织完成市政府主要领导年度重点调研课题《杭州市打造国家数据要素综合试验区城市范例思路和对策研究》。聚焦杭州未来发展战略和方向，形成《关于推进杭州机器人产业发展的对策建议》《关于在杭州打造高端医疗器械创新生态圈及产业高地的建议》等咨政研究成果。参与重点性、针对性政策起草。参与起草《加强亚运会、亚残运会期间综合管理和服务保障的决定》《关于加强亚（残）运会期间经济社会服务保障的工作方案》《关于实施“春雨计划”的意见》等事关民营经济发展、民生福祉增进的重大政策文件，得到市委、市政府领导及社会各界肯定。推进热点性、难点性问题研究。及时梳理全市经济社会发展过程中的热点、重点，以问题为导向滚动推进调研，形成小微园区有机更新、降低杭州新市民住房成本、老字号品牌创新发展、推进数字时尚产业发展、挖掘宋韵文化基因、提升医疗护理服务水平等系列调研成果。结合主题教育，从解决历史遗留的疑难杂症和破解发展的痛点难点出发，开展调研，形成《加快推进杭州小微园区有机更新的路径研究》《关于降低杭州“新市民”住房成本的路径研究》等一批调研报告。全年编发《调查研究》和《政府决策参考》22期，作为全市各级干部获取决策资讯、交流工作经验、开展理论研究的重要阵地和平台。

（市政府研究室）

【市政协调研成果】2023年，市政协围绕“人民政协实践全过程人民民主的特点和优势研究”“有事好商量，众人的事情由众人商量制度机制深化研究”等7个课题，开展“人民政协理论”专项课题研究。发动区县（市）政协和党派团体完成重点课题研究41个，在省政协理论研讨会中获一等奖2篇、二等奖3篇、三等奖3篇，居省、市、县政协第一位。落实全国政协、省政协年度理论研究重点课题任务，参与完成《提升人民政协协商效能：概念内涵与实现路径——基于杭州市政协的实践分析》省社科规划课题研究。与学习时报社共同举办人民政协协商平台建设研讨会，邀请省内外专家学者就政协协商平台建设的实践路径和着力重点座谈交流，《学习时报》专版刊发研讨成果《建好用好政协协商平台，推进协商民主广泛多层制度化发展》。编辑出刊《政协理论与实践》14辑。

（市政协研究室）

【市委党校科研成果】2023年，市委党校获省部级以上课题立项14个。其中，国家课题1个、全国党校系统重点调研课题2个、全国社科院高端智库课题1个、省规划年度课题2个、省规划文化研究工程2个、省规划专项2个、省规划“八八战略”智库联盟课题3个、应用对策课题1个。完成各类市情研究课题64个，杭州市规划课题13个（含基地课题5个），校级课题24个，其他部门委托课题27个。学术期刊发文37篇，其中核心及以上期刊15篇（2篇被中国人民大学《复印报刊资料》全文转载）、省级刊物12篇、副省级刊物10篇。发挥党校思想引领阵地作用，在各级党报党刊发表理论宣传文章49篇，其中省级以上党报党刊17篇。出版著作6部，与宁波市委党校共同编撰的《共同富裕“双城记”》入选首届“乡村振兴好书推读”100种提名图书。依托社科重点研究基地平台，开展学术交流研讨。联合中国社科院主办第八届习近平新时代中国特色社会主义思想高层论坛，以“八八战略”与中国式现代化为主题，深入贯彻习近平总书记考察浙江重要讲话精神，为实现以“两个先行”打造“重要窗口”的重大实践提供思想理论支撑。举办以“共同富裕与幸福感城市”为主题的第八届地方治理青年论坛，深化对“共同富裕看杭州”的理论阐释。获各类科研评奖46项，其中省级以上（含系统内）39个，全国党校（行政学院）系统第十四届优秀科研奖、科研成果奖2个、优秀决策咨询奖1个。全省党校系统“八八战略”实施20周年理论研讨会暨2023年度学术年会获奖14个，首届“科技伦理前沿谈”全国征文大赛获奖1个，民政部2023年民政政策理论研究获奖论文1个，年度浙江省民政政策理论研究优秀成果奖1个。8篇决策咨询报告获市委书记批示，10篇报告获市委、市政府领导批示，4篇咨政报告被国家级内参录用。

（市委党校）

【市团校（杭州青年运动史馆）科研成果】2023年，市团校（杭州青年运动史馆）完成杭州市2022年度社科常规性规划课题《杭州新兴领域青年意识形态问题及对策研究》、2022年度浙江省青少年工作课题《新媒体背景下杭州青年的政治认同研究》《青少年饭圈文化的省思及其正确舆论引导》、2022年度学校共青团课题《中学生志愿服务示范项目培育机制研究》。《融入与发展：高净流入背景下杭州青年人才政策的优化路径研究》被《中共杭州市委党校学报》刊登。《红色文化对青少年思想政治的引导作用》在《新华日报》登载，并收录于中央党校出版社出版的《新时代思想政治工作创新与实践》。《反思饭圈化：如何正确引导青少年网络舆论》发表于《新生代》。参与《杭州蓝皮书：2023年杭州发展报告（文化卷）》《杭州蓝皮书：2023年杭州发展报告（社会卷）》编撰。联合市青年研究会围绕市委、市政府中心任务开展调查研究，其中《群团社会工作案例评析》由华东理工大学出版社出版。市党建研究会委托课题《感悟殷切期望，汲取前行力量——沿着总书记的足迹深化杭州党建研究》《透视中国之治：浙江现象二十年》由中央党校出版社出版。《国外文化企业文化产品向我境内渗透情况、带来的风险分析和对策建议》咨询报告获中央领导批示，参与编撰的《“海归废物”现象成因、危害与治理建议》咨询报告获中央领导批示，参与编撰的《警惕重大体育赛事宣传报道中的过度精英主义倾向》咨询报告获省部级领导批示。专著《全媒体时代思想政治教育过程论》获浙江大学第四届哲学社会科学研究优秀著作奖。联合团市委、市教育局完成2022年度学校共青团研究课题结题评审工作，结题课题51个，评选出优秀成果11个，其中一等奖2个、二等奖3个、三等奖6个。开展2023年度杭州市学校共青团研究课题立项申报工作，立项课题56个。市团校（杭州青年运动史馆）全年开展青年动态监测4次，平均每季度调查1000份左右，形成《传承建党精神，继承红色文化——杭州青年红色文化教育现状调查》《杭州青年就业调查报告》《杭州青年婚育现状调查报告》《杭州青年“美好教育”研究报告》青年调查报告4份。全年编辑出版《杭州青年研究》4期，其中第一期设有共同富裕专栏，第四期设有亚运会专栏。

［市团校（杭州青年运动史馆）］

【杭州师范大学科研成果】2023年，杭州师范大学获国家级人文社科类项目立项总数32个，其中国家社会科学基金28个（重大项目2个，重点项目4个）、国家艺术基金3个、教育部哲学社会科学研究重大课题攻关项目1个。国家社科基金中国历史研究院重大历史问题研究专项重大项目实现“零”的突破。集中期申报的年度、青年项目立项20个，居省属高校第二位。国家社科基金教育学项目3个，并列全省高校第二位。省部级项目立项109个，其中教育部人文社科项目13个。市厅级项目立项115个。获浙江省第二十二届哲学社会科学优秀成果奖27个，获奖数居省内高校排名第一位，其中一等奖3个、二等奖20个、青年奖4个。全年发表人文社科类论文1023篇，其中，文科权威论文32篇，《社会科学引文索引》（SSCI）收录论文128篇，《艺术人文引文索引》（AHCI）收录论文11篇，文科一级论文164篇，获省级领导批示26次。围绕学校争创“双一流”建设核心任务，设立“登峰工程”有组织科研专项，包含国家级科研项目配套、国家级项目培育（种子工程和接续工程）、学术活动资助、交叉学科论坛、重要国际学术交流、军工专项等有组织科研专项，总预算3800万元，设立项目413个。省部级研究基地取得进展，获批3个人文社科类省部级研究基地：浙江省新型重点培育智库——杭州师范大学中国教育现代化研究院、浙江省哲学社会科学培育实验室——杭州师范大学婴幼儿发展与托育实验室、浙江省哲学社会科学重点研究基地——杭州师范大学中国创新创业教育研究院。3个基地相继举办中国式现代化与教育高质量发展高端论坛、第二届"教育与空间"杭州论坛、2023年中青年比较教育学者研讨会、首届婴幼儿发展与托育国际学术会议、儿童脑智促进的多学科融合交叉学科论坛、科技自立自强背景下高校创新体系构建研究专家研讨会。

（杭州师范大学）

【浙大城市学院科研成果】2023年，浙大城市学院承担各级各类人文社科类科研项目275个，其中纵向项目102个（国家级项目2个、省部级项目44个、地厅级项目56个），企事业单位委托课题173个。科研项目总经费4351.71万元。发表学术论文241篇，其中权威期刊1篇、一级期刊21篇、核心期刊37篇，国际期刊61篇含美国[《社会科学引文索引》（SSCI）收录34篇、美国《科学引文索引网络版》（SCIE）收录17篇、美国《艺术与人文科学引文索引》（A&HCI）收录5篇]。出版学术著作27部，其中专著17部、编著6部，译著3部、科普读物1部。咨询报告51篇，其中获中央领导批示1篇、被中央国家机关采纳1篇，获省部级领导批示18篇。新增1个校级科研平台——中国长三角纪录片创作研究中心，浙大城市学院浙江历史研究中心被认定为省哲学社会学科重点培育基地，有市哲学社会科学重点研究基地2个、重点培育基地2个。浙大城市学院主办的综合性内部资料《现代城市》（季刊），全年刊发文章45篇，被《中国学术期刊网络出版总库》行业库收录。

（浙大城市学院）

【杭州职业技术学院科研成果】2023年，杭州职业技术学院获市厅级及以上级别科技计划项目立项125个，其中国家级2个、省部级30个、市厅级93个。全年在国内外期刊发表核心及核心以上论文190篇，其中一级期刊4篇、人大转载2篇、《中文社会科学引文索引》（CSSCI）收录2篇、《中文核心期刊要目总览》43篇、美国《科学引文索引》《社会科学引文索引》《工程索引》收录79篇，出版学术专著19部。知识产权专利91件，其中发明专利50件、实用新型专利17件、外观设计24件、软件著作权5件。举办2次科技成果竞价（拍卖）会杭州职业技术学院专场，拍卖科技成果27个，成交金额1366万元。组织课题申报经验交流、材料撰写培训、精准对接辅导等活动20余场。学校参与省职务科技成果转化"安心屋"数字化场景应用、市"科技成果转移转化首选地"建设，成为杭州市首批科技成果赋权试点单位。承担杭州市重点软科学课题"科技成果转移转化指数研究"，为市科技局、市统计局提供决策咨询。牵头承建杭州市技术合同登记点（钱塘站），参与长三角高职院校应用技术协同创新联盟，拓展转移转化渠道。学校服务区域经济社会高质量发展典型做法入选国家教育行政学院、中国教育干部网络学习培训课程。联合省知识产权交易中心面向中小微企业提供专利开放许可，参与数据知识产权交易服务标准化试点项目。牵头成立"杭州经济技术开发区（钱塘科学城）产教联合体"，入选教育部第一批国家级市域产教联合体（全国共28个）。推进安恒数智工程师学院、阿里巴巴数字商贸产业学院等产教融合项目建设。与钱塘区签署战略合作协议，与钱塘新区签约共建杭州医药港学院杭职产教融合基地，与杭州燃气集团、杭州西子电梯科技有限公司、杭州诗季宝丝绸科技有限公司等10余个企业合作。与安恒信息技术有限公司、西安电子科技大学发起，联合行业协会、科研院所、企业等252个单位成立全国数字安全行业产教融合共同体。实施产教融合、校企合作"五个一批"工程，认定产教融合高水平实训基地55个、教学工程创新中心31个。立项省级产学协同育人项目4个。

（杭州职业技术学院）

【杭州科技职业技术学院科研成果】2023年，杭州科技职业技术学院立项各级各类纵向科研项目113个。其中浙江省社科规划等省部级课题10个、杭州市哲学社会科学规划等市厅级课题48个、校级科研课题44个、市教育科学规划办等纵向研究课题11个。立项横向科研课题56个，到账经费1394.79万元。全年出版学术著作6部，授权专利39件，其中发明专利29件，获软件著作权25件。在各类学术期刊发表学术论文185篇，其中《中文核心期刊要目总览》17篇、美国《科学引文索引》收录13篇、美国《工程索引》收录5篇、美国《艺术与人文科学引文索引》收录1篇。省人力社保厅课题研究成果《数字化背景下浙江省大学生就业服务调查分析与对策建议》获省人力社保厅领导批示。市哲学社会科学重点研究基地——高等职业教育（陶行知教育思想）研究中心开展陶行知教育思想研究，围绕陶行知研究、职业教育、乡村振兴、基础教育等方向，基地立项课题7个，结题7个。主办纪念陶行知指导创办湘湖师范95周年暨杭州市陶研会2023年会，评选陶研获奖论文160篇，举办学术沙龙6期。上线"杭州陶行知研究馆（数字馆）"，设8个展厅，综合运用文字、声像、网络、通信等全媒体资源，展现陶研馆教育功能、服务功能和社会功能，提升陶研馆学术地位和辐射影响。全年接待各界领导、专家、各级盟员1000余人，2023级新生近5000人完成数字陶研馆参观学习。11月，基地通过杭州市哲学社会科学重点研究基地第四轮建设验收，被市委统战部授予"同心最美阵地"，被省教育厅授予"浙江省廉洁教育基地"，获"浙江省场馆育人作用开发项目"立项。学校与富阳区春建乡签约共建"乡村振兴示范点"，围绕春建乡打造区域公用品牌，与临安区社区学院等企事业单位合作建立教学实践基地5个。承担政府部门、地方企业和社会各类乡村振兴相关培训班70余期，系统培训以"头雁培训"为代表的乡村各类产业人才6000余人次。与嵊泗县政府签订支持嵊泗县走海岛县高质量发展共同富裕特色之路战略合作协议，对口支援嵊泗中高职一体化建设，在人才培养、师资建设、产业帮扶、美丽乡村建设等方面给予支持。与阿里巴巴集团合作共建“橙点数字经济产业学院”，加快打造“中高企”产教联合体，推进“人才回巢”（返乡）工程，助力共同富裕。学校当选全国乡村振兴产教融合联盟常务副理事长单位，校党委书记当选中华职业教育社职业教育服务乡村振兴委员会委员。学校乡村振兴工作案例再次入选省教育厅高校助力乡村振兴典型案例、入选教育部专题网站乡村振兴典型案例，获《中国教育报》《浙江教育报》等媒体报道6次。

（杭州科技职业技术学院）

【杭州万向职业技术学院科研成果】 2023年，杭州万向职业技术学院教职工公开发表论文143篇，其中《科学引文索引》（SCI）3篇、《中文核心期刊要目总览》2篇、省级以上期刊138篇。出版专著1部，主编教材5部。授权专利59件，其中外观设计专利19件，实用新型专利29件，软著11件。组织教师立项各级各类课题133个，其中省级课题6个、市厅课题36个。科研论文获市厅级以上奖项8个，有杭州市属高校优秀创新团队2个。学院以“标杆管理年”为契机，对标国际、国内、省、学院4级标准标杆，围绕提质培优、督导评估、双高专业群建设、精品学院建设等任务，开展“标杆、标准、标志”专项研究，形成《标杆管理成果汇编》。探索高职学生自信心培养，服务学生发展，《基于全人教育的高职学生自信心培养模型构建》被中华职教总社立项为省级重点课题（全国21个），《基于全人发展的高职课程体系构建和育人模式实践研究》以“优秀”通过省教育厅结题，《弘扬科学家精神传播文化勇担当》获省科学家宣讲大赛铜奖。撰写杭州城市发展相关研究成果14篇，获市社会科学界第九届学术和咨政年会征文一等奖1个、二等奖1个、三等奖2个。形成《2023年度杭州市新时代城市品牌专项课题研究成果汇编》《“八八战略”引领杭州打造国际大都市的路径与策略研究》被立项为市社科规划“八八战略”实施20周年专项课题，高质量结题。《忠实践行“八八战略”，打造“四个高地”，引领杭州打造国际大都市》决策咨询报告在《杭州日报》理论版刊载。

（杭州万向职业技术学院）

【市教育科学研究院科研成果】 2023年，市教育科研院1045个课题被批准为杭州市教育科研立项课题，其中综合课题210个、教育高质量发展专项课题95个、基础教育综合改革实验区建设专项课题20个、教师小课题500个、教师教育课题220个。获2023年浙江省教育科学规划课题省级立项89个，其中重点课题14个、年度规划课题58个、体卫艺课题13个、共同富裕课题2个、党建课题2个，32个课题为省“小学生综合评价改革专项”认定性课题。推荐24个课题参加省教育科学规划“班主任专项”课题认定性评选。评出市教科研优秀成果综合类优秀成果一等奖49个、二等奖139个、三等奖189个，教师小课题优秀成果一等奖54个、二等奖135个、三等奖167个，职成教专项论文一等奖48个、二等奖116个、三等奖154个，教师教育课题成果一等奖25个、二等奖50个、三等奖49个。28个成果获省教科研优秀成果一等奖11个、二等奖10个、三等奖7个。开展市第十三届教科研先进集体、个人评选，评出教科研先进集体30个、教科研先进个人48人。推荐参评省教科研先进集体、个人，杭州11所学校（单位）获评先进集体、19名教师获评先进个人。28名学科领衔人通过第二届杭州市教育科研标兵工作室年度考核。被列入教育部重点课题“面向未来课堂的中职教师教学法生成模式与培育机制研究”结题。推荐课题参评教育部职业教育国家级教学成果获一等奖3个、二等奖2个。推荐课题参评省职业教育改革典型案例获优秀案例8个、典型案例6个。承担普通高中高质量办学考核指标研制，参与“信息技术支撑学生综合素质评价”国家试点。评定第十九届教坛新秀德育与心理类教坛新秀69人次。参加全省中职学校学生技术技能大赛暨国赛选拔赛，获一等奖21个、二等奖35个、三等奖26个。在全国大赛获金牌9枚、银牌17枚、铜牌2枚。认定25所学校心理辅导站为杭州市学校心理辅导优秀站，4所学校通过省心理辅导站一级站认定，上城区、余杭区、桐庐县分别通过省县级心理辅导中心验收，县级心理辅导中心建设率61%。开展“初中提质强校试点学校学科项目化学习评价能力”系列活动，组织学科项目化教师评价量规研制评比，评出一等奖10篇、二等奖12篇、三等奖17篇。《公办初中提质强校杭州做法》被《浙江教育科学》刊载。

（杭州市教育科学研究院）

区县（市）社科工作成果

【上城区社科联工作成果】 2023年，上城区社会科学界联合会（简称上城区社科联）获评全省县（市、区）社科联测评优秀单位。围绕学习宣传贯彻中共二十大精神主题，开展循迹溯源研究，编发《习近平总书记在上城》内部读物，编撰《“八八战略”上城故事》通俗读物。开展决策咨询研究，申请课题“艺学堂：基于未来社区环境的艺术共富实践载体设计研究”“重复信访实质性化解检察机制的新时代，‘枫桥式’再塑——以拓深‘检察工作＋社会治理’为路径”获市社科联课题立项。编撰出版《浙江文史记忆·上城卷》，联合南宋书房编撰出版《图说南宋御街》《品宋》系列丛书获省社科规划课题立项，联合杭州西湖国学馆编撰的《唱享步天歌》获省社科普及重大课题立项。主办基层治理文化现代化研讨会及《社区治理与建设研究》新书分享会。开展宋韵文化创意论坛和宋韵年会论坛。联合杭师大人文学院开展《亚运文化之旅》研讨发布活动。5月，区社科联以深入实施“八八战略”，奋力推进“两个先行”——韵味社科最上城为主题，开展社会科学普及周活动。活动分启动仪式主会场、社科条例普法展区、区非物质文化遗产项目体验区、南宋太学运动会游艺项目体验区、社科成果打卡赠阅区5个区块，向公众展示宋韵文化历史意义、精神内核和时代价值。推出《钱塘江文化》月刊杂志12期，同步配套电子期刊；启动编撰《宋韵廉洁文化史》《宋韵审美思想》等宋韵文化主题丛书5册。开办“夜听宋韵”电台专栏节目50余期，微信平台“上城地名故事”50余期。协助完成浙江卫视《文化浙江大讲堂》寻迹宋韵首期节目录制，开展“韵味社科直播间”专家访谈直播10场，同步在“Z视介”宋韵频道直播和在“潮新闻”客户端宣传报道。探索微博社科普及周，联合“新浪浙江”，开设“韵味上城社科联联看”话题互动页，围绕上城社科普及基地特色内容、亚运背景下全民学英语、宋韵文化普及和德寿宫等热点社科文化阵地内容，开展社科话题运行维护，其间阅读量2470.8万人次，话题讨论量2509次。区社科联发挥《唱享诗经》省社科普及重大课题成果作用，对接教育部门，探索社科成果在校园的转化应用，得到省社科联肯定。策划打造城市社科联“社科驿站”工作品牌，扶持“青尚新语学社”和中学生学社发展。创建上城区社科之家，杭州西湖国学馆被列入省级重点社科普及基地。

（上城区社科联）

【拱墅区社科联工作成果】2023年，拱墅区社会科学界联合会（简称拱墅区社科联）召开行政区划调整后拱墅区社会科学界联合会第一次代表大会，选举区社科联首届领导班子。坚持“发挥社会科学决策咨询功能，当好党委、政府的思想库和智囊团”职能定位，组织开展“大型国际体育赛事中新闻宣传和舆情应对研究”“拱墅大运河文脉挖掘及文化体系建构研究”“从地域品牌到文化整合品牌的拱墅文旅融合探索研究报告”“国潮文化视域下拱墅区的发展现状和对策”等7项课题研究。出版发行《浙江文史记忆·拱墅卷》，全面系统记述拱墅“千年运河，繁华武林”人文历史。全年推出20期视频科普栏目《拱墅社科》，以3分钟短视频形式，围绕拱墅传说故事、街巷地名、码头漕运、酒肆瓦舍，回顾拱墅历史文化，展现运河两岸历史与现实交相辉映的独特韵味。新增市级科普基地1个。深入实施“八八战略”、奋力推进“两个先行”，2023年拱墅区社科普及周启动仪式举行，“喜迎亚运，美好生活”、读城记、创客工坊、运河拾贝、运河十二时辰、运河绘本故事、晚晴学习营等科普品牌活动相继开展。注重人才培育，选送1人入选第六批浙江省高层次人才特殊支持计划。

（拱墅区社科联）

【西湖区社科联工作成果】2023年，西湖区社会科学界联合会（简称西湖区社科联）获评全省县（市、区）社科联测评优秀单位。10月，召开区社科联第二次代表大会。开展理论研究，重点课题《西湖区平台经济高质量发展若干建议研究》得到区委、区政府主要领导批示肯定，社科联课题立项30个、结题24个。“杭州湿地资源分类导读”等2个课题立项为省级社科课题，“百句老古话：传统俗语家庭隔代共读的实践研究”等3个课题立项为市级社科课题。重点围绕中共二十大精神、“八八战略”实施20周年等主题，依托22个全省基层理论宣讲点单位，开展社科理论宣讲，扩大社科宣讲阵地覆盖面，线上和线下开展社科宣讲600场次，受众4万人次。发动各级社科基地开展2023年社科普及周活动，举办2023年“无水不成杭”青少年新教学法（PBL）科研营、“百子闹元宵”等社科普及活动。推选杭州西溪水浒文化展示馆、杭州钱塘陶瓷文化艺术陈列馆为市级社科普及基地，对区级社科基地8个重点项目进行经费资助。挖掘西湖文化、西溪水浒文化、铜鉴湖文化等优秀传统文化资源，编辑出版《浙江文史记忆·西湖区卷》。举办“承五千年西湖文化，建共同富裕首善之区”新书发布会、“西溪人文荟·宋画里的生活”等活动，开展铜鉴湖主题征文，出版《铜鉴湖》期刊，成立西溪水浒文化讲师团，厚植西湖人文社科底蕴。

（西湖区社科联）

【高新区（滨江）社科联工作成果】2023年，滨江区社会科学界联合会（简称滨江区社科联）参与承办“滨江之运”亚运会倒计时百日冲刺暨“国际滨·西兴韵”——从西兴出发文化周系列活动，邀请大运河沿线城市著名摄影家、文化专家通过演讲、沙龙、采风呈现运河文化。邀请国内外摄影师65人创作500余幅作品，展示从西兴出发辐射“三条诗路”的壮阔图景，观展2万余人，留言近1000条。同步开展外籍博主打卡滨江活动。围绕“多彩亚洲，精彩世界”主题，举办2023年中国国际网络文学周活动，中央、省、市以及行业和境外40余个媒体到现场采访，传播量超过6000万次。发布《中国网络文学在亚洲地区传播发展报告》，吸引26个行业头部企业入驻产业博览会，约100名产业链上下游领军人物参与论坛、讲座、IP直通车活动。12月9日，中国网络作家村六周年“村民日”活动暨第六次村民大会开幕，受到新华社、央广网、浙江卫视和《浙江日报》《杭州日报》等媒体关注。同时发布《中国网络作家村五年发展规划（2023—2027年）》，新华网浏览量29.2万次、央广网浏览量63.1万次，浙江卫视相关报道收视率近1.0。启动“美丽中国，精彩滨江”征文大赛和白马湖全国网络文学出海评论研究大赛，揭牌“中国网络作家村网络文学视听转化孵化基地”“中国网络作家村助力共同富裕临安联建基地”，达成意向交易5个、金额1.1亿元。与临安区中国作协山乡巨变实践点形成联建基地，探索共建合作新模式。举办“和滨滨一起樱花跑”“不止音乐节”“杭州市戏剧节”“金鹊青年电影节”“滨江韵味，共富之声朗诵大赛”“亚运漫趣——首届国际体育幽默画巡展文艺活动”等活动。联动文联协会和社会文艺团体举办“宋韵国风——浙江亚运油画作品展”、“运河文化情，滨泗一家亲”滨江泗县书画名家作品联展、“潮回西陵，忆上古驿”当代百件优秀书法作品展。联动社科研究智库，编辑印发《学习参阅》月刊，策划推出系列人文社科丛书，打造“西兴韵”“长河头”“浦沿潮”系列文化品牌。出版滨江文化地图、《浙江文史记忆·滨江卷》，展示全区30个文化场馆、28个阅读空间、21个体育场馆和城市公园、35个文化古迹风貌，记录从史前到中华人民共和国成立，滨江重要历史事件、名人典故、习俗风物。启动编纂《滨江文化丛书》，包括1本总论、4本历史文化分册、3

本当代文化分册。

（滨江区社科联）

【萧山区社科联工作成果】2023年，萧山区社会科学界联合会（简称萧山区社科联）面向全社会征集区级常规课题111个，确定立项课题38个，其中优秀课题6个、良好课题10个、合格课题19个。完成市社科规划课题《国内一流临空经济示范区建设经验及对杭州的启示》获市委领导批示，与萧山区委党校合作撰写领导参阅《“办好一个会 提升一座城”，放大亚运提振效应策略研究》获区委书记批示。完成《萧山区助推民营经济高质量发展的对策研究》重点研究课题，在《浙江经济》刊登。区社科联与党史研究室、城厢街道联合举办社科普及活动毛奇龄400周年诞辰学术研讨会，与蜀山街道联合举办《重返蜀山：知章文化与现代文明》研讨会。承办市社科联“我们的价值观”主题词——“友善”暨“千万工程与乡村善治”理论研讨会、“我们的价值观”主题词——“感恩”暨“中国式现代化城市范例与感恩教育普惠发展”理论研讨会。开展“社科走亲”活动10场，覆盖90%以上乡镇街道。开展2023年萧山区社会科学普及周活动，举办讲座、研学活动、展览、惠民服务4个类别重点社科普及周活动50个。全年完成社科普及活动394场，参与100万人次。创新制定萧山区哲学社会科学星级普及基地及补助资金管理办法，建立社科星级普及基地评价体系。评选未来警校、钱塘江诗词展示馆等萧山区社科普及基地18个。萧山区博物馆获评省级社科基地，跨湖桥遗址博物馆等10个社科基地被列入省优秀传统文化普及基地联盟成员单位名单。

（萧山区社科联）

【余杭区社科联工作成果】2023年，余杭区社会科学界联合会（简称余杭区社科联）获评全省县（市、区）社科联测评优秀单位。全年开展社科课题研究36个，编印《社科成果要报》8期，课题成果获领导批示21件（次）。其中：省领导8件（次）、市领导5件（次）、区领导8件（次）。1个成果在国内一级期刊发表，10余个课题成果在市级以上期刊或理论报刊发表。完成杭州市社科联研究课题5个，被《杭州蓝皮书：2023年杭州发展报告》录用论文4篇，多项建议被职能部门采纳。5月14日，承办2023年省哲学社会科学普及周启动仪式。其间，全区12个乡镇（街道）基层社科宣讲点和15个社科普及基地开展社科普及活动120余场。区社科普及基地良渚博物院、章太炎故居纪念馆举办的章太炎先生文物特展，良渚博物院“良渚童Hua”儿童小画展入选活动发布项目在市社科联八届三次理事（扩大）会议上作经验交流。良渚博物院获评首批省社会科学普及重点基地，闲林埠历史街区获评省第十一批社会科学普及基地，林下书院创建成第三批省级社科之家，中泰竹笛展示馆、闲林埠历史街区（含丁丙纪念馆、陈元赟纪念馆）获评市第六批社科普及基地。6月17日，举办“溯源新思想·众人的事情由众人商量”理论研讨会，邀请中央党校、中国农业科学院、浙江大学等单位知名学者60余人，围绕“众人的事情由众人商量”理论溯源开展研讨交流，参会代表近200人，线上收看23.5万人次。成立全过程人民民主研究联盟，发布《“众人的事情由众人商量”——全过程人民民主的余杭实践典型案例》《“众人的事情由众人商量”理论成果汇编》。《人民日报》整版刊登活动综述。

（余杭区社科联）

【临平区社科联工作成果】2023年，临平区社会科学界联合会（简称临平区社科联）获评全省县（市、区）社科联测评优秀单位。立项“清代乾隆与临平史料整理与研究”“临平区进一步优化随迁子女教育政策的对策研究”等重点课题11个、“‘八八战略’优势论思维的内涵、价值及转化应用研究”“后亚运时代临平区打造‘体育+’产业生态圈研究”等常规课题39个，课题成果获省、市、区领导批示肯定，获省社科联社科普及课题立项1个。举办“高效生态农业与乡村共富”“基层治理现代化的乔司实践”理论研讨会，被新华社、《人民日报》、中国新闻社等20余个媒体报道46篇，其中“高效生态农业与乡村共富”理论研讨会学术成果被新华社《高管信息》录用。组织编撰《“八八战略”临平实践案例集》《“八八战略”引领临平高质量发展研究成果汇编》。联合省、市社科联举办“首届江南水乡文化国际学术研讨会”，整合江南文化学术资源，打造江南水乡文化研究高地。联合浙江理工大学举办“红色法学家何思敬”学术思想研讨会暨何思敬红色法治研究院成立仪式，打造临平区红色法治文化建设“金名片”和标志人物。举办临平区2023年度社科普及周活动，以8个乡镇（街道）基层社科宣讲点和20个社科普及基地为主阵地，举办群众性科普活动20余场。临平博物馆“临平记忆——口述史里的临平”获评省社科普及创新项目。

（临平区社科联）

【钱塘区社科联工作成果】2023年，钱塘区社会科学界联合会（简称钱塘区社科联）开展“钱塘区在高质量发展中促进精神共同富裕的创新路径研究”等9个课题研究。完成《习近平总书记调研钱塘时重要讲话指示精神的理论溯源和落地研究》等3个重点课题。《基于口述史的钱塘围垦精神的时代内涵、生成机理与治理价值》获全市年度宣传文化系统优秀调研文章，入选市委宣传部《行与思》报告文集。11月25日，组织“八八战略”引领钱塘实践——钱塘区纪念“八八战略”实施20周年暨贯彻落实习近平总书记考察浙江重要讲话精神座谈会。联合浙江大学、浙江财经大学、省城市治理研究中心举办中国（浙江）—哈萨克斯坦首届企业家研讨会暨第六届中哈经济社会研究论坛，2023年中国营商环境50人论坛等学术交流8场次。开展社科普及周活动，联合浙江传媒学院举办浙江省媒介素养科普基地开放日暨钱塘社科展示体验活动，450余人参加。全年指导各社团、社科基地和村（社区）开展各类活动60余场次，参与1600余人次，国家、省、市级媒体刊发报道30余篇。举办第二届宋韵文化学术研讨会和宋韵文化大讲堂2期、宋韵雅集1期，建立宋韵文化实践和活化基地2处，完成《钱塘百咏》古籍复刻，编撰《钱塘印记》。推出《回忆围垦岁月》系列短视频，采访围垦亲历者100余人。7月7日，召开区社科联一届三次理事会，增补钱塘区检察院为理事单位，调整12个成员单位代表。建立校地人才交流渠道，5名高校老师到社科联挂职交流，与浙江省儒学学会签署战略合作协议。临江兵团知青文化园获批市级社科普及基地，在金沙湖书房共建“钱塘区社科之家”。

（钱塘区社科联）

【富阳区社科联工作成果】2023年，富阳区社会科学界联合会（简称富阳区社科联）依托“社科有研”“社科有卷”“社科有约”“社科有料”4项活动品牌，开展社科普及等工作，擦亮“富阳社科”标识。3月28日，区社科联举办“悦读悦动·书香兰香”富阳区第二届富春山居全民读书节，聘请第二批“书香富阳·社科有卷”读书会精神共富文化引读人。《富春山居文化丛书》获全国城市出版社优秀图书一等奖。周雄纪念馆、新四军两渡富春江红色研学中心被评为杭州市第六批社科普及基地。7月6日，召开“八八战略”与现代版富春山居图理论研讨会，发布“八八战略”实施20周年富阳实践案例和高质量发展建设共同富裕示范区、高水平描绘现代版富春山居图实践案例。组织社科讲师团成员开展“社科专家走基层送服务”系列活动，深入社科普及基地、基层文化场馆、农村文化礼堂，举办政策解读、智力支持和文化帮扶活动200余场。组织社科专家走访社科普及基地，为基地文物保护、展馆布局提出建设性意见。调研区外古城修复建设及运营情况，为新登古城修复及建设出谋划策。开展“社科有约”活动10余场，挖掘钱塘江诗路（富春江）文化资源，助力各乡镇（街道）开展诗路文化带建设。编纂出版《浙江文史记忆·富阳卷》《@富阳》等书籍，汇编《富春密邀你——富春山居文化基因解码》《泗洲纸文化研究文集（选编）》等资料集。编印《社科有研》17期，围绕钱塘江诗路文化、富春宋韵文化等开展研究，获评浙江省社科普及创新项目。“富阳社科”微信公众号开设“社科有料”栏目，聚焦“古、今、人、文”，突出富春山居文化、富阳纸文化等地域特色文化标识。

（富阳区社科联）

【临安区社科联工作成果】2023年，临安区社会科学界联合会（简称临安区社科联）被省社科联评为2023年度全省县（市、区）社科联测评优秀单位。依托“天目心语”社科宣讲团深入宣传宣讲中共二十大精神，各社科社团、基地组织开展党的理论学习宣传教育活动200余场次。结合主题教育，举办深入实施“八八战略”，全面推进乡村振兴理论研讨会。以“八八战略”、产业高质量发展、高水平建设“吴越名城·幸福临安”为主题，完成《理论·历史·实践：吴越文化当代价值传承的三重逻辑》课题研究11个。围绕吴越文化核心内涵，开展重点委托课题研究4个。组织申报省、市社科课题18个，立项省级社科课题2个、市级社科课题3个（其中2个课题结题）。吴越文化研究工作获中共中央宣传部部长肯定批示。调研报告《吴越文化活化利用探索和实践路径研究》被《浙江宣传（大调研）》第8期录用，并获省委宣传部领导批示肯定。《流淌的吴越文化》《〈钱氏家训〉的可贵之处》被“浙江宣传”微信公众号采用，阅读量超10万余人次。围绕深入实施“八八战略”，奋力推进“两个先行”主题，开展2023年度临安区社科普及周活动，各社团、基地全年开展社科普及活动1500余场。联合於潜镇举办“一图传千年，一城越古今”临安区耕织文化周活动，联合临安印社举办“亚运同行，幸福来临”西泠名家亚运主题篆刻艺术展。全区新增省级社科普及基地1个（临安区博物馆）、市级社科普及基地2个（临安区烈士纪念馆、昌化镇南门弄古建筑群）、区级社科普及基地4个（赵尔春烈士纪念馆、临安区档案馆、坦荼·柒月图书馆、古韵河桥村落景区）。深化“山海协作”，组织社科界代表及社科宣讲团代表赴龙游县，开展社科宣讲走亲交流调研活动，加强两地文化宣传研究、社会科学普及互动互学互鉴。制定吴越文化研究总体框架，启动《吴越文化研究三年计划（2023—2025年）》，从文献集成、基础研究、通识读物、应用研究4个方面对吴越文化开展系统研究。启动《吴越历史文化丛书》编撰，已出版《王兮王兮归去来——吴越国的君主们》《一剑霜寒十四州——云烟百年吴越国》2部作品。举办第五届吴越文化论坛，分别以“吴越文化的核心内涵和时代价值”“吴越文化的活化利用”为主题展开学术研讨交流，客观评价吴越国时期经济文化、治国理政、城市建设等方面取得的成就，深入研讨吴越文化历史内涵与时代价值。举办临安区“耕织万古，文润千年”文化主题论坛，围绕“於潜《耕织图》诞生的内在动因”“耕织图像叙事与农耕文化传承”“中国乡土价值的再认识”进行学术交流。现场发布寻找《耕织图》计划，临安区於潜镇成为浙江农林大学文法学院合作农耕文化实践教育基地。举办“吴越文化名家讲堂”系列专题讲座6期，临安电视台同步推出《天目心语之“听名家学者说吴越”》5期。讲堂以“专家学者服务百姓”为宗旨，邀请国内名家学者现场开讲。

（临安区社科联）

【桐庐县社科联工作成果】2023年，桐庐县社会科学界联合会（简称桐庐县社科联）制定《桐庐县社会科学普及基地建设管理办法》《桐庐县社会科学研究课题管理办法》《桐庐县社会科学界社会团体管理办法》等制度文件。出台《桐庐县2023年度社科课题指南》，开展2023年度课题研究申报，全年完成理论研究成果52个，选出优秀课题9个。开展省、市社科联课题申报工作，获2023年省哲学社会科学资助课题7个，市级立项课题3个。围绕习近平任省委书记时对桐庐作出“十六字”重要指示20周年，专题组织撰写《桐庐推动县域高质量发展的生动实践》课题报告在《浙江经济》刊发。合作撰写的《桐庐：迭代“块状经济”，产城人共奔现代化》在《浙江日报》整版刊发。开展“十六字”重要指示在桐庐生动实践的课题研究，完成研究成果20个，其中入选省案例1个，入选《“八八战略”杭州实践100例》案例集2个。编发《县域传统产业发展路径与对策研究》等社科专报6期。以“社科理论下基层”为抓手,组织社科宣讲团深入基层、深入一线,创新推出蹲点式、交互式宣讲和“宣讲走亲”,以脱口秀、快板、越剧等形式开展各类主题宣讲活动,通过线上和线下两种模式,受众超过15万人次。举办2023年桐庐县哲学社会科学普及周活动,其间开展社科普及活动20个,受众1万余人次。汇编出版《品读桐江名人》书籍。创新推出“桐庐县社科联”视频号《走读桐庐》栏目,推介桐庐历史人文故事,发布节目25期,被“学习强国”杭州学习平台录用16期,浏览量超过30万人次,获评杭州市年度网络正能量传播精品节目。召开桐庐县社科联第二次代表大会,完成社科联领导班子换届,新增智库专家31人。桐庐县城市展示中心、南堡精神纪念馆、嘉欣园廉政文化馆等7个基地入选浙江省优秀传统文化普及基地联盟成员单位。向省、市推荐基地重点活动项目3个,其中“考古研学系列活动”等2个获市级立项资助。社科宣讲作品《潇洒桐庐宋韵悠》获杭州市“迎亚运·品宋韵”短视频大赛优秀作品奖。省级社科基地桐庐县城市展示中心选送的讲解员参加全省社科普及基地讲解员大赛获优胜奖。联合浙江电视台《文化浙江大讲堂》栏目拍摄播出桐庐篇“寻迹宋韵,桐庐潇洒范公诗”专题节目。

(桐庐县社科联)

【淳安县社科联工作成果】2023年,淳安县社会科学界联合会(简称淳安县社科联)落实全省社科赋能行动要求,4个课题在浙江省社科规划2023年“社科赋能行动”专项课题立项。其中:与嘉兴大学合作完成的《党建联建赋能乡村治理的“大下姜”经验及提升建议》课题成果被《浙江社科要报》2023年第61期采用,获省委书记批示肯定;与浙江农林大学合作完成的《关于高质量推进淳安特别生态功能区建设的对策建议》被《杭州决咨·咨政建言》收录,获杭州市委书记、市长肯定批示。与县“四办”联动策划选题15个,组织开展县哲学社科课题申报、评审,征集到课题72个,立项20个,其中2个课题获杭州市社科联课题立项。编印县《社科要情》3期。县社科基地年度重点特色社科普及活动征集特色项目8个,县社科之家、基地、社团、宣讲点全年开展各类社科普及活动186场次,受众6万人次。围绕深入实施“八八战略”,奋力推进“两个先行”主题,选送下姜村乡村振兴展示馆基地在省社科联科普周主会场展示。组织科普周启动仪式暨社科普及基地年度重点项目体验日活动,5—7月集中开展社科普及周系列活动120余场次,受众4.8万人次。

(淳安县社科联)

【建德市社科联工作成果】2023年,建德市社会科学界联合会(简称建德市社科联)推广“西乡讲堂”“莓好播报”“百场社科讲座进基层”等社科宣讲品牌。更新社科精品课程,按需推送至社科基地、村社文化阵地、党群服务中心等基层点位,形成分布广泛、特色鲜明、普惠群众的社科宣讲辐射圈。结合群众广场舞时间创新开设“西乡夜话”“流动讲堂”等社科宣讲品牌子栏目,完成《亚运会知识》《高举火炬向前进》等126场次社科宣讲栏目内容,为基层输送社科文化知识,受众超过5000人次。打造重点社科基地,形成群众易集聚、场馆特色强、科普辐射广的社科普及基地网络,建德市博物馆于10月通过省级社科普及基地现场认定。开展“基地+”活动,社科讲师通过专题授课、参观学习、相互交流等形式入驻基地,保障基地“月月有主题、周周有活动”。全年完成社科类课题18个。参加“八八战略”最佳实践案例选题8个,《打造妇女助力共同富裕的千鹤样板》《打开和美乡村数字治理大门的金钥匙》等4个课题入选“八八战略”杭州市实践100例。上报杭州市社科联课题9个,《“链组党建”助力乡村共同富裕的实现机制研究》《大数据赋能乡村治理现代化的实践路径与理论逻辑研究》结项。完成建德市委、市政府专项课题《关于打造更高质量文化供给渠道的探索和思考》。开展纪念“八八战略”实施20周年“文艺村长和她的朋友们”成果展演活动,以动态和静态展示建德人民在共富进程中精神风貌、辉煌成就和美好生活。各级社科基地立足自身特色,发挥基地优势,策划中长期科普计划及品牌活动。社科普及周期间,开展建德市博物馆“传非遗技艺”、“科学大爆炸”、严州中学校史馆“模拟导游培训与实践”、航空小镇航空博物馆“航空科普研学”系列、千鹤妇女精神教育基地“重走浙大路”等品牌活动。制定《关于推行“文艺村长”机制,深化共同富裕文化先行基层实践的通知》,在全市推广“文艺村长”工作,举办“文艺村长”机制推行一周年活动,探索“文艺村长”机制与文化活动阵地相融通。创新推行基层文化服务协商机制,让“群众的事情群众说”,全年召开协商会议23次,落实办理群众文化需求161项。11月11—13日,由中国范仲淹研究会、杭州市委宣传部和建德市委、建德市政府共同主办,在梅城镇召开以“范公思想与新时代精神”为主题的第八届中国范仲淹国际学术大会。大会汇聚范仲淹研究领域最新学术成果110余篇研究论文,颁发第六届中国范仲淹国际学术“优秀论文奖”,来自国内外专家学者300余人参加会议。

(建德市社科联)

社会科学活动

【“我们的价值观”主题词研讨会】2023年,市社科院党建研究所坚持贴近基层、贴近实践、贴近群众基本原则,先后在杭州市党群服务中心、临平区算力小镇、上城区闸弄口街道红梅社区、萧山区临浦镇横一村、余杭区闲林街道党群服务中心、市团校举办“我们的价值观”主题词研讨会。研讨会聚焦“民生、文明、诚信、感恩、敬业、友善、信仰、责任、崇学、爱国、务实、和谐”12个主题词,围绕迎接亚运会、优化营商人文环境、“千万工程”和“浦江经验”等社会热点话题,举办“以人民为中心建设最具幸福感城市”“浙江有礼·最美杭州,亚运与文明”“亚运攻坚与基层社区治理”“打造中国式现代化城市范例的青年担当”“勇当先行者谱写新篇章的杭州担当”等“我们的价值观”理论研讨会12场。在杭高校专家学者、机关干部、社科工作者、基层代表

2023年11月30日,杭州市社会科学界第九届学术和咨政年会召开

(市社科联 供稿)

等参与研讨,助力杭州高质量发展贡献实践经验、理论支撑和智力支持。

【市社科界专题读书会】 2023年5月15日,市社科界举办学习贯彻习近平新时代中国特色社会主义思想专题读书会,邀请省委政研室(省政府发展研究中心)原专家作《"八八战略"跨越时空的思想传承和行动指南》专题讲座。市社科联八届理事、全市社科工作者代表参加专题学习。与会人员表示要学习贯彻"八八战略"蕴含的时代价值,将"八八战略"与社科工作相结合,为杭州沿着"八八战略"指引的方向前进贡献社科智慧和力量。

【杭州市社会科学界第九届学术和咨政年会】 2023年11月30日,由市社科联、市社科院、市政府研究室、市委市政府咨询委员会主办的杭州市社会科学界第九届学术和咨政年会召开。年会以"发挥学术咨政作用,助力3个'一号工程'"为主题,围绕学习贯彻习近平总书记考察浙江重要讲话精神和"八八战略"省会篇开展学术交流。年会围绕数字经济创新提质"一号发展工程"、营商环境优化提升"一号改革工程"、"地瓜经济"提能升级"一号开放工程"决策部署建言献策,打好经济翻身仗,持续推动"八八战略"杭州实践走深走实。年会设经济发展、社会治理、文化建设3个专场论坛,展开全方位学术讨论和咨政,收到论文132篇,其中30篇获优秀论文奖。市社科联、市直单位、市委党校系统、市属高校、区县(市)社科联专家领导和市属社科社团、市社科重点研究基地、市社科优秀青年人才代表、优秀论文作者参加会议。

【市社科社团负责人专题培训班】 2023年8月29—31日,市社科联举办市社科社团负责人专题培训班,提高社团规范化管理建设水平。培训班邀请专家学者以《深入实施"八八战略",推进三个"一号工程"》《三个"一号工程"未来与发展机遇》为题进行专题培训,以"加强社会组织规范化建设,促进社会组织高质量发展"为主题进行理论辅导,以社团规范化管理为背景,介绍社团建设应当关注的重点内容,剖析管理过程中发现的问题。建议社团要突出党对社会组织的领导,不断推进自身规范化建设。与会社团负责人参观调研余杭区径山镇小古城村。

(市社科联)

【(中国)城市学年会】 2023年11月4—6日,由杭州国际城市学研究中心(浙江省城市治理研究中心)、杭州城市学研究会主办的(中国)城市学年会在杭州举行。年会以城市高质量发展推进中国式现代化为主题,集中开展城市七大问题(人口、交通、教育、文化遗产、环境、土地住房、卫生健康)主题论坛、历史城市景观保护联盟年会、第十二届钱学森城市学思想研讨会等30余场研讨活动。其中第二届低碳城市发展论坛以"碳中和与城市高质量发展"为主题,邀请权威院士专家为"双碳"目标落地和杭州建设低碳城市出谋划策。与会代表围绕"减污降碳""清洁直运"进行技术交流分享。

【城市治理论坛】 2023年6月9日,浙江城市治理论坛在杭州举行,专家学者及高校师生100余人参会,围绕"八八战略"的价值内涵与城市治理现代化探索主题开展研讨交流,为杭州打造中国式现代化城市范例建言献策。8月5日,杭州国际城市学研究中心(浙江省城市治理研究中心)与中国非洲史研究会联合主办的2023年中非城市治理研讨会举行,通过对中国式城市现代化实践经验的总结,为非洲城市发展与治理提供借鉴。

【人口发展与现代化建设研讨会】 2023年10月14日,人口高质量发展与中国式现代化建设全国学术研讨会及主旨论坛在杭州举行。会议以人口高质量发展与中国式现代化建设为主题,85名专家学者围绕"人口高质量发展""人口长期均衡""生育与生育支持政策""老龄化与健康""迁移、城镇化及其他"5个议题作学术报告,高校师生150余人参会研讨交流。研讨会由中国人口学会、杭州国际城市学研究中心(浙江省城市治理研究中心)、中国人民大学人口与发展研究中心、复旦大学老龄研究院、中国人口与发展研究中心主办。9月26日,低生育率背景下人口与发展国际研讨会在杭州举办,来自国内外25名专家作学术报告。会议举行"中国人口与发展研究中心杭州研学基地"揭牌仪式。

(杭州国际城市学研究中心)

责任编辑 须同威

41

出版传媒

2024
杭州年鉴

出版发行

【概况】2023年，杭州市完成全市1702个印刷企业的年度核验工作，其中出版物印刷企业109个、包装装潢企业1075个、其他印刷企业396个、数字印刷企业120个、涉外印刷企业19个。年度核验数据显示全市有规模以上印刷企业112个，上市印刷企业2个，从业人员3.89万人，工业总产值284.7亿元。全市有2218个出版物发行单位通过年度核验，其中批发单位382个、零售单位1836个。全市实体书店942个，发行网点8075个，从业人员9.6万人，出版物营业收入238.1亿元。杭州举办第二届全民阅读大会，发动新华书店、图书馆、民营书店、城市书房、农家书屋等开展新书分享、文化宣讲、读书沙龙等活动，13个区县（市）均有特色亮点活动，主要参与活动的商业综合体5个、图书馆（含分馆）52个、图书市场1个、书城1个、新华书店17个、民营书店63个、城市书房78个、农家书屋1128个，累计活动约2500场。杭州在年检基础上更新印刷、发行单位名录库，完成新闻出版数据统计上报，指导印刷行业协会完成选举换届。配合做好杭州市塑料污染治理、校园及周边安全防控“一件事”工作，开展印刷企业、发行单位大检查。

【文化出版“扫黄打非”】2023年，杭州市文化出版“扫黄打非”工作围绕“护航亚运”工作主线，严查出版物（网络）市场，开展六大专项行动。全年立案查处行政类案件271起，处罚283.29万元，没收违法所得4.46万元，没收违法物品3.76万件；侦办“扫黄打非”涉黄类刑事案件68起，被全国挂牌督办13起，采取刑事强制措施110人，钱塘区办理的“外刊屋”网销涉政非法期刊案被列入全国典型案例。新创建全国“扫黄打非”进基层示范点2个、省级“扫黄打非”进基层示范点6个，全市累计创建全国“扫黄打非”进基层示范点7个、省级示范点43个。浙江省“扫黄打非”进基层现场会在临平区召开，杭州市作经验交流发言；清理各类违规信息90余万条，关闭违规账号21万余个，通知下架违规App230个，查删违规涉政出版物电商商品1.28万件；开展“绿书签”“护苗”活动1万余场，参与50余万人次，发放“绿书签”50万余张、宣传品25万余份；宣传信息报道700余篇，刊发在全国“扫黄打非”网和微信微博专业网站宣传信息20余篇、省“扫黄打非”微信公众号70余篇。

【出版行政审批】2023年，杭州市本级办理各类出版行政审批事项249件，其中出版物发行类187件、印刷类52件、内部资料类10件。市本级政务服务办事事项调整为36项，其中许可10项、确认1项、其他10项、备案15项。按照政务办事“最多跑一次”工作规范、杭州市创建最佳营商环境，根据国家对杭州市政务类办事事项监测考核要求，对每个事项的法律依据、申请条件、申报材料、办理流程、常见问题等进行不间断动态调整和完善，用更简洁条款表达受理条件及办事流程，实现市本级事项“最多跑一次”“一网通办率”“办件受理和办结按时限完成率”均为100%。

（费翱翔）

【版权保护】2023年4月，市新闻出版局（市版权局）开展版权宣传周系列活动，举办主题活动120余场次，组织线上和线下讲座培训100余场次。制定《杭州市版权作品登记“双提升”工作方案》，成立杭州市版权服务工作站，开展杭州市优秀版权作品评选活动，全年版权作品登记6470件。杭州朱炳仁铜艺股份有限公司、杭州万事利丝绸文化股份有限公司2个单位获评“2022年度全国版权示范单位”，杭州链城数字科技有限公司等6个单位（园区）获评“2022年度浙江省版权示范单位（示范园区）”，杭州第19届亚运会（第4届亚残运会）吉祥物系列等9件版权作品分别获省知识产权奖版权奖一等奖、二等奖、三等奖。印发《2023年杭州市推进使用正版软件工作计划》，组织区县（市）参加省软件正版化培训，对西湖区、建德市政府使用正版软件情况进行全覆盖核查，对杭州文广集团、金投集团进行软件正版化抽检。组织“咪咕数媒”“网络作家村”等11个出版（版权）企业参加第二十九届北京国际图书博览会、第九届中国国际版权博览会。会同公安、文化市场执法部门，履行版权领域质量工作法定职责，开展“剑网”“双打保护”等专项行动，全年立案查处侵犯著作权行政案件23起，侦破侵犯著作权刑事案件19起。

【出版管理】2023年，市新闻出版局（市版权局）完成188种（个）连续性内部资料性出版物年检审核，其中报型连续性内部资料86种（个）、刊型连续性内部资料87种（个），停办15种（个）。在富阳区举办内部资料从业人员培训班。开展网络游戏防沉迷工作调查研究，完成《杭州市网络游戏防沉迷监管工作调查报告》，召开全市未成年人网络游戏防沉迷专题会议，印发《关于进一步规范网络游戏管理工作提示》，完成新接入网络游戏企业实名验证100个。联合区县（市）和市文化市场综合执法队，调查处置上级网络游戏转发单19件，接处游戏投诉信息27件。对《杭州日报》《每日商报》《都市快报》《城报》《萧山日报》等8种公开报纸开展审读，每月按时向上级职能部门上报审读报告，促进市属报纸出版的健康发展。

（何国江）

广播电视

【概况】2023年，杭州文广集团推进“1+5+2+N”战略，重视宣传实效，关注民生焦点，推动经营创收。集团针对杭州亚运会、“拼经济促发展”等重大主题加强策划采编，推出一批系列报道、访谈直播、融媒产品，形成全媒传播声势。强化精品创优，5件作品获中国广播电视大奖提名（相当于国家级二等奖），其他作品获省级奖项52个，其中一等奖10个。

集团推进融媒“131”工程，建成启用短视频AI生产实验车间；制播国内首档全流程人工智能电视节目《冠军AI亚运》；加快推进“开吧”App升级改造，注册用户超过500万户；自研“受众大数据可视化运营平台”，获“王选新闻科学技术奖”。打造垂类IP领域“国风美思思”“美好视频”“杭州佬安峰”等账号。国家（杭州）短视频基地项目全面开工，中央广播电视总台（杭州）短视频基地有限公司成立，浙江星光影业集团（筹）揭牌，集团投融资平台规模不断扩大。

全年集团经营收益、利润总额、员工收入等关键指标继续保持稳中有进，综合实力居全国副省级城市同行前列。全年经营总收入比上年增长27.7%，利润增长13.6%。

【杭州市两会宣传报道】2023年2月，杭州市人大和市政协召开两会期间。杭州文广集团抽调骨干力量参与保障两会直播、报道、融媒编发，完成7场直播。杭州电视台综合频道、西湖明珠频道，杭州人民广播电台综合广播、西湖之声等开出专题专栏，推出《联小花跑两会》《两会云上见》《委员的两会时间》《阿六头问民生》等系列报道，播发新闻120余篇。“杭州之家”App、微信、微博等新媒体平台推送图文、视频200余条，全网总阅读（播放量）近1000万人次。其间，杭州电视台综合频道将两会报道报送至中央广播电视总台《新闻联播》栏目播出。

【亚运会和亚残运会宣传报道】2023年9月23日，杭州第19届亚运会开幕式举行。杭州电视台综合频道、西湖明珠频道等6个频道同步转播杭州亚运会开幕式。亚运会期间，青少·体育频道平均每天9个小时转播央视体育频道赛事。10月1日起，西湖明珠频道和综合频道对亚运重要赛事进行转播和重播。

杭州文广集团主频道、主频率针对亚运会作特别播出安排，推出《掌声雷鸣》《亚运有我》《亚运赛事快报》《亚运赛事榜》等30余个专题专栏和系列报道。策划推出亚运特别直播节目《杭州爱达未来》14期，设置赛事资讯、深度解读、热点延伸、趣味互动、嘉宾访谈等形式，节目全网视频总点击量超过1亿人次。集团各媒体关注亚残运会报道，其中杭州电视台综合频道策划推出体验式报道《联小花体验记——有爱“无碍”的杭州温度》。集团所属各媒体关于杭州亚运会和亚残运会累计推出近8000篇（条）赛事报道，全网点击量近40亿人次，开设相关网络热搜话题110余个，制作短视频、专题宣传片、纪录片以及歌曲MV《爱的天堂》等。

【国家（杭州）短视频基地建设】2023年10月17日，根据中央广播电视总台和市委、市政府要求，杭州文广集团联手中广视资产管理有限公司，启动国家（杭州）短视频基地建设。

按照工程建设和业态运营“双轮驱动”的要求，杭州文广集团与中央广播电视总台共同推进基地项目业态建设。举办基地首个业态项目

2023年4月12日，杭州青年国际传播短视频创作联盟成立

（杭州文广集团 供稿）

2023年7月7日，杭州文广集团短视频AI生产实验车间启用

（杭州文广集团 供稿）

《中国短视频大会》，节目全网视频播放量超过10亿人次，于12月举行颁奖典礼，并挂牌成立《中国短视频大会》短视频创作点。推进短视频AIGC生产（人工智能生成视频应用和技术服务）创新及应用。结合杭州亚运会策划研发首档全流程人工智能短视频电视节目《冠军AI亚运》，参加第六届中国—阿拉伯国家广播电视合作论坛中国广电视听发展技术展。拓展产业园区建设，打造的华智1号“创业陪跑空间”和华智2号“国际网络传播示范基地”于12月6日开园，引进28个短视频相关企业落户，其中规模以上企业3个。9月21日，经中央广播电视总台批准，由中广视资产管理有限公司和杭州文广集团有限公司出资，注册成立中央广播电视总台（杭州）短视频基地有限公司。

【短视频AI生产实验车间】2023年7月7日，杭州文广集团短视频AI生产实验车间启用，推出全流程人工智能生成的全媒体短视频节目《冠军AI亚运》。短视频AI生产线在全面理解短视频生产流程与产品需求的基础上，构建媒体行业语言模型，完成文本驱动超写真语音生成、超写真数字AI主播生成、智能媒资AI检索、文本驱动视频AI剪辑等创新模块的研发，实现从文稿到短视频成品的智能快速生成。

【“手语AI数字人”新闻节目】2023年2月，杭州电视台青少·体育（亚运）频道联合阿里巴巴达摩院，推出智能“手语AI数字人”新闻节目——《亚运周刊》手语版。节目实现数字化主持人手语播报，拓宽听障人士对杭州亚运会、亚残运会相关新闻资讯的获知渠道。

【国际传播青年拍客行动】2023年4月12日，由团市委、杭州文广集团联合发起的“Up！我的新时代”首届国际传播青年拍客行动颁奖典礼在杭州举行。活动自2022年12月启动，有7所在杭高校11个学院的40余支大学生创作队伍参与，创作出一批以杭州青年为题材、适合国际传播的短视频作品。活动现场，杭州青年国际传播短视频创作联盟成立，该联盟由杭州文广集团携手在杭各院校共同组建。

【“钱塘之夜”影视盛典】2023年5月18日，“钱塘之夜”影视盛典暨2022年浙江大学生电影周颁奖晚会在杭州文广集团举行。邀请国内知名影人和60余个影视机构、院校、电视台的代表参加。作为2023年青年电影周（浙江）的子活动，“钱塘之夜”影视盛典以“星光璀璨、数智未来”为主题，突出“聚力青春”“聚合数智”“聚焦未来”三大特色，并升级成立“数智视听传媒联盟”。

【数字电视超高清节目开播】2023年6月起，杭州电视台青少·体育（亚运）频道联合杭州文广集团科技发展中心、华数数字电视传媒集团有限公司，在华数数字电视上推出4K超高清播出界面。该频道采制的《你好，亚运》《亚运小百科》《健康运动家》《江南好风味》等一批亚运节目，实现4K超高清播出。

【跳江救人报道】2023年6月13日，在杭州西兴大桥上一名女子落水钱塘江，来自湖南的外卖员彭清林跳江救人。杭州文广集团所属各媒体以短视频为核心，集合新媒体直播、人物专访、新闻评论等形式，讲述人物故事，解剖事件细节，挖掘社会价值。推进大小屏融合传播，推出新闻报道20余篇、新媒体短视频近100条，全网阅读量2.3亿人次。其中，杭州电视台综合频道制作的短视频《彭清林：如果年轻几岁，我也想上大学》，在抖音平台播放浏览1820.5万人次。

【劳模工匠进校园全国示范活动】2023年6月15日，“中国梦·劳动美”劳模工匠进校园全国示范活动在杭州举行。活动由中华全国总工会宣传教育部、浙江省总工会主办，杭州电视台西湖明珠频道策划执行。活动以“宋韵耀今辉、青春致匠心”为主题，借用宋代著名人物苏东坡以故事“剧中人”的身份，与当代大学生代表穿越古今进行对话，呈现“西湖—美食文化”“运河—非遗展示”“亚运场馆—特色亚运”“良渚—文旅融合”“城市大脑+数字经济”5个极具杭州代表性的场景。在不同场景下，来自美食、“非遗”、建筑、文旅、科技等领域的劳模和工匠代表与学生们互动交流。

（邹 争）

网络媒体

【概况】2023年，市委网信办凝聚属地网络媒体、重点平台、自媒体力量，围绕省委“八八战略”实施20周年、打赢杭州经济翻身仗和亚运攻坚仗等重大主题，以及网络正能量传播、网络文明建设工作，组织网络宣传。

全年，全市开展网上主题宣传和网络传播活动 80 余次，发布稿件、新媒体产品 4 万余篇，吸引全网阅读量超过 100 亿人次。

【亚运会和亚残运会网络传播】2023 年，市委网信办聚焦“绿色、智能、简约、人文、惠民”等主题，组织市、区县（市）两级网络媒体刊发稿件 1.5 万篇（次）。推出亚运网络主题活动 50 余个，其中“笑迎亚运，精彩有我”“畅享亚运 E 起潮”等网络传播活动，总阅读量超过 10 亿人次。借势、借力推动《登场》《丹青游》《爱之城》等中央和省级媒体创意短视频和《什么是杭州》《全世界，等杭州》等市级媒体重点创意短视频广泛传播。杭州亚运会、亚残运会期间，全网 5600 余个相关正能量话题登上平台热搜榜，总阅读量超过 1780 亿人次。

【杭州网络文化季】2023 年 5—8 月，市委网信办开展“第十五届杭州网络文化季暨‘迎亚运盛会树网络新风’网络文明提升行动”。实施 22 个项目，创作推出 1000 余个网络传播作品，获全网阅读量超过 60 亿人次，有 400 余个话题登上“微博”“抖音”平台热搜榜。

【“八八战略”大学生网络宣讲】2023 年 6—8 月，市委网信办围绕“八八战略”实施 20 周年主题，组织浙江大学、中国美术学院等高校开展“00 后看八八战略”网络传播活动。组织大学生代表走入习近平总书记调研指导过的地方，开展现场学习、实地访谈、理论宣讲等思政研学活动，创作精品短视频 10 余条，总播放量 1000 余万次。

【杭州网络正能量营造】2023 年，市委网信办加强“韵味杭州”官方抖音号、“善城杭州志”等网络正能量品牌建设，结合杭州亚运会、“八八战略”实施 20 周年等重大主题，创作推出稿件、短视频 3600 余篇（条），播放量超过 35 亿次。组织向省委网信办推荐正能量话题线索超过 1500 条。“外卖小哥跳下 10 米高桥救人”“粉衣姑娘暴雨中弃车救人”等热点信息受全网关注，形成突出传播事件，其中“外卖小哥救人”事件全网阅读量超过 10 亿人次。

（黄晓好）

报业集团

【概况】2023 年，杭报集团学习贯彻习近平总书记系列重要讲话精神和党的二十大精神，宣传省委“八八战略”实施 20 周年、杭州亚运会和亚残运会举办、提振经济等近 50 项重大主题报道，采编工作获得中央、省委、市委宣传主管部门领导批示肯定及阅评表扬 88 次。集团新闻专题作品《7 棵柳树缘何牵动杭州——一座城市的民意对话》和副刊新闻作品《我们的天才儿子》分别获评中国新闻奖二等奖、三等奖。集团 35 件新闻作品获评“2022 年度浙江省新闻奖”，其中一等奖 9 个、二等奖 14 个、三等奖 12 个。杭报集团承办“第二届全民阅读大会”的工作成效得到中共中央宣传部、省委宣传部肯定。在国家新闻出版署主办的第二届中国报业创新发展大会上，杭报集团“‘橙柿互动’主流都市融媒体传播体系”和“杭州城市大脑市域媒体一体化云平台项目”获评中国报业深度融合发展创新案例。

【重大主题宣传】2023 年，杭报集团运用“报网端”，宣传习近平总书记考察浙江重要讲话精神。《杭州日报》推出《牢记嘱托、感恩奋进、勇立潮头》专栏，展现杭州各地各部门学习贯彻习近平总书记重要讲话精神的实例；开设《名城视窗》深度报道专栏，推出《打造一个尽善尽美新天堂》《最忆杭州、与美同行》等报道。做好贯彻落实党的二十大精神宣传，《杭州日报》《都市快报》《每日商报》推出《学思想、强党性、重实践、建新功》专栏，《杭州日报》做好《二十大精神·杭州回响》《走心的思政课 @ 党的二十大精神关键词解读》等专栏专题。

【“八八战略”实施 20 周年宣传活动】2023 年，杭报集团根据省委、市委决策部署，发挥自身优势，策划“实施‘八八战略’20 周年——社长总编跑一线”大型融媒采访行动，到一线 22 个观察点，呈现综述、评论、视频、海报、照片、刻印、书法、书籍、成果展、摄影展 10 个融媒成果，展示“八八战略”在杭州的实践，报道发稿 1674 篇，总阅读量 1.06 亿人次。集团各媒体从“思想萌发、发展变迁、重大成果、典型案例”等维度入手，在重要版面、平台、网站持续推出《“八八战略”杭州实践》《穿越 20 年，悦读“八八战略”在身边》《“八八战略”实施 20 周年·寻找新时代的浙江“四千”企业家》等专栏专题进行宣传。

2023 年 6 月 27 日，在第二届中国报业创新发展大会上，杭报集团 2 个项目获评中国报业深度融合发展创新案例

（杭报集团 供稿）

【亚运会和亚残运会宣传】2023年，杭报集团做好杭州亚运会和亚残运会宣传，制定“1+8+N”系列方案，启动“中央厨房”报道运作模式，派出200余名记者进驻亚运主媒体中心和各场馆。集团各媒体刊发杭州亚运会和亚残运会相关稿件7.9万篇，总阅读量（播放量）超过214亿人次。打造超过1000万次播放量短视频335条、超过5000万次播放量短视频40条、超过1亿次播放量短视频10条。集团运营维护“亚运官网、官微、官博、会刊杂志、海外融媒体中心”五大官方平台，完成“亚运村文化标识”“智能亚运一站通”“亚残运会开（闭）幕式群演保障”“亚残运会新闻信息服务”等21个重点项目。《杭州日报》牵头全省11个地市媒体成立“亚运浙江地市媒体联盟”，形成亚运报道合力；《都市快报》推出大型融媒体产品“亚运柿柿通”，提供亚运观赛体验；《每日商报》推出《亚运志》《杭州机会》等专栏，解读杭州亚运经济；杭州网的新《千里江山图》《杭州历史名人来参加亚运会》等新媒体产品串联亚运盛会和杭州厚重文化底蕴；《城报》与华媒晨歌文化艺术发展（上海）有限公司联合出品的《To win》成为杭州亚运会推广歌曲并在闭幕式现场唱响。

【经济提振宣传】2023年，杭报集团围绕中央、省委、市委关于“服务大局、提振信心、展示气象”的工作要求和部署，做好经济形势宣传报道。《杭州日报》推出《抢先机，开门红》《乘势而上，奋力开门红》等系列报道，展现杭州企业应对外部环境变化和市场挑战的举措；《都市快报》推出《全力拼经济、杭州冲冲冲》等系列报道，营造拼经济舆论氛围；《每日商报》推出《提信心，促经济，我们这样干》特别报道，聚焦杭州各区县（市）抓经济特色做法；杭州网开设专题，加强经济社会发展的正面宣传。

【媒体深度融合“杭州样本”】2023年，杭报集团运营维护杭州市宣传融媒中心5个平台，实现内部全流程一体化运作，发稿5.5万篇，总阅读量超过80亿人次，探索全省媒体深度融合“杭州样本”。“杭州发布”微信公众号在全国城市发布周榜排名前列，杭州亚运会期间最高列第一位；“杭州发布”微博平台被新浪微博评为第二季度、第三季度优秀政务微博；“浙江宣传”供稿中心（“杭州宣传”平台）总录用稿件数列全省第二位。“学习强国”杭州学习平台总订阅数、总发稿数、总阅读量、被上级平台总录用量等核心指标保持全省第一名。“韵味杭州”抖音号排名居全国副省级城市官方抖音号第一位。杭州“外宣厨房”海外社交媒体有读者522万人，推送稿件1.23万篇。

【杭报集团三大融媒工程建设】2023年，杭报集团基本完成三大融媒工程建设。“杭州数智全媒体市域迭代”项目通过整合集团“融媒体中央厨房”和市域“杭州云”平台，助推市级媒体、区县（市）融媒体中心、乡镇（街道）微融站的融合，为促进杭州市域范围内新闻“策、采、编、发”大融合，建设“市域一张网”打下技术基础。“杭州市国际传播中心”项目完成物理空间的迭代升级，实施特色化国际传播，通过召集海外浙江籍留学生和在杭州的外国留学生，利用国际主流社交平台宣传推广杭州，扩大杭州国际传播的“朋友圈”。“杭州网视听云平台”项目通过技术赋能，提升集团短视频生产能力和视频直播能力。

【媒体品牌建设】2023年，杭报集团开展“一媒体一品牌一提升”专项工作。集团打造“橙柿互动”客户端，通过媒体资源引流导入，创新运营机制，强化用户服务，“橙柿互动”融媒矩阵触达用户超过2亿人，“橙柿互动”客户端下载量785万人。《杭州日报》理论版《学与思》改版提升，推出“专家说”“基层谈”2个板块和图表解读，并在新媒体平台增加宣讲频道和读者互动体验。《每日商报》头版推出《每日经济时评》栏目，以经济消费类新闻热点事件为核心，展开客观点评，解读新闻热点，透析经济现象逻辑。

【舆论引导能力增强】2023年，杭报集团发挥媒体桥梁和纽带作用，搭建民意沟通引导平台，探索创新社会管理的新方式、新载体、新机制。《都市快报》的“橙柿直通车”平台围绕“杭州美发行业预付式消费陷阱”等热点民生话题，提出意见建议，推动问题解决，获市委主要领导批示肯定6次；杭州网“杭网议事厅”报送的《“迎亚运、庆元宵”烟花灯光秀舆论关注焦点》《新春见闻录：来自一线的“草根”调研》等民意互动专报，获市委、市政府领导批示31次。

【文化会展领域拓展】2023年，杭报集团执办“第四届联合国世界数据论坛”“第二届全民阅读大会”高规格会展项目2个；完成“万物生长大会”“未来生活节”“老年生活博览会”等特色自办会展。启动集团会展板块整合工作，挂牌成立杭报集团会展平台公司，签约重大会展项目8个，通过执办“首届西湖论坛”“梦想未来音乐节”等重点会展项目，品牌塑造初见成效。

【媒体爱心公益活动】2023年，杭报集团以平台优势助力爱心公益事业。杭州日报社的“公益治沙活动”，连续2年获中国红十字会颁发的“中国红十字奉献奖章”，“多浪公益行动”获第一届杭州慈善奖“慈善项目和慈善信托奖”。《杭州日报》的“党报记者·书香传递”活动以“童心迎亚运，阅读向未来”为主题，送书到省内外乡村学校。《都市快报》全年发起公益惠农活动20场，带动农村综合收入近1000万元。《每日商报》开展艺术家公益助残活动，搭建艺术家与孤独症儿童的互动平台。

（张　恩）

记者协会

【概况】2023年，杭州市新闻工作者协会（简称市记协）发挥协会的桥梁纽带和参谋助手作用，建设“记者之家”。团结带领全市新闻工作者，为杭州加快打造社会主义现代化国际大都市、建设中国式现代化城市范例提供舆论支持，展现市记协作为。

3月，市记协组织召开第八届理事会第五次常务理事会议。12月，市记协牵头召开市新闻道德委员会和

2023年11月8日，市记协举办杭州市庆祝第24个中国记者节暨重大主题报道表彰大会 （市记协 供稿）

市新闻行业社会监督员代表与媒体代表座谈会，肯定全年全市新闻工作成绩，分析不足，听取各方意见和建议，接受举报与投诉。

【重大主题宣传助力】2023年，市记协配合全市新闻单位"壮大奋进新时代"的主流思想舆论，做好学习宣传贯彻党的二十大精神、"八八战略"实施20周年、"打赢亚运攻坚仗、经济翻身仗"等重大主题宣传，推出一批作品，服务于全面推进"两个先行"（中国特色社会主义共同富裕先行和省域现代化先行）的杭州大局。市记协通过协会《传媒纵横》杂志和微信公众号，组织记者和编辑交流做好重大主题宣传的经验和典型案例，提升重大主题宣传影响力。

【新闻作品创新评优】2023年，市记协评出全市年度杭州新闻奖286件，其中一等奖67件、二等奖94件、三等奖125件。推荐送评浙江省好新闻奖的作品中，被评为一等奖13件、二等奖28件、三等奖28件。获评2023年度中国新闻奖2件，杭报集团的新闻专题《七棵柳树缘何牵动杭州——一座城市的民意对话》，副刊作品《我们的天才儿子》分别获评二等奖、三等奖。协助市委宣传部组织全市年度创新重大主题报道评选工作，评出创新重大主题报道优秀新闻作品41件、优秀国际传播作品18件、优秀融媒体项目（活动）16个，13名新闻工作者被授予年度优秀新闻工作者称号。

【新闻采编"四力"增强】2023年，市记协深化"走转改"活动，增强新闻采编队伍的"脚力、眼力、脑力、笔力"。开展"新春走基层"活动，组织评选与推荐市新闻单位"新春走基层"活动先进集体3个、先进个人3个和优秀作品5件，参加全省评选，全部获得省级表彰。深化"总编跑一线，记者下基层"活动，坚持"短、新、实"的报道文风，用好媒体融合传播技术和平台，采用短视频、移动直播、数据新闻、融合报道等传播形式，创作出一批好新闻作品。

【杭州新闻界庆祝中国记者节】2023年11月，在市委宣传部指导下，市记协会同杭报集团、杭州文广集团举办以"勇立潮头，奋笔书写新时代"为主题的杭州市庆祝第24个中国记者节暨重大主题报道表彰大会。活动由杭州电视台明珠频道承办。会上，一批创新重大主题报道优秀新闻作品、国际传播作品、融媒体项目（活动）作者和年度优秀新闻工作者受到表彰。《杭州日报》记者郑莉娜、戴维、杭州文广集团综合频道总监刘志强、杭州文广集团亚运团队等现场分享在新闻创新创优、媒体融合实践中的故事。

【"好记者讲好故事"演讲比赛】2023年，市记协在新闻采编人员中开展"好记者讲好故事"活动。8月，10名来自杭州新闻一线的记者选手参加年度新闻界"好记者讲好故事"演讲比赛。其中杭州电视台综合频道张游锡的作品《彭清林：凡人微光铸人间大爱》获一等奖，2名选手获二等奖，3名选手获三等奖，4名选手获优秀奖。张游锡代表市记协参加浙江省新闻界年度"好记者讲好故事"演讲比赛。

【采风交流活动】2023年4月，为展示杭州市与对口地区开展帮扶合作的成果与亮点，市记协组织"对口帮扶西部行"采访团，全市有7个新闻媒体的10名记者参加，到新疆阿克苏地区实地采访并发回报道，记录杭州的援疆故事。11月，市记协举办"全媒时代与亚运报道——名记者、名编辑、名主持、名策划新闻人才座谈会"，组织采编人员围绕杭州亚运会报道的各种场景，做好大型报道中的经验分享与业务探讨工作。

【市记协服务工作】2023年，市记协发挥新媒体专委会作用，通过评奖、调研、工作交流等，推进媒体融合向纵深发展。发挥小记者专委会作用，指导各有关新闻单位组织小记者开展"喜迎亚运"等主题活动，并扩展小记者实训基地。配合市委宣传部做好新闻职称评定的具体工作，优化人才结构。依托市记协的东安书院，开展"互联网营销师"等新职业、新技能专业培训与考核探索。加强自身宣传阵地建设和工作交流，市记协主办的《传媒纵横》杂志全年出刊6期、60余万字、200余幅照片；市记协微信公众号发布图文300余篇。

（季 谐）

责任编辑 汤 峻

42 卫生健康

综　述

【杭州卫生健康事业发展】2023年年末，杭州市有卫生机构数（含村卫生室）6626个（含市直属24个、省直属43个），比上年增加803个。其中医院414个（含市直属16个、省直属29个）、社区卫生服务中心（站）1278个（含社区卫生服务中心138个）、卫生院80个、门诊部1112个、诊所（含卫生所、医务室）2906个、妇幼保健机构10个、疾病预防控制中心15个、卫生监督机构13个。有医疗床位10.02万张，其中医院床位9.52万张、社区卫生服务中心床位2106张。卫生技术人员16.12万人，其中执业（助理）医师6.27万人、注册护士7.23万人，医护比例1∶1.15。平均每千人常住人口有医疗床位8张、医院床位7.6张；平均每千人常住人口有卫生技术人员12.87人、执业（助理）医师5人、注册护士5.78人（含省级在杭卫生资源）。全市医疗机构诊疗总数1.64亿人次（其中市直属1379.44万人次、省直属4133.74万人次），增长12.2%；门（急）诊总数1.55亿人次（其中市直属1359.26万人次、省直属4133.59万人次），增长11.5%。全市医疗机构入院总数348.96万人（其中市直属45.93万人、省直属176.75万人）。全市居民（常住人口）到医疗机构就诊的门（急）诊诊疗年人均次数12.4次。

【亚运会和亚残运会医疗卫生保障】2023年，市卫生健康委做好杭州亚运会和亚残运会医疗卫生保障工作。编制《杭州亚（残）运会卫生监督保障工作手册》，组建综合素质高、应急能力强的卫生监督保障队伍。对235个涉杭州亚运会和亚残运会场馆、官方接待饭店及重点单位开展2轮以上全覆盖监督检查和卫生监测，监督监测单位2385个（次）、样品1.49万件。赛时落实定人定点卫生监督巡查1650次，实施水和室内空气等快速检测2760项（次），赛事期间聚集性疫情和突发公共卫生事件“零发生”。组织11个中医医院的136名中医药医务人员，在亚运村13个赛事医疗服务点提供特色中医药保障服务，为30余个国家和地区人员提供中医药服务1万余人次，中医适宜技术服务1600余人次，获亚奥理事会代理主席辛格高度评价。

协同海关加强对境外传染病流行国家（地区）入境人员的检疫查验，对异常人员规范做好排查处置。实施“三圈三级”病媒防制新举措，174个场馆达到病媒生物防制A级标准，58个涉亚运街道达到B级标准，实现“四未发生”保障目标。“亚运病媒生物防制保障”措施入选全国城乡环境卫生清理整治优秀案例。构建空中、陆地、水上立体化医疗急救网络，开发亚运智能医疗急救保障系统（EMSS）和“AR+5G”远程智能医疗系统，为亚运会和亚残运会提供实时精准的专业医疗保障，共救治1.46万人次，救护车转送408人次。杭州亚组委医疗卫生部、市爱卫办获国家体育总局、中国残疾人联合会、浙江省委、省政府联合授予的“杭州亚运会、亚残运会先进集体”称号。

【疫情防控转段】2023年年初，杭州市设立防治新冠病毒感染定点医院11个、床位2500张、重症救治床位2139张，配备呼吸机2380台、救护车434辆，新增具备洗消功能的综合性急救站点12个，保证每天有15%的普通床位数和30%的重症监护室床位数余量。建立覆盖多机构、多人群、多渠道的监测体系，根据疫情形势，及时优化调整监测内容。持续关注国内外新冠病毒变异与疫情进展，强化境外输入和本土病例中新型变异株监测预警并及时发现、报告和处置。综合研判疫情发展趋势，提出防控建议。12月起，杭州市疫情防控指挥部取消常驻办公，日常运行工作由市卫生健康委承担。

【医疗对口支援】2023年，杭州市有49个医疗机构与四川省甘孜州、广元市医疗机构结对帮扶，选派129名（其中甘孜州73名、广元市56名）医疗人员开展帮扶工作，为两地患者提供门（急）诊诊疗5.34万人次、收住入院1362人次、手术2857台（次），开展远程医疗169人次。杭州市第七人民医院与阿克苏地区第四人民医院、阿克苏市人民医院建立远程帮扶机制，每月开展远程学术交流和疑难病例讨论，提升学术、学科建设能力和医疗服务水平。实施“抬头挺胸”医疗公益项目，开展第一批“揭榜援藏”工作，将西藏自治区那曲市色尼区15名患有脊柱、膝关节和髋关节畸形的病人转至杭州医疗机构进行手术治疗。组织杭州市第七人民医院与长春市第六人民医院、杭州市儿童医院与长春市儿童医院、杭州市妇产科医院与长春市妇产科医院、杭州市红十字会医院与长白山开发区中心医院、杭州市急救中心与长春市急救中心建立对口合作关系。

【西部区县（市）医疗卫生服务补短提升工程】2023年，杭州市财政投入1990万元，实施杭州西部区县（市）基层医疗卫生服务能力补短提升工程，落实“基础设施、服务能力、人员队伍”3项补助。4月，市卫生健康委启动富阳、临安、桐庐、淳安、建德5个西部区县（市）卫生人才专项培训，培训优秀业务骨干39名。推进三甲医院全覆盖工作，桐庐县第一人民医院整体转隶升级为市属医院，与杭州市第一人民医院实行一体化管理；建德市第一人民医院挂牌为杭州师范大学建德医院，同时与浙江大学附属第二医院、杭州市第二人民医院合作；临安区中医院成为浙大城市学院附属医院，同时与杭州市中医院深度合作。淳安县中医院与杭州市中医院实行一体化管理，整体参与下一周期三甲医院等级复评。

【卫生人才队伍建设】2023年，杭州市在卫生领域招引博士65名、硕士193名。依托省、市人才项目及各类平台，市本级新增国家级人才3名、省级人才10名、市级人才141名，1个团队入选市级领军型创新创业团队。全年安排人才资金1700万元，为人才工作提供经费保障。与浙江大学、西湖大学建立合作共建新模式，引入中国科学院院士董晨担任杭州市第一人民医院院长，引入杭州市B类人才童向民担任该院党委书记。全市医疗系统有副高级以上职称人员3125人，其中正高级职称917人、副高级职称2208人。

【市互联网医院平台建设】2023年，市卫生健康委深化城市大脑2.0“智慧医疗”建设，搭建线上市互联网医院平台，提供线下医院“数智陪诊智慧服务”，组建“基层延伸”数智医联体，构建“互联网+”医疗健康服务新体系。

市互联网医院平台聚集全市优势学科、名医专家、权威医讯、惠民政策等资源，推出线上咨询、在线复诊、预约挂号、报告查询、就医指南、健康科普、健康档案管理、惠民政策查询等服务。接入全市11个市属医院、22个区县（市）医院、139个社区卫生服务中心，累计服务530万人次，比上年增长2.1倍。医生接诊“半小时响应率”由43.8%上升为84.1%。推出“智能脱发识别”“数智睡眠管理”“暖心助孕”等互联网特色应用。全市45个二级及以上医院推出“数智陪诊”服务，使用超过1000万人次，人均就诊时间缩短15分钟。主城区完成11个市属医院、52个社区卫生服务中心、355个站点“云入院”服务全覆盖，累计1447名患者在基层办理市属医院住院手续。出台《杭州市“互联网+”医疗健康服务导则（试行）》，建立医院首席信息官队伍。推动医学检查检验结果互认共享医保激励政策兑现，优化互认流程，全年互认164.84万项（次），节省医保和个人资金4334.08万元。该改革成果被全省推广，上升为“浙医互认”，入选国家政务服务效能提升典型案例。

【“健康大脑”体系建设】2023年，市卫生健康委推进市“健康大脑”2.0市域一体化建设，实现省、市、县三级“健康大脑”贯通，在杭州全部二级以上医院和基层医疗机构信息系统实时互通。推进社会办医机构数据归集，覆盖机构超过50%，启动日志同步方式提升数据传输稳定性、实时性。采用与省健康云“物理集中、逻辑隔离”方式，加快推进杭州市“健康云”建设，实现全市二级以上医院3个月的医学影像资料市域集中存储。推进市政府和支付宝（中国）网络技术有限公司战略合作，完成“救在这里”平台支付宝上线，构建省级院前急救培训体系。至年末，50.44万人次访问使用。

【医学人工智能临床应用推进】2023年，市卫生健康委完成市级人工智能辅助诊断平台（CDSS）搭建，13个区县（市）完成试点接入。推进工业和信息化部与国家卫生健康委“5G+医疗健康应用”试点项目，杭州市第七人民医院“5G+睡眠”健康管理项目投入使用，杭州市急救中心将“5G+应急救援”全面应用于亚运医疗急救保障，余杭区“5G+无人机”创新核酸标本“空地一体”运输模式。推进医学人工智能创新，在第一届全国医学人工智能主题赛上，市卫生健康委获特等奖，杭州市第一人民医院、杭州市红十字会医院、杭州市第七人民医院、杭州市中医院、西湖区卫生健康局、临安区人民医院等单位获奖。

【医疗机构重点项目建设】2023年，杭州康复医院项目、杭州市第七人民医院浙西院区项目通过竣工验收。推进杭州市第一人民医院新院区项目建设，1号、3号、6号、7号、8号、9号楼主体结构结顶，地上主体结构施工完成88%。杭州市西溪医院二期工程边坡治理完成90%。

（张丹丹　邵汉文）

人口监测与家庭发展

【生育支持体系建设】2023年2月，市委、市政府出台《杭州市优化生育政策促进人口长期均衡发展实施方案》，围绕婚、生、养、教等领域落实6个方面、21项生育支持举措，建立属地党委、政府每年向市委、市政府报告人口工作情况责任机制。推动13个区县（市）党委、政府制定生育支持政策，构建“市级牵头抓总、部门配合支持、县级具体落实”生育支持政策体系。实行生育补助政策，并纳入市政府民生实事项目。建设人口均衡发展服务系统，实现“补助线上申请、资格智能审核、资金一卡发放”，全年发放补助金额1.56亿元。

【人口工作统筹机制】2023年3月，杭州市人口和计划生育领导小组更名为杭州市人口均衡发展领导小组，办公室设在市卫生健康委。明确26个成员单位的工作职责，市、县、乡三级共205个人口均衡发展领导小组相继调整到位，全面实施“六个一”工作机制，加强人口工作统筹协调和部门联动。

【人口监测和预警分析】2023年，市卫生健康委深化全员人口信息平台应用，建立多孩家庭核验名库，支持交通、房管、公积金等部门兑现生育支持政策。对接公安部门“人口四变”数据，提升人口信息库数据质量，信息入库率、完整率、上报率等指标符合省定要求。加强人口发展态势和生育形势分析研判，向党委、政府定期报送人口工作信息。

【公共场所母婴设施建设】2023年，市卫生健康委启动实施公共场所母婴室（妈咪暖心小屋）提质培优工程，改造提升五星级母婴室50个。全市建成并投入使用公共场所母婴室723个，其中五星级55个、四星级174个、三星级494个，覆盖大型商场超市、交通枢纽、文化娱乐和医疗机构等公共场所。

（张丹丹　邵汉文）

预防保健

【传染病及慢性病防控】2023年，杭州市报告甲乙类传染病病例1.71万例，比上年下降7.2%；报告甲类、乙类传染病发病率138.29/10万，下降7.7%；全市新报告HIV/AIDS病例1057例，上升4.97%；报告肺结核病例4033例，上升0.85%；发现并报告境外输入性间插血吸虫病病例1例。推进艾滋病、结核病等重大传染病防控，启动第5轮国家级艾滋病综合防治示范区创建，持续推进“无结核社区”“无结核校园”志愿者服务等项目。做好猴痘、流感、肺炎支原体感染、登革热等重点传染病的监测与疫情处置。开展预防接种，提升免疫规划信息化建设，建成智慧化门诊机构3个。建成规范化慢病一体化门诊机构115个，完成电子化健康处方271.31万张。拱墅区、萧山区通过2023年度国家慢性病综合防控示范区建设复审，其中拱墅区被列入全国通报表扬的10个示范区名单。杭州市两慢病合并阻塞性睡眠呼吸暂停综合征（OSAS）一体化管理试点工作启动。

【食品风险监测与营养健康】2023年，市卫生健康委推进全市食源性疾病直报平台数据交换工作，完成率98.8%。联合有关市直部门，对全市209个申报营养健康示范餐厅（食堂）创建单位进行督导，130个单位通过验收。指导2个学校成功创建国家级营养健康示范学校。开展居民营养健康状况监测调查3024人；开展师生营养监测调查学生5284人、教师1515人；开展特定健康问题哨点监测调查1707人；开展农村义务教育营养改善工作监测调查1500人；开展学龄儿童营养健康知识知晓率调查504人。

【精神卫生和社会心理服务体系建设】2023年7月，市卫生健康委组织全市精神卫生执业技能比武。8月，联合市委政法委、市公安局、市医保局、市民政局、市财政局、市残联印发《杭州市严重精神障碍患者第二代长效针剂免费治疗工作方案》。8—10月，牵头开展全市预防严重精神障碍患者肇事肇祸专项整治行动。指导专业医院举办儿童青少年心理健康讲座137场，完成市儿童青少年心理健康诊疗（促进）中心区县级分中心规范化建设8个。

【疾控惠民项目】2023年，杭州市完成70周岁以上老年人流感疫苗免费接种30.87万人、50~74周岁杭州市户籍居民结直肠癌免费筛查25.85万人、65~74周岁全市参保人员慢性阻塞性肺疾病筛查11.2万人。开展老年困难人群“光明”行动，完成眼科手术807例。对18.41万名学生开展口腔检查，为10.78万名学生提供预防牙齿蛀牙的窝沟封闭治疗，完成1.3万名儿童牙齿涂氟工作。

【公共场所控烟】2023年5月，杭州市举办第36个世界无烟日主题宣传活动暨“无烟杭州、无烟亚运”社区控烟倡导嘉年华活动。7月，杭州市在全国无烟政策高级研讨会暨2023年控烟执法经验交流会上作主题报告。

（张丹丹　邵汉文）

基层卫生

【基本公共卫生服务项目】2023年，市卫生健康委完成城乡居民体检208.93万人，任务完成率157.1%。强化居民电子健康档案数据治理，加快档案开放，全市电子健康档案开放率82.2%，老年人电子健康档案开放率94.2%。市卫生健康委获评2022年度全省基本公共卫生服务项目绩效评价第一名，连续3年获该荣誉。

【基层卫生服务能力】2023年，市卫生健康委深化“优质服务基层行”创建活动，16个社区卫生服务中心（乡镇卫生院）达到国家优质服务推荐标准，累计总数107个。5个社区卫生服务中心（乡镇卫生院）成功创建社区医院，累计总数23个。加快基层硬件提档升级，完成新改建、扩建规范化村卫生室（社区卫生服务站）66个，完成126.9%，实现政府办新改扩建规范化村卫生室（社区卫生服务站）100%覆盖。强化社区卫生服务中心（乡镇卫生院）基础建设和设备配备等，全市省级标准化率98.9%，5个乡镇卫生院培育建设县域医疗卫生次中心。推进星级智慧健康站（室）建设，全市新增智慧健康站64个。采取企业以场地与社区卫生服务中心合作的模式，打造企业嵌入式卫生服务站，提供全科医疗、中医药适宜技术、家庭医生签约、健康档案管理、健康教育、预约转诊等服务，并设置“智慧云诊室”和“云药房”，为企业员工提供“24小时健康服务”。

【家庭医生签约服务】2023年，市卫生健康委以“一老一小”健康管理为重点，通过开辟线上签约渠道、开展社区健康服务、延伸学校健康体检、探索功能社区服务等，扩大签约服务覆盖面。全市家庭医生签约服务437.66万人，签约服务满意率98.8%，签约居民知晓率94.4%。以城市医疗资源“双循环”管理为载体推动分级诊疗，全年签约医生有效转诊上级医院11.05万人次，比上年增长44.2%，其中门诊转诊6.49万人次、检查 2.57 万人次、检验 1.54 万人次、住院 3980 人次、会诊 456 人次。

（张丹丹　邵汉文）

妇幼健康

【母婴安全】2023 年，市卫生健康委成立“陈锋”母婴安全救助基金，保障困难孕产妇获得及时、高效、精准的全程管理和救治。落实母婴安全 5 项制度，推进市、区两级危重孕产妇和新生儿救治中心标准化建设，落实孕产妇五色风险管理。全年孕产妇死亡率 2.19/10 万、新生儿死亡率 0.64‰。建立涵盖婚前、孕前、孕期、新生儿和儿童各阶段的出生缺陷防治体系，实施出生缺陷防治“九免”政策，全市婚检率和孕检率巩固在 85% 以上，产前筛查率巩固在 90% 以上，新生儿各项筛查率在 98% 以上。

【婴幼儿照护服务】2023 年，市卫生健康委完善普惠托育服务体系建设，全市有婴幼儿照护服务机构 1356 个，总托位数 5.4 万个，每千人托位数 4.4 个。有成长驿站 657 个，全年开设婴幼儿家长养育技能提升专业课堂 1355 场。深化杭州城市大脑“一老一小”应用场景建设，浙里办“善育在杭”应用累计访问 40 余万人次。杭州市被评为全国婴幼儿照护服务示范城市，并获批中央财政支持普惠托育服务示范发展项目。杭州市妇产科医院等 4 个单位被评为全国爱心托育用人单位。

【妇幼健康服务】2023 年，市卫生健康委全面推进消除“艾滋病、梅毒、乙肝”母婴传播工作，消除母婴传播的 3 项主要结果指标和 10 项主要评估指标全部提前达标，接受国家消除工作评估，得到专家组的高度肯定。全年全市开展适龄妇女宫颈癌筛查 65.51 万人，早诊率 94.1%；乳腺癌筛查 68.63 万人，早诊率 84.6%；两癌防治核心知识知晓率 91.9%。推进“助力乡村振兴——基层儿童早期发展项目”“青少年心理健康发展项目”2 项国家试点工作，3 岁以下儿童发育筛查率 95.2%。评选杭州市儿童友好医院 25 个、儿童早期发展示范基地 12 个。

（张丹丹　邵汉文）

中医中药

【中医药综合改革】2023 年 1 月，市政府办公厅印发《杭州市创建“浙江省中医药综合改革先行区”建设方案》，明确中医药综合改革创建目标及重点任务。杭州市中医药综合改革推进会召开，制定《杭州市创建“浙江省中医药综合改革先行区”2023 年度任务分解表》，建立“三张清单”制度，市、区县（市）两级合力推进中医药综合改革。12 月，市卫生健康委会同市发改委等 3 个部门联合印发《杭州市关于贯彻落实中医药振兴发展重大工程实施方案的通知》，统筹谋划中医药事业、产业、文化“三位一体”发展。

【中医药数字化改革】2023 年，市卫生健康委推进数字技术与中医药融合发展，创新开发“放心云煎药”“中医治未病”“中医药资源一张图”等项目并在浙里办和支付宝平台上线，形成融预防保健、疾病治疗和康复于一体的，诊前、诊中、诊后的一体化全流程“数智杭中医”服务系统。3 个中医药数字化项目入选 2023 年浙江省中医药数字化改革场景应用优秀项目。其中“放心云煎药”服务实现市属医院、二级及以上中医医疗机构全覆盖上线，获评杭州市共同富裕第二批最佳实践范例，在首届全国中医药数字化转型发展学术交流会上作经验交流，并被省卫生健康委推广为“浙江中药服务在线”项目。

【中医药综合服务能力】2023 年公布的 2022 年度全国三级公立医院绩效考核中，杭州市中医院、杭州市红十字会医院分别居全国同类医院第五位、第四位，且均居全省同类医院第一位。全市 12 个中医医院在第四周期中医医院等级评审中完成等级医院创建，其中 5 个被评为三乙等级，5 个被评为二甲等级、2 个被评为二乙等级。新成立 11 个市级中医专科专病联盟，新增 63 个市级基层中医专科专病建设项目，6 个学科获评浙江省县级中医药优势学科。做好“一老一小”中医药服务，全市 65 岁以上老年人和 0~3 岁儿童中医药健康管理率为 79.1% 和 85.4%。

【中医药人才和项目】2023 年，市卫生健康委强化高层次中医药人才队伍建设，新引进国医大师 4 名、全国名中医 2 名。杭州市名中医研究院、杭州市中医药研究院在杭州市中医院国医馆挂牌。围绕中医药多学科交叉创新团队建设，打造 2023—2025 年周期杭州市中医药创新团队 10 个，其中 2 个入选 2023 年度浙江

2023 年，市卫生健康委创建“医育结合”健康促进模式和婴幼儿成长驿站的社区服务载体。图为婴幼儿成长驿站

（市卫生健康委　供稿）

省中医药创新团队。启动核心中医人才和“新苗”中医骨干培养对象遴选，组织第二批“西学中”市级培训基地招生，招录新学员160名。举办杭州市针灸推拿技能竞赛、中药调剂技能竞赛等活动。杭州代表队获2023年浙江省卫生健康系统中药调剂执业技能竞赛团体一等奖，杭州市中医院代表队获第五届“桐君堂”杯中药材真伪鉴别全国大赛团体一等奖。

【中医药文旅产业融合】2023年，杭州方回春堂河坊街馆和桐君山（桐庐三江水上旅游开发有限公司）入选浙江省中医药文化养生旅游示范基地，杭州市中医院丁桥院区入选浙江省第三批中医药文化宣传教育基地。评选杭州市十佳中医药文旅网红打卡点，研发中医药智能香薰、裸眼3D八段锦和太极拳等中医药特色智能产品，推动中医药文旅产业融合发展。市卫生健康委指导推出杭州首艘中医药主题运河游船，开发宋韵中医药文化旅游线路；举办第三届香囊设计大赛、千岛湖首届中药材产业发展大会，提升杭州市“中医药＋康复”“中医药文化＋旅游”知名度。

【西湖国医高峰论坛】2023年5月13—14日，市卫生健康委主办以“国医聚智慧·推动中医药高质量发展”为主题的西湖国医高峰论坛暨中医医院高质量发展研讨会，邀请中药资源和分子生药学领域首席科学家黄璐琦院士作题为《中医药研究的战略思考》的学术报告。与会的心血管病、骨伤科、脾胃病科等领域9名国医大师和国内外1000余名中医药界专家，多角度为中医药高质量发展建言献策，共谋传承创新。

（张丹丹　邵汉文）

医教科研

【卫生健康科研】2023年，市卫生健康委获国家级课题36个，其中杭州市第一人民医院获科技部重点项目和国家自然科学基金重点课题各1个；杭州市第三人民医院获科技部重大专项1个；市属医院获国家自然科学基金其他项目33个。获省部级课题76个，其中省科技厅“尖兵、领雁”项目3个、省自然科学基金项目37个（重点项目1个）、基础公益项目19个、省部共建项目6个。获省卫生健康委课题重点项目1个、面上项目326个，其中中医类别180个，立项数居全省第一位。获市科技局农社类重点项目2个。获2022年度省科学技术奖二等奖2个、三等奖2个。获国家级、省级学（协）会科学技术奖各3个。在科学引文索引期刊发表论文819篇，最高影响因子168.9；在中华系列杂志发表论文107篇。出版书籍25本，获发明专利授权30件、实用新型专利授权138件，软件著作权获批30件。

【医学重点学科建设】2023年，市卫生健康委加强医学重点学科建设，选拔优秀学科带头人并发挥作用。完成市级医学重点学科的区域共建学科中期评估，对25个区域共建学科、47个建设单位的学科建设进行逐一指导与点评。杭州市第一人民医院被省发改委批准为“新型诊断技术与免疫治疗浙江省工程研究中心”。

【临床重点专科建设】2023年，市卫生健康委制定《杭州市深化临床专科能力建设实施方案（2023—2025年）》，进一步提高重点疾病专科诊治水平。全年确定市级临床重点专科建设项目18个，其中8个临床专科被列入省级临床重点专科建设项目。

【住院医师规范化培训】2023年，市卫生健康委完成年度中央、省级住院医师培养经费拨付，其中国家经费1968万元、省级经费39万元。组织年度住院医师规范化培训结业考试，有901人参加理论考试，566人参加临床实践能力考试（含省级借考）。

【医学继续教育】2023年，杭州市国家级医学继续教育项目立项135个，比上年增长42%。省级继续教育项目立项198个。市级继续教育项目立项422个，其中线上224个、线下198个，覆盖59个学科、71个各级各类医疗卫生机构，基本满足卫生技术人员继续医学教育需求。开展2022年度杭州市继续医学教育优质线上项目评选，评出13个市级优质线上项目。2023年招收定向医学生77名，并落实相关待遇。

【区县（市）卫生人才专项培训】2023年4月，市卫生健康委启动富阳、临安、桐庐、淳安、建德5个区县（市）卫生人才专项培训。开展“严重创伤规范化救治的技能培训”“规范支气管镜技术在肺部疾病诊治中的应用”“消化道早癌规范化筛查诊治”“基层慢性代谢性疾病的诊疗规范培训”“超声介入诊断及治疗技术”5项医疗技术专项培训，培训区县（市）医院优秀业务骨干39名。

【实验室生物管理】2023年，市卫生健康委开展实验室生物安全骨干培训，计划通过5年时间为全市每个二级实验室培训1名业务骨干，首期培训238人。依托省病原微生物实验室生物安全评价系统，开展年度实验室生物安全检查。进行实验室生物安全风险评估，对634个病原微生物实验室设立单位从管理体系、人员管理、环境与设施、应急能力、实验活动管理等实施评估。推进生物安全在线系统安装和部署，完成89个实验室的设备安装与上线，覆盖率37.7%。

【生物医药产业发展】2023年，市卫生健康委实施产业扶持专项，新增立项医企融合“揭榜挂帅”项目4期，累计下达12期、1089个揭榜挂帅专项，企业投入相关科研经费6.87亿元。4月，以“医企新融合，产业新发展，杭向新健康”为主题，联合临安区委、区政府在天目医药港医药产业孵化园举办“杭州市首届卫生健康科技成果展示及创新转化大赛”，27个转化成果和33个创新项目进入决赛。成立杭州市生物医药产业创新转化联盟，市属医院、在杭高校、医药研发合同外包服务机构、生物医药企业、社会资本等领域的10个单位成为首批发起单位。市属医院获临床试验项目合同经费1.45亿元，完成成果转化48个，一次性转化金额713.83万元。

（张丹丹　邵汉文）

医院管理

【公立医院改革】2023年，市卫生健康委实行市属医院一体化改革。由杭州市第一人民医院牵头，与杭州市肿瘤医院、杭州市老年病医院、杭州市康复医院、桐庐医院实行“一院五区”一体化和集团化发展。由杭州市红十字会医院牵头，与杭州市第九人民医院实行“一块牌子、一套班子、一体考核”的“一院两区”组织管理模式，打造现代化中西医结合医院典范。杭州市儿童医院与杭州市妇产科医院组建市妇女儿童医疗集团，立足全市妇幼保健三级网络管理优势，推动两院优质医疗和保健资源共享共融。与西湖大学、浙江大学展开合作，杭州市第一人民医院挂牌成为西湖大学医学院附属医院，杭州市第七人民医院与浙江大学医学院实行同质化管理，成为其附属精神卫生中心。

【城市医联体建设】2023年，市卫生健康委打造由7个市属医院为牵头单位，53个基层医疗机构及公共卫生机构、院前急救机构等为成员的城市紧密型医联体，实现主城区社区卫生服务中心全覆盖，并建立托管办医型城乡医联体24个和省、市级专科联盟33个。发挥市级医院优势学科的带动作用，推进市级医院专科优势与基层全科服务结合，打造“一中心一特色”“一中心一品牌”，健全完善“基层首诊、双向转诊、急慢分治、上下联动”分级诊疗体系。全市新增设全科专科联合门诊26个、特色门诊35个。城市医联体内市级常驻专家113人次，短期门诊专家7315人次，提供门（急）诊服务9.05万人次，收治住院患者2733人次，开展业务查房501次，举办学术讲座807次。

【医疗质量管理】2023年，市卫生健康委制定《杭州市医疗质量控制中心管理办法》《杭州市医疗质量控制中心运行与评估考核管理方案》，新增心电、整形美容、营养、眼科4个领域的市级质控中心，组织各类质量控制检查80余次，开展各类质量控制培训105次。制定《杭州市第四周期医院等级评审实施方案》，组建市级评审专家库，完成14个二级医院等级评审。

【区域医疗合作】2023年，市卫生健康委推进杭州市与宿州市医疗结对合作，签订《杭州市卫生健康委员会、宿州市卫生健康委员会合作共建框架协议》。杭州市第七人民医院联合宁波市康宁医院、宁波市精神病院，举办第五届精神卫生与脑神经科学——西溪高峰论坛和第三届“求是”精神医学国际学术论坛。杭州市急救中心与宁波市急救中心共同承办“救在浙里”院前急救高质量发展交流论坛。

（张丹丹　邵汉文）

卫生监督

【卫生依法行政】2023年，市卫生健康委开展行政执法规范化创建，8个县级卫生健康执法机构通过规范化创建考核。全市卫生健康系统有全省统一的行政检查66项、行政处罚217项、行政强制17项、其他省级权力事项134项。全年办结省级下放审批事项1824项、市级审批事项5538项，办结率均为100%；无应当听证的重大行政许可案件；未出现因不作为或不符合条件许可被提起行政复议或行政诉讼的情形。

【数字卫生监管】2023年，市卫生健康委完善“医美查查”App查询功能，打造集信息公示、普法宣传于一体的应用平台，推动医疗美容协会359个单位完成美容主诊医师挂牌服务，发放美容主诊医师牌1698块。在369个住宿场所推行“安心宿”保洁智能监管（含杯饮具清洗消毒、棉织品流转、洁具清洁）。推进261个游泳场所实现水质在线监测、252个游泳场所实现新水在线监测。优化杭州市职业卫生服务信息报送平台功能，加大对检测超标、体检异常、职业病（含疑似）等异常信息的预警和处置力度。全市23个餐饮具集中消毒服务单位全部接入省“集中消毒餐饮具企业智能监管系统”，利用视频监控、物联感知等技术，实现扫描包装二维码即可查看生产过程，追溯产品信息。

【卫生监督综合执法】2023年，市卫生健康委实施学校卫生、公共场所卫生、生活饮用水和涉水产品卫生、医疗卫生机构、消毒产品职业健康等随机抽查，在住宿场所、非医用放射工作单位、建筑施工单位、职业健康检查机构等重点领域开展专项治理，结案3478件，罚没款2719.6万元，办理大案要案387件。对2945个住宿场所专项检查，立案938起，罚款78.53万元。开展学校饮用水卫生专项监督，抽检102件，合格率98%。举办卫生监督管理培训班，提高住宿场所、游泳场所经营者卫生管理能力。举办全市拟上市公司职业卫生普法培训班，强化落实重点职业卫生任务。

【医疗服务市场执法】2023年，市卫生健康委联合省、市整形美容行业协会，在上城区试点推行医疗美容机构规范化星级评价工作的基础上，制定《杭州市医疗美容机构规范化星级评价标准》，完成首批53个医疗美容机构规范化星级评价，评出三星机构2个、二星机构26个、一星机构11个。查办涉医疗美容案件234件，罚没款827.34万元。其中：无证医美案件90件，罚没款478.06万元；医疗美容机构93个，罚没款272.76万元；卫生技术人员案件51件，罚没款76.52万元。

（张丹丹　邵汉文）

卫生应急

【“救在身边”民生实事项目】2023年，市卫生健康委发布《公共场所自动体外除颤器设置与维护管理规范》地方标准，规范自动体外除颤器配置场所、安装选址、维护管理、标志标识。全年新增自动体外除颤器1671台，共计8000余台；新（改）建综合性急救站点12个，全市共计121个。

【院前医疗急救能力提升】2023年，杭州市新增急救站点9个，共计121个；新增救护车6辆，共计440辆。全年“120”调度接警88.82万个，出车量24.94万车（次），平均急救反应时间12分9秒[含8个区县（市）分中心，其中市本级11分27秒]。

全市设立1个省级、11个地市级、8个区县（市）级院前急救培训中心。市本级急救中心上线调度视频进行急救医学指导，全市心搏骤停患者院前心肺复苏成功率5.7%，其中市本级8.4%。专职急救团队心肺复苏成功率21.8%。

（张丹丹 邵汉文）

爱国卫生

【健康中国示范区打造】2023年1月5日，杭州市委、市政府召开全市纪念爱国卫生运动70周年暨健康杭州建设推进会。5月6日，杭州市联合湖州市、嘉兴市、绍兴市、衢州市、黄山市、宣城市举办首届杭州都市圈健康城市发展论坛暨《健康杭州发展报告（2022）》蓝皮书发布会，推动都市圈区域大健康一体化发展。6月11日，第一届中国健康促进大会在杭州召开，全国人大常委会、中国农工民主党中央、国家卫生健康委、国家疾控局等有关领导出席会议并讲话。会议发布《健康促进杭州宣言》，杭州市受邀在大会上分享健康城市建设实践经验。7月18日，杭州市受邀出席中国健康发展大会，作为唯一受邀地市代表作健康城市建设经验交流。杭州市连续3年被全国爱国卫生运动委员会办公室评为“全国健康城市建设样板市”，连续4年被评为“清华城市健康指数引领型城市”。

【健康城市建设高质量发展】2023年10月25日，杭州市出台《关于印发健康杭州三年行动计划（2023—2025年）的通知》，推进健康杭州27个专项行动。杭州市健康城市指导中心会同杭州国际城市学研究中心、杭州师范大学公共卫生学院成立杭州健康城市研究院。临安区、上城区、余杭区、建德市联合成立杭州市健康影响评价联盟，推进健康治理向纵深发展。杭州市获2022年度健康浙江建设考核成绩第一名，并实现健康区县（市）全部合格，28个健康行动案例入选2021—2023年健康浙江行动省级样板和优秀案例。市本级4个案例入选2022年、2023年浙江省健康影响评价十大优秀案例。市本级和7个区县（市）获“2020—2022年度健康浙江行动省级样板”授牌。

【健康单位培育】2023年，杭州市培育市级健康单位3369个，4个健康村镇建设通过省级验收，24所学校获评浙江省健康促进金牌学校，5个医院获评浙江省健康促进医院样板医院，4个企业案例和1个行政推广案例入选国家卫生健康委全国健康企业建设优秀案例，8个企业案例入选中国企联全国健康企业建设特色案例。举办第十一届杭州市市民健康知识大赛、第四届杭州市健康家庭大奖赛和第三届杭州市“健康达人”评选活动，获浙江省第三届健康家庭大奖赛第一名。

【国家卫生城镇建设常态化】2023年，杭州市持续推进城乡环境卫生整洁行动，常态化加强国家卫生城镇建设。健全完善卫生城市（县）督查整改机制，对各区县（市）国家卫生城镇巩固情况进行季度暗访，完成年度乡镇量化分级自查工作，优良率98.9%。对33个乡镇开展市级暗访核查，优良率100%。全年杭州市获省爱卫办复审确认省级卫生村498个。9月，省爱卫办公布2023年浙江省健康村镇、卫生村样板名单，杭州市入选健康乡镇样板2个、健康村样板3个、卫生村样板5个。

【全国爱国卫生教育基地打造】2023年，杭州市持续打造群众性爱国卫生教育基地，实施全国爱国卫生运动纪念馆（小营巷）提升改造，小营江南红巷景区全年接待参观者超过30万人次。创建以省级除四害样板村为基础，融合理论教学、现场实践、科研科普、产业发展为一体的杭州市病媒生物防制实践教学基地。5月，该基地在淳安县文昌镇文屏村落成启用。

【健康知识普及】2023年，杭州市举办“健康中国我们行动”健康知识普及行动，发布《杭州市健康科普知识发布传播机制》（第三版），搭建以市级为统筹、区县（市）为矩阵、涵盖19个资源分类的共享资源库，建立26个专业健康科普专家分库。市卫生健康委全年完成金牌健康讲师团巡讲活动259场，组织第五届金牌健康讲师大赛暨健康科普职业技能竞赛，代表浙江省获中国健康科普大赛一等奖、第十届全国健康科普讲解大赛三等奖；获浙江省健康科普职业技能竞赛团体第一名；获杭州市科普职业技能竞赛总决赛一等奖1个、二等奖3个和优秀组织奖。2023年全市居民健康素养水平45.4%，居全省首位。

【农村改水改厕】2023年，杭州市深入推进农村改水改厕工作。全市新建和改建改水项目12个，全部竣工通过验收，其中萧山区2个、富阳区4个、桐庐县3个、建德市3个。全市农村户厕无害化卫生厕所建设覆盖率100%。

（张丹丹 邵汉文）

责任编辑　汤　峻

43 体育

综述

【杭州体育场地面积增长8.9%】2023年，杭州市体育场地总面积3694.66万平方米，比上年增加301.02万平方米，增长8.9%，列全省第一位。全市人均体育场地面积2.95平方米，提前实现“十四五”时期规划人均体育场地面积2.6平方米以上的目标。杭州市人均体育场地面积在省内排名从2019年的第11位提升至2023年的第6位。

【杭州与国际体育组织间合作】2023年，杭州市政府聘请萨马兰奇、于再清、李玲蔚等国际体育名人为“杭州打造国际赛事之城”全球推广大使，与萨马兰奇体育发展基金会建立推进“杭州打造国际赛事之城”战略合作，萨马兰奇体育发展基金会在杭州全民健身中心常设办公室。杭州亚运会举办期间，国际皮划艇联合会、国际曲棍球联合会、世界羽毛球联合会、国际马术联合会、全球电竞联合会、世界飞盘联合会等国际或亚洲单项体育组织官员与杭州市体育部门深度洽谈并实地考察杭州办赛条件，签订合作备忘录。国际皮划艇联合会有意将亚太地区总部落户杭州。

【国家体育后备人才基地入选2个】2023年11月，杭州体育场被国家体育总局命名为国家体育后备人才基地（2021—2024年），杭州市陈经纶体育学校被命名为国家重点体育后备人才基地（2021—2024年）。

（杨凯婷）

群众体育

【杭州社会体育组织】至2023年年末，杭州市有民政部门登记注册的体育社会组织556个，其中体育社团353个、民办非企业203个。市本级拥有体育社团79个、民办非企业44个。社会体育指导员累计注册激活人数3.5万人，每1000人拥有社会基金会1个，体育指导员2.79人，履职上岗率34%。

【全民健身参与度47.6%】2023年，杭州市经常参加体育锻炼人数比例为47.6%，列全省第一位。2019—2023年，平均每年完成国民体质测试服务4万余人。2023年全市国民体质监测合格率94.5%，列全省第一位。

【全民健身设施建设及维护资金补助】2023年5月30日，市体育局、市财政局、市教育局、市发改委联合印发《杭州市全民健身设施建设及运营维护资金补助办法》，自7月1日起由市体育局牵头组织实施，有效期3年。该办法依托《浙江省公共体育设施管理办法》《杭州市嵌入式体育场地设施建设导则（试行）》等文件，对全民健身设施建设及运营维护资金实施“先建后补、先开后补”，补助对象分为免费开放的全民健身设施运维、百姓健身房运维、学校体育场地对外开放3个大类。通过提升健身设施的质量、服务和效益，实现全民健身设施从“有”向“优”转变，带动群众体育赛事活动开展。

【杭州女子半程马拉松】2023年5月7日，以“奔跑的你，美如西子”为主题口号的首届杭州女子半程马拉松在武林广场鸣枪起跑。该赛事是国内首个环西湖跑的女子马拉松赛事，由中国田径协会认证，从参赛选手到官方配速员、急救跑者、赛事开道交警等全部由女性组成。赛事吸引来自美国、日本等8个国家和地区的8000余名女性跑者参赛，其中半程马拉松5000余人、环湖跑3000余人。赛事同期举办“国际女子马拉松沙龙”配套活动，并建立国际女子马拉松联盟。赛事累计直播观看超过600万人次，带动“体育+旅游”消费融合，直接经济影响4518.6万元，间接影响和产生社会次级消费1.16亿元。

【杭州马拉松】2023年12月17日，“展慈·大丰·2023杭州马拉松”举行，约20个国家和地区的3万余名跑友参赛。赛事以黄龙体育中心为起点，设全程马拉松、半程马拉松、欢乐跑3个项目，终点设置在杭州奥体中心亚运村。经角逐，中国选手王红伟以2小时15分03秒的成绩获得全程马拉松男子组第一名，中国选手夏雨雨以2小时30分44秒的成绩获得全程马拉松女子组第一名。

【长三角水上运动节暨大运河运动文旅节】2023 年 6 月 2—4 日，长三角水上运动节暨大运河运动文旅节在杭州城北体育公园和上塘河流域举行。该运动节以水上运动为依托，集运动、观赛、体验、娱乐、赛会于一体，把大运河水上运动节、大运河运动文旅节、武林电音节“三节合一”。其中竞赛项目设置龙舟、桨板、皮划艇、电动冲浪板 4 种传统水上运动项目，吸引长三角地区及京杭大运河沿线城市的 500 余名选手参赛。现场观赛 20 万人次，观看图片直播 184 万人次，观看各平台直播 1000 余万人次。

【杭州西湖赛艇挑战赛】2023 年 11 月 15—17 日，杭州西湖赛艇挑战赛在西湖举行。赛事由中国赛艇协会认证，设置高校组、俱乐部组、中学组 3 个组别，吸引来自 9 个国家和地区的 243 名选手参赛，国内参赛团队有北京大学、清华大学、浙江大学、中山大学和湖南师范大学等。作为在西湖公开水域举办的唯一赛艇赛事，活动围绕“名城、名湖、名校、名赛”主题，将赛艇比赛的运动魅力和西湖风光融合。赛事直播在线观看超过 500 万人次，新闻点击量超过 5000 万人次。

（杨凯婷）

【绿道毅行月活动】2023 年 5 月 27 日，浙江省第五届绿道健走大赛暨“2023 年杭州市绿道毅行月活动”在钱江世纪公园你好广场启动。启动仪式后，300 余人的队伍从你好广场出发，沿着钱江世纪城沿江公园绿道往返徒步 5 千米。各区县（市）同步启动绿道毅行月活动。活动在往年基础上，增加单位团队赛和 51 个城乡风貌样板区的打卡点。活动持续到 8 月 27 日。

（年鉴编辑部）

【国际（杭州）毅行大会】2023 年 12 月 23 日，国际（杭州）毅行大会在钱江世纪公园举行。活动以“聚亚运、向未来”为主题，分为 5 千米亲子组（每组 2~4 人组队参赛，至少有 1 名 5~18 岁未成年人和 1 名 70 岁以下的成年人）、15 千米休闲组（面向 18~65 岁选手个人参赛）、30 千米精英组（面向 18~65 岁选手组队参赛，4 人一组，至少有 1 名异性）3 类组别，吸引 1.5 万名毅行爱好者参赛。100 余个媒体参与新闻报道，多平台同步直播，150 万余人次观看。

【体育文化主题展览】2023 年 8 月 28 日至 10 月 8 日，由国家体育总局体育文化发展中心（中国体育博物馆、中国奥林匹克博物馆）、杭州市体育局联合主办，杭州市体育事业发展中心承办的“中华体育 源远流长——中华体育文化展”以及“汇聚体育之光，共赴美好未来展”2 个体育文化主题展览在杭州亚运博物馆举行。国家体育总局、省政府、市政府有关领导及部门负责人出席开幕式。展览展出中国体育博物馆馆藏古代体育文物 138 件（套），展现中华体育从古至今发展脉络。

2023 年 12 月 23 日，2023 国际（杭州）毅行大会在钱江世纪公园举行

（市体育局 供稿）

【游泳救生员和教员国家职业技能培训】2023 年，杭州市初级游泳救生员和初级、中级游泳社会体育指导员（游泳教员）国家职业技能培训在杭州市体育事业发展中心大关游泳健身馆举办 12 期，参加培训学员 1200 余人。为社会输送游泳开放培训合格专项保障人才，保障全市游泳场馆的正常安全运营。

（杨凯婷）

竞技体育

【杭州运动员参赛亚运会成绩】2023 年 9 月 23 日至 10 月 8 日，杭州第 19 届亚运会举行。9 月 23 日，杭州赛艇运动员邹佳琪在赛艇女子轻量级双人双桨 2000 米比赛中获亚运会第一枚金牌。该届亚运会上，杭州运动员共获 19 枚金牌、8 枚银牌、3 枚铜牌，打破 1 项亚洲纪录，创造杭州运动员自参加亚运会以来的单届历史最好成绩；金牌数超过上一届亚运会 10 枚，在全国副省级城市中列第一名。杭州运动员累计在历届亚运会获金牌 99 枚。

【全国青年（学生）运动会杭州成绩】2023 年 11 月 5—15 日，首届全国青年（学生）运动会在广西壮族自治区举行，由原全国学生运动会和全国青年运动会合并而成，是国家级大型综合性运动会。公开组设 37 个大项、48 个分项、425 个小项，校园组设 10 项。杭州市代表团的 242 名运动员参加 31 个项目的比赛，获 14 枚金牌、10 枚银牌、16 枚铜牌，金牌数占浙江代表团的 60.9%，奖牌总数占 46%。

【杭州运动员获男子职业网球协会 250 巡回赛冠军】北京时间 2023 年 2 月 13 日凌晨，在男子职业网球协会（ATP）250 巡回赛美国达拉

2023 年 7 月，在浙江省青少年冰球锦标赛上，杭州二队获男子甲组比赛冠军

（市体育局 供稿）

斯站男单决赛中，杭州运动员吴易昺战胜美国选手伊斯内尔，成为首位夺得 ATP 巡回赛单打冠军的中国大陆球员。吴易昺的即时世界排名升至第 58 位。

【全国跳台滑雪冠军赛杭州运动员成绩】2023 年 3 月 11—12 日，2022—2023 赛季全国跳台滑雪冠军赛上，3 名杭州运动员成绩突出。甄炜杰获男子个人大跳台和混合团体金牌、男子个人标准台和男子团体大跳台银牌，王椋瑶获女子个人标准台、女子个人大跳台和混合团体铜牌，张晓铃获混合团体铜牌。

【冰球项目杭州成绩实现突破】2023 年 2 月，杭州市冰球队参加全国体校 U 系列冰球锦标赛获得男子组（U12 年龄段）第 6 名，参加 2022 中国青少年冰球联赛全国决赛获得男女混合组（U10 年龄段）第 4 名，两个组别皆创造杭州冰球项目历史最佳战绩。7 月，在 2023 年浙江省青少年冰球锦标赛上，杭州二队获男子甲组比赛冠军、杭州一队获季军；男女混合乙组比赛中，杭州一队获冠军、杭州二队获亚军。

【航空航天模型项目杭州成绩提升】2023 年 7 月，在美国奥斯汀世界航天模型锦标赛上，杭州运动员胡航景获 S4A（助推滑翔机火箭）项目成人组团体冠军，以及 S8D（遥控火箭助推滑翔机）项目青少年个人组季军和青年组团体冠军，徐迎皓获 S4A（助推滑翔机火箭）项目青年组团体冠军及青少年个人组季军。8 月，杭州运动员王泓越在蒙古国航空模型线操纵 F2 世界杯比赛中获青年组季军。

【浙江省青少年花样滑冰锦标赛】2023 年 11 月 30 日至 12 月 1 日，杭州市体育事业发展中心承办 2023 年浙江省青少年花样滑冰锦标赛。比赛均为单人滑项目，按照年龄分为女子甲、乙、丙、丁组和男子组共 5 个组别。来自杭州、宁波、嘉兴、绍兴 4 个城市的 5 支运动队共 70 名运动员参赛。杭州市参赛运动员获 5 枚金牌、3 枚银牌、3 枚铜牌。

【国际皮划艇杭州超级杯首创赛事官宣】2023 年 7 月 5 日，中央广播电视总台与国际皮划艇联合会合作签约暨首届国际皮划艇超级杯发布仪式在北京举行。赛事由中央广播电视总台、国家体育总局、国际皮划艇联合会与杭州市政府联合打造，是世界顶级自主自办品牌赛事，包括皮划艇静水、皮划艇激流回旋、皮划艇马拉松、皮艇球 4 个竞赛项目，是世界首创在同一个赛事中集齐皮划艇 2 个奥运项目（静水皮划艇、激流回旋皮划艇）和 2 个非奥运项目（皮划艇马拉松、皮艇球）的国际皮划艇综合赛事。首届赛事确定于 2024 年 10 月在杭州富阳水上运动中心举办。

【“萨马兰奇杯”系列赛事承办】2023 年 12 月 16—17 日，由萨马兰奇体育发展基金会、杭州市体育局主办，杭州市体育事业发展中心承办“萨马兰奇杯”赛事活动，包括元老明星走进“羽星摇篮”活动、“萨马兰奇杯”羽毛球邀请赛暨世界羽联第一届羽毛球世界杯纪念活动、“对话·亚运”活动、网球海外精英训练营活动。其中，网球海外精英训练营活动筛选 10 名杭州优秀青少年网球运动员赴西班牙桑切斯卡萨尔网球学校参加培训。

【汇丰世界羽联世界巡回赛总决赛承办】2023 年 12 月 13—17 日，亚运会后首个落户杭州的国际单项顶级赛事——2023 汇丰世界羽联世界巡回赛总决赛在杭州奥体中心体育馆举行。该赛事为世界羽联最高规格的比赛，由中国羽毛球协会、杭州市政府主办，采用“政府主导、市场运营”的市场化办赛新模式，由市体育局作为赛事组织主体，市商旅集团作为赛事运营主体。赛事设男双、女双、混双、男单、女单 5 个组别比赛，63 名世界顶尖选手参赛，赛事总奖金 250 万美元，为历届总决赛奖金之最。经过 5 个竞赛日、75 场比赛的角逐，决出各组别冠军。赛事吸引观众 9.3 万人次到场观赛，实现票房收入 4486 万元。

【中国田径街头巡回赛承办】2023 年 6 月 10 日，中国田径街头巡回赛在上城区的城市阳台举行，是杭州首次打破田径项目的办赛传统，在体育场馆外举办赛事，营造大众可参与、运动员易感知的互动新场景。17 名国内顶尖跳高运动员参赛。男子撑竿跳项目中，钟涛以 5.72 米打破赛会纪录，姚捷以 5.82 米平男子撑竿跳高全国纪录，刷新个人最好成绩同时，也将赛会纪录提升 11 厘米，获得该项目布达佩斯世锦赛直通资格。该赛事除场内定额的观赛人员外，场外观众近 1 万人次。

（杨凯婷）

体育设施

【体育场馆设施建设】2023年年末，杭州市有体育场、体育馆、游泳馆、全民健身中心等大中型公共体育场馆65个（含黄龙体育中心等5个省属场馆）。全市共有足球场地1310个，每万人拥有1.05个；篮球场地8276个，每万人拥有6.61个；排球场地1011个，每万人拥有0.81个。全年新建群众身边体育健身设施407处，乒乓球、羽毛球、门球、木球、地掷球和滑板（轮滑）等10类嵌入式场地2098片、68.5万平方米。全市累计建成嵌入式体育场地设施4341片，面积147.4万平方米。

【学校体育场地（馆）开放】2023年，全市中小学校开放校内体育场地（馆）1204个，其中946个室外体育场地免费向社会开放、258个室内场馆免费或低收费向社会开放。“校园健身数字场景”迭代升级，并接入“浙里办”平台，实现在线查询、登记、预约以及刷卡、刷脸、刷码等入校健身方式，满足不同年龄段群众的使用需求。至年末，校园健身平台登记超过100万人次，浏览量2632万人次，日均访问量7万人次，健身超过1115万人次。

【“亚运场馆在线”数字服务平台】至2023年年末，杭州“亚运场馆在线”数字体育服务平台接入场馆（地）385个，其中亚运场馆45个、其他公共和商业运动场馆63个、校园场馆257个、嵌入式场地20处。平台浏览量累计2122万人次，用户190万人，健身2062万人次，订单总数116万笔；平台日均访问3.2万人次，入馆健身2.5万人次，订单数1845个。

（杨凯婷）

体育产业

【体育产业发展】2023年，杭州市体育产业实现总产值1217.5亿元，占全市地区生产总值的1.77%。其中：体育服务业占体育产业总产值的61.6%，体育制造业占体育产业总产值的20.8%。

【体育产业扶持资金奖励】2023年，杭州市争取到年度省级体育产业扶持资金5253万元。对15支在顶级联赛中取得佳绩的运动队、1个国家体育产业示范单位、2个省级运动休闲乡镇、1个省级运动休闲基地、24个体育产业项目和11个承担“环浙步道”省级主线建设任务的区县（市）实施奖励。

【体育龙头企业培育】2023年，浙江春风动力股份有限公司、杭州久祺股份有限公司、浙江健盛集团股份有限公司3个企业上榜全国体育企业50强（全省共上榜10个）。7月，杭州千岛湖培生船艇有限公司获评“国家体育产业示范单位”。杭州市历年累计创建“国家体育产业示范单位”6个、“国家体育产业示范项目”3个、“国家体育产业示范基地”2个。

【“体育+旅游”运动休闲产业发展】2023年，富阳区烟雨桐洲水陆空体育旅游线路入选国家体育总局与文化和旅游部公布的全国12条国庆假期体育旅游精品线路。淳安县环千岛湖公路自行车赛入选中国体育旅游精品赛事。淳安县界首乡界首自行车运动乡镇入选第2批省运动休闲乡镇。临安区清凉峰镇清凉峰户外探索运动乡镇入选省第6批省运动休闲乡镇培育名单。新增和复评省运动休闲旅游示范基地2个，即杭州跑步中心运动基地、淳安千岛湖啤酒小镇运动基地；新增省运动休闲旅游精品线路1条，即淳安县龙川湾（路亚垂钓）—沪马探险乐园（超级滑板车）—中财湖庄山地自行车公园（自行车）。新增和复评省运动休闲旅游优秀项目5个，即淳安县燃擎赛车乐园、滨江全民星滑冰俱乐部、淳安县千岛乐蹦床主题乐园、拱墅区世纪星滑冰场、临安区龙门秘境攀岩。至年末，杭州累计培育国家级运动休闲乡镇1个，省级运动休闲乡镇9个、运动休闲基地2个、运动休闲旅游示范基地10个、精品线路11条、优秀项目39个。

【体育市场安全监管】2023年，杭州市立案查处高危险性体育项目案件62件，受理体育健身“预付式消费”投诉3132起，调解1198起，为消费者挽回经济损失1047万余元。杭州“体育休闲信用在线平台”全年发布体育健身消费投诉信息1004条、行政处罚信息181条、体育健身风险预警信息11例、以案释法案例8例，多渠道提醒消费者警惕消费陷阱，规避消费风险。

【体育彩票销售71.26亿元】2023年年末，杭州市体育彩票销售点超过3400个。销售体育彩票71.26亿元，占全省销售额的23.5%，比上年增加20.72亿元，列全省第一位、全国城市第四位，为国家筹集体育彩票公益金17.15亿元。

（杨凯婷）

责任编辑　汤　峻

44 人力资源

综 述

【人力资源事业发展】 2023年，市人力社保局系统推进人才人事、就业创业、社会保险、劳动关系、共富共享等工作。举办、承办第十一届中国（浙江）人力资源服务博览会、2023年杭州国际人才交流与项目合作大会、创客天下·杭向未来，2023年杭州市海外高层次人才创新创业大赛、第八届中国杭州大学生创业大赛、首届“大走廊杯”中国·杭州博士后科创精英赛等活动。

【人力资源政策体系完善】 2023年1月，市人力社保局和市财政局印发《关于贯彻落实杭州市人民政府关于推进高质量就业工作意见的通知》，推进就业创业政策落地见效，构建具有杭州特色高质量就业创业体系。3月，市人力社保局印发《杭州市职业培训补贴（资助）实施办法》《杭州市职业培训定点机构管理办法》，推进职业技能培训工作规范化运作。同月，市人力社保局等4个部门印发《杭州市创业担保贷款实施办法》，推进创业担保贷款工作发展，促进创业带动就业。6月，市政府办公厅印发《杭向未来·大学生创新创业三年行动计划（2023—2025年）》。11月，市人力社保局印发《杭州市高技能人才公共实训基地体系建设实施办法》《关于深化杭州市技能大师工作室建设的通知》，贯彻落实市委、市政府关于高技能人才队伍建设要求，整合社会培训资源，创新培养模式；推进技能大师工作室建设，培养技能精湛、素质优良的“名城工匠”。12月，市人力社保局和市财政局印发《关于优化调整就业创业政策措施，全力促发展惠民生的通知》，强化就业优先政策，稳定和扩大就业岗位。市委人才工作领导小组办公室、市人力社保局、市住房保障和房产管理局印发《杭向未来·大学生创新创业三年行动计划（2023—2025年）实施细则》，就大学生创新创业三年行动计划提出具体落实细则。市人力社保局印发《杭州市促进人力资源服务业高质量发展实施细则》，推动全市人力资源服务业高质量发展。

2023年8月8日，首届“大走廊杯”中国·杭州博士后科创精英赛总决赛举行

（市人力社保局 供稿）

【人力资源领域改革】 2023年，市人力社保部门承接完成“人才服务专区”“劳动用工一类事”2个省级政务服务增值化改革试点。完成新型研发机构科研系列职称自主评聘改革、打造具有地方特色的人力社保法治宣传品牌、建设项目和小微企业欠薪治理“一件事”集成改革、灵活就业数据治理、探索创新新就业群体职业技能培训方式5个全省人力社保领域创新深化改革攻坚开放提升试点项目，其中4个项目获评2023年全省人力社保领域“创改开”最佳项目。打造“就业创业一张图”平台，集成找工作、想创业、享政策、查机构、需维权、要咨询等功能。平台日常提供岗位数10万余个，每日岗

位查看量1.6万次。建成大学生就业创业数智服务平台，摸清底数、辅助决策、政策智推、高效服务，以数字赋能提升大学生就业创业服务水平。迭代升级“数智就业”“社保易窗”“杭云签”等特色场景，建设“浙里找零工”应用场景，做好岗位数据归集，促进线上和线下互通互融。全市就近体检数字化改革全覆盖，全年完成体检72.5万人。

（市人力社保局）

就业创业

【就业形势总体稳定】2023年，杭州市升级整合全市就业政策，废止19个文件，制定出台4个配套政策文件。全年城镇新增就业32.92万人，城镇登记失业人员再就业8.35万人，其中就业困难人员实现再就业3.58万人，22个中西部省份36.7万脱贫人口在杭州市实现就业。全市新建设市级高质量就业社区（村）100个，建成零工市场33个，其中6个获评首批“省级示范零工市场”。

（刘立清　王　聪）

【城乡统筹就业】2023年，杭州市实施就业援助精准服务计划，促进城乡失业人员再就业，帮扶就业困难人员实现就业。举办就业援助专场活动170场，开展重点群体公益周活动68场、私人定制周活动29场，服务人数700余人次，走访各类重点群体5277人次。发挥失业保险稳就业作用，对不裁员或少裁员参保企业实施失业保险稳岗返还政策，向4875个企业返还失业保险费1.70亿元，惠及职工26.97万人。发放一次性扩岗补助1987.20万元、一次性留工培训补助4996.15万元。发放用工社保补贴、自主创业社保补贴、公益性岗位社保补贴和岗位补贴、灵活就业社保补贴等各类补贴11.14亿元。

（王　聪）

【就业创业平台建设】2023年，杭州市加强就业创业平台建设。对正常运行一年以上的24个市大学生创业园2021年、2022年运行情况进行绩效评估，按优秀、良好、合格3个等次分别给予30万元、20万元、10万元资助。举办2023年杭州市大学生创业园高质量发展暨标准化推进工作培训班，对大学生创业园孵化服务、大学生创业园服务规范杭州地方标准和国家标准化试点进行解读和指导。推广应用《大学生创业园服务规范》杭州地方标准，制定浙江省地方标准，推进浙江省杭州市大学生创业园服务规范国家标准化委员会社会管理和公共服务综合标准化试点项目。升级创业担保贷款、创业场地租金补贴等创业扶持政策，全年发放创业担保贷款13.32亿元，发放创业场地扶持补贴2226.54万元，扶持创业带动就业2.8万人。构建完善创业陪跑生态体系，新增认定创业陪跑空间22个。至年末，全市有创业陪跑空间62个，提供创业孵化面积近13万平方米。首创体育式创业交流社团——“创橙橙”跑团，举办跑进滨江区、跑进临平区、跑进中国美术学院、跑进浙江经贸职业技术学院、跑进淳安共富飞地、线上打卡跑6场联谊赛。举办第八届杭州众创大会、“源来好创业”青年创业资源对接服务季等创业品牌交流活动。全年开展创业交流活动422场，常态化征集入库创业项目126个。推进创业陪跑领教导师队伍建设，开发创业陪跑精品课程59门。新增大学生见习基地193个，组织见习训练大学生8340人，拨付见习补贴4584.79万元。新聘“杭州就业校园大使”225名。

（刘立清　王　聪）

【大学生创业服务】2023年，杭州市从推动各类人才集聚杭州、培育创业项目人才、加大创业就业支持力度、精准服务大学生创业就业4个方面提出30项措施。梯次化实施杭州市大学生杰出创业人才培育计划、杭州大学生创业学院、大学生创业训练营、创业实践营等创业培训；创新举办人工智能、农创客等主题行业实战沙龙，全年培训10个班（次）、486人。2—6月，举办第八届中国杭州大学生创业大赛，吸引海内外1047所高校4655个项目团队、近2万名大学生报名参赛。大赛首次设置“乡村振兴·西进创富”专项赛，有133个项目进入决赛。总决赛发布“杭州大创15年15件大事”，给10名2023年“杭州大学生创业之星”颁奖。同步上线“创业服务季”活动，推出找场地、找资金、找培训、找政策4个服务模块，为意向到杭州落地项目领创护航。参赛团队在杭州注册成立新企业372个，比上届增长169.6%，其中400强项目团队注册成立新企业84个。全市资助大学生创业项目1253个、1.07亿元；新成立大学生创业企业1万个、创业大学生1.09万人，带动就业1.6万人。

（刘立清　钱　丽）

2023年2—6月，第八届中国杭州大学生创业大赛举行。图为投融资对接会现场

（市人力社保局　供稿）

【高校毕业生就业服务】2023年，市人力社保局汇集人力社保、住保房管、公安、交通等部门政策服务资源，牵头编制《杭州市大学生就业创业主要政策服务合集》。实施应届毕业生生活补贴政策，对到杭州工作的应届毕业生发放生活补贴23.22万人次、18.56亿元。其中对在西部区县（市）工作满3年的毕业生再次发放生活补贴2720人次、4000万元。发放大学生“青荷礼包”11.07万人、2175万元。开展浙江省“百万岗位进校园”专项行动和“潮聚杭州”高校行活动，联动区县（市）开展活动241场，参会单位4000余个（次），招聘岗位8.5万个。为在杭高校毕业生提供就业创业指导活动25场，服务大学生1200余人次。

【公共就业服务】2023年，市人力社保局组织就业援助月、“春风行动”、民营企业服务月、金秋招聘月等公共就业服务专项活动，开展省内劳务协作，搭建人力资源对接平台。全年举办招聘会892场，推出岗位62.51万个，达成就业意向8.38万人。“杭州公共招聘”平台采集用工单位信息4.85万个（次），发布岗位信息65.02万个，求职登记2.92万人次，提供职业介绍与职业指导服务2.8万人次，促进劳动力供需对接和有效就业。

（王　聪）

【劳务协作】2023年1月、6月，市人力社保局与四川省广元市、甘孜藏族自治州人力社保局召开东西部劳务协作联席会议，总结劳务协作开展情况及面临形势，部署下步工作。杭州市到劳务协作地区举办省际劳务协作现场招聘会77场，参与企业644个（次），提供就业岗位5.5万个。举办网络招聘会7场，参与企业178个（次），提供就业岗位2628个。通过网络推送适合四川省、贵州省等地劳动力转移就业岗位5.7万个。评选杭州市就业帮扶爱心企业10个，奖励每个企业一次性补助5万元。

（刘立清　王　聪）

人事管理

【事业单位人事管理】2023年，杭州市招聘事业单位工作人员6700余人，其中应届毕业生3100余人。根据省人力社保厅统一部署，面向西藏地区专项招聘2名事业单位工作人员。市属事业单位以备案方式引进高层次人才8人，其中B类3人、C类5人。全年选聘专业技术二级岗21人，审核备案专业技术三级岗聘任70人。开展亚运会社会专业人员专项招聘，指导杭州市38个事业单位推出41个招聘岗位，招聘39人，留用一批具有办赛经验的人才。

（刘　帅）

【事业单位工资福利】2023年，杭州市推进事业单位收入分配制度改革，深化公立医院薪酬制度改革，出台《杭州市深化市属公立医院薪酬制度改革实施办法》。市人力社保局会同市教育局、市财政局制订落实市本级学校教师待遇保障方案，会同市财政局制定落实对相关民政福利机构核增一次性绩效工资方案，会同市委组织部、市民政局等单位落实亚运会服务保障人员相关待遇，按照事业单位绩效工资水平动态调整机制，做好年度绩效工资总量审批、备案工作，组织事业单位绩效工资专项审计，加强绩效工资监管。

【表彰奖励】2023年，经省委、省政府批准，杭州市实施共同富裕幸福杭州建设先进集体和个人、杭州慈善奖2个表彰项目；杭州市平安（除险保安）成绩突出集体和个人、杭州市打造营商环境最优市成绩突出集体和个人等5个表扬项目。实施打赢翻身仗经济攻坚行动、市政府民生实事工程等18个行政奖励项目。举办杭州亚运会和亚残运会及时性奖励，对成绩突出的240个集体、720名个人给予行政嘉奖，向国家、省11个表彰项目推荐25个先进集体和50名先进个人。发挥表彰奖励的激励引导作用，落实表彰奖励获得者管理服务工作。开展表彰奖励宣传教育，查处违规行为，维护表彰奖励的权威性和严肃性。

（余晓鹏）

人才服务

【高层次人才分类认定】2023年，杭州市开展高层次人才分类认定。新认定A～E类高层次人才3.47万人，其中A类1人、B类189人、C类693人、D类3242人、E类30576人。

（倪　敏）

【海外引才交流合作】2023年5—11月，杭州市举办“创客天下·杭向未来”2023杭州海外高层次人才创新创业大赛，设留学人员项目和外国人项目2个专场，遴选引进世界各地创新创业人才项目。1641个项目进入海选，其中外国（非华裔）人才项目612个，有14个项目在杭州签约落户。发动海外高层次人才到杭州参

2023年11月12日，杭州海外高层次人才创新创业大赛总决赛举行

（市人力社保局　供稿）

加国际人才交流与项目合作大会，结合省“访工访学访窗口”活动组织要求，推动海外人才项目与杭州创新创业载体交流对接，提高海外人才项目在杭州落地率。

【留学回国人员创业服务】2023年，杭州市落实高层次留学回国人员在杭州创新创业项目41个，资助金额1034万元。杭州市3个项目入选“2023年度中国留学人员回国创业启动支持计划”项目，其中重点类项目2个、优秀类项目1个。2名海外人才入选“2023年度高层次留学人才回国资助”项目，获人力资源和社会保障部资助60万元。6月，建德市成立浙西海归中心，11月，获批杭州市级留学人员创业园。至年末，杭州市建成市级以上留学人员创业园区10个，其中，国家级、省部级共建留学人员创业园1个，省级留学人员创业园3个。

（章思芬）

【专业技术人才培养】2023年，杭州市专业技术人才培养创新提质。实施博士后倍增计划，新增国家级博士后工作站11个，累计102个，新进站博士后1006人，比上年增长46.7%。在站博士后申请专利1854项，发表论文1126篇，编写行业标准71个，解决企业技术难题948个，创造经济效益69.81亿元。评选杭州市杰出博士后10人、典型博士后工作站10个。举办杭州博士后工作25年回顾展。5人入选博士后“博新计划”，获国家博士后科学基金55项、省择优项目42项。举办博士后科创精英赛，征集30余所名校名所304个科创项目参赛，至年末，5个项目落地。发起建立15个副省级城市博士后科创联盟，成立博士后成果转移转化中心。组织参加第二届全国博士后创新创业大赛，获1枚金牌、2枚银牌、2枚铜牌。推进国际职业资格证书认可制度等职称改革，持有国际职业资格证书的225人获评工程师职称。印发“杭州市国际职业资格认可清单（数字经济领域）”100项，持有清单内国际职业资格专业人员可按规定在杭州市提供专业服务。杭州高新区（滨江）、萧山区、钱塘区开展技能贯通职称评审试点，44名技能人才获评工程师职称。试点新型研发机构开展职称自主评聘，5人获聘副高级职称。授权6个民营企业开展职称自主评审试点。“专业技术人员学习新干线”平台注册单位1.6万个、学员46.7万人，上线课程2万余门。首次成立人才西进“帮帮团”，到西部区县解决技术难题，为当地发展牵线搭桥。

（周孝翔 裘　淼）

【高技能人才培养】2023年，杭州市培养高技能人才4.88万人，开展职业技能培训32.34万人次。新建市级技能大师工作室25个，安排市级职业技能竞赛项目32个。市公共实训基地全年实训、鉴定17.7万人次（天），其中高级工及以上实训5.6万人次（天）。在第二届浙江技能大赛、第二届全国职业技能大赛中，杭州选手获一等奖30个、二等奖24个、三等奖35个，获金牌1枚、银牌5枚、铜牌1枚、优胜25个。入选国务院政府特殊津贴（高技能人才）3人，获评国家级技能大师工作室2个，遴选技能平台领军人才、青年人才各10人，认定杭州市首席技师20人。

（姜发利　徐　伟）

【人力资源服务业发展】2023年，市人力社保局印发《杭州市促进人力资源服务业高质量发展实施细则》，推动人力资源服务业高质量发展。举办“历史文化名城，现代服务高地”2023年人力资源服务系列榜单发布暨创新创优路演，发布“群英榜”和“猎手榜”，20个机构、10名“猎手”上榜。首次发布重点培育企业“风云榜”，102个机构上榜，8个项目获创新创优项目资助，8个机构获参与重大发展战略资助，8个机构获搭建供需对接活动补助。举办2023年中国（浙江）人力资源服务博览会、“双强汇聚”高端人才供需对接活动。新筹建1个市级专业型人力资源服务产业园——杭州市临平区智能制造人力资源服务产业园。5个机构入选省首批服务业领跑企业，1个产业园和4个机构入选省首批人力资源服务出口基地。1个机构获全国人力资源服务创新创业大赛一等奖，3个机构获全国优秀奖。至年末，全市集聚人力资源服务机构1891个，产值1140.85亿元，从业人员4.1万人。其中，76个机构产值超1亿元，20个机构产值超过10亿元，63个机构入选2023年省人力资源服务业白皮书“猎头”100强，21个机构入选综合100强。

（倪　敏）

【公益性人才招聘】2023年，杭州市人才管理服务中心举办各类招聘活动163场，组织3.75万个（次）用人单位参会，提供110.63万个岗位。2月1日至3月1日，举办“新春纳才，杭向未来”高层次人才云聘会和直播带岗活动，设重点产业链专区、特色专区。组织9185个企业参会，推出岗位19.2万个，在线浏览量380.79万人次，在线投递简历3.16万人次。同步开展新春服务月，5个产业链生态圈专场直播带岗系列活动，113个企业参会，推出岗位6053个，在线浏览量490万余人次，投递简历1.2万人次。5月6日至6月6日，举办“青春潮创，杭向未来”大学生云聘会，设智能物联、高端装备、生物医药、绿色低碳、新材料5个产业链招聘专区与专精特新、乡村振兴等7个特色招聘专区，推出各类就业岗位18.5万个，浏览量65.54万人次，投递简历8.9万人次。同步推出“万朵浪花”全球大学生实习专区，打通大学生就业创业“最前一公里”，推出实习岗位7.7万个，投递简历1.2万人次。10月8日，启动“金秋纳才，杭向未来”大学生云聘会，组织杭州3087个企事业单位参会，推出岗位8.9万个。

【《杭州市2023年博士（后）人才需求目录》编制】2023年，市人力社保部门围绕博士（后）人才需求，以在杭州博士（后）工作站和引进博士的企事业单位（重点企业、创新平台、高校、科研院所）为对象，通过人才需求、引育留现状等多维度开展问卷、走访、座谈等形式调研。收集人才需求数据1594条，涉及人才需求2392个，运用大数据开展全方位分析，编制《杭州市2023年博士（后）人才需求目录》。

【流动人员人事档案公共服务】2023年,杭州市人才管理服务中心提供各类流动人员人事档案管理服务15.9万人次。全年完成流动人员人事档案数字化36万余卷,管理流动人员人事档案35.3万卷,人才集体户挂靠5.9万人。

【人事考试】2023年,杭州市继续将一级建造师、社会工作者、省公务员招录考试等大型考试组织工作向区县(市)延伸,根据考生在考试报名时的地点选择,安排考生就近参加考试。至年末,完成26个考试项目,服务考生37.48万人次,设置区县(市)考区22个(次)、考场1840个,方便考生5万余人次。

(钱　丽)

劳动关系

【和谐劳动关系创建】2023年,市人力社保局深化劳动关系源头治理,举办企业劳动用工体检和劳动关系协调员培训班。开展"平安和谐劳动关系"示范单位认定,协同相关部门对杭州市构建和谐劳动关系表现突出单位予以认定。组织召开平台企业行政指导会,编制政策汇编,宣讲相关政策,推广劳动合同(书面协议)范本,推进和谐劳动关系创建。

【企业工资收入分配】2023年,市人力社保局严格落实国有企业薪酬管理制度,做好国有企业工资分配宏观指导和调控工作。3月,组织召开全市技术工人薪酬分配指引推进会,以"和谐同行,以技提薪,共建共富,共享美好"为主题,推进全市技术工人薪酬分配指引工作。发动企业参与技术工人薪酬分配指引,召开各层次工作推进会、宣传培训会,选树示范引领企业,聘任薪酬指导师。5月4日,全省技能人才薪酬分配推进会推广杭州经验。

【企业薪酬调查】2023年,市人力社保局发布杭州市企业薪酬调查,为企业开展工资集体协商、合理确定职工工资收入提供参考。该薪酬调查在全市3150个样本企业中抽样进行,涉及在岗职工50.5万人。对140余个监测样本企业开展每季度一次的制造业人工成本监测试点。

(沈　迪)

【劳动保障维权】2023年,杭州市各级劳动保障维权机构监察检查用人单位19.1万个(次),开展"开工第一课"、护航亚运、人力资源市场秩序整顿、工程建设领域欠薪问题治理、根治欠薪冬季行动等专项治理行动6次,检查各类用人单位3.8万个。协调处置各类劳动保障违法案件4万余件,其中立案查处各类劳动保障违法案件468件,结案率100%。

【"杭州无欠薪"专项行动】2023年,杭州市开展"杭州无欠薪"专项治理行动,健全政府主抓、人社主导、部门主管、企业主体"4个责任"根治欠薪工作体系,构建完善市、区县(市)、乡镇(街道)、网格员、劳资专管员5级欠薪治理网络。开展欠薪投诉集中接访,常态运行根治欠薪实体化专班,提升根治欠薪工作成效。建立健全安薪自治联盟、信用惩戒等13项根治欠薪机制,行政处罚340起。向公安机关移送涉嫌拒不支付劳动报酬犯罪案件53件,公安机关立案43件。落实重大违法行为社会公布、企业守法诚信等级评价等制度,加大惩戒力度。依托市人力社保局网站、"信用杭州"平台公布拖欠农民工工资失信联合惩戒对象名单68个、重大劳动保障违法行为典型案例16个。全年为11.4万名劳动者追发工资、待遇11.6亿元。代表省政府接受国务院保障农民工工资支付工作考核,连续3次获A级。

【劳动纠纷多元化解】2023年,杭州市对劳动纠纷诉求实行"一窗式"即接即办工作机制,提升基层劳动纠纷化解率。全市办结劳动纠纷案7.30万件,其中基层调解办结4.99万件。受理劳动人事争议仲裁案件3.21万件,结案3.29万件。

(施锋丽)

责任编辑　须同威

45 社会生活

收入消费

【概况】2023年，杭州市城镇居民、农村居民人均可支配收入和消费支出均实现稳步增长。居民消费价格总水平比上年平均上涨0.2%。

【城镇居民收入增长】据抽样调查，2023年，杭州市城镇居民人均可支配收入80587元，比上年增长4.6%，扣除物价上涨因素，实际增长4.4%。从四大类收入来源看，城镇居民人均工资性收入、经营净收入、财产净收入和转移净收入全面增长。其中：人均工资性收入47092元，增长4.7%；人均经营净收入6631元，增长5.6%；人均财产净收入11802元，增长3.9%；人均转移净收入15062元，增长4.4%。

【城镇居民消费支出小幅增长】2023年，杭州市城镇居民人均消费支出54103元，比上年增长7.5%，八大类消费“六增二降”。分结构看，食品烟酒人均支出13062元，增长5.0%；衣着人均支出2580元，增长5.7%；居住人均支出14944元，增长9.0%；生活用品及服务人均支出2482元，下降12.5%；交通通信人均支出9419元，增长10.6%；教育文化娱乐人均支出5684元，增长27.3%；医疗保健人均支出4148元，下降6.3%；其他用品及服务人均支出1784元，增长18.1%。

【农村居民收入稳步增长】2023年，杭州市农村居民人均可支配收入

表43 2007—2023年杭州市城镇常住居民人均可支配收入增长情况统计表

年 份	人均可支配收入（元）	比上年增长（%）
2007	21689	14.0
2008	24104	11.1
2009	26864	11.5
2010	30035	11.8
2011	34065	13.4
2012	37511	10.1
2013	40925	—
2014	44632	9.1
2015	48316	8.3
2016	52185	8.0
2017	56276	7.8
2018	61172	8.7
2019	66068	8.0
2020	68666	3.9
2021	74700	8.8
2022	77043	3.1
2023	80587	4.6

说明：2007—2012年为市区数据，2013年后为全市数据，2013—2023年为城乡一体化改革后新口径数据

（资料来源：国家统计局杭州调查队）

表44 2023年杭州市城镇常住居民人均可支配收入构成情况统计表

指 标	人均可支配收入（元）	比上年增长（%）	占可支配收入比重（%）
可支配收入	80587	4.6	100.0
1. 工资性收入	47092	4.7	58.5
2. 经营净收入	6631	5.6	8.2
3. 财产净收入	11802	3.9	14.6
4. 转移净收入	15062	4.4	18.7

（资料来源：国家统计局杭州调查队）

表 45　2023 年杭州市城镇常住居民消费支出结构统计表

指　标	人均支出（元）	比上年增长（%）	占消费支出比重（%）
消费支出	54103	7.5	100.0
1. 食品烟酒	13062	5.0	24.1
2. 衣着	2580	5.7	4.8
3. 居住	14944	9.0	27.6
4. 生活用品及服务	2482	−12.5	4.6
5. 交通通信	9419	10.6	17.4
6. 教育文化娱乐	5684	27.3	10.5
7. 医疗保健	4148	−6.3	7.7
8. 其他用品及服务	1784	18.1	3.3

（资料来源：国家统计局杭州调查队）

表 46　2007—2023 年杭州市农村常住居民人均可支配收入增长情况统计表

年　份	人均可支配收入（元）	比上年增长（%）
2007	9549	12.1
2008	10692	12.0
2009	11822	10.6
2010	13186	11.5
2011	15245	15.6
2012	17017	11.6
2013	21208	—
2014	23555	11.1
2015	25719	9.2
2016	27908	8.5
2017	30397	8.9
2018	33193	9.2
2019	36255	9.2
2020	38700	6.7
2021	42692	10.3
2022	45183	5.8
2023	48180	6.6

说明：2013—2023 年为城乡一体化改革后新口径数据

（资料来源：国家统计局杭州调查队）

表 47　2023 年杭州市农村常住居民人均可支配收入构成情况统计表

指　标	人均可支配收入（元）	比上年增长（%）	占可支配收入比重（%）
可支配收入	48180	6.6	100.0
1. 工资性收入	28844	6.7	59.8
2. 经营净收入	11521	6.0	23.9
3. 财产净收入	2057	5.8	4.3
4. 转移净收入	5758	8.0	12.0

（资料来源：国家统计局杭州调查队）

48180 元，比上年增长 6.6%，扣除物价上涨因素实际增长 6.4%。从四大类收入来源看，农村居民人均工资性收入、经营净收入、财产净收入和转移净收入全面增长。其中：人均工资性收入 28844 元，增长 6.7%；人均经营净收入 11521 元，增长 6.0%；人均财产净收入 2057 元，增长 5.8%；人均转移净收入 5758 元，增长 8.0%。

【农村居民消费支出持续增长】2023 年，杭州市农村居民人均消费支出 35133 元，比上年增长 9.9%，八大类消费“七增一降”。分结构看，食品烟酒人均支出 8996 元，增长 4.4%；衣着人均支出 1453 元，下降 2.9%；居住人均支出 10190 元，增长 4.7%；生活用品及服务人均支出 1735 元，增长 13.3%；交通通信人均支出 5946 元，增长 13.2%；教育文化娱乐人均支出 3253 元，增长 29.5%；医疗保健人均支出 2926 元，增长 24.5%；其他用品及服务人均支出 634 元，增长 29.4%。

【物价小幅上涨】2023 年，杭州市居民消费价格总水平比上年平均上涨 0.2%，涨幅收窄 2.2 个百分点。食品烟酒类与上年持平。其中：禽肉类价格上涨 6%，调味品价格上涨 5.9%，奶类价格上涨 3.8%，蛋类价格上涨 3.7%，鲜果价格上涨 2.1%，水产品价格下降 1.4%，鲜菜价格下降 1.8%，猪肉价格下降 9.7%。衣着类价格上涨 2%。其中：鞋类价格上涨 3.7%，服装价格上涨 1.6%。居住类价格下降 0.5%。其中：住房保养维修及管理、水电燃料价格均上涨 0.1%，租赁房房租价格下降 0.7%，自有住房价格下降 0.8%。生活用品及服务类价格上涨 0.4%。其中：家庭日用杂品价格上涨 1.5%，个人护理用品价格上涨 1.4%，家具及室内装饰品价格上涨 0.3%，家用器具价格下降 0.2%，家庭服务价格下降 0.4%，家用纺织品价格下降 1.5%。交通通信类价格下降 2.3%。其中：飞机票价格上涨 29.1%，交通工具租赁费价格上涨 10.8%，汽油、柴油价格分别下降 5.6% 和 6%，燃油小汽车、新能源小汽车价格分别下降 3%、3.3%，通信价格下降 1.6%。教育文化娱乐价

表 48　2023 年杭州市农村常住居民消费支出结构统计表

指　标	人均支出（元）	比上年增长（%）	占消费支出比重（%）
消费支出	35133	9.9	100.0
1. 食品烟酒	8996	4.4	25.7
2. 衣着	1453	−2.9	4.1
3. 居住	10190	4.7	29.0
4. 生活用品及服务	1735	13.3	4.9
5. 交通通信	5946	13.2	16.9
6. 教育文化娱乐	3253	29.5	9.3
7. 医疗保健	2926	24.5	8.3
8. 其他用品及服务	634	29.4	1.8

（资料来源：国家统计局杭州调查队）

表 49　2023 年杭州市八大类商品及服务项目价格指数统计表

类　别	同比指数（上年同期 = 100）
居民消费价格总水平	100.2
1. 食品烟酒	100.0
2. 衣着	102.0
3. 居住	99.5
4. 生活用品及服务	100.4
5. 交通通信	97.7
6. 教育文化娱乐	103.1
7. 医疗保健	101.5
8. 其他用品及服务	103.0

（资料来源：国家统计局杭州调查队）

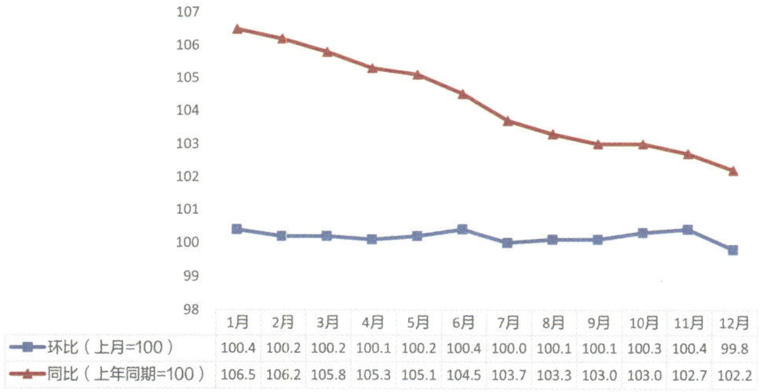

图 1　2023 年杭州市区新建商品住宅价格同比环比指数图

（资料来源：国家统计局杭州调查队）

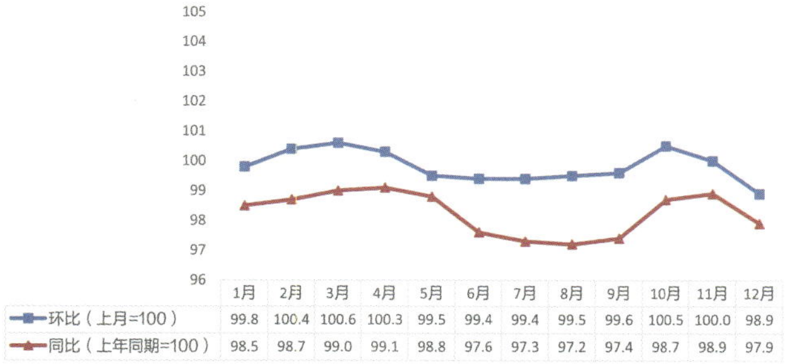

图 2　2023 年杭州市区二手住宅价格同比环比指数图

（资料来源：国家统计局杭州调查队）

格上涨 3.1%。其中：旅游价格上涨 9.8%，教育服务价格上涨 2.3%。医疗保健类价格上涨 1.5%。其中：中药价格上涨 3%，西药价格上涨 1%，医疗服务价格上涨 1.5%，其他用品和服务类价格上涨 3%。其中：金饰品价格上涨 14.5%，在外住宿上涨 9%，养老服务价格持平。

【新建商品住宅价格环比平稳】2023 年，杭州市区新建商品住宅销售价格从环比看基本平稳，除 7 月持平、12 月下降 0.2% 外，均处于小幅上涨态势。从同比看，价格涨幅由年初高位持续回落，从 1 月最高的 6.5% 回落至 12 月的 2.2%。

【二手住宅价格环比波动运行】2023 年，杭州市区二手住宅销售价格从环比看小幅波动，2—4 月受“小阳春”带动、10—11 月受“10·16”楼市新政影响，10 月价格环比小幅上涨，11 月价格环比持平，其余月份价格环比均下降。从同比看，价格持续下降，其中第三季度降幅最为明显，7—9 月分别下降 2.7%、2.8% 和 2.6%；10—11 月降幅收窄，12 月降幅再度扩大，下降 2.1%。

（马晓丹）

社会保险

【概况】至 2023 年年末，杭州市职工基本养老保险、工伤保险、失业保险参保人数分别达 846.07 万人、716.01 万人、586.95 万人，比上年末分别净增参保 22.84 万人、3.58 万人、10.66 万人，全市基本养老保险参保率 99.02%，基本实现“人人享有社会保障”。城乡居民基本养老保险基础养老金全市域首次同幅度调整，每人每月提高 20 元，达 350 元，继续保持全省领先。基本医疗保险参保人数 1162.95 万人（职工医保 802.86 万人，城乡居民医保 360.09 万人），生育保险参保 630.67 万人。

（王凯玲　洪晓静）

【工伤预防】2023 年，市人力社保部门以“携手工伤预防，安康伴您同行”为主题，推进现场互动与持续改善式工伤预防培训。聚焦制造业、建筑业工伤高发的70个重点企业（建设项目），委托第三方专业机构，实施"一企一策"点对点精准预防。通过集中培训、虚拟现实体验、领导力培训、建筑制造行业职业培训师培训等方式，开展培训207场次，1.27万人次参加，消除工伤风险隐患。分4期对234个危化品企业的482名分管安全负责人、专职安全员进行针对性工伤预防培训，从源头落实用人单位工伤预防主体责任，增强职工安全保护意识。

（刘建峰）

【工伤保险协议机构联网结算试点】2023年，杭州市启动工伤保险协议机构联网结算省级试点工作，杭州市红十字会医院成为全省首个工伤协议机构联网结算医院，"工伤保险协议机构联网结算省级优化提升"项目取得新进展。落实工伤保险省级统筹经办要求，实行全省统一的政策标准、基金管理、经办管理和信息系统，强化内控管理，健全风险防范体系。

【社会保险智办服务体系优化】2023年，市人力社保部门优化社会保险智办服务体系，以政策库、事项库、数据库为运行基础，通过智慧中台的多跨数据获取、精准识别、智能感知等运算能力，为用户服务端"社保易窗"和内部治理端"杭州人社通"提供支撑。通过"社保易窗"24小时人工智能数字柜员和"人社通"高效辅助，"社保易窗"全年接待45万人次。通过"政策找人"驱动，推动社保经办服务实现数据找人、政策识别、精准办理、智能咨询。通过智办服务体系层层分解和数据共享，实现"社税共享""社银直联"；运用大数据精准识别政策享受对象，实现各类场景"免申即享""民生直达""直补快办"；利用"退休智办""基金安全""营商环境""应享尽享"等模块，推动管理服务更安全、便民、高效。

（王凯玲）

【社保基金管理】2023年8月1日，市人力社保局印发《杭州市社会保险基金管理巩固提升行动方案》，完善社保基金管理和监督制度体系，提升社保基金管理监督水平。推进社保基金管理提升年行动"回头看"、社保基金疑点数据核查等工作的开展，确保社保基金监管安全。实施社保基金安全评估和第三方审计工作，创新实施社保基金"飞行检查"，常态化开展社保基金安全警示教育活动和社保基金监督业务培训，加强社保基金风险警示教育。

（谢志民 王凯玲）

【企业退休人员社会化管理】2023年12月13日，市委办公厅、市政府办公厅印发《关于加强新时代企业退休人员社会化管理服务工作的意见》，从推动共富共享、整合资金项目、完善结算体制、明确资金用途、优化服务内容、减轻基层负担6个方面，完善退休人员社会化管理政策体系。12月31日，市市场监督管理局发布杭州市地方标准《企业退休人员社会化管理服务规范》。至年末，纳入杭州市实行社会化管理的企业退休人员达191.4万人，移交属地街道社区管理服务的企业退休人员187.8万人，社区管理率98.1%。

（王诗岚）

【定点医药机构服务网】至2023年年末，杭州市有定点医药机构8412个（定点医疗机构4634个、定点零售药店3778个）。省内市域外开通异地结算功能的定点医疗机构6023个，定点零售药店8758个；全国范围内开通异地结算功能的定点医疗机构19.38万个，定点零售药店35.20万个。

【医保基金运行与监管】至2023年年末，杭州市职工和城乡居民医保基金收入665.10亿元，比上年增长9.55%；支出516.45亿元，增长17.61%。当期基金结余148.65亿元，基金累计结余1044.76亿元。全市医保基金总体呈现良性发展趋势。杭州市开展常态化小规模飞行检查，在全市范围内开展国家和省飞行检查发现问题自查自纠工作，退回医保基金金额3102.55万元。拓宽投诉举报渠道，规范案件受理，对投诉举报案件办理实施全口径、全流程、全要素管理。全年全市现场稽查定点医药机构8435个（次），协议处理715个（次），处理医保医师53人次，行政处罚131件，罚款1674.67万元，追回医保基金9655.53万元，移送公安机关17起。提高审核数据分析能力，实行医保费用全数据智能审核和医疗服务行为全过程监管。打造实时指挥平台，建设大数据监管系统，实施大数据实时动态智能监控。至年末，全市8412个定点医药机构完成实名刷脸监管系统建设，3778个机构完成远程视频云监控系统建设。国家个人信息授权查询使用试点及举报线索平台试点建设加速推进。

【医疗救助】2023年，杭州市医保资助参保率、医疗救助政策落实率均为100%，医疗救助356.71万人次，医疗救助金额4.2亿元。根据国家、省统一部署，做好全市新冠病毒感染"乙类乙管"后医疗费保障工作，保障患者及时足额享受医疗保障待遇，拨付疫苗接种费用1.95亿元。

【医保制度体系建设】2023年，杭州市惠民型商业健康保险取得新成效。2023年度"浙里惠民保·西湖益联保"投保517.68万人，比上年度增加20余万人。至年末，累计赔付9.98万人、84万人次，赔付金额8.53亿元。桐庐县落实长期护理保险试点待遇保障工作，淳安县开展商业化长期护理保险试点工作。年内，桐庐县有41.26万人参加长期护理保险，向3363人发放长期护理保险待遇2227.78万元；淳安县18.19万人参加长期护理保险。

【医保改革推进】2023年，杭州市实施住院费用疾病诊断相关分类（DRGs）点数付费，修订门诊医疗费结算管理办法，开展DRGs综合监管、中医优势病种和新技术新项目倾斜支持工作。制度化、常态化开展药械集中带量采购，规范药品和医用耗材使用，自集采开展以来，累计减少医疗费支出超过40亿元。健全完善中药饮片价格动态调整机制，促进中药饮片优质优价。

【医保公共服务】2023年，杭州市扩大异地就医结算定点医疗机构范围，推进门诊慢特病跨省和国谈药品“双通道”定点零售药店省内异地就医直接结算。至年末，全市定点医疗机构异地就医直接结算开通 3021 个，开通率 98%；开通跨省门诊慢特病直接结算医疗机构 397 个；跨省住院直接结算率 75.4%。杭州市 13 个区县（市）222 个定点医疗机构开通“互联网 + 医保”移动支付功能。实现“网上复诊配药、医保在线支付、快递配送上门”服务全市覆盖，“互联网 + 医保”移动支付民生实事项目高质量完成。杭州市参加集采的医疗机构数量和集采报量均居全省第一位。首次集采和价格调整落地为群众减负约 7 亿元，相关做法和成效在全省推广。

【生物医药企业发展】2023 年，市医保局走访生物医药企业 30 余个（次），加强医保、医院和医药企业三方联动，安排专人专项解决市级部门权限范围内的问题；超出市级部门权限的问题，争取报请省医保局协调解决。帮助浙江强脑科技有限公司推进相关医疗康复类收费项目立项，协助信达生物制药公司解决产品集采问题，全市 17 个企业 66 个（次）产品新增入选或续约 2023 年版国家医保药品目录，指导“西湖益联保”将全市 19 个医药企业的 34 个药品纳入赔付范围。

【医保领域企业负担减轻】2023 年 1 月起，杭州市职工基本医疗保险（含生育保险）单位缴费比例由 9.9% 下调至 9.5%，静态测算每年为全市企业（单位）减负 18.58 亿元。2023 年度职工医保费差额部分约 35 亿元，无须企业补缴，减轻全市 47.69 万个企业的经营负担。

（洪晓静）

住房保障

【概况】2023 年，杭州推进以公租房、保障性租赁住房和共有产权住房为主体的住房保障体系建设，探索住房保障领域共同富裕基本单元建设路径。全市筹建公租房项目 30 个，推出公租房 1.3 万套，发放货币补贴 18 万户；筹建保障性租赁住房项目 190 个、7.22 万套（间）；推出共有产权房试点项目 16 个、房源 7223 套。全年发放高层次人才购房（租赁）补贴 7.13 亿元，为杭州就业应届大学生发放租房补贴 19.6 亿元。

【公租房保障】2023 年，杭州市围绕“居住更安定、保障更有力”目标，采用货币补贴与实物配租并举的方式，改善城镇低收入和中等偏下收入住房困难家庭、新就业大学毕业生、创业人员的住房条件。市本级通过公开摇号及“公证云选房”模式组织 10 次选房活动，推出公租房（廉租房）房源 9194 套；全市推出公租房（廉租房）房源 1.3 万套。全年全市发放公租房货币补贴 18 万户，发放补贴金额 17 亿元。

（陈夏蕊）

【保障性租赁住房发展】2023 年，市住保房管局围绕年度筹集保障性租赁住房（简称保租房）7 万套（间）目标，发挥住房保障暨保障性租赁住房工作领导小组办公室统筹协调作用。按照“转化为主、适当新建”原则，拓宽筹集渠道，利用增量用地新建、非居住房屋改建等渠道开展保租房筹集工作，并在利用农民安置房集中收储转化为保租房、产业园区试点工业邻里中心、拓展地铁 TOD（以公共交通为导向的开发）建设保租房、利用“双提高”土地支持政策筹集职工宿舍等渠道方面实现突破。全年筹集保租房项目 190 个，房源 7.22 万套（间），9 月提前超额完成年度目标任务。5 月 10 日，印发《关于加强保障性租赁住房补助资金使用管理的通知》，完善保租房配套政策体系，推动落实保租房项目享受民用水电气价格、税收优惠、城市基础设施配套费减免等优惠政策。至年末，135 个非改居保租房项目享受民用水电气价格；7 个新建项目享受城市基础设施配套费减免；91 个项目享受房产税或增值税优惠；64 个项目享受银行信贷支持，投放金额 96.37 亿元。

（吴姚瑶）

【保障性住房开工建设】2023 年，市住保房管部门加大公租房房源建设力度，在商品住宅用地配建的基础上，开展公租房集中筹建，将建设任务列入市行政奖励和市发改委赛马评分机制，通过晾晒和评优，加快推进项目供地和开工。全年落实公租房集中筹建项目 14 个、100.49 万平方米，公租房集中配建项目 15 个、94.6 万平方米，合计提供房源 3 万余套。围绕“新开工保障性住房 100 万平方米”的民生实事年度目标任务，市住保房管部门按照市委、市政府统一部署，加大各类保障性住房房源筹集力度，全市新开工保障性住房 150.94 万平方米，完成率 150.9%，超额完成民生实事目标。

【公租房申请受理审核调整】2023 年 11 月 27 日，市住保房管局发布《关于调整杭州市市本级公共租赁住房受理审核工作的通告》。放宽收入准入标准，增加申请家庭的财产情况审核，实行对公租房保障对象的动态复核，通过优化公租房保障的资源配置、规范服务流程、提升服务效能，让政府公共资源使用更规范、精准。

【人才住房保障】2023 年，杭州构建以人才共有产权保障住房为主，人才专项租赁房、人才购（租）房货币补贴互为补充的广覆盖、多渠道、综合性的人才安居保障体系。推进人才共有产权保障住房工作和上市供应，在 7 个城区开展 16 个项目、22 批次、7223 套房源的销售工作。落实高层次人才购房补贴业务“三个统一、一个统筹”的工作要求，发放购房（租赁）补贴 6951 人、7.13 亿元，发放金额比上年增长 55%。做好新引进应届大学生租房补贴的审批、发放及异议处置工作，全年发放补贴 39.20 万人次、19.6 亿元（其中续发 14.27 亿元）。全年新开工人才专项租赁住房项目 1 个，地上建筑面积 3.93 万平方米，房源 633 套。

【住房制度改革】2023 年，杭州市规范住房制度改革工作流程，印发《关于进一步规范我市公有住房出售审批撤销、重审工作的通知》《公有住房出售审批撤销、重审工作操作规程》《关于调整直管公房出售受理程序的通知》。提高审批质量，完成公有住房出售审批421套，审批金额1706.61万元；公房出售重审27件，撤销17件；完成市级住房补贴审批3991人，补贴金额1558.25万元；完成维修基金使用审批551件，审批金额862.8万元，查询关联维修项目1019个；完成房改房上市协查8501件，直管公房更名协查163件，政府工作人员住房情况协查1.33万人。

（陈夏蕊）

【**公有住房管理**】2023年，市住保房管局组织各区县（市）开展直管公房违规使用行为专项检查，指导督促严格落实直管公房违规使用行为日常巡查和季度检查制度，加强直管公房承租人合法使用行为的宣传教育引导，提升直管公房规范管理水平。至年末，上城区、拱墅区、西湖区剩余直管公房8931套，其中上城区4908套、拱墅区3422套、西湖区601套（含杭州西湖风景名胜区）。

（孙雯芸）

【**住房公积金业务**】2023年，杭州市（不含省直，下同）有住房公积金实缴单位17.59万个，比上年增加1.91万个。实缴职工334.69万人，增加12.83万人。全年缴存公积金797.85亿元，增长10.8%；提取公积金595.17亿元，增长13.7%。其中：购建房、偿还贷款本息、租赁住房等住房消费类提取占88.0%，非住房消费类提取占12.0%；发放个人住房贷款4.47万户、297.12亿元；实现增值收益19.35亿元，增长3.59%。提取城市廉租住房（公租房）建设补充资金12.26亿元。至年末，全市住房公积金缴存余额1600.62亿元，个人住房贷款余额1441.19亿元，贷款率90.0%，逾期率0.024‰。

【**公积金服务民生**】2023年，杭州公积金中心推出保障性租赁房支持政策，为缴存人提供按月转租、服务费打折等优惠举措。提高无房租赁提取限额标准至每月2000元，支持在杭州无房的新市民青年人全额提取住房公积金支付房租。修订灵活就业人员缴存使用政策，缴存群体扩大为各类灵活就业人员，降低缴存门槛。优化调整住房公积金信贷政策，适度放宽首套房政策认定标准，合理降低贷款最低首付比例，延长二手房贷款年限，实施多子女家庭住房公积金信贷优惠政策。创新公积金贷款业务模式，支持缴存职工通过“带押过户”“自主交易”等模式办理公积金贷款。开展公积金支持共有产权房试点，至年末，全市受理共有产权项目公积金贷款申请1856笔，贷款金额9.3亿元。做好公积金支持“保交楼”工作，强化政策支持，协调推进项目竣备交付后贷款抵押办理，确保公积金贷款有序发放。严格贷款资金监管，落实项目资金政府共管，确保封闭用于项目建设。加大公积金贷款投放力度，全年发放“保交楼”公积金贷款8.8亿元，发放“保交楼”公积金贷款130.2亿元。

【**公积金管理效能提升**】2023年，杭州公积金中心提升住房公积金管理效能。创新公积金融资机制改革，重启发行公积金贷款资产证券化项目，发行规模20亿元，募集资金重点支持新市民青年人租房和购买首套住房，资产证券化项目突破公积金资金封闭运行限制，降低融资成本，优先档发行利率一年期2.7%，融资成本创历史新低。建立公积金资产证券化、公转商贴息贷款为补充的融资运作机制，完善存量公转商贴息贷款业务模式，适时置换转回历年存量公转商贴息贷款9.3亿元，降低融资成本。建设贷款集中运行平台，推动住房公积金贷款业务管理模式改革完善，构建贷款服务前台、运行中台、管理后台的三级运行模式，于10月启用，19个委托贷款银行进驻平台开展工作。优化“一网通办”流程，推进全省通办、长三角地区通办、跨省通办，依托数据共享，将企业员工公积金账户设立纳入开办企业“一网通办”集成办理，实现企业从开立到“企业公积金缴存登记”到“员工公积金个人账户设立”的一窗受理、一网申报，实时办结。深化政企合作，延伸公积金网点服务，借助商业银行点多面广的服务优势，方便职工就近办理。牵头全省“浙里安居·惠你购房”应用场景迭代升级，推进委贷银行全面应用平板电脑前置受理，为公积金缴存职工提供从看房、购房、贷款申请到贷后的全周期一站式管家式服务。

【**公积金建制扩面**】2023年，杭州公积金中心扩大制度覆盖面。坚持源头引领建制、宣传助推建制、信用促进建制、执法保障建制、部门协同建制“五位一体”的工作机制，建制扩面实现稳步增长，为公积金制度运行提供支撑。落实省、市公共服务“七优享”工程部署要求，建立全市建制扩面任务考核机制，加大政府协同建制力度，超额完成省、市下达的“七优享”公积金建制扩面指标任务。对委托贷款银行开展建制扩面考核，结合贷款手续费调整设置考核专项，发挥委托贷款银行在公积金建制扩面上的推动作用。落实行政执法“三项制度”，优化中心行政执法流程，完善执法预警系统，加强执法全流程管理，提高执法质效。全年受理案件2790件，立案2399件，结案2227件，维护职工合法权益。

【**公积金风险防范**】2023年，杭州公积金中心提升执法水平，外聘行政执法监督员参与全系统行政执法案卷评查。加强综合治理，开展公积金欠缴纠纷综合治理专题研讨，研究推进治理工作举措。委托律师事务所开展专业调解，化解职工与企业欠缴纠纷。防范贷款风险，跟踪房地产市场行情，实施楼盘风险分类管理，定期跟踪建设进度，防范楼盘交付风险。管控逾期贷款，加强与委贷银行、法院沟通协作，建立银行、公积金中心、法院三级逾期催处体系，严控逾期率水平。推进征信信息共享，出台住房公积金征信管理实施细则，明确征信信息查询、使用、报送、异议处理、安全管理等规定，完成人民银行征信系统数据接入。构建数据安全防线，推进数据治理，以住房城乡建设部监管服务平台、电子稽查、数据质检为抓手，做好系统数据、业务等信息核查比对，建立外部数据比对长效机制，提升历史数据质量。启动新一代智慧公积金综合管理服务系统建设，制定项目建设方案通过信创专家评审。加强网络安全保障，开展系统应急演练，完善数据安全管理制度。

（洪怡安）

民政事务

【概况】2023年,杭州市优化专项社会事务服务,试点内地居民婚姻登记"跨省通办",出台市区6项基本殡葬服务事项免费政策,减轻群众殡葬负担。深化"一老一小"数字赋能,提升为民服务质效。健全新型慈善体系,推进民生共富结对共建。

【婚姻登记】2023年,杭州市办理结婚登记7.24万对,比上年增长10.8%,其中复婚4647对、补办1124对。办理离婚登记2.08万对,增长22.4%。办理涉及外国人、中国港澳台居民及华侨结婚登记272对,其中涉及外国人180对、涉及中国香港居民40对、涉及中国澳门居民2对、涉及中国台湾居民50对。办理涉及外国人、中国港澳台居民及华侨离婚登记42对,其中涉及外国人27对、涉及中国香港居民9对、涉及中国台湾居民5对、双方均为华侨或中国港澳台居民1对。全市补发婚姻登记证6.9万件。

全市婚姻登记机关开展婚姻家庭辅导工作,服务当事人8.5万人次,其中婚前辅导服务6.5万人次、婚姻家庭问题咨询服务0.49万人次、离婚劝导和调解服务1.51万人次,群众满意率100%。杭州市落实婚姻登记机关规范化建设,上城区、滨江区、萧山区、钱塘区婚姻登记机关被评为AAAAA级,全市累计9个。杭州市深化婚俗改革试点工作,拱墅区、滨江区、临安区被列为全省第二批婚俗改革实验区,上城区被列为持续深化婚俗改革重点推进区。6月1日起,全市受理"跨省通办"内地居民结婚登记、内地居民离婚登记2个办事事项。

(王　佳)

【殡葬服务】2023年,杭州市深化惠民殡葬政策,6月21日,市民政局、市财政局印发《杭州市区殡葬基本服务费用免费的实施意见》,全市范围内推出遗体接运、遗体存放、守灵(告别)、遗体火化、骨灰盒、骨灰寄存(节地生态葬)6项基本殡葬服务免费。推进节地生态安葬设施建设,各地举办各种形式的集体生态安葬仪式,市民政局举办第30次骨灰撒江活动,有441例骨灰撒入钱塘江,累计为3195名逝者提供骨灰撒江免费服务。3月20日,市政府办公厅印发《2023年群众集中祭扫活动安全服务管理工作的通知》。市民政局召开清明通气会,部署清明祭扫工作,强化部门协同,实施监督指导,联合市文明办制作"文明祭祀,平安清明"宣传视频,通过公交、地铁等播放宣传,倡导文明节俭治丧、节地生态安葬等移风易俗新风。举办"感知生命·热恋芳华"生命教育和陵园开放日活动,展示殡葬改革成果。清明期间全市接待祭扫群众264.94万人次,各公墓提升服务质量,推出免费茶水、雨伞、轮椅、园内接驳车、墓穴导航、鲜花换纸钱、电子香烛等便民服务。

【殡葬综合改革】2023年4月3日,市民政局印发《全市殡葬服务质量提升专项行动实施方案》,制定殡葬服务应急保障预案,开展全市殡仪服务质量提升行动,形成殡葬服务保障能力指标体系。加强专业人员储备,新增殡葬设施设备,提高殡葬服务保障能力。巩固提升公益性乡镇街道节地生态安葬设施200余处,覆盖率保持100%。其中新增省级公益性节地生态安葬示范点14处、省级旧墓改造示范点3处。

(金茂贤)

【流浪乞讨人员救助管理】2023年,杭州9个救助管理机构救助5449人次,比上年上升32.1%。受助人员中有乞讨行为的96人次,无乞讨行为的5353人次;主动求助的2746人次,被引导护送入站受助的2703人次。其中,杭州市救助管理站救助流浪乞讨人员3861人次。坚持"国家一级"标准,杭州市救助管理站新站落成,区域中心化先行先试全面启动,优化全市救助管理服务格局。

6月,杭州市举办以"科技赋能筑大爱,温情救助守初心"为主题的"6·19"第十一个救助管理机构开放日活动。授予10名来自民政、公安、综合行政执法队、卫健、铁路、社区等不同系统,在共同推动救助管理工作中表现突出的人员"救助急先锋"称号。形成"灯塔工程""北斗寻亲""老李工作室"等救助品牌,实现受助人员"零托养""零滞留"。

(华约聪)

【全国社会救助工作会议在杭州召开】2023年4月17—18日,全国社会救助工作会议在杭州召开。会议学习贯彻中共二十大精神和习近平总书记关于社会救助工作的重要指示批示精神,落实全国民政工作会议部署,表彰全国社会救助工作先进单位和先进个人,总结成绩经验,分析形势任务,研究部署当前和今后一个时期社会救助工作,推动新时代新征程社会救助事业高质量发展。杭州作经验汇报交流。

【春风行动】2023年,杭州开展第二十三次"春风行动"送温暖活动。全年惠及困难群众1.18万户,比上年减少811户,发放慰问金3393.78万元,减少259.66万元。

【低保救助标准提高】2023年6月1日起,杭州市全市域最低生活保障标准从每人每月1216元提高到每人每月1259元,比上年增长3.5%,低保救助水平居全省首位。年标准每人每年14893元。至年末,全市有低保家庭6.95万户、8.67万人,发放低保金11.13亿元。

【特困人员供养】2023年6月1日起,杭州市全市域特困人员基本生活标准调整为每人每月2098元,照料护理费用依据特困人员生活自理能力和服务需求,分完全丧失生活自理能力、中度丧失生活自理能力、轻度丧失生活自理能力、具备生活自理能力4类。在社会机构集中供养的分别按当地月最低工资标准的80%、40%、20%、10%确定,分散供养特困人员照料护理费用,按照在社会机构集中供养的特困人员照料护理费用标准的50%执行。至年末,全市有特困供养对象3813人。

【低保边缘家庭定期生活补助制度】2023年,杭州市全市域范围内的最低生活保障边缘家庭成员每人每月发放74元定期生活补助。至年末,全市有低保边缘户9537户、1.88万人,发放低保边缘家庭补助金 1720.47 万元。

【支出型贫困家庭救助】2023 年，杭州市继续实施《杭州市支出型贫困家庭基本生活救助办法》。全年救助支出型贫困家庭 4329 户、9246 万人，占低保总人数的 10.7%，保障因病致贫、因学致贫、因灾致贫等支出型贫困家庭的基本生活。

【临时救助制度】2023 年，杭州市继续实施《杭州市临时救助办法》，将困难发生在本市的户籍人口、流动人口和外籍人员纳入临时救助，对因医疗费用负担过重导致基本生活发生严重困难的家庭给予及时救助，解决群众突发性、临时性的基本生活困难。全年发放临时救助资金 1664.11 万元，惠及困难群众 6878 户（次）、9226 人次，其中救助非本地户籍人员 46 户（次）、75 人次。

【困难群众物价补贴】2023 年，杭州市根据省低收入居民基本生活费用价格总水平变动情况，启动价格补贴联动机制 1 次。为城乡低保对象、特困人员、孤儿和低边家庭等在册对象发放物价补贴 809.73 万元，惠及困难群众 11.09 万人。

【市区征地“农转非”劳动年龄段以上人员生活补贴】2023 年，杭州市区征地“农转非”劳动年龄段以上人员生活补贴标准为每人每月 220 元。杭州市向市区参加城乡居民社会养老保险并享受养老金待遇后，因集体土地被征用或撤村建居的“农转非”人员发放生活补贴。全年向 509 名补贴对象发放补贴 141.13 万元。

【社会救助服务公益创投】2023 年，杭州市投入福彩公益金 557 万元开展多元化社会救助服务。其中，通过公益创投形式实施社会救助类服务项目 24 个，提供扶持资金 357 万元，22 个社会组织参与提供特殊困难人员探访关爱、共富“助联体”——困难群众精准化帮扶、“点亮生日蜡烛”散居特困和困境儿童生日关怀、社会工作与社会救助融合帮扶、智慧救助宣传普及等社会救助服务，直接服务 8.23 万人次，执行活动 92 场次，覆盖社区 874 个，宣传报道 214 次。投入 200 万元实施“救助直通车”专项救助项目，为全市 1000 户重病困难家庭提供每户 2000 元专项救助金，帮助减轻困难家庭负担。

（汪　笑）

【困境儿童救助保障】2023 年，杭州市落实困境儿童分类保障自然增长机制。自 7 月 31 日起，机构孤儿月度养育标准为 2937 元；社会散居孤儿（艾滋病病毒感染儿童）月度基本生活费为 2350 元；事实无人抚养儿童参照社会散居孤儿标准发放基本生活补贴；低保、低保边缘家庭重残、患重病和罕见病儿童及三级四级精神、智力残疾儿童，低保家庭儿童，低保边缘家庭儿童生活补贴标准分别为每人每月 1091 元、546 元和 327 元。至年末，杭州市 466 名孤儿、8360 名困境儿童和 4 名艾滋病儿童被纳入福利保障范围，发放保障资金 8248 万余元。

【困境和留守儿童关爱保护】2023 年，杭州市开展困境儿童“一人一策”精准化关爱服务，制定《杭州市困境儿童“一人一策”精准服务实施方案》，排摸困境儿童的家庭情况、居住情况、监护情况、身体健康状况、心理健康情况等基本信息和需求信息，形成困境儿童帮扶“成长清单”“问题清单”“需求清单”“服务清单”；开展“合力监护 相伴成长”农村留守儿童关爱保护专项行动，2552 名农村留守儿童逐人建档立卡，关爱监护实现动态管理。加强事实无人抚养儿童等困境儿童教育保障，开展信息比对、劝返复学、教育资助、监护指导和心理关爱服务，发放“福彩圆梦·孤儿助学”和“浙里护苗·圆梦助学”补助资金 58.1 万元。加强困境儿童医疗康复服务，依托杭州市儿童福利院和萧山区、临平区、富阳区儿童福利机构优质康复资源，开展“添翼计划”提质拓面活动，70 名困境儿童获得集中康复服务。推进儿童福利和慈善帮扶融合发展，举办“护未促共富 童享新时代”杭州市未成年人关爱保护主题宣传活动，设立“点亮未来”慈善信托基金。

【儿童福利和未成年人保护体系建设】2023 年，杭州市加强标准化建设，制定《未成年人救助保护服务规范》和《杭州市未成年人家庭监护能力评估指南（试行）》。以项目为牵引，加强服务阵地建设，推进 14 个未成年人救助保护中心和 191 个乡镇（街道）未成年人保护工作站实体化运行。优化儿童主任专业结构，提升儿童社会工作者比例。开展“一创建三选树”活动，选树样板未成年人救助保护机构 3 个、未成年人保护工作站 16 个和优秀未成年人保护专岗 14 个。推进儿童友好城市建设，建成儿童友好社区 86 个。推进儿童福利机构优化提质和创新转型高质量发展，采取“户随人走”方式，萧山区、富阳区、建德市 42 名机构孤儿转入杭州市儿童福利院养育，集中供养率 100%，促进儿童福利机构养育、康复、特教、医疗和社会工作“五位一体”融合高质量发展。杭州市儿童福利院 2 名护理员获第十一届全国民政行业职业技能竞赛孤残儿童护理员赛项决赛（职工组）二等奖。推广应用“西湖护童”平台，实现临时监护、长期监护儿童出入院全周期数字档案管理和儿童主任入户随访情况的实时监测。

【收养登记】2023 年，杭州市进一步规范收养登记。办理收养登记 26 件，解除收养登记证明 13 件，全部实现线上办理，并落实对收养人开展收养能力评估。

（潘琼翼）

【慈善促富协同发展】2023 年 3 月 23 日，市促进慈善事业高质量发展联席会议印发《杭州市慈善促富专项行动计划（2023—2025 年）》出台，市本级筹集慈善资金 1000 余万元设立 4 个慈善信托母基金，带动区县（市）在重点领域加大慈善投入，实施项目 190 余个，投入资金 6000 余万元。制定杭州市“1+N”特色慈善基地创建计划，开展市级慈善基地“善创空间”品牌运作，创成第一批特色慈善基地 16 个、造血型慈善基地 14 个，帮扶困难农户超过 1 万人次。通过“留本冠名”“乡贤共济”“专项引导”等方式，全市设立乡镇（街道）

共富基金1.29亿元。

【慈善信托先行先试】2023年4月，不动产财产权益慈善信托在余杭落地。5月，不动产所有权慈善信托在桐庐落地。4月，《杭州市慈善信托评估指引（试行）》出台，设立规范性、引导性、否决性3类指标体系，开展慈善信托评估，督促15项整改建议落到实处，推动慈善信托高质量发展。至年末，杭州慈善信托备案量超过15亿元，规模占全国的23%，慈善信托年度支出量占备案规模的近10%，均走在全国前列。

【慈善服务增值改革】2023年，杭州市在企业综合服务中心设立慈善共富服务专区，创设服务“小窗口”，按照“3+3”模式，设置慈善展示、慈善捐赠、慈善救助3项基本服务，实现捐赠在线开票、税收优惠办理、共富产品合作3项特色服务，发布慈善募捐、救助项目141个，通过立体展示和交互体验，提升共建善城能级。“慈善杭州”平台实现357个慈善组织实时入驻，居全省首位，并对慈善信托备案量、执行量、收益量、终止量4项关键数据实现一屏展示，提升监管效率。

【慈善文化传承】2023年，杭州市结合“9·5”中华慈善日活动，打造“钱塘善潮”嘉年华文化品牌，推出系列活动50个，线上、线下20余万人次参与，推动慈善文化“六进”融入社会。发布“慈善一日捐”扫码标识，倡导“善行365”、一人捐、大众捐。在全省两个先行网络募捐活动中，杭州市募捐量列全省第一位。挖掘杭州慈善人物丁丙慈善故事，丁丙慈善纪念馆被列入省级示范性慈善基地，推动杭州慈善文化园建设，组建杭州大运河慈善文化研究院。12月13日，第一届“杭州慈善大会”举行，表彰第一届“杭州慈善奖”，对102个获奖单位及个人进行表彰。

（周陈诚）

【水库移民后期扶持】至2023年年末，杭州市大中型水库农村移民后期扶持人口34.84万人，其中直补人口18.19万人、项目人口16.65万人。全市后期扶持资金到位5.5亿元，其中直补资金1.1亿元、项目资金4.4亿元。全市有移民后扶项目579个。

【里畈水库加高扩容工程水库移民安置】2023年3月22日，杭州市临安区里畈水库加高扩容工程占地和淹没区实物调查有关问题获省政府批复通过，3月27日，省政府发布《关于禁止在杭州市临安区里畈水库加高扩容工程占地和淹没区新增建设项目和迁入人口的通告》。10月16日，杭州市临安区里畈水库加高扩容工程建设征地移民安置规划大纲获省政府审查批复通过。10月31日，杭州市临安区里畈水库加高扩容工程建设征地移民安置规划报告获省水库移民安置办公室批复通过。

【秋口水库移民安置】2023年7月25日，淳安县秋口水库占地和淹没区实物调查有关问题获省政府批复通过。7月28日，省政府发布《关于禁止在淳安县秋口水库工程占地和淹没区新增建设项目和迁入人口的通告》。11月7日，淳安县秋口水库工程建设征地移民安置规划大纲评审会在淳安召开。

【建德抽水蓄能电站水库移民安置】2023年8月15日，浙江建德抽水蓄能电站建设征地移民安置规划大纲获省政府批复通过。10月20日，浙江建德抽水蓄能电站建设征地移民安置规划报告获省水库移民安置办公室批复通过。

【双溪口水库工程下闸蓄水阶段移民安置验收通过】2023年6月6日，杭州市临安区双溪口水库工程下闸蓄水阶段移民安置初（自）验经市政府验收通过。12月28日，杭州市临安区双溪口水库工程下闸蓄水阶段移民安置终验经省水库移民安置办公室验收通过。

（高璐杰）

老龄事业

【概况】至2023年年末，按户籍人口统计，杭州市60岁及以上老年人口216.35万人，占全市总人口的25.1%，比上年增加12.45万人，增长5.4%；65岁及以上老年人口155.61万人，占总人口的18.1%；80岁及以上高龄老年人口29.89万人，占老年人口的13.8%。全市老龄化程度较高的地区为杭州西湖风景名胜区、临安区、建德市，老年人口比例分别达37.6%、29.9%、29.6%。老年人口按年龄段分组，60~69岁117.42万人，占老年人口的54.3%；70~79岁69.02万人，占老年人口的31.9%；80~89岁24.51万人，占老年人口的11.3%；90岁及以上5.38万人，占老年人口的2.5%。全市有百岁老人1043名。其中，萧山区有227名，居全市之首，其次是上城区、拱墅区，分别为226名和158名。全市纯老年人家庭老年人口数为26.79万人，占老年人口的12.4%。纯老年人家庭老年人口数居前三位的是拱墅区、上城区、临安区，分别是5.39万人、5.31万人和4.58万人。

全市有各级老龄工作机构208个，编制283人，老龄工作机构实有人员478人。有各级老龄基金会8个，用于老龄公益事业的投入经费693万元。有养老机构250个，养老机构床位3.95万张（其中护理型床位2.53万张）。

（彭智军 华辰冰）

【老年人社会保障】2023年，除基本养老金外，杭州市80岁（含）以上高龄老人均享受政府高龄津贴补助，80~89岁老年人每人每月60元，90~99岁老年人每人每月100元，100岁以上老年人每人每月800元。全年全市享受高龄补贴的老年人有29.89万人。至年末，全市有126.83万名老年人参加老年人意外伤害保险，占老年人口总数的58.6%。全市投保金额4781.08万元，其中政府补助金额3249.94万元，享受政府补贴111.59万人。

【老年友好社会建设】2023年，杭州市推进老年友好型社区创建。上城区小营街道小营巷社区等61个社区被评为“杭州市老年友好型社区”，拱墅区大关街道德胜社区等9个社区作为“全国示范性老年友好型社区”候选对象推荐上报。至年末，全市建成老年友善医疗机构 384 个，建成比例 90%，超过国家和省主管部门的相关要求。完成第四届（2021—2023 年）“敬老文明号”创建活动，通过验收评审，上城区凤凰公益社会工作服务中心等 149 个单位获评市本级“敬老文明号”，拱墅区祥符街道社区卫生服务中心等 15 个单位获评浙江省级“敬老文明号”。开展 2023 年敬老爱老助老“最美”系列选树活动，评选出最美敬老爱老助老示范街道（乡镇）13 个、最美敬老爱老助老模范人物 47 名、最美敬老爱老助老医护人员 79 名、最美敬老爱老幸福家庭 20 户、最美银龄志愿服务队 20 个、最美长者 35 名，共 214 个先进典型。

【医养结合】至 2023 年年末，杭州市建有康复医院 14 个、护理院（中心）18 个。全市有 82 个医养结合机构，有床位 2.87 万张，其中医疗床位 0.91 万张、养老床位 1.96 万张。全年为全市 65 岁及以上老年人提供医养结合服务 69.5 万人。

（彭智军）

【养老服务机构护理补贴】2023 年，杭州推进失能老年人入住养老服务机构护理补贴制度。为上城区、拱墅区、西湖区、滨江区、钱塘区、杭州西湖风景名胜区等辖区内入住社会办养老机构（含公建民营）或在居家养老服务机构中进行全托服务的中度、重度失能老年人，给予每人每月最高 600 元的补贴。

【居家养老服务】2023 年，杭州市以全国居家和社区基本养老服务提升行动项目为契机，完善居家养老服务设施和网络，推进“一站式”为老服务。至年末，杭州建成居家养老服务中心 2950 个，其中乡镇（街道）级示范型居家养老服务中心 228 个、社区级居家养老服务照料中心 2722 个。推进家庭养老床位建设，打造“e 床养老”模式，构建“家院一体”康养服务圈。至年末，全市累计建床 6786 张。

【“老有康养”专项行动】2023 年，杭州市实施“老有康养”专项行动，提升普惠优享。根据省、市“七优享”工程部署，制定出台《杭州市公共服务“七优享”工程“老有康养”专项实施方案（2023—2027）》，打造具有杭州辨识度的“家门口幸福养老”模式。杭州市“老有康养”专项工作在全省星级评定中获评五星级。

【老年助餐服务】2023 年，杭州市多措并举推动老年助餐服务普惠优享。至年末，全市建成老年食堂（助餐点）1792 个。杭州市老年助餐工作入选“浙里康养（老有康养）”一地创新、全省推广案例、市主题教育调研破难“百题百例”案例。

【康养体系建设】2023 年，杭州市推动康养联合体覆盖。以老年人康养为核心，加大医疗、养老两大资源优化布局和无缝衔接力度，推进多层次康养联合体建设。至年末，全市建成镇街级康养联合体 118 个，乡镇（街道）覆盖率 60% 以上。

【认知障碍照护】2023 年，杭州市推动养老机构认知障碍照护专区床位建设，按照“居家型布置、功能化配套”理念，以“小单元”式布局，为认知障碍老人提供个性化照护、机能康复训练、生活照料、心理干预、社会交往等服务。至年末，全市新增认知障碍照护专区床位 1744 张，杭州养老机构认知障碍照护服务标准化试点入选国家级服务业标准化试点项目。

【电动载人爬楼机服务项目】2023 年 6 月 5 日，市民政局印发《杭州市电动载人爬楼机服务试点工作方案》。在上城区、拱墅区、西湖区、临平区试点电动载人爬楼机服务，探索政府买单、爱心卡补贴、爱心日综合服务套餐、居民自费等形式相结合，由专业第三方社会组织运营的可持续运营机制，解决“悬空老人”出行、就医等问题。

【为老服务公益创投】2023 年，杭州市发布为老服务公益创投项目，包括大项 9 个。经现场陈述和专家评审，确定 21 个为老服务项目，提供扶持资金 367.6 万元。资金来源于市级福利彩票公益金。

【海岛支老行动】2023 年，杭州市开展“海岛支老，一起安好”行动，与舟山市嵊泗县嵊山镇、枸杞乡、黄龙乡 3 个乡镇开展养老服务对口协作。全年市属养老机构派出 40 余名党员及业务骨干到海岛支老，提升海岛为老服务水平。

【智慧养老建设】2023 年，杭州市打造“老有颐养，幼有善育”的杭州样板，推出“安居守护”“全城通智慧助餐”“一床养老”“设施配建”等智慧场景。为独居老年人免费安装“安

医养一体养老机构——朗和（银湖）国际医养中心（摄于 2023 年）

（市民政局 供稿）

居守护”智能安全监测设备5435户，“全城通”接入13个区县（市）老年食堂超过1000个，为245个村（社区）居家养老服务照料中心配置智能服务终端。搭建“杭向颐养”综合服务平台，汇聚全市养老服务资源，入驻为老服务商家400余个，为老年人提供助洁、助餐、助浴等53项“点单式”服务，日均服务1.3万人次。5月，杭州市养老服务工作获国务院督查激励。

【养老人才队伍建设】至2023年年末，杭州有养老护理员1万余人，其中持证护理员6200余人，全年新增持证养老护理员1700余人。组织道富养老护理等级培训、认知障碍照护专员培训和护理员应急救护员、救护师培训。设立“6·12”杭州市养老护理员节，开展首届护理员节系列活动，举办第十四届全市养老护理员技能大赛，13支队伍63名选手参赛。推选25名杭州市“最美养老护理员”。建立养老护理员关爱基金，实施“福彩暖万家·为爱守护”公益项目，为全市150名养老护理员提供困难帮扶。

（华辰冰）

【老年文教体育事业】至2023年年末，杭州市建有老年电视大学分校17所，老年电大教学点2843个，设教学课目、班次9058个，参加学习的老年学员20.91万人，平均入学率10%，保持全省前列。全市有备案或注册老年文艺团队2543个，参与文艺活动的老年人6.83万人；有备案或注册老年体协及各类老年体育团队1678个，参加人数15.83万人。举办以“精彩亚运，缤纷银龄”为主题的杭州市老年书画摄影大赛，收到作品1824幅，投稿者中80岁以上183人，并于“敬老月”期间分别在杭州市科技交流馆和城市阳台（市政协民主协商实践中心）举行书画优秀作品展和优秀摄影作品展，展出获奖作品114幅、特邀作品109幅。

【老年健康宣传周】2023年7月24—30日，杭州市开展以“科学健身助力老年健康”为主题的杭州市老年健康促进行动——2023年老年健康宣传周暨百场老年健康服务进社区（村）活动。宣传周期间，全市开展老年健康服务进社区（村）活动1791场，投入资金85.33万元，参加医务人员3.85万人，其中副高以上职称专家513人，制作播放宣传视频280余个，发放宣传资料12.8万份，服务群众18.87万人。

2023年10月30日，杭州市暨拱墅区“老年节”庆祝大会在杭州市老年活动中心城北场馆举行

（市民政局 供稿）

【“敬老月”活动】2023年10月，杭州市开展“敬老月”活动。以“实施积极应对人口老龄化国家战略，推进无障碍环境共建共享”为主题，全市开展爱老助老活动2510余场，受益老年人近55万人次。重阳节前夕，全市各级组织对1479名百岁老人（含虚岁）开展慰问活动，发放慰问金147万元。10月30日，“奋进新时代 共富重晚晴——2023年杭州市暨拱墅区‘老年节’庆祝大会”在杭州市老年活动中心城北场馆举行。

（彭智军）

残疾人事业

【概况】至2023年年末，杭州市有持证残疾人24.5万人。其中：男性占54.8%，女性占45.2%；农业户籍占59.6%，非农业户籍占40.4%。从残疾类别看，肢体残疾11.21万人（占45.7%）、听力残疾4.42万人（占18.0%）、视力残疾2.83万人（占11.5%）、精神残疾2.46万人（占10.0%）、智力残疾2.41万人（占9.8%）、多重残疾9748人（占4.0%）、言语残疾2380人（占1.0%）。

【亚运会和亚残运会保障】至2023年年末，杭州市完成1.5万户残疾人家庭无障碍改造，创建121个省级无障碍社区，对2000余个重要设施项目开展竣工前体验，推动全市14万个无障碍问题的整改清零。185名残疾人成为杭州亚残运会火炬手，105名残疾人演员参加亚运会、亚残运会开（闭）幕式演出，近200名残疾人演员、文创工匠参与各国代表团欢迎仪式和各类文化展陈活动。

【残疾人社会保障】2023年，杭州市困难残疾人生活补贴受益5.5万人，护理补贴受益10.5万人。残疾人单独施保政策、残疾津贴制度分别惠及5.8万名、16.86万名残疾人。4月6日，市残联印发《杭州市残疾人社会保障工作闭环管理机制》，加强政策执行、绩效管理和工作治理，发挥残疾人社会保障政策“保基本、兜底线、救急难、可持续”作用。

【残疾人民生实事推进】2023年，杭州市实施孤独症儿童康复救助833人，新增残疾人稳定就业843人，完成重要公共服务场所无障碍改造222处，整体完成率152.9%。孤独症儿童康复服务和新增残疾人稳定就业做法在全省推广。推进公共服务"七优享"工程，残疾人服务事项群众满意度100%，乡镇（街道）"残疾人之家"覆盖率100%，实施辅具适配服务1.20万人次，在全省晾晒考评中居前列。

【数智助残服务提升】2023年，杭州市"数智助残"数字基建项目基本建设完成。依托"助残E站"平台和丰富的助残应用服务场景，通过基层代办、窗口通办服务机制服务残疾人，其中"辅具智配"获全省数字化改革数字社会领域优秀案例。

【残疾人康复服务】2023年，杭州市为20余万名新生儿开展疑似残疾信息监测，完成残疾儿童定点康复机构规范化提升三年行动计划（2021—2023年），全市54个定点康复机构提质增效，为2184名残疾儿童提供康复服务。9月6日，杭州康复医院（杭州市特殊康复中心）启用。12月4日，杭州市高科技企业助残联盟成立。12月6日，杭州市残疾人康复协会成立。

【残疾人就业】2023年，杭州市资助培训残疾人3000余人，全市各用工企业开展残疾人职业技能培训，惠及1500人。3名残疾人在国际残疾人职业技能大赛上获3个金奖，占中国代表团夺金数的43%。杭州市"创新多方共建机制打造农村残疾人就业新模式"入选第四届全球减贫案例，成为全国残联系统和杭州市唯一入选案例。上城区爱馨互助会获评全国首批美丽工坊，星巴克、知味观获评全国残疾人大学生就业（实训）基地。全市133个公办"残疾人之家"落实137个公益性岗位，残疾人总体就业率66%，按比例就业单位数和残疾职工数居全国地级市前三位。4月23日，市政府印发《杭州市促进残疾人就业行动方案（2023—2025年）》，优化残疾人就业结构，提高残疾人单位就业的比重，促进残疾人充分就业。

【残疾人权益保障】2023年，杭州市本级受理涉残信访维权事项706件，受理率100%、办结率100%、满意率97%。完成重要公共服务场所无障碍改造222处，完成省级无障碍社区创建21个，实施残疾人家庭无障碍改造1059户，发放残疾人机动轮椅车燃油补贴5966人。

【残疾人文体活动】2023年，杭州市举办"唱响亚运，唱美杭州"歌咏书画比赛、文化艺术展、柔力球比赛、毅行、"牵着蜗牛迎亚运"等1000余场活动，超过100万人次参与。在省第十一届残运会上，全市176名残疾人运动员，获142.5枚金牌、55.5枚银牌、29枚铜牌，金牌总数和奖牌总数居全省首位。在杭州第4届亚残运会上，24名杭州市残疾人运动员获23枚金牌、9枚银牌、4枚铜牌，打破1项世界纪录、3项亚洲纪录和8项赛会纪录，金牌数占中国代表团的11%，在全国城市中列第一位。全年新创建残疾人文体示范点39个，累计创建62个。

（冯　丽）

2023年10月22日，上城区弯湾托管中心的青年参加杭州第4届亚残运会开幕式暖场节目表演 （郑正启 摄）

红十字事业

【概况】2023年，杭州市红十字系统聚焦"保护人的生命和健康、维护人的尊严"工作主线和红十字会主责主业，打造"红十字救在身边""红十字与亚运同行"标志性成果，推动红十字事业高质量发展。全国健康办、中国红十字会、国家卫健委等部门在杭州召开"关爱生命·救在身边"现场经验交流活动，中国红十字会《红会工作通报》第7期印发杭州市的工作经验供各地借鉴。

【红十字会助力亚运会和亚残运会】2023年，市红十字会推进中国红十字会与杭州亚组委签订的《合作备忘录》落地落实。参与杭州亚运会和亚残运会医疗卫生和志愿服务保障工作，通过政府统筹、社会捐赠等方式，实现亚运会和亚残运会竞赛场馆自动体外除颤器布设全覆盖。协调亚组委场馆建设部做好赛事场馆"红十字救护站"建设美学规范，场馆红十字救护站应建尽建。开展场馆侧和城市侧应急救护志愿培训、服务与保障，全系统完成3万余名赛事志愿者、61万余名城市志愿者应急救护培训。协同市文明办、市卫生健康委和团市委共建"文明驿站"和"亚运青年V站"并开展红十字志愿服务，杭州红十字狼群救援队等红十字救援队和志愿服务队开展赛事保障。向全社会倡议发起"我为亚运献热血"活动，开展"红十字与亚运同行"宣传发动，做好"红十字与亚运同行"主题氛围营造和宣传发动。摄制《急救侠"救"在身边》《生命接力，让爱延续》《红十字与亚运同行》等红十字系列宣传片，主流媒体进行报道。落实赛事期间医务人员和相关志愿者红十字标识露出工作，增强红十字精神文化传播的国际影响力。

【红十字会助力共同富裕】2023年，市红十字会在“5·8”人道公益日和“99公益日”分别筹资917万元、734万元，均居全省第一位，全市红十字会系统全年接受社会捐赠和上级红十字会划拨款物价值1.04亿元，与市医保局等联合印发《关于建立困难家庭医疗费用负担封顶制的实施意见》，向对口支援省份捐赠价值近100万元物资。做好公共服务“七优享”“弱有众扶”工作。

【“红十字救在身边”重点工作项目基层联系点建设】2023年，市红十字会深化中央文明委“红十字救在身边”重点工作项目基层联系点工作。5月11—12日，由市政府与省红十字会共同承办，市文明办协办的全国“2023年‘红十字博爱周’主题宣传暨‘关爱生命 救在身边’经验交流活动”在杭州举行。建成乡镇（街道）应急救护培训基地77个，新（复）训救护培训师资703名，新增救护员考官42名，确保培训质量和救护员实操水平。全市普及培训106.06万人次，应急救护持证培训15.29万人。联合市总工会、市应急管理局、市消防救援支队举办全市红十字应急救护比赛，在“护航亚运，救在身边”——第六届浙江省红十字应急救护大赛中获团体二等奖，获评浙江省红十字应急救护工作成绩突出集体。临安区红十字会协同市卫生健康委、市数据资源局将“急救‘临’距离”纳入政府急救体系，提升急救水平和急救效率。

【应急救援能力加强】2023年，市红十字会和市应急管理局印发《杭州市社会应急力量救援队队伍能力建设分类分级测评工作实施方案》，开展救援队队伍能力建设分类分级测评工作，规范队伍建设和管理，增强救援实战能力。举办全市红十字救援队山地救援绳索技术、建筑物坍塌搜救培训，提高救援队队员技术能力。筹划开展救援队年度述职培训并交流党建工作，推动救援队高质量发展。杭州红十字狼群应急救援队、上城区红十字海豚救援队等参与富阳“7·22”抗洪抢险，保障人民群众生命财产安全。

【人道救助】2023年，市红十字会开展“情暖杭州·2023年红十字博爱送万家”活动，走访慰问困难家庭4700余户，发放慰问款物价值600余万元。筹集资金100万元，设立杭州市红十字“陈锋母婴安全”救助项目，专项用于在杭州市危重孕产妇救治中心住院救治的病情危重、家庭困难的孕产妇。实施器官捐献家庭人道慰问项目，慰问163例，慰问金额199万元。开展“小桔灯”器官捐献家庭子女助学活动，对92名符合条件的学生发放助学款24.8万元。继续实施“云帆计划”孤儿救助项目，发放救助金8.5万元。

【“三献”工作】2023年，市红十字会执行造血干细胞捐献工作程序和流程，做好造血干细胞捐献质控服务。至年末，招募4万余名（2023年招募2500余名）志愿者加入中华骨髓库，成功捐献303例。规范开展器官（遗体、组织）捐献宣传、报名登记、信息转介、人道慰问和缅怀纪念等工作，实现人体器官（遗体、组织）捐献登记入库7万余名。2023年杭州市造血干细胞捐献数在全国副省级城市中排名第三位。

【基层组织建设】2023年，市红十字会加强会员和志愿者管理。至年末，全市红十字会会员扩展至29万余名，占常住人口的2.4%。围绕“服务亚运、救在身边、生命教育”，开展红十字青少年工作，与市城管局等部门举办“护航亚运、防溺水、保安全”主题活动，完成3000套“一圈一杆一绳”设施设备布设。联合市教育局开展市区高中学生应急救护知识技能检测。联合团市委举办护航亚运“救”在身边2023年红十字青少年夏令营，通过生命体验教育、团队拓展训练、亚运主题探访及急救安全知识培训等系列内容，提高青少年儿童救护技能。杭州市狼群救援队获评2022年度全国学雷锋志愿服务“四个100”先进典型最佳志愿服务组织，5名会员被评为中国红十字会“会员之星”。1名会员被推荐为全国红十字志愿服务先进典型，9个单位和个人分别被推荐为浙江省学校红十字工作成绩突出集体和突出个人。

（肖彩霞）

社区（村）建设

【概况】至2023年年末，杭州市有社区1388个，其中上城区199个、拱墅区177个、西湖区181个、高新区（滨江）67个、萧山区245个、余杭区106个、临平区139个、钱塘区63个、富阳区74个、临安区47个、桐庐县37个、淳安县24个、建德市29个。有社区工作者1.88万人。其中：大专以上学历1.80万人，占96.1%；40周岁以下1.37万人，占72.9%；取得助理社会工作师及以上资格的1.25万人，占66.4%。全市有村委会1905个，其中上城区4个、西湖区41个、萧山区335个、余杭区116个、临平区57个、钱塘区59个、富阳区276个、临安区270个、桐庐县181个、淳安县337个、建德市229个。杭州市通过健全村务公开机制、强化民主监督机制、完善民主管理机制、加大检查力度等举措深化村务公开和民主管理工作。

【城乡社区治理和服务创新推进】2023年，杭州市推进城乡社区治理和服务创新工作。1月3日，省民政厅发文确认上城区采荷街道、拱墅区米市巷街道、西湖区北山街道、滨江区西兴街道、萧山区、临平区南苑街道、建德市大慈岩镇等7个第三批省级社区治理与服务创新实验区评估验收被确认为优秀等次，数量居全省第一位。6月9日，拱墅区在全省现代社区建设工作推进会上作交流发言，全市40个社区入选全省首批现代社区。10月16日，全市55个社区服务综合体被评定为省级星级社区服务综合体，数量居全省第一位。10月31日，省民政厅发文确认上城区、拱墅区、滨江区、余杭区、钱塘区为第四批省级城乡社区治理和服务创新实验区中期评估优秀等次单位。11月1日，省民政厅发文确定上城区紫阳街道上羊市街社区等3个社区为全省城市社区议事协商创新试点优秀单位。11月3日，省民政厅发文确认上城区为全省智慧社区试点评估结果优秀等次单位。

【亚运进社区工作推进】2023年，杭州市推进亚运进社区工作，围绕亚运文化宣传、亚运体育活动、亚运空间营造、社区环境提升等主题开展活动。至年末，全市开展各类亚运进社区活动2528场次。

【国际化社区建设】2023年，杭州市推进国际化社区建设。10月10日，市和谐社区建设领导小组发文，确定上城区南星街道紫花埠社区、上城区紫阳街道甬江社区、拱墅区潮鸣街道东河社区、西湖区蒋村街道府苑社区、滨江区浦沿街道彩虹社区、滨江区西兴街道奥体社区、萧山区盈丰街道奔竞社区、余杭区仓前街道创景社区、余杭区良渚街道玉鸟社区、临平区南苑街道龙兴社区、钱塘区下沙街道新沙社区、钱塘区白杨街道美达社区、富阳区富春街道江滨社区、富阳区东洲街道逸城社区、临安区玲珑街道文锦社区15个社区为杭州市2023年度国际化社区示范点。

【撤村建居社区示范点】2023年，杭州市推进撤村建居社区建设。10月10日，市和谐社区建设领导小组发文，确定上城区四季青街道水湘社区、上城区九堡街道九堡社区、上城区丁兰街道后珠苑社区、拱墅区康桥街道康桥村社区、拱墅区上塘街道皋亭社区、西湖区文新街道五联社区、西湖区转塘街道珊瑚沙社区、西湖区三墩镇五幸社区、滨江区浦沿街道杨家墩社区、滨江区长河街道江一社区、萧山区盈丰街道丰北社区、临平区运河街道褚家坝社区、临平区临平街道丁山社区、钱塘区下沙街道元成社区、临安区锦城街道琴山社区15个社区为2023年度杭州市撤村建居社区示范点。

【农村“田园社区”建设】2023年，杭州市推进农村“田园社区”建设。10月10日，市和谐社区建设领导小组发文确定西湖区留下街道东穆坞村等50个农村社区为2023年度杭州市田园社区示范点。12月15日，省民政厅发文确认上城区九堡街道三村村等44个农村社区为第六批省级引领型农村社区。

【社区服务公益创投】2023年，杭州市拨付社区服务公益创投项目资金383万元，经社会组织申报、专家评审、项目公示、评审委员会审定等程序，由27个社会组织分别承接项目30个。项目涵盖社区治理、社区融合、专业服务、社区公益、亚运进社区等内容，实施周期为10个月。

【社区（村）减负】2023年，杭州市落实社区（村）准入制度，将社区减负纳入大党建考核，以数字赋能推进社区（村）减负，深化社区（村）减负工作。对照《浙江省涉村（社区）事项清单（2023版）》，对减负督察中发现的问题进行整改，促进村（社区）组织减负增效，提升村（社区）治理和服务能力。

【社会工作专业人才建设】2023年，杭州市加强社会工作专业人才队伍建设，围绕“五社联动”、志愿服务、实务督导等主题，举办“五社联动”实务能力、社会工作督导实务提升、第六批杭州市社会工作督导助理、社会工作领军人才、老年社会工作实务5类培训班。全市9778人通过全国社会工作师职业水平考试，报名人数及通过人数均创历年新高。至年末，全市持证人数3.7万人，每1万名常住人口拥有持证社会工作者30人。建立社会工作督导人才阶梯式培育机制，培养本土督导人才202名。全年有3人被评为高级社会工作师，全市累计有高级社会工作师16名，数量居全省第一位。

【社会工作站建设】2023年，杭州市推进社会工作站建设。12月11日，省民政厅发文确认上城区九堡街道社会工作站等15个社会工作站为浙江省五星级乡镇（街道）社会工作站。

【专职社区工作者队伍建设】2023年，杭州市深化专职社区工作者队伍建设，全市每1万名城镇常住人口配备专职社会工作者22.13人。全市有22人入选2023年度浙江省“社区工作领军人才”，50人入选2023年度杭州市“最美社区工作者”。

【社区工作者节】2023年11月8日，杭州市第十四届社区工作者节主题活动在临平区艺尚小镇国际秀场举行。活动以“践行‘八八战略’共建美好家园”为主题，通过情景剧、朗诵、小品等形式，展现社区工作者在加强基层治理现代化、推动共同富裕中的辛勤付出和工作成果。

（龚　苏）

【邻居节】2023年2月4日，市委宣传部（市文明办）主办的杭州市第十九届邻居节在西湖区翠苑街道翠苑一区举行。邻居节以“我们的节日·元宵”为主题，倡导团结友爱、互助奉献、温馨和谐的邻里关系，建设美好家园，推进管理有序、文明祥和的新型社区建设。现场，杭州市、区两级文明办主任发出“争创全国文明典范城市倡议”。活动采用“1+N”的创新模式进行全市大联动，在杭州各乡镇（街道）、村（社区）的新时代文明实践中心（所、站）都设有分会场。

（年鉴编辑部）

社会组织管理

【概况】至2023年年末，杭州市有各类社会组织6.04万个。其中：注册登记1.29万个，占21.3%；备案管理4.76万个（城市社区社会组织2.83万个，农村社区社会组织1.93万个），占78.7%。全市注册登记社会组织中，社会团体3685个，占28.6%；民办非企业单位8998个，占69.9%；基金会193个，占1.5%。全年新增166个，注销80个，变更1890个。市本级注册登记社会组织1352个，其中：社会团体827个，占61.2%；民办非企业单位466个，占34.5%；基金会59个，占4.4%。

2023年，杭州市完成2022年度社会组织年检年报工作，市本级1245个社会组织参加年检，其中合格1061个、基本合格111个、不合格73个，分别占社会组织总数的85.2%、8.9%、5.9%，年检合格率94.1%。开展2023年社会组织等级评估，完成全市380个社会组织的等级评估，其中AAAAA级社会组织105个，AAAA级社会组织98个，AAA级社会组织174个。全年评选社会组

2023 年 5 月 5 日，杭州市社会组织公益嘉年华在上城区湖滨步行街举行

（市民政局 供稿）

织领军人才 23 名、品牌社会组织 21 个、品牌公益服务项目 18 个。市本级投入资金 1088.8 万元资助 71 个社会组织公益创投项目，其中为老服务类项目 21 个、社区治理和服务类项目 30 个、社会救助类项目 20 个。

【社会组织公益嘉年华】2023 年 5 月 5 日，“经济注活力 亚运添风采”杭州市社会组织公益嘉年华在上城区湖滨步行街举行。活动由市政府主办，上城区政府、市民政局承办，采取“线下 + 线上”相结合的方式进行，现场 5.99 万人参加活动，50 余个国内媒体进行报道，10 余个视频播放平台进行全程直播，1030 万人次线上观看。

【社会组织专题采访】2023 年 7 月 12—13 日，民政部社会组织管理局带领 10 个中央和部属媒体采风团到杭州专题采访杭州市创业发展促进会、杭州市建筑业协会等 6 个市级社会组织。杭州市引导社会组织在助力乡村振兴、经济社会发展、大学生就业、服务亚运等方面的经验做法和成效得到媒体传播。

【社会组织党建工作推进会】2023 年 11 月 2 日，杭州市召开市委两新工委工作例会暨全市社会组织党建工作推进会。市交通运输局、上城区组织部（区两新工委）、拱墅区民政局、西湖区注册会计师评估行业党委、富阳区狼群应急救援服务中心党支部进行典型发言。

【省清廉社会组织建设现场推进会在杭州召开】2023 年 11 月 23 日，浙江省清廉社会组织建设现场推进会暨评价指标发布会在萧山区召开。会上发布《浙江省清廉社会组织建设评价指标（试行）》《浙江省清廉社会组织建设百家范例（第一批）名单》，杭州市 25 个社会组织入围。杭州市本级和萧山区、临平区、临安区被列入全省清廉社会组织建设观察点。

【市清廉社会组织建设现场推进会】2023 年 12 月 19 日，杭州市清廉社会组织建设现场推进会在临安区召开。会上通报杭州市“十佳清廉社会组织创建示范点”“十佳清廉社会组织创新实践案例”，为“双十佳”社会组织授牌，市商务局、市民营企业协会、临平区纪委、临安区民政局、萧山区养老协会负责人进行典型发言。会上印发《关于巩固清廉社会组织建设成果深化社会组织常态化综合监管机制的通知（征求意见稿）》，发布《红社联动 民悦清风——杭州市清廉社会组织建设成果集》。

【行业协会商会专项整治】至 2023 年年末，杭州市有在册行业协会商会（含地域性商会）822 个，其中市本级 290 个、区县（市）532 个。专项整治期间行业协会商会完成自查 782 个，其中市本级 283 个、区县(市) 499 个，市区两级专班和行业管理部门实地检查（抽查）280 个，审计抽查 137 个，检查发现问题 263 个，其中市本级 147 个、区县（市）116 个，当年整改完成 232 个，其中市本级 129 个、区县（市）103 个。减免、降低收费 6909 万元，举办助企纾困政策宣讲 355 场次，开展资源链接服务 237 次，推动助企纾困政策落地 112 起，推动企业转型升级 48 起。全年杭州市查处非法社会组织 72 个，占全省查处总量的 73.5%。

（刘玥兰）

民族·宗教

【概况】至 2023 年年末，杭州市常住人口中，56 个民族齐全。全市有少数民族人口 69 万余人，其中户籍人口 28 万余人，流动人口 41 万余人。全市有 1 个民族乡（桐庐县莪山畲族乡），19 个民族村（富阳区双江村，临安区铜山村、逸逸村、众社村、浪山村、枫树岭村，桐庐县莪山村、中门村、新丰村、龙峰村、湾下村、大庄村、金塘坞村，淳安县富泽村，建德市胡村源村、双泉村、高桥村、小溪源村、团结村）。

杭州市有佛教、道教、伊斯兰教、天主教、基督教五大宗教，各级宗教团体 43 个，另有 2 个带有基督教性质的社会团体（杭州基督教青年会、杭州基督教女青年会）。全市经登记开放的宗教活动场所有 841 处（佛教 279 处、道教 36 处、伊斯兰教 1 处、天主教 12 处、基督教 513 处），基督教纳管点 326 处。纳入登记编号的民间信仰活动场所 830 处。

【民族文化节活动】2023 年 2 月 23 日，“之江同心 · 浙宝集团石榴红家园”揭牌仪式暨第六届浙宝集团民族文化节活动在上城区举行。活动现场，省、市、区民族宗教部门及街道相关负责人为“之江同心 · 浙宝集团石榴红家园”揭牌，走访参观提升改造后的浙宝集团石榴红家园，了解浙宝集团民族团结进步创建活动情况。活动现场，嘉宾观看参与民族歌舞表演、竞技、即兴表演等活动。

【对口地区各民族携手迎亚运系列活动】2023年3月16日，全省“浙里石榴红·同心享亚运”对口地区各民族携手迎亚运系列活动启动仪式暨落植民族团结石榴林活动在杭州西湖文化广场举行。浙江省7个对口地区前线指挥部、工作组，浙江省对口支援的新疆、西藏、青海、四川、吉林等地民族宗教部门相关负责人，来自阿克苏的各族青少年及浙江省各族群众代表参加现场活动。启动仪式上，宣读《各族群众助力亚运同享亚运铸牢中华民族共同体意识倡议书》，发布“浙里石榴红·同心享亚运”系列活动情况。启动仪式后，与会领导和嘉宾与各族群众在西湖文化广场共同种植民族团结石榴林。

【“三月三”民族风情夜活动】2023年4月21日，杭州·双江第八届“三月三”民族风情夜活动在富阳区双江村举行。活动以“同炫民族风，共叙团结情”为主题，设篝火大联欢、“共筑亚运”民族趣味运动体验和“石榴红”美食集市3个板块，展示民族特色美食、体育运动及歌舞。

【民族文化艺术节】2023年4月22日，杭州市首届民族文化艺术节暨“浙里新畲村”数字应用场景推广现场会在临安区举行，杭州市13个区县（市）委统战部（民族宗教局）和19个民族村负责人出席活动。活动现场，临安区5个民族村的共富新媒体平台上线，“浙里新畲村”数字应用场景在临安全区推广启动，畲味十大碗同步发布。杭州师范大学、杭州市中华职教社（欧美同学会）与临安区委统战部（区民族宗教局），农村商业银行、邮政储蓄银行、中国邮政临安分公司与5个民族村分别进行助力民族村共富签约。

【中国（浙江）民族服饰设计展演】2023年5月30日，第四届中国（浙江）民族服饰设计展演晚会在桐庐亲水平台举行。展演围绕铸牢中华民族共同体意识民族工作主线，以“石榴花红民族梦”为主题，打造“西湖边的畲乡”文旅品牌。展演面向全国的服装设计爱好者征稿，收到来自全国79所院校639份参演作品，30组作品进入总决赛。

【浙江省“云上民族村寨”工程】2023年5月30日，浙江省“云上民族村寨”工程在桐庐县莪山畲族乡启动。启动仪式上展示莪山畲族乡数字乡村应用场景，游客可在畲乡民族馆实景式体验，了解景点风采、田园风光，实现云游畲乡。继“中国畲族第一乡”后，莪山畲族乡以聚焦产业发展、统筹文旅内容、面向市场推广为主旨，打造“西湖边的畲乡”区域品牌。

2023年4月21日，杭州·双江第八届“三月三”民族风情夜活动在富阳区双江村举行
（市民族宗教局 供稿）

【杭州市民族团结进步体验馆开馆】2023年6月29日，杭州市民族团结进步体验馆开馆仪式在西湖区“之江同心·大诸桥石榴红公园”举行。体验馆以“形具神生、类同相感、验之以效”为目标，围绕“团结奋斗、民族文化、共同富裕、教育事业、对口情深”5个主题篇章，采用“图文展示＋实物展示＋沉浸式体验”的模式，发挥讲好中华民族共同体故事、讲好杭州民族团结故事的窗口作用。该体验馆是杭州市统一战线打造的七大阵地之一。

【“浙疆”青少年交流活动】2023年7月7日，44名来自阿克苏和富阳两地的小学生在“之江同心·浙疆情石榴红家园（新疆杭州疗养院）”举行升国旗仪式，为期1周的“浙疆”青少年交流活动暨阿克苏小学生赴杭认亲交流夏令营活动启动。7月10日，夏令营学员到拱墅桥西历史街区、手工艺活态馆参观学习。

【民族团结联谊活动】2023年7月16日，“浙里石榴红·九龙何家欢”民族团结联谊活动在西湖区龙坞何家村霞光里举行。来自四川省甘孜藏族自治州九龙县的34名民族团结进步示范家庭代表与杭州的家庭参加，共同体验“何”家欢。营员们参观“一万束阳光”展厅及孤独症学生公益画展，体验“何你见未来”市集，品尝以“团结包子”为特色的团圆饭。

【杭州市“铸牢中华民族共同体意识”宣讲活动】2023年10月13日，杭州市“铸牢中华民族共同体意识”宣讲活动暨杭旅民族团结进步展示馆开馆仪式在杭州市旅游职业学校举行。现场，来自杭州市旅游职业学校和滨江实验小学的各民族师生共同开展“铸牢中华民族共同体意识”专题宣讲。杭州市旅游职业学校被授予“全国民族团结进步示范学校”荣誉牌，杭旅民族团结进步展示馆揭馆启用。

【杭州道教中国化交流中心揭牌】2023年2月21日，杭州道教中国化交流中心揭牌仪式在玉皇山福星观举行。杭州道教中国化交流中心坚持道教中国化方向，旨在弘扬中华优秀传统文化，研究交流道教历史文化，通过举办“之江问道”文化润教活动，展示杭州道教中国化的实践成果。

【杭州市宗教活动场所法治宣传教育阵地规范化建设推进会】 2023年4月13日，杭州市宗教活动场所法治宣传教育阵地规范化建设推进会在余杭区径山寺召开。会前，全体人员参观余杭区径山寺和双溪基督教堂法治宣传教育阵地规范化建设成果展。会议推进民族宗教领域“八五”普法和“十百千万”普法工程，深化省级宗教普法示范点和法治宣传教育基地培育成果，规范宗教活动场所法治宣传教育阵地建设。

【浙江省宗教界红色教育“五百行动”在杭州启动】 2023年4月17日，“之江同心·正信正行”浙江省宗教界红色教育“五百行动”启动仪式在余杭区新四军随军被服厂旧址广场举行。现场，为获评省级宗教界爱国主义教育阵地的14个宗教活动场所授牌，宗教团体、宗教界爱国主义教育阵地代表进行交流发言。活动组织参观余杭区2处宗教中国化场所和宗教界爱国主义教育阵地。

【“径山茶宴”文化推进大会】 2023年5月29日，第六届径山禅宗祖庭文化论坛——人类非遗“径山茶宴”文化推进大会暨杭州佛教“茶宴非遗”专研班开班仪式在余杭区径山禅寺举行。“径山茶宴”传承自宋代径山禅院茶礼，2011年入选国家非物质文化遗产保护名录，2022年入选联合国教科文组织人类非物质文化遗产名录。推进大会上，径山茶宴非遗传习基地挂牌揭幕，径山禅寺作为传习基地开启首批学员课程——禅茶专研班。

【日月潭文武庙到杭州迎请月老法印】 2023年6月7日，中国台湾南投县日月潭文武庙董事长一行到杭州玉皇山老玉皇宫迎请月老法印，并举办交接仪式。通过交接月老法印，两地以月老文化为红线，推动道教文化交流，增进海峡两岸民众感情。

【“民间民俗·多彩浙江”优秀传统文化活动】 2023年7月9日，“民间民俗·多彩浙江”2023年新塘街道曹娥孝善文化节在萧山区新塘街道举行。10月18日，2023年“民间民俗·多彩浙江”周雄孝文化节在“中国孝道文化之乡”渌渚镇所在的富阳区举行。12月19日，“民间民俗·多彩浙江”首届禹上水文化节在余杭区余杭街道举行。

【杭州市道教协会换届】 2023年7月17日，杭州市道教协会第五次代表会议召开。会议审议通过《杭州市道教协会第四届理事会工作报告》《杭州市道教协会第四届理事会财务报告》和《杭州市道教协会章程（修正案）》，选举产生杭州市道教协会第五届理事会领导班子。董中基当选杭州市道教协会第五届理事会会长。

【杭州基督教青年会、杭州基督教女青年会换届】 2023年8月19日，杭州基督教青年会第四届、杭州基督教女青年会第七届会员代表大会召开。会议审议通过青年会、女青年会理事会工作报告和修订后的《杭州基督教女青年会章程（修正草案）》《杭州基督教青年会章程（修正草案）》，选举产生新一届理事会。张耀法当选杭州基督教青年会第四届理事会会长，姚冰当选杭州基督教女青年会第七届理事会会长。

【中华慈孝文化节】 2023年8月31日，第九届中华慈孝文化节开幕式暨年度中华慈孝人物颁奖盛典在杭州举行。文化节举办2023年度中华慈孝人物征集及遴选、年度中华慈孝人物颁奖盛典、“让爱回家”寻亲团圆行动、“中华慈孝养老”论坛等活动。

【中美加佛教论坛】 2023年11月15—17日，第三届中美加佛教论坛在杭州举行，来自中国、美国、加拿大的佛教界代表及各界嘉宾近300人参加。论坛以“心地和平，共生吉祥”为主题，与会嘉宾和学者代表围绕“全球化视域下的佛典翻译与传播”“禅与现代生活”两大议题研讨。论坛通过《第三届中美加佛教论坛宣言》，举办“径山茶宴”体验、坐禅体验、“共生吉祥”佛教音乐会、径山禅宗祖庭书法艺术展等活动。

【杭州市基督教两会换届】 2023年12月6日，杭州市基督教第十一次代表会议召开，全市基督教界代表参加会议。会议审议通过《杭州市基督教两会常委会工作报告》《杭州市基督教两会章程（修订案）》《杭州市基督教第十一次代表会议决议》。会议选举产生杭州市基督教两会新一届委员会、常务委员会，以及第一届监事会。张忠成当选杭州市基督教三自爱国运动委员会主席，张耀法当选杭州市基督教协会会长。

【杭州市宗教中国化交流研究中心揭牌】 2023年12月19日，杭州市宗教中国化交流研究中心揭牌。杭州市宗教中国化交流中心以打造“宗教中国化和宗教事务治理现代化城市之窗”为主题，分为概况篇、实践篇、交流篇、基层篇4个部分，展示杭州市坚持宗教中国化方向，立足“之江同心·正信正行”宗教中国化品牌建设，推进新时代全市宗教工作高质量发展的实践。

【杭州传统文化讲堂】 2023年，杭州市宗教研究会联合市级五大宗教团体举办11场“之江问道·杭州传统文化讲堂”。讲堂以弘扬中华优秀传统文化的核心思想理念、传统美德和人文精神为宗旨，以“我们的节日”为主题，举办元宵话灯、端午安康、中元感恩、中秋团圆、重阳敬老、国庆爱国等讲座，引导五大宗教围绕同一主题讲述不同故事。通过打磨传统文化精品课程，开辟传统文化进宗教活动场所的新路径，建立培养宗教“双通”人才的新模式，实施文化润教。

（汪文珊）

责任编辑　郦　晶

46 应急管理

综 述

【基层应急管理体系和能力建设】 2023年，杭州市推进基层应急管理体系和能力建设。1月9日，市安全生产委员会、市消防安全委员会联合印发《基层应急消防管理站工作规范》，围绕“站队融合、防救结合、以防为主、救早灭小”总体目标，推进应急消防管理站达标创建。至年末，全年建成达标应急消防管理站147个。3月14日，市森林防灭火指挥部印发《关于开展杭州市乡镇（街道）森林防灭火规范化建设工作的通知》，开展基层森林防灭火体系“五网一平台”（组织责任网、基础设施网、火险防控网、应急救援网、运行保障网和数字化平台）规范化建设，有56个乡镇(街道）完成建设任务。深化防灾减灾工作，开展综合减灾示范社区创建，创建省级综合减灾示范社区12个。完成规范化改造避灾安置场所270个。推进自然灾害风险普查成果应用，临安区数字化家庭减灾能力提升试点工作在2023年全国自然灾害综合风险普查第三次成果应用经验交流会上作交流发言。开展野外火源整治和查处违规用火行为专项行动，防范森林火灾发生。承办浙江省2023年“国际减灾日”主题宣传活动。推进应急物资管理保障，3月24日，市应急管理局与北京京东世纪贸易有限公司签订战略合作框架协议、应急物资储备框架协议，提升应急救灾物资供应保障能力。市应急管理局印发《关于贯彻落实〈浙江省灾害事故应急救援补偿办法（试行）〉的实施意见》，市减灾委员会办公室印发《关于落实抢险救灾应急物资管理主体责任的实施意见》，健全自然灾害、生产安全事故应急救援行动调动应急救援队伍和征用补偿工作机制，规范抢险救灾应急物资储备管理工作。

【应急救援能力提升】 2023年，市政府办公厅印发《杭州市防汛防台抗旱应急预案》（2023年修订），细化市防汛防台抗旱指挥部领导坐镇指挥、预警叫应与应急响应联动等内容。市防汛防台抗旱指挥部出台《乡镇、村社短临极端天气灾害防范应对双十条工作举措（试行）》《街道、社区短临极端天气城市内涝防范应对双十条工作举措（试行）》，发挥乡镇统筹、村自为战、充分授权、一线决策作用。市防汛防台抗旱指挥部办公室建立气象、地质灾害、山洪灾害、城市内涝预警和叫应联动工作机制，印发《杭州市防汛防台“1833”联合指挥体系高等级预警叫应工作指引》，实现预警叫应叫醒直达党政领导、基层责任人及风险区人员，督促基层第一时间进岗履职。推进基层防汛体系标准化建设，13个区县（市）和西湖风景名胜区完成基层防汛防台体系“5+1”（组织责任网、风险防控网、抢险救援网、灾后恢复网、运行保障网+数字化平台）省级标准化验收。深化应急救援队伍建设，全市建有各类应急救援队伍1266支4万余人。7月18—19日，杭州市2023年森林消防技能竞赛与实战演练在桐庐举行。12月19日，全市抗雪防冻演练在上城举行。

【应急数字化建设】 2023年，杭州市丰富应急管理数据资源池，推动27个市级部门数据归集，共享数据143.5亿条，提供相关领域数据专题服务功能1514.9万次。迭代升级极端天气灾害短临预警分析应用、突发事件应急处置和救援场景应用，强化实战运用。推动企业安全风险监测监控技术改造，拓展接入物联感知设备765个、人员定位设备297个、车辆定位设备84个，涉及高温熔融、涉爆粉尘、生产型矿山等企业79个。推动特色应用平台创新，余杭区城市安全运行CT智治平台入选应急管理部2023年度“星火计划”创新应用典型案例。4月21日，全市应急管理系统“数智应急”应用比武举行，检验并促进全市应急管理数字化素养和能力提升。

【应急管理宣传教育】 2023年，市应急管理局制定《杭州市应急管理系统标识规范导则》，打造具有职业特征、凸显地域特色的应急文化元素。建立杭州市安全生产媒体曝光制度，确定集中曝光日，定期曝光安全生产违法行为。联合杭州电视台办好《安全365》《应急300秒》等栏目，开展3场“主播带您来体验”应急逃生直播活动，普及应急逃生技能。成为杭州市大安全教育联盟单位，为青少年提供持续性的安全教育。推出应急安全大篷车公益宣传活动，开展“迎亚运，保平安”安全宣传进学校暨“开学安全课”活动。配合中央网信办网络社会工作局、应急管理部新闻宣传司联合开展“新征程上看应急”采访考察活动走进杭州。

全市有登记安全生产培训机构32个，其中特种作业考试点16个。全年特种作业和高危行业安全考试合格发证8.95万人，其中特种作业考试合格发证8.12万人、高危行业主要负责人和安全管理员考试合格发证0.83万人。一般性生产经营单位主要负责人和安全管理员考试合格发证2.7万人。推进企业百万员工安全大培训，完成线上和线下培训17.89万人次。“杭州市安全生产培训云平台”网络培训学员9.7万人。

（蒋梦捷）

安全生产管理

【概况】2023年，杭州市围绕“平安护航亚运”主线，推动各项重点工作落实，防范化解重大安全风险，全市安全生产和自然灾害领域形势总体平稳。全市发生各类生产安全事故117起，比上年下降7.9%，死亡106人，下降4.5%。其中：建设施工领域发生事故24起、死亡24人，分别下降7.7%、上升26.3%；工业企业领域发生事故6起、死亡6人，分别下降40%、25%；道路运输领域发生事故66起、死亡60人，分别下降17.5%、13%；生产经营性火灾事故2起、死亡1人，分别持平、下降80%；其他领域发生事故19起、死亡15人，分别上升171.4%、114.3%。未发生较大以上生产安全事故。全市亿元地区生产总值安全事故死亡率0.0057（按2022年统计数18753亿元计算），下降6.6%。自然灾害领域因灾死亡8人。

【安全生产责任体系完善】2023年，杭州市推进安全生产责任落实。市安全生产委员会印发《关于构建安全生产工作常态化督导检查机制的通知》，常态化开展督导检查，压实“党政同责、一岗双责、齐抓共管、失职追责”和“三管三必须”（管行业必须管安全、管业务必须管安全、管生产经营必须管安全）要求；印发《关于进一步明确生产经营性火灾事故调查工作的通知》，规范事故责任调查认定工作。推进全市重点行业领域实施安全生产分级分类监管，推动旅游、交通、城市运行等重点领域研制安全监管负面清单。开展“落实企业安全生产主体责任年”行动，制定重点行业领域行动实施方案，推动制定全员安全生产责任清单，抓实企业主要责任人、安管员、班组长、风险岗位员工等“关键少数”责任。开展涉爆粉尘、高温熔融、有限空间、安全标准化、小微园区等安全联盟互查互学互评活动。开展安全生产标准化工作，全市达标企业5492个，其中一级达标2个、二级达标258个、三级达标5232个。推进全市安全文化建设示范企业创建，评出2023年杭州市安全文化建设示范企业6个。

【危化矿山烟花爆竹领域安全生产监管】2023年，杭州市开展危险化学品全生命周期排查整治，推动危化品企业装置设备带“病”运行专项整治、高危细分领域安全专项整治、非许可化工医药企业分类整治，落实油气储存基地、液化烃储罐区和危化品储存经营安全风险管控。完成全市43个企业的118个重大危险源交叉督导检查，消除问题隐患511个，对2个重大隐患实施挂牌督办。探索推进重点危化品企业“画像管理”，从行业属性、固有风险、规范程度、可变风险、安全理念5个维度描绘画像，提出相应管控方向和要求，强化风险管理。对建德、钱塘、临安3个区（市）化工园区开展指导服务，按照“一园一策”原则推进整治提升。推进矿山安全风险防控。开展非煤矿山综合整治，检查矿山108个（次），发现问题隐患366个，联合打击非法开采、违法生产等违法违规行为23起，罚款6.9万元，责令停产停业6个。开展露天矿山边坡稳定性评估工作质量核查和地下矿山隐蔽致灾因素普查治理复查。落实《杭州市禁止销售燃放烟花爆竹管理规定》，查处生产、经营、销售、存储、运输烟花爆竹等环节违法违规行为。市应急管理局、市公安局等部门成立联合执法队伍，开展联合检查，依法查处违规销售和非法燃放烟花爆竹行为。春节期间，全市派出人员检查930人次，整改隐患59个，查处非法经营13起、非法运输11起、非法储存38起、非法燃放18起，收缴烟花爆竹5753箱。落实“迎亚运、庆元宵”烟花灯光秀活动安全保障。

【安全生产隐患整治】2023年，杭州市聚焦事故多发易发的重点行业、重点领域、重点企业，开展安全生产隐患大排查大整治行动，全市排查企业（场所）59万个（次），查处问题隐患56.16万个，立案查处企业（场所）10.63万个，停产停业1.45万个。贯彻落实全国重大事故隐患专项排查整治总体方案，5月9日，市安全生产委员会印发《杭州市重大事故隐患专项排查整治2023行动实施方案》，开展重大事故隐患判定标准专题培训6.33万人，排查整治重大事故隐患2419个，行政处罚2381次，停产整顿1509个。发挥“七张问题清单”之重大安全生产问题清单作用，多跨协同解决重大问题、重大隐患，全年纳入省级清单问题48个、市级80个，分别整改销号18个、47个。“滨江区建设工程临时用房规范标准问题整改示范案例”被纳入省“七张问题清单”典型案例库。

平安护航保障亚运会和亚残运会，组建亚运会公共安全工作部和保障协调组，推进全市生产安全事故防范、自然灾害防治和城市侧运行保障、应急处置工作。开展“‘两个一律’除风险，决战决胜护亚运”攻坚行动，排查涉亚运会场馆风险点569个，编制完善应急预案209个，动态排查重点区域、较大及以上风险企业（场所）3.48万个，整改隐患1.78万个。开展多轮城市侧应急保障排查整治，整改问题21万个。前置备勤应急救援队伍278支，共5669人，赛事期间巡逻1.57万人次、3.2万小时。

推进重点领域安全专项整治，围绕深基坑、高支模、起重机械等重大安全隐患风险，检查建设工程项目2.1万次，整改隐患3.6万个。推行道路交通事故隐患溯源机制，溯源发现和整改重点事故道路隐患问题1.1万处；治理道路隐患8.2万处，宣教约1600万人次。针对旅游目的地市场秩序、旅行车用车规范等事项开展联合执法和整治行动62次，处罚43人次，罚款87万元。开展锂电池、冷库、高层建筑、仓储物流场所、城镇燃气、“两堂一舍”（规模以上企业食堂、澡堂、员工宿舍、办公楼，洗浴、足浴、汗蒸、桑拿等封闭室内休闲场所，寄宿制学校学生宿舍、医院住院部、养老院等特殊敏感人员密集场所）、“九小场所”[小学校（小幼儿园）、小医院（小诊所、小托育机构）、小歌舞娱乐场所、小网吧、小旅馆、小餐饮、小商店、小美容洗浴场所、小生产加工企业]等消防安全专项整治，推动整改重大火灾隐患单位（区域）95个、督办突出风险单位981个。推进“一厂多租（厂中厂）”、动火作业安全专项整治，排查出租企业4190个、承租企业2.15万个，查处电气焊假证、无证违法行为为419起，查处涉假证、无证作业企业和单位378个，处罚金额450.8万元。完成地下隐患勘测检测2105.9千米，整治隐患424个，落实管控措施1316条。排查成品油经营企业（点位）4940处，整改隐患2721个，查处黑加油点60处、非法流动车和运输车149辆。开展特种设备隐患排查治理行动，检查特种设备2.56万台，整改隐患4893个。排查自建房177.1万幢，完成危房整治1724幢。

【安全生产监督执法】2023年，杭州市深化安全生产分类分级监管执法，推进集中执法、交叉执法和观摩执法，推动萧山区探索开展安全生产非现场执法试点，通过视频巡查等方式实现对违法行为远程、非现场的执法查处。市本级招聘10名技术检查员组建应急管理行政执法检查组，提升专业执法检查效能。全年全市应急管理系统检查企业6450次、实施行政处罚3503次，检查处罚率54.3%；罚款7533.6万元，其中非事故罚款7413.6万元，占比98.41%。推动负有安全生产监督管理职责的部门执法办案4856件、线索移送184件。办理非事故行刑衔接案件61件。

（蒋梦婕）

防灾减灾

【概况】2023年，杭州市提高自然灾害防范能力，重视问题排查整改、风险研判管控，建立防汛防台抗旱联合值班值守机制，完善抗雪防冻联合值班值守机制，防御应对区域性暴雨、强对流天气、台风和强寒潮等灾害。采取多种形式开展防灾减灾宣传活动，组织地震疏散转移、防汛防台、森林火灾等应急演练，加强救援队伍应急处置能力，增强全民防灾减灾意识。5月6日，市减灾委员会办公室在桐庐县分水镇开展“5·12”全国第15个防灾减灾日主题宣传活动暨“平安亚运”市、区县（市）联动应急救援技能竞赛。

【防汛抗台】2023年，杭州市防御应对多次区域性暴雨、强对流天气和台风“杜苏芮”“卡努”“海葵”。市防汛防台抗旱指挥部组织防汛排查整治和专项督查7轮，全市检查重点部位6万处，发现度汛安全问题4200个，全部落实整改和管控；2.6万处地质灾害、小流域山洪灾害、城市内涝等重点部位被纳入管控范围，落实风险管控“一点一方案”；完成全市54个多灾易灾重点乡镇的818个村（社区）“三大件”（卫星电话、发电机、排水泵）和“四小件”（头盔、电筒、防雨护具、救生衣）配备。建立防汛防台抗旱联合值班值守工作机制，市、县两级防指落实实质化运作，开展会商研判150次，发布各类预警信号3221次，发送提醒短信2300万条，启动防汛应急响应7次、短临应急响应17次，下发防御通知23份、工作提示单31份；开展防汛责任人“六问”抽查2000人次，橙色预警叫应29万人、红色预警叫应5万人。新增划定临时避险场点1187个，开放避灾安置场所1230个，转移安置1.75万人。

【防雪抗冻】2023年，杭州市做好强寒潮防御应对工作。市抗雪办实行24小时抗雪防冻联合值班值守，开展风险研判，动态研究农村交通道路、城市供水管网、高架隧道等重点对象情况，制定“一点一方案”管控措施，下发防御通知和工作提示单5份。消除供电隐患60余处，处置供水、供气应急突发事件1935个，紧急停运客运班线4条、农村公交45条，排查易结冰点1.6万处，处置482处，抢通影响道路29条，加固树木1078棵。保障2023年12月17日低温天气下的杭州马拉松赛事安全。

（蒋梦婕）

【国际减灾日主题宣传活动】2023年10月13日是第34个国际减灾日。10日，浙江省2023年国际减灾日主题宣传活动在余杭区未来科技城学术交流中心举行。活动由省减灾委员会主办，市减灾委员会、余杭区政府承办。省、市、区县（市）各级有关部门负责人、部分社会组织及学生代表300余人参与现场活动。现场以展板展示、讲解演示、宣传资料发放以及越剧、情景剧表演等方式，宣传各类灾害的特点、危害，教学应对突发灾害的有效方法，帮助市民提升自救互救常识和防灾减灾救灾基本技能。

【气象高质量发展】2023年，市政府召开推进气象现代化工作领导小组会议，市、县两级出台气象高质量发展实施意见，落实重大项目和资金。市气象局与市环保局、市规划和自然资源局、浙江大学等9个部门（高校）签订合作协议、联合印发文件，推动合作。杭州市被纳入全国气象高质量发展试点，气象高质量发展评估居全国省会城市第一位、全国大城市第四位。配合市防汛防台抗旱指挥部联合构建以“气象预警为令”、基层快速响应的突发强天气防范应对机制，短临极端天气灾害防范应对“双十条”获全国推广。“十四五”规划期间累计到位投资2.85亿元（占总投资额的78%），完成投资2.46亿元（占67%）。余杭区气象局落实气象高质量发展专项项目。钱塘区气象局落实人员编制、工作场所、财政保障等。

【气象预报预警】2023年，全市气象部门落实“质量提升年”行动，做好气象预报预警。制定“1631”（按照时间上逐步逼近、空间上不断细化的原则，将暴雨梯次化气象预报预警服务分为1天、6小时、3小时、1小时4个阶段）暴雨梯次化预报预警业务细则，建立高级别预警叫应业务，叫应9500余人次。开展暴雨、大风临灾报警，触发报警2800站（次），发送报警信息11.4万次。联合市规划和自然资源局、市林水局发布风险预警成功避险25户79人。全市实施"预警+指引+含义"预警新业务，实现预警信息从文字到图片的重大改革。全年发布重大活动决策服务材料120期、预警信号877次，启动全媒体发布22次。针对基层防汛责任人开展梯次化预报预警规则培训5200人次。"杭州天气"微信、快手、抖音传播力和影响力居全国前十位。

【农业气象服务】2023年，市气象局新增"设施农业气象服务专题"等5类产品。开展农村实用技术人才气象培训700余人次。应用"数智农安"平台面向3499个规模以上农业主体提供农业气象信息服务。推进国家标准化管理委员会应用示范项目建设，布局100个农业气象标准化应用基地，开展设施农业系列化服务，被省气象局、省农业农村厅联合认定为省设施农业气象服务中心。

【"气象+"赋能生态旅游】2023年，杭州市强化"气象+"生态赋能，开发包含1500余个景点的"天气导游"。文旅融合推出梅花、桂花赏花地图，开展花期、秋叶预报，上架市文旅"发现杭州"入口。规范实施国家、省气候品牌应用，全市AAA级景区村落挂牌率100%。扩大民宿气象保险，全市民宿参保率87.5%。杭州排名"气象旅游发展十佳城市"首位，入选"气候康养（避暑、避寒、宜居）典型案例"。淳安、余杭获评"中国天然氧吧"。建德获评"中国气候宜居城市建设绿色低碳发展先行城市"。全市新增"浙江省康养乡村、乡村氧吧"5个。临安将雷电灾害风险服务纳入《露营地管理办法》，提升38个露营地雷电防御能力。完成16部烟炉、4部燃气炮的组网建设人工影响，开展4次无人机天气作业试验、4期259名亚运会和亚残运会保障岗位技能集训及演练。桐庐人工影响天气实训基地运行并挂牌"浙江省人工影响天气外场试验桐庐基地"。

【气象科技创新】2023年，市气象局加强科技联动，汇聚创新资源，主持和参与国家重点研发项目、华东区域合作基金项目、省气象局等厅局级以上科研项目15个。完成科技成果登记38个，获浙江省气象科技成果奖2个，成果认定2个。发表核心期刊8篇，其中《科学引文索引》（SCI）收录3篇。与浙江大学、省气科所推进城市气象联合实验室组建。依托中国气象局、省气象局技术指导，开展毫米波雷达组网应用、臭氧探空、大明山温室气体、雪深下垫面观测等科学试验。制定人才发展三年行动计划，开展冬季专项科研攻关，推进8个创新团队和研究型业务带头人等科技人才培养，1人入选中国气象局青年英才，1人获正高研究员资格，1人获国务院政府特殊津贴。

【气象安全治理】2023年，市气象局坚持系统思维、全局谋划，与市规划和自然资源局合作，按"四共"（规划共谋、站址共用、设备共型、信息共享）机制建设雨量站2600个。"防雷安全风险码"应用率100%，掌上执法应用率100%。开展执法检查212次，立案处罚6起。市本级、富阳、临安3个气象科普教育基地被中国气象局评为2003年度优秀气象科普教育基地。富阳气象科普公园入选"浙江省法治宣传教育基地""浙江省公民法治素养观测点"。制定《杭州市气象标准化管理办法》，出台市级标准3个，完成申报4个。迭代升级杭州"数智气象"2.0，贯通至乡镇、村级的"五级"应用场景更加优化。深化城市规划、建设、运行全周期服务，应急、城管、旅游等各部门数字化平台调用气象数据超过8.2亿次。与市规划和自然资源、城管部门共同绘制城市内涝风险地图。融入城市安全智能协同平台，暴雨实况报警联动服务上城区403个地下空间。"智慧气象"App杭州版上线运行。

（麻碧华）

消防救援

【概况】2023年，杭州市发生火灾2743起（草皮、垃圾、树木等火灾除外），死亡7人，受伤16人，火灾直接财产损失4832.54万元，比上年分别下降44.0%、30.0%、56.8%和50.6%。全市消防部门接警1.82万起，出动2.64万次，出动消防车4.28万辆（次），消防人员25.59万人次，抢救被困人员1857人，疏散被困人员699人，抢救财产价值1565.96万元。其中：火警5453起，占比30.0%；抢险救援7771起，占比42.8%；社会救助3157起，占比17.4%；其他出动1794起，占比9.8%。

市消防救援支队处置"2·7"拱墅沈半路厂房火灾、"2·25"富阳兴达工具有限公司厂房火灾、"3·13"临平南都动力科技有限公司锂离子电池厂房火灾、"5·14"上城区皇冠大酒店火灾、"7·2"临安大鱼线水域救援等急难险重任务。市消防救援支队西湖消防站获评二星级全国青年文明号，特勤大队一站获评浙江省工人先锋号，桐庐大队云栖路站团支部获评浙江省成绩突出团支部，施佳颖被评为省"三八红旗手"，陈有钱获评第十六届"最美杭州人——十大杰出青年"。

【亚运会和亚残运会消防安全保卫】2023年3月，市消防救援支队派驻消防安保团队进驻杭州奥体中心体育场、主媒体中心等亚运会和亚残运会场馆，参与亚运会和亚残运会开（闭）幕式火炬塔、微电网项目施工和测试值守，以及仪式演出等各环节消防安全监管，开展赛事场馆、涉会场所消防安全评估指导，每日进行日常消防巡查演练和消防宣传培训。加强社会面火灾防控，实施"块、线、点"整体布防，开发应用"社会面防控网格化管理平台"，将社会单位"五类人员"和多种形式消防力量全部纳入网格范畴实时督导调度，开展护航亚运"清查""清雷""清零""清朗"四大行动，对亚运会和亚残运会场馆及火炬传递路线周边2.6万个单位完成全覆盖排查。加强消防宣传，对31所高校的2.7万名志愿者和2.2万名"一警五员"（派出所民警、应急消防管理站工作人员、基层网格员、微型消防站队员、专职消防队队员、消安委实体化办公人员）等基层力量完成多轮次、多类型、多渠道培训工作。开展"亚运健儿说消防"大型公益活动，20名亚运会冠军录制视频讲述消防安全，36名冠军为杭州消防签名代言。拍摄《登场》《精彩背后》《在一线》等10余个消防安保系列短片，中央广播电视总台社会与法频道的《生命线》栏目特别播出长达12分钟的亚运会消防安保纪实片。自主设计的消防员职业徽章被列入亚运会特许商品。亚运会和亚残运会开（闭）幕式、专场活动及赛事期间，全市范围内21天“零火情、零火警、零火灾”。

【现代化指挥体系建设】2023年，市消防救援支队贯彻落实国家消防救援局“初战联战”两项改革要求，提升智能接处警平台效能，开展应急通信关键性装备实战化应用。在全国“初战联战”视频核验中进行操法示范展示，并在全省消防救援单位中建设首个无人机教研一体化训飞基地。

【“火焰蓝”消防比武竞赛】2023年3月28—30日，市消防救援支队举办2023年全市消防救援队伍“火焰蓝”春季体能技能比武竞赛。16个大队258名指战员参赛。竞赛设置体能、技能和预案制作3类10个项目。最终，特勤大队、桐庐大队、滨江大队获大队团体总分前三名，特勤一站、云栖路站、富春站获中心站组前三名，蒋村站、特勤二站、高新站获小型站组前三名。11月20—30日，市消防救援支队举办2023年全市消防救援队伍“火焰蓝”执勤岗位练兵比武竞赛，16个大队393名指战员参赛。竞赛设置灭火救援、指挥中心、信息通信3类岗位，包含理论测试、体能技能项目、班组操法、实战化考核4项内容，滨江大队、特勤大队、萧山大队获大队团体总分前三名。

【消防行业职业技能大赛】2023年11月6—8日，杭州市第二届消防行业职业技能大赛在市消防救援支队培训基地及淳安千岛湖水上训练基地举行。大赛分灭火救援员、消防通信员、消防装备维护员3类岗位，设100米消防障碍、无人机侦察投送、正压式空气呼吸器组装及应用等10个竞赛项目，130名消防员参赛。各竞赛项目前三名共9人被市人力社保局认定为“杭州市技术能手”，各竞赛项目第四至第六名共9人被市总工会授予“杭州市职工经济技术创新能手”称号，灭火救援员第一名被团市委授予杭州市“杰出青年岗位能手”称号，灭火救援员第二至第四名、消防通信员第一名、消防装备维护员第一名共6人被团市委授予杭州市“优秀青年岗位能手”称号。

【专职消防队伍业务技能比武竞赛】2023年12月5日，市消防救援支队联合市政法工会举办2023年全市专职消防队业务技能比武竞赛，15支队伍90名队员参赛。竞赛设置综合体能、单人攀登6米拉梯操、“两人四带”、建筑物内攻出两支水枪操4个项目，萧山浦阳专职队、临安板桥专职队、临安龙岗专职队、钱塘义蓬专职队和萧山宁围专职队分别获团体总分前五名。

【消防救援队伍公物仓建成】2023年，市消防救援支队投入200万元，在全省率先建成消防救援支队级公用物资仓库。10月9日，仓库投入使用，占地面积约400平方米，用于闲置物资的存放、领取和维修，具备公用物资领取和办公用品24小时无人申领等功能，并通过制度完善、程序优化等措施实现资产盘活使用，降低行政消耗50%。

【消防基础设施建设和器材装备保障】2023年，市消防救援支队完成《杭州市消防救援设施专项规划》编制和报批，并将其纳入杭州市国土空间规划“一张图”。支队钱江世纪城指挥中心、拱墅半山站等6个消防站及场口、青山湖2个战勤物资仓库投入使用，钱江训练基地二期、4个区级指挥中心和22个消防站建设项目推进。投入专项经费1200余万元，采购租赁四轮摩托车等消防用巡查装备、背负式泡沫灭火装置等灭火救援专用装备、热成像仪等专用侦测装备及单兵安保“八件套”，升级消防安保任务期间的装备配备水平。全市消防救援队伍新配备各类消防车16辆，各类器材装备4万余件（套）。建设维修中心，开展支队级水力系统检测和可燃有毒气体标定两项功能建设，强化装备全生命周期管理，与相关单位签订联勤保障协议，完善战勤保障体系。

【消防安全专项整治】2023年，市消防救援支队创新消防治理手段，建立消防车道、登高场地“覆绿”改建长效机制，探索东清大厦老旧综合楼整治新路径，部署开展锂电池、冷库、“三老”［老旧小区、老年人住所（养老院、老年人公寓、医养中心等场所）和老年人］、高层建筑、仓储物流场所、城镇燃气、“两堂一舍”和“九小场所”等32项个性化专项整治，开展

2023年3月28—30日，市消防救援支队举办全市消防救援队伍“火焰蓝”春季体能技能比武竞赛
（市消防救援支队 供稿）

消防安全隐患大排查大整治、专项排查整治2023年行动和决战决胜“五大”攻坚行动，排查单位29.2万个，“三张清单”管理单位28.1万个，会同公安机关办理消防行政拘留697人，完成省、市、区三级重大火灾隐患挂牌单位（区域）整改84个。全市消防救援机构检查单位3.17万个，发现火灾隐患或违法行为1.86万个，督促整改1.66万处，下发责令改正通知书9130份、行政处罚决定书4129份、临时查封决定书631份、行政强制决定书2份，责令“三停”单位858个，罚款3642.64万元。结合“3·15”消费者权益日活动，开展冒牌消防培训和假冒伪劣消防产品整治，开展消防产品检查2.5万次，联合市场监管部门检查62次，检验消防产品85次，责令改正140次，下发现场判定不合格通知书196份，办理消防产品质量问题消防产品行政处罚案件58起，处罚金26.62万元，通报涉嫌违法生产/销售消防产品案件54起、生产不合格消防产品20起，向公安部门移送假冒伪劣防火门的刑事案件2起。联合检察机关开展消防技术服务领域“蓝光”行动，强化行刑衔接，办理消防技术服务机构相关行政处罚案件88起，移送技术服务机构提供虚假证明文件案件3起，办理全省首起消防技术服务机构提供虚假证明文件案件。

【区域性微型消防救援站建设】 2023年，市消防救援支队推动各地加强区域性微型消防救援站建设，以建立“5分钟消防救援圈”为目标，打造以1个国家综合性消防救援队伍为主，N个区域性微型消防救援站、专职消防队为辅，X个社区微型消防站为补充的“1+N+X”三级消防救援体系。至年末，全市建成364个区域性微型消防救援站。搭建区域性微型消防救援站指挥调度平台，接入“119”智能接处警系统统一指挥调度，乡镇（街道）通过数字化管理平台实现每日执勤打卡、每周任务下派、每月综合评价等日常管理，并依据评价结果，通过“以奖代补”方式对站点进行补助，激励站点效能发挥。

【火灾调查技术中心成立】 2023年，市消防救援支队投入200余万元，建成火灾调查技术中心。中心设立高精尖装备分析室、火调装备室、典型物证室、案情会诊室和模拟实验室5个库室，购置火调专用勘察车、高精尖火调装备和个人防护等火灾调查专用装备，建立应急响应、区域联动和公安协作3项机制，承担火灾事故调查处理、火调人才队伍培养、火灾风险分析研判、火调装备展示教学4项职责。全年对7起亡人和有影响火灾开展调查处理，5名公职人员受到党内警告或政务警告，15名公职人员被诫勉谈话、通报批评或提醒谈话，9人因火灾被追究刑事责任，移送刑事立案3起8人。

【消防安全智能防控迭代升级】 2023年，市消防救援支队投入500余万元，建成“数智治火”平台，形成以消防安全指数为中心，融合各业务模块和物联中心、数据中心、应用中心于一体的“1+X+3”架构，初步实现火灾防控“自动化”、单位管理“精准化”、监督执法“高效化”和分析研判“智能化”。迭代升级重大消防安保平台，实时汇聚交通、水务、气象等部门16项800余万条数据及各类监控视频，动态展示消防安保整体态势，实时调度现场安保人员，管理后台端、浙政钉移动端、可视化平台端融合推进任务执行，实现指挥立体化、直观化。研发社会面防控网格化管理平台，对区县（市）、乡镇（街道）、区域微型消防站和政府专职消防队三级网格力量全部实现一键调度督导和警情联动调派，形成包干体系可视化、末端网格精细化、督导调度扁平化、防消联勤一体化的社会面防控体系，相关经验被国家消防救援局简报录用和推广。

【《杭州市电动自行车消防安全管理办法》出台】 2023年10月10日，杭州市出台全国设区市层面首部对电动自行车消防安全进行全方位全链条管理的地方政府规章——《杭州市电动自行车消防安全管理办法》。办法明确市、区县（市）、乡镇（街道）、村（社区）等各级机构及消防、市场监管、公安、住保房管和建设等部门的具体职责，明确从事外卖配送、快递揽收等活动的企业、互联网电动自行车租赁经营企业和电动自行车集中充电设施运营主体的消防安全管理要求，为预防和减少电动自行车火灾、保护人民群众生命财产安全、维护公共安全提供法治保障。

【消防宣传和培训】 2023年，市消防救援支队开展消防安全宣传“五进”（进企业、进农村、进社区、进学校、进家庭）工作，在全市创建“五进”示范点15个，部署开展消防站开放、暑期安全教育、“三老”场所等专项宣传行动10余个。全年全市开展消防安全直播实验61场，消防疏散演练65次、培训336场、覆盖2万人，发放消防宣传册10万份。发展消防志愿者力量，与张能庆志愿服务队等社会公益组织保持合作共建，成立消防救援人员子女志愿服务队、组建富阳“敬老院消防反诈志愿者”应急科普队伍等，全市新加入志愿者11.5万人。在“119”消防宣传月，推出寓意“守护杭州平安”的6个IP卡通形象和代表“杭州消防”的4个IP卡通形象，联动华数集团开展“不止”音乐节、hope酒吧等消防宣传“联名”活动。拍摄的《穿越千年、勿忘安全》《旅途中的“担忧”》两部短视频作品获第四届平安浙江微电影微视频微动漫比赛三等奖，全网播放量超过1亿次。

（高正达）

责任编辑 金利权 高 丹

47 区县（市）

上城区

【概况】2023年，上城区辖14个街道，有199个社区、4个村。行政区域面积122平方千米。至年末，全区户籍人口90.31万人，常住人口139.0万人，暂住人口81.75万人，人口自然增长率-0.04‰。全区生产总值2668.48亿元，比上年增长4.3%。其中：第二产业增加值621.95亿元，下降2.0%；第三产业增加值2046.53亿元，增长6.4%。二、三产业增加值结构为23.3 ∶ 76.7。常住人口人均生产总值19.33万元，增长2.9%。财政总收入460.82亿元，增长13.6%。其中，一般公共预算收入244.94亿元，增长16.3%。一般公共预算支出155.32亿元，增长2%。全区居民人均可支配收入8.27万元，增长4.5%。

全区规模以上工业增加值471.82亿元，下降1.2%。固定资产投资增长11.1%。全区社会消费品零售总额1107亿元，增长3.2%。全区货物进出口总额654.54亿元，增长2.7%。全年数字经济核心产业增加值83.51亿元，增长6.9%。湖滨、吴山、钱江新城三大商圈实现营业额518.45亿元，下降4.7%。旅游休闲产业总收入264.1亿元，增长34.1%。健康产业增加值304.50亿元，增长2.6%。实现税收1亿元以上楼宇64幢，其中税收10亿元楼宇10幢。上城区获评“中国楼宇经济标准引领示范城区”。

全区投入10万余人次保障力量，完成城市品质提升、赛事安全、外事礼宾、抵离交通、食品医疗、志愿服务和城市运行等杭州第19届亚运会、第4届亚残运会保障任务。动员15万余户居民打造“阳台花海”，营造“花满上城”风景线。发动2.4万人次保障亚运火炬传递。保障8场亚运会足球比赛，服务观众7.5万人次。组织开幕式、闭幕式观众地铁接驳3.3万人次，城市阳台、湖滨步行街等大人流区域疏导管控平稳有序。

新增国家高新技术企业161个、省科技型中小企业601个；新增市级及以上科技企业孵化器4个、市级众创空间1个，新增市级以上企业研发中心27个；新增发明专利授权1478件。首次承办全国颠覆性技术创新大赛总决赛。引进35岁以下大学生4.7万人。

各级各类学校207所，其中幼儿园108所、义务教育阶段学校93所、十二年一贯制学校2所、普通高中1所、职业高中1所、特殊教育学校2所。在校（园）学生16.48万人，其中义务教育阶段中小学生12.07万人、高中生2059人、在园幼儿4.15万人。有在编教职工1.01万人。深化教育综合改革，创新实施“长幼随学”，全国义务教育优质均衡发展区、国家学前教育普及普惠区通过创建评估，教育现代化发展水平监测居全省第一位。

全年开展各类社区级以上文化活动4680场。发布全区首批100个“星级博物馆”，106条韵味街巷亮相。建成品质文化生活圈90个、邻里阅读空间22个、文艺赋美演出点位573个。区图书馆获评国家一级馆。“夏衍杯”优秀电影剧本证书颁授仪式在上城区举行。

各类医疗卫生机构795个（含省、市医疗机构，不含停业医疗机构、筹建机构）、床位2.56万张、各类专业卫生技术人员4.32万人。扩大照护服务机构覆盖，全年新增婴幼儿照护服务托位1180个、新建成长驿站18个。创新家庭医护服务模式，打造全市首个医养护驿站，改造提升社区卫生服务中心2个、服务站14个。

城镇新增就业3.93万人，实现失业人员再就业8929人，就业困难人员安置3356人，开展职业技能培训3.02万人次，新培育技能人才1.61万人，发放创业担保贷款393笔、1.84亿元。建成国家级充分就业社区2个、零工市场3个，全区“零就业”家庭动态“清零”。高质量就业工作获省政府督查激励。全区养老保险参保人数66.29万人，工伤保险参保人数75.44万人，医疗保险参保119.69万人。全省首推“幸福+”养老服务体系，建成“幸福·邻里食堂”124个，配送餐实现全域覆盖。

全年接待国内外游客1796.63万人次，增长56.6%；旅游总收入279.45亿元，增长41.9%。

【上城区获评“中国楼宇经济标准引领示范城区”】2023年9月6日，在中国国际服务贸易交易会·2023年中国楼宇经济北京论坛上，上城区获“中国楼宇经济标准引领示范城区”

称号，同时获评中国“楼宇经济（总部经济）标杆城区”“商务区综合竞争力”10强。上城区牵头制定全省首个地方标准《杭州市楼宇平方效益评价规范》，围绕党群引领、经济效益等6个模块细化形成45项指标。牵头发起长三角楼宇标准合作项目，联合上海市黄浦区、南京市鼓楼区等地共同编制《长三角商务楼宇一体化评价体系》。12月15日，上城区举办长三角主要城市中心城区高质量发展联盟（C9联盟）第三届联盟大会，9个中心城区参加，评选出20幢商务楼宇为C9联盟首批长三角示范楼宇和新锐楼宇。至年末，全区竣工楼宇超过270幢，总建筑面积超过2000万平方米。

【“五心”营商环境打造】2023年，上城区实施营商环境优化提升“一号改革工程”，打造“更舒心政务环境、更省心市场环境、更安心法治环境、更贴心经济生态环境、更暖心人文环境”的“五心”营商环境品牌。制定《上城区营商环境优化提升“一号改革工程”实施方案》《上城区营商环境优化提升二十条》等政策文件，建立健全专班调度、例会推进、督帮一体等改革保障机制。承接落地股权投资和创业投资份额转让、创新管理知识产权国际标准实施等国家试点，以及新型消费城市建设等23项省级试点。开展对标世界银行营商环境评估体系的企业调查工作，建立“感知服务需求—构建服务闭环—评估服务成效—迭代服务清单”工作体系，该经验做法在《浙里改》刊发。湖滨“智慧商圈”改革获2023年度浙江省改革突破奖铜奖，创业投资全链条服务“一类事”入选省营商环境“微改革”案例。

【区企业综合服务中心成立】2023年8月31日，上城区企业综合服务中心挂牌成立。该中心位于上城区政务服务中心二楼增值服务专区，负责统筹推动增值服务清单事项进驻、跨部门业务协同、线上平台运维管理；协调解决涉企服务疑难问题、全程跟踪督办涉企服务效率、分析研判涉企运行数据；统筹社会资源创新增值服务、复盘提升涉企服务问题，实现企业需求“一口”受理、流转、督办和反馈。根据区政务服务增值化事项清单，首批推出法律服务、政策集成等18个增值服务专窗，涵盖金融服务、法律服务、兜底服务等9个增值服务板块，建立“前台综合受理、后台分类联办、限时办结反馈”的运行模式。自助服务大厅配备自助服务设备11台，包含税务、商事登记等150个高频事项，并提供141个企业高频事项的预约帮办服务。设立“C9联盟”政务服务自助区，引入“一键呼应”系统，帮办人员可一键发起远程协办请求，实现与上海、苏州、安徽跨省协同办事。对接上海市黄浦区开通“智能店小二”等10个常用功能，提供近3000个事项远程视频咨询、帮办服务。

2023年8月31日，杭州市上城区企业综合服务中心挂牌成立

［上城区委党史研究室（上城区地方志编纂研究室）供稿］

【“一核多点”未来产业矩阵初步成型】2023年，上城区成立未来产业专班，聚焦人工智能、元宇宙产业赛道，重点构建“一核多点”元宇宙产业基地发展矩阵，将杭港科技大厦作为上城区未来产业“一核”基地，以浙江元宇宙产业基地、顺福商务中心等作为“多点”布局。杭港科技大厦位于杭港高端服务业示范区核心板块，总建筑面积4.9万平方米，地上面积2.9万平方米。该大厦由上城资本集团运营，聚焦区块链、数字孪生、人工智能、交互技术、高性能计算芯片等元宇宙和数字经济产业，打造集产业投资、产业服务、产业孵化、产业研究等功能于一体的未来产业综合体。10—12月，浙江毫微科技有限公司、“杭州Web3.0 Hub”等企业和平台先后入驻大厦。4月，上城区政府与香港贸易发展局签订《杭州—香港Web3产业联动备忘录》。至年末，上城区“一核多点”未来产业矩阵初步成型。

【“没有围墙的博物馆”群落建设】2023年，上城区统筹全域文旅、文博资源，建好一个“清河坊核心圈”，打造沿江、沿河两条“展示带”，提升南宋德寿宫遗址博物馆等100个“星级馆”，推动“没有围墙的博物馆”群落建设，形成“点面线”结合的博物馆群落展示空间。编制《杭州市上城区博物馆群落建设扶持办法》，配套制定优质博物馆项目入驻评审办法、星级馆评定标准等方案细则，规范项目运行全过程监管。围绕清河坊核心圈建设，面向社会公开征集优质博物馆项目，结合街区定位、项目匹配度，形成拟入驻项目方案。以钱塘江、龙山河、中河、上塘河沿线文化资源为基础，打造沿江、沿河两条自然与人文景观交融展示带。开展3轮资源排摸，收集文博点位资源190处，精选100个场馆形成培育名单。举办首批“星级博物馆”发布仪式，线下发布“星级百馆”地图，线上上线文博“百馆云地图”。统一“星级馆”开放运营标准，100% 完成星级馆提升工作。整合南宋德寿宫遗址博物馆、海塘遗址博物馆、夏衍旧居等区域特色文博场馆优势，开展“上城有意思”主题文博活动 271 场。向社会招募文博推荐官 108 人，到区内各个博物馆进行探馆分享。年内，上城区在浙江省文博事业发展水平年度评估中居全省第四位。

【“一老一小”服务提质扩面】2023 年，上城区推进“一老一小”服务提质扩面。发放养老服务电子津贴（重阳分）3347.01 万分、高龄津贴 3265.21 万元，分别受益 42.97 万人次、45.61 万人次；发放“智慧型”老人手机，提供紧急救助、特殊助急、生活服务等服务，惠及 5.37 万人。“上城颐养”智慧养老服务平台全覆盖运营，服务 27.4 万人次。通过改造提升或新建食堂、助餐服务点，合作挂靠社会餐饮资源等途径，打造“幸福·邻里食堂＋幸福助餐点＋幸福餐桌＋幸福助餐队”的“四位一体”老年助餐服务新模式，全区 124 个老年助餐服务点投入运营。推进“幸福忆家”认知障碍照护专区建设，在 10 个养老机构改建完成 22 个专区、430 张床位，入住老人 225 人。新建康养联合体 7 个，总计 14 个，服务老人 12 万余人次。围绕老年人如厕、洗澡、行走、智慧监测等需求与服务，完成适老化改造 455 户。做好困境儿童及未成年人保护工作，向全区 607 名困境儿童发放补贴 7493 人次、485.6 万元。构建“家—校—社”未成年人保护服务体系，完成区级未成年人保护中心和街道未成年人保护站提升建设，推进未成年人关爱保护中心、站、岗“区—街—社”三级联动体系建设。实现全区未成年人保护站档案资料统一化、标准化、规范化设置和电子化制作。加强儿童类服务社会组织培育，新增 5 个，总计 55 个，实施品牌特色服务项目 17 个，购买儿童类关爱服务支出 80 余万元。

【“特有爱·荷湾幸福街区”开街】2023 年 9 月 10 日，“特有爱·荷湾幸福街区”开街。街区位于凯旋路 125~139 号，全长 350 米，是以探索“特有爱·双向奔赴”共富实践为目标打造的助残公益共富街区。街区将助残服务融入邻里生活场景，打造“荷湾拾景”，即特有爱·幸福体验馆、“弯湾·爱生活”社会融合共享体、“弯湾·爱生活”茶饮铺、新农都生鲜生活超市、“乐荷时光”幸福共享体、阳光驿站、荷湾的礼物、弯湾洗车行、“会飞的蜗牛”幸福梦想屋、荷湾·暖咖。其中，特有爱·幸福体验馆为残疾人设置综合办事窗口、康复服务区、职业指导站、共享书房等板块服务；“乐荷时光”幸福共享体一楼供应三餐，为老年人提供优惠，二楼设有“乐荷家”，开设婴幼儿成长驿站、居家养老服务照料中心、老年康养日照中心等服务区块。至年末，该街区汇聚政府、企业、社会组织等力量，引进企业、社会组织 20 余个，引入精准化助残服务公益项目 10 余个，链接助残资源 100 余项；帮助困难残疾人就业 5 人，改造提升残障人士居家环境 2 户。以荷湾·暖咖、特有爱合伙人等为平台开设荷湾市集 12 场、手艺超人品牌义卖 3 场，成立荷湾共创坊，提供就业岗位，为特殊人群增收 20 万元。街区“特有爱”研学路线启动，开展“幸福初体验”研学活动 5 场、“特有爱”周末研学活动 1 场。

【共青团城市基层组织改革试点】2023 年，上城区通过构建新型组织体系、创新组织动员方式、凝聚青年工作骨干、完善项目运行机制、改进资源筹措方式，推动共青团城市基层组织改革走深走实。依托湖滨街道青年路社区全国试点的契机，实现辖区非公有制企业团组织“应建尽建”。组建湖滨“晴雨合伙人”队伍，根据青年“需求清单”，设立“爱心合伙人”“议事合伙人”“创新合伙人”“文化合伙人”4 个子品牌，对应孵化共青团“伙伴计划”系列工作项目。联动团省委、省青少年发展基金会创设上城区“青年共富”基金，吸纳筹措公益资金、物资 50 余万元。激发四季青街道钱运社区省级培育试点创新动力，推进社区层面区域化团建机制，建立社区青年工作协同机制；组建“青春筹”“青春恋”“青春创”“青春帮”4 类、8 个青年小组；升级“青年之家”，设置青春汇客厅、青春悦读汇、青春生活汇等功能区块；健全志愿服务积分兑换机制，创建居民志愿者和公益单位公益积分账户及兑换规则。“晴雨合伙人”“青年共富”基金等工作品牌入选团中央试点典型案例；青年路社区“团团活力圈”入选团中央“伙伴计划”示范项目；形成《关于城市社区团组织标准化建设的实施意见》等实践、制度成果 2 个。

（许红霞）

拱墅区

【概况】2023 年，拱墅区辖 18 个街道，有 177 个社区，行政区域面积 119 平方千米。至年末，全区户籍人口 89.47 万人，常住人口 118.8 万人，比上年增加 1.1 万人。人口自然增长率 –1.85‰。新增就业 3.76 万人，再就业 7618 人。城镇登记失业人员 1.52 万人，发放促进就业专项资金 1.3 亿元，惠及 3.43 万人次。

全区生产总值 2091.5 亿元，增长 5.1%。其中：第二产业增加值 193.4 亿元，增长 1.0%；第三产业增加值（服务业增加值）1898.1 亿元，增长 5.5%。二、三产业增加值结构为 9.2 ∶ 90.8。常住人口人均生产总值 17.69 万元。

财政总收入 359.39 亿元，增长 5.7%。其中，一般公共预算收入 199.18 亿元，增长 8.1%。一般公共预算支出 132.23 亿元，下降 1.5%。民生事业支出 113.52 亿元，占一般公共预算支出的 85.9%。其中：教育事业支出 35.7 亿元，增长 7.6%；科学技术事业支出 9.33 亿元，增长 15.1%；卫生健康事业支出 11.71 亿元，下降 41.5%。

商贸金融业增加值 1014.4 亿元，占全区生产总值的 48.5%。其中：商贸业增加值 342.6 亿元，占全区生产总值的 16.4%；金融业增加值 671.8 亿元，增长 6.0%，占全区生产总值的 32.1%，总量居全省第一位。全年数字经济核心产业增加值 93.3 亿元，占全区生产总值的 4.5%。生命健康产业增加值 295.8 亿元，增长 11.2%。规模以上电竞文娱产业增加值 124.1 亿元，增长 8.8%；文化产业增加值 114.7 亿元，增长 9.0%。新制造业增加值 114.0 亿元，增长 5.9%。

工业增加值125亿元，增长2.0%。其中规模以上工业增加值113.2亿元，增长2.2%。规模以上工业销售产值273.7亿元，下降8.2%，出口交货值8.2亿元，下降34.9%。规模以上工业新产品产值122.5亿元，新产品产值率41.8%。高新技术产业增加值98.6亿元，增长7.2%，占比87.1%；战略性新兴产业增加值85.4亿元，增长10.0%，占比75.4%。建筑业增加值69.3亿元，下降0.9%；建筑业总产值726.9亿元，增长4.2%。服务业增加值1898.1亿元，增长5.5%，占全区生产总值的90.8%。其中，交通运输、仓储和邮政业，住宿餐饮业增长较快，分别增长23.3%和10.2%。金融业增加值671.8亿元，增长6.0%，对全区生产总值贡献率为37.5%。

固定资产投资增长14.8%。分产业看，第二产业投资下降0.2%，第三产业投资增长15.2%。分结构看，制造业投资增长18.2%，高新产业投资增长11.9%，交通、水利和能源投资增长11.4%，民间投资增长32.8%。工业投资下降0.2%，民间项目投资下降5.4%。房地产开发投资增长32.0%。房屋施工面积1681.8万平方米，增长13.0%，商品房销售面积189.3万平方米，增长5.2%。

社会消费品零售总额1363.9亿元，增长3.9%。货物进出口总额1046.33亿元，增长19.1%。其中：进口559.21亿元，增长40.5%；出口487.12亿元，增长1.4%。完成跨境电商出口10.63亿美元，增加1.42亿美元。服务贸易出口额9.66亿美元，增长9.3%，其中服务外包离岸执行额0.93亿美元。引进招商引资项目7656个，总注册资金760.56亿元。其中，新招引1亿元以上产业项目142个，注册资金372.16亿元。拱墅区实际利用外资7.45亿美元，增长175.0%，增幅居全市第二位。

新增科技领军企业1个、科技小巨人企业2个、高新技术企业134个、省科学技术型中小企业534个。专利授权量7774件，下降19.3%。其中，发明专利授权量2570件，下降12.8%。

全年接待国内外游客717.45万人次，增长26.6%；旅游总收入155.39亿元，增长29.3%。拱墅区创建浙江省全域旅游示范区，入选首批国家级文化和旅游产业融合发展示范区创建名单。桥西历史文化街区获评第二批国家级旅游休闲街区。新建30个“15分钟品质文化生活圈”、1个文化驿站、2个城市书房，新建嵌入式体育场地296个。

各类教育机构212个。其中：职业高中1所，完全中学1所，高中3所，初中27所，九年一贯制学校13所，小学52所，幼儿园113所（含民办、部门办幼儿园），特殊教育学校2所。在校学生14.55万人。其中：幼儿园在校幼儿3.59万人，小学在校学生7.32万人，初中在校学生3.24万人，高中（含职业高中）在校学生3744人，特殊教育学校学生296人。全区教师1.13万人。

卫生机构887个，实有床位2.18万张，每千人执业医师8.83人，每千人注册护士10.49人，门（急）诊1727.65万人次，住院63.95万人次。全年新增普惠型托育机构15个，社区成长驿站16个，托位888个。

居民人均可支配收入8.30万元，增长4.7%。年末职工养老保险参保人数65.97万人，生育保险参保人数66.64万人，工伤保险参保77.55万人，基本医疗保险参保职工人数77.91万人。户籍人口基本医保参保率99.6%。

完成上塘街道等7个街道、康胜苑等7个小区“污水零直排”提质增效工作。完成720余个餐饮油烟单位油烟净化设备集中清洗，挥发性有机物（VOCs）专项治理、餐饮油烟在线监测设备安装等20条治气攻坚任务超额完成，拱墅区获美丽杭州考核大气污染攻坚任务单项排名全市第一名。

【拱墅区连续三年获评“中国最具幸福感城区”】2023年11月24日，由新华社《瞭望东方周刊》主办的“2023中国幸福城市论坛”举行，发布“2023年中国最具幸福感城区”榜单，拱墅区再次入选，连续三年获该荣誉。拱墅区持续做好保护大运河这篇文章，保护和修复桥西历史文化街区、大兜路历史文化街区等历史街区，修复富有江南水乡特色的运河故居1000余幢，打造杭州体验运河风情、慢生活的首选地。将养老托育纳入政府民生实事工程，打造“阳光老人家”“阳光小伢儿”等民生阵地。拱墅区被授予“全国智慧养老示范基地”“全国婴幼儿照护服务示范区”等称号。推进未来社区建设和老旧小区改造，持续破解二次供水、加装电梯、嵌入式体育设施等“关键小事”。拱墅区连续18年被命名为省级“平安区”。

【浙工新村城市危旧房有机更新（试点）项目】2023年，拱墅区以浙工新村城市危旧房有机更新项目为试点，着力破解政府单向投入、规划指标受限、审批路径不通等关键性难题，探索打造新时代城市版“千万工程”典型样板。浙工新村小区是福利分房制度下形成的老旧小区典型，建成于20世纪八九十年代，因建筑老化、危房较多、配套不全，群众改造意愿强烈。4月22日，浙工新村城市危旧房有机更新（试点）项目启动，总面积8.1万平方米，涉及房屋13幢、住户548户。该项目启动后，以最快速度实现腾房率98.9%，并于11月28日举行开工仪式。该项目为全省公共服务“七优享”工程重大民生工程，被新华社等主流媒体报道。

【拱墅区实际利用外资增幅居全市第二位】2023年，拱墅区实际利用外资7.45亿元，比上年增长175.0%，增幅居全市第二位。年内，拱墅区先后出台“拼经济·开门红”16条、现代服务业强区28条、优化营商环境10项政策，累计兑现各项政策资金5.35亿元，“无感监测”（指利用数字化手段进行监测方法）营商环境指数居全省第一位。整合产业部门、国有企业平台力量，围绕世界500强企业，到法国、德国等发达国家和地区开展“敲门招商”。参加中国第六届进口博览会等会展活动，实地走访参展企业并签约，携手共享机遇。定期召开重点项目专题协调会议，协调调度福布斯中国等重点项目推进、碧迪医疗大中华区创新中心落成启动，推动拱墅区全省健康产业高地的打造。

【外国高端人才创新集聚区建设】2023年，拱墅区依托杭州国际人才创业创新园建设，成立工作专班，升级出台“外创新十条”专项政策，推动国际人才创业创新，累计落地16个国家、50余个外籍人才创业项目。引进科技部批复设立的中欧人才交流与创新合作中心，加快导入欧洲人才和创新资源，推动中欧创新资源互通共赢。对接国际“一带一路”绿色发展联盟、法国电力开放式创新中心、欧洲水资源协会等国际组织，接待11个国家、120余名外籍人才到访交流。推动与英国上海商会合作，举办经济贸易交流活动，搭建中英人才合作平台。

2023年8月18日，拱墅区祥符街道祥符桥传统风貌街区开街
［拱墅区委党史研究室（拱墅区地方志编纂研究室）供稿］

【街道级零工市场创办】2023年3月29日，全市首个街道级零工市场——东新街道零工市场在新天地商务社区揭牌运营。零工市场贯彻“促就业、保民生、助共富”的理念，推出“新零工”服务礼包，提供岗位推荐、技能培训、就业辅导、职业体验、政策咨询、免费办公、直播带岗、招工摊位、劳动维权、公益援助10项服务举措。零工市场线上和线下同步首发烘焙师、水电工程师等零工岗位100余个，现场同步举办拱墅区“春风送岗”专场招聘会，邀请60个企业参会，提供岗位1000余个。设置职业规划指导专区，由拱墅人社职业指导师团队为求职群体谋划职业发展路径，推动职业与个人能力特点精准匹配。

【浙江大学附属五官科医院落户拱墅】2023年6月13日，拱墅区政府与浙江大学医学院合作共建浙江大学医学院附属五官科医院签约仪式举行，双方合作打造大城北地区高端医疗资源新高地。项目落户于拱墅区东新街道杭氧街142号，东至东新河绿带，南至杭氧街，西至东新路，北至德胜路绿带。项目由3栋建筑组成，其中A座17层、B座5层、C座11层，地下2层。总建筑面积5.9万平方米，项目地上建筑面积3.92万平方米，地下建筑面积1.98万平方米。医院规划使用面积4万平方米以上，床位数450张，总投资20亿元，设传统的五官科（眼科、耳鼻喉科）及颌面外科、头颈外科等学科。

【祥符桥传统风貌街区开街】2023年8月18日，祥符桥传统风貌街区开街。该街区由莫干山路、大吉路、三墩路、祥符路4条道路围合而成，横跨五里塘河，集文化、休闲、美食于一体，包括文化街区、滨水公共带、小学、养老院及作为公共活动中心的未来公社。祥符桥传统风貌街区作为省“千项万亿”工程首批重点项目，总投资20亿元，总建筑面积35万平方米，获“国际建筑奖”“城市更新金坐标”等奖项。项目建设单位为拱墅区城市建设发展中心。

【“拱墅教育大脑”上线】2023年11月2日，“拱墅教育大脑”上线。“拱墅教育大脑”以数字基座、应用领域和多跨场景3层次结构为基础，形成“1+6+2+N”数智体系（“1”指1个新立方数字基座；“6”指智慧管理、智慧服务、智慧教研等6个领域；“2”指分别接入“浙里办”和“钉钉”2个应用入口；“N”指整合集成“学区一点通”“墅智托管”“墅智后勤”“校园安全管理”“项目式学评”等N个特色区本应用）。“拱墅教育大脑”以区域教育共富为立足点和出发点，构建集教育数智治理、全域资源共享、个性化教学、数字化评价等于一体的数字化教育治理新模式。

【国际曲棍球发展训练基地落户拱墅】2023年10月6日，国际曲棍球发展训练基地授牌仪式在拱墅区举行。训练基地位于拱墅运河体育公园体育场，由拱墅区与国际曲棍球联合会共建。建筑面积1.3万平方米，分地下一层、地上二层，可容纳观众5000人，总投资3.39亿元。训练基地是杭州第19届亚运会曲棍球、第四届亚残运会盲人足球比赛场地。

【王星记清廉扇艺文化体验馆开馆】2023年9月17日，拱墅区政府联合杭州市实业投资集团有限公司共同建设的王星记清廉扇艺文化体验馆开馆。体验馆是一个以非物质文化遗产和廉洁文化为主题的公益性博物馆，位于朝晖街道长板巷118号王星记文化产业园内。体验馆设“清风扇语”打卡中心、“制扇润心”手工制扇车间、“竹骨风韵”大师工作室、“尽扇尽美”扇文化博物馆、“扇言良语”扇语讲堂、“清风徐来”清风扇体验点6个区域，以杭州的历史人物和王星记工艺美术大师的技艺传承故事为素材，解读“清与勤”和“扇与善”等关联性文化的内涵，实现扇文化与廉洁文化的有机结合。年内，体验馆接待参观团队210余批次。

（蒋　珏）

西湖区

【概况】2023年，西湖区辖10个街道、2个镇，有181个社区、41个村，其中，西湖街道（下辖6个社区、9个村）委托杭州西湖风景名胜区管委会管理。行政区域面积263平方千米。至年末，全区户籍人口81.6万人，比上年增加1.1万人；户籍22.9万户，增加0.4万户；常住人口117.1万人，增加0.4万人。人口自然增长率1.69‰。全区生产总值2087.4亿元，比上年增长5.1%。其中：第一产业增加值3.5亿元，增长8.1%；第二产业增加值144.6亿元，下降6.2%；第三产业增加值1939.3亿元，增长6.1%。三次产业增加值结构为0.2∶6.9∶92.9。常住人口人均生产总值17.86万元。

财政总收入449.63亿元，下降3.0%。其中，一般公共预算收入233.78亿元，增长0.1%。一般公共预算支出169.29亿元，增长13.0%。其中，教育支出57.43亿元，增长42.7%；社会保障和就业支出18.4亿元，增长4.5%；卫生健康支出9.41亿元，下降22.3%。

农林牧渔业总产值5.35亿元，其中农业种植业产值3.87亿元、渔业产值1.29亿元。经济作物播种面积720公顷。龙井茶、无公害蔬菜、水产养殖及花卉苗木等优势产业产值4.72亿元，占农业总产值的86.9%。全年淡水产品产量6153吨。

规模以上工业总产值343.2亿元，下降10.5%；规模以上工业企业销售产值327.8亿元，下降11.7%；规模以上工业增加值94.1亿元，下降9.2%。规模以上新产品产值99.7亿元，新产品产值率29.1%；规模以上工业高新技术产业增加值80.4亿元，下降11.5%，占规模以上工业增加值的85.4%。

固定资产投资增长14.7%，其中：交通、水利和能源投资增长40.5%，高新技术产业投资增长11.8%，工业投资增长26.6%（制造业投资增长30.9%），民间投资下降2.6%（项目民间投资下降15.2%）。

服务业增加值1939.3亿元，增长6.1%。服务业完成一般公共预算收入197亿元，对地方财政贡献率84.3%。社会消费品零售总额906.3亿元，增长7.2%。其中，粮油食品类零售额61.2亿元，增长18.1%；服装鞋帽类零售额29.9亿元，增长16.9%；石油及其制品类零售额186.8亿元，下降2.7%；汽车类零售额111.4亿元，增长8.5%。限额以上批发和零售业单位通过公共网络实现零售额181.6亿元，增长16.5%。

进出口总额348.28亿元，增长12.0%。其中，货物出口总额294.15亿元，增长13.0%。服务贸易出口额25.82亿美元，增长20.6%。实际利用外资4亿美元，完成率50.7%。招引1亿元以上产业项目158个，总投资500.39亿元，完成率131.7%。其中，1亿元以上固定资产投资制造业项目11个，总投资31.81亿元；1亿元以上固定资产投资服务业项目14个，总投资136.02亿元。跨境电商出口额64.2亿元，增长17.4%；跨境电商进口额21.4亿元，增长0.8%。

全年研究与试验发展经费支出93.92亿元，与全区生产总值之比为4.5%。74个科技成果获省科技进步奖，32个项目获省“尖兵”“领雁”研发攻关立项。全年新认定国家高新技术企业251个，新增省科技型中小企业861个。国家高新技术企业总数1418个、省科技小巨人企业总数3944个。培育独角兽、准独角兽企业58个，省科技小巨人企业7个，上市国家高新技术企业20个。组织国际火炬计划及国家海外优青项目等申报工作。开展精准培训辅导和专家预审，举办“科技八点半”品牌活动33场，路演科技型企业（项目）339个，在政策、资本等领域串联起政企互动362项。举办科技小巨人、国家高新技术企业资质等各类科技政策及项目申报培训40余场，参与企业1000余个（次）；兑现国家高新技术企业奖励、雏鹰奖励、创新载体奖励等科技项目政策资金超7.69亿元，惠及企业2500余个。

全区中小学及幼儿园（含民办）138所，在校生15.33万人。普通高中7所、职业高中1所、初中22所、小学29所、特殊学校1所和幼儿园78所，在校学生分别为5087人、1715人、3.03万人、8.06万人、169人和3.46万人。全区在职教职工1.43万人，其中在编教职工7825人、专任教师1.07万人。学前儿童入园率100%、优质率99.1%、普惠率94.2%，小学生和初中生入学率均为100%。

各类医疗机构623个，床位11720张。社区卫生服务中心12个，其中双浦镇社区卫生服务中心下辖2个分中心；社区卫生服务站（卫生站）75个。有卫生技术人员1.92万人，其中执业医师（助理）7197人、注册护士8584人。全年门诊1445万人次。

全区参加职工基本养老保险59.37万人，增长0.75%；失业保险参保54.7万人；辖区户籍居民医疗保险参保率99.7%。新增城镇就业人员3.44万人，帮扶就业困难人员3770人。全区有养老机构16个，床位3354张。城乡低保标准每人每月1259元，保障全区2782户3271名困难群众基本生活。有城乡社区居家养老服务照料中心150个。

全年接待国内外游客2156.69万人次，增长66.2%；旅游总收入240.10亿元，增长35.0%。

【中国虚拟现实与元宇宙产业峰会】 2023年3月21—22日，中国虚拟现实与元宇宙产业峰会在西湖区文三数字生活街区举行。会议以“灵境新世界，产业新高地”为主题，围绕虚拟现实与元宇宙在经济、社会与文化领域的融合创新和规模化应用，开展系列交流研讨，助推产业链、创新链、供应链、资源链、人才链联动协同。峰会设主论坛1场、联盟第一次全体会议1场、新品发布与展示会1场、专题论坛4场、项目研讨会2场。通过3D裸眼场景、元宇宙线上直播、元宇宙线上新品展示等模式，让与会者体验虚拟现实与元宇宙的技术特性和应用魅力。会上，浙江省经信智慧城市规划研究院与西湖区政府、中国信息通信研究院两化融合所进行战略合作签约，共同推动以虚拟现实与元宇宙为代表的沉浸式业态创新发展。

【九曲红梅茶文化节】 2023年4月26日，首届“匠心助农，茶话未来”九曲红梅茶文化节在西湖区灵山景区九曲红梅茶博馆开幕。活动设“斗茶大赛”“松韵品茶”“国风演绎”“创意集市”等系列单元活动，通过以茶促农、以旅带茶，斗茶品茶的体验，展示西湖乡村茶园美景及九曲红梅茶

2023 年 4 月 26 日，西湖区“九曲红梅茶”斗茶大赛举行
（西湖区志编纂委员会办公室 供稿）

非物质文化遗产的魅力。斗茶大赛上，来自西湖区的参赛茶企业 30 个，大赛评委组由专家评审和大众评审共同组成，参照国家标准的评审方法，综合九曲红梅茶叶的外形、色泽，冲泡后的香气、汤色、滋味、叶底等方面，对参赛茶样集中评审。评选出金奖 1 名、银奖 2 名、铜奖 3 名、优质奖 4 名。

【“打造全国特色小镇第一镇”行动五大计划发布】2023 年 5 月 26 日，“2023 空天信息大会”在西湖区云栖小镇举行。大会以“空天地海，数实融合”为主题，由 1 场主论坛、5 场分论坛、1 场“独角兽”路演组成，10 余名院士和国内空天产业专家参加，解读不同视角下空天信息产业的应用前景，共同探索更多空天信息产业应用落地新方案。会上，杭州空天地海协同创新联合体成立仪式、西湖区科技成果转化中心成立仪式举行。西湖区就“打造全国特色小镇第一镇”行动发布五大计划，主要聚焦空间形态、产业肌理、科技星辰、营商环境、品牌成就领域。

【永创智能项目投入使用】2023 年 11 月，永创智能项目建成并投入使用。该项目是“工业上楼”典型案例之一，位于西湖区紫金港科技城，地块面积 1.34 公顷，总建筑面积 7.48 万平方米，其中地上建筑面积 5.37 万平方米、地下建筑面积 2.11 万平方米。容积率 4.0，建筑密度为 45%，绿地率 20%，地块建筑限高不大于 80 米。总投资 5 亿元，旨在打造西湖区首个工业上楼标杆。该项目一至七层大承重楼层内进行智能包装设备、包装机器人及智能包装整线的装配、测试、验证；八至十六层实现研发、营销、财务等总部中心职能。该项目将传统单层铺开的扁平式厂房，汇聚到高楼层的垂直化空间形态，让企业在高层楼房中进行工业研发、设计、生产、办公，进一步提升土地资源利用率，增加经济密度。

【“AI 西湖”人工智能产业发展高峰论坛】2023 年 11 月 2 日，“AI 西湖”人工智能产业发展高峰论坛在西湖区云栖小镇举行。论坛由西湖区委、区政府联合主办，浙江大学、西湖大学等人工智能领域专家学者，浙江银杏谷投资有限公司、浙江海邦创智投资管理有限公司等投资机构代表，产业骨干企业以及西湖区人工智能领域优秀代表等 600 余人参加。论坛上，举行“西湖企服”数智平台启用仪式、西湖智算公共服务中心授牌仪式，并发布《西湖区加快算力产业发展的若干措施》及智算资源保障计划、“AI 西湖”人工智能产业发展白皮书。

【“西湖之光”算力联盟发布会】2023 年 11 月 22 日，由浙江大学和西湖区政府联合发起的光所向·智未来“西湖之光”算力联盟发布会暨生成式人工智能赋能高等教育高质量发展研讨会在浙江大学紫金港校区举行。该联盟围绕融合大资源、打造大模型、服务大公共、联动大产业 4 个方面，搭建以政府为主导、联盟共建的算力公共服务平台，统筹共建算力网节点资源，进一步深度匹配高校科研创新的算力需求，形成开放协同的算力创新生态，促进算力行业产业链发展。同日，西湖区制定出台《西湖区加快算力产业发展的若干措施（试行）》，旨在抢抓算力产业发展机遇，推动优质算力普惠供给，帮助企业降低算力使用成本，实现大算力孵化大模型、大模型带动大产业、大产业促进大发展的良性循环。

【双创发展平台打造】2023 年，西湖区打造高质量双创发展平台。以特色小镇、特色楼宇、科技园区为主体，加大龙头企业、知名机构建设孵化器支持力度，加快科技企业孵化器（众创空间）专业化、国际化能力建设。新建省级众创空间 2 个、省级孵化器 1 个、市级科技企业孵化器 7 个、市级众创空间 2 个，打造市级以上科技企业孵化器 31 个，其中国家级 7 个、省级 5 个；打造众创空间 30 个，其中国家级 10 个、省级 11 个。提升孵化器、众创空间运营能力，总孵化面积超过 50 万平方米，孵化培育创业企业超过 4000 个。

【“未来工厂”建设】2023 年，西湖区对 139 个规模以上工业企业开展企业数字化改造水平情况评估，实现工业企业数字化改造全覆盖。新增 6 个企业入选省、市未来工厂认定和培育企业名单，其中 2 个入选认定名单、4 个入选培育名单。浙江中烟工业有限责任公司杭州卷烟厂入选省级智能工厂名单；杰华特微电子股份有限公司入选市级“数字化车间”认定名单；杭州泰利斯医疗科技有限公司、杭州博可生物科技股份有限公司被列入市级“数字化车间”培育名单，亲宝优品（杭州）科技有限公司、杭州涂鸦信息技术有限公司被列入市级“云端工厂”培育名单。

【紫金港科技城融合发展战略】2023年,紫金港科技城坚持融合发展战略,融入杭州城西科创大走廊,成立杭州城西科创大走廊西湖片区高质量发展领导小组办公室,组建紫金港科技城管理局,承接大走廊创新资源,推进科技人才、产业招商、规划建设等工作。构建与大走廊行政审批联动机制,建立项目审批服务"绿色通道",简化审批流程,在西湖区行政服务中心设立大走廊投资项目审批服务专窗。

(陈家莹)

滨江区

【概况】2023年,滨江区辖3个街道,有67个社区。行政区域面积73平方千米。至年末,全区户籍人口33.4万人,常住人口54.3万人,人口自然增长率7.1‰。全区生产总值2467.9亿元,比上年增长8.0%。其中:第一产业增加值0.5亿元,增长8.8%;第二产业增加值924.0亿元,增长6.0%;第三产业增加值1543.4亿元,增长9.2%。三次产业增加值结构为0.02 : 37.44 : 62.54。常住人口人均生产总值46.00万元。财政总收入462.46亿元,增长6.7%,其中一般公共预算收入242.14亿元,增长12.8%。一般公共预算支出181.9亿元,增长8.4%。民生保障支出159.4亿元,教育支出、产业扶持支出分别为33.4亿元、72.7亿元。全区固定资产投资增长5%。社会消费品零售总额568.2亿元,增长3.9%。

规模以上工业增加值883.4亿元,增长7%。上市企业新增3个,累计培育上市公司72个,总量居全省各区县(市)第一位。新招引1亿元以上项目48个,开工24个,摘牌9个,落点21个。高新区(滨江)富阳特别合作区、高新区(滨江)萧山特别合作园新落地项目12个,总投资114.3亿元。"中国视谷"核心区建设加快,设立"中国视谷"产业基金,规模30亿元,投资项目6个,带动项目总投资2.98亿元。滨江物联网小镇、滨江互联网小镇在省级特色小镇年度考核中获优秀等级,滨江创意小镇获评省级特色小镇。

全区新开工道路10条、完工22条,建成过街天桥3处,新增(优化)公交线路14条、公交站台13个,治理病害道路12.8千米,改造重点公厕25座。持续推进"规划环评+环境标准"清单式管理改革试点,完成"环保E企管"省级试点。建成"无废细胞"60个,扩绿28万平方米,获评省级"无废城市"建设工作"清源杯"。完成13条河道品质提升,实现市控以上断面水质优Ⅲ比例100%、水功能区达标率100%,再次获评"大禹鼎"。成功创建国家生态文明建设示范区。"心相融·达未来"亚运风貌样板区入选省级首批"新时代富春山居图样板区"。

西兴街道缤纷社区入选全国首批完整社区建设试点名单。全区建成美好生活共同体6个,省级、市级未来社区21个。建成"15分钟品质文化生活圈"10个,新建、改建城市书房、智慧借阅点13个。建成嵌入式体育设施41片、健身苑点25处。入选省级以上各类重点文化企业18个,规模以上文化企业实现营业收入1700亿元,增长15%,文化产业竞争力百强区综合指数居全国第二位。《斗罗大陆》《转生的巨人》《下姜村的共同富裕梦》等影视作品获国家级奖项。

全区投用学校11所、完工3所、续建10所、新开工5所,新增学位1.12万个。通过"全国义务教育优质均衡发展区"认定核查、"国家学前教育普及普惠区"督导评估。组建幼小联盟29个,名校集团化比例100%,实现课后服务全覆盖。2所学校获评2023年浙江省健康促进学校(金牌),1所学校获评第四批浙江省近视防控特色学校。杭州东冠小学在2023年全国啦啦操冠军赛上,获公开儿童混合组大集体规定技巧一级冠军、公开儿童混合组小集体规定花球二级冠军。

全区拆除违章建筑2.68万平方米。收购拆迁土地15处、交地57.77公顷,收储土地24宗58.8公顷、出让土地24宗62.47公顷,开工留用地项目4个、投用4个,完成18个村级留用地指标清零。安置房项目续建3个、27.5万平方米,交付17个、286万平方米,安置清零5年及以上待安置户。公共租赁房续建9.3万平方米、新开工8.7万平方米,筹集保障性租赁住房3629套(间),配售人才共有产权保障房632套。

帮扶就业困难人员实现再就业8872人次。滨江区通过省级普惠托育基本公共服务试点验收。实现全省首例"跨省通办"结婚登记。完善低保、低边、残疾人等困难群体服务保障体系,慈善指数居全省第一位。建成文明驿站、基层站点76个,参与文明志愿服务46万余人次;成功创建省级民主法治社区27个,居全市第一位。

全年接待国内外游客320.53万人次,增长16.9%;旅游总收入61.94亿元,增长12.2%。

【上市公司新增3个】2023年,滨江区新增上市公司3个。9月11日,杭州热威电热科技股份有限公司在上海证券交易所主板上市,股票简称"热威股份",公司专业制造电加热元件、组件和系统,并提供完整的设计与制造服务。9月18日,交个朋友控股有限公司落地滨江,公司为香港联合交易所上市公司,是滨江区首个直播电商上市公司、全省直播电商第一股。11月2日,杭州立方控股股份有限公司在北京证券交易所挂牌上市,股票简称"立方控股",公司是以识别为核心的智慧物联解决方案提供商和运营商,主要业务涵盖智能停车、门禁通道、安全应急、运营服务等领域。至年末,滨江区累计培育上市公司72个,总量居全省各区县(市)第一位。

【浙大城市学院滨江创新中心成立】2023年2月8日,滨江区与浙大城市学院签订产学研合作协议,共同打造滨江创新中心。3月,浙大城市学院滨江创新中心成立,位于滨江区长河街道聚才路239号火炬创新中心。中心由滨江区和浙大城市学院共同发起,在数字经济、交通运输、高端装备制造等国家重大战略领域开展合作。中心以未来交通与轻量化材料制造联合创新实验室、滨江产业学院、大学科技园滨江分园为支撑,围绕飞行汽车与未来城市空中交通、轻量化材料结构设计制造与智能运维检测（中德合作）、车路协同感知与自动驾驶、先进通信器件与芯片研发、新能源动力技术研发等技术领域，与区内企业联合打造开放式实验室体系，联合承担省级以上重大科研攻关任务，开展行业关键技术联合攻关、产业应用技术联合创新与成果转化，高端应用型人才培养与产业人才培训等。10月23日，中心举行入驻仪式，杭州城投富鼎投资管理有限公司、中国联合网络通信有限公司滨江分公司分别与中心签约，杭州低空无人机运行服务中心、未来交通和轻量化技术联合实验室和杭州市滨创低空立体交通系统概念验证中心揭牌。至年末，中心入选“中国数谷”数据产业发展联盟首批成员单位，举办低空飞行器与城市智慧立体交通国际学术会议，启动轻量化联合实验室工作。

【东信社区基金会运行】2023年2月17日，“浙江省爱心事业基金会——东信社区专项基金”管委会（简称东信社区基金会）运行，是滨江区首个社区公益基金。东信社区基金会位于东信社区君景庭小区，办公面积490.72平方米，由浦沿街道东信社区与浙江省爱心事业基金会共同成立，募集启动资金5万元，通过省爱心事业基金会、东信社区、其他社会组织、社区志愿者和社会慈善资源五方力量，实现“五社联动”，推动社会各界参与公益事业，为滨江区基层治理、社区建设、公益事业等提供保障。至年末，完成“关爱共助”“健康天使”“邻里有爱”等项目。

【用户侧光储一体项目并网发电】2023年8月16日，滨江区首个用户侧光储一体项目——杭州康恩贝光储一体项目并网发电。该项目依托杭州康恩贝制药有限公司1.3万平方米厂房屋顶及厂区内闲置场地，由杭州市能源集团投资建设。杭州康恩贝光储一体项目采用合同能源管理商业模式，总投资480万元，建设光伏、储能两大模块。其中，光伏装机容量684.75千瓦，年均发电量61.44万千瓦时，年均减少二氧化碳排放量612.58吨；储能设备采用磷酸铁锂电池，以低谷时段储能、高峰时段放电的模式运行，年均节省电费30万元。

【亚运共富风貌游线入选省级名单】2023年8月31日，亚运共富风貌游线入选浙江省2023年度第一批共富风貌游线名单。亚运共富风貌游线属于跨区风貌样板区，位于钱塘江南岸，由滨江区、萧山区共同申报。涉及滨江区的游线点位包括杭州奥体中心体育场、杭州奥体中心网球中心、云渡驿、亚运运动公园、沿江景观、缤纷未来社区等。滨江区结合自身资源和区位优势，推出亲子游“畅游滨江”路线、滨江艺术文化游、滨江购物一日游、滨江特色夜宵游、滨江高端科技游和滨江博物游6条共富风貌游线。至年末，6条特色游线均上线杭州市“风貌智汇通”小程序，点击进入即可查看风貌游线详细内容。

【《杭州市滨江区直播电商合规指引》发布】2023年9月1日，滨江区发布《杭州市滨江区直播电商合规指引》。该指引联合11个部门、行业协会共同出台，设置6章、81条，从指导原则、内容架构、价值取向、组织体系、路径机制和执行监管6个方面，对直播产业进行规范，为平台、商家、消费者和监管部门提供实际操作指引。指引从公布之日起施行。

【滨江区获评国家生态文明建设示范区】2023年10月28日，生态环境部发布第七批生态文明建设示范区名单，滨江区入选。滨江区坚持绿色发展、生态发展、高质量发展相结合，数字经济综合评价、制造业高质量发展综合评价等综合指数均保持全省第一位。成立科技治水联盟，迭代“数智治水”云平台，通过数字建模打造治水新模式，创建省级美丽河湖片区4个、市级美丽河道32条，获评治水“大禹鼎”。开展“黑匣子”智慧监管系统试点，建设“物联网+工地”等智慧监管平台，推进大气精细化管控，PM2.5浓度比2018年下降31.4%。深化全域“无废城市”建设，获评省级“无废城市”建设工作“清源杯”。实施数字经济创新提质“一号发展工程”，构建数字产业、新能源产业与节能环保产业为支柱的绿色产业体系，创新推进“双碳”科研平台建设，鼓励企业绿色低碳核心技术攻关，实现低碳技术开发应用48项。首创“工业综合体”发展模式，通过建设产业特色明显、配套设施完善、公共服务完备的工业综合体，实现产业项目供地与供楼双轨并行。建设滨水公共空间改造提升工程，推进老旧小区综合改造提升工程。

【企业嵌入式卫生服务站启用】2023年11月15日，企业嵌入式卫生服务站启用。该卫生服务站由滨江区与

2023年11月15日，杭州海康威视数字技术股份有限公司企业嵌入式卫生服务站启用

［杭州高新区（滨江）地方志编研室 供稿］

杭州海康威视数字技术股份有限公司合作创建，位于滨江区阡陌路555号海康威视二期园区，总面积225平方米。服务站内设处置室、全科诊室、观察室、针灸理疗室、档案室、医疗废物暂存点，有中医理疗设备、心电图仪、血氧饱和度监测仪、抢救车、心电监护仪、体外除颤仪等医疗设备和常用药品、备用抢救药品200余种；配置智慧云诊室和云药房，实现“24小时不间断健康服务”。服务站采取“企业提供场地，社区卫生服务中心提供服务”的合作模式，配有主治全科医师1名、主治中医师1名、全科护士1名。至年末，线上和线下共服务2000余人次。

【第六届金鹊青年电影节暨原创影像大赛在滨江举行】2023年11月22日至12月1日，第六届金鹊青年电影节暨原创影像大赛在滨江区的浙江实验艺术剧场举行。电影节以“走遍绿水青山，影像联通世界”为主题，设置短片、短视频、摄影、剧本、“金鹊计划——IP孵化”5个竞赛单元，收到清华大学、北京电影学院等200所国内外院校的1296件参赛作品，其中短片单元470件、短视频单元250件、摄影单元228件、剧本单元294件、IP孵化54件。电影节期间，金鹊青年电影节获奖影像作品、摄影作品惠民展映、金鹊计划——IP对接转化直通车、主创团队见面交流分享活动、鹊光有声·2023年新剧本朗读会、2023年金鹊青年电影节暨新锐电影中外学术交流会等活动举行，6000余人次参与。

［杭州高新区（滨江）地方志编研室］

萧山区

【概况】2023年，萧山区辖10个街道、12个镇，有245个社区、335个村。行政区域面积931平方千米。至年末，全区户籍人口128.86万人，常住人口214.0万人，人口自然增长率1.83‰，登记在册的流动人口135.42万人，城镇化率81.3%。全区生产总值2230.69亿元，比上年增长5.8%。其中：第一产业增加值57.05亿元，增长1.5%；第二产业增加值823.95亿元，增长3.0%；第三产业增加值1349.68亿元，增长7.9%。三次产业增加值结构为2.6 ∶ 36.9 ∶ 60.5。常住人口人均生产总值10.50万元。

财政总收入566.91亿元，增长10.1%，其中一般公共预算收入332.00亿元，增长4.3%。公共财政预算支出328.16亿元，下降4.4%。其中：用于民生支出238.08亿元，下降7.2%，占公共财政预算支出的72.6%；教育支出、城乡社区支出、卫生健康支出等民生项目支出为68.90亿元、39.43亿元和22.93亿元，分别下降1.8%、34.4%和31.3%。

金融业增加值255.50亿元，增长10.3%。金融机构本外币存款余额7326.06亿元，增长12.2%；贷款余额7293.01亿元，增长13.8%。居民人均可支配收入74161元，增长4.8%；人均生活消费支出47410元，增长7.8%。其中城镇居民人均可支配收入81655元，增长4.3%；人均生活消费支出49126元，增长7.1%。农村居民人均可支配收入52719元，增长7.0%；人均消费支出42501元，增长10.1%。城镇和农村居民人均住房面积分别为55.1平方米和79.9平方米，分别增长0.8%和0.9%。

规模以上制造业数字经济增加值96.68亿元，增长16.3%；高新技术产业实现增加值424.82亿元，增长5.7%；战略性新兴产业实现增加值187.78亿元，增长15.9%；装备制造业实现增加值257.73亿元，增长8.7%。

农林牧渔业增加值59.82亿元，增长1.7%。农林牧渔业总产值92.61亿元，增长1.7%。其中农业60.97亿元，下降1.0%；林业1.41亿元，增长12.2%；畜牧业11.09亿元，增长20.0%；渔业11.23亿元，增长4.8%；农林牧渔服务业7.90亿元，增长5.4%。蔬菜、花木、畜牧、水产和茶果5个特色产业产值81.01亿元，占农业总产值的87.5%。全年瓜果类产量6.10万吨，下降12.0%；水产品产量3.94万吨，增长4.4%。萧山区完成高标准农田新建和改造提升约667公顷，粮食生产功能区稳定在1万公顷以上。获评省综合性农业“机器换人”高质量发展先行县。

工业增加值730.26亿元，增长3.3%，其中规模以上工业增加值597.28亿元，增长4.0%。规模以上工业企业利税总额262.06亿元，其中利润总额191.38亿元，分别增长2.6%和7.2%；亏损企业391个，亏损面23.6%，亏损总额25.74亿元；营业收入利润率4.94%，增长0.44个百分点；规模以上工业企业全员劳动生产率26.1万元/人。建筑业增加值94.16亿元，增长0.9%；建筑业总产值1082.56亿元，增长9.3%；建筑业竣工产值471.26亿元，增长8.4%。至年末，有总承包和专业承包资格的建筑企业405个。

固定资产投资增长5.2%。第二产业投资160.05亿元，增长16.3%，其中工业技改投资81.08亿元，下降3.1%；第三产业投资1429.14亿元，增长4.1%。房地产开发投资940.25亿元，增长9.0%。房地产开发施工面积2608.89万平方米，增长3.7%；房地产新开工面积293.08万平方米，增长8.8%；房地产开发竣工面积250.49万平方米，下降8.0%。全年商品房销售面积250.25万平方米，下降9.5%。

批发和零售业增加值202.30亿元，增长3.6%。社会消费品零售总额1006.21亿元，增长11.1%。其中，限额以上社会消费品零售总额621.46亿元，增长14.6%。限额以上单位商品零售额中，汽车类增长24.5%，化妆品类增长13.0%，石油及其制品类下降0.2%。

进出口总额1137.72亿元，增长3.0%。其中：进口总额227.53亿元，增长2.0%；出口总额910.19亿元，增长3.3%。出口总额中，机电产品297.93亿元，增长11.6%；纺织品216.03亿元，下降2.1%；羽绒及其制品33.86亿元，下降21.2%；服装35.66亿元，下降10.5%；家具38.33亿元，增长1.8%；化学品31.66亿元，下降1.0%；高新技术产品34.48亿元，增长24.9%。实际利用外资35.16亿美元。

新增国家级专精特新“小巨人”企业19个，共41个；新增省级专精特新中小企业364个，共492个。新增浙江制造“品字标”认证企业50个。2个企业获中国质量奖提名奖，4个企业入选省首批雄鹰企业名单。新增国家高技术企业444个、省科技型中小企业946个。1个企业获中国专利奖银奖，3个企业入围全省创造力百强企业。新增国家级孵化器1个、省级孵化器（众创空间）5个。新认定市级高新技术企业研发中心106个。新增专利授权量1.37万件，其中发明专利授权2390件。落户全国首个专利密集型产品培育和推广中心。加快建设科技成果转移转化首选地，组建“北斗七星”科创联盟，举办百场“萧创汇”创新创业活动，新布局概念验证中心1个。新增省级“未来工厂”1个、工业互联网平台5个、数字化改造项目170个。新增高层次人才2481人、高技能人才5303人、35岁以下大学生4.48万名。萧山区入选全省首批外国高端人才创新集聚区。

连续第19年获评浙江省平安县（区、市），并获全省首批“二星平安金鼎”。推进安全生产和消防安全大排查大整治，运行防汛防台“1833”联合指挥体系。构建“风险隐患一张图”，全面推行“大平安系统集成”，“三网融合”整体智治列入杭州首批试点。全区矛盾纠纷、欠薪事件、刑事案件、治安警情、命案数、交通事故亡人数实现“六个下降”，获评中国社会治理十强县（区）。

全区有小学84所，在校学生12.22万人；初中56所，在校学生4.52万人；普通高中13所，在校学生2.12万人。学前三年幼儿园净入园率99.25%，初中毕业生升入各类高中比例100%。打造“尚学萧山”品牌，建立“1+N”教育高质量发展政策体系。完成学校建设项目24个，新增学位1.2万个。通过全国学前教育普及普惠区、全国义务教育优质均衡发展区省级验收，在全省率先实现“家门口青少年宫”镇街全覆盖。

全年接待国内外游客1274.39万人次，增长57.6%；旅游总收入200.55亿元，增长43.3%。有国家AAA级以上旅游景区11个，其中国家AAAAA级旅游景区5个；新增3个省级非物质文化遗产项目。世界旅游联盟总部启用。新增“15分钟品质文化生活圈”100个。全年实现文化产业增加值98.1亿元，增长8.6%。年末图书馆藏书331.24万册。举办第四届联合国世界数据论坛、第二届全球数字贸易博览会。成功创建钱塘江诗路（钱塘潮涌）文化传承生态保护区，入选省级首批“非遗助力共同富裕”试点。世界旅游博览馆开馆，省油画院落成开放。大运河萧山火车西站段成为省级历史文化街区，五七公社、粮仓艺术公园等一批文创街区建成开放。

城镇新增就业4.04万人，帮扶就业困难人员、失业人员实现就业再就业1.98万人。开展职业技能培训3.74万人次。最低月工资标准为2280元，非全日制工作的最低小时工资标准为22元。年末参加城镇企业养老保险119.14万人；参加医疗保险161.98万人；参加工伤、失业保险人数分别为104.38万人和76.49万人。各类养老保险参保率达到99.53%，基本医疗保险户籍参保率保持在99.8%以上。全区有社区居家养老服务照料中心501个，示范型居家养老服务中心34个；各类养老机构36个，养老机构床位3951张；儿童福利机构1个，儿童床位50张。城乡居民最低生活保障标准由每人每月1216元调整为1259元；享受城乡最低生活保障人数1.10万人，全年发放最低生活保障金额1.58亿元；全年共募集善款1.11亿元；救助困难群众4.51万人次，救助支出8434万元。

有各类医疗卫生机构1011个，其中医院73个。床位1.24万张，其中医院床位1.20万张。有各类专业卫生技术人员1.94万人，其中执业（助理）医师7122人、注册护士8730人。浙江大学医学院附属妇产科医院（钱江院区）开业，浙江大学医学院附属第二医院（总部）、浙江皮肤病医院、杭州市萧山区第二人民医院迁建项目推进，萧山区创建为省级健康区。新增百姓健身房22个、公共体育场地37.31万平方米，基本形成“10分钟健身圈”。新增等级运动员75人，其中健将级运动员4人、一级运动员35人、二级运动员36人。

至年末，城市建成区面积132.6平方千米。完成规划编制18个，实现重点平台规划全覆盖。完成城中村改造9个。全面启动综合交通“补链强链”行动，开工建设地铁四期（萧山段）、104国道杭州河庄至衙前段等6个重大交通项目和永兴河流域综合治理工程（先行段）等“八大百亿”重大水利项目。打通断头路4条。建成城市公园9个，新增城市绿地100万平方米。建成省级未来社区18个、创评全省首批现代社区7个。

全年全社会用电量226.47亿千瓦时，增长5.1%。其中：工业用电135.86亿千瓦时，增长3.8%；城乡居民生活用电31.83亿千瓦时，下降0.1%。全年供水量3.83亿立方米，最高日供水量120万立方米；全年售水量3.34亿立方米，其中生活用水1.35亿立方米；供水能力160万立方米/日。至年末，公路通车里程

2023年2月24日，世界旅游联盟总部建成启用。图为世界旅游联盟总部（丁　力　摄）

1902.09千米，其中：高速公路119.59千米，一级、二级等级公路565.25千米。全区机动车保有量74.5万辆，其中汽车68万辆。快递业务量20.28亿件，增长39.4%；快递业务收入163.87亿元，增长17.7%。

规模以上工业企业单位增加值能耗下降2.6%。深化蓝天碧水净土清废行动，淘汰35蒸吨以下燃煤锅炉10台，空气优良率83.7%，比上年提升2.8个百分点。萧山生态文明馆建成，寺坞岭获评省级生物多样性体验地。创建省级美丽河湖2条，连续3年获"大禹鼎"银鼎。

【世界旅游联盟总部启用】2023年2月24日，位于萧山区湘湖国家旅游度假区的世界旅游联盟总部启用，世界旅游联盟总部永久落户杭州。以"和合共生·塑造未来旅游生态"为主题的"世界旅游联盟·湘湖对话"在萧山举行。6月1日，世界旅游联盟总部所在场所——世界旅游博览馆开馆。

【浙江大学附属妇女保健院钱江院区启用】2023年5月7日，浙江大学附属妇女保健院钱江院区建成启用。该院总面积约24万平方米，以妇科、产科、生殖科、妇科肿瘤为中心，配套相应的辅助性综合临床科室，是集教学、科研于一体的现代化妇产科医院。

【西湖、湘湖"姊妹湖"战略合作】2023年6月28日，西湖·湘湖唱好"西湘记"缔结"姊妹湖"战略合作仪式举行。萧山区学习借鉴西湖的文化张力、开放包容、管理经验，全面提升湘湖的品质和能级。双方在生态治理上协同共进，在文化传承上携手共兴，在管理上合作共鉴，在产业上碰撞共赢，开展好品牌共建、文化创新、资源共享、优势互补。

【沈家里遗址发掘】2023年7—11月，杭州市文物考古研究所联合复旦大学以及萧山博物馆（萧山文物保护考古研究所）共同开展萧山区沈家里遗址考古发掘工作，同时作为复旦大学考古学专业学生2023年田野考古实习项目。沈家里遗址于2019年蜀山街道金家埭、沈家里、联华安置房北地块勘探中发现，遗址残存面积约1.5万平方米，包括新石器时代遗存与历史时期墓葬。发掘总面积325平方米，共布设13处5米×5米规格探方，发现1处马家浜文化土台聚落和专业程度很高的良渚文化石器加工场遗迹。

【亚残运会萧山籍运动员获佳绩】2023年10月22—28日，杭州第4届亚残运会期间，萧山籍运动员徐海蛟、王李超、姚依楠参加游泳、跆拳道等项目比赛，获金牌8枚、银牌2枚、铜牌1枚。10月23日，徐海蛟在男子400米自由泳S8、男子200米个人混合泳SM8比赛中分别获金牌；王李超在男子50米自由泳S5决赛中获银牌。10月24日，姚依楠在跆拳道女子K44~65KG比赛中获金牌；王李超在男子200米自由泳S5、男子50米仰泳S5决赛中，分别获银牌、铜牌。10月25日，王李超在男子100米自由泳S5、男子50米蝶泳S5比赛中均获金牌。10月26日，徐海蛟在男子100米自由泳S8、男子100米蛙泳SB8比赛中均获金牌；由徐海蛟与刘凤岐、张蒙、徐佳玲组成的中国队，在混合4×1000米混合泳接力赛中，打破亚洲纪录，获团体金牌。

【亚运会开（闭）幕式演出项目落户湘湖】2023年10月24日，杭州第19届亚洲运动会开（闭）幕式演出项目落户湘湖签约仪式在湘湖国家旅游度假区举行。杭州第19届亚洲运动会开（闭）幕式演出及道具、主火炬等相关亚运物资永久留存湘湖。

（王　鸣）

余杭区

【概况】2023年，余杭区辖7个街道、5个镇，有106个社区、116个村。行政区域面积940平方千米。至年末，全区户籍人口75.92万人，常住人口140.5万人，比上年增加4.1万人，人口自然增长率7.15‰。全区生产总值2936.43亿元，增长8.5%。其中：第一产业增加值41.65亿元，增长3.7%；第二产业增加值327.97亿元，下降2.6%；第三产业增加值2566.81亿元，增长10.3%。三次产业增加值结构为1.4∶11.2∶87.4。数字经济核心产业增加值1998.5亿元，增长11.9%，总量居全省第一位。

财政总收入801.57亿元，其中一般公共预算收入416.68亿元，总量居全省第一位。一般公共预算支出351.38亿元，预算内用于民生支出254.10亿元，占一般公共预算支出的72.3%。

农林牧渔业总产值68.76亿元，增长3.9%，其中农业产值增长2.1%。全区农产品网络销售额12.5亿元，增长8.7%。全域推进未来乡村建设，径山村、小古城村入选全国"千万工程"现场推进会考察点，余杭区获评全省和美乡村工作优胜县。开办首个未来农民学堂，创建国家级"科技小院"3个，获浙江省乡村振兴"神农鼎·铜鼎"。

规模以上工业增加值240.77亿元，下降4.0%。规模工业新产品产值率48.4%，居全市前列。规模以上高新技术产业增加值206.37亿元，占规模工业比重为85.7%。装备制造业增加值增长12.0%；数字经济制造业增加值增长7.2%。战略性新兴产业增加值118.01亿元，下降7.6%；环保制造业增加值51.98亿元，增长5.3%；时尚制造业增加值7.2亿元，下降56.6%；数字经济制造业增加值63.56亿元，增长7.2%。规模以上工业企业营业收入1108.18亿元，下降2.9%；营业利润65.14亿元，下降36.1%。

全区固定资产投资增长7.6%。货物进出口总额439.91亿元，增长16.6%，其中进口26.4亿元，增长8.2%；出口413.51亿元，增长17.2%。社会消费品零售总额826.33亿元，增长3.2%。

全年接待国内外游客1166.94万人次，增长47.0%；旅游总收入156.04亿元，增长22.7%。有国家A级旅游景区10个，其中国家AAAA级以上5个；星级旅游饭店1个；省级旅游风情小镇2个。余杭区获评2022年度全省文旅消费品牌创建优秀单位，良渚数字文化社区被评为国家对外文化贸易基地。"四好农村路"提升改造63千米，获评浙江省

2023年1月，文一西路（荆长大道—东西大道）被评为“迎亚运”城市基础设施建设百日攻坚行动样板示范道路

［余杭区委党史研究室（余杭区地方志编纂研究室）供稿］

“四好农村路”示范县。

全年营运客车客运量112.86万人次。完成320国道改建、东西向快速通道下穿杭徽高速段等交通重点工程。1月，文一西路（荆长大道—东西大道）被评为“迎亚运”城市基础设施建设百日攻坚行动样板示范道路。完成国道、省道、县道大中修工程合计48千米，新增公交线路20条。实施杭州西站枢纽工程，开通直达北京列车，全年新增班次46列、接送旅客878万人次，分别增长164%、154%。

全社会研究与试验发展（R&D）经费投入与全区生产总值之比为4.5%。PCT国际专利申请量507件、发明专利授权量4387件。新增国家级专精特新“小巨人”企业22个、国家高新技术企业637个、省级工业互联网平台5个、省级科技型中小企业1734个，数量居全省第一位。新增省级企业研发机构74个、孵化空间179万平方米。实施“创新策源工程”，之江实验室入选首批国家公共算力开放创新平台。新增省“尖兵”“领雁”研发攻关项目25个，获省科学技术奖30个，获省“科技创新鼎”。

全区幼儿园106所，在园幼儿4.16万人；小学38所，在校学生7.74万人；初中（含九年一贯制学校）21所，在校学生2.50万人；高中（含十二年一贯制学校）15所，在校学生1.29万人。适龄儿童入学率100%，全区初中毕业生升学率99.97%。初中专任教师1986人。5月，传梭博物馆和杭州农历博物馆入选浙江省第一批乡村博物馆名单。

全年新增体育场地面积46万平方米。至年末，有各类体育场地面积362万平方米。新增嵌入式场地107个、面积3.7万平方米。有镇街级公共体育服务中心4处。全区共有各类医疗卫生机构488个，其中区属医院3个、社区卫生服务中心12个。全区各医疗机构开放床位3142张。区属医院、社区卫生服务中心共有卫生技术人员4157人，其中执业医师1598人、注册护士1551人。全年为33.24万人开展家庭医生签约服务。余杭区连续5年获评健康浙江考核优秀等次。

全区基本医疗保险参保104.83万人，工伤保险参保76.43万人。全区职工基本养老保险参保76.67万人，职工医保75.7万人。城乡居民养老保险参保7.45万人，城乡居民医保29.12万人。参加失业保险58.9万人。至年末，全区有居家养老服务照料中心165个，实施生活困难老年人适老化改造21户，发放老年人生活补贴及端午节、中秋节慰问费共1.15亿元，涉及4.1万名全区户籍享受城乡居民基本养老保险待遇老人。新增示范型儿童之家10个、累计88个，新增社区婴幼儿成长驿站72个，每千人拥有3岁以下婴幼儿托位数4.1个。3个托育机构创建为杭州市示范性托育机构。全年发放各类救助资金1.69亿元。

城镇和农村常住居民人均可支配收入为8.45万元、5.52万元，分别增长5.0%、6.9%。城镇居民人均消费支出为5.05万元，增长7.9%；农村居民人均消费支出为4.46万元，增长9.6%。

【中泰竹笛非物质文化遗产工坊入选国家级名单】2023年2月，文化和旅游部、人力资源和社会保障部、国家乡村振兴局公布2022年“非遗工坊典型案例”名单，确定66个“非遗工坊典型案例”，其中余杭区“中泰竹笛：奏响共富乐章”案例入选。中泰竹笛非物质文化遗产工坊位于中泰街道紫荆村，占全球竹笛85%的销量，有省级非物质文化遗产传承人1名、区级非物质文化遗产传承人3名。工坊设有竹笛展示馆、竹音广场、竹笛手作体验馆、文化礼堂、竹音斋等场所，通过开展苦竹基地培育、竹笛产销技能培训、竹笛周边产业设计等，推动竹笛全产业链发展。紫荆村的笛竹定向培植标准化示范面积850余公顷，有竹笛相关生产加工企业160余个，年产值3.4亿元。中泰街道辖区从业人员1500余人，年产中高档笛箫200余万支。

【余杭区新增3个国家级“科技小院”】2023年5月，中国农业技术协会印发《关于同意设立“中国农村专业技术协会科技小院”的批复》，同意54个单位设立“科技小院”。其中，余杭区的杭州绿丰竹笋专业合作社、杭州稻道农业科技有限公司、浙江恒泽生态农业科技有限公司3个企业分别获批竹笋“科技小院”、稻米“科技小院”和鲈鳜“科技小院”。杭州绿丰竹笋专业合作社成立于2012年，位于瓶窑镇塘埠村牛头山，竹林面积60余公顷，注册社员60户，主要经营早竹林、毛竹林、淡竹林，兼营技术培训和技术服务、专用农资代购代销等。杭州稻道农业科技有限公司成立于2016年，有水稻生态工程治理关键技术研究实验示范基地

3个，分别位于仓前街道梦想小镇希望田野、良渚古城遗址公园、黄湖镇赐璧村。公司在黑龙江建有150余公顷的寒地生态水稻生态工程治理实验研究基地，持有博是米、良博米、浙里稻翁等稻米商标近20个。浙江恒泽生态农业科技有限公司成立于2011年，是一家水产养殖、技术、水质调控、苗种、销售全产业链的农业龙头企业和科技型企业。位于仁和街道三白潭村，建有800余平方米科研中心、3040平方米"鱼工厂"（工厂化循环水养殖系统）、28条"鱼跑道"（池塘自净式生态循环养殖系统）、6000平方米陆基小海洋、1290平方米工厂化循环水育苗车间和20余公顷的生态养殖塘作为实验研究基地，有"恒泽""恒泽这条鱼""鱼校长"等商标10余个。

【余杭区获全省共同富裕示范区考核优秀等次】2023年3月，2022年度浙江省高质量发展建设共同富裕示范区绩效考核评价结果公布，余杭区获全省优秀等次。4月，由中央广播电视总台主办的"推动共同富裕浙江实践研讨会暨媒体行动"在余杭区举行。余杭获评6个省级风貌样板区、4个省级"新时代富春山居图"样板区。瓶窑老屋蝶变、鸬鸟乡村运营2个案例经验做法入选省级典型案例库。永安禹上稻乡共富工坊、紫荆笛音共富工坊入选第一批省级示范"共富工坊"名单。余杭区建设10条共富风貌旅游线路，其中"径鸬禅茶慢旅"获评省级共富风貌游线。

【余杭区获全省首批"神农鼎"】2023年5月，中共浙江省委办公厅、浙江省人民政府办公厅联合印发《关于2022年度实施乡村振兴战略实绩考核结果的通报》，余杭区被授予"神农鼎·铜鼎"，并获全省实施乡村振兴战略实绩考核优秀等次。2022年，余杭区全面促进农业高质高效、乡村宜居宜业、农民富裕富足。全区村集体经营性总收入9.44亿元、村均660万元。消除经营性收入100万元以下相对薄弱村，农村居民人均可支配收入首次超过5万元，城乡居民收入比下降到1.55∶1，"三农"主要指标居全省前列。

【余杭区获省"科技创新鼎"】2023年5月，中共浙江省委、浙江省人民政府联合印发《关于授予杭州市等市县"科技创新鼎"和2022年度市县党政领导科技进步目标责任制考核优秀单位的通报》，余杭区被授予浙江省科技创新工作"科技创新鼎"，同时被确定为2022年度市县党政领导科技进步目标责任制考核优秀单位。余杭区推进"创新策源工程"，创新指数居全省第二位。2022年，"杭州未来科技城高新技术产业园区"获批，之江实验室被纳入国家实验室体系，"深时数字地球国际大科学计划"落户。25个项目入选省"尖兵""领雁"研发攻关计划；9个项目入选杭州第19届亚运会智能应用项目。新增省级新型研发机构2个、省级企业研发机构59个，国家高新技术企业585个、国家科技型中小企业1270个；全区高新技术产业增加值205.48亿元，占规模以上工业增加值的84.7%，比上年增长1.8%。全年区本级科学技术支出29.13亿元，增长15.4%。启动"百名行长科企行"等服务活动，累计提供贷款148亿余元。推进大孵化器提质扩面，2022年全区新增孵化载体56个，新增物理空间205.04万平方米。新增国家级科技企业孵化器3个、国家级众创空间6个。

【菜鸟智谷产业园开园】2023年10月17日，未来数字商业大会暨菜鸟智谷开园仪式在余杭举行。杭州未来科技城发布新电商产业加速"百千万亿"计划，菜鸟智谷发布"产业赋能计划"，天猫品牌孵化基地、中国（杭州）跨境电商综试区"一带一路"电商运营中心成立，悦汇跨境产业创新基金落户余杭。菜鸟智谷产业园毗邻菜鸟网络全球总部，位于杭州未来科技城文二西路南侧、云联路东侧、运溪路西侧。通过政策、平台、渠道、生态等服务优势，该产业园为入园企业品牌创建、跨境贸易等提供服务，建设"数智科技＋产业服务"的生态社区。

【全球跨境电商DTC品牌创新中心落户余杭】2023年6月，在杭州举办的"潮起钱塘"第七届全球跨境电商峰会上，全球跨境电商DTC品牌创新中心落户杭州未来科技城的菜鸟智谷产业园。DTC是指品牌不需要借助第三方平台或批发商、零售商等中间环节将产品卖给买家，而是利用自建渠道以独立的身份直接与消费者沟通、营销运作，并促成订单的商业活动。创新中心聚焦跨境商流、跨境物流、跨境资金流、跨境信息流，依托菜鸟全球总部及菜鸟智谷产业园载体优势，链接国内外知名跨境电商、跨境物流服务商、仓储服务商等生态伙伴，打造"跨境无忧、买卖无界"的跨境园区。同时，中心将在未来科技城落地2亿元专注于跨境行业的产业属性基金，投资跨境企业及跨境服务企业占比100%。

（李景苏）

临平区

【概况】2023年，临平区辖7个街道、1个镇，有139个社区、57个村。行政区域面积282平方千米。至年末，全区户籍人口62.62万人，常住人口112.7万人，人口自然增长率4.81‰。全区生产总值1067.27亿元，比上年增长6.0%。其中，第一产业增加值16.80亿元，增长4.0%；第二产业增加值557.27亿元，增长3.1%；第三产业增加值493.19亿元，增长9.2%。三次产业增加值结构为1.6∶52.2∶46.2。常住人口人均生产总值9.55万元。数字经济核心产业增加值75.08亿元，增长10.2%。

财政总收入253.79亿元、地方一般公共预算收入144.68亿元，分别增长10.4%、6.7%。财政预算支出200.17亿元，其中用于民生支出157.24亿元，占全区财政预算支出的78.6%。

全区城镇常住居民人均可支配收入8.23万元，增长4.8%；农村常住居民人均可支配收入5.26万元，增长7.1%。全区城镇常住居民人均生活消费支出4.85万元，增长7.7%；农村常住居民人均生活消费支出4.19万元，增长10.9%。

农林牧渔业总产值26.36亿元，增长4.3%；增加值17.63亿元，增长4.1%。其中：种植业产值14.90亿元，增长2.7%；畜牧业产值0.51亿元，增长38.4%；渔业产值9.00亿元，增长6.8%。全区村级集体经济总收入10.08亿元，增长10.8%，经营性收入7.91亿元，增长9.4%。开工田立方·临平未来农场等重点项目8个。丁山湖和运河北片两大核心示范片区一期项目建成。新增省级和美乡村示范乡镇1个、未来乡村5个，成功创建省首批和美乡村示范区，获评省深化“千万工程”实施新时代美丽乡村建设工作优胜县。

规模以上工业增加值440.78亿元，增长3.7%。规模以上工业高新技术产业增加值354.51亿元，增长3.5%，占规模以上工业增加值的80.4%；新产品产值率58.4%，高于全市平均16.1个百分点。装备制造业增加值274.33亿元，增长5.4%；战略性新兴产业增加值174.34亿元，增长3.6%；生物医药产业增加值36.50亿元，下降7.9%。全年规模以上工业企业营业收入1741.34亿元，增长2.0%；利润总额134.69亿元，增长12.6%；营业收入利润率7.7%。建筑业增加值30.80亿元，增长0.2%。

固定资产投资增长0.3%。服务业增加值493.19亿元，增长9.2%。规模以上服务业企业营业收入307.21亿元，增长15.8%；利润总额17.75亿元，增长334.7%。社会消费品零售总额392.27亿元，增长5.0%。进出口总额417.77亿元，增长6.7%。其中：进口额26.58亿元，下降3.5%；出口额391.19亿元，增长7.5%。实际利用外资2.51亿美元。集中签约重大产业项目160个，总投资额超过450亿元。

全年旅客运输量27.33万人次，周转量3294.35万人千米。累计建成“四好农村路”375条、总里程390余千米，大运河环线公路入选2023年度浙江省“十大最美农村路”。推进320国道杭州博陆至仁和段工程（临平段）、杭州地铁四期工程、东西大道运河大桥改建工程等项目建设，京杭运河二通道建成通航，104国道改建工程（临平段）、东湖北路大桥全线通车。

全年新增发明授权量933件。3个企业获评第二十四届中国专利奖，7个企业获评首届浙江省知识产权奖专利、商标门类奖。有各级专利试点示范企业225个。新增省级孵化器5个、小微企业园3个。杭州体外诊断产业促进会落户临平区。华中科技大学杭州人工智能研究院、杭州光电智能感知研究院成立。新增国家级专精特新“小巨人”企业13个、国家高新技术企业311个。推出“青才十六法”，启用浙江国家大学科技园（临平），组建浙江“青才来临”大学生就业创业联盟，全年新招引青年大学生2.26万名。全年新增国家级领军人才11名。

全区有幼儿园53所，在园幼儿3.55万人；小学30所，在校学生7.94万人；初中（含九年一贯制学校）20所，在校学生2.90万人；普通高中（含十二年一贯制学校）7所，在校学生1.04万人；职业高中4所，在校学生8468人；特殊教育学校1所，在校学生279人。

2023年7月18日，京杭运河浙江段三级航道整治工程杭州段建成通航

［临平区委党史研究室（临平区地方志编纂研究室）供稿］

文化产业增加值47.5亿元，增长5.6%。全区有文化馆1个，综合文化站8个，农村文化礼堂54个；国有博物馆1个，公共图书馆1个，杭州书房10个，临品书坊26个，公共图书馆总藏量超过157万册。全年建成嵌入式体育场地134个，新增嵌入式体育场地面积4万平方米。

全年接待国内外游客568.41万人次，增长40.4%；旅游总收入80.63亿元，增长19.2%。有国家A级旅游景区5个，其中国家AAAA级以上旅游景区2个。有省级旅游风情小镇1个，省级景区镇3个，其中AAAA级以上景区镇2个；省级景区村庄36个，其中AAA级以上景区村18个；市级中小学生研学基地4处；非物质文化遗产体验基地（街区）3处；省AAA级采摘旅游体验基地1处。临平区获评省全域旅游示范区、省文旅产业融合试验区、省AAA级景区城。

全年城镇新增就业人员2.04万人，帮扶就业困难人员、失业人员就业再就业7490人。开展重点人员分类帮扶，就业帮扶率100%。户籍人口基本养老保险、基本医疗保险参保率分别为99.5%、99.7%。新增镇街级康养联合体6个，崇贤街道崇文社区成功创建全国示范性老年友好型社区。

全区有各类医疗卫生机构529个，其中区属医院4个、社区卫生服务中心8个、社区卫生服务站75个。全区医疗机构核定床位4987张，其中区属医院2050张。卫生技术人员8685人，其中执业（助理）医师3704人、注册护士3739人。全年医疗机构完成诊疗人数1031万余人次，县域就诊率94.5%。新增婴幼儿照护服务托位1645个，实现每千名常住人口有婴幼儿照护服务托位数4.4个。完成家庭医生签约30.44万人。

全年全社会用电量72.11亿千瓦时，增长4.4%。临平自来水厂一期通水运行。完成污水处理量0.84

亿吨。汉尔姆应用项目获评省“无废城市”建设最佳实践案例,临平经济技术开发区获评省减污降碳协同试点,西奥电梯等3个企业入选国家级绿色供应链管理企业,东华链条获评国家级绿色工厂。全年环境空气质量优良天数283天,优良率79.1%,提升2.3个百分点;PM10平均浓度为59.7微克/立方米;PM2.5平均浓度为32.2微克/立方米。

【临平区获评全国首批自然资源节约集约示范县(市)】2023年1月6日,自然资源部公布全国首批自然资源节约集约示范县(市)名单,临平区入选。自然资源节约集约示范县(市)创建活动是经全国评比达标表彰工作协调小组批准,由自然资源部组织开展的国家级创建示范活动。获评示范县(市)在示范周期内(2023—2025年)享受节约集约利用、土地综合整治、重大项目落地等多方面政策支持。

【“临平码”发布】2023年10月20日,临平区发布“临平码”,通过数字化改革畅通为民办事渠道。“临平码”设置“我要报”“我要帮”“我要咨询”“我要建议”“我要评议”5个功能模块,打造“汇总、交办、督办、反馈、评价”工作闭环。临平区居民群众可通过扫码,根据需求点击填报,提交诉求。事件办结后,系统会自动向上报人发起评价邀请,由上报人对办理结果进行满意度评价,形成事件处置闭环。至年末,全区“临平码”(民呼我为)群众访问量3.3万次,按时办结率99.9%,评价满意率89.5%。

【临平区域亚运会和亚残运会赛事】2023年,临平区通过赛事侧运营维护保障和城市侧3个提升行动,完成亚运会、亚残运会的5个大项、19个比赛日的366场比赛办赛任务,接待各类群体19万人次。9月19日至10月8日,临平体育中心场馆群承办杭州亚运会男子排球、足球、空手道3项赛事;10月23—27日,承办杭州亚残运会坐式排球赛事。10月23—27日,位于临平区塘栖镇的中国盲人门球训练基地承办杭州亚残运会盲人门球赛事。临平体育中心场馆群实训基地建设连续3年获亚组委立功竞赛一等奖、被授予亚运(亚残运)赛事组织“突出贡献奖”,中国盲人门球训练基地门球馆挂牌亚洲残疾人运动中心、被授予亚残运团队“特殊贡献”荣誉证书。

【“地卫智能应急一号”发射升空】2023年8月10日12时10分,中国首颗以人工智能(AI)载荷为核心、具备智能操作系统的人工智能卫星“地卫智能应急一号”,在中国酒泉卫星发射中心成功发射并进入预定轨道。“地卫智能应急一号”由临平区企业——地卫二空间技术(杭州)有限公司自主设计研发。该卫星携带峰值80TOPS(每秒钟80万亿次运算)的超高星载算力,有图像智能识别、智能分割、智能压缩、无效数据清洗等星上AI能力,能够有效提高遥感卫星的运行效率。

【中国联通行业数据中心签约落户】2023年8月14日,临平区与中国联通浙江省分公司签订战略合作协议,举办中国联通行业数据中心落地临平发布仪式。根据协议,双方围绕临平数字经济高质量发展开展战略合作,发挥中国联通集团数据集中、系统集约、智慧运营等方面的优势,在加快培育数据要素市场,优化数商企业生态,推进算力基础设施建设,促进数字与产业融合发展等领域开展合作,打造“高算力+强算法+大数据+优数商”的产业生态标杆。

【中国—阿拉伯国家广播电视合作论坛在临平举行】2023年12月9—11日,第六届中国—阿拉伯国家广播电视合作论坛在临平区举行。论坛以“传承中阿友谊·共享视听发展”为主题,由国家广播电视总局、浙江省政府联合阿拉伯国家联盟秘书处、阿拉伯国家广播联盟共同主办。论坛期间,来自中国和15个阿拉伯国家的广播电视主管部门、媒体机构、视听企业以及阿拉伯国家联盟、阿拉伯国家广播联盟的300余名代表参会。与会代表共同通过《第六届中阿广电合作论坛宣言》。

【微短剧大会在临平举行】2023年11月10—11日,首届杭州·微短剧大会在临平区举行。大会以“奋楫扬帆正当时——夯实微短剧产业生态底座,助推网络作品精品化创作”为主题,共同探讨中国短剧产业未来发展方向,搭建促进网络视听产业发展的交易平台和传播展示微短剧作品的交流推广平台。活动现场,浙江广播电视局浙江网络微短剧临平审查分中心(筹)、中国网络视听协会临平微短剧艺术指导中心、浙江临平影视协拍中心均揭牌成立并启动实体化运营。中国网络视听协会与临平区人民政府签订战略合作协议。大会主论坛所在地——“临影厂”影视基地启用。

【遥望X27主题公园开园】2023年12月22日,位于临平新城的遥望X27主题公园开园,其建筑面积约26万平方米,是杭州遥望网络科技有限公司打造的线上线下全天营业的商业综合体。主题公园汇集品牌门店以及IP、联名、品牌展馆,将线上流量导入线下产业,把实景互动带到社交网络,形成“线上商业、线下文旅”新模式。管理运用“遥望云”数字化平台,实时模拟分析经济大图和消费走向,细化分解关键指标,抓取核心参数,实现用户、主播、品牌、商铺和货盘等主体要素的动态智能匹配。

(张婷婷)

钱塘区

【概况】2023年,钱塘区辖7个街道,有63个社区、59个村。行政区域面积338平方千米。至年末,全区户籍人口35.15万人,常住人口80.2万人,比上年增长0.6%;人口自然增长率4.89‰。全区生产总值1270.39亿元,增长4.2%。其中:第一产业增加值12.78亿元,增长4.6%;第二产业增加值824.37亿元,增长2.8%;第三产业增加值433.24亿元,增长6.9%。三次产业增加值结构为1.0∶64.9∶34.1。常住人口人均生产总值15.89万元,增加0.47万元。社会消费品零售总额340.42亿元,增长0.7%。

财政总收入247.63亿元,其中

地方一般公共预算收入127.08亿元，分别增长7.5%和9.0%。一般公共预算支出143.73亿元，增长11.7%。其中用于民生支出103.64亿元，增长15.0%，占一般公共预算的72.1%。公共服务“七优享”工程支出51.65亿元，增长13.4%，其中教育支出31.08亿元、卫生支出6.84亿元、社会保障和就业支出11.90亿元、住房保障支出1.83亿元。农村居民人均可支配收入5.75万元，居全省第一位，城乡收入倍差缩小至1.43，居全省第三位、全市第一位。所有建制村集体经济年经营性收入超过100万元。

农林牧渔业增加值13.17亿元，增长4.5%。开工新建高标准农田160公顷、提升改造472.73公顷，建成高标准农田示范区133.33公顷；竣工省级现代农业园区建设项目7个；新建市级“菜篮子”基地项目3个。承办2023年中国农民丰收节杭州市主场活动、浙江省稻渔综合种养现场交流会。获评省第四届“河姆渡杯”粮食生产先进区、省农业水价综合改革绩效评价优秀区，入选2023年度浙江省美丽乡村示范县。10月17日，钱塘区被命名为第七批省级生态文明建设示范区。

规模以上工业总产值3646.47亿元；规模以上工业增加值737.62亿元，增长2.4%；规模以上工业企业营业收入4140.60亿元，增长2.9%。年产值10亿元以上工业企业78个，其中年产值100亿元以上企业4个。规模以上工业亩均税收40.0万元，增长0.3%。建筑业增加值52.63亿元，增长6.6%。钱塘区被省委、省政府授予首批“浙江制造天工鼎”。

数字经济核心产业增加值155.86亿元，增长12.2%。工业企业数字化改造覆盖率81.3%。打造“长三角制造业元宇宙中心”品牌，创成省级两业融合示范区，数字经济综合评价居全省第四位，获省政府督查激励。集成电路制造创新型产业集群入选全国2022年创新型产业集群名单。生物医药与医疗器械、节能与新能源汽车及零部件入选省级特色产业集群核心区协同区创建名单。6个企业获评省级服务业领军企业。

固定资产投资增长30.8%。其中，高新技术产业、制造业、民间、交通水利能源投资分别增长78.8%、68.8%、16.6%和13.9%。全年签约1亿元及以上项目100个。16个省“千项万亿”项目投资完成率222.1%。全年房地产开发投资264.20亿元，增长21.8%。开工、续建工业综合体21个、300万平方米，新增产业空间143万平方米。商品房销售面积84.53万平方米，增长1.4%。

全区有幼儿园93所，在园幼儿2.31万人；小学29所，在校学生6.44万人；初中（含九年一贯制学校）13所，在校学生1.65万人；高中（含十二年一贯制学校）4所，在校学生4902人；特殊教育学校1所，在校学生94人。新投用中小学、幼儿园7所，新增学位3000个。新创建省现代化学校7所、省一级幼儿园3所，实现省级名优学校全域覆盖。

新建“15分钟品质文化生活圈”18个、城市书房3个、文化驿站1个。金沙湖大剧院获评浙江省最美公共文化空间。钱塘大围垦项目入选全省首批百个文化标识培育名单。钱塘大湾区省级湿地公园获批开建。九阳创意工业园获评国家工业旅游基地。金沙湖公园建成开放。金沙湖商业街获评“浙里名街TOP10”。

全区有省、市属医疗机构5个，疾病预防控制机构1个，社区卫生服务中心8个，卫生服务点61个，医疗床位4901张。注册执业医师1786人、注册护士1628人。创建国家级老年友好型社区1个。新建省级无障碍社区3个，《残疾人康养一体化服务规范》作为杭州市地方标准发布实施。

承办杭州第19届亚运会和第4届亚残运会的6个大项、64个小项、382场比赛，产生金牌64枚。钱塘轮滑中心被亚洲轮滑联合会授予“杰出贡献奖”，并获亚组委省部级先进集体表彰。新增嵌入式体育场地2.41万平方米。杭州钱塘女子半程马拉松被中国田径协会评为路跑赛事典型案例。

萧围西线堤标加固工程按“300年一遇”防潮标准推进。杭绍甬高速杭绍段建成通车，钱塘快速路全线贯通，江东大桥过江慢行交通系统建成投用，钱塘高铁枢纽、S211头蓬快速路、104国道杭州河庄至衙前（钱塘段）开工建设。永丰、义盛、德东110千伏输变电工程开工。

竣工老旧小区改造7个、50.3万平方米，完成既有住宅电梯加装60台、住宅小区二次供水设施改造21个。人才共有产权房完成房源配售1392套。城镇新增就业3.6万人。钱塘区被浙江省委、省政府授予“一星平安金鼎”。金沙湖城市新区风貌样板区、田园江东县域风貌区获评浙江省2023年度“新时代富春山居图样板区”。邻里社区和伊萨卡社区入选浙江省首批现代社区。

全年接待国内外游客285.06万人次，增长5.5%；旅游总收入61.72亿元，增长8.0%。

【政务服务增值化改革入选省级试点】2023年5月21日，钱塘区被列入浙江省政务服务增值化改革试点。全区围绕“一中心、一平台、一个码、一清单、一类事”，打造“五个一”增值服务体系。以“企业服务零距离、办事不出园区”为目标，建设投用区企业综合服务中心，在六大产业平台打造生物医药、数字经济、集成电路、新材料、高端装备、跨境贸易6个嵌入式政务服务驿站。迭代启用“钱塘企服新干线”数字化平台，拓展应用电子营业执照“企业码”，汇集梳理企业共性服务和产业个性服务事项清单，打造企业全生命周期需求和产业全链条需求“一类事”服务场景，实现政务服务“审批+增值”双轮驱动、集成优享。钱塘区“探索推进政务服务增值化改革，打造为企服务新生态”案例入选浙江省营商环境优化提升第三批“最佳实践案例”，在《浙里改（领跑者）》刊发，作为模板在全省推广，并在中央广播电视总台《新闻联播》栏目、中央广播电视总台新闻频道等媒体报道。10月7日，国务院总理李强调研钱塘区企业综合服务中心，对钱塘区政务服务增值化改革工作做出“改革很深入，服务很到位”的评价。

【钱塘区获评省第四届“河姆渡杯”粮食生产先进区】2023年1月30日，钱塘区获评省第四届“河姆渡杯”粮食生产先进区。至2022年年末，钱塘区建成1个万亩连片、20个

金沙湖（摄于 2023 年） （吴 静 摄）

千亩连片粮食生产优质示范样板区，粮食种植面积和产量连续 4 年增长。2022 年，全区粮食播种面积 7860 公顷，比 2021 年增长 31.7%，粮食增收超过 1050 万千克，小麦、早稻、晚稻各项指标均创历史新高。

【钱塘文化节】2023 年 5 月 19 日，首届钱塘文化节暨"潮起钱塘"文创嘉年华在钱塘区金沙湖大剧院开幕。开幕式以"潮钱塘 · 向未来"为主题，以歌舞、朗诵、情景剧等形式，回望杭州经济技术开发区 30 年改革、创新和开放之路，并发布国潮游戏《九州志 · 钱塘》。活动持续至 5 月 21 日。其间，举办国家级杭州经济技术开发区成立 30 周年成果展、钱塘文化创新消费主题展、钱塘数智创新产品展示等主题展览，"赶个潮"文创市集、后备厢市集、"潮会唱"音乐派对等户外市集活动。

【104 国道杭州河庄至衙前段工程（钱塘段）开工】2023 年 11 月 30 日，104 国道杭州河庄至衙前段工程（钱塘段）开工。该工程按一级公路标准设计建设，采用高架桥结合地面道路的形式，主线高架桥全长 22.80 千米（其中钱塘段 4.7 千米）；地面道路全长 22.94 千米（其中钱塘段 4.88 千米）。起点位于杭州市钱塘区河庄街道规划滨江二路与江东三路交叉处，与江东三路及规划过江通道衔接，经萧山区与 104 国道绍兴段连接。该项目总投资 29.34 亿元，计划 2027 年 11 月建成通车。

【金沙湖休闲特色商业街获评"浙里名街 TOP10"】2023 年 12 月 4 日，在"浙里来消费 · 百街千品万店"高品质消费场景榜单推选活动中，金沙湖休闲特色商业街获评"浙里名街 TOP10"。金沙湖休闲特色商业街位于金沙湖公园。自 2019 年一期开街到 2023 年 6 月二期运营，街区围绕"品质""精致"两大关键词，打造成为杭州市高品质特色街区，为周边居民及游客提供一站式"吃喝玩乐、衣食住行"服务。其入驻品牌包括湖畔餐厅、"TIMS 咖啡"、"三川茶空间"、夏宴海鲜舫中餐厅、希尔顿嘉悦里酒店等。

【金沙湖大剧院获评浙江省最美公共文化空间】2023 年 8 月 25 日，金沙湖大剧院被省文化和旅游厅评为最佳示范"最美公共文化空间"。金沙湖大剧院是钱塘（新）区规模最大、功能最全、设施最完善的大型公益性文化综合体，由建筑学家、中国工程院院士程泰宁设计，区产业发展集团投资建设，总建筑面积 4.4 万平方米，建筑主体包括 1500 余座大剧场、500 座多功能厅及舞蹈排练厅、培训教室等配套设施，外部配备约 3000 平方米的剧场文化商业街。

【浙江大学医学院附属第一医院钱塘院区开工】2023 年 11 月 1 日，浙江大学医学院附属第一医院钱塘院区暨浙江省公共卫生临床中心建设工程开工。项目位于钱塘核心区江海之城，毗邻钱塘高铁新城，规划用地面积 30 万平方米，设计床位 2000 张。项目分两期实施，一期工程建设用地面积 24 万平方米，计划于 2027 年建成。

【杭州康复医院启用】2023 年 9 月 6 日，杭州康复医院（杭州市特殊康复中心）启用。医院位于钱塘区下沙街道博浪街 88 号，毗邻杭州医药港，占地面积 2 万平方米，总建筑面积 3.05 万平方米。受市残联、市卫生健康委双重领导，纳入杭州市第一人民医院"一院五区"一体化运营。设综合康复中心、儿童康复中心、辅助器具中心、康复指导中心 4 个业务板块，一期核定床位 249 张。

【钱塘区获评城乡区域协调发展先行示范】2023 年 11 月，浙江省高质量发展建设共同富裕示范区最佳实践（第三批）名单公布，钱塘区"打造'钱塘巢 · 共富农房租'助力职住平衡"获评城乡区域协调发展先行示范。2022 年，钱塘区立足全区 3.7 万户农居房和 30 万以上产业工人的实际，打造共同富裕农房租场景，提升出租农房数字化规范管理，并在河庄街道7个村开展试点。2023年2月，《钱塘区共同富裕农房租推广实施方案》出台，将共同富裕农房租应用推广到全区。全年盘活闲置农房近3万间，农民创收近2亿元，为2万余户产业工人家庭解决租房难题，节省租金超过1亿元。9月，《创新闲置宅基地和农房租赁机制赋予农民更加充分财产权益》信息被农业农村部《宅基地改革与管理》录用。

【“网格议事日”制度推出】2023年，钱塘区在全区706个网格设立相对固定的议事日，以“众人的事情由众人商量”理念，制定网格议事日规范，推广网格议事优秀案例20个，打造“网格议事”示范点8个，总结“网格议事”二十法，形成民情记录一本账，建立“微网格随时议、网格周周议、社区三方每月议”三级联动议事架构，探求最小治理单元的“最大公约数”，做到小事不出格、矛盾不上交。相关做法在全市推广。

【社区治理“邻里模式”创新】2023年，钱塘区社区治理“邻里模式”创新做法入选新时代“枫桥经验”浙江实践100例。作为杭州市首个专门服务外来务工人员的社区，钱塘区白杨街道邻里社区成立于2006年3月，其以党支部为核心，完善网格14个、微网格治理单元51个，建立网格党支部和党小组，健全网格议事机制，汇聚社区党员干部、社区工作者、民警、网格员、物业人员和志愿者力量，推进矛盾纠纷事件快速调处，创新形成产业社区治理“邻里模式”。

（俞刚亮）

富阳区

【概况】2023年，富阳区辖5个街道、6个乡、13个镇，有74个社区、276个村。行政区域面积1808平方千米。至年末，全区户籍人口70.14万人，常住人口85.7万人，人口自然增长率0.17‰。全区生产总值960.88亿元，比上年增长4.8%。其中，第一产业增加值53.4亿元，增长4.2%；第二产业增加值405.3亿元，增长1.3%；第三产业增加值502.2亿元，增长7.7%。三次产业增加值结构为5.5 ∶ 42.2 ∶ 52.3。户籍人口人均生产总值13.73万元。数字经济核心产业增加值111.1亿元，增长6.4%，占全区生产总值的11.6%。

财政总收入165.18亿元，增长7.8%，其中一般公共预算收入100.5亿元，增长9.6%。全年一般公共预算支出137.62亿元，增长1.4%，其中民生支出104.1亿元，占一般公共预算支出的75.6%。3月30日，全省建设平安浙江工作会议召开，富阳区获“二星平安金鼎”。

农林牧渔业总产值76.0亿元，增长4.4%，农业增加值53.8亿元，增长4.2%。猪牛羊禽等肉产量16078吨，禽蛋产量2146吨。全年水利建设投入资金7.5亿元。创建省级美丽乡村示范乡镇2个、省级美丽乡村特色精品村6个。集体经济经营性收入50万元以上行政村实现全覆盖。

规模以上工业增加值289.3亿元，增长1.6%。其中：高新技术产业增加值203.9亿元，增长3.5%；战略性新兴产业增加值114.3亿元，增长3.9%；装备制造业增加值147.4亿元，增长3.1%。全区工业总产值超过1亿元企业200个（按独立法人计算）。全年764个规模以上工业企业营业收入1959.3亿元，增长0.1%；利税105.2亿元，下降14.9%；利润51.6亿元，下降30.5%。建筑业增加值58.6亿元，下降2.5%。

社会消费品零售总额444.4亿元，增长1.4%。批发和零售业增加值75.1亿元，增长1.1%。限额以上批零住餐企业销售额1694.9亿元，增长1.7%。旅行社39个，星级饭店5个，其中五星级2个。全年接待国内外游客509.86万人次，增长26.0%；旅游总收入88.52亿元，增长15.2%。

固定资产投资增长10.1%。其中：工业投资增长21.6%，制造业投资增长14.4%，交通、水利和能源投资下降20.7%，民间投资（不含房地产项目）增长1.2%，高新技术产业投资增长12.6%。

新引进外商投资项目38个。实际利用外资18536万美元。货物进出口总额476.8亿元，下降2.3%。其中：出口208.2亿元，增长1.9%；进口268.6亿元，下降5.3%。服务贸易出口总额5.72亿美元，增长3.6%。

金融业增加值95.9亿元，增长10.9%。年末全区金融机构本外币存款余额2368.0亿元，增长10.5%；本外币贷款余额3183.53亿元，增长16.6%。

富春湾大道三期、秦望南路开工建设，秦望码头加快推进，渌渚作业区江口码头建成运营，徐西线、万牧线、汽贬线完成改扩建并通车。全区公路通车里程1984.4千米，其中境内高速公路里程85.6千米。全年公路货运量1419万吨，公路货物周转量12.01亿吨千米。全年公路旅客运输量67.4万人次，公路旅客周转量1.02亿人千米。城市建成区面积43.93平方千米。连续5年获评“美丽浙江”考核优秀区，入选国家“绿水青山就是金山银山”实践创新基地省级储备库，再获“中国天然氧吧”称号。空气优良天数341天，空气优良率93.4%，PM2.5年均浓度30.6微克/立方米。

引进浙工大国际创新中心、浙江中医药大学富阳研究院。新增重点支持的省级院士工作站1个、省级企业研究院2个。至年末，全区有众创空间8个，其中国家级2个、省级3个，入驻创业团队198个；科技企业孵化器10个，其中国家级1个、省级1个，入驻企业326个。专利授权4920件，其中发明专利894件。

建成投用中小学（幼儿园）12所，新增学位8655个。全区学龄儿童入学率100%，初中入学率100%，初中升高中段比例100%，高等教育毛入学率72.5%。全区共有幼儿园71所，在园幼儿2.52万人；小学46所，在校学生5.01万人；普通中学27所，在校学生3.68万人。职业中学（机构）2所，在校学生7319人。民办学校在校学生1.05万人。全年普通中小学新增校舍30.19万平方米。年末拥有专任教师6033人。

全区有县级以上文物保护单位101处（群），其中国家级1处、省级10处（群）。非物质文化保护项目133个，其中国家级3个、省级15个。

全区有各类医疗卫生机构568个，医疗床位5104张，其中医院26个，医院床位4001张。各类卫生技术人员8163人，其中执业医师3137人、执业助理医师445人、注册护士

3758人。全区有体育场馆28个、健身苑（点）617个。全年举办各类群众性体育比赛2000场，参赛运动员10万人次。全年获杭州市级以上各类奖牌173枚，其中金牌41枚、银牌67枚、铜牌65枚。

全区居民人均可支配收入6.53万元，增长5.1%；城镇常住居民人均可支配收入7.49万元，增长4.4%；农村常住居民人均可支配收入4.77万元，增长6.7%。全年新增城镇就业3.77万人。至年末，全区基本养老保险、基本医疗保险、生育保险参保人数分别为33.52万人、72.51万人、30.30万人。最低生活保障人数1.10万人。城乡居民最低生活保障标准为1259元。全区有居家养老照料中心329个，养老床位3054张。五保供养服务中心12所，供养老人330人。福利院1所，床位166张。有特困人员669人，集中供养243人。全年区慈善总会募集捐款3574.6万元，支出各项救助金3044.8万元。

【“百舸引航·民企廉盟”成立】 2023年2月22日，富阳区举行“百舸引航”清廉民企建设品牌行动计划启动暨“百舸引航·民企廉盟”成立仪式，富春江集团等首批10个清廉民企创建优秀实践单位协同与会企业代表共同签订“廉盟公约”。富阳区以实施“百舸引航”清廉民企建设品牌行动计划为主引擎，创建100个可看、可听、可学、可持续的清廉民企示范集群。坚持“一个系统、两个生态、三驾马车、四个导入、五有标准”的“12345”工作机制，为清廉民企建设提供目标导向和工作指引，包括坚持“1个党建统领”，坚持系统化构建企业内外“2个清廉生态”，坚持把好纪检、审计、法务“3驾马车”督廉，坚持用好组织生活、重大人事、物资采购、财务管理“4个导入”实施重点监督，坚持把握好有“一企一品”、有主题教育阵地、有廉洁规范制度、有廉洁文化活动、有廉洁惩防机制“5个有”。

【“调研一件事”工作开展】 2023年4月7日，富阳区机关（国企）党的工作部署会暨“调研一件事”工作部署会召开，启动“调研一件事”工作。至年末，区四套班子领导领衔调研课题35个，开展“一线解题式”调研320余次；区管领导认领共性难题783个，走访群众5.2万户，帮助解决问题4500余个。组织开展“调研一件事”优秀成果和优秀案例评选，通过实地评价、专家评审和现场比武的方式，对各单位申报的120个优秀调研成果、92个调研案例进行评选。结合“百日解难”“服务十百千，助企大解题”等活动，全区各级党员干部认领办结民生实事4.4万件，形成一批典型案例。其中：医保防贫共富入选浙江省高质量发展建设共同富裕示范区最佳实践名单；“善居工程”入选全省社会救助领域创新案例，并在全省首创新就业形态劳动者保险“网约车司机保”。推广“调研一件事”相关做法被《人民日报》、新华社客户端、新华网、《浙江日报》等媒体报道。

【“八八战略”与现代版富春山居图理论研讨会】 2023年7月6日，富阳区举行“八八战略”与现代版富春山居图理论研讨会。会上，发布富阳区2022年度现代版富春山居图指标报告、“八八战略”实施20周年富阳实践案例和“高质量发展建设共同富裕示范区，高水平描绘现代版富春山居图”实践案例。来自省内外的专家和学者围绕主题做交流讨论，探讨富阳打造现代版富春山居图做成全国的样板地、示范地和网红打卡地的目标、路径和方法，提出富阳应该作为落实“八八战略”的升级版，作为乡村振兴、“千万工程”的升级版，作为中国式现代化的示范版。至年末，通过组建由国务院发展研究院、中共北京市委党校、上海市社科院、中共浙江省委党校等专家组成的专家组，利用视频连线、部门座谈、实地调研等形式，以富阳为蓝本，深入调研20年间城市变化、乡村振兴、人居环境改善、生态环境优化、治理体系提升、文化传承保护等方面，形成理论成果30余项。

【杭州光学精密机械研究所科创园区启用】 2023年11月18日，“2023前沿光电科技创新大会暨杭州光学精密机械研究所科创园区启用仪式”在富阳区举行，科学家、企业家、投资机构代表等300余人参加。启用仪式上，杭州光学精密机械研究所与中科创星科技投资有限公司、建投华科投资股份有限公司、中科院创业投资管理有限公司等6个投资机构签订战略合作协议，与立信会计师事务所、杭州银行、浙商银行等6个金融服务机构签订战略合作协议，并与杭州高烯散热材料科技有限公司、瑞尔明康（浙江）医疗科技有限公司等8个新入驻孵化项目签约。与会领导和嘉宾为罗素先进光波科学中心揭牌，并为国家玻璃新材料创新中心共建单位与杭州市光机所光电功能材料概

2023年11月18日，“2023前沿光电科技创新大会暨杭州光学精密机械研究所科创园区启用仪式”在富阳区举行　（朱啸尘 摄）

念验证中心创建单位授牌。

【泗洲中国造纸遗址博物馆项目开工】2023年10月18日，泗洲中国造纸遗址博物馆项目开工仪式在富阳举行。该项目用地面积5.76万平方米，总建筑面积1.65万平方米（其中地下1940平方米），计划于2026年完工。建筑外观设计以“纸落云烟”为灵感，轻盈灵动、外形协调，选材低碳环保。在内部展陈和运营方面，秉承“保护研究、传承传播、沉浸体验、时尚引领”理念，打造“有纸史可研学、有古迹可观看、有光影可感闻、有活动可参与”的国家级造纸遗址博物馆。泗洲中国造纸遗址位于银湖街道泗洲村，发现于2008年，总面积1.6万平方米，2013年被列为第七批全国重点文物保护单位。

【电视剧《富春山居》开播】2023年7月21日至8月11日，电视剧《富春山居》在中央广播电视总台综合频道21点播出，“爱奇艺”“腾讯视频”“搜狐视频”同步播出。全剧32集，每集45分钟。该剧由中央广播电视总台、浙江睿宸影视制作有限公司出品。该剧取材自浙江持续推进“千万工程”、助力乡村振兴百姓共富的具体实践，讲述一群年轻人怀揣着振兴家乡的事业心，与乡亲们一起挥洒汗水，将自己的家园点墨成一幅现代版的“富春山居图”的故事。作为首部以杭州市富阳区为主题的电视剧，《富春山居》全程在富阳区取景，呈现《富春山居图》原创地、实景地。8月7日，电视剧《富春山居》研讨会在北京举行。与会领导、业内专家、剧组主创共同分享电视剧《富春山居》的播出情况和创作历程，并从主题思想、艺术创新、现实意义等角度对该剧进行分析和点评。

（刘　亮）

临安区

【概况】2023年，临安区辖5个街道、13个镇，有47个社区、2个居民区、270个村。行政区域面积3124平方千米。至年末，全区户籍人口54.54万人，比上年增加2450人；常住人口65.2万人，增加4000人，城镇化率61.2%。人口自然增长率–2.75‰。

全区生产总值686.45亿元，增长3.5%。第一产业增加值47.18亿元，增长4.3%；第二产业增加值339.11亿元，下降0.7%；第三产业增加值300.16亿元，增长8.1%。三次产业增加值结构为6.9 ∶ 49.4 ∶ 43.7。常住人口人均生产总值10.56万元。

财政总收入141.25亿元，增长7%；一般公共预算收入87.6亿元，增长4.3%；一般公共预算支出105.68亿元，下降0.5%。落地1亿元以上产业项目58个，其中10亿元以上项目8个、50亿元以上项目1个。实际利用外资2.2亿美元。金融机构本外币存款余额1583.79亿元，增长10.9%，其中居民储蓄777.93亿元，增长21%。

农林牧渔业增加值47.92亿元，增长4.3%；农林牧渔业总产值69.79亿元，增长4.5%。其中：农业种植业（含坚果类）产值37.77亿元，增长4.1%；林业（不含坚果类）产值20.87亿元，增长4.5%；牧业产值7.07亿元，增长6.8%；渔业产值1.97亿元，增长6%；农林牧渔服务业产值2.11亿元，增长7.1%。生猪出栏20.8万头，增长6.6%。

全区有规模以上工业企业742个，新增规模以上工业企业56个；总产值超亿元企业206个，其中100亿元以上企业2个。规模以上工业营业收入1453.17亿元，增长2.8%；规模以上工业增加值241.69亿元，下降0.9%；利税总额111.55亿元，下降14.8%，其中利润总额83.14亿元，下降18%。规模以上工业新产品产值率49.8%。战略性新兴产业、高端装备制造业、数字经济制造业增加值占规模以上工业增加值的比重分别为46.4%、56.8%、30.3%。数字经济核心产业增加值89.78亿元，增长7.7%，占全区生产总值的13.1%。其中，电子信息制造产业增加值87.63亿元，增长6.2%。研究与试验发展（R&D）经费支出与全区生产总值之比为3.78%。新增省科技领军企业1个、省科技小巨人企业1个、国家高新技术企业102个、省科技型中小企业269个。专利授权4133件。其中，发明专利授权629件，增长7.9%。有效发明专利拥有量1027件，增加211件。

全年固定资产投资下降31.8%。其中，制造业投资、高新技术产业投资、交通投资、项目民间投资分别增长12%、27.8%、9.6%、18.9%；房地产开发投资下降49.6%。商品房销售面积55.18万平方米，下降30.8%；商品房销售额98.61亿元，下降36.6%。

批发和零售业增加值46.33亿元，增长3.9%；住宿餐饮业增加值9.78亿元，增长9.5%。社会消费品零售总额246.18亿元，增长9.8%。货物进出口总额323.92亿元，增长0.4%，其中出口237.49亿元，增长4%。

全年接待国内外游客692.48万人次，增长52.8%；旅游总收入121.41亿元，增长43.7%。建成省级旅游驿站2个，新增省级AAAA级景区镇1个，青山湖景区被评为国家AAAA级旅游景区。天目山镇被评为“美丽浙江十大样板地”，潜川镇、昌化镇创建成为省级和美乡村示范镇，太湖源镇等4个镇入选全省现代化美丽城镇示范镇建设名单。

全年交付限价房789套。改造城中村9.26万平方米，提升改造老旧小区13.89万平方米，临安区被评为省无违建创先争优示范区。新建、改建城市道路23条，扩绿91.51公顷，开放玲珑山公园等城市公园6个，建设绿道11.4千米，新增城市绿地91.51万平方米。新增公共停车泊位2824个。无障碍改造困难残疾人家庭112户。修复城区路面31万平方米、人行道3.1万平方米、道路侧平石2.1万米，养护桥梁85座，疏通管道1318.3千米，清理各类窨井1.7万只。

全社会用电量50.31亿千瓦时，增长3.3%。其中城乡居民生活用电9.96亿千瓦时，下降1.3%。自来水平均日供水量22.43万立方米，全年供水量8187.01万立方米，其中居民家庭用水量2179.36万立方米。

全年完成人工造林69.87公顷，新增“千万亩森林质量提升工程”866.67公顷，完成7个乡镇（街道）、5个工业园区、8个生活小区“污水零直排区”建设。城镇污水处理厂污水处理量 5496.81 万立方米。成功创建省、市级美丽河湖 4 条（个），省级低（零）碳试点镇 4 个。全年空气质量优良天数 328 天，空气优良率 90.4%。

全年公路通车里程 2938.2 千米，其中高速公路里程 148.69 千米。公路旅客运输量 96 万人次，公路旅客周转量 6287 万人千米；公路运输货运量 873 万吨，公路货物周转量 7.5 亿吨千米。快递业务量 7388.1 万件，增长 35.5%；快递业务收入 2.8 亿元，增长 23%。

全区有幼儿园 74 所，在园幼儿 17975 人；小学 42 所，在校学生 37058 人；初中 20 所，在校学生 15662 人；普通高中 5 所，在校学生 7996 人；职业高中 2 所，在校学生 4226 人。学前三年幼儿园入园率 99.23%，学龄儿童入学率 100%，初中入学率 100%，初中升入普通高中比例 58.2%，升入各类高中比例 99.6%。

文化产业增加值 17.44 亿元，增长 10.2%。新增乡村博物馆 8 个、城市书房 4 个、文化驿站 1 个。组织送戏下乡 190 场、送展览 31 场、文化走亲 30 场、送书下乡 6.8 万册，举办全民免费艺术培训班 668 次。新建省级基层体育健身场地设施 23 处、嵌入式体育场地 460 个。新建、扩建体育公园 2 个，打造省、市级环浙步道 300 千米。举办全国 U17 国际式摔跤锦标赛、中国大学生攀岩锦标赛等赛事 130 余场。

全区有各类卫生机构（医疗卫生机构）455 个，专业卫生技术人员 5599 人，各类卫生机构床位数 3493 张。区级医疗机构门（急）诊 382.34 万人次、住院 11.71 万人次，基层医疗机构门诊 369.5 万人次。家庭医生签约服务人数 32.43 万人，签约率 50.5%。健康产业增加值 48.1 亿元，下降 17.4%。

全年新增参保企业 644 个，新增企业职工基本养老保险参保人员 7855 人。参加城乡基本养老保险、基本医疗保险人数分别为 45.46 万人和 55 万人，覆盖率 99.3%、99.8%。新增婴幼儿成长驿站 5 个，建成居家养老服务中心 17 个、康养联合体 19 个，投入使用认知障碍照护专区床位 117 张，“临有助餐”服务 109 万人次。全区最低生活保障对象 1.25 万人，发放各项困难家庭救助金 2.59 亿元。全年新增城镇就业人数 3.02 万人、城镇失业人员再就业 3994 人，就业困难人员再就业 1940 人。

【吴越文化节】2023 年 5 月 18—31 日，临安区第二届吴越文化节举行。该文化节由临安区委、区政府主办，包含“吴越之夜”开幕式、“吴越焕彩”国风论坛、“梦回吴越”国潮新秀等 6 个主题活动。开幕式由中央广播电视总台主持人主持，以诗朗诵、创意 VR 秀等节目形式讲述千年吴越的历史经典。开幕式上，发布临安区城市形象标识，并举行临安博物馆入驻中央广播电视总台“央博”数字文化艺术博物馆签约仪式。吴越文化论坛上，葛剑雄、杜文玉、王旭烽等学者围绕“吴越文化的核心内涵和时代价值”“吴越文化的活化利用”等发表主旨演讲。“梦回吴越·国潮新秀”活动推出“钱王夜宴·吴越味道”、“陌上花开缓缓归”诗画稻香长廊、“吴越星图”沉浸展、吴越物华集、“梦回吴越”汉服巡游等文化活动。分别在区图书馆、潜川镇全域、於潜镇光明村文化礼堂、天目山镇月亮桥村“见特门”露营基地、河桥镇云浪村文化礼堂推出“钱王传说”少儿故事演讲大赛、“吴越风雅”越剧节、《浙江诗歌大会》（2023）临安专场暨“吴越文歌”诗词大赛、“钱王故里天目行”文化主题游、古镇文化节等“全域吴越”系列活动。文化节活动被中央广播电视总台、《光明日报》、中国新闻网等媒体刊发报道近 50 次，“吴越之夜”开幕式视频全网播放量 1600 万次，活动网络总曝光量超过 3.8 亿次。

【临安区第一人民医院及妇幼保健院迁建项目（一期）投入使用】2023 年 8 月 19 日，临安区第一人民医院

2023 年 8 月 19 日，临安区第一人民医院及妇幼保健院迁建项目（一期）投入使用

［临安区委党史研究室（临安区地方志研究室）供稿］

及妇幼保健院迁建项目（一期）投入使用。该项目位于临天路与颐康街交叉口以北，于2020年9月开工建设，总投资18.92亿元，总用地面积14.18公顷，总建筑面积30.34万平方米。其中，一期建筑面积28.18万平方米，建设周期3年6个月，是临安最大的单体建筑工程。建设内容主要包括门（急）诊楼、住院楼、传染病房楼、教学科研楼、行政办公楼、集体宿舍和配电房等附属用房及地下用房。建设单位临安区第一人民医院，代建单位临安区国瑞健康产业投资有限公司，施工单位浙江东南网架股份有限公司、中国建筑第五工程局有限公司、中南建筑设计院股份有限公司，监理单位浙江工程建设管理有限公司。

【吉利控股集团汽车智能线控零部件总部及产业化项目开工】2023年7月5日，吉利控股集团汽车智能线控零部件总部及产业化项目开工建设。该项目由吉利汽车集团和路特斯集团投资建设，总投资50亿元，占地面积5.31公顷，建筑面积3.53万平方米，以汽车智能线控转向软硬件产品为核心，覆盖电动助力转向及线控转向等转向产品的设计、研发、制造及销售服务，面向智能驾驶场景市场，提供智能线控转向一体化解决方案。投产后，可形成年产汽车智能线控转向产品120万套、电动转向产品60万套的生产能力。至年末，完成地下基础工程。

【浙江公路技师学院青山湖校区投入使用】2023年9月7日，浙江公路技师学院青山湖校区投入使用。该校是浙江省交通运输厅下属重点技工类学校，位于麻岭路以东、科教路以南，总投资5.8亿元，占地总面积17.67公顷，建筑面积11.2万平方米。校区包含教学实训楼、图书信息中心等10个主体建筑和室外运动场、室外实训场等，配备产学研平台、实训考核基地及培训中心等，可容纳师生5000余人。

【临金高速公路建成通车】2023年9月15日，临金高速公路全线建成通车。该项目于2019年10月30日开工建设，起点位于浙皖交界的千秋关，经过杭州市临安区、桐庐县、建德市，终点位于杭新景高速公路安仁互通处，全长85.52千米，其中临安段44.7千米；沿线设置互通5处（横路互通、於潜北互通、於潜枢纽、潜川互通、乐平互通），服务区1处（於潜服务区），停车区1处（潜川停车区）。临安境内分3个标段施工，一标段施工单位浙江交工集团股份有限公司、二标段施工单位中交三公局第一工程有限公司、三标段施工单位浙江交工路桥建设有限公司，设计单位浙江省交通规划设计研究院有限公司、杭州市交通规划设计研究院，一标段监理单位北京华宏工程咨询有限公司、二标段监理单位浙江公路水运工程监理有限公司。

【吴越街提升改造工程主线通车】2023年11月，吴越街提升改造工程（329国道城区段锦天路—玲珑互通）主线通车。该工程于2022年6月开工建设，总投资7.91亿元。项目东起锦天路、西至杭瑞高速公路玲珑互通连接线，与329国道公路段接顺，道路全长4千米，道路红线宽度43~50米，道路等级为城市主干路，设置双向六车道及辅道。沿线与杭瑞高速公路玲珑互通连接线、胥高线、玲珑山路和锦天路4个交叉口相交，保障吴越街交通畅通及行驶安全。项目施工单位济南黄河路桥建设集团有限公司，全过程咨询单位浙江省工程咨询有限公司、杭州天恒投资建设管理有限公司联合体。

（柴钰灿　杨彩霞）

桐庐县

【概况】2023年，桐庐县辖4个街道、4个乡、6个镇，有37个社区、181个村。行政区域面积1780平方千米。至年末，全县户籍人口41.83万人，常住人口45.9万人，人口自然增长率–2.15‰。全县生产总值469.23亿元，比上年增长6.5%。其中：第一产业增加值28.56亿元，增长4.3%；第二产业增加值214.69亿元，增长3.6%；第三产业增加值225.98亿元，增长9.6%。三次产业增加值结构为6.1∶45.8∶48.1。常住人口人均生产总值10.23万元。

财政总收入78.89亿元，增长10.8%。一般公共预算收入45.03亿元，增长8.6%。全县金融机构本外币各项存款余额977.78亿元，增长12.2%。本外币贷款余额1218.44亿元，增长22.5%。

农林牧渔业总产值42.46亿元，增长4.5%。粮食总产量5.33万吨、肉类产量0.80万吨、禽蛋产量0.24万吨、蔬菜产量25.69万吨、水产品产量1.06万吨、水果产量9.42万吨、茶叶产量0.42万吨。全年新认定绿色食品22个，新增绿色食品基地面积846.67公顷。实施省、市、县美丽乡村项目125个，投资3.33亿元。建成省级和美乡村达标村40个，其中特色精品村6个、省级未来乡村2个、省级历史文化村落保护利用重点村1个、一般村1个，推进省级历史文化村落保护利用重点村1个、省级共同富裕示范带1条，新启动市级特色村5个、县级美丽经济协同发展示范村15个。全年集体经济收入3.9亿元、经营性收入2.61亿元。159个村完成“8050”（村集体经济总收入80万元、村集体经营性收入50万元）目标，完成率87.9%，67个建制村经营性收入超过100万元，完成率37.0%。

工业增加值170.57亿元，增长4.3%。年末规模以上工业企业407个，规模以上工业增加值128.76亿元，增长5.2%。规模以上高新技术产业、装备制造业、战略性新兴产业增加值分别增长8.8%、9.9%、9.2%。

商品房销售面积22.94万平方米，下降25.2%；商品房销售额36.32亿元，下降29.0%。其中住宅类销售面积20.87万平方米，下降29.7%；住宅类销售额34.85亿元，下降30.6%。

社会消费品零售总额173.85亿元，增长4.1%。按消费类型分，商品零售额132.99亿元，增长3.0%；餐饮收入40.86亿元，增长7.7%。年末各类商品市场16个，其中1亿元以上市场4个；全年交易额21.95亿元，下降6.3%。

货物进出口总额140.41亿元，下降1.4%。其中：进口总额11.23亿元，增长14.0%；出口总额129.18亿元，下降2.5%。全年跨境电商进出口总额4.21亿美元，其中出口4.11亿美元、进口0.1亿美元。

全县交通建设投资20.1亿元。公路总里程1897.02千米。全县有城区公交线路24条，城区营运公交车96辆；城乡公交线路93条，城乡营运公交车273辆；营运出租车104辆；长途客运及旅游包车等92辆。全年高铁桐庐站发送量133.13万人次。

全年邮政业务收入（不含邮政储蓄银行直接营业收入）12.4亿元，增长18.1%。业务总量21.6亿元，增长20.9%。其中，快递服务企业业务收入9.5亿元，增长10.8%；快递业务量2.3亿件，增长11.2%。

全年接待国内外游客734.22万人次，增长37.0%；旅游总收入117.52亿元，增长21.9%。有国家A级旅游景区5个，其中AAAA级4个、AAA级1个。浙江省AAA级以上村落景区8个，其中AAAA级1个、AAA级7个。浙江省景区村庄181个，其中AAA级67个、AA级21个。

全年PCT（国际专利合作协定）专利申请8件；发明专利授权221件；有效发明专利拥有量1133件；万人发明专利拥有量25件。全年品牌企业和实施"浙江制造"标准企业60个。至年末，有省科技小巨人企业4个；国家高新技术企业359个，新认定61个；省科技型中小企业598个，新认定139个；市级及以上企业研发中心148个，新增22个。新认定省科技领军型企业1个，实现"零的突破"。入选省"尖兵""领雁"重点研发项目4个，市重大研发项目2个。

全县有幼儿园47所，在园幼儿1.35万人。全日制小学28所，在校学生2.84万人，招生5419人，毕业学生4119人。初级中学14所，在校学生1.16万人，招生4084人，毕业学生3684人。中等职业技术学校1所，在校学生2227人，招生689人，毕业学生764人。普通高中5所，在校学生6173人，招生2075人，毕业1983人。普通高校1所，在校学生10207人，招生3318人，毕业3216人。特殊教育学校1所，在校学生90人。全县小学巩固率100%，初中巩固率100%，高中入学率99.8%，全县教职工（不含普通高校）5544人。

公共图书馆1个、乡镇图书分馆15个、新型综合文化空间（乡村生活书吧、城市书房）28个、文化馆1个、乡镇文化分馆14个、文化驿站2个、博物馆2个、非遗馆1个、剧院1个。建有乡镇（街道）综合文体站14个，村（社区）文化活动室13个、农村文化礼堂176个、社区文化家园15个。全年电影票房1824.6万元，观影人数49万人次。至年末，有线电视注册用户数20.38万户，广播、电视人口覆盖率均为100%。全县体育场地面积191万平方米，人均体育场地面积4.17平方米。中大型体育场馆4个、百姓健身房18个、省级全民健身中心1个、省级全民健身广场4个、小康体育村升级工程（小康体育村）79个、省级社区多功能运动场4个、足球场52个、拆装式游泳池4个、市级健身广场（健身中心、健身公园）27个。获杭州第19届亚运会和第4届亚残运会金牌6枚、银牌2枚，获亚洲赛事金牌4枚、银牌1枚、铜牌1枚；获全国各类大赛金牌19枚、银牌11枚、铜牌10枚；获省级、市级比赛金牌146枚、银牌102枚、铜牌82枚。

全县有各类医疗卫生机构359个，其中医院21个、卫生院11个、社区卫生服务中心（站）107个、诊所（卫生室、医务室、卫生所等）61个、门诊部38个、村卫生室117个、急救中心1个、健康体检中心1个、疾病预防控制中心1个、卫生健康行政执法队1个。卫生技术人员4757人，其中执业（助理）医师1883人、注册护士1890人。医疗卫生机构床位数2704张。养老保险参保人数33.12万人，参保率98.9%；基本医疗保险参保人数41.25万人，参保率99.5%；工伤保险参保人数17.6万人；失业保险参保人数11.82万人。

全县城镇常住居民人均可支配收入6.72万元，增长4.6%。其中，人均工资性收入4.07万元，增长4.4%。人均生活消费性支出3.84万元，增长7.2%。全县农村常住居民人均可支配收入4.28万元，增长6.6%。其中，人均工资性收入2.36万元，增长5.8%。人均生活消费性支出2.66万元，增长9.8%。

【桐庐马术中心】2023年9月19日至10月8日，杭州第19届亚运会马术项目赛事在桐庐马术中心举行，共11个比赛日、8个竞赛日，产生6块金牌。来自亚洲18个国家（地区）代表队、112名运动员、114匹马匹参赛。中国马术队共获金牌2枚、银牌1枚。赛事吸引现场观众3万余人、在线收看超过3000万人次，获中央媒体刊发报道75篇。

2016年6月，桐庐县向省体育局提出承办杭州亚运会马术项目申请。2018年10月，马术项目落户桐庐。2020年9月16日，场馆建设开

桐庐马术中心（摄于2023年）

［桐庐县委党史研究室（桐庐县地方志研究室）供稿］

工，2022年3月24日通过亚组委赛事功能验收。2022年、2023年连续两年举办马术测试赛，综合国际马术联合会、亚洲马术联合会技术代表、中国马术协会及香港赛马会专家意见，对竞赛需求、马匹福利等场馆功能进行提升完善。梳理4批次、500余项提升清单，为举办亚运会马术比赛积累经验。

桐庐亚运分村包括运动员分村、技术官员指定（官方）接待饭店、媒体指定接待饭店、马僮村。运动员分村选定在桐庐开元名都大酒店，技术官员指定（官方）接待饭店选定在富春江励骏酒店。媒体指定接待饭店选定在富春江希尔顿欢朋酒店。马僮村位于桐庐马术中心，配备医疗站、休闲室、会议室、健身空间等。共服务保障运动员、随队官员、技术官员、媒体记者、马僮、贵宾等各类客户群体858人、马主群体300余人。赛事期间，桐庐县开通铁路桐庐站至桐庐马术中心（瑶琳）免费公交专线。

【桐庐生态环境污染隐患主动预警干预系统上线】 2023年6月，桐庐生态环境污染隐患主动预警干预系统上线。该系统利用数据逻辑模型实现环境污染隐患的自动分析、主动预警、一体化执法、监管与服务并重的数字政府管理新模式。有污防设施隐患预警、露天焚烧隐患预警、企业服务模块等功能，可以实时监测、分析各项污染源数据，打通部门、企业、乡镇之间的数据壁垒。当预警事件需要多部门联合执法时候，系统可将相关情况直接推送县行政执法一体化管理平台，进行多部门的综合执法，形成合力实现纵横联动处置。桐庐生态文明馆同时开放，该馆总面积500平方米，分两层布展，设置家居富春山、生态文明的延续、绿色城镇的守护、美丽家园的共享共融4个主题展区。

【桐庐县入选全国县域商业“领跑县”】 2023年12月，在第二届全球数字贸易博览会、数字经济时代县域商业创新发展大会上，首批100个全国县域商业“领跑县”名单公布，桐庐县入选。桐庐县作为浙江省首批县域商业体系建设示范县，县域商业网点逐步健全，“一主、一副、四极、多节点”商贸格局基本成型。以银泰城、利时广场、“书香同城”等综合体为核心带动主城区4个商圈，江南镇、富春江镇、横村镇、瑶琳镇等发展为区域重点乡镇商贸中心，桐庐久友贸易有限公司、县供销公司等商贸流通企业新建改造村级连锁商店207个，实现村级便民商店全覆盖。依托桐庐县邮政公司平台，桐庐县乡村“三点一线”三级物流仓储配送体系基本成型，上下贯通，打通农村物流服务“最后一公里”。建成乡镇快递中转中心9个、村级快递驿站181个、综合便民服务站330个，实现县域物流共同配送率、县级物流配送覆盖率、村级快递网覆盖率100%。

【“桐庐味道”区域公共品牌发布】 2023年7月，“桐庐味道”杭州市桐庐县区域公共品牌发布会在上海举行。作为桐庐县的首个全区域、全品类、全产业链的区域公共品牌，“桐庐味道”代表的是桐庐最优质的产品、最好的生活状态。桐庐县制定统一标准、统一管理、统一运营等“九统一”管理模式，由县级乡村振兴发展公司实体化运行品牌。为提升“桐庐味道”品牌感知力，桐庐县坚持“月月有主题，次次出精彩”原则，打造“桐庐味道·寻味夜集”常态化主题市集活动，集中展示各类“桐庐味道”优质产品，培育“桐庐味道”夜经济带。

（张　红）

淳安县

【概况】 2023年，淳安县辖12个乡、11个镇，有社区24个、村337个。行政区域面积4452平方千米。至年末，全县户籍人口44.69万人，常住人口32.10万人，人口自然增长率–3.73‰。全县生产总值280.49亿元，比上年增长5.0%。其中：第一产业增加值44.46亿元，增长4.3%；第二产业增加值75.93亿元，增长4.7%；第三产业增加值160.10亿元，增长5.4%。三次产业增加值结构为15.8∶27.1∶57.1。数字经济核心产业增加值9.50亿元，增长12.5%，占全县生产总值的3.4%。

财政总收入46.89亿元，增长7.4%。一般公共预算收入26.99亿元，增长12.9%；一般公共预算支出89.41亿元，增长10.8%。全年城镇常住居民人均可支配收入5.75万元，增长4.2%；人均生活消费支出3.39万元，增长6.6%。全年农村常住居民人均可支配收入2.79万元，增长6.5%；人均生活消费支出1.90万元，增长9.7%。全县金融机构本外币各项存款余额545.46亿元，增长17.9%。金融机构本外币各项贷款余额563.93亿元，增长16.5%。

农林牧渔业总产值63.30亿元，增长4.5%。其中：农业产值44.59亿元，增长3.8%；林业产值8.58亿元，增长4.8%；畜牧业产值4.68亿元，增长2.5%；渔业产值4.01亿元，增长16.3%。粮食总产量4.52万吨；中草药产量2.75万吨，茶叶产量0.54万吨；水果产量13.48万吨；渔业水产品产量1.56万吨。创建省级和美乡村示范乡镇2个、省级和美乡村特色精品村8个、省级未来乡村2个、省级美丽宜居示范村2个、省级和美乡村达标村70个，枫树岭镇下姜村、界首乡严家村获评美丽乡村国际旅游体验点。

工业增加值47.75亿元，增长5.6%。其中规模以上工业增加值38.11亿元，增长7.4%。规模以上工业新产品产值13.30亿元，新产品产值率10.7%。高新技术产业、战略性新兴产业、装备制造业增加值分别增长12.5%、49.5%和36.2%，占规模以上工业增加值的比重分别为36.1%、14.8%和23.4%。全县有各类市场主体4.26万户，其中内资企业1.69万户、个体工商户2.52万户、外资企业116户、农民专业合作社479户。

建筑业增加值28.26亿元，增长3.1%。全县房地产业增加值23.21亿元，下降2.6%；房地产开发投资下降21.3%。房屋施工面积235.56万平方米，下降8.2%；房屋竣工面积22.12万平方米，下降25.2%。全年商品房销售面积20.13万平方米，下降21.3%；商品房销售额23.90亿元，下降26.9%。

全县固定资产投资增长10.7%，

其中项目投资增长35.6%。按投资结构统计，交通、水利和能源投资增长54.3%；高新技术产业投资增长69.2%；民间项目投资增长27.3%；工业投资增长71.4%。分产业看，第一产业投资增长275.7%；第二产业增长74.7%；第三产业下降8.6%。

全年接待国内外游客1262.07万人次，增长54.6%；旅游总收入183.39亿元，增长35.7%。各类旅行社72个，高品质酒店47个，其中挂牌五星级酒店2个、五星标准建造酒店19个、挂牌四星级酒店2个、四星标准建造酒店24个。下姜村入选联合国世界旅游组织“最佳旅游乡村”，《“大下姜”文旅联合发展带动区域共同富裕》入选文化和旅游部典型案例，“千岛秋实季，欢乐丰收行”之旅入选文化和旅游部2023年全国乡村旅游精品路线。

完成县、乡公路大中修项目40千米，村道公路大中修项目65千米，农村联网公路10千米，危旧桥改造6座，农村停靠站15座。全县公路总里程2836.67千米，其中高速公路63.85千米、国道87.44千米、省道226.03千米。邮政业务总量7105万元。邮电局所总数36个，其中邮电支局6个、邮电所27个、代办所3个。

完成丰家山至坪山接线工程、330国道淳安千岛湖大桥至临岐段改建工程、鼓山灯控路口序化等常发堵点治理。推进千岛湖镇城区供排水设施及管网提升改造。编制《淳安县系统化全域推进海绵城市建设实施方案》。安装新能源充电桩56个。庄天岭二期保障性租赁住房主体完工。实施千岛湖老旧小区综合改造工程，完成4个区块8.4万平方米的改造提升。既有住宅加装电梯15台。景湖花园等5个小区成功创建杭州市美好家园示范小区。火炉尖未来社区获评省级、市级未来社区，汾口杨旗未来社区、新北未来社区列入第七批省级创建名单。全年空气优良天数355天，优良率97.5%。细颗粒物（PM2.5）年均浓度20微克/立方米；二氧化氮年均浓度12微克/立方米；二氧化硫年均浓度5微克/立方米。地表水国控断面达到或优于Ⅲ类比例100%。

全县有学校97所，在编教职工3716人，在校学生4.09万人。其中：幼儿园38所，在校幼儿7886人；小学37所（含7所校区），在校学生1.73万人；初中13所，在校学生7716人；普通高中5所，在校学生4813人；职业中学2所，在校学生3133人；培智学校1所，在校学生61人；电大教师进修学院1所。

杭州第19届亚运会淳安赛区界首体育中心场馆（摄于2023年）

［淳安县委党史研究室（淳安县地方志编纂研究室）供稿］

全年新增国家高新技术企业13个，省科技型中小企业41个。新认定杭州市高新技术企业研发中心2个，浙江省高新技术企业研发中心1个，浙江省企业研究院1个。

全县新增“15分钟品质文化生活圈”60个、城市书房2个、文化驿站1个、省级乡村博物馆2个，创建杭州书房2个、“邻里阅读空间”5个。全年开展“送戏下乡”200余场、送书下乡3万余册、送展览讲座下乡150余场、县内外文化走亲30余场。举办全民艺术普及活动230余场，开展“百姓课堂”等各类公益培训300余场、读者活动239场、读者志愿服务活动20余场，举办线上和线下展览60余场。

各类医疗机构332个，各类专业卫生技术人员3427人。其中执业中医师310人、执业西医师1126人、注册护士1515人。医疗卫生机构床位2670张，其中县级医院1560张。

人均体育场地面积4.6平方米。服务保障杭州第19届亚运会和第4届亚残运会，举办千岛湖马拉松、环千岛湖公路自行车赛、千岛湖公开水域游泳公开赛、千岛湖铁人三项赛、浙江省第四届户外运动大会等28场精品赛事活动。环千岛湖公路自行车赛获评2023年中国体育旅游精品项目和中国户外运动精品线路。

城乡居民养老保险基础养老金每人每月350元，最低生活保障标准由每人每月1216元调整为1259元，特困人员基本生活标准由每人每月2027元调整为2098元。至年末，全县有在册低保户数9675户、1.22万人，其中残疾人单列户5701户、5809人。养老机构26个，其中县级公办1个、乡镇级敬老院19个、民办养老机构6个，床位2453张，在院供养老人1059人。

【“人与自然和谐共生”千岛湖大会】
2023年11月19日，首届“人与自然和谐共生”千岛湖大会在淳安召开。作为2023年杭州国际人才交流与项目合作大会的重点活动之一，千岛湖大会以“共话绿水青山，共谋绿色发展”为主题，邀请学者专家、政府官员和具体从业人员共同探讨建设“人与自然和谐共生”现代化的重要现实意义与实现路径，发布《人与自然和谐共生千岛湖共识》，力求联合各方智慧，共同探索保护与发展的“辩证解法”。中国工程院院士康绍忠、喻景权、尹飞虎等12名专家受聘加入“千岛湖智库”。完成“关于共同推进淳安县生态文明建设实践与创新的战略合作协议”“共护区域重要水源地、共建‘绿水青山就是金山银山’实践创新地”两大战略合作协议，涉及旅游产业、先进制造业、健康产业等方面12个项目合作签约，总投资约140亿元。

【淳安县获评国家级生态文明建设示范区】2023年10月28日，生态环境部公布第七批生态文明建设示范区名单，淳安县入选。淳安县制定出台县级环境质量管理规范——《千岛湖环境质量管理规范》，主要污染物排放比国家一级A标再下降45%。严格落实《杭州市淳安特别生态功能区条例》，建立“一巡多功能”联合巡查监管机制，强化沿湖沿线监管。建立县、乡、村三级联动护水机制，在全县构成“林长+河湖长+企业环保医生”的全域覆盖保护网络，成立全省首个生态保护公益诉讼联盟，打造“行政执法+刑事司法+生态保护”三位一体保护模式。实施跨省流域生态补偿试点，纳入中央生态文明体制改革总体方案，启动新安江千岛湖生态保护合作区建设，推动单一“治湖泊”向系统“治流域”转变，从“一水共护”迈向“一域共富”。实施总投资超过20亿元的农业、林业、工业和生活4个污染专项防治项目。创新开展“两山合作社”绿色金融改革试点，探索公益林补偿收益权质押贷款新模式，发行省内首只生态环保政府专项债券，加快打通生态产品价值实现机制。

【杭州千岛湖啤酒有限公司酿造部糖化班获全国工人先锋号称号】2023年4月27日，在2023年庆祝五一国际劳动节暨全国五一劳动奖章和全国工人先锋号表彰大会上，杭州千岛湖啤酒有限公司酿造部糖化班获全国工人先锋号称号。酿造部糖化班通过打造公司最强党小组、示范岗和攻关排头兵，引领班组不断争先创优。注重技能比武和技术创新，持续优化酿造粮耗指标，使该指标一直稳居全省啤酒企业粮耗前列。2021年，公司产品获得啤酒界最高奖“清酌奖”；2022年，获布鲁塞尔国际挑战赛金奖。开展的技术创新项目多次获奖，其中“二次蒸汽回收项目”获浙江省科学技术创新成果奖，“糖化过滤槽麦汁洗糟管装置”技术创新项目获杭州市十大职工创新成果奖。

（方红娟）

建德市

【概况】2023年，建德市辖3个街道、1个乡、12个镇，有29个社区、15个居民区、229个村，行政区域面积2364平方千米。至年末，全市户籍人口50.25万人，比上年减少2957人；常住人口44.3万人，下降0.7%。人口自然增长率−3.11‰。全市生产总值450.11亿元，比上年增长5.5%。其中：第一产业增加值39.58亿元，比上年增长3.9%；第二产业增加值213.77亿元，增长2.9%；第三产业增加值196.76亿元，增长9.0%。三次产业增加值结构为8.8 ∶ 47.5 ∶ 43.7。常住人口人均生产总值10.13万元，增长5.6%；户籍人口人均生产总值8.93万元，增长6.0%。

财政总收入79.22亿元，下降1.6%。一般公共预算收入47.59亿元，下降8.5%。其中税收收入35.60亿元，占一般公共预算收入的74.8%。一般公共预算支出87.42亿元，增长10.8%，其中民生支出71.57亿元，增长13.9%，占一般公共预算支出的81.9%。

全市居民人均可支配收入50907元，增长4.9%。其中：城镇居民人均可支配收入64531元，增长4.0%；农村居民人均可支配收入38129元，增长6.3%。年末金融机构本外币各项存款余额892.25亿元，增长14.5%。金融机构本外币各项贷款余额991.10亿元，增长21.3%。

农林牧渔业增加值40.53亿元，增长3.9%。农林牧渔业总产值66.65亿元，增长4.1%，其中：种植业产值41.67亿元，增长2.1%；林业产值4.43亿元，增长14.4%；牧业产值15.56亿元，增长6.6%；渔业产值2.54亿元，增长8.4%。粮食总产量7.06万吨。全年建成高标准农田1056.2公顷，标准农田地力提升改造565.3公顷。农业机械总动力16.31万千瓦。建成“菜篮子”基地4个。全年投入美丽乡村建设资金2.17亿元。入选“全国传统村落集中连片保护利用示范县”、“五好两宜”和美乡村试点。新建“共富工坊”79个。全市村“8050”（村集体经济总收入80万元、村集体经营性收入50万元）目标实现全覆盖，集体经济经营性收入增长26%。新增历史文化村落2个、杭州市特色村5个、农家乐（民宿）23个，新建成未来乡村2个。全年乡村全域旅游接待游客数22.5万人次，增长23.0%；经营收入8962万元，增长21.8%。

工业增加值177.16亿元，增长2.7%，其中规模以上工业增加值154.40亿元，增长3.0%。制造业增加值增长3.7%，民营经济增加值增长3.7%，占规模以上工业的89.1%和84.3%。高新技术产业、战略性新兴产业、装备制造业增加值，分别增长1.7%、14.3%和14.4%，占规模以上工业的45.8%、18.6%和14.9%。

服务业增加值196.76亿元，增长9.0%。交通运输仓储和邮政业、营利性服务业、金融业、非营利性服务业、批发和零售业、住宿和餐饮业增加值分别增长25.3%、19.5%、11.1%、4.2%、4.1%和4.1%，房地产业增加值下降2.2%。全年规模以上服务业企业营业收入26.18亿元，增长8.6%。

社会消费品零售总额136.01亿元，增长5.4%。其中限额以上批发零售单位社会消费品零售总额26.86亿元，增长11.1%。全年网络零售额174.19亿元。

固定资产投资增长16.1%。全年落地1亿元以上项目38个。浙江建德（乌龙山）抽水蓄能电站、国道320线建德段改建工程、“三江”治理提升工程等6个省“千项万亿”项目继续推进，27个省、市重点项目投资完成率155%。95个政府投资重点项目、75个重大产业项目开工，完成年度投资122.3亿元。

货物进出口总额98.31亿元，增长1.5%。其中：出口94.06亿元，增长3.9%；进口4.25亿元，下降32.9%。服务贸易出口额0.55亿美元，下降48.6%。跨境电商进出口总额4.67亿美元，增长3.2%。其中：出口4.55亿美元，增长6.3%；进口0.12亿美元，下降52.0%。新引进外商投资项目10个，实际利用外资0.55亿美元，下降60.7%。

建德市城东区块（摄于2023年）　（李胜炜 摄）

公路货物运输量1145.72万吨，公路旅客周转量1.99亿人。杭黄高铁建德站旅客发送量82.80万人次，增长81.3%；旅客到达量72.03万人次，增长67.8%。金千铁路建德段货物运输量272万吨，增长7.9%。临建高速全线贯通，桐溪大桥、紫金大桥建成通车。年末全市公路总里程2152.10千米，其中高速公路里程139.60千米。市区公共交通运营线路19条，其中优化线路6条；营运公交车辆105辆，全年公交客运总量293.16万人次。年末全市机动车保有量15.01万辆，比上年末增加8521辆。非营运汽车保有量11.01万辆，其中私人汽车10.39万辆。

全年接待国内外游客443.13万人次，增长33.5%；旅游总收入57.52亿元，增长6.4%。有各类旅行社19个，国家A级及以上旅游景区6个，其中AAAA级5个。

全市基本养老保险参保人数35.61万人、基本医疗保险参保人数43.29万人。聚焦“一老一小”，打造幸福民生共同体100个，困难群众医疗费用综合保障率89.8%。有各类养老机构18所，床位3156张，供养老人1102人。年末享受最低生活保障人数9764人。

有幼儿园38所，在园幼儿1.20万人，下降11.4%。有小学30所，在校学生2.51万人，增长5.7%。有普通中学23所，其中初中17所、普通高中（含民办）6所；在校学生数1.75万人，其中初中1.04万人、普通高中7116人。初中入学率100.0%。有中等职业教育学校1所，在校学生1722人。有专任教师4421人，其中幼儿园1099人、小学1484人、初中975人、高中721人、职业高中124人、特殊教育学校18人。

建成“15分钟品质文化生活圈”45个，有公共图书馆1个、文化站16个、村（社区）图书室256个、博物馆1个。全年建德婺剧团国内演出332场次，观众9.9万人次。举办各类群众性体育比赛142场，参赛运动员4万人次。有体育场馆3个。

全年实施各类科技计划126个。新增国家高新技术企业48个，总计229个。省级科技型中小企业124个，总计746个。入选省级科技企业7个，高新技术产业投资增长31.9%。建成国家级“科技小院”5个，数量居全省第一位。新增杭州市级以上研发机构13个。新增大学生创业园、省级博士后科研工作站4个，建成浙西海归中心。至年末，有雏鹰计划企业59个；杭州市级以上高新技术企业开发中心147个，其中省级以上61个。有科技企业孵化器12个、众创空间3个。全年专利授权量1522件，下降10.6%。其中，发明专利授权量185件，增长36.0%。认定登记技术合同214个，技术合同金额15.90亿元。

各类医疗卫生机构413个，其中医院13个、基层医疗卫生机构393个、专业公共卫生机构6个、其他卫生机构1个。各类医疗卫生机构实有床位2947张，其中医院床位2375张。年末卫生专业技术人员4727人，其中执业医师1512人、执业助理医师318人。杭州师范大学建德医院成立，杭州市第七人民医院浙西院区投入使用。建德市通过省级健康县区评估。

全年完成造林更新面积1113.3公顷，全市森林覆盖率73.5%。全市人均公园绿地面积17.35公顷。全年投入水利建设资金7.33亿元。城市污水集中处理率98.1%。全市规模以上工业能耗总量比上年下降1.5%，单位工业增加值能耗下降4.4%。全年空气优良天数354天，空气优良率97.0%。PM2.5年平均浓度25.4微克/立方米。主要水系监测断面Ⅲ类及以上比例保持100%。建德市连续3年获评“美丽浙江”优秀县（市），生态环境公众满意度居全省第一位，“无废城市”满意度居全省第二位，省水环境断面考核连续9年获优秀。全域推进幸福河湖建设，获评全省试点优秀单位。新安江—富春江水利风景区获全省“国家水利风景区高质量发展标杆景区”称号。创建省级城乡风貌样板区4个，其中新时代富春山居图样板区2个。

【“建德农创日”设立】 2023年5月30日，建德市十七届人大常委会第十二次会议表决通过《关于设立“建德农创日”的决定》，确定每年6月5日为“建德农创日”。建德市致力于打造万名创客集聚地、创客梦想发源地、全国创客引领地，推出农创客扶持等人才政策，培育农创客群体。6月6日，“筑梦新乡村 农创建未来”第四届长三角大学生农创日活动举行。活动现场，举行美丽浙江农创客短视频创作基地揭牌仪式；“荷美小镇”运营项目、大同西乡蔬菜高效生态示范园项目、建德草莓精深加工产品研发项目签约；面向全国发布“莓好菁英”大学生招募计划；启动“长三角农创客点亮乡村”行动，5名长三角农创客代表作乡村品牌打造案例经验分享，推动“农创客”发挥其在建德乡村产业发展的生力军作用。至年末，新增农创客680人，农创客总数3086人。

【李家菊石入选“中国美丽化石”】2023年6月11日，中国古生物化石保护基金会举办的“寻找中国美丽化石”公益活动结果揭晓，建德市李家镇“李家菊石”入选。李家镇地质遗迹资源丰富，有观赏和科研价值高的古生物化石，在全国第三批地质文化村（镇）评选中，成为杭州地区首个入选全国三星级地质文化镇。2022年，中国科学院南京地质古生物研究所专家团队实地考察，发现菊石、鹦鹉螺、角石、贝壳、海胆、海蕾、鱼类等动物化石以及毛羽叶、鳞木、蕨类植物等植物化石。经系统研究考证，李家菊石形成于二叠纪，具有科研和科普价值。李家镇利用化石资源，设立李家乡村化石馆，建立化石清修中心，吸引国内专业化石修复团队入驻。该化石馆获评浙江省第二批乡村博物馆，李家镇获“中国菊石之乡”称号，被命名为“中国古生物化石保护基金会科普研学基地”。

【杨村桥镇入选全国农业产业强镇】2023年8月8日，农业农村部办公厅、财政部办公厅联合公布首批国家农业产业强镇名单，建德市杨村桥镇以草莓产业入选。杨村桥镇以发展现代农业和推进农村一、二、三产业融合发展为主线，依托现有草莓产业特色优势，构建“特色产业明显、产品优质高效、农业科技提高、农业创意多元”的新格局，打造集特色农业、创意农业、科技农业于一体的草莓产业强镇。该镇草莓种植发源于20世纪80年代，是浙江现代草莓规模种植的发源地，被授予“中国草莓之乡”称号。本地、异地种植面积1667公顷，草莓产业链年产值7亿余元，莓农4000余户。全镇人口中有一半从事草莓相关产业。杨村桥镇成功创建“全国一村一品示范镇”“省级特色农业强镇”“省级田园综合体试点乡镇”“省级农业科技园区创建乡镇”。至年末，有草莓研究院、院士工作站各1个，科技服务团队5支、科技专家18名，与中国科学院、浙江大学、浙江省农科院等院校及科研单位开展产学研合作。

【建德市数字经济联合会成立】2023年7月12日，杭州地区首个区县级数字经济联合会——建德市数字经济联合会成立，省内外51个企业成为首批会员。数字经济联合会主要职责为汇聚更多数字经济人才力量，通过行业调查、课题研究、评估咨询，为政府制定数字经济产业发展政策提供支撑，为企业提供技术方案咨询、政策解答、项目申报、人才培训、参观参展等相关服务。深入企业一线调研，分析企业生产经营中的痛点、堵点，形成数字化转型需求清单，征集行业数字化改造方案，对分行业打造数字化改造样板进行跟踪服务，适时开展行业样板案例的提炼总结和复制推广。

【杭州第七医院浙西院区运营】2023年8月31日，杭州市第七人民医院浙西院区运营。该院区位于建德经济开发区（寿昌镇）十八桥村郑山自然村区块（江南路66号），用地面积8.47公顷，总建筑面积4.75万平方米，开设床位500张。按三级甲等精神专科医院标准建设，包括急诊部、门诊部、住院部、医疗技术科室、康复治疗、科研教学培训基地等功能用房和机动车停车位、设备用房等辅助用房。院区于2018年12月19日开工建设，为园林式、连廊式建筑格局。

【国产电动飞机AG60E首飞】2023年12月底，由中国自主研制的AG60E电动飞机在浙江建德千岛湖通用机场完成首次飞行。AG60E是一型单发上单翼轻型运动飞机，并排2座，全金属结构，由浙江通飞野马飞机制造有限责任公司制造生产，主要面向航空俱乐部、通航公司、私人用户等，用于飞行体验、基本飞行培训和私人娱乐飞行。该型飞机机长6.9米、高2.6米、翼展8.6米，最大起飞重量600千克、最大平飞速度每小时220千米、最大巡航速度每小时185千米。AG60E电动飞机具有较强的机场适应性，可在草地、硬化土地等非铺装跑道起降。

【中国范仲淹国际学术大会在建德举行】2023年11月11—12日，第八届中国范仲淹国际学术大会在建德市梅城龙山书院召开。大会以“范公思想与新时代精神”为主题，由中国范仲淹研究会、中共杭州市委宣传部和中共建德市委、建德市政府共同主办，国内外专家学者300余人参加。大会设主会场1个、分会场4个，会上交流研究论文110余篇，30余名专家、学者参与点评并为第六届中国范仲淹国际学术评比“优秀论文奖”获奖者颁奖。

（刘国成　黄建生）

责任编辑　秦文蔚　何　彬

48 人物

全国五一劳动奖章获得者

于英涛 男，1964年12月出生，新华三技术有限公司总裁兼首席执行官，2023年全国五一劳动奖章获得者。在于英涛主导下，新华三技术有限公司专利申请超过1.35万件，连续10年居浙江省专利授权量第一位，连续9年居浙江省高新技术企业创新能力百强榜首。在他带领下，公司按照“1612”体系架构要求，参与建设一体化智能化公共数据平台、智慧亚运等项目。以理念创新建设智能制造未来工厂，提升数字经济的供应链韧性，他突破传统工厂理念，以“5G+AI+IOT”推动建设H3C未来工厂。以模式创新推出信息与通信技术全栈式商城，优化数字经济服务体验。他创新企业级服务理念，以原厂直营打造信息与通信技术全栈式商城H3C MALL。他坚持以数字大脑建设深化企业管理创新，企业营业收入增长136%、利润增长80%。

刘　廷 男，1985年9月出生，松下家电（中国）有限公司课长代理，2023年全国五一劳动奖章获得者。刘廷带领的质量控制攻关小组改进生产工艺，解决生产上的重大课题，为公司节约近100万元的费用。他带领的专项课题攻关小组创新工作方法，最终将不良率降到1%以下。该课题在2021年获杭州市优秀质量管理小组一等奖、浙江省优秀质量管理小组三等奖。作为党员和人大代表，他自愿参加社区和公司的志愿者活动，3年累计参加志愿者活动50余次。担任人大代表5年提出建议20余个，收到国家相关部门感谢信6封。

聂明军 男，1984年6月出生，杭州柯林电气股份有限公司技术总监，2023年全国五一劳动奖章获得者。作为一名电力智能监测领域的创新领军人物，聂明军投身数智攻坚10余年，带领团队进行电力智能预警系统关键技术研究及系列产品开发。他先后主持省重大科技专项1个、市重大科技专项2个；主持攻关智能电网电力监测设备关键技术，解决多源放电性缺陷监测与预警的国际性难题；带队研发的超/特高压变电设备智能监测预警系列产品解决方案项目技术国际领先，实现利税近1亿元。他主持包括省重大科技项目、超/特高压监测核心技术项目等20余个项目。他发挥个人特长，参与所在领域研发人才培养，累计在全国各地举办培训讲座300余次，受众7000余人；主持18项特/高压监测创新产品开发并应用于全国3000余个110~1000千伏变电站，培养获国家电网公司“青创赛”一等奖、二等奖的特/高压电力设备监测领域技术前沿产品研发人才150余人。

王贵美 男，1974年12月出生，泛城设计股份有限公司城市更新研究院院长、技术研发中心主任，2023年全国五一劳动奖章获得者。王贵美牵头负责省、部级重要科研项目23个，编写大学教材和专著5部、标准28个；发表学术论文12篇；申请发明专利13件。他潜心教学，指导高校研究生学习研究，深入一线进行技术指导和教学，到新疆维吾尔自治区等10余个省（自治区、直辖市）的40余个区县（市）无偿指导授课100余场次。

沈　涛 男，1985年7月出生，中国邮政集团有限公司杭州市分公司揽投部经理，2023年全国五一劳动奖章获得者。沈涛作为一名全日制大学本科毕业的邮政揽投员，刻苦钻研投递操作技能，践行“最多跑一次”的便民服务，在他11年的投递职业生涯里，从未产生过错投、漏投和客户投诉。

黄赣英 女，1982年7月出生，杭州市第一人民医院急诊科副护士长，2023年全国五一劳动奖章获得者。黄赣英长期在急诊一线从事护理工作，面对各种突发危急情况临危不乱，用细心、耐心、爱心推行精细化护理。2020年新冠疫情期间，她支援抗疫一线。2022年年末，新冠疫情防控政策调整，急诊科单日接诊患者500余例，她带领护理团队和医生们在短时间内快速扩容，对所有患者尽收尽治。

（市总工会）

杭州工匠

王　芹 女，1997年6月出生，杭州市创意艺术学校美发一级技师，第七届杭州工匠。王芹致力于国内外美发竞赛规则的研究。2018年，被聘为美发项目国家队教练、浙江省残疾人职业技能竞赛教练。她培养出一批全国各地的优秀美发人才，其中世界冠军2名、亚军1名，全国冠军6名。

王吉伟 男，1982年2月出生，浙江省杭州市人民检察院工程师，第七届杭州工匠。王吉伟办理全省检察技术案件1000余件（次），多次承担社会影响大、关注度高的案件技术取证工作，为案件突破、证据审查、诉讼监督提供重大帮助。他刻苦钻研业务，总结工作方法，发表多篇专业论文。

王国平 男，1975年3月出生，杭州雅尚造型艺术有限公司高级工艺美术师，第七届杭州工匠。王国平的作品获国家级、省级金银奖20余个，3件作品被国家一级博物馆永久收藏。他被聘为浙江工商大学杭州商学院、湖州师范学院艺术学院等高校的兼职教授。获外观设计专利9件，申报实用新型专利10件。

王金欢 男，1985年9月出生，杭州圣奥控股有限公司工程师，第七届杭州工匠。王金欢长期从事家具工艺技术开发和智能制造研究工作，获发明专利2件、实用新型专利32件、软件著作权3件。主导推动家具涂装“油改水”过程，实现办公家具行业首个全面水性化涂装，获中国轻工联合会科技进步奖三等奖；独创“非无纺布木皮吸附工艺”解决传统吸附工艺难题，年节约成本近100万元，并获杭州市优秀质量管理小组成果一等奖。

方　颖 女，1990年1月出生，杭州市政协文史研究中心讲解员，第七届杭州工匠。方颖曾代表杭州市获全国科普讲解大赛三等奖，获全省讲解员大赛第一名，多次获杭州市五星级讲解员称号。通过有情怀、有信念、有态度的语言，传播杭州之美，弘扬和践行新时代工匠精神。

叶　鑫 男，1985年9月出生，浙江奥通汽车有限公司高级工程师，第七届杭州工匠。叶鑫从事汽车维修行业18年，多次被公司评为技术之星。2020年获浙江省“行泰杯”机动车维修技能竞赛第一名，2021年获评“浙江省金蓝领”“拱墅工匠”“浙江省青年工匠”，2023年获奥迪东南区钣金比赛一等奖。他为公司培养出高级技师3名。

叶佳星 女，1980年11月出生，浙江萧山宋代名瓷研究所高级工艺美术师，第七届杭州工匠。叶佳星参与的科研项目获省科学技术进步奖二等奖、三等奖，创作的南宋官窑作品曾获奖40余个。在南宋官窑研发生产工作中，走“产学研”道路，先后在30余个国家和地区进行作品展示与交流。2023年7月，作品在纽约联合国总部展出。

田伟华 男，1982年6月出生，杭交投机动车驾驶员培训（桐庐）有限公司汽车驾驶员技师（二级），第七届杭州工匠。田伟华秉承“安全学驾，护佑终身”的教学理念，扎根一线，潜心教学，以赛促教，提升技能，先后获全国交通运输行业职业技能大赛铜牌、浙江省交通运输行业职业技能大赛机动车驾驶教练员项目个人三等奖，获杭州交通运输行业“十大最美人物”称号。

朱丹波 男，1991年8月出生，杭州煜宸科技有限公司汽车修理工技师，第七届杭州工匠。2022年，朱丹波获全国汽车流通行业职业技能竞赛采购师赛浙江省选拔赛第一名；2023年1月，获全国汽车流通行业职业技能竞赛采购师赛决赛全国一等奖，获评“全国技术能手”。指导两位徒弟获全国技能大赛一等奖。获国家实用新型专利、软件著作权20余件，专利获科技创新优秀发明成果奖。

刘　毅 男，1981年6月出生，杭州千岛湖毅鱼文化创意有限公司，第七届杭州工匠。刘毅结合自身特长和千岛湖鱼资源特色，将鱼拓与书法完美融合。鱼拓作品获国际鱼拓“白金奖”、全国“金鳞奖”，被中央广播电视总台财经频道、浙江卫视等媒体报道。先后两次在杭州举办个人鱼拓作品展，并向杭州亚运会博物馆捐赠19幅鲤鱼图。书法篆刻作品入展“吴昌硕奖”“沙孟海奖”“陆维钊奖”等大展，获“卫夫人杯”全国书法篆刻展优秀提名奖。

刘自刚 男，1985年10月出生，浙江巴顿焊接技术研究院高级工程师，第七届杭州工匠。刘自刚先后获评浙江省百千万高技能领军人才第三层次优秀技能人才、萧山工匠、萧山区首席技师、南太湖特支计划领军人才，以及市、县级技术能手。1个成果获中国机械工业科学技术奖三等奖，1个成果获省机械工业科学技术奖二等奖；授权专利32件，发表论文10余篇；参编国家标准1个、团体标准3个。

汤叶锋 男，1987年8月出生，浙江大有实业有限公司钱塘分公司高级技师，第七届杭州工匠。汤叶锋从事配电专业、检修、施工工作15年，曾获“浙江青年工匠”“浙江省电力技术能手”等称号。2022年，领衔创办市“汤叶锋电力电缆技能大师工作室”，培养技能型人才，攻克现场技术难关8个，获专利1件，国内期刊发表论文2篇。

孙　燕 女，1984年8月，杭州市体育事业发展中心杭州游泳健身馆一级教练，第七届杭州工匠。孙燕以培养更多优秀游泳运动员为奋斗目标，执教多年来，培养近20人成为浙江省运会冠军。2023年9月26日，培养的游泳运动员费立纬获杭州第19届亚运会男子1500米自由泳金牌、男子800米自由泳银牌和男子4×200米自由泳银牌。

孙建江 男，1982年9月出生，荣盛石化股份有限公司维修电工高级技师，第七届杭州工匠。孙建江2018年入选浙江省“百千万”高技能领军人才培养工程第三层次“优秀技能人才”，2021年获评“全国纺织行业技术能手”，2022年获评第四届“萧山工匠”。他领衔创办“萧山区孙建江维修电工创新工作室”，先后培育出高级技师3人、技师5人、“浙江青年工匠”11人。他主持技术创新、改造，为公司创收超过5000万元。

李　坤 男，1989年2月出生，浙江菜鸟传橙网络技术有限公司高级专家，第七届杭州工匠。李坤负责菜鸟自动驾驶感知技术的软硬件方案研发，带领团队开发多模态传感器及时序融合技术，解决商业化过程中的多类长尾及痛点问题，技术能力和商业化落地进程均为行业内领先。他持续对标学术界和业界最新方法，结合业务对算法进行优化创新，5年内带领团队发表论文10余篇，获专利20余件，在世界级的算法竞赛榜单中7次获第一名。

李庆恒 男，1992年1月出生，浙江申通瑞盛快递有限公司快递网络工程师，第七届杭州工匠。2016年，李庆恒加入公司备战各类快递行业技能比赛的团队。其间，曾多次参赛并获奖。2019年8月，他代表公司参加浙江省第三届快递职业技能竞赛，获快递员项目第一名，获评“浙江省技术能手”、杭州市D类人才。

李红伟 男，1981年4月出生，杭州端居文化艺术有限公司高级室内建筑师、园林工程师、工艺美术品设计师（二级），第七届杭州工匠。2019年，李红伟主持设计并施工制作的江干区劳模工匠文化绿道和“9·26”主题雕塑获“全国首条劳模工匠文化绿道贡献奖”。

李学龙 男，1988年4月出生，西子清洁能源装备制造股份有限公司高级技师，第七届杭州工匠。李学龙16年立足岗位刻苦磨炼焊接技能，两次获杭州市焊接技能大赛第一名。他技艺精湛，是公司首批核级焊工，参与公司核模拟件焊接取证和太阳能等高精尖产品及涉外项目焊接攻关，为公司解决多项焊接技术难题。

李荣亮 男，1982年8月出生，杭州城市大脑技术与服务有限公司首席技术官，第七届杭州工匠。李荣亮助力杭州城市大脑获评2022年浙江省数字化改革最强大脑、公司获评浙江省智慧城市促进会“十年华章”创新企业。从业18年来，他坚守一线，攻克技术难关，为杭州的城市大脑和数字化治理体系建设、运营和推广做出重要贡献。

杨军勇 男，1974年5月出生，富通集团有限公司高级工程师，第七届杭州工匠。2015年，杨军勇获杭州市科技进步奖三等奖；2017年、2020年，两次获浙江省科技进步奖三等奖；获评2014年度富阳区“创新创业优秀人才”、2017年首届“富阳工匠”、第三届富阳区“十佳人才”。他从事光纤预制棒研发20余年，实现工艺、设备及原材料的全面国产化，获国家发明专利50余件。

吴　卿 男，1985年7月出生，杭州银行股份有限公司工程师，第七届杭州工匠。吴卿连续11年助推杭州银行获城商行监管最高评级“2B”，做到信息安全事故“零发生”。在重要时期的信息安全保障工作中，他牵头完善安全技术防御体系、主导行内外部攻防演练，带领团队为杭州信息系统安全运行保驾护航。

沈　宏 男，1967年5月出生，建德市杨村桥镇艺澜种植场花卉园艺师高级技师、高级农艺师，第七届杭州工匠。沈宏扎根农村37年，发展花卉园艺生产，传授技能，培养高技能人才，带动村民共同致富，完成市级科技项目4个，发表论文2篇，获实用新型专利5件。

宋　杰 男，1988年3月出生，杭州鲁尔物联科技有限公司高级工程师，第七届杭州工匠。宋杰带领研发团队打造普适型智能监测传感器、视觉变形监测仪［浙江首台（套）产品］、监测预警平台、预测预警模型等软硬件和算法产品。发表学术论文11篇，其中《科学引文索引》（SCI）收录6篇，是公司12项核心发明专利的主要发明人。

宋永红 男，1980年7月出生，杭州盈羊红健康管理咨询有限公司保健按摩师高级技师、中华反射学专家，第七届杭州工匠。宋永红从业20余年，为行业培养专业技术人才3万余人，调理颈肩腰腿等部位的亚健康患者2万余人。

张红兵 男，1985年9月出生，杭州科技职业技术学院副教授、高级工程师、电工和数控机床装调维修工高级技师，第七届杭州工匠。张红兵先后获评全国技术能手、全国青年岗位能手标兵、国家技能人才培育突出贡献个人。他获全国智能制造应用技能大赛一等奖，共培养技师、高级技师3000余人，指导学员获国家级、省级奖项20余个。

陈永青 男，1970年10月出生，杭州饮食服务集团有限公司厨师，第七届杭州工匠。陈永青入厨30余年，擅长江浙杭帮菜烹调，曾主理G20杭州峰会元首宴、夫人宴。2018年，被授予“G20峰会重要宴会菜品突出贡献”奖。获2023年第二十四届中国美食节暨首届海洋文化烹饪比赛中式烹饪赛金奖。他专攻杭帮传统名菜的烹饪技艺，参与传播杭帮菜文化，到国外开展杭帮美食文化交流。

陈华平 男，1982年10月出生，杭州市水务集团有限公司高级工程师、技师，第七届杭州工匠。陈华平从事水质监测工作14年，承担过60余个指标的检测任务，带领团队精准完成流域调查、水质督查、亚运会保障等各项水质保障任务。他坚持开拓创新，参与城市水质安全管理课题研究和技术攻关，为城市的安全供水保障提供专业的技术支撑。先后获评“浙江金蓝领”“全国住房和城乡建设行业技术能手”“浙江建设工匠”“杭州建设工匠”等。

陈忠良 男，1972年2月出生，杭州迪普科技股份有限公司高级工程师，第七届杭州工匠。2016年，陈忠良获浙江省科学技术进步奖三等奖；2021年，获杭州市五一劳动奖章；2022年，获评第三届“滨江工匠”。他被聘为浙江大学工程师学院研究生校外合作导师、哈尔滨工业大学威海校区计算机学院硕士研究生行业导师。

陈俊军 男，1970年4月出生，杭州杭氧低温液化设备有限公司高级技师，第七届杭州工匠。陈俊军在工作中严格把关，为稀有气体装置制造保驾护航；推动公司工艺技术升级创新；他带的多名学徒成为公司生产骨干。

陈恢云 男，1977年3月出生，杭州海兴电力科技股份有限公司高级工程师，第七届杭州工匠。2021年，陈恢云带领研发团队开发21版智能电能表全新标准4款产品。2022年，他带领团队推出带操作系统的新一代智能物联网表。他累计发表行业论文3篇，授权专利36件。

邵卫锋 男，1977年8月出生，杭州西奥电梯有限公司高级工程师，第七届杭州工匠。邵卫锋从事高端装备制造工作23年，主持并完成浙江省2018年度重点研发计划项目智能成套装备及机器人—大行程智能安全公交扶梯；主持并完成2020年度浙江省制造业首台套产品“大行程高安全智能扶梯”的研发。研发的产品获浙江省机械工业科学技术奖二等奖。

范礼峰 男，1984年6月出生，浙江中烟工业有限责任公司杭州卷烟厂高级技师、工程师，第七届杭州工匠。范礼峰带领团队为企业创造经济效益约1亿元，节约成本1000万元。获国家发明专利授权20余件、国家实用新型专利授权30余件。

季火英 女，1984年12月出生，杭州胡庆余堂国药号有限公司特级技师、副主任中药师、执业中药师，第七届杭州工匠。季火英入中药行业21年，钻研中药技艺，从事中药炮制以及中药调剂工作。先后获浙江省、全国行业职业技能竞赛一等奖，获评全国技术能手、浙江省技术能手、杭州市劳动模范，并担任国家医药行业职业技能竞赛裁判员，参与行业标准制定，出版工学一体化教材，助力相关学校中药专业高技能人才的培养。

季劭聪 男，1978年10月出生，杭州泉季工艺品有限公司高级工艺美术师，第七届杭州工匠。季劭聪10余年来刻苦钻研中国金属工艺历史，探索金属工艺，专攻中国传统手工刀剑的制作。2011年，作品《明剑》获第十届“山花奖”；2015年，获评浙江省工艺美术大师；2020年，金属作品《破军》获深圳文博会评比金奖。曾为《通天帝国狄仁杰》《水浒》等影视剧制作手工作品，先后获金奖、银奖100余次。

周　霄 男，1965年5月出生，杭州天恒投资建设管理有限公司国家注册监理工程师、正高级工程师，第七届杭州工匠。周霄担任过多个省、市重点项目总监，项目获鲁班奖、詹天佑奖等；主持过多项省、市课题研究，研究成果获省科技成果证书；在工程实践中获国家发明专利及多项实用新型发明专利。他在国家核心刊物发表论文10余篇。

周国华 男，1960年8月出生，杭州茂华工贸有限公司中级工艺美术师，第七届杭州工匠。周国华获发明专利3件、实用新型专利5件，其中《一种三位一体艺术陶瓷烧制方法》发明专利填补国内外制瓷工艺空白。出版国韵华瓷周国华陶瓷作品集，获国家级金奖、银奖、铜奖和优秀奖100余个。

郑　历 男，1962年10月出生，杭州明视康眼科医院副主任医师，第七届杭州工匠。郑历在屈光领域工作28年。2018年，成为首位在全国眼科学术大会上进行个性化角膜激光手术教学直播演示的医生。成功完成超过20万例患者的手术。他始终坚持科技立院，带领医院科研团队获10余项有自主知识产权的科研成果（以中国医生名字首字母命名的ZZ系列“中国公式”）；主持完成省、部级共建科研重大项目，成功实现科研成果临床转化并产生良好效益。在屈光界多个领域达到国际领先水平，解决临床上开展新技术遇到的难题，获国家专利证书15件，并被全球40余个国家的眼科同行使用。

郑云海 男，2002年2月出生，杭州悦羽餐饮服务管理有限公司高级工，第七届杭州工匠。郑云海在幼年时因一场意外导致听力神经断裂，依靠助听器才能正常交流。但他并没有因此向生活低头，极致的专注力让他心无旁骛地进行食品雕刻。

赵海军 男，1982年3月出生，杭州大天数控机床有限公司高级工程师，第七届杭州工匠。赵海军获国家发明专利3件、实用新型专利21件、软件著作权12件。承担省、市、区重大科技项目10余个，多项专精特新高端机床产品研发。他开发智慧自感知自适应进给切削控制软件、智慧钻孔自动断屑切削控制软件、智慧刀具状态监测控制软件等智能控制技术，提高机床高效加工能力，提升机床产品的信息化、高效自动化和智能化水平。

郝建超 男，1990年8月出生，杭州康基医疗器械有限公司工程师，第七届杭州工匠。郝建超在应用声学领域从业10余年，先后从事国家重大型号装备研发、医用超声刀系统开发，着重关注行业发展和技术革新，申报专利30余件，牵头完成多项技术攻关，提升经济效益。首创超声高频外科集成系统，有效减少外科手术中的器械更换，切割止血效果相较传统医用超声刀得到大幅提升，缩减手术时间，并可减轻患者经济负担。

相玉成 男，1972年4月出生，杭州建筑构件集团有限公司高级工程师，第七届杭州工匠。相玉成从事混凝土行业30余年，是省、市行业专家库成员，杭州市高技能人才（劳模）装配式构件（PC）生产创新工作室和市建设系统“相玉成”混凝土及其制品“智造”研发职工创新工作室的领衔人。他曾获评市混凝土行业先进工作者、市建设系统职业技能带头人、市建设工匠等。主导的创新成果获发明专利2件、实用新型专利9件、浙江省建设科学技术奖三等奖1个。

钟　奇 男，1989年11月出生，杭州市燃气集团有限公司工程师、技师，第七届杭州工匠。钟奇扎根基层，保障杭州1300千米燃气管道及设施安全。他练就精湛技艺，连续3届获浙江省调压比武第一名，并获全国第三名。先后获全国五一劳动奖章，获评全国住建系统技术能手、浙江省劳动模范、浙江省技术能手、浙江建设工匠等。

俞　健 男，1986年5月出生，杭州码全信息科技有限公司研发中心总监，第七届杭州工匠。俞健参与杭州城市大脑、杭州健康码和浙江数字化改革应用场景等重大系统平台的创新研发工作，是全国首版健康码"余杭绿码"的首行代码编写者及总架构师。他带领团队攻坚"疫管通"全流程管控平台，解决疫情管控全流程节点的数字化、标准化及智能化问题。主导研究的面向数字警务的视频传输与可视化关键技术曾获全国工商业联合会科学技术奖三等奖。

姚二艳 女，1980年8月出生，浙江新安化工集团股份有限公司化学检验高级技师、高级工程师，第七届杭州工匠。姚二艳作为实验室主任及技术负责人，推进国家级实验室建设，打造一站式分析测试平台。做好技能传帮带，团队先后培育全国石化行业技术能手1人、优秀技能人才4人、浙江工匠1人、浙江青年工匠2人。

贺晓帆 男，1976年9月出生，杭州老板电器股份有限公司高级工程师，第七届杭州工匠。贺晓帆带领团队完成洗碗机中国化、本土化改造任务。在他的带领下，公司通过洗碗机项目开发，实现专利授权235件。他作为第一起草人制定《嵌入式洗碗机》浙江制造标准和《中国厨房洗碗机技术规范》团体标准。

贾　灵 女，1978年9月出生，利尔达科技集团股份有限公司高级工程师，第七届杭州工匠。贾灵从事物联网智能模块、物联网技术应用等，承担多项杭州市政府物联网产业发展规划重大项目。主导研发的"物联网无线收发器"获杭州市科学技术进步奖二等奖，"基于ISM频段的物联网无线收发器"列入国家火炬计划项目，"基于5G工业互联网的工业现场AI视觉系统"项目入选杭州市人工智能重大科技创新项目。出版著作3本，获授权专利76件，其中发明专利12件；申报软件著作权60余件；参与4个国家及行业标准制定。

顾费勇 男，1982年8月出生，网易（杭州）网络有限公司工程师，第七届杭州工匠。顾费勇在大数据分析、网络安全、互联网金融、区块链+图像光影AI等科技领域，带领团队研发产品和解决方案，用Web3.0技术助力数字经济高质量发展。

钱友杰 男，1986年11月出生，杭州市临安区昌化鸡血石博物馆高级工艺美术师、高级技师，第七届杭州工匠。钱友杰的作品获国家级金奖10余次，致力于培养国石雕刻技能人才，到院校举办讲座传播国石文化，主编出版专业书籍及发表论文多篇，多件石雕作品被国家一级博物馆收藏。

钱志恒 男，1982年10月出生，杭州晟元数据安全技术股份有限公司工程师，第七届杭州工匠。钱志恒参与中国第一代指纹识别专用芯片的研制工作，并实现该芯片国产化；领导开发芯片集成开发环境，降低芯片开发成本，提高芯片测试和验证效率。

殷　俊 男，1981年10月出生，浙江大华技术股份有限公司正高级工程师，第七届杭州工匠。殷俊擅长音频和视频的系统应用、人工智能、网络传输、芯片设计等技术领域。曾获浙江省科学技术进步奖一等奖、吴文俊人工智能科技进步奖一等奖、中国电子学会科技进步奖一等奖等。

浦贵阳 男，1976年12月出生，中移（杭州）信息技术有限公司高级工程师、高级经济师，第七届杭州工匠。浦贵阳从事数字家庭领域10年，打造智慧社区、全屋智能、AI机器视觉三大产品线，参与编制国际标准3个、国家标准4个，获专利9件，发表学术论文13篇。他是杭州市国资委5G创新LHT项目负责人、浙江省重大项目"尖兵"主要完成人，相关成果及案例获2022年度联合国信息世界峰会WSIS冠军奖、2021年度科技部精瑞人居科学创新奖等20余个奖项。

黄　涛 男，1995年10月出生，杭州技师学院汽车修理工高级技师、一级实习指导教师、国家级裁判员，第七届杭州工匠。黄涛曾是第43、第44届世界技能大赛车身修复、钣金新技术项目国家集训队成员。从教7年来，为社会培养汽车车身修理技师80余人、高级工50余人。领衔黄涛技能大师工作室，开发专利10余件。

黄金坊 男，1977年11月出生，浙江万马股份有限公司高级技师，第七届杭州工匠。黄金坊入职25年来一直在生产一线，由他主持的项目获杭州市技术创新成果奖5个、省级先进操作法1个，有国家发明专利和实用新型专利35件，发表的论文获机械工业高技能人才优秀论文一等奖。

傲　丹 女，1987年11月出生，杭州遥望网络科技有限公司互联网营销师技师，第七届杭州工匠。傲丹从事商品策划岗，主策品创造多个销量爆品纪录。2023年6月1日，"高客单"美容仪销售2431万元，美妆品SK-Ⅱ单品销售1949万元。她凭借自身全品类的经验，不仅高效策品，同时帮助团队共同进步，负责"6·18"和"双十一"购物狂欢节期间的商品策划统筹，协同团队迭代更新业务基础，多次为团队打造爆品策划现象级案例，工作室连破7个"抖音"直播单品行业纪录。

游鸿婷 女，1995年6月出生，杭州湖畔居茶楼有限责任公司国家评茶技师，第七届杭州工匠。游鸿婷成功研发湖畔居西湖红茶，有效提高茶农收入，保护茶叶品种多样性，兼具经济价值和社会价值。她开发培训课程，搭建培训体系，累计开展36场的茶专业培训，培养杭州市技术能手2名。

谢　楠 男，1981年4月出生，杭州市农业科学研究院高级工程师，第七届杭州工匠。谢楠自2006年以来一直从事水产新品种选育、钱塘江土著鱼类开发与利用方面的工作。完成科研项目20余个，编制标准9个，获省部级科学技术奖一等奖1个、二等奖2个。繁育各类水产苗种5亿余尾，示范推广面积超过3333.33公顷，技术培训1000余人次。良种、良法的应用对产业发展起到示范带动作用。

谢钟铮 男，1987年2月出生，浙江天杰实业股份有限公司技师，第七届杭州工匠。谢钟铮从事研发检测等工作，主持检测中心通过中国合格评定国家认可委员会认可。参与起草3个行业团体标准，主持2个省级工业新产品开发，获授权专利39件、发明专利3件。近3年培养10名员工取得高级以上职业技能等级，7人在省、市、区级技能竞赛中获奖。

裘　坤　男，1975年12月出生，中控技术股份有限公司正高级工程师，第七届杭州工匠。裘坤从事工业控制系统和工业软件关键技术研究20余年，攻克大规模控制系统设计、功能安全系统设计等多项高端控制装备核心技术。主持参与多项国家、省级重点科技攻关项目，授权发明专利20余件，曾获国家科技进步奖二等奖、省部级科技进步奖一等奖和二等奖、杭州市青年科技奖。

甄景虎　男，1978年11月出生，杭州工艺美术博物馆（杭州中国刀剪剑、扇业、伞业博物馆）高级工艺美术师，第七届杭州工匠。甄景虎师从中国工艺美术大师嵇锡贵，学习陶瓷制作技艺20余年，作品多次获特等奖、金奖、银奖等奖项。跟随师父嵇锡贵大师分别参与“7501”中南海毛泽东主席用瓷的工艺恢复和复制工作、G20杭州峰会国宴瓷的设计工作，在杭州第19届亚运会期间向中外媒体展示陶瓷技艺。

蔡冬明　男，1971年8月出生，杭州汽轮动力集团股份有限公司钳工高级技师，第七届杭州工匠。蔡冬明从事汽轮机转子装配30年，是浙江省高技能人才（劳模）创新工作室领衔人。他曾获浙江国企“五个一”杰出技能人才、工业工匠、杭汽轮工匠等称号。

（市总工会）

荣立二等功及以上杭州籍军人

王　灵　男，1981年10月出生，杭州余杭人。2023年1月，立个人二等功。

毛会东　男，1989年12月出生，杭州上城人。2023年7月，立个人二等功。

方旭萌　男，1976年5月出生，杭州淳安人。2023年9月，立个人二等功。

叶　广　男，1981年10月出生，杭州淳安人。2023年12月，立个人二等功。

李晓龙　男，1986年6月出生，杭州上城人。2023年11月，立个人二等功。

何奇鸿　男，1964年10月出生，杭州富阳人。2023年3月，立个人二等功。

金达逸　男，1986年7月出生，杭州余杭人。2023年11月，立个人二等功。

娄伟兴　男，1986年10月出生，杭州钱塘人。2023年9月，立个人二等功。

黄孝刚　男，1988年11月出生，杭州建德人。2021年9月，立个人二等功。2023年5月，立个人一等功。

章　锴　男，1988年10月出生，杭州富阳人。2023年3月，立个人二等功。

楼学军　男，1973年5月出生，杭州临安人。2023年3月，立个人二等功。

（市退役军人事务局）

逝世人物

钟伯熙　男，中国共产党党员，浙江杭州人，1929年5月出生，2023年5月29日在杭州逝世，享年94岁。1948年7月加入中国共产党，同时参加革命工作。历任杭州市委工委秘书，浙江大学党总支学生自治会直属小组党小组长，杭州市军管会公安部驻浙江大学特情组长，华东水电局一〇二工程处科长，电力工业部五〇一工程局科长、工区主任，电力部新安江工程局工程队长、办公室主任，新安江电厂副厂长、总工程师，杭州联片供热站筹建处党委副书记、副主任，杭州热电厂党委副书记、厂长，杭州市委副书记、代市长、市长，浙江省委委员，东南国际投资有限公司董事长兼总经理等职。1994年8月离休。

（市政府办公厅）

金鸣珠　男，中国共产党党员，山东泗水人，1926年12月出生，2023年9月9日在杭州逝世，享年97岁。1944年9月参加革命工作，1945年3月加入中国共产党。历任山东省泗水县北陈村公安员、民兵副指导员，曲阜县五区青救会副会长、会长，第三野战军三纵八师支前排长，曲阜县小雪区委委员，浙江省杭县公安局审讯股副股长、股长，杭县乔司区委委员、区长，县公安局局长，县委委员，杭州市公安局处长，钱塘联社管理委员会副主任兼公安局局长，余杭县委副书记、副县长兼公安局局长，萧山县副县长兼公安局局长，县委副书记、书记、县人大常委会主任，杭州市委常委、组织部部长，杭州市人大常委会党组成员、副主任等职。1994年7月离休。

（杭州年鉴编辑部）

滕　勇　男，中国共产党党员，浙江金华人。1963年5月出生，2023年9月6日在杭州逝世，享年60岁。1982年8月参加工作，1984年8月加入中国共产党。历任浙江省嵊县绸厂技术员、车间主任、团委副书记，嵊县县委组织部青干科科长，浙江省委组织部干事、副处长、调研员，杭州市西湖区委常委、副区长、区委副书记、政法委书记，杭州市政府侨务办公室党组书记、主任，江干区委副书记、代区长、区长、区委书记，政协第十一届杭州市委员会党组成员、副主席等职。2022年4月退休。

（市政协办公厅）

责任编辑　秦文蔚　高　丹

49 附 录

政府工作报告

（2024年1月29日在杭州市第十四届人民代表大会第四次会议上）

杭州市人民政府市长　姚高员

各位代表：

现在，我代表市人民政府向大会报告工作，请予审议，并请市政协委员和其他列席人员提出意见。

一、2023年工作回顾

2023年是杭州发展史上极不平凡的一年，是杭州担大事、办要事、成盛事的一年。习近平总书记亲临浙江考察并出席杭州亚运会开幕式，先后向第四届联合国世界数据论坛、第二届全球数字贸易博览会和首届良渚论坛等重要活动致贺信，为杭州打造中国式现代化城市范例指明了前进方向。我们难忘习近平总书记亲临考察的感人场景，难忘亚运盛会辉映杭州的高光时刻，难忘“八八战略”引领杭州的精彩蝶变，难忘经济跃上新台阶、城市跃上新能级的拼搏历程。我们心怀感恩、勇攀高峰，全面贯彻党的二十大精神和习近平总书记考察浙江重要讲话精神，强力推进省委省政府三个“一号工程”和“十项重大工程”，认真落实市委工作要求和市十四届人大三次会议明确的目标任务，打赢了亚（残）运攻坚仗和经济翻身仗“两场硬仗”，形成了一批“奋进新时代、建设新天堂”的标志性成果，实现了极具里程碑意义的“三大跨越”。

——“两个亚运”精彩绽放，实现从“天下从此重杭州”到“天下再识新杭州”的大跨越。在习近平总书记亲自推动下，2015年杭州成功申办第19届亚运会。8年来，在党中央国务院坚强领导下，在省委省政府系统部署下，全市上下万众一心、感恩奋进，以最佳风貌、最美环境、最优服务喜迎四海宾朋，成功举办了一届“中国特色、亚洲风采、精彩纷呈”的亚（残）运盛会，书写了彪炳亚运史册的辉煌篇章，杭州国际知名度和城市美誉度显著提升。习近平总书记称赞亚运会是杭州的高光时刻。

——经济总量上新台阶，实现从“1万亿方阵”到“2万亿方阵”的大跨越。2015年，杭州经济总量破万亿，成为全国第10个跻身“1万亿方阵”的城市。8年来，我们坚持“四个杭州、四个一流”标准，厚植历史文化名城、创新活力之城、生态文明之都特色优势，高质量发展动能更加集聚。全市生产总值20059亿元、增长5.6%，成为全国7个城市之后新一个经济总量突破2万亿的城市，经济总量在全国排名中成功前移一位；财政总收入4916.5亿元、增长7.1%，一般公共预算收入2616.8亿元、增长6.8%，税收占一般公共预算收入比重达89.7%；工业投资首破千亿、工业用地接近300平方公里、上市公司首破300家、人才总量超过300万人。

——城区人口突破千万，实现从特大城市到超大城市的大跨越。2015年，杭州首次跻身全国特大城市。8年来，我们始终坚持高质量发展与城市内涵式提升双向发力，持续带动产业集聚、人口集聚、创新集聚，城区总人口突破千万、达到1002.1万，成为全国10个超大城市之一。《世界城市名册》排名跃居全球第73位、创历史新高。城乡居民人均可支配收入分别为80587元和48180元，分别增长4.6%和6.6%，城乡居民收入倍差缩小至1.67，连续17年获评“中国最具幸福感城市”。

一年来，我们重点抓好5方面工作。

（一）坚决打赢亚（残）运攻坚仗，城市品质持续提升。亚运赛事精彩呈现。牢记习近平总书记“相信杭州有能力举办一届成功的亚运会”的殷殷嘱托，全面贯彻落实“简约、安全、精彩”办赛要求，赛事指挥体系高效运作，我市与5个协办城市协调联动，亚运村、赛事场馆、媒体中心、接待饭店等设施顺畅运转，开（闭）幕式、火种采集、火炬传递等重大活动精彩纷呈，要人警卫、外事礼宾、抵离交通、竞赛组织、食品医疗、气象电力、志愿服务和城市运行保障等工作高质量完成，形成“数字火炬手”、“数字人”点火、电子身份注册、“碳中和亚运”等多项首创首次。四场现象级的开闭幕式美轮美奂、惊艳世界，留下了永恒经典。45个国家（地区）11830名运动员参加亚运会、开展赛事5607场，44个国家（地区）3038名运动员参加亚残运会、开展赛事2913场。杭州体育健儿表现出色，在家门口夺得19枚亚运会金牌和23枚亚残运会金牌。城乡面貌精彩蝶变。实施迎亚运城市品质、城市治理、城市文明三大提升行动，深入推进“匠心提质绣杭城”专项行动，精心绣好“美丽家园”“杭韵街巷”“畅行交通”“花满杭城”4条风景线，完成城市环境品质提升项目1741个、打造无障碍特色场景1400个，优化39个入城口、139条亚运通勤道路和200条重要保障道路周边环境，整治环境问题521万个。钱塘高铁枢纽开工建设，钱塘快速路全线贯通，京杭运河杭州段二通道建成通航。新（改）建亚运主题公园30个，新增嵌入式体育场地68.5万平方米，胜利实现“办好一个会、提升一座城”的目标。赛会之城建设扎实推进。高水平举办2023世界羽联世界巡回赛总决赛、世界女子排球俱乐部锦标赛，与国际皮划艇联合会等5个国际体育组织签署合作备忘录，成功举办杭州马拉松等品牌赛事。发放亚运文旅大礼包100万份，推出“看亚运游杭州”等100条亚运特色旅游线路。

（二）坚决打赢经济翻身仗，经济运行持续好转。惠企政策直达快享。全面落实省“8+4”经济政策体系，推出“抢先机、拼经济”30条、经济高质量发展64条、扩大有效投资18条等一揽子政策，安排财政资金480亿元，为市场经营主体减负925.7亿元。新增贷款5924亿元、贷款余额增长9.5%，新增地方政府债券347.8亿元，出让工业用地15115亩、创近10年新高，建设标准厂房1601万平方米。在册市场经营主体187.5万户、增长11.7%，新增上市公司22家、总数达302家，19家企业入选省首批雄鹰企业，“中国民营企业500强”数量连续21年居全国城市首位。重大项目支撑有力。实施省“千项万亿”重大项目158个、完成投资1079亿元，带动固定资产投资增长2.8%，其中制造业投资、高新技术产业投资分别增长30%、24.5%。创新投资项目全生命周期管理，招引落地百亿元产业项目3个、10亿元以上产业项目119个。地铁四期、城西南排工程全面开工。实施房产新政“杭六条”，促进房地产市场稳定。产业结构不断优化。出台平台经济、人工智能等产业政策，组建杭州数据交易所，数字经济核心产业增加值5675亿元、占GDP比重达28.3%。“中国软件名城”复评全国第二。加快发展先进制造业集群，出台高端装备、新材料、绿色能源、合成生物等专项政策，规上工业增加值4355亿元、增长2.4%。入围全国中小企业数字化转型城市试点，获首批“浙江制造天工鼎”，海康威视获全省首个制造业领域中国质量奖。临空经济示范区开局良好，“中国视谷”“中国数谷”“中国医药港”等产业地标建设全面启动。承办2023全国专精特新中小企业发展大会，新增专精特新小巨人117家、总数达321家。举办“百场千企”产业对接会186场。实施新一轮“腾笼换鸟、凤凰涅槃”攻坚行动，处置闲置土地、低效用地、批而未供土地9.5万亩，整治高耗低效企业1021家、腾出用能空间18.3万吨标准煤。推出“总部经济新政22条”，认定首批总部企业468家，服务业增加值14045亿元、增长7.2%。“菜篮子”考核优秀，农林牧渔业增加值357亿元、增长3.7%。消费市场回暖向好。举办“宋”福杭州年、“亚洲消费季”等品牌活动，发放消费券9.3亿元，引进首店252家，推出10大夜间消费场景和100个示范点位，打造61条商业外摆样板道路。社会消费品零售总额7671亿元、增长5.2%。

（三）坚决推进创新深化改革攻坚开放提升，内生动力持续增强。创新深化实现新突破。以城西科创大走廊为主平台，高能级科创载体提能升级，首家国家实验室挂牌运行，中科院杭州医学所获批直属所，新增全国重点实验室7家、总量达18家，承担国家、省重点研发项目278项，实施市重大科技创新项目100项，13项“卡脖子”技术实现国产替代，连续3年获省“科技创新鼎”，国家创新型城市创新能力评价居全国第五。完善科技成果转化全链条服务，杭州技术转移转化中心启动运行，承办全国颠覆性技术创新大赛总决赛，新布局概念验证中心15家，技术交易额突破1500亿元。有效发明专利拥有量15.3万件、居省会城市第一。实施科技企业“双倍增”计划，新认定国高企3195家、总量超1.5万家。新增国家级孵化器8家、总数达65家。全市财政科技支出增长16.9%、市本级新增财力的17.7%用于科技投入，实现“两个15%”目标，全社会研发投入强度预计达3.9%。北航中法航空学院获批设立并正式招生，西湖大学获批博士学位授予单位。新入选省顶尖人才11名，新认定高层次人才3.5万名，新引进35岁以下大学生39.7万人，连续13年入选“外籍人才眼中最具吸引力的中国城市”。重点改革取得新成绩。实施《杭州市优化营商环境条例》，推出新一批营商环境国家试点改革举措150项，率先实现279个事项凭营业执照“一照通办”，入选首批国家知识产权保护示范区建设城市，杭州国际商事法庭挂牌成立。全面落实中央和省促进民营经济高质量发展政策，制定杭州“举措清单”185项，建立企业参与涉企政策制定刚性机制，深化“千名干部助千企”活动，走访服务企业7.6万家次。探索推进全省首批政务服务增值化改革试点，创新打造“亲清在线·政策超市”，线上兑付资金255亿元、惠及企业11.9万家。完成国企新一轮改革第一阶段任务，市属国企营收增长29.1%、利润总额增长8.5%、资产总额增长13.4%。完善“3+N”杭州产业基金集群管理体系，基金总规模突破2000亿元。对外开放得到新提升。开展“双百双千”拓市场活动，组织境外拓市场团组773个、参加展会520场，出口增长3.7%。实际利用外资88.3亿美元、增长13%，其中制造业占比51.5%。全国首创数字自贸区制度型开放举措23项，数据开放综合评价指数居全国204个参评城市第一，服务外包示范城市综合评价居全国第一，成功创建国家物流枢纽、国家对外文化贸易基地。主动融入长江经济带，推进168项长三角一体化重点工作和12个数字长三角标志性事项。《杭州都市圈发展规划》获国家发改委批复实施，杭甬“双城记”工作专班实体化运转。

（四）坚决推进共同富裕，民生福祉持续改善。十方面民生实事高质量完成。①新增认知障碍照护专区床位1744张，新增老年学校71所，实现乡镇（街道）老年学校建设全覆盖。②新增托位6870个（其中普惠托位5505个），新建成中小学和幼儿园98所、新增学位8.4万个，新增城乡义务教育共同体85个。③实施孤独症儿童康复救助833人，新增残疾人稳定就业843人。④新辟优化地铁接驳、社区、城乡公交线路130条，新建和改造公共领域新能源汽车充电桩2535个。⑤新增公共场所自动体外除颤仪1671台,新(改)建综合性急救站12个。⑥开展职业技能培训32.3万人次,城镇新增就业32.9万人,新增市级高质量就业社区(村)100个。⑦完成城镇老旧小区改造269个、回迁安置23251户,新开工保障性住房150.9万平方米。⑧开通"互联网+医保"移动支付定点医药机构222家,实现村卫生室(社区卫生服务站)规范化建设全覆盖。⑨完成城区交通堵点治理50处,建设可变车道500处。⑩推进老旧小区住宅加装电梯1118台,创建"美好家园"住宅示范小区113个。公共服务水平加快提升。全力推动公共服务"七优享"重大项目建设,设立西部地区公共服务能力补短专项资金15亿元。建成家庭养老床位5041张、康养联合体52家,镇街级居家养老服务中心实现全覆盖。出台生育补助政策,发放孕产、育儿补助1.56亿元,每千人托位数4.4个,入选全国首批婴幼儿照护服务示范城市。浙大一院总部二期和钱塘院区开工建设,邵逸夫医院大运河院区、杭州康复医院、市老年病医院、市七医院浙西院区投入运营,连续3年获评全国健康城市建设样板市。基础教育、职业教育获国家级教学成果奖项数量居全省首位,高考取得佳绩。学军中学桐庐学校开工建设,杭十四中青山湖学校投入使用。推出公租房12940套、发放货币补贴18万户,筹集保障性住房8.7万套(间),销售人才共有产权保障住房7223套。集中攻坚解决群众不动产"办证难"历史遗留问题23679套。城乡发展更加协调。实施规划编制攻坚年行动,完成重要规划195个。新(改)建城市公园65个,建成未来社区134个、城乡风貌样板区33个,新增城市绿地822万平方米,新(改)建绿道333公里。承办全国学习运用"千万工程"经验现场推进会,加快建设省级新时代美丽乡村共富示范带3条、市级未来乡村共富引领带12条,建成美丽乡村特色村30个、未来乡村47个、数字乡村样板镇(村)100个。建成高标准农田7.8万亩,落实粮食生产功能区储备区7351亩,发展新型综合种养面积10.8万亩,建成共富工坊1212家。全市农村集体经济总收入196.7亿元、经营性收入154.3亿元,集体经营性收入50万元以上行政村占比达96.6%。文化软实力不断增强。深挖西湖、良渚、大运河三大世界文化遗产内涵,推进大运河国家文化公园等项目建设,重塑西博会百年品牌,成功举办中国国际茶叶博览会、中国国际动漫节、杭州文博会等文化盛会。世界旅游联盟总部落成启用。实施文旅深度融合工程,打响"人间天堂·最忆杭州"城市文化品牌。建成杭州书房14家、文化驿站16家、"15分钟品质文化生活圈"537个。文化产业增加值3211亿元、增长11.3%。生态环境质量总体稳定。推进全国首个现代化国际大城市减污降碳协同创新试点,深化蓝天碧水净土清废行动,全市PM2.5平均浓度28微克/立方米,空气优良率89.6%,市控以上断面水质Ⅲ类以上比例达100%,首获省"五水共治"大禹鼎金鼎、"无废城市"清源杯,连续8年获美丽浙江考核优秀,入选首批国家碳达峰试点城市。获得第五届世界生物圈保护区大会举办权,国际湿地城市创建评估高分通过,省级生态文明建设示范区实现全覆盖。

(五)坚决推进除险保安,风险隐患持续化解。疫情防控平稳转段。国家将新冠病毒感染调整为"乙类乙管"后,我们及时调整工作重心和防控措施,紧急扩容医疗救治资源,千方百计保障医疗物资,新增重症救治床位815张、救护车47辆,向60岁以上老人免费发放"防疫包"204.8万份,尽最大努力实现"看得上病、配得到药、派得出车、住得进院"。安全生产形势总体平稳。深化安全生产隐患大排查大整治专项行动,整改问题隐患62.5万处。生产安全事故起数、死亡人数分别下降7.9%、4.5%。城市运行安全稳定。完成43条慢速道提速,暂停实施地面道路限行措施,实行公共交通票价优惠,全国50个大中城市交通拥堵延时指数排名降至第45位。更新改造老旧管线244公里,"清零销号"危房3.8万处,累计完成"保交楼"6.6万套。荣获省首批"安全发展鼎",获评首批全国社会治安防控体系建设示范城市。防灾减灾能力有效提升。有力应对多轮强降雨、台风"杜苏芮"等极端天气,乡镇、村社短临极端天气灾害防范应对"双十条"做法在全国推广。

过去一年,市政府高标准开展学习贯彻习近平新时代中国特色社会主义思想主题教育,深刻领悟"两个确立"的决定性意义、坚决做到"两个维护"。扎实开展"大走访大调研大服务大解题",实施"理旧账、破难题、开新局"专项行动,解决时间跨度长、涉及利益广、处置难度大的"旧账"17项。自觉接受人大依法监督、政协民主监督,办理代表建议383件、委员提案554件。抓实经济责任及自然资源资产离任审计整改,72个问题已完成整改66个。提请审议地方性法规草案7件,制定修改政府规章7件,实现县级合法性审查中心全覆盖,行政机关负责人出庭率100%,行政复议纠错率、一审败诉率持续下降。

同时,养老服务体系建设、深化商事制度改革、战略性新兴产业、通用航空产业、文旅产业发展等获国务院督查激励。国防动员、双拥、退役军人、外事、港澳台侨事务、对口支援合作、民族、宗教、档案、地方志、气象、慈善、红十字、爱国卫生、工会、老龄、妇女儿童、残疾人、青少年、社科等工作取得新进展。

各位代表,以上成绩的取得,根本在于习近平新时代中国特色社会主义思想的科学指引和习近平总书记对杭州的关心厚爱,是党中央国务院、省委省政府坚强领导的结果,是市委团结带领全市人民拼搏奋斗的结果,是市人大、市政协监督支持的结果。在此,我代表市人民政府,向全市人民和城市建设者,向市人大代表和政协委员,向市各民主党派、工商联、人民团体和社会各界人士,向中直驻杭单位、省级各部门,向驻杭解放军、武警部队、公安干警、消防救援队伍,向关心支持杭州发展的港澳台同胞、海外华人华侨和国际友人,表示衷心的感谢!

我们也清醒看到,杭州发展还面临一些挑战和问题:外部环境复杂严峻,稳出口的压力增大;有效需求不足,消费回升不快;社会预期偏弱,民间投资意愿不强;部分行业和中小微企业生产经营困难;科技创新引领和支撑的新动能成长不够快,产学研协同创新和转化不够强,部分领域依然面临"卡脖子"风险;产业新赛道尚在培育,重大产业项目不多,还未真正形成有爆发力的增长支撑点;民生领域仍有不少短板弱项,经济、金融、安全生产等领域还有风险点;少数政府工作人员的专业能力、服务意识、担当精神与新形势新任务新要求还不相适应。我们将直面这些问题,采取针对性措施,努力加以解决。

二、2024 年政府工作安排

2024 年是新中国成立 75 周年,是实施“十四五”规划的关键一年,也是杭州持续放大亚运效应、阔步迈入超大城市新征程的再出发之年。今年政府工作总体要求是:坚持以习近平新时代中国特色社会主义思想为指导,深入学习贯彻习近平总书记考察浙江重要讲话和指示批示精神,全面贯彻落实中央和省委经济工作会议部署,坚持稳中求进工作总基调,把高质量发展作为首要任务,完整、准确、全面贯彻新发展理念,紧扣“深化改革、强基固本”主题主线,统筹推进三个“一号工程”,深入实施后亚运“十大攀登行动”,推动“八八战略”杭州实践持续走深走实,在全省“勇当先行者、谱写新篇章”中勇攀高峰、勇立潮头,为奋力打造世界一流的社会主义现代化国际大都市、努力成为中国式现代化的城市范例注入新内涵。

面对新征程新定位新使命,今年市政府将把坚持高质量发展作为新时代的硬道理,把推进中国式现代化作为最大的政治,以长期主义者的坚定执着集中精力办好打基础利长远和牵一发动全身的大事,奋进“深化改革、强基固本”主题年,以杭州的“稳”“进”“立”为全省全国大局多做贡献。一是把科技创新推动产业创新作为创新深化的发力重点。将教育科技人才贯通、产学研融合作为着眼未来的长期战略支点,加快在“卡脖子”技术攻关、科技成果就地转化等方面实现新突破,努力将科技这一关键变量转化为高质量发展的最大增量。二是把增强发展内生动力作为改革攻坚的主攻方向。保持惠企政策稳定性和有效性,纵深推进政务服务增值化改革,大力提振企业家信心,充分激发社会活力,持续缩小“三大差距”,全力营造国企敢干、民企敢闯、外企敢投、居民敢消费的良好环境。三是把放大“后亚运”效应作为开放提升的关键之举。持续放大亚运带来的流量效应、集聚效应、乘数效应,突破性推进国际赛会之城建设,着力在制度型开放上先行先试,力争在国际组织、世界 500 强亚太(中国)总部落户杭州上取得新突破。四是把构建现代化产业体系作为强基固本的重中之重。深入推进新型工业化,大力发展新质生产力,紧抓人工智能、生命科学、绿色能源技术革命机遇,围绕五大产业生态圈,在新赛道提速、产业地标打造、集群化发展上实现大跨越。

2024 年经济社会发展主要预期目标:地区生产总值增长 5.5% 左右,服务业增加值增长 5.5% 以上,规上工业增加值增长 5% 以上,研发投入强度达到 3.95%,一般公共预算收入、城乡居民收入与经济增长同步;居民消费价格指数涨幅 3% 左右;城镇调查失业率控制在 5% 以内。

重点做好以下 10 方面工作。

(一)突出创新引领,全力以科技创新塑造发展新优势。深入实施“315”科技创新体系建设工程,不断以颠覆性技术和前沿技术催生新产业、新模式、新动能。

加快全球创新策源地建设。推进城西科创大走廊高质量融合发展,积极构建战略科技力量矩阵,加快国家实验室建设,力争大科学装置投运一个、开工一个、谋定一个,深时数字地球国际大科学计划取得突破性进展,夯实综合性国家科学中心创建基础。聚焦芯片、云计算、人工智能、关键生物技术等领域,实施国家重点研发项目、省重大攻关项目、市重点攻关项目各 100 项以上,力争国产替代 30 项以上。刚性落实“两个 15%”政策,完善科研经费拨付评价机制,全社会研发经费投入 800 亿元,每万人高价值发明专利拥有量 48 件。

深化科技成果转移转化首选地建设。强化企业创新主体地位,实施科技企业“双倍增”“两清零一提升”行动,新增国高企 2000 家。推动规上企业高新化、高新企业规上化,规上企业新认定国高企和国高企新上规 500 家。新增省科技领军企业 5 家、市级以上创新联合体 10 个。依托浙江大学、西湖大学、极弱磁大装置、钱塘高教园区等高能级平台,建设环大学、环重大科创平台创新生态圈和成果转化基地 4 个,创建概念验证中心 3 家。探索建立“科学家 + 企业家 + 投资家”的协同创新、成果转化和产业孵化机制,实现技术交易额、新产品产值超 8500 亿元。

探索教育科技人才一体化推进机制。深化“名校名院名所”工程,高水平推进与浙江大学、中国美院等省部属高校战略合作,全面建成西湖大学并支持其打造世界一流的新型研究型大学,支持北航中法航空学院扩大招生规模,加快国科大杭高院建设,支持市属高校入选省“双一流 196 工程”、培育博士点,推动杭职院专升本、加快新安江校区建设,全面启动高校基础设施提质工程。深化“西湖明珠工程”,加快“三定三评”人才分类评价机制改革、外籍“高精尖缺”人才认定标准试点、新时代杭州产业工人队伍建设改革,新引育顶尖人才 15 名以上、培育卓越工程师 80 名以上,新增技能人才 7 万名以上。深化青年发展型城市建设,实施“春雨计划”“青荷计划”,打好青年人才提升生活品质和降低生活成本“一升一降”组合拳,新引进 35 岁以下大学生 35 万名以上。

(二)突出数实融合,全力建设现代化产业体系。深入实施数字经济创新提质“一号发展工程”,推进“415X”先进制造业集群培育和服务业高质量发展,加快建设以数字经济为核心、实体经济为支撑、科技创新为引领的现代化产业体系。

加快数字经济二次攀登。实施集成电路产业高质量发展行动,聚焦高端芯片设计、功率器件制造、封装和测试设备等优势环节,支持关键核心技术(装备)国产替代,全力打造具有全球竞争力的模拟芯片高地、全国高端芯片设计高地,集成电路产业营收 800 亿元以上。争创国家人工智能创新高地,加快建设浙江新型算力中心,在医疗、教育、金融、政务等领域推出 5 个以上开放场景,推动“通义千问”等通用大模型和垂直领域模型发展,发放“算力券”,打造全国算力成本洼地和模型输出源地。持续提升平台经济国际竞争力,加快建设新电商之都、国际软件名城,大力培育数字经济新势力企业,数字经济核心产业增加值增长 7.5%。

实施制造业焕新跨越行动。制定实施城东智造大走廊产业发展规划,推动临空经济示范区先进制造业高质量快速集聚,高标准推进“中国视谷”“中国数谷”“中国医药港”建设,力争新增 1 个国家级先进制造业产业集群。积极推进工业“智转数改”,培育省级“未来工厂”试点企业 2 家,规上工业企业数字化改造 750 家,重点细分行业中小企业数字化改造 255 家,新增百亿元以上产业集群工业互联网平台16个。大力开拓生成式人工智能、人形机器人、元宇宙、量子科技、合成生物、脑机接口、未来网络等未来产业新赛道，争创国家未来产业先导区，战略性新兴产业增加值增长8%。实施工业功能区有机更新三年行动计划，重点推进城市核心区低效区块“工改工”连片改造，实现产业更新、空间增容、环境重塑、工业上楼、亩产倍增。新增标准厂房400万平方米以上，完成低效用地再开发4万亩，消化批而未供土地3万亩，处置闲置土地1000亩。力争开发区（园区）工业总产值占全市比重75%以上。

推进现代服务业与先进制造业深度融合。以国家服务型制造示范城市建设为抓手，大力发展生产性服务业，争创省级服务型制造示范企业（平台）9家，培育数字化生态服务商30家。深入实施总部经济“星级培育”“招大引强”“杭商回归”三大计划，加快建设钱江新城二期产业总部核心区、钱江世纪城钱塘湾未来总部基地。深化国家级科创金融改革试验区建设，扩大数字人民币试点应用场景，金融业增加值增长7.5%。

开展企业梯度培育行动。制定出台支持小微企业上规升级等政策举措，新增规上工业企业1000家，市场经营主体总量突破200万户、企业总量突破100万户。打造全国专精特新名城，新增单项冠军3家、隐形冠军10家、专精特新小巨人100家以上。新增上市公司15家。

（三）突出扩大需求，全力保持经济运行在合理区间。坚持项目为王，加速消费回升，巩固外贸外资基本盘，持续推动经济实现质的有效提升和量的合理增长。

扩大有效益的投资。迭代项目全生命周期数字化管理系统，实施促“五未”提“五率”专项行动，理清“五张项目清单”，推进“五个一批”，固定资产投资增长3%以上。突出产业投资，工业投资增长20%、占固定资产投资比重提高到15%，高新技术产业投资增长20%。市属国企新增投资1000亿元以上，其中产业投资750亿元以上。安排10亿元以上省制造业重大项目100个，其中新开工22个。建成士兰微、富芯半导体、长川科技、科百特等重大项目，加快建设富江能源、吉利（路特斯）等50亿元以上重大项目，新开工中兴新材、三诺电子、农夫山泉建德基地等重大项目。

激发有潜能的消费。发挥亚运长尾效应，全力打造国际新型消费中心城市，社会消费品零售总额增长5%以上，网络零售额增长7%。深化百场千企万品电商拓市行动，持续办好味美浙江·烟火杭州、“宋”福杭州年等品牌活动，大力发展直播经济、首店经济、夜间经济等新型消费，积极培育智能家居、体育赛事、国货“潮品”等消费增长点，提振新能源汽车、电子产品等大宗消费。深化武林、湖滨、吴山三大商圈建设，持续打造国内外有示范引领作用的地标商圈。恒隆广场、奥体滨江银泰、奥体萧山商业中心等项目建成开业，打响“不夜天堂·乐购杭州”城市消费品牌。加快离境退税网点增点扩面，推出离境掌上退税服务。推动预付式消费管理立法，创建全国放心消费示范城市。

拓展有优势的外贸外资。深化“双百双千”拓市场活动，组织外贸团组150个，参加境外展会100场以上。抢抓“新三样”出口机遇，加快培育数字贸易、服务贸易、中间品贸易、跨境电商出口等新动能，货物贸易出口额占全国份额基本稳定，服务贸易出口增长6%。鼓励跨境电商布局公共海外仓。组织海外招商团组30个，实际利用外资80亿美元，其中制造业实际利用外资18亿美元。

（四）突出改革破难，全力建设营商环境最优市和民营经济最强市。深入实施营商环境优化提升“一号改革工程”，主动融入全国统一大市场，营造稳定、公平、透明、可预期的发展环境。

深化政务服务增值化改革。围绕企业全生命周期和全方位需求，整合政务服务、公共服务、社会服务、市场服务、科技服务，实现市区两级一站式企业综合服务中心和“兜底服务”全覆盖，政务服务驿站延伸至企业园区。精准高效落实省“8+4”经济政策体系，推出新一轮稳经济、促发展政策包，安排财政资金490亿元。不折不扣执行减税降费政策，千方百计降低用电、用气、用热、物流等生产成本，为企业减负降本500亿元。“亲清在线·政策超市”新增政策主动推送率95%以上，50%惠企政策实现“免申即享”或“即申即享”。深入推进招投标领域专项整治与提升行动。持续深化信用修复“一件事”改革，信用修复线下零跑率60%以上。

深化“两个健康”集成改革。落实促进民营经济高质量发展国“31条”和省“32条”，高标准实施杭州“举措清单”，依法保护民营企业产权和企业家权益，健全民营企业常态化沟通交流机制，及时回应企业呼声、解决企业诉求，参照为民办实事模式，为企业办10方面需求迫切、实际有感的实事，大力提振企业家信心，让企业家安心经营、放心投资、专心创业。鼓励民间资本扩大产业投资、参与基础设施投资，“3+N”杭州产业基金集群总规模增加到2400亿元、投向民营项目比重75%以上，新出让工业用地中民间投资项目比重不低于70%，新增能耗支持民间投资项目比重不低于70%。弘扬新时代企业家精神，深化“青蓝接力工程”“后浪潮涌新生代杭商成长计划”。

加快推进其他重点领域改革。实施国资国企改革“五大行动”，新组建数据集团、人才集团、会展集团、体育产业集团。深化数据要素市场化配置改革，积极创建国家数据要素综合试验区，打造数据产业特区，推动数据要素合规高效流通交易，力争数据交易额全国领先。优化完善招商引资市区联动、市属国企与属地利益分享、市域内项目跨区县（市）有序转移新机制，推进滨富（滨江富阳）、滨萧（滨江萧山）特别合作区和西临（西湖临安）科研成果转化合作区机制创新。高质量完成新一轮机构改革，持续深化“大综合一体化”行政执法改革和基层管理体制改革。

（五）突出开放兴市，全力建设高能级开放枢纽。深入实施“地瓜经济”提能升级“一号开放工程”，大力推进以“一城一地一中心”为主要内容的城市国际化，加快打造世界一流的社会主义现代化国际大都市。

加快建设国际赛会之城。设立国际赛会之城发展专项资金，推进体育场馆、会展设施资源综合利用，建成启用大会展中心一期，加快杭州国际博览中心二期、国际体育中心建设。全力办好第三届全球数字贸易博览会、世界知识产权大会，持续擦亮西博会、茶博会、动漫节等金名片。高水平承办2024世界羽联世界巡回赛总决赛、国际划联皮划艇“杭州超级杯”、世界杯马术比赛等国际赛事，培育环千岛湖公路自行车赛等本土品牌赛事，争创全国全民运动健身模范市。

纵深推进制度型开放。放大自贸区、跨境电商综试区、服务业扩大开放试点叠加优势，加快创建杭州空港综合保税区，实施数字贸易强市三年行动计划，启动全国首个"中国数贸港"建设，率先完成数字贸易立法、率先探索建立符合国际惯例的数字贸易统计体系，高水平建设数字自贸区。创建"丝路电商"合作先行区、国家服务贸易创新发展示范区，建设全球跨境支付结算中心，力争跨境支付金额突破6000亿元。推进杭州国际仲裁院、杭州市数字经济产业知识产权保护中心建设，推动完成知识产权保护和促进条例立法。

深化区域协同合作。深度融入共建"一带一路"大格局，持续扩大城市外交"朋友圈"，推进国际重要交往中心建设，招引国际专业组织总部或分支机构5个，力争新开辟洲际航线2条、境外航班数恢复到疫情前的90%。主动融入和服务长江经济带、长三角一体化等国家战略，唱好杭甬"双城记"，加快推进杭州都市圈同城化发展。持续打造山海协作升级版，扎实开展对口支援、对口帮扶和对口合作。

（六）突出文化铸魂，全力建设中华民族现代文明城市典范。践行习近平文化思想，积极探索中华文明现代形态，大笔书写文化兴盛新篇章。

赓续城市历史文脉。传承红色基因，做好革命文物保护修缮和活化利用。深化宋韵文化传世工程，高质量推进良渚文化大走廊、大运河国家文化公园、世界爱情文化公园、泗州造纸遗址博物馆等文化地标建设，吴越文化博物馆对外开放。加强古城、古镇、古村落保护，活态传承金石篆刻、丝绸、瓷器等传统文化，守牢文物安全底线。

打造文化文明品牌。持续打响"最美杭州""善城杭州""清廉杭州""礼让名城"等市域文明实践品牌。精心办好第二届良渚论坛。实施"亚运记忆工程"，推出《湘湖·雅韵》实景演艺项目，永久留存开闭幕式演出及主火炬等精彩亚运记忆，打造滨江奥体4A级景区。大力发展人文经济，推进之江文化产业带和大运河文化产业带建设，持续壮大数字内容、影视、动漫游戏、创意设计、现代演艺等优势产业，加快布局电子竞技、文化直播、短视频等新兴赛道，文化产业增加值增长6.5%。加快建设杭州博物院、音乐厅、群众文化中心、非物质文化遗产保护中心等公共文化设施，持续擦亮"书香杭州"金名片。

推进文旅深度融合。高水平开发"诗路文化·三江两岸"世界级文化旅游带和城市漫步体验线路，创新推出沉浸式文化演艺产品，积极推进13个文旅重大工程项目，打造最佳国际旅游目的地城市。实施数字文旅产业"五个一"行动，发展数字旅游，促进入境游，旅游总收入和接待游客人次均增长10%。

（七）突出功能品质，全力破解超大城市治理难题。坚持系统思维，强化数智赋能，加快城市有机更新，深入探索符合超大城市特点和规律的治理新路子。

优化城市空间格局。聚焦城市性质和核心功能定位，增强城市辨识度，加快战略性重点区块发展，围绕城西科创大走廊、城东智造大走廊、良渚文化大走廊、沿钱塘江金融港湾4条廊道，推动未来科技城、云城、临空经济示范区、钱塘新区、钱江新城二期、钱江世纪城、大城北、江南科学城、临平数智城等区域快建快成、成片成势，打造城市新地标。

推进引领性重大项目建设。实施新一轮基础设施能级跃升行动，建成杭温铁路、329国道（临安玲珑至於潜段），加快地铁四期建设并以TOD理念统筹片区开发，积极稳妥推进中环项目建设，开工钱江三桥改建工程、文一西路西延三期、之江路西段提升工程，力争开工杭淳开高速公路；加快推进桐庐、建德两大抽水蓄能电站建设和西险大塘、城西南排等重大能源水利项目，开工临安里畈水库加高扩容、淳安秋口水库项目。实施城市更新三年行动，推进"平急两用"五年行动计划，新建配售型保障性住房6000套，筹集保障性租赁住房6万套（间），实施城中村改造项目59个，完成老旧小区改造200个，积极探索以自主更新为特点的老旧小区拆改结合新模式。回迁安置3.5万户，基本完成既有城中村改造在外过渡户回迁安置。优化经营性用地结构和出让时序，收储13000亩、出让10300亩。

完善城市治理体系。统筹推进城市大脑2.0和数字孪生城市建设，构建超大城市治理操作系统，新打造"企业服务一平台""城市安全数字底座""基层治理一掌通"3项应用。深化"匠心提质绣杭城"行动。开展道路易堵路段专项整治，提升群众顺畅出行体验感。

（八）突出绿色发展，全力打造和谐共生美丽样板。落实第五轮"省811"生态文明先行示范行动，深化现代化国际大城市减污降碳协同创新试点，加快打造人与自然和谐共生的现代化城市范例。

加强生态建设与保护修复。筹办第五届世界生物圈保护区大会，推动天目山未来谷和钱塘大湾区湿地公园建设，创建国际湿地城市。新（改）建绿道200公里、市民公园等城市公园65个，绿化造林和退化林修复7万亩，扩绿700万平方米。完成农村水系治理100公里、水土流失治理35平方公里。

打好污染防治攻坚战。做好第三轮中央生态环保督察迎检准备，开展新一轮突出生态环境问题大起底、大排查、大整治。持续推动"两车"淘汰，完成14台35蒸吨/小时以下燃煤锅炉淘汰，深化秸秆焚烧治理和综合利用，全市PM2.5平均浓度不高于29微克/立方米。推进"污水零直排区"提质增效，深化淳安特别生态功能区、新安江—千岛湖生态环境共同保护合作区建设，市控以上断面水质Ⅲ类以上比例保持100%。加强固废综合治理，争创首批国家级"无废城市"。打造"宁静系列"品牌，建设50个"宁静小区"、20个"宁静工地"、10个"宁静公园"。

稳妥推进碳达峰碳中和。高质量开展碳达峰试点城市工作。推进制造业绿色转型，新增市级以上绿色低碳工业园区2个、绿色低碳工厂100家。实施能源绿色低碳发展和保供稳价工程，刚性落实电网建设攻坚三年行动，加大光伏、风电等清洁能源供给，新增并网光伏80万千瓦，新开工3个分散式风电项目。

（九）突出共同富裕，全力建设"最具幸福感"城市。迭代深化共同富裕集成改革，创造更多富有杭州特色、群众可感可及的共富成果。

高质量办好民生实事。市政府从市民群众、"两代表一委员"等层面广泛征集、初步遴选形成12件民生实事，分别是“春雨计划”在杭州、“快乐成长”在杭州、“畅享食安”在杭州、“美好家园”在杭州、“弱有众扶”在杭州、“幸福助老”在杭州、“出行无忧”在杭州、“强文健体”在杭州、“城乡共富”在杭州、“温暖守护”在杭州、“暖心服务”在杭州、“除险保安”在杭州。待市人大代表票选确定后，市政府将把民生实事纳入数字化平台，压实责任、强化督导，形成闭环、抓好落实。

加快公共服务普惠共享。大力实施公共服务“七优享”工程，加快“15 分钟公共服务圈”建设，推进户外劳动者爱心驿家建设。深化“扩中提低”改革，城镇新增就业 25 万人以上，确保零就业家庭动态清零。实施以困难家庭为单位的医疗费用负担封顶制，全面推行长期护理保险制度。争创社区嵌入式服务设施建设国家试点城市，完成项目 30 个以上。健全生育支持政策体系，深化户籍制度改革，促进人口长期均衡发展。推进养老托育普惠体系集成改革，每万名老年人拥有持证护理员数 27 人，康养联合体乡镇（街道）覆盖率 70%，每千人托位数 4.5 个，优质学前教育覆盖率 95% 以上。健全西部地区公共服务能力补短提升机制，撤并乡村小规模学校 10 所，支持淳安开展全域公共服务一体化试点。加快教育高质量发展，深化新时代名校长名师名班主任队伍建设，加快名校集团化办学和跨区域教共体建设，建成杭高临平学校、杭二中富春学校、学军中学桐庐学校，新建中小学、幼儿园 70 所，新增学位 6 万个。实施青少年阳光成长行动，新增“阳光成长驿站”28 个。深化市属医院一体化、集团化改革，新开工市四医院迁建项目，支持西部区县（市）加快创建三甲医院，乡镇卫生院（社区卫生服务中心）标准化率 95% 以上。

推进乡村全面振兴。严格落实耕地保护和粮食安全责任制，新建高标准农田 2 万亩、改造提升 4 万亩，推动高标准农田、粮食功能区和永久基本农田“三合一”，全市粮食复种面积 138.5 万亩、蔬菜复种面积 150 万亩。深入实施农业“双强”行动，派遣科技特派员 280 人，农作物综合机械化率 80% 以上，新建现代农事服务中心 10 个，建成高效生态农业示范园 20 个。实施“十链百亿”行动，新增新型综合种养面积 10 万亩，建设产业特色村 200 个，农林牧渔业增加值增长 3%。深化新时代“千万工程”，新建美丽乡村特色村 30 个、未来乡村 40 个。推进县城承载能力提升工程，鼓励引导县域人口向县城和中心镇集中，力争县城和中心镇人口占比提高 0.8 个百分点。深化强村富民乡村集成改革，全市村集体经济基本实现“8050”目标，农村居民人均可支配收入增速高于城镇居民 1 个百分点。

（十）突出除险保安，全力筑牢城市安全防线。统筹发展和安全，不断提升风险预警防范化解能力，建设更高水平平安杭州。

严控金融、政府债务和房地产风险。依法稳妥处置企业债务、私募基金等风险，有力防控大型民企流动性风险，严厉打击非法金融活动。强化国企债务风险防范，确保地方国企债务基本可控。健全化债长效机制，严格落实化债方案，确保完成政府隐性债务化解年度任务，坚决防止新增隐性债务。积极稳妥化解房地产风险，加快风险楼盘处置。加快构建房地产发展新模式，加强市场监测和政策储备，促进房地产市场平稳健康发展。

狠抓安全生产。积极创建国家安全发展示范城市，深入实施安全生产治本攻坚三年行动，全力遏重大、降较大、提本质，生产安全事故起数和死亡人数实现“双下降”。建立“应急大专班”24 小时三级联合值守机制，深化基层应急消防治理体系建设，确保所有老旧高层楼宇重大消防隐患动态清零。

维护社会稳定。坚持和发展新时代“枫桥经验”，迭代“141”基层治理体系，全面推进矛盾纠纷化解和信访工作法治化。严厉打击电信网络诈骗、涉黑涉恶、食品药品环境领域等突出违法犯罪，不断健全社会治安防控体系。加强国防动员和后备力量建设，争创全国双拥模范城。

各位代表，新的一年，市政府将对标一流、实干笃行、奋楫争先，以忠诚干净担当的实际行动打造人民满意的服务型政府。坚持政治铸魂固根本。以高度政治自觉推动“八八战略”走深走实，积极构建“循迹溯源学思想促践行”常态长效机制，严格执行“第一议题”制度，不断完善贯彻落实习近平总书记重要指示批示精神和上级重大决策部署闭环管理机制，自觉当好执行者行动派实干家。坚持依法行政促善治。深入践行习近平法治思想，依法接受市人大及其常委会监督，自觉接受市政协民主监督，主动接受监察监督、司法监督、舆论监督，积极推进重点领域、新兴领域立法，严格落实重大行政决策程序制度，争创全国法治政府建设示范市。坚持敢做善为勇担当。牢固树立和践行正确政绩观，涵养功成不必在我的胸襟，建立赛场赛马、容错免责的机制，厚植勇争第一、示范领跑的精神，提升争先攀高、敢打敢拼的能力，引导政府系统党员干部不折不扣抓落实、雷厉风行抓落实、求真务实抓落实、敢作善为抓落实，努力创造出经得起实践、人民和历史检验的业绩。坚持以人为本惠民生。完善“为群众办实事、为企业解难题、为基层减负担”常态长效机制，真正与群众同甘共苦、打成一片。大兴调查研究之风，深入践行“四下基层”，深化“理旧账、破难题、开新局”专项行动，用“大脚掌”丈量民情，用“新办法”解决民忧，用“好机制”汇聚民智，真正把群众期待的事变成我们要干的事，使我们在干的事成为群众积极参与和支持的事，让我们干成的事成为群众受益并叫好的事。坚持清正廉洁守底线。以严的主基调加强党风廉政建设，锲而不舍落实中央八项规定精神，持续深化纠治“四风”，构建亲清统一的新型政商关系，一体推进不敢腐、不能腐、不想腐。

新的一年，市政府将更加注重厉行节约，建立“过紧日子”负面清单管理制度，大幅压减论坛、展会、节庆等活动，“三公”经费只减不增，公用经费按定额标准压减 5%，统筹整合部门预算 5%、专项资金 10%，把更多财力用到推动发展、改善民生上。

各位代表！雄关漫道真如铁，而今迈步从头越。过去几年，杭州在抢抓发展机遇中敢为人先，在战胜风险挑战中爬坡过坎，取得了历史性成就。站在新的更高发展起点上，让我们更加紧密地团结在以习近平同志为核心的党中央周围，在市委坚强领导下，坚定信心、感恩奋进，勇攀高峰、勇立潮头，奋力打造世界一流的社会主义现代化国际大都市，致力成为中国式现代化的城市范例，努力向世界奉献一个锦绣繁华的人间新天堂！

组织机构名录

【市级主要机构及负责人名单】
（2023年1月至12月）

中国共产党杭州市第十三届委员会

书　记:刘　捷
副书记:姚高员
　　马小秋（2023年2月始）
常　委:刘　捷
　　姚高员
　　柯吉欣（至2023年3月）
　　马小秋
　　朱建明
　　唐春所
　　胥伟华（挂职）
　　陈一行
　　黄海峰
　　朱　华
　　刘　颖
　　陈　瑾（女）
　　王　敏
　　刘嫔珺（女）（2023年7月始）
　　方　毅（2023年8月始）
委　员:（按姓氏笔画为序）
　　丁狄刚　马小秋
　　马卫光　马利阳
　　王　犨　王　敏
　　王越剑　王新锋
　　方　毅（2023年8月始）
　　孔春浩　叶伟忠
　　冯　晶　朱　华
　　朱建明　朱党其
　　刘　捷　刘　颖
　　刘嫔珺（女）　阮　英（女）
　　孙旭东　李火林
　　李志龙　杨国正
　　杨泽伟　杨建根
　　吴仁财　吴玉凤（女）
　　沈燕俊
　　张宏伟（至2023年4月）
　　张鸿斌　张蕙娜（女）
　　陈　瑾（女）　陈一行
　　陈卫强　陈如根
　　陈震山　罗　杰
　　金承涛　郑　迪
　　柯吉欣（至2023年3月）
　　钮　俊　俞荣华
　　施华淼（2023年8月，被给予开除党籍处分与开除公职处分）
　　姜永柱　胥伟华（挂职）
　　姚高员　骆安全
　　夏积亮　柴世民
　　高国飞　郭东风
　　唐春所　黄海峰
　　曹　琛（女）　章　燕（女）
　　章登峰　董　悦
　　董毓民　惠海涛
　　童定干　富永伟
　　楼建忠　鲍一飞
候补委员:
　　毛根洪　孙国方
　　吴槐庆　余新平
　　沈　翔
　　陆晓亮（至2023年12月）
　　陈国强　周　扬（女）
　　柴宁宁（女）　徐　前
　　翁文杰　楼倻捷（女）
秘书长:朱　华

市纪律检查委员会、市监察委员会

书　记（主任）:陈一行
副书记（副主任）:童定干
　　张慧娟（女）（2023年8月，被给予开除党籍处分与开除公职处分）
　　王伟平
　　朱春根（2023年3月始）
纪委常委:陈一行
　　童定干
　　张慧娟（女）（2023年8月，被给予开除党籍处分与开除公职处分）
　　王伟平
　　朱春根
　　沈海军
　　徐恒辉
　　俞　振
　　王　伦
　　邵　艳（女）（至2023年12月）
　　徐承坪（2023年6月始）
监委委员:朱春根（至2023年4月）
　　俞　振
　　王　伦
　　徐承坪
　　毛建标
　　汪盛华
　　崔晓峰（2023年12月始）

市委工作机关

办公厅

主　任:陈国强

政策研究室

主　任:唐志祥

全面深化改革委员会办公室
主　任:朱　华
第一副主任:柯吉欣（至 2023 年 4 月）
陈　瑾（女）（2023 年 4 月始）
组织部
部　长:马小秋（至 2023 年 7 月）
刘嫔珺（女）（2023 年 7 月始）
宣传部
部　长:黄海峰
统战部
部　长:朱建明
政法委员会
书　记:金　志（至 2023 年 1 月）
（空缺）（2023 年 1—2 月）
马小秋（2023 年 2 月始）
市委机构编制委员会办公室
主　任:何利松
市委军民融合发展委员会办公室
主　任:柯吉欣（至 2023 年 4 月）
陈　瑾（女）（2023 年 4 月始）
市委台湾工作办公室（政府台湾事务办公室）
主　任:陆献德
市委直属机关工作委员会
书　记:朱　华
市委巡察工作领导小组办公室、市委巡察组
主　任:沈海军
组　长:蒋杭平（至 2023 年 6 月）
金晓东　方顺才
程华民　金　伟
倪东晓（2023 年 6 月始）
市委、市政府信访局
局　长:周徐胤（至 2023 年 5 月）
（空缺）（2023 年 5—6 月）
沈华锋（2023 年 6 月始）
市委老干部局
局　长:赵一文（女）
市委党校
校　长:马小秋（至 2023 年 7 月）
刘嫔珺（女）（2023 年 7 月始）
市委党史研究室（市政府地方志办公室）
主　任:郎健华（至 2023 年 12 月）
（空缺）（2023 年 12 月始）
市档案馆
馆　长:范　飞（女）（至 2023 年 2 月）
王　涛（2023 年 2 月始）
杭州国际城市学研究中心
（杭州研究院、世界遗产保护杭州研究中心）
党组书记、主任（院长）:江山舞

杭州市第十四届人民代表大会常务委员会
主　任:李火林
副主任:戚哮虎　戴建平
罗卫红（女）　卢春强
徐小林
秘书长:张如勇（至 2023 年 2 月）
叶茂东（2023 年 2 月始）
委　员:（按姓氏笔画为序）
王剑瑛（女）　方月仙（女）
方永红　石仕元
朱云忠（2023 年 2 月始）
仰中旻（2023 年 2 月始）
孙雍容（女）（2023 年 2 月始）
江成器　汤海庆
阮　英（女）
严伟明（至 2023 年 2 月）
李　悦（女）
李文钢（2023 年 2 月始）
李秀莹（女）（2023 年 2 月始）
杨英英（女）　杨雪强
杨焕然　吴志明
吴建华　余红英（女）
汪　杰（2023 年 2 月始）
沈旭微　陈马多里
陈伟民　陈震山
林　沛（女）　林伟光
明启强　竺丽萍（女）
郑利敏（女）　郑荣新
赵立明
赵国钦（至 2023 年 2 月）
胡少先　胡秀华（女）
洪玉宇（2023 年 2 月始）
洪庆华　骆安全
聂　江　钱建中
徐文霞（女）（至 2023 年 2 月）
徐燕敏（女）（至 2023 年 2 月）
高　越　黄　旼（女）
黄昊明
戚海滨（2023 年 2 月始）
龚志南
麻承荣（至 2023 年 2 月）
蒋应成
曾福明（至 2023 年 8 月）
蒋慧鸯（女）（2023 年 2 月始）
裘建平
解崇明（至 2023 年 2 月）
潘伊玫（女）　潘曙龙
魏　虹（女）（2023 年 2 月始）
魏丹英（女）
党组书记:李火林
党组副书记:戚哮虎

杭州市第十四届人民代表大会专门委员会
法制委员会
主任委员:戚哮虎（兼）

监察和司法委员会
主任委员:戴建平(兼)
财政经济委员会
主任委员:戴建平(兼)
城乡建设环境保护委员会
主任委员:卢春强(兼)
教育科学文化卫生委员会
主任委员:罗卫红(女,兼)
农业和农村委员会
主任委员:戚哮虎(兼)
民族宗教华侨、外事委员会
主任委员:徐小林(兼)
社会建设委员会
主任委员:卢春强(兼)

杭州市第十四届人民代表大会常务委员会各工作机构和工作委员会
办公厅
主　任:陈伟民(至 2023 年 12 月)
　　卓　超(2023 年 12 月始)
研究室
主　任:聂　江(至 2023 年 12 月)
　　(空缺)(2023 年 12 月始)
人事代表工作委员会
主　任:杨雪强(至 2023 年 12 月)
　　李秀莹(女)(2023 年 12 月始)
法制工作委员会
主　任:陈马多里
监察和司法工作委员会
主　任:江成器
财政经济工作委员会
主　任:吴志明
城乡建设环境保护工作委员会
主　任:黄昊明(至 2023 年 12 月)
　　章建明(2023 年 12 月始)
教育科学文化卫生工作委员会
主　任:郑利敏(女)
农业和农村工作委员会
主　任:李文钢
民族宗教华侨、外事工作委员会
主　任:方月仙(女)(至 2023 年 12 月)
　　聂　江(2023 年 12 月始)
社会建设工作委员会
主　任:魏丹英(女)

杭州市人民政府
市　长:姚高员
副市长:柯吉欣(至 2023 年 4 月)
　　陈　瑾(女)　胥伟华(挂职)
　　胡　伟(至 2023 年 2 月)
　　方　毅(2023 年 11 月始)
　　陈卫强　丁狄刚
　　罗　杰
　　刘嫔珺(女)(至 2023 年 7 月)
　　孙旭东
　　宦金元(2023 年 2 月始)
党组书记:姚高员
秘书长:高国飞

市政府工作部门
办公厅
党组书记:高国飞
主　任:鲍一飞
研究室
党组书记、主任:马　骏
发展和改革委员会
党组书记:孔春浩(至 2023 年 11 月)
　　楼建忠(2023 年 11 月始)
主　任:孔春浩(至 2023 年 12 月)
　　楼建忠(2023 年 12 月始)
人力资源和社会保障局
党组书记、局长:董　悦
财政局
党组书记:谢建华(至 2023 年 11 月)
　　陈震山(2023 年 11 月始)
局　长:谢建华(至 2023 年 12 月)
　　陈震山(2023 年 12 月始)
统计局
党组书记:吴槐庆
局　长:宦金元(至 2023 年 2 月)
　　吴槐庆(2023 年 2 月始)
审计局
党组书记、局长:王　剑(至 2023 年 2 月)
　　范　飞(女)(2023 年 2 月始)
对口支援和区域合作局
党组书记、局长:杨　钊
经济和信息化局
党组书记:冯　伟(至 2023 年 5 月)
　　王越剑(2023 年 5 月始)
局　长:冯　伟(至 2023 年 6 月)
　　王越剑(2023 年 6 月始)
应急管理局
党委书记、局长:王　震(2024 年 8 月,被给予开除党籍处分与开除公职处分)
城乡建设委员会
党组书记:楼建忠(至 2023 年 11 月)
　　董天乐(2023 年 11 月始)
主　任:楼建忠(至 2023 年 12 月)
　　董天乐(2023 年 12 月始)
交通运输局
党组书记、局长:郑翰献(至 2023 年 12 月。2024 年 8 月,被给予开除党籍处分与开除公职处分)
　　毛根洪(2023 年 12 月始)

住房保障和房产管理局
党组书记、局长:王　进
规划和自然资源局
党组书记:陈祥荣（至 2023 年 11 月）
（空缺）（2023 年 11—12 月）
丁美君（女）（2023 年 12 月始）
局　长:陈祥荣（至 2023 年 2 月）
於卫国（2023 年 2 月始）
国防动员办公室（人民防空办公室）
党组书记、主任:裘新谷（至 2023 年 12 月）
王　仁（2023 年 12 月始）
城市管理局（综合行政执法局）
党组书记:林炳达
局　长:李　磊（至 2023 年 2 月）
林炳达（2023 年 2 月始）
生态环境局
党组书记:马利阳
局　长:孙国方（至 2023 年 2 月）
马利阳（2023 年 2 月始）
园林文物局
党组书记、局长:高小辉
农业农村局（乡村振兴局）
党组书记、局长:姚吉锋（至 2023 年 12 月）
陈伟民（2023 年 12 月始）
林业水利局
党组书记、局长:陈建华
商务局[中国（浙江）自由贸易试验区杭州片区管委会、市粮食和物资储备局]
党组书记、局长:王永芳
主　任:胡　伟（兼）（至 2023 年 2 月）
（空缺）（2023 年 2 月始）
市场监督管理局
党委书记:麻承荣
局　长:范建军（至 2023 年 2 月）
麻承荣（2023 年 2 月始）
文化广电旅游局
党组书记、局长:楼倻捷（女）
卫生健康委员会
党委书记、主任:方健国
医疗保障局
党组书记:李一青（女）（至 2023 年 12 月）
局　长:石连忠（至 2023 年 12 月）
党组书记、局长:朱燕锋（2023 年 12 月始）
体育局
党组书记、局长:金承龙（至 2023 年 12 月）
杨英英（女）（2023 年 12 月始）
教育局
党委书记、局长:钮　俊
公安局
党委书记、局长:罗　杰
司法局
党委书记、局长:徐　前
民族宗教事务局
党组书记、局长:邵根松（至 2023 年 12 月）
俞雪坤（2023 年 12 月始）
地方金融监督管理局（金融工作办公室）
党组书记、局长（主任）:朱崇敏
国有资产监督管理委员会
党委书记:王　希（至 2023 年 11 月）
顾春晓（2023 年 11 月始）
主　任:王　希（至 2023 年 2 月）
顾春晓（2023 年 2 月始）
科学技术局
党组书记:（空缺）（2023 年 1—2 月）
王　歆（2023 年 2 月始）
局　长:周　扬（至 2023 年 2 月）
楼秀华（2023 年 2 月始）
民政局
党组书记、局长:何凌超（至 2023 年 12 月）
李一青（女）（2023 年 12 月始）
退役军人事务局
党组书记、局长:郑洪彪
外事办公室（港澳事务办公室）
党组书记、主任:金　恒
机关事务管理局
党组书记、局长:韩　卫
数据资源管理局
党组书记、局长:徐青山
投资促进局
党组书记:王越剑（至 2023 年 5 月）
沈　建（2023 年 5 月始）
局　长:王越剑（至 2023 年 6 月）
沈　建（2023 年 6 月始）

国防动员委员会
第一主任（至 2023 年 5 月）:刘　捷
主　任:姚高员

中国人民政治协商会议第十二届杭州市委员会
主　席:马卫光
副主席:许　明　　毛溪浩
陈新华　　冯仁强
陈国妹（女）　　郭清晔
宦金元（至 2023 年 4 月）
林　革
秘书长:柴世民
常　委:（按姓氏笔画为序）
马　彦　　王　歆
王利民
王新宇（2023 年 2 月始）
方　军　　方中勇
石利群（女）（至 2023 年 2 月）
石渊文（2023 年 2 月始）
卢　晓　　申屠敏（女）

吕芬芳（女）　　朱　铮
朱师钧
朱军岷（至2023年2月）
朱荣兴　　邬月培
庄凌云　　刘　琼
汤耀光　　许宏波
许玲娣（女）（2023年2月始）
孙　磊（2023年2月始）
孙月红（女）
孙建刚（至2023年2月）
孙晓华（女）　　杜国忠
李正刚　　李筱曼（女）
杨建华（至2023年2月）
杨富强（至2023年2月）
肖　锋　　吴　隆
吴　静（女）　　吴持瑛（女）
何明俊　　何艳虹（女）
何黎明　　应旭旻
沈　昱　　沈　涛
沈　啸　　沈　翔
沈小强
沈海峰（2023年2月始）
宋　宁（2023年2月始）
宋　杰　　张　钎
张　敏（女）　　张　琳（女）
张忠成（2023年2月始）
张慧娟（女）（2023年8月，被给予开除党籍处分与开除公职处分）
张耀法（至2023年2月）
陆佳伟　　陈　安
陈　萍（女）　　陈　新
陈月利（女）　　陈旭虎
陈国兴　　卓　超
周文伟　　周旭一
周妙荣　　周建平
於卫国　　单　敏（女）
赵海燕　　郝阜平
顾惠波　　倪晓娟（女）
徐剑锋　　郭初民
郭青岭（女）　　黄东良
黄伟源　　黄勇芳（女）
曹国熊（至2023年2月）
崔　巍（女）　　麻建平
章　杰　　屠国兴
斯金平　　葛芳民（女）
蒋吉清（女）　　程建军
释月真　　童伟中
温正胞（至2023年2月）
楼秀华
雷彬艺（2023年2月始）
虞文娟（女）　　蔡　节
蔡　瑾（女）　　潘　锋
潘伟红（女）　　潘红华
魏　虹（女）（至2023年2月）
党组书记：马卫光
党组副书记：朱建明（兼）
　　许　明

市政协工作部门

办公厅

主　任：郭初民（至2023年12月）
　　郑书文（2023年12月始）

研究室

主　任：陈国兴

文化文史和学习委员会

主　任：王利民

提案委员会

主　任：邬月培

农业和农村委员会

主　任：吴持瑛（女）

经济委员会

主　任：杜国忠

港澳台侨和外事委员会

主　任：孙月红（女）

社会法制和民族宗教委员会

主　任：方中勇

城市建设和人口资源环境委员会

主　任：何明俊

委员工作委员会

主　任：卢　晓

教育科技卫生体育委员会

主　任：肖　锋

市中级人民法院

党组书记：张宏伟（至2023年3月）
　　陈志君（女）（2023年3月始）
院　长：张宏伟（至2023年4月）
代院长：陈志君（女）（2023年4月始）

市人民检察院

党组书记、检察长：叶伟忠

市民主党派和工商联

中国国民党革命委员会杭州市委员会

主　委：林　革

中国民主同盟杭州市委员会

主　委：宦金元

中国民主建国会杭州市委员会

主　委：郭清晔

中国民主促进会杭州市委员会

主　委：楼秀华

中国农工民主党杭州市委员会

主　委：於卫国

中国致公党杭州市委员会

主　委：方　军

九三学社杭州市委员会

主　委:罗卫红（女）
市工商业联合会
党组书记:仰中旻
主　席:冯仁强

部分群众团体
市总工会
党组书记:郑荣新
主　席:戴建平（兼）
中国共产主义青年团杭州市委员会
书　记:汪　杰
市妇女联合会
党组书记、主席:阮　英（女）（至2023年12月）
　　　　杨晓峰（女）（2023年12月始）
市社会科学界联合会、市社会科学院
党组书记、主席（院长）:
　　　　卓　超（至2023年12月）
　　　　周国如（2023年12月始）
市科学技术协会
党组书记、主席:孙雍容（女）
市归国华侨联合会
党组书记:裘建平（至2023年12月）
　　　　赵欣浩（2023年12月始）
主　席:许玲娣（女）
市文学艺术界联合会
党组书记:沈旭微
主　席:艾　伟（竹雄伟）
市残疾人联合会
党组书记、理事长:
　　　　杨英英（女）（至2023年12月）
　　　　丁　炯（2023年12月始）

其他机构
杭州钱塘新区管理委员会（杭州经济技术开发区管委会、杭州综合保税区管委会、杭州临江高新技术产业开发区管委会）
党工委书记:金承涛
主　任:沈燕俊
杭州城西科创大走廊管理委员会
党工委第一书记:刘　捷（兼）
党工委书记:柯吉欣（兼）（至2023年4月）
　　　　陈　瑾（女,兼）（2023年4月始）
主　任:李　玲（女）（至2023年7月）
　　　　孔春浩（2023年7月始）
萧山经济技术开发区管理委员会
党工委书记、主任:许　昌
杭州良渚遗址管理区管理委员会（浙江省杭州良渚遗址管理局）
党工委书记、主任（局长）:王　姝（女）
杭州高新技术产业开发区管理委员会
党工委书记:章登峰
主　任:郑　迪
杭州之江国家旅游度假区管理委员会
党工委书记:董毓民
主　任:周　扬（女）
杭州西湖风景名胜区管理委员会（杭州西溪国家湿地公园管理委员会）
党工委书记、主任:孙国方
钱江新城建设管理委员会（市三江汇未来城市建设管理委员会）
党组书记:朱党其
主　任:吴炜炜
对口支援新疆阿克苏地区阿克苏市指挥部
党委书记、指挥长:黄建正（至2023年5月）
　　　　邵小军（2023年5月始）
西泠印社社务委员会
西泠印社党委书记、社委会主任:龚志南
行政审批服务管理办公室（公共资源交易管理委员会办公室）
党组书记:李　炜
主　任:林　革（至2023年12月）
　　　　李　炜（2023年12月始）
市政府驻北京办事处
党组书记、主任:江奔腾
市政府驻上海（深圳）办事处
党组书记、主任:（空缺）（至2023年5月）
　　　　王　军（2023年5月始）
市供销合作社联合社
党委书记、理事会主任:翁文杰
中国国际贸易促进委员会杭州市委员会
党组书记、会长:张鸿斌
杭州住房公积金管理中心
党组书记、主任:南晓清
市农业科学研究院
党委书记:马杭军（至2023年3月）
党组书记:马杭军（2023年3月始）
院　长:严建立

市实业投资集团有限公司
党委书记、董事长:沈　立（至2023年12月）
　　　　钮　健（2023年12月始）
总经理:钮　健（至2023年12月）
　　　　郭东晓（2023年12月始）
市交通投资集团有限公司
党委书记、董事长:章舜年（至2023年12月）
　　　　朱春雷（2023年12月始）
总经理:郦仲华
市城市建设投资集团有限公司
党委书记、董事长:李红良
总经理:董天乐（至2023年11月）
　　　　（空缺）（2023年11—12月）
　　　　邱佩璜（2023年12月始）
市地铁集团有限责任公司
党委书记、董事长:朱少杰

总经理:朱春雷(至 2023 年 12 月)
　　　明　刚(2023 年 12 月始)
市临空建设投资集团有限公司
党委书记、董事长:茹　文
总经理:来　刚
市商贸旅游集团有限公司(市运河综合保护开发建设集团有限责任公司)
党委书记、董事长:陆晓亮(至 2023 年 12 月)
　　　　　　　　丁永刚(2023 年 12 月始)
总经理:丁永刚(至 2023 年 12 月)
　　　陈国华(2023 年 12 月始)
杭州银行股份有限公司
党委书记、董事长:宋剑斌
行　长:虞利明
市金融投资集团有限公司
党委书记、董事长:陈震山(至 2023 年 11 月)
　　　　　　　　(空缺)(2023 年 11—12 月)
　　　　　　　　沈　立(2023 年 12 月始)
总经理:(空缺)(至 2023 年 3 月)
　　　陈琴箫(女)(2023 年 3 月始)
市国有资本投资运营有限公司
党委书记、董事长:孙刚锋
总经理:陈燕霆(女)
杭州文化广播电视集团
党委书记、管委会总裁:余新平
编委会总编辑:夏　芬(女)
华数数字电视传媒集团有限公司
党委书记、董事长:陆政品
总经理:鲍林强
杭州日报报业集团(杭州日报报业集团有限公司)
党委书记、社委会社长、公司董事长、总经理:谭　飞
编委会总编辑:童伟中
西泠印社集团有限公司
党委书记、董事长:赵　宇
总经理:王紫升

【区县(市)主要机构及负责人名单】(2023 年 1 月至 12 月)

中共杭州市上城区第一届委员会
书　记:章　燕(女)
杭州市上城区第一届人大常委会
主　任:占仁义
上城区人民政府
区　长:惠海涛
政协杭州市上城区第一届委员会
主　席:黄爱芳(女)
中共杭州市上城区纪律检查委员会
书　记:黄利文
上城区人民法院
院　长:陆忠明
上城区人民检察院
检察长:江波均(女)

中共杭州市拱墅区第一届委员会
书　记:李志龙
杭州市拱墅区第一届人大常委会
主　任:吴才敏
拱墅区人民政府
区　长:冯　晶
政协杭州市拱墅区第一届委员会
主　席:杨国琴(女)
中共杭州市拱墅区纪律检查委员会
书　记:熊　雄
拱墅区人民法院
院　长:陈奇策
拱墅区人民检察院
检察长:冯晓音(女)

中共杭州市西湖区第十届委员会
书　记:董毓民
杭州市西湖区第十六届人大常委会
主　任:叶伟平
西湖区人民政府
区　长:董毓民(至 2023 年 1 月)
代区长:周　扬(女)(2023 年 1—2 月)
区　长:周　扬(女)(2023 年 2 月始)
政协杭州市西湖区第六届委员会
主　席:叶　泽
中共杭州市西湖区纪律检查委员会
书　记:黄光荣
西湖区人民法院
院　长:毛志军
西湖区人民检察院
检察长:王晓光

中共杭州市滨江区第六届委员会
书　记:章登峰
杭州市滨江区第六届人大常委会
主　任:应敏扬(女)
滨江区人民政府
区　长:郑　迪
政协杭州市滨江区第三届委员会
主　席:张　玮(女)
中共杭州市滨江区纪律检查委员会
书　记:商丽萍(女)
滨江区人民法院
院　长:赵　平
滨江区人民检察院
检察长:夏　涛

中共杭州市萧山区第十六届委员会
书　记:王　敏
杭州市萧山区第十七届人大常委会

主　任:赵立明
萧山区人民政府
区　长:姜永柱
政协杭州市萧山区第十五届委员会
主　席:叶建宏
中共杭州市萧山区纪律检查委员会
书　记:周萍英(女)(至 2023 年 12 月)
　　　　邵　艳(女)(2023 年 12 月始)
萧山区人民法院
院　长:何　敏
萧山区人民检察院
检察长:王玉珹

中共杭州市余杭区第十五届委员会
书　记:刘　颖
杭州市余杭区第十六届人大常委会
主　任:阮文静(女)
余杭区人民政府
区　长:王　华
政协杭州市余杭区第十二届委员会
主　席:沈　昱
中共杭州市余杭区纪律检查委员会
书　记:唐小辉
余杭区人民法院
院　长:王文柱
余杭区人民检察院
检察长:鲍　键

中共杭州市临平区第一届委员会
书　记:陈如根
杭州市临平区第一届人大常委会
主　任:陈　晨
临平区人民政府
区　长:施华淼(至 2023 年 3 月。2023 年 8 月,被给予开除党籍处分与开除公职处分)
　　　　(空缺)(2023 年 4—5 月)
代区长:周徐胤(2023 年 5 月始)
政协杭州市临平区第一届委员会
主　席:张俊杰
中共杭州市临平区纪律检查委员会
书　记:叶敏琦
临平区人民法院
院　长:刘　波
临平区人民检察院
检察长:高　翔

中共杭州市钱塘区第一届委员会
书　记:金承涛
杭州市钱塘区第一届人大常委会
主　任:阮重晖
钱塘区人民政府
区　长:沈燕俊
政协杭州市钱塘区第一届委员会
主　席:金志强
中共杭州市钱塘区纪律检查委员会
书　记:范国权
钱塘区人民法院
院　长:余　晟(女)
钱塘区人民检察院
检察长:钱　铖

中共杭州市富阳区第二届委员会
书　记:吴玉凤(女)
杭州市富阳区第十七届人大常委会
主　任:徐林亮
富阳区人民政府
代区长:谢浙升(2023 年 1—2 月)
区　长:谢浙升(2023 年 2 月始)
政协杭州市富阳区第十届委员会
主　席:张　霖
中共杭州市富阳区纪律检查委员会
书　记:沈阳红(女)
富阳区人民法院
院　长:余文玲(女)
富阳区人民检察院
检察长:桑　涛

中共杭州市临安区第一届委员会
书　记:杨国正
杭州市临安区第十七届人大常委会
主　任:钱美仙(女)
杭州市临安区人民政府
区　长:杨泽伟
政协杭州市临安区第十届委员会
主　席:李赛文(女)
中共杭州市临安区纪律检查委员会
书　记:斯晓健
杭州市临安区人民法院
院　长:夏　强
杭州市临安区人民检察院
检察长:李　军

中共桐庐县第十五届委员会
书　记:夏积亮
桐庐县第十七届人大常委会
主　任:王金才(至 2023 年 5 月。2023 年 11 月,被给予开除党籍处分与开除公职处分)
　　　　(空缺)(2023 年 5 月始)
桐庐县人民政府
县　长:张蕙娜(女)
政协桐庐县第十届委员会
主　席:周海静(至 2023 年 12 月。2024 年 3 月,被给予开除党籍处分与开除公职处分)
中共桐庐县纪律检查委员会

书　记:丁　干（至2023年6月）
　　　（空缺）（2023年6—11月）
　　　毛建标（2023年11月始）
桐庐县人民法院
院　长:朱晓燕（女）
桐庐县人民检察院
检察长:祝红雨

中共淳安县第十五届委员会
书　记:杨建根
淳安县第十七届人大常委会
主　任:董文吉
淳安县人民政府
代县长:王　翀（至2023年2月）
县　长:王　翀（2023年2月始）
政协淳安县第十届委员会
主　席:郑志光
中共淳安县纪律检查委员会
书　记:沈国红
淳安县人民法院
院　长:张　波
淳安县人民检察院
检察长:许哲丰

中共建德市第十五届委员会
书　记:富永伟
建德市第十七届人大常委会
主　任:吕　平
建德市人民政府
市　长:王新锋
政协建德市第十五届委员会
主　席:俞　伟
中共建德市纪律检查委员会
书　记:徐军飞
建德市人民法院
院　长:戴朝阳
建德市人民检察院
检察长:邱生权

（市委组织部）

统计表

表50　杭州市土地面积、年末户数和人口数、人口变动情况统计表
（2023年）

指　标	计量单位	全　市	为上年（%）	市　区	为上年（%）
一、土地面积	平方千米	16850	100.0	8289	100.0
二、年末总户数（户籍）	万户	271.79	102.0	224.25	102.5
三、年末总人口数（户籍）	万人	860.60	101.6	723.83	102.1
按性别分					
男性	万人	423.30	101.4	354.65	101.7
女性	万人	437.30	101.9	369.18	102.4
按城镇、乡村分					
城镇人口	万人	634.34	104.0	582.45	104.4
乡村人口	万人	226.26	95.6	141.38	93.5
四、人口密度（按户籍）	人/平方千米	511	101.6	873	102.1
五、人口自然变动情况					
自然增长人口	人	8661	41.9	12804	55.4
本年出生人数	人	67443	98.2	59620	98.4
本年死亡人数	人	58782	122.5	46816	124.9
自然增长率					
本年	‰	1.01	—	1.79	—
上年	‰	2.46	—	3.29	—
六、人口机械变动情况					
（一）本年迁入人口合计	人	167062	125.3	162449	126.1
省内	人	59299	117.6	57706	118.0
省外	人	107763	130.0	104743	131.1
（二）本年迁出人口合计	人	37195	116.4	29456	115.9
省内	人	16392	114.8	9899	113.1
省外	人	20803	117.6	19557	117.3
（三）本年净迁入人口	人	129867	128.1	132993	128.6
七、年末常住人口	万人	1252.2	101.2	1129.9	101.4

（资料来源:市统计局）

表 51　杭州市国民经济主要指标统计表（一）

指　标	计量单位	2018 年	2019 年	2020 年	2021 年	2022 年	2023 年
年末总人口（户籍）	万人	774.10	795.37	813.83	834.54	846.75	860.60
城镇人口（户籍）	万人	515.04	535.96	568.23	593.36	610.08	634.34
人口自然增长率	‰	6.31	6.97	4.63	2.91	2.46	1.01
市区	‰	7.02	7.82	5.35	3.68	3.29	1.79
年末从业人数	万人	685.86	726.57	748.39	759.68	758.64	770.02
地区生产总值（当年价格）	亿元	14306.72	15418.80	16206.82	18247.33	18955.32	20058.98
第一产业	亿元	305.56	325.72	329.56	337.49	333.18	347.10
第二产业	亿元	4694.06	4838.08	4823.04	5472.82	5630.64	5666.88
第三产业	亿元	9307.10	10255.00	11054.22	12437.01	12991.51	14045.00
地区生产总值指数（上年 =100）	—	106.7	106.8	103.9	108.5	101.5	105.6
人均生产总值（按户籍）	元	187263	196483	201426	221398	225485	234972
人均生产总值指数（按户籍）（上年 =100）	—	104.1	103.9	100.0	106.0	99.5	103.9
规模以上工业企业利税总额	亿元	1800.26	1854.99	2006.46	2286.68	2353.25	2282.69
全社会交通运输客运量	万人次	20121	20888	12183	13823	9826	16443
全社会交通运输货运量	万吨	35180	36384	41944	46997	43161	44667
固定资产投资	%	10.8	11.6	6.8	9.0	6.0	2.8
社会消费品零售总额	亿元	5768.57	6273.22	6055.47	6743.52	7293.56	7670.57
旅游总人数	万人次	18403	20814	17573	8952	8106	11928
实际利用外资（外商直接投资）	万美元	682658	612818	720184	817116	781238	883113

（资料来源：市统计局）

表 52　杭州市国民经济主要指标统计表（二）

指　标	计量单位	2018 年	2019 年	2020 年	2021 年	2022 年	2023 年
财政总收入	亿元	3457.46	3650.04	3854.19	4561.72	4590.08	4916.53
一般公共预算收入	亿元	1825.06	1965.97	2093.39	2386.59	2450.61	2616.81
金融机构年末存款余额	亿元	39810.50	45286.99	54246.47	61044.30	69592.03	77588.65
金融机构年末贷款余额	亿元	36598.25	42245.17	49799.28	56274.77	62306.30	68641.55
住户存款	亿元	10198.52	11901.30	14398.12	15818.40	19814.42	23430.99
全市非私营单位就业人员平均工资	元	103798	117339	128308	146701	153558	158121
市区居民消费价格指数（上年 =100）	—	102.3	103.1	102.1	101.3	102.4	100.2
市区商品零售价格指数（上年 =100）	—	102.0	103.1	100.9	101.6	102.9	—
城镇居民人均可支配收入	元	61172	66068	68666	74700	77043	80587
农村居民人均可支配收入	元	33193	36255	38700	42692	45183	48180
高等学校在校学生数	人	496383	518325	550608	584533	613126	635545
中等专业学校在校学生数	人	4448	4535	4540	4493	4601	4879
普通中学在校学生数	人	349327	362109	373997	394788	415837	438319
小学在校学生数	人	590491	616929	645302	680976	710667	762062
年末卫生机构数	个	5377	5925	5675	5633	5823	6626
医院	个	316	343	353	370	387	414
年末卫生技术人员	人	117425	126995	134258	142341	148515	161189
执业（助理）医师	人	44896	48962	51135	55013	57455	62661
年末床位数	张	81215	85708	90057	90754	92894	100210
医院床位	张	75186	79957	84251	85475	87950	95220

（资料来源：市统计局）

表 53　杭州市历年生产总值及指数统计表

年 份	地区生产总值（亿元，按当年价格计算）				地区生产总值指数（上年 =100）			
	合 计	第一产业	第二产业	第三产业	合 计	第一产业	第二产业	第三产业
1978	28.40	6.34	16.93	5.13	120.2	119.1	123.7	111.6
1995	762.01	69.25	410.00	282.75	119.9	107.1	123.1	117.6
1996	906.61	84.00	477.62	344.99	113.0	105.4	114.5	112.2
1997	1036.33	91.36	541.50	403.47	113.1	106.8	112.8	114.8
1998	1134.89	96.06	587.96	450.88	111.2	109.4	111.8	110.7
1999	1225.28	97.58	630.75	496.95	110.2	105.5	110.1	111.1
2000	1395.67	103.96	717.88	573.83	112.0	105.7	112.5	112.1
2001	1582.94	111.46	803.16	668.32	112.2	107.4	112.7	112.5
2002	1798.96	114.64	912.78	771.53	113.2	104.1	113.3	114.7
2003	2118.71	126.59	1087.74	904.38	115.2	106.0	118.6	112.6
2004	2566.46	132.23	1334.99	1099.24	115.0	105.1	116.7	114.3
2005	2973.74	140.29	1524.25	1309.21	113.1	103.4	111.6	116.5
2006	3483.41	149.88	1763.65	1569.89	114.3	104.1	112.5	117.4
2007	4155.84	162.85	2085.15	1907.84	114.7	102.8	114.4	116.3
2008	4850.59	178.50	2419.08	2253.01	111.0	103.8	108.8	114.0
2009	5181.80	188.45	2404.92	2588.44	110.0	103.1	106.0	114.7
2010	6049.56	205.34	2861.45	2982.77	112.0	102.5	111.2	113.5
2011	7153.03	232.32	3326.34	3594.38	110.1	102.5	108.5	112.2
2012	7968.58	249.44	3553.18	4165.95	109.0	102.5	106.9	111.3
2013	8639.91	254.74	3649.62	4735.54	108.0	101.4	106.7	109.5
2014	9502.21	266.62	3953.53	5282.07	108.2	101.9	107.8	108.8
2015	10495.28	278.98	4133.92	6082.38	110.2	101.8	105.5	114.6
2016	11709.45	293.63	4226.87	7188.96	109.7	101.4	104.5	113.6
2017	13160.72	299.96	4453.44	8407.32	108.2	101.7	104.8	110.6
2018	14306.72	305.56	4694.06	9307.10	106.7	101.8	105.8	107.5
2019	15418.80	325.72	4838.08	10255.00	106.8	101.9	104.7	108.1
2020	16206.82	329.56	4823.04	11054.22	103.9	99.4	102.3	105.0
2021	18247.33	337.49	5472.82	12437.01	108.5	102.1	108.2	108.9
2022	18955.32	333.18	5630.64	12991.51	101.5	101.7	100.4	102.0
2023	20058.98	347.10	5666.88	14045.00	105.6	103.7	101.8	107.2

（资料来源：市统计局）

表 54　杭州市区和各区县（市）人口情况及主要经济指标统计表

（2023 年）

指 标	计量单位	全市合计	市 区							桐庐县	淳安县	建德市
				萧山区	余杭区	临平区	钱塘区	富阳区	临安区			
年末总户数（户籍）	万户	271.79	224.25	38.21	23.66	19.05	9.72	22.55	19.40	15.00	14.68	17.87
年末总人口（户籍）	万人	860.60	723.83	128.86	75.92	62.62	35.15	70.14	54.54	41.83	44.69	50.25
人口自然增长率	‰	1.01	1.79	1.83	7.15	4.81	4.89	0.17	−2.75	−2.15	−3.73	−3.11
地区生产总值	亿元	20058.98	18859.15	2230.69	2936.43	1067.27	1270.39	960.88	686.45	469.23	280.49	450.11
社会消费品零售总额	亿元	7670.57	7251.30	1006.21	826.33	392.27	340.42	444.44	246.18	173.85	109.42	136.01
财政总收入	亿元	4916.53	4711.53	566.91	801.57	253.79	247.63	165.18	141.25	78.89	46.89	79.22
一般公共预算支出	亿元	2636.23	2386.60	328.16	351.38	200.17	143.73	137.62	105.68	72.80	89.41	87.42
规模以上单位就业人员平均工资	元	135786	—	102171	183958	100319	118081	95211	97931	87976	79962	84111

（资料来源：市统计局）

表 55　杭州市规模以上工业企业单位数、总产值统计表
（2023 年）

类　别	全　市		市　区	
	单位数（个）	工业总产值（万元）	单位数（个）	工业总产值（万元）
规模以上工业企业合计	6950	191352661	6031	177483187
一、按轻重工业分				
轻工业企业	3125	56990148	2684	52771398
重工业企业	3825	134362513	3347	124711789
二、按登记注册统计类别分组				
有限责任公司	5778	117724378	4954	106902594
股份有限公司	415	36572737	373	34611669
非公司企业法人	9	27543	8	26163
个人独资企业	79	365620	71	346881
合伙企业	6	21064	6	21064
港澳台投资企业	268	14224792	245	13812734
外商投资企业	395	22416529	374	21762083
三、按企业规模分				
大型企业	130	67605920	121	64963310
中型企业	592	55961411	542	52070168
小微企业	6228	67785331	5368	60449709

说明：规模以上工业企业口径为企业年主营业务收入 2000 万元及以上

（资料来源：市统计局）

表 56　杭州市规模以上工业企业主要经济指标统计表
（2023 年）

项　目	总　计	有限责任公司	股份有限公司	非公司企业法人	个人独资企业	合伙企业	港澳台投资企业	外商投资企业
企业数（个）	6950	5778	415	9	79	6	268	395
亏损企业数（个）	1662	1397	87	2	16	1	82	77
主营业务收入（万元）	210162292	130515703	39340285	25987	342100	22212	15142025	24773980
销售费用（万元）	9567608	4266418	2147618	1098	7748	237	1183860	1960630
管理费用（万元）	7583815	4275459	1400727	17535	16789	1073	577416	1294817
财务费用（万元）	834923	657231	36710	145477	5154	430	–2597	–7483
利润总额（万元）	14855010	5770221	4538569	253338	2251	–69	2108133	2182567
利税总额（万元）	22826902	11655588	5386610	256032	12464	373	2630790	2885045
流动资产合计（万元）	171243815	84045120	48620149	399218	223888	12531	19272744	18670166
固定资产净额（万元）	41000357	27978004	6694732	11634	79625	3156	2035390	4197816
累计折旧（万元）	39346040	26179793	5059772	17689	106509	6610	2159782	5815885

（资料来源：市统计局）

表 57 杭州市主要工业产品生产量情况统计表
（2023 年）

产品名称	计量单位	全市		市区
		数值	为上年（%）	
罐头	万吨	3.16	97.0	2.88
乳制品	吨	185099	109.2	185099
精制茶	吨	14747	73.4	11795
卷烟	亿支	530.15	101.4	530.15
方便面	吨	203310	86.8	203310
化学纤维	吨	8644398	107.3	8608054
合成纤维聚合物	吨	1717495	100.8	1695828
纱	万吨	33.93	106.6	33.93
布	万米	174472	93.6	173591
印染布	万米	522733	98.0	522733
蚕丝及交织机织物（含蚕丝≥ 50%）	万米	1216	114.4	1216
服装	万件	18894	82.6	17518
皮革鞋靴	万双	490	74.4	490
家具	万件	2317.34	125.0	2085.16
塑料制品	万吨	155.89	101.8	126.61
机制纸及纸板（外购原纸加工除外）	万吨	29.45	64.7	29.44
盐酸（氯化氢，含量 31% 以上）	吨	126838	94.5	126838
氢氧化钠（烧碱）（折 100%）	吨	320032	122.4	320032
碳酸钠（纯碱）	吨	318397	98.0	318397
合成氨（无水氨）	吨	36522	54.4	36522
农用氮、磷、钾化学肥料总计（折纯）	吨	98845	85.2	98845
化学农药原药（折有效成分 100%）	吨	78564	100.3	21894
合成洗涤剂	吨	193034	151.3	146367
中成药	吨	10275	149.7	5404
橡胶轮胎外胎	万条	7587.66	118.9	6783.62
水泥	万吨	1650.41	98.0	664.48
钢材	万吨	247.11	107.6	244.99
精炼铜（电解铜）	吨	511312	117.2	511312
工业锅炉	蒸发量吨	7987	95.2	7987
金属切削机床	台	7795	82.3	7480
金属成形机床	台	4152	73.6	4138
泵	万台	334.29	102.6	332.87
滚动轴承	万套	32106	97.6	32021
汽车	辆	204786	87.6	204786
内燃叉车	台	133012	98.0	133012
两轮脚踏自行车	万辆	40.28	96.0	40.28
电动机	万千瓦	562.23	112.4	561.77
钢绞线	吨	52933	97.1	52933
通信及电子网络用电缆	万对千米	346.97	90.7	346.20
光缆	万芯千米	3520.96	92.3	3520.86
家用电冰箱（家用冷冻冷藏箱）	万台	58.36	111.1	58.36
家用洗衣机	万台	213.99	84.1	213.99
家用吸排油烟机	万台	373.73	106.7	373.73
移动通信手持机（手机）	台	812	4.1	812
电工仪器仪表	万台	4978.24	122.7	4976.92
工业自动调节仪表与控制系统	万台（套）	643.41	109.1	643.41
电光源	亿只	5.53	144.0	5.53
微型计算机设备	万台	115.15	98.5	115.15

（资料来源：市统计局）

表 58　杭州市规模以上工业三大新兴产业发展情况统计表

年份	高新技术产业		战略性新兴产业		装备制造业	
	增加值（亿元）	为上年（%）	增加值（亿元）	为上年（%）	增加值（亿元）	为上年（%）
2017	1605.5	113.6	979.5	115.0	1384.2	111.0
2018	1948.4	110.8	1135.3	113.1	1531.0	109.3
2019	2178.4	108.5	1328.6	113.1	1640.5	107.9
2020	2448.0	108.6	1415.1	108.1	1837.0	111.8
2021	2827.7	113.1	1850.6	117.6	2061.9	114.8
2022	2961.3	101.2	1874.1	104.2	2102.4	100.4
2023	3049.1	101.3	1984.0	102.6	2344.6	107.8

（资料来源：市统计局）

表 59　杭州市“1+6”产业集群主要指标统计表

产业分组	2022 年		2023 年	
	增加值（亿元）	速度（%）	增加值（亿元）	速度（%）
数字经济核心产业	5076	2.8	5675	8.5
文化产业	2420	4.0	3211	11.3
金融产业	2409	7.5	2492	7.7
旅游休闲产业	929	−15.5	1097	18.0
健康产业	1577	8.5	1627	−0.9
时尚产业（制造业）	291	−2.2	255	−8.5
高端装备产业（制造业）	1568	1.2	1760	4.7

（资料来源：市统计局）

表 60　杭州市规模以上服务业企业主要经济指标统计表

指　标	2017 年	2018 年	2019 年	2020 年	2021 年	2022 年	2023 年
单位数（个）	3744	4145	4303	4660	4652	5175	5719
资产总计（亿元）	20198	27522	29337	31764	38948	42655	44800
固定资产原价（亿元）	3657	4319	4915	5564	6530	7253	9155
本年折旧（亿元）	234	303	396	446	493	485	481
负债合计（亿元）	10063	14317	15205	17059	22274	23567	23468
所有者合计（亿元）	10135	13235	14132	14704	16674	19088	21331
营业收入（亿元）	8557	11158	12866	15116	18163	17150	20120
营业成本（亿元）	5410	7280	8102	9614	12074	11484	13708
营业税金及附加（亿元）	47	54	61	55	72	70	90
销售费用（亿元）	457	651	724	972	1264	978	1190
管理费用（亿元）	1223	1747	2064	2042	2485	2231	2066
财务费用（亿元）	53	37	58	50	38	−7	34
营业利润（亿元）	1636	1812	1994	2371	2030	2737	2771
利润总额（亿元）	1689	1853	2073	2451	2081	2810	2813
所得税费用（亿元）	196	192	240	274	361	343	406
应付职工薪酬（亿元）	1123	1344	1599	1936	2490	2648	2825
应交增值税（亿元）	194	216	253	305	354	333	343
期末用工人数（万人）	76	81	85	96	110	110	119

（资料来源：市统计局）

表 61 杭州市农林牧渔业总产值统计表

指 标	2022 年（亿元）	2023 年（亿元）	为上年（%）
农林牧渔业总产值	515.75	533.11	103.4
农业产值	321.04	335.59	104.5
林业产值	59.89	62.80	104.9
畜牧业产值	58.98	55.98	94.9
渔业产值	51.06	52.49	102.8
农、林、牧、渔专业及辅助性活动	24.77	26.25	106.0

说明：产值为现价增速

（资料来源：市统计局）

表 62 杭州市主要农产品产量统计表

指 标	2022 年（吨）	2023 年（吨）	为上年（%）
一、粮食	530065	551912	104.1
二、油料	71145	72622	102.1
油菜籽	61327	62242	101.5
花生	7565	7992	105.6
芝麻	2220	2285	102.9
三、棉花（皮棉）	187	175	93.8
四、糖类	36779	31480	85.6
五、药材	57573	60800	105.6
六、蔬菜	3512248	3604882	102.6
七、果用瓜	326656	329253	100.8

（资料来源：市统计局）

表 63 杭州市外商直接投资情况统计表

指 标	计量单位	2022 年	2023 年
项目个数	个	840	1066
协议总投资额	万美元	1836447	2179952
协议利用外资	万美元	1348919	1177921
实际利用外资	万美元	781238	883113

（资料来源：市统计局）

表 64 杭州市分经济类型进出口情况统计表
（2023 年）

项 目	数值（亿元）	为上年（%）
全市进出口总值（海关口径）	8029.72	106.1
一、出口总额	5338.72	103.7
1. 国有企业	495.56	89.7
2. 三资企业	783.30	88.3
（1）中外合作企业	1.29	73.6
（2）中外合资企业	348.43	99.3
（3）外商独资企业	433.59	81.1
3. 集体企业	143.47	91.5
4. 私营企业	3902.19	110.2
5. 个体工商户	1.22	90.7
6. 其他	12.98	104.6
二、进口总额	2691.00	111.3

（资料来源：市统计局）

表 65 杭州市环境保护情况统计表

指 标	计量单位	2022 年	2023 年
工业废水排放量	万吨	13407.43	13715.20
工业废水中 COD 排放量	吨	4010.91	3659.57
工业废水中氨氮排放量	吨	57.35	47.50
工业二氧化硫产生量	吨	44127.95	48413.33
工业二氧化硫排放量	吨	3223.24	2057.16
工业氮氧化物排放量	吨	12338.54	8254.20
工业颗粒物产生量	吨	3516811.18	3618762.36
工业颗粒物排放量	吨	11529.25	7037.21
一般工业固体废物综合利用率	%	98.92	98.47
城市污水集中处理率	%	97.54	97.83
城市生活垃圾无害化处理率	%	100	100
市区空气质量优良天数	天	304	308
集中式饮用水水源地水质达标率	%	100	100

（资料来源：市统计局）

表 66 杭州市区城市公用事业情况统计表
（2023 年）

指 标	计量单位	数 值	指 标	计量单位	数 值
一、城市公共交通			四、城市供气		
年末公交运营线路条数	条	1543	城市液化气供气总量	万吨	10.44
年末公交运营线路总长度	千米	29813	家庭用气总量	万吨	5.65
年末运营公共汽车	辆	10344	人工煤气及天然气		
公交客运总量	万人次	56712	家庭用气总量	万立方米	58073
年末轨道交通运营长度	千米	516.0	家庭用气户数	万户	317.23
轨道交通客运总量	万人次	138357	全社会气化率	%	100
二、城市供电			五、园林绿化		
全年用电总量	亿千瓦小时	893.89	建成区园林绿地面积	公顷	33314
工业用电	亿千瓦小时	378.79	公园绿地	公顷	14539
生活用电	亿千瓦小时	175.62	建成区绿化覆盖率	%	42.81
三、城市自来水供应			公园景点个数	个	509
供水能力	万立方米 / 日	567	公园景点面积	公顷	8144
供水总量	万立方米	134759	六、市政建设		
生产用水	万立方米	33176	年末实有道路面积	万平方米	16141
生活用水	万立方米	54239	年末实有道路长度	千米	7361
			年末实有桥梁数	座	3114
			年末排水管道长度	千米	10936
			城市污水排放量	万立方米	105457

（资料来源：市统计局）

表 67 杭州市固定资产投资总额发展指数统计表

（上年 =100）

年 份	固定资产投资	第一产业	第二产业	第三产业
2017	101.4	111.2	100.9	101.5
2018	110.8	28.7	88.1	114.2
2019	111.6	61.3	106.2	112.2
2020	106.8	260.9	106.2	106.8
2021	109.0	149.1	115.3	108.3
2022	106.0	46.7	121.2	104.4
2023	102.8	231.9	129.7	99.4

（资料来源：市统计局）

表 68 杭州市金融机构本外币存贷款余额
（2023 年年末）

单位：万元

指 标	全 市		市 区						桐庐县	淳安县	建德市
	绝对值	为上年（%）		萧山区	余杭区	临平区	富阳区	临安区			
一、各项存款	775886519	111.49	751731665	73260580	41877695	33297489	23679495	15837861	9777754	5454569	8922530
（一）境内存款	765078691	111.96	741212813	72965306	41798237	33163297	23655209	15832465	9729363	5226820	8909695
1. 住户存款	234309876	118.25	219736709	34980413	14819246	14177750	10522489	7779340	5794336	3377304	5401527
（1）活期存款	78479423	104.50	74456634	8236112	3738435	3920559	3155140	2419214	1592075	1031502	1399212
（2）定期及其他存款	155830453	126.65	145280075	26744301	11080811	10257191	7367349	5360126	4202262	2345802	4002315
2. 非金融企业存款	351938290	110.26	344642350	26774120	20464344	12420783	10357913	5962722	3018954	1328220	2948765
（1）活期存款	109476711	104.41	105655576	8528079	9095954	4740847	3507446	2373171	1589823	555324	1675988
（2）定期及其他存款	242461578	113.13	238986775	18246041	11368390	7679936	6850467	3589551	1429131	772896	1272777
3. 广义政府存款	126840071	107.92	125076073	8992768	6273195	4902826	1872870	1579861	857885	486397	419715
（1）财政性存款	24772808	98.27	24607759	767216	1199586	149594	593491	249190	88577	28988	47485
（2）机关团体存款	102067263	110.56	100468314	8225552	5073609	4753231	1279379	1330671	769309	457410	372231
4. 非银行业金融机构存款	51990454	107.16	51757681	2218004	241452	1661938	901937	510542	58187	34899	139687
（二）境外存款	10807828	86.11	10518852	295275	79458	134192	24286	5396	48392	227748	12836
二、各项贷款	686415477	109.45	658680820	72930107	25807234	32691766	31835273	17375422	12184351	5639327	9910979
（一）境内贷款	682980531	109.43	655246044	72465106	25804584	32686490	31835110	17374768	12184351	5639156	9910979
1. 住户贷款	260206899	104.32	249164408	22986421	10512278	11724710	9528227	7219652	4433795	2698799	3909897
（1）短期贷款	83423501	102.25	80673007	4766191	2740661	2342605	1603085	1294290	1100265	589307	1060922
（2）中长期贷款	176783397	105.33	168491401	18220231	7771617	9382105	7925142	5925362	3333530	2109492	2848975
2. 企（事）业单位贷款	422438964	112.78	405756968	49438061	15232306	20901780	22306884	10155117	7750556	2940358	5991082
（1）短期贷款	120706454	114.41	117100235	18204547	4328328	4893376	4636917	2188918	1655476	582156	1368588
（2）中长期贷款	258868767	112.19	246356487	28684828	10519022	13586098	16691886	7181581	5906702	2189966	4415611
（3）票据融资	34170895	111.65	33607398	2542409	384367	2421872	975529	784176	188378	168236	206883
（4）融资租赁	8572889	112.44	8572889	0	0	0	0	0	0	0	0
（5）各项垫款	119959	151.31	119959	6276	588	434	2550	443	0	0	0
3. 非银行业金融机构贷款	334668	255.39	324668	40624	60000	60000	0	0	0	0	10000
（二）境外贷款	3434947	112.19	3434776	465000	2651	5275	162	654	0	171	0

（资料来源：市统计局）

表 69　杭州市城镇常住居民家庭调查情况统计表

项　目	计量单位	2017 年	2018 年	2019 年	2020 年	2021 年	2022 年	2023 年
调查户数	户	1920	2250	2250	2250	2250	2250	2960
平均每户人口	人	2.91	2.93	2.96	2.94	3.01	3.03	—
平均每户就业人数	人	1.48	1.50	1.53	1.47	1.54	1.57	—
年人均可支配收入	元	56276	61172	66068	68666	74700	77043	80587
年人均消费性支出	元	38179	41615	44076	41916	48629	50336	54103
人均住房建筑面积	平方米	36.4	37.3	38.2	39.3	40.2	40.7	—

（资料来源：市统计局）

表 70　杭州市城镇常住居民家庭人均消费支出情况统计表

单位：元

项　目	2022 年	2023 年
人均消费支出	50336	54103
食品烟酒	12438	13062
衣着	2440	2580
居住	13709	14944
生活用品及服务	2835	2482
交通通信	8514	9419
教育文化娱乐	4465	5684
医疗保健	4425	4148
其他用品及服务	1510	1784

（资料来源：市统计局）

表 71　杭州市农村常住居民家庭调查情况统计表

项　目	计量单位	2017 年	2018 年	2019 年	2020 年	2021 年	2022 年	2023 年
调查户数	户	1280	950	950	950	950	950	1040
平均每户人口	人	3.38	3.40	3.42	3.44	3.38	3.36	—
平均每户就业人数	人	2.03	2.05	2.01	2.03	2.03	2.02	—
年人均可支配收入	元	30397	33193	36255	38700	42692	45183	48180
年人均消费支出	元	21983	24203	26296	25664	30224	31980	35133
人均住房建筑面积	平方米	70.9	72.5	74.1	75.5	77.1	77.4	—

（资料来源：市统计局）

表 72　杭州市农村常住居民家庭人均消费支出情况统计表

单位：元

项　目	2022 年	2023 年
人均消费支出	31980	35133
食品烟酒	8620	8996
衣着	1497	1453
居住	9729	10190
生活用品及服务	1531	1735
交通通信	5251	5946
教育文化娱乐	2511	3253
医疗保健	2351	2926
其他用品及服务	490	634

（资料来源：市统计局）

表 73 杭州市区居民消费价格分类指数统计表
（2023 年）

（上年 =100）

项 目	数 值
居民消费价格指数	100.2
一、食品烟酒	100.0
1. 食品	100.2
（1）粮食	102.4
（2）薯类	101.4
（3）豆类	102.9
（4）食用油	102.3
（5）菜及食用菌	98.6
（6）畜肉类	94.8
（7）禽肉类	106.0
（8）水产品	98.6
（9）蛋类	103.7
（10）奶类	103.8
（11）干鲜瓜果类	102.0
（12）糖果糕点类	99.5
（13）调味品	105.9
（14）其他食品类	99.0
2. 茶及饮料	100.2
3. 烟酒	98.8
4. 在外餐饮	100.2
二、衣着	102.0
1. 服装	101.6
2. 鞋类	103.7
三、居住	99.5
1. 租赁房房租	99.3
2. 住房保养维修及管理	100.1
3. 水电燃料	100.1
4. 自有住房	99.2
四、生活用品及服务	100.4
1. 家具及室内装饰品	100.3
2. 家用器具	99.8
3. 家用纺织品	98.5
4. 家庭日用杂品	101.5
5. 个人护理用品	101.4
6. 家庭服务	99.6
五、交通通信	97.7
1. 交通	97.5
2. 通信	98.4
六、教育文化娱乐	103.1
1. 教育	102.2
2. 文化娱乐	104.7
七、医疗保健	101.5
1. 药品及医疗器具	101.4
2. 医疗服务	101.5
八、其他用品及服务	103.0
1. 其他用品	105.0
2. 其他服务	101.0

（资料来源：市统计局）

表 74　杭州市社会保障情况统计表
（2023 年年末）

单位：人

地　区	职工基本养老保险参保人数	职工基本医疗保险参保人数	工伤保险参保人数	生育保险参保人数	失业保险参保人数
全　市	8460689	8028642	7160104	6306700	5869497
市　区	7847429	7504064	6782541	5958603	5604330
桐庐县	251156	216101	176018	154235	118188
淳安县	122023	120328	72443	75841	53136
建德市	240081	188149	129102	118021	93843

（资料来源：市统计局）

表 75　杭州市主要经济指标占浙江省的比重统计表
（2023 年）

指　标	计量单位	浙江省	杭州市	杭州市占全省比重（%）
地区生产总值	亿元	82553.21	20058.98	24.3
服务业增加值	亿元	46268.57	14045.00	30.4
数字经济核心产业增加值	亿元	9866.63	5675.18	57.5
社会消费品零售总额	亿元	32550.19	7670.57	23.6
出口总额	亿元	35665.50	5338.72	15.0
一般公共预算收入	亿元	8600.02	2616.81	30.4
实际利用外资	亿美元	202.31	88.31	43.7

（资料来源：市统计局）

表 76　杭州市主要经济指标在全国 15 个副省级城市中的位次统计表
（2023 年）

城　市	地区生产总值（亿元）	服务业增加值（亿元）	社会消费品零售总额（亿元）	一般公共预算收入（亿元）	城镇常住居民人均可支配收入（元）	农村常住居民人均可支配收入（元）
杭　州	20059	14045	7671	2617	80587	48180
沈　阳	8122	4835	4210	801	53650	24197
大　连	8753	4442	2009	750	53689	26430
长　春	7002	3855	2110	577	—	—
哈尔滨	5576	3653	2384	313	45784	23647
南　京	17421	11175	8201	1620	79858	36789
宁　波	16453	8529	5213	1786	80144	48350
厦　门	8066	5171	2743	932	72880	34206
济　南	12757	8016	5199	1061	62506	25587
青　岛	15760	9999	6319	1338	65751	29736
武　汉	20012	12736	7532	1601	61693	31560
广　州	30356	22262	11013	1944	80501	38607
深　圳	34606	21566	10486	4113	76910	—
成　都	22075	15109	10002	1929	—	—
西　安	12011	7539	4812	952	51178	19826
杭州位次	4	4	5	2	1	2

（资料来源：市统计局）

表 77 杭州市主要经济指标在长三角地区主要城市中的位次统计表
（2023 年）

城 市	地区生产总值（亿元）	服务业增加值（亿元）	社会消费品零售总额（亿元）	一般公共预算收入（亿元）	城镇常住居民人均可支配收入（元）	农村常住居民人均可支配收入（元）
杭 州	20059	14045	7671	2617	80587	48180
上 海	47219	35510	18516	8313	89477	42988
南 京	17421	11175	8201	1620	79858	36789
无 锡	15456	7943	3568	1195	76644	44617
常 州	10116	5080	3050	680	71744	40401
苏 州	24653	12917	9583	2457	82989	46385
南 通	11813	5566	4215	680	62512	32977
扬 州	7423	3577	1661	348	56781	31488
镇 江	5264	2589	1482	321	64602	35466
泰 州	6732	3128	1710	440	59604	31810
宁 波	16453	8529	5213	1786	80144	48350
嘉 兴	7062	3144	2513	632	75909	49643
湖 州	4015	1878	1708	411	74400	47455
绍 兴	7791	3823	2820	579	80392	48825
舟 山	2101	913	618	194	76435	49379
台 州	6241	3278	2766	494	73879	40153
合 肥	12674	7654	5271	930	59609	31140
杭州位次	3	2	4	2	3	5

（资料来源：市统计局）

责任编辑 郦 晶

2024

杭 州 年 鉴

50 索　引

说明：

一、本类目设主题索引、照片索引和图表索引 3 个分目。

二、主题索引和照片索引中文标目按汉语拼音顺序排列，同音字按笔画数从少到多排列。第一字相同，按第二字音序排列，依次类推。数字开头的标目则按数字 0 ～ 9 顺序排列。

标目后的阿拉伯数字表示内容所在页码。数字后的英文字母 a、b、c 分别表示从左到右第一、二、三栏。标目后有多个页码的，则表示相关信息在这些页码中均出现。

本年鉴的“特载”“大事记”“附录”均未做主题索引，“卷首彩页”未做照片索引。

三、照片索引仅标注所在页码，不标注分栏。图表索引按序号排列，仅标注所在页码，不标注分栏。

主题索引

1 ~ 9

A

B

C

H

J

T

照片索引

0～9

A

B

C

D

F

G

H

J

L

M

N

P

Q

S

图表索引

杭州年鉴（2024）
封面题字:沙孟海
封面摄影:骆方正
排版制版:杭州林智文化
印制统筹:柯华杰
装帧设计:林　智